W0320319

Kohlhammer

Staatsrecht I

Staatsorganisationsrecht unter Berücksichtigung der europarechtlichen Bezüge

begründet von

Prof. Dr. Dr. h.c. Ingo von Münch

fortgeführt und neu bearbeitet von

Prof. Dr. Ute Mager

9., überarbeitete Auflage

Verlag W. Kohlhammer

Bis zur 8. Auflage erschienen als
von Münch/Mager
Staatsrecht I

9. Auflage 2021

Gesamtherstellung: W. Kohlhammer GmbH, Stuttgart

Print:
ISBN 978-3-17-036787-6

E-Book-Formate:
pdf: ISBN 978-3-17-036788-3
epub: ISBN 978-3-17-036789-0

Vorwort

Mit der neunten Auflage wird das in der siebten Auflage völlig neu bearbeitete, von Ingo von Münch begründete Lehrbuch zum Staatsrecht erneut aktualisiert. Auch wurden Fehler, die sich leider nie völlig vermeiden lassen, beseitigt. Das bewährte Konzept der Verbindung von systematischer Darstellung und veranschaulichenden Fällen mit Lösungen bleibt erhalten und soll zum selbständigen Arbeiten einladen.

Das Lehrbuch beginnt mit einem verfassungshistorischen Überblick. Die weitere Darstellung des Stoffes folgt im Wesentlichen dem Aufbau des Grundgesetzes. Das Fundament bilden die Staatsstrukturprinzipien. Sie werden zunächst kurz vorgestellt, um sodann – stets mit Rückbezug auf sie – ihre Konkretisierung und Entfaltung in den einzelnen Abschnitten des Grundgesetzes über die Staatsorgane und Staatsgewalten zu erläutern. Eine vertiefte Auseinandersetzung mit den Staatsstrukturprinzipien, die sich wiederum auf die Konkretisierungen zurück beziehen kann, bildet den letzten Teil des Buches. Diese zirkuläre Struktur entspricht dem für das rechtswissenschaftliche Arbeiten typischen Erkenntniszuwachs durch die Wechselbezüglichkeit von Allgemeinem und Besonderem, Abstraktem und Konkretem. Auch wenn es als Studienbuch geeignet und darauf angelegt ist, von vorne nach hinten gelesen zu werden, ist dies nicht die einzige Möglichkeit, es zu nutzen. Die Gliederungsübersicht und das Sachverzeichnis helfen den gerade aktuellen Gegenstand des Interesses zu finden.

Für eine gewinnbringende Lektüre ist es in jedem Fall nötig, das Grundgesetz und ggf. weitere Gesetzestexte zur Hand zu haben und die angesprochenen Vorschriften nachzulesen. Um zu einem vertieften Verständnis des Staatsrechts zu gelangen, ist es außerdem unabdingbar, die wichtigsten Entscheidungen des Bundesverfassungsgerichts zu studieren, auf die in den Fußnoten, am Ende einzelner Abschnitte sowie im Verzeichnis wichtiger Rechtsprechung am Ende des Buches hingewiesen wird. Die Literaturangaben beschränken sich in den rechtsdogmatischen Teilen bewusst vor allem auf Ausbildungsliteratur, denn der Zugang zu weitergehender Literatur für Forschungszwecke ist über Datenbanken und Kommentarliteratur ohne weiteres möglich.

Schließlich möchte ich darauf hinweisen, dass in diesem Buch regelmäßig das generische Maskulinum verwendet wird, die männliche Bezeichnung also beide Geschlechter umfasst.

Ich hoffe, dass die Leserinnen und Leser mit diesem Buch einen Zugang zum Staatsrecht sowie Anregungen und Ermunterung finden, nicht mehr aufzuhören, „warum?" zu fragen und in Ausrichtung an der Idee der Gerechtigkeit und am geltenden Recht nach Antworten zu suchen.

Für Unterstützung bei der Aktualisierung bedanke ich mich herzlich bei meinen Mitarbeiterinnen und Mitarbeitern, namentlich Rabia Atasoy, Felix Bruckert, Eva Degitz, Olivia Herbstritt, Nicolas Lang, Navin Mienert und Annika Siry. Für organisatorische Unterstützung danke ich Frau Gioseppina Klingmann. Nicht zuletzt möchte ich vor allem Frau Ass. jur. Karin Baither und zudem Frau Stefanie Föhl aus dem Lektorat des Kohlhammer-Verlags für die sehr gute und angenehme Zusammenarbeit herzlich danken.

Über Hinweise und Anregungen freue ich mich. Schreiben Sie an ute.mager@jurs.uni-heidelberg.de.

Heidelberg, im April 2021 Ute Mager

Inhaltsverzeichnis

Abkürzungsverzeichnis

aA.	anderer Ansicht
a. a. O.	am angegebenen Ort
AbgG	Gesetz über die Rechtsverhältnisse des Deutsches Bundestages (Abgeordnetengesetz)
ABl.	Amtsblatt
Abs.	Absatz
abw.	abweichend
AdG	Archiv der Gegenwart
aE.	am Ende
AEUV	Vertrag über die Arbeitsweise der Europäischen Union
aF.	alte Fassung
AG	Ausführungsgesetz zu …
allg.	allgemein
Alt.	Alternative
AMG	Arzneimittelgesetz
ÄndG	Änderungsgesetz zu …
Anm.	Anmerkung
AO	Abgabenordnung
AöR	Archiv des öffentlichen Rechts
Art.	Artikel
AT	Allgemeiner Teil
AtG	Gesetz über die friedliche Verwendung der Kernenergie und den Schutz gegen ihre Gefahren (Atomgesetz)
AufenthG	Gesetz über den Aufenthalt, die Erwerbstätigkeit und die Integration von Ausländern (Aufenthaltsgesetz)
Aufl.	Auflage
ausf.	ausführlich
AWACS	Airborne Warning and Control System
AWG	Außenwirtschaftsgesetz
Az.	Aktenzeichen
BaföG	Gesetz über individuelle Förderung der Ausbildung (Bundesausbildungsförderungsgesetz)
BAG	Bundesarbeitsgericht
BAGE	Entscheidungen des Bundesarbeitsgerichts
BauGB	Baugesetzbuch
Bay.	Bayern
BayObLG	Bayerisches Oberstes Landesgericht
bayr.	bayerisch
BayVBl.	Bayerische Verwaltungsblätter
BayVerfGH	Bayerischer Verfassungsgerichtshof
BayVerfGHE	Entscheidungen des Bayerischen Verfassungsgerichtshofs
BB	Brandenburg
BBG	Bundesbeamtengesetz
Bbg.	Brandenburg, brandenburgisch
Bde.	Bände
BbgVerfG	Verfassungsgericht des Landes Brandenburg
Berl.	Berlin, berliner
Bes.	Beschluss
BFHE	Entscheidungen des Bundesfinanzhofs
BGB	Bürgerliches Gesetzbuch
BGBl.	Bundesgesetzblatt
BGH	Bundesgerichtshof
BGHZ	Entscheidungen des Bundesgerichtshofs in Zivilsachen
BHO	Bundeshaushaltsordnung

Abkürzungsverzeichnis

BImSchG	Gesetz zum Schutz vor schädlichen Umwelteinwirkungen durch Luftverunreinigungen, Geräusche, Erschütterungen und ähnliche Vorgänge (Bundesimmissionsschutzgesetz)
BJagdG	Bundesjagdgesetz
BMinG	Gesetz über die Rechtsverhältnisse der Mitglieder der Bundesregierung (Bundesministergesetz)
BNatSchG	Gesetz über Naturschutz und Landschaftspflege (Bundesnaturschutzgesetz)
BPolG	Gesetz über die Bundespolizei (Bundespolizeigesetz)
BPräsErnAnO	Anordnung des Bundespräsidenten über die Ernennung und Entlassung der Beamtinnen, Beamten, Richterinnen und Richter des Bundes
BPräsFlaggAO	Anordnung des Bundespräsidenten über die deutschen Flaggen
BPWahlG	Gesetz über die Wahl des Bundespräsidenten durch die Bundesversammlung
BR-Drs.	Drucksachen des Deutschen Bundesrates
Brem.	Bremen
BRHG	Gesetz über Errichtung und Aufgaben des Bundesrechnungshofes
BT-Drs.	Drucksachen des Deutschen Bundestages (Wahlperiode, Nummer)
BVerfG	Bundesverfassungsgericht
BVerfGE	Entscheidungen des Bundesverfassungsgerichts
BVerfGG	Gesetz über das Bundesverfassungsgericht
BVerfSchG	Gesetz über die Zusammenarbeit des Bundes und der Länder in Angelegenheiten des Verfassungsschutzes (Bundesverfassungsschutzgesetz)
BVerwG	Bundesverwaltungsgericht
BVerwGE	Entscheidungen des Bundesverwaltungsgerichts
BVerwZG	Bundesverwaltungszustellungsgesetz
BvR	Aktenzeichen einer Verfassungsbeschwerde zum Bundesverfassungsgericht
BVwVfG	Verwaltungsverfahrensgesetz des Bundes
BW	Baden-Württemberg
BWahlG	Bundeswahlgesetz
BWahlO	Bundeswahlordnung
BWStrG	Bundeswasserstraßengesetz
bzgl.	bezüglich
bzw.	beziehungsweise
CR	Computer und Recht
ČSSR	Tschechoslowakische Sozialistische Republik
DAJV	Deutsch-Amerikanische Juristen-Vereinigung
ders.	derselbe
DDR	Deutsche Demokratische Republik
dh.	das heißt
dies.	dieselbe
DÖV	Die öffentliche Verwaltung
Drs.	Drucksache
DRZ	Deutsche Rechtszeitschrift
DtZ	Deutsch-Deutsche Rechts-Zeitschrift
DRiZ	Deutsche Richterzeitung
d. V.	der Verfasser
DV	Die Verwaltung
DVBl.	Deutsches Verwaltungsblatt
eA.	einstweilige Anordnung
ECHR	Sammlung der Rechtsprechung des Europäischen Gerichtshofs für Menschenrechte (European Court of Human Rights Reports)
EG	Vertrag über die Europäischen Gemeinschaften
EGBGB	Einführungsgesetz zum Bürgerlichen Gesetzbuch
EGL	Ergänzungslieferung

EGMR	Europäischer Gerichtshof für Menschenrechte
EMRK	Europäische Konvention zum Schutz der Menschenrechte und Grundfreiheiten
EP-DWA	Beschluss und Akt zur Einführung allgemeiner unmittelbarer Wahlen der Abgeordneten des Europäischen Parlaments (Direktwahlakt)
EStG	Einkommensteuergesetz
EU	Europäische Union
EuG	Gericht erster Instanz der Europäischen Union
EuGH	Gerichtshof der Europäischen Union (als Teilorgan)
EuGRZ	Europäische Grundrechte-Zeitschrift
EuR	Europarecht
EUV	Vertrag über die Europäische Union
EuZW	Europäische Zeitschrift für Wirtschaftsrecht
EUZBBG	Gesetz über die Zusammenarbeit von Bundesregierung und Deutschem Bundestag in Angelegenheiten der Europäischen Union
EUZBLG	Gesetz über die Zusammenarbeit von Bund und Ländern in Angelegenheiten der Europäischen Union
EV	Einigungsvertrag
EVG	Europäische Verteidigungsgemeinschaft
EWG	Europäische Wirtschaftsgemeinschaft
f.	folgende (Verweis nur auf eine der Seite folgende Seite)
ff.	folgende (Verweis auf mehrere der Seite folgende Seiten)
FGO	Finanzgerichtsordnung
Fn.	Fußnote
FR	Finanzrundschau
Fs.	Festschrift
FStrG	Bundesfernstraßengesetz
GastG	Gaststättengesetz
GastVO	Gaststättenverordnung
GastZuVO	Gaststättenzuständigkeitsverordnung
GBl.	Gesetzblatt
GemVerfKom.	Gemeinsame Verfassungskommission
GewO	Gewerbeordnung
GewOZuVO	Gewerbeordnungszuständigkeitsverordnung
GG	Grundgesetz für die Bundesrepublik Deutschland
gg.	gegen
ggf.	gegebenenfalls
GGK	*von Münch/Kunig*, Grundgesetz Kommentar, s. Literaturhinweise unter III.
ghM.	ganz herrschende Meinung
GhEU	Gerichtshof der Europäischen Union (als Organ)
GMBl.	Gemeinsames Ministerialblatt
GnadenAO	Anordnung des Bundespräsidenten über die Ausübung des Begnadigungsrechts des Bundes
GOBR	Geschäftsordnung des Bundesrates
GOBReg.	Geschäftsordnung der Bundesregierung
GOBT	Geschäftsordnung des Deutschen Bundestages
GOGemA	Geschäftsordnung für den Gemeinsamen Ausschuss
GOVermA	Gemeinsame Geschäftsordnung des Bundestages und des Bundesrates für den Ausschuss nach Art. 77 des Grundgesetzes (Vermittlungsausschuss)
GVG	Gerichtsverfassungsgesetz
GVBl.	Gesetz- und Verordnungsblatt
Hbg.	Hamburg, hamburger
HbgVerfG	Hamburgisches Verfassungsgericht
Hess.	Hessen, hessisch
HGrG	Gesetz über die Grundsätze des Haushaltsrechts des Bundes und der Länder (Haushaltsgrundsätzegesetz)

hM.	herrschende Meinung
Hrsg.	Herausgeber
HStR	Handbuch des Staatsrechts, s. Literaturhinweise unter V.
idF.	in der Fassung
idR.	in der Regel
IGH	Internationaler Gerichtshof
insbes.	insbesondere
IPwskR	Internationaler Pakt über wirtschaftliche, soziale und kulturelle Rechte
iSv.	im Sinne von
iVm.	in Verbindung mit
JA	Juristische Arbeitsblätter
JöR	Jahrbuch des öffentlichen Rechts der Gegenwart
JR	Juristische Rundschau
Jura	Jura
JuS	Juristische Schulung
JuSchG	Jugendschutzgesetz
JZ	Juristenzeitung
KAG	Kommunalabgabengesetz
KGR	Kammergerichtsrechtsprechung
KostO	Kostenordnung
KritV	Die Kritische Vierteljahresschrift für Gesetzgebung und Rechtswissenschaft
Krw-/AbfG	Gesetz zur Förderung der Kreislaufwirtschaft und Sicherung der umweltverträglichen Beseitigung von Abfällen (Kreislaufwirtschafts- und Abfallgesetz)
LastG	Gesetz zur Lastentragung im Bund-Länder-Verhältnis bei Verletzung von supranationalen oder völkerrechtlichen Verpflichtungen (Lastentragungsgesetz)
LBG	Landesbeamtengesetz
Lfg.	Lieferung (bei Loseblattangaben)
LFStrG	Landesfernstraßengesetz
LFStrGZustVO	Landesfernstraßenzuständigkeitsverordnung
LG	Landgericht
lit.	litera (Buchstabe)
LKV	Landes- und Kommunalverwaltung
Ls.	Leitsatz
LuftSiG	Luftsicherheitsgesetz
LuftVG	Luftverkehrsgesetz
LV	Landesverfassung
LVerfGH	Landesverfassungsgerichtshof
LVwVfG	Landesverwaltungsverfahrensgesetz
MdL	Mitglied des Landtags
mwN.	mit weiterem(n) Nachweis(en)
mwRsprN.	mit weiterem(n) Rechtsprechungsnachweis(en)
MV	Mecklenburg-Vorpommern
NATO	North Atlantic Treaty Organisation
nF.	neue Fassung
NJ	Neue Justiz
NJW	Neue Juristische Wochenschrift
NJW-RR	Neue Juristische Wochenschrift Rechtsprechungsreport
Nr.	Nummer(n)
NRW	Nordrhein-Westfalen
Nds.	Niedersachsen, niedersächsisch
NVwZ	Neue Zeitschrift für Verwaltungsrecht
NVwZ-RR	Neue Zeitschrift für Verwaltungsrecht Rechtsprechungsreport

NZA	Neue Zeitschrift für Arbeitsrecht
NZWehrr	Neue Zeitschrift für Wehrrecht
og.	oben genannt
OLG	Oberlandesgericht
OrdenG	Gesetz über Titel, Orden und Ehrenzeichen
OVG	Oberverwaltungsgericht
OVGE	Entscheidungen des Oberverwaltungsgerichts
OwiG	Ordnungswidrigkeitengesetz
ParlStG	Gesetz über die Rechtsverhältnisse der Parlamentarischen Staatssekretäre
PatG	Patentgesetz
PartG	Gesetz über die politischen Parteien (Parteiengesetz)
PostG	Postgesetz
PUAG	Gesetz zur Regelung der Rechte der Untersuchungsausschüsse des Deutschen Bundestages (Untersuchungsausschussgesetz)
RdJB	Recht der Jugend und des Bildungswesens
RGBl.	Reichsgesetzblatt
RGZ	Reichsgericht für Zivilsachen
RL.	Richtlinie(n)
Rn.	Randnummer(n)
RP	Rheinland-Pfalz
Rspr.	Rechtsprechung
RuP	Recht und Politik
s.	siehe
S.	Seite
saarl.	saarländisch
Sart.	Sartorius
SchiedsVZ	Zeitschrift für Schiedsverfahren
SG	Soldatengesetz
SGB	Sozialgesetzbuch
SGB I-AT	Sozialgesetzbuch Buch I. Allgemeiner Teil
SGG	Sozialgerichtsgesetz
SH	Schleswig-Holstein
Slg.	Sammlung (der Rechtsprechung des EuGH)
SL	Saarland
SN	Sachsen
SNA	Sachsen-Anhalt
sog.	sogenannt
Staat	Der Staat (Zeitschrift)
StabMechG	Stabilitätsmechanismusgesetz
StAG	Staatsangehörigkeitsgesetz
StGB	Strafgesetzbuch
StGH	Staatsgerichtshof
StPO	Strafprozessordnung
str.	strittig
st. Rspr.	ständige Rechtsprechung
StrVG	Gesetz zum vorsorgenden Schutz der Bevölkerung gegen Strahlenbelastung (Strahlenvorsorgegesetz)
StVG	Straßenverkehrsgesetz
StVO	Straßenverkehrsordnung
StWG	Gesetz über Förderung der Stabilität und des Wachstums der Wirtschaft
SZAG	Gesetz zur innerstaatlichen Aufteilung von unverzinslichen Einlagen und Geldbußen gemäß Art. 104 des Vertrags zur Gründung der Europäischen Gemeinschaft (Sanktionszahlungs-Aufteilungsgesetz)
Thür.	Thüringen
TKG	Telekommunikationsgesetz

Abkürzungsverzeichnis

ua.	unter anderem
Uabs.	Unterabsatz
UN	United Nations
UNO	Organisation der Vereinten Nationen
UNCED	United Nationas Conference on Environment and Development
Urt.	Urteil
UStG	Umsatzsteuergesetz
usw.	und so weiter
UVPG	Gesetz über die Umweltverträglichkeitsprüfung
va.	vor allem
VBlBW	Verwaltungsblätter für Baden-Württemberg
vgl.	vergleiche
VerfG	Verfassungsgericht
VerfGH	Verfassungsgerichtshof
VerwR	Verwaltungsrecht
VerwArch	Verwaltungsarchiv
VerwZG	Verwaltungszustellungsgesetz
VG	Verwaltungsgericht
VGH	Verwaltungsgerichtshof
vH.	von Hundert
VN	Vereinte Nationen
VR	Verwaltungsrundschau
VVDStRL	Veröffentlichungen der Vereinigung der Deutschen Staatsrechtslehrer
VwGO	Verwaltungsgerichtsordnung
WahlPrG	Wahlprüfungsgesetz
wg.	wegen
WRV	Weimarer Reichsverfassung
WVK	Wiener Vertragsrechtskonvention
ZaöRV	Zeitschrift für ausländisches öffentliches Recht und Völkerrecht
ZAR	Zeitschrift für Ausländerrecht und Ausländerpolitik
zB.	zum Beispiel
ZBR	Zeitschrift für Beamtenrecht
ZG	Zeitschrift für Gesetzgebung
ZGS	Zeitschrift für das gesamte Schuldrecht
ZJS	Zeitschrift für das Juristische Studium
ZParl.	Zeitschrift für Parlamentsfragen
ZPO	Zivilprozessordnung
ZRP	Zeitschrift für Rechtspolitik
zutr.	zutreffend
zT.	zum Teil
zzgl.	zuzüglich

Literaturhinweise

I. Lehrbücher und Grundrisse

Arndt, Hans-Wolfgang/Fetzer, Thomas, Öffentliches Recht, 16. Auflage 2013
Badura, Peter, Staatsrecht, 7. Auflage 2018
Battis, Ulrich/Gusy, Christoph, Einführung in das Staatsrecht, 6. Auflage 2018
Berg, Wilfried, Staatsrecht, 6. Auflage 2011
Degenhart, Christoph, Staatsrecht I. Staatsorganisationsrecht, 36. Auflage 2020
Geiger, Rudolf, Staatsrecht III, 7. Auflage 2018
Gröpl, Christoph, Staatsrecht I, 12. Auflage 2020
Hillgruber, Christian/Goos, Christoph, Verfassungsprozessrecht, 5. Auflage 2020
Ipsen, Jörn, Staatsrecht I. Staatsorganisationsrecht, 32. Auflage 2020
Kämmerer, Jörn Axel, Staatsorganisationsrecht, 3. Auflage 2016
Korioth, Stefan, Staatsrecht I, 5. Auflage 2020
Maurer, Hartmut, Staatsrecht I, 7. Auflage 2021
Schlaich, Klaus/Korioth, Stefan, Das Bundesverfassungsgericht, 11. Auflage 2018
Schweitzer, Michael/Dederer, Hans-Georg, Staatsrecht III. Staatsrecht, Völkerrecht, Europarecht, 12. Auflage 2020
Sydow, Gernot/Wittreck, Fabian, Deutsches und Europäisches Verfassungsrecht I, 2. Auflage 2020
Winkler, Daniela, Staatsrecht I, 3. Auflage 2016

II. Lehrbücher und Grundrisse zum Europarecht

von Bogdandy, Armin/Bast, Jürgen (Hrsg.), Europäisches Verfassungsrecht, 2. Auflage 2009
Herdegen, Matthias, Europarecht, 22. Auflage 2020
Hobe, Stephan/Fremuth, Michael Lysander, Europarecht, 10. Auflage 2020
Jochum, Georg, Europarecht, 3. Auflage 2018
Lecheler, Helmut/Gundel, Jörg/Germelmann, Claas Friedrich, Einführung in das Europarecht, 3. Auflage 2021
Oppermann, Thomas/Classen, Claus-Dieter/Nettesheim, Martin, Europarecht, 9. Auflage 2021
Streinz, Rudolf, Europarecht, 11. Auflage 2019

III. Kommentare zum Grundgesetz

Kahl, Wolfgang/Waldhoff, Christian/Walter, Christian (Hrsg.), Bonner Kommentar zum Grundgesetz, Loseblattsammlung
Dreier, Horst (Hrsg.), Grundgesetz, Bd. I, 3. Auflage 2013; Bd. II, 3. Auflage 2015; Bd. III, 3. Auflage 2018
Epping, Volker/Hillgruber, Christian, Beck'scher, Online-Kommentar zum GG
Friauf, Karl Heinrich/Höfling, Wolfram (Hrsg.), Berliner Kommentar zum Grundgesetz, Loseblattsammlung
Hömig, Dieter/Wolff, Heinrich Amadeus (Hrsg.), Grundgesetz für die Bundesrepublik Deutschland, 12. Auflage 2018
Jarass, Hans D./Pieroth, Bodo, Grundgesetz für die Bundesrepublik Deutschland, 16. Auflage 2020
Leibholz, Gerhard/Rinck, Hans-Justus (Begr.), Grundgesetz für die Bundesrepublik Deutschland, Rechtsprechung des Bundesverfassungsgerichts, Loseblattsammlung
von Mangoldt, Hermann/Klein Friedrich/Starck, Christian (Hrsg.), Das Bonner Grundgesetz, 3 Bde., 7. Auflage 2018
Maunz, Theodor/Dürig, Günter ua., Grundgesetz, Loseblattsammlung
von Münch, Ingo/Kunig, Philip, Grundgesetz-Kommentar, Bd. I, 7. Auflage 2021, Bd. II, 7. Auflage 2021
Sachs, Michael (Hrsg.), Grundgesetz. Kommentar, 9. Auflage 2021
Schmidt-Bleibtreu, Bruno/Hofmann, Hans/Henneke, Hans-Günter, Kommentar zum Grundgesetz, 14. Auflage 2017
Sodan, Helge (Hrsg.), Grundgesetz, 4. Auflage 2018

IV. Fallbesprechungen, Repetitorien

Brinktrine, Ralf/Sarcevic, Edin, Fallsammlung zum Staatsrecht, 2. (aktualisierte und erweiterte) Auflage 2015
Bumke, Christian/Voßkuhle, Andreas, Casebook Verfassungsrecht, 8. Auflage 2020
Degenhart, Christoph, Klausurenkurs im Staatsrecht I, 5. Auflage 2019
Frenz, Walter, Öffentliches Recht. Eine nach Anspruchszielen geordnete Darstellung zur Examensvorbereitung, 8. Auflage 2019
Geis, Max-Emanuel, Examens-Repetitorium Staatsrecht, 3. Auflage 2018
Gersdorf, Hubertus, Verfassungsprozessrecht und Verfassungsmäßigkeitsprüfung, 5. Auflage 2019
Grupp, Klaus/Stelkens, Ulrich, Saarheimer Fälle zum Staatsrecht, https://www.saarheim.de/klausur.htm#Verfassungsrecht
Hebeler, Timo/Spitzlei, Thomas, 60 Probleme aus dem Staats- und Verwaltungsrecht, 4. Auflage 2018
Heintzen, Markus/Krieger, Heike, Hauptstadtfälle, https://www.jura.fu-berlin.de/studium/lehrplan/projekte/hauptstadtfaelle/faelle/index.html
Höfling, Wolfram/Rixen, Stephan, Fälle zum Staatsorganisationsrecht, 6. Auflage 2019
Schmidt, Thorsten Ingo, Staatsrecht I, Staatsorganisationsrecht (Prüfe Dein Wissen: Rechtsfälle in Frage und Antwort), 4. Auflage 2019
Schwerdtfeger, Gunther/Schwerdtfeger, Angela, Öffentliches Recht in der Fallbearbeitung, 15. Auflage 2018
Sodan, Helge/Ziekow, Jan, Grundkurs Öffentliches Recht. Staats- und Verwaltungsrecht, 9. Auflage 2020

V. Handbücher und Lexika

Görres-Gesellschaft (Hrsg.), Staatslexikon: Recht, Wirtschaft, Gesellschaft, 8. Auflage 2017 ff.
Heun, Werner/Honecker, Martin/Morlok, Martin/Wieland, Joachim (Hrsg.), Evangelisches Staatslexikon, Neuausgabe 2006
Isensee, Josef/Kirchhof, Paul (Hrsg.), Handbuch des Staatsrechts der Bundesrepublik Deutschland, 3. Auflage, Bd. I, 2003; Bd. II, 2004; Bd. III, 2005; Bd. IV, 2006; Bd. V, 2007; Bd. VI, 2008; Bd. VII, 2009; Bd. VIII, 2010; Bd. IX, 2011; Bd. X, 2012; Bd. XI, 2013; Bd. XII, 2014
Stern, Klaus, Das Staatsrecht der Bundesrepublik Deutschland, Bd. I, 2. Auflage 1984; Bd. II, 1980; Bd. III 1, 1988; Bd. III 2, 1994; Bd. IV 1, 2006; Bd. IV 2, 2011; Bd. V, 2000

VI. Rechtsprechungssammlungen

Grimm, Dieter/Kirchhof, Paul/Eichberger, Michael (Hrsg.), Entscheidungen des Bundesverfassungsgerichts. Studienauswahl, 2 Bde., 3. Auflage 2007.
Menzel, Jörg/Müller-Terpitz, Ralf (Hrsg.), Verfassungsrechtsprechung. Ausgewählte Entscheidungen des Bundesverfassungsgerichts in Retrospektive, 3. Auflage 2017
Schwabe, Jürgen (Hrsg.), Entscheidungen des Bundesverfassungsgerichts, Studienauswahl (Bde. 1–109), 8. Auflage 2004.
Nachschlagewerk der Rechtsprechung des Bundesverfassungsgerichts, hrsg. vom Bundesverfassungsgericht, Graßhof, Karin, Loseblattsammlung (seit 1978)
Mager, Ute/Herrmann, Danielle, Höchstrichterliche Rechtsprechung zum Europarecht. 55 Entscheidungen für Studium, Examen und Referendariat, 2004
Pechstein, Matthias, Entscheidungen des EuGH – Kommentierte Studienauswahl, 11. Auflage 2020

Einführung

An den meisten Universitäten in Deutschland beginnt das Studium des Öffentlichen Rechts mit einer Vorlesung zum **Staatsorganisationsrecht.**[1] Nur an einigen wenigen stehen die **Grundrechte** am Anfang. Für Letzteres lässt sich die Gliederung des Grundgesetzes anführen, das mit dem Abschnitt über die Grundrechte beginnt. Zudem weisen die Grundrechte mit ihrer Funktion, die Freiheit und Rechtsgleichheit der Menschen zu schützen, eine größere Nähe zur Erfahrungswelt der Studierenden auf als das Staatsorganisationsrecht. Dennoch sprechen gewichtige systematische Gründe dafür, gerade das Staatsorganisationsrecht an den Anfang der Ausbildung zu stellen. Unbeschadet des rechtsphilosophischen Ursprungs der Grundrechte in den naturrechtlich und damit vorstaatlich gedachten Menschenrechten[2] ist die Bedeutung und der rechtliche Gehalt von Grundrechten nur im Zusammenhang mit den verfassungsrechtlichen Grundentscheidungen über die Organisation und Ausübung der staatlichen Gewalt zu verstehen. Plakativ gesprochen: Grundrechte in einer rechtsstaatlich-parlamentarischen Demokratie haben eine andere Bedeutung als Grundrechte in einer sozialistischen Rätedemokratie, denn Grundrechte entfalten ihre Funktion nicht nur gegenüber, sondern auch vermittelt durch die staatliche Gewalt. Um die rechtliche Bedeutung und tatsächliche Tragweite von Grundrechten zu verstehen, ist es nötig, die rechtliche Organisation der staatlichen Herrschaft zu kennen. **1**

Das **Staatsorganisationsrecht** und die Grundrechte gehören zum Staatsrecht bzw. zum Verfassungsrecht.[3] Es ist abzugrenzen von der **allgemeinen Staatslehre.** Letztere fragt entweder philosophisch nach den Bedingungen des guten Staates oder bildet auf der Grundlage empirischer Untersuchungen Theorien über das Funktionieren von Staaten. Das Staatsrecht befasst sich dagegen mit der rechtlichen Verfassung eines konkreten Staates. Die verschiedenen Betrachtungsweisen und Erkenntnisinteressen in Bezug auf den Staat sind einerseits in Fragestellung und Methode eigenständig, andererseits aufeinander angewiesen. Staatsrecht und Staatspraxis sind das empirische Material für die Staatslehre; staatsphilosophische und staatstheoretische Erkenntnisse ermöglichen die Orientierung an einem außerhalb des geltenden Rechts liegenden Maßstab der Gerechtigkeit und der guten Ordnung und bereichern damit den Richtigkeitsmaßstab innerhalb des geltenden Rechts um eine Außenperspektive. **2**

1. Begriff und Aufgaben des Staates

Der **Begriff des Staates** bezieht sich auf die **Herrschaft** von Menschen über Menschen. Er ist entstanden in Ablösung von und als Gegenbegriff zu einem auf persönlichen Treueeiden beruhendem Personenverband.[4] Der Begriff des Staates ist damit das Ergebnis einer Ver- **3**

---

1 Zu Gegenstand und Stellung im Rechtssystem Rn. 6.

2 Diese aufklärerisch-naturrechtliche Menschenrechtskonzeption findet sich in den frühen Grundrechtskodifikationen in Nordamerika und Frankreich, so zB. Art. 1 der Virginia Declaration of Rights von 1776: „That all men are *by nature* equally free and independent, and have certain *inherent rights* (…)" (Hervorhebungen der Verfasserin); auch die französische Déclaration des droits de l'homme et du citoyen von 1789 charakterisiert in seiner Präambel Grundrechte als „les droits *naturels, inaliénables* et sacrés de l'homme" und stellt in ihrem Art. 1 heraus, dass die Menschen frei und gleich an Rechten geboren sind (Hervorhebungen der Verfasserin); s. dazu auch *M. Kriele*, Einführung in die Staatslehre, 6. Aufl. 2003, §§ 35 und 36.

3 S. zu den Begriffen unten Rn. 7.

4 S. dazu *D. Willoweit/S. Schlinker*, Deutsche Verfassungsgeschichte, 8. Aufl. 2019, § 25 II 2; *M. Stolleis*, Geschichte des Öffentlichen Rechts, Band 1: Reichspublizistik und Policeywissenschaft 1600–1800, 1988, Viertes Kapitel: Ius Publicum Imperii Romano-Germanici, S. 126 ff. *Stolleis* weist auf den Zusammenhang der Staatsbegriffsbildung mit den Religionskriegen hin und stellt insbesondere die von *Jean Bodin* (1530–1596) als Reaktion hierauf entwickelte Souveränitätslehre dar, S. 170 ff.

sachlichung von Herrschaft. An die Stelle der Treuebindung zu einer Person tritt die rechtliche Bindung an ein Gemeinwesen. Auf das äußerste formalisiert lässt sich der Begriff des Staates mit *Georg Jellinek* (1851–1911) auf die drei Elemente **Staatsvolk, Staatsgebiet** und **Staatsgewalt**[5] reduzieren, wobei alle drei Elemente normative Gehalte haben: Regelungen über die Zugehörigkeit zum Staatsvolk, (völkerrechtliche) Regelungen über die Grenzen des Staatsgebiets, Regelungen über die Ausübung der staatlichen Macht.[6]

4 Diese **formale Definition** des Staatsbegriffs, die ihre Bedeutung vor allem im **Völkerrecht** hat, weil sie den jeweiligen Staaten die Selbstbestimmung hinsichtlich ihrer inneren Organisation überlässt[7], kann um inhaltliche (aufgabenbezogene) Merkmale ergänzt werden. Einigkeit besteht darüber, dass die Aufrechterhaltung der Friedensordnung nach innen und die Gewährleistung der Sicherheit nach außen die wesentlichen **Staatsaufgaben** darstellen.[8] Den freiheitlich-demokratischen Staaten liegt dabei die Idee zugrunde, dass die Menschen sich zusammengeschlossen haben, um diese Ziele gemeinsam zu verwirklichen. Zu diesem Zweck verzichten sie auf einen Teil ihrer angeborenen Rechte und setzen Organe ein, die sie mit der **Gewährleistung der inneren und äußeren Sicherheit** betrauen.[9] Von grundlegender Bedeutung ist hierfür der Verzicht auf die gewaltsame Durchsetzung der eigenen Rechte. Allein der Staat besitzt das **Gewaltmonopol.**[10] Unter den Privatpersonen

5 Staatslehre, 3. Aufl. 1914, S. 174 ff., S. 394 ff.; diese Definition ist im Völkerrecht anerkannt, vgl. hierzu exemplarisch Art. 1 der sog. Montevideo-Konvention über die Rechte und Pflichten der Staaten vom 26.12.1933: „The state as a person of international law should possess the following qualifications: a) a permanent population; b) a defined territory; c) government; and d) capacity to enter into relations with the other states." Zur Staatlichkeit der Bundesländer am Maßstab der drei Elemente s. unten Rn. 687 ff.

6 *Staatsgebiet* wird hierbei als „durch Grenzen gekennzeichnete Zusammenfassung von geographischen Räumen unter eine gemeinsame Rechtsordnung", *Staatsvolk* als „auf Dauer angelegten Verbund von Menschen" und *Staatsgewalt* als „Fähigkeit eine Ordnung auf dem Staatsgebiet zu organisieren" und (…) nach außen mit anderen Staaten in Beziehung zu treten, definiert, s. *V. Epping*, in: *Ipsen*, Völkerrecht, 7. Aufl. 2018, § 7 Rn. 3, 76, 137; im Zuge des Europäisierungs- und Internationalisierungsprozesses und der mit ihm verbundenen Übertragung von Hoheitsgewalt auf nichtstaatliche Akteure werden zunehmend Modifikationen des Staatsbegriffes diskutiert; vgl. den Begriff der „offenen Staatlichkeit", entwickelt von *K. Vogel*, Die Verfassungsentscheidung des Grundgesetzes für eine internationale Zusammenarbeit, Recht und Staat in Geschichte und Gegenwart, Heft 292/293, 1964, oder das Konzept des internationalen Systems als Modell von Aufgabenerfüllungsebenen, *St. Hobe*, Der offene Verfassungsstaat zwischen Souveränität und Interdependenz. Eine Studie zur Wandlung des Staatsbegriffs der deutschsprachigen Staatslehre im Kontext international institutionalisierter Kooperation, 1998; *R. Wahl*, Der offene Staat und seine Rechtsgrundlagen, JuS 2003, 1145 ff.; *A. von Bogdandy/P. Cruz Villalón/P.M. Huber* (Hrsg.), Handbuch Ius Publicum Europaeum, Band II: Offene Staatlichkeit, 2008.

7 Sog. Verfassungsautonomie vgl. *V. Epping* in: *Ipsen*, Völkerrecht, 7. Aufl. 2018, § 7 Rn. 137 ff.

8 S. hierzu *N. Horn*, Einführung in die Rechtswissenschaft und Rechtsphilosophie, 5. Aufl. 2011, § 1 Rn. 33.

9 *J. Locke* (1632–1704), Zwei Abhandlungen über die Regierung, abgedruckt in: *W. Kersting*, Die politische Philosophie des Gesellschaftsvertrags, 1994, S. 127 oder *R. Weber-Fas*, Staatsdenker der Moderne, 2003, S. 90: „Da die Menschen (…) von Natur aus alle frei, gleich und unabhängig sind, kann niemand ohne seine Einwilligung aus diesem Zustand verstoßen und der politischen Gewalt eines anderen unterworfen werden. Die einzige Möglichkeit, mit der jemand diese natürliche Freiheit aufgibt (…), liegt in der Übereinkunft mit anderen, sich zusammenzuschließen und in eine Gemeinschaft zu vereinigen, mit dem Ziel eines behaglichen, sicheren und friedlichen Zusammenlebens, in dem sicheren Genuss ihres Eigentums und in größerer Sicherheit gegenüber allen, die nicht zu dieser Gemeinschaft gehören."; einführend zu Leben und Wirken von *J. Locke* s. *R. Weber-Fas*, a. a. O., S. 87 ff.

10 Die Idee der „Friedensstiftung durch Machtmonopolisierung" (*W. Kersting*, a. a. O., S. 85) geht auf *Th. Hobbes* (1588–1679) zurück, vgl. hierzu die Auszüge und Kommentierungen des „Leviathan" ebenda, S. 59 ff. oder *R. Weber-Fas*, a. a. O., S. 51 ff. Sie wurde von *J. Locke* aufgegriffen und im Sinne einer liberalen Staatsordnung weiterentwickelt; s. *W. Kersting*, a. a. O., S. 127 ff.: anders als bei *Th. Hobbes* wird Sicherheit nicht von einem mit absoluter Gewalt ausgestatteten rechtlich ungebunden „Leviathan" gewährleistet, sondern durch „konstitutionelle und gouvernemental-administrative politische Selbstorganisation der bürgerlichen Gesellschaft", *W. Kersting*, a. a. O., S. 132; vgl. auch die Staatsdefinition von *M. Weber*, Politik als Beruf, in: *R. Weber-Fas*, a. a. O., S. 355: „Der Staat ist, ebenso wie die ihm geschichtlich vorausgehenden politischen Verbände, ein auf das Mittel der legitimen (dh. als legitim angesehenen) Gewaltsamkeit gestütztes *Herrschafts*verhältnis von Menschen über Menschen."

herrscht dagegen ein Gewaltverbot. Sie müssen zur Durchsetzung der von ihnen behaupteten Rechte den Staat in Anspruch nehmen. Das Recht erweist sich damit als den Staat konstituierendes Element wie auch als wesentliches Instrument zur Erfüllung seiner Aufgaben.

2. Die grundlegenden Rechtsbeziehungen im Staat

Es lassen sich innerhalb des Staates drei grundlegende Rechtsbeziehungen unterscheiden[11]: 5
- die Rechtsbeziehungen zwischen den Privatpersonen, die einander prinzipiell gleichberechtigt gegenüberstehen,
- die Rechtsbeziehungen zwischen den Privatpersonen und der organisierten Staatlichkeit (Staat im engeren Sinne),
- die Rechtsbeziehungen innerhalb der organisierten Staatlichkeit.

Alle drei Arten von Rechtsbeziehungen finden sich auch grenzüberschreitend, keineswegs nur, aber besonders intensiv in der Europäischen Union, wobei anstelle der organisierten Staatlichkeit dann von der Hoheitsgewalt der EU oder dem Hoheitsverband der EU zu sprechen ist.

3. Stellung des Staatsorganisationsrechts im Rechtssystem (inkl. unionsrechtlicher und völkerrechtlicher Bezüge)

Abgeleitet aus den genannten grundlegenden Rechtsbeziehungen lässt sich ein Überblick über das Rechtssystem gewinnen und die Stellung des Staatsorganisationsrechts darin bestimmen. 6

Die Rechtsbeziehungen zwischen den prinzipiell gleichgeordneten Privatpersonen sind Gegenstand des Privatrechts. Die besondere Rechtsmacht der organisierten Staatlichkeit ist Gegenstand des Öffentlichen Rechts. Infolge der Monopolisierung der Gewaltausübung (Gewaltmonopol) beim Staat ist auch das Strafrecht zu einer Materie des Öffentlichen Rechts geworden, das jedoch aufgrund seiner vorstaatlichen Wurzeln und seines spezifischen Zwecks ein eigenes Fachgebiet bildet. Das **Öffentliche Recht** (im eigentlichen oder engeren Sinne) lässt sich weiter gliedern in das **Staatsrecht** und in das **Verwaltungsrecht**. Das Staatsrecht umfasst die für das konkrete Staatswesen maßgeblichen Grundentscheidungen über die Bildung, Ausübung und Kontrolle der Staatsgewalt – das ist das **Staatsorganisationsrecht** –, über das Verhältnis zwischen der organisierten Staatlichkeit und den Individuen bzw. der Gesellschaft – dies ist Gegenstand des Grundrechtsabschnitts – sowie über das Verhältnis des Staates nach außen, das in den „Staatsrecht III" genannten Vorlesungen vertieft behandelt wird. Der Gegenstand des Völkerrechts ist demgegenüber das Recht, das von Staaten für ihr Verhältnis untereinander gesetzt wird. Das allgemeine und besondere Verwaltungsrecht umfasst die inhaltlichen und verfahrensbezogenen Regelungen über die verschiedensten Betätigungsfelder der Exekutive (= vollziehenden Gewalt), von denen beispielhaft das Polizeirecht, das Baurecht und das Kommunalrecht genannt seien. Da das Staatsrecht die Grundentscheidungen über die organisierte Staatlichkeit sowie ihr Verhältnis zur Gesellschaft umfasst, ist es von grundlegender Bedeutung für das Verwaltungsrecht. Verwaltungsrecht ist vor allem im Bereich des Gefahrenabwehrrechts zum großen Teil „konkretisiertes Verfassungsrecht"[12].

---

11 Vgl. *Ch. Herrmann*, Die Rechtsverhältnisse des Verfassungsrechts, Jura 2006, 576 (577 f.); *Herrmann* unterteilt die Rechtsbeziehungen innerhalb der organisierten Staatlichkeit in den Rechtskreis der Verfassungsverbände, also Bund, Länder, Gemeinden und Landkreise und den Rechtskreis der Verfassungsorgane und -organteile; daneben besteht der völker- und europarechtliche Rechtskreis, der die Beziehung Deutschlands zu anderen Staaten, internationalen und supranationalen Organisationen betrifft.

12 Dieser vielzitierte Ausspruch stammt vom ehemaligen Präsidenten des Bundesverwaltungsgerichts *Fritz Werner*, Verwaltungsrecht als konkretisiertes Verfassungsrecht, DVBl. 1959, 527 ff.

7 Der Begriff des **Verfassungsrechts** wird vielfach identisch mit dem Begriff des Staatsrechts gebraucht (materielles Verständnis).[13] Zuweilen bezeichnet er nur das in der jeweiligen Verfassungsurkunde niedergelegte Staatsrecht (formelles Verständnis).[14] Soweit der Begriff auf den Inhalt einer Verfassungsurkunde verweist, kann er auch vollkommen vom Staatsbegriff gelöst werden[15]: Die Verwendung des Verfassungsbegriffs reicht von der Betriebsverfassung über die Kommunalverfassung und die Verfassung der Europäischen Union[16] bis hin zur Verwendung des Verfassungsbegriffs im Völkerrecht.[17]

8 Das Herzstück des Staatsrechts der Bundesrepublik Deutschland findet sich im Grundgesetz, erschöpft sich darin aber nicht, geht also über das Verfassungsrecht im formellen Sinne hinaus. Einfache Gesetze, die staatsrechtliche Regelungen enthalten, sind etwa das Staatsangehörigkeitsgesetz, das Bundeswahlgesetz, das Gesetz über die Wahl des Bundespräsidenten, das Bundesministergesetz oder das Abgeordnetengesetz. Auch Geschäftsordnungen können staatsrechtlichen Inhalt haben, etwa die Geschäftsordnungen des Bundestages, des Bundesrates oder der Bundesregierung. Ganz überwiegend finden sich entsprechende Rechtssetzungsbefugnisse in der Verfassungsurkunde selbst,[18] worin sich die grundlegende Funktion der Verfassung für die gesamte Rechtsordnung zeigt.

9 Festzuhalten ist, dass das Staatsorganisationsrecht der Teil des Staatsrechts und damit des Öffentlichen Rechts ist, der sich mit den grundlegenden Entscheidungen über die Konstituierung der Staatsorgane, deren Aufgaben und Rechtsverhältnisse untereinander sowie den Staatsfunktionen und deren Kontrolle befasst.

4. Verfassungsauslegung

10 Erkenntnisziel der Rechtswissenschaft als **Rechtsdogmatik**[19] ist es, den Sinn von Rechtssätzen zu ermitteln. Diese Frage stellt sich im Hinblick auf den Sinnzusammenhang innerhalb einer Rechtsordnung wie auch im Hinblick auf den Sinn (die Bedeu-

---

13 *H. Kelsen*, Allgemeine Staatslehre, 1925 (Nachdruck 1966), S. 252 f.

14 *R. Zippelius/Th. Würtenberger*, Staatsrecht, 33. Aufl. 2018, § 5 Rn. 7, S. 40 f.

15 *A. Peters*, Elemente einer Theorie der Verfassung Europas, 2001, Teil 2: Ablösung der Verfassung vom Staat, S. 95 ff. mwN.

16 In bewusster Abgrenzung zum staatsrechtlichen Verfassungsbegriff wurde allerdings häufig vom „Verfassungsvertrag" bzw. „Vertrag über eine Verfassung für Europa" gesprochen, s. etwa die Terminologie im Gesetzentwurf, BT-Dr. 15/4900 oder *K.H. Fischer*, Der Vertrag für eine Verfassung der Europäischen Union, 2004. Der Verfassungsvertrag scheiterte bekanntlich. Stattdessen trat vom 1.12.2009 der Vertrag von Lissabon in Kraft.

17 Insbesondere die Europäische Menschenrechtskonvention wird als eine die nationalen Verfassungen ergänzende Teilverfassung bezeichnet, vgl. *Ch. Walter*, Die Europäische Menschenrechtskonvention als Konstitutionalisierungsprozess, ZaöRV 59 (1999), 961 (964); *F. Hoffmeister*, Die Europäische Menschenrechtskonvention als Grundrechtsverfassung und ihre Bedeutung in Deutschland, Staat 2001, 349 ff.; für Verfassungsregelungen des Völkerrechts (Gewaltverbot, Menschenrechte) s. *R. Uerpmann*, Internationales Verfassungsrecht, JZ 2001, 565 ff.; *Ph. Kunig*, Völkerrecht als Öffentliches Recht – Ein Glasperlenspiel, in: Gedächtnisschrift für Eberhard Grabitz, 1995, S. 325 ff.

18 S. Art. 38 Abs. 3 GG für das BWahlG, Art. 45c Abs. 2 GG für das Gesetz über die Befugnisse des Petitionsausschusses des Bundestages; Art. 94 Abs. 2 Satz 1 GG für das BVerfGG; Art. 48 Abs. 3 GG für weite Teile des AbgG, hingegen ohne entsprechende grundgesetzliche Ermächtigung das Untersuchungsausschussgesetz (PUAG) oder das BMinG; Geschäftsordnungsautonomie ist für den Bundestag in Art. 40 Abs. 1 Satz 2 GG, für den Bundesrat in Art. 52 Abs. 3 Satz 2 GG und für die Bundesregierung in Art. 65 Satz 4 GG vorgesehen.

19 Demgegenüber fragt die Rechtsphilosophie losgelöst vom geltenden Recht nach der Idee des Rechts und in diesem Zusammenhang nach der Gerechtigkeit (so entwickelte 1971 der Rechtsphilosoph *J. Rawls* in „A Theory of Justice" die vertragstheoretische Konzeption der Gerechtigkeit als Fairness, s. hierzu *W. Kersting*, Die politische Philosophie des Gesellschaftsvertrags, 1994, S. 259 ff.); die Rechtstheorie fragt nach den Funktionsbedingungen des Rechts; die Rechtssoziologie fragt empirisch nach den Wirkungen des Rechts; die Rechtsgeschichte erforscht dogmengeschichtlich oder spezifisch historisch die Gründe und Formen des Rechtswandels, näher hierzu *N. Horn*, Einführung in die Rechtswissenschaft und Rechtsphilosophie, 5. Aufl. 2011, § 3 Rn. 55 ff.

tung) eines Rechtssatzes in Bezug auf ein konkretes Problem.[20] Mit der Frage nach Sinn und Bedeutung eines von Menschen geschaffenen Gegenstandes erweist sich die Rechtswissenschaft als eine hermeneutische Wissenschaft. Hermeneutik ist die Lehre vom Sinnverstehen. Rechtsdogmatik ist Bestandteil der Rechtswissenschaft, weil und soweit sie ergebnisoffen mit rational nachvollziehbaren Methoden nach dem Sinn von Rechtssätzen fragt.[21] Da ihr Gegenstand das geltende Recht ist, ist sie von herausragender Bedeutung für Ausbildung und Praxis. Die anderen Disziplinen der Rechtswissenschaft werden insoweit richtig als Grundlagenfächer bezeichnet, als sie die historischen, philosophischen, soziologischen und theoretischen Grundlagen vermitteln, die einen kritischen Umgang mit dem geltenden Recht ermöglichen, zu seinem richtigen Verständnis beitragen und es für neue Entwicklungen offenhalten.

Den für die Rechtswissenschaft (Rechtsdogmatik) klassischen Kanon von **Auslegungsmethoden** hat *Friedrich Carl von Savigny* (1779–1861) formuliert.[22] Ausgangsbasis und Grenze der Auslegung ist der **Wortlaut** eines Rechtssatzes. Die verwendeten Begriffe sind jedoch in der Regel unscharf. Dies zeigt sich selbst bei vermeintlich eindeutigen Bestimmungen angesichts konkreter Streitfälle, die den Text zum Problem werden lassen. 11

So stellte sich etwa angesichts der Vertrauensfragen von Bundeskanzler *Kohl* und später von Bundeskanzler *Schröder* auf der Grundlage des Art. 68 Abs. 1 GG das Problem, ob diese Frage rein formal und mit dem Ziel, die Rechtsfolge der Parlamentsauflösung herbeizuführen, gestellt werden darf oder ob sie wahrhaftig auf die parlamentarische Bestätigung des Vertrauens in den Kanzler gerichtet sein muss.[23] Auch der Wortlaut des Art. 22 Abs. 2 GG: „Die Bundesflagge ist schwarz-rot-gold." ist nicht eindeutig, denn er sagt nichts über die Anordnung der Farben, etwa ob es sich um Kreise oder Farbstreifen handelt, um eine horizontale oder vertikale Ausrichtung.

Um die Mehr- bzw. Vieldeutigkeit von Begriffen zu reduzieren, kommen als weitere Auslegungsmethoden die systematische, die teleologische und die historische Auslegung zur Anwendung.

Die **systematische Auslegung** fragt nach dem Sinn des Wortlauts im Zusammenhang mit dessen Stellung im Gesetz als Ganzes. So folgt etwa aus der Bindung des Gesetzgebers an die Grundrechte gemäß Art. 1 Abs. 3 GG, dass der Begriff „Akt der öffentlichen Gewalt" im Zusammenhang mit der Verfassungsbeschwerde vor dem Bundesverfassungsgericht gemäß Art. 93 Abs. 1 Nr. 4a GG Parlamentsgesetze umfasst. Aus dem Verwerfungsmonopol des Bundesverfassungsgerichts für Parlamentsgesetze (Argument aus Art. 93 Abs. 1 Nr. 4a GG, Art. 100 GG) ergibt sich demgegenüber, dass Rechtsschutz durch die in Art. 19 Abs. 4 GG 12

20 S. dazu *U. Mager*, „Ist die Jurisprudenz eine Wissenschaft?", JA Sonderheft 2006, 33 (34): Die Erfassung des Sinnzusammenhangs innerhalb einer Rechtsordnung lässt sich in Anschluss an *Rudolf von Jhering* (1818–1892) als theoretische Rechtsdogmatik, in Bezug auf ein konkretes Problem als praktische Rechtsdogmatik bezeichnen, vgl. *R. v. Jhering*, Ist die Jurisprudenz eine Wissenschaft?, Wiener Antrittsvorlesung vom 16. Oktober 1868. Aus dem Nachlass herausgegeben und mit einer Einführung, Erläuterungen sowie einer wissenschaftlichen Einordnung versehen von *Okko Behrends*, 1998, S. 47 (79 ff.); zur Begriffs- und Interessenjurisprudenz s. *N. Horn*, Einführung in die Rechtswissenschaft und Rechtsphilosophie, 5. Aufl. 2011, § 6 Rn. 149–154.

21 S. dazu *U. Mager*, „Ist die Jurisprudenz eine Wissenschaft?", JA Sonderheft 2006, 33 ff.

22 *F.C. von Savigny*, System des heutigen Römischen Rechts, Band I, 1840, Viertes Kapitel: Auslegung der Gesetze, § 33 Grundregeln der Auslegung, S. 212 ff.; anstatt teleologischer Auslegung spricht *von Savigny* allerdings von „logischer Auslegung": zwar ist aus dem Gesetzesgrund ggf. auch korrigierend auszulegen, allerdings hält er es für bedenklich, eine ratio legis bei der Auslegung zu berücksichtigen, die im Gesetz selbst keinen Anhalt findet, s. § 34, S. 216 ff.; zu Leben und Werk s. den Abschnitt zu *Friedrich Carl von Savigny*, in: *G. Kleinheyer/J. Schröder* (Hrsg.), Deutsche und Europäische Juristen aus neun Jahrhunderten, 6. Aufl. 2017 mwN.

23 S. dazu BVerfGE 62, 1 ff. – *Vertrauensfrage Kohl*; BVerfGE 114, 121 ff. – *Vertrauensfrage Schröder*; zur Auslegung s. *U. Mager*, Zur Auslegung und Justitiabilität von Art. 68 GG, Jura 2006, 290 ff. und noch unten Rn. 362 ff.

angesprochene Gerichtsbarkeit nicht auf die Nichtigerklärung von Parlamentsgesetzen gerichtet sein kann; der Begriff der „öffentlichen Gewalt" im Sinne des Art. 19 Abs. 4 umfasst daher, trotz gleichen Wortlauts, Legislativakte nicht.[24]

13 Von großer Bedeutung ist die **teleologische Auslegung**, die nach dem Sinn und Zweck einer Rechtsnorm fragt. Sinn und Zweck des Art. 19 Abs. 4 GG ist die Gewährleistung von Rechtsschutz durch Gerichte, also Richter. Würden Akte der Judikative zur öffentlichen Gewalt im Sinne des Art. 19 Abs. 4 GG gezählt, so führte dies zur Garantie eines Rechtsschutzes vor dem Richter, mit anderen Worten zur Garantie eines unendlichen Instanzenzuges. Daraus wird gefolgert, dass der Begriff „öffentliche Gewalt" im Rahmen der Rechtsweggarantie ausschließlich Akte der vollziehenden Gewalt meint.[25]
Als weiteres Beispiel lässt sich der Zweck des Art. 68 GG, auf Regierungsstabilität hinzuwirken, anführen, aus dem sich ein teleologisches Argument gegen eine rein formale Lesart des Vertrauensbegriffs im Rahmen der Vertrauensfrage des Bundeskanzlers und damit gegen dessen Umfunktionierung zu einem Instrument der Parlamentsauflösung gewinnen lässt. Einen Sonderfall systematisch-teleologischer Auslegung stellt es dar, wenn der Verfassung insgesamt ein Sinn und Zweck zugewiesen wird, in dessen Lichte alle Verfassungsnormen auszulegen sind.[26]

14 Innerhalb der historischen Auslegung ist die Entstehungsgeschichte (**genetische Auslegung**) und die Dogmengeschichte (**historische Auslegung** ieS.) zu unterscheiden. Die *Entstehungsgeschichte* fragt nach den Gründen und Umständen für den Erlass einer Norm. Sie hat eine Nähe zur subjektiven Auslegungsmethode, die nach dem Willen und den Vorstellungen des historischen Gesetzgebers fragt. Diese Auslegungsmethode kann von besonderem Respekt gegenüber dem parlamentarischen Gesetzgeber zeugen und insoweit besonders demokratisch sein; sie hat jedoch den Nachteil, dass tatsächliche Entwicklungen, die der historische Gesetzgeber nicht vorhergesehen hat, bei der Gesetzesauslegung unberücksichtigt bleiben. Das Bundesverfassungsgericht bevorzugt daher die objektive – an Wortlaut, Zusammenhang und Sinn orientierte – Auslegungsmethode,[27] womit der Entstehungsgeschichte nur eine untergeordnete, bestätigende Rolle für die Sinnermittlung eines Rechtssatzes zukommt. Entsprechend größer ist der Einfluss der Rechtsprechung.

15 Ebenfalls nur von untergeordneter Bedeutung ist in der Regel die **historisch-dogmengeschichtliche** Auslegung. Sie beleuchtet eine Rechtsnorm im Lichte ihrer Vorläuferbestim-

---

24 BVerfGE 10, 264 (267 f.) – *bayr. Kostengesetz*: „Die Bedeutung des Art. 19 Abs. 4 liegt vornehmlich darin, dass er ‚Selbstherrlichkeit' der vollziehenden Gewalt im Verhältnis zum Bürger beseitigt."; s. auch BVerfGE 107, 395 (404 f.) – *Fachgerichtlicher Rechtsschutz* mwN., insbesondere mit historischer Auslegung (Vorgängervorschriften der Paulskirchenverfassung und der Weimarer Reichsverfassung).

25 So das Bundesverfassungsgericht in st. Rspr., vgl. BVerfGE 15, 275 (280 f.) – *Rechtsweg*; BVerfGE 65, 76 (90) – *Offensichtlichkeitsentscheidungen* mit der auf *G. Dürig* zurückgehenden Formel „Denn Art. 19 Abs. 4 GG gewährt Schutz durch den Richter, nicht gegen den Richter." S. dazu noch unten Rn. 537 mit einer differenzierenden Lösung und Kritik an BVerfGE 107, 395 ff. – *Fachgerichtlicher Rechtsschutz* zur Nichtgewährung rechtlichen Gehörs durch den Richter.

26 S. etwa die Integrationslehre von *Rudolf Smend*, Verfassungslehre und Verfassungsrecht, 1928, in: *ders.*, Staatsrechtliche Abhandlungen und andere Aufsätze, 3. Aufl. 1994, S. 119. Einführend zu *Smends* Leben und Lehre s. *Chr. Bickenbach*, Rudolf Smend (1882–1975) – Grundzüge der Integrationslehre, JuS 2005, 589 ff.; zu den Auswirkungen einer Auslegung nach Maßgabe vermeintlicher Verfassungsgrundentscheidungen s. auch *U. Mager*, Einrichtungsgarantien, 2003, 4. Kapitel I 1, S. 35 ff.

27 BVerfGE 1, 299 (312) – *Wohnungsbauförderung*; 36, 342 (362) – *nds. Besoldungsgesetz*; 74, 102 (116) – *Erziehungsmaßregel*. „Maßgebend für die Auslegung einer Gesetzesbestimmung ist der in dieser zum Ausdruck kommende objektivierte Wille des Gesetzgebers, so wie er sich aus dem Wortlaut der Gesetzesbestimmung und dem Sinnzusammenhang ergibt, in den diese hineingestellt ist. Nicht entscheidend ist dagegen die subjektive Vorstellung der am Gesetzgebungsverfahren beteiligten Organe oder einzelner ihrer Mitglieder über die Bedeutung der Bestimmung. Der Entstehungsgeschichte einer Vorschrift kommt für deren Auslegung nur insofern Bedeutung zu, als sie die Richtigkeit einer nach den angegebenen Grundsätzen erhaltenen Auslegung bestätigt oder Zweifel behebt, die auf dem angegebenen Weg allein nicht ausgeräumt werden können."

mungen sowie der historischen Hintergründe. Letztere sind es, die aus der Bestimmung zur Bundesflagge gemäß Art. 22 Abs. 2 GG eine eindeutige Bestimmung machen.[28] Für die historische Auslegung des Grundgesetzes sind insbesondere die Verfassung der Frankfurter Paulskirche von 1849 sowie die Weimarer Reichsverfassung zu berücksichtigen.[29] In der noch jungen Bundesrepublik haben Verfassungsrechtsprechung und Verfassungsrechtswissenschaft das Grundgesetz vielfach im Lichte der Erfahrungen der Weimarer Republik interpretiert.[30] Mit den Jahren hat jedoch der Rückgriff auf die Weimarer Erfahrungen an Bedeutung verloren. Im Zusammenhang mit den Katalogen über die Gesetzgebungsmaterien in den Art. 73 und 74 GG betont das Bundesverfassungsgericht allerdings nach wie vor die historische Auslegung mit der Begründung, dass in diesem Bereich die Begriffe an das historisch gewachsene Verständnis anknüpfen.[31]

16 Wie die Beispiele bereits gezeigt haben, sind die klassisch hermeneutischen Auslegungsmethoden auch auf die Normen des Verfassungsrechts anwendbar. Allerdings stellen Verfassungsnormen regelmäßig besonders hohe Anforderungen an die Kunst der Auslegung. Dies liegt an dem grundlegenden Charakter der Verfassung, der zur Folge hat, dass ein Großteil der Verfassungsnormen **Prinzipiencharakter**[32] aufweisen. Dies hat wiederum zur Folge, dass die Auslegungsarbeit darin besteht, angesichts eines konkreten Streitfalles aus den angesprochenen, möglicherweise gegenläufigen Prinzipien den Rechtssatz, der den Streitfall einer Lösung zuführt, überhaupt erst zu schaffen.[33] Insoweit wird von einer **hermeneutisch-konkretisierenden Auslegungsmethode** oder einer **topisch-problemorientierten Auslegungsmethode** gesprochen, je nachdem, ob die Auslegung vom Verfassungstext oder vom Problem dominiert wird.[34] In jedem Fall folgt aus dem weitgehend prinzipienhaften und/oder nur Rahmen gebenden Charakter der Verfassung, dass es für das Studium des Verfassungsrechts von größter Bedeutung ist, die grundlegenden Entscheidungen des Bundesverfassungsgerichts[35] zu lesen, nachzuvollziehen und zu verstehen. Hierzu sind die wichtigsten Entscheidungen in den einzelnen Kapiteln nachgewiesen. Im Anhang findet sich eine Zusammenstellung.

17 Angesichts der europäischen und internationalen Einbindung der Bundesrepublik Deutschland kann im Einzelfall auch eine **europarechtskonforme** oder **völkerrechtsfreundliche Auslegung** nötig sein.[36] Grenze ist jedoch stets der Wortlaut.[37] Darüber hinaus

---

28 S. *P.M. Huber*, in: *Sachs*, Art. 22 Rn. 9.

29 S. dazu näher unten Rn. 20 ff.

30 Vgl. etwa BVerfGE 2, 1 (11) – *SRP-Urteil*: das Parteiverbotsverfahren nach Art. 21 Abs. 2 GG als Grenze der Parteienfreiheit, „belehrt durch die Erfahrungen der jüngsten Vergangenheit" oder BVerfGE 6, 32 ff. – *Elfes*: als Reaktion auf die „leerlaufenden" Grundrechte der Weimarer Reichsverfassung von 1919, errichtete das Grundgesetz eine „wertgebundene Ordnung", in der die obersten Prinzipien der Verfassung gegen Verfassungsänderungen geschützt sind und die dem Einzelnen mit der Verfassungsbeschwerde die Befugnis einräumt, sowohl die materielle als auch die formelle Vereinbarkeit eines Gesetzes durch das Bundesverfassungsgericht prüfen zu lassen, da nur ein Gesetz, das auch formell verfassungsmäßig ist, der „verfassungsmäßigen Ordnung" entspricht und mithin die allgemeine Handlungsfreiheit nach Art. 2 Abs. 1 GG einschränken kann.

31 S. BVerfGE 61, 149 (174 ff.) – *Amtshaftung*; BVerfGE 134, 33, Rn. 58 – *Therapieunterbringungsgesetz*.

32 S. dazu *R. Alexy*, Theorie der Grundrechte, 1. Aufl. 1985, S. 15 ff. und zum Prinzipienbegriff, S. 71 ff.

33 S. zB. zum Status des fraktionslosen Abgeordneten BVerfGE 80, 188 ff. – *Wüppesahl*.

34 S. dazu *E.-W. Böckenförde*, Die Methoden der Verfassungsinterpretation, NJW 1976, 2089 ff., zur topisch-problemorientierten Auslegung a. a. O., S. 2091, zur hermeneutisch-konkretisierenden Methode a. a. O., S. 2095.

35 S. zum Bundesverfassungsgericht unten Rn. 550 ff.

36 Der Grundsatz der Völkerrechtsfreundlichkeit des Grundgesetzes wird vom Bundesverfassungsgericht aus Art. 1 Abs. 2, 23–26 und 59 Abs. 2 GG abgeleitet; BVerfGE 63, 343 (370) – *Rechtshilfevertrag*; 111, 307 (317 f.) – *Görgülü*; 128, 326, Leitsatz 2 – *Sicherungsverwahrung II*; s. dazu *T. Hofmann*, Der Grundsatz der völkerrechtsfreundlichen Auslegung, Jura 2013, 326 ff.

37 Selbst die oftmals sehr weitgehende europarechtskonforme Auslegung findet ihre Grenzen in der „Ausschöpfung des Beurteilungsspielraums, den (…) das nationale Recht einräumt", EuGH, C-14/83, Slg. 1984, 1891 – *v. Colson u. Karmann*, Rn. 28, abgedruckt in *U. Mager/D. Herrmann*, Höchstrichterliche Rechtsprechung

kann der Anwendungsvorrang des Unionsrechts eine Analogie erfordern. So überschreitet die Umwandlung von Deutschen-Grundrechten in Unionsbürger-Grundrechte zur Vermeidung eines Verstoßes gegen das unionsrechtliche Diskriminierungsverbot wegen der Staatsangehörigkeit die Möglichkeiten europarechtskonformer Auslegung. Das europarechtlich gebotene Ergebnis der Gleichbehandlung von Deutschen und nichtdeutschen Unionsbürgern muss auf anderem Wege erreicht werden. Da die allgemeine Handlungsfreiheit gemäß Art. 2 Abs. 1 GG als Auffanggrundrecht für eine europarechtskonforme Auslegung zur Verfügung steht,[38] fehlt es an einer planwidrigen Lücke und bedarf es daher keiner Analogie. Die Erstreckung der Grundrechtsträgerschaft von inländischen juristischen Personen auf juristische Personen mit Sitz in EU-Mitgliedstaaten hat das Bundessverfassungsgericht dagegen als „Anwendungserstreckung“ bezeichnet, die durch den Anwendungsvorrang des Unionsrechts geboten sei.[39] In der Sache handelt es sich um eine Analogie.[40]
Im Wege völkerrechtsfreundlicher Auslegung interpretiert das Bundesverfassungsgericht nicht selten Grundrechte mit Blick auf die Garantien der Europäischen Menschenrechtskonvention.[41] „Der Text der Europäischen Menschenrechtskonvention und die Rechtsprechung des Europäischen Gerichtshofs für Menschenrechte dienen auf der Ebene des Verfassungsrechts als Auslegungshilfen für die Bestimmung von Inhalt und Reichweite von Grundrechten und rechtsstaatlichen Grundsätzen des Grundgesetzes.“[42] Die Grenzen dieser völkerrechtsfreundlichen Auslegung ergeben sich ebenfalls aus dem Grundgesetz. Verbindliche Wirkung für die Verfassungsauslegung kommt der EMRK nicht zu, denn sie hat innerstaatlich nur den Rang eines einfachen Gesetzes.[43]

18 Alle hier angesprochenen Auslegungsmethoden stehen zueinander in einem Verhältnis der gegen- und wechselseitigen Ergänzung und schließen sich nicht aus. Ein Auslegungsergebnis ist umso überzeugender, je mehr die Anwendung der verschiedenen Methoden zu demselben Ergebnis führt.

Literatur: *R. Alexy*, Theorie der juristischen Argumentation, 7. Aufl. 2012; *E.-W. Böckenförde*, Die Methoden der Verfassungsinterpretation, NJW 1976, 2089; *T. Darnstädt*, Die Auslegung des Grundgesetzes durch das Bundesverfassungsgericht, NJW 2019, 1580; *M. Herdegen*, Verfassungsin-

zum Europarecht, 2004, Entscheidung Nr. 15, S. 69 ff. einschließlich Vertiefungsfragen; zumindest nach deutschem Recht darf einer eindeutigen nationalen Regelung kein entgegenstehender Sinn gegeben werden, vgl. *H.D. Jarass/S. Beljin*, Unmittelbare Anwendung des EG-Rechts und EG-rechtskonforme Auslegung, JZ 2003, 768 (775); allerdings ist im Unionsrecht die besondere Bedeutung des Anwendungsvorranges zu berücksichtigen, die zur Unanwendbarkeit nationaler Bestimmungen, sogar von Verfassungsrang, führen kann, vgl. EuGH, C-285/98, Slg. 2000, I-69 – *Tanja Kreil*, abgedruckt in *U. Mager/D. Herrmann*, a. a. O., S. 266 ff., Entscheidung Nr. 50: in Folge des Urteilsspruches wurde Art. 12a Abs. 4 Satz 2 GG dahingehend geändert, dass Frauen der freiwillige Zugang zum Dienst an der Waffe eröffnet wurde.

38 S. hierzu *H. Bauer/W. Kahl*, Europäische Unionsbürger als Träger von Deutschengrundrechten?, JZ 1995, 1077 ff., die für eine europarechtskonforme Auslegung der allgemeinen Handlungsfreiheit nach Art. 2 Abs. 1 GG eintreten.

39 BVerfGE 129, 78 (94 ff.) – *Designermöbel*.

40 S. *M. Ludwigs*, Grundrechtsberechtigung ausländischer Rechtssubjekte, JZ 2013, 434 ff.

41 Die EMRK als „Auslegungshilfe für die Bestimmung von Inhalt und Reichweite von Grundrechten und rechtsstaatlichen Grundsätzen des Grundgesetzes“, BVerfGE 74, 358 (370) – *Unschuldsvermutung*; BVerfGE 128, 326 (367 ff.) – *Sicherungsverwahrung II*. In der sog. *Spanierentscheidung*, BVerfGE 31, 58 ff., legte das Bundesverfassungsgericht den in Art. 6 Abs. 1 GG verankerten Schutz von Ehe und Familie ua. unter Hinweis auf Art. 12 EMRK dahingehend aus, dass nicht nur die Abwehr staatlicher Beeinträchtigungen, sondern auch die Freiheit, eine Ehe mit einem selbstgewählten Partner einzugehen, vom Schutzbereich umfasst ist; s. hierzu *U. Mager*, Einrichtungsgarantien, 2003, S. 202 f.

42 BVerfGE 148, 296 (Ls. 3a) – *Beamtenstreik*.

43 Völkerrechtliche Verpflichtung und Ausmaß innerstaatlicher Verbindlichkeit sind zwei unterschiedliche Kategorien: die rechtliche Bedeutung der EMRK und deren Auslegung durch den EGMR erschöpft sich in einer Berücksichtigungspflicht und ggf. Pflicht zu nachvollziehbarer Begründung divergierender Entscheidungen, BVerfGE 111, 307 (323 f.) – *Görgülü*; 128, 326 (367 ff.) – *Sicherungsverwahrung II*; 134, 242 (Rn. 266) – *Garzweiler*; 148, 296 (Rn. 126 ff.) – *Beamtenstreik*; s. hierzu noch unten Rn. 599 ff.

terpretation als methodische Disziplin, JZ 2004, 873; *T. Hofmann,* Der Grundsatz der völkerrechtsfreundlichen Auslegung, Jura 2013, 326; *U. Mager,* „Ist die Jurisprudenz eine Wissenschaft", JA Sonderausgabe 2006, 33; *Fr. Müller/R. Christensen,* Juristische Methodik, Band I – Grundlagen, Öffentliches Recht, 11. Aufl. 2013; *B. Schlink,* Abschied von der Dogmatik. Verfassungsrechtsprechung und Verfassungsrechtswissenschaft im Wandel, JZ 2007, 157; *Ch. Starck,* Maximen der Verfassungsauslegung, in: HStR XII, 3. Aufl. 2009, § 271; *A. Voßkuhle,* Der Wandel der Verfassung und seine Grenzen, JuS 2019, 417; *R. Zippelius,* Juristische Methodenlehre, 11. Aufl. 2012.

Rechtsprechung: Zur völkerrechtsfreundlichen Auslegung BVerfGE 148, 296 – Beamtenstreik; Zur Auslegung des Grundgesetzes s. beispielhaft BVerfGE 4, 96 – Tariffähigkeit; 61, 149 – Staatshaftungsgesetz; 62, 1 – Auslegung von Art. 68 GG.

Erster Teil: Verfassungsgeschichtliche Grundlagen, Entstehungsgeschichte, Entwicklungsgeschichte

19 Verfassungstexte sind Zeugnis und Ergebnis geschichtlicher Erfahrungen mit gesellschaftlicher Ordnung und Ausübung von Herrschaft. Sie bedürfen zu ihrem rechten Verständnis daher der Einordnung in die geschichtliche Entwicklung. Hier soll dennoch kein verfassungsgeschichtlicher Abriss geliefert werden.[1] Im Folgenden geht es allein darum, auf die Verfassungstexte und -entwicklungen hinzuweisen, die für das Verständnis und die Auslegung des Grundgesetzes noch heute von Bedeutung sind.

1. Kapitel: Verfassungsgeschichtliche Grundlagen

20 Das Grundgesetz der Bundesrepublik Deutschland steht in der Tradition der freiheitlich-demokratischen Verfassungsordnungen der westlichen Welt, deren ideengeschichtliche Grundlagen sich in der **Aufklärung** und im rationalistischen **Naturrecht** finden.[1]

1.1 Meilensteine der neuzeitlichen Verfassungsgeschichte

21 Meilensteine in dieser neuzeitlichen Verfassungsgeschichte sind die **Verfassung der Vereinigten Staaten** von 1787, die 1789 um Grundrechte ergänzt wurde, sowie die französische **Erklärung der Menschen- und Bürgerrechte** von 1789. Es handelt sich um die ersten Verfassungen, die auf der Idee des Gesellschaftsvertrages[2] sowie der Freiheit und Gleichheit der Bürger beruhen, auch wenn letztere zunächst noch höchst unvollkommen verwirklicht war.[3] Die Verfassung der Vereinigten Staaten gab darüber hinaus ein Beispiel für eine neuzeitliche bundesstaatliche Verfassung.[4]

22 **Menschenrechtsidee, Gewaltenteilung, Bundesstaatsprinzip** und die Einrichtung eines Obersten **Verfassungsgerichts**, das den Vorrang des Verfassungsrechts durchsetzt, entfalteten Vorbildwirkung für die Verfassungsentwicklung in Deutschland.[5] Hierbei traf die Bundesstaatsidee wie auch der Gedanke, politische Konflikte rechtsförmig zu

---

1 Lehrbücher zur Verfassungsgeschichte: *W. Frotscher/B. Pieroth*, Verfassungsgeschichte, 18. Aufl. 2019 (im Folgenden: *W. Frotscher/B. Pieroth*); *C.-F. Menger*, Deutsche Verfassungsgeschichte der Neuzeit, 8. Aufl. 1993 (im Folgenden: *C.-F. Menger*); *D. Willoweit/S. Schlinker*, Deutsche Verfassungsgeschichte, 8. Aufl. 2019 (im Folgenden: *D. Willoweit/S. Schlinker*); *M. Kotulla*, Deutsche Verfassungsgeschichte, 2008.

1 S. hierzu *C.-F. Menger*, 5. Kapitel: Die geistige Welt der französischen Revolution, § 16 Die Aufklärung, S. 70 ff. und § 19 Die Kodifikation naturrechtlicher Theorien in Nordamerika, S. 89 ff.

2 S. dazu *W. Kersting*, Die politische Philosophie des Gesellschaftsvertrags, 1995.

3 Sklaverei (!), kein Frauenwahlrecht; *Olympe de Gouges* (1748–1793) verfasste 1791 in Anlehnung an die Menschenrechtserklärung die Erklärung der Rechte der Frau und Bürgerin (http://olympe-de-gouges.info/Erklaerung-der-Rechte-der-Frau-und-Buergerin.htm). Sie wurde 1793 zum Tode verurteilt und hingerichtet.

4 *W. Frotscher/B. Pieroth*, § 2 Rn. 48 f.

5 Insbes. Art. 16 der Französischen Menschenrechtserklärung von 1789, nach dem eine „Gesellschaft, in der die Garantien der Rechte nicht sichergestellt noch die Trennung der Gewalten verwirklicht ist, (…) keine Verfassung hat.", zeitigt große Wirkung auf den deutschen Konstitutionalisierungsprozess, s. hierzu *H. Dippel*, Der Verfassungsdiskurs im ausgehenden 18. Jahrhundert und die Grundlegung einer liberaldemokratischen Verfassungstradition in Deutschland, in: *ders.* (Hrsg.), Die Anfänge des Konstitutionalismus in Deutschland, 1991, S. 10 f.; zum Konstitutionalismus s. auch *D. Bock*, Der deutsche Konstitutionalismus im 19. Jahrhundert – ein Überblick, JA 2005, 363 ff.; für den Einfluss der Menschenrechtsidee s. *K. Stern*, Ideen der Menschenrechte und Positivität der Grundrechte, HStR IX, 3. Aufl. 2011, § 184 Rn. 18 ff. und *C.-F. Menger*, § 19 Rn. 180.

lösen, auf vorbereiteten und damit besonders fruchtbaren Boden, denn die deutsche Geschichte ist bereits seit dem Heiligen Römischen Reich Deutscher Nation eine Geschichte des Föderalismus[6] und die juristische Lösung des konfessionellen Konflikts durch den Augsburger Religionsfrieden 1555 und den Westfälischen Frieden 1648 dürfte zu den Schlüsselerfahrungen in der deutschen Geschichte zählen.

1.2 Verfassung der Frankfurter Paulskirche

Das Heilige Römische Reich Deutscher Nation war 1806 mit der von *Napoleon* erzwungenen Abdankung von *Kaiser Franz II.* untergegangen. Die Neuordnung Europas nach dem Sieg über Napoleon auf dem Wiener Kongress 1815 war auf Wiederherstellung überkommener Herrschaftsformen gerichtet und brachte den Angehörigen deutscher Sprache und Kultur keine neue staat(srecht)liche Einheit. Die Deutsche Bundesakte vom 8. Juni 1815 stellte einen völkerrechtlichen Vertrag dar und begründete einen Staatenbund von 39 souveränen Staaten.[7] Der Bundestag als Hauptorgan mit Sitz in Frankfurt hatte keine eigenständigen Rechtssetzungsbefugnisse.[8] 23

Die freiheitlich-demokratischen sowie nationalstaatlichen Bestrebungen[9] in der Bevölkerung der deutschen Monarchien und Fürstentümer brachen sich, ermutigt durch die revolutionären Ereignisse in Frankreich im Februar 1848, in der sog. **Märzrevolution** Bahn.[10] In einer Vielzahl von deutschen Staaten kam es zu verfassungsgebenden Versammlungen.[11] Als Ergebnis der revolutionären Ereignisse fand am 1. Mai 1848 in den deutschen Staaten die Wahl zur **Nationalversammlung** statt, die am 18. Mai 1848 **in der Frankfurter Paulskirche** zusammentrat. Sie beschloss am 27. Dezember 1848 zunächst das „Gesetz betreffend die Grundrechte des deutschen Volkes".[12] Der Beschluss über die gesamte deutsche Reichsverfassung vom 28. März 1849 trat nicht in Geltung, weil der zum Staatsoberhaupt ausersehene preußische *König Friedrich Wilhelm IV.* eine Kaiserkrone aus den Händen des Volkes ablehnte und im weiteren Verlauf der geschichtlichen Ereignisse die Fürsten die Oberhand zurückerlangten (sog. Gegenrevolution).[13] Zum Scheitern der Paulskirchenverfassung trug auch bei, dass die Gründung eines deutschen Bundesstaates den Vielvölkerstaat Österreich vor die faktisch unmögliche Entscheidung stellte, „in das Reich unter Preisgabe der staatlichen Einheit" einzutreten 24

6 *H. Maurer*, Staatsrecht I, § 2 Rn. 23.

7 Vgl. Art. 1 der Wiener Schlussakte vom 15. Mai 1820: „Der deutsche Bund ist ein völkerrechtlicher Verein der deutschen souveränen Fürsten und freien Städte…"; zur Rechtsnatur des Deutschen Bundes s. *E.-R. Huber*, Deutsche Verfassungsgeschichte seit 1789, Band 1: Reform und Restauration 1789–1830, 2. Aufl. 1975, S. 658 und 663 ff.; durch Zusammenschlüsse verringerte sich die Staatenzahl von 41 auf 34 am Ende des Deutschen Bundes, s. *W. Frotscher/B. Pieroth*, § 8 Rn. 254.

8 Art. 10 der Deutschen Bundesakte vom 8. Juni 1815 sah zwar „die Abfassung der Grundgesetze des Bundes und dessen organische Einrichtung in Rücksicht auf seine auswärtigen, militärischen und inneren Verhältnisse vor."; allerdings bedurften diese Rechtsnormen zu ihrer Vollziehbarkeit der landesrechtlichen Publikation, s. *W. Frotscher/B. Pieroth*, § 8 Rn. 255.

9 *C.F. Menger*, § 21 Rn. 212; zur nationalen Bewegung s. auch *D. Willoweit/S. Schlinker*, § 31 I, II; ausführlich zu den Denkern des Liberalismus s. *M. Stolleis*, Geschichte II, S. 156 ff.

10 Ausführlich zur Märzrevolution s. *W. Pöggeler/J. Inhoff*, Die deutsche Revolution 1848/49, JA 1998, 311 ff.

11 Zum Revolutionsverlauf im Einzelnen s. *D. Willoweit/S. Schlinker*, § 31 II 1; s. auch *M. Stolleis*, Geschichte II, S. 268 ff., der auf die besondere Bedeutung der Universitäten im Revolutionsverlauf eingeht.

12 Diese Grundrechte wurden später in die Paulskirchenverfassung vom 28. März 1849 in den Abschnitt IV § 130–189 eingefügt, teilweise abgedruckt zB. in: *W. Frotscher/B. Pieroth*, § 11 Rn. 336 oder in: *I. von Münch/Ph. Kunig*, GGK I, vor dem jeweiligen Grundrecht. Einführend zu Inhalt und Entstehung s. *A. Laufs*, Die Frankfurter Nationalversammlung 1848/1849 – Das erste frei gewählte gesamtdeutsche Parlament und sein Werk, JuS 1998, 385 (389 ff.).

13 *W. Frotscher/B. Pieroth*, § 11 Rn. 329 ff.; *D. Willoweit/S. Schlinker*, § 31 V.

oder die „staatliche Einheit unter Ausscheiden aus dem Reich" zu bewahren[14] (Streit um die großdeutsche oder kleindeutsche Lösung).[15]
Obwohl die Paulskirchenverfassung niemals staatsrechtlich wirksam wurde, entfaltete sie als erste „vollentwickelte Konzeption einer deutschen Gesamtstaatsverfassung"[16] eine kaum zu überschätzende Vorbildwirkung für die weitere Verfassungsentwicklung. Dies gilt vor allem für das Verhältnis von Reich und Ländern, die Repräsentation der Länder im Bund, das Verhältnis von Staatsoberhaupt, Regierung und Parlament zumindest bis zur Weimarer Reichsverfassung sowie für die Grundrechtsentwicklung.[17]

25 Die **Reichsverfassung von 1871**, mit der die staatliche Einheit schließlich verwirklicht wurde, enthielt keine Grundrechte.[18] Gemäß der damals herrschenden rechtspositivistischen Auffassung banden die Grundrechte allein die vollziehende Gewalt[19], die nach der Reichsverfassung im Wesentlichen den Ländern oblag.[20] In deren Verfassungen fanden sich dann auch Grundrechtsverbürgungen.

1.3 Die Weimarer Reichsverfassung

26 Mit der Niederlage im Ersten Weltkrieg und der Novemberrevolution von 1918 verlor die Reichsverfassung von 1871 ihre Gültigkeit. Am 19. Januar 1919 wurde nach den Grundsätzen der allgemeinen, gleichen und geheimen Wahl die **Nationalversammlung** gewählt, die am 6. Februar 1919 im Nationaltheater in **Weimar** zusammentraf. Auf der Grundlage eines Entwurfs des Staatsrechtslehrers *Hugo Preuß* beriet die Versammlung über die Reichsverfassung, die mit erheblichen Abweichungen[21] von diesem Entwurf am 31. Juli 1919 beschlossen und am 11. August 1919 verkündet wurde.[22]

14 *E.-R. Huber*, Deutsche Verfassungsgeschichte seit 1789, Band 2: Der Kampf um Einheit und Freiheit, 3. Aufl. 1988, S. 799; zu weiteren Ursachen s. *K. Griewank*, Ursachen und Folgen des Scheiterns der deutschen Revolution von 1848, in: *E.-W. Böckenförde* (Hrsg.), Moderne deutsche Verfassungsgeschichte, 2. Aufl. 1981, S. 40 ff.

15 Hierzu s. *W. Frotscher/B. Pieroth*, § 11 Rn. 333 f.

16 *E.-R. Huber*, a. a. O. (Fn. 16), S. 821.

17 *J.-D. Kühne*, 150 Jahre Revolution von 1848/49 – ihre Bedeutung für den deutschen Verfassungsstaat, NJW 1988, 1513 ff.; *U. Scheuner*, Die rechtliche Tragweite der Grundrechte in der deutschen Verfassungsentwicklung des 19. Jahrhunderts, in: *E.-W. Böckenförde* (Hrsg.), Moderne deutsche Verfassungsgeschichte, 2. Aufl. 1981, S. 319, 326 ff.

18 *M. Stolleis*, Geschichte II, S. 372; zu den Gründen s. auch *H. Planitz*, Zur Ideengeschichte der Grundrechte, in: *H.C. Nipperdey* (Hrsg.), Die Grundrechte und Grundpflichten der Reichsverfassung, Kommentar zum zweiten Teil der Reichsverfassung, Dritter Band, Art. 143 bis 165, 1930, S. 597, 618 f.

19 *M. Stolleis*, Geschichte II, S. 373 mit Hinweis auf *G. Jellinek*, System der subjektiven öffentlichen Rechte, 1905, S. 102, s. auch *R. Smend*, Bürger und Bourgeois, in: *ders.*, Staatsrechtliche Abhandlungen und andere Aufsätze (1933), 3. Aufl. 1994, S. 309, 314.

20 *E.-R. Huber*, Deutsche Verfassungsgeschichte seit 1789, Band 3: Bismarck und das Reich, 3. Aufl. 1988, S. 961. Daher hielt man auch einen Grundrechtskatalog für unnötig s. *W. Apelt*, Geschichte der Weimarer Verfassung, 2. Aufl. 1964, S. 295.

21 Insbesondere wandte sich *H. Preuß* gegen Einrichtungen der unmittelbaren Demokratie und die Aufnahme eines umfangreichen Grundrechtskatalogs, der wichtige Zeit für die Herstellung der nationalen Einheit kosten könnte, auch hielt er die „föderalen Zugeständnisse" an die Länder für „bedauerlich" s. *E.-R. Huber*, Deutsche Verfassungsgeschichte seit 1789, Band 5: Weltkrieg, Revolution und Reichserneuerung, 1. Aufl. 1978 (Nachdruck 1992), S. 1192 ff., 1179, 1185 mwN.; *J. Mauersberg*, Ideen und Konzeption von Hugo Preuß' für die Verfassung der deutschen Republik 1919 und ihre Durchsetzung im Verfassungswerk von Weimar, 1991, S. 69.

22 Art. 181 WRV: „Das Deutsche Volk hat durch seine Nationalversammlung diese Verfassung beschlossen und verabschiedet. Sie tritt mit dem Tag der Verkündung in Kraft." Zum Verlauf der Revolution, zu Entstehungsgeschichte und Inhalt der Weimarer Reichsverfassung s. *F. Hammer*, Die Verfassung des Deutschen Reichs vom 11. August 1919 – die Weimarer Reichsverfassung, Jura 2000, 57 ff., zu letzterem s. auch *E.-W. Böckenförde*, Der Zusammenbruch der Monarchie und die Entstehung der Weimarer Republik, in: *W. Berg* (Hrsg.), Deutsche Verwaltungsgeschichte, Band 4: Das Reich als Republik und in der Zeit des Nationalsozialismus, 1985, S. 1 ff., 9, 16 ff.

Gemäß Art. 1 Satz 1 WRV war das Deutsche Reich eine **Republik**; Art. 1 Satz 2 WRV bestimmte, dass alle Staatsgewalt vom Volke ausgeht. Die Bundesstaatsstruktur zeigte starke zentralistische Tendenzen. Die Regierung war zwar dem Parlament verantwortlich (parlamentarische Demokratie), war jedoch letztlich vom Wohlwollen des Reichspräsidenten abhängig, der sie ohne Mitwirkung des Reichstags ernannte (Art. 43 WRV). Die **starke Stellung des Reichspräsidenten**, konzipiert in Anlehnung an die Stellung des Kaisers, zeigte sich auch in seinem Recht, den Reichstag aufzulösen (Art. 25 WRV) sowie in seinem Notverordnungsrecht gemäß Art. 48 Abs. 2 WRV, von dem die Reichspräsidenten ausgiebig Gebrauch machten.[23] Während Reichspräsident und Reichsregierung also in der Lage waren, ohne das Parlament zu regieren, wurde dessen politische Handlungsfähigkeit dadurch gehemmt, dass die politischen Differenzen in der Gesellschaft sich gemäß dem verfassungsrechtlich verankerten reinen **Verhältniswahlrecht** (Art. 22 WRV) ungehemmt im Reichstag auswirken konnten. Die Verbindlichkeit der Verfassung schließlich bestand gegenüber dem Gesetzgeber nur eingeschränkt. Zum einen waren nach der herrschenden rechtspositivistischen Lehre die unter einem Gesetzesvorbehalt stehenden Grundrechte der beliebigen Beschränkung durch Gesetz ausgeliefert.[24] Zum anderen enthielt die Weimarer Reichsverfassung keinerlei inhaltliche Vorkehrungen gegen Verfassungsänderungen. Sofern nur die nötige 2/3-Mehrheit von mindestens 2/3 der gesetzlichen Mitgliederzahl erreicht war und der Reichsrat keinen Einspruch erhob (Art. 76 WRV), war jegliche **Verfassungsdurchbrechung**[25] möglich. Auf diese Weise konnte der Reichstag sich durch Ermächtigungsgesetze, schließlich durch das Gesetz zur Behebung der Not von Volk und Reich[26] selbst entmachten. 27

Die Weimarer Reichsverfassung war nicht in der Lage, die freiheitliche Demokratie in einer außerordentlich schwierigen wirtschaftlichen und politischen Lage gegenüber extremen und totalitären Kräften zu bewahren. Ob eine andere Verfassung die Katastrophe des Nationalsozialismus hätten abwenden können, lässt sich nicht beantworten. Sicher ist, dass das Grundgesetz in einer Vielzahl seiner Bestimmungen Lehren aus den Erfahrungen der Weimarer Republik und ihrem Untergang ziehen will und die Schwächen der Weimarer Reichsverfassung zu vermeiden sucht.[27] 28

---

23 *Ch. Gusy*, Die Weimarer Reichsverfassung, 1997, S. 467 bezeichnet das Auflösungsrecht als „zentrale Unzulänglichkeit" der Weimarer Reichsverfassung; vgl. auch *H. Schulze*, Politische Entwicklung der Weimarer Republik, in: *W. Berg* (Hrsg.), Deutsche Verwaltungsgeschichte IV, S. 23 ff., 35; *F. Hammer*, Die Verfassung des Deutschen Reiches vom 11. August 1919, Jura 2000, 57 (59), *Ch. Gusy*, Weimar – die wehrlose Republik?, 1991, S. 46 f., S. 91 f.

24 S. dazu *P. von Oertzen*, Die soziale Funktion des staatsrechtlichen Positivismus, 1974, S. 259 f., 263: „Reduktion des Rechts auf den bloßen Willen des Staates"; s. dazu auch *C. Schmitt*, Über die drei Arten des rechtswissenschaftlichen Denkens, 1934, S. 26 f.; aber auch frühere naturrechtlich-liberale Grundrechtsverständnisse sahen den Inhalt von Grundrechten nie als absolut, sondern stets durch einfaches Gesetz verengbar an, s. hierzu *W. Apelt*, Geschichte der Weimarer Verfassung, 2. Aufl. 1964, S. 293.

25 Mit dem Begriff wurden Verfassungsänderungen ohne Textänderung bezeichnet, zum Problem s. *K. Löwenstein*, Erscheinungsformen der Verfassungsänderung, 1931, 6. Kapitel, S. 233; s. auch *U. Hufeld*, Die Verfassungsdurchbrechung, 1997, S. 24 ff.

26 RGBl. 1933 I, S. 141, sog. Ermächtigungsgesetz, s. hierzu *Ch. Bickenbach*, Totenschein für die Weimarer Republik, Recht und Politik 2013, 107 ff.

27 Exemplarisch seien etwa genannt: die „deutlichen und hohen Hemmschwellen" für eine Bundestagsauflösung in Art. 68 GG als Reaktion auf das nicht wirkungsvoll beschränkte Auflösungsrecht des Reichspräsidenten nach Art. 25 WRV, s. hierzu BVerfGE 62, 1 (40 f.) – *Vertrauensfrage Kohl*; das Konzept der „wehrhaften Demokratie", das ua. das Parteiverbotsverfahren nach Art. 21 Abs. 2 GG vorsieht, „belehrt durch die Erfahrungen der jüngsten Vergangenheit", BVerfGE 2, 1 (11) – *SRP-Urteil*. Auch die Konzeption des Grundgesetzes als eine „wertgebundene Ordnung", in der die obersten Prinzipien der Verfassung gegen Verfassungsänderungen geschützt sind, „Verfassungsdurchbrechungen" mithin ausgeschlossen sind, ist als Entgegnung auf die „leerlaufenden" Grundrechte der Weimarer Reichsverfassung zu verstehen, BVerfGE 6, 32 (40 f.) – *Elfes*; zum Urteil des Parlamentarischen Rates über die WRV, s. *G. Roellecke*, Von Frankfurt über Weimar nach Bonn und Berlin, JZ 2000, 113 (114).

Literatur: *Ch. Bickenbach*, Totenschein für die Weimarer Republik, Recht und Politik 2013, 107; *D. Bock*, Der deutsche Konstitutionalismus im 19. Jahrhundert – ein Überblick, JA 2005, 363; *F. Hammer*, Die Verfassung des Deutschen Reichs vom 11. August 1919 – die Weimarer Reichsverfassung, Jura 2000, 57; *M. Jäkel*, Die „Paulskirchenverfassung" der Frankfurter Nationalversammlung, Jura 2019, 231; *A. Laufs*, Die Frankfurter Nationalversammlung 1848/1849 – Das erste frei gewählte gesamtdeutsche Parlament und sein Werk, JuS 1998, 385; *W. Pöggeler/J. Inhoff*, Die deutsche Revolution 1848/49, JA 1998, 311; *G. Roellecke*, Von Frankfurt über Weimar nach Bonn und Berlin, JZ 2000, 113; *Ch. Waldhoff*, „Weimar" als Argument, JuS 2019, 737.

Vertiefende Literatur: *W. Apelt*, Geschichte der Weimarer Verfassung, 2. Aufl. 1964; *E.-W. Böckenförde (Hrsg.)*, Moderne deutsche Verfassungsgeschichte, 2. Aufl. 1981; *W. Frotscher/B. Pieroth*, Verfassungsgeschichte, 18. Aufl. 2019; *Ch. Gusy*, Die Weimarer Reichsverfassung, 1997; *E.-R. Huber*, Deutsche Verfassungsgeschichte seit 1789, Bände 1–4, 1975–1981; *M. Kotulla*, Deutsche Verfassungsgeschichte, 2008; *C.-F. Menger*, Deutsche Verfassungsgeschichte der Neuzeit, 8. Aufl. 1993; *M. Stolleis*, Geschichte des öffentlichen Rechts in Deutschland, Band 2: Staatsrechtslehre und Verwaltungswissenschaft: 1800–1914, 1992; *D. Willoweit/S. Schlinker*, Deutsche Verfassungsgeschichte, 8. Aufl. 2019.

2. Kapitel: Entstehungsgeschichte

2.1 Kapitulation

29 Unter der Herrschaft des Nationalsozialismus hatte Deutschland den Zweiten Weltkrieg ausgelöst und im Mai 1945 endgültig verloren. Schon vor dem Ende der Kriegshandlungen hatten die Alliierten die Teilung Deutschlands beschlossen. Im **Londoner Protokoll betreffend die Besatzungszonen in Deutschland und die Verwaltung von Groß-Berlin** vom 12. September 1944 hieß es dazu: „Deutschland, in den Grenzen vom 31. Dezember 1937, wird für die Zwecke der Besatzung in drei Zonen geteilt und in ein spezielles Gebiet Berlin, das unter der gemeinsamen Verwaltung der drei Mächte stehen wird."[1] Auf der **Konferenz von Jalta** vom 4.–11. Februar 1945 wurde die Aufteilung Deutschlands bestätigt und als vierte Besatzungszone die französische Zone vorgesehen.[2]

30 Mit der Kapitulation der deutschen Wehrmacht am 7./8. Mai 1945 und der Gefangennahme von Großadmiral *Dönitz*, dem Nachfolger *Hitlers*, ging die Regierungsgewalt in Deutschland faktisch auf die Alliierten über. Rechtlich wurde dies in der **„Berliner Deklaration in Anbetracht der Niederlage Deutschlands und der Übernahme der obersten Regierungsgewalt hinsichtlich Deutschlands"** vom 5. Juni 1945 festgestellt, mit der die vier Siegermächte „the supreme authority with respect to Germany" beanspruchten.[3]

31 Die **Kapitulation** der Wehrmacht hatte **keine Auswirkungen auf den Fortbestand Deutschlands.**[4] Dies ergibt sich aus deren Rechtsnatur und Inhalt. Mit der Kapitulation erklärte das Oberkommando der Wehrmacht gegenüber den alliierten Militärbefehlshabern die Einstellung der Kampfhandlungen und die bedingungslose Übergabe der deutschen Streitkräfte. Die Kapitulation war also eine völkerrechtliche Handlung der Militärbefehlshaber mit einem militärischen Inhalt. Durch die Kapitulation wurde zwar die vollständige militärische Niederwerfung Deutschlands besiegelt, aber die Existenz des deutschen Staates nicht ausgelöscht. Deutschland ist also durch die Kapitulation der Wehrmacht am 7./8. Mai 1945 **nicht untergegangen.**

---

1 *I. von Münch*, Dokumente des geteilten Deutschland, Band 1, 2. Aufl. 1976, S. 25 ff.
2 *I. von Münch*, Dokumente des geteilten Deutschland, Band 1, 2. Aufl. 1976, S. 12 ff.
3 *I. von Münch*, Dokumente des geteilten Deutschland, Band 1, 2. Aufl. 1976, S. 19 ff.
4 Zutreffend BVerfGE 3, 288 (315/316) – *Gesetz zur Regelung der Rechtsverhältnisse der unter Art. 131 GG fallenden Personen.*

Aber auch die **Absetzung der Regierung Dönitz** und die **Übernahme der zentralen Staatsgewalt durch die Alliierten** hatten nicht den Untergang des deutschen Staates zur Folge.[5] Beendet war allein das nationalsozialistische Unrechtsregime.[6] Staatsvolk und Staatsgebiet blieben erhalten.[7] In der Berliner Deklaration hieß es ausdrücklich, dass die Übernahme der Staatsgewalt keine Annexion bezwecke oder bewirke.[8] Diese Übernahme war ihrerseits nur für eine Übergangszeit vorgesehen. Hinsichtlich der Deutschland als Ganzes betreffenden Angelegenheiten erhielt der **Alliierte Kontrollrat**[9], dessen Errichtung schon auf der Moskauer Konferenz von 1943 beschlossen worden war, die „supreme authority". Er bestand aus den Befehlshabern der Besatzungstruppen in den vier Besatzungszonen. Diese handelten nach den Weisungen ihrer Regierungen und übten die „supreme authority" jeweils für ihre eigenen Besatzungszonen aus. 32

2.2 Aufbau von unten nach oben (Landesverfassungen)

Insbesondere die amerikanische Besatzungsmacht förderte schon früh den Aufbau deutscher Staatsorgane, während die britische und die französische Besatzungsmacht zurückhaltender waren.[10] Im Verlauf der Zeit wurden jedoch in allen drei westlichen Zonen Länder mit eigenen Regierungs- und Verwaltungsstellen gebildet. Ende 1946 vereinbarten die USA und Großbritannien den wirtschaftlichen Zusammenschluss ihrer Besatzungszonen zur **Bizone.** Wichtigstes deutsches Organ dieses **Vereinigten Wirtschaftsgebietes** war der Wirtschaftsrat. 33

Nachdem die Londoner Konferenz der Außenminister der vier Großmächte Ende 1947 wegen des Widerstandes der Sowjetunion gegen eine Vereinigung aller vier Zonen erfolglos geblieben war, unternahmen die westlichen Alliierten erste Schritte mit dem Ziel, eine einheitliche deutsche Staatsorganisation auf bundesstaatlicher Grundlage wenigstens auf dem westlichen Besatzungsgebiet zu errichten. In den **Frankfurter Dokumenten** vom 1. Juli 1948[11] erklärten die westlichen Alliierten ua. ihre Vorstellungen über eine verfassungsgebende Nationalversammlung und die Leitsätze für ein Besatzungsstatut für Westdeutschland. 34

---

5 Sog. *Fortbestandstheorie*, die das Bundesverfassungsgericht in ständiger Rechtsprechung vertreten hat, s. hierzu BVerfGE 36, 1 (15 f.) – *Grundlagenvertrag*, dazu unten Rn. 45. Die gegenteilige Ansicht vertritt die sog. *Untergangstheorie*, deren bekanntester Vertreter der österreichische Rechtsphilosoph (1881–1976) und Schöpfer der sog. Reinen Rechtslehre *H. Kelsen* ist. S. *ders.*, The legal Status of Germany According to the Declaration of Berlin, American Journal of International Law 1945, 518.

6 Zum Staatsrecht in der NS-Zeit zB. *M. Stolleis*, Geschichte des Öffentlichen Rechts in Deutschland, Band 3: Staats- und Verwaltungsrechtswissenschaft in Republik und Diktatur 1914–1945, 1999, S. 246 ff.; *H. Wilms*, Die Staatsrechtslehre im Nationalsozialismus, DVBl. 2000, 1237 ff.; *W. Kohl/M. Stolleis*, Im Bauch des Leviathan. Zur Staats- und Verwaltungslehre im Nationalsozialismus, NJW 1988, 2849 ff.; s. auch die Textsammlung *I. von Münch* (Hrsg.) Gesetze des NS-Staates, 3. Aufl. 1994.

7 S. oben Rn. 31.

8 „The assumption, for the purposes stated above, of the said authority and powers does not effect the annexation of Germany", siehe Rn. 30 Fn. 3.

9 Zu dessen Tätigkeit hinsichtlich der NS-Gesetze: *M. Etzel*, Die Aufhebung von nationalsozialistischen Gesetzen durch den Allierten Kontrollrat (1945–1948), 1992, 4. Kapitel.

10 So ernannten die Amerikaner in Bayern schon am 28. Mai 1945 den ersten Ministerpräsidenten; im Juni 1946 fanden in der amerikanischen Besatzungszone die Wahlen zur Verfassungsgebenden Versammlung statt und im November und Dezember traten die Verfassungen (Nord-)Württemberg-Badens, Hessens und Bayerns in Kraft. Als letztes trat die Verfassung des französisch besetzten Saarlandes im Dezember 1947 in Geltung, s. hierzu auch *C. Diestelkamp*, Die Verfassungsentwicklung in den Westzonen bis zum Zusammentreten des Parlamentarischen Rates, NJW 1989, 1312 ff.

11 Dazu Bericht über den Verfassungskonvent auf Herrenchiemsee vom 10.–23. August 1948; *K. Stern*, Staatlichkeit und Verfassungsgebung in Deutschland vor 50 Jahren: Das Schicksalsjahr 1948, DÖV 1998, 795 ff., s. auch *H. Säcker*, Der Verfassungskonvent 1948, DÖV 1999, 784 ff.; allgemeiner *W. Kahl*, Die Entstehung des Grundgesetzes, JuS 1997, 1083 ff. und *K. Kröger*, Die Entstehung des Grundgesetzes, NJW 1989, 1318 ff.

2.3 Vom Herrenchiemseer Verfassungsentwurf über den Parlamentarischen Rat bis zum Inkrafttreten des Grundgesetzes

35 Auf der Grundlage dieses Dokuments setzten die Ministerpräsidenten der damals in den westlichen Besatzungszonen vorhandenen elf Länder einen „Ausschuss von Sachverständigen für Verfassungsfragen“ ein, der im August 1948 in **Herrenchiemsee** einen **Verfassungsentwurf** ausarbeitete.[12]

Über diesen Entwurf beriet sodann der **Parlamentarische Rat**, der aus 65 von den Landtagen gewählten Ländervertretern zusammengesetzt war, unter ihnen – entgegen der noch immer vorkommenden Rede von den Verfassungsvätern – vier Frauen, namentlich *Dr. Elisabeth Selbert* (SPD), *Friedrike Nadig* (SPD), *Dr. Helene Weber* (CDU) und *Helene Wessel* (Zentrum).[13] Der Parlamentarische Rat trat im September 1948 seine Arbeit in Bonn an. Am 8. Mai 1949 nahm er mit 53 Ja-Stimmen gegen 12 Nein-Stimmen das Grundgesetz an.[14] Die Nein-Stimmen kamen von der CSU (6), die den Entwurf als zu zentralistisch ansah, der KPD (2), der Deutschen Partei (2) und dem Zentrum (2). Anschließend erklärten die Volksvertretungen der Länder die Annahme des Grundgesetzes, ausgenommen der Bayerische Landtag, der das Grundgesetz mit 101 Stimmen gegen 64 Stimmen bei 9 Enthaltungen ablehnte, jedoch die Zugehörigkeit Bayerns zur Bundesrepublik Deutschland mit 97 gegen 6 Stimmen bei 70 Enthaltungen bejahte und die Rechtswirksamkeit des Grundgesetzes in Bayern für den Fall der Annahme durch zwei Drittel der Volksvertretungen der Länder ebenfalls bejahte.[15] Somit war das Zustimmungserfordernis des Art. 144 Abs. 1 GG („Dieses Grundgesetz bedarf der Annahme durch die Volkvertretungen in zwei Dritteln der deutschen Länder, in denen es zunächst gelten soll“) erfüllt. Die Militärgouverneure stimmten der Verfassung am 12. Mai 1949 unter Aufrechterhaltung des Vorrangs des Besatzungsstatuts, des Berlinvorbehalts und unter weiteren Vorbehalten zu.

36 Das Grundgesetz wurde am **23. Mai 1949** verkündet und trat gemäß Art. 145 Abs. 2 GG mit Ablauf dieses Tages in Kraft.[16] Am 14. August 1949 fanden die Wahlen zum ersten Bundestag statt, der am 7. September 1949 zu seiner konstituierenden Sitzung zusammentrat; am 12. September erfolgte die Wahl des ersten Bundespräsidenten (*Theodor Heuss*); am 15. September wurde der erste Bundeskanzler (*Konrad Adenauer*) gewählt, und am 20. September 1949 war die Regierungsbildung mit der Ernennung der Bundesminister abgeschlossen. Spätestens an diesem Tage war die Gründung der Bundesrepublik Deutschland vollzogen.

37 Die Verfassung der **DDR** trat am 7. Oktober 1949 in Kraft. Auch sie ging vom Fortbestand Deutschlands aus. Gleiches gilt für die Alliierten, von denen die westliche

---

12 Dokumentation dieser Beratung, die für das Verständnis der Entstehungsgeschichte der einzelnen Bestimmungen des Grundgesetzes von großer Wichtigkeit ist, in: JöR nF. 1 (1951). – Akten und Protokolle in: *W. Werner*, Der Parlamentarische Rat 1948–1949, Band 1–3, 1986 (Hrsg.: Deutscher Bundestag [Bundesarchiv] 1975–1989). – Vgl. auch *H. von Wedel*, Das Verfahren der demokratischen Verfassungsgebung, dargestellt am Beispiel Deutschlands 1848/49, 1919, 1948/49, 1975.

13 S. hierzu *C. Sitter*, Die Rolle der vier Frauen im Parlamentarischen Rat: Die vergessenen Mütter des Grundgesetzes, 1995.

14 *M. Feldkamp*, Der Parlamentarische Rat 1948–1949. Akten und Protokolle, 1998, S. 178.

15 Der diesbezügliche Beschluss des Bayrischen Landtages vom 20. Mai 1949 war im Jahre 1991 (!) Gegenstand einer Entscheidung des BayVerfGH. Der BayVerfGH wies darin die Popularklage der Bayernpartei mit dem Antrag, den Beschluss des Bayrischen Landtags insoweit für verfassungswidrig und nichtig zu erklären, als darin die Rechtsverbindlichkeit des Grundgesetzes auch für Bayern anerkannt wird, als unzulässig ab (BayVBl. 1991, 561 f.).

16 Die Frage, ob das Grundgesetz am 23. Mai um 24 Uhr in Kraft getreten ist (so *O. Jauernig*, Wann ist das Grundgesetz in Kraft getreten?, JZ 1989, 615 ff.; *P.M. Huber*, in: *Sachs*, Art. 145 Rn. 5; *Jarass/Pieroth*, Art. 145 Rn. 2) oder am 24. Mai um 0 Uhr (so zB. *I. von Münch*, Die Zeit im Recht, NJW 2000, 1 [3]) ist str., aber für die Praxis ohne Bedeutung.

Seite 1951, die Sowjetunion 1955 den Kriegszustand „mit Deutschland“ für beendet erklärten.[17] Die Teilung Deutschlands sollte 40 Jahre andauern.

Rechtsprechung: BVerfGE 36, 1 – Grundlagenvertrag.

Literatur: *C. Diestelkamp,* Die Verfassungsentwicklung in den Westzonen bis zum Zusammentreten des Parlamentarischen Rates, NJW 1989, 1312; *M. Etzel,* Die Aufhebung von nationalsozialistischen Gesetzen durch den Alliierten Kontrollrat (1945–1948), 1992; *M. Feldkamp,* Der Parlamentarische Rat 1948–1949. Akten und Protokolle, 1998; *K. Kröger,* Die Entstehung des Grundgesetzes, NJW 1989, 1318; *H. Säcker,* Der Verfassungskonvent 1948, DÖV 1999, 784; *C. Sitter,* Die Rolle der vier Frauen im Parlamentarischen Rat: Die vergessenen Mütter des Grundgesetzes, 1995; *K. Stern,* Staatlichkeit und Verfassungsgebung in Deutschland vor 50 Jahren: Das Schicksalsjahr 1948, DÖV 1998, 795; *H. von Wedel,* Das Verfahren der demokratischen Verfassungsgebung, dargestellt am Beispiel Deutschlands 1848/49, 1919, 1948/49, 1975; Zum Nationalsozialismus s. *W. Kohl/M. Stolleis* Im Bauch des Leviathan. Zur Staats- und Verwaltungslehre im Nationalsozialismus, NJW 1988, 2849; *I. von Münch (Hrsg.)/U. Brodersen,* Gesetze des NS-Staates, 3. Aufl. 1994; *M. Stolleis,* Geschichte des Öffentlichen Rechts in Deutschland, Band 3. Staats- und Verwaltungsrechtswissenschaft in Republik und Diktatur 1914–1945, 1999; *H. Wilms,* Die Staatsrechtslehre im Nationalsozialismus, DVBl. 2000, 1237; *Heiko Holste,* Die Zerstörung des Rechtsstaates durch den Nationalsozialismus, JA 2009, 359.

3. Kapitel: Bedeutende Verfassungsänderungen vor der Wiedervereinigung

Bis zur Wiedervereinigung erfuhr das Grundgesetz **35 Änderungen**. Die wichtigsten standen in Zusammenhang mit den Aufhebungen der Souveränitätsbeschränkungen oder betrafen die Beziehungen zwischen Bund und Ländern.[1] 38

3.1 Wehrverfassung 1954/56

Da Deutschland infolge des verlorenen Krieges entmilitarisiert und eine Wiederbewaffnung zum Zeitpunkt des Inkrafttretens des Grundgesetzes nicht absehbar war, enthielt die Verfassung zunächst keine Bestimmungen über die Aufstellung und Verwendung von Streitkräften. Infolge des aufbrechenden Ost-West-Konflikts erschien den Westalliierten jedoch schon bald eine Wiederbewaffnung der Bundesrepublik bei gleichzeitiger Integration in eine europäische Verteidigungsgemeinschaft wünschenswert. Im Vertrag über die Beziehungen der Bundesrepublik Deutschland mit den drei Mächten (**Deutschlandvertrag**) von 1951/53[2] vereinbarten die Vertragsparteien daher zunächst mit Blick auf die Gründung einer Europäischen Verteidigungsgemeinschaft, nach deren Scheitern mit Blick auf den Beitritt der Bundesrepublik Deutschland zur **NATO**[3], die Aufhebung des Besatzungsstatuts. Alliierte Vorbehalte bezogen sich nunmehr nur noch auf Berlin, die Wiedervereinigung und auf einen Friedensvertrag. Damit war der Weg frei für die Aufstellung von Streitkräften. Mit dem 4. Gesetz zur Änderung des Grundgesetzes vom 26. März 1954[4] und dem 7. Gesetz zur Ergänzung des Grundgesetzes vom 39

---

17 Texte dieser Erklärungen in: *I. von Münch,* Dokumente des geteilten Deutschland, Band 1, 2. Aufl. 1976, S. 57 ff.; s. auch BVerfGE 36, 1 (15 f.) – *Grundlagenvertrag*: „Mit der Errichtung der Bundesrepublik Deutschland wurde nicht ein neuer westdeutscher Staat gegründet, sondern ein Teil Deutschlands neu organisiert (vgl. *Carlo Schmid* in der 6. Sitzung des Parlamentarischen Rates – StenBer. S. 70). (…) Die Deutsche Demokratische Republik gehört zu Deutschland und kann im Verhältnis zur Bundesrepublik Deutschland nicht als Ausland angesehen werden.“ S. dazu auch noch unten Rn. 44 ff.

1 S. auch *G. Robbers,* Die Änderungen des Grundgesetzes, NJW 1989, 1325 ff.

2 Vom 26. Mai 1952, in Kraft am 5. Mai 1955.

3 Der EVG-Vertrag scheiterte am 30. August 1954 im französischen Parlament. Die am 27. Februar 1955 geschlossenen Pariser Verträge beendeten das Besatzungsstatut und eröffneten Deutschland den Beitritt zur NATO. Am 5. Mai 1955 wurde Deutschland NATO-Mitglied.

4 BGBl. I, S. 45, in Kraft am 5. Mai 1955.

19. März 1956[5] fanden – nach heftigem innenpolitischen Streit[6] – die wehrverfassungsrechtlichen Vorschriften Eingang in die Verfassung. Dies betraf insbesondere die Regelung der **Wehrpflicht** in Art. 12a GG, die Einrichtung eines parlamentarischen Verteidigungsausschusses und eines Wehrbeauftragten (Art. 45a und 45b GG), die Regelung der Befehls- und Kommandogewalt nach Art. 65a GG und die Bestimmungen über die Streitkräfte und ihre Verwaltung in Art. 87a und 87b GG.

3.2 Notstandsverfassung 1968

40 Vervollständigt wurden die Regelungen der Wehrverfassung durch das 17. Gesetz zur Ergänzung des Grundgesetzes vom 24. Juni 1968[7], die sog. Notstandsverfassung. Der neu eingefügte Abschnitt Xa mit den Art. 115a–115l GG regelt unter der Überschrift „Verteidigungsfall“ ausführlich den **äußeren Notstand**, insbesondere die Modifikationen in den Zuständigkeiten der obersten Staatsorgane. Die Vorschriften zum **inneren Notstand** finden sich in Art. 35 Abs. 2 und 3 sowie Art. 87a Abs. 4 und Art. 91 GG. Da manche in den Bestimmungen der Notstandsverfassung die Gefahr eines Übergangs zur Diktatur sahen, wurde außerdem Art. 20 GG um die Regelung eines **Widerstandsrechts** ergänzt. Dessen Ausübung ist an die vorherige Ausschöpfung (zumindest) des Rechtswegs geknüpft. Gibt es keine rechtsstaatliche Gerichtsbarkeit mehr, hat das GG allerdings bereits seine Verbindlichkeit verloren und kann damit auch den Widerstand nicht mehr als verfassungsmäßig deklarieren. Gibt es eine rechtsstaatliche Gerichtsbarkeit, ist „andere Abhilfe“ möglich. Art. 20 Abs. 4 GG ist deshalb – zukunftsgerichtet – ein Fall symbolischer Gesetzgebung; auf die Vergangenheit bezogen, enthält er die Rechtfertigung und Anerkennung der Widerstandskämpfer im Dritten Reich.

41 Besonders umstritten war die im Zusammenhang mit der Notstandsverfassung vorgenommene Änderung des Art. 10 GG.[8] Danach kann ein Gesetz bestimmen, dass Eingriffe in das Brief-, Post- oder Fernmeldegeheimnis dem Betroffenen nicht mitgeteilt werden müssen, wenn die Beschränkung dem Schutz der freiheitlichen demokratischen Grundordnung oder des Bestandes oder der Sicherung des Bundes oder eines Landes dient. Der damit ausgeschlossene individuelle Rechtsschutz gegen derartige Maßnahmen – der eine Ergänzung der Rechtsweggarantie des Art. 19 Abs. 4 GG um einen Hinweis auf die Ausnahme des Art. 10 Abs. 2 Satz 2 GG notwendig machte – wird kompensiert durch eine parlamentarische Kontrolle.

3.3 Bundesstaatliche Kompetenzverteilung und Finanzreform

42 Eine Vielzahl von Verfassungsänderungen betraf die **Kompetenzverteilung zwischen Bund und Ländern** in Bezug auf neu auftretende Aufgaben wie etwa den Umweltschutz[9], die friedliche Nutzung der Kernenergie[10] oder die wirtschaftliche Sicherung der Krankenhäuser.[11]

---

5 BGBl. I, S. 111.

6 S. dazu *E. Barth*, 10 Jahre Wehrverfassung, DÖV 1966, 153 ff.

7 BGBl. I, S. 709.

8 S. dazu noch unten Rn. 66; zum verfassungsrechtlichen Streit um diese Regelung: BVerfGE 30, 1 ff. – *Erstes Abhörurteil.*

9 Art. 74 Nr. 20–29 GG: ÄndG vom 18. März 1971 (BGBl. I, S. 207); Art. 74 Nr. 24–30 GG: ÄndG vom 12. April 1974 (BGBl. I, S. 593).

10 Art. 74 Nr. 11a aF. GG: ÄndG vom 23. Dezember 1959 (BGBl. I, S. 813). Nach dem 52. ÄndG vom 28. August 2006 (BGBl. I, S. 2034 – Föderalismusreform I) ausschließliche Gesetzgebungskompetenz des Bundes, Art. 73 Abs. 1 Nr. 14 GG.

11 Art. 74 Nr. 19a–22 aF. GG: ÄndG vom 12. Mai 1969 (BGBl. I, S. 363); zum Ganzen s. auch *G. Robbers*, Die Änderungen des Grundgesetzes, NJW 1989, 1325 (1330 f.).

43 Gegenstand zahlreicher Änderungen waren auch die **Finanzbeziehungen zwischen Bund und Ländern**. Von besonderer Bedeutung und besonders umstritten war das 21. Gesetz zur Änderung des Grundgesetzes, das **Finanzreformgesetz** vom 12. Mai 1969. Es reagierte darauf, dass die Länder für eine Vielzahl von Investitionsaufgaben finanziell nicht hinreichend ausgestattet waren. Bestimmungen über die gemeinsame Planung und Finanzierung derartiger „Gemeinschaftsaufgaben" in einem neuen Abschnitt VIIIa (Art. 91a und 91b GG) sowie eine grundlegende Regelung über die Ausgabenzuständigkeit einschließlich einer Investitionshilfekompetenz des Bundes sollte den entstandenen Wildwuchs an Bundesförderungen und Mischfinanzierungen verfassungsrechtlich bändigen.[12] Der Sinn und Nutzen dieser Bestimmungen war unter den Stichworten **kooperativer Föderalismus** einerseits, **Politikverflechtung** andererseits von Anfang an umstritten.[13] Die Vorschriften sind inzwischen erneut mehrfach geändert worden. Zuvor jedoch hinterließen die Wiedervereinigung und die fortschreitende europäische Integration ihre Spuren im Grundgesetz.

Literatur: *E. Barth*, 10 Jahre Wehrverfassung, DÖV 1966, 153; *G. Robbers*, Die Änderungen des Grundgesetzes, NJW 1989, 1325.

4. Kapitel: Wiedervereinigung

4.1 Das geteilte Deutschland

44 Mit der Errichtung zweier Verfassungsordnungen auf deutschem Boden stellte sich von Anfang an die Frage nach dem **Verhältnis** der Bundesrepublik und der DDR zum gesamtdeutschen Staat wie auch nach dem Verhältnis beider Teile zueinander. In der Phase des Kalten Krieges erhoben beide Seiten zunächst einen Alleinvertretungsanspruch. Im Zuge der „neuen Ostpolitik" gab die Bundesregierung den Alleinvertretungsanspruch auf. In ihrer Regierungserklärung vom 28. Oktober 1969 sprach sie von den **„zwei Staaten in Deutschland"**.[1] Nach dieser Auffassung war die DDR im Verhältnis zur Bundesrepublik **kein Ausland**; die DDR war aber im Verhältnis zur Bundesrepublik auch **kein Inland**, da der Geltungsbereich des Grundgesetzes gemäß Art. 23 Satz 1 GG in der damals geltenden Fassung sich nur auf die damaligen Länder der Bundesrepublik erstreckte. Die Beziehungen zwischen Bundesrepublik und DDR wurden daher als **„Beziehungen besonderer Art"** bezeichnet. Wenn Bundesgesetze die Begriffe „Inland" und „Ausland" verwendeten, war jeweils durch Auslegung festzustellen, ob damit das Gebiet der DDR gemeint sein konnte oder nicht.[2]

45 Der **Normalisierung der Beziehungen** zueinander diente der „Vertrag zwischen der Bundesrepublik Deutschland und der Deutschen Demokratischen Republik über die Grundlagen der Beziehungen zwischen der Bundesrepublik Deutschland und der Deutschen Demokratischen Republik" (**Grundlagenvertrag**) vom 21. Dezember 1972.[3] Inhalt des Grundlagenvertrages war insbesondere: die Entwicklung normaler gutnachbarlicher Beziehungen, der Grundsatz, dass die Hoheitsgewalt jedes der beiden Staaten sich

---

12 S. dazu *U. Mager/J.J. Vasel*, in: *von Münch/Kunig*, GGK II, Art. 91a Rn. 1.

13 S. dazu *L. Knopp*, Föderalismusreform – zurück zur Kleinstaaterei? – An den Beispielen des Hochschul-, Bildungs- und Beamtenrechts, NVwZ 2006, 1216 ff.; *U. Mager*, Die Neuordnung der Kompetenzen im Bereich von Bildung und Forschung – Eine kritische Analyse der Debatte in der Föderalismuskommission, RdJB 2005, 312 (320).

1 Text der Regierungserklärung in: *I. von Münch*, Dokumente des geteilten Deutschland, Band 1, 2. Aufl. 1976, S. 167 f.

2 Dies konnte sogar dazu führen, dass zB. der Begriff „Inland" in verschiedenen Normen desselben Gesetzes einen unterschiedlichen Inhalt hatte; Bsp. aus der Rspr.: BGH, NJW 1981, 531 ff. zu § 3 StGB einerseits und zu §§ 5 Nr. 6, 241a StGB andererseits.

3 BGBl. II, S. 423.

auf sein Hoheitsgebiet beschränkt, ein Bekenntnis zu friedlicher Streitbeilegung und zur Unverletzlichkeit der zwischen ihnen bestehenden Grenzen.

Der Grundlagenvertrag war politisch und rechtlich umstritten. Die Bayerische Staatsregierung war der Auffassung, der Vertrag verletze ua. das Gebot der Wahrung der staatlichen Einheit Deutschlands, das Wiedervereinigungsgebot und die Schutz- und Fürsorgepflicht gegenüber Deutschen in der DDR; sie rief daher im Wege der abstrakten Normenkontrolle (Art. 93 Abs. 1 Nr. 2 GG) das **Bundesverfassungsgericht** mit dem Ziel an, das vom Bundestag beschlossene Vertragsgesetz zum Grundlagenvertrag für mit dem GG unvereinbar und deshalb nichtig zu erklären. Das Bundesverfassungsgericht befand den **Grundlagenvertrag** für **verfassungsgemäß.**[4] Die **Entscheidungsgründe** enthalten grundlegende Ausführungen zum Fortbestand des deutschen Staates und zum Verhältnis der Bundesrepublik zur DDR[5]:

„Das Grundgesetz – nicht nur eine These der Völkerrechtslehre und Staatsrechtslehre! – geht davon aus, dass das Deutsche Reich den Zusammenbruch 1945 überdauert hat und weder mit der Kapitulation noch durch Ausübung fremder Staatsgewalt in Deutschland durch die alliierten Okkupationsmächte noch später untergegangen ist; das ergibt sich aus der Präambel, aus Art. 16, Art. 23, Art. 116 und Art. 146 GG. (...) Das Deutsche Reich existiert fort (...), besitzt nach wie vor Rechtsfähigkeit, ist allerdings als Gesamtstaat mangels Organisation, insbesondere mangels institutionalisierter Organe selbst nicht handlungsfähig. (...) Mit der Errichtung der Bundesrepublik Deutschland wurde nicht ein neuer westdeutscher Staat gegründet, sondern ein Teil Deutschlands neu organisiert. Die Bundesrepublik Deutschland ist also nicht 'Rechtsnachfolger' des Deutschen Reiches, sondern als Staat identisch mit dem Staat 'Deutsches Reich', – in Bezug auf seine räumliche Ausdehnung allerdings 'teilidentisch', so dass insoweit die Identität keine Ausschließlichkeit beansprucht. Die Bundesrepublik umfasst also, was ihr Staatsvolk und ihr Staatsgebiet anbelangt, nicht das ganze Deutschland, unbeschadet dessen, dass sie ein einheitliches Staatsvolk des Völkerrechtssubjekts 'Deutschland' (Deutsches Reich), zu dem die eigene Bevölkerung als untrennbarer Teil gehört und ein einheitliches Staatsgebiet 'Deutschland' (Deutsches Reich), zu dem ihr eigenes Staatsgebiet als ebenfalls nicht abtrennbarer Teil gehört, anerkennt. Sie beschränkt staatsrechtlich ihre Hoheitsgewalt auf den 'Geltungsbereich des Grundgesetzes', fühlt sich aber verantwortlich für das ganze Deutschland (vgl. Präambel des Grundgesetzes). Derzeit besteht die Bundesrepublik aus den in Art. 23 GG genannten Ländern, einschließlich Berlin; der Status des Landes Berlin ist nur gemindert und belastet durch den sog. Vorbehalt der Gouverneure der Westmächte. Die Deutsche Demokratische Republik gehört zu Deutschland und kann im Verhältnis zur Bundesrepublik nicht als Ausland angesehen werden. Deshalb war zB. der Interzonenhandel und der ihm entsprechende innerdeutsche Handel nicht Außenhandel."[6]

46 Anders als die Bundesregierung und das Bundesverfassungsgericht lehnte die **Regierung der DDR** die Annahme besonderer Beziehungen zwischen den beiden Staaten in Deutschland ab. Der Bau der Berliner Mauer im Jahre 1961, die Anordnung über die Ordnung in den Grenzgebieten und den Territorialgewässern der DDR (Grenzordnung[7]) von 1964 mit der Einführung von „Schutzstreifen" und „Sperrzonen" und die Einführung einer DDR-Staatsbürgerschaft durch das Staatsbürgerschaftsgesetz von 1967[8] waren unübersehbare Zeichen der **Abgrenzungspolitik**. *Erich Honecker* kennzeichnete diese Politik in seiner Rede vor Soldaten der Nationalen Volksarmee am 6. Januar 1972

4 BVerfGE 36, 1 ff. – *Grundlagenvertrag.*
5 S. dazu oben Kap. 2 Fn. 5 und Fn. 17.
6 BVerfGE 36, 1 (15/17) – *Grundlagenvertrag.*
7 GBl. DDR 1964 II, S. 257. Die Anordnung wurde erlassen auf Grund der Verordnung zum Schutze der Staatsgrenze der Deutschen Demokratischen Republik vom 19. März 1964, GBl. DDR II, S. 255.
8 GBl. DDR I, S. 3.

so: „Es ist also völlig sinnlos, dass manche Leute in der BRD immer wieder die Platte von irgendwelchen sogenannten innerdeutschen Beziehungen auflegen. Von solchen seltsamen 'Beziehungen' kann keine Rede sein ... Die BRD ist somit Ausland und noch mehr: sie ist imperialistisches Ausland."[9] Selbst die deutsche Nation[10] wurde aus dem Vokabular der Verfassung gestrichen. Während Art. 1 Satz 1 der Verfassung der DDR von 1968 noch feststellte: „Die Deutsche Demokratische Republik ist ein sozialistischer Staat deutscher Nation", lautete Art. 1 Satz 1 der Verfassung von 1974: „Die Deutsche Demokratische Republik ist ein sozialistischer Staat der Arbeiter und Bauern."

4.2 Der Weg zur Wiedervereinigung

Die Abgrenzung der DDR von der Bundesrepublik war auch eine Abgrenzung gegen Demokratie, Rechtsstaat und soziale Marktwirtschaft. Diese Politik ging mehr und mehr an den Wünschen und Bedürfnissen der Menschen vorbei. In den Staaten des Ostblocks wuchs der Wille nach Demokratie, freier Zulassung von Parteien und Gewerkschaften, nach Meinungsfreiheit und Reisefreiheit. Bürgerrechtsbewegungen verschafften sich Gehör. Die ökonomische Dauerkrise zeigte das Versagen der sozialistischen Planwirtschaft und erschütterte das System. „Glasnost" und „Perestroika" („Offenheit" und „Umgestaltung") in der Sowjetunion begannen sich auszuwirken. Politische und wirtschaftliche Liberalisierungstendenzen waren nicht mehr aufzuhalten. **47**

Aufzuhalten war aber auch nicht mehr der Strom der Flüchtlinge aus der DDR. Ungarn, das schon im Sommer 1989 mit dem Abbau der Grenzsperren an der ungarisch-österreichischen Grenze begonnen hatte, erlaubte im Sommer 1989 den Flüchtlingen aus der DDR die Ausreise in ein Land ihrer Wahl. Mehr als 40000 Bürger der DDR gelangten so in die Bundesrepublik Deutschland. Die ČSSR erlaubte die Ausreise der Flüchtlinge, die in der Botschaft der Bundesrepublik in Prag Zuflucht gesucht hatten. Die Regierung der DDR gestattete schließlich die Durchreise dieser Flüchtlinge mit Zügen durch das Gebiet der DDR.[11]

In der DDR selbst demonstrierten Hunderttausende für Freiheit und Demokratie. Im Oktober 1989 wurde *Erich Honecker* als Generalsekretär der SED abgelöst und trat auch von seinen Staatsämtern zurück. Sein Nachfolger in diesen Ämtern, *Egon Krenz*, beschloss auf Grund der sich immer weiter ausdehnenden Demonstrationen die **Öffnung der Berliner Mauer am Brandenburger Tor und anderer Grenzübergänge**. Am 9. November 1989 wurde diese Entscheidung auf der Pressekonferenz in einer eher beiläufigen Mitteilung von Politbüromitglied *Schabowski* bekannt gegeben. Noch am selben Abend bewegten sich die Menschen massenhaft von Ost nach West und von West nach Ost. Die **Teilung Deutschlands** war damit zwar noch nicht rechtlich, aber **faktisch beendet**.

4.3 Die rechtliche Wiedervereinigung

Die rechtliche Vereinigung Deutschlands kam schneller als erwartet. Pläne für eine bloße Vertragsgemeinschaft oder eine Konföderation (Staatenbund) von Bundesrepublik **48**

---

9 AdG 42 (1972), 16809.

10 Unter dem Begriff „Nation" verstand die deutsche Romantik (insbes. *Johann Gottfried Herder*) eine wesentlich kulturelle, an einer gemeinsamen Sprache und einem gemeinsamen Volkstum orientierte Gesamtheit. Im Bericht der Bundesregierung „Über die Lage der Nation" vom 14. Januar 1970 wird dazu ausgeführt: „Im Begriff der Nation sind geschichtliche Wirklichkeit und politischer Wille vereint. Nation umfasst und bedeutet mehr als gemeinsame Sprache und Kultur, als Staat und Gesellschaftsordnung. Die Nation gründet sich auf das fortdauernde Zusammengehörigkeitsgefühl der Menschen eines Volkes."

11 Dazu *G. Hoog*, in: *I. von Münch*, Dokumente der Wiedervereinigung Deutschlands, S. XI ff.

und DDR blieben Papier. Realität war der Wille der Menschen in beiden Teilen Deutschlands zur Wiedervereinigung.
Die **Volkskammer der DDR**, die seit dem 1. Dezember 1989 durch mehrere Verfassungsgesetze die Verfassung von 1974 liberalisiert hatte, beschloss am 17. Juni 1990 das **Verfassungsgrundsätzegesetz.**[12] „In der Erkenntnis, dass in der Deutschen Demokratischen Republik im Herbst 1989 eine friedliche und demokratische Revolution stattgefunden hat und in der Erwartung einer baldigen Herstellung der staatlichen Einheit Deutschlands" (Präambel) wurde für eine Übergangszeit die Verfassung der DDR um Verfassungsgrundsätze ergänzt. Danach verstand die DDR sich als „ein freiheitlicher, demokratischer, föderativer, sozialer und ökologisch orientierter Rechtsstaat" (Art. 1 Abs. 1). Der Weg zur Vereinigung wurde freigemacht durch die Bestimmung: Die DDR „kann durch Verfassungsgesetz Hoheitsrechte auf zwischenstaatliche Einrichtungen und Einrichtungen der Bundesrepublik Deutschland übertragen oder in die Beschränkung von Hoheitsrechten einwilligen" (Art. 8).

49 Die rechtliche Regelung der Wiedervereinigung erfolgte im Wesentlichen in drei Verträgen zwischen der Bundesrepublik und der damals noch existierenden DDR, nämlich: 1. dem Vertrag über die Schaffung einer Währungs-, Wirtschafts- und Sozialunion vom 18. Mai 1990 (**Staatsvertrag**)[13]; 2. dem Vertrag zur Vorbereitung und Durchführung der ersten gesamtdeutschen Wahl des Deutschen Bundestages vom 3. August 1990 (**Wahlvertrag**)[14]; 3. dem Vertrag über die Herstellung der Einheit Deutschlands vom 31. August 1990 (**Einigungsvertrag**).[15]

4.3.1 Der Einigungsvertrag

50 Der Einigungsvertrag hat die Rechtsform eines völkerrechtlichen Vertrages und den materiellrechtlichen Inhalt eines staatsrechtlichen Vertrages. Seine wichtigsten Regelungen sind:

- die Feststellung, dass mit dem von der Volkskammer der DDR am 23. August 1990 erklärten Beitritt der DDR zur Bundesrepublik Deutschland[16] gemäß Art. 23 Satz 2 GG aF.[17] am 3. Oktober 1990 die Länder Brandenburg, Mecklenburg-Vorpommern, Sachsen, Sachsen-Anhalt und Thüringen Länder der Bundesrepublik werden (Art. 1);
- die Bestimmung von Berlin als Hauptstadt Deutschlands (Art. 2)[18];

---

12 Gesetz zur Änderung und Ergänzung der Verfassung der Deutschen Demokratischen Republik, GBl. DDR I, S. 299.

13 BGBl. II, S. 537.

14 BGBl. II, S. 822.

15 BGBl. II, S. 889.

16 GBl. DDR I, S. 1324; BGBl. II, S. 2058.

17 Art. 23 Satz 2 GG aF.: „Dieses Grundgesetz gilt zunächst im Gebiete der Länder Baden, Bayern, Bremen, Groß-Berlin, Hamburg, Hessen, Niedersachsen, Nordrhein-Westfalen, Rheinland-Pfalz, Schleswig-Holstein, Württemberg-Baden, Württemberg-Hohenzollern. In anderen Teilen Deutschlands ist es nach deren Beitritt in Kraft zu setzen". Einziger Anwendungsfall für Satz 2 vor dem Beitritt der DDR war der Beitritt des Saarlandes im Jahre 1957 durch Beschluss des saarländischen Landtags vom 14. Dezember 1956 (ABl. Saar 1956, S. 1645). Art. 23 GG nF. (in der seit 1992 geltenden Fassung) regelt Verfassungsfragen im Zusammenhang mit der Europäischen Union.

18 Zur Frage des Sitzes von Parlament und Regierung bestimmte Art. 2 Abs. 1 S. 2 EV, diese „wird nach der Herstellung der Einheit Deutschlands entschieden". Der Bundestag entschied mit Beschluss vom 20. Juni 1991, dass Berlin der Sitz von Bundestag und Bundesregierung sein soll und empfahl dem Bundesrat seinen Sitz in Bonn beizubehalten. Zur Frage, ob für die Entscheidung des Bundestages ein Gesetz erforderlich war: *F. Hufen*, Entscheidung über Parlaments- und Regierungssitz der Bundesrepublik Deutschland ohne Gesetz?, NJW 1991, 1321 ff. (bejahend); *P. Lerche*, Verfassungsfragen der Festlegung des Parlaments- und Regierungssitzes – Erforderlichkeit eines Gesetzes?, ZG 1991, 193 ff. (zutreffend verneinend); allg. dazu: *M. Kühnreich*, Das Selbstorganisationsrecht des Deutschen Bundestages unter besonderer Berücksichtigung des Hauptstadtbeschlusses, 1997. Seit 2006 ist die Hauptstadtfrage in Art. 22 Abs. 1 Satz 1 GG geregelt.

- das In-Kraft-Treten des Grundgesetzes für die beigetretenen Länder und für Ost-Berlin (Art. 3);
- beitrittsbedingte Änderungen des Grundgesetzes (Art. 4), zB. Änderung der Präambel; Aufhebung des nach dem Beitritt der neuen Länder gegenstandslos gewordenen Art. 23 GG aF.; Veränderung der Stimmenzahl der Länder im Bundesrat (Art. 51 Abs. 2 GG nF.); Einführung eines (neuen) Art. 143 GG, demzufolge Recht im Beitrittsgebiet – also in den neuen Ländern – vom Grundgesetz abweichen kann „soweit und solange infolge der unterschiedlichen Verhältnisse die völlige Anpassung an die grundgesetzliche Ordnung noch nicht erreicht werden kann"; Neufassung des Art. 146 GG[19], der die Verfassungsablösung betrifft;
- **Empfehlung** an die gesetzgebenden Körperschaften sich mit **zukünftigen Verfassungsänderungen zu befassen** (Art. 5).

Weitere Regelungsgegenstände des Einigungsvertrages sind zB. die Finanzverfassung, 51
die Überleitung von Bundesrecht, die Fortgeltung von Recht der ehemaligen DDR, die Fortgeltung von völkerrechtlichen Verträgen, die Fortgeltung von Entscheidungen der Gerichte und Verwaltungsbehörden, die Rechtsverhältnisse im öffentlichen Dienst, das Verwaltungs-, Finanz- und Treuhandvermögen, Schuldenregelung, Arbeit und Soziales, Familie und Frauen, Gesundheitswesen, Umweltschutz, Kultur, Rundfunk, Bildung, Wissenschaft und Forschung, Sport. Für die **Rechtspraxis** sind besonders wichtig die „Besonderen Bestimmungen zur Überleitung von Bundesrecht", die in **Anlage I** zum Einigungsvertrag aufgelistet sind, sowie die „Besonderen Bestimmungen für fortgeltendes Recht der Deutschen Demokratischen Republik", die in **Anlage II** zum Einigungsvertrag aufgeführt sind. Trotz staatlicher Einheit gab es also zunächst noch **keine komplette Rechtseinheit.**[20] Der Einigungsvertrag gilt ungeachtet des völkerrechtlichen Untergangs eines der beiden Vertragspartner (der DDR)[21] fort. Rechte aus dem Einigungsvertrag zu Gunsten der ehemaligen DDR oder der neuen Bundesländer können von Letzteren geltend gemacht werden (Art. 44).[22]

4.3.2 Der Wahlvertrag

Für den staatsorganisationsrechtlichen Vollzug der Wiedervereinigung war die Durchfüh- 52
rung einer gesamtdeutschen Wahl zwingend. Der Wahlvertrag vom 3. August 1990 erstreckte dafür den Geltungsbereich des BWahlG auf die neuen Bundesländer. Anwendbar war danach die übliche 5 %-Sperrklausel gemäß § 6 Abs. 6 BWahlG aF. (heute § 6 Abs. 3 Satz 1 BWahlG), deren Sinn darin besteht, Splittergruppen aus dem Parlament herauszuhalten. Für Parteineugründungen in den neuen Bundesländern, die nicht mit einer Wählerschaft in den alten Bundesländern rechnen konnten, führte die schlichte Erstreckung der Regelung auf das gesamtdeutsche Wahlgebiet faktisch zu einer deutlichen Verschärfung der **Sperrklausel.** Das deshalb angerufene Bundesverfassungsgericht urteilte: „Die erste gesamtdeutsche Wahl des Deutschen Bundestages findet unter besonderen Umständen statt, die eine unveränderte Aufrechterhaltung der herkömmlichen, wahlgebietsbezogenen Sperrklausel von 5 vH. nicht erlauben. Unter den besonderen Bedingungen dieser Wahl ist eine Sperrklausel verfassungsrechtlich unbedenklich, die nicht auf das gesamte Wahlgebiet bezogen ist, sondern Parteien am Verhältnisausgleich teilnehmen lässt, wenn sie entweder im bisherigen Gebiet der Bundesrepublik Deutschland einschließlich Berlin (West) oder Ge-

---

19 Vgl. dazu *M. Herdegen*, Die Verfassungsänderungen im Einigungsvertrag, 1991; *E. Klein* (Hrsg.), Verfassungsentwicklung in Deutschland nach der Wiedervereinigung, 1994; *K. Stern*, Der verfassungsändernde Charakter des Einigungsvertrages, DtZ 1990, 289 ff.

20 Vgl. dazu *R. Grawert*, Rechtseinheit in Deutschland, Staat 30 (1991), 209 ff.

21 Vgl. dazu *M. Silagi*, Staatsuntergang und Staatennachfolge mit besonderer Berücksichtigung des Endes der DDR, 1996.

22 Zur Bestandskraft des Einigungsvertrages vgl. *Th. Höch*, Der Einigungsvertrag zwischen völkerrechtlichem Vertrag und nationalem Gesetz, 1995; *H. Wagner*, Der Einigungsvertrag nach dem Beitritt, 1994.

biet der Deutschen Demokratischen Republik einschließlich Berlin (Ost) 5 vH. der für ihre Landeslisten abgegebenen Stimmen erreichen."[23]
Bei der ersten gesamtdeutschen Wahl am 2. Dezember 1990 zeigte die überwundene Teilung also noch einmal Folgen für die Anwendung der 5 %-Sperrklausel.[24] Der auf diese Weise gewählte 12. Bundestag wählte *Helmut Kohl* zum ersten gesamtdeutschen Bundeskanzler.

4.3.3 Der Zwei-Plus-Vier-Vertrag

53 Der Beitritt der DDR zur Bundesrepublik am 3. Oktober 1990 beendete die Teilung Deutschlands. Dieses wichtigste Ereignis in der deutschen Nachkriegsgeschichte setzte das Einverständnis der vier Siegermächte voraus und die Aufhebung von deren Rechten und Verantwortlichkeiten in Bezug auf Deutschland als Ganzes. Dies erfolgte durch den zwischen den zwei Staaten in Deutschland (Bundesrepublik und DDR) und den vier Mächten (Frankreich, Großbritannien, UdSSR, USA) abgeschlossenen **Vertrag über die abschließende Regelung in Bezug auf Deutschland vom 12. September 1990** (Zwei-Plus-Vier-Vertrag).[25] Mit diesem Vertrag hat das vereinte Deutschland **„volle Souveränität über seine inneren und äußeren Angelegenheiten"** erlangt (Art. 7 Abs. 2). Der Abzug der sowjetischen Streitkräfte sollte bis Ende 1994 vollzogen sein (Art. 4 Abs. 1). Die Regierungen der Bundesrepublik und der DDR „bekräftigen ihre Erklärungen, dass von deutschem Boden nur Frieden ausgehen wird" (Art. 2 Abs. 1).
Der Zwei-Plus-Vier-Vertrag versteht sich auch als Beitrag zur **Friedensordnung in Europa**. Folgerichtig wird festgestellt, dass das vereinte Deutschland keinerlei Gebietsansprüche gegen Staaten hat und solche auch in Zukunft nicht erheben wird (Art. 1 Abs. 3). Dies ist besonders wichtig im Verhältnis zu Polen; denn die Rechtslage der **Gebiete östlich der Oder-Neiße-Grenze** war lange Zeit zwischen der Bundesrepublik und Polen umstritten. Der Kern der Frage war: Vorläufigkeit oder Endgültigkeit dieser Grenze.[26] Die Bestätigung der deutsch-polnischen Grenze, die die Bundesrepublik Deutschland bereits im Warschauer Vertrag von 1970 anerkannt hatte, allerdings noch unter dem Vorbehalt der Vier-Mächte-Verantwortung für Deutschland als Ganzes, erfolgte im Deutsch-Polnischen Grenzvertrag von 1990.[27]

Literatur: *C. Bickenbach*, Verfassungsrechtliche Vereinigung und staatliche Wiedervereinigung – 25 Jahre Deutsche Einheit, JuS 2015, 891; *J. Isensee*, Deutschlands aktuelle Verfassungslage – Staatseinheit und Verfassungskontinuität, VVDStRL 49 (1990), 39; *M. Kilian*, Der Vorgang der deutschen Wiedervereinigung, HStR I, 3. Aufl. 2003, § 12 (insbesondere Rn. 79 ff.); *E. Klein*, Zwei-Plus-Vier-Vertrag und deutsche Verfassungsgebung, in: FS für Jens Hacker, 1998, S. 101; *O. Luchterhandt*, Die staatliche Teilung Deutschlands, HStR I, 3. Aufl. 2003, § 10; *I. von Münch*, Deutschland: gestern – heute – morgen, NJW 1991, 865; *D. Rauschning*, Die Wiedervereinigung vor dem Hintergrund der Rechtslage Deutschlands, JuS 1991, 977; *W. Schäuble*, Der Einigungsvertrag im Zusammenhang der deutschen Wiedervereinigung, in: *Eckart/Hacker/Mampel* (Hrsg.), Wiedervereinigung Deutschlands, 1998, S. 371; *K.A. Schwarz*, Verfassungsfragen der deutschen Einheit, JA 2015, 721; *K. Stern*, Das Staatsrecht der Bundesrepublik Deutschland V: Die geschichtlichen Grundlagen des Deutschen Staatsrechts, 2000; *Stern/Schmidt-Bleibtreu (Hrsg.)*, Verträge und Rechtsakte zur deutschen Einheit

23 BVerfGE 82, 322 (Ls. 4a und b, 339 ff.) – *Bundestagswahl 1990*.

24 Auf diesem Wege kam es dazu, dass Gruppen in den Bundestag einzogen, die nicht die Fraktionsstärke (vgl. § 10 GOBT) erreichten. Hieraus folgten wiederum spannende Streitigkeiten und Verfassungsgerichtsentscheidungen zum Gruppenstatus im Parlament. S. dazu BVerfGE 84, 304 ff. – *PDS-Gruppenstatus*; 96, 264 ff. – *Gruppenstatus*; 112, 118 ff. – *Vermittlungsausschuss* und dazu unten Rn. 206.

25 BGBl. II, S. 1318 ff. Zu diesem Vertrag vgl. *D. Blumenwitz*, Der Vertrag über die abschließende Regelung in Bezug auf Deutschland, NJW 1990, 3041 ff.

26 Vgl. dazu *J.A. Frowein*, in: HVerfR, 2. Aufl. 1994, § 2 Rn. 27 ff.; *S. Krülle*, Die völkerrechtlichen Aspekte des Oder-Neiße-Problems, 1970.

27 Vertrag zwischen der Bundesrepublik Deutschland und der Republik Polen über die Bestätigung der zwischen ihnen bestehenden Grenze (BGBl. 1991 II, S. 1328). Vgl. auch BVerfG, EuGRZ 1992, 306 ff. bzgl. (unzulässiger) Verfassungsbeschwerde gegen das Zustimmungsgesetz zum Grenzvertrag.

I: Staatsvertrag zur Währungs-, Wirtschafts- und Sozialunion, 1990; II: Einigungsvertrag und Wahlvertrag, 1990; *Ch. Tomuschat*, Deutschlands aktuelle Verfassungslage – Wege zur deutschen Einheit, VVDStRL 49 (1990), 70; *R. Wahl*, Die deutsche Einigung im Spiegel historischer Parallelen, Staat 30 (1991), 181; *J. Wasmuth*, Das Regelungswerk des Einigungsvertrages, DtZ 1990, 294; Denkschrift der Bundesregierung zum Einigungsvertrag BT-Drs. 11/7760, 355.

5. Kapitel: Bedeutende Verfassungsänderungen infolge und nach der Wiedervereinigung

5.1 Die Ergebnisse der Arbeit der Gemeinsamen Verfassungskommission

Der Einigungsvertrag enthielt in seinem Art. 5 die Empfehlung an die gesetzgebenden **54** Körperschaften des vereinten Deutschlands, sich innerhalb von zwei Jahren „mit den im Zusammenhang mit der deutschen Einigung aufgeworfenen Fragen zur Änderung oder Ergänzung des Grundgesetzes zu befassen“. Als Gegenstände nennt Art. 5 EV insbesondere das Verhältnis zwischen Bund und Ländern, die Neugliederung im Raum Berlin/Brandenburg, die Aufnahme von Staatszielbestimmungen sowie die Frage der Anwendung von Art. 146 GG, der die Geltung des Grundgesetzes auf den Tag befristet, an dem „eine Verfassung in Kraft tritt, die von dem deutschen Volke in freier Entscheidung beschlossen worden ist.“ Nachdem der große Schritt der Wiedervereinigung als Beitritt gemäß Art. 23 GG aF. vollzogen war, sprach jedoch nichts mehr für die Notwendigkeit, die verfassungsgebende Gewalt zu aktivieren, zumal das Grundgesetz im Ganzen akzeptiert war, wenn nicht gar identitätsstiftend wirkte.

Auf Grund der Empfehlung in Art. 5 EV bildeten Bundestag und Bundesrat im Jahre **55** 1992 eine aus je 32 Mitgliedern des Bundestages und des Bundesrates zusammengesetzte **Gemeinsame Verfassungskommission** und erteilten ihr den Auftrag, Vorschläge für Verfassungsänderungen zu erarbeiten.[1] Innerhalb der Kommission war mit **2/3-Mehrheit** zu entscheiden. Für das Verfahren galt die Geschäftsordnung des Bundestages.
Von den vielen Reformvorschlägen in den Beratungen fanden nur wenige die erforderliche 2/3-Mehrheit. Von der Kommission beschlossen und in den Verfassungstext eingegangen sind die Ergänzung des Art. 3 Abs. 2 GG um die Verpflichtung zur Förderung der tatsächlichen Durchsetzung der **Gleichberechtigung** von Frauen und Männern (Satz 2) und des Art. 3 Abs. 3 GG um ein **Verbot der Benachteiligung wegen einer Behinderung** (Satz 2), die Aufnahme des Staatsziels **Umweltschutz** (Art. 20a GG), die **Stärkung der kommunalen Selbstverwaltung** durch Einbeziehung der Grundlagen der finanziellen Eigenverantwortung (Art. 28 Abs. 2 Satz 2 GG), die Erleichterung der **Neugliederung** der Länder (Neufassung des Art. 29 GG und Einfügung von Art. 118a GG betr. Berlin und Brandenburg) sowie eine **Stärkung der Gesetzgebungskompetenzen der Länder** (Änderung von Art. 72, 74 und 75 GG).
Insgesamt mündete die angestrebte Verfassungsreform in eine Summe einzelner Verfassungsänderungen. Da es in Bezug auf die Gesamtverfassung an echter Reformnotwendigkeit fehlte und die erforderliche 2/3-Mehrheit eine erhebliche Hürde für Änderungen errichtete, kann das letztlich bescheidene Ergebnis nicht verwundern, zumal die drängendsten Änderungen infolge der europäischen Integration bereits vorab realisiert worden waren.

5.2 Europäische Integration

Die Integration in die Gemeinschaft der Europäischen Staaten ist für die gesamte politi- **56** sche Entwicklung Deutschlands seit der Nachkriegszeit von größter Bedeutung. Insofern

1 Zum Auftrag und zum Verfahren s. BT-Drs. 12/6000.

erwies es sich als vollkommen stimmig, dass die Wiedervereinigung zeitlich aufs Engste mit der qualitativ neuen Stufe der europäischen Integration zusammenfiel, die der **Vertrag von Maastricht**[2] markiert. Er intensivierte die Europäischen Gemeinschaften zu einer **Wirtschafts- und Währungsunion** und ergänzte diese um weitere Felder der Zusammenarbeit, namentlich die **Außen- und Sicherheitspolitik** sowie die Bereiche **Justiz und Inneres**, die allerdings auf intergouvernementaler[3] Basis verblieben.
Mit dem Vertrag von Maastricht hatte die europäische Integration eine Intensität erreicht, die es geraten erscheinen ließ, die Ratifikation des Vertrages nicht mehr wie bisher auf der Grundlage von Art. 24 Abs. 1 GG vorzunehmen, wonach der Bund durch Gesetz Hoheitsrechte auf zwischenstaatliche Einrichtungen übertragen kann, sondern Grundlagen und Grenzen der Integration speziell in der Verfassung auszuweisen. Dies war umso mehr geboten, als die Verfassungsmäßigkeit der Gründung einer Wirtschafts- und Währungsunion angezweifelt und gerügt wurde, dass die europäische Integration nunmehr ein Ausmaß erreicht habe, welches die staatlichen Entscheidungsbefugnisse substanziell aushöhle. Das Bundesverfassungsgericht stellte in seiner bedeutenden Maastricht-Entscheidung fest, dass das Demokratieprinzip die Bundesrepublik Deutschland nicht an einer Mitgliedschaft in einer supranational organisierten zwischenstaatlichen Gemeinschaft hindere. Voraussetzung sei aber, dass eine vom Volk ausgehende Legitimation und Einflussnahme auch innerhalb des Staatenverbundes gesichert sei.[4]

57 Als Grundlage für den Vertrag von Maastricht und alle zukünftigen Integrationsschritte wurde **Art. 23 GG** neu eingefügt. Der Artikel enthielt zuvor die Grundlage der Wiedervereinigung und war mit deren Vollendung (passenderweise) frei geworden. Art. 23 Abs. 1 GG nF. bestimmt, dass die Bundesrepublik zur Verwirklichung eines vereinten Europas bei der Entwicklung der Europäischen Union mitwirkt, die demokratischen, rechtsstaatlichen, sozialen und föderativen Grundsätzen und dem Grundsatz der **Subsidiarität** verpflichtet ist und einen dem Grundgesetz im Wesentlichen vergleichbaren Grundrechtsschutz gewährleistet. Der Artikel enthält weitere Regelungen über die Mitwirkung von Bundestag und Bundesrat in Angelegenheiten der Europäischen Union, für die entsprechende Ausschüsse eingerichtet wurden (Art. 45 und 52 Abs. 3a GG). In Umsetzung des Vertrags von Maastricht fand außerdem das kommunale Wahlrecht für nichtdeutsche Unionsbürger Eingang in die Verfassung, und es wurde die notwendige Ermächtigung zur Übertragung von Aufgaben und Befugnissen der Deutschen Bundesbank auf die Europäische Zentralbank geschaffen (Art. 88 Satz 2 GG).

58 Bis zur Föderalismusreform im Jahre 2006 erfuhr das Grundgesetz vor allem im Grundrechtsteil **weitere Änderungen**, von denen die Zulassung von Frauen zum Militärdienst (Art. 12a Abs. 4 Satz 2 GG) auf eine Entscheidung des Europäischen Gerichtshofs zum gemeinschaftsrechtlichen Gebot der Gleichbehandlung von Männern und Frauen im Arbeitsleben[5] zurückgeht. In europäischem Zusammenhang steht auch die Einschränkung des Asylrechts durch das 47. Gesetz zur Änderung des Grundgesetzes vom 29. November 2000.[6]

---

2 Vom 7. Dezember 1992, in Kraft getreten am 1. November 1993. So genannt nach der entscheidenden Tagung des Europäischen Rates in Maastricht am 9. und 10. Dezember 1991 = Vertrag über die Europäische Union.

3 Im Gegensatz zu der wesentlich intensiveren supranationalen Zusammenarbeit im Rahmen der Europäischen Gemeinschaft. S. zu den Begriffen intergouvernemental und supranational und deren Bedeutung *A. Haratsch/Ch. Koenig/M. Pechstein,* Europarecht, 12. Aufl. 2020, Rn. 54, 62 für Supranationalität und für Intergouvernementalität Rn. 54.

4 BVerfGE 89, 155 (Ls. 2).

5 EuGH, C-285/98, Slg. 2000, I-69 – *Tanja Kreil.*

6 BGBl. I, S. 1633. Weitere Änderungen sind die verfassungsrechtliche Absicherung des „Großen Lauschangriffs“ durch Ergänzung von Art. 13 GG sowie die Ergänzung des Art. 20a GG um das Staatsziel „Tierschutz“.

5.3 Föderalismusreform I

Das 52. Gesetz zur Änderung des Grundgesetzes vom 28. August 2006[7], das in seinen wesentlichen Teilen zum 1. September 2006 in Kraft trat, bildete den ersten Teil der Föderalismusreform. Die besonders schwierige Reform der Finanzverfassung wurde auf den zweiten Teil verschoben. 59

Am 16. und 17. Oktober 2003 fassten Bundestag und Bundesrat den Beschluss, eine gemeinsame Kommission einzusetzen mit der Aufgabe, Vorschläge zur **Modernisierung der bundesstaatlichen Ordnung** zu erarbeiten.[8] Die Vorschläge sollten darauf zielen, die Handlungs- und Entscheidungsfähigkeit von Bund und Ländern zu verbessern, die politischen Verantwortlichkeiten deutlicher zuzuordnen sowie die Zweckmäßigkeit und Effizienz der Aufgabenerfüllung zu steigern. Diese Zielsetzungen verdeutlichen gleichzeitig die Gründe für die Reform. Außerdem sollte der weiteren Entwicklung der Europäischen Union sowie der Stellung der Kommunen Rechnung getragen werden.[9] Auf dem Prüfstand standen die Verteilung der Gesetzgebungszuständigkeiten, die Mitwirkungsrechte der Länder an der Bundesgesetzgebung sowie in Bezug auf die Finanzbeziehungen insbesondere die Mischfinanzierungstatbestände gemäß Art. 91a und b sowie Art. 104a Abs. 4 GG aF. 60

Die Kommission war mit je 16 Mitgliedern aus den beiden Gründungsorganen besetzt. Ohne Stimmrecht beteiligten sich außerdem Vertreter der Bundesregierung, der Landtage und der kommunalen Verbände an der Arbeit der Kommission, die zudem durch zahlreiche Sachverständige unterstützt wurde.[10] Die Kommission bildete sieben Projektgruppen, denen sich entnehmen lässt, wo der größte Reformbedarf gesehen wurde. Zu nennen sind:

- Art. 84 GG und die materiellen Zugriffsrechte der Länder (auf die Bundesgesetzgebung) sowie „Europa“,
- Gesetzgebungskompetenzen im öffentlichen Dienst, Besoldungs- und Versorgungsrecht, Innere Sicherheit, Versammlungsrecht,
- Bildung und Kultur,
- Gesetzgebungskompetenzen im Umwelt- und Verbraucherschutzrecht,
- mögliche Gesetzgebungskompetenzen mit regionaler Bedeutung,
- Finanzthemen (zB. Mischfinanzierungen), einschließlich Fragen der Zustimmungsbedürftigkeit wegen Kostenfolgen von Bundesgesetzen,
- Hauptstadt.

Am 17.12.2004 beendete die Kommission ihre Arbeit.[11] Angesichts unüberbrückbarer Differenzen hinsichtlich der Kompetenzverteilung im Bereich von Bildung und Forschung schien das Vorhaben vorerst gescheitert. Erst nach der Wahl zum 16. Deutschen Bundestag im September 2005, die zur Bildung einer großen Koalition von CDU und SPD führte, wurde eine Einigung möglich. Nach einigen Verhandlungen und Modifikationen des Gesetzentwurfs beschloss der Bundestag den ersten Teil der Föderalismusreform als 52. Gesetz zur Änderung des Grundgesetzes sowie kurze Zeit später das Föderalismusreform-Begleitgesetz.[12] 61

---

7 BGBl. I, S. 2034.

8 BT-Drs. 15/1685; BR-Drs. 750/03; s. auch Deutscher Bundestag/Bundesrat/Öffentlichkeitsarbeit (Hrsg.), Dokumentation der Kommission von Bundestag und Bundesrat zur Modernisierung der bundesstaatlichen Ordnung, Zur Sache 1/2005, S. 17.

9 Zu den Zielsetzungen der Reform und deren konkreter Umsetzung: *U. Häde*, Zur Föderalismusreform in Deutschland, JZ 2006, 930 ff.

10 S. Dokumentation (Fn. 137), S. 18 f.; namentliche Auflistung ebenda S. 20–25; 34–36.

11 S. Dokumentation (Fn. 9), S. 49.

12 ÄndG vom 5. September 2006 (BGBl. I, S. 2098). Inhalt: Gesetz zur Entflechtung von Gemeinschaftsaufgaben und Finanzhilfen (EntflechtG); Gesetz zur innerstaatlichen Aufteilung von unverzinslichen Einlagen und Geldbußen gemäß Artikel 104 EG (Sanktionszahlungs-Aufteilungsgesetz – SZAG); Gesetz zur Lastentragung

Gemäß Art. 22 Abs. 1 GG ist nunmehr Berlin verfassungsrechtlich zur Hauptstadt bestimmt. Die Gesetzgebungskompetenzen des Bundes wurden in erheblichem Umfang geändert. Die **Rahmengesetzgebungskompetenz** gemäß Art. 75 GG aF. wurde gänzlich **abgeschafft**. Ein Teil der Materien, die der konkurrierenden Gesetzgebungskompetenz zugehören, kann nunmehr vom Bund ohne zusätzliche Erforderlichkeitsprüfung geregelt werden (Art. 72 Abs. 1 GG); andere unterliegen einer **Erforderlichkeitsklausel** (Art. 72 Abs. 2 GG); in Bezug auf einen dritten Teil, bei dem es sich in erster Linie um die Materien der bisherigen Rahmengesetzgebungskompetenz handelt, sind die Länder zu Abweichungen (**Abweichungsgsetzgebung**) befugt (Art. 72 Abs. 3 GG).
Die bisherige **Zustimmungsbedürftigkeit von Gesetzen** wegen bundesrechtlicher Verfahrensregelungen gemäß Art. 84 Abs. 1 GG aF. wurde aufgehoben, um auf diese Weise die Zahl der zustimmungsbedürftigen Gesetze zu **reduzieren**. Auch insoweit sind die Länder nunmehr aber befugt, abweichende Regelungen zu treffen (Art. 84 Abs. 1 Satz 2 GG).
Die Mischfinanzierungstatbestände der Gemeinschaftsaufgaben gemäß Art. 91a und b GG sowie die Finanzhilfen auf der Grundlage von Art. 104a Abs. 4 GG aF. wurden im Sinne einer **Entflechtung** modifiziert.
Erstmals hat die Lastenverteilung zwischen Bund und Ländern für den Fall von Haftungsansprüchen wegen Verstößen gegen Unionsrecht oder Völkerrecht (Art. 104 Abs. 6 nF.) sowie im Falle von Sanktionen wegen Verstößen gegen die gemeinschaftsrechtlich geforderte Haushaltsdisziplin[13] (Art. 109 Abs. 5 nF. GG) eine Regelung gefunden.
Die Verfassungsänderungen werden flankiert durch Übergangsregelungen in den Art. 125a bis 125c GG.

5.4 Verfassungsänderungen nach der Föderalismusreform I, insbesondere Föderalismusreform II und weitere Änderungen

61a Im Jahre 2009 erfolgte erneut eine Vielzahl von Verfassungsänderungen. Sie waren zum einen Folge davon, dass der Vertrag von Lissabon mit Wirkung zum 1. September 2009 in Kraft trat und bildeten zum anderen den zweiten Teil der Föderalismusreform. Mit der 53. Änderung des Grundgesetzes[14] schuf der Verfassungsgesetzgeber die nötigen Regelungen, um die **Subsidiaritätsklage** gemäß Art. 5 Abs. 3 EUV iVm. Art. 8 des Subsidiaritätsprotokolls innerstaatlich umzusetzen.[15] Dies betrifft die Einführung des Art. 23 Abs. 1a GG sowie die Ergänzung des Art. 45 GG (Ausschuss für die Angelegenheiten der EU) um Satz 3. Zeitgleich wurde zudem das **Antragsquorum für die abstrakte Normenkontrolle** von einem Drittel auf ein Viertel der Mitglieder des Bundestages herabgesetzt.
Das 54. Änderungsgesetz[16] enthielt mit der Verlagerung der **Ertragskompetenz der Kraftfahrzeugsteuer** und sonstiger den motorisierten Verkehr betreffender Steuern von den Ländern auf den Bund einen ersten Schritt zur Neuregelung der Finanzbeziehungen zwischen Bund und Ländern. Die Änderungen betrafen Art. 106, 107 und 108 sowie einen neuen Art. 106b GG. Bevor mit dem 57. Änderungesetz vom 29.7.2009 der zweite Schritt erfolgte, schuf der Verfassungsgesetzgeber mit Art. 45d GG noch die Grundlage

---

im Bund-Länder-Verhältnis bei Verletzung von supranationalen oder völkerrechtlichen Verpflichtungen (Lastentragungsgesetz – LastG); Gesetz zur Überleitung der sozialen Wohnungsbauförderung auf die Länder; geändert wurden zB. das BVerfGG (§ 13 Nr. 6a BVerfGG, vgl. Art. 93 Abs. 2 GG), das BauGB, das Krankenhausfinanzierungsgesetz, das Wohnraumförderungsgesetz, das BGB, das Finanzverwaltungsgesetz und die Finanzgerichtsordnung.

13 Vor dem Inkrafttreten des Vertrags von Lissabon am 1. Dezember 2009 Art. 104 EG, jetzt Art. 126 AEUV.

14 ÄndG vom 8. Oktober 2008, BGBl. I, S. 1926.

15 *F. Shirvani*, Die europäische Subsidiaritätsklage und ihre Umsetzung ins deutsche Recht, JZ 2010, 753 ff.

16 ÄndG vom 19. März 2009, BGBl. I, S. 606.

für ein parlamentarisches Gremium zur **Kontrolle der Nachrichtendienste**[17] und passte durch Änderung des Art. 87d GG die Luftverkehrsverwaltung den europäischen Vorgaben an.[18]
Das 57. Gesetz zur Änderung des Grundgesetzes vom 29.7.2009[19] enthält den zweiten Schritt der Föderalismusreform II, dessen finanzrechtlicher Inhalt im Wesentlichen mit dem Stichwort der **Schuldenbremse** durch Änderung bzw. Einführung der **Art. 109, 109a, 115 und 143d GG** erfasst werden kann. Darüber hinaus wurde der Abschnitt Gemeinschaftsaufgaben in seinem Titel um den Aspekt der Verwaltungszusammenarbeit erweitert und um **Art. 91c und 91d GG** ergänzt. Art. 91c GG befasst sich mit der informationstechnischen Zusammenarbeit von Bund und Ländern, während Art. 91d GG die gemeinsame Durchführung von Vergleichsstudien ermöglicht. Zudem wurde die Investitionshilfekompetenz des Bundes gemäß Art. 104b GG für den Fall von Naturkatastrophen und außergewöhnlichen Notsituationen, die sich der Kontrolle des Staates entziehen, erweitert. Eine grundlegende Neufassung des Bund-Länder-Finanzausgleichs blieb dagegen aus.
Im Jahre 2010 reagierte der Verfassungsgesetzgeber mit **Art. 91e GG** auf die Entscheidung des Bundesverfassungsgerichts, mit der die Zusammenarbeit von Bund und Kommunen im Rahmen der Gewährung von Arbeitslosenhilfe und Sozialleistungen für verfassungswidrig erklärt worden war[20] und schuf für diese Mischverwaltung die verfassungsrechtliche Grundlage.
Die 59. Änderung des Grundgesetzes vom 11.7.2012[21] führte mit **Art. 93 Abs. 1 Nr. 4c GG** die Beschwerde von Parteien gegen ihre Nichtanerkennung bei Wahlen (Nichtanerkennungsbeschwerde) ein.
Seit dem 1.1.2015 ist eine erneute Änderung des Art. 91b GG in Kraft.[22]

Im Jahr 2017 wurden zwei verfassungsändernde Gesetze erlassen. Das 61. Änderungsgesetz ermöglicht im Anschluss an die Entscheidung des Bundesverfassungsgerichts zum NPD-Parteiverbotsverfahren durch Ergänzung des Art. 21 GG um einen neuen Absatz 3, Parteien, deren Verfassungswidrigkeit das Bundesverfassungsgericht festgestellt hat, die jedoch mangels hinreichender Gefährlichkeit nicht verboten werden können, von der staatlichen Parteienfinanzierung auszuschließen.[23] **61b**
Das 62. Änderungsgesetz soll den informationstechnischen Zugang zu Verwaltungsdienstleistungen verbessern und enthält zum anderen diverse Neuregelungen in Bezug auf die Finanzbeziehungen zwischen Bund und Ländern.[24] Durch das 63. Änderungsgesetz werden in Art. 104d GG nunmehr auch Finanzhilfen im Bereich des sozialen Wohnungsbaus ermöglicht und die Regelungen über die Finanzhilfen im Bereich der Bildungsinfrastruktur erneut modifiziert.[25] Durch das 64. Änderungsgesetz wurde die Gesetzgebungskompetenz für die Grundsteuer als Abweichungsgesetzgebungskompe-

17 ÄndG vom 17. Juli 2009, BGBl. I, S. 1977; s. dazu *F. Shirvani*, Reform der parlamentarischen Kontrolle der Nachrichtendienste – Die Novellen zum Grundgesetz und zum Kontrollgremiumgesetz –, VBlBW 2010, 99 ff.
18 ÄndG vom 29. Juli 2009, BGBl. I, S. 2247.
19 BGBl. I, S. 2248.
20 BVerfGE 119, 331 ff. – *Arbeitsagenturen*.
21 ÄndG vom 11. Juli 2012, BGBl. I, S. 1478.
22 BGBl. I, S. 2438; s. dazu BT-Drs. 18/2710.
23 ÄndG vom 13. Juli 2017, BGBl. I, S. 2346.
24 ÄndG vom 13. Juli 2017, BGBl. I, S. 2347: Art. 91c Abs. 5 – informationstechnischer Zugang zu Verwaltungsdienstleistungen von Bund und Ländern, Art. 104b Abs. 2 Satz 2–4 – Finanzhilfen des Bundes; Art. 104c – Finanzhilfen für kommunale Bildungsinfrastruktur; Art. 107 Abs. 1 und 2 – Länderfinanzausgleich; Art. 108 Abs. 4 und 4a – Finanzverwaltung; Art. 109a Abs. 2 und 3 – Überwachung der Haushaltsdisziplin; Art. 114 Abs. 2 – Bundesrechnungshofkontrolle bei den Ländern in Bezug auf zweckgebundene Finanzmittel; Art. 125c Abs. 1, Art. 143d Abs. 4; Art. 143 e–g – Fortgeltungs- und Übergangsregelungen.
25 ÄndG vom 28. März 2019, BGBl. I, S. 404.

tenz ausgestaltet.[26] Die Finanzverfassung wird damit in zunehmendem Maße kleinteilig und unübersichtlich.

Literatur: *U. Battis/N. Eder,* Der Krebsgang der Föderalismusreform, NVwZ 2019, 592; *U. Häde,* Zur Föderalismusreform in Deutschland, JZ 2006, 930; *I. Härtel,* Föderalismusreform II – Bund-Länder-Finanzbeziehungen im Lichte aktueller Ordnungsanforderungen, JZ 2008, 437; *Ch. Hillgruber,* Der Nationalstaat in der überstaatlichen Verflechtung, HStR II, 3. Aufl. 2004, § 32 Rn. 75–112; *H. Hofmann,* Föderalismusreformen im Verfassungsstaat, DÖV 2008, 833; *F. Shirvani,* Die europäische Subsidiaritätsklage und ihre Umsetzung ins deutsche Recht, JZ 2010, 753; *U. Steiner,* 70 Jahre Grundgesetz für die Bundesrepublik Deutschland, Jura 2019, 441; *N. Ullrich,* Staats- und Verfassungsjubiläen 2019 – Gelingen und Scheitern deutscher Aufbrüche, JA 2019, 328.

26 ÄndG vom 15. November 2019, BGBl. I, 1546.

Zweiter Teil: Verfassungsänderung und Verfassungskern

Fall 1: Das Staatsoberhaupt der Republik

1. Lässt das Grundgesetz die Einführung einer Monarchie
   a) im Bund zu?
   b) in einem Bundesland zu?
2. Könnte das Grundgesetz mit verfassungsändernder Mehrheit dahin abgeändert werden,
   a) dass der Bundespräsident vom Volk gewählt wird?
   b) dass der Bundespräsident nicht mehr auf fünf Jahre, sondern auf Lebenszeit gewählt wird?

1. Kapitel: Verfassungsänderung

Die **Verfassung** enthält die grundlegenden Entscheidungen über die Rechtsverhältnisse in einem Gemeinwesen.[1] Damit verbindet sich geradezu notwendig die Vorstellung der **Dauerhaftigkeit**. Die **Verfassungsänderung** steht daher im Vergleich mit gewöhnlicher Gesetzgebung **unter besonderen Bedingungen**. Schon die Paulskirchenverfassung verlangte für Verfassungsänderungen ein erhöhtes Quorum „in beiden Häusern"[2] sowie die Zustimmung des Reichsoberhaupts (§ 196). Nach Art. 76 WRV war eine Verfassungsänderung im Wege des Gesetzgebungsverfahrens möglich, bedurfte aber einer 2/3-Mehrheit von mindestens 2/3 der gesetzlichen Mitgliederzahl des Reichstags. Die Weimarer Erfahrungen lehrten dann allerdings, dass ein besonderes Quorum als einziges Erfordernis für eine Verfassungsänderung die Verbindlichkeit und den beurkundenden Charakter des Verfassungstexts nicht wahren können. Die zwar als „unsittlich" kritisierte, aber doch überwiegend nicht für verfassungswidrig befundene Praxis der stillschweigenden Verfassungsänderung und der Verfassungsdurchbrechung[3] machte es möglich, dass die nationalsozialistische Machtergreifung sich in den Mantel formaler Legalität hüllen konnte. 62

Art. 79 GG ist Reaktion auf diese Erfahrungen. Er enthält **formelle Voraussetzungen** und – erstmalig in der deutschen Verfassungsgeschichte – auch **materielle Grenzen** für Verfassungsänderungen. Anknüpfen konnten die Verfassungseltern dabei an Vorarbeiten aus der Weimarer Staatsrechtslehre, in deren Methodenstreit[4] zwischen Rechtspositivismus[5] und

---

1 Der Verfassung kommt somit eine Ordnungsfunktion zu, die allerdings über die Normierung eines Grundkonsenses nicht hinausgehen darf, da andernfalls politische Entscheidungen des einfachen Gesetzgebers sich erübrigen würden, s. *D. Grimm*, Verfassungsfunktion und Grundgesetzreform, in: *ders.*, Die Zukunft der Verfassung, 1991, S. 313 (329) und *ders.*, Verfassung, in: *ders.*, Die Zukunft der Verfassung, 1991, S. 11 (17). S. hierzu auch BVerfGE 50, 290 (336 ff.) – *Mitbestimmungsgesetz*.

2 Staatenhaus und Bundeshaus (§ 85).

3 Insbesondere *R. Thoma*, Die juristische Bedeutung der grundrechtlichen Sätze der deutschen Reichsverfassung im Allgemeinen, in: *H.C. Nipperdey* (Hrsg.), Die Grundrechte und Grundpflichten der Reichsverfassung I, 1929, S. 1 (39 ff.) verteidigte die Zulässigkeit der Verfassungsänderung und -aufhebung durch ein Reichsgesetz nach Art. 76 WRV. Einige der wenigen, die diese „ausufernde Praxis" für unzulässig erachteten sind *C. Schmitt*, Verfassungslehre, 1928, § 11, S. 106 ff. und *K. Löwenstein*, Erscheinungsformen der Verfassungsänderung, 1931, S. 176 zur Verfassungsüberschreitung und S. 282 ff. zur Verfassungsdurchbrechung. S. hierzu auch Rn. 27.

4 S. hierzu *G. Robbers*, Die Staatsrechtslehre der Weimarer Republik, Jura 1993, 69 ff.

5 Insbesondere *K. Löwenstein* wandte sich nicht nur gegen Verfassungsdurchbrechungen (s. Fn. 3); darüber hinaus definierte er einen Katalog durchbrechungsimmuner Verfassungsnormen, die er als „Verfassungsrechtssätze institutionellen Charakters" bezeichnete, s. hierzu *U. Mager*, Einrichtungsgarantien, 2003, S. 40 ff.

geisteswissenschaftlicher Richtung[6] die Frage der Verbindlichkeit der Verfassung eine wichtige Rolle spielte.[7]

1.1 Art. 79 Abs. 1 und 2 GG

63 Nach Art. 79 Abs. 1 Satz 1 GG finden Verfassungsänderungen im Verfahren der Gesetzgebung statt. Erforderlich ist eine **Mehrheit** von 2/3 der gesetzlichen Mitgliederzahl des Bundestages (Art. 79 Abs. 2 iVm. Art. 121 GG). Auch der Bundesrat muss mit 2/3 seiner Stimmen eine Verfassungsänderung befürworten (Art. 79 Abs. 2 iVm. Art. 51 Abs. 2 und 3 GG).

64 Zur Abwehr von Verfassungsdurchbrechungen und stillschweigenden Verfassungsänderungen statuiert Art. 79 Abs. 1 Satz 1 GG ein **Textänderungsgebot**. Verfassungsänderungen erfordern somit Niederschlag im Text der Verfassungsurkunde. Verfassungsänderungen, die Folge der Übertragung von Hoheitsrechten auf der Grundlage von Art. 24 Abs. 1 GG sowie solche, die Folge der europäischen Integration sind (Art. 23 GG), unterliegen diesem Textänderungsgebot allerdings grundsätzlich nicht.[8] Dies ergibt sich für die Übertragung von Hoheitsrechten im Rahmen der europäischen Integration inzwischen ausdrücklich aus Art. 23 Abs. 1 Satz 3 GG.[9]
Der komplizierte Satz 2 von Art. 79 Abs. 1 GG wurde im Zusammenhang mit der Auseinandersetzung um die Wiederbewaffnung und dem geplanten Beitritt zur Europäischen Verteidungsgemeinschaft[10] als Grundlage für Art. 142a GG aF. in das Grundgesetz eingefügt.[11] Da die Europäische Verteidigungsgemeinschaft nicht zustandekam, wurde Art. 142a GG im Zusammenhang mit der Einführung der Notstandsverfassung 1968 wieder beseitigt. Seither wurde von Art. 79 Abs. 1 Satz 2 GG kein Gebrauch mehr gemacht. Er ist heute ohne praktische Bedeutung.[12]

1.2 Art. 79 Abs. 3 GG: Die „Ewigkeitsgarantie"

65 Art. 79 Abs. 3 GG zieht die inhaltlichen Grenzen für jegliche Verfassungsänderung. Unzulässig sind danach Änderungen des Grundgesetzes, welche die Gliederung des Bundes in

6 Nach *R. Smend*, Verfassung und Verfassungsrecht, 1928, in: *ders.*, Staatsrechtliche Abhandlungen und andere Aufsätze, 3. Aufl. 1994, statuieren Grundrechte ein werteorientiertes Kultursystem.

7 Bemerkenswert auch der Ansatz von *C. Schmitt*, Verfassungslehre, 1928, § 3, S. 20 ff., der zwischen grundlegenden politischen Entscheidungen der verfassungsgebenden Gewalt und bloßen Verfassungsgesetzen unterscheidet; erstere seien „unantastbar" und könnten daher auch im Wege der Verfassungsänderung nicht modifiziert werden, s. auch *G. Robbers*, Die Staatslehre der Weimarer Republik, Jura 1993, S. 69 (70).

8 Dazu unten Rn. 79 und 82.

9 Dazu unten Rn. 75 ff.

10 S. zur Europäischen Verteidigungsgemeinschaft oben Rn. 39.

11 Art. 79 Abs. 1 Satz 2 GG sollte den Streit beenden, ob und inwieweit der Beitritt der Bundesrepublik zur Europäischen Verteidigungsgemeinschaft einer Verfassungsänderung bedurfte. Mit dem Satz wird das Gebot der Textänderung für Verfassungsänderungen infolge von bestimmten völkerrechtlichen Verträgen zum Gebot modifiziert, einen pauschalen Änderungsvermerk anzubringen. Für den Beitritt zur Europäischen Verteidigungsgemeinschaft wurde auf dieser Grundlage Art. 142a GG eingefügt. Er lautete: „Die Bestimmungen dieses Grundgesetzes stehen dem Abschluss und dem Inkrafttreten der am 26. und 27. Mai 1952 in Bonn und Paris unterzeichneten Verträge (Vertrag über die Beziehungen der Bundesrepublik Deutschland und den drei Mächten und Vertrag über die Gründung der Europäischen Verteidigungsgemeinschaft) mit ihren Zusatz- und Nebenabkommen, insbesondere dem Protokoll vom 26. Juli 1952, nicht entgegen." 17. ÄndG vom 24. Juni 1968 (BGBl. I, S. 215). Zum Ganzen s. *U. Hufeld*, Die Verfassungsdurchbrechung, 1997, S. 100 ff.

12 In den Varianten „Friedensregelung" und „Abbau der besatzungsrechtlichen Ordnung" ist die Vorschrift auf die Folgen des 2. Weltkrieges bezogen und daher inzwischen obsolet. In Bezug auf die Variante „Verteidigung" erhielt das GG mit der Wehr- und Notstandsverfassung (s. oben Rn. 39–41) die erforderlichen Verfassungstextänderungen. Die internationalen Vereinbarungen in diesem Bereich haben ihre Verfassungstextgrundlage in Art. 24 Abs. 1 und 2 GG. Vgl. *U. Hufeld*, Die Verfassungsdurchbrechung, 1997, S. 102 f.

Länder, die grundsätzliche Mitwirkung der Länder bei der Gesetzgebung oder die in den Art. 1 und 20 GG niedergelegten Grundsätze berühren. Diese Vorschrift wird – missverständlich – als Ewigkeitsgarantie[13] bezeichnet. Der ewige Bestand des GG ist damit aber weder tatsächlich garantiert noch auch nur gesollt. **Revolutionäre Abschaffung** des Grundgesetzes lässt sich normativ nicht verhindern, **friedliche Verfassungsneuschaffung** will das Grundgesetz **nicht ausschließen**, wie Art. 146 GG belegt.[14] Die Funktion der Regelung besteht vielmehr darin, die Abschaffung der Verfassung unter dem Deckmantel der Verfassungsänderung unmöglich zu machen. Eine Verfassung ohne die in Art. 79 Abs. 3 GG genannten föderalen Elemente wäre – bei aller Rechtsstaatlichkeit und Demokratie – nicht mehr das Grundgesetz. Auch eine Verfassung ohne Menschenwürdegarantie und Grundrechtsbindung aller staatlichen Gewalten (Art. 1 GG) oder unter Aufgabe auch nur eines der in Art. 20 GG genannten Staatsstrukturprinzipien wäre eine andere Verfassung und nicht nur eine Modifikation der bestehenden. Art. 79 Abs. 3 GG **garantiert** damit einen **Verfassungskern** und einen inhaltlichen Maßstab, an dem selbst noch verfassungsändernde Gesetze vom Bundesverfassungsgericht auf ihre Verfassungs(kern)gemäßheit überprüft werden können. Art. 23 Abs. 1 Satz 3 GG verdeutlicht zudem, dass der in Art. 79 Abs. 3 GG verankerte Verfassungskern im Sinne der Bewahrung der **Verfassungsidentität**[15] auch der europäischen Integration Grenzen zieht. Eine unbegrenzte Kompetenzverlagerung auf die EU ist dadurch ausgeschlossen.[16]

Für die Auslegung des Art. 79 Abs. 3 GG ist seine Funktion, **Verfassungsaushöhlung** 66
und **Verfassungsabschaffung** zu **verhindern**, besonders wichtig. Daraus ergibt sich zunächst notwendig, dass Art. 79 Abs. 3 GG selbst einer Abschaffung oder Änderung nicht zugänglich ist.[17] Im Lichte der Funktion erschließt sich auch, was mit dem „Berühren" der in Art. 1 und 20 GG niedergelegten Grundsätze gemeint ist, denn die Auslegung dieses Begriffs entscheidet über die schwierige Balance zwischen notwendiger Flexibilität und unantastbarem Verfassungskern.

Das Bundesverfassungsgericht hat im Abhörurteil die Frage, ob der Ausschluss des verfassungsrechtlich garantierten Rechtswegs in Bezug auf Abhörmaßnahmen (Art. 10 Abs. 2 und Art. 19 Abs. 4 Satz 3 GG) das Rechtsstaatsprinzip berühre und deshalb gegen Art. 79 Abs. 3 GG verstoße, aus den folgenden Gründen verneint:[18] Der Sinn der Vorschrift bestehe darin „zu verhindern, dass die geltende Verfassungsordnung in ihrer Substanz (…) auf dem formal-legalistischen Weg eines verfassungsändernden Gesetzes beseitigt und zur nachträglichen Legalisierung eines totalitären Regimes missbraucht werden kann". Die Grundsätze seien nicht berührt, wenn sie **für eine Sonderlage aus evident sachgerechten Gründen modifiziert** würden.[19]

Zutreffend ist, dass Grundsätze dann nicht als Grundsätze (= Prinzipien) berührt sind, wenn sie im Regelfall Geltung haben. Diese Interpretation wird der dargelegten Funktion des Art. 79 Abs. 3 GG gerecht. Als Regelung eines außerordentlichen Einzelfalls ist es daher auch mit Art. 79 Abs. 3 GG vereinbar, dass der mit dem Einigungsvertrag eingefügte Art. 143 GG in Abs. 3 bestimmt, dass Eingriffe in das Eigentum auf dem Gebiet der ehemaligen DDR, die auf Art. 41 EinigungsV (EV)[20] beruhen, nicht mehr rückgängig gemacht

---

13 Vgl. zB. *B.-O. Bryde*, in: *von Münch/Kunig*, GGK II, Art. 79 Rn. 32.

14 S. hierzu auch *P. Unruh*, Der Verfassungsbegriff des Grundgesetzes, 2002, S. 433 f.

15 S. zu diesem Begriff BVerfGE 123, 265 Ls. 4 – *Vertrag von Lissabon*.

16 S. dazu unten Rn. 75 ff. zur europäischen Integration.

17 Str., wie hier *P. Badura*, Verfassungsänderung, Verfassungswandel, Verfassungsgewohnheitsrecht, HStR XII, 3. Aufl. 2014, § 270 Rn. 35; aA. *B.-O. Bryde*, in: *v. Münch/Kunig*, GGK II, Art. 79 Rn. 36 (allerdings nur, wenn der verfassungsändernde Gesetzgeber durch Ergänzungen des Grundgesetzes die Voraussetzungen für das Tätigwerden des pouvoir constituant schafft).

18 S. hierzu auch *U. Hufeld*, Die Verfassungsdurchbrechung, 1997, S. 102 f.

19 BVerfGE 30, 1 (24).

20 Art. 41 Abs. 1 EV verweist auf die Gemeinsame Erklärung der Regierung der DDR und der BRD vom 15. Juni 1990 zur Regelung offener Vermögensfragen (Anlage III), die vorsieht, die besatzungshoheitlichen

werden.[21] Die Vorschrift schließt die Rückübertragung von Eigentum aus, das die sowjetische Besatzungsmacht zwischen 1945 und 1949 konfisziert (= entschädigungslos enteignet) hatte.

67 Die Frage eines Verstoßes gegen Art. 79 Abs. 3 GG stellte sich auch, als der verfassungsändernde Gesetzgeber das Grundrecht auf Unverletzlichkeit der Wohnung gemäß Art. 13 GG um Schranken ergänzte, die den sog. Großen Lauschangriff, dh. das technische Abhören und Ausspähen in der Wohnung, ermöglichen. Die Beschwerdeführer, die das Gesetz vor dem Bundesverfassungsgericht angriffen, sahen darin eine Verletzung der Menschenwürde (Art. 1 Abs. 1 GG) und damit des Art. 79 Abs. 3 GG. Dieses Argument ist durch den Regel-Ausnahme-Ansatz nicht zu entkräften, denn die Menschenwürde verträgt keine (auch keine ausnahmsweise) Beeinträchtigung. Die tragende Mehrheit des Senats hat denn auch eine andere Argumentationsstrategie gewählt: Getragen von der Überlegung, dass dem verfassungsändernden Gesetzgeber nicht unterstellt werden kann, gegen Art. 79 Abs. 3 GG verstoßen zu wollen, stellt das Gericht fest: „Die durch Verfassungsänderung eingefügten Grundrechtsschranken sind daher in systematischer Interpretation unter Rückgriff auf andere Grundrechtsnormen, insbesondere Art. 1 Abs. 1 GG, und unter Anwendung des Grundsatzes der Verhältnismäßigkeit auszulegen."[22] Indem Art. 1 Abs. 1 GG in die Schranken des Art. 13 GG hineingelesen wird, ist ein Verstoß gegen Art. 1 Abs. 1 GG und damit gegen Art. 79 Abs. 3 GG ausgeschlossen.[23] Grenze dieser Art der **verfassungskernwahrenden Auslegung** ist der Wortlaut: „Die Grenzen der Auslegung von Verfassungsrecht liegen auch für eine durch Verfassungsänderung geschaffene Norm dort, wo einer nach Wortlaut und Sinn eindeutigen Vorschrift ein entgegengesetzter Sinn verliehen, der normative Gehalt der auszulegenden Norm grundlegend neu bestimmt oder das normative Ziel in einem wesentlichen Punkt verfehlt würde."[24] In einer abweichenden Meinung haben zwei Richterinnen das Vorgehen der Senatsmehrheit, den Prüfungsmaßstab gleichzeitig als Auslegungsgrundsatz zu verwenden und damit zum ungeschriebenen Inhalt der zu prüfenden Norm zu machen, kritisiert. Normenklarheit und Bestimmtheit geböten, dass die Wahrung des Verfassungskerns aus dem Text der Norm heraus erkennbar sei.[25]

Rechtsprechung: BVerfGE 30, 1 – G 10; 84, 90; 94, 12; 102, 254 – Grundsatzentscheidungen zur Bodenreform; 109, 279 – Großer Lauschangriff; 123, 267 – Vertrag von Lissabon; EGMR, NJW 2005, 2530 – Bodenreform.

Literatur: *U. Hufeld*, Die Verfassungsdurchbrechung, 1997; *O. Lepsius*, Der Große Lauschangriff vor dem BVerfG, Jura 2005, 433 und 586; *G. Robbers*, Die Staatsrechtslehre der Weimarer Republik, Jura 1993, 69; *P. Unruh*, Der Verfassungsbegriff des Grundgesetzes, 2002.

Fallbearbeitungen: *J. Rozek*, Der exekutive Freistaat, JuS 2008, 250 (Examensklausur).

Enteignungen zwischen 1945 und 1949 nicht mehr zu revidieren und die abschließende Entscheidung hierüber dem gesamtdeutschen Parlament zu überlassen. Dieser „Eckwert" wurde zunächst durch das Gesetz über die Regelung offener Vermögensfragen – VermG vom 23. September 1990 idF. der Bekanntmachung vom 9. März 2005 (BGBl. I, S. 205), später durch das Entschädigungs- und Ausgleichgesetz – EALG vom 27. September 1994 (BGBl. I, S. 2624) umgesetzt.

21 S. die Grundsatzentscheidungen zur Bodenreform: BVerfGE 84, 90 (121); 94, 12 ff.; 102, 254 ff. Auch der EGMR verneinte einen Verstoß gegen Art. 1 des Zusatzprotokolls zur EMRK (Eigentum): Die Regelung sei vom weiten Einschätzungsspielraum („marge d'appréciation" bzw. „marge of appreciation") des nationalen Gesetzgebers umfasst, s. EGMR, NJW 2005, 2530.

22 BVerfGE 109, 279 (316).

23 Im konkreten Fall hat das Bundesverfassungsgericht damit die Verfassungswidrigkeit von den Änderungen des Art. 13 GG auf das schrankenkonkretisierende einfache Gesetz „verschoben". Zur Entscheidung s. auch *O. Lepsius*, Der große Lauschangriff vor dem BVerfG, Jura 2005, 433 und 586.

24 BVerfGE 109, 279 (316 f.).

25 BVerfGE 109, 279 (382, 389).

2. Kapitel: Überblick über die Staatsstrukturbestimmungen

Die Grundsätze des Art. 20 GG sind Bestandteil des von Art. 79 Abs. 3 GG besonders geschützten Verfassungskerns; sie geben der deutschen Verfassung ihre auch gegenüber unionsrechtlichen Einwirkungen zu bewahrende Identität.[1] Nicht dazu gehört allerdings das Widerstandsrecht in Art. 20 Abs. 4 GG, nicht nur, weil diesem ohnehin die praktische Bedeutung fehlt,[2] sondern weil die Vorschrift erst als Bestandteil der Notstandsverfassung 1968 Eingang in das Grundgesetz fand. Während Art. 1 GG den Kern der Rechtsbeziehungen zwischen den Individuen bzw. der Gesellschaft und der organisierten Staatlichkeit bezeichnet, enthält Art. 20 GG in seinen Absätzen 1–3 die **Staatsstrukturprinzipien**. Sie sind **nicht zu verwechseln mit** den **Staatszielen**[3], die weniger die staatliche Organisation prägen als staatliche Aufgaben bezeichnen. Die Abgrenzung ist allerdings nicht immer trennscharf, wie das Sozialstaatsprinzip zeigt, das sowohl zu den Staatsstrukturprinzipien als auch zu den Staatszielen zählt. Entscheidend ist, dass allein die in Art. 20 Abs. 1–3 GG niedergelegten Grundsätze gemäß Art. 79 Abs. 3 GG erhöhten Schutz genießen. Nur in Bezug auf sie sollte der Begriff der Staatsstrukturprinzipien Verwendung finden. 68
Prägend für die staatsrechtliche Ordnung der Bundesrepublik Deutschland sind danach die Staatsform der **Republik** und der **Demokratie** sowie das **Sozial-** und das **Bundesstaatsprinzip**. Dies folgt aus Art. 20 Abs. 1 GG. Art. 20 Abs. 2 GG bezeichnet mit der Volkssouveränität den Kern des Demokratieprinzips, setzt als demokratische Verfahren Wahlen und Abstimmungen fest und ergänzt die Demokratie um das **rechtsstaatliche Prinzip der Gewaltenteilung**. Auch Art. 20 Abs. 3 GG enthält mit der Bindung der Gesetzgebung an die Verfassung und der vollziehenden Gewalt und Rechtsprechung **an „Gesetz und Recht“** (Gesetzesvorrang) rechtsstaatliche Aussagen.
An dieser Stelle sollen die genannten Prinzipien noch nicht in vollem Umfang entfaltet, sondern nur als Grundlage näherer Ausprägungen im folgenden Verfassungstext gezeigt werden. Eine vertiefte Auseinandersetzung mit den Staatsstrukturprinzipien folgt am Ende des Buches[4], denn im Lichte der spezifischen Ausprägungen im Grundgesetz sind die Staatsstrukturprinzipien besser zu verstehen.

2.1 Republik und Demokratie

Mit der Bestimmung der Staatsform als **Republik** ist die **Absage an Monarchie** und **Diktatur** verbunden. Die Verfassung schließt damit aus, dass die Funktion des Staatsoberhaupts auf Lebenszeit ausgeübt und im Wege der Erbfolge weitergegeben wird; weitergehend enthält sie die Absage an den Erwerb von staatlichen Funktionen durch Erbfolge überhaupt. Darüber hinaus lässt sich der Staatsform der Republik das Postulat entnehmen, dass die Ausübung von Staatsämtern dem Gemeinwohl zu dienen hat.[5] Das Staatsstrukturprinzip findet seine Ausprägung insbesondere im V. Abschnitt des GG (Art. 54–61 GG), der vom Bundespräsidenten handelt. 69

Die Demokratie ist nicht notwendig mit der Republik verbunden. Der Begriff bezeichnet eine **Volksherrschaft**, ist im Übrigen aber denkbar weit und umfasst die verschiedens- 70

---

1 S. oben Rn. 65.
2 S. oben Rn. 40.
3 Zu Begriff und Abgrenzung sowie der möglichen Gefährdung der Normativität und Gewaltenbalance der Verfassung s. *D. Merten*, Über Staatsziele, DÖV 1993, 368.
4 S. hierzu unten Rn. 648 ff.
5 Die Gemeinwohlbindung stellt *J. Isensee*, Republik – Sinnpotential eines Begriffs, JZ 1981, 1 (8) als den Gehalt des Republikprinzips heraus, der sich nicht im Demokratie- und Rechtsstaatsprinzip erschöpfe, sondern über den Inhalt dieser Prinzipien hinausgehe und mit diesem Sinn wiederbelebt werden sollte. S. auch die Entgegnung von *W. Henke*, Zum Verfassungsprinzip der Republik, JZ 1981, 249; *G. Frankenberg*, Die Verfassung der Republik, 1996.

ten Typen: die plebiszitäre (unmittelbare) Demokratie, die repräsentative (mittelbare) Demokratie, die Rätedemokratie und viele mehr.[6] Art. 20 Abs. 2 Satz 2 GG benennt als demokratische Verfahren **Wahlen** und **Abstimmungen** – erstere sind Entscheidungen über Personen, letztere Entscheidungen über Sachfragen. Die Ausprägung des Demokratieprinzips als **repräsentative, parlamentarische Kanzlerdemokratie** ergibt sich erst und insbesondere aus Art. 38 GG, der den Abgeordnetenstatus und die Wahlrechtsgrundsätze regelt, aus Art. 63 GG (Kanzlerwahl), 67 GG (Misstrauensvotum) und 68 GG (Vertrauensfrage), die das Verhältnis zwischen Bundestag und Bundeskanzler prägen, sowie aus dem weitgehenden Fehlen von Regelungen über Abstimmungen. Solche finden sich nur in Bezug auf die Neugliederung der Bundesländer in Art. 29 GG und speziell für den süddeutschen Raum und Berlin/Brandenburg in Art. 118 und 118a GG.[7] Die Ermöglichung unmittelbarer Demokratie auf Gemeindeebene in Art. 28 Abs. 1 Satz 4 GG und die Schaffung einer neuen Verfassung gemäß Art. 146 GG betreffen jeweils Sonderfälle.

71 Der Sinn und Nutzen von **Plebisziten** auf Bundesebene ist eine politikwissenschaftliche Frage.[8] Verfassungsrechtlich ist streitig, ob plebiszitäre Elemente zusätzlich zu den wenigen im Grundgesetz genannten Fällen durch schlichtes Bundesgesetz eingeführt werden können. Systematisch spricht dagegen, dass die Gesetzgebungskompetenzen des Bundes abschließend geregelt sind und für deren Inanspruchnahme allein das parlamentarische Gesetzgebungsverfahren zur Verfügung steht.[9] Eine Delegationsermächtigung an das Volk besteht nicht, anders etwa als zugunsten der Exekutive in Art. 80 GG. Das Argument, eine „Rück"-Delegation an den Souverän sei stets und voraussetzungslos möglich, überzeugt nicht, weil damit die abschließende Verbindlichkeit des Verfassungstextes und infolgedessen die Rechtsstaatlichkeit im Kern getroffen würde.[10] Die systematische Interpretation bestätigt also, was auch der Entstehungsgeschichte zu entnehmen ist, nämlich, dass die Verfassungseltern auf Bundesebene keine Elemente plebiszitärer Demokratie aufnehmen wollten.[11] Auch wenn die Plebiszite während der Weimarer Republik weder ihrer Art noch ihrer Zahl nach[12] als Grundlage für „schlechte Erfahrungen" aus-

---

6 S. *H. Maier*, in: *Brunner/Conze/Koselleck* (Hrsg), Geschichtliche Grundbegriffe, Historisches Lexikon zur politisch-sozialen Sprache in Deutschland, Band 1 unter Stichwort „Demokratie" Abschnitt V, S. 821 (861 ff.) und *R. Zippelius*, Allgemeine Staatslehre, 17. Aufl. 2017, § 23.

7 So zB. *M. Sachs*, in: *Sachs*, Art. 20 Rn. 32. Nach anderer Auffassung handelt es sich bei den genannten Bestimmungen nicht um Abstimmungen im Sinne von Art. 20 Abs. 2 Satz 2 GG, da nicht das gesamte deutsche Volk im Sinne des Satzes 1, sondern nur die Bevölkerung eines bestimmten Territoriums zur Stimmabgabe aufgerufen ist, s. *H.-P. Hufschlag*, Einfügung plebiszitärer Komponenten in das Grundgesetz, 1999, S. 61 f. und S. 70.

8 S. hierzu *K. Bugiel*, Volkswille und repräsentative Entscheidung. Zulässigkeit und Zweckmäßigkeit von Volksabstimmungen nach dem Grundgesetz, 1991, § 2, S. 39 ff. und § 15, S. 461 ff.; rechtspolitisch eher für die Aufnahme unmittelbarer Elemente: *H. Dreier*, Das Demokratieprinzip des Grundgesetzes, Jura 1997, 249 (252); *Ch. Degenhart*, Direkte Demokratie in den Ländern – Impulse für das Grundgesetz?, Staat 31 (1992), 77; kritisch *W. Merkel*, Volksabstimmungen – Illusion und Realität, Parl. Beilage 2011, Nr. 44–45, 47–55.

9 *K. Bugiel*, Volkswille und repräsentative Entscheidung. Zulässigkeit und Zweckmäßigkeit von Volksabstimmungen nach dem Grundgesetz, 1991, S. 319 mwN.; s. auch *M. Paus/A. Schmidt*, Das Grundgesetz und die direkte Demokratie auf staatlicher und komunaler Ebene, JA 2012, 48 ff.; *M. Sachs*, in: *Sachs*, Art. 20 Rn. 32.

10 *K. Bugiel*, a. a. O., S. 319 mwN.

11 S. hierzu sowie zur Weimarer Vorgeschichte: *W. Luthardt*, Direkte Demokratie. Ein Vergleich in Westeuropa, 1994, S. 99 ff.; *S. Müller-Franken*, Unmittelbare Demokratie und Direktiven der Verfassung, DÖV 2005, 489 (498) schließt aus den Verfassungsprinzipien des Grundgesetzes sogar die Empfehlung der Verfassungseltern, die repräsentative Organisation der Willensbildung zu bewahren, über die sich der verfassungsändernde Gesetzgeber hinwegsetzen würde. Detailliert zu den Erfahrungen in Deutschland s. *H.-P. Hufschlag*, Einfügung plebiszitärer Komponenten in das Grundgesetz, 1999, S. 143 ff.; zur Genese der Formulierung „Wahlen und Abstimmungen" und ihrer weitgehenden Bedeutungslosigkeit für die Frage direkter Demokratie s. *K. Engelken*, „In Wahlen und Abstimmungen", DÖV 2013, 301 (305 f.).

12 Verfassungsrechtliche Grundlage bildeten Art. 73 Abs. 1, 74 Abs. 3 bzw. Art. 76 Abs. 2 WRV. Zur Verfassungspraxis s. *H.-P. Hufschlag*, Einfügung plebiszitärer Komponenten in das Grundgesetz, 1999, S. 147 ff.; *J. Rux*, Direkte Demokratie in Deutschland, 2008, 2. Teil.

reichen, mag doch die in anderer Weise vielfach erlebte Manipulierbarkeit der Massen während des Nationalsozialismus die Ablehnung motiviert haben. Der Begriff der Abstimmung in Art. 20 Abs. 2 Satz 2 GG ist dennoch von Bedeutung, nicht nur für die wenigen Spezialregelungen im Grundgesetz, sondern vielmehr als Grundlage für die zahlreichen **plebiszitären Bestimmungen in den Landesverfassungen**[13], die demgemäß nicht außerhalb der von Art. 28 Abs. 1 Satz 1 GG geforderten strukturellen Homogenität zwischen Bundes- und Landesverfassungen liegen.[14]

2.2 Rechtsstaat

Die Rechtsstaatlichkeit, die nach westlichem Demokratieverständnis notwendiger Bestandteil echter, nämlich freiheitlicher Demokratie ist, findet sich in Art. 20 GG nicht ausdrücklich als Prinzip genannt. Allerdings sind die wesentlichen Elemente einer rechtsstaatlichen Herrschaft garantiert, namentlich die **Ausübung der Staatsgewalt durch verschiedene Organe** in der Wahrnehmung verschiedener Funktionen (Art. 20 Abs. 2 Satz 2 Hs. 2 GG), sowie die **Bindung der Gesetzgebung an die Verfassung und der Exekutive und Judikative an Gesetz und Recht**[15] **(Art. 20 Abs. 3 GG)**. Das Grundgesetz folgt in seinem Aufbau diesen rechtsstaatlichen Unterscheidungen, indem es in den Abschnitten III. bis VI. mit den Titeln Bundestag, Bundesrat, Bundespräsident und Bundesregierung die obersten Staatsorgane behandelt, daran anschließend in den Abschnitten VII. bis IX. die Staatsfunktionen mit den Titeln „Die Gesetzgebung des Bundes", „Die Ausführung der Bundesgesetze und die Bundesverwaltung" sowie „Die Rechtsprechung".[16] Bereits dieser Gliederung ist zu entnehmen, dass das Grundgesetz keine einfache Gewaltentrennung vorsieht. Vielmehr ergeben sich aus den Vorschriften vielfältige Gewaltenverschränkungen in Form des Zusammenwirkens, der gegenseitigen Kontrollen und Hemmungen. Am stärksten ist der Gleichklang von Organ und Funktion bei der Rechtsprechung verwirklicht, die ihrem Wesen nach eine rechtsstaatliche Funktion ist und insbesondere die Aufgabe wahrnimmt, aus eigener Gesetzesbindung heraus die Gesetzesbindung der Exekutive zu kontrollieren. Als Ausprägung der Rechtsstaatlichkeit lassen sich auch der **Grundrechtsabschnitt** und der **Staatshaftungsanspruch** nach Art. 34 GG begreifen. 72

2.3 Sozialstaat

Das Sozialstaatsprinzip folgt dem Demokratieprinzip historisch nach. Es reagiert auf die Einsicht, dass gleiche Freiheit als Recht bei ungleichen tatsächlichen Voraussetzungen und Möglichkeiten der Inanspruchnahme erhebliche tatsächliche Ungleichheit zur Folge haben kann, die nicht nur als ungerecht empfunden wird, sondern die Stabilität eines Gemeinwesens untergraben kann; eine Einsicht, die sich nicht zuletzt mit der Ausweitung des Wahlrechts auf alle Bevölkerungsschichten durchsetzte. Das Grundgesetz enthält allerdings nur wenige Ausprägungen des Sozialstaatsprinzips. Die Verfassungseltern verzichteten bewusst darauf, sozialstaatliche Versprechen in den Grundrechtsteil aufzunehmen[17], weil diese stets unter dem Vorbehalt der **Präzisierung durch** 73

---

13 S. zB. Art. 59, 60 und 64 Abs. 3 LV BW. Zu den Rechtsgrundlagen und Erfahrungen in den einzelnen Bundesländern s. *G. Jürgens*, Direkte Demokratie in den Ländern, 1993; s. auch *J. Rux*, Direkte Demokratie in Deutschland, 2008, insbes. 4. Teil.

14 *H.-P. Hufschlag*, Einfügung plebiszitärer Komponenten in das Grundgesetz, 1999, S. 71 ff.

15 Zum Gesetzesvorrang und zum Gesetzesvorbehalt s. noch unten Rn. 372 ff.

16 Der Abschnitt VIIIa. Gemeinschaftsaufgaben, Verwaltungszusammenarbeit gehört zur Staatsfunktion der Exekutive.

17 S. aber Art. 6 Abs. 4 und 5, Art. 7 Abs. 4 Satz 3 sowie Art. 14 Abs. 2 GG. Weitergehend manche Landesverfassungen, so etwa das Recht auf Arbeit in Art. 166 LV Bay., Art 12 Abs. 1 LV Berl., Art. 48 LV BB; Art. 8 LV Brem.,

den Gesetzgeber und des finanziell Möglichen stehen und ihr Wille darauf gerichtet war, die Grundrechte als strikt verbindliche Rechtssätze zu formulieren.[18] Ausprägungen der Sozialstaatlichkeit finden sich daher vor allem als Gesetzgebungsbefugnisse in den Katalogen der dem Bund zugänglichen Gesetzgebungsmaterien; zu nennen sind etwa die Kriegsopferfürsorge (Art. 73 Abs. 1 Nr. 13 GG), die öffentliche Fürsorge (Art. 74 Abs. 1 Nr. 7 GG), die Sozialversicherung (Art. 74 Abs. 1 Nr. 12 GG), Ausbildungsbeihilfen (Art. 74 Abs. 1 Nr. 13 GG), Wohngeldrecht und Altschuldenhilferecht (Art. 74 Abs. 1 Nr. 18 GG).

2.4 Bundesstaat

74 Die Bundesstaatlichkeit durchzieht das Grundgesetz wie ein roter Faden. Die Staatsstrukturprinzipien des Art. 20 GG finden in Bezug auf die verfassungsmäßige Ordnung der Länder ihre Wiederholung in Art. 28 Abs. 1 Satz 1 GG, der als **Homogenitätsklausel** einerseits die Staatlichkeit der Länder[19] voraussetzt und anerkennt, andererseits die notwendige Kompatibilität mit der Bundesverfassung sichert. Art. 30 GG formuliert den Grundsatz der **Kompetenzverteilung zwischen Bund und Ländern**, wonach die Ausübung der staatlichen Befugnisse und die Erfüllung der staatlichen Aufgaben Sache der Länder ist, soweit das GG nichts anderes bestimmt. Dieser Grundsatz wird in Bezug auf die Gesetzgebung in Art. 70 GG und in Bezug auf die Verwaltung in Art. 83 GG wiederholt. Steuergesetzgebung und Finanzverwaltung einschließlich der Steuererhebung haben ihre eigenen Kompetenzregelungen in Art. 104a ff. GG. Art. 31 GG statuiert mit dem lapidaren Satz „Bundesrecht bricht Landesrecht“ den **Vorrang des Bundesrechts** und die Rechtsfolge der Nichtigkeit des Landesrechts im Falle der Kollision.[20] Art. 32 GG regelt die Kompetenzverteilung zwischen Bund und Ländern in Bezug auf die auswärtigen Beziehungen.[21] Art. 35 GG verpflichtet Bund und Länder zu gegenseitiger **Amtshilfe.** Art. 36 GG sorgt für die föderale Zusammensetzung der Bundesbehörden und Art. 37 GG berechtigt den Bund, als äußerstes Mittel – das noch nie zur Anwendung gekommen ist – Länder mit Zwangsmitteln zur Erfüllung ihrer Pflichten anzuhalten (**Bundeszwang**).[22]
Der **Bundesrat** (Art. 50–53 GG) ist das föderale Organ auf der Bundesebene, das insbesondere bei der Bundesgesetzgebung mitwirkt, wie Art. 79 Abs. 3 GG es verlangt, aber auch an der Wahrnehmung einer Vielzahl anderer Bundesaufgaben beteiligt ist.
Die Funktionen der Gesetzgebung, Verwaltung und Rechtsprechung sind in zum Teil komplizierten Abgrenzungen auf Bund und Länder verteilt. Derartige Regelungen machen jeweils einen wesentlichen Teil der Abschnitte über die Staatsfunktionen aus.

Literatur: *A. Kees*, Die Staatsstrukturprinzipien in der Klausurbearbeitung, JA 2008, 795; *K. Engelken*, „In Wahlen und Abstimmungen“ – Zur Bedeutung und Herkunft dieser Worte in Art. 20 Abs. 2 Satz 2 GG –, DÖV 2013, 301; *W. Henke*, Zum Verfassungsprinzip der Republik, JZ 1981,

---

Art. 28 Abs. 2 LV Hess., Art. 24 Abs. 1 Satz 3 LV NRW, Art. 53 Abs. 2 LV RP, Art. 45 Satz 2 LV SL, Art. 7 Abs. 1 LV SN, Art. 39 LV SNA, Art. 36 LV Thür. oder das Recht auf Wohnung in Art. 106 Abs. 1, 125 Abs. 3 LV Bay., Art. 47 LV BB, Art. 14 Abs. 1 LV Brem., Art. 40 LV SNA, Art. 15 LV Thür. Bei derartigen Deklarationen handelt es sich allerdings nicht um subjektive Rechte, sondern lediglich um Staatszielbestimmungen. Auch dem Völkerrecht ist ein Recht auf Arbeit nicht unbekannt, s. Art. 23 Allg. Erkl. der Menschenrechte und Art. 6 Abs. 1 IPwskR.

18 Auch dies ist eine „Lehre“ aus der Weimarer Zeit. Der umfangreiche und heterogene Grundrechtsteil wurde als „Formelkompromiss“ diffamiert und zahlreiche Vorschriften als unverbindliche „Programmsätze“ abgetan. S. *C. Schmitt*, Verfassungslehre, 1928, § 3, S. 28 ff., der eine Reihe solcher „dilatorischer Formelkompromisse“ aufzählt.

19 S. dazu ausf. unten Rn. 681 ff.

20 S. dazu unten Rn. 695 ff.

21 S. dazu unten Rn. 701 ff.

22 S. dazu unten Rn. 485.

249; *H.-P. Hufschlag*, Einfügung plebiszitärer Komponenten in das Grundgesetz, 1999; *J. Isensee*, Republik – Sinnpotential eines Begriffs, JZ 1981, 1; *W. Luthardt*, Direkte Demokratie. Ein Vergleich in Westeuropa, 1995; *S. Müller-Franken*, Unmittelbare Demokratie und Direktiven der Verfassung, DÖV 2005, 489; *M. Paus/A. Schmidt*, Das Grundgesetz und die direkte Demokratie auf staatlicher und kommunaler Ebene, JA 2012, 48; *J. Rux*, Direkte Demokratie in Deutschland, 2008; *U. Schröder*, Das Demokratieprinzip des Grundgesetzes, JA 2017, 809; *A. Voßkuhle*, Rechtsstaat und Demokratie, NJW 2018, 3154; *A. Voßkuhle/A.-K. Kaufhold*, Grundwissen Öffentliches Recht: Das Rechtsstaatsprinzip, JuS 2010, 116; *A. Voßkuhle/T. Wischmeyer*, Grundwissen Öffentliches Recht: Das Sozialstaatsprinzip, JuS 2015, 693.

Fallbearbeitungen: *G. H. Stumpf*, „Demokratieförderung unter dem Grundgesetz – Verfassungsrechtliche Zulässigkeit von Volksbefragungen, JA 2017, 601.

3. Kapitel: Grundlagen und Grenzen der europäischen Integration

Zur Verfassungsgeschichte der Bundesrepublik Deutschland gehört wesentlich die europäische Integration. Bereits in der Präambel heißt es, dass das Deutsche Volk sich das Grundgesetz „von dem Willen beseelt" gegeben habe, „als gleichberechtigtes Glied in einem vereinten Europa" dem Frieden der Welt zu dienen. Die Übertragung von Hoheitsrechten auf die Europäische Union hat inzwischen eine solche Intensität erreicht, dass die Integration – insoweit den Staatsstrukturprinzipien vergleichbar – das gesamte Verfassungsrecht prägt. Der Text des Grundgesetzes gibt die Verfassungswirklichkeit nur noch unvollständig wieder. Ohne Grundkenntnisse des Standes der europäischen Integration lässt sie sich nicht mehr erfassen.[1] Vor diesem Hintergrund war es richtig und stimmig, im Zusammenhang mit der Ratifikation des Vertrages von Maastricht durch Neufassung des **Art. 23 GG** die Grundlagen und Grenzen der europäischen Integration ausdrücklich auszuweisen.[2] **75**

Die Strukturanforderungen des Art. 23 Abs. 1 GG erinnern an die Homogenitätsklausel, die Art. 28 Abs. 1 Satz 1 GG für die Länder enthält. Allerdings ist zu betonen, dass mit Art. 23 Abs. 1 GG keinesfalls bundesrepublikanische Staatsstrukturen zum Maßstab der weiteren Entwicklung der Europäischen Union gemacht werden sollen. Die Begriffe sind in europäischer Perspektive und nicht (inner)staatsrechtlich auszulegen. Trägt man diesem Unterschied Rechnung, ist der Vergleich insoweit zulässig, als es in beiden Fällen darum geht, die **Vereinbarkeit von Verfassungsordnungen verschiedener Ebenen** sicherzustellen.[3] **76**

Zusätzlich zu den in Art. 20 GG genannten Eigenschaften demokratisch, rechtsstaatlich, sozial und föderal (anstelle von Bundesstaat) nennt Art. 23 Abs. 1 GG das **Subsidiaritätsprinzip**, das für die Kompetenzverteilung zwischen EU und Mitgliedstaaten grundlegend ist[4] (vgl. Art. 5 Abs. 3 EUV), sowie einen dem Grundgesetz im Wesentlichen vergleichbaren Grundrechtsschutz.[5] Art. 23 Abs. 1 Satz 3 GG bestimmt zudem ausdrücklich, dass „für die **77**

1 Zum Stand nach dem Vertrag von Lissabon s. *F. Mayer*, Der Vertrag von Lissabon im Überblick, JuS 2010, 189 ff.; *C. Herrmann*, Der Vertrag von Lissabon – ein Überblick, Jura 2010, 161 ff.

2 S. hierzu Rn. 56 f. Zur Entstehungsgeschichte s. auch *K. Schmalenbach*, Der neue Europaartikel des Grundgesetzes im Lichte der Arbeit der Gemeinsamen Verfassungskommission, 1996.

3 Zur Vergleichbarkeit mit der Homogenitätsklausel s. auch *I. Pernice*, in: *Dreier*, GG II, Art. 23 Rn. 17; *R. Uerpmann-Wittzack*, GGK I, Art. 23 Rn. 12.

4 Kompetenzverteilungsprinzip, nach dem die kleinere Einheit grundsätzlich Vorrang vor der größeren Einheit hat; die Kompetenzausübung durch die größere Einheit bedarf eines rechtfertigenden Grundes. Zur Kompetenzverteilung nach dem Vertrag von Lissabon s. *F. Mayer*, JuS 2010, 189 (192 ff.); *C. Herrmann*, Jura 2010, 161 ff.; zum Subsidiaritätsprinzip s. *W. Frenz*, Subsidiaritätsprinzip und -klage nach dem Vertrag von Lissabon, Jura 2010, 641 ff.

5 Mit dieser Formel ist die berühmte „*Solange II*"-Rechtsprechung des Bundesverfassungsgerichts Verfassungsinhalt geworden. S. BVerfGE 73, 339 (Ls. 2) – *Solange II*: „Solange die Europäischen Gemeinschaften, insbesondere die Rechtsprechung des Gerichtshofes der Gemeinschaften einen wirksamen Schutz der Grundrechte

Begründung der Europäischen Union sowie für Änderungen ihrer vertraglichen Grundlagen und vergleichbare Regelungen, durch die dieses Grundgesetz seinem Inhalt nach geändert oder ergänzt wird oder solche Änderungen oder Ergänzungen ermöglicht, Art. 79 Abs. 2 und 3 GG" gelten. Damit ist einerseits der **Vorrang des Unionsrechts** (Anwendungsvorrang) auch vor Verfassungsrecht anerkannt, andererseits dieser Vorrang an die Bedingung geknüpft, dass der grundgesetzliche Verfassungskern gewahrt[6] und die Strukturanforderungen des Art. 23 Abs. 1 Satz 1 GG von der Europäischen Union eingehalten werden. In der Entscheidung zum Vertrag von Lissabon spricht das Bundesverfassungsgericht von der Verpflichtung zur **Wahrung der Verfassungsidentität**.[7] Für die Einhaltung der verfassungsrechtlichen Integrationsgrenzen bei der Übertragung von deutscher Hoheitsgewalt auf die Europäische Union sind innerstaatlich aufgrund des Demokratieprinzips nicht nur die Bundesregierung, sondern vor allem auch der Bundestag und der Bundesrat verantwortlich (**Integrationsverantwortung**[8]).

Mit der Gestattung zur Übertragung von Hoheitsrechten enthält Art. 23 Abs. 1 GG also einerseits die Grundlage zur Mitwirkung an der Schaffung einer **supranationalen**, dh. **autonomen** und in den Mitgliedstaaten unmittelbar anwendbaren **Rechtsordnung**;[9] der Text verdeutlicht aber auch, dass es sich um eine auf den Bereich der übertragenen Hoheitsrechte **begrenzte Rechtsordnung** handelt.[10] Während die Landesverfassungen und das Landesrecht sich nach Maßgabe und im Rahmen der Bundesverfassung und des Bundesrechts entfalten, enthält das europäische Primärrecht keinen Rahmen für die mitgliedstaatlichen Verfassungen.[11] Vielmehr entfaltet sich die supranationale Rechtsordnung nach Maßgabe und im Rahmen der Kompetenzen, auf deren supranationale Ausübung die Mitgliedstaaten sich geeinigt haben. Die **Mitgliedstaaten** sind die **Herren der Verträge**.[12] In diesem Sinne ist die supranationale Rechtsordnung abgeleitet und begrenzt auf die Gegenstände der vertraglichen Einigung.[13] Hieraus folgt, dass es in den Rechtsordnungen der Mitgliedstaaten Bereiche gibt, zu denen das supranationale Recht keinen Zugang hat. Der EU fehlt die „Kompetenz-Kompetenz".[14] Aus diesem

---

gegenüber der Hoheitsgewalt der Gemeinschaften generell gewährleisten, der dem vom Grundgesetz als unabdingbar gebotenen Grundrechtsschutz im Wesentlichen gleichzuachten ist, zumal den Wesensgehalt der Grundrechte generell verbürgt, wird das Bundesverfassungsgericht seine Gerichtsbarkeit über die Anwendbarkeit von abgeleitetem Gemeinschaftsrecht, das als Rechtsgrundlage für ein Verhalten deutscher Gerichte oder Behörden im Hoheitsbereich der Bundesrepublik Deutschland in Anspruch genommen wird, nicht mehr ausüben und dieses Recht mithin nicht mehr am Maßstab der Grundrechte des Grundgesetzes überprüfen; entsprechende Vorlagen nach Art. 100 Abs. 1 GG sind somit unzulässig."

6 Ausführlich dazu BVerfGE 123, 267 ff. – *Vertrag von Lissabon*.

7 BVerfGE 123, 267 (399); s. dazu mit einem Verfassungsvergleich Deutschland – Frankreich *M. Walter*, Integrationsgrenze Verfassungsidentität, ZaöRV 2012, 177 ff.

8 S. BVerfGE 123, 267 (351 ff.); s. dazu das Integrationsverantwortungsgesetz; s. auch *M. Nettesheim*, Die Integrationsverantwortung, NJW 2010, 177 ff.; *A. Engels*, Die Integrationsverantwortung des Deutschen Bundestages, JuS 2012, 210 ff.; zur Frage der Einklagbarkeit der Integrationsverantwortung s. BVerfGE 134, 366 (Rn. 51 ff.). – *OMT* mit verneinenden Sondervoten; s. dazu auch unten Rn. 122; zur Integrationsverantwortung des Bundestages unten Rn. 232 und zur Integrationsverantwortung des Bundesrates unten Rn. 269.

9 St. Rspr. des Europäischen Gerichtshofes seit EuGH, C-6/64, Slg. 1964, 1251 – *Costa/ENEL*, abgedruckt mit Vertiefungsfragen bei *U. Mager/D. Herrmann*, Höchstrichterliche Rechtsprechung zum Europarecht, 2004, Nr. 2, S. 5 ff. Rechtssubjekt sind nicht nur die Mitgliedstaaten, sondern auch die Einzelnen, denen durch den Vertrag unmittelbar Rechte und Pflichten eingeräumt sind.

10 Insbesondere das Prinzip der begrenzten Einzelermächtigungen nach Art. 5 Abs. 2 EUV verdeutlicht, dass die EU nur im Rahmen der ihr durch die Mitgliedstaaten zugewiesenen Befugnisse tätig werden darf.

11 Art. 2 EUV (grundlegende Werte) und Art. 7 (Sanktionen bei Verletzung fundamentaler Grundsätze) haben keine vergleichbare Wirkung.

12 BVerfGE 89, 155 (190) – *Maastricht*; 123, 267 (350) – *Vertrag von Lissabon*.

13 BVerfGE 89, 155 (190).

14 Auch die Vertragsabrundungskompetenz des Art. 352 AEUV enthält gerade keine Kompetenz-Kompetenz, sondern ist an die Ziele des Vertrages gebunden, s. *M. Ruffert*, in: Calliess/Ruffert, EUV/AEUV Kommentar, 5. Aufl. 2016, Art. 352 Rn. 12a.

Grund führt eine Kollision zwischen Unionsrecht und nationalem Recht auch nicht zur Unwirksamkeit, wie Art. 31 GG für das Verhältnis von kollidierendem Bundes- und Landesrecht anordnet, sondern nur zum **Anwendungsvorrang** im Einzelfall.[15] Zu betonen ist aber auch, dass kein einzelner Mitgliedstaat in Bezug auf den Inhalt der Verträge die Interpretationshoheit hat.[16] Insoweit ist die supranationale Rechtsordnung autonom.[17]

Das dargelegte Verhältnis zwischen den Rechtsebenen findet seine Entsprechung im **Verhältnis** zwischen dem **Gerichtshof der Europäischen Union** und dem **Bundesverfassungsgericht**. Das Bundesverfassungsgericht überprüft die Einhaltung des Art. 23 Abs. 1 Satz 1 GG bei der Übertragung von Hoheitsrechten,[18] also insbes. die Wahrung der Verfassungsidentität sowie das Bestehen eines im Wesentlichen vergleichbaren Grundrechtsschutzes (Art. 23 Abs. 1 Satz 1 GG). Zur Wahrung der Grenzen der übertragenen Hoheitsrechte (vgl. Art. 23 Abs. 1 Satz 2 GG), dem unionsrechtlich das Prinzip der begrenzten Einzelermächtigung gemäß Art. 5 Abs. 1 Satz 1, Abs. 2 Satz 1 EUV korrespondiert, behält es sich zudem eine ultra-vires-Kontrolle vor, das heißt es beansprucht ggf. zu prüfen, ob sich Rechtsakte der EU im Rahmen der übertragenen Hoheitsrechte halten. Aus Gründen der Unionsfreundlichkeit nimmt das Bundesverfassungsgericht diese Kontrolle aber zurück auf „strukturelle Verschiebungen im Kompetenzgefüge zulasten der Mitgliedstaaten".[19] Zudem kommt dem Gerichtshof der Europäischen Union notwendig der Vorrang bei der Auslegung und Beurteilung des Unionsrechts zu, so dass dieser vorab Gelegenheit zur letztverbindlichen Auslegung und Entscheidung darüber haben muss, ob das von den Unionsorganen gesetzte Sekundärrecht die Grenzen des Primärrechts (der Verträge) wahrt.[20] Zum Konflikt kann es kommen, wenn der Gerichts- 78

15 S. *M. Polzin*, Das Rangverhältnis von Verfassungs- und Unionsrecht nach der neuesten Rechtsprechung des BVerfG, JuS 2012, 1 ff. In rein nationalen Sachverhalten kommt das nationale Recht zur Anwendung; dies kann zur Folge haben, dass die Betroffenen schlechter stehen als in einem vergleichbaren Sachverhalt mit Unionsrechtsbezug. Zu dieser Inländer- oder umgekehrten Diskriminierung s. *J. Gundel*, Die Inländerdiskriminierung zwischen Verfassungs- und Europarecht, DVBl. 2007, 269 ff.

16 Das Auslegungsmonopol des Gerichtshofs der Europäischen Union ergibt sich aus seiner Kompetenz zur Wahrung des Rechts gemäß Art. 19 Abs. 1 Satz 2 EUV. Auslegung in diesem Sinne umfasst auch die Befugnis zur Rechtsfortbildung. Die wesentlichen supranationalen Elemente der EU – Anwendungsvorrang und unmittelbare Anwendbarkeit – sind Rechtsfortbildungen, die bis heute nicht in den Verträgen positiviert sind. S. auch *U. Everling*, Richterliche Rechtsfortbildung in der Gemeinschaft, JZ 2000, 217 ff.

17 Der Begriff der Supranationalität klassifiziert die Besonderheiten der Union im Vergleich zu internationalen Organisationen, ohne jedoch selbst ein Strukturprinzip zu begründen. S. *A. von Bogdandy*, Europäische Prinzipienlehre, in: *ders.* (Hrsg.), Europäisches Verfassungsrecht, 2009, S. 13 (33 f.); aA. *S. Magiera*, Die Grundgesetzänderungen 1992 und die Europäische Union, Jura 1994, 1 (4 f.). Insbesondere der Anwendungsvorrang, die unmittelbare Wirkung, die Möglichkeit als Staat durch eine Mehrheitsentscheidung bei der Schaffung von Unionsrecht überstimmt zu werden und das Auslegungsmonopol des Gerichtshofs der Europäischen Union verleihen dieser den Charakter einer Rechtsgemeinschaft, jedoch ohne Staatsqualität, s. *P. Kirchhof*, Die rechtliche Struktur der Europäischen Union, in: *A. von Bogdandy* (Hrsg.), Europäisches Verfassungsrecht, 2009, S. 1009 (1034 f.).

18 S. BVerfGE 89, 155 – *Maastricht* (Ls. 4 und 5), in der das Bundesverfassungsgericht sich zu den vom Demokratieprinzip gezogenen Grenzen äußert: „Dem Deutschen Bundestag müssen Aufgaben und Befugnisse von substantiellem Gewicht verbleiben. Art. 38 GG wird verletzt, wenn ein Gesetz, das die deutsche Rechtsordnung für die unmittelbare Geltung und Anwendung von Recht der – supranationalen – Europäischen Gemeinschaften öffnet, die zur Wahrnehmung übertragenen Rechte und das beabsichtigte Integrationsprogramm nicht hinreichend bestimmbar festlegt (vgl. BVerfGE 58, 1 (37) – *Eurocontrol I*). Das bedeutet zugleich, dass spätere wesentliche Änderungen des im Unions-Vertrag angelegten Integrationsprogramms und seiner Handlungsermächtigungen nicht mehr vom Zustimmungsgesetz zu diesem Vertrag gedeckt sind. Das Bundesverfassungsgericht prüft, ob Rechtsakte der europäischen Einrichtungen und Organe sich in den Grenzen der ihnen eingeräumten Hoheitsrechte halten oder aus ihnen ausbrechen (vgl. BVerfGE 75, 223)". S. auch BVerfGE 123, 267 (353 f.) – *Vertrag von Lissabon*, 126, 286 (315 f.) – *ultra vires*; 129, 124 (144) – *Griechenlandhilfe*; BVerfGE 134, 366 (Rn. 51 ff.) – *OMT*.

19 BVerfGE 126, 286 (306) – *ultra vires*; s. aber auch die Kritik im Sondervotum des Richters Landau S. 318 ff.

20 BVerfGE 126, 286 (304) – *ultra vires*.

hof der Europäischen Union das Primärrecht, für dessen Auslegung er ebenfalls letztverbindlich zuständig ist, in einer Weise interpretiert, dass das Bundesverfassungsgericht dadurch die Verfassungsidentität beeinträchtigt oder die Grenzen der übertragenen Hoheitsrechte in relevanter Weise überschritten sieht, es also einen ultra-vires-Akt des Gerichtshofs annimmt.[21] Dieser Konflikt ist auf der Ebene des Rechts nicht lösbar; er ist durch ein (informelles) Kooperationsverhältnis zwischen Europäischem Gerichtshof und nationalen Verfassungsgerichten vermeidbar und kann letztlich nur auf der politischen Ebene bereinigt werden.

79 Auffällig ist, dass das Textänderungsgebot des Art. 79 Abs. 1 GG in Art. 23 Abs. 1 Satz 3 GG keine Erwähnung findet. Der Grund dafür ist schlicht Unmöglichkeit.[22] Das europäische Primärrecht enthält in erster Linie Kompetenzgrundlagen für das Tätigwerden der Unionsorgane. Als solche beschränken sie die Kompetenzen, die im Grundgesetz niedergelegt sind, ohne diese jedoch zu beseitigen.[23] Eine Integration von wesentlichen Teilen des Vertragstextes in das Grundgesetz ist jedoch angesichts der unterschiedlichen Regelungssystematik praktisch nicht durchführbar. Sofern allerdings ausnahmsweise unionsrechtliche Änderungen des Verfassungsrechts punktuell sind und daher im Verfassungstext ausgewiesen werden können, ist aus dem Rechtsgedanken des Art. 79 Abs. 1 GG durchaus eine entsprechende Verfassungspflicht zur Textänderung zu folgern.[24] Tatsächlich haben durch Unionsrecht bewirkte Verfassungsänderungen an einigen wenigen Stellen des Grundgesetzes ausdrücklich Niederschlag gefunden:
- Art. 16 Abs. 2 Satz 2 GG – Auslieferung an einen Mitgliedstaat der Europäischen Union[25],
- Art. 28 Abs. 1 Satz 3 GG – kommunales Wahlrecht für Unionsbürger (vgl. Art. 22 Abs. 1 AEUV),
- Art. 88 Satz 2 GG – Übertragung von Aufgaben und Befugnissen auf die Europäische Zentralbank (vgl. Art. 127 ff. AEUV).[26]

Hiervon zu unterscheiden sind die Regelungen, die der europäischen Integration organisatorisch und prozedural Rechnung tragen wie Art. 23 Abs. 1a–7, Art. 45, 50 und 52 Abs. 3a GG oder Art. 104a Abs. 6 GG.[27]

Rechtsprechung: BVerfGE 73, 339 – Solange II; 89, 155 – Maastricht; 113, 273 – Europäischer Haftbefehl; 123, 267 – Vertrag von Lissabon; 126, 286 – ultra vires; 129, 124 – Griechenlandhilfe Euro-Rettungsschirm; 134, 366 – OMT – Vorlagebeschluss; 140, 317 – Identitätskontrolle; 142, 123 – OMT-Urteil; 154, 17 – PSPP-Programm der EZB; EuGH, C-6/64, Slg. 1964, 1251 – Costa/ENEL.

21 Mit der Vorlage der Frage, ob der OMT-Beschluss der Europäischen Zentralbank sich im Rahmen von deren Zuständigkeit hält, hat das Bundesverfassungsgericht die Möglichkeit einer solchen Situation herbeigeführt. S. BVerfGE 134, 366 ff. Der EuGH hat mit Entscheidung vom 16.6.2015 die Primärrechtskonformität des OMT-Beschlusses bejaht, s. EuGH, Rs. C-62/14. Das Bundesverfassungsgericht hat sich dieser Interpretation in seiner Entscheidung E 142, 123 ff. gefügt. In der Entscheidung zum PSPP-Programm der EZB hat es erstmals einen ultra-vires Akt angenommen. S. dazu noch ausführlich Rn. 597.

22 *U. Hufeld*, Die Verfassungsdurchbrechung, 1997, S. 134 f. mwN.

23 Praktisch beseitigt ist infolge der Zollunion die Ertragshoheit gemäß Art. 106 Abs. 1 Nr. 1 GG für Zölle, vgl. Art. 30, 31 AEUV. Als Beispiel für Beschränkungen seien die Gemeinschaftsaufgaben nach Art. 91a GG genannt. Da es sich um Beihilfen (= staatliche Subventionen) iSd. Unionsrechts handelt, bedürfen die insoweit vorgesehenen Ausgaben der Genehmigung durch die Europäische Kommission auf der Grundlage des Art. 108 Abs. 2 AEUV. Umfangreich beschränkt sind auch die Gesetzgebungskompetenzen durch Kompetenzen der EU.

24 Vgl. *U. Hufeld*, Die Verfassungsdurchbrechung, 1997, S. 137.

25 S. dazu BVerfGE 113, 273 ff. – *Europäischer Haftbefehl*; Analyse der Entscheidung *U. Hufeld*, Der Europäische Haftbefehl vor dem BVerfG, JuS 2005, 865 ff.

26 S. hierzu *Th. Weikart*, Die Änderung des Bundesbank-Artikels im Grundgesetz im Hinblick auf den Vertrag von Maastricht, NVwZ 1993, 834 ff.

27 S. hierzu *D. König*, Die Übertragung von Hoheitsrechten im Rahmen des europäischen Integrationsprozesses – Anwendungsbereich und Schranken des Art. 23 GG, 2000, S. 330 ff.

Literatur: *C. Herrmann*, Der Vertrag von Lissabon – ein Überblick, Jura 2010, 161; *F. Mayer*, Der Vertrag von Lissabon im Überblick, JuS 2010, 189; *M. Nettesheim*, Die Integrationsverantwortung – Vorgaben des BVerfG und gesetzgeberische Umsetzung, NJW 2010, 177; *M. Polzin*, Das Rangverhältnis von Verfassungs- und Unionsrecht nach der neuesten Rechtsprechung des BVerfG, JuS 2012, 1; *I. Schübel/K. Kaiser*, Das Lissabon-Urteil des BVerfG vom 30.6.2009 – Ein Leitfaden für Ausbildung und Praxis, JuS 2009, 767; *W. Weiß*, Die Integrationsverantwortung der Verfassungsorgane, JuS 2018, 1046.

Fallbearbeitungen: *K. Koch/T. Ilgner*, Referendarexamensklausur – Öffentliches Recht: Mangold, Lissabon, Honeywell – Von der Rechtsfortbildung des EuGH zur Ultra-vires-Kontrolle durch das BVerfG, JuS 2011, 540.

4. Kapitel: Völkerrechtsfreundlichkeit des Grundgesetzes

Ein weiteres Charakteristikum des Grundgesetzes ist seine Völkerrechtsfreundlichkeit[1], die neben der **Präambel** in den **Art. 24 bis 26 GG** zum Ausdruck kommt.[2] 80

4.1 Beteiligung an zwischenstaatlichen Einrichtungen

In Bezug auf Art. 24 GG wurde der Begriff der **„offenen Staatlichkeit“**[3] geprägt. Die Besonderheit und Neuigkeit dieses Konzepts zeigt sich im Lichte des älteren Begriffs „Souveränitätspanzer“.[4] 81

4.1.1 Übertragung von Hoheitsrechten

Art. 24 GG enthält in seinem Absatz 1 die Grundlage für die Übertragung von Hoheitsrechten auf zwischenstaatliche Einrichtungen und galt bis 1992 auch für die europäische Integration. Mit deren normativen Verselbständigung in Art. 23 GG hat Art. 24 Abs. 1 GG seinen wichtigsten Anwendungsbereich verloren, ohne damit nunmehr gegenstandslos zu sein. Weitere zwischenstaatliche Einrichtungen, auf die die Bundesrepublik Deutschland Hoheitsrechte übertragen hat[5], sind zB. die Europäische Patentorganisation, die Luftraumüberwachungsbehörde Eurocontrol, die Internationale Meeresbodenbehörde, die Zentralkommission für die Rheinschifffahrt und die Moselkommission 82

1 Zur Herleitung eines Grundsatzes der Völkerrechtsfreundlichkeit s. *A. Bleckmann*, Der Grundsatz der Völkerrechtsfreundlichkeit der deutschen Rechtsordnung, DÖV 1996, 137 ff.

2 Zum sich daraus ergebenden Gebot völkerrechtsfreundlicher Auslegung s. Rn. 17.

3 Der Begriff der „offenen Staatlichkeit“ wurde erstmals von *K. Vogel*, Die Verfassungsentscheidung des Grundgesetzes für eine internationale Zusammenarbeit, Recht und Staat in Geschichte und Gegenwart, Heft 292/293, 1964 verwendet. S. zum Konzept des internationalen Systems als Modell von Aufgabenerfüllungsebenen *St. Hobe*, Der offene Verfassungsstaat zwischen Souveränität und Interdependenz, 1998, S. 390 und *R. Wahl*, Der offene Staat und seine Rechtsgrundlagen, JuS 2003, 1145 ff.; *A. Voßkuhle/A.-K. Kaufhold*, Grundwissen – Öffentliches Recht: Offene Staatlichkeit, JuS 2013, 309 ff.

4 S. hierzu *R. Wahl*, Der offene Staat und seine Rechtsgrundlagen, JuS 2003, 1145 (1146).

5 Diese Übertragung ermöglicht der internationalen Organisation den „Durchgriff in den staatlichen Herrschaftsbereich“, also den Erlass von Hoheitsakten mit innerstaatlicher Wirkung, s. BVerfGE 73, 339 (374) – *Solange II* (unmittelbare Geltung der Gemeinschaftsverordnungen und Anwendungsvorrang des Gemeinschaftsrechts) und *Ph. Kunig*, Völkerrecht und staatliches Recht, in: *Graf Vitzthum/Proelß* (Hrsg.), Völkerrecht, 8. Aufl. 2019, S. 61 Rn. 131 f.; ähnlich *J. Hecker*, Grundgesetz und horizontale Öffnungen des Staates, AöR 127 (2002), 291 (299) und *Th. Flint*, Die Übertragung von Hoheitsrechten, 1998, S. 111. Der bloße Beitritt zu einer internationalen Organisation etwa zum Europarat mit Verpflichtung zur Ratifikation der EMRK (Art. 3 Satzung des Europarats) und obligatorischer Gerichtsbarkeit des EGMR für Individualbeschwerden (Art. 34 EMRK) genügt nicht. Die Frage, ob Hoheitsrechte übertragen wurden oder nicht, wirkt auch auf die Qualität der Rechtsakte zurück: So dürfen etwa EGMR-Urteile in Ermangelung einer Übertragung von Hoheitsrechten gemäß Art. 24 Abs. 1 GG keine Durchgriffswirkung in die innerstaatliche Rechtsordnung entfalten, s. *H.-G. Derleder*, Die Architektonik des Europäischen Grundrechtsraums, ZaöRV 66 (2006), 575 (592).

oder die Europäische Kernenergie-Agentur. Aus gleichem Grund wie für Art. 23 GG ausgeführt[6], gilt auch im Rahmen des Art. 24 Abs. 1 GG das Textänderungsgebot des Art. 79 Abs. 1 GG nicht.[7] Die qualifizierte Mehrheit des Art. 79 Abs. 2 GG ist nicht erforderlich; Art. 24 Abs. 1 GG ist insoweit die speziellere Norm.[8]
Durch das 38. Gesetz zur Änderung des Grundgesetzes[9] ist Art. 24 GG um Absatz 1a ergänzt worden. Die bereits auf der Grundlage des Art. 32 Abs. 3 GG existierende regionale Zusammenarbeit über die Staatsgrenzen hinweg hat damit eine explizite Grundlage für die Fälle der Übertragung von Hoheitsgewalt erhalten.[10] Für regionale Zusammenarbeit im Rahmen der europäischen Integration gilt Art. 23 GG.[11]

4.1.2 Beteiligung an Systemen kollektiver Sicherheit

83 Eine eigene Regelung hat die Befugnis zur Beteiligung an „System(en) gegenseitiger kollektiver Sicherheit" erhalten. Sie gehört zur Urfassung des Grundgesetzes. Bedingung der Beteiligung ist, dass dieses System auf **Friedenswahrung** gerichtet ist. Im Gegensatz zu Absatz 1 ist nicht von einer Übertragung von Hoheitsrechten, sondern von einer Einwilligung in die Beschränkung von Hoheitsrechten die Rede. Die Zusammenarbeit bleibt damit auf Formen völkerrechtlicher Gebundenheit beschränkt und eröffnet dem jeweiligen „System" nicht den automatischen Durchgriff auf den innerstaatlichen Bereich.[12] Art. 24 Abs. 2 GG ist Grundlage für die Mitgliedschaft der Bundesrepublik Deutschland im Nordatlantischen Verteidigungsbündnis (NATO) wie auch in den Vereinten Nationen (UNO).[13]

4.1.3 Beitritt zu internationaler Schiedsgerichtsbarkeit

84 In Art. 24 Abs. 3 GG verpflichtet sich die Bundesrepublik, Vereinbarungen über eine allgemeine, umfassende, obligatorische internationale Schiedsgerichtsbarkeit beizutreten. Mit dem Begriff der Schiedsgerichtsbarkeit sollen keine anderen Formen der internationalen Gerichtsbarkeit ausgeschlossen werden.[14] Die Wortwahl spiegelt die typische Form der internationalen gerichtsförmigen Streitbeilegung zum Zeitpunkt der Formulierung des Grundgesetzes wider.[15] Die Unterwerfung unter den Internationalen Ge-

---

6 S. hierzu oben Rn. 79.

7 BVerfGE 58, 1 (36) – *Eurocontrol I*; 68, 1 (96) – *Nato-Doppelbeschluss*.

8 *J. Hecker*, Grundgesetz und horizontale Öffnungen des Staates, AöR 127 (2002), 291 (312).

9 Die Verfassungsänderung im Gefolge des Maastricht-Vertrages: 38. ÄndG vom 21. Februar 1992 (BGBl. I, S. 2086).

10 *O. Rojahn*, in: *von Münch/Kunig*, GGK I, 6. Aufl., Art. 24 Rn. 87.

11 Vgl. *D. König*, Die Übertragung von Hoheitsrechten im Rahmen des europäischen Integrationsprozesses – Anwendungsbereich und Schranken des Art. 23 GG, 2000, S. 329, die eine Trennung zwischen Hoheitsübertragungen aufgrund des EG-Vertrages und anderer Verträge als „künstlich" ansieht, wenn letztere die Ziele der Union fördern oder verwirklichen wollen; daher sei der Anwendungsbereich des Art. 23 Abs. 1 GG kraft Sachzusammenhangs eröffnet.

12 Ausf. zu Art. 24 Abs. 2 GG BVerfGE 90, 286 (345 ff.) – *Bundeswehreinsatz*; für einen Sonderfall des Zusammenwirkens von NATO und besatzungsrechtlichen Grundlagen, der nach Auffassung des Bundesverfassungsgerichts in den Bereich des Art. 24 Abs. 1 GG fällt, s. BVerfGE 68, 1 – *Nato-Doppelbeschluss*. S. auch *St. Oeter*, Systeme kollektiver Sicherheit, HStR XI, 3. Aufl. 2013, § 243 Rn. 21 f.

13 Für die Nato s. BVerfGE 90, 268 (350 f.) – *Bundeswehreinsatz*; BVerfGE 104, 151 ff. – *Nato-Strategie*; noch offen gelassen von BVerfGE 68, 1 (80 f., 93 ff.). Für die UNO s. BVerfGE 90, 268 (349 f.).

14 Das Grundgesetz verwendet den völkerrechtlichen Begriff der Schiedsgerichtsbarkeit. Schiedsgerichtsbarkeit ist hiernach eine Entscheidung von Rechtsstreitigkeiten zwischen zwei Staaten durch einen Dritten, vgl. die Definition in Art. 37 des Haager Abkommens von 1907 „L'arbitrage international a pour objet le règlement des litiges entre les états par des juges de leur choix et sur la base du droit". Für die Auslegung des Begriffs der Rechtsstreitigkeiten kann auf Art. 36 Abs. 2 IGH-Statut zurückgegriffen werden. *R. Wolfrum*, Das Grundgesetz und die internationale Streitschlichtung, HStR XI, 3. Aufl. 2013, § 242 Rn. 1 ff.

15 Daher handelt es sich bei Gerichten, deren Entscheidung „Durchgriffswirkung" in die innerstaatliche Rechtsordnung entfalten, nicht mehr um Schiedsgerichte im Sinne von Art. 24 Abs. 3 GG. Vgl. *R. Wolfrum*, a. a. O., § 242 Rn. 7. Vielmehr liegt etwa, wie bei den Internationalen Strafgerichtshöfen, eine Übertragung von Hoheitsrechten im Sinne Art. 24 Abs. 1 GG vor. S. oben Rn. 82.

richtshof in Den Haag ist allerdings deshalb keine Verfassungspflicht, weil es sich gemäß Art. 92 UN-Charta iVm. Art. 36 IGH-Statut nicht um eine obligatorische Gerichtsbarkeit handelt.[16] Die Bundesrepublik hat im Jahre 2008 eine Erklärung über die Anerkennung der obligatorischen Streitbelegung durch den IGH im Sinne des Art. 36 Abs. 2 des Statuts mit zulässigen Vorbehalten abgegeben.[17]

4.2 Geltung der allgemeinen Regeln des Völkerrechts

Art. 25 GG erklärt die allgemeinen Regeln des Völkerrechts zu unmittelbar anwendbarem Bundesrecht, das im Rang den einfachen Gesetzen vorgeht[18], allerdings nicht dem Verfassungsrecht.[19] Das Grundgesetz weicht damit bewusst von der Formulierung des Art. 4 WRV ab, in der von „allgemein anerkannten" Regeln des Völkerrechts die Rede war.[20] Da nach damaliger Auffassung die Völkerrechtsnormen, die Deutschland nicht anerkannte, nicht zu den „allgemein anerkannten" gehörten, lief die Vorschrift leer. 85

Aus Art. 25 GG folgt nunmehr, dass eine bestimmte Kategorie völkerrechtlicher Normen ohne die Entscheidung des Bundesgesetzgebers unmittelbar Rechte und/oder Pflichten für die Bewohner des Bundesgebiets begründen kann. Für den Fall, dass in einem Rechtsstreit streitig ist, ob eine Norm des Völkerrechts geeignet ist, diese weitreichende Rechtsfolge auszulösen, hat darüber gemäß Art. 100 Abs. 2 GG allein das Bundesverfassungsgericht zu befinden.[21]

Welche Völkerrechtsnormen zu den „allgemeinen Regeln" gehören, ist nicht abschließend geklärt.[22] Gemeint ist **„Allgemeinverbindlichkeit"**, was **nicht** gleichzusetzen ist

16 S. *R. Wolfrum*, a.a.O., § 242 Rn. 5, 31. Da der IGH der Zielvorstellung des Grundgesetzes am nächsten kommt, wird aus Art. 23 Abs. 2 GG zT. ein verfassungsrechtlicher Auftrag zur Förderung der internationalen Schiedsgerichtsbarkeit abgeleitet, der – bei weitem politischen Ermessenspielraum – die schrittweise Einschränkung der Vorbehalte fordert, s. *R. Wolfrum*, a.a.O., § 242 Rn. 8.

17 S. BT-Drs. 16/9218 vom 5.5.2008.

18 BVerfGE 112, 1 (78) – *SBZ-Enteignungen*. Zum Verhältnis von Völkerrechtsordnung und nationaler Rechtsordnung allgemein (Monismus und Dualismus) und zur Bedeutung des Art. 25 GG in diesem Zusammenhang (Transformationsnorm oder Vollzugsnorm) s. *H. Bungert*, Einwirkung und Rang von Völkerrecht im innerstaatlichen Rechtsraum, DÖV 1994, 797 (797 ff.). Allgemein zum Theorienstreit s. *Ph. Kunig*, Völkerrecht und staatliches Recht, in: *Graf Vitzthum/Proelß* (Hrsg.), Völkerrecht, 8. Aufl. 2019, S. 92 Rn. 28 ff. Vgl. auch *R. Wahl*, Der offene Staat und seine Rechtsgrundlagen, JuS 2003, 1145 (1150). Diese theoretischen Streitigkeiten sind für die praktische Anwendung des Art. 25 GG ohne Bedeutung. So auch *H. P. Aust*, in: *von Münch/Kunig*, GGK I, Art. 25 Rn. 9.

19 Vgl. zB. BVerfGE 74, 358 (370) – *Unschuldsvermutung* oder BVerfGE 111, 307 (317) – *Görgülü*. *Ph. Kunig*, Völkerrecht und staatliches Recht, in: *Graf Vitzthum/Proelß* (Hrsg.), Völkerrecht, 8. Aufl. 2019, S. 144 Rn. 156 geht davon aus, dass das „Grundgesetz sich nicht selbst unter den Vorbehalt seiner Nichtkollision" stellt. Zur Streitfrage s. *H.-J. Cremer*, Allgemeine Regeln des Völkerrechts, HStR XI, 3. Aufl. 2013, § 235 Rn. 30 ff. Entscheidend dürfte wohl sein, dass sich die Geltung der allgemeinen Regeln nur aus einem im Grundgesetz enthaltenen Rechtsanwendungsbefehl ableitet und das Bundesverfassungsgericht im Normverifikationsverfahren nach Art. 100 Abs. 2 GG darüber entscheiden kann, ob eine völkerrechtliche Norm allgemeine Regel im Sinne von Art. 25 GG ist oder nicht.

20 S. *H.-J. Cremer*, Allgemeine Regeln des Völkerrechts, HStR XI, 3. Aufl. 2013, § 235 Rn. 5.

21 Diese Kontrollmöglichkeit stellt ein Gegengewicht zum durch Art. 25 GG ausgesprochenen Vertrauen in das Völkerrecht dar, *Ph. Kunig*, Völkerrecht und staatliches Recht, in: *Graf Vitzthum/Proelß* (Hrsg.), Völkerrecht, 8. Auflage 2019, S. 146 Rn. 159. Häufig hat das Bundesverfassungsgericht die Existenz einer allgemeinen Regel des Völkerrechts verneint s. etwa BVerfGE 16, 27 (33) – *Iranische Botschaft* (Klage gegen ausländischen Staat in Bezug auf nicht-hoheitliches Handeln); 23, 288 (300) – *Kriegsfolgelasten II* (Besteuerung von Ausländern zur Deckung von Kriegsfolgelasten); 75, 1 (18) – *ne bis in idem*; für die Ablehnung einer Immunität nach Untergang eines Staates s. BVerfGE 96, 68 (86) – *DDR-Botschafter* und BVerfGE 95, 96 (129) – *Mauerschützen*. S. auch BVerfGE 112, 1 (24) – *entschädigungslose Enteignungen*; 117, 141 (148) – *Immunität*; 118, 124 (134) – *Staatsnotstand als Zahlungseinrede nicht anzuerkennen*; 143, 101 (Rn. 112, 182) – *Völkerrecht begrenzt nicht Untersuchungsausschussrechte*.

22 BVerfGE 95, 96 (129) – *Mauerschützen*: Unter allgemeinen Regeln des Völkerrechts „ist vorwiegend das universell geltende Völkergewohnheitsrecht zu verstehen, ergänzt durch anerkannte allgemeine Rechtsgrundsätze

mit **Universalität**, da es Völkerrechtsnormen geben kann, die sachlich nur eine begrenzte Anzahl von Staaten ansprechen (etwa Küstenstaaten).[23] Die allgemeine Verbreitung soll die materielle „Richtigkeit" der Norm gewährleisten.[24] Einigkeit besteht, dass das zwingende Völkerrecht (**ius cogens**)[25] den Kern der allgemeinen Regeln bildet. Hierzu zählen zumindest das völkerrechtliche Gewaltverbot (Art. 2 Ziff. 4 UNO-Satzung), das Selbstbestimmungsrecht der Völker (Art. 1 Ziff. 2 UNO-Satzung), das Folterverbot, das Verbot des Völkermordes und das Verbot der Sklaverei.[26] Allgemeine Regeln des Völkerrechts sind auch die **allgemeinen Rechtsgrundsätze** im Sinne des Art. 38 Abs. 1 lit. c IGH-Statut wie etwa das Verbot treuwidrigen Verhaltens[27] oder einige Prinzipien der deliktischen Haftung, der ungerechtfertigten Bereicherung, des Eigentumsschutzes und der Indemnität.[28]

4.3 Verbot des Angriffskrieges und Kriegswaffenkontrolle

86 Die an zahlreichen Stellen des Grundgesetzes betonte Friedlichkeit der Bundesrepublik Deutschland[29] verdichtet sich in Art. 26 GG zum Verbot des Angriffskrieges. Das Grundgesetz nimmt damit die Entwicklung in der Völkerrechtsordnung auf, in der das Recht zum Krieg (ius ad bellum) der klassischen Epoche des Völkerrechts (etwa 1648–1918) abgelöst wurde durch das **Kriegs- und Gewaltverbot** sowie die **Friedenssicherungspflicht** der Staaten.[30] Nach Art. 26 GG sind „Handlungen, die geeignet sind und in der Absicht vorgenommen werden, das friedliche Zusammenleben der Völker zu stören, insbesondere die Führung eines Angriffskrieges vorzubereiten" verfassungswidrig, und sie sind unter Strafe zu stellen, was der Gesetzgeber mit den §§ **80 und 80a StGB** getan hat. Die Problematik dieser Vorschriften liegt – wie oft bei Tatbeständen politischen

---

(vgl. BVerfGE 15, 25 (32 f., 34 f.) – *Jugoslaw. Militärmission*; 16, 27 (33) – *Iranische Botschaft*; 23, 288 (306) – *Kriegsfolgelasten*). Die Entstehung von universellem Völkergewohnheitsrecht erfordert zwar nicht, dass einem Völkerrechtssatz ausnahmslos alle Staaten ausdrücklich oder durch konkludente Handlung zugestimmt haben. Dieses Völkergewohnheitsrecht muss aber auf einer allgemeinen, gefestigten Übung zahlreicher Staaten beruhen, der die Rechtsüberzeugung zugrunde liegt, dass dieses Verhalten rechtens sei (vgl. BVerfGE 92, 277 (320 ff.) – *DDR-Spionage*)."

23 So liegt eine für die Herausbildung von Völkergewohnheitsrecht nachzuweisende allgemeine Praxis schon vor, wenn alle Völkerrechtssubjekte, die sich an ihr beteiligen können oder deren Interessen berührt sind, sich in der entsprechenden Art verhalten, s. IGH, ICJ Reports 1969, 3 (42 f.) North Sea Continental Shelf Case, (Denmark/Netherlands v. Germany). Die „Übung" als objektives Merkmal muss ferner einheitlich, von Dauer und subjektiv von der „opinio iuris sive necessitatis", der Einsicht der Staaten in die unabdingbare Notwendigkeit der Norm, getragen sein. S. hierzu im Einzelnen *W. Heintschel von Heinegg*, Die weiteren Quellen des Völkerrechts, in: *K. Ipsen* (Hrsg.), Völkerrecht, 7. Aufl. 2018, § 19 Rn. 6 ff.

24 S. *O. Rojahn*, in: *von Münch/Kunig*, GGK I, 6. Aufl., Art. 25 Rn. 10.

25 S. die Definition in BVerfGE 18, 441 (448 f.) – *AG in Zürich*: „Nur einige elementare Rechtsgebote werden als vertraglich unabdingbare Regeln des Völkergewohnheitsrechts anzusehen sein. Die Qualität solcher zwingenden Normen wird nur jenen in der Rechtsüberzeugung der Staatengemeinschaft fest verwurzelten Rechtssätzen zuerkannt werden können, die für den Bestand des Völkerrechts als einer internationalen Rechtsordnung unerläßlich sind und deren Beachtung alle Mitglieder der Staatengemeinschaft verlangen können."

26 *I. Pernice*, in: *Dreier*, GG II, Art. 25 Rn. 18. S. hierzu *W. Heintschel von Heinegg*, Die völkerrechtlichen Verträge als Hauptrechtsquelle des Völkerrechts, in: *K. Ipsen* (Hrsg.), Völkerrecht, 7. Aufl. 2018, § 16 Rn. 51 ff.

27 Beispiel bei *I. Pernice*, in: *Dreier*, GG II, Art. 25 Rn. 17. S. auch *W. Heintschel von Heinegg*, Weitere Rechtsquellen des Völkerrechts, in: *K. Ipsen* (Hrsg.), Völkerrecht, 7. Aufl. 2018, § 20 Rn. 1 ff.

28 Allgemeine Rechtsgrundsätze bezeichnen dabei diejenigen anerkannten Rechtsprinzipien, die allen oder doch den meisten nationalen Rechtsordnungen gemeinsam und von grundlegender Bedeutung sind. Anders als das Völkergewohnheitsrecht haben sie ihren Ursprung nicht im Völkerrecht selbst, sondern im nationalen Recht.

29 Präambel, Art. 1 Abs. 2, 9 Abs. 2, 24 Abs. 2 GG. S. hierzu *A. Proelß*, Das Friedensgebot des Grundgesetzes, HStR XI, 3. Aufl. 2013, § 227, Rn. 1 ff.

30 Zur Entwicklung und dem derzeitigen Stand des Völkerrechts s. *W. Heintschel von Heinegg*, Friedenssicherung, in: *K. Ipsen*, Völkerrecht, 7. Aufl. 2018, § 55 Rn. 16 ff.

Strafrechts – in ihren Gesinnungs- und Prognoseelementen. Dies macht die Anwendung im Einzelfall außerordentlich schwierig.
Art. 26 Abs. 2 GG knüpft die Herstellung und den Handel mit Kriegswaffen an einen Genehmigungsvorbehalt.[31] Zuständig für die Genehmigung ist die Bundesregierung.[32] Der Bundestag ist zur Kontrolle befugt.[33] Die näheren Regelungen finden sich im **Kriegswaffenkontrollgesetz**, für das Art. 26 Abs. 2 Satz 2 GG die Rechtsgrundlage enthält.

Rechtsprechung: BVerfGE 18, 441 – AG in Zürich; 58, 1 – Eurocontrol I; 68, 1 – Nato-Doppelbeschluss; 90, 286 – Bundeswehreinsatz; 104, 151 – NATO-Strategiekonzept; 118, 244 – Tornado-Einsatz Afghanistan; 121, 135 – AWACS-Einsatz; 112, 1 – entschädigungslose Enteignungen; 117, 141 – Immunität; BVerfGE; 118, 124 – Staatsnotstand als Zahlungseinrede nicht anzuerkennen; 137, 185 – Informationsanspruch Kriegswaffenexportkontrolle; 143, 101 – Völkerrecht begrenzt nicht Untersuchungsausschussrechte.

Literatur: *H.-J. Cremer*, Allgemeine Regeln des Völkerrechts, HStR XI, 3. Aufl. 2013, § 235; *Th. Flint*, Die Übertragung von Hoheitsrechten, 1998; *J. Hecker*, Grundgesetz und horizontale Öffnungen des Staates, AöR 127 (2002), 291; *W. Heintschel von Heinegg/V. Epping*, Friedenssicherung und friedliche Streitbeilegung, in: *K. Ipsen* (Hrsg.), Völkerrecht, 7. Aufl. 2018, §§ 51–55; *W. Heintschel von Heinegg*, Die weiteren Quellen des Völkerrechts, in: *K. Ipsen* (Hrsg.), Völkerrecht, 7. Aufl. 2018, §§ 17–22; *St. Hobe*, Der offene Verfassungsstaat zwischen Souveränität und Interdependenz, 1998; *D. Holtenhausen*, Der Verfassungsauftrag des Art. 26 Abs. 2 GG und die Ausfuhr von Kriegswaffen, JZ 1995, 284; *D. König*, Die Übertragung von Hoheitsrechten im Rahmen des europäischen Integrationsprozesses – Anwendungsbereich und Schranken des Art. 23 GG, 2000; *Ph. Kunig*, Völkerrecht und staatliches Recht, in: *Graf Vitzthum/Proelß* (Hrsg.), Völkerrecht, 8. Aufl. 2019, S. 61; *St. Oeter*, Systeme kollektiver Sicherheit, HStR XI, 3. Aufl. 2013, § 243; *A. Proelß*, Das Friedensgebot des Grundgesetzes, HStR XI, 3. Aufl. 2013, § 227; *A. Voßkuhle/A.-K. Kaufhold*, Grundwissen – Öffentliches Recht: Offene Staatlichkeit, JuS 2013, 309; *R. Wahl*, Der offene Staat und seine Rechtsgrundlagen, JuS 2003, 1145; *R. Wolfrum*, Das Grundgesetz und die internationale Streitschlichtung, HStR XI, 3. Aufl. 2013, § 242.

Lösung zu Fall 1: Das Staatsoberhaupt der Republik

1a) Lässt das Grundgesetz die Einführung einer Monarchie im Bund zu?

Gemäß Art. 20 Abs. 1 GG ist Deutschland eine Republik mit einem Bundespräsidenten als Staatsoberhaupt, der gemäß Art. 54 Abs. 1 Satz 1 in Verbindung mit Abs. 2 Satz 1 GG auf fünf Jahre gewählt wird. Diese Vorschriften müssten zum Zwecke der Einführung der Monarchie im Bund geändert werden. Art. 79 Abs. 3 GG, die sog. Ewigkeitsgarantie, verbietet allerdings Verfassungsänderungen, durch welche die in Art. 20 GG niedergelegten Grundsätze berührt werden. Die Einführung der Monarchie durch Verfassungsänderung ist also unzulässig, wenn sie eines der Staatsstrukturprinzipien des Art. 20 GG berührt.
Wesentlicher Inhalt des Staatsstrukturprinzips „Republik" ist die Absage an eine Monarchie im Sinne der Bestimmung des Staatsoberhauptes im Wege der Erbfolge oder ggf. auch per Wahl auf Lebenszeit. Mit der Einführung der Monarchie im Bund würde die Staatsform der Republik nicht nur berührt, sondern negiert. Es liegt ein Verstoß gegen Art. 79 Abs. 3 GG vor.

1b) Lässt das Grundgesetz die Einführung einer Monarchie in einem Bundesland zu?

Das Grundgesetz enthält keine Bestimmung über die Staatsoberhäupter der Bundesländer. Art. 28 Abs. 1 Satz 1 GG gebietet jedoch, dass die verfassungsmäßige Ord-

---

31 S. hierzu im Einzelnen *D. Holtenhausen*, Der Verfassungsauftrag des Art. 26 Abs. 2 GG und die Ausfuhr von Kriegswaffen, JZ 1995, 284.
32 S. dazu noch unten Rn. 356 und BVerfGE 91, 148 (165 f.) – *Umlaufverfahren*.
33 BVerfGE 137, 185 (243 ff.) – *Informationsanspruch Kriegswaffenexportkontrolle*.

nung in den Ländern den Grundsätzen des republikanischen, demokratischen und sozialen Rechtsstaats im Sinne des Grundgesetzes entsprechen muss (sog. Homogenitätsklausel). Mangels Übereinstimmung mit der republikanischen Staatsform würde die Einführung der Monarchie in einem Bundesland gegen Art. 28 Abs. 1 Satz 1 GG verstoßen.

2a) Könnte das Grundgesetz mit verfassungsändernder Mehrheit dahin abgeändert werden, dass der Bundespräsident vom Volk gewählt wird?

Gemäß Art. 54 Abs. 1 Satz 1 GG wird der Bundespräsident von der Bundesversammlung gewählt. Die Einführung einer Wahl durch das Volk, wie sie die Weimarer Reichsverfassung vorsah, bedürfte also einer Verfassungsänderung. Die nötige Mehrheit gemäß Art. 79 Abs. 2 GG steht nicht in Frage. Art. 79 Abs. 3 GG verbietet allerdings Verfassungsänderungen, welche die Grundsätze des Art. 20 GG berühren. Die Grundsätze sind berührt, wenn ihre prinzipielle Geltung in Frage gestellt wird. Durch die Änderung des aktiven Wahlrechts hinsichtlich der Wahl des Bundespräsidenten wird die Staatsform der Republik nicht berührt. Die Wahl durch das Volk stellt zudem eine demokratische Form dar, um das Staatsoberhaupt zu bestimmen. Die Betroffenheit weiterer Grundsätze ist nicht ersichtlich. Eine entsprechende Verfassungsänderung ist folglich zulässig.

2b) Könnte das Grundgesetz mit verfassungsändernder Mehrheit dahin abgeändert werden, dass der Bundespräsident nicht mehr auf fünf Jahre, sondern auf Lebenszeit gewählt wird?

Maßstab für die Beantwortung dieser Frage ist wiederum Art. 79 Abs. 3 GG, der die Grundsätze des Art. 20 GG vor Verfassungsänderungen bewahrt. Der in Art. 20 Abs. 1 und 2 GG verankerte Grundsatz der Demokratie besagt, dass alle Staatsgewalt vom Volk ausgeht. Die Rückkoppelung der ausübenden Staatsorgane an das Volk verlangt, dass dieses in regelmäßigen Abständen Einfluss auf die Besetzung der Organe nehmen können muss. Dementsprechend werden alle obersten Staatsorgane unmittelbar oder mittelbar auf Zeit gewählt. Die Wahl des Bundespräsidenten auf Lebenszeit missachtet diesen Grundsatz. Ein sachlicher Grund für eine Ausnahme ist nicht erkennbar. Damit steht Art. 79 Abs. 3 GG einer solchen Verfassungsänderung entgegen.

Dritter Teil: Alle Staatsgewalt geht vom Volke aus

Die Bundesrepublik ist eine parlamentarische, rechtsstaatliche, dh. gewaltenteilige und freiheitliche Demokratie. All dies ist bereits in Art. 20 GG bestimmt. Für eine präzise Antwort auf die Frage, was Demokratie nach dem Grundgesetz bedeutet, ist zu untersuchen, *wer* das Volk ist, von dem alle Staatsgewalt ausgeht, und *wie*, dh. in welchen Verfahren sie vom Volk aus- und auf die organisierte Staatlichkeit übergeht, die diese Staatsgewalt gemäß Art. 20 Abs. 2 Satz 2 GG ausübt. 87

1. Kapitel: Das Staatsvolk in Bund und Ländern

Das „Volk" von dem die Staatsgewalt ausgeht, ist das deutsche **Staatsvolk**, dh. **alle Deutschen** im Sinne des **Art. 116 GG**. Zum deutschen Staatsvolk gehören danach alle Personen, die die deutsche Staatsangehörigkeit besitzen sowie diejenigen, die als Flüchtlinge oder Vertriebene deutscher Volkszugehörigkeit oder als deren Ehegatte oder Abkömmlinge in dem Gebiet des Deutschen Reiches nach dem Stand vom 31. Dezember 1937[1] Aufnahme gefunden haben. Hintergrund dieser Regelung ist zum einen die traditionelle Prägung des deutschen Staatsangehörigkeitsrechts durch das **Abstammungsprinzip** (**ius sanguinis**), zum anderen die Notwendigkeit der Kriegsfolgenbewältigung.[2] Eine Reaktion auf das nationalsozialistische Unrechtsregime enthält Art. 116 Abs. 2 GG, wonach die deutschen Staatsangehörigen, die vom Nazi-Regime aus politischen, rassischen oder religiösen Gründen ausgebürgert wurden, auf Antrag wieder eingebürgert werden. Sie gelten von vornherein als nicht ausgebürgert, sofern sie nach dem 8. Mai 1945 ihren Wohnsitz in Deutschland genommen und nicht einen entgegengesetzten Willen zum Ausdruck gebracht haben.[3] Eine Regelung über die Zugehörigkeit zum Volk der einzelnen Bundesländer[4] enthält das GG – anders als noch Art. 110 WRV – nicht. 88

Die Bedeutung des Volksbegriffs war Gegenstand des Streits um die Verfassungsmäßigkeit des **kommunalen Wahlrechts für Ausländer** in Schleswig-Holstein und Hamburg. Art. 28 Abs. 1 Satz 2 GG bestimmt, dass in den Ländern, Kreisen und Gemeinden das Volk eine Vertretung haben muss, die aus allgemeinen, unmittelbaren, freien, gleichen und geheimen Wahlen hervorgegangen ist. Damit stellte sich die Frage nach der Bedeutung des **Volksbegriffs im GG** und insbesondere im Hinblick darauf, ob er in Art. 20 Abs. 2 Satz 1 GG und in Art. 28 Abs. 1 Satz 2 GG denselben Inhalt haben muss. Die sich ohnehin aufdrängende Annahme, dass mit dem Begriff des Volkes das deutsche Volk gemeint ist, belegt das Gericht in systematischer Argumentation durch Hinweis auf die Präambel, Art. 33 Abs. 1 und 2, Art. 56 und 64 Abs. 2 sowie Art. 116 und 146 GG, in denen jeweils ausdrücklich vom Deutschen Volk oder zumindest von Deutschen und 89

---

1 Die vorübergehenden Ausdehnungen nach diesem Zeitpunkt sollten unberücksichtigt bleiben.

2 Deutsche Volkszugehörige im Sinne des Art. 116 Abs. 1 GG (Statusdeutsche) sind etwa die Russlanddeutschen aus dem Wolgagebiet, die Ungarndeutschen aus dem Banat oder die Deutschen aus Siebenbürgen (Rumänien). Zu den Voraussetzungen vgl. auch § 6 Bundesvertriebenengesetz. Durch das Gesetz zur Reform des Staatsangehörigkeitsrechts von 1999 ist die rechtliche Unterscheidung zwischen deutschen Staatsangehörigen und deutschen Volkszugehörigen weitgehend eingeebnet worden. Gemäß § 40a StAG in dieser Fassung erwarben diejenigen, die am 1.8.1999 Deutsche im Sinne des Art. 116 Abs. 1 GG waren, an diesem Tag die deutsche Staatsangehörigkeit. Die übrigen Statusdeutschen erwerben nunmehr mit ihrer Anerkennung automatisch die deutsche Staatsangehörigkeit, § 7 StAG.

3 S. hierzu BVerfGE 23, 98 ff. – *Ausbürgerung von Juden*; 54, 53 ff. – *Wiedereinbürgerung von Juden*; BVerwGE 85, 108 ff. – *Kinder Ausgebürgerter*; 95, 36 ff. – *Enkel Ausgebürgerter*.

4 Dazu noch unten Rn. 682.

staatsbürgerlichen Rechten und Pflichten die Rede ist.[5] Das Wahlrecht, durch dessen Ausübung die Staatsgewalt in der Demokratie ihre Legitmation erhält, ist wesentlicher Bestandteil dieser staatsbürgerlichen Rechte. Das Bundesverfassungsgericht erkennt durchaus an, dass es zum **Kern der demokratischen Idee** gehört, eine Kongruenz zwischen den Inhabern demokratischer politischer Rechte und denjenigen herzustellen, die dauerhaft der staatlichen Herrschaft unterworfen sind. Die zunehmende Abweichung von diesem Ideal als Folge eines wachsenden Anteils von Ausländern mit einem dauerhaften Aufenthaltsstatus sei jedoch nicht dadurch zu korrigieren, dass die Verknüpfung zwischen Staatsvolk und Deutscheneigenschaft aufgelöst werde. Es bestehe kein Anlass, den Volksbegriff im Zusammenhang des Art. 28 Abs. 1 Satz 2 GG anders auszulegen als in Art. 20 Abs. 2 GG. Den Veränderungen in der Zusammensetzung der Bevölkerung sei vielmehr auf dem Gebiet des Staatsangehörigkeitsrechts Rechnung zu tragen.[6] Diesen Ausführungen ist schon im Interesse klarer Begrifflichkeit zuzustimmen. Nicht ausgeschlossen hat das Bundesverfassungsgericht allerdings die Möglichkeit, dass die im Bereich der EU erörterte Einführung eines Kommunalwahlrechts für Ausländer „Gegenstand einer nach Art. 79 Abs. 3 GG zulässigen Verfassungsänderung sein kann".[7] Mit dem Vertrag von Maastricht fand das kommunale Wahlrecht für **Unionsbürger** Eingang in das europäische Primärrecht (Art. 22 AEUV). Dem trug der verfassungsändernde Gesetzgeber durch Ergänzung des Art. 28 Abs. 1 Satz 3 Rechnung.[8] Inzwischen hat das sog. Zuwanderungsgesetz[9] den Erwerb der deutschen Staatsangehörigkeit für die Kinder von dauerhaft in Deutschland lebenden Ausländern erheblich erleichtert (insbes. § 29 StAG).

90 Nur noch von historischem Interesse sind die Probleme um die Zugehörigkeit zum deutschen Staatsvolk, die aus der Teilung Deutschlands hervorgingen. Im Fall *Teso*[10] stellte sich die Frage, ob eine Einbürgerung in die DDR die Deutscheneigenschaft im Sinne des Art. 116 Abs. 1 GG begründen kann. Das Bundesverfassungsgericht leitete aus dem Wiedervereinigungsgebot in Verbindung mit Art. 116 Abs. 1 GG und dem Verbot der Entziehung der deutschen Staatsangehörigkeit gemäß Art. 16 Abs. 1 GG das „Gebot der Wahrung der Einheit der deutschen Staatsangehörigkeit" ab, aus dem es sodann folgerte, dass dem Erwerb der Staatsbürgerschaft der DDR für die Rechtsordnung der Bundesrepublik in den Grenzen des ordre public[11] die Rechtswirkung des Erwerbs der deutschen Staatsangehörigkeit beizumessen ist.

Rechtsprechung: BVerfGE 83, 37 – Ausländerwahlrecht Schleswig-Holstein; 83, 60 – Ausländerwahlrecht Hamburg.

---

5 BVerfGE 83, 37 (51) – *Ausländerwahlrecht Schleswig-Holstein*. Vgl. die gleichzeitig verkündete Entscheidung BVerfGE 83, 60 ff. – *Ausländerwahlrecht Hamburg*. Vgl. auch Brem.StGH, DVBl. 1991, 1074 ff. Für einen Überblick über die Literaturmeinung vor diesen Urteilen s. Anm. JA 1991, 67 ff.

6 BVerfGE 83, 37 (52) – *Ausländerwahlrecht Schleswig-Holstein*. S. auch die Anm. von *H.A. Stöcker*, Der Binnen- und Außenaspekt der Volkssouveränität, Staat Bd. 30, 1991, 259 ff. Kritisch *St. Hobe*, Das Staatsvolk nach dem Grundgesetz, JZ 1994, 191 (194 f.).

7 BVerfGE 83, 37 (59) – *Ausländerwahlrecht Schleswig-Holstein*.

8 S. hierzu und zum ganzen Themenkomplex *K. Barley*, Das Kommunalwahlrecht für Ausländer nach der Neuordnung des Art. 28 Abs. 1 Satz 3 GG, 1999.

9 Gesetz v. 5. August 2004 (BGBl. I, S. 1950).

10 BVerfGE 77, 137 ff. S. hierzu die Anm. von *W. Fiedler*, Die staats- und völkerrechtliche Stellung der Bundesrepublik Deutschland, JZ 1998, 132 ff.

11 In diesem Zusammenhang wohl im Sinne des Internationalen Privatrechts als „unantastbarer Teil der eigenen Rechtsordnung" zu verstehen. Vgl. Art. 6 EGBGB, nach dem eine Rechtsnorm dann nicht anwendbar ist, „wenn ihre Auslegung zu einem Ergebnis führt, das mit den wesentlichen Grundsätzen des deutschen Rechts offensichtlich unvereinbar ist. Sie ist insbesondere nicht anzuwenden, wenn die Anwendung mit den Grundrechten unvereinbar ist." Vgl. auch *H. Schneider*, Die öffentliche Ordnung als Schranke der Grundfreiheiten im EG-Vertrag, 1998, S. 97 f.

natiger Aufenthalt in der Bundesrepublik Deutschland, gleichgültig in welchem Alter oder vor wie vielen Jahren, sagt über die Verbundenheit mit Deutschland oder über Vertrautheit mit den deutschen Verhältnissen nichts aus. Das Bundesverfassungsgericht hat die Regelung deshalb für verfassungswidrig erklärt.[17] Durch erneute Änderung des BWahlG mit Wirkung vom 3.5.2013 lautet die aktuelle Fassung nunmehr: „Wahlberechtigt sind bei Vorliegen der sonstigen Voraussetzungen auch diejenigen Deutschen im Sinne des Artikels 116 Absatz 1 des Grundgesetzes, die am Wahltag außerhalb der Bundesrepublik Deutschland leben, sofern sie 1. nach Vollendung ihres vierzehnten Lebensjahres mindestens drei Monate ununterbrochen in der Bundesrepublik Deutschland eine Wohnung innegehabt oder sich sonst gewöhnlich aufgehalten haben und dieser Aufenthalt nicht länger als 25 Jahre zurückliegt oder 2. aus anderen Gründen persönlich und unmittelbar Vertrautheit mit den politischen Verhältnissen in der Bundesrepublik Deutschland erworben haben und von ihnen betroffen sind."
Weitere Spezialregelungen gibt es für Seeleute, Binnenschiffer und Häftlinge in § 12 Abs. 4 BWahlG.
Die in § 13 BWahlG aF. aufgeführten Ausschlussgründe betrafen staatsbürgerliche Mängel und Mängel der Einsichtsfähigkeit.
Als **staatsbürgerliche Mängel** kann man diejenigen Mängel bezeichnen, die zu der in § 13 Nr. 1 BWahlG aF. genannten Aberkennung des Wahlrechts durch Richterspruch führen. „Das Strafgericht kann die aktive Wahlberechtigung nur aberkennen, wenn ein Tatbestand des besonderen Teils diese Nebenfolge explizit vorsieht (vgl. § 45 Abs. 5 StGB). Zu nennen sind etwa die Straftaten des ersten Abschnitts des StGB „Friedensverrat, Hochverrat und Gefährdung des demokratischen Rechtsstaats", des zweiten Abschnitts „Landesverrat und Gefährdung der äußeren Sicherheit" (vgl. §§ 92a, 101 StGB), Angriff gegen Organe und Vertreter ausländischer Staaten (§ 102 Abs. 2 StGB) sowie Wahldelikte (Wahlbehinderung, Wahlfälschung, Wählernötigung, Wählerbestechung, vgl. § 108c StGB), Abgeordnetenbestechung (vgl. § 108e StGB) und bestimmte Straftaten gegen die Landesverteidigung (§ 109i StGB). Das Wahlrecht kann auch vom Bundesverfassungsgericht für die Dauer der Verwirkung eines Grundrechts aberkannt werden (§ 39 Abs. 2 BVerfGG, Art. 18 GG).
Der Gesetzgeber war zudem der Auffassung, dass das nötige Mindestmaß an **Einsichtsfähigkeit** für die Ausübung des Wahlrechts den Personen fehlt, die gemäß §§ 1896 ff. BGB unter Betreuung stehen[18] (§ 13 Nr. 2 BWahlG aF.) sowie solchen, die sich aufgrund einer Anordnung nach § 63 iVm. § 20 StGB in einem psychiatrischen Krankenhaus befinden (§ 13 Nr. 3 BWahlG aF.). Hierbei handelt es sich um schuldunfähige Wiederholungsstraftäter. Auf eine Wahlprüfungsbeschwerde hin hat das Bundesverfassungsgericht diese Einschränkungen für zu undifferenziert befunden und deshalb wegen Verstoßes gegen den Grundsatz der Allgemeinheit der Wahl und gegen das Diskriminierungsverbot wegen einer Behinderung gemäß Art. 3 Abs. 3 Satz 2 GG für verfassungswidrig erklärt.[19] Geblieben ist damit nur der Wahlrechtsausschluss aufgrund der Aberkennung durch Richterspruch, § 13 BWahlG nF.

Der Grundsatz der Allgemeinheit der Wahl gebietet nach Ansicht des Bundesverfas- **99**
sungsgerichts nicht die „zusätzliche verfassungsrechtliche Pflicht auch in einem positiven Sinne dafür Sorge zu tragen, dass die Aktivbürger, die aus einem ihrer Person oder in der Ausübung ihres Berufes liegenden Grund freiwillig oder unfreiwillig ihr Wahlrecht am Wahlort nicht auszuüben vermögen, von ihrem Wahlrecht Gebrauch machen

17 BVerfGE 132, 39 ff. – *Wahlberechtigung von Auslandsdeutschen* mit Sondervotum der Richterin Lübbe-Wolff S. 60 ff.
18 Zur Zulässigkeit des typisierten landesgesetzlichen Ausschlusses für Betreute s. BayVerfGH, BayVBl. 2003, 44 f.
19 BVerfGE 151, 1 (Rn. 45, 100 ff.) – *Wahlrechtsausschluss*.

können".[20] Diese Ansicht ist zu undifferenziert. Der Gesetzgeber ist durch den Grundsatz der Allgemeinheit der Wahl gehalten, zumindest denjenigen, die am Wahltag „unfreiwillig" nicht am Wahlort anwesend sind, die Wahl durch übliche und zumutbare **positive Leistungen** zu ermöglichen. Allerdings müssen auch die Gefahren der Briefwahl für die geheime und freie Durchführung der Wahl berücksichtigt werden.[21] Die Briefwahl ist daher keine bedingungsfreie Alternative zum persönlichen Erscheinen.[22] Die Anforderung, die Teilnahme an der Briefwahl mit einer Begründung zu rechtfertigen, hob der Gesetzgeber allerdings durch Gesetz vom 17. März 2008 auf,[23] was angesichts der Tatsache, dass es ohnehin kaum möglich ist, die Begründungen zu überprüfen, und im Interesse der Förderung hoher Wahlbeteiligung gerechtfertigt erscheint.[24]

100 Die Anforderungen an die **Wählbarkeit** (passives Wahlrecht) konkretisiert § 15 BWahlG. Sie bleiben hinter den Anforderungen an die Wahlberechtigung (aktives Wahlrecht) insoweit zurück, als das Erfordernis der Sesshaftigkeit fehlt. Sie gehen darüber hinaus, als nicht nur auf die in § 13 genannten Ausschlussgründe verwiesen wird, sondern zusätzlich die Aberkennung der Wählbarkeit oder der Fähigkeit zur Bekleidung öffentlicher Ämter durch Richterspruch aufgeführt wird. Verwiesen wird damit auf § 45 Abs. 2 StGB, der wie § 45 Abs. 5 StGB eine entsprechende Bestimmung im Besonderen Teil fordert. Neben den Straftaten, die als Sanktion die Aberkennung des aktiven Wahlrechts vorsehen, können die in § 358 StGB enumerierten Amtsdelikte zum Verlust des passiven Wahlrechts führen. Die Wählbarkeit geht auch dann automatisch verloren, wenn jemand wegen eines Verbrechens zu einer Freiheitsstrafe von mindestens einem Jahr verurteilt worden ist (§ 45 Abs. 1 StGB).
Keinen Ausschluss von der Wählbarkeit regelt dagegen **Art. 137 GG**, wonach die Wählbarkeit von Beamten, Angestellten des öffentlichen Dienstes, Berufssoldaten, freiwilligen Soldaten auf Zeit und Richtern im Bund, in den Ländern und in den Gemeinden gesetzlich beschränkt werden kann. Hierbei handelt es sich um die Befugnis, durch Gesetz die Unvereinbarkeit (Inkompatibilität) von Abgeordnetenmandat und Tätigkeit im öffentlichen Dienst einzuführen. Dies dient der Vermeidung von Interessenkonflikten[25] und der Gewaltenteilung (personelle Gewaltenteilung).[26]

2.2.2 Unmittelbarkeit der Wahl

101 Der Grundsatz der Unmittelbarkeit der Wahl verlangt die **direkte Wahl der Abgeordneten** durch die Wählerinnen und Wähler ohne die Zwischenschaltung von Personen, die Einfluss auf das Wahlergebnis nehmen können.[27] Das Wählervotum muss zwingend und berechenbar zur Zusammensetzung des Parlaments führen. Gefordert ist ein Wahlverfahren, „in dem der Wähler vor dem Wahlakt erkennen kann, welche Personen sich um ein Abgeordnetenmandat bewerben und wie sich die eigene Stimmabgabe auf Erfolg oder Misserfolg der Wahlbewerber auswirken kann".[28] An dieser **Vorhersehbarkeit fehlt** es, wenn im Wahlsystem infolge komplexer An- und Verrechnungen von der Bun

20 BVerfGE 12, 139 (142) – *nds. Kommunalwahlgesetz*. Vgl. auch BVerfGE 15, 165 (167) – *hess. Landtagswahlgesetz*.
21 BVerfGE 59, 119 (127) – *Briefwahl*.
22 Zur Briefwahl s. Rn. 111 (Geheimheit der Wahl).
23 BGBl. I, S. 394.
24 BVerfGE 134, 25 (Rn. 11 ff.) – *Briefwahl*.
25 BVerfGE 98, 145 (160) – *mehrheitlich vom Land Berlin beherrschtes Wohnungsunternehmen*. Zum Verhältnis des Art. 137 Abs. 1 GG zu den Landesverfassungen vgl. BbgVerfG, DÖV 1996, 372 ff., m. abw. Sondervotum *von Arnim* und *Harms-Ziegler*, S. 374 ff. Vgl. dazu auch *J. Menzel*, Unvereinbarkeit von Amt und Mandat in den Ländern nach Art. 137 Abs. 1 GG und Landesverfassungsrecht, DÖV 1996, 1037 ff.
26 S. hierzu *W.R. Wrege*, Das System der Gewaltenteilung im Grundgesetz, Jura 1996, 436 ff.
27 BVerfGE 47, 253 (279) – *Gemeindeparlamente*.
28 BVerfGE 95, 335 (350) – *Überhangmandate*. Vgl. auch die Anm. von *C. Lenz*, Grundmandatsklausel und Überhangmandate vor dem BVerfG, NJW 1997, 1534 ff.

des- auf die Landesebene und von Zweit- auf Erststimmen[29] der **Effekt des** negativen Stimmengewichts auftritt. Gemeint ist der Effekt, dass die Abgabe von Zweitstimmen für die Partei A nicht zum Gewinn, sondern zum Verlust eines Mandats für die Partei A führen kann bzw. dass die Abgabe der Stimme für die Liste der Partei A der Partei B zu einem Sitz verhilft. Anders als bei der 5 %-Sperrklausel bleibt hier die Stimmabgabe nicht nur möglicherweise ohne Wirkung, sie wirkt sich vielmehr in unvorhersehbarer Weise entgegengesetzt zum Willen des Wählers aus. „Gesetzliche Regelungen, die derartige Unwägbarkeiten nicht nur in seltenen und unvermeidbaren Ausnahmefällen hervorrufen, sind mit dem Grundsatz der Unmittelbarkeit der Wahl nicht zu vereinbaren."[30] Eine verletzungsgleiche Gefährdung der Unmittelbarkeit der Wahl liegt vor, wenn das Wahlverfahren in nicht zu kontrollierender Weise manipulierbar ist.[31]
Der Grundsatz der unmittelbaren Wahl verlangt bei Wahlen nach Listen nicht das **System der starren** gebundenen **Liste**, wie es das BWahlG in § 6 Abs. 6 Satz 4 für die Bundestagswahl vorsieht.[32] Auch bei **lose** gebundenen **Listen**, bei denen die Wähler auf die Rangfolge durch die Häufung von Stimmen (**Kumulieren**) oder durch Rangordnungszahlen Einfluss nehmen können oder sogar durch das Ankreuzen von Bewerbern aus verschiedenen Listen die Zusammensetzung der Liste beeinflussen können (**Panaschieren**), besteht der direkte Zusammenhang zwischen Wählervotum und Wahlergebnis.

Demgegenüber müssen nach der Wahl im Falle des Ausscheidens einer gewählten Person **Ersatzleute** nach der in der Liste festgesetzten Reihenfolge nachrücken. Wer nachrückt, steht nicht im Belieben der Partei, die die Liste aufgestellt hat. Nach § 48 Abs. 1 Satz 2 und 3 BWahlG ist ein Abweichen von der Reihenfolge nur dann erlaubt, wenn die Person, die an sich nachrücken müsste, nach dem Aufstellen der Liste aus der Partei ausgeschieden ist, auf deren Liste sie steht sowie in wenigen ähnlichen Fällen. Die Verfassungsmäßigkeit dieser Regelung lässt sich damit rechtfertigen, dass die von den Parteien aufgestellten Listen Parteilisten sind (vgl. § 27 Abs. 1 Satz 1 BWahlG), so dass die aufgestellten Bewerber auch Exponenten ihrer Partei sind.[33] Mit dem Argument, dass es sich bei den Überhangmandaten um zusätzliche (den Proporz übersteigende) Direktmandate und nicht um Listenmandate handele, hat das Bundesverfassungsgericht das Nachrücken in frei gewordene Überhangmandate aus der Landesliste für unvereinbar mit dem Grundsatz der Unmittelbarkeit der Wahl erklärt.[34] 102

2.2.3 Freiheit der Wahl

Freiheit ist Inbegriff der Wahl. Eine Wahl ist nur dann eine Wahl, wenn sie frei ist. Die Freiheit bezieht sich auf den Inhalt der **Stimmabgabe** sowie – vorausliegend – auf die Freiheit **Wahlvorschläge** zu machen (§ 18 BWahlG). Diese Freiheit wird durch die gesetzliche Verpflichtung zu einer geschlechterparitätischen Aufstellung von Landeslis- 103

---

29 S. dazu unten Rn. 113 ff. und insbes. Rn. 118 f.
30 BVerfGE 121, 266 (308) – *negatives Stimmgewicht*; s. auch BVerfGE 131, 316 (336) – *negatives Stimmengewicht II* mit Anmerkung *M. Morlok*, NVwZ 2012, 1116 f.
31 Dazu oben Rn. 96.
32 Kritisch zum System der starren Listen *H.H. v. Arnim*, Wählen wir unsere Abgeordneten unmittelbar?, JZ 2002, 578 (582 ff.); zur Verfassungsmäßigkeit dieser Listenwahl s. zuletzt BVerfGE 129, 300 (343) – *5 %-Sperrklausel nach EuWahlG* mit zahlreichen RsprN.
33 BVerfGE 7, 63 (82) – *Listenwahl*.
34 BVerfGE 97, 317 (328) – *Nachrücken in den Überhang*. S. auch die Anm. von *H. Nicolaus*, Nachrückverfahren im Bundestag und Überhangmandate, JuS 2000, 436 ff. Vgl. auch BbgVerfG, LKV 2001, 267 m. Anm. *M. Rossi*, LKV 2001, 258 ff. Der Gesetzgeber reagierte darauf mit der Änderung des § 48 BWahlG idF. v. 17.3.2008 (Abs. 1 Satz 2: „Dies [das Nachrücken] gilt nicht, solange die Partei in dem betreffenden Land Mandate gemäß § 6 Abs. 5 S. 1 [= Überhangmandate] innehat."), der durch die Novelle vom 3.5.2013 wiederum geändert wurde.

ten beeinträchtigt.[35] Die Freiheit der Entscheidung als Wahlbewerber aufzutreten, sichert zusätzlich **Art. 48 Abs. 2 GG**, wonach niemand gehindert werden darf, das Amt eines Abgeordneten zu übernehmen und auszuüben; eine Kündigung oder Entlassung aus diesem Grunde ist unzulässig. Unterstützend wirkt auch Art. 48 Abs. 1 GG, der denjenigen, die sich um einen Sitz im Bundestag bewerben, Anspruch auf den zur Vorbereitung erforderlichen Urlaub gewährt.

104 Streitig ist, ob eine gesetzliche **Wahlpflicht** mit dem Grundsatz der Freiheit der Wahl vereinbar ist.[36] Eine solche Wahlpflicht besteht zB. strafbewehrt in Australien, Liechtenstein sowie in der Türkei, nicht strafbewehrt in Belgien, Griechenland und Italien. Für die Vereinbarkeit einer Wahlpflicht mit dem Grundsatz der Wahlfreiheit spricht, dass die Pflicht zu wählen, den Inhalt der Wahlentscheidung in keiner Weise beeinflusst. Dagegen spricht, dass sie aus eben diesem Grunde sinnlos ist. Noch grundlegender lässt sich argumentieren, dass die Demokratie der freien Zustimmung bedarf, weshalb die staatliche Verpflichtung zu demokratischem Verhalten etwas Unstimmiges hat.

105 **Strafbare Verstöße** gegen die Freiheit der Wahl sind die Wählernötigung, Wählertäuschung und Wählerbestechung (§§ 108 ff. StGB). Der Grundsatz der Freiheit der Wahl verlangt Schutz vor unzulässiger Einflussnahme. Diese ist abzugrenzen von den **zulässigen Mitteln des Wahlkampfes** und der Wahlwerbung.

Kleine **Wahlwerbegeschenke** von geringem Wert beeinträchtigen die Wahlfreiheit nicht, da sie nicht geeignet sind, Verpflichtungen zu begründen.[37]

Die mit einer Wahlprüfungsbeschwerde zur Entscheidung gestellte Frage, ob das Wahlergebnis dadurch verfälscht wurde, dass einige Unternehmer ankündigten, sie würden bei einem Wahlsieg der SPD unter Vorbehalt getroffene Investitionsentscheidungen widerrufen, die Beschäftigungszahl nicht halten und neue Mitarbeiter nicht einstellen, verneinte das Bundesverfassungsgericht zurecht.[38] „Die von Art. 38 Abs. 1 Satz 1 GG gewährleistete Freiheit der Wahl besteht ua. darin, dass jeder Wähler sein Wahlrecht ohne Zwang oder sonstige unzulässige Beeinflussung von außen ausüben kann. Er soll sein Urteil in einem freien offenen Prozess der Meinungsbildung gewinnen können. … Der Wähler soll … schon vor Beeinflussungen geschützt werden, die geeignet sind, seine Entscheidungsfreiheit trotz bestehenden Wahlgeheimnisses ernstlich zu beeinträchtigen. Hierzu gehört der unzulässige Druck von Seiten anderer Bürger oder gesellschaftlicher Gruppen. … Ist das im Einzelfall eingesetzte Mittel aber objektiv untauglich, den Wähler zu dem angesonnenen Verhalten zu nötigen, liegt eine Verletzung von Art. 38 Abs. 1 Satz 1 und damit ein Wahlfehler nicht vor."[39] Die Verhaltensweisen und Äußerungen verschiedener Unternehmer hatten in keinem Fall das Potential in einer Weise **Druck auszuüben**, die Wählern als unausweichliche Handlungsanweisung erscheinen musste.[40]

Gerichtlich gestritten wurde auch um die Vereinbarkeit von Hirtenbriefen katholischer Bischöfe mit mehr oder weniger versteckten **Wahlempfehlungen**.[41] Mit dem Argu-

35 S. dazu *M. Morlok/A. Hobusch*, Ade parité – Zur Verfassungswidrigkeit verpflichtender Quotenregelungen bei Landeslisten, DÖV 2019 14 ff.

36 Zur Vereinbarkeit mit der Menschenwürde, dem Demokratie- und Rechtsstaatsprinzip s. *W. Frenz*, Wahlrecht – Wahlpflicht, ZRP 1994, 91 ff. und den Übungsfall von *Th. Silberhorn*, Klausur Öffentliches Recht, JA 2000, 858 (862 ff.). S. auch *C. Labrenz*, Die Wahlpflicht – unbeliebt, aber nicht unzulässig, ZRP 2011, 214 ff.; *S. Haack*, Wahlpflicht und Demokratie, KritV 2011, 80 ff.

37 So der Bundestag zur Verteilung von Schneidebrettchen als „kleine Aufmerksamkeit für die Frau des Hauses". Das Bundesverfassungsgericht ließ die Frage offen, verneinte jedoch die Möglichkeit, dass wahlentscheidende 6000 Stimmen auf diese Weise in ihrer Entscheidung beeinflusst worden sein könnten. S. BVerfGE 21, 196 ff.

38 BVerfGE 66, 369 ff. – *Wählerbeeinflussung durch Unternehmer.*

39 BVerfGE 66, 369 (380) – *Wählerbeeinflussung durch Unternehmer.*

40 Zu diesem Maßstab s. BVerfGE 66, 369 (384) – *Wählerbeeinflussung durch Unternehmer.*

41 BVerwGE 19, 14 (17).

ment, dass in den Briefen keinerlei Nachteile angedroht wurden, lehnte das Bundesverwaltungsgericht einen Verstoß gegen die Freiheit der Wahl ab. In der Tat handelt es sich um eine **politische Meinungsäußerung**, gestützt auf die Autorität der Kirche. Diese Autorität wird aber nicht nur sehr unterschiedlich empfunden, ihr stehen auch politische Meinungsäußerungen anderer Autoritäten gegenüber, so dass das Verhalten im Rahmen der politischen Meinungsäußerungen und Auseinandersetzungen verbleibt, die für eine freiheitliche Demokratie wesentlich sind.
Beliebt und in der politischen Praxis stark beachtet sind **Wahlumfragen** vor der Wahl. Ihr Beeinflussungspotential ist ungewiss, erreicht aber keinesfalls die Schwelle des „unausweichlichen Drucks". In Frankreich ist die Veröffentlichung von Wahlumfragen innerhalb eines bestimmten Zeitraums vor der Wahl durch Gesetz verboten.[42] Das BWahlG regelt nur die Wählerbefragung nach der Stimmabgabe: Die Veröffentlichung von Ergebnissen solcher Befragungen ist vor Ablauf der Wahlzeit – also vor Schließung der Wahllokale – unzulässig (§ 32 Abs. 2 BWahlG). Die Kenntnis des vorläufigen amtlichen Wahlergebnisses im Falle einer Nachwahl mag den Wählern taktisches Wahlverhalten ermöglichen, eine die Wahlfreiheit berührende amtliche Wahlbeeinflussung liegt darin aber nicht.[43]
Ebenfalls kein Problem der unzulässigen Wählerbeeinflussung unter dem Aspekt der Wahlfreiheit, sondern vielmehr eine Beeinträchtigung der Chancengleichheit der Wahlbewerber stellt die Vermischung von **regierungsamtlicher Öffentlichkeitsarbeit** und Wahlwerbung dar.[44]

2.2.4 Gleichheit der Wahl

Von größter praktischer Bedeutung ist der Grundsatz der gleichen Wahl. Während der Grundsatz der Allgemeinheit der Wahl den Zugang zur Wahl, das „Ob" des Wahlrechts betrifft, bezieht sich die Wahlrechtsgleichheit auf die Art und Weise, das **„Wie"** des Wählens und Gewähltwerdens. Jeder soll sein aktives und passives Wahlrecht in möglichst gleicher Weise ausüben können.[45] Verboten sind insbesondere Differenzierungen in der Stimmenzahl oder Stimmengewichtung nach Einkommen, Vermögen oder Höhe der Besteuerung, wie dies etwa nach dem preußischen Drei-Klassen-Wahlrecht bis 1917 der Fall war.[46] Wahlrechtsgleichheit verlangt daher in Bezug auf das aktive Wahlrecht zumindest den **gleichen Zählwert** für jede Wählerstimme. Zur Sicherung der Zählwertgleichheit müssen Wahlen auf Wahlfälschungen und Stimmauszählungsfehler überprüft werden können.[47] Der Einsatz von manipulierbaren Wahlcomputern stellt daher eine verletzungsgleiche Gefährdung des Grundsatzes der Wahlrechtsgleichheit dar.[48] **106**

---

42 Art. 11 des Gesetzes bzgl. der Veröffentlichung und Verbreitung von bestimmten Meinungsumfragen v. 19.7.1977 (Loi n°77–808 du 19 juillet 1977 relative à la publication et à la diffusion de certains sondages d'opinion) sieht vor, dass am Wahltag und am Tag davor keine Wahlumfragen veröffentlicht werden dürfen. Vor der Änderung dieser Bestimmung im Jahre 2002 betrug die Frist eine Woche. Gemäß Art. 69 Abs. 7 des verfassungsausführenden Gesetzes vom 19. Juni 1985 (Ley orgánica) ist in Spanien die Veröffentlichung und Verbreitung von Umfrageergebnissen innerhalb von fünf Tagen vor der Wahl verboten. Ähnliche Regelungen finden sich auch in Portugal und Ungarn. In der deutschen juristischen Diskussion finden sich nur Ansätze, Wahlumfragen rechtlichen Regelungen zu unterwerfen. S. etwa *J. Neeff*, Demokratie und Demoskopie, JZ 1971, 16 ff. und *K. Loewenstein*, Vorschläge zur Kontrolle der politischen Meinungsforschung, JZ 1971, 529 ff.

43 BVerfGE 124, 1 (24) – *Nachwahl*; s. zum Problem der Nachwahl auch *H. Sodan/S. Kluckert*, Rechtsprobleme durch die Nachwahl zum Deutschen Bundestag, NJW 2005, 3241 ff.

44 S. dazu BVerfGE 44, 125 ff. sowie 63, 230 ff. und noch Rn. 109 und Rn. 144 jeweils mit Rechtsprechungsnachweisen.

45 BVerfGE 48, 64 (81) – *bayr. Gemeindeordnung.*

46 BVerfGE 1, 208 (247) – *7,5 %-Sperrklausel.*

47 BVerfGE 85, 148 (158) – *WahlPrG NRW.*

48 BVerfGE 123, 39 ff. – *Wahlcomputer*; s. dazu schon oben Rn. 96. S. auch Rn. 101.

107 Weitere Anforderungen hängen von dem jeweiligen Wahlsystem ab: In einem Mehrheitswahlrecht erstreckt sich die Gleichheitsanforderung auf den **Zuschnitt der Wahlkreise**;[49] in einem Verhältniswahlrecht muss jeder Stimme grundsätzlich auch der **gleiche Erfolgswert** zukommen.[50] In Bezug auf den Erfolgswert erlaubt allerdings auch das Verhältniswahlrecht Einschränkungen, sofern sich diese „aus der Natur des Sachbereichs der Wahl der Volksvertretung ergeben".[51] Die **5 %-Sperrklausel** gemäß § 6 Abs. 3 Satz 1 BWahlG, wonach bei der Verteilung der Sitze auf die Landeslisten nur die Parteien berücksichtigt werden, die mindestens 5 vom Hundert der im Wahlgebiet abgegebenen gültigen Zweitstimmen erhalten haben, soll der Zersplitterung des Parlaments in viele kleine Gruppen entgegenwirken und ist daher zur **Sicherung der Arbeitsfähigkeit des Parlaments** gerechtfertigt. Dies gilt jedenfalls für ein Parlament, auf dessen mehrheitliche Unterstützung die Regierung für ihre Arbeit angewiesen ist. Die Einführung einer Eventualstimme für den Fall, dass die über die Hauptstimme mit Priorität gewählte Partei die Sperrklausel nicht überwindet, führt zu Problemen im Hinblick auf die Gleichheit und Unmittelbarkeit der Wahl und zu einer erheblichen Verkomplizierung des Wahlvorgangs, so dass sie verfassungsrechtlich nicht geboten ist.[52] Im Zusammenhang mit Kommunalwahlen hat das Bundesverfassungsgericht in seiner Eigenschaft als Landesverfassungsgericht für Schleswig-Holstein (Art. 93 Abs. 1 Nr. 5, 99 GG) die landesrechtliche 5 %-Sperrklausel dagegen für verfassungswidrig erklärt. Wesentlicher Gesichtspunkt war dabei, dass mit der Einführung der Direktwahlen für Bürgermeister und Landräte ein entscheidender Grund für die wahlrechtliche Sicherung stabiler Mehrheitsverhältnisse entfallen war. Da daneben keine hinreichende Wahrscheinlichkeit für die Beeinträchtigung der Funktionsfähigkeit von Gemeindevertretungen oder Kreistagen plausibel gemacht werden konnte, gab es keine Rechtfertigung für die Beeinträchtigung der Erfolgswertgleichheit.[53]
Die im Rahmen des EP-Direktwahlakts[54] durch das Europawahlgesetz geregelte **Wahl zum Europäischen Parlament** sah ebenfalls eine 5 %-Sperrklausel vor. Diese hielt das Bundesverfassungsgericht zunächst mit dem bekannten Argument, die Sperrklausel sei zur Sicherung der Funktionsfähigkeit des Parlaments erforderlich, für verfassungsgemäß.[55] Dieser Entscheidung aus dem Jahr 1979 lag allerdings noch keine Erfahrung hinsichtlich der Arbeitsweise und Arbeitsfähigkeit des gewählten Europaparlaments zugrunde. In seiner Entscheidung aus dem Jahre 2011 führte die Anwendung desselben Maßstabs auf dieselbe Rechtsfrage, namentlich Art. 21 Abs. 1 GG iVm. Art. 3 Abs. 1 GG, da Art. 38 Abs. 1 Satz 1 GG nur auf Bundestagswahlen Anwendung findet, nunmehr unter Verweis auf die bestehenden Erfahrungen mit der Arbeitsweise des Europäischen Parlaments zu einer anderen Bewertung. Angesichts stabiler überparteilicher Fraktions-

49 BVerfGE 16, 130 (139) – *Wahlkreiseinteilung*. Zu Problemen des Wahlkreiszuschnitts s. *U. Mager/R. Uerpmann*, Überhangmandate und Gleichheit der Wahl, DVBl. 1995, 273 (273 f.) und *W. Pauly*, Das Wahlrecht in der neueren Rechtsprechung des Bundesverfassungsgerichts, AöR 123 (1998), 232 (268). Vgl. auch den Nichtannahmebeschluss BVerfG, NVwZ 2002, 71 f. zur *Wahlkreiseinteilung Krefeld* und BVerfGE 104, 14 ff. – *Wahlkreiseinteilung Krefeld*. In letzterem Beschluss wurde jedoch eine mögliche Chancengleichheitsverletzung der Parteien nach Art. 21 Abs. 1 GG bei der Kandidatenaufstellung geprüft.

50 BVerfGE 13, 243 (246) – *Kommunalwahlgesetz NRW* und BVerfGE 16, 130 (138) – *Wahlkreiseinteilung*.

51 BVerfGE 95, 408 (417 f.) – *Grundmandatsklausel*. S. schon BVerfGE 1, 208 (247) – *7,5 %-Sperrklausel*; 6, 84 (91) – *Bayernpartei*; 34, 81 (98) – *Wahlgesetz RP*.

52 Bestätigt in BVerfGE 146, 327 (Rn. 67 ff.) – *Eventualstimme, BT-Wahl 2013*; S. aber auch BVerfGE 82, 322 ff. – *erste gesamtdeutsche Wahl* und dazu oben Rn. 52. Zur Rechtfertigung von Sperrklauseln s. *M. Wild*, Die Gleichheit der Wahl. Dogmengeschichtliche und systematische Darstellung, 2003, S. 222 ff. und *W. Pauly*, Das Wahlrecht in der neueren Rechtsprechung des Bundesverfassungsgerichts, AöR 123 (1998), 232 (254) mwN.

53 BVerfGE 120, 82 ff. S. dazu und im Allgemeinen *M. Krajewski*, Kommunalwahlrechtliche Sperrklauseln im föderativen System, DÖV 2008, 345 ff.

54 Direktwahlakt. Beschluss und Akt zur Einführung allgemeiner unmittelbarer Wahlen der Abgeordnten des Europäischen Parlaments vom 20.9.1976 (BGBl. 1977 II S. 733), zuletzt geändert durch Beschluss des Rates vom 25.6.2002 und 23.9.2002 (BGBl. 2003 II S. 810; 2004, S. 520).

55 BVerfGE 51, 222 ff. – *5 %-Sperrklausel Europawahlgesetz*.

bildungen einerseits und der Präsenz von mehr als 160 Parteien andererseits führe die Aufhebung der 5 %-Klausel in Deutschland nicht zu einer Zersplitterung, welche die Funktionsfähigkeit des Europäischen Parlaments gefährden könnte. Eine geringfügige Erschwernis genüge nicht. Dies gelte umso mehr, als das Europäische Parlament nicht die Funktion habe, eine Regierung zu bilden und laufend zu stützen.[56] Mit der gleichen Begründung verwarf das Bundesverfassungsgericht auch die vom Gesetzgeber daraufhin erlassene 3 %-Sperrklausel für die Wahl zum Europäischen Parlament.[57] In den Sondervoten zu beiden Entscheidungen wird zurecht kritisiert, dass die tragende Mehrheit dem Einschätzungs- und Gestaltungsspielraum des Gesetzgebers zu enge Grenzen zieht[58], zumal der EP-Direktwahlakt in Art. 3 Satz 2 den Mitgliedstaaten die Einführung einer Sperrklausel bis zu 5 % ausdrücklich erlaubt.[59]

Die **Grundmandatsklausel** des § 6 Abs. 3 Satz 1 Alternative 2 BWahlG, wonach unabhängig von der 5 % Hürde auch die Parteilisten bei der Verteilung der Parlamentssitze zu berücksichtigen sind, die drei Wahlkreise (Direktmandate) errungen haben, ist zur „Sicherung des Charakters der Wahl als eines **Integrationsvorgangs** bei der politischen Willensbildung des Volkes“[60] gerechtfertigt. Auch unvermeidbare und geringfügige Ungleichheiten im Erfolgswert, die aus der Entscheidung für ein bestimmtes Wahlsystem folgen, sind hinnehmbar, wenn die Wahl des Wahlsystems wiederum gute Gründe für sich hat. Dies entschied das Bundesverfassungsgericht zunächst auch für das Auftreten von **Überhangmandaten** als Folge der Entscheidung für ein personalisiertes Verhältniswahlrecht.[61] Mit zunehmender Zahl von Überhangmandaten war das Phänomen allerdings immer schwerer zu rechtfertigen. Das Problem wird offensichtlich, wenn Überhangmandate in einer Zahl auftreten, dass sie nicht mehr nur die Mehrheit stärken, sondern sogar eine mehrheitsbildende Funktion erlangen können. Denn dann wird der Charakter der Verhältniswahl, wonach die Partei, welche die Mehrheit der Wählerstimmen erlangt hat, auch die Mehrheit der Parlamentssitze erhält, unterlaufen.[62] Dennoch brachte erst die in keiner Weise zu rechtfertigende Ungleichheit im Erfolgswert durch den **Effekt des negativen Stimmengewichts**[63] auch die Überhangmandate zu Fall. Da dieser Effekt im Zusammenhang mit Überhangmandaten zwar nicht gehäuft aber doch regelmäßig auftritt, erklärte das Bundesverfassungsgericht die Regelungen über die Umrechnung der Wählerstimmen auf die Sitzverteilung im Parlament nebst der Anrechnung der landesweit errungenen Direktmandate gemäß Art. 7 Abs. 3 Satz 2 aF. BWahlG für verfassungswidrig und gab dem Gesetzgeber auf, bis Ende Juni 2011 eine Neuregelung zu schaffen.[64] Das daraufhin erlassene Wahlrechtsänderungsgesetz vom 25.11.2011 löste das Problem der Überhangmandate wie auch des negativen Stimmengewichts allerdings wieder nicht[65] und wurde durch Entscheidung des Bundesverfassungsgerichts vom 25.7.2012 erneut aufgehoben.[66] Mit dem Wahlrechtsänderungsgesetz vom 3.5.2013 versuchte der Gesetzgeber den 108

56 BVerfGE 129, 300 (324 ff.); s. dazu *M. Morlok*, JZ 2012, 76 ff.; *C. Schönberger*, JZ 2012, 80 ff.; *H.H. von Arnim*, DÖV 2012, 224 ff.; *M. Sachs*, JuS 2012, 477 ff.; s. auch unten die Lösung zu Fall 2.

57 BVerfGE 135, 259 ff.

58 BVerfGE 129, 300 (346 ff.) – *Sondervotum Müller.*

59 Art. 3 EP-DWA: Für die Sitzvergabe können die Mitgliedstaaten eine Mindestschwelle festlegen. Diese Schwelle darf jedoch landesweit nicht mehr als 5 % der abgegebenen Stimmen betragen.

60 BVerfGE 95, 408 ff. – *Grundmandatsklausel*. S. hierzu *J. Ipsen*, Wahlrecht im Umbruch, JZ 2002, 469 ff. und *C. Lenz*, Grundmandatsklausel und Überhangmandate vor dem BVerfG, NJW 1997, 1534 ff.

61 BVerfGE 95, 335 ff. – *Überhangmandate* und noch unten Rn. 113.

62 So *J. Ipsen*, Wahlrecht im Spannungsfeld von Politik und Verfassungsgerichtsbarkeit, DVBl. 2013, 265 (266 ff., 271 f.).

63 S. dazu schon oben Rn. 101.

64 BVerfGE 121, 266 ff. – *negatives Stimmgewicht.*

65 S. dazu *W. Schreiber*, Das Neunzehnte Gesetz zur Änderung des Bundeswahlgesetzes vom 25. November 2011 – Ein Trauerspiel in vier Akten –, DÖV 2012, 125 ff.; s. auch *J. Ipsen*, Wahlrecht im Spannungsfeld von Politik und Verfassungsgerichtsbarkeit, DVBl. 2013, 265 (269 f.).

66 BVerfGE 131, 316 ff. – *negatives Stimmgewicht, Überhangmandate.*

negativen Folgen der Überhangmandate durch Ausgleichsmandate zu begegnen.[67] Folge ist, dass der Bundestag der 19. Legislaturperiode statt der in § 1 BWahlG vorgesehenen 598 Abgeordneten aus 709 Abgeordneten besteht. Zum Vergleich: Das Europäische Parlament darf gemäß Art. 14 Abs. 2 EUV maximal aus 750 Abgeordneten bestehen. Inzwischen ist der Gesetzgeber erneut tätig geworden, was in Rn. 120 näher ausgeführt wird.

109 Der Grundsatz der Wahlrechtsgleichheit gilt auch für das passive Wahlrecht und entfaltet nicht zuletzt Bedeutung bei der **Wahlvorbereitung**.[68] Das Bundesverfassungsgericht spricht in diesem Zusammenhang vielfach von **Chancengleichheit**. Soweit es um den Wahlkampf von Parteien geht, zieht das Gericht auch den aus der Verankerung des Mehrparteiensystems in Art. 21 Abs. 1 GG folgenden Gleichbehandlungsgrundsatz heran, ohne eine klare Abgrenzung nach Reichweite oder Inhalt zwischen den beiden Vorschriften vorzunehmen.[69] Richtigerweise gilt der wahlrechtliche Grundsatz der Chancengleichheit auch für die praktisch höchst bedeutsame innerparteiliche Kandidatenaufstellung gemäß den §§ 21 und 27 BWahlG.[70]
Gegen den Grundsatz der Wahlrechtsgleichheit verstößt es auch, wenn die regierungsamtliche **Öffentlichkeitsarbeit** im Vorfeld einer Wahl nach Häufigkeit, Inhalt und Aufmachung zur Wahlwerbung mutiert.[71] Insbesondere dürfen für Zwecke der regierungsamtlichen Öffentlichkeitsarbeit hergestellte Druckwerke nicht den regierungsnahen Parteien zur Wahlwerbung überlassen oder von diesen zur Wahlwerbung eingesetzt werden.[72]
Das in § 20 Abs. 2 und 3 BWahlG geforderte Unterschriftenquorum für die Kreiswahlvorschläge von Parteien, die nicht mit wenigstens fünf Abgeordneten im Bundestag oder in einem Landtag vertreten sind, stellt für kleine, ggf. neue Parteien gegenüber den etablierten Parteien zwar eine Ungleichbehandlung dar, ist aber gerechtfertigt, weil im Interesse der Durchführbarkeit der Wahl sichergestellt werden darf, dass nur ernsthafte und ernst zu nehmende Wahlvorschläge eingereicht werden.[73]

2.2.5 Geheime Wahl

110 Der Grundsatz der geheimen Wahl dient der **Sicherung der freien Ausübung des aktiven Wahlrechts**. Zu diesem Zweck verlangt er, dass der Wahlvorgang in der Weise stattfindet, dass keine andere Person von der Wahlentscheidung Kenntnis erlangen kann.[74] Verboten ist zudem das amtliche Ausforschen, etwa die gerichtliche Vernehmung eines Wählers über seine Stimmabgabe.[75]
Geschützt ist aber nicht nur die Ausübung des Wahlrechts als individuelles Recht, sondern auch die Gewährleistung der Wahl als freier Vorgang insgesamt. Deshalb kann ein Wähler nicht darauf verzichten, geheim zu wählen. Dagegen steht es jedem frei, seine Wahlentscheidung *nachträglich* zu offenbaren.

---

67 S. dazu unten Rn. 112 ff.; s. auch *H. Holste*, Demokratie wieder flott gemacht: Das neue Sitzverteilungsverfahren im Bundeswahlgesetz sichert das gleiche Wahlrecht, NVwZ 2013, 529 ff.

68 BVerfGE 41, 399 (417) – *Fall Daniels*; 60, 162 (167) – *Personalratswahlen*. S. hierzu auch *W. Pauly*, Das Wahlrecht in der neueren Rechtsprechung des Bundesverfassungsgerichts, AöR 123 (1998), 232 (271 ff.).

69 BVerfGE 82, 322 (337 ff.); 82, 353 (366) – *erste gesamtdeutsche Wahl*. Kritisch gegen die „pauschale Erstreckung von Art. 38 Abs. 1 Satz 1 GG in das Wahlvorbereitungsverfahren *W. Pauly*, Das Wahlrecht in der neueren Rechtsprechung des Bundesverfassungsgerichts, AöR 123 (1998), 232 (271) mwN.

70 S. BVerfGE 89, 243 ff. sowie HbgVerfG, NVwZ 1993, 1083 ff. und dazu *U. Mager*, Die Kontrolle der innerparteilichen Kandidatenaufstellung im Wahlprüfungsverfahren, DÖV 1995, 9 ff.

71 Grundlegend BVerfGE 44, 125 ff.; s. auch BVerfGE 63, 230 ff. Abgrenzungsfragen wurden insbesondere auf Landesebene relevant vgl. VerfGH NRW, NVwZ 1992, 467 ff.; zur Kritik s. *F. Schürmann*, Regierungsamtliche Öffentlichkeitsarbeit im Wahlkampf – Kritische Anmerkungen zu den Müllkampagnen-Urteilen des VerfGH NRW, NVwZ 1992, 852 ff.; Berl.VerfGH, LKV 1996, 133 u. LVerfGH SNA, JZ 1996, 723 ff.

72 BVerfGE 44, 125 (Ls. 9) – *Öffentlichkeitsarbeit der Bundesregierung*.

73 Vgl. BVerfGE 4, 375 (381) – *Landtagswahlgesetz BW*; 3, 19 (29 ff.) – *Gesamtdeutsche Volkspartei*; 82, 353 (364) – *erste gesamtdeutsche Wahl*.

74 Vgl. § 33 BWahlG, §§ 50, 51, 56 Abs. 2 BWahlO.

75 S. dazu BGH, JZ 1981, 103 ff.

Problematisch ist im Lichte des Grundsatzes der geheimen Wahl die **Briefwahl**, weil diese Manipulationen durch Dritte ermöglicht.[76] Ein geringfügiges Risiko für die Geheimheit der Wahl ist jedoch im Blick auf den Grundsatz der Allgemeinheit der Wahl gerechtfertigt, wenn mit der Briefwahl das Ziel verfolgt wird, niemanden, der wahlberechtigt ist und wählen will, von der Wahl auszuschließen. Eine völlig voraussetzungslose Alternative darf die Briefwahl allerdings nicht sein.[77] Zudem haben „Gesetz- und Verordnungsgeber ... die Regelung und Handhabung der Briefwahl ständig in Anbetracht neu auftretender Entwicklungen, die unvorhergesehene Gefahren für die Integrität der Wahl mit sich bringen können, zu überprüfen."[78] Durch den Grundsatz der Allgemeinheit der Wahl ist auch die Ausnahme von der geheimen Durchführung der Wahl für solche Wähler gerechtfertigt, die lese- oder schreibunkundig oder durch körperliche Gebrechen in der Stimmabgabe behindert sind (§ 57 BWahlO).[79] **111**

Der Grundsatz der geheimen Wahl gilt in seiner strikten Form zwar nur für den Wahlvorgang selbst, strahlt aber auch auf die Wahlvorbereitung aus. Das Wahlgeheimnis darf auch bei der Wahlvorbereitung „nicht in weiterem Umfang preisgegeben werden, als zur ordnungsgemäßen Durchführung der Wahl notwendig ist".[80] Das Bundesverfassungsgericht hat daher das in § 20 Abs. 2 und 3 BWahlG geforderte Unterschriftenquorum nicht nur im Hinblick auf die Wahlrechtsgleichheit[81], sondern auch im Hinblick auf die Geheimheit der Wahl geprüft und im Ergebnis durch den Zweck der ordnungsgemäßen Durchführung der Wahl für gerechtfertigt befunden.[82]

Rechtsprechung: BVerfGE 1, 208 – 7,5 %-Sperrklausel; 21, 200; 59, 119 – Briefwahl; 82, 322; 82, 353 – erste gesamtdeutsche Wahl; 95, 408 – Grundmandatsklausel; 95, 355 – Überhangmandate; 97, 317 – Nachrücken in den Überhang; 121, 266 – negatives Stimmengewicht; 120, 82 – 5 % Sperrklausel bei Kommunalwahlen; 123, 39 – Wahlcomputer; 129, 300 – 5 %-Sperrklausel nach EuWahlG; 131, 316 – negatives Stimmengewicht und Überhangmandate; 132, 39 – Wahlberechtigung von Auslandsdeutschen; 134, 25 – Briefwahl; 135, 259 – 3 %-Sperrklausel nach EuWahlG; 146, 327 – Eventualstimme, BT-Wahl 2013; 151, 1 – Wahlrechtsausschluss.

Literatur: *C. Danker*, Paritätische Aufstellung von Landeswahllisten – Beeinträchtigung der Wahlrechtsgrundsätze, NVwZ 2020, 1250; *D. Ehlers*, Sperrklauseln im Wahlrecht, Jura 1999, 660 (Examinatorium); *W. Frenz*, 3 %-Klausel als europäischer Mindeststandard beim Wahlrecht, DÖV 2014, 960; *B. Grzeszick*, Verfassungsrechtliche Grundsätze des Wahlrechts, JA 2014, 1110; *A. Guckelberger*, Wahlsys-

76 S. dazu BayVGH, BayVBl. 1980, 148 ff. Der VerfGH Wien erklärte 1985 eine Briefwahlregelung wegen der damit eröffneten Manipulationsmöglichkeiten für verfassungswidrig, vgl. EuGRZ 1985, 177 ff.

77 S. zu den Voraussetzungen § 36 BWahlG und §§ 25 ff. BWahlO. S. auch BVerfGE 21, 200 (204) – *Briefwahl*. „Dem Wahlberechtigten ist es bei der Briefwahl allerdings weitgehend selbst überlassen, für das Wahlgeheimnis und die Wahlfreiheit Sorge zu tragen. Der Gesetzgeber ist sich jedoch der besonderen Gefahren, die sich daraus ergeben, bewusst gewesen. Er hat die Briefwahl nicht unbeschränkt und unbedingt zugelassen, sondern nur in den Fällen gestattet, in denen der Stimmberechtigte glaubhaft macht, dass er sein Wahlrecht nicht durch persönliche Stimmabgabe ausüben kann. Auch muss der Stimmberechtigte die Initiative ergreifen, um sich die Briefwahlunterlagen zu beschaffen. Er ist zudem verpflichtet, den Stimmzettel selber unbeobachtet zu kennzeichnen und in den Wahlumschlag zu legen und hat eidesstattlich zu versichern, dass er den Stimmzettel persönlich gekennzeichnet hat." Vgl. auch BVerfGE 59, 119 (127) – *Bundestagswahl in Mayen/Eifel/Briefwahl*. Der Gesetzgeber hat 2008 das Erfordernis der Glaubhaftmachung der Verhinderung abgeschafft. S. schon oben Rn. 99 zur Allgemeinheit der Wahl und dazu BVerfGE 134, 25 ff. – *Briefwahl*.

78 BVerfGE 59, 119 (127) – *Briefwahl*.

79 Wahlcomputer, die zur Stimmabgabe in Wahllokalen eingesetzt werden, können beim jetzigen Stand der Technik eine Kenntnisnahme der Stimmabgabe durch Dritte nicht ausschließen. Bei einem Einsatz nur im Wahllokal könnte ein Eingriff in die Geheimheit der Wahl nicht durch den Grundsatz der Allgemeinheit der Wahl gerechtfertigt werden. S. *S. Schiedermair*, Gefährden Wahlcomputer die Demokratie?, JZ 2007, 162 (168) und *M. Leder*, Der Einsatz von Wahlgeräten und seine Auswirkungen auf die Amtlichkeit und Öffentlichkeit der Wahl, DÖV 2002, 648 (653).

80 BVerfGE 5, 77 (82) – *Unterschriftenquorum parteifreier Wählergruppen*; s. auch BVerfGE 60, 162 (168) – *Personalratswahlen Bremen*; 71, 81 (96 f.) – *Wahlen zur Arbeitnehmerkammer*.

81 S. oben Rn. 106.

82 BVerfGE 3, 19 (32) – *Gesamtdeutsche Volkspartei*; vgl. auch BVerfGE 4, 375 (387) – *Landtagswahlgesetz BW*.

tem und Wahlrechtsgrundsätze Teil I – Allgemeinheit, Unmittelbarkeit, Freiheit und Geheimheit der Wahl, JA 2012, 561; *dies.*, Wahlsystem und Wahlrechtsgrundsätze Teil II – Gleichheit und Öffentlichkeit der Wahl, JA 2012, 641; *H. Meyer*, Verbietet das Grundgesetz eine paritätische Frauenquote bei Listenwahlen zu Parlamenten?; *J. Ipsen*, Wahlrecht im Spannungsfeld von Politik und Verfassungsgerichtsbarkeit, DVBl. 2013, 265; *J. Krüper*, Wahlrechtsmathematik als gesetzgeberische Gestaltungsaufgabe, Jura 2013, 1147; *S. Lampert*, Die wahlrechtlichen Gleichheitssätze, JuS 2011, 884; *J. Milker*, Äußerungen von Hoheitsträgern im Wahlkampf und darüber hinaus, JA 2017, 647; *M. Morlok/A. Hobusch*, Ade parité – Zur Verfassungswidrigkeit verpflichtender Quotenreglungen bei Landeslisten, DÖV 2019, 14; *F. Reimer*, Nachhaltigkeit durch Wahlrecht? Verfassungsrechtliche Möglichkeiten und Grenzen eines „Wahlrechts von Geburt an", ZParl 2004, 322; *M. Rolfsen/D. Pauland*, Aktuelle Probleme des Wahl(prüfungs)rechts in der Fallbearbeitung, Jura 2010, 677; *M. Sachs*, Allgemeinheit der Wahl, JuS 2013, 376; *ders.*, 5 % Sperrklausel im Europawahlrecht, JuS 2012, 477 f.; *S. Schiedermair*, Zum Einsatz von Wahlcomputern – Anforderungen an die öffentliche Überprüfbarkeit, JZ 2009, 572; *dies.*, Gefährden Wahlcomputer die Demokratie?, JZ 2007, 162; *M. Schwarz*, Nationale Minderheiten und Sperrklauseln im Wahlrecht, JA 2015, 842; *A. Voßkuhle/A.-K. Kaufhold*, Grundwissen – Öffentliches Recht: Die Wahlrechtsgrundsätze, JuS 2013, 1078; *M. Wild*, Die Gleichheit der Wahl. Dogmengeschichtliche und systematische Darstellung, 2003.

Fallbearbeitungen: *Bruns/Wernsmann*, Übungsklausur – Betreutes Wählen, Jura 2011, 384; *H. Greve/F. Schärdel*, Übungsklausur – Kommunalwahlrecht, JuS 2009, 531; *G. Hornung/C. Kammermeier*, Referendarexamensklausur – Wahlrecht – Wahl-O-Mat und Wahlautomat, JuS 2012, 931; *S. Mückl*, Anfängerhausarbeit im Öffentlichen Recht, Jura 2001, 704 (ruhendes Mandat in Landesverfassung); *M. Otto*, Übungsklausur – Verfassungsrechtliche Probleme des Familienwahlrechts, JuS 2009, 925; *Th. Silberhorn*, Klausur Öffentliches Recht, JA 2000, 858 (Wahlpflicht unter Strafandrohung); *F. Shirvani/M. Schröder*, „Unregelmäßigkeiten bei der Bundestagswahl", Jura 2007, 143 (Examensklausur); *G. Stumpf*, Anfängerklausur – Wahlrechtsgrundsätze auf Abwegen?, JuS 2010, 35; *P. Szczekalla*, Der Schleier des Nichtwissens im Staatsorganisationsrecht, JuS 2006, 901 (Anfängerhausarbeit, Nachwahl bei Tod eines Direktkandidaten).

2.3 Das Wahlsystem nach dem Bundeswahlgesetz

112 Die wahlsystembestimmenden gesetzlichen Regelungen finden sich in den §§ 1–6 BWahlG. Zu wählen sind nach § 1 Abs. 1 S. 1 BWahlG **598 Abgeordnete**. Die Zahl der letztlich durch die Wahl bestimmten Abgeordneten kann sich um Überhangmandate und seit der Wahlrechtsnovelle vom 3.5.2013 auch um Ausgleichsmandate erhöhen.[83] Demzufolge bestand der 18. Deutsche Bundestag aus 631 Abgeordneten; der 19. Deutsche Bundestag besteht sogar aus 709 Abgeordneten.

2.3.1 Mit Personenwahl verbundene Verhältniswahl

113 Gemäß § 1 Abs. 1 Satz 2 BWahlG erfolgt die Bundestagswahl nach den Grundsätzen einer mit einer **Personenwahl verbundenen Verhältniswahl**. Zur Verwirklichung dieses Mischsystems wird das Wahlgebiet (Bundesrepublik Deutschland) in **299 Wahlkreise** eingeteilt (§ 1 Abs. 2 BWahlG), und jeder Wähler hat **zwei Stimmen** (§ 4 BWahlG). Mit ihrer *Erststimme* wählen die Wahlberechtigten nach dem Modus der relativen Mehrheitswahl in ihrem Wahlkreis, so dass „von den Abgeordneten 299 nach Kreiswahlvorschlägen in den Wahlkreisen" gewählt werden (§ 1 Abs. 2 Halbsatz 1, § 4 Halbsatz 1 BWahlG). Die Wahlkreiseinteilung, die von entscheidender Bedeutung für die Wahrung des Gleichheitsgrundsatzes im System der Mehrheitswahl ist, wird ausführlich in § 3 BWahlG geregelt. „Die übrigen" Abgeordneten werden nach Landeswahlvorschlägen (Landeslisten) mit der *Zweitstimme* gewählt (§ 1 Abs. 2 Halbsatz 2, § 4 Halbsatz 3 BWahlG). Das Recht zur Aufstellung dieser Landeslisten haben ausschließlich Parteien (§ 27 Abs. 1 Satz 1 BWahlG). Die Zweitstimme geht also an die

83 S. dazu noch Rn. 118 f.

Landesliste einer der vertretenen Parteien. Bundesparteilisten gibt es nicht. So wird der föderalistischen Struktur der Bundesrepublik Rechnung getragen.

2.3.2 Die Umrechnung der Wählerstimmen auf die Verteilung der Parlamentssitze

Maßgeblich für die Verteilung der Parlamentssitze sind die Ergebnisse der Verhältniswahl. Im Falle einer reinen Verhältniswahl in einem Einheitsstaat wäre die Umrechnung der Wählerstimmen für die einzelnen Parteien auf die Verteilung der Parlamentssitze eine verhältnismäßig einfache **Proportionalrechnung**, auch wenn diese nach unterschiedlichen Verfahren mit unterschiedlichen Auswirkungen für die jeweiligen Reststimmen, die sich nicht zu einem Parlamentssitz summieren, durchgeführt werden kann.[84] Unabhängig von den Proportionalverfahren kompliziert sich die Berechnung allerdings erheblich dadurch, dass zum einen die **Zuteilung der Sitze innerhalb einer Partei** nach Maßgabe der auf die jeweiligen **Landeslisten** entfallenden Stimmen, zum anderen die **Personalisierung**, also die Anrechnung der durch Direktwahl errungenen Wahlkreise, erfolgen muss. 114

Bis 2008 fand die Zuteilung der Sitze in dem Zweischritt „Oberverteilung" und „Unterverteilung" statt. Zunächst wurden die gemäß § 1 Abs. 1 BWahlG vorgeschriebenen 598 Sitze gemäß dem von den Parteien errungenen bundesweiten Anteil auf diese verteilt (Oberverteilung). Sodann wurden die einer Partei zugewiesenen Sitze auf deren Landeslisten verteilt (Unterverteilung). Auf die Zahl der Sitze wurden die durch Direktwahl in den Wahlkreisen dieses Bundeslandes errungenen Mandate angerechnet. Hierbei konnte sich ergeben, dass eine Partei in einem Bundesland mehr Direktmandate gewonnen hatte als ihr Sitze nach den landesweit abgegebenen Zweitstimmen zustanden. Diese Überhangmandate blieben bestehen. 115

Die Gründe für die Entstehung solcher **Überhangmandate** sind vielfältig.[85] Grundsätzlich lässt sich sagen, dass die Wahrscheinlichkeit der Entstehung von Überhangmandaten steigt, wenn eine Partei mit einer verhältnismäßig geringen Zahl von Erststimmen Direktmandate erringen kann, denen gemessen am Bundesdurchschnitt verhältnismäßig wenig Anteile an den Zweitstimmen gegenüberstehen. Dies kann etwa eintreten infolge von Stimmensplitting, geringer Wahlbeteiligung oder bevölkerungsarmen Wahlkreisen sowie durch die Zunahme der Kandidatenzahl im Wahlkreis. 116

Das Auftreten von Überhangmandaten nahm seit 1990 in erheblichem Umfang zu und führte auch zu dem **Effekt des negativen Stimmengewichts**: Ein Zuwachs an Zweitstimmen nützt nichts, solange diese nur auf die ohnehin vorhandenen Direktmandate angerechnet werden. Im Verhältnis der Landeslisten derselben Partei zueinander kann eine Verringerung der Stimmen der einen Landesliste aber zu einem zusätzlichen Sitz einer anderen Landesliste führen. Solange die Stimmenzahl nicht für die Bundesverteilung zwischen den verschiedenen Parteien relevant wird, kann auf diese Weise ein zusätzliches Mandat (ein Überhangmandat) durch Verschiebung eines Parlamentssitzes von einer Landesliste in eine andere Landesliste erreicht werden.[86] Derartige Effekte sind nicht ohne weiteres planbar, lassen sich also nur sehr begrenzt strategisch einset- 117

84 Im deutschen Wahlrecht wurde bis 1985 das Höchstzahlen-System nach d'Hondt angewendet. Seit der Wahl von 1987 fand das Verfahren der mathematischen Proportion nach Hare/Niemeyer Verwendung, dessen Reststimmenverwertung für kleinere Parteien günstiger ist. Seit 2008 wird die hinsichtlich der Reststimmenverwertung genauere Divisormethode mit Standardrundung nach Sainte-Laguë/Schepers verwendet.

85 S. dazu BVerfGE 95, 335 (345 ff.); 131, 316 (371 f.) – *negatives Stimmengewicht und Überhangmandate*.

86 BVerfGE 121, 266 (274 ff.) – *negatives Stimmengewicht*.

zen[87], treten aber auch nicht nur ganz ausnahmsweise auf.[88] Fest steht, dass sie sowohl gegen den Grundsatz der Erfolgswertgleichheit wie auch gegen den Grundsatz der Unmittelbarkeit der Wahl verstoßen.[89]

118 Unabhängig von dem Effekt des negativen Stimmengewichts ist es nicht mit dem **Charakter der Verhältniswahl** vereinbar, wenn Überhangmandate dazu führen, dass die Mehrheitsverhältnisse im Bundestag nicht den Mehrheitsverhältnissen nach den Zweitstimmen der Wähler entsprechen.[90] Das Bundesverfassungsgericht hat zudem – dezisionistisch und deshalb nicht wirklich überzeugend[91] – eine Obergrenze festgesetzt, bei deren Überschreiten das Auftreten von Überhangmandaten nicht mehr mit dem Grundsatz der Wahlrechtsgleichheit vereinbar sein soll. Diese Obergrenze entspricht etwa der Hälfte der Fraktionsstärke.[92]

119 Nachdem die vom Gesetzgeber gesuchte Lösung des Problems – sehr vereinfacht gesprochen – durch Umkehrung von Oberverteilung und Unterverteilung[93] – sich als untauglich erwies und daher wiederum vor dem Bundesverfassungsgericht scheiterte,[94] griff der Gesetzgeber mit der Wahlrechtsnovelle vom 3.5.2013 nunmehr zum Mittel der **Ausgleichsmandate**, womit eine Vergrößerung des Bundestags in Kauf genommen wurde.

120 Die **Umrechnung der Wählerstimmen auf die Sitzverteilung gemäß § 6 BWahlG** sieht – vereinfacht dargestellt – nunmehr folgendermaßen aus:[95] In einem ersten Schritt wird die Gesamtzahl der Sitze nach § 1 Abs. 1 BWahlG, also 598, im Verhältnis zu der jeweiligen Bevölkerungszahl auf die Bundesländer verteilt. Bei der Ermittlung der Bevölkerungszahl werden Ausländer nicht mitgezählt, Minderjährige aber schon, was unter dem Gesichtspunkt der Wahlrechtsgleichheit solange unproblematisch ist, wie keine Tatsachen die Annahme erschüttern, dass das Verhältnis von erwachsenen und damit wahlberechtigten Deutschen und minderjährigen und damit nicht wahlberechtigten Deutschen in den Bundesländern im Durchschnitt gleich ist.[96] Sodann werden in jedem Land die abgegebenen Zweitstimmen den jeweiligen Landeslisten der Parteien nach dem Berechnungsverfahren Sainte-Laguë/Schepers zugeordnet. Entstehen hierbei Überhangmandate, so bleiben diese erhalten. Durch Zusammenrechnung sämtlicher Listenmandate plus etwaiger Überhangmandate ist die Mindestzahl der einer Partei zustehenden Bundestagssitze ermittelt. Dieses Ergebnis wird in einem zweiten Schritt an den bundesweiten proportionalen Zweitstimmenanteil jeder Partei angepasst. Maßgebend ist dabei die Partei mit den meisten Überhangmandaten. Die anderen Parteien erhalten die zur Herstellung des Proporzes nötigen Ausgleichsmandate. Steht auf diese Weise die Verteilung der Sitze auf die Parteien auf der Bundesebene fest, verbleibt die Aufteilung dieser Sitze auf die Landeslisten, wobei auf jede

---

87 S. dazu BVerfG 121, 266 (299); zum Ausnahmefall einer Nachwahl s. ebenda S. 276 ff.; s. auch *G. Roth*, Negatives Stimmgewicht und Legitimationsdefizite des Parlaments, NVwZ 2008, 1199 ff.

88 BVerfGE 121, 266 (301); s. auch BVerfGE 131, 316 (350 f.).

89 BVerfGE 121, 266 (294 ff.) sowie 131, 316 (334 ff.).

90 BVerfGE 131, 316 (367).

91 Vgl. BVerfGE 131, 316 (368, 370); krit. *J. Ipsen*, Wahlrecht im Spannungsfeld von Politik und Verfassungsgerichtsbarkeit, DVBl. 2013, 265 (271, 272).

92 BVerfGE 131, 316 (Ls. 2b und 368 ff.).

93 Ausführlich dazu *W. Schreiber*, Das Neunzehnte Gesetz zur Änderung des Bundeswahlgesetzes vom 25.11.2011, DÖV 2012, 125 (129 ff.); s. auch *J. Krüper*, Wahlrechtsmathematik als gesetzgeberische Gestaltungsaufgabe, Jura 2013, 1147 (1152).

94 BVerfGE 131, 316 (369 f.).

95 S. dazu *H. Holste*, Demokratie wieder flott gemacht: Das neue Sitzzuteilungsverfahren im Bundeswahlgesetz sichert das gleiche Wahlrecht, NVwZ 2013, 529 ff.

96 S. dazu BVerfGE 130, 212 (230) – *Minderjährigenanteile in Wahlkreisen*.

Partei in jedem Land mindestens so viele Sitze entfallen, wie sie Direktmandate errungen hat.

Zur Eindämmung der Überhangmandate sollen durch ein erneutes Änderungsgesetz folgende Modifikationen vorgenommen werden: Die Zahl der Wahlkreise wird von 299 auf 280 reduziert; mit dem Ausgleich von Überhangmandaten wird erst nach dem dritten Überhangmandat begonnen und durch Anrechnung von Wahlkreismandaten auf Listenmandate der gleichen Partei in anderen Bundesländern wird der Aufwuchs zusätzlich gedämpft.[97]

Literatur: *H. Holste*, Demokratie wieder flott gemacht: Das neue Sitzzuteilungsverfahren im Bundeswahlgesetz sichert das gleiche Wahlrecht, NVwZ 2013, 529; *J. Krüper*, Wahlrechtsmathematik als gesetzgeberische Gestaltungsaufgabe, Jura 2013, 1147; *W. Schreiber*, 50 Jahre Bundeswahlgesetz – Rückblick, Ausblick, DVBl. 2006, 529.

2.4 Wahlen und europäische Integration

Die europäische Integration hat Auswirkungen auf die demokratische Legitimation in den Mitgliedstaaten und stellt Anforderungen an die demokratische Legitimation der Europäischen Union. 121

2.4.1 Bedeutung der europäischen Integration für das Wahlrecht nach Art. 38 GG

Gewicht und Bedeutung des Rechts, die Mitglieder des Deutschen Bundestages zu wählen, hängen maßgeblich von den Aufgaben und Kompetenzen dieses Staatsorgans ab. 122 Auch das demokratischste Wahlverfahren wird zur Farce, wenn die Gewählten nichts zu entscheiden haben. Mit dem Argument einer substanziellen **Entleerung ihres Wahlrechts** machten Wahlberechtigte eine Verletzung des Art. 38 Abs. 1 Satz 1 GG durch das Zustimmungsgesetz zu dem Vertrag von Maastricht geltend, mit dem die Europäische Union gegründet und eine neue Stufe der europäischen Integration betreten wurde, dessen sichtbarster Ausdruck die Einführung der gemeinsamen Währung war. Das Bundesverfassungsgericht hielt diesen Vortrag für so plausibel, dass es die Verfassungsbeschwerde zuließ. Auch Art. 23 GG, der die verfassungsrechtliche Grundlage für die Beteiligung der Bundesrepublik Deutschland an dem Prozess der europäischen Integration enthält, lässt die Integration nur unter Wahrung des Demokratieprinzips zu (Art. 23 Abs. 1 Satz 3 verweist auf die Verfassungskernbestimmung des Art. 79 Abs. 3 GG, der wiederum Art. 20 GG in Bezug nimmt). Dementsprechend stellte das Bundesverfassungsgericht fest: „Im Anwendungsbereich des Art. 23 GG schließt Art. 38 GG aus, die durch die Wahl bewirkte Legitimation und Einflussnahme auf die Ausübung von Staatsgewalt durch die Verlagerung von Aufgaben und Befugnissen des Bundestages so zu entleeren, dass das demokratische Prinzip, soweit es Art. 79 Abs. 3 iVm. Art. 20 Abs. 1 und 2 GG für unantastbar erklärt, verletzt wird."[98] Das Gericht betont, dass auch im Falle der Übertragung von Hoheitsbefugnissen auf eine zwischenstaatliche Organisation deren Handeln durch **Rückkoppelung an die Parlamente der Mitgliedstaaten** legitimiert sein muss. Daraus folgt zum einen, dass der Umfang der jeweils übertragenen Hoheitsbefugnisse hinreichend bestimmt sein muss und dass wesentliche Änderungen im Integrationsprogramm einer erneuten parlamentarischen Zustimmung bedürfen. Dies bedeutet aber auch, dass „der Ausdehnung der Aufgaben und Befugnisse der Europäischen Gemeinschaften vom demokratischen Prinzip her Grenzen gesetzt" sind. **„Dem Deutschen Bundestag müssen Aufgaben und Befugnisse von substanziellem**

97 BT-Drs. 19/22504.

98 BVerfGE 89, 155 (Ls. 1) – *Vertrag von Maastricht*.

Gewicht verbleiben."[99] Im Ergebnis sah das Bundesverfassungsgericht diese Anforderungen des Demokratieprinzips durch den Vertrag von Maastricht nicht verletzt.

122a Die Entscheidung zum **Vertrag von Lissabon** vom 30.6.2009 konkretisiert erneut die aus dem Demokratieprinzip folgenden Integrationsgrenzen.[100] Danach muss den Mitgliedstaaten ausreichender Raum zur politischen Gestaltung der wirtschaftlichen, kulturellen und sozialen Lebensverhältnisse bleiben. Dies soll insbesondere für Sachbereiche gelten, „die die Lebensumstände der Bürger, vor allem ihren von den Grundrechten geschützten privaten Raum der Eigenverantwortung und der persönlichen und sozialen Sicherheit prägen, sowie für solche politischen Entscheidungen, die in besonderer Weise auf kulturelle, historische und sprachliche Vorverständnisse angewiesen sind, und die sich im parteipolitisch und parlamentarisch organisierten Raum einer politischen Öffentlichkeit diskursiv entfalten".[101] Daneben betont das Bundesverfassungsgericht erneut die **Kompetenzgrenze** (ultra-vires-Kontrolle)[102] sowie die in dem Verweis des Art. 23 Abs. 1 GG auf Art. 79 Abs. 3 GG angelegte Grenze des „unantastbaren Kerngehalts der **Verfassungsidentität** des Grundgesetzes".[103] In Bezug auf die durch den Vertrag von Lissabon eröffneten begrenzten Möglichkeiten von Vertragsänderungen ohne Ratifikationsverfahren folgert das Gericht aus dem Demokratieprinzip eine **Integrationsverantwortung** der gesetzgebenden Körperschaften, dh. deren vorherige Beteiligung an solchen Vertragsänderungen.[104] Einzelheiten finden sich im Integrationsverantwortungsgesetz.[105] Darüber hinaus soll sich die Integrationsverantwortung der Staatsorgane und insbesondere des Bundestages im Sinne einer Rechtspflicht darauf erstrecken, aktiv gegen Kompetenzüberschreitungen der EU vorzugehen. Auch dies soll auf der Grundlage des Art. 38 Abs. 1 Satz 1 GG einklagbar sein, um die Aushöhlung des Wahlrechts (s. oben Rn. 122) zu verhindern.[106]
Angesichts der entscheidenden Bedeutung der Finanzmittel für die politische Handlungsfähigkeit schützt das Wahlrecht auch vor einer Entleerung der finanziellen parlamentarischen Selbstbestimmung. Die **nationale Haushaltsautonomie** stellt dementsprechend eine „wesentliche, **nicht entäußerbare Kompetenz** der unmittelbar demokratisch legitimierten Parlamente der Mitgliedstaaten" dar.[107] Hieraus folgt, dass „völkervertragliche Mechanismen, die auf eine Haftungsübernahme für Entscheidungen anderer Staaten hinauslaufen, nicht begründet werden dürfen".[108] Unter Rücknahme der Prüfungsintensität auf „evidente Fälle" und Gewährung eines Einschätzungsspielraums des Gesetzgebers entschied das Bundesverfassungsgericht, dass die Griechenland-Hilfe und der Euro-Rettungsschirm mit dem Grundgesetz vereinbar seien.

Rechtsprechung: BVerfGE 89, 155 – Maastricht; 123, 267 – Lissabon; 129, 124 – Euro-Rettungsschirm; 132, 195 – ESM-Vertrag; 134, 366 – OMT Vorlagebeschluss; 142, 123 – OMT-Programm; 146, 216 – PSPP- (EZB-)Vorlagebeschluss.

Literatur: *W. Cremer*, Lissabon-Vertrag und Grundgesetz, Jura 2010, 296; *A. Haratsch*, Zu den verfassungsrechtlichen Aspekten der Ratifikation des Vertrages von Lissabon, NJW 2009, 2267; *B. Herz*, Subjektives Recht gegen die europäische Integration? Zur Zulässigkeit einer Klage gegen das Zustimmungsgesetz zum Vertrag von Lissabon, JA 2009, 573; *S. Piecha*, Griechenland-Soforthilfe und

99 BVerfGE 89, 155 (Ls. 4) – *Vertrag von Maastricht*.
100 BVerfGE 123, 267 – *Vertrag von Lissabon*.
101 BVerfGE 123, 267 (Ls. 3) – *Vertrag von Lissabon*.
102 BVerfGE 123, 267 (353) – *Vertrag von Lissabon*.
103 BVerfGE 123, 267 (Ls. 4) – *Vertrag von Lissabon*.
104 BVerfGE 123, 267 (Ls. 2) – *Vertrag von Lissabon* und dazu noch unten Rn. 232.
105 S. dazu unten Rn. 232 f. und Rn. 268 ff.
106 BVerfGE 134, 366 (Rn. 53) – *OMT-Vorlagebeschluss;* 142, 123 (Rn. 134 ff.) – *OMT-Programm*; 146, 216 (Rn. 44 ff.) – *PSPP-Vorlagebeschluss*.
107 BVerfGE 129, 124 (181) – *Euro-Rettungsschirm*; 132, 195 (Rn. 106) – *ESM-Vertrag*.
108 BVerfGE 129, 124 (180).

Euro-Rettungsschirm, ZJS 2011, 544; *M. Sachs*, Unveräußerliche nationale Haushaltsautonomie, JuS 2012, 271.

2.4.2 Wahlen zum Europäischen Parlament

Das Handeln der europäischen Organe erfährt demokratische Legitimation auch durch das Europäische Parlament.[109] Gemäß Art. 10 Abs. 1 EUV beruht die Arbeitsweise der Union auf der repräsentativen Demokratie. Gemäß Art. 10 Abs. 2 Uabs. 1 EUV sind die Bürgerinnen und Bürger auf Unionsebene unmittelbar im **Europäischen Parlament** vertreten. Auch wenn das **Europäische Parlament** nach seinen Aufgaben und Befugnissen nicht mit dem Deutschen Bundestag verglichen werden kann, insbesondere **weder** das **Hauptgesetzgebungsorgan noch Kreationsorgan** für eine Regierung ist, hat es doch seine Mitwirkungs- und Kontrollrechte seit seinem Bestehen stetig ausgeweitet.[110] 123

Seit 1979 werden die Abgeordneten des Europäischen Parlaments in den Mitgliedstaaten direkt gewählt. Grundlage dafür ist der Beschluss und Akt zur Einführung allgemeiner unmittelbarer Wahlen der Abgeordneten des Europäischen Parlaments vom 20. September 1976 (Direktwahlakt)[111] iVm. nationalen Wahlgesetzen – in Deutschland das Europawahlgesetz. Ein einheitliches Wahlgesetz, wie es Art. 223 Abs. 1 AEUV vorsieht, gibt es nach wie vor nicht. Gemäß Art. 14 Abs. 2 EUV darf das Europäische Parlament die Zahl von 750 Abgeordneten zuzüglich des Präsidenten nicht übersteigen. Kein Mitgliedstaat darf weniger als sechs, keiner mehr als 96 Sitze haben. In Bezug auf die Zusammensetzung des Bundestages verstieße eine solche Regelung gegen den Grundsatz der Wahlrechtsgleichheit. Daran wird deutlich, dass das Europäische Parlament kein Europäisches Volk repräsentiert, sondern die Völker der Mitgliedstaaten.

Auch wenn der Grundsatz der Wahlrechtsgleichheit zwischen den Mitgliedstaaten aus diesem Grunde nicht gelten kann, findet er doch Anwendung auf die Wahlen zum Europäischen Parlament innerhalb von Deutschland, also auf das EuWahlG. Maßstab ist insoweit nicht Art. 38 Abs. 1 Satz 1 GG, der nach seinem Wortlaut unmittelbar allein für die Bundestagswahlen gilt. Der Maßstab der Wahlrechtsgleichheit folgt jedoch aus Art. 3 Abs. 1 GG sowie der Chancengleichheit der Parteien gemäß Art. 21 Abs. 1 GG. Anhand dieses Maßstabes hat das Bundesverfassungsgericht, wie bereits dargelegt, in zwei umstrittenen Entscheidungen sowohl die 5 %-Sperrklausel als auch die 3 %-Sperrklausel als ungerechtfertigte Beeinträchtigung der Wahlrechtsgleichheit in Gestalt der Erfolgswertgleichheit angesehen.[112]

2.5 Wahlprüfung

Die Bundestagswahl stellt ein hochkomplexes aufwändiges Verfahren dar[113] und ist demzufolge fehleranfällig. Die Prüfung der Rechtmäßigkeit ist gemäß Art. 41 GG einem besonderen Wahlprüfungsverfahren vorbehalten, dessen nähere Ausgestaltung durch das Wahlprüfungsgesetz[114] erfolgt ist. Nach Art. 41 Abs. 1 GG ist die Wahlprüfung Sache des Bundestages. Die Wahlprüfungsbeschwerde gegen die Entscheidung des Bundestages, von der Art. 41 Abs. 2 GG handelt, ist in § 48 BVerfGG näher geregelt. 124

109 BVerfGE 89, 155 (Ls. 3a) – *Maastricht*.

110 BVerfGE 129, 300 (303) – *5 %-Klausel EuWahlG*; s. auch *T. Oppermann/C. Classen/M. Nettesheim*, Europarecht, 8. Auflage 2018, § 5 Rn 42. Siehe zu den Aufgaben des Europäischen Parlaments Art. 14 Abs. 1 EUV.

111 Sart. II Nr. 262.

112 BVerfGE 129, 300 ff. und BVerfGE 135, 259 ff. und dazu schon oben Rn. 106 ff.; *S. Pernice-Warnke*, Das Urteil des BVerfG zur Drei-Prozent-Sperrklausel im Europawahlrecht – bundesverfassungsrechtliche und europarechtliche Fragestellungen mit Prüfungsrelevanz, JA 2014, 1143 ff.

113 S. neben dem Bundeswahlgesetz auch die Bundeswahlordnung.

114 Wahlprüfungsgesetz vom 12. März 1951 (BGBl. I, S. 166), idF. vom 12. Juli 2012 (BGBl. I, S. 1501, 1502).

125 Die **Wahlprüfung durch den Bundestag** wird ausgelöst durch einen Einspruch gegen die Wahl. Die Einspruchsberechtigten sind in § 2 Abs. 2 WahlprüfungsG aufgezählt. Zu ihnen gehören jeder Wahlberechtigte, die Landes- und der Bundeswahlleiter sowie der Präsident des Bundestages. Das Wahlprüfungsverfahren ist ein **objektives Rechtskontrollverfahren**, das – anders als die Verfassungsbeschwerde oder verwaltungsgerichtliche Klagen – vom Einspruchsberechtigten nicht verlangt, eine nachteilige Betroffenheit in eigenen Rechten geltend zu machen. Im Einspruch muss aber ein konkreter Wahlfehler plausibel vorgetragen werden. Über den Einspruch entscheidet – nach Vorbereitung durch den Wahlprüfungsausschuss[115] – der Bundestag mit einfacher Mehrheit (§ 13 WahlprüfungsG).

126 Mit dem Begriff des **Wahlfehlers** stellt sich die Frage nach dem Prüfungsmaßstab. Unstreitig führen Verstöße gegen die Wahlrechtsgrundsätze des Art. 38 Abs. 1 Satz 1 GG sowie gegen die Regelungen im Bundeswahlgesetz und in der Bundeswahlordnung zu Wahlfehlern. Fraglich ist dagegen, ob der Prüfungsmaßstab auf alle Normen zu erstrecken ist, die mit der Wahl Bedeutung erlangen können, wie etwa das Versammlungsgesetz, das Polizeigesetz, das Parteiengesetz und nicht zuletzt Grundrechte wie etwa die Meinungsfreiheit. Da der Zweck der Wahlprüfung allein die Gewährleistung einer demokratischen Wahl ist, wie sie die Wahlrechtsgrundsätze des Art. 38 Abs. 1 Satz 1 GG verbürgen, und das Bundeswahlgesetz und die Bundeswahlordnung sie konkretisieren, sind Verstöße gegen andere Gesetze nur von Bedeutung, soweit es sich zugleich um Verstöße gegen die verfassungsrechtlichen Wahlrechtsgrundsätze handelt.[116]
Der Bundestag überprüft allein die Gesetzmäßigkeit einer Wahl, dagegen nicht die Verfassungsmäßigkeit des einfachen Wahlrechts am Maßstab der verfassungsrechtlichen Wahlrechtsgrundsätze, etwa die Bestimmungen über die Wahlkreiseinteilung oder die Regelungen über die Überhangmandate. Dies bleibt dem Bundesverfassungsgericht im Verfahren der Wahlprüfungsbeschwerde vorbehalten.[117]

127 Nicht jeder Wahlfehler führt zu einer über die Feststellung der Rechtswidrigkeit hinausgehenden Rechtsfolge. Zweck des Wahlverfahrens ist es, die ordnungsgemäße Zusammensetzung des Parlaments zu gewährleisten. Da Gegenstand der Wahlprüfung die Frage der Gültigkeit der Wahl ist, hat ein Einspruch nur Erfolg, wenn ein Wahlfehler sich auf die Gültigkeit der Wahl zumindest eines Abgeordneten ausgewirkt, dh. **Mandatsrelevanz** entfaltet haben kann. Das Bundesverfassungsgericht formuliert, dass ein Wahlfehler für das Wahlprüfungsverfahren unbeachtlich ist, wenn sich aus ihm angesichts der Stimmenverhältnisse eine Änderung der Mandatsverteilung nicht ergeben kann.[118] Schon aus diesem Grund sind Wahlprüfungsbeschwerden in der Regel „erfolglos". Im Rahmen der Wahlprüfungsbeschwerde zum Effekt des negativen Stimmengewichts hat das Bundesverfassungsgericht trotz Wahlfehlers und Mandatsrelevanz die Wahl bestehen lassen. Da die Mandatsrelevanz keinem einzelnen Abgeordneten zugeordnet werden konnte, wäre eine Korrektur allein durch Auflösung und Neuwahlen möglich gewesen. Es ist nachvollziehbar, dass diese Maßnahme dem Gericht völlig außer Verhältnis zu den Auswirkungen des Wahlfehlers schien.[119] Sofern das Bundesverfassungsgericht die Wahl nicht für ungültig erklärt, kann es gemäß § 48 Abs. 3 BVerfGG

---

115 Vgl. § 128 GOBT: genauer Ausschuss für Wahlprüfung, Immunität und Geschäftsordnung. Für dessen Zusammensetzung s. § 3 Abs. 2 WahlprüfungsG.

116 S. *U. Mager*, Die Kontrolle der innerparteilichen Kandidatenaufstellung im Wahlprüfungsverfahren, DÖV 1995, 9 (11) mwN.

117 S. dazu BVerfGE 121, 266 (295) – *negatives Stimmengewicht* mwN.; s. zur Prüfung einer Wahlprüfungsbeschwerde vor dem BVerfG die Lösung zu Fall 2.

118 BVerfGE 21, 196 (199) – *Schneidebrettchen*; s. auch BVerfGE 40, 11 (29) – *Wahlprüfung*; 79, 173; dazu auch *U. Mager*, DÖV 1995, 9 (14) mwN.

119 S. BVerfGE 121, 266 (311 f.) – *negatives Stimmgewicht*.

im Falle eines Wahlfehlers zumindest feststellen, dass Rechte der wahlberechtigten Person oder Gruppe von Personen verletzt wurden. Insoweit muss es sich dann um eigene Rechte der jeweiligen Person oder Personen handeln.
In der Geschichte der Bundesrepublik ist noch keine Bundestagswahl und bisher nur eine landesweite Wahl für ungültig erklärt worden. Das Hamburger Verfassungsgericht[120] nahm wegen Verstoßes einer Partei gegen die Grundsätze einer demokratischen Wahl bei der innerparteilichen Aufstellung der Wahlkandidaten nicht nur – zutreffend – einen Wahlfehler an, sondern bejahte auch dessen Mandatsrelevanz für die Zusammensetzung des Abgeordnetenhauses insgesamt mit der Folge von dessen Auflösung. Das Urteil ist wegen der Annahme dieser einschneidenden Rechtsfolge scharf kritisiert worden. In der Tat erscheint es problematisch, dass eine Partei durch innerparteiliche Organisationsfehler, die vom Wahlleiter unbeanstandet geblieben sind, eine Wahl ungültig machen kann. Darüber hinaus ließ sich eine Mandatsrelevanz mit Auswirkungen auf das gesamte Parlament tatsächlich auch in diesem Fall nicht überzeugend begründen.[121]

Literatur: *G. Robbers*, Verfassungsprozessuale Probleme in der öffentlich-rechtlichen Klausur, JuS 1994, 854 (856 f.); *G. Roth*, Zur Durchsetzung der Wahlrechtsgrundsätze vor dem Bundesverfassungsgericht, DVBl. 1998, 214.

Fallbearbeitungen: *F. Shirvani/M. Schröder*, „Unregelmäßigkeiten bei der Bundestageswahl", Jura 2007, 143 (Wahlprüfungsbeschwerde).

Lösung zu Fall 2: Sperrklausel[122]

W könnte gegen die Entscheidung des Bundestages Wahlprüfungsbeschwerde vor dem Bundesverfassungsgericht einlegen. Eine Wahlprüfung durch den Bundestag, der hierfür nach § 26 Abs. 2 EuWahlG zuständig ist, hat sie bereits veranlasst, ist damit aber erfolglos geblieben. Gegen die Entscheidung des Bundestages ist gemäß § 26 Abs. 3 Satz 1 EuWahlG die Beschwerde an das Bundesverfassungsgericht zulässig.[123]
Die Wahlprüfungsbeschwerde von W hat Erfolg, wenn sie zulässig und begründet ist.

I. Zulässigkeit

Die Zulässigkeit einer Wahlprüfungsbeschwerde bestimmt sich im Falle der Überprüfung einer Wahl zum Europäischen Parlament nach § 26 Abs. 3 EuWahlG.
1. Beschwerdegegenstand. Die Wahlprüfungsbeschwerde ist gemäß § 26 Abs. 3 Satz 1 EuWahlG taugliches Rechtsmittel gegen den Beschluss des Bundestages über die Gültigkeit einer Wahl. W wendet sich hier gegen den Beschluss des Bundestages, mit dem dieser ihren Einspruch gegen die Anwendung der 3 %-Sperrklausel bei der Umrechnung der abgegebenen Wählerstimmen auf die Verteilung der Mandate zurückgewiesen hat. Darin liegt gleichzeitig die Entscheidung über die Gültigkeit der Wahl. Es handelt sich um einen tauglichen Beschwerdegegenstand.
2. Beschwerdeführer. Gemäß § 26 Abs. 3 Satz 2 EuWahlG sind wahlberechtigte Personen, deren Einspruch vom Bundestag verworfen wurde, zur Wahlprüfungsbeschwerde berechtigt. Die Möglichkeit einer Verletzung in eigenen Rechten muss nicht geltend gemacht werden. W ist taugliche Beschwerdeführerin.
3. Antragsform. Gemäß § 26 Abs. 3 Satz 3 EuWahlG iVm. § 23 Abs. 1 BVerfGG muss die Wahlprüfungsbeschwerde schriftlich und mit einer Begründung versehen (§ 26 Abs. 3 Satz 2 aE. EuWahlG) beim Bundesverfassungsgericht eingehen. Diese Begrün-

120 S. HbgVerfG, NVwZ 1993, 1083 ff. = DVBl. 1993, 1070 ff.
121 S. zur Argumentation im Einzelnen *U. Mager*, DÖV 1995, 9 (14 f.).
122 S. BVerfGE 129, 300 ff. und 135, 259 ff.
123 Eine Verfassungsbeschwerde der W wäre dagegen unzulässig, weil W keine Verletzung in ihren eigenen subjektiven Rechten – etwa in der Ausübung ihres Wahlrechts – geltend macht, sondern eine objektive Verletzung der Wahlrechtsgrundsätze rügt.

dung muss so hinreichend substantiiert sein, dass sich aus ihr der Wahlfehler und die Mandatsrelevanz dieses Fehlers erkennen lassen.[124] W macht die Verfassungswidrigkeit der Sperrklausel geltend, deren Mandatsrelevanz offensichtlich ist. Dem Begründungserfordernis ist genügt.

4. Beschwerdefrist. Die Beschwerde muss gemäß § 26 Abs. 3 Satz 2 EuWahlG innerhalb von zwei Monaten seit Beschlussfassung des Bundestages beim Bundesverfassungsgericht erhoben und begründet werden. Die Frist beginnt erst mit der Zustellung des Beschlusses mit Rechtsbehelfsbelehrung (vgl. § 26 Abs. 2 EuWahlG iVm. § 13 Abs. 3 WahlPrG).

5. Zwischenergebnis. Bei Wahrung der Frist ist die Wahlprüfungsbeschwerde zulässig.

II. Begründetheit

Die Wahlprüfungsbeschwerde ist begründet, wenn der Beschluss des Bundestages formell und/oder materiell rechtswidrig ist. Die Rechtsfolge im Falle eines Rechtsverstoßes hängt entscheidend von dessen Auswirkungen auf die Zusammensetzung des Parlaments (Mandatsrelevanz) ab. Im konkreten Fall könnte sich der Verstoß zudem bereits daraus ergeben, dass der Gesetzgeber die gemäß § 31 Abs. 1 BVerfGG bestehende Bindungswirkung des Urteils vom 26. Februar 2014 (BVerfGE 135, 259 ff.) ignoriert hat, wonach eine 3 %-Sperrklausel unzulässig ist.

1. Bindungswirkung des bundesverfassungsgerichtlichen Urteils. Die erneute Einführung der 3 %-Sperrklausel verstößt gegen die Bindungswirkung des bundesverfassungsgerichtlichen Urteils, wenn sich weder die rechtlichen noch die tatsächlichen Umstände geändert haben. In rechtlicher Hinsicht hat der Europäische Gesetzgeber inzwischen eine Sperrklausel mit einer Spanne von 2 %–5 % eingeführt. In tatsächlicher Hinsicht haben die vorangegangenen Wahlen zum Europäischen Parlament gezeigt, dass das Fehlen einer Sperrklausel zu einer Verdoppelung der im Europäischen Parlament vertretenen deutschen Parteien geführt hat, was erheblich zur Zersplitterung des Europäischen Parlaments beiträgt. Das Bundesverfassungsgericht hat selbst ausgeführt, dass sich eine abweichende verfassungsrechtliche Beurteilung ergeben kann, wenn sich die Verhältnisse wesentlich ändern. Für solche Änderungen liegen Anhaltspunkte vor. Damit ist das Gesetz nicht bereits wegen Verstoßes gegen die Bindungswirkung ungültig.

2. Prüfung der formellen Rechtswidrigkeit. Der Bundestag ist gemäß § 26 Abs. 1 und 2 EuWahlG iVm. § 1 Abs. 1 Wahlprüfungsgesetz für die Prüfung der Gültigkeit der Wahlen zum Europäischen Parlament zuständig.

Gemäß § 26 Abs. 2 EuWahlG gelten für das Wahlprüfungsverfahren die Bestimmungen des Wahlprüfungsgesetzes mit wenigen hier nicht relevanten Ausnahmen entsprechend. Verfahrens- (§ 2 ff. Wahlprüfungsgesetz) oder Formfehler (§§ 11 Abs. 1 Satz 1, 13 Abs. 3 Wahlprüfungsgesetz) sind nicht geltend gemacht und nicht ersichtlich.

3. Prüfung der materiellen Rechtswidrigkeit. Während der Bundestag im Rahmen des Wahlprüfungsverfahrens auf die Überprüfung der rechtmäßigen Anwendung des geltenden Rechts beschränkt ist, ist es Aufgabe des Bundesverfassungsgerichts, nicht nur die Rechtmäßigkeit der Rechtsanwendung zu prüfen, sondern auch die Verfassungsmäßigkeit der gesetzlichen Vorschriften, die der Wahl zugrunde liegen. W rügt keine Fehler bei der Anwendung des EuWahlG, sondern den Verstoß der 3 %-Sperrklausel des EuWahlG gegen die Verfassung. Dies liegt im Rahmen der verfassungsgerichtlichen Prüfungskompetenz.

---

124 BVerfGE 146, 327 (Rn. 37 und Rn. 40).

a) Prüfungsmaßstab

aa) Unionsrechtlicher Rahmen. Außerhalb des verfassungsgerichtlichen Prüfprogramms liegen die verbindlichen unionsrechtlichen Vorgaben für die Wahl zum Europäischen Parlament. Art. 8 Abs. 1 des unionsrechtlichen Direktwahlaktes bestimmt, dass sich das Wahlverfahren in den Mitgliedstaaten vorbehaltlich der Regelungen des Direktwahlaktes nach den innerstaatlichen Vorschriften bestimmt. Nach Art. 1 Abs. 1 des Direktwahlaktes ist die Wahl zum Europäischen Parlament als Verhältniswahl durchzuführen. Art. 3 des neuen Direktwahlaktes bestimmt, dass Mitgliedstaaten, die über mehr als 35 Sitze im Europäischen Parlament verfügen, für die Sitzvergabe eine Sperrklausel von mindestens 2 % festlegen müssen und eine Sperrklausel bis zu maximal 5 % einfügen können. Mit dieser Regelung ist die Einführung einer Sperrklausel von 2 % verbindlich vorgegeben und bis zu 5 % erlaubt. Daraus folgt, dass die 3 %-Sperrklausel nach dem EuWahlG auf ihre Vereinbarkeit mit dem Grundgesetz überprüft werden kann und muss.

bb) Wahlrechtsgleichheit. Die Wahlrechtsgrundsätze gemäß Art. 38 Abs. 1 GG sind nach ihrem ausdrücklichen Wortlaut nur auf die Wahlen zum Bundestag anwendbar. Der Grundsatz der Gleichheit der Wahl folgt für die Durchführung der Wahlen zum Europäischen Parlament jedoch aus der Gleichheit aller Wahlberechtigten gemäß Art. 3 Abs. 1 GG. Aus dem Demokratieprinzip folgt, dass die Gleichheit aller Bürgerinnen und Bürger bei der Stimmabgabe eine streng formale Gleichheit ist. Im Rahmen eines Verhältniswahlsystems bedeutet dies, dass jede Stimme den gleichen Zählwert und grundsätzlich auch den gleichen Erfolgswert haben muss. Entsprechende Gleichheitsanforderungen folgen auch aus dem Grundsatz der Chancengleichheit der Parteien gemäß Art. 21 Abs. 1 Satz 1 GG.

b) Verletzung

aa) Beeinträchtigung der Erfolgswertgleichheit. Die 3 %-Sperrklausel bewirkt, dass die Wählerstimmen für Parteilisten, die im Ergebnis nicht mindestens 3 % aller abgegebenen Stimmen auf sich vereinigen konnten, ohne Auswirkung auf die Sitzverteilung bleiben. Sie sind zwar zunächst mit gleichem Gewicht wie alle anderen Stimmen gezählt worden, ihr Erfolgswert liegt aber bei null. Darin liegt im Rahmen eines Verhältniswahlsystems eine Ungleichbehandlung.

bb) Rechtfertigung

(1) Maßstab. Trotz der strikten Anforderungen der Wahlrechtsgleichheit in Verbindung mit der Chancengleichheit der Parteien ist nicht jegliche Differenzierung ausgeschlossen. Erlaubt sind solche Ausnahmen, die im Blick auf das Ziel der Wahl, ein funktionsfähiges Parlament zu schaffen, unabdingbar sind. An diese Prüfung ist ein strenger und konkret auf die Funktionen des jeweiligen Parlaments bezogener Maßstab anzulegen, der sich an der politischen Wirklichkeit zu orientieren hat und ggf. veränderten Umständen anzupassen ist. Verfolgt eine Regelung ein unzulässiges Ziel oder ist sie zur Verfolgung eines zulässigen Ziels ungeeignet oder nicht erforderlich, so ist sie verfassungswidrig. Mit einer Sperrklausel wird das legitime Ziel verfolgt, eine Zersplitterung des Parlaments zu vermeiden und zur Sicherung der Meinungs- und Mehrheitsbildung im Parlament beizutragen. Eine Sperrklausel ist zur Verfolgung dieses Zwecks grundsätzlich geeignet. Einer genauen und die jeweiligen tatsächlichen Umstände konkret berücksichtigenden Prüfung bedarf jedoch die Erforderlichkeit der Höhe der Sperrklausel im Blick auf das verfolgte Ziel. Es genügt nicht die pauschale Behauptung, die Funktionsfähigkeit des Parlaments werde verbessert. Die Beeinträchtigung der Funktionsfähigkeit muss vielmehr mit einiger Wahrscheinlichkeit zu erwarten sein. Allerdings ist dem Gesetzgeber insoweit auch ein Einschätzungsspielraum zuzugestehen.

(2) Subsumtion. Nach den Angaben im Sachverhalt ist auf der Grundlage der bisherigen Erfahrungen bei Senkung der 3 %-Klausel auf 2 % nur mit einer Erhöhung der Zahl der erfolgreichen Parteien um 2 weitere Parteien zu rechnen. Auch sind im

Europäischen Parlament ohnehin bereits mehr als 200 Parteien vertreten, darunter insbesondere aus den kleineren Mitgliedstaaten eine große Anzahl mit nur sehr wenigen Abgeordneten. Diese Vielzahl von Parteien wird zur Zeit in acht Fraktionen gebündelt, von denen die beiden größten nach wie vor die absolute Mehrheit erreichen. Es gehört zudem nicht zu den Aufgaben des Europäischen Parlaments, eine Regierung dauerhaft zu stützen. Die Ausübung der Kontrollfunktion des Parlaments bedarf ohnehin keiner Mehrheitsbildung, sondern ist als Minderheitsrecht ausgestaltet. Die mögliche Beeinträchtigung gerade deutscher Interessen durch Zersplitterung des deutschen Sitzkontingents im Europäischen Parlament stellt zwar ein gewichtiges politisches Interesse dar, ist jedoch verfassungsrechtlich ohne Bedeutung.
Auf der anderen Seite kommen dem Europäischen Parlament in fast allen Regelungsbereichen des Unionsrechts Mitwirkungsbefugnisse im Wege des ordentlichen Gesetzgebungsverfahren zu. Es ist nicht garantiert, dass die beiden größten Fraktionen sich stets einigen, so dass es gerade bei besonders wichtigen Gesetzesvorhaben zu Blockaden kommen kann. Auch ist nicht auszuschließen, dass eine Absenkung der Sperrklausel auf 2 % angesichts der zunehmenden Zersplitterung der Parteienlandschaft dazu führt, dass eine deutlich größere Anzahl die 2 %-Hürde überspringt. An die konkrete Beeinträchtigung der Funktionsfähigkeit des Europäischen Parlaments sind insoweit geringere Anforderungen zu stellen, als sich das Europäische Parlament aus den Abgeordneten aller Mitgliedstaaten zusammensetzt, und damit die Ausgestaltung des Wahlrechts in Deutschland von vornherein nur sehr vermittelt Auswirkungen auf dessen Funktionsfähigkeit haben kann. Insoweit muss es genügen, dass das Europäische Parlament selbst Gefahren für seine Funktionsfähigkeit sieht und für die Bekämpfung den Mitgliedstaaten einen Spielraum gewährt. Mit der moderaten Erhöhung der Mindestsperrklausel von 2 % auf 3 % hat der Bundesgesetzgeber seinen Einschätzungsspielraum nicht überschritten.
3. Ergebnis. Es liegt kein Verstoß gegen die Wahlrechtsgleichheit der Bürgerinnen und Bürger und die Chancengleichheit der Parteien vor.[125]
4. Ergebnis. Die Einführung der 3 %-Sperrklausel ist verfassungsgemäß.

III. Ergebnis

Die Wahlprüfungsbeschwerde der W ist zulässig, aber unbegründet.

125 Eine andere Auffassung ist vertretbar. Zu prüfen wäre dann die Rechtsfolge des Verstoßes: Die Verfassungswidrigkeit der 3 %-Sperrklausel wirkt sich auf die Zusammensetzung des deutschen Kontingents

3. Kapitel: Parteien

Fall 3: Spitzenkandidaten

Das ZDF plant vor der anstehenden Bundestagswahl eine Sendung mit dem Titel „Zuschauer fragen Spitzenkandidaten". In dieser Sendung sollen sich die Spitzenkandidaten der drei größten im Bundestag vertretenen Parteien den telefonischen Fragen von Zuschauern stellen sowie unter der Leitung eines Moderators von drei in der Sendung anwesenden Journalisten befragt werden. Die Sendung soll drei Tage vor der Wahl stattfinden und einen Höhepunkt unter den redaktionell gestalteten Sendungen im Vorfeld der Wahl bilden.

Die Spitzenkandidaten der drei kleineren im Bundestag vertretenen Parteien verlangen, dass auch sie in der Sendung auftreten dürfen. Das ZDF wendet ein, dass die Sendezeit nicht für substanzielle Befragungen von sechs Spitzenkandidaten ausreiche. Auch die Spitzenkandidatin der nicht im Bundestag vertretenen L-Partei, die nach Meinungsumfragen gute Chancen auf den Einzug in den künftigen Bundestag hat, verlangt ihre Beteiligung. Das ZDF hält die Unterscheidung anhand des Kriteriums der aktuellen Parlamentszugehörigkeit für sachgerecht, zumal die Spitzenkandidaten nach der von ihnen geleisteten Arbeit in der sich dem Ende zuneigenden Legislaturperiode befragt werden sollen.

- Haben die jeweiligen Parteien einen Anspruch auf Teilnahme ihres Spitzenkandidaten an der geplanten Fernsehsendung?
- Dürfte das ZDF sich auf die drei größten Parteien beschränken, wenn allein deren Spitzenkandidaten realistische Aussicht auf die Übernahme des Kanzleramts haben?

3.1 Allgemeine Bedeutung des Art. 21 GG

Die repräsentative Demokratie ist ohne Parteien nicht zu realisieren, im Falle eines Verhältniswahlrechts geradezu undenkbar. Dennoch stellt es eine Besonderheit dar, dass das Grundgesetz in Art. 21 GG den Parteien einen eigenen Artikel einräumt. Noch in der Spätphase des Konstitutionalismus schrieb kein geringerer als *Georg Jellinek* (1851–1911), die Parteien seien als **„gesellschaftliche Bildungen"** zu begreifen, „die als solche nicht Gegenstand der Staatsrechtslehre selbst sind... In der staatlichen Ordnung ... hat der Begriff der Parteien als solcher keine Stelle."[1] In der Weimarer Reichsverfassung tauchten die Parteien – trotz der verfassungsrechtlichen Entscheidung für das Verhältniswahlrecht und der tatsächlichen Bedeutung der Parteien – nur negativabwehrend in Art. 130 Abs. 1 WRV auf, wo es hieß: „Die Beamten sind Diener der Gesamtheit, nicht einer Partei." *Gustav Radbruch* (1878–1949) bemerkte zu diesem schamhaften Umgang des Staatsrechts mit den Parteien, es gelte auch für sie der Wahlspruch aller Prüderie, man dürfe nicht vor keuschen Ohren nennen, was keusche Herzen 128

im Europäischen Parlament aus, hat also Mandatsrelevanz. Die Erklärung einer Wahl für insgesamt ungültig setzt aufgrund der gravierenden und extrem kostspieligen Notwendigkeit, die Wahl zu wiederholen, aber zusätzlich voraus, dass der Fortbestand der mit dem Wahlfehler behafteteten Wahl keinesfalls hinnehmbar ist. Angesichts der Möglichkeit einer Sperrklausel von bis zu 5 % nach dem DWA und der Tatsache, dass es sich bei einer Sperrklausel grundsätzlich um ein legitimes Mittel zur Sicherung der Funktionsfähigkeit des Parlaments handelt und letztlich auch nur eine kleine Anzahl von Abgeordneten betroffen wäre, erweist sich die Erklärung der Wahl für ungültig als unverhältnismäßig. Im Ergebnis würde das Bundesverfassungsgericht die Verfassungswidrigkeit der Norm feststellen. Dies würde sich jedoch erst bei der nächsten Wahl auswirken.

1 Allgemeine Staatslehre, 3. Aufl. 1913, S. 114.

nicht entbehren können.[2] Der Staats- und Völkerrechtler *Heinrich Triepel* (1868–1946)[3] stellte dann in seiner noch heute viel zitierten Rede „Die Staatsverfassung und die politischen Parteien"[4] im Verhältnis zwischen Staat und Parteien eine Stufenfolge fest: Zunächst habe der Staat die sich neu formierenden Parteien verfolgt (Stadium der Bekämpfung), in einer zweiten Phase habe er sie ignoriert (Stadium der Ignorierung), in einer dritten Phase habe er sie anerkannt und legalisiert (Periode der Anerkennung und Legalisierung) und schließlich habe er sie in seine Verfassung inkorporiert (Ära der verfassungsmäßigen Inkorporation). An eine mögliche fünfte Stufe, nämlich die der Identität von Partei und Staat, der Einverleibung des Staates durch die Parteien oder durch eine Partei, dachte *Triepel* damals nicht.

129 Das Verhältnis von Staat und Parteien in der Bundesrepublik Deutschland entspricht der vierten Stufe. Die Parteien sind durch Art. 21 GG in die Verfassung des Staates inkorporiert. Sie sind nicht – wie in vielen anderen Verfassungen – durch das Grundrecht auf Vereinigungsfreiheit mitgeschützt, sondern sie haben eine **eigene verfassungsrechtliche Regelung** außerhalb des Grundrechtskatalogs im Abschnitt über die grundlegenden Strukturen des Staates erhalten. Die Vorschrift erlegt den Parteien **spezifische Pflichten** auf (Art. 21 Abs. 1 Satz 3 und 4 GG), gewährt dafür aber auch **Privilegien** gegenüber gewöhnlichen Vereinigungen (Art. 21 Abs. 2 Satz 2 GG).[5] In Bekräftigung des Art. 21 Abs. 1 Satz 1 GG heißt es in § 1 Abs. 1 Satz 1 des Parteiengesetzes „Die Parteien sind ein verfassungsrechtlich notwendiger Bestandteil der freiheitlichen demokratischen Grundordnung." Das Bundesverfassungsgericht hat sie als „verfassungsrechtliche Institution"[6] bezeichnet, die für das Funktionieren einer modernen parlamentarischen Demokratie unabdingbar ist. Diese Bezeichnung darf nicht dahin missverstanden werden, dass die Parteien selbst Bestandteil der organisierten Staatlichkeit wären. Sie wurzeln vielmehr in der gesellschaftlichen Sphäre[7] und haben eine privatrechtliche Rechtsform als nicht eingetragener oder eingetragener Verein. Ihre verfassungsrechtlich anerkannte Funktion besteht aber darin, das notwendige **Bindeglied vom Volk zur organisierten Staatlichkeit** zu bilden. (Art. 20 Abs. 2 Satz 1 GG: Alle Staatsgewalt geht vom Volke aus.)

130 Die **Aufgabe der Parteien** ist laut Art. 21 Abs. 1 Satz 1 GG die Mitwirkung an der politischen Willensbildung des Volkes.[8] Die Verwendung des Plurals „Parteien" ist ebenso bedeutsam wie die Verwendung des Begriffs „mitwirken". Art. 21 GG schreibt mit dem Plural ausdrücklich ein **Mehrparteiensystem** vor. Folgerichtig garantiert Art. 21 Abs. 1 S. 2 GG die **Gründungsfreiheit** der Parteien. Eine Parteiengründung bedarf keiner staatlichen Erlaubnis. Das Vereinsrecht gilt nicht. Tatsächlich hat es in der Geschichte der Bundesrepublik immer wieder erfolgreiche Parteineugründungen gegeben. Der Begriff des „Mitwirkens" macht deutlich, dass die Parteien **kein Monopol** auf die politische Willensbildung des Volkes besitzen. Hierzu berufen sind auch Bürgerinitiativen, Gewerkschaften, die Kirchen, die Medien sowie jeder einzelne, indem er von seiner Meinungsfreiheit (Art. 5 Abs. 1 Satz 1 GG) oder Versammlungsfreiheit (Art. 8

2 *G. Radbruch*, Die politischen Parteien im System des deutschen Verfassungsrechts, in: Anschütz/Thoma (Hrsg.), HStR I, 1930, S. 288 ff.

3 *H. Triepel*, Die Staatsverfassung und die politischen Parteien, 1928.

4 Gehalten im Jahre 1927 anlässlich einer akademischen Feierlichkeit als Rektor der Humboldt-Universität zu Berlin.

5 Zur Privilegierung s. etwa BVerfGE 47, 198 (228) – *Wahlwerbesendungen*.

6 BVerfGE 41, 399 (416) – *Wahlkampfkostenpauschale*; 73, 40 (85) – *drittes Parteispendenurteil*, Distanzierung von der früher von *Leibholz* vertretenen Qualifizierung als Verfassungsorgane seit BVerfGE 20, 56 – *Parteienfinanzierung*.

7 Vgl. BVerfGE 20, 56 (101) – *Parteifinanzierungsurteil („Hessen-Klage")*; 85, 264 (287) – *Parteienfinanzierung II*.

8 Vgl. die „Regelbeispiele" des § 1 Abs. 2 PartG, krit. dazu *Ph. Kunig*, Parteien, HStR III, 3. Aufl. 2005, § 40 Rn. 16: „wortreich, aber mit wenig rechtlich fassbarem Gehalt".

GG) Gebrauch macht. Nichtsdestotrotz ist durch Art. 21 Abs. 1 Satz 1 GG die herausragende Stellung der Parteien für die Willensbildung des Volkes anerkannt.
Eine nähere gesetzliche Regelung des Parteienrechts, wie sie heute Art. 21 Abs. 5 GG vorsieht, ist durch das ParteienG[9] aus dem Jahre 1967 erfolgt. Das Gesetz ist vielfach geändert worden; dies gilt insbesondere für die Regelungen der Parteienfinanzierung.

Literatur: *S. Augsberg,* Die politischen Parteien als zentrale Akteure des demokratischen Wettbewerbs, Jura 2018, 1110; *H.H. von Arnim,* Parteien in der Kritik, DÖV 2007, 221; *P. Badura,* Die politischen Parteien in der Mediendemokratie, Fs. für Richard Bartlsperger, 2006, S. 3; *P.M. Huber,* Parteien in der Demokratie, Fs. 50 Jahre BVerfG II, 2001, S. 609; *Ph. Kunig,* Parteien, HStR III, 3. Aufl. 2005, § 40; *M. Morlok,* Parteienrecht als Wettbewerbsrecht, Fs. Dimitris Tsatsos, 2003, S. 408; *M. Morlok,* Parteiengesetz, 2. Aufl. 2013.

3.2 Parteienbegriff

Der Begriff der Parteien ist in § 2 PartG legaldefiniert. Parteien sind danach Vereinigun- 131
gen von Bürgern, die dauernd oder für längere Zeit für den Bereich des Bundes oder eines Landes auf die politische Willensbildung Einfluss nehmen und an der Vertretung des Volkes im Deutschen Bundestag oder einem Landtag mitwirken wollen. Der Parteienbegriff enthält **fünf** wesentliche **Merkmale**:
- Bürger als Mitglieder,
- Einflussnahme auf die politische Willensbildung als Ziel,
- Mitwirkung im Parlament des Bundes oder eines Landes als Mittel,
- Dauerhaftigkeit,
- ernsthafter Wille.

Diese Legaldefinition ist nur verbindlich, soweit es sich um die **verfassungsgemäße Konkretisierung** des von Art. 21 GG gemeinten Parteienbegriffs handelt.[10] Dies hervorzuheben ist deshalb wichtig, weil der Gesetzgeber gemäß Art. 20 Abs. 3 GG an die Verfassung gebunden ist, deren Vorgaben also nicht einfachgesetzlich in ihrem Inhalt verkürzen darf. Aus diesem Grund hat die Auslegung und Anwendung des § 2 PartG im Lichte der verfassungsrechtlichen Vorgaben des Mehrparteiensystems, der Chancengleichheit und der Betätigungsfreiheit der Parteien zu erfolgen.[11]

Mitglied einer Partei können nur natürliche Personen sein, nicht juristische Personen.[12] 132
Dies ergibt sich aus der Verknüpfung mit dem Wahlrecht, das ein höchstpersönliches Bürgerrecht ist. Auch Ausländern steht der Zugang zu Parteien frei. Nach § 2 Abs. 3 PartG kommt politischen Vereinigungen allerdings dann nicht der Status einer Partei zu, wenn ihre Mitglieder oder die Mitglieder ihres Vorstandes in der Mehrheit Ausländer sind. Da sich aus den Parteien die Volksvertreter rekrutieren und die Parteien an der politischen Willensbildung des Volkes mitwirken sollen, ist diese Regelung verfassungsrechtlich nicht nur durch Art. 20 Abs. 2 und Art. 38 Abs. 1 GG legitimiert, sondern sogar gefordert.[13]

Begriffsbestimmend und entscheidend für eine Partei ist ihr Wille, in den Volksvertre- 133
tungen mitzuwirken, maW. ihre **Beteiligung an Wahlen**. Dementsprechend bestimmt § 2 Abs. 2 PartG, dass eine Vereinigung ihre Rechtsstellung als Partei verliert, wenn sie sechs Jahre lang weder an einer Bundestagswahl noch an einer Landtagswahl mit

9 Gesetz über die politischen Parteien (Parteiengesetz [PartG]) vom 31. Januar 1994 (BGBl. I, S. 149).
10 *Ph. Kunig,* Parteien, HStR III, 3. Aufl. 2005, § 40 Rn. 15.
11 S. dazu BVerfGE 89, 266 (269 ff.) – *Unabhängige Arbeiterpartei;* BVerfGE 91, 276 (284) – *Parteibegriff;* bestätigt in BVerfGE 134, 124 Rn. 15 ff. sowie 131 Rn. 7 ff. – jeweils *Beschwerde gegen Nichtanerkennung als Partei zur Bundestagswahl.*
12 Demgegenüber können sich auf die grundrechtliche Vereinigungsfreiheit auch juristische Personen berufen.
13 S. dazu oben Rn. 88.

eigenen Wahlvorschlägen teilgenommen hat. Wesentlich ist die Teilnahme an der Wahl, nicht der Erfolg. Im Falle einer Parteineugründung muss der Organisation eine Aufbauphase zugestanden werden, so dass auch insoweit die mangelnde Beteiligung an Wahlen für bis zu sechs Jahre unschädlich ist. In keinem Fall darf die Frist vollkommen schematisch zur Anwendung kommen.[14] Die Feststellung der Parteieigenschaft ist insbesondere von Bedeutung für die Zulassung der Wahlvorschläge von Parteien gemäß § 18 BWahlG[15] aber auch für die Frage der Anwendbarkeit eines Parteiverbotsverfahrens nach Art. 21 Abs. 2–4 GG im Unterschied zum Vereinsverbotsverfahren nach § 3 VereinsG.[16]

134 Nach der Legaldefinition setzt der Parteienstatus den Willen zur Beteiligung an **Wahlen zum Bundestag oder einem Landtag** voraus. Mit diesem Wortlaut sind solche politischen Vereinigungen, die sich allein an Kommunalwahlen beteiligen, ebenso ausgeschlossen wie solche, die sich allein an den Wahlen zum Europäischen Parlament beteiligen (wollen). Letzteres erklärt sich daraus, dass das Parteiengesetz zu einem Zeitpunkt erlassen wurde, als es noch keine Wahlen zum Europäischen Parlament gab, sondern die Parlamente Vertreter in die Europäische Versammlung entsandten. Im Lichte des Art. 23 GG (Integration in eine EU, die demokratischen Grundsätzen verpflichtet ist) ist der verfassungsrechtliche Parteienbegriff auf europäische Parteien, soweit sie im Hoheitsgebiet der Bundesrepublik Deutschland agieren, zu erstrecken.[17] Dagegen spricht nicht, dass Art. 224 AEUV eine Vorschrift über politische Parteien auf europäischer Ebene und insoweit auch eine Rechtssetzungskompetenz enthält. Bereits Art. 2 Nr. 1 und Art. 3 Abs. 1 lit. a) der Verordnung (EG) Nr. 2004/2003 vom 4.11.2003 über die Regelungen für die politischen Parteien auf europäischer Ebene und ihre Finanzierung[18] setzte vielmehr voraus, dass eine Partei auf europäischer Ebene in mindestens einem Mitgliedstaat Rechtspersönlichkeit besitzt. Die hier vertretene Auffassung betrifft nur den Parteienbegriff. Die Finanzierung richtet sich nach der unionsrechtlichen Verordnung.

135 In Bezug auf **kommunale Wählervereinigungen** hat das Bundesverfassungsgericht den Ausschluss aus dem Parteienbegriff für verfassungsgemäß befunden.[19] Als rechtfertigendes Differenzkriterium lässt sich nur darauf verweisen, dass Bundestag und Landtage der Legislative zuzuordnen sind, die ausschließlich verfassungsgebunden ist (s. Art. 20 Abs. 3 GG). Demgegenüber dienen Gemeindevertretungen der zusätzlichen örtlichen Legitimation der Exekutive (in Form der mittelbaren Staatsverwaltung), die verfassungs- und gesetzesgebunden ist.[20] Allerdings lässt sich der politische Gehalt von Entscheidungen auch auf Gemeindeebene nicht leugnen. Auch finden sich auf allen Ebenen Entscheidungen von sehr unterschiedlicher politischer Relevanz. Die Frage ist also, ob entscheidend für den Parteienbegriff des Art. 21 GG die staatsrechtliche Differenz oder das Faktum der politischen Willensbildung ist, die auch auf Gemeindeebene

14 BVerfGE 89, 266 (271) – *Unabhängige Arbeiterpartei*.

15 Zur Beschwerde gegen die Nichtzulassung gemäß Art. 93 Abs. 1 Nr. 4c GG s. unten Rn. 164a.

16 Um diese Frage ging es in den Entscheidungen BVerfGE 89, 266 ff. – *Unabhängige Arbeiterpartei* und BVerfGE 91, 276 ff. – *Parteibegriff*.

17 *A. Klafki*, in: *von Münch/Kunig*, GGK I, Art. 21 Rn. 27; *M. Morlok*, in: *Dreier* GG II, Art. 21 Rn. 14, 35. S. *S. Blasche*, Der Parteibegriff, VR 2001, 401 (409).

18 ABl. L 297 vom 15.11.2003, S. 1, inzwischen ersetzt durch die Verordnung (EU, EURATOM) Nr. 1141/2014 des Europäischen Parlaments und des Rates vom 22. Oktober 2014 über das Statut und die Finanzierung europäischer politischer Parteien und europäischer politischer Stiftungen, ABl. L 317/1. Art. 2 Nr. 1 lautet nunmehr, dass eine politische Partei nach der Rechtsordnung mindestens eines Mitgliedstaats anerkannt ist oder in Übereinstimmung mit dieser Rechtsordnung gegründet wurde.

19 BVerfGE 6, 367 (372) – *Deutsche Zentrumspartei Land Württemberg-Hohenzollern*. St. Rspr., vgl. BVerfGE 69, 92 (97) – *Wahlspende*; aA. *Ph. Kunig*, Parteien, HStR III, 3. Aufl. 2005, § 40 Rn. 80 f. mwN.

20 S. dazu unten Rn. 492 ff.

stattfindet.[21] Der Wortlaut spricht für letzteres. Die staatsrechtliche Differenz zwischen Wahlen zu Legislativorganen und Wahlen zur Gemeindevertretung, die der Exekutive zugehört, ist andererseits gewichtig. Im Lichte des Parteienprivilegs – Verbot von Parteien nur durch das Bundesverfassungsgericht – erscheint eine Einbeziehung kommunaler Wählervereinigungen in den Parteienbegriff des Grundgesetzes nicht überzeugend. Der entscheidende Nachteil, der sich für kommunale Wählervereinigungen aus ihrem Ausschluss aus dem Parteienbegriff ergibt, findet sich im einfachen Recht: sie nehmen nicht am System der direkten staatlichen Parteienfinanzierung teil. In Bezug auf die indirekte Förderung durch die steuerliche Absetzbarkeit von Spenden und Beiträgen hat das Bundesverfassungsgericht der Ungleichbehandlung allerdings Grenzen gezogen. Sie darf nicht ein Ausmaß erreichen, dass die kommunalen Wählervereinigungen in der Konkurrenz mit Parteien auf der kommunalen Ebene benachteiligt werden.[22] Auch im Übrigen ist der Grundsatz der formalen Wahlrechtsgleichheit gemäß Art. 38 Abs. 1 GG im Verhältnis von kommunalen Wählervereinigungen und Parteien zu beachten.[23]

Trotz der großen Bedeutung, die der Beteiligung an Wahlen zukommt, sind die Parteien keine reinen Wahlvorbereitungsorganisationen.[24] Neben ihrer Aufgabe, sich durch Aufstellung von Bewerbern an den Wahlen in Bund, Ländern und Gemeinden zu beteiligen[25], sollen sie nach § 1 Abs. 2 PartG auf die **Gestaltung der öffentlichen Meinung** Einfluss nehmen – zB. durch politische Veranstaltungen, eigene Zeitungen oder sonstigen Medieneinsatz; sie sollen die aktive Teilnahme der Bürger am politischen Leben fördern, zur Übernahme öffentlicher Verantwortung befähigte Bürger heranbilden; sie sollen die von ihnen erarbeiteten Ziele in den Prozess der staatlichen Willensbildung einbringen und auf die politische Entwicklung in Parlament und Regierung Einfluss nehmen. 136
Der Wille zur Mitwirkung muss von einer gewissen **Nachhaltigkeit** und **Ernsthaftigkeit** sein. Verhindert werden soll damit die missbräuchliche Inanspruchnahme des Parteienstatus nicht zuletzt im Blick auf die staatliche Parteienfinanzierung. § 2 Abs. 1 PartG nennt als nicht abschließende („insbesondere") Kriterien für die Beurteilung der Ernsthaftigkeit Umfang und Festigkeit der Organisation, Mitgliederzahl und die Präsenz in der Öffentlichkeit, wobei es auf das Gesamtbild der tatsächlichen Verhältnisse ankommt. Ist eine Vereinigung, die sich Partei nennt, „nach ihrem Organisationsgrad und ihren Aktivitäten offensichtlich nicht" in der Lage, die Aufgaben einer Partei wahrzunehmen, sind entsprechende Absichtserklärungen „erkennbar unrealistisch und aussichtslos", wobei der Gründungszeitpunkt zu berücksichtigen ist, so handelt es sich – mangels Ernsthaftigkeit der Zielsetzung – nicht um ein Partei.[26] Die Entscheidung im

---

21 S. BVerfGE 83, 37 ff. – *Ausländerwahlrecht Schleswig-Holstein*; 83, 60 ff. – *Ausländerwahlrecht Hamburg*. S. auch oben Rn. 89. Wenn Wahlen auf Gemeinde- und Kreisebene die Ausübung von Staatsgewalt sind und der Berechtigtenkreis damit prinzipiell wegen Art. 20 Abs. 2, 28 Abs. 1 Satz 2 GG auf Deutsche zu beschränken ist, so spricht viel dafür, dass es auf die staatsrechtliche Unterscheidung zwischen Legislativorgan und Gemeindevertretung nicht ankommt. Dies wiederum spricht für die Einbeziehung kommunaler Wählervereinigungen in den Parteienbegriff.

22 BVerfGE 78, 350 (358 ff.) – *Parteienfinanzierung IV*; s. zuvor BVerfGE 69, 92 (110 f.) – *Erfordernis steuerlicher Berücksichtigung von Spenden* und BVerfGE 99, 69 ff. – *Befreiung von der Körperschaft- und Vermögensteuer.*

23 S. dazu BVerfGE 11, 266 (276 f.) – *zum Wahlvorschlagsrecht*; 11, 351 (360 ff.) – *zur Aufstellung von Reservelisten.* Zu den Gleichbehandlungsansprüchen der Wählervereinigungen, s. *A. Kißlinger*, Das Recht auf politische Chancengleichheit, 1998, § 8 S. 148 ff.

24 BVerfGE 91, 262 (268) – *Nationale Liste.*

25 Vgl. §§ 18 ff. BWahlG.

26 BVerfGE 91, 262 (271 f.) – *Nationale Liste*; 89, 291 (306) – *DSU*; 91, 267 (288 ff.) – *FAP.* S. BerlVerfGH, JR 2001, 495 ff. – *Rechtschreibreform-"Parteiprogramm"*: einseitige Ausrichtung am Thema Rechtschreibreform lässt nach Einführung und Scheitern entsprechenden Volksbegehrens keinen ernsthaften Willen zur Mitwirkung an der politischen Willensbildung erkennen. Ausf. zur Ernsthaftigkeitsklausel *S. Blasche*, Der Parteibegriff, VR 2001, 401 (413 f.).

Einzelfall muss sich stets an dem verfassungsrechtlichen Ziel orientieren, das Parteiensystem offenzuhalten. Allein offensichtlicher Missbrauch ist zu verhindern. Ob eine Vereinigung eine politische Partei darstellt, prüft der jeweilige Wahlausschuss bei der Einreichung der Kandidatenlisten[27] oder das Bundesverfassungsgericht, wenn ein Antrag auf den Ausspruch eines Parteiverbots gestellt[28] oder eine Beschwerde gegen die Nichtanerkennung als Partei gemäß Art. 93 Abs. 1 Nr. 4c GG erhoben[29] wurde.

Rechtsprechung (zum Parteibegriff): BVerfGE 69, 92 – kommunale Wählervereinigungen; 89, 266 – Nichtzulassung zur Wahl Unabhängige Arbeiterpartei; 91, 262 – Nationale Liste; 91, 276 – FAP; 134, 124 – Nichtzulassungsbeschwerde; Berl.VerfGH, JR 2001, 495 – Rechtschreibreform „Parteiprogramm".

Literatur: *S. Blasche*, Der Parteibegriff, VR 2001, 401; *Ph. Kunig*, Parteien, HStR III, 3. Aufl. 2005, § 40 Rn. 6 ff.; *W. Wietschel*, Der Parteienbegriff, 1996.

3.3 Innere Demokratie

137 Art. 21 Abs. 1 Satz 3 GG verlangt, dass die innere Ordnung der Parteien demokratischen Grundsätzen entsprechen muss. Diese Anforderung wird in den §§ 6–16 PartG konkretisiert. Danach muss jede Partei ein schriftlich formuliertes **Programm** besitzen, aus dem sich ihre politischen Ziele ergeben, sowie eine **Satzung**, in der die Rechte und Pflichten der Mitglieder, die Organisation und die innerparteiliche Willensbildung geregelt sind. Mitgliederversammlung und Vorstand sind notwendige Organe der Partei und der Gebietsverbände (§ 8 Abs. 1 Satz 1 PartG); die Mitglieder- bzw. Vertreterversammlung (Parteitag, Hauptversammlung) ist das oberste Organ des jeweiligen Gebietsverbands (§ 9 Abs. 1 Satz 1 PartG).

3.3.1 Innerparteiliche Wahlen

138 Die Anforderungen der innerparteilichen Demokratie sind von allergrößter Bedeutung für die Aufstellung der Wahlbewerber, denn es sind (faktisch ausschließlich) die Parteien, die durch die **Kandidatenaufstellung** die personelle Zusammensetzung des Parlaments bestimmen. Für diese Wahl gilt wie für jede innerparteiliche Wahl, aber noch verstärkt durch die Anforderungen des Art. 38 Abs. 1 Satz 1 GG, dass sie demokratisch erfolgt, dh. den Grundsätzen der Freiheit, Allgemeinheit und Gleichheit genügt.[30] Für die näheren Regeln verweist § 17 PartG auf die Wahlgesetze[31] und die Satzungen der Parteien. § 21 Abs. 3 Satz 1 BWahlG verlangt für die Kandidatenaufstellung ausdrücklich die Durchführung einer geheimen Wahl.[32] Der Wahlrechtsgleichheit ist nur dann genügt, wenn auch Minderheiten ihre Vorschläge ausreichend zur Erörterung bringen können. Unzulässig ist deshalb eine Satzungsbestimmung, nach der über Vorschläge aus der Mitgliederversammlung erst dann abgestimmt wird, wenn die Vorschläge des Vorstands zweimal hintereinander keine Mehrheit erlangt haben.[33] Unzulässig ist auch die Wahl von Kandidaten in feststehenden Blöcken, wenn das Verhältnis zwischen der

27 S. § 18 Abs. 2 Satz 1 und Abs. 3 Satz 1 BWahlG. Für ein Beispiel allerdings auf Landesebene s. Berl.VerfGH, JR 2001, 495 ff.

28 Vgl. BVerfGE 91, 276 (283) – *FAP*. S. dazu noch unten Rn. 145 – Parteiverbot.

29 S. dazu BVerfGE 134, 121 ff. – *Nichtanerkennungsbeschwerde*.

30 S. dazu BVerfGE 89, 243 ff. – *Kandidatenaufstellung* und zuvor HbgVerfG, NVwZ 1993, 1083 = DVBl. 1993, 1070; dazu *U. Mager*, Die Kontrolle der innerparteilichen Kandidatenaufstellung im Wahlprüfungsverfahren, DÖV 1995, 9 ff. und *J. Ipsen*, Kandidatenaufstellung, innerparteiliche Demokratie und Wahlprüfungsrecht, ZParl 1994, 234 ff.

31 Vgl. §§ 21–27 BWahlG.

32 S. demgegenüber § 15 Abs. 2 PartG, der nur für bestimmte Wahlen geheime Durchführung vorsieht, im Übrigen aber offene Wahlen ermöglicht.

33 HbgVerfG, NVwZ 1993, 1083 ff. = DVBl. 1993, 1070 ff.

Zahl der Wahlberechtigten und der Zahl der zu Wählenden ein solches ist, dass es für eine Minderheit unmöglich ist, einen Alternativvorschlag einzureichen.[34]

Umstritten ist die Zulässigkeit von **Quotenregelungen zugunsten von Frauen**. Insoweit ließe sich argumentieren, dass diese Regelungen die Kandidaturen betreffen und damit dem Wahlakt vorausliegen. Teilt man diese Auffassung nicht, so sind Quoten bei der Besetzung von Parteiämtern angesichts der Autonomie der Parteien und der darin enthaltenen Freiheit, ihre Satzung und ihr Programm frei zu bestimmen, sehr viel leichter zu rechtfertigen als Quoten in Bezug auf die Kandidatenaufstellung für Bundes- oder Landtagswahlen, da diese nicht nur dem Grundsatz innerparteilicher Demokratie, sondern auch den strikteren Anforderungen von Allgemeinheit und Gleichheit im Sinne des Art. 38 Abs. 1 Satz 1 GG genügen müssen.[35] Davon zu unterscheiden ist die Verpflichtung zu einer geschlechterparitätischen Aufstellung von Landeslisten durch das WahlG. Insoweit ist die Freiheit der Parteien, selbstbestimmt Wahlvorschläge einzubringen, beeinträchtigt.[36] 139

3.3.2 Rechtsanspruch auf Aufnahme?

Keine Einigkeit besteht über die Frage, ob es einen Rechtsanspruch auf Aufnahme in eine Partei gibt. Nach § 10 Abs. 1 Satz 3 PartG sind **allgemeine Aufnahmesperren unzulässig**, auch dann, wenn sie nur befristet sind. Im Übrigen entscheiden die zuständigen Organe der Partei „nach näherer Bestimmung der Satzung *frei* über die Aufnahme von Mitgliedern" (§ 10 Abs. 1 Satz 1 PartG). „Die Ablehnung eines Aufnahmeantrags braucht *nicht begründet* zu werden." (§ 10 Abs. 1 Satz 2 PartG). Der Bundesgerichtshof[37] verneint dementsprechend einen Rechtsanspruch auf Aufnahme in eine Partei. Der Einzelne wird auf sein Recht verwiesen, selbst eine Partei zu gründen. Für die uneingeschränkte Entscheidungsfreiheit der Partei sprächen zudem die **Vereinsautonomie** sowie der Grundsatz der Parteigeschlossenheit, der die Abwehr parteifremder Einflüsse erfordere. 140

Demgegenüber wird vertreten, dass der Antrag auf Aufnahme nur aus denselben Gründen abgelehnt werden dürfe, die auch einen Ausschluss aus der Partei rechtfertigten, dh. wenn zu erwarten ist, dass der Bewerber die Grundsätze und Ziele der Partei nicht vertritt oder seine Mitgliedschaft der Partei schweren Schaden zufügen wird.[38] Begründet wird diese Ansicht mit dem Anspruch aller Staatsbürger auf aktive Mitwirkung am politischen Leben unter Hinweis auf die faktische Monopolstellung der größeren Parteien, die damit den Zugang zu politischen Berufen und Ämtern kontrollieren.[39]

Mit der besonderen Stellung der Parteien, denen nach Art. 21 GG nicht nur Freiheit, sondern eine Funktion garantiert ist, die auch Pflichten umfasst, ließe sich zumindest eine Pflicht zu sachgerechter, dh. nicht willkürlicher Prüfung begründen.[40] Allerdings hat der Gesetzgeber die **Ablehnung** eines Aufnahmeantrags ausdrücklich **von** der

---

34 Wahlprüfungsgericht Berlin, DÖV 1972, 352 ff.

35 S. zu diesem Problem *B. von Nieding*, Politische Wahlen und Frauenquote, NVwZ 1994, 1171 ff.; *I. Ebsen*, Verbindliche Quotenregelungen für Frauen und Männer in Parteistatuten, 1988; *K. Lange*, „Frauenquoten" in politischen Parteien, NJW 1988, 1174 ff.

36 S. dazu Rn. 95 und Rn. 103.

37 BGHZ 101, 193 (201 ff.) – *Fall Williams*, ebenso die hM. in der Literatur. S. auch BVerfG, DVBl. 2002, 968 (968) = NJW 2002, 2227 ff. Zum Thema s. *U. Stoklossa*, Der Zugang zu den politischen Parteien im Spannungsfeld zwischen Vereinsautonomie und Parteienstaat, 1989.

38 *F. Knöpfle*, Zugang zu den politischen Parteien, Staat 9 (1970), 321 (343 f.). Für eine Anlehnung an die Parteiausschlussgründe *M. Morlok*, Der Anspruch auf Zugang zu den politischen Parteien, in: Fs. für Franz Knöpfle, 1996, S. 231 (264 ff.).

39 *M. Morlok*, a. a. O., S. 247 ff.; *F. Knöpfle*, a. a. O., S. 334 ff.

40 So *Ph. Kunig*, Parteien, HStR III, 3. Aufl. 2005, § 40 Rn 159.

Begründungspflicht befreit.[41] Ohne Begründung lässt sich aber die Sachgerechtigkeit im Einzelfall nicht kontrollieren. Der Gesetzgeber hat damit offenbar diese Frage den Parteien selbst anvertraut, zumal diese grundsätzlich ein Interesse daran haben, neue Mitglieder aufzunehmen. Damit erübrigt es sich, über die Sachgerechtigkeit von Gründen und einen Anspruch im Einzelfall nachzudenken. Davon zu unterscheiden ist die streitige Frage, inwieweit die Freiheit, Satzung und Programm und daran anknüpfend die Mitglieder zu bestimmen, die Diskriminierungsverbote des Art. 3 Abs. 3 GG verdrängt.[42] Hier stellt sich die Frage der Sachgerechtigkeit in Bezug auf eine Ablehnungspraxis, die ihre Begründung in sich selbst trägt. Die Beantwortung der Frage hängt davon ab, inwieweit Interessen einer solchen Gruppe in verfassungs- und rechtmäßiger Weise zum Inhalt von Politik gemacht werden dürfen, inwieweit die Parteien im gesellschaftlichen Bereich oder doch schon in Nähe der organisierten Staatlichkeit verortet werden und inwieweit dem Art. 3 Abs. 3 GG Drittwirkung, dh. Verpflichtung nicht nur des Staates (für den Bereich der organisierten Staatlichkeit), sondern auch von Privatpersonen (für den Bereich der Gesellschaft) zukommt. ME. ist zu unterscheiden zwischen Politikzielen und Mitgliedern. So ist etwa die Gleichstellung von Frauen ein zulässiges Politikziel; dieses Ziel rechtfertigt jedoch keine reine Frauenpartei.

3.3.3 Ausschluss und Ordnungsmaßnahmen

141 Anders als die Aufnahme sind der Ausschluss aus der Partei sowie Ordnungsmaßnahmen eingehend im ParteienG geregelt. **Rechtsstaatliche Mindestanforderungen** an Ordnungsmaßnahmen stellt § 10 Abs. 3 PartG. In Bezug auf den Ausschluss ist zu unterscheiden zwischen dem praktisch seltenen Ausschluss ganzer Gebietsverbände, dessen besonders strenge Voraussetzungen in § 16 PartG geregelt sind, und dem Ausschluss einzelner Mitglieder. Vorschriften hierüber finden sich in § 10 Abs. 4 und 5 PartG. Nach § 10 Abs. 4 PartG kann ein Mitglied nur dann aus der Partei ausgeschlossen werden, wenn es vorsätzlich gegen die Satzung oder erheblich gegen Grundsätze oder Ordnung der Partei verstößt und ihr damit schweren Schaden zufügt. Ein Verstoß gegen das geschriebene Parteiinnenrecht ist also nur tatbestandsmäßig, wenn er willentlich erfolgt; im Falle eines Verstoßes gegen ungeschriebenes Parteiinnenrecht kommt es auf die objektive Erheblichkeit an.[43] Fraglich ist, ob die Qualifizierung durch einen „schweren Schaden" für beide Tatbestandsalternativen des § 10 Abs. 4 PartG gilt oder nur für die letztgenannte. Da der Parteiausschluss ein scharfes Schwert ist und ein vorsätzlicher Satzungsverstoß nicht per se derart verwerflich ist, dass er stets einen schweren Schaden impliziert, und Zweck des Parteiausschlusses schließlich nur der sein kann, Schaden von der Partei abzuwenden, spricht die teleologische Auslegung dafür, dass die Qualifizierung für beide Tatbestandsalternativen gleichermaßen gilt.[44]

---

41 Zu einem gegenteiligen Ergebnis kommt man daher nur, wenn man die fehlende Begründungspflicht für verfassungswidrig hält. Für Verfassungswidrigkeit *M. Morlok*, Der Anspruch auf Zugang zu den politischen Parteien, in: Fs. für Franz Knöpfle, 1996, S. 231 (261).

42 Art. 3 Abs. 3 GG verbietet die Bevorzugung oder Benachteilung wegen des Geschlechts, der Rasse, der Sprache, der Heimat und Herkunft, der religiösen oder politischen Anschauung. Es liegt auf der Hand, dass Parteien wegen der politischen Anschauung „diskriminieren" dürfen. Dies auch bei allen anderen Merkmalen vorbehaltlos zu bejahen, bestehen zumindest Hemmungen. S. hierzu *G. König*, Die Verfassungsbindung politischer Parteien, 1993, S. 53.

43 Bei einem erheblichen Verstoß gegen die Grundsätze und Ordnung der Partei kann schon Fahrlässigkeit genügen; vgl. BGH, NJW 1994, 2610 (2613). S. auch CDU- Bundesparteigericht 3/2004, Beschluss v. 19.10.2004, NVwZ 2005, 480 ff. – *Parteiausschluss Hohmann*; KG Berlin, Urt. v. 25.10.2006, Az. 3 U 47/05 Rn. 24 (juris), KGR 2007, 460 ff.; zur Verhältnismäßigkeit s. KG Berlin, DVBl. 2014, 259 ff.

44 *F. Grawert*, Parteiausschluss und innerparteiliche Demokratie, 1987, S. 88.

Über den Ausschluss entscheidet das zuständige **Schiedsgericht der Partei** (§ 10 Abs. 5 PartG).[45] Nähere Regelungen über die Parteischiedsgerichte finden sich in § 14 PartG.[46] Gegen die Entscheidungen von Parteischiedsgerichten ist gemäß § 13 GVG der Rechtsweg zu den Zivilgerichten eröffnet, denn es handelt sich um eine bürgerlich-rechtliche Streitigkeit aus dem vereinsrechtlichen Verhältnis zwischen Mitglied und Partei. Das Zivilgericht überprüft, ob die Entscheidung des Schiedsgerichts in der Satzung eine Stütze findet, ob die Satzungsvorschrift gesetz- oder sittenwidrig ist, ob das vorgeschriebene Verfahren beachtet wurde und ob der Ausschluss der Billigkeit entspricht, wobei es bei seiner Überprüfung die Vereinsautonomie zu beachten hat.[47]

Rechtsprechung: BVerfGE 89, 243 – Hamburger Bürgerschaft (Kontrolle der innerparteilichen Kandidatenaufstellung); BVerfG, DVBl. 2002, 968 (968) = NJW 2002, 2227 (Parteiausschluss wegen Scientology Mitgliedschaft); BGHZ 101, 193 – Fall Williams (Aufnahmezwang bei Erfüllung der satzungsmäßigen Voraussetzungen).

Literatur: *Ph. Kunig*, Parteien, HStR III, 3. Aufl. 2005, § 40 Rn. 31 ff.; *S. Lenski*, Parteiordnungsmaßnahmen in der Mediendemokratie, Überlegungen zum Verhältnis von Parteimitgliedschaft und Privatsphäre am Beispiel des Falls Edathy, NVwZ 2015, 1730; *S. Ossege*, Das Parteienrechtsverhältnis, 2012; *N. Ullrich*, Der Vereins- und Parteiausschluss aus politisch-inhaltlichen Gründen, JZ 2014, 1084; *M. Werner*, Gesetzesrecht und Satzungsrecht bei der Kandidatenaufstellung politischer Parteien, 2010.

Fallbearbeitungen: *Ch. Seiler*, Streit in der Partei, JuS 2005, 1107 (Referendarexamensklausur: Anwendung demokratischer Grundsätze bei der Kandidatenauswahl für die Bundestagswahl, mittelbare Grundrechtsbindung gegenüber Beitrittsbewerbern); *M. Kotzur*, Parteifreund auf Abwegen, JuS 2001, 54 (Examensklausur Parteiausschluss wegen Sektenmitgliedschaft, Rechtschutz).

3.4 Freiheit und Gleichheit

Gemäß Art. 21 Abs. 1 Satz 2 GG ist die Gründung von Parteien frei. Dies ist die notwen- **142**
dige Konsequenz aus dem bereits in Art. 21 Abs. 1 Satz 1 GG vorausgesetzten **Mehrparteiensystem** („die Parteien"). Die **Gründungsfreiheit** bedeutet insbesondere, dass die Eigenschaft als Partei an keine spezifische Rechtsform geknüpft ist. Dadurch wird verhindert, dass sie etwa durch Eintragung in ein Register oder durch Anerkennung von staatlicher Mitwirkung abhängig gemacht werden könnte.[48] Darüber hinaus genießen die Parteien **Freiheit bei ihrer Betätigung**. Sie sind **Grundrechtsträger**, soweit Grundrechte gemäß Art. 19 Abs. 3 GG dem Wesen nach auf sie Anwendung finden können:

45 Ein Schiedsgerichtsverfahren kann bei Austrittsfiktionen entbehrlich sein: So stellte die Regelung in § 6 Abs. 2 Organisationsstatut der SPD iVm. § 20 Abs. 2 Schiedsgerichtsordnung nach der die Mitgliedschaft in oder Kandidatur bei einer Burschenschaft als Austritt aus der SPD gilt (nach entsprechender Austrittsaufforderung) keinen Verstoß gegen § 10 Abs. 4 und 5 PartG dar, da das Verhalten „tatbestandlich leicht erfasst" werden kann, eine „Mitgliedschaft in der Partei für jedermann einleuchtend ausschließt" und auch „im Schiedsgerichtsverfahren unter Berücksichtigung des § 10 Abs. 4 PartG praktisch keine andere Wertung zulässt", so dass dieses „bloße Förmelei" wäre. S. AG BerlinTempelhof-Kreuzberg, Urt. v. 25.10.2006, Az: 4 C 355/06 (juris).

46 Zu Parteischiedsgerichten, s. *K.D. Kressel*, Parteischiedsgerichtbarkeit und Staatsgerichtsbarkeit, 1998 und *A. Scherff*, Der Verfassungsauftrag der innerparteilichen Demokratie im Lichte von Parteigerichtsverfahren und staatlicher Gerichtsbarkeit, 1993.

47 KG Berlin, Urt. v. 25.10.2006, Az. 3 U 47/05 Rn 24 (juris), KGR 2007, 460 (Ls. 1 und Rn. 9.12) – *Parteiausschluss Hohmann*; KG Berlin, DVBl. 2014, 259 ff. – *unverhältnismäßiger Ausschluss.*

48 Nach § 54 BGB werden nicht eingetragene Vereine wie BGB-Gesellschaften (persönliche Haftung!) behandelt. Die vereinsrechtlichen Regelungen finden demnach nur auf eingetragene Vereine Anwendung. Diese Ungleichbehandlung sollte auf politische, soziale und religiöse Vereinigungen Druck zur Eintragung ausüben, um staatliche Kontrolle und Eingriffe über das Vereinsregister zu ermöglichen. Heute ist diese Vorschrift durch die Rechtsprechung im Sinne einer weitgehenden Annährung des rechtsfähigen und nichtrechtsfähigen Vereins korrigiert. S. dazu *H. Maurer*, Die Rechtstellung der politischen Parteien, JuS 1991, 881 (883).

Parteien genießen etwa Meinungsfreiheit (Art. 5 Abs. 1 Satz 1 GG), Versammlungsfreiheit (Art. 8 GG), Eigentumsfreiheit (Art. 14 GG) sowie allgemeine Handlungsfreiheit (Art. 2 Abs. 1 GG).[49]
Zum Mehrparteiensystem gehört notwendig ein **freier Wettbewerb** zwischen den Parteien, mit der Chance einer jeden, die Mehrheit der Wählerstimmen zu erringen. Wettbewerb ist nur frei, wenn die Wettbewerber auf der Grundlage einer gleichen Rechtsstellung grundsätzlich die gleichen Chancen haben. Würde einer Partei ein besonderer Rechtsstatus[50] oder eine politische Führungsrolle[51] eingeräumt, wäre dies verfassungswidrig. Eine besondere Ausprägung hat der in Art. 21 Abs. 1 iVm. Art. 3 Abs. 1 GG und im Zusammenhang mit Wahlen auch in Art. 38 Abs. 1 Satz 1 GG verankerte Grundsatz der **Chancengleichheit** in § 5 PartG gefunden. Es handelt sich um einen „derivativen Leistungsanspruch", der Träger öffentlicher Gewalt (und nur diese![52]) für den Fall, dass sie Parteien öffentliche Leistungen gewähren, dazu verpflichtet, alle Parteien gleich zu behandeln. Dieser Anspruch ist von Bedeutung im Zusammenhang mit dem Anspruch auf Sondernutzung öffentlicher Straßen oder auf Nutzung gemeindlicher Einrichtungen wie etwa Stadthallen. Eine besondere Rolle spielt er auch im Zusammenhang mit Wahlwerbesendungen, die durch öffentliche Rundfunkanstalten ausgestrahlt werden.[53]

143 Problematisch erscheint der in **§ 5 Abs. 1 PartG** normierte **Grundsatz der abgestuften Chancengleichheit**, wonach der Umfang der Gewährung nach der Bedeutung der Parteien bis zu dem für die Erreichung ihres Zwecks erforderlichen Mindestmaß abgestuft werden kann. Die Bedeutung kann sich insbesondere auch nach den Ergebnissen vorangegangener Wahlen bemessen, wobei für eine Partei, die im Bundestag in Fraktionsstärke vertreten ist, der Umfang der Gewährung mindestens halb so groß wie für jede andere Partei sein muss. Tatsächliche Ungleichheit in der aktuellen Bedeutung einer Partei findet hier Niederschlag im Recht. Rechtfertigung findet diese rechtliche Ungleichbehandlung nach Auffassung der Rechtsprechung gerade im Grundsatz der Chancengleichheit: „die absolute formale Gleichbehandlung aller Parteien (brächte) eine Verfälschung mit sich …, weil mit einer solchen Gleichbehandlung der Anschein des gleichen Gewichts der verschiedenen Parteien erweckt und der Wähler über die wahre Bedeutung der einzelnen Parteien getäuscht würde; die formale Gleichbehandlung würde somit das Recht der größeren Parteien auf Achtung auch ihrer Chancengleichheit zugunsten der kleineren Parteien und damit zugleich das **Neutralitätsgebot** der Träger

49 Zur Grundrechtsträgerschaft von Parteien s. *A. Mauersberger*, Die Freiheit der Parteien, 1994, S. 149; *Ph. Kunig*, Parteien, HStR III, 3. Aufl. 2005, § 40 Rn. 90 ff. S. auch BVerfGE 121, 30 ff. – *Hess. Privatrundfunkgesetz* und die Anm. von *H. Reffken*, NVwZ 2008, 857 ff. zu Zulässigkeit und Grenzen der Beteiligung von Parteien an Rundfunkveranstaltern: Ein absolutes Verbot der Medienbeteiligung politischer Parteien verletzt Art. 5 Abs. 1 in Verbindung mit Art. 21 Abs. 1 GG; ein Verbot von Beteiligungen, insoweit Parteien bestimmenden Einfluss auf die Programmgestaltung und den -inhalt nehmen können, stellt dagegen eine zulässige Ausgestaltung der Rundfunkfreiheit dar. S. zum Thema auch *M. Möstl*, Politische Parteien als Medienunternehmen, DÖV 2003, 106 ff.; *M. Morlok/U. von Alemann/T. Streit* (Hrsg.), Medienbeteiligungen politischer Parteien, 2004; *M. Angelov*, Vermögensbildung und unternehmerische Tätigkeit politischer Parteien, 2006 und *H. Reffken*, Politische Parteien und ihre Beteiligung an Medienunternehmen, 2007.

50 Nach § 1 Abs. 2 des Gesetzes über die Einheit von Partei und Staat vom 1. Dezember 1933 (RGBl. I, S. 1016) war die NSDAP eine Körperschaft des öffentlichen Rechts, deren Satzung vom Führer bestimmt wurde.

51 Nach Art. 1 Abs. 1 Satz 2 der DDR-Verfassung von 1974 war die DDR „die politische Organisation der Werktätigen in Stadt und Land unter Führung der Arbeiterklasse und ihrer marxistisch-leninistischen Partei" (GBl. DDR 1972 I, S. 253).

52 BVerfGE 47, 198 (237) – *Wahlwerbespot*; BVerwGE 87, 270 (273 f.). Bei kommunalen Gesellschaften privaten Rechts kann jedoch die Gemeinde auf Einwirkung auf ihre Eigengesellschaften in Anspruch genommen werden, s. BVerwG, NJW 1990, 134 ff.; VGH BW, NVwZ-RR 1994, 111 ff. und DVBl. 1995, 927 ff.

53 Vgl. etwa § 11 Abs. 1 ZDF-Vertrag. Private Rundfunkanstalten, die bundesweit ausstrahlen, sind vor Bundestags- und Europawahlen zudem staatsvertraglich verpflichtet, Parteien Sendezeiten zu gewähren (vgl. § 42 Abs. 2 Rundfunkstaatsvertrag). Zu den öffentlich-rechtlichen Rundfunkanstalten s. *A. Schulze-Sölde*, Politische Parteien und Wahlwerbung in der dualen Rundfunkordnung, 1994, S. 30 ff.; zu den privaten S. 124 ff.

öffentlicher Gewalt im Wahlkampf verletzen; die formale Gleichbehandlung hätte mithin eine nicht zu billigende Ungleichbehandlung zur Folge."[54] Die Abstufung dürfe allerdings nicht zum optischen Untergang der kleinen Parteien gegenüber der erdrückenden Werbung einer großen Partei führen.[55]
In der Literatur wird der Grundsatz der abgestuften Chancengleichheit kritisiert. Es sei nicht Sache des Gesetzgebers oder der Verwaltung, über den Umfang der Wahlwerbung und Selbstdarstellung der Parteien zu befinden. Dieses Argument überzeugt, wenn und soweit es um den Zugang zu Gütern geht, die nach den Mechanismen des Marktes zugeteilt werden, also entweder grenzenlos zur Verfügung stehen, so dass jeder wunschgemäß bedient werden kann[56], oder aber entgeltlich zur Verfügung gestellt werden. Sofern dies auf öffentliche Leistungen nicht zutrifft, muss dagegen eine Zuteilungsentscheidung getroffen werden. Diese auch an der aktuellen Bedeutung der Parteien auszurichten, erscheint mit den Gründen der Rechtsprechung sachgerecht.

Die gerichtlichen Entscheidungen, die im Zusammenhang mit dem **Zugang von Parteien zu öffentlichen Einrichtungen**,[57] der Nutzung öffentlichen Straßenraums für Wahlwerbung,[58] der Einräumung von Sendezeit für Wahlwerbespots[59] oder der Beteiligung von Spitzenkandidaten an wahlbezogenen Fernsehsendungen[60] ergangen sind, sind Legion. Es handelt sich um eine inzwischen klassische Konstellation, in der im Zusammenhang mit einem verwaltungsrechtlichen Anspruch auf Zugang die Grundentscheidungen des Art. 21 GG im Wege verfassungskonformer Auslegung oder verfassungsgemäßer Ermessensausübung zur Anwendung kommen. So darf einer Partei nicht mit dem Argument ihrer Verfassungswidrigkeit eine öffentliche Leistung verweigert werden, wenn und solange sie nicht durch das Bundesverfassungsgericht verboten ist (**Parteienprivileg**).[61] Das Ermessen hinsichtlich der Erteilung von Sondernutzungserlaubnissen reduziert sich hinsichtlich des „ob" im Lichte des Art. 21 Abs. 1 GG im Regelfall auf Null.[62] 144

54 BVerwGE 47, 280 (291 f.) – *Bezirksvertretung*; s. auch BVerwGE 75, 67 (77) – *Wahlwerbespot*; 75, 79 (85) – *Rundfunkwerbung*; BVerfGE 14, 121 (136) – *Wahlsendezeit*; 24, 300 (355) – *Wahlkampfkostenpauschale*; aA. *Ph. Kunig*, Parteien, HStR III, 3. Aufl. 2005, § 40 Rn. 99 f. und *J. Ipsen*, in: Sachs, Art. 21 Rn. 42.

55 BVerfGE 47, 280 (291 f.) – *Wahlvorschriften für Bezirksvertretungen zur Plakatwerbung*: es müsse ein Sockel von 5 % der bereitstehenden Stellplätze für jede Partei zur Verfügung stehen und die größte Partei dürfe nicht mehr als das 4–5fache an Stellplätzen erhalten als für die kleinste bereitstehen.

56 Vgl. BVerwG, DVBl. 1992, 430 (431).

57 S. zB. VGH BW, Beschluss vom 16.10.2014, 1 S 1855/14, juris; BayVGH, Beschluss vom 4.1.2012, 4 CE 11.3002, NJW 2012, 1095 ff. und dazu *C. Waldhoff*, JuS 2012, 383 f.; zum Thema s. *F. Zundel*, Die Zulassung politischer Parteien zu kommunalen öffentlichen Einrichtungen, JuS 1991, 472 ff. und *U. Gassner*, Grenzen des Zulassungsanspruchs politischer Parteien zu kommunalen Einrichtungen, VerwArch 85 (1994), 533 ff.

58 S. zB. HessVGH, Beschluss vom 17.9.2013, 2 B 1963/13, NVwZ-RR 2014, 86 f.; OVG MV, Beschluss vom 24.8.2011, 1 M 127/11, NordÖR 2012, 34 ff. und 1 M 145/11, juris; dazu *J. Hagmann*, Politische Wahlwerbung im Öffentlichen Straßenraum, DÖV 2006, 323 ff.

59 BVerfGE 14, 121 – *FDP Sendezeiten*; VG Mainz, Beschluss vom 7.5.2009, 4 L 521/09.MZ, AfP 2009, 425 ff. – *Zuweisung von Sendezeiten für Wahlwerbung*.

60 BVerfGE 82, 54 ff. – *Spitzenkandidaten* (Beteiligung der Spitzenkandidatin der Grünen an einer Fernsehdiskussion des WDR vor einer Landtagswahl); BVerfG, NJW 2002, 2939 ff. – *Kanzlerduell* (Nichtannahmebeschluss: Versagung der Teilnahme des FDP-Vorsitzenden *Guido Westerwelle* am TV-Kanzlerduell vor einer Bundestagswahl); OVG NRW, Beschluss vom 30.4.2012, 13 B 528/12, juris – *Teilnahme an Fernsehsendung „Wahlarena"*.

61 BayVGH, Beschluss vom 4.1.2012, 4 CE 11.3002, NJW 2012, 1095 ff.; OVG BB, Urteil vom 28.11.2011, OVG 3a B 4.11, juris. Über die genannten Beispiele hinaus, stellt sich die Frage auch bei der Einrichtung oder Kündigung von Bankkonten durch Sparkassen oder Landesbanken (Anstalt des öffentlichen Rechts, unmittelbare Grundrechtsverpflichtung!). S. dazu LG Leipzig, NJW 2001, 80 f.; OVG BB, Beschluss vom 20.2.2014, OVG 3 N 109.12, juris; OVG NRW, Beschluss vom 7.5.2013, 16 A 2735/12, juris; *B. Boemke*, Kontenkündigung als Sittenverstoß, JuS 2001, 444 (447 f.).

62 Der Gleichbehandlungsanspruch wird dann zum Zulassungsanspruch. BVerfGE 32, 333 (337 f.); BVerwG, DVBl. 1990, 154 ff. § 5 PartG als Anspruchsgrundlage, s. VGH BW, DVBl. 1995, 927 (927 f.) = NVwZ-RR 1996, 691 ff.

Die Chancengleichheit der Parteien gebietet nicht zuletzt, dass staatliche Organe und Stellen sich mit negativen Werturteilen über einzelne Parteien zurückhalten. Das Maß des Erlaubten bestimmt sich nach der jeweiligen staatlichen Funktion und nach der Situation, in der die Äußerung fällt. Von Bedeutung ist auch, in welcher Funktion eine Person eine Äußerung vornimmt und inwieweit staatliche Mittel in Anspruch genommen werden.[63] So darf die Bundesregierung in Zeiten des Wahlkampfes ihre Öffentlichkeitsarbeit nicht steigern und keinesfalls entsprechendes Material den sie tragenden Parteien zu Wahlkampfzwecken zur Verfügung stellen.[64] In den Verfassungsschutzberichten des Bundesministeriums des Innern gilt als Maßstab das Verbot sachfremder Erwägungen; die auf Tatsachen gestützte Wertung des Verhaltens einer Partei als verfassungsfeindlich ist funktionsgerecht.[65] In Bezug auf negative Äußerungen des Bundespräsidenten ergibt sich der Maßstab aus dessen Integrationsfunktion: In der Wahrnehmung dieser Funktion kommt dem Amtsinhaber ein großer Spielraum zu. Die Grenzen ergeben sich aus dem Verbot gänzlich unsachlicher Schmähkritik, evidenter Vernachlässigung der Integrationsfunktion und dem Willkürverbot.[66]

Rechtsprechung: BVerfGE 14, 121 – FDP Sendezeiten (abgestufte Chancengleichheit); 44, 125 – Öffentlichkeitsarbeit der Bundesregierung vs. Wahlwerbung; 47, 198 – Wahlwerbesendungen (Parteienprivileg); 82, 54 – Spitzenkandidaten; BVerfG, NJW 2002, 2939 – Kanzlerduell; BVerfG, NVwZ 2014, 1156 – Äußerungsbefugnis des Bundespräsidenten Fall Schwesig, Fall Bildungsministerin.

Literatur: *C. Gröpl/S. Zembruski*, Äußerungsbefugnisse oberster Staatsorgane und Amtsträger, Jura 2016, 268; *W. Haensle*, Das „Kanzlerduell“: Noch zeitgemäß?, DÖV 2011, 10; *M. Hahn-Lorber/S. Roßner*, TV-Duell ohne Herausforderer?, NVwZ 2011, 471; *Ph. Kunig*, Parteien in HStR III, 3. Aufl. 2005, § 40 Rn. 93 ff.; *J. Milker*, Äußerungen von Hoheitsträgern im Wahlkampf und darüber hinaus, JA 2017, 647; *A. Schulze-Sölde*, Politische Parteien und Wahlwerbung in der dualen Rundfunkordnung, 1994; *T. Spitzlei*, Die politische Äußerungsbefugnis staatlicher Organe, JuS 2018, 856.

Fallbearbeitungen: *M. Bader*, Anspruch einer Partei auf Nutzung kommunaler Einrichtungen, Jura 2009, 940; *H-J. Cremer*, Der Sonderparteitag der Extremisten in der Gemeindehalle, Jura 1992, 653; *G. Gornig/R. Jahn*, Der Parteitag in der Stadthalle, JuS 1992, 857; *J. Hohnerlein*, Extremisten unerwünscht, Jura 2018, 1045; *A. Kozlowska*, „Rote Karte für wen?“, JA 2018, 515; *G.H. Stumpf*, „Wahlkampfgetöse“ – Bundesminister versus Landespartei, JA 2016, 198.

3.5 Parteienverbot

145 Auch Parteien, deren Ziel es ist, die rechtliche und politische Ordnung der Bundesrepublik Deutschland umzustürzen, genießen zunächst die besondere Rechtsstellung von Parteien. Allerdings bestimmt Art. 21 Abs. 2 GG: „Parteien, die nach ihren Zielen oder nach dem Verhalten ihrer Anhänger darauf ausgehen, die freiheitliche demokratische Grundordnung zu beeinträchtigen oder zu beseitigen oder den Bestand der Bundesrepublik Deutschland zu gefährden, sind verfassungswidrig.“ Im Anschluss an die Entscheidung des Bundesverfassungsgerichts zum NPD-Verbotsverfahren ergänzte der verfassungsändernde Gesetzgeber im Jahr 2017 Art. 21 GG um einen neuen Absatz 3. Dieser lautet: „Parteien, die nach ihren Zielen oder dem Verhalten ihrer Anhänger darauf ausgerichtet sind, die freiheitliche demokratische Grundordnung zu beeinträchtigen oder zu beseitigen oder den Bestand der Bundesrepublik Deutschland zu gefährden, sind von

63 S. BVerfGE 138, 102 – *Fall Schwesig* und BVerfGE 148, 11 – *Fall Wanka.*

64 BVerfGE 44, 125 (148 ff.) – *Öffentlichkeitsarbeit der Bundesregierung.*

65 BVerfGE 40, 287 (292 ff.) – *Verfassungsschutzbericht*; 113, 63 (75 ff.) – *Junge Freiheit*; 133, 100 Rn. 22 – *Antrag NPD auf Feststellung der Verfassungskonfomrität;* 136, 323 Rn. 26 – *Äußerung des Bundespräsidenten.*

66 BVerfGE 136, 323 Rn. 29 f. – *Äußerung des Bundespräsidenten.*

staatlicher Finanzierung ausgeschlossen. Wird der Ausschluss festgestellt, so entfällt auch eine steuerliche Begünstigung dieser Parteien und von Zuwendungen an diese Parteien." Der einzige Unterschied im Tatbestand von Abs. 2 und Abs. 3 besteht in der Ersetzung des Verbs „darauf ausgehen" durch „darauf ausgerichtet sein".[67]
Für die Feststellung der Verfassungswidrigkeit nach Abs. 2 sowie über den Ausschluss von staatlicher Finanzierung nach Abs. 3 ist gemäß Art. 21 Abs. 4 GG **allein das Bundesverfassungsgericht zuständig** (§§ 13 Nr. 2, 2a, 43 ff. BVerfGG). Diese Feststellung wirkt konstitutiv. Dh. vor diesem Ausspruch können Parteien allenfalls als verfassungsfeindlich bezeichnet werden; der Verfassungsschutz kann ihre Anhänger ggf. beobachten;[68] sie dürfen im Übrigen aber nicht in ihrem Recht auf freie und chancengleiche Betätigung eingeschränkt werden. Sie haben insbesondere das Recht auf Gleichbehandlung durch Träger öffentlicher Gewalt. Ihnen darf weder der gleichberechtigte Zugang zu öffentlichen Einrichtungen verweigert, noch die Beteiligung an der Wahl oder Wahlwerbung untersagt werden. Insbesondere dürfen öffentlich-rechtliche Rundfunkanstalten den Inhalt von Wahlwerbespots nur auf evidente Verstöße gegen die Strafgesetze überprüfen.[69]
Die Monopolisierung der Entscheidung über die Verfassungswidrigkeit und – damit verbunden – die Auflösung einer Partei beim Bundesverfassungsgericht und das Recht auf Gleichbehandlung, solange diese Feststellung nicht getroffen ist, wird schlagwortartig als **„Parteienprivileg"** bezeichnet.
Der Weimarer Reichsverfassung war das Parteienverbot unbekannt.[70] Es steht auch in einem latenten Spannungsverhältnis zur freiheitlichen Demokratie und einem Mehrparteiensystem, das die Bestimmung des politischen Kräfteverhältnisses den Wählern überantwortet. Das Parteienverbot lässt sich jedoch rechtfertigen als Ausdruck der **Missbrauchsschranke**, die jede Rechtsposition begrenzt und die aus der Abhängigkeit einer jeden Rechtsposition von dem Bestand der zugrundeliegenden Rechtsordnung folgt. Die Nutzung eines Rechts mit dem Ziel der Beseitigung eben dieses Rechts ist auf der objektiven Ebene ein Widerspruch in sich und kann daher nicht Inhalt des Rechts sein. Allerdings birgt die Versagung von Rechten zum Schutz der Rechtsordnung ihrerseits erhebliche Gefahren. Auch der Schutz der Rechtsordnung, hier der freiheitlichen demokratischen Grundordnung, ist missbrauchsanfällig. Der Tatbestand des Art. 21 Abs. 2 wie 3 GG bedarf daher einer engen Auslegung. Die Konzentration der Feststellungsbefugnis beim Bundesverfassungsgericht erweist sich vor diesem Hintergrund als verfahrensrechtliche Sicherung.

3.5.1 Materielle Voraussetzungen

Welche Umstände es rechtfertigen, eine Partei als verfassungswidrig einzustufen, hängt zunächst davon ab, was unter der **freiheitlichen demokratischen Grundordnung** zu verstehen ist, innerhalb derer die Parteien frei agieren können, auf deren Beseitigung sie aber nicht hinwirken dürfen. Das BVerfG hat die freiheitliche demokratische Grundordnung folgendermaßen definiert: „Freiheitliche demokratische Grundordnung im Sinne des Art. 21 Abs. 2 GG ist eine Ordnung, die unter Ausschluss jeglicher Gewalt- und Willkürherrschaft eine rechtsstaatliche Herrschaftsordnung auf der Grundlage der Selbstbestimmung des Volkes nach dem Willen der jeweiligen Mehrheit und der Freiheit und Gleichheit darstellt. Zu den grundlegenden Prinzipien dieser Ordnung sind mindestens zu rechnen: Die Achtung vor den im Grundgesetz konkretisierten Menschenrechten, vor allem dem Recht der Persönlichkeit und auf Leben und freie Entfaltung; die Volkssouveränität, die Gewaltenteilung, die Verantwortlichkeit der Regierung, 146

67 S. dazu noch unten Rn. 146.
68 S. dazu OVG NRW, DVBl. 2009, 922 ff. – *Beobachtung von Parteifunktionären der LINKEN.*
69 BVerfGE 47, 198 ff. – *Wahlwerbesendungen.*
70 Zu Parteiverboten in der Weimarer Republik, s. *J. Kersten*, Parteienverbote in der Weimarer, der Bonner und der Berliner Republik, NJ 2001, 1 (1 f.).

die Gesetzmäßigkeit der Verwaltung, die Unabhängigkeit der Gerichte, das Mehrparteienprinzip und die Chancengleichheit für alle politischen Parteien mit dem Recht auf verfassungsmäßige Bildung und Ausübung einer Opposition."[71]
In § **92 StGB**, der Legaldefinitionen für die Delikte des Hochverrats sowie der Gefährdungen des demokratischen Rechtsstaats enthält, findet sich diese Formulierung fast wörtlich wieder. Nicht zu der freiheitlichen demokratischen Grundordnung gehört die föderalistische Ordnung der Bundesrepublik Deutschland, auch wenn sie Bestandteil des Verfassungskerns ist, den Art. 79 Abs. 3 GG schützt. Anderes lässt sich auch nicht aus der Tatbestandsalternative „Gefährdung des Bestands der Bundesrepublik Deutschland" ableiten.[72] Gemeint ist damit die äußere Souveränität und territoriale Integrität.[73] Aus der Verwendung des Begriffs „Bundesrepublik" anderes ableiten zu wollen, erscheint als Überinterpretation der Verwendung des amtlichen Namens dieses Staates. Die politische Entscheidung für einen Einheitsstaat liegt im Rahmen der Möglichkeiten einer freiheitlichen Demokratie, die Art. 21 Abs. 2 GG schützen will. Die föderale Ordnung findet Schutz durch Art. 79 Abs. 3 GG, aus dem folgt, dass sie nur im Wege der Verfassungsneugebung abgeschafft werden kann.
Das Bundesverfassungsgericht hat die von Art. 21 Abs. 2 GG geforderte Absicht, die freiheitliche demokratische Ordnung zu beeinträchtigen oder zu beseitigen, dahingehend interpretiert, dass die Partei eine **aktiv kämpferische aggressive Haltung** gegenüber der bestehenden Ordnung einnehmen und zum Ausdruck bringen muss.[74] Dies erfordert allerdings kein kämpferisch aggressives Handeln im strafrechtlich relevanten Bereich. Es genügt, wenn der politische Kurs der Partei durch eine Absicht bestimmt ist, „die grundsätzlich und dauernd tendenziell auf die Bekämpfung der freiheitlichen demokratischen Grundordnung gerichtet ist."[75] Ob die Bekämpfung Aussicht auf Erfolg hat oder wie die Partei ihre Erfolgsaussichten einschätzt, sollte nach der ursprünglichen Rechtsprechung des Bundesverfassungsgerichts keine Rolle spielen. In der NPD-Verbotsentscheidung vom 17.1.2017 hat das Gericht seine Rechtsprechung im Hinblick auf die strengere Linie des EGMR[76] ausdrücklich geändert. Zwar ist keine konkrete Gefahr eines Umsturzes erforderlich, das Tatbestandsmerkmal „darauf ausgehen" ist aber nur erfüllt, wenn „konkrete Anhaltspunkte von Gewicht, einen Erfolg des gegen die freiheitliche demokratische Grundordnung oder den Bestand der Bundesrepublik gerichteten Handelns zumindest möglich erscheinen lassen". Die Subsumtion unter dieses Merkmal ist im Einzelfall angesichts der Vieldeutigkeit von Verhalten und der Möglichkeiten der Verschleierung aber auch Zuschreibung von Absichten alles andere als leicht. Der Begriff „darauf ausgerichtet" im Sinne des Art. 21 Abs. 3 GG erfasst die Konstellation, in der die Partei eindeutig verfassungswidrige Ziele verfolgt, ihrem Handeln jedoch die Aussicht auf Erfolg fehlt.

3.5.2 Verfahren

147 Das gemäß Art. 21 Abs. 4 GG zuständige Bundesverfassungsgericht stellt die Verfassungswidrigkeit einer Partei ebenso wie den Wegfall der staatlichen Finanzierung nur **auf Antrag** fest. Berechtigt, einen solchen Antrag zu stellen, sind nach § 43 Abs. 1 BVerfGG der Bundestag, der Bundesrat und die Bundesregierung. Eine Landesregierung kann den Antrag nur gegen eine Partei stellen, deren Organisation sich auf das Gebiet ihres Landes beschränkt. Diese Antragsberechtigten sind ihrerseits nicht verpflichtet, ein entsprechendes Verfahren durchzuführen. Ihnen steht ein weites, nicht jedoch recht-

71 BVerfGE 2, 1 (12) – *SRP.* Vgl. auch § 92 StGB und § 4 Abs. 2 BVerfSchG.
72 So aber *J. Ipsen*, Staatsrecht, Rn. 187.
73 *Ph. Kunig*, Parteien, HStR III, 3. Aufl. 2005, § 40 Rn. 58.
74 BVerfGE 5, 85 (141) – *KPD.*
75 BVerfGE 5, 85 (142) – *KPD.*
76 BVerfGE 144, 20 (Rn. 607 ff.). Das BVerfG spricht von „Potentialität der Zielerreichung".

lich völlig ungebundenes Ermessen zu. Die Formulierung, sie könnten nach politischer Opportunität handeln,[77] ist deshalb irreführend. Die dezidierte Formulierung des Art. 21 Abs. 2 GG – „sind verfassungswidrig" – zwingt angesichts des Verfahrensvorbehalts in Abs. 4 und der Regelungsbefugnis in Art. 21 Abs. 5 GG aber auch nicht zur Annahme einer strikten Pflicht. Vielmehr hat der Gesetzgeber eine kluge und praktikable Entscheidung getroffen, indem er den zur Antragstellung berechtigten Verfassungsorganen gemäß § 43 BVerfGG Ermessen eingeräumt hat.[78]
Das Bundesverfassungsgericht eröffnet ein entsprechendes Verfahren erst nach Anhörung des Vertretungsberechtigten der Partei (§ 45 BVerfGG). Wird dem Antrag nicht stattgegeben, so kann er nur bei Vorliegen neuer Tatsachen wiederholt werden (§§ 41, 47 BVerfGG). Wird ihm stattgegeben, so ist mit der Feststellung der Verfassungswidrigkeit die Feststellung zu verbinden, dass die Partei aufgelöst und dass ihr verboten ist, Ersatzorganisationen zu bilden. Dieses Verbot ist strafbewehrt (§ 84 StGB). Eine **Ersatzorganisation** ist keine Partei, sondern wie ein Verein zu behandeln. Es gilt Art. 9 Abs. 2 GG, wonach Vereinigungen, deren Zwecke oder deren Tätigkeit den Strafgesetzen zuwiderlaufen oder die sich gegen die verfassungsmäßige Ordnung oder gegen den Gedanken der Völkerverständigung richten, verboten sind. Die dafür geltenden Verbotsverfahren richten sich nach dem Vereinsgesetz.
Hat ein Antrag auf Entscheidung gemäß Art. 21 Abs. 3 GG Erfolg, so stellt das Bundesverfassungsgericht gemäß § 46a BVerfGG fest, dass die Partei für sechs Jahre von der staatlichen Finanzierung nach § 18 PartG ausgeschlossen ist. Verlängerungsanträge sind möglich.

3.5.3 Praxis

Angesichts des Risikos, durch ein Verbot eine Partei, die man für verfassungswidrig hält, **148**
in den Untergrund zu drängen,[79] sind in der Geschichte der Bundesrepublik bisher nur selten **Verbotsverfahren** eingeleitet und durchgeführt worden; davon waren **zwei** in den Anfängen der Bundesrepublik **erfolgreich**: Zum einen das Verfahren gegen die rechtsradikale SRP, zum anderen das Verfahren gegen die KPD. Gegen kommunistische Parteien, die sich nach Auflösung der KPD formiert haben, hat man keine Verbotsverfahren mehr durchgeführt. Zwei weitere Verfahren gegen die rechtsradikale FAP und die Nationale Liste wurden vom Bundesverfassungsgericht als unzulässig zurückgewiesen, weil die Gruppieren nach ihrem Organisationsgrad und ihren Aktivitäten schon nicht den Anforderungen an eine Partei genügen konnten.[80] Damit war für ein Verbot nicht mehr das BVerfG zuständig, sondern die für ein Vereinsverbot zuständige Behörde.
Das erste NPD-Verbotsverfahren stellte das Bundesverfassungsgericht im Jahr 2003 ein, nachdem bekannt geworden war, dass Vertrauensleute des Verfassungsschutzes in der Führungsebene der NPD tätig waren. Die tragende Mehrheit des zuständigen Senats folgerte aus diesem Umstand ein Verfahrenshindernis.[81] Der Antrag der NPD auf **Feststellung ihrer Verfassungskonformität** war schon **mangels Zulässigkeit erfolglos**. Weder einfaches Recht noch das Grundgesetz sehen ein solches Verfahren vor. Eine Rechtsschutzlücke ergibt sich daraus nicht, weil der Partei wie ihren Mitgliedern wegen rechtswidriger Beeinträchtigung ihres Status oder ihrer Betätigung andere Rechtsschutzmöglichkeiten offenstehen.[82] Das zweite NPD-Verbotsverfahren führte zwar zu der Fest-

77 So BVerfGE 39, 334 (359) – *Extremistenbeschluss*; 40, 287 (291) – *Verfassungsschutzbericht*.
78 A.A. *J. Ipsen*, in: *Sachs*, Art. 21 Rn. 173 ff.
79 So stellt etwa *U. Volkmann*, Dilemmata des Parteiverbotes, DÖV 2007, 577 (584) fest, dass das Parteiverbot „als Instrument des Staats- und Verfassungsschutzes in hohem Maße dysfunktional geworden ist".
80 BVerfGE 91, 262 ff. – *Nationale Liste*; 91, 276 ff. – *Freiheitliche Deutsche Arbeiterpartei FAP*, s. auch oben zum Begriff der Partei Rn. 131 ff.
81 S. dazu BVerfGE 107, 339 ff. mit abweichender Meinung S. 378 ff. Zu den Hintergründen, s. die Anm. von *U. Volkmann*, DVBl. 2003, 605 ff. und *L.O. Michaelis*, Einstellung des NPD-Verbotsverfahrens, NVwZ 2003, 943 ff.
82 BVerfGE 133, 100 Rn. 19 ff. – *Antrag der NPD auf Feststellung ihrer Verfassungskonformität*. S. oben Rn. 144 mit Nachweisen zur Rechtsprechung.

stellung, dass die Partei verfassungswidrige Ziele verfolge, jedoch nicht zum Verbot der Partei mangel der erforderlichen „Potentialität der Zielerreichung". Konsequenz dieses Urteils war die schon dargelegte Ergänzung des Art. 21 GG.

Rechtsprechung (zum Parteiverbot und Verbotsverfahren): BVerfGE 2, 1 – Sozialistische Reichspartei SRP; 5, 85 – Kommunistische Partei Deutschlands KPD; 107, 339 – erstes NPD-Verbotsverfahren (Parteiverbotsverfahren); 133, 100 – Antrag der Nationaldemokratischen Partei Deutschlands NPD auf Feststellung ihrer Verfassungskonformität; BVerfGE 144, 20 – zweites NPD-Verbotsverfahren.

Literatur: *J. Kersten*, Parteienverbote in der Weimarer, der Bonner und der Berliner Republik, NJ 2001, 1; *T. Kingreen*, Auf halbem Weg von Weimar nach Straßburg: Das Urteil des Bundesverfassungsgerichts im NPD-Verbotsverfahren, Jura 2017, 499; *T. Kumpf*, Verbot politischer Parteien und Europäische Menschenrechtskonvention, DVBl. 2012, 1344; *Ph. Kunig*, Parteien, HStR III, 3. Aufl. 2005, § 40 Rn. 46 ff.; *M. Morlok*, Parteiverbote als Verfassungsschutz – Ein unauflösbarer Widerspruch, NJW 2001, 2931; *ders.*, Das Parteiverbot, Jura 2013, 317; *F. Shirvani*, Parteiverbot und Verhältnismäßigkeitsgrundsatz, JZ 2014, 1074; *F. Stiehr*, Das Parteiverbotsverfahren, JuS 2015, 994; *U. Volkmann*, Dilemmata des Parteiverbotes, DÖV 2007, 577; *ders.*, Grundprobleme der staatlichen Bekämpfung des Rechtsextremismus, JZ 2010, 209; *A. Windoffer*, Anspruch einer politischen Partei auf Feststellung ihrer Verfassungskonformität, DÖV 2013, 151.

Fallbearbeitungen: *M. Knauff*, Das Verbot der RÖP, VR 2003, 239 (Parteibegriff, Tatbestandsvoraussetzungen eines Parteiverbots).

3.6 Parteienfinanzierung

149 Die Parteienfinanzierung[83] in der Bundesrepublik Deutschland[84] hat eine wechselvolle Geschichte hinter sich. Die Tatsache, dass die stärksten Parteien über den Gesetzgeber ihr Eigeninteresse fast ungehindert verfolgen können, erschwert die Schaffung einer verfassungsmäßigen Regelung und so musste das Bundesverfassungsgericht fast jede Gesetzesänderung auf diesem Gebiet auf ihre Verfassungsmäßigkeit überprüfen. Verfassungsrechtlich vorgegeben sind für die einfachgesetzliche Ausgestaltung der Finanzierung nur die Grundsätze der **Freiheit** und der **(Chancen-)Gleichheit** der Parteien. Der Gesetzgeber hat die sich aus diesen Grundsätzen ergebenden Grenzen immer wieder ausgetestet und das Bundesverfassungsgericht zu einschränkenden Konkretisierungen veranlasst.

150 Der Grundsatz der Freiheit ist nicht nur, aber insbesondere zu lesen als **Grundsatz der Staatsfreiheit**. Dieser Grundsatz setzt unmittelbare staatliche Finanzierung unter Rechtfertigungsdruck und zieht ihr Grenzen. Davon zu unterscheiden sind Formen mittelbarer staatlicher Finanzierung, insbesondere durch die steuerliche Absetzbarkeit von Mitgliedsbeiträgen und Spenden. Für deren Ausgestaltung ist vor allem der Grundsatz der Chancengleichheit von Bedeutung. Dies gilt sowohl für die Chancengleichheit zwischen den Parteien als auch für die Chancen der Bürgerinnen und Wähler, politisch Einfluss nehmen zu können. Hieraus ergeben sich der Höhe nach Grenzen für die Absetzbarkeit von Zuwendungen Privater.

3.6.1 Steuerrechtlicher Ansatz

151 Nach 1945 war es zunächst selbstverständlich, dass sich die Parteien aus Mitgliedsbeiträgen und Spenden selbst finanzierten. Jede Form staatlicher Unterstützung war unbekannt. Dies änderte sich 1954 mit der Einführung einer Regelung im Steuerrecht. Danach konnten **Spenden** an politische Parteien **steuermindernd** geltend gemacht

83 Zur Trennung und Abgrenzung von der staatlichen Fraktionsfinanzierung, s. *M. Heintzen*, Die Trennung staatlicher Fraktions- und Parteienfinanzierung, DVBl. 2003, 706 ff.

84 Für die europäische Perspektive, s. *H.H. von Arnim*, Die neue EU-Parteienfinanzierung, NJW 2005, 247 ff.

werden. Angesichts der Steuerprogression – dh. je mehr man verdient, umso mehr Steuern zahlt man nicht nur absolut, sondern auch prozentual – führte die Möglichkeit der Minderung des zu versteuernden Einkommens durch Spenden an Parteien zu einer **Bevorzugung** der Parteien, die die Interessen **finanzkräftiger Bürger** vertraten. Dieser Effekt wurde dadurch verstärkt, dass auch juristische Personen, also Unternehmen, Parteispenden steuermindernd geltend machen konnten.

Die Hessische Landesregierung ließ diese Steuervergünstigung im Wege der abstrakten Normenkontrolle vom Bundesverfassungsgericht überprüfen. Das Gericht stellte die Verfassungswidrigkeit der Regelung fest. Der Grundsatz der Chancengleichheit aller Parteien und der Grundsatz der gleichen Beteiligung aller Bürger am Prozess der politischen Willensbildung verbiete Regelungen, die die Bezieher höherer Einkommen bei der Einflussnahme auf die politische Willensbildung begünstigen.[85] Zugleich stellte das Bundesverfassungsgericht fest, dass der Staat für die politischen Parteien, die sich an Wahlen beteiligen, finanzielle Mittel zu Verfügung stellen dürfe.[86]

3.6.2 Wahlkampfunterstützung

Damit begann die **Subventionierung der Parteien** durch staatliche Gelder. Im Bundeshaushalt 1959 wurden hierfür zum ersten Mal 5 Millionen DM zur Verfügung gestellt. 152
1962 waren es bereits 20 Millionen DM, 1966 38 Millionen DM.[87] Die in den Bundeshaushalt eingestellten Mittel wurden zunächst auf die im Bundestag vertretenen Parteien entsprechend ihrer Stärke verteilt. Auf diese Weise sollte die politische Bildungsarbeit der Parteien insgesamt unterstützt werden. Keine Gelder bekamen danach die Parteien, die zwar an Wahlen teilgenommen hatten, aber nicht ins Parlament gelangt waren. Das Bundesverfassungsgericht erklärte diese Form der Parteienfinanzierung für verfassungswidrig.[88] Nach Art. 21 GG sollen die Parteien den Willensbildungsprozess im Volk organisieren und ihn dann insbesondere über das Parlament in den staatlichen Willensbildungsprozess einbringen. Diese **Vermittlerrolle** verlangt, dass die Parteien staatsfrei bleiben. Art. 21 GG garantiere gerade die Staatsfreiheit der Parteien. Parteien sind frei konkurrierende und aus eigener Kraft handelnde Gruppen. Dementsprechend darf die dauernde finanzielle Fürsorge für die gesamte politische Tätigkeit der Parteien nicht Staatsaufgabe sein. Das Gericht hielt es allerdings angesichts der besonderen Bedeutung der Parteien für die Wahlen für zulässig, den Parteien die notwendigen Kosten für einen angemessenen Wahlkampf zu ersetzen. Damit begann die Zeit der Parteienfinanzierung durch **Wahlkampfkostenerstattung**.

Das Parteiengesetz von 1967 regelte, dass jede Partei, die mindestens 2,5 % der Wählerstimmen erlangt hat, für jede auf sie entfallene Wählerstimme – ungeachtet der tatsächlich entstandenen Wahlkampfkosten – pauschal 2,50 DM erhielt.

Auch diese gesetzliche Regelung gelangte vor das Bundesverfassungsgericht[89], das im Hinblick auf den Grundsatz der Chancengleichheit aller Parteien die Sperrklausel von 2,5 % für einen Anspruch auf Wahlkampfkostenerstattung für zu hoch hielt. Alle Parteien, die sich ernsthaft am Wahlkampf beteiligen, stehe ein Anspruch auf Wahlkampfkostenerstattung zu. Zur Aussonderung nicht ernsthafter Beteiligungen hielt es eine Sperrklausel von 0,5 % für vertretbar.

Angesichts der allgemeinen Inflation erhöhte der Gesetzgeber 1974 die Pauschale von 2,50 DM pro Wählerstimme auf 3,50 DM. Da sich die Finanznot nicht besserte, wurde 1979 die Abzugsfähigkeit von Parteispenden von 600,– DM pro Person auf 1800,– DM erhöht. Gleichzeitig versuchten die Parteien diese Höchstgrenzen zu umgehen, indem

---

85 BVerfGE 8, 51 (66) – *Parteispenden*.
86 BVerfGE 8, 51 (65) – *Parteispenden*.
87 Zum heutigen Stand s. unten Rn. 157.
88 BVerfGE 20, 56 (96 ff.) – *Parteifinanzierung I*.
89 BVerfGE 24, 300 (339) – *Wahlkampfkostenpauschale*.

Spenden von Unternehmen an Berufsverbände oder gemeinnützige Stiftungen, die unbegrenzt steuerlich abzugsfähig waren, illegalerweise an Parteien weitergeleitet wurden. Anfang der achtziger Jahre wurde das Ausmaß dieser Steuerhinterziehungen zugunsten der Parteien nach und nach aufgedeckt. Deutlich wurde damit auch, dass eine Neuregelung der Parteienfinanzierung nottat. Diese erfolgte 1983.

3.6.3 Chancengleichheit

153 Als auch diese Änderungen die Verwerfungen zwischen großen und kleinen Parteien nicht beenden konnten, zwischenzeitlich die staatlichen Zuwendungen aber auf insgesamt über 200 Millionen DM angewachsen waren, führte eine erneute Entscheidung des Bundesverfassungsgerichts in Sachen Parteienfinanzierung zu einer grundsätzlichen Neuorientierung.[90]

154 Das Bundesverfassungsgericht gab seine Auffassung auf, wonach die staatliche Finanzierung ihren Grund allein in den Kosten der Parteien für den Wahlkampf haben dürfe. Es stellte nunmehr fest, dass eine staatliche Finanzierung für die gesamte politische Betätigung der Parteien zulässig ist, vorausgesetzt, es handele sich nicht um eine umfassende Finanzierung, sondern beschränke sich auf eine **Teilfinanzierung.**[91] Es betonte noch einmal die Staatsfreiheit der Parteien, ihren Charakter als frei gebildete, im gesellschaftlich-politischen Bereich wurzelnde Gruppen. Dementsprechend dürfen die Parteien durch staatliche Zuwendungen nicht der Notwendigkeit enthoben sein, sich um die auch finanzielle Unterstützung ihrer Arbeit durch ihre Mitglieder und ihnen nahestehende Bürger zu bemühen. Hieraus ergibt sich, dass das Gesamtvolumen der staatlichen Zuwendungen an eine Partei die Summe ihrer selbst erwirtschafteten Einnahmen nicht überschreiten darf (**relative Obergrenze**).[92] Rechtlich nur schwer zu begründen ist die Erfindung der **absoluten Obergrenze.**[93] Sie dient der Sicherung der Staatsfreiheit der Parteien und lässt sich im Übrigen nur daraus erklären, dass dem Gericht die Unfähigkeit der Parteien zur Selbstbeschränkung vor Augen stand. Das Gericht erklärte, dass die staatliche Finanzierung insgesamt das bisher erreichte Volumen von 230 Mill. DM nicht überschreiten dürfe, solange sich keine einschneidende Änderung der Verhältnisse ergebe.

155 Der Gesetzgeber setzte diese Vorgaben durch das 6. Parteienänderungsgesetz von 1994 um. Die Parteien erhielten nunmehr für jede gewonnene Wählerstimme bei den Bundestags-, Landtags- und Europaparlamentswahlen 1 DM. Für die ersten bis zu 5 Millionen erzielten Stimmen wurde jeder Partei sogar 1,30 DM gewährt. Spenden sollten bis zu 6000,– DM pro Person und Jahr abzugsfähig sein. Für jede Spendenmark, die sich innerhalb dieses Rahmens hielt, bekamen die Parteien 0,50 DM vom Staat. Spenden von juristischen Personen waren steuerlich nicht mehr abzugsfähig. Die vom Bundesverfassungsgericht verfügte absolute Obergrenze wurde in das Gesetz übernommen. Gleichzeitig wurde die Rechtsgrundlage für die Einrichtung einer **Kommission unabhängiger Sachverständiger** zu Fragen der Parteienfinanzierung geschaffen und auch gleich berufen. Sie sollte die Auswirkungen dieser Neuregelungen überprüfen. In ihrem Bericht machte die Kommission zwar keine konkreten Vorschläge für eine Änderung des § 18 ParteienG, wies jedoch darauf hin, dass ein Ungleichgewicht zwischen dem Wählerstimmenanteil und dem Zuwendungsanteil an der Finanzierung bestehe und dass nach der geltenden Regelung die staatlichen Leistungen bereits weitgehend durch den Zuwendungsanteil ausgeschöpft werden könnten.

---

90 BVerfGE 85, 264 ff. – *Parteienfinanzierung II.*
91 BVerfGE 85, 264 (284 ff.) – *Parteienfinanzierung II.*
92 BVerfGE 85, 264 (289) – *Parteienfinanzierung II.*
93 BVerfGE 85, 264 (289) – *Parteienfinanzierung II.*

Durch das 7. Parteienänderungsgesetz von 1999 erhöhte der Gesetzgeber die absolute Obergrenze von 230 Millionen DM auf 245 Millionen DM. Der Parteispendenskandal von 1999/2000 führte sodann zu dem Auftrag an die Kommission unabhängiger Sachverständiger, das geltende Recht der Parteienfinanzierung einer umfassenden Prüfung zu unterziehen, sowie zum Erlass des 8. Parteienänderungsgesetzes von 2002, das Änderungen hinsichtlich der **Rechenschaftspflicht** der Parteien, in Anlehnung an die Kommissionsempfehlungen eine Erhöhung der auf Wählerstimmen bezogenen staatlichen Leistungen und eine Absenkung der zuwendungsbezogenen staatlichen Leistungen enthielt.[94] Entgegen der ausdrücklichen Empfehlung der Kommission erschwerte der Gesetzgeber allerdings auch den Zugang zu den staatlichen Leistungen nach Maßgabe der errungenen Wählerstimmen, indem er ein „Drei-Länder-Quorum" einführte. Danach sollten Parteien bei Landtagswahlen nur dann noch an der vollen staatlichen Teilfinanzierung unter Berücksichtigung ihres Zuwendungsanteils teilnehmen können, wenn sie das Stimmenquorum von 1 % bei mindestens drei Landtagswahlen erfüllten oder bei einer der jeweils letzten Landtagswahlen 5 % der abgegebenen gültigen Zweitstimmen erhielten. Das von kleineren Parteien angestrengte Organstreitverfahren gegen diese Erschwerung des Zugangs zu staatlichen Leistungen hatte Erfolg. Das Bundesverfassungsgericht urteilte, dass das Recht der Parteienfinanzierung das Entstehen neuer Parteien nicht über Gebühr erschweren und die Betätigung kleiner Parteien nicht unangemessen beeinträchtigen dürfe. Das **„Drei-Länder-Quorum"** erschwere das Entstehen kleiner Parteien und ihre Behauptung im Wettbewerb. Die Regelung berge daher die Gefahr eines Verlusts der politischen Vielfalt. (Ls. 2). Zudem setze die Regelung Parteien, deren Programm auf ein einzelnes Land ausgerichtet sei, gegenüber länderübergreifend agierenden Mitbewerbern gleichheitswidrig zurück. (Ls. 3).[95] **156**

3.6.4 Neuorientierung: staatliche Teilfinanzierung der politischen Arbeit

Mit dem 9. Änderungsgesetz von 2004 hob der Gesetzgeber die Regelung wieder auf. **157**
Das derzeit geltende Recht findet sich in § 18 PartG. Es verwirklicht das Konzept der **staatlichen Teilfinanzierung**, das **Staatsfreiheit** und gesellschaftliche Verwurzelung durch die **absolute Obergrenze** und durch die **relative Obergrenze** gewährleistet. Gemäß § 18 Abs. 2 Satz 1 PartG lag die absolute Obergrenze für das Jahr 2012 bei 150,8 Millionen Euro. Mit Beginn des Jahrs 2013 erhöht sich diese Grenze jährlich nach Maßgabe eines Preisindexes (§ 18 Abs. 2 Satz 2 PartG). Sie lag für das Jahr 2018 bei 165.363.194 Euro.[96] Im Juli 2018 hat der Gesetzgeber mit den Stimmen der Mehrheitsparteien die Obergrenze auf 190 Millionen Euro angehoben. In der Begründung wird ausgeführt, dass die Herausforderungen der Digitalisierung und der neuen sozialen Medien eine erhebliche Kosten verursachende wesentliche Veränderung darstellen, die eine Erhöhung rechtfertigen.[97] Fraktionen der Opposition haben inzwischen einen Normenkontrollantrag zur Prüfung der Verfassungsmäßigkeit des Gesetzes gestellt.[98]
Die relative Obergrenze bedeutet, dass die staatliche Finanzierung nicht mehr als die Hälfte der Gesamteinnahmen einer Partei ausmachen darf. Der **Chancengleichheit** der Parteien wie auch der Bürger hinsichtlich ihrer politischen Einflussnahme dient die Höhergewich-

94 S. hierzu *C. Lenz*, Das neue Parteienfinanzierungsrecht, NVwZ 2002, 769 ff.; *J. Ipsen*, Das neue Parteienrecht, NJW 2002, 1909 ff. Kritisch zu Verfahren und Inhalt der Neuregelung auch in tatsächlicher Hinsicht, s. *A. von Arnim*, Die neue Parteienfinanzierung, DVBl. 2002, 1065 ff.

95 BVerfGE 111, 382 (Ls. 1–3) – *Drei-Länder-Quorum*. S. dazu *M. Morlok*, Das BVerfG als Hüter des Parteienwettbewerbs, NVwZ 2005, 157 ff. und *J. Geerlings*, Die Verfassungswidrigkeit des parteienrechtlichen „Drei-Länderquorums", VR 2005, 153 ff.

96 BT-Drs. 19/2040 mit einem Überblick der Entwicklung der Obergrenze seit 1994.

97 BT-Drs. 19/2734.

98 BVerfG, AZ BvE 5/18.

tung der Wählerstimmen gegenüber den Zuwendungen[99] als Bezugsgrundlage für die staatliche Finanzierung. Wie bereits im Zusammenhang mit dem Parteiverbotsverfahren ausgeführt (Rn. 145), werden Parteien, deren Verfassungswidrigkeit gemäß Art. 21 Abs. 3 GG vom Bundesverfassungsgericht festgestellt wurde, von der staatlichen Teilfinanzierung ausgeschlossen (§ 18 Abs. 7 Satz 2 PartG mit Verweis auf § 46a BVerfGG).

158 Regelungen der **mittelbaren staatlichen Teilfinanzierung** durch steuerliche Begünstigung von Mitgliedsbeiträgen und Spenden[100] finden sich in den 10b Abs. 2 und 34g EStG. Danach ist die steuerliche Absetzbarkeit begrenzt auf 1650 €.[101] Dem Körperschaftsteuergesetz unterfallende juristische Personen sind seit dem 6. Parteienänderungsgesetz nicht mehr abzugsberechtigt. Die Steuervergünstigungen kommen auch den kommunalen Wählervereinigungen zugute.[102]

159 Nach wie vor nicht geregelt sind die staatlichen **Zuwendungen** an parteinahe **Stiftungen**[103] sowie an die **Jugendorganisationen** der Parteien. § 24 Abs. 12 PartG bestimmt allerdings zumindest, dass öffentliche Zuschüsse, die den politischen Jugendorganisationen zweckgebunden zugewendet werden, im Rechenschaftsbericht nachrichtlich auszuweisen sind. Sie bleiben jedoch bei der Einnahmen- und Ausgabenrechnung der Partei ebenso unberücksichtigt wie bei der Ermittlung der absoluten Obergrenze. Kritisiert wird der nach § 12 AbgG zwar unzulässige, tatsächlich aber vorkommende Einsatz von Abgeordnetenmitarbeitern für Parteitätigkeiten oder im Wahlkampf,[104] der faktisch als staatliche Zuwendung an die im Parlament vertretenen Parteien wirkt.

160 Die Festsetzung und die Auszahlung der nach dem Parteiengesetz zu gewährenden Mittel sind von den Parteien beim Präsidenten des Bundestags zu beantragen (§ 19 Abs. 1 Satz 1 PartG). Der Anspruch setzt voraus, dass die Partei den ihr obliegenden jährlichen **Rechenschaftsbericht** über ihre Einnahmen und Ausgaben vorgelegt hat. Bei der Festsetzung und der Auszahlung ebenso wie bei der Prüfung der Rechenschaftsberichte handelt der Bundestagspräsident als Verwaltungsbehörde, nicht als Verfassungsorgan. Dies hat Folgen für den Rechtsschutz im Streitfall: zuständig sind gemäß § 40 Abs. 1 VwGO die Verwaltungsgerichte.

Rechtsprechung: BVerfGE 8, 51 – Parteispenden (keine Begünstigung Bezieher höherer Einkommen); 20, 56 – Parteienfinanzierung I (Subventionierung politischer Bildungsarbeit der Parteien); 24, 300 – Wahlkampfkostenpauschale (Sperrklausel zu hoch); 85, 264 – Parteienfinanzierung II (Beschränkung auf staatliche Teilfinanzierung); 140, 1 – Fraktionszuschüsse, Abgeordnetenmitarbeiter, parteinahe Stiftungen.

---

99 Die Regelung des § 26 Abs. 4 PartG, wonach ehrenamtliche Mitarbeit von Parteimitgliedern, die außerhalb eines Geschäftsbetriebs üblicherweise unentgeltlich erbracht wird, keine Einnahmen und damit auch keine für die Höhe der staatlichen Finanzierung relevanten Zuwendungen darstellen, sind mit dem Grundsatz der Chancengleichheit vereinbar. S. dazu BVerfGE 104, 287 ff. *Dienstleistungsspenden*. Kritisch *W. Leisner*, „Dienstleistungen an Parteien" – Spenden und doch nicht erfasst?, NJW 2000, 198 ff.

100 *R. Hüttemann*, Der Steuerstatus der politischen Parteien, FS für J. Lang, 2010, S. 321 ff.; zu Spenden s. *T. Koch*, Parteispenden – Abgeordnetenspenden – Nicht weitergeleitete Spenden, DÖV 2003, 451 ff.; *J. Ipsen*, Abgeordnetenspenden – eine Regelungslücke des Parteiengesetzes, NVwZ 2003, 14 ff. und *J. Kersten*, Parteispende oder Abgeordnetenspende?, JA 2005, 360 ff. Zu möglichen strafrechtlichen Implikationen s. *F. Saliger/S. Sinner*, Korruption und Betrug durch Parteispenden, NJW 2005, 1073 ff.

101 Kritisch *P. Kirchhof*, in: *Kirchhof*, EStG, 17. Aufl. 2018, § 34g Rn. 2 „Gestaltungsspielraum an die Grenze geführt."

102 S. schon oben Rn. 135 und BVerfGE 85, 264 (328) – *Parteienfinanzierung II*. Zum Anspruch auf Wahlkampfkostenerstattung von Einzelbewerbern s. § 49b BWahlG.

103 S. dazu BVerfGE 73, 1 (31 ff.) – *Zuschüsse an politische Stiftungen aus dem Bundeshaushalt*; *J. Geerlings*, Verfassungs- und verwaltungsrechtliche Probleme bei der staatlichen Finanzierung parteinaher Stiftungen, 2003 und *H. Merten*, Parteinahe Stiftungen im Parteienrecht, 1999; s. auch BVerfGE 140, 1 Rn. 105 ff.

104 S. *H.H. von Arnim*, Abgeordnetenmitarbeiter: Reservearmee der Parteien?, DÖV 2011, 345 ff.; s. dazu BVerfGE 140, 1 Rn. 89 ff.

Literatur: *H.H. von Arnim*, Ungereimtheiten der Parteienfinanzierung, DVBl. 2011, 1278; *ders.*, der Wandel der Parteien zu wettbewerbsbeschränkenden Staatsparteien – und was daraus folgt, JZ 2012, 505; *H.M. Heinig/T. Streit*, Die direkte staatliche Parteienfinanzierung: Verfassungsrechtliche Grundlagen und parteigesetzliche Rechtsfragen, Jura 2000, 393; *Ph. Kunig*, Parteien, HStR III, 3. Aufl. 2005, § 40 ab Rn. 102; *F. Shirvani*, Das Parteienrecht und der Strukturwandel im Parteiensystem, 2010, S. 353 (8. Kapitel: Parteienfinanzierung).

3.7 Die Rechenschaftspflicht der Parteien

Gemäß Art. 21 Abs. 1 Satz 4 GG müssen die Parteien über die Herkunft ihrer Mittel sowie über ihr Vermögen öffentlich Rechenschaft geben. Dieses **Transparenzgebot** ist Ausdruck des Demokratieprinzips. Wähler sollen etwaige finanzielle Interessen und Abhängigkeiten der Parteien erkennen können. Die alljährlich nach den Vorgaben der §§ 23 ff. PartG aufzustellende Einnahmen-Ausgaben-Rechnung ist von einem Wirtschaftsprüfer zu prüfen und sodann dem Bundestagspräsidenten vorzulegen, der die Berichte als Bundestags-Drucksache veröffentlicht. Von besonderem Interesse sind in diesem Zusammenhang die **Publizitätspflichten**: Spenden einer Person an eine Partei, die einen Betrag von 10.000 Euro im Jahr übersteigen, sind unter Angabe des Namens und der Anschrift des Spenders sowie der Gesamthöhe der Spende im Rechenschaftsbericht auszuweisen (§ 25 Abs. 3 PartG). 161

Der Pflicht zur Rechenschaftslegung verleiht das Gesetz dadurch Nachdruck, dass der Anspruch auf die unmittelbare Teilfinanzierung von der Vorlage eines Rechenschaftsberichts abhängt. Hierüber ist es im Zusammenhang mit dem Parteispendenskandal von 1999/2000 zum Rechtsstreit gekommen.[105] Die Frage war, ob die Vorlage eines nicht der Wahrheit entsprechenden Rechenschaftsberichts den Bundestagspräsidenten berechtigt bzw. verpflichtet, die Auszahlung staatlicher Mittel bis zur Vorlage eines richtigen Rechenschaftsberichts in vollem Umfang zu verweigern. Aus dem verfassungsrechtlichen Zweck der Rechenschaftspflicht, Transparenz herzustellen, folgt ohne Weiteres, dass das Gesetz auf eine wahrheitsgemäße Rechnungslegung zielt. Damit ist allerdings noch nichts darüber ausgesagt, wie das Parteiengesetz diesen Zweck zu erreichen sucht. Da es für die Abgabe eines fehlerhaften Berichts in § 23a PartG 1994 eine Sanktionsnorm vorsah, wonach der Anspruch auf staatliche Mittel in Höhe des zweifachen rechtswidrig erlangten oder nicht im Rechenschaftsbericht deklarierten Spendenbetrags entfiel, stellte sich die Frage, in welchem Verhältnis diese Sanktionsnorm zur Regelung über die Entstehung des Anspruchs in Abhängigkeit von der Vorlage eines Rechenschaftsberichts steht. Dies ist letztlich eine Frage einfachgesetzlicher Systematik und Abstimmung von Rechtsfolgen. So richtig die Formulierung des Bundesverfassungsgerichts ist, dass nicht bereits „jede in eine hinreichende Form gebrachte Lüge in vollem Umfang zum Bezug staatlicher Mittel berechtigen"[106] könne, so wenig ist damit darüber gesagt, ob eine Unwahrheit bei der Anspruchsentstehung oder als Wegfall von Ansprüchen und Sanktion Rechtsfolgen entfaltet. Der Gesetzgeber hat im Anschluss an das Urteil durch das 8. Parteienänderungsgesetz eine differenzierte Lösung gefunden, die aus verfassungsrechtlicher Sicht nicht zu beanstanden ist, s. §§ 19a, 23a PartG sowie §§ 31a–d PartG. Danach ist ein ohne wesentliche Fehler abgefasster Rechenschaftsbericht Voraussetzung dafür, überhaupt staatliche Mittel zu erhalten.[107] Hält der Präsident des Bundestages wegen eines Verdachts der Unrichtigkeit ein Überprüfungsverfahren nach

---

105 S. dazu BVerfGE 111, 54 ff.; BVerwG, NJW 2003, 1135 ff.; OVG Berlin, NJW 2003, 1135 ff.; VG Berlin, NJW 2001, 1367 ff. S. dazu *J. Wieland*, Schwarze Kassen, NJW 2005, 110 ff. Vor der Entscheidung des Bundesverfassungsgerichts und vor der 8. Änderung des Parteiengesetzes für eine lediglich fristgerechte Einreichung *M. Krüger*, Die Rechenschaftspflicht von Parteien vor dem Parteiengesetz versus die Rechenschaft von Sanktionen vor dem Parteiengesetz, NVwZ 2004, 31 ff.; aA. *H. Merten*, Nochmals: Folgen fehlerhafter Rechenschaftsberichte einer politischen Partei, NVwZ 2005, 287 ff.

106 BVerfGE 111, 54 (89) – *Rechnungslegung der Parteien.*

107 OVG BB, Beschluss vom 15.6.2010, Az. OVG 3 N 107.08, juris Rn. 33.

§ 23a Abs. 2 PartG für erforderlich, so setzt er die staatlichen Mittel gemäß § 19a Abs. 1 Satz 3 PartG zunächst nur vorläufig und gegen Sicherheitsleistung fest. Erweist sich der Verdacht der Unrichtigkeit als falsch, so trifft er die endgültige Festsetzung, erweist er sich als richtig, so kommen die Sanktionsvorschriften der §§ 31a–d PartG zur Anwendung.

Rechtsprechung: BVerfGE 111, 54 – Rechnungslegung der Parteien; BVerwGE 145, 194 – Sanktionsbescheid wegen Unrichtigkeiten im Rechenschaftsbericht.

Literatur: *K. Schadtle*, Die Sanktionierung spendenbezogener Pflichtverletzungen politischer Parteien und ihre zeitlichen Grenzen, DÖV 2011, 848.

Fallbearbeitungen: *D. Lorenz/M. Burgi*, Der Streit um die kommunalen Wählervereinigungen, JuS 1990, 822 (Übungsklausur für Anfänger; Rechenschaftspflicht für kommunale Wählervereinigungen?).

3.8 Rechtsschutz von Parteien

162 Die Zwitterstellung der Parteien als in der Gesellschaft wurzelnde Organisationen einerseits, mit unentbehrlicher Mittlerfunktion für die Besetzung von Staatsorganen andererseits, zeigt auch Auswirkungen im Prozessrecht.
Inner- und zwischenparteiliche Streitigkeiten werden in der Regel gemäß § 13 GVG vor den **Zivilgerichten** ausgetragen. Insoweit dominiert der Charakter als privatrechtliche Vereinigung. Die Aktiv- und Passivlegitimation, dh. die Fähigkeit, Ansprüche gerichtlich geltend zu machen und die Eigenschaft, gerichtlich in Anspruch genommen werden zu können, ist in § 3 PartG geregelt.[108] Diese Vorschrift gilt für alle Gerichtszweige.

163 Sieht eine Partei sich *durch Träger hoheitlicher Gewalt* beeinträchtigt, die nicht Verfassungsorgane sind, also etwa bei Streitigkeiten um den Zugang zu öffentlichen Einrichtungen, ist gemäß § 40 Abs. 1 VwGO der Rechtsweg zu den **Verwaltungsgerichten** eröffnet.[109] Ist dieser Rechtsweg erschöpft, so besteht die Möglichkeit eine etwaige Grundrechtsverletzung durch den Träger öffentlicher Gewalt im Wege der **Verfassungsbeschwerde** vor dem Bundesverfassungsgericht geltend zu machen.

164 Geht die behauptete Verletzung dagegen unmittelbar *von einem Verfassungsorgan* aus, insbesondere von Bundestag und Bundesrat als Parteien oder Wahlrechtsgesetzgeber, so hält das Bundesverfassungsgericht in ständiger Rechtsprechung das **Organstreitverfahren** für zulässig. Parteien[110] sollen dann als „andere Beteiligte, die durch dieses Grundgesetz mit eigenen Rechten ausgestattet sind", namentlich wegen ihrer besonderen Rechtsstellung gemäß Art. 21 GG, beteiligtenfähig sein. Die Anerkennung der Beteiligtenfähigkeit im Organstreitverfahren geht zurück bis auf den Staatsgerichtshof der Weimarer Republik.[111] Allerdings kannte die Weimarer Reichsverfassung keine Verfassungsbeschwerde. Mit Einführung der Verfassungsbeschwerde ist die Beteiligtenfähigkeit der Parteien im Organ-

108 S. zur Rechts-, Partei- und Grundbuchfähigkeit *H. Reffken*, NVwZ 2009, 1131 ff.

109 Werden öffentliche Einrichtungen durch juristische Personen des Privatrechts betrieben, so ist der Anspruch gegen die Gemeinde auf Einwirkung auf die Eigengesellschaft vor den Verwaltungsgerichten geltend zu machen. S. die Nachweise der Entscheidungen bei Rn. 144. Für einen Rechtsstreit direkt gegen die private Eigengesellschaft auf Zutritt ist der Verwaltungsrechtsweg nur dann eröffnet, wenn die Eigengesellschaft der Gemeinde durch Gesetz oder aufgrund eines Gesetzes mit öffentlich-rechtlichen Handlungs- und Entscheidungsbefugnissen ausgestattet ist. S. dazu OVG Lüneburg, Beschluss vom 24.10. 2007, Az. B 2714/07 (juris).

110 Für ihre Untergliederungen, s. *K. Stein*, Die Parteifähigkeit von Untergliederungen politischer Parteien im verfassungsgerichtlichen Bundesorganstreitverfahren, DÖV 2002, 713 ff.

111 RGZ 118 Anhang S. 22* (29*): „Die Volksvertretungen der neuzeitlichen Verfassungen setzen aber das Vorhandensein von Parteien voraus, die Durchführung von Wahlen für die Volksvertretung ist ohne sie nicht denkbar."

streitverfahren aus Rechtsschutzgründen nicht mehr nötig. Sie ist auch systematisch nicht zwingend. Tatsächlich entscheidet nicht die jeweils betroffene Rechtsposition der Partei über den Rechtsweg oder den Rechtsbehelf, sondern allein, ob Gegner im Rechtsstreit ein nach Verfassungsrecht handelndes Verfassungsorgan ist.[112] Das Bundesverfassungsgericht hält allerdings unbeirrt an seiner Rechtsprechung fest.

Durch das 59. GG-Änderungsgesetz vom 11.7.2012 hat die Beschwerde von Vereinigungen gegen ihre Nichtanerkennung als Partei für die Wahl zum Bundestag Eingang in die Verfassung gefunden. Das Verfahren ist in Art. 93 Abs. 1 Nr. 4c GG iVm. § 13 Nr. 3a BVerfGG, §§ 96a – d BVerfGG näher geregelt. Das Verfahren dient allein dazu, im Hinblick auf eine konkrete Wahl die Parteieigenschaft zu prüfen, um zu verhindern, dass eine Vereinigung zu Unrecht von der Wahl ausgeschlossen wird. Mit ihr kann nicht der Zweck verfolgt werden, ganz allgemein die Eigenschaft als Partei höchstrichterlich feststellen zu lassen.[113] **164a**

Rechtsprechung: BVerfGE 4, 27 – Wahlrechtsgleichheit; 134, 121 – Nichtanerkennungsbeschwerde.

Literatur: *H. Maurer,* Die politischen Parteien im Prozess, JuS 1992, 296.

Lösung zu Fall 3: Spitzenkandidaten[114]

Haben die ausgeschlossenen Parteien einen Anspruch auf Teilnahme ihrer Spitzenkandidaten an der geplanten Fernsehsendung?
Die ausgeschlossenen Parteien haben einen Anspruch auf Teilnahme ihrer Spitzenkandidaten, wenn hierfür eine gesetzliche Anspruchsgrundlage besteht und deren Voraussetzungen erfüllt sind.

I. Anspruch aus dem ZDF-Staatsvertrag

Ein Anspruch könnte im ZDF-Staatsvertrag zu finden sein.
Gemäß § 11 Abs. 1 ZDF-Staatsvertrag ist Parteien während ihrer Beteiligung an den Wahlen zum Deutschen Bundestag angemessene Sendezeit einzuräumen, wenn mindestens eine Landesliste für sie zugelassen wurde. Allerdings beanspruchen die Parteien hier keine Sendezeit für eigene Wahlwerbung, sondern Beteiligung in einer redaktionell gestalteten Sendung. Damit ist die in § 11 ZDF-Staatsvertrag ausgesprochene Rechtsfolge nicht geeignet, das Begehren der Parteien zu verwirklichen. § 11 ZDF-Staatsvertrag ist keine taugliche Anspruchsgrundlage.

II. Anspruch aus § 5 PartG

1. Anspruchsgrundlage. Ein Rechtsanspruch auf Teilnahme könnte sich aus § 5 Abs. 1 Satz 1 PartG ergeben, der Parteien einen Anspruch auf Gleichbehandlung gegenüber Trägern öffentlicher Gewalt gewährt, die Parteien Einrichtungen zur Verfügung stellen oder andere öffentliche Leistungen gewähren.
2. Anspruchsvoraussetzungen. Die formellen und materiellen Anspruchsvoraussetzungen müssten erfüllt sein.
a) Formelle Anspruchsvoraussetzungen. Formell ist Voraussetzung, dass die Parteien einen entsprechenden Antrag beim ZDF stellen. Dies ist der Fall.
b) Materielle Anspruchsvoraussetzungen
aa) Träger öffentlicher Gewalt. Das ZDF müsste ein Träger öffentlicher Gewalt im Sinne des § 5 Abs. 1 Satz 1 PartG sein. Das ZDF ist gemäß § 1 Abs. 1 ZDF-Staatsver-

112 Vgl. etwa BVerfGE 111, 54 ff. – *Rechnungslegung.*
113 BVerfGE 134, 121 (Ls. 1 und Rn. 6 ff.) – *Nichtanerkennungsbeschwerde.*
114 S. dazu BVerfGE 85, 54; BVerfG, NJW 2002, 2939; s. auch OVG NRW, Beschluss vom 30.4.2012, Az. 13 B 528/12, juris – *Teilnahme an Fernsehsendung „Wahlarena".*

trag eine Anstalt des öffentlichen Rechts und damit eine juristische Person des öffentlichen Rechts. Damit ist es grundsätzlich zur Ausübung öffentlicher Gewalt befähigt. Allerdings ist das ZDF in Bezug auf die Veranstaltung von Fernsehsendungen auch Träger der Rundfunkfreiheit gemäß Art. 5 Abs. 1 Satz 2 GG. Für die Beantwortung der Frage, ob das ZDF Träger öffentlicher Gewalt ist, ist also danach zu unterscheiden, welche seiner Aufgaben es wahrnimmt. Soweit es in seiner Eigenschaft als öffentliche Einrichtung den Parteien Sendezeiten für Wahlwerbespots zuteilt oder verweigert, übt es öffentliche Gewalt aus. Hier handelt es sich jedoch um eine redaktionell gestaltete Sendung. Damit handelt das ZDF in dem von der Rundfunkfreiheit des Art. 5 Abs. 1 Satz 2 GG geschützten Bereich. Es ist insoweit nicht Träger öffentlicher Gewalt.

bb) Einrichtungen zur Verfügung stellen oder Leistungen gewähren. Aus dem zuvor Gesagten folgt bereits, dass das ZDF mit der Einladung zu einer redaktionell gestalteten Sendung keine Einrichtung zur Verfügung stellt. Die Tatsache, dass die Spitzenkandidaten die Gelegenheit zur Darstellung erhalten, kann allerdings als das Gewähren einer Leistung aufgefasst werden. Diese Leistung ist aber – wie ausgeführt – gerade keine Leistung eines Trägers öffentlicher Gewalt. Sie ist tatsächliche Folge der Ausübung der Rundfunkfreiheit durch das ZDF.

3. Ergebnis. Ein Anspruch auf Beteiligung aus § 5 Abs. 1 Satz 1 PartG besteht nicht.

III. Anspruch aus Art. 3 Abs. 1 iVm. Art. 21 Abs. 1 Satz 1 und 2 GG

1. Anspruchsgrundlage. Die Parteien könnten jedoch einen Anspruch auf Gleichbehandlung aus Art. 3 Abs. 1 iVm. Art. 21 Abs. 1 Satz 1 und 2 GG haben.

2. Anspruchsvoraussetzungen. Voraussetzung ist, dass die Parteien sich gegenüber dem ZDF auf den Grundsatz der Chancengleichheit berufen können und dass eine ungerechtfertigte Ungleichbehandlung vorliegt, die allein durch Beteiligung der bisher ausgeschlossenen Spitzenkandidaten beseitigt werden kann.

a) Geltung des Grundsatzes der Chancengleichheit. Die Anspruchsteller sind Parteien, so dass ihnen das Recht auf gleiche Chancen gemäß Art. 3 Abs. 1 iVm. Art. 21 Abs. 1 Satz 1 und 2 GG zusteht. Fraglich ist, ob das ZDF verpflichtet ist, die Parteien gleich zu behandeln. Insoweit ist zu berücksichtigen, dass das ZDF bei redaktionell gestalteten Sendungen zwar Gebrauch von dem Grundrecht der Rundfunkfreiheit macht (Art. 5 Abs. 1 Satz 2 iVm. Art. 19 Abs. 3 GG), deshalb aber dennoch keine Privatperson ist, die von ihrer Freiheit nach Belieben Gebrauch machen kann. Die dem ZDF zustehende Rundfunkfreiheit steht im Dienst einer freien Meinungsbildung in der Öffentlichkeit. Daraus folgt, dass das ZDF die Rundfunkfreiheit nicht dazu nutzen darf, ihrerseits in den Wahlkampf einzugreifen. Die öffentliche Rundfunkanstalt hat folglich bei Ausübung ihrer Rundfunkfreiheit den Grundsatz der Chancengleichheit zu beachten.

b) Ungerechtfertigte Ungleichbehandlung. Der Grundsatz der Chancengleichheit verbietet eine ungerechtfertigte Ungleichbehandlung.

aa) Ungleichbehandlung. Indem das ZDF nur die Spitzenkandidaten der drei größten im Bundestag vertretenen Parteien zu der Sendung „Zuschauer fragen Spitzenkandidaten" einladen will, schließt es die Spitzenkandidaten der anderen Parteien aus und behandelt sie damit ungleich.

bb) Rechtfertigung. Diese Ungleichbehandlung ist gerechtfertigt, wenn sie notwendige Folge eines schlüssigen redaktionellen Konzepts ist, das seinerseits der Chancengleichheit der Parteien hinreichend Rechnung trägt. Chancengleichheit der Parteien und Rundfunkfreiheit des ZDF müssen zum Ausgleich gebracht werden.

Die Begründung für die Beschränkung auf die drei größten im Bundestag vertretenen Parteien erschöpft sich hinsichtlich der drei kleineren Parteien in dem Hinweis auf die begrenzte Zeit. Angesichts des geringen zeitlichen Abstands zum Wahltag und der großen Bedeutung, die der Sendung zukommen soll, liegt in dem Ausschluss ein erheblicher Eingriff in die öffentlichkeitswirksamen Möglichkeiten der Parteien zur Selbstdarstellung und zur Darstellung ihrer Spitzenkandidaten. Dem Zeitfaktor könnte durch die Gestaltung der Sendung Rechnung getragen werden. Gerade, wenn den Interessen der Zuschauer Raum gegeben werden soll, erscheint der Ausschluss dreier im Bundestag vertretener Parteien nicht als notwendige oder auch nur folgerichtige Umsetzung des Konzepts.

Anders ist die Rechtslage zu beurteilen, wenn allein die Spitzenkandidaten der drei größten Parteien Aussicht auf das Kanzleramt haben und es in der Sendung darum geht, die Kanzlerkandidaten vorzustellen und dies auch im Titel der Sendung zum Ausdruck kommt. Dann wäre die Beschränkung die sachgerechte Umsetzung des redaktionellen Konzepts.[115]

Hinsichtlich des Ausschlusses der nicht im Bundestag vertretenen Partei fällt als rechtfertigender Grund ins Gewicht, dass die Spitzenkandidaten zu ihren bisherigen Leistungen und Erfahrungen in der Bundestagsarbeit befragt werden sollen. Da es sich – jedenfalls mit sechs Spitzenkandidaten – bereits um eine größere Runde handelt, ist das Kriterium „Vertretung im Bundestag“ ein sachgerechter Gesichtspunkt.[116]

3. Ergebnis. Die drei kleineren im Bundestag vertretenen Parteien haben einen Anspruch auf Einladung auch ihrer Spitzenkandidaten. Dagegen hat die Spitzenkandidatin der L-Partei keinen Anspruch auf Teilnahme an der Wahlsendung.

Zusatzbemerkung: Wegen des Zeitfaktors würde der Rechtsstreit im Wege des vorläufigen Rechtsschutzes vor den Verwaltungsgerichten und ggf. vor dem Bundesverfassungsgericht gemäß § 32 Abs. 1 BVerfGG ausgetragen werden. Zulässiges Verfahren in der Hauptsache vor dem Bundesverfassungsgericht wäre eine Verfassungsbeschwerde.

115 S. BVerfG, NJW 2002, 2329 ff. – *TV-Duell der Kanzlerkandidaten*.

116 Vgl. § 5 Abs. 1 Satz 4 PartG. S. aber auch BVerfGE 82, 54 ff. allerdings bei einer etwas anderen Konstellation (Beteiligung der Spitzenkandidatin der Grünen bei einer Fernsehdiskussion des WDR vor einer Landtagswahl). S. auch OVG NRW, Beschluss vom 30.4.2012, Az. 13 B 528/12, juris Rn. 18 ff. bei einer etwas abweichenden Konstellation (Teilnahme an einer Fernsehdiskussion der Spitzenkandidaten vor einer Landtagswahl), in dem hinsichtlich der Bestimmung des Teilnehmerkreises als Kriterium neben der Vertretung im Landtag auch das Ergebnis der Wahlprognosen berücksichtigt wird.

Vierter Teil: Die obersten Staatsorgane

1. Kapitel: Der Bundestag

Fall 4: Mandatsverlust bei Parteiwechsel?
Das Gesetz zur Wahl des württembergischen Landtags vom 4. April 1924 sah in Art. 7 Abs. 1 Nr. 6 den Verlust des Abgeordnetenmandats bei „Austritt aus derjenigen politischen oder anderen Vereinigung vor, in deren Auftrag der Abgeordnete von einer Wählervereinigung auf ihre Vorschlagsliste gesetzt wurde".
Wäre eine solche Regelung in einem Bundesgesetz in Bezug auf Bundestagsabgeordnete verfassungsgemäß?

Fall 5: Zulagen
Eine fraktionenübergreifende Gruppierung von Abgeordneten ist der Auffassung, dass die Ausgestaltung der Abgeordnetenentschädigung besondere Erfahrung, herausgehobene Verantwortung und überdurchschnittliche Arbeitsbelastung stärker honorieren müsse. Nur auf diese Weise seien heutzutage noch qualifizierte Kandidatinnen und Kandidaten für ein Abgeordnetenmandat zu gewinnen. Die Abgeordneten möchten daher folgenden Gesetzesentwurf zur Änderung des § 11 AbgG[1] in den Bundestag einbringen:
§ 11 Abs. 2 AbgG wird wie folgt neu gefasst:
„Der Präsident des Bundestages erhält eine monatliche Amtszulage in Höhe eines Monatsbetrages nach Absatz 1, seine Stellvertreter in Höhe von 60 % des Monatsbetrages nach Absatz 1. Fraktionsvorsitzende erhalten eine monatliche Amtszulage in derselben Höhe wie die Stellvertreter. Bei den Fraktionen mit mehr als 200 Mitgliedern erhalten je zwei stellvertretende Fraktionsvorsitzende, bei den übrigen Fraktionen je ein stellvertretender Fraktionsvorsitzender eine Amtszulage in Höhe von 30 % des Monatsbetrages nach Absatz 1. Gleiches gilt für die Ausschussvorsitzenden."
Prüfen Sie die Verfassungsmäßigkeit dieses Vorhabens.

165 Der **Bundestag** ist das **einzige unmittelbar vom Volk** durch Wahl **legitimierte Bundesstaatsorgan**. Dies ist die Grundlage seiner zentralen Bedeutung, die sich als „Teilhabe an der Staatsleitung"[2] kennzeichnen lässt. Sie äußert sich vor allem in der **Gesetzgebung** und in seinen **Kontrollfunktionen**, die in der Regel auf die Herstellung von Öffentlichkeit gerichtetet sind. Darüber hinaus **vermittelt** der Bundestag dem Bundeskanzler im Wege der parlamentarischen Kanzlerwahl die demokratische **Legitimation**. Die Mitglieder des Bundestages bilden zudem die Hälfte der Bundesversammlung, die den Bundespräsidenten wählt.[3]

166 Der Bundestag konstituiert sich mit dem ersten Zusammentritt nach der Wahl. Dies hat gemäß Art. 39 Abs. 2 GG spätestens am dreißigsten Tag nach der **Wahl** zu geschehen. Gemäß Art. 39 Abs. 1 Satz 1 GG wird der Bundestag **auf vier Jahre** gewählt, wobei der Zeitraum für die Neuwahl ausdrücklich in Art. 39 Abs. 1 Satz 3 GG mit dem 46. bis zum

---

1 Gesetz über die Rechtsverhältnisse der Mitglieder des Deutschen Bundestages (Abgeordnetengesetz – AbgG) vom 21. Februar 1996 (BGBl. I, S. 326), zuletzt geändert durch Artikel 2 des Gesetzes vom 27. Mai 2020 (BGBl. I, S. 1161).

2 BVerfGE 105, 279 (301) – *Osho*: „Staatsleitung durch Gesetz" und BVerfGE 70, 324 (354) – *Haushaltskontrolle der Nachrichtendienste*: Haushaltsplan als „staatsleitender Hoheitsakt in Gesetzesform".

3 Dazu unten Rn. 283 ff.

48. Monat nach Beginn der Wahlperiode angegeben ist. Durch diese Regelungen ist sichergestellt, dass es keine Lücken zwischen den Legislaturperioden gibt. Eine vorzeitige Auflösung des Bundestages ist nach geltendem Verfassungsrecht nur höchst ausnahmsweise möglich: zum einen im Falle des Scheiterns der Kanzlerwahl, zum anderen als Folge einer gescheiterten Vertrauensfrage.[4] Ein **Selbstauflösungsrecht** des Bundestages **besteht nicht.**[5]

Die Verlängerung einer laufenden **Wahlperiode** verstieße gegen das Demokratieprinzip (Art. 20 Abs. 1 und 2 Satz 1 GG). Gleiches gilt für die Verkürzung der laufenden Wahlperiode, die einem Selbstauflösungsrecht gleichkäme. Demgegenüber ist die Verlängerung oder Verkürzung künftiger Wahlperioden nicht von vornherein ausgeschlossen, wobei letzteres angesichts der Einarbeitungszeit und Wahlkampfphasen untunlich, ersteres wiederum durch das Demokratieprinzip begrenzt wird. Der Bayerische Verfassungsgerichtshof hat eine Verlängerung der Wahlperiode des bayerischen Landtags von 4 auf 6 Jahre noch für zulässig erachtet.[6] **167**

Auch wenn der Bundestag als Staatsorgan von Verfassungs wegen notwendig und in diesem Sinne dauerhaft vorgesehen ist, gilt für ihn der Grundsatz der personellen und materiellen **Diskontinuität.** Dh. der Bundestag konstituiert sich nach jeder Wahl neu,[7] wählt gemäß Art. 40 Abs. 1 GG seinen Präsidenten sowie dessen Stellvertreter und die Schriftführer und gibt sich eine Geschäftsordnung.[8] Sämtliche Gesetzgebungs- und andere Vorhaben des vorangegangenen Bundestages verfallen (vgl. § 125 GOBT) und müssen für den Fall, dass der neu gewählte Bundestag sie weiterverfolgen will, neu eingebracht werden. Die Individualisierung des jeweiligen Bundestags erfolgt durch Zählung. Seit dem 24. Oktober 2017 besteht der 19. Deutsche Bundestag. Seine Drucksachen werden entsprechend mit einer vorangestellten 19/* gezählt. **168**

1.1 Organe, Verfahrensprinzipien und Geschäftsordnungsautonomie

Der Bundestag ist oberstes Staatsorgan und verfügt seinerseits über eine Reihe von Unterorganen. **169**

1.1.1 Überblick über die Organe des Bundestages

In der Verfassung selbst sind der **Präsident** des Bundestages und seine Stellvertreter genannt. Sie bilden das **Präsidium** (vgl. § 5 GOBT). Eine eigene Regelung haben außerdem Untersuchungsausschüsse (Art. 44 GG) sowie drei weitere **Ausschüsse** gefunden: Art. 45 GG – Angelegenheiten der Europäischen Union, Art. 45a GG – auswärtige Angelegenheiten und Verteidigungsausschuss, Art. 45c GG – Petitionsausschuss.[9] Durch das 55. Gesetz zur Änderung des Grundgesetzes[10] wurde das seit 1978 auf einfachgesetzlicher Grundlage **169a**

---

4 S. dazu unten Rn. 362 ff. mwN.

5 BVerfGE 62, 1 (42 f.) – *Vertrauensfrage Kohl* und BVerfGE 114, 121 (157 f.) – *Vertrauensfrage Schröder.*

6 BayVerfGHE 11, 1 (8).

7 Für die Rechte des Bundestages zwischen Wahl und Zusammentritt des neugewählten Bundestages, s. *A. Kochsiek*, Der Alt-Bundestag, 2002. Für eine Anfängerhausarbeit, die sich mit der Reichweite des Diskontinuitätsgrundsatzes beschäftigt, s. *C. Freytag*, Das Fleischverwertungsverbot, Jura 2002, 130.

8 Geschäftsordnung des deutschen Bundestages [GOBT] vom 2. Juli 1980 (BGBl. I, S. 1237), idF. vom 1. Juni 2017 (BGBl. I, S. 1877).

9 Der Vermittlungsausschuss (Art. 77 Abs. 2 GG), der Gemeinsame Ausschuss (Art. 53a GG) und der Richterwahlausschuss (Art. 95 Abs. 2 GG) sind keine reinen Bundestagsausschüsse, sondern selbständige Verfassungsorgane, die nur zum Teil mit Bundestagsabgeordneten besetzt sind.

10 Gesetz vom 17.7.2009, BGBl. I, S. 1977.

bestehende Parlamentarische Kontrollgremium verfassungsrechtlich verankert.[11] Seine Aufgabe ist die Kontrolle der Nachrichtendienste des Bundes. Die Bezeichnung als „Gremium“ und nicht als „Ausschuss“ hat rechtliche Bedeutung. Sie bringt zum Ausdruck, dass es sich um eine gesetzlich begründete Einrichtung handelt und nicht um eine allein in der Geschäftsordnungsautonomie wurzelnde Untergliederung des Parlaments.[12] Weitere Unterorgane und Untergliederungen finden sich in der Geschäftsordnung des Bundestages. Der Form nach gibt sich zwar jeder Bundestag auf der Grundlage von Art. 40 Abs. 1 Satz 2 GG selbst und neu seine Geschäftsordnung, greift dabei aber regelmäßig auf die bewährten Regelungen des vorangegangenen Bundestages zurück. Zu nennen sind der **Ältestenrat** (§ 6 GOBT), der **Sitzungsvorstand** (§ 8 GOBT), nach Sachgebieten gebildete Ausschüsse (§§ 54 ff. GOBT) sowie die für die Organisation der Arbeit äußerst wichtigen **Fraktionen** (§§ 10–12 GOBT).

1.1.2 Die Rechtsnatur der Geschäftsordnung des Bundestages

170 Um die besondere Rechtsnatur der Geschäftsordnung zu erfassen, werden unterschiedliche Begriffe verwendet: autonome Satzung[13], Verfassungssatzung[14], parlamentarische Innenrechtsnorm.[15] Entscheidend ist, dass sie nicht im Wege des Gesetzgebungsverfahrens – also unter Beteiligung des Bundesrates und des Bundespräsidenten –, sondern ausschließlich vom Bundestag durch **Parlamentsbeschluss** erlassen wird.[16] Dem entspricht, dass es sich materiell um Parlamentsinnenrecht handelt. Im Rang steht die Geschäftsordnung unterhalb der Verfassung, aber auch unterhalb von Bundesgesetzen. Inhaltlich konkretisiert und ergänzt sie vielfach die Verfassung, so dass es sich um **Verfassungsrecht im materiellen Sinne** handelt.

1.1.3 Organisationsprinzipien, insbes. das Mehrheitsprinzip

171 Das Grundgesetz selbst enthält für die Arbeit des Bundestages nur sehr wenige Verfahrensvorgaben. Dies sind zum einen der Grundsatz der **Öffentlichkeit** gemäß Art. 42 Abs. 1 GG, zum anderen das **Mehrheitsprinzip**, das in Art. 42 Abs. 2 GG als Prinzip der einfachen Mehrheit vorgegeben wird, jedoch auf Abweichungen im GG selbst verweist und für Wahlen im Bundestag Ausnahmen zulässt.[17] Die **einfache Mehrheit** ist erreicht, wenn die Anzahl der abgegebenen Ja-Stimmen höher ist als die Anzahl der abgegebenen Nein-Stimmen. Enthaltungen werden nicht gezählt.[18]

172 Bei den Abweichungen im Grundgesetz handelt es sich durchgängig um strengere, also **qualifizierte Mehrheitsanforderungen** (vgl. für die Wahl des Bundeskanzlers Art. 63

---

11 S. dazu *F. Shirvani*, Reform der parlamentarischen Kontrolle der Nachrichtendienste, VBlBW 2010, 99 ff.; *V. Christopeit/H.A. Wolff*, Die Reformgesetze zur parlamentarischen Kontrolle der Nachrichtendienste, ZG 2010, 77 ff.

12 Inwieweit ein gesetzlich eingerichtetes parlamentarisches Gremium anders als ein Ausschuss nicht die Zusammensetzung des Plenums spiegeln muss (so für das Parlamentarische Kontrollgremium *R. Uerpmann-Wittzack*, in: *von Münch/Kunig*, GGK I, Art. 45d Rn. 3), ist streitig; s. dazu BVerfGE 70, 324 (362 ff.) – *Haushaltskontrolle der Geheimdienste*; s. auch BVerfGE 130, 318 (353 f.) – *Neunergremium ESFS*: Die Besetzung der Ausschüsse des Deutschen Bundestages und anderer Untergremien des Plenums muss dem Grundsatz der Spiegelbildlichkeit entsprechen (BVerfGE 112, 118, 133). S. dazu noch unten Rn. 217.

13 Vgl. BVerfGE 1, 144 (148 f.) – *Geschäftsordnungsautonomie*.

14 S. *V. Haug*, Bindungsprobleme und Rechtsnatur parlamentarischer Geschäftsordnungen, 1994.

15 S. *Th. I. Schmidt*, Die Geschäftsordnungen der Verfassungsorgane als individuell-abstrakte Regelungen des Innenrechts?, AöR 128 (2003), 608 ff.

16 Zum Selbstorganisationsrecht des Bundestages, s. *Th. Schwerin*, Der Deutsche Bundestag als Geschäftsordnungsgeber, 1998 und *G. Bollmann*, Verfassungsrechtliche Grundlagen und allgemeine verfassungsrechtliche Grenzen des Selbstorganisationsrechts des Bundestages, 1992.

17 Für einen Überblick, s. *W. Höfling/Ch. Burkiczak*, Das Mehrheitsprinzip im deutschen Staatsrecht – ein systematisierender Überblick, Jura 2007, 561 ff.

18 So die Staatspraxis und ganz herrschende Auffassung; s. nur *S. Magiera*, in: *Sachs*, Art. 42 Rn. 10.

Abs. 2 Satz 1 GG: Mitgliedermehrheit iSd. Art. 121 GG).[19] Hinsichtlich der Wahlen im Bundestag etwa im Zusammenhang mit der Besetzung von Ausschüssen kommt zudem das **Proportionalitätsprinzip** zum Zuge (§ 12 GOBT).[20] Nähere Regelung im Grundgesetz haben außerdem das Kontrollinstrument des Untersuchungsausschusses (Art. 44 GG) sowie das Gesetzgebungsverfahren (Art. 76 ff. GG) gefunden.

Soweit das Grundgesetz keine spezifischen Regelungen enthält, ist es Sache des Bundestags, seine Arbeit in einer funktionsgerechten Weise zu organisieren (**Geschäftsordnungsautonomie**, Art. 40 Abs. 1 Satz 2 GG). Dies gilt etwa für den Ablauf der Plenarsitzungen, für Ordnungsmaßnahmen oder die Besetzung von Ausschüssen. Zu beachten ist in jedem Fall die verfassungsrechtliche Stellung der Abgeordneten, insbesondere deren prinzipielle Gleichheit und Unabhängigkeit. Sie darf nur insoweit beschränkt werden, wie dies zur **Sicherung der Funktions- und Arbeitsfähigkeit des Bundestags** notwendig ist und der verfassungsrechtliche Abgeordnetenstatus im Grundsatz gewahrt bleibt.[21] 173

1.1.4 Der Bundestagspräsident

Der Präsident des Bundestags bzw. der Bundestagspräsident hat Repräsentations-, Leitungs- und Verwaltungsfunktionen.[22] In seiner **Repräsentationsfunktion** vertritt er den Bundestag und regelt seine Geschäfte (§ 7 Abs. 1 S. 1 GOBT). Hierzu gehört auch, dass gemäß Art. 40 Abs. 2 S. 2 GG nur mit seiner Genehmigung in den Räumen des Bundestages Durchsuchungen oder Beschlagnahmen stattfinden dürfen.[23] In seiner **Leitungsfunktion**, in der er durch den Ältestenrat sowie durch die Schriftführer unterstützt wird, führt er die Geschäfte des Bundestages. Hierzu gehören insbesondere die Vorbereitung, Einberufung und Leitung der Sitzungen des Bundestages. In der Funktion als **Verwaltungsbehörde** ist der Bundestagspräsident oberste Dienstbehörde der Bundestagsbeamten (§ 7 Abs. 4 GOBT). Er hat zudem das **Hausrecht** und die **Polizeigewalt**[24] in Bezug auf alle dem Bundestag zur Erledigung seiner Aufgaben zugeordneten Grundstücke und Gebäude (Art. 40 Abs. 2 Satz 1 GG, § 7 Abs. 2 Satz 1 GOBT). Bereits dargelegt wurde seine Verwaltungsfunktion im Zusammenhang mit der Festsetzung und Auszahlung der staatlichen Mittel der Parteienfinanzierung.[25] 174

Der Bundestagspräsident wird gemäß § 2 GOBT gewählt. Er bzw. sie kommt – traditionell und angesichts des geltenden Mehrheitsprinzips (§ 2 Abs. 2 Satz 1 GOBT) wenig überraschend – aus der jeweils stärksten Fraktion.[26] Im Präsidium ist jede weitere Fraktion durch mindestens einen Vizepräsidenten vertreten (§ 2 Abs. 1 Satz 2 GOBT). 175

---

19 Für weitere Beispiele sowie einen systematisierenden Überblick, s. *W. Höfling/C. Burkiczak*, Das Mehrheitsprinzip im deutschen Statsrecht, Jura 2007, 561 (566 f.).

20 S. dazu BVerfGE 112, 118 (135) – *Zählverfahren für Sitzanteile*: „Anspruch der Fraktion auf proportionale Beteiligung an der parlamentarischen Willensbildung".

21 S. dazu noch Rn. 180 ff.

22 Zum Bundestagspräsidenten, s. *Th. Wilrich*, Der Bundestagspräsident, DÖV 2002, 152 ff.

23 S. hierzu *D. Schroeder*, Der Genehmigungsvorbehalt des Bundestagspräsidenten nach Art. 40 II 2 GG, Jura 2008, 95 ff.; s. auch Rn. 195.

24 Vgl. dazu *G.M. Köhler*, Die Polizeigewalt des Parlamentspräsidenten im deutschen Staatsrecht – Eine Darstellung am Beispiel des Präsidenten des Deutschen Bundestages, DVBl. 1992, 1577 ff.; *R. Igel/M.F. Feldkamp*, Die Polizei des Bundestagspräsidenten in parlamentsgeschichtlicher Perspektive, ZParl 2013, 126 ff.; *A. Ramm*, Die Polizeigewalt des Bundestagspräsidenten, NVwZ 2010, 1461 ff.

25 S. dazu oben Rn. 161.

26 Parlamentarischer Brauch iS. einer Konventionalregel. Vgl. *K.-U. Meyn*, Parlamentsbrauch und Fraktionsgemeinschaft. Zur Wahl des Präsidenten des VIII. Deutschen Bundestages, JZ 1977, 167 ff. Vgl. §§ 2 Abs. 2, 7 Abs. 6 GOBT. Ein anderes Beispiel einer solchen Konventionalregel ist das sog. Pairing, dh. die vereinbarte Nichtteilnahme eines oder mehrerer Abgeordneter einer Fraktion bei einer Abstimmung im Parlament, wenn Abgeordnete einer anderen Fraktion zB. wegen Krankheit an der Abstimmung verhindert sind; vgl. dazu *H. Butzer/S. Henkenötter*, Pairing im Deutschen Bundestag, ZG 10 (1995), 328 ff.; *M. Schuldei*, Die Pairing-Vereinbarung, 1997.

Rechtsprechung: BVerfGE 1, 144 – Geschäftsordnungsautonomie; 44, 308 – Beschlussfähigkeit; 70, 324 – Haushaltskontrolle Geheimdienste.

Literatur: *Th. Wilrich*, Der Bundestagspräsident, DÖV 2002, 152; *R. Igel/M.F. Feldkamp*, Die Polizei des Bundestagspräsidenten in parlamentsgeschichtlicher Perspektive, ZParl 2013, 126; *A. Ramm*, Die Polizeigewalt des Bundestagspräsidenten, NVwZ 2010, 1461.

Fallbearbeitungen: *H. Butzer*, Wrapped Bundestag, JuS 1997, 1014 (Examenshausarbeit: Hausrecht des Bundestagspräsidenten); *U. Palm*, Minderheit im Parlament, Jura 2002, 700 (Anfängerhausarbeit: Verletzung der Geschäftsordnungsautonomie durch Einführung eines neuen parlamentarischen Kontrollgremiums durch Gesetz).

1.2 Abgeordnetenstatus

176 Der besondere Rechtsstatus der Abgeordneten ist in Art. 38 Abs. 1 Satz 2 GG umschrieben. Abgeordnete sind danach Vertreter des ganzen Volkes, an Aufträge und Weisungen nicht gebunden und nur ihrem Gewissen unterworfen. Die Rechtsstellung wird als **freies** bzw. **repräsentatives Mandat** im Gegensatz zum gebundenen bzw. imperativen Mandat bezeichnet.
Aus der Repräsentationsfunktion eines und einer jeden einzelnen Abgeordneten für das ganze Volk – wenn auch im Zusammenwirken mit allen anderen Abgeordneten – folgt notwendig sowohl die **Unabhängigkeit** gegenüber „Aufträgen und Weisungen“ Einzelner wie auch das **Recht gleicher Mitwirkung** an der Arbeit im Bundestag.

1.2.1 Das repräsentative Mandat

177 **1.2.1.1 Unabhängigkeit, Gemeinwohlbindung und Fraktionsdisziplin.** Die aus der Repräsentationsfunktion folgende Unabhängigkeit der Abgeordneten wird durch den ausdrücklichen Hinweis auf deren alleinige **Gewissensbindung** noch verstärkt. Als **Leitbild** wird damit der dem Gemeinwohl dienende Abgeordnete vorgegeben. Das Unabhängigkeitspostulat hat aber auch einen rechtlichen Gehalt als **Verbot: Rechtliche Bindungen** und rechtliche Sanktionen für das Verhalten von Abgeordneten bei der Ausübung ihres Mandats **sind unzulässig** und nichtig. Politische Einflussnahme und politische Sanktionen sind dagegen zulässig. So kann ein Abgeordneter sich nicht rechtsverbindlich und einklagbar dazu verpflichten, im Falle von Meinungsverschiedenheiten sein Mandat niederzulegen[27] oder eine bestimmte Geldsumme an die Fraktion zu zahlen. Dagegen kann die Fraktion missliebig gewordene Abgeordnete ausschließen,[28] und die Partei kann solche Abgeordneten bei der nächsten Wahl nicht mehr aufstellen. Vor diesem Hintergrund ist die Unterscheidung zwischen *zulässiger Fraktionsdisziplin* und *unzulässigem Fraktionszwang* zu sehen.[29] Die Tatsache, dass Abgeordnete faktisch ausschließlich als Mitglieder einer Partei in den Bundestag gewählt werden und im Bundestag mit den anderen Abgeordneten derselben Partei eine **Fraktion** bilden, steht in einem **Spannungsverhältnis zum freien Mandat**, keineswegs aber im Widerspruch dazu. Im Regelfall ist davon auszugehen, dass die Position der Fraktion der

---

27 S. zum Rotationsbeschluss der Grünen, StGH Nds., OVGE 38, 503 = NJW 1985, 2319 ff. S. dazu *D. Jung*, Das Rotationsprinzip der „Grünen“, DÖV 1984, 197 ff. und *T. Bruha/P. Möller*, Rotationsprinzip und Verfassung, JA 1985, 13 ff.

28 S. dazu *A. Bäcker*, Der Ausschluss aus der Bundestagsfraktion, 2011; *J. Ipsen*, Rechtsschutz gegen Fraktionsausschluss, NVwZ 2005, 361 ff. und *C. Lenz*, Der Fraktionsausschluss, Zwischenbilanz nach den Fällen Möllemann und Hohmann, NVwZ 2005, 364 ff. Vgl. auch *E. Quambusch*, Möllemanns Konflikt mit der FDP – ein Lehrstück zum Staatsorganisationsrecht, VR 2003, 303 ff.; *Th.I. Schmidt*, Der Fraktionsausschluss als Eingriff in das freie Mandat des Abgeordneten, DÖV 2003, 846 ff.

29 Zur Vertiefung s. hierzu *U. Rühl*, Das „freie Mandat“: Elemente einer Interpretations- und Problemgeschichte, Staat 39 (2000), 23 (40 ff.); s. zur Problembehandlung in einer Klausur *V. Haug/S. Schmid*, Turbulentes Parlament, JuS 2013, 440 (445).

Überzeugung der ihr angehörenden Abgeordneten entspricht bzw. ihr zumindest nicht ganz und gar widerspricht. Gerät ein Abgeordneter in Widerspruch zu seiner Fraktion, kann dies zwar im äußersten Fall zum Fraktions- und Parteiausschluss führen, nicht jedoch zum Verlust des Abgeordnetenmandats mit seinen grundlegenden Rechten auf gleiche Mitwirkung.

1.2.1.2 Einflussnahmen Dritter. Hinsichtlich der Einflussnahme Dritter, seien es einzelne Personen, Unternehmen oder Interessenverbände, zieht der Straftatbestand der **Abgeordnetenbestechung** (§ 108e StGB) die rechtliche Grenze. Vertragliche Vereinbarungen, die auf eine Stimmenbindung einzelner Abgeordneter zielen, sind zudem gemäß § 134 BGB nichtig. Gemäß § 44a Abs. 2 AbgG darf ein Mitglied des Bundestages keine anderen als die gesetzlich vorgesehenen Zuwendungen oder andere Vermögensvorteile annehmen. Unzulässig ist insbesondere die Annahme von Zuwendungen, die nur deshalb gewährt werden, weil dafür die Vertretung und Durchsetzung der Interessen des Leistenden im Bundestag erwartet wird. Dem stehen Leistungen gleich, denen keine angemessene Gegenleistung gegenübersteht.[30] Ausgenommen sind Spenden. Als Mittel zur Sicherung der Unabhängigkeit der Abgeordneten und ihrer Gewissensschärfung dienen die Verhaltensregelungen für die Mitglieder des Deutschen Bundestages, die sich der Bundestag als Anlage 1 zur GOBT auf der Grundlage des § 44b AbgG gegeben hat. Sie zielen auf **Transparenz**, indem sie den Abgeordneten eine Vielzahl von Anzeigepflichten auferlegen. 178

1.2.1.3 Transparenzpflichten. Mit dem 26. Gesetz zur Änderung des Abgeordnetengesetzes vom 22. August 2005 sind umfangreiche **Offenlegungspflichten** über die Einkünfte von Abgeordneten begründet worden. Dies hat die Frage aufgeworfen, ob der „gläserne Abgeordnete" mit dem von Art. 38 Abs. 1 Satz 2 GG gewollten freien Mandat vereinbar ist und inwieweit Abgeordnete sich daneben auf das Grundrecht auf informationelle Selbstbestimmung (Art. 2 Abs. 1 iVm. Art. 1 Abs. 1 GG) oder die Berufsfreiheit berufen können. Das auf Antrag einiger Abgeordneten im Organstreitverfahren angerufene Bundesverfassungsgericht konnte in einer vier zu vier Entscheidung[31] keine Verfassungswidrigkeit feststellen.[32] Nach Auffassung der ausschlaggebenden vier Richter fordert das Abgeordnetenmandat „den ganzen Menschen".[33] Die rechtlich relevanten individuellen Interessen sind, jedenfalls soweit es sich nicht um die enge **Privatsphäre**, sondern um in die Öffentlichkeit hineinragendes Verhalten wie die **Berufsausübung** handelt, bereits im Status des freien Mandats mitberücksichtigt und erhalten keine zusätzliche Absicherung durch Grundrechte. Das berechtigte Interesse der Wähler zu wissen, wen sie wählen einerseits, die regelmäßig nicht mögliche strikte Scheidung zwischen Beruf und Mandatsträgerschaft andererseits, rechtfertige die Transparenzanforderungen, die auch in ihrer Ausgestaltung geeignet und verhältnismäßig seien. 179

Demgegenüber sehen die vier abweichenden Richter die Gefahr für die Freiheit und Unabhängigkeit der Abgeordneten weniger in unlauterer Beeinflussung durch wirtschaftliche Zuwendungen oder Interessenverquickung mit Externen als in der Abhängigkeit von ihrer Partei. Ihrer Auffassung nach steht Abgeordneten im Zusammenhang mit privaten Tätig-

30 Der Gesetzestext entspricht inhaltlich BVerfGE 40, 296 (Ls. 5) – *Abgeordnetendiäten*.

31 S. § 15 Abs. 4 Satz 3 BVerfGG.

32 BVerfGE 118, 277 ff. – *Nebeneinkünfte von Abgeordneten*. S. hierzu kritisch *H.H. von Arnim*, Nebeneinkünfte von Bundestagsabgeordneten, DÖV 2007, 897 ff. und *J. Linck*, Verfestigung des Leitbildes von Berufsabgeordneten durch das BVerfG, NJW 2008, 24 ff. Zu landesrechtlichen Regelungen von Nebeneinkünften, s. *H.H. von Arnim*, Nebeneinkünfte von Landtagsabgeordneten – Konsequenzen nach der Neuregelung im Bund und dem Urteil des BVerfG, NVwZ 2007, 1246 ff.

33 S. dazu *M. Cornils*, Leitbilder des Abgeordneten – Das Mandat als Lebensberuf oder Zeitengagement, Jura 2009, 289 ff.; s. auch *P. Austermann*, Das Abgeordnetenbild des Bundesverfassungsgerichts, ZParl 2012, 719 (723 ff.).

keiten auch Grundrechtsschutz zu, woraus sich rechtsstaatliche Anforderungen an Eingriffe ergeben, die diese Sphäre betreffen. Sie sehen in den Transparenzanforderungen zudem ein unangebrachtes **generalisiertes Misstrauen**. Das berechtigte Anliegen der Wähler, über Interessenverflechtungen von Abgeordneten Bescheid zu wissen, dürfe gegenüber der Freiheit des Mandats und flankierenden Grundrechten nur in verhältnismäßiger Weise durchgesetzt werden. Insoweit kritisieren sie die Ausgestaltung der Transparenzanforderungen im Einzelnen hinsichtlich ihrer Eignung und Erforderlichkeit.
Die mit vier zu vier Stimmen getroffene Entscheidung zeigt, wie schwer es sein kann, aus der verfassungsrechtlichen Rahmenordnung – den in der Verfassung niedergelegten Prinzipien – die richtige Entscheidung im Einzelfall abzuleiten. Fest steht, dass mit der Forderung an die Abgeordneten, **Transparenz** über ihre beruflichen oder finanziellen Verflechtungen herzustellen, ein **legitimes Interesse** verfolgt wird. Hinsichtlich der Ausgestaltung hat der **Gesetzgeber** einen weiten **Gestaltungsspielraum**. Dies gilt umso mehr, wenn man mit den vier tragenden Richtern die Auffassung vertritt, dass angesichts der unauflöslichen Verquickung von Abgeordneteneigenschaft und beruflicher Betätigung für letztere **kein Grundrechtsschutz** besteht, sondern vom Rechtsstatus des Abgeordneten zwar umfasst, durch dessen Pflichten aber auch überlagert wird. Für die Richtigkeit der Entscheidung spricht, dass die Bindung der Abgeordneten an Parteien eine verfassungsrechtliche Legitimation in Art. 21 GG findet. Besondere Einflussmöglichkeiten Dritter sind dagegen im Lichte des Grundsatzes der Gleichheit, insbesondere der Wahlrechtsgleichheit, nicht zu rechtfertigen.
Der Steuerung des Einflusses von Interessenverbänden dient das neue Gesetz zur Einführung eines Lobbyregisters für die Interessenvertretung gegenüber dem Deutschen Bundestag und der Bundesregierung (Lobbyregistergesetz – LobbyRG) vom 16. April 2021.[34] Daneben besteht die Anlage 2 zur GOBT über die Registrierung von Verbänden und deren Vertretern fort, allerdings nur noch bis zum 1. März 2022. Sie soll durch eine neue als „Verhaltenskodex“ bezeichnete Anlage, die sich am Lobbyregistergesetz orientiert, ersetzt werden (BT-Drs. 19/30885).

1.2.2 Das Recht auf gleiche Mitwirkung

180 Die effektive Arbeit in dem mindestens 598 Mitglieder umfassenden Organ Bundestag – im 19. Bundestag sind es 709 Abgeordnete – bedarf der Organisation und der Arbeitsteilung. Sie wird rechtlich durch die Geschäftsordnung des Bundestages strukturiert und faktisch zum größten Teil über die Fraktionen geleistet. Die Zugehörigkeit zu einer Fraktion ist für die Wirksamkeit der Arbeit eines Abgeordneten also von großer Bedeutung. Das Recht auf grundsätzlich gleiche Mitwirkung an der Arbeit des Bundestages ist aber bereits Inhalt des Rechtsstatus eines jeden einzelnen Abgeordneten. In seiner grundlegenden Entscheidung zur Stellung des fraktionslosen Abgeordneten hat das Bundesverfassungsgericht die mit dem **Abgeordnetenstatus** verbundenen Mitwirkungsbefugnisse **im Verhältnis zur Geschäftsordnungsautonomie** des Bundestages konkretisiert.[35]

181 **1.2.2.1 Das Prinzip der Beteiligung aller.** Danach obliegt es dem Bundestag, die Erledigung seiner Aufgaben von vornherein auf der Grundlage des Prinzips der Beteiligung aller zu organisieren. Das bedeutet, dass die dem einzelnen Abgeordneten aus seinem verfassungsrechtlichen Status zufließenden Rechte durch die Geschäftsordnung nicht erst begründet werden; sie regelt vielmehr nur die Art und Weise ihrer Ausübung. Dabei dürfen die Rechte des einzelnen Abgeordneten zwar ausgestaltet und insofern auch **eingeschränkt**, jedoch nicht grundsätzlich entzogen werden.[36] In seiner Entscheidung zur parla-

---

34 BGBl. I, S. 818.
35 BVerfGE 80, 188 – *Wüppesahl*. S. hierzu *J. Ziekow*, Der Status des fraktionslosen Abgeordneten, JuS 1991, 28 ff. und *H.-H. Trute*, Der fraktionslose Abgeordnete, Jura 1991, 28 ff.
36 BVerfGE 80, 188 (Ls. 2b und 3a) – *Wüppesahl*; s. auch BVerfGE 130, 318 (342, 348 ff.) – *parlamentarische Beteiligung an Entscheidungen iRd. StabMechG*.

mentarischen Beteiligung an Entscheidungen im Rahmen des Stabilitätsmechanismusgesetzes führte das BVerfG aus: „Überträgt der Deutsche Bundestag **zur Wahrung anderer Rechtsgüter von Verfassungsrang** einem von ihm aufgrund seiner Selbstorganisationsbefugnis eingerichteten Ausschuss oder einem anderen Untergremium einzelne der von ihm zu erfüllenden Aufgaben zur selbständigen und plenarersetzenden Wahrnehmung und bestehen dafür Gründe, die dem Gebot der gleichberechtigten Mitwirkung aller Abgeordenten die Waage halten, darf die Beschränkung der Statusrechte der gewählten Abgeordneten und die damit verbundene Ungleichbehandlung **nicht weiter** reichen, **als** dies **unbedingt erforderlich** ist … Damit unverhältnismäßige Beeinträchtigungen vermieden werden, muss der Grundsatz der **Spiegelbildlichkeit** gewahrt bleiben … Zudem dürfen die Informations- und Unterrichtungsmöglichkeiten für die nicht beteiligten Abgeordneten nicht über das unabdingbar notwendige Maß hinaus beschränkt werden"[37]. Zu den für den Abgeordnetenstatus grundlegenden Befugnissen gehören das Recht auf Information und Unterrichtung insbesondere das **Frage-**[38], **Antrags-, Rede-**[39] und **Stimmrecht im Plenum.**[40] Die Redezeit muss dabei dem Beratungsgegenstand angemessen sein.[41] Die Einzelheiten des Rederechts sind insbesondere in den §§ 27, 28 und 33–36 GOBT geregelt.

1.2.2.2 Mitwirkung von fraktionslosen Abgeordneten in Ausschüssen. Von großer 182
Bedeutung ist die Frage, inwieweit die Mitarbeit in Ausschüssen vom Abgeordnetenstatus umfasst ist. Gewöhnlich wird die Entsendung in die Ausschüsse von den Fraktionen organisiert (§ 57 Abs. 2 GOBT), zumal jeder Ausschuss angesichts der erheblichen Bedeutung für die Sacharbeit und die Vorbereitung der Abstimmungen im Plenum die dort bestehenden Stimmenverhältnisse proportional abbilden muss (Grundsatz der Spiegelbildlichkeit). Aus der Bedeutung der Ausschussarbeit folgt aber auch, dass „ein Abgeordneter nicht ohne gewichtige, an der Funktionstüchtigkeit des Parlaments orientierte Gründe von jeder Mitarbeit in den Ausschüssen ausgeschlossen werden kann."[42] Steht der Zahl der Abgeordneten eine entsprechend große Anzahl von Ausschusssitzen gegenüber, hat jeder einzelne Abgeordnete einen **Anspruch darauf, in einem Ausschuss mit Rede- und Antragsrecht mitzuwirken.**[43] Das Recht zu bestimmen, in welchem Ausschuss er oder sie mitarbeitet, steht einzelnen Abgeordneten allerdings nicht zu. Dies bedarf der Organisation unter Berücksichtigung der besonderen Kenntnisse, Fähigkeiten und Interessen der einzelnen Personen. Dies gilt für fraktionsangehörige Abgeordnete ebenso wie für fraktionslose Abgeordnete. Für erstere erfolgt die Abstimmung innerhalb der Fraktion, im letzteren Fall bestimmt § 57 Abs. 2 Satz 2 GOBT sachgerecht, dass der Bundestagspräsident die Zuweisung vornimmt.

1.2.2.3 Stimmrecht von fraktionslosen Abgeordneten in Ausschüssen? Höchst strei- 183
tig war und ist die Frage, ob einem fraktionslosen Abgeordneten neben dem Antrags-

37 BVerfGE 130, 318 (353), Hervorhebung hier hinzugefügt. Die Entscheidung stellt eine Neujustierung gegenüber BVerfGE 70, 324 ff. – *Haushaltskontrolle der Geheimdienste* dar, wobei sie an das damalige Sondervotum ebenda, 366 ff. anknüpft. Zum Grundsatz der Spiegelbildlichkeit s. noch unten Rn. 205.

38 S. zu Umfang und Grenzen des Frage- und Informationsrechts BVerfG, Az. 2 BvE 5/11 vom 21.10.2014 – *Anfragen zu Kriegswaffenexportgeschäften*; BVerfGE 124, 161 ff. – *Anfragen zu geheimdienstlichen Erhebungen über Angeordnete*; s. auch *W. Hänsle/S.-C. Lenski/R. Reichold*, Fragen über Fragen, Jura 2012, 468 ff. und noch unten Rn. 218.

39 S. hierzu *V.-P. Heintz*, Das Rederecht der Abgeordneten im Deutschen Bundestag, ZJS 2013, 233 ff.

40 S. BVerfGE 70, 324 (355) – *Beratung des Geheimdienstbudgets*; 130, 318 (342) – *parlamentarische Beteiligung an Entscheidungen iRd. StabMechG* unter Bezugnahme auf seine bisherige Rechtsprechung.

41 BVerfGE 10, 4 ff. – *Redezeitbeschränkung;* zu den verfassungsrechtlichen Anforderungen an die öffentliche parlamentarische Debatte in Zeiten einer Großen Koalition s. *S. Schuster*, DÖV 2014, 516 ff. S. auch *V.-P. Heintz*, Das Rederecht der Abgeordeten im Deutschen Bundestag, ZJS 2013, 233 ff.; *V. Karcher/J. Korn*, Ist Schweigen tatsächlich Gold? – Zur Regelung des Rederechts „abweichender" Abgeordneter in der Geschäftsordnung des Bundestages, DÖV 2012, 725 ff.

42 BVerfGE 80, 188 (Ls. 4b) – *Wüppesahl*.

43 BVerfGE 80, 188 (Ls. 4c).

und Rederecht im Ausschuss auch das Stimmrecht im Ausschuss zusteht. Das Bundesverfassungsgericht hat dies nicht für verfassungsrechtlich geboten erachtet, da das **Stimmrecht** des fraktionslosen Abgeordneten, der nur für sich spreche, **im Ausschuss** – anders als im Plenum – notwendigerweise **überproportional** wirke. Zudem diene die Ausschussarbeit nicht zuletzt dazu, mehrheitsfähige Vorlagen herbeizuführen. Dieser Auffassung wird entgegengehalten, dass sie im Widerspruch zur **formalen Gleichheit** aller Abgeordneten steht. Der gleiche Rechtsstatus erlaube keine Trennung von Antrags- und Rederecht einerseits, Stimmrecht andererseits.[44] In der Tat hat die Lösung des Bundesverfassungsgerichts eher pragmatische als dogmatische Überzeugungskraft. Die nicht zu rechtfertigende Konstellation, dass ein fraktionsloser Abgeordneter im Ausschuss zum Zünglein an der Waage wird, ließe sich durch eine entsprechende Anzahl an Ausschussmitgliedern verhindern.

184 **1.2.2.4 Rechtsstellung fraktionsloser Abgeordneter im Übrigen.** Einigkeit besteht, dass zum verfassungsrechtlich verbürgten Abgeordnetenstatus **weder** die **Mitwirkung im Ältestenrat** noch die **finanzielle Gleichstellung** mit den Fraktionen gehört.[45] Zuwendungen an Fraktionen haben ihre Grundlage gerade in der von ihnen geleisteten Organisationsarbeit, die bei einem einzelnen Abgeordneten in dieser Form gar nicht anfällt. „Soweit fraktionsangehörige Abgeordnete aus der Arbeit der Fraktion Vorteile ziehen, hat dies der Deutsche Bundestag gegenüber dem fraktionslosen Abgeordneten auszugleichen."[46] Dies betrifft etwa die Unterstützung durch die Wissenschaftlichen Dienste des Deutschen Bundestages.

1.2.3 Das Recht auf gleiche Entschädigung

185 Die grundsätzliche Gleichheit aller Abgeordneten verlangt auch, dass jedem Abgeordneten eine gleich hoch bemessene Entschädigung zusteht.[47] Differenzierungen etwa durch **Funktionszulagen sind nur in sehr engen Grenzen zulässig.**[48] Es dürfen keine Abhängigkeiten oder Hierarchien über das für die Arbeitsfähigkeit des Parlaments unabdingbare Maß gefördert werden. Vor diesem Hintergrund ist eine Zulage für einzelne herausgehobene Ämter wie das des Bundestagspräsidenten zulässig.[49] Vertretbar ist auch eine Zulage für Fraktionsvorsitzende. Eine zusätzliche Entschädigung für parlamentarische Geschäftsführer, stellvertretende Fraktionsvorsitzende oder Ausschussvorsitzende würde dagegen eine Hierarchisierung befördern, könnte zu sachwidrigen Motiven bei der Bewerbung um und der Besetzung von solchen Ämtern führen und lässt sich nicht vor Art. 38 Abs. 1 Satz 2 GG rechtfertigen.[50]

---

44 BVerfGE 80, 188 (235) – *Wüppesahl* (Sondervotum Mahrenholz).

45 BVerfGE 80, 188 (Ls. 6a) – *Wüppesahl.*

46 BVerfGE 80, 188 (Ls. 6b).

47 BVerfGE 40, 296 (Ls. 2a) – *Abgeordnetenentschädigung*: „Aus dem formalisierten Gleichheitssatz folgt, dass jedem Abgeordneten eine gleich hoch bemessene Entschädigung zusteht, unabhängig davon, ob die Inanspruchnahme durch die parlamentarische Tätigkeit größer oder geringer ist, ob der individuelle finanzielle Aufwand oder das Berufseinkommen verschieden hoch ist."

48 S. dazu *C. Krönke*, Verfassungsmäßigkeit von Funktionsvergütungen im Deutschen Bundestag, DVBl. 2013, 1492 ff.

49 Vgl. § 11 Abs. 2 AbgG.

50 BVerfGE 102, 224 – *Thür. Abgeordnetengesetz.* S. Anm. *M. Rau*, Parlamentarische Funktionszulagen und der verfassungsrechtliche Status der Abgeordneten, JuS 2001, 775 ff. und *E. Röper*, Funktionszulagen vs. Freiheit und Gleichheit der Abgeordneten, DÖV 2002, 655 ff. Kritisch *F. Welti*, Funktionszulagen im Konflikt mit Freiheit und Gleichheit der Abgeordneten, DÖV 2001, 705 ff. Vgl. auch Brem.StGH, Urt. v. 5.11.2004, Az. St 3/03, NVwZ 2005, 929 ff. m. Anm. *L. Brocker/Th. Messer*, Funktionszulagen für Abgeordnete und Oppositionszuschläge – Fortentwicklung der verfassungsgerichtlichen Rechtsprechung durch den Brem.StGH, NVwZ 2005, 895 ff. Umfassend s. hierzu *S. Schmahl*, Funktionszulagen – ein Verstoß gegen Mandatsfreiheit und Gleichheit der Abgeordneten?, AöR 130 (2005), 114 ff.

1.2.4 Indemnität und Immunität

Dem Schutz des Abgeordneten bei der Ausübung seines Mandats dienen die Regelungen über die Indemnität in Art. 46 Abs. 1 GG und die Immunität in Art. 46 Abs. 2 GG. In Ergänzung zum Schutz durch Immunität machen die Absätze 3 und 4 jede Beschränkung der persönlichen Freiheit eines Abgeordneten von der Zustimmung des Bundestages abhängig. 186

1.2.4.1 Indemnität. Die Indemnität bezieht sich auf die **innerparlamentarische Rede- und Abstimmungsfreiheit.** Sie schließt rechtliche Maßnahmen als Folge einer Äußerung oder Abstimmung im Parlament einschließlich seiner Ausschüsse und Fraktionen aus und errichtet als persönlicher Strafausschließungsgrund (vgl. §§ 36, 37 StGB) ein dauerhaftes („zu keiner Zeit") Prozesshindernis im Interesse der Unabhängigkeit der Abgeordneten.[51] 187
Die Indemnität steht **ausschließlich Abgeordneten** zu. Ein Bundesminister, der nicht zugleich Abgeordneter ist, genießt sie dagegen nicht. Dies hat seinen Grund darin, dass historisch die Indemnität vor allem den Schutz der Parlamentarier vor Maßnahmen der Regierung bezweckte. Diese für den Konstitutionalismus charakteristische Gegnerschaft zwischen Parlament und Regierung gilt für die parlamentarische Demokratie allerdings nur noch eingeschränkt.

Auf Äußerungen von Abgeordneten unmittelbar gegenüber der Presse, die mehr oder anderes sind als eine Wiederholung von Äußerungen im Parlament, erstreckt sich die Indemnität nicht (**„Äußerungen im Bundestag"**).[52] Wahrheitsgetreue Berichte aus öffentlichen Sitzungen des Bundestages sind zudem gemäß Art. 42 Abs. 3 GG geschützt. Dies gilt allerdings für jedermann und nicht nur für Abgeordnete. In keinem Fall sind verleumderische Beleidigungen erlaubt (§§ 187, 103 Abs. 1 Halbsatz 2 StGB), also die bewusste Lüge (Art. 46 Abs. 1 Satz 2 GG). In der Praxis liegt die Schwierigkeit darin, ebendies festzustellen.[53] 188

Die Indemnität schützt vor strafrechtlicher Verfolgung und Bestrafung ebenso wie vor zivilrechtlichen Unterlassungs- oder Schadensersatzklagen (z.B. auf der Grundlage der §§ 823, 826, 1004 BGB). Ausgeschlossen sind des Weiteren Disziplinarmaßnahmen sowie Eingriffe von Polizei oder Verfassungsschutz. Im privaten, gesellschaftlichen oder politischen Bereich verbleibende Sanktionen sind dagegen nicht erfasst; „zur Verantwortung ziehen" im Sinne des Art. 46 Abs. 1 GG meint **nur staatliche Maßnahmen** bzw. die Inanspruchnahme von Hoheitsgewalt, allerdings **nur „außerhalb des Bundestages"**. Demzufolge bewahrt die Indemnität Abgeordnete nicht davor, vom Bundestagspräsidenten durch eine **Rüge** zur Ordnung gerufen zu werden, vor einem **Wortentzug** oder vor einem **Sitzungsausschluss.** Eine gesetzliche Grundlage für die **Verhängung von Ordnungsgeld** und für einen Sitzungsausschluss bei Verletzung der Ordnung oder Würde des Bundestages enthält seit 2011 § 44a Abs. 5 AbgG. In der GOBT finden sich Regelungen über Ordnungsmaßnahmen in den §§ 36 ff.[54] 189

1.2.4.2 Immunität. Anders als die Indemnität, die die Strafbarkeit und sonstige Formen der rechtlichen Verantwortlichkeit dauerhaft ausschließt, gewährt die Immunität keinen absoluten Schutz: Die **Strafbarkeit strafbaren Verhaltens bleibt unberührt**, allein die 190

---

51 *T. Walter*, Indemnität und Immunität (Art. 46 GG) im Überblick, Jura 2000, 496 (498). Zur Frage, ob § 36 StGB auch Landtagsabgeordnete betrifft s. *ders.*, Indemnität für Landtagsabgeordnete, JZ 1999, 981 ff.

52 S. dazu BGHZ 75, 384 ff. – *Betrugsvorwurf*; OLG Saarbrücken, NJW-RR 1994, 184 ff. – *Rotlichtaffaire*; OLG Stuttgart, NJW-RR 2004, 619 ff. – *steuerl. Unregelmäßigkeiten*.

53 S. dazu OLG Saarbrücken, NJW-RR 1994, 184 ff. – *Rotlichtaffäre*.

54 S. hierzu *A. Ingold/S.-C. Lenski*, Ordnungsgeld und Sitzungsausschluss als Ordnungsmaßnahmen gegen Bundestagsabgeordnete, JZ 2012, 120 ff. (mit Zweifeln an der Verhältnismäßigkeit der undifferenzierten Höhe des Ordnungsgeldes).

Verfolgbarkeit steht während der Dauer des Mandats **unter dem Vorbehalt der Genehmigung durch den Bundestag.** Keiner Genehmigung bedarf es, wenn der Abgeordnete „bei der Begehung der Tat oder im Laufe des folgenden Tages festgenommen wird." In diesen Regelungen kommt der Schutzzweck der Immunität zum Ausdruck: Es handelt sich nicht um ein Abgeordnetenprivileg, sondern um den Schutz vor willkürlichen Verhaftungen im Interesse der **Funktionsfähigkeit des Parlaments.**[55] Wird ein Abgeordneter auf frischer Tat ertappt, so ist eine Festnahme nicht willkürlich. In diesem Sinne muss auch die von der Genehmigung freigestellte Verfolgbarkeit bis zum folgenden Tag restriktiv dahin verstanden werden, dass ein Abgeordneter bei Begehung einer Tat angetroffen wurde, sich aber zunächst einer Verhaftung entziehen konnte.

191 Aus dem Schutzzweck der Immunität, die Funktionsfähigkeit des Parlaments zu sichern, folgt, dass ein Abgeordneter *nicht auf seine Immunität verzichten* kann und auch keinen Anspruch auf Aufhebung der Immunität hat. Bei der Entscheidung über die Aufhebung der Immunität hat der Bundestag sich nicht von Fragen der Strafbarkeit, Beweislage oder Schuld leiten zu lassen, sondern allein von der Funktionsfähigkeit des Bundestages einerseits, den Aufgaben der anderen staatlichen Gewalten andererseits. Für den einzelnen Abgeordneten bedeutet dies, dass er kein Recht darauf hat, dass seine Belange und Interessen bei der Entscheidung über die Aufhebung der Immunität umfassend gewürdigt werden. Allerdings würde es dem Status des Abgeordneten auch nicht gerecht werden, wenn er eine Entscheidung des Bundestages, die ihn und seine Mitwirkung im Bundestag betrifft, überhaupt nicht überprüfen lassen könnte. Dies gilt umso mehr als in der parlamentarischen Demokratie die Linie des politischen Konflikts mit dem Gegensatz von regierungstragenden Fraktionen und Opposition mitten durch das Parlament verläuft. Daraus lässt sich ableiten, dass der einzelne Abgeordnete aus Art. 46 Abs. 2 iVm. Art. 38 Abs. 1 Satz 2 GG einen Anspruch darauf hat, „dass sich das Parlament bei der Entscheidung über die Aufhebung der Immunität nicht – den repräsentativen Status des Abgeordneten grob verkennend – von sachfremden, willkürlichen Motiven leiten lässt."[56]

192 Gemäß Art. 46 Abs. 3 GG schützt die Immunität die Abgeordneten auch vor jeder anderen Beschränkung der persönlichen Freiheit ohne Genehmigung des Bundestages, zB. vor zivil- oder verwaltungsrechtlicher Erzwingungshaft. Eine Vervollständigung der Immunität ist schließlich das sog. **Reklamationsrecht** des Bundestages gemäß Art. 46 Abs. 4 GG. Hier geht es um die Aussetzung von Strafverfahren, Haft oder sonstigen Freiheitsbeschränkungen. Dieses Recht kann zum Zuge kommen, wenn ein Abgeordneter bei der Begehung einer Straftat festgenommen wurde, wenn die erforderliche Genehmigung „versehentlich" nicht eingeholt worden ist oder wenn der Bundestag zunächst eine Genehmigung erteilt hat, sie aber widerrufen will.

193 Die Berechtigung der Abgeordnetenimmunität ist heute nicht mehr unbestritten. Sie wird als eine nicht mehr zeitgemäße, in einem freiheitlichen und demokratischen Rechtsstaat unnötige Privilegierung angesehen. Freiheit und Rechtsstaatlichkeit sind aber auch dann, wenn sie einmal erreicht sind, nicht dauerhaft und unverlierbar gegeben. Sie sind stets mehr oder weniger prekär, weshalb auf die Rechte, die sie erst begründen, nicht unter Hinweis auf aktuell fehlende Gefährdung verzichtet werden sollte. Allerdings darf die Abgeordnetenimmunität von vornherein **nicht** als **persönliches Privileg** zur Verhinderung von Bestrafung missverstanden werden. Dementsprechend sehen die vom Bundestagsausschuss für Wahlprüfung, Immunität und Geschäftsordnung

55 BVerfGE 104, 310 (Ls.) – *Abgeordneter Pofalla*. S. hierzu die Besprechung und weiterführenden Anmerkungen von *D. Wiefelspütz*, Die Immunität des Abgeordneten, DVBl. 2002, 1229 ff. und die Anm. von *H.-H. Trute*, JZ 2003, 146 ff. Monographisch zum Thema, s. *H. Butzer*, Immunität im demokratischen Rechtsstaat, 1991.

56 BVerfGE 104, 310 (Ls.) – *Abgeordneter Pofalla*.

auf der Grundlage des § 107 GOBT jeweils zu Beginn der Wahlperiode beschlossenen **„Grundsätze in Immunitätsangelegenheiten“** (**Anlage 6 zur GOBT**) ein vereinfachtes Verfahren zur Aufhebung der Immunität vor. Für die Einleitung von Strafverfahren (nicht für Haftbefehle oder Strafvollstreckung) wird eine generelle Genehmigung des Bundestages angenommen, wenn auf Mitteilung des Bundestagspräsidenten über ein solches Verfahren kein Widerspruch erhoben wird. Bei Verkehrsdelikten soll die Genehmigung grundsätzlich erteilt werden.

1.2.5 Sonstige Rechte und Pflichten

In Ergänzung und zur Sicherung des durch Art. 38 Abs. 1 Satz 2 GG gewährleisteten freien Mandats enthält das Grundgesetz weitere Abgeordnetenrechte, die sich zum Teil auf die Übernahme, zum Teil auf die Ausübung des Mandats, zum Teil auf beides beziehen. Das Abgeordnetengesetz normiert auch einige Pflichten, die sich aus dem Charakter des Mandats als öffentliches Amt und seiner Funktion ergeben. 194

1.2.5.1 Art. 47 GG: Zeugnisverweigerungsrecht. Art. 47 GG verleiht den Abgeordneten ein mandatsbezogenes Zeugnisverweigerungsrecht und ein in seiner Reichweite entsprechendes Beschlagnahmeverbot. Zweck ist die **Sicherung der Vertraulichkeit von Informationen mit Mandatsbezug**. „Der Abgeordnete ist durch Art. 47 GG zwar nicht gehindert, über geschützte Vorgänge auszusagen oder entsprechende Schriftstücke freiwillig herauszugeben. Gegen seinen Willen allerdings ist eine **Beschlagnahme** von gegenständlich verfestigten Mitteilungen aus dem Vertrauensverhältnis zwischen Abgeordneten und Dritten nur dann – mit Genehmigung des Bundestages[57] – zulässig, wenn der Mandatsträger selbst einer Straftat verdächtig ist; dann fehlt ihm die Zeugeneigenschaft.“[58] 195

Im Jahre 2003 hatte das Bundesverfassungsgericht zu entscheiden, wie weit der Schutz des Beschlagnahmeverbots reicht, wenn sich strafrechtliche Ermittlungen wegen Geheimnisverrats gegen einen Mitarbeiter eines Abgeordneten richten. Das Bundesverfassungsgericht folgert aus dem Zweck der Vorschrift, dass solche Gegenstände von der Beschlagnahme ausgenommen sind, die sich im funktionellen Herrschaftsbereich des Abgeordneten befinden. Hierzu gehörten alle Schriftstücke, die ein Mitarbeiter für den Abgeordneten in den Räumen des Bundestages besitze. Auf diese könne der Abgeordnete jederzeit zurückgreifen. Anders sei dies hingegen infolge der rechtlichen und tatsächlichen Lockerung des Gewahrsams mit Schriftstücken, die der Mitarbeiter mit nach Hause nehme.[59] Im Rahmen dieser Entscheidung urteilte das Gericht auch, dass der Abgeordnete aus Art. 38 Abs. 1 Satz 2 GG in Verbindung mit Art. 47 Satz 2 GG nur einen Anspruch darauf habe, dass der Bundestagspräsident bei der Genehmigungsentscheidung nach Art. 40 Abs. 2 Satz 2 GG den Abgeordnetenstatus nicht grob verkenne und sich nicht von sachfremden oder willkürlichen Motiven leiten lässt.[60] Dies ist derselbe Maßstab wie bereits für die Aufhebung der Immunität dargelegt. Dies mag zunächst erstaunen, weil Art. 47 GG ein subjektives Recht des Abgeordneten enthält, während die Immunität in erster Linie auf die Funktionsfähigkeit des Parlaments ausgerichtet ist. Die Maßstabsidentität wird aber getragen von der Funktion des Bundestagspräsidenten, dessen Aufgabe es ist, die Funktionsfähigkeit des Bundestags zu wahren, nicht aber die Rechtmäßigkeit einer Beschlagnahme zu prüfen.[61] Der Abgeordnete

---

57 Genauer: gemäß Art. 40 Abs. 2 Satz 2 GG „mit Genehmigung des Bundestagspräsidenten“, der allerdings den Bundestag vertritt. S. dazu *D. Schroeder*, Der Genehmigungsvorbehalt des Bundestagspräsidenten nach Art. 40 II 2 GG, Jura 2008, 95 ff. auch zur Frage, ob Art. 40 Abs. 2 Satz 2 GG ein Abgeordnetenrecht begründet.

58 BVerfGE 108, 251 (269) – *Beschlagnahme in Abgeordnetenräumen*.

59 BVerfGE 108, 251 (Ls. 2).

60 BVerfGE 108, 251 (Ls. 3).

61 BVerfGE 108, 251 (263).

kann eine Genehmigung des Bundestagspräsidenten im Wege des Organstreitverfahrens (Art. 93 Abs. 1 Nr. 1 GG) kontrollieren lassen. Gegen die gerichtliche Beschlagnahmeanordnung ist dieses Verfahren dagegen nicht eröffnet, da es sich nicht um eine verfassungsrechtliche Streitigkeit zwischen Verfassungsorganen handelt. Das Bundesverfassungsgericht hat in der genannten Entscheidung für den Fall, dass ein Abgeordneter die Verletzung eines Rechts, das sich aus seinem Status ergibt, in keinem anderen Verfahren geltend machen kann, ausnahmsweise die Verfassungsbeschwerde für statthaft befunden.[62]

196 **1.2.5.2 Rechte zur Ermöglichung der Mandatsübernahme und Mandatsausübung.** Art. 48 GG enthält mit dem Anspruch auf Urlaub zur Wahlvorbereitung, dem Behinderungsverbot[63] und dem Anspruch auf eine angemessene Entschädigung Rechte, die die Entscheidung für die Übernahme eines Mandats, das notwendig nur auf Zeit gilt, für jede wählbare Person unabhängig von ihrer Vermögenssituation und ihren beruflichen Bindungen möglich macht. Hinzukommt das Recht, die staatlichen Verkehrsmittel kostenfrei zu nutzen.

197 Der **Urlaubsanspruch zur Wahlvorbereitung** ist in § 3 AbgG hinsichtlich seiner Dauer auf maximal 2 Monate vor dem Wahltag konkretisiert. Ein Anspruch auf Fortzahlung der Bezüge besteht nicht.[64] Das **Kündigungs- und Entlassungsverbot** beginnt gemäß § 2 Abs. 3 Satz 3 und 4 AbgG mit der Aufstellung des Wahlbewerbers durch die Partei oder mit der Einreichung des Wahlvorschlags. Es gilt ein Jahr nach Beendigung des Mandats fort. Ein Anspruch auf Erfüllung eines Arbeits- oder Gesellschaftsvertrags, der einen Mandatsträger verpflichtet, seine Arbeitskraft dem Arbeitgeber bzw. der Gesellschaft ausschließlich zur Verfügung zur stellen, kann nicht eingeklagt werden. Dem steht das **Behinderungsverbot** des Art. 48 Abs. 2 GG entgegen.[65] Keine Behinderung stellen dagegen Pflichten aus dem Mandat selbst dar wie etwa die oben erörterte[66] Transparenzpflicht. Das Behinderungsverbot richtet sich gegen Pflichten aus dem Beruf, die das Mandat beeinträchtigen, nicht aber gegen Pflichten aus dem Mandat, die der Fortführung der Berufsausübung hinderlich sind. Als Mandatspflicht ist auch das Verbot der Übernahme eines weiteren Mandats zulässig und vernünftig, verfassungsrechtlich allerdings weder ge- noch verboten. Die Regelung von Inkompatibilitäten wie die zwingende Beurlaubung eines Pfarrers im Falle und für die Dauer der Übernahme eines Mandats, stellt ebenfalls keine Behinderung im Sinne des Art. 48 Abs. 2 GG dar. Es handelt sich um eine sachgerechte Regelung im Hinblick auf die besonderen Anforderungen des Pfarramts, die in keiner Weise auf die Beeinträchtigung einer Entscheidung für die Übernahme eines Mandats zielt.[67]

198 **1.2.5.3 Insbesondere: Anspruch auf angemessene Entschädigung.** Ausdrücklich auf die **Sicherung der Unabhängigkeit** der Abgeordneten zielt der Anspruch auf angemessene Entschädigung gemäß Art. 48 Abs. 3 GG. Ursprünglich war die Tätigkeit als Abgeordneter ehrenamtlich und unentgeltlich. Der Lebensunterhalt musste aus eigenem Vermögen, von Unterstützern oder aus der Parteikasse gesichert werden. Erst seit 1906 erhielten die Abge-

62 BVerfGE 108, 251 (Ls. 1).

63 S. hierzu *J. Medding*, Das Verbot der Abgeordnetenbehinderung nach Art. 48 Abs. 2 GG, DÖV 1994, 494 ff. Weiterführend s. *P. Feuchte*, Zur Geschichte und Auslegung des Behinderungsverbotes in Art. 48 Abs. 2 des Grundgesetzes, AöR 111 (1988), 325 ff.

64 So muss etwa ein Bundesbeamter Urlaub ohne Besoldung beantragen (§ 89a Abs. 2 BBG), um an Sitzungen des Landtages teilzunehmen, s. BVerwGE 86, 211 ff. Auch hat er keinen Anspruch, sein Diensttelefon für Wahlwerbung oder Unterstützung einer Partei nutzen zu dürfen, s. BVerwG, NVwZ 1994, 424 ff.

65 Vgl. BGHZ 43, 384 ff.; 94, 248 ff.

66 S. oben Rn. 179.

67 S. dazu BVerfGE 42, 312 (Ls. 3 und 329) – *Bremisches Kirchengesetz*. S. auch BVerfGE 98, 145 (147 f.) – *Inkompatibilität (Vorstandstätigkeit)*.

ordneten des Reichstags eine Entschädigung, die als Aufwandsentschädigung gedacht war.[68] In einer Entscheidung aus dem Jahr 1975 legte das Bundesverfassungsgericht die Grundprinzipien einer angemessenen Entschädigung in einem demokratischen Rechtsstaat unter den heutigen Bedingungen der Mandatsausübung, die in der Regel zur Vollzeitbeschäftigung geworden ist, dar.[69] Maßgebend ist damit der Typus des **Berufsparlamentariers**. Die ehemalige Aufwandsentschädigung erhält folglich berechtigterweise den Charakter eines Einkommens, dessen Umfang der Bedeutung des öffentlichen Amtes angemessen sein muss. Aus dem Grundsatz der Gleichheit aller Abgeordneten folgt ein grundsätzliches Verbot und eine hohe Begründungsbedürftigkeit für Unterschiede in der Entschädigung.[70] Der **weitere Bezug von Gehalt** als Beamter neben der Abgeordnetenentschädigung stellt sich vor diesem Hintergrund als ein nicht mehr zu rechtfertigendes und damit verfassungswidriges Privileg dar.[71] Soweit es sich um Einkommen handelt, unterliegen die Abgeordnetenbezüge der Steuerpflicht.[72] Eine Steuerbefreiung verstieße gegen den allgemeinen Gleichheitsgrundsatz (Art. 3 Abs. 1 GG).

In dieser ersten grundlegenden Entscheidung zur Abgeordnetenentschädigung ist das Bundesverfassungsgericht auch auf das Problem eingegangen, dass die Abgeordneten in ihrer Funktion als Gesetzgeber **selbst über ihre Bezüge entscheiden**. Es hat aus dem Demokratie- und Rechtsstaatsprinzip abgeleitet, dass der Willensbildungsprozess im Parlament, der die Ausgestaltung der Abgeordnetenentschädigung betrifft, für die Bürger durchschaubar sein und das Ergebnis vor den Augen der Öffentlichkeit beschlossen werden muss.[73] Versuchung wie Vorwurf der Selbstbedienung sind damit noch nicht aus der Welt, öffentliche Kritik und politische Sanktion aber immerhin möglich.[74] Gemäß § 11 Abs. 1 AbgG orientiert sich die Abgeordnetenentschädigung an den Monatsbezügen eines Richters an einem obersten Gerichtshof des Bundes (R 6). Der genaue Betrag findet sich jeweils in § 11 Abs. 1 AbgG.[75] Das Verfahren für zukünftige Anpassungen ist in § 11 Abs. 4 und 5 AbgG geregelt. Zusätzlich zur Abgeordnetenentschädigung erhalten die Mitglieder des Bundestages eine Kostenpauschale sowie Aufwandsentschädigungen (§ 12 AbgG). 199

Durch das 26. AbgÄG ist der den tatsächlichen Anforderungen und dem Regelfall entsprechende Typus des Berufsparlamentariers zum Inhalt des Gesetzes geworden. In § 44a Abs. 1 Satz 1 AbgG heißt es: „Die Ausübung des Mandats steht im Mittelpunkt der Tätigkeit eines Mitglieds des Bundestages." Ob damit die im Abgeordnetenstatus gemäß Art. 38 Abs. 1 Satz 2 GG enthaltene Pflichtenstellung konkretisiert oder aber nicht mehr als eine Erwartung normiert worden ist, die in der Realisierung dem Gewissen des Abgeordneten überlassen bleibt und nur politisch sanktioniert werden kann, blieb zwi-

---

68 RGBl. S. 468 Tagegeld = Diäten. Zur Geschichte s. etwa *M. Grundmann*, Zur Altersentschädigung für Abgeordnete, DÖV 1994, 329 (329 f.).

69 BVerfGE 40, 296 ff. – *Abgeordnetendiäten* – unbedingt die Leitsätze lesen!

70 S. auch schon oben Rn. 185.

71 BVerfGE 40, 296 (Ls. 4c und 318).

72 Für die Frage, ob die steuerfreie Kostenpauschale für Abgeordnete eine verfassungswidrige Privilegierung gegenüber anderen Steuerpflichtigen darstellt, s. *R. Stalbold*, Die steuerfreie Kostenpauschale der Abgeordneten, 2004.

73 BVerfGE 40, 296 (Ls. 6) – *Abgeordnetenstatus*. Ausführlich zum Festsetzungsverfahren, s. *J. Ch. von Waldthausen*, Gesetzgeberische Gestaltungsfreiheit und öffentliche Kontrolle im Verfahren zur Festsetzung der Abgeordnetenentschädigung, 2000.

74 S. zum Problem den Bericht der unabhängigen Persönlichkeiten über die Beratung der Präsidentin bei Überprüfung der für die Mitglieder des Deutschen Bundestages bestehenden materiellen Regelungen und Bestimmungen, BT-Drs. 11/7398 v. 15.6.1990 sowie Bericht und Empfehlung der unabhängigen Kommission zur Überprüfung des Abgeordnetenrechts des Bundes v. 3.6.1993, BT-Drs. 12/5020. Zu letzterem und für eine Darstellung des Problems. s. *M. Grundmann*. Altersentschädigung für Abgeordnete, DÖV 1994, 329 ff.

75 Kritisch zur Ausgestaltung der Abgeordnetenentschädigung *H.H. von Arnim*, Abgeordnetengesetz ohne Kontrolle – Zur Diätennovelle der großen Koalition, DVBl. 2014, 605 ff.

schen den Richtern des Bundesverfassungsgerichts streitig.[76] Zugunsten der ersten Auffassung ist hervorzuheben, dass das **freie Mandat** dem Abgeordneten **keine Freiheit zu persönlicher Selbstbestimmung** gewährleistet, sondern **Unabhängigkeit bei der Ausübung eines ihm durch Wahl anvertrauten Amtes.** Von der zweiten Auffassung ist aber zu lernen, dass Sanktionen bei amtswidrigem Verhalten ihrerseits nicht die Unabhängigkeit der Abgeordneten beeinträchtigen dürfen. Eine ausdrückliche Anwesenheitspflicht für die Sitzungen des Bundestages normiert § 13 GOBT. Fehlen wird gemäß § 14 AbgG durch die Kürzung der Kostenpauschale sanktioniert.

1.2.6 Verlust der Mitgliedschaft im Bundestag

200 Der Verlust der Mitgliedschaft im Bundestag ist im BWahlG geregelt (s. aber auch § 15 GOBT und das WahlPrG!). Er ist gemäß § 46 Abs. 1 BWahlG in fünf Fällen möglich:

1. Ungültigkeit der Wahl[77],
2. Neufeststellung des Wahlergebnisses,
3. Wegfall der Wählbarkeitsvoraussetzungen[78],
4. freiwilliger Verzicht[79] und
5. im Falle des Parteiverbots.[80]

Rechtsprechung: BVerfGE 104, 310 – Abgeordneter Pofalla; 118, 277 – Nebeneinkünfte von Abgeordneten; 130, 318 – parlamentarische Beteiligung an Entscheidungen nach dem StabMechG; BGHZ 75, 384 – Rotlichtaffäre.

Literatur: *P. Austermann*, Das Abgeordnetenbild des Bundesverfassungsgerichts, ZParl 2012, 719; *B. Caliskan*, Neues vom Abgeordneten, Jura 2009, 900; *P.J. Glauben*, Immunität der Parlamentarier – ein Relikt aus vordemokratischer Zeit?, DÖV 2012, 378; *M. Cornils*, Leitbilder des Abgeordneten, das Mandat als Lebensberuf oder Zeitengagement, Jura 2009, 289; *W. Frenz*, Abgeordnetenrechte, JA 2010, 126; *V.-P. Heintz*, Das Rederecht der Abgeordneten im Deutschen Bundestag, ZJS 2013, 233; *A. Ingold/S. Lenski*, Ordnungsgeld und Sitzungsausschluss als Ordnungsmaßnahmen gegen Bundestagsabgeordnete, JZ 2012, 120; *C. Krönke*, Verfassungsmäßigkeit von Funktionsvergütungen im Deutschen Bundestag, DVBl. 2013, 1492; *T. de Le Mesnil de Rochemont/M.W. Müller*, Die Rechtsstellung der Bundestagsabgeordneten. Teil 1: Systematik der gesetzlichen Bestimmungen, freies Mandat. Teil 2: Statusrechte und Rechtsschutz, JuS 2016, 526 und 603; *J. Medding*, Das Verbot der Abgeordnetenbehinderung nach Art. 48 Abs. 2 GG, DÖV 1994, 494; *T.I. Schmidt*, Der Fraktionsausschluss als Eingriff in das freie Mandat des Abgeordneten, DÖV 2003, 846; *T. Walter*, Indemnität und Immunität (Art. 46 GG) im Überblick, Jura 2000, 497 (für Examensvorbereitung); *O. Witt*, Das Immunitätsrecht im Grundgesetz, Jura 2001, 585 (gute Einführung und Überblick).

Fallbearbeitungen: *C. Binder/F. Hofmann*, Der Ausschluss aus der Bundestagsfraktion, Jura 2006, 387 (Examensklausur: Fraktionsausschluss); *W. Erbguth/F. Stollmann*, Anfrage mit Nebenwirkungen, JuS 1993, 488 (Anfängerhausarbeit: Indemnität); *W. Hänsle/S.-C. Lenski/R. Reichold*, Fragen über Fragen, Jura 2012, 468 (Übungsklausur Fragerecht eines Bundestagsabgeordneten); *M. Kotzur*, Parteifreund auf Abwegen, JuS 2001, 54 (Übungsexamensklausur: Fraktionsausschluss und Rechtsschutz); *L. Lammers/S. Lehmann*, Immun gegen Durchsuchungen?, JA 2015, 526; *P. Lange/A. Thiele*, Freiheit des Mandats – Der „gläserne" Abgeordnete, JuS 2008, 518 (Anfängerübungsklausur in Anlehnung an BVerfGE 118, 277); *B. Reinemann*, Abgeordneter A im Konflikt mit dem Gesetz, VR 2001, 29 (kurzer Fall zur Immunität); *M. Staufer*, „Beteiligungsrechte des Bundestages/EFSF", JA 2013, 124; *M. Vogt*, Übungsfall: Ausschluss aus dem Plenum, ZJS 2010, 383; *A. Weber/H. Eschmann*, Der eigenwillige Abgeordnete, JuS 1990, 659 (Recht des Abgeordneten auf freie Mandatsausübung); *J. Ziekow*, Der Status des fraktionslosen Abgeordneten, JuS 1991, 28.

---

76 BVerfGE 118, 277 (323 ff.) einerseits, Sondervotum S. 338 ff. andererseits – *Nebeneinkünfte von Abgeordneten*; s. auch *M. Cornils*, Leitbilder des Abgeordneten – Das Mandat als Lebensberuf oder Zeitengagement, Jura 2009, 289 ff.; *P. Austermann*, Das Abgeordnetenbild des Bundesverfassungsgerichts, ZParl 2012, 719 (723 ff.).

77 Dazu oben Rn. 124 ff. (Wahlprüfung).

78 Dazu oben Rn. 97 ff. (Allgemeinheit der Wahl).

79 Dazu oben Rn. 177, Fn. 26 und StGH Nds., OVGE 38, 503 = NJW 1985, 2319 – *Rotation bei den Grünen.*

80 Dazu oben Rn. 145.

1.3 Fraktionen und Gruppen

Die parlamentarische Arbeit von 598 Abgeordneten, im Falle von Überhang- und Ausgleichsmandaten auch deutlich mehr, bedarf der Organisation. Das grundlegende Gliederungs- und **Organisationsprinzip** ist der Zusammenschluss von Abgeordneten derselben Parteizugehörigkeit zu einer Fraktion.[81] Sie ermöglicht innerhalb der Fraktion eine sinnvolle Arbeitsteilung und im Parlament eine Vorstrukturierung der parlamentarischen Willensbildung. Da das Recht, sich bei der Ausübung des Mandats mit anderen Abgeordneten zusammenzuschließen, Inhalt des freien und gleichen Abgeordnetenstatus ist, ist ein Zusammenschluss auf Dauer oder auch nur für einen Einzelfall, sowie unabhängig von der Erfüllung der quantitativen und qualitativen Anforderungen des Fraktionsstatus, möglich. In der GOBT sind für eine Vielzahl von parlamentarischen Handlungen als Berechtigte „eine Fraktion oder (anwesende) fünf vom Hundert der Mitglieder des Bundestages" benannt. 201

1.3.1 Begriff und Rechtsnatur der Fraktion

Der Begriff der **Fraktion** ist **in § 10 Abs. 1 GOBT legaldefiniert**. Danach handelt es sich um „Vereinigungen von mindestens fünf vom Hundert der Mitglieder des Bundestages, die derselben Partei oder solchen Parteien angehören, die auf Grund gleichgerichteter politischer Ziele in keinem Land miteinander in Wettbewerb stehen." Für die zweite Alternative bilden CDU und CSU das bislang einzige Beispiel. Über diese Grenzen hinweg ist ein Zusammenschluss zur Fraktion nur mit der Zustimmung des Bundestages erlaubt. Für den Fall, dass es allein an der Fraktionsmindeststärke fehlt, eröffnet § 10 Abs. 4 GOBT die Anerkennung als **Gruppe**. 202
Die Fraktionsmindeststärke orientiert sich offensichtlich an der 5 %-Sperrklausel des Wahlrechts. Dies ist sachgerecht. Eine Anhebung dieser Fraktionsmindeststärke bei gleich bleibender Sperrklausel, die sich ihrerseits aus der Funktionsfähigkeit des Parlaments rechtfertigt, ließe sich schwer begründen.[82]
Das Bundesverfassungsgericht charakterisiert die Fraktionen in ständiger Rechtsprechung dahin, dass sie „im Zeichen der Entwicklung zur Parteiendemokratie notwendige Einrichtungen des Verfassungslebens und maßgebliche Faktoren der politischen Willensbildung sind."[83] Es betont aber auch in Abgrenzung zu einer irreleitenden Kennzeichnung als „Partei im Parlament" ihre **Verankerung im freien Mandat**.[84] Die Bedeutung der Fraktionen ergibt sich aus ihrer Funktion: „Sie nehmen im parlamentarischen Raum Koordinierungsaufgaben wahr, bündeln die Vielfalt der Meinungen zur politischen Stimme, wählen aus und spitzen Themen als politisch entscheidbar zu. Diese Aufgaben sind angesichts der Vielzahl und Vielschichtigkeit der im Parlament zu behandelnden Regelungsbedürfnisse für die parlamentarische Arbeit unabdingbar. Wenn der einzelne Abgeordnete im Parlament politischen Einfluss von Gewicht ausüben, wenn er gestalten will, bedarf er der abgestimmten Unterstützung anderer Abgeordneter."[85]

Im Grundgesetz sind die Fraktionen nur in Art. 53a GG im Zusammenhang mit der Besetzung des Gemeinsamen Ausschusses, der im Verteidigungsfall die Rechte von Bun- 203

---

81 Weiterführend zum Themenkomplex der Fraktionen *W. Demmler*, Der Abgeordnete im Parlament der Fraktionen, 1994; *S. Hölscheidt*, Das Recht der Parlamentsfraktion, 2000; *N. Görlitz*, Voraussetzungen und Grenzen des Rechts auf Fraktionsbildung im Deutschen Bundestag, DÖV 2009, 261 ff.

82 Es besteht aber keine automatische Koppelung zwischen der Überwindung wahlrechtlicher Sperrklauseln in Sonderfällen und der Zuerkennung des Fraktionsstatus. S. dazu BVerfGE 84, 304 (323 ff.) – *PDS/Linke Liste*; 96, 264 ff. – *Fraktions- und Gruppenstatus* und noch unten Rn. 206 (Gruppenstatus).

83 BVerfGE 80, 188 (219 f.) – *Wüppesahl*; 84, 304 (322) – *PDS/Linke Liste*; 112, 118 (135) – *Sitzverteilung im Vermittlungsausschuss*.

84 BVerfGE 108, 251 (263) – *Beschlagnahme in Abgeordnetenräumen*.

85 BVerfGE 112, 118 (135) – *Sitzverteilung im Vermittlungsausschuss*.

destag und Bundesrat wahrnimmt, erwähnt. Seit 1999 ist außerdem der **11. Abschnitt des Abgeordnetengesetzes** den Fraktionen gewidmet, ohne dass ihre Rechtsnatur dadurch eindeutig geklärt würde. Gemäß § 46 Abs. 1 AbgG handelt es sich um rechtsfähige Vereinigungen von Abgeordneten im Deutschen Bundestag, die gemäß Absatz 2 klagen und verklagt werden können. Absatz 3 stellt fest, dass sie nicht Teil der öffentlichen Verwaltung sind und dass sie keine öffentliche Gewalt ausüben. Der letzte Halbsatz ist irritierend und erscheint in einem Spannungsverhältnis zu der Aufgabenbestimmung in § 47 Abs. 1 AbgG, wonach die Fraktionen an der Erfüllung der Aufgaben des Deutschen Bundestages mitwirken. Der Deutsche Bundestag übt etwa als Organ der Legislative zweifellos öffentliche Gewalt aus. Der Widerspruch lässt sich in der Weise auflösen, dass das Wirken der Fraktionen im Bundestag rechtlich ohne Außenwirkung bleibt. Die Rechtsfähigkeit der Fraktionen hat Bedeutung vor allem für ihre Stellung als Arbeitgeber von Fraktionsmitarbeitern und damit in zivilrechtlichem Zusammenhang. Der Streit, ob diese vom Gesetz deklarierte Rechtsfähigkeit öffentlich-rechtlicher oder privatrechtlicher Natur ist, ist müßig, weil diese Klassifizierung nicht die Rechtsnatur ihres Handelns determiniert.[86]

204 Zur Erfüllung ihrer Aufgaben gewährt § 50 Abs. 1 AbgG den Fraktionen einen Anspruch auf Geld- und Sachleistungen aus dem Bundeshaushalt. Sie sind zur öffentlichen Rechnungslegung verpflichtet (§ 52 AbgG).

1.3.2 Rechte von Fraktionen

205 Die Mitwirkung an der Erfüllung der Aufgaben des Bundestages findet ihre Ausgestaltung in der GOBT. Die Fraktionen sind von Bedeutung für die Wahl der Vizepräsidenten, der Schriftführer und für die Zusammensetzung des Ältestenrats (§§ 2 Abs. 1 Satz 2; 3 Satz 3; 6 Abs. 1 GOBT). Nach dem **Grundsatz der Spiegelbildlichkeit** muss das politische Stärkeverhältnis im Plenum, das sich (im Wesentlichen) nach dem Stärkeverhältnis der Fraktionen bestimmt (§ 12 GOBT), in sämtlichen Ausschüssen repräsentiert sein.[87] Dementsprechend benennen die Fraktionen die Ausschussmitglieder (§ 57 Abs. 2 Satz 1 GOBT). Um den Mitwirkungsrechten fraktionsloser Abgeordneter zu genügen, erfolgt deren Zuweisung an einen Ausschuss durch den Bundestagspräsidenten (§ 57 Abs. 2 Satz 2 GOBT).[88] Die Zusammensetzung der Enquete-Kommissionen und Untersuchungsausschüsse sowie die Entsendung in den aus Mitgliedern des Bundestages und Bundesrates zusammengesetzten Vermittlungsausschuss[89] und den Gemeinsamen Ausschuss erfolgt allein durch die Fraktionen und nach Maßgabe der Fraktionsstärke. Der im Verhältniswahlrecht vorgegebene **Grundsatz der Proportionalität** findet also über die Fraktionen Eingang in den gesamten Willensbildungsprozess des Bundestages.[90]
Auch die Aussprachen im Bundestag werden nach Maßgabe der Fraktionszugehörigkeit und Fraktionsstärke vorstrukturiert (§§ 28, 35 GOBT), wobei das jedem einzelnen Abgeordneten zustehende Recht auf Mitwirkung gebündelt, jedoch nicht vollkommen mediatisiert wird, dh. das Recht, fraktionsabweichende Auffassungen vorzutragen, besteht.[91]

---

86 S. zum Problem *J. Ipsen*, Rechtsschutz gegen den Fraktionsausschluss, NVwZ 2005, 361 (361 f.).

87 S. auch BVerfGE 112, 118 (136) – *Sitzverteilung im Vermittlungsausschuss*; BVerfGE 130, 318 (353 ff.) – *parlamentarische Beteiligung an Entscheidungen iRd. StabMechG*. Dies gilt jedoch nicht für Arbeitsgruppen des Vermittlungsausschusses, s. dazu BVerfGE 140, 115 LS und Rn. 101 ff.

88 Zur Rechtsstellung fraktionsloser Abgeordneter s. oben Rn. 180.

89 S. hierzu BVerfGE 112, 118 – *Sitzverteilung im Vermittlungsausschuss*. S. auch *J.A. Kämmerer*, Muss Mehrheit immer Mehrheit bleiben? Über die Kontroversen um die Besetzung des Vermittlungsausschusses, NJW 2003, 1166 ff. und *K. Stein*, Die Besetzung der Sitze des Bundestages im Vermittlungsausschuss, NVwZ 2003, 557 ff.

90 Zur Frage des Verhältnisses zwischen dem Proportionalitätsgrundsatz und dem Grundsatz der Mehrheitsentscheidung s. die Entscheidung des Bundesverfassungsgerichts zur Besetzung des Vermittlungsausschusses BVerfGE 112, 118 und dort insbesondere das Sondervotum von *Lübbe-Wolff*.

91 S. oben Rn. 177.

Eine Vielzahl weiterer Verfahrensrechte ist an die Fraktionsstärke geknüpft (lies § 12 GOBT).[92]
Spezifische Rechte für Oppositionsfraktionen lassen sich demgegenüber nicht aus dem Grundgesetz ableiten. Zwar folgt insbesondere aus einer Zusammenschau von Art. 20 Abs. 1 und 2 GG (Demokratieprinzip) und den parlamentarischen Minderheitsrechten in Art. 23 Abs. 1a Satz 2 (Subsidiaritätsklage), Art. 39 Abs. 3 Satz 3 (Einberufung des Bundestages), Art. 44 Abs. 1 Satz 1 (Einsetzung eines Untersuchungsausschusses), Art. 45a Abs. 2 Satz 2 (Einrichtung eines Untersuchungsausschusses in Verteidigungsangelegenheiten) und Art. 93 Abs. 1 Nr. 2 GG (Normenkontrolle) ein allgemeiner Grundsatz effektiver Opposition.[93] Eine Einführung spezifischer Oppositionsfraktionsrechte stünde jedoch im Widerspruch zu der in Art. 38 Abs. 1 Satz 2 GG verankerten Gleichheit aller Abgeordneten.[94]

1.3.3 Der Gruppenstatus

Gemäß § 10 Abs. 4 GOBT können Mitglieder des Bundestages, die sich zusammenschließen wollen, ohne Fraktionsmindeststärke zu erreichen, als Gruppe anerkannt werden. **206**
Diese Vorschrift erlangte Bedeutung infolge der gesonderten Anwendung der 5 %-Sperrklausel auf die neuen Bundesländer im Rahmen der ersten gesamtdeutschen Wahl.[95] Unter Überwindung der regionalisierten Sperrklausel gelangte die PDS in den Bundestag, ohne aber die nach § 10 Abs. 1 GOBT geforderte Fraktionsstärke zu erreichen. Bei der folgenden Bundestagswahl gelang der PDS der Einzug in das Parlament über die Grundmandatsklausel[96], womit die Abgeordneten dieser Partei wiederum nicht die erforderliche Fraktionsstärke erreichten. Den Antrag auf Anerkennung als Fraktion lehnte der Bundestag in beiden Fällen ab. Stattdessen erkannte er den Zusammenschluss als Gruppe an und fasste einen Beschluss über deren Rechte. Die Gruppe der Abgeordneten ging in beiden Fällen gegen diese Beschlüsse im Wege des Organstreitverfahrens vor.

1.3.3.1 Ableitung aus dem Abgeordnetenstatus und der Geschäftsordnungsautonomie. **207** Als verfassungsrechtlicher Maßstab für die Überprüfung der Beschlüsse waren – wie schon im Falle des fraktionslosen Abgeordneten – der Grundsatz des freien und gleichen Mandats auf der einen Seite, die Geschäftsordnungsautonomie des Bundestages auf der anderen Seite heranzuziehen. Ein Anspruch auf Zuerkennung des Fraktionsstatus ließ sich daraus nicht ableiten. Im Abgeordnetenstatus ist allein das **Recht auf Zusammenschluss und Zusammenarbeit** mit anderen Abgeordneten verankert. Die Anerkennung als Fraktion mit besonderen Rechten und Pflichten ist demgegenüber eine reine Geschäftsordnungsfrage. Auch aus dem Wahlrecht lässt sich ein derartiger in die Parlamentsorganisation hineinreichender Anspruch nicht folgern. Mit der regionalisierten Sperrklausel und mit der Grundmandatsklausel wurden und werden wahlrechtliche Zwecke verfolgt, die keine parlamentsrechtliche Folgewirkung für die Verleihung des Fraktionsstatus erzwingen.
Aus dem Recht aller Abgeordneten auf Zusammenschluss mit anderen Abgeordneten folgt allerdings, dass es einen Gruppenstatus geben muss, der zumindest alle Rechte bündelt, die dem freien und gleichen Mandat innewohnen. Außerdem bedarf jede Abweichung vom Fraktionsstatus der Rechtfertigung durch die Notwendigkeit sachgerechter Organisation der Bundestagsarbeit.

1.3.3.2 Beteiligung an Ausschüssen. Aus diesen Grundsätzen lässt sich plausibel ableiten, dass Gruppenangehörige Anspruch auf **Sitz und Stimme in den ständigen Ausschüssen** haben, jedoch keinen Anspruch auf einen Ausschussvorsitz. Auch steht ihnen **208**

92 S. auch die Auflistung in BVerfGE 84, 304 (310) – *PDS/Linke Liste*.
93 BVerfGE 142, 25 Rn. 85 ff. – *Oppositionsfraktionsrecht*.
94 BVerfGE 142, 25 Rn. 95 ff.
95 S. oben Rn. 52.
96 S. oben Rn. 108.

kein Anspruch auf Beteiligung in Untersuchungsausschüssen, Enquete-Kommissionen oder im Vermittlungsausschuss zu. Die Rechtfertigung für die Versagung solcher „Grundmandate" ergibt sich jeweils daraus, dass es sich um Ausschüsse handelt, die im Interesse ihrer Arbeitsfähigkeit über begrenzte Sitzzahlen verfügen. Eine Gruppe hat daher nur dann einen Anspruch, wenn ihre Beteiligung nach Maßgabe spiegelbildlicher Proportionalität unter Einhaltung der Sitzzahl möglich ist.[97]

209 Höchst streitig ist, ob eine Gruppe einen Anspruch auf einen **Sitz im Gemeinsamen Ausschuss** gemäß Art. 53a Abs. 1 GG, § 2 GOGemA hat. Dem Wortlaut nach erfolgt die Besetzung „entsprechend dem Stärkeverhältnis der Fraktionen". Bei strikter Wortlautinterpretation käme eine Berücksichtigung von Gruppen somit nicht in Betracht.[98] Dem wird entgegengehalten, dass Sinn und Zweck der Vorschrift die Abbildung der politischen Stärkeverhältnisse im Parlament sei. Mit der Verwendung des Fraktionsbegriffs sei der Grundsatz der proportionalen Spiegelbildlichkeit gemeint. Sofern die Anzahl der Sitze im Gemeinsamen Ausschuss eine Beteiligung von Gruppen ermöglicht, erscheint ein Ausschluss auf den ersten Blick daher kaum zu rechtfertigen. Die proportionale Abbildung erhöht die Legitimität des Ausschusses, auf die es in den Krisensituationen, in denen der Ausschuss in Aktion tritt, besonders ankommt. Dem lässt sich allerdings entgegenhalten, dass in Krisensituationen auch eine Bündelung der Interessen bedeutsam ist, was eine Beschränkung auf Fraktionen rechtfertigt. Angesichts dieses Argumentationspatts ist die strikte Wortlautinterpretation jedenfalls gut vertretbar.

Rechtsprechung: BVerfGE 84, 304 – Fraktionsstatus der PDS/Gruppenstatus; 96, 264 – Gruppenstatus; 112, 118 – Vermittlungsausschuss; 130, 318 – parlamentarische Beteiligung an Entscheidungen iRd. StabMechG; 142, 25 – Oppositionsfraktionsrecht.

Fallbearbeitungen: *U. Palm*, Minderheit im Parlament, Jura 2002, 700 (Anfängerhausarbeit: Änderung der Fraktionsmindeststärke, Gruppenstatus).

1.4 Die Aufgaben des Bundestages

210 Der Bundestag ist das einzige unmittelbar vom Volk legitimierte Staatsorgan. Vor diesem Hintergrund sind auch seine Aufgaben zu verstehen. Wahrgenommen wird er vor allem als **Gesetzgeber**. Allerdings übt er diese Funktion nicht alleine, sondern stets unter Mitwirkung des Bundesrates und in der Regel unter maßgeblicher Beteiligung der Bundesregierung aus. Auch der Bundespräsident wirkt abschließend mit. Die Staatsfunktion „Gesetzgebung" wird daher auch noch gesondert dargestellt.[99]
Weitere wichtige Aufgaben des Bundestages sind die Wahl des Kanzlers sowie seine Beteiligung an der Besetzung weiterer Staatsämter, seine **Kreationsfunktion**. Nicht zuletzt ist es seine Aufgabe, die Arbeit der Bundesregierung zu kontrollieren, **Kontrollfunktion**. Darüber hinaus wirkt er an Entscheidungen in Angelegenheiten der Europäischen Integration (**Integrationsverantwortung**) sowie der auswärtigen Gewalt mit.

1.4.1 Gesetzgebung

211 Dem Bundestag steht gemäß Art. 76 Abs. 1 Satz 1 GG neben der Bundesregierung und dem Bundesrat das Recht der Gesetzesinitiative zu. Nach Art. 77 Abs. 1 Satz 1 GG werden alle Gesetze von Bundestag beschlossen.

212 **1.4.1.1 Vorbehalt des Gesetzes und Wesentlichkeitstheorie.** Die Frage, ob zur Regelung einer Angelegenheit der Bundestag als Gesetzgeber tätig werden muss, wird unter

97 BVerfGE 84, 304 (Ls. 3) – *PDS Gruppenstatus.*
98 BVerfGE 96, 264 (Ls. 2d) – *PDS Gruppenstatus II.*
99 S. unten Rn. 372 ff.

dem Begriff **Vorbehalt des Gesetzes** erörtert. Die Antwort ist für den Einzelfall nicht leicht zu treffen, im Prinzip jedoch eindeutig vorgegeben: Leitend sind das **Demokratieprinzip** und das **Rechtsstaatsprinzip** (Art. 20 Abs. 2 und 3 GG), wobei letzteres sich konkretisieren lässt in den Grundsatz der Gewaltenteilung und die Freiheits- und Gleichheitsverbürgungen der Grundrechte. Aus der Anwendung dieser Prinzipien ist abzuleiten, dass der gesetzlichen Regelung bedarf, worüber zu entscheiden der unmittelbar demokratisch legitimierte Bundestag im Verfahren der Gesetzgebung aufgrund der Bedeutung der Sache berufen und am besten geeignet ist (Demokratieprinzip und Gewaltenteilung). Historisch und nach den ausdrücklichen Regelungen im Grundrechtsteil des Grundgesetzes gilt dies insbesondere für die Ermächtigung von Hoheitsträgern zu Grundrechtseingriffen. Insoweit findet der Begriff des Gesetzesvorbehalts Verwendung.

Hinzu kommen Regelungen mit erheblicher Grundrechtsrelevanz, die sich nicht allein als Grundrechtseingriffe erfassen lassen. Solche Regelungen finden sich zum Beispiel im Bereich des staatlichen Schulverhältnisses.[100] Die Reichweite des Vorbehalts des Gesetzes wird schlagwortartig bezeichnet mit dem Begriff der „Wesentlichkeitstheorie", wonach der Gesetzgeber alles zu regeln hat, was „wesentlich" ist.[101] Dies bestimmt sich wiederum unter Anwendung der genannten Prinzipien. Die **„Wesentlichkeitstheorie"** findet nicht nur Anwendung, um über das „Ob" eines gesetzgeberischen Handelns eine Aussage zu treffen, sondern noch sehr viel häufiger in Bezug auf das „Wie" und die Intensität im Zusammenhang mit der Delegation von Rechtssetzungsbefugnissen an die Exekutive.[102] **213**

1.4.1.2 Vorbehalt des Gesetzes und Gesetzesvorbehalt im Bereich der Leistungsverwaltung. Fraglich ist, inwieweit die Verwaltung, wenn sie nicht eingreifend, sondern leistend tätig wird, von Verfassungs wegen zwingend einer gesetzlichen Ermächtigung bedarf. Da es eine Vielzahl von Leistungsgesetzen gibt, dies zum Teil sogar als Leistungsvoraussetzung einfachgesetzlich verlangt wird (vgl. § 31 SGB I), erübrigt sich die Beantwortung zumeist. Insbesondere im Wirtschaftsverwaltungsrecht bei der Gewährung von Subventionen ist die Frage aber von Bedeutung. Die Notwendigkeit eines Gesetzes ist zu bejahen, wenn die **Begünstigung in einem untrennbaren Wechselverhältnis mit der Belastung anderer steht**. Stellt die belastende Wirkung einer Leistung einen Grundrechtseingriff dar, ist ein Gesetz erforderlich. Dies haben Gerichte zB. bejaht für die Subventionierung von speziellen Presseerzeugnissen wegen der damit verbundenen Verzerrung des Wettbewerbs zu Lasten anderer Presseunternehmen.[103] Für Leistungen, die nicht in Rechtspositionen anderer eingreifen, wozu auch Wirtschaftssubventionen ohne spezifisch wettbewerbsverzerrende Folgen gehören, bedarf es dagegen keiner speziellen gesetzlichen Grundlage. Notwendig ist allerdings, dass entsprechende finanzielle Mittel im **Haushaltsplan** bereitgestellt sind und dass innerhalb des Haushaltsplans die Zweckbestimmung dieser Mittel ausreichend umrissen ist.[104] Für die Richtigkeit dieser Auffassung gegenüber einem kaum mehr vertretenen Total(gesetzes)vorbehalt auch für die Leistungsverwaltung sprechen wiederum die hinter der Wesentlichkeitstheorie steckenden Prinzipien: Dem Demokratieprinzip wird dadurch genüge getan, dass der Gesetzgeber über die Höhe und Verwendung der Mittel bestimmt. Gemäß Art. 110 Abs. 2 **214**

---

100 S. BVerfGE 34, 165 ff. – *Hess. Förderstufe*; 47, 46 ff. – *Sexualkundeunterricht*; 98, 218 ff. – *Rechtschreibreform*.

101 S. dazu BVerfGE 134, 141 Rn. 126 mit Nachweisen früherer Rechtsprechung; s. auch BVerfGE 33, 1 – *Strafgefangene*; 49, 58 ff. – *Kalkar*; 80, 124 ff. – *Pressesubventionen*; 105, 279 – *Warnungen*; 108, 282 – *Kopftuch*. Vertiefend *D. Hömig*, Grundlagen und Ausgestaltung der Wesentlichkeitslehre, in: Festgabe 50 Jahre Bundesverwaltungsgericht, 2003, S. 273 ff.

102 S. dazu unten Rn. 422 ff. (Delegierte Rechtssetzung).

103 VG Berlin, DÖV 1974, 100 (102); OVG Berlin, NJW 1975, 1938 ff.; s. auch OVG Münster, DVBl. 1990, 999 ff.; Nachfolgend: BVerwGE 90, 112 ff. – *Förderung eines Vereins, der vor Jugendsekten warnt.*

104 Außerdem muss die Vergabe der Mittel durch die zuständige Behörde unter Wahrung des Gleichbehandlungsgrundsatzes stattfinden. S. dazu *R. Stober*, Allgemeines Wirtschaftsverwaltungrecht, 19. Aufl. 2019, § 7 I 2 mwN.

Satz 1 GG muss nämlich der Haushaltsplan im Wege des Gesetzgebungsverfahrens als Haushaltsgesetz erlassen werden, womit allerdings gerade nicht die Begründung von Rechten oder Pflichten mit Außenwirkung verbunden ist (formelles Gesetz).[105] Das Gesetzgebungsverfahren dient allein der Wahrung der Budgethoheit des Parlaments. Die Gewaltenteilung in ihrer funktionalen Bedeutung, dass diejenigen die Aufgaben erfüllen sollen, die am besten dafür geeignet sind, spricht sodann im Interesse der Effektivität und der Flexibilität staatlichen Handelns für die Mittelverteilung durch die Verwaltung.

1.4.2 Kreationsfunktion

215 Eine weitere wichtige Aufgabe des Bundestags besteht darin, die ihm durch unmittelbare Wahl seiner Abgeordneten vermittelte **Legitimation weiterzugeben**, indem er seinerseits durch Wahl weitere Staatsorgane und andere hohe staatliche Amtsträger einsetzt oder an deren Einsetzung mitwirkt.

216 Zu den wichtigsten Aufgaben gehört die **Wahl des Bundeskanzlers**, die im Regelfall gemäß Art. 63 GG stattfindet (mehr dazu Rn. 333 ff.). Hierin manifestiert sich, dass das Grundgesetz eine **parlamentarische Demokratie** konstituiert, dh. eine Demokratie, in der die Regierungsbildung und Regierungsarbeit auf einer parlamentarischen Mehrheit beruhen und die politische Konfrontationslinie nicht zwischen Regierung und Parlament sondern zwischen regierungstragender Parlamentsmehrheit und Opposition verläuft. Eine besondere Form der Kanzlerwahl stellt das konstruktive Misstrauensvotum dar, wie es in Art. 67 GG geregelt ist. Hierauf wird im Kapitel zur Bundesregierung näher eingegangen.[106]
Des Weiteren wählt der Bundestag gemäß Art. 45b GG (§ 13 WehrbeauftragtenG, § 113 GOBT) den **Wehrbeauftragten** des Bundestages, was sich bereits aus dessen Funktion als Hilfsorgan des Bundestages ergibt.
Er bestellt zudem die **Mitglieder des G-10 Ausschusses** gemäß Art. 10 Abs. 2 Satz 2 GG, dessen Funktion die Ersetzung gerichtlicher Kontrolle bei bestimmten Eingriffen in das Brief-, Post- und Fernmeldegeheimnis ist.
Bei der **Wahl des Bundespräsidenten** wirken die Abgeordneten des Bundestages als Mitglieder der Bundesversammlung mit (Art. 54 Abs. 3 GG).
Die **Hälfte der Richter des Bundesverfassungsgerichts**, also acht von sechzehn, werden durch Wahl durch den Bundestag legitimiert (Art. 94 Abs. 1 GG, § 6 BVerfGG).[107]
Die **Mitglieder des Richterwahlausschusses**, der für die Auswahl der Richterinnen und Richter an den Bundesgerichten zuständig ist, werden zur Hälfte durch den Bundestag bestimmt (Art. 95 Abs. 2 GG).
Schließlich bestätigt der Bundestag neben dem Bundesrat durch Wahl den **Präsidenten** und **Vizepräsidenten des Bundesrechnungshofs** (Art. 114 Abs. 2 GG, § 5 BRHG).

1.4.3 Kontrolle

217 Eine klassische Funktion des Parlaments ist die Kontrolle der Regierungstätigkeit. Diese Aufgabe wird in der parlamentarischen Demokratie keineswegs nur, aber doch **vor allem durch die parlamentarische Opposition** wahrgenommen. Eine ganz anders geartete Kontrolle ist die Wahlprüfung, die bereits im Zusammenhang mit dem Wahlrecht dargestellt wurde.[108]
Als Mittel der Regierungskontrolle stehen dem Bundestag insbesondere das Zitier- und Interpellationsrecht gemäß Art. 43 Abs. 1 GG sowie die Einsetzung von Untersuchungsausschüssen gemäß Art. 44 GG zur Verfügung. Durch das 55. Gesetz zur Änderung des

---

105 Vgl. § 3 HGrG. S. zum Haushaltsgesetz noch unten Rn. 639 ff.
106 S. unten Rn. 360 f.
107 Zur Wahl der Bundesverfassungsrichter, s. unten Rn. 559.
108 S. hierzu oben Rn. 124 ff.

GG hat die auch schon zuvor bestehende Kontrolle der nachrichtendienstlichen Tätigkeit des Bundes eine verfassungsrechtliche Absicherung in Art. 45d GG erhalten. Nähere Regelungen finden sich vor allem im Kontrollgremiengesetz (PKGrG).[109] Nicht näher eingegangen wird hier auf die Petitionsausschüsse gemäß Art. 45c GG, da es sich insoweit um eine Einrichtung zur Realisierung des grundrechtlich verankerten Petitionsrechts (Art. 17 GG) handelt.[110]

1.4.3.1 Allgemeines Informations- sowie Zitier- und Interpellationsrecht (Art. 43 Abs. 1 GG). Nach Art. 43 Abs. 1 GG können der Bundestag und seine Ausschüsse die Anwesenheit jedes Mitglieds der Bundesregierung verlangen. Der korrespondierenden Pflicht der Regierungsmitglieder ist nicht durch reines Erscheinen Genüge getan, vielmehr müssen sie dem Parlament auch Rede und Antwort stehen. Nur dies wird dem Sinn der Vorschrift gerecht, ein Instrument wirksamer parlamentarischer Kontrolle zu schaffen. Als Recht des Bundestages erfordert das Zitierrecht einen Mehrheitsbeschluss (§ 42 GOBT) und wird dementsprechend selten genutzt. Die in den §§ 100–103 GOBT geregelte **Große Anfrage**, die **Kleine Anfrage** gemäß § 104 GOBT, weitere Arten der Befragung durch einzelne Abgeordnete zu aktuellen Themen oder regelmäßig während der Sitzungswochen gemäß den §§ 105 und 106 GOBT und den Anlagen 4, 5 und 7 haben als allgemeine **Frage- und Informationsrechte** ihre **Grundlage im Abgeordetenstatus gemäß Art. 38 Abs. 1 Satz 2 GG**[111] sowie in der Kontrollfunktion des Bundestages gemäß **Art. 20 Abs. 2 Satz 2 GG.**[112] Grenzen folgen aus der föderalen Zuständigkeitsordnung,[113] dem Gewaltenteilungsprinzip (dazu näher Rn. 222) und den Grundrechten.[114] Für Grundrechtseingriffe, die mit der Beantwortung einer parlamentarischen Anfrage einhergehen, bedarf es keines besonderen Gesetzes.[115] Das Bundesverfassungsgericht nennt als weitere Grenze das „Staatswohl".[116] Insoweit stellt sich allerdings, abgesehen von Problemen der Bestimmtheit, die Frage, welche Rolle das Staatswohl zwischen den Staatsorganen spielen kann, die allesamt auf das Staatswohl verpflichtet sind. Diese Frage stellt sich entsprechend für die Arbeit von Untersuchungsausschüssen, etwa wenn Auskunft von der Bundesregierung verlangt wird. Aus der gemeinsamen Verantwortung für das Staatswohl und den Möglichkeiten der Geheimhaltung durch den Untersuchungsausschuss selbst folgt, dass allenfalls ganz ausnahmsweise mit dieser Begründung eine Untersuchung beschränkt werden kann.[117] Für das allgemeine Fragerecht gilt entsprechend, dass dem Staatswohl durch Gewährleistung der Geheimhaltung Genüge getan wird. Dies kann im begründeten Ausnahmefall eine Begrenzung des Informationszugangs auf wenige Abgeordnete rechtfertigen.[118] 218

---

109 Gesetz vom 29.7.2009, BGBl. I, S. 2346. S. dazu schon oben die Nachweise bei Rn. 169a.

110 Siehe zum Petitionsrecht *U. Mager*, Staatsrecht II, 7. Aufl. 2018, S. 323 ff.

111 S. schon oben Rn. 181.

112 BVerfGE 124, 161 Ls. 1a – *Anfrage bzgl. geheimdienstlicher Informationen über Abgeordnete*; BVerfG, Urteil vom 21.10.2014, Az. 2 BvE 5/11, – *Anfrage zu Kriegswaffenexportgeschäften*; allgemein zu Informationsrechten, s. *Ph. Kunig*, Politische Kontrolle der Bundesregierung durch das Parlament, Jura 1993, 220 ff. und *S. Hölscheidt*, Information der Parlamente durch die Regierungen, DÖV 1993, 593. Zu Anfragen, s. *J. Lennartz/G. Kiefer*, Parlamentarische Anfragen im Spannungsfeld zwischen Regierungskontrolle und Geheimhaltungsinteresse, DÖV 2006, 185 ff. Zum Aktenvorlagerecht, s. BVerfGE 110, 199 ff. – *Informationspflichten der Regierung* (Bundesverfassungsgericht als Landesverfassungsgericht für Schleswig-Holstein, vgl. Art. 99 GG, § 13 Nr. 10 BVerfGG) mit Anm. *M. Kotzur*, Informationsansprüche des Parlamentes im demokratischen Verfassungsstaat, Jura 2007, 52 ff.

113 BVerfGE 139, 194 (Ls. 3, Rn. 106 ff.).

114 BVerfGE 137, 185 (Ls. 2, Rn. 136, 154) – *Anfrage zu Kriegswaffenexportgeschäften;* 146, 1 (Rn. 109, 122) – *Oktoberfestattentat.*

115 BVerfGE 147, 50 (Ls. 7, Rn. 244).

116 BVerfGE 137, 185 (Ls. 2, Rn. 149 ff.); 147, 50 (Ls. 6, Rn. 246).

117 S. dazu unten Rn. 226 mit Rechtsprechungsnachweisen.

118 BVerfGE 137, 185 (Rn. 151 ff.).

Rechtsprechung: BVerfGE 124, 161 – Anfrage bzgl. geheimdienstlicher Informationen über Abgeordnete; BVerfGE 137, 185 – Anfrage zu Kriegswaffenexportgeschäften; BVerfGE 139, 194 – Anfrage zu Bundespolizeieinsatz; BVerfGE 146, 1 – Oktoberfestattentat; BVerfGE 147, 50 – Anfrage zur DB AG und zur Finanzmarktaufsicht.

Literatur: *H.-H. Klein*, Die Macht des Bundestages, ZG 2012, 209; *J. Lennartz/G. Kiefer*, Parlamentarische Anfragen im Spannungsfeld zwischen Regierungskontrolle und Geheimhaltungsinteresse, DÖV 2006, 185.

219 **1.4.3.2 Untersuchungsausschüsse.** Große öffentliche Aufmerksamkeit erlangt in der Regel die Einsetzung und Arbeit von Untersuchungsausschüssen.[119]

219a **1.4.3.2.1 Bedeutung als Minderheitsrecht, Funktion.** Hierbei handelt es sich nicht um ständige Ausschüsse, sondern um die Einsetzung eines speziellen Ausschusses zum Zweck und für die Dauer der Untersuchung eines bestimmten Geschehens, häufig von „Skandalen".[120] Eine Besonderheit bildet der Verteidigungsausschuss, der gemäß Art. 45a Abs. 2 Satz 1 GG auch die Rechte eines Untersuchungsausschusses hat. Art. 44 Abs. 1 GG gewährt einer qualifizierten Minderheit von einem Viertel der Mitglieder des Bundestages das Recht, die Einsetzung eines parlamentarischen Untersuchungsausschusses zu beantragen. Diese Ausgestaltung als **Minderheitsrecht** ist ohne Vorbild in den älteren westlichen Demokratien. Sie findet sich erstmals in Art. 34 WRV und geht zurück auf den berühmten Soziologen und Rechtswissenschaftler *Max Weber*[121], der erkannte, dass Kontrolle in der Wirklichkeit des parlamentarischen Regierungssystems nur in der Hand der Opposition wirksam werden würde.[122] Allerdings beschränkt sich das Minderheitsrecht nach Art. 44 GG auf den Einsetzungsantrag. Bei der Besetzung des Ausschusses gilt wiederum der Grundsatz der Spiegelbildlichkeit, was viele Jahre zu einer faktischen Beherrschung des gesamten Verfahrens durch die Mehrheit geführt hat.[123] Vor diesem Hintergrund hat das Instrument des Untersuchungsausschusses von zwei Seiten Kritik erfahren: Einerseits wurde es als von vornherein untaugliches Instrument zur Ermittlung von Wahrheit bzw. von objektiven Tatsachen kritisiert. Andererseits wurde es als politisches Kampfinstrument akzeptiert, vor diesem Hintergrund aber seine konsequente Ausgestaltung als Minderheitsrecht gefordert.[124]

220 Eine realistische Bewertung der Arbeit von Untersuchungsausschüssen setzt eine adäquate Bestimmung ihrer **Funktion** voraus. Diese ist weder mit der gerichtsähnlichen

---

119 S. zu den Untersuchungsausschüssen des Deutschen Bundestages Datenhandbuch zur Geschichte des Deutschen Bundestages seit 1990, http://www.bundestag.de/dokumente/datenhandbuch/08, Kapitel 8.9.

120 S. hierzu *M. Riede/H. Scheller*, Parlamentarische Untersuchungsausschüsse im Deutschen Bundestag – bloßes Skandalisierungsinstrument der Opposition?, ZParl 2013, 93 ff.

121 1864–1920. 1897–1903 Professor der Nationalökonomie und der Finanzwissenschaft an der Ruprecht-Karls-Universität Heidelberg.

122 *M. Weber*, Parlament und Regierung im neugeordneten Deutschland, 1917/18, in: Gesammelte politische Schriften, 5. Aufl. 1988, S. 306 (353 ff.): Verwaltungskontrolle (insbes. 353), Öffentlichkeitsprinzip (insbes. 355, 359) und Minoritätsrecht (359); s. auch *St. Schröder*, Das parlamentarische Untersuchungsrecht der Weimarer Reichsverfassung im Spiegel der zeitgenössischen Staatsrechtslehre und Rechtsprechung. Damals wie heute: „Es wimmelte von Streitfragen…", ZParl 1999, 715 (717); zu den Problemen einer kleinen Opposition in Zeiten einer Großen Koalition s. *P. Cancik*, Wirkungsmöglichkeiten parlamentarischer Opposition im Falle einer qualifizierten Großen Koalition, NVwZ 2014, 18 ff.; *L. Brocker*, Die „Splitterenquete": Rechte der nicht qualifizierten („einfachen") Minderheit im parlamentarischen Untersuchungsverfahren, DÖV 2014, 475 ff.; *K.-A. Schwarz*, Unkontrollierbare Regierung – Die Rechte der Opposition bei der Bildung einer Großen Koalition im Deutschen Bundestag, ZRP 2013, 226 ff.

123 Verfahrensgrundlage vor Erlass des Parlamentarischen Untersuchungsausschussgesetzes im Jahre 2001 waren Regelungen, die eine innerparlamentarische Arbeitsgemeinschaft im Jahre 1969 erarbeitet hatte (sog. IPA-Regeln, BT-Drs. 5/4209), für deren förmliche Verabschiedung sich jedoch nie eine Mehrheit fand.

124 S. die Positionen mit Nachweisen bei *U. Mager*, Das neue Untersuchungsausschussgesetz des Bundes – Parlamentarische Organisation von Kontrolle durch Publizität, Der Staat 41 (2002), 597 (600 ff.).

Funktion der Wahrheitsfindung noch mit der Einordnung als politischem Kampfinstrument getroffen. Zweck des Untersuchungsausschussverfahrens ist die **Ausübung politischer Kontrolle.** Diese erfolgt im Parlament durch die Herstellung von Öffentlichkeit und verlangt nach öffentlicher Debatte. Die Sachverhaltsaufklärung durch Untersuchungsausschüsse zielt schon nach dem Verfassungstext auf „öffentliche Beweiserhebung" und damit auf die Herstellung von Öffentlichkeit über Tatsachen, die bisher nicht bekannt waren. Das Untersuchungsverfahren ist somit als eine politisch-parlamentarische Debatte um die Ermittlung und die politische Interpretation von Tatsachen zu verstehen. **Es stellt Öffentlichkeit im Wege politischer Auseinandersetzung her.**[125] Im Jahre 2001 ist es dem Bundestag gelungen, eine gesetzliche Regelung[126] zur näheren Ausgestaltung des Untersuchungsausschussrechts zu erlassen, die dieser Funktion weitgehend gerecht wird. Dabei konnte der Gesetzgeber sich an grundlegenden Entscheidungen des Bundesverfassungsgerichts orientieren, in denen das Gericht die Bedeutung der Prinzipien der föderalen Ordnung, der Gewaltenteilung und des Grundrechtsschutzes[127] sowie des Verhältnisses parlamentarischer Minderheitsrechte zum Mehrheitsprinzip[128] für das Untersuchungsausschussrecht entfaltet hat.

1.4.3.2.2 Einsetzung von Untersuchungsausschüssen. Beantragt die qualifizierte Minderheit von einem Viertel der Mitglieder des Bundestages (vgl. zu diesem Begriff Art. 121 GG) die Einsetzung eines Untersuchungsausschusses, so ist der Bundestag gemäß Art. 44 Abs. 1 GG zur Einsetzung verpflichtet. Hierbei ist er grundsätzlich an den **Inhalt** des **Untersuchungsauftrags** gebunden, wie die Minderheit ihn formuliert. Eine Änderung gegen den Willen der antragstellenden Minderheit kommt nur in Betracht, wenn der Kern des Untersuchungsauftrags gewahrt bleibt und keine Verzögerung zu befürchten ist.[129] Letzteres ist deshalb von Bedeutung, weil mit dem Ende der Legislaturperiode infolge des Grundsatzes der Diskontinuität auch alle Untersuchungsausschüsse ihre Arbeit einstellen müssen. Diese ihrem Sinn nach klaren, in der Anwendung auf den Einzelfall aber doch sehr unbestimmten Anforderungen hat der Gesetzgeber in § 2 Abs. 2 PUAG in eine Verfahrensregelung transformiert: Eine **Änderung des Untersuchungsgegenstands** durch den Einsetzungsbeschluss des Bundestages ist danach nur mit Zustimmung der Antragsteller zulässig. Es ist wegen der Missbrauchsgrenze allen Rechts selbstverständlich, dass diese ihrerseits eine solche Zustimmung nicht aus sachwidrigen Gründen verweigern dürfen.[130] **221**

Grenzen des Bestimmungsrechts über den Untersuchungsgegenstand ergeben sich aus der Verfassung: der Untersuchungsgegenstand muss in die Kompetenz des Bundes (Wahrung der **föderalistischen Ordnung, Stichwort Verbandskompetenz**) und in die des Bundestages fallen (**Gewaltenteilung; Stichwort Organkompetenz**).[131] So darf ein Untersuchungsausschuss des Bundes sich nicht in reine Landesangelegenheiten mischen. Er darf weder Gerichtsverfahren ersetzen noch beeinflussen. Ebenso wenig darf die Kontrolltätigkeit in eine Beteiligung an der Regierung umschlagen. Für noch unabgeschlossene Vorgänge kann sich die Regierung daher auf einen **„Kernbereich exekutiver** **222**

125 S. dazu im Einzelnen *U. Mager*, Das neue Untersuchungsausschussgesetz des Bundes – Parlamentarische Organisation von Kontrolle durch Publizität, Der Staat 41 (2002), 597 (602 ff.).

126 Gesetz zur Regelung des Rechts der Untersuchungsausschüsse des Deutschen Bundestages (Untersuchungsausschussgesetz – PUAG) vom 19. Juni 2001 (BGBl. I, S. 1142), idF. vom 5. Mai 2004 (BGBl. I, S. 718).

127 S. insbes. BVerfGE 67, 100 ff. – *Flick*; 77, 1 ff. – *Neue Heimat.*

128 BVerfGE 105, 197 ff. – *Parteispenden*; zu den Rechten der Minderheit im parlamentarischen Untersuchungsverfahren s. *B. Peters*, Die Rechte der Minderheit im parlamentarischen Untersuchungsverfahren, ZParl 2012, 831 ff.

129 BVerfGE 49, 70 (81, 88) – *Untersuchungsausschuss Schleswig-Holstein.*

130 S. *U. Mager*, Das neue Untersuchungsausschussgesetz des Bundes – Parlamentarische Organisation von Kontrolle durch Publizität, Der Staat 41 (2002), 597 (603 f.). Zu den Voraussetzungen einer Erweiterung des Untersuchungsauftrags durch die Parlamentsmehrheit, s. HbgVerfG, NVwZ-RR 2007, 289 ff.

131 S. *S. Magiera*, in: *Sachs*, Art. 44 Rn. 7.

Eigenverantwortung"[132] berufen. Diese Grenzen gelten nicht nur für die Fassung des Untersuchungsgegenstandes, sondern beschränken ggf. auch einzelne Ermittlungshandlungen einer an sich zulässigen Untersuchung, bei denen zudem Grundrechte zu beachten sind.[133] Der Bundestag hat gemäß § 2 Abs. 3 PUAG das Recht, eine Untersuchung abzulehnen, soweit diese verfassungswidrig ist. Gegen diesen Beschluss steht der antragstellenden Minderheit Rechtsschutz vor dem Bundesverfassungsgericht zu, wobei es sich um ein Organstreitverfahren handelt.

223 **1.4.3.2.3 Besetzung und Verfahren.** Hinsichtlich der Besetzung der Untersuchungsausschüsse kodifiziert das Untersuchungsausschussgesetz die bisherigen parlamentarischen Gepflogenheiten, wonach den Fraktionen das Benennungsrecht zusteht und im Ältestenrat einvernehmlich Absprachen über den Vorsitz getroffen werden.[134] Die **parlamentsspiegelbildliche Besetzung** wird nach dem minderheitsfreundlichen Berechnungssystem von Sainte Laguë/Schepers vorgenommen, wie § 4 Satz 5 PUAG ausdrücklich bestimmt.

224 Die zwischen Minderheit und Mehrheit besonders konfliktträchtige Bestimmung der Reihenfolge der **Beweiserhebung** sowie die Art und Weise der **Zeugenbefragung** hat der Gesetzgeber klug gelöst, indem er anstelle der Mehrheitsentscheidung den nicht minder demokratischen Grundsatz der **Proportionalität** zur Anwendung bringt. In erster Linie soll die Reihenfolge der Vernehmung von Zeugen und Sachverständigen einvernehmlich festgelegt werden; gelingt dies aber nicht, so gelten im Falle des Widerspruchs von einem Viertel der Mitglieder des Ausschusses die Vorschriften der GOBT zur Reihenfolge der Redner entsprechend (§ 17 Abs. 3 PUAG). Auch die Zeugenbefragung folgt hinsichtlich Reihenfolge und Dauer diesen Regelungen, soweit keine einvernehmliche Lösung gefunden wird (§ 24 Abs. 5 Satz 3 PUAG).[135]

225 Die Untersuchungsbefugnisse von Untersuchungsausschüssen umfassen neben der Befragung von Zeugen und Sachverständigen das Recht, von der Bundesregierung sowie von sämtlichen Bundesbehörden die **Herausgabe von Akten** zu verlangen. Gerichte und Landesbehörden[136] sind zur Amtshilfe verpflichtet. Schließlich kann auch Privatpersonen die Pflicht zur Herausgabe von Beweismitteln treffen.

226 **1.4.3.2.4 Aktenherausgabeverlangen.** Das Aktenherausgabeverlangen gegenüber der Bundesregierung und den Bundesbehörden findet seine verfassungsrechtliche Grundlage unmittelbar in Art. 44 Abs. 1 Satz 1 GG[137], einfachgesetzlich konkretisiert in § 18 Abs. 1 und 2 PUAG. Das Herausgabeverlangen steht unter dem Vorbehalt verfassungsrechtlicher

---

132 BVerfGE 67, 100 (139) – *Flick*; 124, 78 (121) – *Geheimdienste*.

133 BVerfGE 67, 100 (142 ff.) – *Flick*; 124, 78 (125 ff.) – *Geheimdienste*. Beim Einsetzungsbeschluss handelt es sich dagegen prinzipiell um eine parlamentsinterne Maßnahme. Durch ihn können Grundrechte Privater nur ausnahmsweise und faktisch beeinträchtigt sein, wenn diese unmittelbar mit der parlamentarischen Untersuchung in Verbindung gebracht werden; s. *P. Glauben*, Rechtsschutz Privater im parlamentarischen Untersuchungsverfahren, DVBl. 2006, 1263 (1264) mit Bsp. Namensnennung Privater mRsprN.; s. *ders.*, Der Schutz staatlicher und privater Geheimnisse im Spannungsfeld parlamentarischer Untersuchungen, DÖV 2007, 149 ff. S. auch die Fallbearbeitung von *A. Ortmann*, Der umstrittene Untersuchungsausschuss, Jura 2003, 847 ff., Bsp.: Genehmigung nach Kriegswaffenkontrollgesetz für Waffenlieferung eines deutschen Unternehmens rechtswidrig erteilt. Zum Ganzen *W. Steinmetz*, Verfassungsimmanente Grenzen des Beweiserhebungsrechts der Untersuchungsausschüsse, JuS 2013, 792 ff.; *B. Peters*, Unzulässige Beweiserhebung durch parlamentarische Untersuchungsausschüsse, NVwZ 2012, 1574 ff.

134 S. auch BVerfGE 77, 1 (Ls. 2, 39) – *Neue Heimat*: Untersuchungsausschüsse des Bundestages, deren Mitglieder von den Fraktionen im Verhältnis ihrer Stärke benannt werden, besitzen die erforderliche demokratische Legitimation für eine hoheitliche Tätigkeit nach außen.

135 S. dazu *B. Peters*, Die Rechte der Minderheit im parlamentarischen Untersuchungsverfahren, ZParl 2012, 831 (837).

136 S. dazu *P.J. Glauben*, Untersuchungskompetenz des Bundestages für Landesbehörden, DVBl. 2012, 737 (740 f.).

137 S. BVerfGE 67, 100 (128 ff., 132) – *Flick*.

Grenzen. Damit nimmt der Gesetzgeber die Rechtsprechung des Bundesverfassungsgerichts in Bezug: In der *Flick*-Entscheidung[138] hatte die Bundesregierung auf der Grundlage von Art. 44 Abs. 2 Satz 1 GG in entsprechender Anwendung von § 96 StPO die Herausgabe von Akten mit der Begründung verweigert, dass ein Bekanntwerden das **Wohl des Bundes** beeinträchtige. Das Gericht hielt diesem Vorbringen entgegen, dass das Wohl des Bundes dem Bundestag und der Bundesregierung gemeinsam anvertraut sei. Eine Geheimhaltung gegenüber dem Bundestag sei daher nicht gerechtfertigt, wenn dieser seinerseits wirksame Vorkehrungen gegen das Bekanntwerden von Dienstgeheimnissen treffe.[139] Nicht **Geheimhaltung** *gegenüber* dem Untersuchungsausschuss, sondern *durch* den Untersuchungsausschuss ist folglich gemäß Art. 44 Abs. 2 Satz 1 GG iVm. § 96 StPO gefordert. Dem trägt das PUAG in den §§ 14–16 Rechnung. Als verfassungsrechtliche Grenze für das Aktenherausgabeverlangen erkannte das Bundesverfassungsgericht zunächst den aus dem Gewaltenteilungsgrundsatz folgenden **Kernbereich exekutiver Eigenverantwortung**[140] an. Dieser Kernbereich bezieht sich insbesondere auf noch nicht abgeschlossene Angelegenheiten und soll verhindern, dass die Kontrolle des Bundestages in ein Mitregieren umschlägt. Im Rahmen des Streits um die Herausgabe der NSA-Selektorenliste akzeptierte das Bundesverfassungsgericht ein überwiegendes Geheimhaltungsinteresse, weil diese Liste aufgrund völkerrechtlicher Vereinbarungen nicht der ausschließlichen Verfügungsbefugnis der Bundesregierung unterlag und eine nicht von den USA konsentierte Herausgabe die Zusammenarbeit mit den deutschen Nachrichtendiensten erheblich beeinträchtigt hätte.[141]

1.4.3.2.5 Herausgabeverlangen gegenüber Privatpersonen. Dem an Privatpersonen gerichteten Verlangen nach Herausgabe von Beweismitteln ziehen deren **Grundrechte** die verfassungsrechtlichen Grenzen. In der Entscheidung zum Untersuchungsausschuss *Neue Heimat* hatte das Bundesverfassungsgericht aus den Grundrechten, insbesondere dem allgemeinen Persönlichkeitsrecht, abgeleitet, dass das Gericht, das die Beschlagnahme von Beweismitteln verfügt, sicherzustellen hat, „dass beschlagnahmte Unterlagen, die ersichtlich grundrechtlich bedeutsame Daten enthalten, erst dann im Untersuchungsausschuss erörtert werden, wenn ihre Beweiserheblichkeit im Einzelnen und die Frage der Zulässigkeit der Beweiserhebung im Blick auf ausreichende Geheimschutzmaßnahmen geprüft wurden."[142] Damit verlangte das Bundesverfassungsgericht dem zuständigen Amtsrichter die Durchdringung des gesamten Untersuchungsverfahrens ab und entzog dem Untersuchungsausschuss die Herrschaft über die Beweiserhebung. Das PUAG hat in § 29 eine praktikablere grundrechtskonforme Lösung gefunden: Zuständig ist allein der **Ermittlungsrichter des BGH**. Der Kontrollmaßstab ist reduziert auf die Frage, ob es sich um Daten mit streng persönlichem bzw. streng vertraulichem Charakter handelt, die eine Herausgabe unzumutbar machen. Die Frage der Beweiserheblichkeit und der notwendigen Geheimhaltung ist dagegen Sache des Untersuchungsausschusses. 227

1.4.3.2.6 Zeugenpflicht. Die Zeugenpflicht ist weitgehend in Entsprechung zur Strafprozessordnung geregelt.[143] Die dort in Bezug genommene beamtenrechtliche Möglichkeit, 228

---

138 BVerfGE 67, 100 ff. – *Flick*.

139 BVerfGE 67, 100 (134 ff.) – *Flick*; 124, 78 (123 ff.) – *Geheimdienste*.

140 S. oben Rn. 222.

141 BVerfGE 143, 101 Rn. 122 ff., 176 ff.

142 BVerfGE 77, 1 (Ls. 3b) – *Neue Heimat*.

143 Zu Einzelheiten s. *U. Mager*, Das neue Untersuchungsausschussgesetz des Bundes – Parlamentarische Organisation von Kontrolle durch Publizität, Der Staat 41 (2002), 597 (611). Kritisch zur Anlehnung an die StPO, *H.-P. Schneider*, Die hilflosen Aufklärer – Macht und Ohnmacht der Untersuchungsausschüsse, NJW 2000, 3332: „Lassen sich diese auf das Strafverfahren zugeschnittenen Erwägungen aber so ohne weiteres auf ein parlamentarisches Untersuchungsverfahren übertragen, in dem es um nichts anderes geht als um die Aufklärung von Missständen im öffentlichen Interesse, und die Beteiligten keinerlei Strafen oder staatsanwaltschaftliche Ermittlungen zu gegenwärtigen haben?"

die Erteilung einer Aussagegenehmigung für Beamte zu verweigern, wird in Entsprechung zur Aktenherausgabepflicht überlagert durch die ausdrückliche Verpflichtung der Bundesregierung, ihren Beamten die erforderlichen Genehmigungen zu erteilen (§ 18 Abs. 2 PUAG).[144] Eine Besonderheit gegenüber dem gerichtlichen Verfahren und eine dem Prinzip parlamentarischer Öffentlichkeit verpflichtete Neuerung stellt es dar, dass im Falle einer 2/3-Mehrheitsentscheidung und der Zustimmung der betroffenen Person Funk und Fernsehen zugelassen werden können (s. § 13 Abs. 1 PUAG).

229 1.4.3.2.7 **Rechtsschutz.** Das PUAG hat nicht nur die zuvor viel beklagte Rechtswegzersplitterung[145] beseitigt, sondern auch den Rechtsschutz insgesamt verbessert. Für alle Streitigkeiten nach dem PUAG, die nicht von Verfassungs wegen dem Bundesverfassungsgericht oder im Gesetz selbst insbesondere dem Ermittlungsrichter des BGH zugewiesen sind, besteht gemäß § 36 Abs. 1 PUAG die Zuständigkeit des BGH.[146] Im Organstreitverfahren antragsbefugt sind die qualifizierte Minderheit nach Art. 44 Abs. 1 GG, die diese repräsentierende Minderheit im Ausschuss[147] sowie jede Fraktion in Prozessstandschaft für das Gesamtparlament.
Hinzuweisen ist noch auf Art. 44 Abs. 4 Satz 1 GG, wonach die Beschlüsse der Untersuchungsausschüsse der richterlichen Erörterung entzogen sind. Die Feststellungen des Untersuchungsausschusses binden andererseits die Gerichte in keiner Weise. Sie sind vielmehr nach Art. 44 Abs. 4 Satz 2 GG in der Würdigung und Beurteilung des Sachverhalts, der Gegenstand der Untersuchung war, frei. Dies entspricht der Funktion des Untersuchungsausschusses, die gerade nicht gerichtsäquivalent ist, sondern darin besteht, Öffentlichkeit herzustellen. Demgemäß ist es auch sachgerecht, wenn § 32 PUAG bestimmt, dass Personen, die durch die Veröffentlichung eines Abschlussberichts in ihren Rechten erheblich beeinträchtigt werden können, angehört werden müssen und hierzu Stellung nehmen dürfen und dass der wesentliche Inhalt ihrer Stellungnahme in dem Bericht wiederzugeben ist.[148]

230 1.4.3.3 **Kollegialenqueten und Enquete-Kommissionen.** Keine Untersuchungsausschüsse sind die in § 44c (ehemals § 44b) AbgG vorgesehenen parlamentarischen Überprüfungen von Bundestagsabgeordneten auf eine eventuelle frühere Stasi-Mitarbeit. Vielmehr handelt es sich bei der **Kollegialenquete**[149] um ein Instrument zur **Wahrung des Ansehens des Parlaments**. Die Untersuchungen sind ausnahmsweise angesichts der besonderen Umstände des Übergangs von der Diktatur zur Demokratie zulässig, sofern das Verfahren hinreichende Sicherungen zum Schutz des Abgeordnetenstatus vorsieht.[150]

---

144 S. dazu BVerfGE 124, 78 (129 ff.) – *Geheimdienste*.

145 Dazu s. Nachweise bei *U. Mager*, Der Staat 41 (2002), 597 (614) Fn. 96.

146 S. dazu *A. Prehn*, Der einheitliche Rechtsweg in § 36 I PUAG und das Regelungsdefizit am Beispiel der Pflicht zur Herausgabe bzw. Vorlage von Beweismitteln, NVwZ 2013, 1581 ff. In Konstellationen, in denen die Minderheit Rechte sowohl aus dem einfachen Recht als auch aus Art. 44 Abs. 1 GG herleiten kann, kommt es zu Abgrenzungsfragen. Wenn nur der Antragsgegner, nicht aber der Antragsteller ein Recht aus dem PUAG herleitet, ist diese PUAG-Norm nicht Streitgegenstand und damit das BVerfG zuständig, s. BVerfGE 113, 113 (122 ff.) – *Visa-Untersuchungsausschuss* und dazu auch *C. Lenz*, Verpflichtung zur Fortsetzung der Beweisaufnahme im Visa-Untersuchungsausschuss, NJW 2005, 2495 (2496 f.).

147 BVerfGE 143, 101 Rn. 89 ff. mwN. – *NSA-Selektorenliste*.

148 S. zu einem solchen Fall, allerdings nach Landesrecht anders entschieden, OVG Hamburg, NVwZ 2014, 1386 ff. – *Elbphilharmonie*.

149 BVerfGE 94, 351 ff. – *Abgeordnetenüberprüfung*; s. auch BVerfGE 99, 19 ff. – *Abgeordnetengesetz § 44b*.

150 BVerfGE 94, 351 (Ls. 2): „Ein solches Verfahren muss von Verfassungs wegen Sicherungen zum Schutz des Abgeordnetenstatus enthalten. Dem betroffenen Abgeordneten müssen Beteiligungsrechte eingeräumt sein, die ihm gestatten, aktiv an der Herstellung des Beweisergebnisses mitzuwirken. Die abschließende Auskunft über den ermittelten Sachverhalt muss der Eigenart des gewählten Verfahrens sowie der zugelassenen Beweismittel Rechnung tragen."

Der Begriff der **Enquete-Kommissionen**, der früher zur Bezeichnung von Untersuchungsausschüssen im Sinne des Art. 44 GG verwendet wurde, meint heute vom Bundestag eingesetzte Kommissionen „zur **Vorbereitung von Entscheidungen** über umfangreiche und bedeutsame Sachkomplexe" (§ 56 Abs. 1 Satz 1 GOBT).[151] Die Einsetzung erfolgt wie bei Untersuchungsausschüssen. Eine Besonderheit gegenüber diesen liegt aber infolge der anders gearteten Aufgabe darin, dass die Mitglieder der Kommission nicht notwendig Mitglieder des Bundestages sein müssen; es können auch Sachverständige berufen werden, wovon in der Praxis auch Gebrauch gemacht wird. Deshalb handelt es sich bei den Enquete-Kommissionen weder um Ausschüsse noch um Untersuchungsausschüsse des Bundestages, sondern um **parlamentarische Beratungsgremien eigener Art.** 231

Rechtsprechung: BVerfGE 49, 70 – Untersuchungsausschussthema; 67, 100 – Flick; 77, 1 – Neue Heimat; 105, 197 – Parteispendenuntersuchungsausschuss; 113, 113 – Visa-Untersuchungsausschuss (eA.); 124, 78 – BND-Untersuchungsausschuss; 124, 78 – Geheimdienste; 143, 101 – NSA-Untersuchungsausschuss.

Literatur: *P. J. Glauben*, Rechtsschutz Privater im parlamentarischen Untersuchungsverfahren, DVBl. 2006, 1263; *ders.*, Untersuchungskompetenz des Bundestages für Landesbehörden, DVBl. 2012, 737; *T. Hebeler/J. Schulz*, Prüfungswissen zum Untersuchungsausschussrecht, JuS 2010, 969; *U. Mager*, Das neue Untersuchungsausschussgesetz des Bundes – Parlamentarische Organisation von Kontrolle durch Publizität, Der Staat 41 (2002), 597; *B. Peters*, Die Rechte der Minderheit im parlamentarischen Untersuchungsverfahren, ZParl 2012, 831; *ders.*, Unzulässige Beweiserhebung durch parlamentarische Untersuchungsausschüsse, NVwZ 2012, 1574; *M. Schulte*, Das Recht der Untersuchungsausschüsse, Jura 2003, 505; *W. Steinmetz*, Verfassungsimmanente Grenzen des Beweiserhebungsrechts der Untersuchungsausschüsse, JuS 2013, 792.

Fallbearbeitungen: *N. Kunczik/Ch. Mensching*, Der praktische Fall – Nichts als Lügen? Der Bundestag klärt auf, VR 2004, 20 ([Übungs-]Examensklausur: Änderung Untersuchungsgegenstand, Einsetzungsbeschluss, Beweisaufnahme); *St. Kirste*, Stasi-Unterlagen im Untersuchungsausschuss, JuS 2003, 61 (Anfängerhausarbeit: Einsetzungsbeschluss, Aktenherausgabe); *U. Mager/O. Siebert*, Streit um den Untersuchungsausschuss, Jura 2003, 490 (Anfängerübungsklausur: Änderung Untersuchungsgegenstand gegen den Willen der Antragsteller, Aktenherausgabe an Untersuchungsausschuss); *M. Nettesheim/R. Vetter*, Aktenherausgabe an Untersuchungsausschuss, JuS 2004, 219 (Anfängerhausarbeit: Voraussetzungen Einsetzungsbeschluss, Aktenherausgabe); *A. Ortmann*, Der umstrittene Untersuchungsausschuss, Jura 2003, 847 (Anfängerhausarbeit: Untersuchungsausschuss und Rechte Privater, Gewaltenteilung, Änderung des Einsetzungsbeschlusses); *ohne Autorenangabe*, BayVBl. 2002, 30 und 57 (Originalexamensklausur: Auskunftspflicht eines Ministeriums); *E.M. Schnelle*, Übungsfall: Abgeordnete unter Verdacht, ZJS 2010, 716.

1.4.4 Mitwirkung in Angelegenheiten der EU

Wie bereits dargelegt, ist die politische und rechtliche Wirklichkeit der Bundesrepublik Deutschland von der Zugehörigkeit zur Europäischen Union geprägt. Im Zusammenhang mit dem demokratischen Basisrecht zu wählen (Art. 38 Abs. 1 Satz 1 GG) ist auch schon die Notwendigkeit demokratischer Rückbindung des Integrationsprozesses verdeutlicht worden.[152] Die Übertragung von Hoheitsgewalt erfolgt gemäß Art. 23 Abs. 1 Satz 2 GG stets durch Gesetz, also durch das Parlament, mit Zustimmung des Bundesrates. Auch im Rahmen der übertragenen Hoheitsgewalt ist das Parlament aber nicht funktionslos. Bereits im Gefolge des Vertrags von Maastricht (in Kraft getreten am 1.11.1993) erging das **Gesetz über die Zusammenarbeit von Bundesregierung und Deutschem Bundestag in Angelegenheiten der Europäischen Union**, das die zusätzlich zu den Vertragsänderungsverfahren in Art. 23 Abs. 1 GG bestehenden Beteiligungs- 232

151 S. zu Enquete-Kommissionen des Deutschen Bundestages www.bundestag.de/gremien: Entquete-Kommission „Künstliche Intelligenz" und Enquete-Kommission „Berufliche Bildung".

152 S. oben Rn. 122 mit Hinweis auf die *Maastricht*-Entscheidung BVerfGE 89, 155 (183 ff.) und die *Lissabon*-Entscheidung BVerfGE 123, 267 (340 ff.).

rechte gemäß Art. 23 Abs. 2 und 3 näher ausgestaltet.[153] Danach hat die Bundesregierung, die primär für die Vertretung der Bundesrepublik Deutschland in der Europäischen Union zuständig ist, den Bundestag in Angelegenheiten der Europäischen Union umfassend und zum frühestmöglichen Zeitpunkt zu unterrichten (Art. 23 Abs. 2 GG).[154] In Bezug auf Rechtssetzungsakte der Europäischen Union hat sie dem Bundestag Gelegenheit zur **Stellungnahme** zu geben und dessen Stellungnahmen zu berücksichtigen. Die Pflicht zur „Berücksichtigung" ist darin dahingehend konkretisiert, dass die Bundesregierung die Stellungnahme des Bundestages ihren Verhandlungen zugrunde legt (§ 8 Abs. 2 Satz 1 EUZBBG).[155] Eine strikte Bindung ist ausgeschlossen, weil dies die Bundesrepublik auf der europäischen Ebene handlungsunfähig machen würde. Aus § 8 Abs. 4 und 5 EUZBBG folgt aber zunmindest eine Unterrichtungspflicht über den Verlauf des Verhandlungsprozesses und eine Begründungspflicht im Falle von Abweichungen.

Mit dem Vertrag von Lissabon hat der Deutsche Bundestag weitere Mitwirkungsrechte bzw. Pflichten erhalten. Dies betrifft zum einen die **Integrationsverantwortung**, zum anderen die unionsrechtlich geschaffene Möglichkeit der **Subsidiaritätsklage** (Art. 5 Abs. 3 UAbs. 2 Satz 2 und Art. 12 lit. b) EUV in Verbindung mit dem Protokoll über die Anwendung der Grundsätze der Subsidiarität und der Verhältnismäßigkeit), die ihren Niederschlag in Art. 23 Abs. 1a GG gefunden hat.

Die Integrationsverantwortung des Bundestages erstreckt sich neben den regulären Vertragsänderungsverfahren nach Art. 48 Abs. 2–5 EUV auch auf das vereinfachte Vertragsänderungsverfahren, das der EUV in Art. 48 Abs. 6 für nicht zuständigkeitserweiternde Änderungen des Dritten Teils des AEUV (interne Maßnahmen und Politiken der Union) vorsieht. Des Weiteren gehören dazu die Regelungen in EUV und AEUV, die bezogen auf spezifische Sachbereiche ein besonderes Vertragsänderungsverfahren vorsehen und jeweils unter dem Vorbehalt der Zustimmung der Mitgliedstaaten nach deren innerstaatlichen Regelungen stehen. Auch primärrechtliche Ermächtigungen, die erlauben, den Abstimmungsmodus von Einstimmigkeit auf eine qualifizierte oder einfache Mehrheit umzustellen (sog. Brückenklauseln), bedürfen der Zustimmung des Bundestages. Gleiches gilt für die Anwendung expliziter sachlich begrenzter Kompetenzerweiterungsklauseln sowie für die Vertragsabrundungskompetenz nach Art. 352 AEUV. Die Einzelheiten der Beteiligung werden im **Integrationsverantwortungsgesetz** geregelt, das durch seine Technik der Verweisung in den EUV und AEUV extrem leserunfreundlich geraten ist. Nicht immer wenn dort der Erlass eines Gesetzes nach Art. 23 Abs. 1 GG verlangt wird, bedeutet dies, dass es sich um ein Gesetz mit verfassungsändernder 2/3-Mehrheit handeln muss. Vielmehr ist zu prüfen, ob die Voraussetzungen des Art. 23 Abs. 1 Satz 3 GG vorliegen.[156]

Nähere Regelungen zur **Subsidiaritätsrüge und Subsidiaritätsklage** finden sich ebenfalls im Integrationsverantwortungsgesetz (§§ 11, 12) sowie in der GOBT (§§ 93c und 93d). Hervorzuheben ist, dass gemäß Art. 23 Abs. 1a Satz 2 GG bereits ein Viertel der Mitglieder des Bundestages genügt, also dasselbe Quorum wie für die Einsetzung eines Untersuchungsausschusses, um den Bundestag zur Erhebung der Subsidiaritätsklage zu verpflichten.

---

153 Gesetz über die Zusammenarbeit von Bundesregierung und Deutschem Bundestag in Angelegenheiten der Europäischen Union (EUZBBG) vom 12. März 1993 (BGBl. I, S. 311, 1780), idF. vom 4. Juli 2013 (BGBl. I, S. 2170).

154 S. dazu BVerfGE 131, 152 ff. – *Information über Europäischen Stabilitätsmechanismus und Euro-Plus-Pakt*. In der Entscheidung wird klargestellt, dass Angelegenheiten der EU auch solche völkerrechtlichen Verträge umfasst, die in einem besonderen Näheverhältnis zum Recht der EU stehen.

155 Für Unzulässigkeit dieser über die Verfassungsvorgabe hinausgehenden Bindung, s. *T. Hoppe*, Drum prüfe, wer sich niemals bindet, DVBl. 2007, 1540 (1541). S. auch *F. Hauck*, Mitwirkungsrechte des Bundestages in Angelegenheiten der Europäischen Union, 1999, S. 68 ff. und *S. Hansmeyer*, Die Mitwirkung des Deutschen Bundestages an der europäischen Rechtsetzung, 2001, S. 231 f.

156 S. hierzu *R. Uerpmann-Wittzack*, in: *von Münch/Kunig*, GGK I, Art. 23 Rn. 79–84.

Zur Wahrnehmung der beträchtlichen Aufgaben, die sich aus der Mitwirkung des Bundestages in Angelegenheiten der Europäischen Union ergeben, sieht das GG in Art. 45 GG die Einrichtung eines ständigen Bundestagsausschusses vor. Eine Besonderheit gegenüber den gewöhnlichen Fachausschüssen besteht darin, dass der Bundestag den **Europa-Ausschuss** ermächtigen kann, nicht nur vorbereitend für den Bundestag, sondern an dessen Stelle nach Maßgabe des Art. 23 Abs. 2 und 3 GG iVm. dem EUZBBG mitzuwirken, dh. gegenüber der Bundesregierung Stellungnahmen zu Rechtssetzungsakten abzugeben. Der Zweck der Vorschrift besteht darin, Handlungsfähigkeit in eiligen Fällen sicherzustellen. Im Zuge des Vertrages von Lissabon ist Art. 45 GG um Satz 3 ergänzt worden. Danach kann der Bundestag den Europa-Ausschuss auch ermächtigen, die Rechte wahrzunehmen, die dem Bundestag in den vertraglichen Grundlagen der Europäischen Union eingeräumt sind. Dies sind neben der Subsidiaritätsrüge und -klage die zahlreichen Vorschriften, die das Integrationsverantwortungsgesetz in Bezug nimmt. Sofern das Integrationsverantwortungsgesetz allerdings die unionsrechtliche Vorgabe der mitgliedstaatlichen Zustimmung als Gesetzgebungsverfahren im Sinne des Art. 23 Abs. 1 GG konkretisiert, kommt eine Delegation nicht in Frage.[157] Sofern der Ausschuss plenarersetzend tätig wird, wird zu Recht die Wahrung des Öffentlichkeitsgrundsatzes gemäß Art. 42 Abs. 1 Satz 1 GG gefordert. Nähere Regelungen zur Arbeit des Ausschusses enthalten die §§ 93 bis 93d GOBT, insbesondere § 93b GOBT. In der Praxis hat der Bundestag von der Ermächtigung des Ausschusses nach § 93 b Abs. 2 Satz 1 GOBT (sog. plenarersetzender Beschluss) bisher äußerst selten Gebrauch gemacht.[158] 233

Rechtsprechung: BVerfGE 123, 267 – Lissabon; 131, 152 – Information des Bundestages über Europäischen Stabilitätsmechanismus.

Literatur: *B. Daiber,* Das Integrationsverantwortungsgesetz in der Praxis des Deutschen Bundestages, ZParl 2012, 293; *J.-U. Hahn,* Die Mitwirkungsrechte von Bundestag und Bundesrat in EU-Angelegenheiten nach dem neuen Integrationsverantwortungsgesetz, EuZW 2009, 758; *S. Hölscheidt,* Die Verantwortung des Bundestags für die europäische Integration, DÖV 2012, 105; *C. Mellein,* Die Rolle von Bundestag und Bundesrat in der Europäischen Union, EuR-Bei 2011, 13; *M. Nettesheim,* Die Integrationsverantwortung – Vorgaben des BVerfG und gesetzgeberische Umsetzung, NJW 2010, 177.

1.4.5 Mitwirkung an der auswärtigen Gewalt

Die Gestaltung und Ausübung der auswärtigen Gewalt ist grundsätzlich Sache der Bundesregierung.[159] Verstreut über das Grundgesetz finden sich aber auch insoweit Mitwirkungsbefugnisse des Bundestages, die sich teils aus seiner Funktion als Gesetzgeber ergeben, teils Ausdruck seiner grundlegenden demokratischen Funktion als Repräsentant des Volkes sind. 234

1.4.5.1 Zustimmung zu völkerrechtlichen Verträgen (Art. 59 Abs. 2 Satz 1 GG). Gemäß Art. 59 Abs. 2 Satz 1 GG bedürfen völkerrechtliche Verträge – dieser Bezug ergibt sich aus Art. 59 Abs. 1 GG –, welche die politischen Beziehungen des Bundes regeln oder sich auf Gegenstände der Bundesgesetzgebung beziehen, der Zustimmung oder Mitwirkung der jeweils für die Bundesgesetzgebung zuständigen Körperschaften in der Form eines Bundesgesetzes. Mit „Zustimmung" ist der Gesetzesbeschluss des Bundestages, mit „Mitwirkung" die Beteiligung des Bundesrates gemeint. Eine **Regelung der** 235

157 *R. Uerpmann-Wittzack,* in: *von Münch/Kunig,* GGK I, Art. 45 Rn. 14; s. auch § 93b Abs. 2 Satz 2 GOBT.

158 S. die Nachweise bei *R. Uerpmann-Wittzack,* in: *von Münch/Kunig,* GGK I, Art. 45 Rn. 7, 11; s. auch *S. Kövel,* Die Mitwirkung des Deutschen Bundestages in Angelegenheiten der Europäischen Union, 2000, S. 56 und *F. Hauck,* Mitwirkungsrechte des Bundestages in Angelegenheiten der Europäischen Union, 1999, S. 62 f. Ausf. zu plenarersetzenden Beschlüssen s. *S. Hansmeyer,* Die Mitwirkung des Deutschen Bundestages an der europäischen Rechtsetzung, 2001, S. 300 ff.

159 BVerfGE 68, 1 (86) – *Pershing.*

politischen Beziehungen durch Vertrag liegt vor, wenn „die Existenz des Staates, seine territoriale Integrität, seine Unabhängigkeit, seine Stelle oder sein maßgebliches Gewicht in der Staatengemeinschaft“[160] berührt ist und der Vertrag diese Tragweite auch bezweckt. Beispielhaft lassen sich nennen: Friedensverträge, Neutralitätsabkommen, Bündnisverträge, Abrüstungsverträge. Die Vorschrift lässt sich nicht ausdehnend dahin verstehen, dass „immer dann, wenn ein Handeln der Bundesregierung im völkerrechtlichen Verkehr die politischen Beziehungen der Bundesrepublik Deutschland regelt ... die Form eines der gesetzgeberischen Zustimmung oder Mitwirkung bedürftigen völkerrechtlichen Vertrages gewählt werden müsste.“[161]

236 Der Bundestag ist außerdem zu beteiligen, soweit es sich um Verträge handelt, die sich auf **Gegenstände der Bundesgesetzgebung** beziehen.[162] Gemeint ist damit, dass die Erfüllung eines Vertrages der Gesetzgebung bedarf. Zweck ist es zu verhindern, dass die Bundesrepublik völkerrechtlich Verpflichtungen eingeht, die sie dann aus Gründen innerstaatlichen Rechts, konkret wegen fehlender Mehrheiten im Bundestag, nicht realisieren kann. Nach herrschender Meinung bezieht sich der Begriff der Bundesgesetzgebung allein auf die Abgrenzung der Staatsfunktionen Gesetzgebung/Verwaltung, nicht dagegen auf die föderale Abgrenzung Gesetzgebung des Bundes im Gegensatz zur Gesetzgebung der Länder. Hierfür spricht, dass gemäß Art. 32 Abs. 1 GG die Pflege der auswärtigen Beziehungen Sache des Bundes ist und Art. 32 Abs. 3 GG in diesem Zusammenhang auch eine Regelung für den Fall enthält, dass es sich um Angelegenheiten handelt, für die den Ländern die Gesetzgebungskompetenz zukommt. Der insoweit bestehende Streit zwischen Bund und Ländern wurde schon 1957 im **Lindauer Abkommen** einer pragmatischen Lösung zugeführt.[163]

237 **1.4.5.2 Konstitutiver Parlamentsvorbehalt für bewaffnete Bundeswehreinsätze im Ausland.** Auch wenn das Bundesverfassungsgericht betont, dass Akte der auswärtigen Gewalt, die vom Tatbestand des Art. 59 Abs. 2 GG nicht erfasst werden, grundsätzlich in die Kompetenz der Bundesregierung fallen und sich aus dem Demokratieprinzip kein allgemeines Beteiligungsrecht des Bundestages ableiten lasse, da auch die Bundesregierung demokratisch legitimiert sei[164], hat es aus dem Grundgesetz eine Ausnahme für bewaffnete Bundeswehreinsätze im Ausland abgeleitet. Eine ausdrückliche Regelung zu dieser Frage findet sich im Grundgesetz nicht. Das Bundesverfassungsgericht stützt seine Rechtsprechung, wonach das Grundgesetz die Bundesregierung verpflichtet, für einen Einsatz bewaffneter Streitkräfte die – grundsätzlich vorherige – konstitutive Zustimmung des Deutschen Bundestags einzuholen, auf eine systematische Zusammenschau verschiedener Regelungen des Grundgesetzes: Aus der Existenz eines ständigen Verteidigungsausschusses mit Untersuchungsausschussbefugnissen (Art. 45a GG),[165] der Einrichtung eines Wehrbeauftragten (Art. 45b GG),

160 BVerfGE 90, 286 (359) – *Awacs/Somalia*.

161 BVerfGE 68, 1 (Ls. 1b) – *Pershing* – Zustimmung (kein Vertrag!) zur Aufstellung von Pershing-Raketen; s. auch BVerfGE 90, 286 (Ls. 7a) – *AWACS/Somalia*: „Akte der auswärtigen Gewalt, die vom Tatbestand des Art. 59 Abs. 2 Satz 1 GG nicht erfasst werden, sind grundsätzlich dem Kompetenzbereich der Regierung zugeordnet.“

162 S. BVerfGE 1, 372 (393) – *Deutsch-französisches Wirtschaftsabkommen*; 2, 347 (379) – *Kehler Hafen*; zum Ganzen *T. Plate*, Art. 59 Abs. 2 GG: Anwendungsfragen aus der Praxis am Beispiel der Änderung völkerrechtlicher Verträge, DÖV 2011, 606 ff.

163 S. hierzu *C. Bücker/M. Köster*, Die Ständige Vertragskommission der Länder, JuS 2005, 976 ff. und *H.-J. Papier*, Abschluss völkerrechtlicher Verträge und Föderalismus, DÖV 2003, 265 ff. Zur möglichen Überlagerung, wenn Vertragspartner die Europäische Union ist, s. *W. Frenz*, Die Verdrängung des Lindauer Abkommen durch Art. 23 GG, DVBl. 1999, 945 ff. S. auch unten Rn. 705.

164 BVerfGE 68, 1 (89) – *Pershing*; 90, 286 (357 ff.) – *AWACS/Somalia*. Zur Zustimmungsbedürftigkeit für die Fortentwicklung völkerrechtlicher Verträge, s. BVerfGE 104, 151 (206 ff.) – *Nato-Strategie*, Anm. *J. Rux*, JA 2002, 461 ff. und BVerfGE 118, 244 ff. – *Tornadoeinsatz Afghanistan* mit Anm. *C. Verlage*, DVBl. 2007, 1245 ff. und *U. Fastenrath*, JZ 2008, 94 ff. S. auch *S. Lubig*, Mitwirkung der Legislative an völkerrechtlichen Vertragsinterpretationen, JA 2005, 143 ff.

165 S. hierzu umfassend *V. Pilz*, Der Auswärtige Ausschuss des Deutschen Bundestages und die Mitwirkung des Parlaments an der auswärtigen und internationalen Politik, 2008.

der parlamentarischen Einflussnahme auf Organisation und Stärke der Streitkräfte über den Haushaltsplan (Art. 87a Abs. 1 Satz 2 GG) sowie der Regelung über die Feststellung des Verteidigungsfalls durch den Bundestag (Art. 115a Abs. 1 GG) lasse sich die verfassungsrechtliche Entscheidung für eine verstärkte parlamentarische Kontrolle der Bundeswehr und ihrer Verwendung ableiten. Dies entspreche auch der historischen Entwicklung der Streitkräfte zu einem **„Parlamentsheer"**.[166] Hervorzuheben ist, dass die konstitutive Zustimmung nicht in Form eines Gesetzes erfolgt, an dessen Erlass auch der Bundesrat zu beteiligen wäre, sondern durch schlichten Parlamentsbeschluss. Das Bundesverfassungsgericht hat einen Parlamentsvorbehalt statuiert, keinen Vorbehalt des Gesetzes.
Die Entscheidung ist als „Verfassungsänderung durch das Bundesverfassungsgericht" heftig kritisiert worden.[167] Zuzugeben ist, dass das Grundgesetz zu der Frage der Kompetenzverteilung bei Auslandseinsätzen der Bundeswehr schweigt. Gegen eine Regelungslücke, die der Schließung bedarf, ließe sich einwenden, dass der allgemeine Grundsatz der Zuständigkeit der Bundesregierung in auswärtigen Angelegenheiten zur Anwendung komme. Allerdings vernachlässigt diese Auffassung, dass zum Zeitpunkt des Erlasses der Wehrverfassung an einen Auslandseinsatz von deutschen Streitkräften nicht gedacht wurde, die Angelegenheit also ungeregelt geblieben ist. Erkennt man dies an, so ist die Lückenfüllung durch das Bundesverfassungsgericht systemkonform und plausibel.[168] Das vom Bundesverfassungsgericht in seiner AWACS-Entscheidung angemahnte Gesetz, um „jenseits der im Urteil dargelegten Mindestanforderungen und Grenzen des Parlamentsvorbehalts für den Einsatz bewaffneter Streitkräfte die Form und das Ausmaß der parlamentarischen Mitwirkung näher auszugestalten"[169], wurde unter der Bezeichnung **Parlamentsbeteiligungsgesetz** im Jahre 2005 erlassen.[170]
Für die Annahme eines ungeschriebenen Parlamentsvorbehalts in Bezug auf Einsätze der Bundeswehr im Inneren fehlt es an der erforderlichen Regelungslücke. Die Mitwirkung des Bundestages ist abschließend in Art. 87a Abs. 3 (Schutz ziviler Objekte) iVm. Art. 115a Abs. 1 (Feststellung des Verteidigungsfalles) bzw. Art. 80a Abs. 1 (Feststellung des Spannungsfalles) sowie in Art. 87a Abs. 4 S. 2 GG geregelt (Unterstützung von Polizeikräften).[171]

Rechtsprechung: BVerfGE 68, 1 – Pershing; 90, 286 – AWACS/Somalia; 104, 151 – Nato-Konzept; 118, 244 – Tornadoeinsatz Afghanistan; 121, 135 – AWACS/Türkei (Hauptsacheverfahren); 124, 267 – Kosovo; 126, 55 – Heiligendamm; 140, 160 – Streitkräfteeinsatz Libyen, BTags-Beteiligung im Eilfall.

Literatur: *M. Brenner/D. Hahn*, Bundeswehr und Auslandseinsatz, JuS 2001, 729; *K. Dau*, Die Streitkräfte in der Rechtsprechung des Bundesverfassungsgerichts, NZWehrr 2011, 1; *S. Kadelbach*, Vertragsgewalt und Parlamentsvorbehalt, AöR 126 (2001), 563; *S. Lubig*, Mitwirkung der Legislative an völkerrechtlichen Vertragsinterpretationen, JA 2005, 143; *S. Schmahl/F. Jung*, Einsatz der Streitkräfte im In- und Ausland, Ad Legendum 2012, 134; *G. Warg*, Außenkompetenzen des Bundes und Mitwirkungsrechte des Parlamentes, Jura 2002, 806; *D. Wiefelspütz*, Konstitutiver Parla-

166 BVerfGE 90, 286 (382) – *AWACS/Somalia*.

167 S. dazu *Calliess*, in: *Maunz/Dürig*, Art. 24 Abs. 2, Rn. 87 ff. mwN.

168 S. zu dieser Frage auch noch BVerfGE 108, 34 ff. – *AWACS/Türkei* und die dazugehörige Hauptsacheentscheidung, BVerfGE 121, 135 (160 aE. ff.). Zur Hauptsacheentscheidung, s. die Entscheidungsbesprechung von *Ch. Burkizcak*, Awacs II – In dubio pro Bundestag, NVwZ 2008, 752 ff. und zur eA. s. die Anm. *H. Sauer*, Reichweite des Parlamentsvorbehaltes für die Entsendung der Bundeswehr ins Ausland, JA 2004, 19 ff.; *M. Nolte*, Der AWACS-Einsatz in der Türkei zwischen Parlamentsvorbehalt und Regierungsverantwortung, NJW 2003, 2359 und *A. Fischer-Lescano*, Konstitutiver Parlamentsvorbehalt: Wann ist ein AWACS-Einsatz ein Einsatz „bewaffneter Streitkräfte?, NVwZ 2003, 1474.

169 BVerfGE 90, 286 (Ls. 3b).

170 Gesetz über die parlamentarische Beteiligung bei der Entscheidung über den Einsatz bewaffneter Streitkräfte im Ausland vom 18. März 2005 (BGBl. I, S. 775); s. dazu *T.M. Wagner*, Parlamentsvorbehalt und Parlamentsbeteiligungsgesetz, 2008.

171 BVerfGE 126, 55 (69 ff.) – *Heiligendamm*.

mentsvorbehalt und Entsendeausschuss, Jura 2004, 292; *ders.*, Der Einsatz bewaffneter deutscher Streitkräfte im Ausland, AöR 132 (2007), 44.

Fallbearbeitungen: *M. Nettesheim/R. Vetter,* Aktenherausgabe an einen Untersuchungsausschuss und Bundeswehreinsatz im Irak, JuS 2004, 219 (Anfängerhausarbeit: Konstitutiver Parlamentsvorbehalt); *R. Schmidt-Radefeldt,* Einsatz und Rückruf von Streitkräften aus dem Ausland, Jura 2003, 201 (Wahlfachübungsklausur: konstitutiver Parlamentsvorbehalt, Kompetenzverteilung); *A. Wallrabenstein,* Wer entscheidet über „Blauhelm"-Einsätze der Bundeswehr, JA 1998, 863 (AWACS Somalia).

Lösung zu Fall 4: Mandatsverlust bei Parteiwechsel

Es ist zu prüfen, ob ein Bundesgesetz, welches anordnet, dass ein Bundestagsabgeordneter mit dem Austritt aus der Partei, die ihn aufgestellt hat, sein Abgeordnetenmandat verliert, formell und materiell verfassungsgemäß ist.

1. Formelle Verfassungsmäßigkeit. Ein Gesetz ist formell verfassungsgemäß, wenn es vom zuständigen Gesetzgeber in einem ordnungsgemäßen Verfahren erlassen wurde. Hier steht allein in Frage, ob ein solches Gesetz in die Zuständigkeit des Bundesgesetzgebers fällt. Dem Bund steht nach Art. 38 Abs. 3 GG die ausschließliche Gesetzgebung für das Wahlrecht in Bezug auf den Bundestag zu.[172] Die Formulierung „Das Nähere bestimmt ein Bundesgesetz." umfasst aber auch den in Art. 38 Abs. 1 Satz 2 GG normierten Abgeordnetenstatus. Der Verlust des Abgeordnetenmandats ist zudem die Kehrseite des Erwerbs, den das Wahlrecht regelt. Soweit auch das Parteienrecht betroffen ist, kommt dem Bundesgesetzgeber für diese Materie nach Art. 21 Abs. 3 GG ebenfalls die ausschließliche Gesetzgebung zu. Folglich hat der Bund die Kompetenz zum Erlass eines solchen Gesetzes.

2. Materielle Verfassungsmäßigkeit: Vereinbarkeit mit Art. 38 Abs. 1 Satz 2 GG. Der gesetzlich angeordnete Mandatsverlust könnte gegen Art. 38 Abs. 1 Satz 2 GG verstoßen. Danach ist jeder Abgeordnete Vertreter des ganzen Volkes, an Aufträge und Weisungen nicht gebunden und nur seinem Gewissen unterworfen. Mit dieser Formulierung ist das repräsentative und freie Mandat normiert. Der Mandatsverlust im Falle des Parteiaustritts müsste sich als einfachgesetzliche Konkretisierung dieser verfassungsrechtlichen Vorgabe erweisen bzw. dürfte ihr zumindest auch unter Einbeziehung anderer verfassungsrechtlicher Vorgaben nicht widersprechen.

a) Der **Wortlaut** des Art. 38 Abs. 1 Satz 2 GG gibt keine unmittelbare Antwort. Vielmehr muss das Prinzip der Repräsentation und der Gewissensbindung in systematischer und teleologischer Auslegung genauer bestimmt werden.

b) Die **Systematik** verlangt, Art. 21 GG mit in den Blick zu nehmen. Mit dieser Vorschrift sind die Parteien als wichtige Mittler im Willensbildungsprozess vom Volk zu den Staatsorganen anerkannt. Allerdings findet sich diese Regelung im zweiten Abschnitt des Grundgesetzes, die über die Abgeordneten dagegen im dritten Abschnitt. Damit lässt die Systematik des Grundgesetzes eine klare Trennung hinsichtlich der rechtlichen Betrachtung der Parteien als Mittler einerseits, der Abgeordneten als Mitglieder eines obersten Staatsorgans andererseits erkennen.

c) Näher zu untersuchen sind **Sinn und Zweck der Repräsentationsidee und des freien Mandats.**

aa) Der Wortlaut legt nahe, dass die Abgeordneten das Volk insgesamt vertreten. Ein Vertretungsverhältnis im zivilrechtlichen Sinne kann also nicht gemeint sein. Ausgeschlossen ist damit auch die rechtliche Teilrepräsentation: Die einzelnen Abgeordneten vertreten rechtlich weder ihren Wahlkreis noch die Partei, der sie angehören. Diese Bindungen sind nur faktisch von Bedeutung, soweit sie die Heterogenität in der Gesamtheit der Abgeordneten begründen, welche die Repräsentation

172 S. zu den Gesetzgebungskompetenzen unten Rn. 375 ff.

des Volkes in seiner Heterogenität durch sie ermöglicht. Mit der geplanten Regelung würde der faktisch vorhandenen und auch akzeptierten Bindung an eine Partei rechtliche Bedeutung zugemessen. Dies widerspricht der Idee der Gesamtrepräsentation. Andererseits ist zu bedenken, dass sowohl im schlichten Austrittsfall, noch mehr aber im Fall eines Parteiwechsels die Mehrheiten im Parlament verschoben werden können. Die Mehrheitsverhältnisse lassen sich aber durchaus als Repräsentation des Volkes insgesamt auffassen. Derartige Verschiebungen mit Mehrheitsrelevanz haften allerdings nicht dem Austritt aus einer Partei unmittelbar an, sondern treten nur unter besonderen Bedingungen auf. Die Vorstellung feststehender Mehrheitsverhältnisse nach Parteizugehörigkeit ist zudem ihrerseits der faktisch überwiegend zutreffenden, aber im Lichte der Repräsentationsidee irrelevanten Parteibindung verhaftet. Die Idee der Repräsentation spricht daher eher gegen die Zulässigkeit der Koppelung von Parteiaustritt und Mandatsverlust.

bb) Der Inhalt des freien Mandats wird durch die Bindung jedes einzelnen Abgeordneten an sein Gewissen verdeutlicht. Der einzelne Abgeordnete soll aus seiner inneren Überzeugung heraus handeln und sich nicht fremder Weisung beugen müssen. Ein Ausschluss aus der Partei gegen den Willen des Abgeordneten mit der Folge eines Mandatsverlusts würde die Abgeordneten so stark in die Abhängigkeit von ihrer Partei bringen, dass es ihr Handeln aus eigener Überzeugung gefährdet. Folglich wäre eine solche Regelung verfassungswidrig. Hier geht es aber um den Mandatsverlust im Falle eines Austritts, also eines freiwilligen Verlassens der Partei. Allerdings stellt sich die Frage, warum ein freiwilliger Parteiaustritt den Mandatsverlust rechtfertigen soll. Ist der Parteiaustritt Folge der Gewissensbindung, so würde der Abgeordnete für ein verfassungsgefordertes Verhalten geradezu bestraft. Aus dem freien Mandat lässt sich der Mandatsverlust somit keinesfalls rechtfertigen. Die Rechtfertigung kann sich vielmehr auch hier nur daraus ergeben, dass die Abgeordneten faktisch zumindest auch als Exponenten ihrer Partei gewählt werden.

d) Die Frage ist also letztlich, ob die in **Art. 21 GG** anerkannte Tatsache der überragenden Bedeutung der Parteien für die Wahl der Abgeordneten im Rahmen des Abgeordnetenstatus rechtliche Relevanz erlangen soll. Die in Art. 38 Abs. 1 Satz 2 GG zum Ausdruck kommende Idee der Gesamtrepräsentation spricht dagegen. Ihr kontrafaktischer Gehalt hält im Bewusstsein, dass die Parteien und die Staatsorgane strikt zu unterscheiden sind. Darin liegt die entscheidende Bedeutung des Art. 38 Abs. 1 Satz 2 GG.

3. Ergebnis: Eine Regelung, die den Verlust des Abgeordnetenmandats als Folge eines Parteiaustritts anordnet, verstößt gegen Art. 38 Abs. 1 Satz 2 GG.

Lösung zu Fall 5: Zulagen[173]

Die geplante Neuregelung ist auf ihre Verfassungsmäßigkeit in formeller und materieller Hinsicht zu überprüfen.

I. Formelle Verfassungsmäßigkeit

Der Bundesgesetzgeber ist zur Regelung der Abgeordnetenentschädigung wie auch sonstiger Umstände des Abgeordnetenstatus gemäß Art. 48 Abs. 3 Satz 3 und Art. 38 Abs. 3 GG ausschließlich zuständig. Auch wenn es sich um eine Regelung in Ausübung der Parlamentsautonomie gemäß Art. 40 Abs. 1 Satz 2 GG handelt, ist allein der Bund zuständig.

173 Vgl. BVerfGE 102, 224 ff. – *parlamentarische Funktionszulage.*

II. Materielle Verfassungsmäßigkeit

Die Neuregelung ist auf ihre Übereinstimmung mit den verfassungsrechtlichen Vorgaben für den Abgeordnetenstatus zu überprüfen.

1. Bedeutung von Art. 48 Abs. 3 Satz 1 GG. Gemäß Art. 48 Abs. 3 Satz 1 GG haben die Abgeordneten Anspruch auf eine angemessene, ihre Unabhängigkeit sichernde Entschädigung. Dieser Anspruch ist durch Zulagen allerdings nicht berührt. Zulagen gehen vielmehr über die Entschädigung hinaus. Nur wenn eine angemessene Entschädigung erst durch Zulagen erreicht werden würde, diese ansonsten unzureichend wäre, wäre Art. 48 Abs. 3 Satz 1 GG betroffen. Die Abhängigkeit, vor der Art. 48 Abs. 3 Satz 1 GG schützen soll, ist eine solche, die aus einer echten Angewiesenheit auf Geldmittel von Dritten zur Ausübung des Abgeordnetenmandats entsteht.

2. Bedeutung von Art. 38 Abs. 1 Satz 2 GG. Indem Art. 38 Abs. 1 Satz 2 GG jeden Abgeordneten als Vertreter des ganzen Volkes bezeichnet, wird jedem Abgeordneten ein gleicher Status und ein gleiches Recht auf Mitwirkung eingeräumt. Diese Gleichheit ist strikt und formal zu verstehen. Mit der Formulierung, sie seien nur ihrem Gewissen unterworfen, soll die Entscheidungsfreiheit der Abgeordneten betont und geschützt werden. Regelungen, die die Gleichheit zwischen den Abgeordneten beeinträchtigen, bedürfen daher der Rechtfertigung. Ungleichheiten, die möglicherweise Auswirkungen auf die Freiheit der Entscheidung haben, die einer Hierarchisierung, einer Laufbahnmentalität oder sachwidrigen Erwägungen Vorschub leisten, sind zu vermeiden. Art. 38 Abs. 1 Satz 2 GG enthält damit Vorgaben für die Ausgestaltung von Zulagenregelungen, stellt aber keine Grundlage für sie dar.

3. Die Parlamentsautonomie als Grundlage für die Zulagengewährung. Da die Zulagengewährung nicht Bestandteil der angemessenen Entschädigung nach Art. 48 Abs. 3 Satz 1 GG und auch nicht Gegenstand des Abgeordnetenstatus im Allgemeinen ist, kann ihre Regelung nur Gegenstand der Parlamentsautonomie sein.

Grundsätzlich umfasst die Parlamentsautonomie nur die Setzung von Parlamentsbinnenrecht, namentlich die Geschäftsordnung (Geschäftsordnungsautonomie). Das Parlament kann seine Angelegenheiten aber auch durch Gesetz regeln, wenn dafür ein sachlicher Grund besteht, die Geschäftsordnungsautonomie nicht im Kern betroffen wird und der Bundesrat nicht zustimmen muss.[174] Der sachliche, mglw. sogar zwingende Grund liegt hier in der Haushaltsrelevanz der Regelung.

Zweck und Gegenstand der Parlamentsautonomie ist Ordnung und Disziplin des Geschäftsgangs sowie Effektivität der Aufgabenwahrnehmung, insgesamt die Funktionsfähigkeit des Parlaments. Für die Arbeitsfähigkeit des Parlaments sind herausgehobene Leitungs- und Koordinationsfunktionen, deren Wahrnehmung mit erhöhtem Arbeitsaufwand verbunden ist, zwingend erforderlich. Es gehört zur Parlamentsautonomie, solche Funktionen zu kreieren. Die Vergütung ihrer Wahrnehmung mit Zulagen ist dann ebenfalls Gegenstand der Parlamentsautonomie. Allerdings sind die aus dem Abgeordnetenstatus fließenden Grenzen zu beachten.

4. Die Zulässigkeit von Zulagen unter Berücksichtigung des Abgeordnetenstatus. Zulagen finden ihre Grundlage in der Parlamentsautonomie, müssen sich aber vor dem Grundsatz der strikten, formalen Gleichheit aller Abgeordneten als Repräsentanten des ganzen Volkes rechtfertigen lassen. Sie dürfen sachwidrigen Erwägungen und missbräuchlicher Verwendung nicht Vorschub leisten. Anhand dieser Vorgaben, die sich aus der Abwägung der Zwecke der Parlamentsautonomie mit der verfassungsrechtlichen Stellung des Abgeordneten ergeben, ist die Regelung des § 11 Abs. 2 AbgG nF. zu prüfen.

174 BVerfGE 70, 324 (Ls. 6 und 360 ff.) – *Ausschussbesetzung für Beratung der Wirtschaftspläne der Nachrichtendienste.*

a) **Bundestagspräsident.** Die Zulagenregelung zugunsten des Bundestagspräsidenten lässt sich vor dem Grundsatz der Gleichheit aller Abgeordneten damit rechtfertigen, dass es sich um ein verfassungsrechtlich ausgewiesenes, hervorgehobenes Amt (Art. 40 Abs. 1 GG) mit besonderen Pflichten handelt. Angesichts der Wahl und der Einzigartigkeit dieses Amtes drohen die beschriebenen Gefahren nicht.
b) **Vizepräsidenten.** Auch das Amt des Vizepräsidenten ist ein verfassungsrechtlich vorgesehenes Amt (Art. 40 Abs. 1 GG). Die zahlenmäßige Begrenzung und die Wahl durch den gesamten Bundestag (§ 2 GOBT) verhindern sachwidriges Verhalten.
c) **Fraktionsvorsitzende.** Angesichts der Bedeutung der Fraktionen als Organisationsprinzip des Bundestages kommt den Fraktionsvorsitzenden eine herausragende politische Funktion zu. Die Stellung ist von so großer politischer Bedeutung, dass eine Besetzung zur „Belohnung" oder eine „Ersitzung" der Stellung ausgeschlossen erscheint. Die Stellung ist auch mit einer erheblichen Mehrbelastung verbunden. Eine Zulage ist daher gerechtfertigt.
d) **Stellvertretende Fraktionsvorsitzende.** In Bezug auf die stellvertretenden Fraktionsvorsitzenden ist zu bedenken, dass diese keine vergleichbare politische Bedeutung haben wie die Fraktionsvorsitzenden. Da ihre Auswahl allein durch die Fraktionen erfolgt, lässt sich die Besetzung dieser Stelle als Belohnung nicht ausschließen. Da die Zulage weder nach Bedeutung und Belastung zwingend ist, noch Missbrauch und Eindringen sachwidriger Erwägungen ausgeschlossen werden können, ist diese Zulage nicht gerechtfertigt.
e) **Ausschussvorsitzende.** Entsprechendes gilt für Zulagen für Ausschussvorsitzende. Deren Zahl ist fast beliebig zu vermehren, die Missbrauchsgefahr entsprechend groß. Die Zulage ist nicht gerechtfertigt.

III. Ergebnis

In Bezug auf den Bundestagspräsidenten, die Vizepräsidenten und die Fraktionsvorsitzenden sind Zulagen mit Art. 38 Abs. 1 Satz 2 GG vereinbar. Für stellvertretende Fraktionsvorsitzende und Ausschussvorsitzende ist dies nicht der Fall.

2. Kapitel: Der Bundesrat

Das Grundgesetz regelt Stellung und Aufgaben des Bundesrates in seinem 4. Abschnitt 238
in den Art. 50 bis 53 GG. Darüber hinaus finden sich Vorschriften über seine Befugnisse über den gesamten Verfassungstext verstreut.

2.1 Stellung und Funktion des Bundesrates

Der Bundesrat ist das **Organ des Bundes**, das in Ausprägung des Bundesstaatsprinzips, 239
abgesichert durch die „Ewigkeitsgarantie" des Art. 79 Abs. 3 GG, dazu berufen ist, die Länderperspektive und die **Länderinteressen** in die Ausübung der bundesstaatlichen Hoheitsgewalt einzubringen.[1] Demgemäß beschreibt Art. 50 GG die Aufgabe des Bundesrates als **„Mitwirkung"** bei der Gesetzgebung und Verwaltung des Bundes sowie in Angelegenheiten der Europäischen Union.

Der Bundesrat ist in seiner vom Grundgesetz verfassten Stellung ein Novum in der 240
deutschen Verfassungsgeschichte.[2] Seine verfassungsrechtliche Konstruktion ist weder

1 Zur Rechtsnatur und Funktion des Bundesrates, s. BVerfGE 8, 104 (120 f.) – *Volksbefragung*.
2 Er steht „in der Tradition des Bundesrates des Bismarck-Reiches und des Reichsrates der Weimarer Republik, in deren Mitte er hinsichtlich Struktur und Zusammensetzung anzusiedeln ist.", s. *H.-J. Blanke*, Der Bundesrat im Verfassungsgefüge des Grundgesetzes, Jura 1995, 57 (57 f.).

die eines Senats noch die einer zweiten Kammer, wobei die mit diesen Bezeichnungen verbundenen Charakteristika allerdings ihrerseits nicht eindeutig sind[3] und einander auch nicht ausschließen, da der erste Begriff primär auf die Wahl der Mitglieder verweist, während der zweite einen Bezug zur Funktion hat. Die **Mitglieder des Bundesrates** sind weder gewählte Repräsentanten des Landesvolkes noch solche ständischer Gliederungen, wie zB. der Bayerische Senat bis zu seiner Abschaffung Ende 1999[4], sie sind vielmehr **Vertreter des Landes.** Als solche werden sie nicht gewählt, sondern durch die Regierungen der Länder bestellt (Art. 51 Abs. 1 Satz 1 GG). Mangels Wahl ist die Arbeit des Bundesrates auch nicht in Legislaturperioden geteilt. Seine Sitzungen werden vielmehr nach Geschäftsjahren fortlaufend nummeriert. Der Bundesrat ist keine zweite Kammer, weil diese Bezeichnung impliziert, dass es sich um ein Gremium handelt, das gleichwertig neben der Volksvertretung an der Gesetzgebung beteiligt ist.[5] Dem Bundesrat stehen zwar durchaus gewichtige, nicht aber dem Bundestag gleichgewichtige Mitwirkungsrechte zu.

241 Die Mitwirkung des Bundesrates an der bundesstaatlichen Gesetzgebung und Verwaltung sowie an den Angelegenheiten der Europäischen Union hat verschiedene Gründe, Zwecke und auch ungewollte Konsequenzen. Bezweckt und gewollt ist es, den in den Ministerialverwaltungen der Länder vorhandenen **Sachverstand** in die Gesetzgebung einzubeziehen, zumal es die Länder sind, in deren Kompetenz die Ausführung der meisten Bundesgesetze fällt.[6] Ebenso ist der Macht begrenzende **gewaltenteilige Effekt** bezweckt, der durch die Mitwirkungsbefugnisse des Bundesrates eintritt.[7] Gewollt ist nicht zuletzt der durch die Mitwirkung beförderte **Informationsfluss** vom Bund in die Länder und von den Ländern in den Bund.

242 Die staatsrechtlich angestrebte politische Funktion des Bundesrates besteht darin, die **Länderinteressen auf Bundesebene** zu **vertreten**, dh. die in den Ländern verfolgten Politikziele in die Bundespolitik einzubringen. Demgemäß agieren die Bundesratsvertreter, auch wenn sie weder unmittelbar vom Volk gewählt, noch in Fraktionen organisiert sind, nicht in einem parteipolitisch luftleeren Raum. Problematisch wird der **parteipolitische Einfluss** im Bundesrat allerdings dann, wenn er im bundespolitischen Widerstreit zwischen regierungstragenden Fraktionen und Opposition eingesetzt wird und nicht im föderalen Widerstreit zwischen Bund und Ländern.[8] Diese Gefahr der **bundespolitischen Instrumentalisierung** des Bundesrates wird virulent, wenn bei Betrachtung nach Parteizugehörigkeit die Opposition im Bundestag die Mehrheit im Bundesrat hat, wie dies erstmals 1969 und seither mehrfach geschehen ist. Nicht zuletzt, um dieser Verschiebung im staatsorganisationsrechtlichen System Grenzen zu ziehen, war es das Ziel der Föderalismusreform von 2006, die Zahl der Gesetze, denen der Bundesrat zwingend zustimmen muss, deutlich zu verringern.

---

3 Ganz außerhalb des föderalen Kontextes ist die Verwendung des Begriffs Senat für die Bezeichnung einer Regierung, wie dies in den Stadtstaaten Berlin, Bremen und Hamburg der Fall ist.

4 Nach Art. 34 LV Bay. aF. war der Senat die Vertretung der sozialen, wirtschaftlichen, kulturellen und gemeindlichen Körperschaften des Landes. Er bestand aus Vertretern der Land- und Forstwirtschaft, des Handwerks, von Industrie und Handel, der Gewerkschaften, der Religionsgemeinschaften, der Wohltätigkeitsorganisationen, der Hochschulen und Akademien sowie der Gemeinden und Gemeindeverbände.

5 So der Bundesrat in der Konzeption der Reichsverfassung von 1871.

6 Art. 83 ff. GG; s. dazu unten Rn. 446 ff.

7 Sog. vertikale Gewaltenteilung, s. *W.R. Wrege*, Das System der Gewaltenteilung im Grundgesetz, Jura 1996, 436 (439) und *T. Hebeler*, Verfassungsrechtliche Stellung und Funktion des Bundesrates, JA 2003, 522 (526 f.).

8 Zusammenfassend zu dem früher geführten (und durch die Staatspraxis wohl obsolet gewordenen) Streit, ob sich der Bundesrat auf den föderalen Widerstreit beschränken muss, s. *T. Hebeler*, Verfassungsrechtliche Stellung und Funktion des Bundesrates, JA 2003, 522 (527 f.). Umfassend beschäftigt sich *A. Rührmair*, Der Bundesrat zwischen Verfassungsauftrag, Politik und Länderinteressen, 2001 mit dem Thema.

Rechtsprechung: BVerfGE 1, 299 (312–316) – Wohnungsbauförderung, bundesfreundliches Verhalten; 8, 104 (120 f.) – Volksbefragung, Natur des Bundesrates.

Literatur: *T. Hebeler*, Verfassungsrechtliche Stellung und Funktion des Bundesrates, JA 2003, 522; *J. Lennartz/G. Kiefer*, Föderale Willensbildung auf Bundesebene, DÖV 2014, 181; *L. Mehlhorn*, Der Bundesrat, ZG 2015, 260.

2.2 Besetzung

Der Bundesrat besteht gemäß Art. 51 Abs. 1 Satz 1 GG aus **Mitgliedern der Regierungen der Bundesländer**, die von der jeweiligen Landesregierung bestellt und auch von ihr abberufen werden können. Die notwendige demokratische Legitimation wird über die Landesregierungen vermittelt, die ihrerseits durch die unmittelbar gewählten Landesparlamente legitimiert sind. **243**
Welche Mitglieder der Landesregierung zu Bundesratsmitgliedern bestellt werden, ist im Grundgesetz nicht geregelt. Sofern das Landes(verfassungs-)recht keine Vorschriften enthält, ist die Landesregierung in ihrer Entscheidung frei. In der Praxis werden regelmäßig der Ministerpräsident,[9] sein Stellvertreter und – sofern vorhanden – der Minister für Bundesangelegenheiten bestellt. Verliert ein Bundesratsmitglied seine Mitgliedschaft in der Landesregierung, endet damit auch die Mitgliedschaft im Bundesrat.

Jedes Land kann so viele Mitglieder in den Bundesrat entsenden, wie es Stimmen hat. Die **Zahl der Stimmen** richtet sich gemäß Art. 51 Abs. 2 GG iVm. § 27 GOBR[10] nach der bei der letzten Volkszählung oder amtlichen Bevölkerungsfortschreibung ermittelten Zahl der Einwohner des Landes. Indem Art. 51 Abs. 2 GG ausdrücklich und ohne Einschränkung von „Einwohnern“ spricht, verweist er auf die Wohnbevölkerung. Auf die Staatsangehörigkeit kommt es – anders als bei der Wahlkreiseinteilung gemäß § 3 Abs. 1 Satz 2 BWahlG – offenkundig nicht an. Dieser Unterschied[11] lässt sich mit den unterschiedlichen Funktionen von Bundestag und Bundesrat rechtfertigen. Insbesondere repräsentiert der Bundesrat nicht „das Volk“, auch nicht die „Landesvölker“, sondern die Länder als juristische Personen (Gebietskörperschaften des öffentlichen Rechts). **244**
Die Zahl der **Stimmen** ist nicht spiegelbildlich proportional zur **Einwohnerzahl**, sondern entspricht einer **pauschalierten Proportionalität**. Auch dies ist der Tatsache geschuldet, dass der Bundesrat nicht die Landesvölker, sondern die Länder repräsentiert und stellt einen Kompromiss zwischen der rechtlichen Gleichheit aller Länder und der faktischen Ungleichheit in Größe und Bevölkerungszahl dar.[12] Bis zur Wiedervereinigung Deutschlands hatten gemäß Art. 51 Abs. 2 GG aF.

- Länder mit bis zu 2 Millionen Einwohnern 3 Stimmen,
- Ländern mit mehr als 2 Millionen und bis zu 6 Millionen Einwohnern 4 Stimmen und
- Länder mit mehr als 6 Millionen Einwohnern 5 Stimmen.

Durch Art. 4 Nr. 3 des Einigungsvertrages ist Art. 51 Abs. 2 GG dahin ergänzt worden, dass Länder mit mehr als 7 Millionen Einwohnern 6 Stimmen haben. Damit wurde den bevölkerungsstärksten Bundesländern Baden-Württemberg, Bayern, Niedersachsen

9 In den Stadtstaaten Berlin, Hamburg und Bremen (regierende/erste) Bürgermeister/innen und Senator/innen.

10 Geschäftsordnung des Bundesrates vom 26. November 1993, BGBl. I, S. 2007 idF. vom 8. Juni 2007, BGBl. I, S. 1057.

11 Er hat sich zB. zugunsten von Hessen ausgewirkt, das durch seinen überproportional hohen Zuwachs an Ausländern einen Einwohnersprung gemacht hat, der seine Stimmenzahl von 4 auf 5 erhöht hat.

12 *K. Stern*, Staatsrecht II, 1980, § 27 III 3b, S. 141 spricht von einem „Mittelweg zwischen Gleichheit der Länder und Bevölkerungsarithmetik.“ Zur Parallele mit dem Grundsatz der „degressiven Proportionalität“ im Europäischen Parlament, s. oben Rn. 123.

und Nordrhein-Westfalen die Sperrminorität bei Bundesratsbeschlüssen, die eine 2/3-Mehrheit fordern (insbes. Verfassungsänderungen gemäß Art. 79 Abs. 2 GG, aber auch Beschlüsse nach Art. 77 Abs. 4 Satz 2 GG), gesichert. Diese Verfassungsänderung lässt sich politisch kritisieren wie auch rechtfertigen; sie ist jedenfalls rechtlich nicht zu beanstanden.

Da die Stimmenzahl im Bundesrat in Bezug zur Einwohnerzahl steht, handelt es sich um eine Variable, die sich mit entsprechend wachsender oder sinkender Einwohnerzahl verändern kann. Zurzeit besteht der Bundesrat aus 69 Mitgliedern (Stimmen), die sich wie folgt verteilen:

Land	Bevölkerung in Mio.	Stimmen	Regierung/Stand 2018
Baden-Württemberg	11,10	6	Bündnis 90/Die Grünen/CDU
Bayern	13,12	6	CSU/Freie Wähler
Berlin	3,66	4	SPD/Bündnis 90/Die Grünen/Die Linke
Brandenburg	2,52	4	CDU/Bündnis 90/Die Grünen
Bremen	0,68	3	SPD/Bündnis 90/Die Grünen/Die Linke
Hamburg	1,85	3	SPD/Bündnis 90/Die Grünen
Hessen	6,29	5	CDU/Bündnis 90/Die Grünen
Mecklenburg-Vorpommern	1,61	3	SPD/CDU
Niedersachsen	8,00	6	SPD/CDU
Nordrhein-Westfalen	17,94	6	CDU/FDP
Rheinland-Pfalz	4,09	4	SPD/FDP/Bündnis 90/Die Grünen
Saarland	0,99	3	CDU/SPD
Sachsen	4,07	4	CDU/Bündnis 90/Die Grünen/SPD
Sachsen-Anhalt	2,20	4	CDU/SPD/Bündnis 90/Die Grünen
Schleswig-Holstein	2,90	4	SPD/Bündnis 90/Die Grünen/FDP
Thüringen	2,13	4	Die Linke/SPD/Bündnis 90/Die Grünen
Gesamt	83,15	69	

Quelle:
https://www.bundesrat.de/DE/bundesrat/verteilung/verteilung-node.html. Zu den Bevölkerungszahlen s. https://www.statistikportal.de/de/bevoelkerung/flaeche-und-bevoelkerung.

2.3 Organisation und Verfahren

245 Um seine Arbeit effektiv organisieren zu können, steht dem Bundesrat gemäß Art. 52 Abs. 3 Satz 2 GG die **Geschäftsordnungsautonomie** zu. Sie ist verfassungsrechtliche Grundlage für die Geschäftsordnung des Bundesrates. Ihrer Rechtsnatur nach handelt es sich, wie bei der Geschäftsordnung des Bundestages[13], um Organbinnenrecht und um materielles Verfassungsrecht. Das Grundgesetz enthält Vorgaben für Organisation und Verfahren in Art. 52 und 53 GG.

2.3.1 Organe des Bundesrates

246 Als Organe des Bundesrates sind in der Verfassung erwähnt: der Präsident (Art. 52 Abs. 1 und 2 GG), die Ausschüsse (Art. 52 Abs. 4 GG) und die Europakammer als besonderer Ausschuss für die Angelegenheiten der Europäischen Union (Art. 52 Abs. 3a GG). Als weitere Organe hat sich der Bundesrat im Wege der Selbstorganisation ein Präsidium (§ 8 GOBR) und einen Ständigen Beirat (§ 9 GOBR) gegeben.

13 S. oben Rn. 170.

Der **Bundesratspräsident** wird vom Bundesrat auf ein Jahr **gewählt** (Art. 52 Abs. 1 GG, § 5 Abs. 1 GOBR). Im **Königsteiner Abkommen** von 1950[14] haben sich die Länder darauf verständigt, wie der Bundesratspräsident bestimmt wird. Danach wird, beginnend mit dem bevölkerungsreichsten Bundesland, jeweils der Regierungschef des Landes mit der nächstkleineren Bevölkerungszahl vom Bundesrat zum Bundesratspräsidenten gewählt.[15] Nach Ablauf des Turnus beginnt die Reihenfolge von vorne. 247
Der Bundesratspräsident **beruft** den Bundesrat **ein**, wozu er verpflichtet ist, wenn die Vertreter von mindestens zwei Ländern oder die Bundesregierung es verlangen (Art. 52 Abs. 2 GG). Nach § 15 Abs. 1 GOBR besteht diese Pflicht bereits, wenn nur ein Land die Einberufung verlangt. Der Präsident leitet die Sitzungen (§ 20 Abs. 1 GOBR), wobei er von einem aus den Mitgliedern des Bundesrates für ein Jahr gewählten Schriftführer unterstützt wird (§ 10 GOBR). Der Präsident ist zudem oberste Dienstbehörde für die Beamten des Bundesrates und übt das Hausrecht für die Gebäude des Bundesrates aus (§ 6 Abs. 1–3 GOBR). Außerdem vertritt er die Bundesrepublik Deutschland in allen Angelegenheiten des Bundesrates.
Eine besondere Funktion des Bundesratspräsidenten besteht darin, dass er **Vertreter des Bundespräsidenten** ist, wenn dieser an der Ausübung seines Amtes, etwa durch Krankheit oder Abwesenheit, verhindert ist oder wenn dessen Amtszeit (zB. durch Rücktritt oder Tod) vorzeitig endet (Art. 57 GG). Der Bundesratspräsident wird seinerseits von seinen zwei Vizepräsidenten[16] vertreten (§ 7 Abs. 1 GOBR).

Der Bundesratspräsident bildet gemeinsam mit den Vizepräsidenten (§§ 5, 7 GOBR) das **Präsidium** (§ 8 GOBR). Dessen Aufgabe besteht darin, über die inneren Angelegenheiten des Bundesrates zu entscheiden, soweit dies nicht Angelegenheit des Bundesrates selbst oder des Präsidenten allein ist.[17] Dem Präsidium obliegt insbesondere die Feststellung des Haushaltsplans für den Bundesrat. Dieser ist zuvor im Ständigen Beirat zu beraten. Der **Ständige Beirat** setzt sich aus den „Bevollmächtigten der Länder“ zusammen (§ 9 Abs. 1 Satz 2 GOBR). Gemeint sind die Bevollmächtigten der Länder beim Bund, dh. die Leiter der Landesvertretungen in der Bundeshauptstadt. Das Gremium ist beratend für den Bundesratspräsidenten und das Präsidium tätig und nimmt wichtige Koordinationsaufgaben zwischen dem Bundesrat und der Bundesregierung wahr.[18] Schließlich besteht beim Bundesrat noch ein Sekretariat, dem alle Bediensteten des Bundesrates angehören und das vom Direktor des Bundesrates geleitet wird (§ 14 GOBR). 248

Wie im Bundestag wird auch im Bundesrat wesentliche Sacharbeit, etwa die Beratung von Gesetzesvorlagen, in **Ausschüssen** geleistet. In jedem Ausschuss ist jedes Land mit nur einer Stimme vertreten (§ 42 Abs. 2 GOBR). Hier gilt also die formale Gleichheit im Rechtsstatus aller Länder. Die Ausschüsse leiten ihre Empfehlungen nicht dem Bundesratspräsidenten, sondern den Vertretungen der Länder zu (§ 45 GOBR). 249

---

14 Das Königsteiner Abkommen ist nicht urkundsmäßig fixiert, ergibt sich aber aus dem Stenographischen Bericht über die Ministerpräsidentenkonferenz vom 30. August 1950. Zu Inhalt und Entwicklung, s. *K. Reuter*, Praxishandbuch Bundesrat, 2. Aufl. 2007, § 5 GOBR Rn. 7 ff.

15 Im Jahre 1991 wurde Hamburg vorgezogen, weil das größere Mecklenburg-Vorpommern zum Zeitpunkt des Beginns des Geschäftsjahres noch keine Regierung gewählt hatte.

16 Auch die Wahl der Vizepräsidenten richtet sich nach dem Königsteiner Abkommen von 1950, wobei der Präsident des Vorjahres stets zum ersten Vizepräsidenten gewählt wird; der andere Vizepräsident wird beim kleinsten Land beginnend nachgewählt. S. dazu *O. Dörr*, in: BeckOK GG, Art. 52 GG Rn. 8.

17 Angelegenheit des Bundesrates selbst ist etwa die Wahl der Vorsitzenden der Ausschüsse nach § 12 Abs. 1 GOBR. Angelegenheit des Präsidenten ist zB. die Einberufung des Bundesrates und die Festsetzung der vorläufigen Tagesordnung nach § 15 Abs. 1 und 2 GOBR oder die Ausübung der Hausgewalt nach § 6 Abs. 3 GOBR und Ordnungsgewalt nach § 22 GOBR.

18 Als Grundlage dieser wichtigen Aufgabe lässt sich auf Art. 53 Satz 3 GG verweisen.

250 Einen Ausschuss besonderer Art stellt die **Europakammer** dar.[19] Ein Vorläufer-Gremium wurde bereits im Jahr 1988[20] eingerichtet und zunächst nur in der GOBR geregelt.[21] Mit Neufassung von Art. 23 GG im Zusammenhang mit dem Vertrag von Maastricht 1993[22] hat die Europakammer ihre verfassungsrechtliche Grundlage in Art. 52 Abs. 3a GG erhalten. Die Besonderheit besteht darin, dass sie in Angelegenheiten der Europäischen Union[23] verbindliche Beschlüsse an Stelle des Bundesrates treffen kann.[24] In diesem Fall gilt – anders als für die nur empfehlenden Ausschüsse – die Stimmgewichtung nach der abgestuften Proportionalität des § 51 Abs. 2 GG. In § 45d GOBR ist die besondere Zuständigkeit der Europakammer auf Eilfälle und auf Fälle, in denen Vertraulichkeit zu wahren ist, beschränkt.[25]

2.3.2 Verfahren, insbes. Abstimmung im Bundesrat

251 **2.3.2.1 Öffentlichkeitsgrundsatz.** Der Bundesrat verhandelt grundsätzlich öffentlich (Art. 52 Abs. 3 S. 3 GG). Der Ausschluss der Öffentlichkeit ist möglich, wobei die Voraussetzungen oder Gründe hierfür weder in der Verfassung noch in der GOBR geregelt sind (Art. 52 Abs. 3 Satz 4 GG, § 17 GOBR). Abgesehen von der Europakammer (§ 47f GOBR) verhandeln die Bundesratsausschüsse, ebenso wie die Bundestagsausschüsse, nicht öffentlich (§ 37 Abs. 2 GOBR).

252 Die **Mitglieder der Bundesregierung** haben jederzeit Zugang sowohl zu den Sitzungen des Bundesratsplenums wie auch zu denen der Ausschüsse. Sie haben ihrerseits aber auch die Pflicht, auf Verlangen vor dem Bundesrat zu erscheinen (Art. 53 Satz 1 u. 2 GG).

253 **2.3.2.2 Einheitliche Stimmabgabe.** Die Abstimmung im Bundesrat unterscheidet sich in mehrfacher Hinsicht von der im Bundestag. So stimmt nicht jedes Mitglied für sich, vielmehr bestimmt Art. 51 Abs. 3 Satz 2 GG, dass die **Stimmen eines Landes nur einheitlich** abgegeben werden können. Diese Stimmen können zwar nur durch anwesende Mitglieder abgegeben werden; es ist jedoch nicht nötig, dass alle Vertreter eines Landes präsent sind. Es genügt vielmehr die Anwesenheit eines Stimmführers zur notwendig einheitlichen Abgabe aller Stimmen. Hier zeigt sich erneut, dass es im Bundesrat um die Repräsentation der Länder geht. Ebenso wird deutlich, dass es sich bei der Mitgliedschaft im Bundesrat um ein **imperatives Mandat** handelt. Die jeweiligen Vertreter der Länder sind also an die Weisungen ihrer Landesregierung gebunden.[26] Ausdrücklich keiner Weisung unterliegen nur die zur Vertretung ihres Landes berufenen Bundesratsmitglieder im Gemeinsamen Ausschuss (Art. 53a Abs. 1 Satz 3 GG). Auch die in den Vermittlungsausschuss entsandten Bundesratsmitglieder sind ausdrücklich nicht weisungsgebunden, wobei es sich hier allerdings nicht um das Weisungsverhältnis zwischen Landesregierung und Landesvertreter im Bundesrat, sondern vielmehr um ein solches zwischen Bundesrat und Bundesratsmitglied handelt.

---

19 Zu Einberufung und Verfahren am Beispiel der Beratung der UVP-Richtlinie, s. *W. Fischer/C.D. Koggel*, Die Europakammer des Bundesrates, DVBl. 2000, 1742.

20 Die Bundesregierung hatte die Einrichtung auf eine Stellungnahme des Bundesrates zum Gesetz zur Einheitlichen Europäischen Akte hin vorgeschlagen (S. BT-Drs. 10/6418 vom 12. November 1986, S. 2).

21 Die Regelung in der Geschäftsordnung stieß auf rechtliche Bedenken, s. dazu *Ch. Baier*, Bundesstaat und Europäische Integration, 2006, S. 59 mwN. und *R. Müller-Terpitz*, Die Beteiligung des Bundesrates am Willensbildungsprozeß der Europäischen Union, 1999, S. 344.

22 S. oben Rn. 56 f. und 75 ff.

23 Dazu unten Rn. 268 ff.

24 Vgl. die Parallele zu den plenarersetzenden Beschlüssen des Europaausschusses Rn. 232.

25 Insgesamt hat die Europakammer bisher 28 Sitzungen abgehalten, zuletzt am 17.4.2020, s. http://www.bundesrat.de/ unter „Der Bundesrat“, „Europakammer“, zuletzt abgerufen am 10.7.2020.

26 Vgl. etwa Art. 49 Abs. 2 LV BW: „Die Regierung beschließt … über die Stimmabgabe des Landes im Bundesrat.“

2.3.2.3 Mehrheit. Während im Bundestag im Regelfall für die Annahme eines Beschlusses die einfache Mehrheit genügt, dh. die Mehrheit der anwesenden Abgeordneten, nicht die Mehrheit in Bezug auf die gesetzliche Mitgliederzahl, ist im Bundesrat stets die **absolute Mehrheit** vonnöten, dh. die Mehrheit in Bezug auf die Zahl der Bundesratsstimmen insgesamt (vgl. § 30 Abs. 1 GOBR).[27] Dies hat Folgen für die Nichtabgabe oder Ungültigkeit der Stimmabgabe ebenso wie für Enthaltungen. Sie alle wirken notwendig wie Nein-Stimmen. Damit ist es umso bedeutsamer, sich Klarheit über die rechtliche **Bewertung weisungswidriger Stimmabgaben** zu verschaffen. Das GG enthält keine ausdrückliche Regelung für dieses Problem, so dass die Lösung aus der in den Vorschriften des Grundgesetzes zum Ausdruck kommenden Konzeption des Bundesrates und aus übergreifenden Rechtsprinzipien plausibel abgeleitet werden muss: Insbesondere die **Rechtssicherheit** spricht für die Geltung der Stimmen, so wie sie in der Sitzung abgegeben wurden. Anderenfalls könnten Abstimmungsergebnisse nachträglich von einer Landesregierung wieder in Frage gestellt werden. Dies findet Bestätigung in der ausdrücklichen Regelung, dass die Stimmen nur durch anwesende Mitglieder oder deren Vertreter abgegeben werden dürfen. Daraus folgt gerade, dass es nur auf das Verhalten der Personen in der Abstimmung ankommt, während Weisungen zwar zulässig sind, diesbezügliche Missverständnisse oder Umsetzungsprobleme aber nur Folgen im Innenverhältnis zwischen einer Landesregierung und ihren Vertretern im Bundesrat entfalten. Diese **Unterscheidung** zwischen Innenverhältnis und Außenverhältnis, rechtlichem Können (im **Außenverhältnis**) und rechtlichem Dürfen (im **Innenverhältnis**) ist eine dem Recht geläufige Unterscheidung in Vertretungsverhältnissen. 254

2.3.2.4 Rechtsfolgen einer uneinheitlichen Stimmabgabe. Eine andere Frage ist, ob eine zunächst uneinheitliche Stimmabgabe noch in derselben Sitzung durch eine einheitliche Stimmabgabe etwa durch den Ministerpräsidenten des Landes als Stimmführer ersetzt werden kann. Mit dieser Frage hatte sich das Bundesverfassungsgericht im Zusammenhang mit dem politisch höchst umstrittenen Zuwanderungsgesetz zu befassen, zu dessen Erlass die Zustimmung des Bundesrates erforderlich war. Der Fall ist zugleich ein Beispiel dafür, welche unerfreulichen Winkelzüge und Manöver der Versuch zur Folge haben kann, den Bundesrat bundespolitisch zu instrumentalisieren.[28] 255

Bei der Abstimmung im Bundesrat über das Zuwanderungsgesetz kam es auf die vier Stimmen von Brandenburg an. Die Landesregierung in Brandenburg wurde zu diesem Zeitpunkt von einer Koalition aus CDU und SPD getragen. Diese hatten vereinbart, dass im Falle unterschiedlicher Auffassungen in Bezug auf eine Bundesratsangelegenheit sich die Landesvertreter im Bundesrat enthalten würden. Eine solche Meinungsverschiedenheit bestand in Bezug auf das Zuwanderungsgesetz, das die CDU im Bund und auch im Land Brandenburg ablehnte, die SPD dagegen befürwortete. Insbesondere der der CDU angehörende Landesinnenminister und Bundesratsmitglied *Schönbohm* hatte sich wiederholt und entschieden gegen das Gesetz ausgesprochen. In der Abstimmung im Bundesrat antworteten auf die Frage des Bundesratspräsidenten für Brandenburg der Minister *Ziel* mit Ja, der Minister *Schönbohm* mit Nein. Der daraufhin vom Bundesratspräsidenten befragte Ministerpräsident von Brandenburg *Stolpe* erwiderte, dass er als Ministerpräsident mit Ja antworte. Dem folgte der Ausruf von *Schönbohm*: „Sie kennen meine Auffassung, Herr Präsident." In dem dann ausbrechenden Tumult fragte der Bundesratspräsident ein weiteres Mal den Ministerpräsidenten, der ein weiteres Mal mit Ja antwortete, während *Schönbohm* nunmehr schwieg.

27 Für einen Überblick, s. *W. Höfling/Ch. Burkiczak*, Das Mehrheitsprinzip im deutschen Staatsrecht – ein systematisierender Überblick, Jura 2007, 561 ff.

28 Lesen Sie hierfür die Entscheidung insgesamt! BVerfGE 106, 310 ff. – *Zuwanderungsgesetz*. S. dazu *H. Pünder*, Die Abstimmung des Bundesrates über das Zuwanderungsgesetz, Jura 2003, 622 ff.; *U. Kramer*, Der Streit um das Zuwanderungsgesetz, JuS 2003, 645 ff.; *C. Burkiczak*, Uneinheitliche Stimmabgabe eines Landes im Bundesrat, JA 2003, 463 ff.

In dem nachfolgenden bundesverfassungsgerichtlichen Normenkontrollverfahren gemäß Art. 93 Abs. 1 Nr. 2 GG hatte das Bundesverfassungsgericht zu klären, ob das Land Brandenburg seine Stimmen einheitlich abgegeben hatte. Dafür waren die Bedeutung der **Stimmführerschaft**, die Frage nach der **Wiederholbarkeit** bzw. Korrektur einer uneinheitlichen Stimmabgabe und nach den **Leitungsbefugnissen des Bundesratspräsidenten** in den Bundesratssitzungen zu untersuchen.
Das Bundesverfassungsgericht beantwortete die Frage der *Stimmführerschaft* durch strikte Unterscheidung zwischen der bundesverfassungsrechtlichen und der landesverfassungsrechtlichen Ebene. Auf der bundesverfassungsrechtlichen Ebene sind alle anwesenden Vertreter eines Landes bei der Stimmabgabe gleich. Hinsichtlich der Praxis der landesautonom bestimmten Stimmführer verhält sich das Bundesrecht neutral und greift nicht in den Verfassungsraum der Länder über. „Aus der Konzeption des Grundgesetzes für den Bundesrat folgt, dass der Abgabe der Stimmen durch einen Stimmführer jederzeit durch ein anderes Bundesratsmitglied desselben Landes widersprochen werden kann und damit die Voraussetzungen der Stimmführerschaft insgesamt entfallen."[29]
Zu dem weiteren Problem der Korrektur der Stimmabgabe und der Rolle des Bundesratspräsidenten stellte das Gericht fest: „Der die Abstimmung leitende Bundesratspräsident ist grundsätzlich berechtigt, bei Unklarheiten im Abstimmungsverlauf mit geeigneten Maßnahmen eine Klärung herbeizuführen und auf eine wirksame Abstimmung des Landes hinzuwirken. Das insoweit bestehende Recht zur Nachfrage entfällt allerdings, wenn ein einheitlicher Landeswille erkennbar nicht besteht und nach den gesamten Umständen nicht zu erwarten ist, dass ein solcher noch während der Abstimmung zustande kommen werde."[30] An dieser Auffassung kritisierten zwei Richterinnen in einem Sondervotum, dass dem Bundesratspräsidenten ein Recht zur Nachfrage allenfalls ganz ausnahmsweise abgesprochen werden könne und dass den Ländern in der Sitzung und solange die Abstimmung noch nicht abgeschlossen sei, grundsätzlich die Möglichkeit der Korrektur zukomme.[31] Auch wenn man dies zugesteht, so ist die äußerst formale Anwendung dieser Grundsätze auf den streitigen Fall nicht überzeugend. Die Meinung, dass der Innenminister stets aufs Neue exakt mit „Nein" hätte antworten müssen, trägt dem wahren Geschehen nicht Rechnung. Da für alle klar geworden war, dass ein einheitlicher Wille unter den Landesvertretern nicht bestand und auch nicht hergestellt werden konnte, denn dafür hätte der Minister *Schönbohm* erkennbar seine Meinung ändern müssen, lässt sich dieser Dissens nicht durch Verfahrenswinkelzüge in das Gegenteil uminterpretieren. Trägt die Rechtsanwendung nicht dem für alle Beteiligten erkennbaren Geschehen Rechnung, nimmt die Überzeugungskraft des Rechts Schaden.

Rechtsprechung: BVerfGE 106, 310 – Zuwanderungsgesetz.

Fallbearbeitungen: *Ch. Palme*, Theater im Bundesrat (Examensklausur/Übungshausarbeit Zuwanderungsgesetzabstimmung), Jura 2003, 272.

2.4 „Mitwirkung": Die Aufgaben im Einzelnen (Art. 50 GG)

256 Die zahlreichen Aufgaben des Bundesrates werden in Art. 50 GG zusammenfassend als „Mitwirkung" charakterisiert. Im Dienste dieser Mitwirkungsrechte steht die Pflicht der Bundesregierung, den Bundesrat über die Führung der Geschäfte auf dem Laufenden zu halten (Art. 53 Satz 3 GG).

29 BVerfGE 106, 310 ff. (Ls. 4).
30 BVerfGE 106, 310 ff. (Ls. 5).
31 Abw. Meinung der Richterinnen *Osterloh* und *Lübbe-Wolff*, BVerfGE 106, 337 ff.

2.4.1 Mitwirkung bei der Gesetzgebung (Art. 76 ff. GG)

Von großer Wichtigkeit ist die Mitwirkung des Bundesrates an der Gesetzgebung des Bundes.[32] Sie findet Ausdruck in dem Recht, Gesetzesinitiativen einzubringen (Art. 76 Abs. 1 GG), zu den Gesetzesinitiativen der Bundesregierung Stellung zu nehmen (Art. 76 Abs. 2 GG) sowie in der weiteren Beteiligung im Gesetzgebungsverfahren im Anschluss an die Beschlussfassung im Bundestag (Art. 77 GG). 257

2.4.1.1 Unterscheidung von Einspruchsgesetzen und Zustimmungsgesetzen. Insoweit ist zu unterscheiden zwischen Einspruchsgesetzen und Zustimmungsgesetzen. Der normative **Regelfall** ist das **Einspruchsgesetz**. In diesem Fall kann ein Einspruch des Bundesrates, dh. eine Ablehnung des vom Bundestag gefassten Gesetzesbeschlusses durch den Bundesrat, durch eine weitere Abstimmung im Bundestag überstimmt werden. Handelt es sich dagegen um Zustimmungsgesetze, so ist für das Zustandekommen des Gesetzes ein zustimmender Beschluss des Bundesrates zwingend erforderlich. In diesem Fall hat der Bundesrat also eine Vetoposition. 258

2.4.1.2 Liste der Verfassungsnormen, die Zustimmungsbedürftigkeit von Gesetzen anordnen. Unter welchen Voraussetzungen ein **Gesetz** als Zustimmungsgesetz einzuordnen ist, wird im Grundgesetz ausdrücklich angeordnet und abschließend geregelt. Es handelt sich um: 259

- Art. 16 Abs. 2 Satz 2, Abs. 3 Satz 1 GG – Bestimmung sicherer Dritt- und Herkunftsstaaten
- Art. 23 Abs. 1 Satz 2, Abs. 1a Satz 3, Abs. 7 GG – Zustimmung zur Übertragung von Hoheitsrechten an die EU, zu Mehrheitserfordernissen und zum Gesetz über die Zusammenarbeit zwischen Bund und Ländern in Angelegenheiten der EU
- Art. 29 Abs. 7 GG – Zustimmung zu einem Gesetz über Gebietsänderungen der Länder
- Art. 73 Abs. 1 Nr. 9a, Abs. 2 GG – Zustimmung zu einem Gesetz über die Abwehr des internationalen Terrorismus
- Art. 74 Abs. 2 GG – Zustimmung zu einem Staatshaftungsgesetz und einem Beamtenstatusgesetz
- Art. 79 Abs. 2 GG – Zustimmung zu verfassungsändernden Gesetzen
- Art. 81 Abs. 2 Satz 1, Abs. 3 GG – Zustimmung zu einem im Verfahren des Gesetzgebungsnotstands erlassenen Gesetz
- Art. 84 Abs. 1 Satz 3 u. Satz 6, Abs. 5 Satz 1 GG – Zustimmung zu Bundesgesetzen, die in dem verfassungsrechtlich vorgesehen Normalfall, dass Bundesgesetze durch Landesbehörden vollzogen werden, bundesgesetzliche Regelungen zur Einrichtung von Behörden und zum Verwaltungsverfahren enthalten, ohne den Ländern Abweichungsmöglichkeiten einzuräumen (Abs. 1 Satz 6) oder ohne bei bundesgesetzlichen Regelungen dieser Art, die bestehendes Landesrecht überlagern, eine Sechsmonatsfrist zu wahren (Abs. 1 Satz 3), Zustimmung zu Bundesgesetzen, die in dem Normalfall des Vollzugs von Bundesgesetzen durch Landesbehörden Regelungen enthalten, die der Bundesregierung die Befugnis einräumen, Einzelweisungen zu erteilen
- Art. 85 Abs. 1 GG – Zustimmung zu Bundesgesetzen, die in den verfassungsrechtlich angeordneten Fällen, in denen ein Bundesgesetz von den Ländern im Auftrag des Bundes ausgeführt wird, dh. mit erhöhten Einwirkungsbefugnissen des Bundes in den Vollzug, Regelungen über die Einrichtung von Behörden enthält
- Art. 87 Abs. 3 Satz 2 GG – Zustimmung zu Bundesgesetzen, durch die der Bund für neue Aufgaben (nicht nur Bundesoberbehörden, sondern auch) Mittel- und Unterbehörden errichtet

---

32 S. dazu die Auflistung bei *A. Schwerdtfeger*, in: *von Münch/Kunig*, GGK I, Art. 50 Rn. 29.

- Art. 87b Abs. 1 Satz 3 u. 4; Abs. 2 Satz 1 u. 2 GG – Zustimmung zu spezifischen Gesetzen in Zusammenhang mit der Bundeswehrverwaltung
- Art. 87c GG – Zustimmung zu einem die friedliche Nutzung der Kernenergie betreffenden Bundesgesetz, das den Vollzug (nicht im Normalfall des Landesvollzugs, sondern als) Bundesauftragsverwaltung (mit erhöhten Eingriffsbefugnissen des Bundes, s. Art. 85 GG) ausgestaltet
- Art. 87d Abs. 2 GG – Zustimmung zu Bundesgesetzen, die Aufgaben der Luftverkehrsverwaltung aus dem verfassungsrechtlich angeordneten Fall der bundeseigenen Verwaltung in die Bundesauftragsverwaltung (s. Art. 85 GG) überführen
- Art. 87e Abs. 5 GG – Zustimmung zu Bundesgesetzen, welche die Wahrnehmung bestimmter Aufgaben der Eisenbahn- und Eisenbahnverkehrsverwaltung sowie die Umstrukturierung von Eisenbahnunternehmen betreffen
- Art. 87f Abs. 1 GG – Zustimmung zu Bundesgesetzen im Bereich von Post und Telekommunikation
- Art. 91a Abs. 2 GG – Zustimmung zu einem Bundesgesetz über die Koordinierung der Gemeinschaftsaufgaben
- Art. 91c Abs. 4 u. 5 GG – Zustimmung zu einem Bundesgesetz über die Errichtung und den Betrieb eines informationstechnischen Verbindungsnetzes
- Art. 91e Abs. 3 GG – Zustimmung zu einem Bundesgesetz über die Koordinierung auf dem Gebiet der Grundsicherung für Arbeitssuchende
- Art. 96 Abs. 5 GG – Zustimmung zu Bundesgesetzen, welche die Ausübung von Bundesstrafgerichtsbarkeit für bestimmte Delikte auf Landesgerichte übertragen
- Art. 104a Abs. 4 u. 5 u. 6 GG – Zustimmung zu Bundesleistungsgesetzen, die die Länder mit Ausgaben belasten, zu einem Bundesgesetz über die Verwaltungsausgabenverteilung und Haftung untereinander sowie zu einem Bundesgesetz über Haftung bei Verstößen gegen internationales oder supranationales Recht
- Art. 104b Abs. 2 GG – Zustimmung zu Bundesgesetzen über Finanzhilfen an die Länder
- Art. 104c Satz 2 GG – Zustimmung zu Bundesgesetzen über Finanzhilfen des Bundes für die kommunale Bildungsinfrastruktur
- Art. 105 Abs. 3 GG – Zustimmung zu Bundesgesetzen über Steuern, deren Aufkommen ganz oder zum Teil Ländern oder Gemeinden zufließt
- Art. 106 Abs. 3–6 GG – Zustimmung zu Bundesgesetzen über die Umsatzsteueranteile, über die Beteiligung der Gemeinden an der Einkommensteuer, an der Umsatzsteuer und über die Gewerbesteuerumlage
- Art. 106a GG – Zustimmung zu einem Bundesgesetz über die Ausgleichsansprüche der Länder für den Personennahverkehr aus dem Steueraufkommen
- Art. 106b GG – Zustimmung zu einem Bundesgesetz über die Ausgleichsansprüche der Länder für die Übertragung der Kraftfahrzeugsteuer auf den Bund
- Art. 107 Abs. 1 u. 2 GG – Zustimmung zu Bundesgesetzen über die Zerlegung des örtlichen Aufkommens der Einkommen-, Körperschaft- und Lohnsteuer und über den Finanzkraftausgleich
- Art. 108 Abs. 2, 4, 4a, 5 GG – Zustimmung zu Bundesgesetzen, welche die Finanzverwaltung betreffen
- Art. 109 Abs. 4, 5 GG – Zustimmung zu einem Gesetz über Haushaltsgrundsätze (Haushaltsgrundsätzegesetz) sowie zu einem Gesetz über die Stabilisierung der Konjunktur (Stabilitäts- und Wachstumsgesetz)
- Art. 109a Abs. 1 GG – Vermeidung von Haushaltsnotlagen
- Art. 115c Abs. 1 u. 3 GG – Zustimmung zu Bundesgesetzen im Bereich der Gesetzgebungszuständigkeit der Länder im Verteidigungsfall
- Art. 115k Abs. 3 GG – Zustimmung zu Bundesgesetzen im Anwendungsbereich der Art. 91a und 91b sowie 104a, 106 und 107 GG nach Ende des Verteidigungsfalls

- Art. 115l Abs. 1 – Zustimmung zur Aufhebung von Gesetzen des Gemeinsamen Ausschusses
- Art. 119 GG – Verordnungen mit Gesetzeskraft in Angelegenheiten der Flüchtlinge und Vertriebenen
- Art. 120a Abs. 1 GG – Zustimmung zu Bundesgesetzen über die Durchführung des Lastenausgleichs
- Art. 134 Abs. 4 GG – Zustimmung zu Bundesgesetzen über den Übergang von Reichsvermögen auf Bund und Länder
- Art. 135 Abs. 5 GG – Zustimmung zu ergänzendem Bundesgesetz über den Vermögensübergang bei Änderung des Gebietsstands
- Art. 143a Abs. 3 GG – Zustimmung zu einem Gesetz zur Regelung der Erfüllung der Aufgaben des Schienen- bzw. Eisenbahnenpersonennahverkehrs
- Art. 143b Abs. 2 GG – Zustimmung zu einem Gesetz über die Aufgabe der Kapitalmehrheit am Nachfolgeunternehmen der deutschen Bundespost
- Art. 143c Abs. 4 GG – Zustimmung zu einem Gesetz über Ausgleichszahlungen durch den Bund an die Länder für den Wegfall von Finanzierungsanteilen des Bundes an bestimmten Aufgaben
- Art. 143d Abs. 2 Satz 3 u. 5, Abs. 3 Satz 2 u. Abs. 4 Satz 3 GG – Zustimmung zu einem Gesetz über eine Verwaltungsvereinbarung betreffend die einzelnen Bundesländer zum Zwecke der Einhaltung der nach den Vorgaben in Art. 109 Abs. 3 GG zu gewährenden Hilfen. Zustimmung zu einem Gesetz über die Ausgestaltung der Konsolidierungshilfen, Zustimmung zu einem Gesetz über Sanierungshilfen für Bremen und das Saarland
- Art. 143e Abs. 1 Satz 2 und Abs. 3 Satz 3 GG – Zustimmung zur Umwandlung der Auftragsverwaltung bei Bundesautobahnen
- Art. 143h GG – Ausgleich für Mindereinnahmen aus der Gewerbesteuer wegen der Covid-19-Pandemie.

Diese Auflistung zeigt, dass in der Verfassung die Zustimmung des Bundesrates zu Bundesgesetzen angeordnet wird, wenn die Länder in besonderer Weise in ihren Kompetenzen, insbesondere ihren Verwaltungskompetenzen oder ihren Finanzen, betroffen sind. Diese Verallgemeinerung des Zustimmungszwecks darf allerdings nicht dazu verleiten, einen solchen Zweck losgelöst von der ausdrücklichen verfassungsrechtlichen Anordnung zur Begründung für die Zustimmungsbedürftigkeit eines Bundesgesetzes anzuführen. Dieser aus den einzelnen Normen abzuleitende Rechtsgedanke dient der Systematisierung und ist als Kriterium für die Suche nach einer einschlägigen Norm geeignet, kann sie jedoch nicht ersetzen.

2.4.1.3 Feststellung der Zustimmungsbedürftigkeit im Einzelfall. Im Einzelfall ist es nicht immer leicht festzustellen, ob ein Gesetz zustimmungsbedürftig ist. Erforderlich ist die Subsumtion unter eine oder mehrere der oben aufgelisteten Vorschriften, etwa die Frage der Einrichtung von Behörden iSd. Art. 85 Abs. 1 Satz 1 GG oder der Übertragung von Aufgaben der Luftverkehrsverwaltung iSd. Art. 87d Abs. 2 GG.[33] Bezugsgegenstand der Subsumtion ist stets das **Gesetzesvorhaben als Ganzes** im Sinne der in das Verfahren eingebrachten **gesetzestechnischen Einheit**. Dies bedeutet, dass bereits eine Vorschrift unter einer Vielzahl von Normen die Zustimmungsbedürftigkeit für das gesamte Gesetzesvorhaben auslöst. Auf der anderen Seite steht es dem Initiator des Vorhabens, in jedem Fall dem Bundestag frei, ein sachlich zusammengehörendes Gesetzesvorhaben in einen zustimmungsbedürftigen und einen nicht zustimmungsbedürftigen Teil **aufzuspalten**. 260

33 S. dazu BVerfGE 126, 77 (98 ff.) – *Zustimmungsgesetze*.

261 Die Bezugnahme auf die jeweilige gesetzestechnische Einheit löst auch die Frage, ob und inwieweit die Änderung eines zustimmungsbedürftigen Gesetzes ihrerseits zustimmungsbedürftig ist. Es kommt allein darauf an, ob das **Änderungsgesetz** Vorschriften enthält, die **für sich genommen zustimmungsbedürftig** sind. Gegen das Argument, der Bundesrat habe mit seiner ursprünglichen Zustimmung die Mitverantwortung für das Gesetz als Ganzes übernommen, lässt sich anführen, dass der Bundesrat gerade keine zweite Kammer, sondern nur zur Mitwirkung berufen ist und dass die Zustimmungsbedürftigkeit die explizit angeordnete Ausnahme zum Regelfall des Einspruchsgesetzes ist.

262 Es war das hervorragende Anliegen der **Föderalismusreform**, die Zahl der zustimmungsbedürftigen Gesetze, die bei über 50 % aller Bundesgesetze lag, deutlich zu reduzieren, um die Grundlage für eine blockierende bundespolitische Instrumentalisierung des Bundesrates zu schmälern. Die Vorschriften, die am häufigsten die Zustimmungsbedürftigkeit ausgelöst haben, waren Art. 84 und Art. 104a GG aF. Insbesondere die Änderung des Art. 84 Abs. 1 GG, durch welche die zuvor bestehende Zustimmungsbedürftigkeit für bundesgesetzliche Regelungen über die Einrichtung von Behörden und das Verwaltungsverfahren im Normalfall des Gesetzesvollzugs durch die Länder grundsätzlich abgeschafft und durch eine Abweichungsmöglichkeit zugunsten der Länder ersetzt worden ist, hat zu einer spürbaren Reduzierung der zustimmungsbedürftigen Gesetze geführt.[34]

Rechtsprechung: BVerfGE 37, 363 (379 ff.); 55, 274 (318 ff.); 126, 77 (98 ff.) – Zustimmungsgesetze.

Literatur: *M. Burgi*, Das Atomrecht, der Bundesrat und die Verwaltungsorganisation, NJW 2011, 561; *A. Funke*, Die Zustimmungsbedürftigkeit von Bundesgesetzen bei der Bundesauftragsverwaltung, Jura 2012, 127.

Fallbearbeitungen: *M. J. Huber*, Anfängerklausur – Öffentliches Recht: Staatsorganisationsrecht – Laufzeiten ohne Ende, JuS 2012, 140; *C. Krönke*, Übungshausarbeit für Anfänger: Der Atomdeal, ZJS 2011, 250.

2.4.2 Mitwirkung bei der Verwaltung des Bundes

263 Der Bundesrat wirkt bei der Verwaltung des Bundes mit.[35] Dies betrifft insbesondere seine Beteiligung bei der exekutiven Normsetzung[36], konkret bei dem Erlass von Bundesrechtsverordnungen und Verwaltungsvorschriften.

264 In der Praxis ist die **Zustimmung** des Bundesrates **zu Rechtsverordnungen** besonders wichtig. Bei Rechtsverordnungen handelt es sich materiell um Gesetze, die aber nicht im Verfahren der Gesetzgebung erlassen werden, sondern von der Verwaltung auf der Grundlage einer inhaltlich begrenzten Ermächtigung des Gesetzgebers. Art. 80 Abs. 2 GG ordnet die Zustimmung nicht nur für Rechtsverordnungen im Bereich Post, Telekommunikation und Schienenverkehr an, sondern auch für alle Rechtsverordnungen, die auf der Grundlage von Gesetzen ergehen, die ihrerseits zustimmungsbedürftig sind oder aber durch die Länder vollzogen werden. Da der Vollzug der Bundesgesetze durch die Länder der Regelfall ist, sind die allermeisten Bundesrechtsverordnungen zustimmungsbedürftig. Hieran hat auch die Föderalismusreform nichts geändert. Bereits im Zuge der Verfassungsreform von 1994 ist Art. 80 Abs. 3 GG in das Grundgesetz eingefügt worden, wonach der Bundesrat in Bezug auf zustimmungsbedürftige Bundesrechtsverordnungen das Initiativrecht hat. Weitere Rechtsgrundlagen für die Zustimmungsbedürftigkeit von Bundesrechtsverordnungen

---

34 S. https://www.bundesrat.de/DE/dokumente/statistik/statistik-node.html, S. 5 mit einer Übersicht zum Anteil der zustimmungsbedürftigen Gesetze an der Gesetzgebung insgesamt von der 13. bis zur 18. Wahlperiode. In der 18. Wahlperiode lag der Anteil an Zustimmungsgesetzen bei 35,8 %.

35 S. dazu die Auflistung bei *A. Schwerdtfeger*, in: von *Münch/Kunig*, GGK I, Art. 50 Rn. 37.

36 Dazu unten Rn. 422 ff.

finden sich in den praktisch weithin bedeutungslos gewordenen Übergangsvorschriften der Art. 119 Satz 1, 129 Abs. 1 Satz 2, 130 Abs. 1 Satz 2 sowie Art. 132 Abs. 4 GG.

Verwaltungsvorschriften sind abstrakt generelle Regelungen, welche die Anwendung der Gesetze durch die Verwaltung anleiten, lenken und so die Einheitlichkeit der Rechtsanwendung sichern sollen, etwa hinsichtlich der Ausübung von Ermessensspielräumen. Sie binden nur die Verwaltung und haben grundsätzlich keine Wirkung außerhalb der Verwaltung. Sie können allerdings Außenwirkung über den Gleichbehandlungsgrundsatz (Art. 3 Abs. 1 GG) erlangen. In beiden Varianten des Landesvollzugs von Bundesgesetzen (Art. 84 GG – Normalfall des Landesvollzugs unter der Rechtsaufsicht des Bundes[37], Art. 85 GG – Landesvollzug im Auftrag des Bundes, dh. unter dessen Fachaufsicht[38]) kann der Bund mit der Zustimmung des Bundesrates derartige **Verwaltungsvorschriften** erlassen. Eine entsprechende Regelung enthält Art. 108 Abs. 7 GG für die Steuerverwaltung. 265

Neben der Beteiligung an der exekutiven Normsetzung finden sich weitere Mitwirkungsrechte, die Einzelfälle betreffen. So ist für einzelne **Maßnahmen der Rechtsaufsicht** beim Ländervollzug von Bundesgesetzen die Zustimmung des Bundesrates vonnöten (Art. 84 Abs. 3 Satz 2 GG). Rügt der Bund Mängel im Vollzug seiner Gesetze durch die Länder, entscheidet hierüber zunächst der Bundesrat (Art. 84 Abs. 4 GG). Gegen diesen Beschluss des Bundesrates kann das Bundesverfassungsgericht angerufen werden, wobei es sich um ein Bund-Länder-Streitverfahren gemäß Art. 93 Abs. 1 Nr. 3 GG handelt. Solche Verfahren sind allerdings extrem selten, weil Streitigkeiten um den Vollzug von Bundesgesetzen aufgrund der Rechtsschutzgarantie des Art. 19 Abs. 4 GG in der Regel schon durch betroffene Privatpersonen vor die Verwaltungsgerichte gebracht und dort gegebenenfalls im Instanzenzug bis zum Bundesverwaltungsgericht entschieden werden. Auf diese Weise sichert die Rechtsschutzgarantie nicht nur die individuellen Rechte, sondern auch den einheitlichen Verwaltungsvollzug. 266

Als rechtliche und tatsächliche Ausnahmefälle bleiben noch zu erwähnen das Recht des Bundesrates, die Aufhebung von Maßnahmen der Bundesregierung im Rahmen der **Katastrophenhilfe** (Art. 35 Abs. 3 GG) und des **inneren Notstands** (Art. 91 Abs. 2 GG) zu verlangen. Schließlich bedarf die Bundesregierung gemäß Art. 37 Abs. 1 GG der Zustimmung des Bundesrates, wenn sie gegen ein Land im Wege des Bundeszwangs vorgehen will, wozu es bisher noch nie gekommen ist. 267

2.4.3 Mitwirkung in Angelegenheiten der EU (Art. 23 Abs. 1, 2, 4–6 GG; EUZBLG)

Die Übertragung von Hoheitsrechten auf die EU entzieht nicht nur dem Bundestag Kompetenzen, sondern auch den Bundesländern. Im Zuge der Verfassungsänderungen zur Schaffung der Voraussetzungen für den Vertrag von Maastricht[39] wurde die Aufgabenbeschreibung in Art. 50 GG daher um die Mitwirkung des Bundesrates in Angelegenheiten der EU ergänzt. In Bezug genommen sind damit neben den der Zustimmung des Bundesrates bedürftigen Gesetzgebungsverfahren nach Art. 23 Abs. 1 GG die Art. 23 Abs. 2 und 4 bis 6 GG.[40] Im Zuge der verfassungsmäßigen Umsetzung des Vertrages von Lissabon fällt unter den Begriff der Mitwirkung nunmehr auch das Recht zur Erhebung der Subsidiaritätsklage gemäß Art. 23 Abs. 1a Satz 1 GG. 268
Die Mitwirkung des Bundesrates ist zum einen im Integrationsverantwortungsgesetz, zum anderen im Gesetz über die Zusammenarbeit von Bund und Ländern in Angelegenheiten der EU konkretisiert.

---

37 Deshalb (verkürzend und irreführend) Bundesaufsichtsverwaltung genannt. Dazu unten Rn. 448 ff.
38 Deshalb Bundesauftragsverwaltung genannt. Dazu unten Rn. 452 ff.
39 S. oben Rn. 56 f. und 75 ff.
40 Zum Thema s. *Ch. Baier*, Bundesstaat und europäische Integration, 2006.

269 Nicht nur der Bundestag, auch der Bundesrat trägt **Integrationsverantwortung** (§ 1 Abs. 1 Satz 1 IntVG). Stets wenn im Integrationsverantwortungsgesetz in Bezug auf die unionsrechtlichen Regelungen der Vertragsänderung, der Inanspruchnahme von Brücken-, Kompetenz- oder Flexibilitätsklauseln etc. auf die Notwendigkeit eines Gesetzes im Sinne des Art. 23 Abs. 1 GG verwiesen wird, handelt es sich um ein Gesetz mit Zustimmung des Bundesrates. Sofern nach dem Gesetz nur ein Parlamentsbeschluss erforderlich ist (vgl. §§ 5, 6, 9, 10 IntVG), ist für die Fälle der Betroffenheit von Gesetzgebungskompetenzen der Länder oder im Falle von Zustimmungsgesetzen zudem oder alternativ ein Beschluss des Bundesrates erforderlich.
Hinsichtlich der **Subsidiaritätsrüge**, wie sie Art. 6 des Protkolls über die Anwendung der Grundsätze der Subsidiarität und der Verhältnismäßigkeit vorsieht, wie auch in Bezug auf die **Subsidiaritätsklage** verweisen die §§ 11 und 12 IntVG auf die GOBR. Der Bundesrat hat bisher keine speziellen Regelungen getroffen. Damit gelten die allgemeinen Verfahrensgrundsätze.

270 Art. 23 Abs. 2 Satz 1 GG bestimmt, dass die Länder in den Angelegenheiten der EU „durch den Bundesrat" mitwirken. Art. 23 Abs. 2 Satz 2 GG enthält als wesentliche Voraussetzung für diese Mitwirkung das Recht des Bundesrates auf umfassende und frühzeitige **Unterrichtung**. Die entsprechende Pflicht der Bundesregierung ist sowohl im Anwendungsbereich des Integrationsverantwortungsgesetz wie auch darüber hinaus in Bezug auf Gesetzgebungsakte der EU allgemein in § 13 IntVG näher geregelt. § 2 EUZBLG enthält zudem eine allgemeine Unterrichtungspflicht, die sich auf „alle Vorhaben im Rahmen der Europäischen Union, die für die Länder von Interesse sein können", beziehen.
In Art. 23 Abs. 4 bis 6 GG ist die Art und Weise der **Mitwirkung** des Bundesrates **in Relation zu der innerstaatlichen Kompetenzverteilung** zwischen Bund und Ländern näher ausgestaltet.[41] Die föderale Kompetenzverteilung als Anknüpfungspunkt konkretisiert Art. 23 Abs. 4 GG dahin, dass das Beteiligungsrecht des Bundesrates sowohl durch die Betroffenheit eigener Mitwirkungsrechte als auch durch die Betroffenheit von genuinen Länderkompetenzen ausgelöst wird. Liegt ein solcher Fall vor, so bestimmt das auf der Grundlage von Art. 23 Abs. 7 GG erlassene Ausführungsgesetz (Gesetz über die Zusammenarbeit von Bund und Ländern in Angelegenheiten der Europäischen Union – EUZBLG[42]), dass vom Bundesrat benannte Ländervertreter an den Beratungen über die Festlegung der Verhandlungsposition der Bundesrepublik Deutschland zu beteiligen sind (§ 4 EUZBLG). Art. 23 Abs. 5 GG iVm. § 5 EUZBLG normiert, mit welchem Gewicht die Stellungnahmen des Bundesrates in den Willensbildungsprozess über die Verhandlungsposition der Bundesrepublik Deutschland eingehen: Bei ausschließlicher Zuständigkeit des Bundes und Berührung von Länderinteressen ist die Stellungnahme des Bundesrates (nur) zu **berücksichtigen**, dh. die Überlegungen sind in den Willensbildungsprozess einzubeziehen. Sind dagegen im Schwerpunkt Gesetzgebungsbefugnisse der Länder oder deren Verwaltungsorganisation und -verfahren betroffen, ist die Stellungnahme des Bundesrates **maßgeblich** zu **berücksichtigen**. Die damit ausgelösten Verfahren der Abstimmung enthält § 5 Abs. 2 EUZBLG.

---

41 Noch vor dem Vertrag von Maastricht äußerte sich das BVerfG in seiner Entscheidung zur Fernsehrichtlinie aus dem Jahr 1995 grundlegend zur gebotenen Mitwirkung der Länder, s. BVerfGE 92, 203 (Ls. 1 und 2): „Beansprucht die Europäische Gemeinschaft eine Rechtsetzungskompetenz, so ist es Sache des Bundes, die Rechte der Bundesrepublik Deutschland gegenüber der Gemeinschaft und ihren Organen zu vertreten. Behält das Grundgesetz die Regelung des von der Gemeinschaft beanspruchten Gegenstandes innerstaatlich dem Landesgesetzgeber vor, so vertritt der Bund gegenüber der Gemeinschaft als Sachwalter der Länder auch deren verfassungsmäßige Rechte. Der Bundesregierung erwachsen aus dieser Verantwortlichkeit als Sachwalter der Länderrechte prozedurale Pflichten zu bundesstaatlicher Zusammenarbeit und Rücksichtnahme."

42 Vom 12. März 1993, BGBl. I, S. 313 idF. vom 22. September 2009, BGBl. I, S. 3031.

Art. 23 Abs. 6 GG schafft die Grundlage dafür, dass die Beteiligung der Länder durch den Bundesrat auch im Außenverhältnis zur EU sichtbar wird, indem in Gebieten, die den Kern der Länderkompetenzen ausmachen – schulische Bildung, Kultur, Rundfunk –, ein vom Bundesrat benannter Vertreter für die Bundesrepublik Deutschland die Verhandlungen führt. Nähere Regelungen finden sich in § 6 Abs. 2 EUZBLG. § 6 Abs. 1 EUZBLG ermöglicht darüber hinaus eine **Beteiligung von Ländervertretern in EU-Gremien** auch in anderen Fällen der Länderbetroffenheit, die sich dann allerdings der Führung der Bundesvertreter unterordnen müssen.

Gemäß Art. 52 Abs. 3a GG kann der Bundesrat für die Angelegenheiten der Europäischen Union eine **Europakammer** bilden, ihn trifft also insoweit – anders als den Bundestag nach Art. 45 GG – keine Pflicht. Nähere Regelungen enthalten die §§ 45b bis 45k GOBR. Gemäß § 45d GOBR ist die Europakammer in Eilfällen oder bei zu wahrender Vertraulichkeit nach Zuweisung eines Beratungsgegenstandes durch den BR-Präsidenten zur Entscheidung anstelle des Bundesrates zuständig. 271

Rechtsprechung: BVerfGE 92, 203 (232 ff.) – EWG-Fernseh-RL.

Literatur: *T. D. Württemberger/E. Kunz*, Die Mitwirkung der Bundesländer in Angelegenheiten der europäischen Union, JA 2010, 406. S. auch die Nachweise oben Rn. 233 aE.

2.4.4 Sonstige Befugnisse

Abschließend soll nicht unerwähnt bleiben, dass die **Rechnungslegung** durch den Bundesfinanzminister gemäß Art. 114 Abs. 1 GG nicht nur gegenüber dem Bundestag, sondern auch gegenüber dem Bundesrat stattzufinden hat. Nach Art. 114 Abs. 2 GG berichtet des Weiteren auch der Bundesrechnungshof neben Bundesregierung und Bundestag jährlich dem Bundesrat. 272
Zudem ist der Bundesrat neben dem Bundestag auf der Grundlage von Art. 94 Abs. 1 GG zur Hälfte an der **Besetzung des Bundesverfassungsgerichts** beteiligt.

3. Kapitel: Gemeinsamer Ausschuss

3.1 Stellung und Funktion

Der Gemeinsame Ausschuss ist ein selbständiges oberstes Bundesorgan, das als Bestandteil der **Notstandsverfassung** durch die Grundgesetzänderung von 1968[1] geschaffen wurde. Seine Funktion ist die eines **Notparlaments im Verteidigungsfall**. Die Bezeichnung „Ausschuss" ist irreführend, denn Bundestag und Bundesrat bestimmen zwar die Mitglieder dieses Organs, nehmen aber nicht die Stellung von Hauptorganen gegenüber einem Unterorgan ein. Vielmehr ersetzt der Gemeinsame Ausschuss Bundestag und Bundesrat im Verteidigungsfall. Seine Stellung als **oberstes Bundesorgan** wird durch die systematische Stellung des Art. 53a GG in einem selbständigen Abschnitt (IVa) bestätigt. 273

3.2 Zusammensetzung

Der Gemeinsame Ausschuss besteht zu zwei Dritteln aus Abgeordneten des Bundestages und zu einem Drittel aus Mitgliedern des Bundesrates.[2] Gemäß Art. 53a Abs. 1 Satz 3 274

1 17. ÄndG vom 24. Juni 1968, BGBl. I. 1, S. 709. Dazu allg. *N. Achterberg*, Parlamentsrecht, 1984, S. 545 ff.; *H. Amann*, Verfassungsrechtliche Probleme des Gemeinsamen Ausschusses nach Art. 53a Abs. 1 Grundgesetz, 1971; *K. Stern*, Staatsrecht II, 1980, § 28; *W. Zeh*, Gliederung und Organe des Bundestages, HStR III, 3. Aufl. 2005, § 52 und *F. Kirchhof*, Verteidigung und Bundeswehr, HStR IV, 3. Aufl. 2006, § 84; *E. Benda*, Die Notstandsverfassung, 1966. S. oben Rn. 40 f.

2 Einzelheiten bei *K. Stern*, Staatsrecht II, 1980, § 28 II.

GG wird jedes Land durch ein von ihm bestelltes Mitglied des Bundesrates vertreten. Zusammen mit der Regelung der Mitgliederanteile ist daraus zu folgern, dass der Gemeinsame Ausschuss dreimal so viele Mitglieder haben muss, wie es Bundesländer gibt, derzeit also 48 Mitglieder (16 Mitglieder des Bundesrates und 32 Mitglieder des Bundestages).[3]

275 Die vom Bundestag zu entsendenden Mitglieder werden „entsprechend dem Stärkeverhältnis der Fraktionen" bestimmt (Art. 53a Abs. 1 Satz 2 Halbsatz 1 GG). Mit dieser Formulierung fand der bis dahin an keiner Stelle im Grundgesetz erwähnte Begriff „Fraktion" Eingang in das Grundgesetz. Mit der Bildung von Gruppen im Parlament ist es zum Streit darüber gekommen, ob der Fraktionsbegriff des Art. 53a Abs. 1 Satz 2 GG dem Fraktionsbegriff des § 10 GOBT entspricht oder ob dem Terminus **„Stärkeverhältnis der Fraktionen"** in Art. 53a Abs. 1 Satz 2 GG eine eigenständige, auf proportionale Spiegelbildlichkeit zielende Bedeutung zukommt.[4]
Das Bundesverfassungsgericht hat entschieden, dass der Begriff der Fraktion in Art. 53a Abs. 1 Satz 2 GG dem „im Parlamentsrecht geläufigen Tatbestand in seiner hergebrachten Bedeutung" entspricht.[5] Eine Gruppe von Abgeordneten, die nicht die in § 10 Abs. 1 Satz 1 GOBT geregelte Fraktionsmindeststärke von 5 % der Mitglieder des Bundestages erreicht, hat demgemäß nach dem insoweit eindeutigen Wortlaut des Art. 53a Abs. 1 Satz 1 GG keinen verfassungsrechtlichen Anspruch auf Zuteilung von Sitzen im Gemeinsamen Ausschuss. Eine andere Frage ist, ob diese Regelung verfassungsrechtlich sinnvoll ist oder ob es nicht besser wäre, bei der Zusammensetzung der „Bundestagsbank" im Gemeinsamen Ausschuss ein möglichst genaues Spiegelbild der politischen Zusammensetzung des Bundestages zu erreichen.[6]

3.3 Aufgaben und Befugnisse

276 Der Gemeinsame Ausschuss hat in normalen Zeiten kaum Aufgaben. Gemäß Art. 53a Abs. 2 GG muss die Bundesregierung ihn lediglich über ihre Planungen für den Verteidigungsfall unterrichten, um ihn in den Stand zu setzen, im Verteidigungsfall sogleich seine Aufgaben zu erfüllen. Das **Recht auf Information** durch die Bundesregierung ist die einzige außerhalb des Verteidigungsfalles bestehende Kompetenz des Gemeinsamen Ausschusses.[7] Gemäß § 11 Abs. 2 GOGemA[8] haben die Mitglieder der Bundesregierung das Recht und auf Beschluss des Ausschusses die Pflicht, an den Sitzungen des Gemeinsamen Ausschusses teilzunehmen.

277 Die Stunde des Gemeinsamen Ausschusses schlägt im **Verteidigungsfall**. Wann der Verteidigungsfall vorliegt, regelt die Legaldefinition des Art. 115a Abs. 1 Satz 1 GG: Der Verteidigungsfall ist eingetreten, wenn „das Bundesgebiet mit Waffengewalt angegriffen wird oder ein solcher Angriff unmittelbar droht". Mit dem Verteidigungsfall nicht zu verwechseln ist der *Spannungsfall*, dh. die Zeit vor Eintritt des zu befürchtenden, bevorstehenden Verteidigungsfalles. Regelungen zum Spannungsfall enthalten die Art. 80a und 87a Abs. 3 GG.[9]

---

3 Vgl. § 1 Abs. 1 Geschäftsordnung für den Gemeinsamen Ausschuss (GOGemA) vom 23. Juli 1969, BGBl. I, S. 1102 (Sartorius I Nr. 39).

4 S. dazu schon oben Rn. 208 f.

5 BVerfGE 84, 304 (335) – *PDS/Gruppenstatus*; s. zum Streit und weiteren Argumenten oben Rn. 209.

6 Ablehnend insoweit BVerfGE 84, 304 (336) – *Fraktionsstatus*. Der diesbezügliche Antrag in dem Organstreit der PDS/Linke Liste gegen den Bundestag wurde bei Stimmengleichheit der Richter vom BVerfG zurückgewiesen. Zur aA. der vier anderen Richter vgl. BVerfGE 84, 304 (337 ff.); s. auch oben Rn. 209.

7 *Jarass/Pieroth*, Art. 53a Rn. 4; *K. Stern*, StaatsR II, 1980, § 28 14a, III 2.

8 Geschäftsordnung für den Gemeinsamen Ausschuss vom 23. Juli 1969, BGBl. I, S. 1102 idF. vom 20. Juli 1993, BGBl. I, S. 1500.

9 Vgl. dazu *W. Daleki*, Die Regelungen über den Spannungsfall und ihre gesetzestechnischen Mängel, DVBl. 1986, 1031.

278 Wegen der weit reichenden Folgen des Eintritts des Verteidigungsfalles ist die Frage wichtig, wer die **Feststellung** trifft, dass der Verteidigungsfall eingetreten ist. Gemäß Art. 115a Abs. 1 S. 1 u. 2 GG trifft der Bundestag diese Feststellung, und zwar auf Antrag der Bundesregierung. Die Feststellung bedarf einer 2/3-Mehrheit der abgegebenen Stimmen und mindestens der Mehrheit der Mitglieder des Bundestages.
Ist der Bundestag in dieser außergewöhnlichen Situation nicht in der Lage zusammenzutreten oder ist er in dieser Situation nicht beschlussfähig, liegt also eine Funktionsunfähigkeit des Bundestages vor, so trifft an seiner Stelle der Gemeinsame Ausschuss die Feststellung des Eintritts des Verteidigungsfalles gemäß Art. 115a Abs. 2 GG: „Erfordert die Lage unabweisbar ein sofortiges Handeln und stehen einem rechtzeitigen Zusammentritt des Bundestages unüberwindliche Hindernisse entgegen oder ist er nicht beschlussfähig (...)". Der Gemeinsame Ausschuss trifft die Feststellung mit einer Mehrheit von 2/3 der abgegebenen Stimmen, mindestens mit der Mehrheit seiner Mitglieder. Für den Sonderfall, dass das Bundesgebiet bereits mit Waffengewalt angegriffen wird und die zuständigen Bundesorgane – also auch der Gemeinsame Ausschuss – außer Stande sind, die Feststellung des Eintritts des Verteidigungsfalles zu treffen, gilt diese Feststellung als getroffen und als zu dem Zeitpunkt verkündet, in dem der Angriff begonnen hat (Art. 115a Abs. 4 Satz 1 GG).

279 Ist der Verteidigungsfall eingetreten und stellt der Gemeinsame Ausschuss mit einer Mehrheit von 2/3 der abgegebenen Stimmen, mindestens mit der Mehrheit seiner Mitglieder fest, dass dem rechtzeitigen Zusammentritt des Bundestages unüberwindliche Hindernisse entgegenstehen oder dass dieser nicht beschlussfähig ist, so hat der Gemeinsame Ausschuss „die Stellung von Bundestag und Bundesrat und nimmt deren Rechte einheitlich wahr" (Art. 115e Abs. 1 GG).[10] Der Gemeinsame Ausschuss ist also in diesem Fall das (einzige und einheitliche) **Notparlament**[11] der Bundesrepublik Deutschland.[12] Jedoch hat der Gemeinsame Ausschuss keine Befugnis zu Grundgesetzänderungen oder zum Erlass von Gesetzen nach Art. 23 Abs. 1 Satz 2, Art. 24 Abs. 1 oder Art. 29 GG (Art. 115e Abs. 2 Satz 2 GG).[13]

Rechtsprechung: BVerfGE 84, 304 (333) – PDS/Gruppenstatus.

4. Kapitel: Der Bundespräsident

Fall 6: Chancengleichheit

Der Bundespräsident G war im August 2013 zu einer Gesprächsrunde mit Berufsschülern in Berlin eingeladen. Die Veranstaltung trug wegen der anstehenden Bundestagswahl das Motto „22.9.2013 – Deine Stimme zählt!". G forderte die Schülerinnen und Schüler zu sozialem und politischem Engagement auf und bekräftigte die Bedeutung freier Wahlen für eine Demokratie. Auf Nachfrage einer Schülerin, ob G beim Abreißen von N-Partei-Plakaten mitgemacht hätte oder ob deren Meinungsfreiheit für ihn größeres Gewicht habe, äußerte er sich mit den folgenden Worten:

---

10 *R. Herzog/H.H. Klein*, in: *Maunz/Dürig*, Art. 53a Rn. 70 sprechen von einer „Selbstinvestitur". Gegen die Kritik von *R. Herzog*, a. a. O., Art. 115e Rn. 10, *K. Stern*, StaatsR II, 1980, § 28 1 4b.

11 Zu den Aufgaben und Befugnissen im Einzelnen vgl. *K. Stern*, Staatsrecht II, 1980, § 28 III und *G. Fritz*, Handlungsbereich und Tätigkeitsdauer des Gemeinsamen Ausschusses im Verteidigungsfall, BayVBl. 1983, 72.

12 Die Rechtsstellung der Volksvertretungen der Länder wird durch Art. 53a GG verfassungsrechtlich nicht beeinträchtigt.

13 Die Regelung in Bezug auf Art. 23 GG nF. erfolgte durch die Neufassung des Art. 115e Abs. 2 S. 2 GG durch das 38. ÄndG vom 21. Dezember 1992, BGBl. I, S. 2086.

„Nein, beim Plakate abreißen hätte ich nicht mitgemacht. (...) Und dass in der Mitte unseres Volkes ausgerechnet rechtsradikale Überzeugungen wieder Gehör finden, das finde ich so eklig, ich kann gar nicht sagen wie eklig. Wir brauchen da auch nicht unsere staatlichen Instanzen – die brauchen wir auch manchmal –, aber wir brauchen da Bürger, die auf die Straße gehen, die den Spinnern ihre Grenzen aufweisen und die sagen ‚bis hierher und nicht weiter'."
Auf eine weitere Nachfrage aus dem Publikum zu einem Parteiverbot der N-Partei antwortet G mit folgenden Worten: „(...) Wir brauchen keine übertriebene Angst zu haben, dass diese Menschen, die die Geschichte nicht verstanden haben, dass die in Deutschland noch irgendwann einmal an die Macht kommen würden. (...) Übrigens: Wir können die Partei verbieten, aber die Spinner und die Ideologen und die Fanatiker, die haben wir dann nicht aus der Welt geschafft. (...)."
Die Presse titelte am nächsten Tag, dass G die Proteste gegen die Spinner der N-Partei unterstütze.
Die N-Partei fühlt sich in ihren Rechten verletzt. Der G habe dem Ruf der N-Partei erheblich geschadet. Und das ausgerechnet bei einer Veranstaltung vor Erstwählern in der „heißen" Wahlkampfphase.
Aufgabe: Hat ein gerichtliches Vorgehen der N-Partei gegen den Bundespräsidenten G Aussicht auf Erfolg?

280 Folgt man der Gliederung des Grundgesetzes in der Behandlung der obersten Staatsorgane, so kommt nach dem Bundestag, dem Bundesrat und dem Gemeinsamen Ausschuss der Bundespräsident (Art. 54–61 GG), und die Bundesregierung findet sich an letzter Stelle. Dies erscheint, gemessen an der tatsächlichen Bedeutung der Bundesregierung und auch wegen ihres engen Zusammenwirkens mit dem Bundestag und mit dem Bundesrat auf den ersten Blick unverständlich. Die **Logik im Aufbau des Grundgesetzes** ist aber nicht die der Kompetenzfülle oder der Macht, sondern die der **Repräsentation**. Auf den Bundestag als Repräsentant des deutschen Volkes folgt der Bundesrat als Repräsentant der Bundesländer, woran sich der Bundespräsident als Repräsentant des Staates Bundesrepublik Deutschland zwanglos anschließt.[1]

4.1 Allgemeines zu Stellung und Funktion

281 Im Amt des Bundespräsidenten wird die **Einheit des Staates** personifiziert; er ist das **Staatsoberhaupt**.[2] Damit ist über die Kompetenz- und Machtfülle des Amtes jedoch noch wenig gesagt. Während in Präsidialdemokratien der Staatspräsident zugleich die Richtlinien der Politik vorgibt und die Regierungsgeschäfte leitet, hat der Präsident im System einer parlamentarischen Demokratie, die auf dem Zusammenwirken von parlamentarischer Mehrheit und Regierung basiert, vorrangig **repräsentative Funktionen**. Es war der Stabilität der von Nachkriegszeit, politischem Umbruch und Wirtschaftskrisen herausgeforderten Weimarer Republik abträglich, dass die Weimarer Reichsverfassung keine klare Entscheidung zwischen diesen beiden Varianten demokra-

1 In der Entscheidung vom 10.6.2014 zur Reichweite der Äußerungsbefugnis des Bundespräsidenten formuliert das BVerfG 136, 323 ff. in Rn. 22: „Der Bundespräsident repräsientiert Staat und Volk der Bundesrepublik Deutschland nach innen und außen und soll die Einheit des Staats verkörpern." Diese Formulierung ist mE. zu weit gefasst. Das Volk wird durch den Bundestag repräsentiert. S. auch die weitere Entscheidung des BVerfG 136, 277 ff. – *Bundesversammlung II* vom selben Tag Rn. 94: „Er verkörpert die Einheit des Staates. In diesem Sinne ist er Staatsoberhaupt" einerseits, Rn. 100: „Der Bundestag ist die Vertretung des Volkes" andererseits. Unklar allerdings wieder Rn. 91 und 93.

2 BVerfG 136, 277 (Rn. 94) – *Bundesversammlung II.*

tischer Staatsverfassungen enthielt.[3] Das Grundgesetz trifft, gerade angesichts dieser Erfahrungen, eine Entscheidung für einen Präsidenten, dessen Aufgabe es vor allem ist, unabhängig von tages- und parteipolitischen Querelen die Einheit des Staates zu repräsentieren und ihn damit zu stabilisieren.[4] In diesem Sinne ist die Kennzeichnung als „pouvoir neutre" nicht falsch, darf aber nicht als Bezugnahme auf die Vorstellungen des Staatsphilosophen *Benjamin Constant* (1767–1830)[5] missverstanden werden, dem Vater der Idee einer vierten Gewalt als pouvoir neutre, der für den Verfassungstyp der konstitutionellen Monarchie dem König diese Rolle im Konflikt zwischen den drei klassischen Staatsgewalten und zu diesem Zweck eine Fülle von Kompetenzen zusprach.
Die Bezeichnung als „Hüter der Verfassung", wie *Carl Schmitt* (1888–1985) die Funktion des Präsidenten der Weimarer Reichsverfassung qualifizierte[6], ist dagegen nicht einmal mehr in einem übertragenen und an die geltende Verfassung angepassten Sinne weiterführend. Es ist gerade nicht die Aufgabe des Bundespräsidenten im Falle des Versagens von Regierung und Parlament, „verfassungsrettend" an deren Stelle zu treten. Vielmehr enthält das Grundgesetz Regelungen, um die Regierung in der Verantwortung und handlungsfähig zu halten.[7] Schließlich ist der Bundespräsident auch nicht zur letztverbindlichen Entscheidung über die Einhaltung des Verfassungsrechts berufen. „Hüter des Verfassungsrechts" ist nach dem Grundgesetz das Bundesverfassungsgericht. Soweit es um Landesverfassungsrecht geht, sind es die Landesverfassungsgerichte.

4.2 Wahl des Bundespräsidenten

Der Bundespräsident wird weder unmittelbar vom Volk[8] noch (allein) durch den Bundestag, sondern durch die Bundesversammlung gewählt. **282**

4.2.1 Zusammensetzung des Wahlorgans Bundesversammlung

Die Bundesversammlung besteht gemäß Art. 54 Abs. 3 GG aus den **Mitgliedern des Bundestages** und einer **gleichen Anzahl von Mitgliedern**, die von den Volksvertretungen der Länder nach den Grundsätzen der Verhältniswahl gewählt werden.[9] Da die **283**

3 Der Reichspräsident wurde unmittelbar vom Volk gewählt (Art. 43 WRV), hatte Zugriff auf die Streitkräfte (Art. 47 WRV: Oberbefehlshaber) und konnte vom Reichstag beschlossene Gesetze zum Volksentscheid bringen (Art. 73 Abs. 1 WRV). Über das Notverordnungsrecht konnte er anstelle von Reichstag und Reichsregierung Gesetze erlassen (Art. 48 WRV).

4 Vgl. BVerfG 136, 277 (Rn. 95) – *Bundesversammlung II* sowie BVerfG 136, 323 (Rn. 22, 23) – *Äußerungsbefugnis des BPräs.* In jüngerer Zeit wird gefragt, ob diese Funktion und damit das Amt des Bundespräsidenten überhaupt entbehrlich geworden ist. S. zB. *M. Gehrlein*, Braucht Deutschland einen Bundespräsidenten?, DÖV 2007, 280 ff.; *R.C. van Ooyen*, Das Amt des Bundespräsidenten, RuP 2010, 129 ff.

5 Principes de Politique de 1810, 1. Kapitel, 1. Buch, abgedruckt in: Fragments d'un ouvrage abandonné sur la possibilité d'une constitution républicaine dans un grand pays, Nachdruck hrsg. v. *H. Grange*, 1991, Buch VIII, S. 361 ff.; s. dazu *K. Doehring*, Der „Pouvoir neutre" und das Grundgesetz, Staat 3 (1964), S. 201 ff.

6 *Carl Schmitt*, Der Hüter der Verfassung, AöR 16 (1929), 161 (233 ff.), erweitert in der gleichnamigen Monographie von 1931, S. 133 ff.

7 S. dazu unten Rn. 360 ff.

8 Eine entsprechende Verfassungsänderung ist zwar rechtlich möglich, aber verfassungspolitisch unzweckmäßig, da der unmittelbaren demokratischen Legitimation nur „vergleichsweise geringe Entscheidungskompetenzen gegenüber stehen" und zudem polarisierende Wahlkämpfe die Integrationskraft des Amtes beeinträchtigen könnten; s. *L. Wellkamp*, Die Volkswahl des Bundespräsidenten, BayVBl. 2002, 267 ff.; *R. Köhne*, Direktwahl des Bundespräsidenten, RuP 2008, 95 ff.; *W. Leisner*, Nach der Bundespräsidentenwahl: Volkswahl des Staatsoberhauptes – ein Weg in die Präsidialdemokratie?, NJW 2009, 2938 ff.; *S. Lörler*, Das Für und Wider einer Direktwahl des Bundespräsidenten, ZRP 2014, S. 209 ff.; *P. Rütters*, Direktwahl des Bundespräsidenten, ZParl 2013, 276 ff.

9 Zur problematischen, bei der Bundespräsidentenwahl 2004 aufgetretenen Konstellation, dass durch den Wegfall eines Überhangmandates die Zahl der Bundestagsabgeordneten geringer als die Anzahl der von den Landtagen entsandten Mitglieder war und zu der Rechtsfolge (keine Erheblichkeit), s. *M. Fischer*, Die verfassungswidrige Wahl des Bundespräsidenten, NVwZ 2005, 416 ff.

Zahl der Mitglieder des Bundestages aufgrund von Überhang- und Ausgleichmandaten variieren kann, hat auch die Bundesversammlung keine feststehende Mitgliederzahl. Nähere Regelungen enthält auf der Grundlage von Art. 54 Abs. 7 GG das Gesetz über die Wahl des Bundespräsidenten durch die Bundesversammlung (BPWahlG).[10]

284 Die Verteilung der von den **Landtagen** zu wählenden Mitglieder[11] auf die einzelnen Landtage richtet sich nach der Bevölkerungszahl, wobei Ausländer nicht mitgezählt werden.[12] Es ist Sache der Bundesregierung, die entsprechenden Zahlen zu ermitteln[13] und im Bundesgesetzblatt bekannt zu geben (§ 2 BPWahlG). Innerhalb der Landtage wird nach Vorschlagslisten der Fraktionen gewählt (§ 4 BPWahlG). Damit nicht die stärkste Fraktion alle von einem Landesparlament in die Bundesversammlung zu wählenden Mitglieder stellen kann, bestimmt Art. 54 Abs. 3 GG, dass die Wahl nach dem Verhältniswahlrecht vorzunehmen ist. Anders als die vom Bundestag entsandten Mitglieder der Bundesversammlung brauchen die von den Landtagen zu wählenden Mitglieder nicht Abgeordnete des Landtags zu sein. Es können auch Bürger mit besonderen Verdiensten, Parteimitglieder oder bekannte Persönlichkeiten gewählt werden, wovon die Landtage regelmäßig Gebrauch machen. Gegen die Gültigkeit der Wahl können nur die Mitglieder des jeweiligen Landtages sowie die in die jeweiligen Vorschlagslisten aufgenommenen Bewerber binnen zwei Tagen nach Verkündung des Wahlergebnisses beim Präsidenten des Landtages Einspruch erheben.[14] Über den Einspruch entscheidet der Landtag unverzüglich, spätestens jedoch eine Woche vor dem Zusammentritt der Bundesversammlung. Ergeht bis dahin keine Entscheidung, so entscheidet die Bundesversammlung (§ 5 BPWahlG).

4.2.2 Zusammentritt der Bundesversammlung

285 Ort und Zeit des Zusammentritts der Bundesversammlung bestimmt der Bundestagspräsident (§ 1 BPWahlG), der auch die Sitzungen unter sinngemäßer Anwendung der GOBT leitet (§ 8 Satz 1 BPWahlG). Hinsichtlich des Zeitpunkts bestimmt Art. 54 Abs. 4 GG, dass die Bundesversammlung spätestens dreißig Tage vor Ablauf der Amtszeit des Bundespräsidenten zusammentritt, damit die Neuwahl rechtzeitig vor Ablauf der Amtszeit gelingt. Bei vorzeitiger Beendigung der Amtszeit, etwa durch Rücktritt oder Tod, muss die Bundesversammlung spätestens dreißig Tage nach dem Zeitpunkt der Beendigung zusammentreten.

4.2.3 Wählbarkeitsvoraussetzungen und Wahlverfahren

286 Wahlvorschläge für die Wahl des Bundespräsidenten kann jedes Mitglied der Bundesversammlung beim Präsidenten des Bundestages schriftlich einreichen. Gemäß Art. 54 Abs. 6 GG sind **bis zu drei Wahlgänge** möglich. Für den zweiten und dritten Wahlgang können nach § 9 Abs. 1 Satz 2 BPWahlG neue Wahlvorschläge eingebracht werden.

287 Zum Bundespräsidenten **wählbar** sind deutsche Staatsangehörige, die das – aktive und passive – Wahlrecht zum Bundestag besitzen[15] und das vierzigste Lebensjahr vollendet

10 Vom 25. April 1959 (BGBl. I, S. 230) idF. vom 12. Juli 2007 (BGBl. I, S. 1326).

11 Zur Frage, wer für die Aufhebung der Immunität für die von den Landtagen gewählten Bundesversammlungsmitglieder zuständig ist, s. *Ch. Burkiczak*, Die Aufhebung der Immunität von Mitgliedern der Bundesversammlung, DVBl. 2006, 90 ff.

12 Anders dagegen bei der Bezugnahme auf die Einwohnerzahl der Länder für die Besetzung des Bundesrates. S. dazu Rn. 243 ff.

13 Das Gesetz regelt nicht, nach welchem Berechnungssystem die Verteilung auf die Landtage erfolgt. In der Praxis findet das System Hare/Niemeyer Anwendung. S. dazu oben Rn. 116.

14 Deshalb war der Antrag eines MdL aus Mecklenburg-Vorpommern im Organstreitverfahren gegen den Präsidenten des Bundestages als Leiter der Bundesversammlung auf Feststellung einer fehlerhaften Wahl von Mitgliedern der Bundesversammlung aus anderen Bundesländern unzulässig. S. BVerfGE 136, 277 Rn. 72 ff.

15 S. oben Rn. 97 ff.

haben (Art. 54 Abs. 1 Satz 2 GG). Nicht mehr wählbar ist, wer bereits zwei Wahlperioden hintereinander das Amt innehatte (Art. 54 Abs. 2 Satz 2 GG). Der Sitzungsvorstand der Bundesversammlung prüft die Wahlvorschläge auf die Einhaltung dieser Voraussetzungen. Über Zurückweisungen entscheidet die Bundesversammlung (§ 9 Abs. 2 BPWahlG).

Die Wahl erfolgt **ohne vorherige Aussprache** in der Bundesversammlung (Art. 54 288 Abs. 1 Satz 1 GG). Damit sind nicht vorherige Absprachen innerhalb und zwischen den Parteien gemeint. Ausgeschlossen ist allein die öffentliche Debatte in der Bundesversammlung, letztlich um die Würde des Amtes nicht zu beschädigen. Aus dem Wortlaut „ohne Aussprache" ergibt sich keine eindeutige Antwort darauf, ob es zulässig ist, dass die Kandidaten sich der Bundesversammlung vorstellen. Im Hinblick auf den Zweck der Norm, die Würde des Amtes bereits beim Wahlakt zu wahren, der gerade durch die Vermeidung einer parteipolitischen Auseinandersetzung erreicht werden soll, ist es folgerichtig, das Ausspracheverbot auf die Kandidaten zu erstrecken.[16] Gewählt ist die Person, welche die Stimmen der Mehrheit der Mitglieder der Bundesversammlung erhält, dh. die **absolute Mehrheit.** Wird diese Mehrheit in zwei Wahlgängen von keinem der Bewerber erreicht, so ist gewählt, wer in einem weiteren Wahlgang die meisten Stimmen auf sich vereint (relative Mehrheit). Die Wahl erfolgt geheim (§ 9 Abs. 3 BPWahlG).[17]

Der oder die Gewählte hat zwei Tage Zeit, die Wahl anzunehmen. Erfolgt keine Erklä- 289 rung, gilt die Wahl als abgelehnt (§ 9 Abs. 4 BPWahlG). Die Amtszeit beginnt mit dem Ablauf der Amtszeit des Vorgängers, jedoch nicht vor Annahme der Wahl (§ 10 BPWAhlG). Die **Amtszeit** endet nach Ablauf **von fünf Jahren** (Art. 54 Abs. 2 Satz 1 GG). Einmalige Wiederwahl unmittelbar im Anschluss an die Amtsperiode ist möglich, eine dritte Amtsperiode erst und frühestens im Anschluss an einen anderen Bundespräsidenten.

4.2.4 Inkompatibilitäten und Amtseid

Mit der Übernahme des Amtes muss der Bundespräsident alle anderen amtlichen und 290 beruflichen Tätigkeiten aufgeben. Art. 55 Abs. 1 GG schließt in Konkretisierung des rechtsstaatlichen Grundsatzes der Gewaltenteilung die Vereinbarkeit des Präsidentenamtes mit einer Mitgliedschaft in der Regierung des Bundes oder der Länder sowie in einem Bundes- oder Landesparlament aus. Da Art. 55 Abs. 2 GG auch die Ausübung jedes anderen besoldeten Amtes verbietet, ist eine **strikte Gewaltenteilung** zwischen dem Präsidentenamt und den (anderen) Staatsorganen gewährleistet. Angesichts der Funktion des Amtes, die Einheit des Staates und nicht Einzelinteressen zu repräsentieren, ist es folgerichtig, dass mit dem Präsidentenamt auch keine anderen beruflichen, gewerblichen und unternehmerischen Tätigkeiten vereinbar sind. Für eine Erstreckung der Inkompatibilitätsregelung bereits auf die Phase der Kandidatur gibt es keinen Grund.[18]

Gemäß Art. 56 GG leistet der Bundespräsident bei seinem **Amtsantritt** vor den versam- 291 melten Mitgliedern des Bundestages und des Bundesrates einen im Wortlaut vorgegebenen **Amtseid**, mit dem der oder die Gewählte sich auf das Wohl des deutschen Volkes, die Einhaltung der Pflichten und Gerechtigkeit gegenüber jedermann verpflichtet. Die im Eid enthaltene religiöse Beteuerung ist abdingbar, kann also weggelassen werden. Sie ist dagegen nicht veränderbar, kann also nicht an spezifische religiöse Überzeugungen

16 BVerfG 136, 277 (Rn. 109) – *Bundesversammlung II.*

17 S. zum „Grundsatz der Öffentlichkeit der Wahl" BVerfGE 130, 367 (369 ff.) – *Bundesversammlung I.*

18 BVerfGE 89, 359 (362) – *Kandidatur des Bundesverfassungsrichters Roman Herzog*; 128, 278 (280 f.) – *Inkompatibilität.*

angepasst werden. Der Eid des Präsidenten ist das Modell auch für den vom Bundeskanzler und den Bundesministern zu leistenden Amtseid (Art. 64 Abs. 2 GG).

Rechtsprechung: BVerfGE 89, 359 – Kandidatur des Bundesverfassungsrichters Herzog zum Bundespräsidenten; 128, 278 – Inkompatibilität; 130, 367 – Bundesversammlung I; 136, 277 – Bundesversammlung II.

Literatur: *Ch. Burkiczak*, Die Bundesversammlung und die Wahl des Bundespräsidenten – Rechtliche Grundlagen und Staatspraxis, JuS 2004, 278; *M. Sachs*, Staatsorganisationsrecht: Inkompatibilität – Neuwahl des Bundespräsidenten nach Rücktritt des Vorgängers, JuS 2012, 191.

Zum Vorschlag einer Direktwahl: *M. Köhne*, Direktwahl des Bundespräsidenten, RuP 2008, 95; *W. Leisner*, Nach der Bundespräsidentenwahl: Volkswahl des Staatsoberhaupts – ein Weg in die Präsidialdemokratie?, NJW 2009, 2938; *S. Lörler*, Das Für und Wider einer Direktwahl des Bundespräsidenten, ZRP 2014, 209; *P. Rütters*, Direktwahl des Bundespräsidenten, ZParl 2013, 276.

4.3 Amtsende, Vertretung, Präsidentenanklage, Immunität

292 Abgesehen von der normalen **Beendigung** des Amtes **durch Zeitablauf** kann das Amt des Bundespräsidenten auch **vorzeitig enden**, nämlich durch Tod, Rücktritt, Verlust einer Wählbarkeitsvoraussetzung oder durch Erklärung des Bundesverfassungsgerichts auf Grund einer Klage gegen den Bundespräsidenten wegen vorsätzlicher Verletzung des Grundgesetzes oder eines anderen Bundesgesetzes.

293 Für den Fall einer vorzeitigen Beendigung des Amtes bestimmt Art. 57 GG, dass das Amt des Bundespräsidenten durch den Präsidenten des Bundesrates wahrgenommen wird.[19] Dies gilt auch für den Fall der **Verhinderung**, womit im Gegensatz zur vorzeitigen Erledigung eine vorübergehende Unmöglichkeit, das Amt auszuüben, gemeint ist, etwa im Fall der Erkrankung oder Entführung. Die Verhinderung muss sich auf die Amtsausübung insgesamt erstrecken.[20] Art. 57 GG regelt nur den Fall der **Ersatzvertretung**, nicht den der Nebenvertretung zur Entlastung, wie dies etwa bei einem Vizepräsidenten denkbar wäre. Dies ergibt sich aus dem systematischen Zusammenhang mit der „vorzeitigen Erledigung" sowie aus der Tatsache, dass der bereits mit Ämtern ausgelastete **Bundesratspräsident** zur Vertretung berufen wird, so dass diese nur als Ausnahmefall gedacht sein kann.

294 Ein besonderer Fall der vorzeitigen Erledigung ist der **Amtsverlust** durch Ausspruch des Bundesverfassungsgerichts. Er ist mögliche Folge der in Art. 61 GG geregelten **Präsidentenanklage.**[21] Eine solche Anklage kann nur vom Bundestag oder vom Bundesrat erhoben werden und bedarf der qualifizierten Mehrheit von zwei Dritteln der Mitglieder der jeweiligen Körperschaft. Bereits nach Erhebung der Anklage kann das Bundesverfassungsgericht durch einstweilige Anordnung bestimmen, dass der Bundespräsident an der Ausübung seines Amtes verhindert ist (Art. 61 Abs. 2 Satz 2 GG). Als Grund für die Anklage muss dem Bundespräsidenten die **vorsätzliche Verletzung** des Grundgesetzes oder eines anderen Bundesgesetzes vorgeworfen werden. Bestätigt sich der Vorwurf in dem Verfahren vor dem Bundesverfassungsgericht, so kann dieses, je nach den Umständen, nur den Verstoß feststellen oder aber den Amtsverlust erklären. Weitere Einzel-

19 *H. Meiertöns/F.C. Ehrhardt*, Der Präsident des Bundesrates als Vertreter des Bundespräsidenten, Jura 2011, 166 ff.

20 Zur Frage, ob und unter welchen Voraussetzungen der Bundesratspräsident in Vertretung des Bundespräsidenten Gesetze ausfertigen darf s. *A. Guckelberger*, Das Prüfungsrecht des Bundespräsidenten: alles ausdiskutiert? – Wie verhält es sich mit der Vertretung des Bundespräsidenten bei der Gesetzesausfertigung, NVwZ 2007, 406 ff.

21 Hierzu *G. Robbers*, Verfassungsprozessuale Probleme in der öffentlich-rechtlichen Arbeit, JuS 1994, 854 (855); *M. Wiemers*, Die Präsidentenanklage nach Art. 61 GG, VR 2012, 223 ff.

heiten des Verfahrens sind in den §§ 49–57 BVerfGG geregelt. Andere Verfahren wie etwa das Organstreitverfahren gemäß Art. 93 Abs. 1 Nr. 1 GG oder Strafverfahren sind durch die Präsidentenanklage nicht ausgeschlossen. Bisher hat es noch keinen Fall der Präsidentenanklage gemäß Art. 61 GG gegeben.

Ohne Bedeutung für die Präsidentenanklage ist die in Art. 60 Abs. 4 GG – systematisch unpassend im Zusammenhang mit präsidialen Befugnissen – geregelte **Immunität** des Bundespräsidenten. Diese Immunitätsgewährung entspricht der zugunsten der Bundestagsabgeordneten und dient wie diese der **Funktionsfähigkeit des Amtes.**[22] Sie kann durch Beschluss des Bundestages aufgehoben werden.[23] Hieraus wie aus der Zwei-Drittel-Mehrheit für die Präsidentenanklage lässt sich die Unanwendbarkeit der Immunitätsregelung auf diesen besonderen Fall ableiten. Auch zur Aufhebung der Immunität eines Präsidenten ist es bisher noch nicht gekommen.[24] 295

4.4 Aufgaben

Die Aufgaben und Befugnisse des Bundespräsidenten lassen sich nach verschiedenen Teilfunktionen gliedern: Zu nennen sind die Funktion der Integration nach innen (**Integrationsfunktion**), die Funktion der Repräsentation nach innen und außen (**Repräsentationsfunktion**)[25] und die **Reservefunktion** in verfassungsrechtlichen Ausnahmefällen. 296

4.4.1 Integration im staatlichen („Staatsnotar") und gesellschaftlichen Bereich

Das Amt des Bundespräsidenten repräsentiert die Einheit des Staates. Sein Wirken unterliegt der „verfassungsrechtlichen Erwartung"[26], überparteilich und in diesem Sinne neutral zu sein. Damit ist er berufen, Rechtsakte vorzunehmen, für die Neutralität legitimitätsbegründend oder -steigernd ist, sowie, in staatsnotarieller Funktion, die Richtigkeit demokratischer Verfahren und ihrer Ergebnisse zu be(ur)kunden. 297

4.4.1.1 Erstvorschlag in Bezug auf die Bundeskanzlerwahl. Gemäß Art. 63 Abs. 1 Satz 1 GG ist es der Bundespräsident, der dem neu gewählten Bundestag den Bundeskanzler zur Wahl vorschlägt.[27] Dabei ist er in seinem Vorschlag zwar **rechtlich frei**, **politisch** aber **gebunden**, den Kandidaten vorzuschlagen, der die größte Aussicht auf Erfolg hat. Die Funktion des Bundespräsidenten besteht eben nicht darin, auf die Wahl des Kanzlers sachlich einzuwirken, sondern den aussichtsreichsten Kanzlerkandidaten aus den Polarisierungen des Wahlkampfs in die Sphäre des gesamtstaatlichen Gemeinwohls zu heben. Der Fall, dass der Bundespräsident seiner Pflicht, einen Kanzlerwahlvorschlag zu machen, nicht nachkommt, ist ungeregelt geblieben und bisher auch noch nicht eingetreten. Art. 63 Abs. 3 GG enthält nur eine Regelung dafür, dass der vom Bundespräsidenten vorgeschlagene Kandidat nicht gewählt wird. Dann geht die Initiative auf den Bundestag über. Durch analoge Anwendung dieser Vorschrift lässt sich die Lücke schließen. 298

---

22 Die konkretisierenden Regelungen in der GOBT finden auf den Präsidenten allerdings keine Anwendung.

23 Kritisch hierzu *D. Hömig*, Angemessener Immunitätsschutz für den Bundespräsidenten?, ZRP 2012, 110 ff., der für eine Zuständigkeit des Bundesverfassungsgerichts plädiert.

24 Allerdings hatte die Staatsanwaltschaft Hannover einen Antrag auf Aufhebung der Immunität von Bundespräsident Wulff gestellt, dessen Bescheidung dieser durch seinen Rücktritt zuvorkam, http://www.faz.net/aktuell/politik/nach-antrag-auf-aufhebung-der-immunitaet-wulff-kuendigt-erklaerung-an-merkel-verschiebt-italienreise-11652422.html (zuletzt abgerufen am 10.7.2020).

25 Vgl. BVerfG 136, 323 (Rn. 22) – *Äußerungsbefugnis des BPräs.*

26 So BVerfG 136, 323 (Rn. 23); s. auch BVerfG 136, 277 (Rn. 95).

27 S. dazu noch unten Rn. 333 ff.

299 **4.4.1.2 Ernennung des Bundeskanzlers, der Bundesminister und anderer Amtsträger.** Der Bundespräsident hat den Gewählten in jedem Fall zu ernennen (Art. 63 Abs. 2 Satz 2 GG). Der strikte Wortlaut verdeutlicht, dass dem Bundespräsidenten **keinerlei politische Gestaltungsbefugnisse** zukommen, sondern er allein eine staatsnotarielle Funktion ausübt. Er kann also lediglich prüfen, ob die Wahl ordnungsgemäß durchgeführt worden ist. Die Ernennung erfolgt durch unverzügliche Aushändigung der Ernennungsurkunde (§ 2 Abs. 1 Gesetz über die Rechtsverhältnisse der Mitglieder der Bundesregierung – Bundesministergesetz).

300 Der Bundespräsident vollzieht in dieser Weise auch die Ernennung und Entlassung der **Bundesminister** (Art. 64 Abs. 1 GG). Die politische Auswahlentscheidung kommt allein dem Bundeskanzler zu.[28] Auch insoweit ist der Präsident auf eine Rechtskontrolle beschränkt (dazu noch Rn. 325).

301 Gemäß Art. 60 Abs. 1 GG ist es des Weiteren die Aufgabe des Bundespräsidenten, die Bundesrichter[29], die Bundesbeamten[30], die Offiziere und Unteroffiziere zu ernennen und zu entlassen, wobei einerseits durch Gesetz anderes bestimmt werden kann, der Bundestag also die Befugnis durch Gesetz einschränken, nicht aber vollständig beseitigen kann, andererseits der Bundespräsident selbst sich durch Delegation auf andere Behörden entlasten darf. Von beiden Möglichkeiten ist umfangreich Gebrauch gemacht worden.[31]

302 **4.4.1.3 Ausfertigung von Gesetzen.** Eine beurkundende Funktion hat der Bundespräsident auch bei der Ausfertigung von Gesetzen (Art. 82 Abs. 1 GG). Die Ausfertigung eines Gesetzes ist ein unverzichtbarer Teil des Rechtssetzungsverfahrens[32] und damit ein formelles Gültigkeitserfordernis. Durch die Ausfertigung, dh. durch die Unterschrift des Bundespräsidenten, wird die Originalurkunde geschaffen, die den Willen des Gesetzgebers nach außen verbindlich macht und bezeugt, dass der Inhalt der Urkunde mit dem Beschluss des zuständigen Gesetzgebungsorgans übereinstimmt – **Authentizitätsnachweis.** Des Weiteren beurkundet der Bundespräsident mit der Ausfertigung, dass das Gesetz „nach den Vorschriften dieses Grundgesetzes zustande gekommen" ist – **Legalitätsnachweis.** Inwieweit der Bundespräsident als Ausfertigungsvoraussetzung neben der Einhaltung des Gesetzgebungsverfahrens auch die inhaltliche Verfassungsmäßigkeit von Gesetzen prüfen muss, kann oder darf, ist ein Klassiker im Repertoire verfassungsrechtlicher Auslegungsstreitigkeiten und wird im Abschnitt „Prüfungsrecht des Bundespräsidenten"[33] erörtert.

303 Eher aus den Zeiten der konstitutionellen Monarchie überkommen als notwendiger Nachweis von Authentizität und Legalität ist dagegen, dass der Bundespräsident gemäß Art. 65 Satz 4 GG die Geschäftsordnung der Bundesregierung genehmigt.

---

28 Einzelheiten unten Rn. 331.

29 Dies sind die Richter an den obersten Gerichten des Bundes, vgl. Art. 95, 96 GG und noch unten Rn. 523. Für die Richter des Bundesverfassungsgerichts s. § 10 BVerfGG.

30 Vgl. § 2 Bundesbeamtengesetz. Für die Ernennung und Entlassung von Landesbeamten ist idR. der Ministerpräsident des Landes zuständig.

31 ZB. durch Art. 1 Abs. 1 Anordnung des Bundespräsidenten über die Ernennung und Entlassung der Beamtinnen, Beamten, Richterinnen und Richter des Bundes – BPräsErnAnO vom 23. Juni 2004 (BGBl. I, S. 1286) Übertragung auf die obersten Bundesbehörden. Das Begnadigungsrecht in Strafsachen wurde auf den/die Bundesminister/in der Justiz nach Art. 2 Abs. 2 Nr. 1 Anordnung des Bundespräsidenten über die Ausübung des Begnadigungsrechts des Bundes – GnadenAO vom 5. Oktober 1965 i. d. F. vom 3. November 1970 (BGBl. I, S. 153), Sartorius Nr. 615 mit Ausnahme der „Fälle von außerordentlicher Bedeutung" nach Art. 2 Abs. 3 GnadenAO übertragen.

32 Dazu ausführlich unten Rn. 440.

33 S. hierzu unten Rn. 327.

4.4.1.4 Begnadigungen. In uralter Tradition steht das dem Bundespräsidenten zugewiesene Begnadigungsrecht.[34] Es verleiht die Befugnis, eine rechtskräftig festgesetzte Strafe ganz oder teilweise zu erlassen, umzuwandeln oder ihre Vollstreckung auszusetzen.[35] Die Begründung dieser Tradition in Gottesgnadentum und absolutistischem Gewaltenmonismus hat im demokratischen Rechtsstaat allerdings ihre Überzeugungskraft verloren. Die Begnadigung erfüllt „nur noch die Funktion, Härten des Gesetzes, etwaige Irrtümer der Urteilsfindung sowie Unbilligkeiten bei nachträglich veränderten allgemeinen oder persönlichen Verhältnissen auszugleichen".[36] Damit stellt sich die Frage, inwieweit im Rechtsstaat auch die Begnadigung Gegenstand des Rechts ist. Nach Art. 60 Abs. 2 GG übt der Bundespräsident im Einzelfall für den Bund das Begnadigungsrecht aus. Die Einschränkung „im Einzelfall" dient der **Abgrenzung zur Amnestie** für eine Vielzahl von Tätern, die nur durch ein Gesetz erfolgen kann. Die Beschränkung auf Begnadigungen „für den Bund" verweist auf die vom Bund zu verfolgenden Straftaten des Art. 96 Abs. 5 GG sowie auf Disziplinarverfahren gegen Bundesbeamte und wehrstrafgerichtliche Verfahren gegen Bundeswehrsoldaten.[37] An weitere Voraussetzungen ist die Ausübung des Begnadigungsrechts nicht gebunden. Es lässt sich daher argumentieren, dass eine Begnadigung ein **außerordentlicher Eingriff in die rechtsprechende Gewalt** darstellt, die nicht ihrerseits durch die rechtsprechende Gewalt kontrolliert werden soll und deshalb trotz der veränderten verfassungsrechtlichen Verhältnisse in Fortführung der traditionellen Handhabung nicht justitiabel ist.[38] Die Sicherungen liegen dann im Amt und in der Person des Bundespräsidenten sowie in der Öffentlichkeit seines Tuns. Nach anderer Auffassung handelt es sich bei der Begnadigung, die dem Wortlaut nach dem „Recht" zugehört, um einen Akt der Exekutive, der deshalb von der Rechtsschutzgarantie des Art. 19 Abs. 4 GG erfasst und somit justitiabel sei.[39] Beide Auffassungen sind vertretbar, wobei die historisch-genetische Auslegung für die unveränderte Fortführung der überkommenen Praxis spricht.[40] **304**

Für den **Widerruf einer Gnadenentscheidung** gilt dagegen die Rechtsschutzgarantie des Art. 19 Abs. 4 GG. In diesem Fall ist dem Begnadigten eine Verbesserung seiner Rechtsstellung eingeräumt worden, die nicht ohne weiteres wieder entzogen werden kann.[41] **305**

Der Bundespräsident kann seine Befugnis zur Begnadigung auf andere Behörden übertragen. In der Anordnung des Bundespräsidenten über die Ausübung des Begnadigungsrechts des Bundes[42] sind die Gnadenerweise aufgeführt, die ihm vorbehalten sind, sowie die Amtsträger, denen er Gnadenbefugnisse übertragen hat. **306**

---

34 *G. Hinrichs*, Autorität und Milde – Zum Begnadigungsrecht des Bundespräsidenten, JZ 2008, 242 (243 f.) weist ideengeschichtlich auf die Clementia Caesaris und *Bodin* (Begnadigungsrecht als fünftes Merkmal der Souveränität) hin, hält das Begnadigungsrecht aber trotz seiner ursprünglichen Ausrichtung auf personale Herrschaft auch im modernen versachlichten Verfassungsstaat für erforderlich.

35 BVerfGE 25, 352 (358) – *Justitiabilität von Gnadenakten.*

36 BVerfGE 25, 352 (360).

37 In Angelegenheiten der Länder liegt das Begnadigungsrecht in der Regel bei den Ministerpräsidenten. Vgl. zB. Art. 52 Abs. 1 Satz 1 LV BW, Art. 47 Abs. 4 Satz 1 LV Bay., Art. 92 LV BB, Art. 109 Abs. 1 LV Hess., Art. 49 Abs. 1 LV MV, Art. 36 LV Nds., Art. 59 Abs. 1 Satz 1. LV NRW, Art. 103 LV RP, Art. 67 LV SN, Art. 85 LV SNA, Art. 32 Abs. 1 Satz 1 LV SH, Art. 78 Abs. 2 LV Thür. Ausnahmen in Art. 121 LV Brem. und Art. 44 Abs. 1 LV Hbg.: der Senat.

38 BVerfGE 25, 352 (361 f.) – *tragende Auffassung*. Kritisch hierzu und für ein „verfassungsgebundenes Begnadigungsermessen, s. *D. Hömig*, Gnade und Verfassung, DVBl. 2007, 1328 ff.

39 BVerfGE 25, 352 (363 f.) – *Sondervotum.*

40 Vgl. BVerfGE 25, 352 (358).

41 BVerfGE 30, 108 ff.

42 GnadenAO vom 5. Oktober 1965 (BGBl. I, S. 1573), idF. vom 3. November 1970 (BGBl. I, S. 1513), Sartorius Nr. 615.

307 **4.4.1.5 Festlegung von Staatssymbolen.** In Wahrnehmung seiner Integrationsfunktion war der jeweils amtierende Bundespräsident auch beteiligt an der Festlegung der Staatssymbole. Zu nennen sind die genaue Ausgestaltung der **Bundesflagge** (Art. 22 Abs. 2 GG), das **Bundeswappen**, das **Bundessiegel**, die **Nationalhymne** und die **Bundesorden.** Regelungen hierzu finden sich in der Anordnung des Bundespräsidenten über die deutschen Flaggen von 1950[43], der Anordnung über die Dienstflagge der Seestreitkräfte von 1956[44], der Anordnung über die Stiftung der Truppenfahnen für die Bundeswehr von 1964[45], in der Bekanntmachung betreffend das Bundeswappen und den Bundesadler von 1950[46], in dem Erlass über die Dienstsiegel von 1950[47] sowie im Gesetz über Titel, Orden und Ehrenzeichen von 1957.[48] Die Nationalhymne der Bundesrepublik Deutschland (Text von *Hoffmann von Fallersleben* mit der Melodie von *Joseph Haydn*) wurde in einem Briefwechsel zwischen dem ersten Bundeskanzler *Konrad Adenauer* und dem ersten Bundespräsidenten *Theodor Heuss* vom 29.4./2.5.1952 festgelegt und mit der Beschränkung auf die dritte Strophe in einem Briefwechsel zwischen Bundespräsident *Richard von Weizsäcker* und Bundeskanzler *Helmut Kohl* vom 20./23. August 1991 bestätigt.

308 Einfachgesetzlich ist der Bundespräsident ermächtigt, die **Dienstkleidung** und **Amtsbezeichnungen** der Bundesbeamten und Bundeswehrsoldaten festzusetzen (§§ 76, 81 BBG, § 4 Abs. 3 SG), wobei auch diese Aufgabe delegierbar ist. Wegen der Überparteilichkeit seines Amtes ist der Bundespräsident zudem berufen, den **Wahltag** festzulegen (§ 16 BWahlG), eine ständige Wahlkreiskommission einzusetzen (§ 3 Abs. 2 BWahlG) sowie eine Kommission unabhängiger Sachverständiger zu Fragen der Parteienfinanzierung (§ 18 Abs. 6 BWahlG) zu bestimmen.

309 **4.4.1.6 Öffentliche Auftritte und Ähnliches.** Nicht zuletzt nimmt der Bundespräsident seine Integrationsfunktion durch öffentliche Reden, Empfänge, Schirmherrschaften, Patenschaften und Besuche wahr. Als Staatsorgan übt er hierbei Staatsgewalt aus und ist folglich gemäß Art. 1 Abs. 3 GG an die Grundrechte und gemäß Art. 20 Abs. 3 GG an Gesetz und Recht gebunden.[49] Daraus folgt, dass ihm Beleidigungen und Schmähungen verboten sind. Bis an die Grenze „evidenter Vernachlässigung seiner Integrationsfunktion"[50] liegt es jedoch im Ermessen des jeweiligen Amtsinhabers, wie er seine Aufgaben wahrnimmt. Die Aktualität und Relevanz seiner Beiträge wird auch dadurch gesichert, dass der Bundeskanzler ihn gemäß § 5 GOBReg. regelmäßig über seine Politik und die Arbeit der Bundesminister unterrichtet.

Rechtsprechung: BVerfGE 25, 252; 30, 108 – Justitiabilität von Gnadenakten; 136, 323 – Äußerungsbefugnis des Bundespräsidenten.

Literatur: *G. Hindrichs*, Autorität und Milde – Zum Begnadigungsrecht des Bundespräsidenten, JZ 2008, 242; *D. Hömig*, Angemessener Immunitätsschutz für den Bundespräsidenten?, ZRP 2012, 110; *H. Meiertöns/F. C. Ehrhardt*, Der Präsident des Bundesrates als Vertreter des Bundespräsidenten, Jura 2011, 166; *M. Schütte*, Zur Justitiabilität von Gnadenakten des Bundespräsidenten, JA 1999, 868; *T. Spitzlei*, Die politische Äußerungsbefugnis staatlicher Organe, JuS 2018, 856; *G. Strohmeier*, Der Bundespräsident – Was er kann, darf und muss bzw. könnte, dürfte und müsste, ZfP 2008,

43 FlaggAO vom 13. November 1996 (BGBl. I, S. 1729), idF. vom 22. November 2005 (BGBL. I, S. 3181), Sartorius Nr. 52.
44 BPräsFlaggenAnO vom 25. Mai 1956 (BGBl. III, Nr. 1130–5).
45 BwFahnenAnO vom 18. September 1964 (BGBl. I, S. 817).
46 BWappen Bek. vom 20. Januar 1950 (BGBl. III, Nr. 1130–1).
47 DSiegel Erl. vom 20. Januar 1950 (BGBl. I, Nr. 1130–2).
48 OrdenG vom 26. Juli 1957 (BGBl. I, S. 844) idF. vom 19. Februar 2006 (BGBl. I, S. 334).
49 BVerfG 136, 323 (Rn. 24) – *Äußerungsbefugnis des Bundespräsidenten*.
50 BVerfG 136, 323 (Rn. 30).

175; *M. Wiemers*, Die Präsidentenanklage nach Art. 61 GG – Darstellung einer vergessenen Verfassungsnorm, VR 2012, 223.

Fallbearbeitungen: *T. Helm/M. Platzer*, Der schneidige Bundespräsident und sein Rücktritt, JA 2013, 284; *H. Hultzsch*, Zur Befugnis des Bundespräsidenten, die Nationalhymne festzulegen, JuS 1992, 583 (Examensklausur); *H. Jochum*, Der Kapitän muss (noch) nicht gehen, JuS 2014, 350 (Entlassung eines Offiziers); *J. Masing/H. Wißmann*, Personalspitzen, JuS 1999, 1204 (Zuständigkeit für Personalentscheidungen); *S. Muckel*, Original-Examensklausur: ‚Si tacuisses, …' Öffentliche Äußerungen von Amtsträgern", JA 2017, 523; *O. von Rosenberg*, „Des Kanzlers Sorgen", VR 1993, 276 (Anfängerklausur: Verpflichtung des Bundespräsidenten zur Entlassung eines Ministers); *F. Schloßareck*, Recht vor Gnade, JuS 1991, 579 (Hausarbeit für Fortgeschrittene: Begnadigung durch Bundespräsidenten und Rechtsschutz).

4.4.2 Repräsentation und Vertretung nach außen

Der Bundespräsident ist der höchste Repräsentant der Bundesrepublik Deutschland **310** nach außen. Gemäß Art. 59 Abs. 1 GG vertritt er den Bund völkerrechtlich, schließt im Namen des Bundes die Verträge mit auswärtigen Staaten und beglaubigt und empfängt die Gesandten. Die **völkerrechtliche Vertretung** umfasst die Zuständigkeit zur Abgabe von Erklärungen der Bundesrepublik Deutschland gegenüber anderen Völkerrechtssubjekten, insbesondere Staaten und Internationalen Organisationen. Der ausdrücklich genannte Vertragsabschluss ist hierfür nur ein Beispiel. Die genannten Befugnisse berechtigten den Bundespräsidenten nicht, eine eigene Außenpolitik zu führen. Es geht nur darum, dass die Verhandlungsvollmachten der Unterhändler auf ihn zurückgehen und damit der Bundesrepublik Deutschland zurechenbar sind. In der Praxis bevollmächtigt der Bundespräsident häufig den Bundeskanzler, den Bundesaußenminister oder andere in Betracht kommende Amtsträger. Nach der Wiener Vertragsrechtskonvention (WVK)[51], also völkerrechtlich, gelten der Regierungschef und der Außenminister ohnehin als befugt, Vertragsverhandlungen zu führen (Art. 7 Abs. 2 WVK). Sofern ein völkerrechtlicher Vertrag einen Ratifikationsvorbehalt enthält, bedeutet dies, dass der Vertrag erst in Kraft tritt, wenn er „ratifiziert" worden ist.[52] Unter **Ratifikation** versteht man das Versprechen des Staatsoberhaupts gegenüber dem Vertragspartner, den Vertrag als bindend anzusehen und seine innerstaatliche Einhaltung zu gewährleisten. Eine solche Erklärung kann der Bundespräsident in den Fällen des Art. 59 Abs. 2 GG[53] erst nach Erlass des nötigen Bundesgesetzes abgeben. Hieraus erklärt sich die häufig in der Presse zu findende, dennoch falsche Formulierung, der Bundestag habe einen völkerrechtlichen Vertrag ratifiziert.

Ausdruck der Repräsentationsfunktion des Bundespräsidenten nach außen wie nach **311** innen sind die Regelungen der Art. 115a Abs. 3–5 und 115l Abs. 2 GG, wonach der Bundespräsident den Eintritt sowie das Ende des **Verteidigungsfalls** verkündet.

Fallbearbeitungen: *H.-G. Franzke*, Der übergangene Bundespräsident, JA 1994, 54 (Examensklausur: Vertretungsbefugnis des Bundespräsidenten nach außen).

4.4.3 Reservebefugnisse

Auch wenn der Bundespräsident weder Hüter der Verfassung noch Hüter des Verfas- **312** sungsrechts ist, so kommt ihm doch in verfassungsrechtlichen Notsituationen, in denen das Zusammenwirken zwischen Bundestag und Bundesregierung nicht wie vorgesehen funktioniert, ausnahmsweise die Befugnis zu, politische Leitentscheidungen zu treffen. Dies betrifft den Fall, dass dem Bundestag die Kanzlerwahl nicht gelingt (Art. 63 Abs. 4

51 BGBl. II 1985, S. 927, Sartorius II Nr. 320.

52 Zu den Abschlussverfahren völkerrechtlicher Verträge aus völkerrechtlicher Perspektive, s. *W. Heintschel von Heinegg*, in: *K. Ipsen*, Völkerrecht, 7. Aufl. 2018, § 13 Rn. 18 f.

53 S. dazu oben Rn. 235 f.

GG), den Fall einer gescheiterten Vertrauensfrage des Kanzlers (Art. 68 GG) sowie den Gesetzgebungsnotstand (Art. 81 GG).

313 **4.4.3.1 Misslingen der Kanzlerwahl.** Findet kein Kanzlerkandidat im Bundestag die absolute Mehrheit (Art. 121 GG), so hat der Bundespräsident gemäß Art. 63 Abs. 4 Satz 3 GG die politische Entscheidung zu treffen, ob er einen mit relativer Mehrheit gewählten Kandidaten zum Kanzler ernennt oder den Bundestag auflöst, um Neuwahlen zu ermöglichen. Er muss also eine Prognose darüber treffen, ob stabile politische Verhältnisse eher dadurch erreicht werden, dass die mit einfacher Mehrheit zum Kanzler gewählte Person ohne sichere Mehrheit regiert oder dadurch, dass erneut eine Bundestagswahl durchgeführt wird. Eine solche Situation hat es in der Geschichte der Bundesrepublik Deutschland bisher noch nicht gegeben.

314 **4.4.3.2 Scheitern der Vertrauensfrage.** Dagegen hatte der Bundespräsident bereits dreimal über die Auflösung des Bundestages als Folge einer Vertrauensfrage gemäß Art. 68 Abs. 1 GG zu entscheiden. Danach kann der Bundespräsident auf Vorschlag des Bundeskanzlers binnen einundzwanzig Tagen den Bundestag auflösen, wenn zuvor ein Antrag des Bundeskanzlers an den Bundestag, ihm das Vertrauen auszusprechen, nicht die Zustimmung der Mehrheit der Mitglieder des Bundestages gefunden hat. Hat der Bundeskanzler das Vertrauen des Bundestages verloren, besteht im parlamentarischen Regierungssystem zweifellos eine Regierungskrise. Die Vorschrift ist in der Praxis allerdings problematisch geworden, weil sie zur Herbeiführung von Neuwahlen genutzt wurde, ohne dass unstreitig und handgreiflich eine Störung im Zusammenwirken von Bundestag und Bundesregierung vorgelegen hätte. Unter dem Stichwort **„unechte Vertrauensfrage"** wird erörtert, ob bereits die formale Verneinung einer formalen Vertrauensfrage für die Anwendung des Art. 68 GG genügt.[54] Auch die Rolle des Bundespräsidenten in dem darin vorgesehenen Zusammenspiel dreier oberster Staatsorgane ist streitig. Dem Wortlaut nach steht ihm **Ermessen** zu („kann"), das an der Prognose zu orientieren ist, ob Neuwahlen geeignet sind, die politischen Verhältnisse zu stabilisieren. Das Bundesverfassungsgericht hat allerdings dem Bundeskanzler eine Entscheidungsprärogative eingeräumt, die das Ermessen des Bundespräsidenten stark einschränkt. Anstelle einer politisch-prognostischen Leitentscheidung wie im Rahmen des Art. 63 Abs. 4 GG, kommt ihm damit nur noch eine **Missbrauchskontrolle** zu, wie sie auch das Bundesverfassungsgericht im Organstreitverfahren ausübt. An dieser den Kanzler stärkenden und damit kanzlerdemokratischen Interpretation der Vertrauensfrage ist zu kritisieren, dass sie die Gefahr der missbräuchlichen Verwendung der Vertrauensfrage zur Herbeiführung von Neuwahlen durch kollusives Zusammenwirken zwischen Bundestag und Bundeskanzler eher erhöht als schwächt. Das Argument, das Grundgesetz habe in bewusster Abkehr von der Weimarer Reichsverfassung einen schwachen Bundespräsidenten gewollt, ist im politischen Ausnahmefall einer Krise zwischen Parlament und Regierung, wie sie Art. 68 GG voraussetzt, nur von eingeschränkter Überzeugungskraft. Das Problem wird unter Würdigung der Rolle des Bundeskanzlers im Kapitel zur Bundesregierung ausführlich erörtert.[55]

315 **4.4.3.3 Gesetzgebungsnotstand.** Art. 81 GG trifft Vorsorge für den Fall, dass eine Regierung, die die Mehrheit im Bundestag verloren hat, im Amt bleibt. Auf ihren Antrag und mit Zustimmung des Bundesrates kann der Bundespräsident den Gesetzgebungsnotstand erklären. Im Gesetzgebungsnotstand kann die Bundesregierung Gesetze ohne den Bundestag allein mit der Mehrheit des Bundesrates erlassen. Verfassungsrechtliche Sicherungen enthalten Art. 81 Abs. 3 und 4 GG, namentlich eine **Befristung** auf sechs Monate und das **Verbot von Verfassungsänderungen**. Das dem Bundespräsidenten

54 Einzelheiten s. unten Rn. 362 ff.

55 S. hierzu unten Rn. 366 ff.

eingeräumte Ermessen („kann") hinsichtlich der Erklärung des Gesetzgebungsnotstands hat den Zweck, die **Bundesregierung gegenüber** dem **Bundespräsidenten begründungspflichtig** zu machen.

4.4.4 Die Gegenzeichnung der Präsidialakte (Art. 58 GG)

Der Bundespräsident ist der Repräsentant der Bundesrepublik Deutschland nach innen und außen, ihm stehen jedoch im Regelfall keine politischen Gestaltungsbefugnisse zu; dies ist vielmehr Sache der Bundesregierung und insbesondere des Bundeskanzlers, der die Richtlinien der Politik bestimmt (vgl. Art. 65 Satz 1 GG). Die **Einheitlichkeit der Staatsführung** sichert Art. 58 GG mit der Bestimmung, dass „Anordnungen und Verfügungen des Bundespräsidenten (...) zu ihrer Gültigkeit der Gegenzeichnung durch den Bundeskanzler oder durch den zuständigen Bundesminister" bedürfen. Mit ihrer Gegenzeichnung übernehmen die jeweils zuständigen Regierungsmitglieder auch die Verantwortung für die konkrete Amtshandlung des Bundespräsidenten gegenüber dem Bundestag. 316

4.4.4.1 „Anordnungen und Verfügungen" als Gegenstand der Gegenzeichnungspflicht. Die Reichweite der Gegenzeichnungspflicht ist im Einzelnen umstritten, auch wenn die in Art. 58 Satz 2 GG genannten Ausnahmen jedenfalls für die dort ausdrücklich erwähnten Fälle Klärung bringen. Einigkeit besteht darüber, dass die Formulierung „Anordnungen und Verfügungen" nicht zwei verschiedene Kategorien von Amtshandlungen bezeichnet. Die Doppelung wird vielmehr dahin verstanden, dass die Gegenzeichnungspflicht das amtliche Handeln des Bundespräsidenten weitgreifend erfassen soll. Streitig ist jedoch, ob nur **Amtshandlungen mit Rechtswirkungen oder auch** solche **mit rein politischen Wirkungen**, wie sie etwa Reden, Briefe, Besuche oder Empfänge entfalten können, der Gegenzeichnungspflicht unterliegen. Die Begriffe Anordnung und Verfügung, aber auch die Begriffe „Gültigkeit" und „Gegenzeichnung" legen nahe, dass es sich um Amtshandlungen mit Rechtswirkungen handeln muss. Dagegen lässt sich allerdings der Zweck der Vorschrift, die Einheitlichkeit der Staatsführung und die parlamentarische Verantworlichkeit zu gewährleisten ins Feld führen, denn auch der Inhalt einer Rede kann in ganz erheblicher Weise die Regierungspolitik beeinträchtigen. Auf der anderen Seite ist das Amt des Bundespräsidenten mit einer Gängelung durch die Regierung in der Weise, dass der Bundespräsident für jede seiner Handlungen zuvor um „Erlaubnis" fragen müsste, weder vereinbar noch wirksam auszuüben. Die Vertreter einer weiten Auffassung versuchen dem Rechnung zu tragen, indem sie eine nachträgliche und konkludente Gegenzeichnung für möglich halten.[56] Eine Lösung, die dem Wortlaut des Art. 58 GG besser gerecht wird, ohne das Anliegen der weiten Auslegung zu ignorieren, besteht darin, das Gebot der Gegenzeichnung zwar auf Amtshandlungen mit Rechtswirkungen zu beschränken, aber aus dem der Verfassung immanenten **Prinzip der Organtreue** die Pflicht des Bundespräsidenten zu folgern, die gebotene **Neutralität** und **Zurückhaltung** in seiner Amtsführung zu wahren und auf die politische Gestaltungskompetenz des Bundeskanzlers und der Bundesregierung Rücksicht zu nehmen.[57] Die dafür nötige Abstimmung zwischen dem Bundespräsidenten und dem Bundeskanzler findet nicht zuletzt in den regelmäßigen Gesprächen zwischen ihnen statt (vgl. § 5 GOBReg.). 317

56 S. etwa *K. Stern*, Staatsrecht II, 1980, § 30 II 7, S. 213 f. und *H. Maurer*, Die Gegenzeichnung nach dem Grundgesetz, in: Fs. für Karl Carstens II, 1984, S. 701 (712 ff.).

57 S. *M. Nierhaus*, in: *Sachs*, Art. 58 Rn. 19 mwN. Für eine enge Auslegung ohne Pflicht sich der Zustimmung der Bundesregierung zu versichern: *M. Nettesheim*, Die Aufgaben des Bundespräsidenten, HStR III, 3. Aufl. 2005, § 62 Rn. 32.

318 **4.4.4.2 Ausnahmen von der Gegenzeichnungspflicht.** Art. 58 Satz 2 GG nimmt einige Amtshandlungen des Bundespräsidenten **ausdrücklich** von der Gegenzeichnungspflicht aus. Hierzu gehören die Ernennung und die Entlassung des Bundeskanzlers gemäß Art. 63 Abs. 2 Satz 2 oder Art. 67 Abs. 1 Satz 2 GG, die Auflösung des Bundestages gemäß Art. 63 Abs. 4 Satz 3 GG sowie das Ersuchen an den Bundeskanzler bzw. an Bundesminister geschäftsführend im Amt zu bleiben gemäß Art. 69 Abs. 3 GG. Bei der Ernennung und der Entlassung des Bundeskanzlers wie auch bei dem Ersuchen nach Art. 69 Abs. 3 GG handelt es sich jeweils um Entscheidungen, die zur Gegenzeichnung befugte Amtsträger selbst betreffen und inhaltlich von anderer Stelle verantwortet werden – etwa die Kanzlerwahl durch den Bundestag – oder inhaltlich feststehen, etwa das Ersuchen an Amtsträger, vorläufig im Amt zu verbleiben. Bei der Bundestagsauflösung gemäß Art. 63 Abs. 4 Satz 3 GG handelt es sich demgegenüber um die politische Leitentscheidung des Bundespräsidenten in einer Situation, in der eine politisch verantwortliche Regierung gerade fehlt.

319 Es stellt sich die Frage, ob die in Art. 58 Satz 2 GG aufgeführte Liste gegenzeichnungsfreier Amtshandlungen abschließend ist. Die Formulierung ist nicht so ausschließlich, dass dies zwingend wäre. Aus dem **Sinn und Zweck** anderer verfassungsrechtlicher Regelungen über die Befugnisse des Bundespräsidenten kann sich anderes ergeben. Allerdings bedarf die Verneinung der Gegenzeichnungspflicht für nicht ausdrücklich genannte präsidiale Befugnisse einer guten Begründung. **Anerkannt** als gegenzeichnungsfrei sind[58]:

- der Kanzlerwahlvorschlag nach Art. 63 Abs. 1 GG und entsprechend im Verteidigungsfall nach Art. 115h Abs. 2 Satz 1 Halbsatz 2 GG – diese Befugnis könnte man bereits von dem Begriff der Ernennung in Art. 58 Satz 2 GG umfasst sehen, jedenfalls trifft die og. Begründung auch auf diesen Fall zu;
- Verlangen nach Einberufung des Bundestages nach Art. 39 Abs. 3 Satz 3 GG – es handelt sich um eine ausdrücklich neben dem Bundeskanzler eingeräumte Befugnis;
- Amtsverzicht des Bundespräsidenten – es gilt der Grundsatz der Freiwilligkeit der Amtsübernahme.

320 Hinsichtlich **Vertrauensfrage** (Art. 68 GG) und **Gesetzgebungsnotstand** (Art. 81 GG) lässt sich für die Gegenzeichnungsfreiheit anführen, dass der Bundeskanzler bzw. die Bundesregierung bereits auf andere Weise, nämlich durch ihren Antrag, an dem Verfahren beteiligt sind. Die Annahme einer zusätzlichen Gegenzeichnungspflicht widerspräche der Reservefunktion, die der Bundespräsident in diesen Ausnahmesituationen ausübt. Auf der anderen Seite ist es irritierend, dass die – zwar nicht identische, aber verwandte – Situation der Bundestagsauflösung nach Art. 63 Abs. 4 Satz 3 GG als Ausnahme ausdrücklich genannt wird, Art. 68 GG aber gerade nicht. Das Bundesverfassungsgericht geht von der Gegenzeichnungspflicht der Bundestagsauflösung nach Art. 68 GG aus, was sich stimmig in dessen kanzlerdemokratische Interpretation fügt.[59] Ein weiterer Unterschied besteht darin, dass in der Situation des Art. 63 Abs. 4 GG der Bundeskanzler nur noch geschäftsführend im Amt ist, wie sich aus Art. 69 Abs. 2 GG ergibt.

321 **Streitig** ist, ob die Ausübung des **Begnadigungsrechts** der Gegenzeichnungspflicht unterliegt. Da im demokratischen Rechtsstaat Gnadenakte politisch verantwortet werden müssen, spricht alles für die Gegenzeichnungspflicht. Dem Bundespräsidenten bleibt zudem insoweit Entscheidungsfreiheit, als Unterlassen nicht der Gegenzeichnung bedarf.

322 Auch hinsichtlich der **Notstandsbefugnisse**, namentlich die Verkündung des Verteidigungsfalls, lässt sich aus der Beteiligung des Bundestages oder des Gemeinsamen Aus-

---

58 S. die Liste bei *M. Nierhaus*, in: *Sachs*, Art. 58 Rn. 14.

59 Zum Problem, s. *A. Thiele*, Die Gegenzeichnungspflichtigkeit der Auflösungsverfügung des Bundespräsidenten nach Art. 68 Abs. 1 Satz 3 GG, JA 2005, 871 mwN.

schusses nicht folgern, dass der Kanzler nicht im üblichen Verfahren der Gegenzeichnung zu beteiligen wäre.

323 Gegenzeichnungsfrei sollen schließlich die Delegation und der Widerruf der Delegation in den Fällen des Art. 60 Abs. 3 GG sein. Hierfür spricht, dass es um die Entlastung des Präsidenten geht. Dagegen lässt sich einwenden, dass im Falle der Delegation andere Amtsträger im Bereich der Exekutive belastet werden. Dies spricht für die Gegenzeichnung durch den Bundesminister, dessen Ressort betroffen ist. Demgegenüber lässt sich die Gegenzeichnungsfreiheit eines Delegationswiderrufs mit der Rückholung präsidialer Befugnisse rechtfertigen.

4.4.5 Standardproblem: Das Prüfungsrecht des Bundespräsidenten

324 Wie gezeigt, ist es eine wesentliche Aufgabe des Bundespräsidenten, in staatsnotarieller Funktion Entscheidungen zu beglaubigen oder zu vollziehen, die andere Amtsträger oder Staatsorgane getroffen haben. Dies gilt für die og. Ernennungen und Entlassungen von Regierungsmitgliedern, Bundesbeamten und Soldaten sowie für die Ausfertigung von Gesetzen. In diesen Fällen stellt sich jeweils die Frage, inwieweit der Bundespräsident die Befugnis besitzt, die anderweitig getroffenen Entscheidungen zu überprüfen. Diese Frage lässt sich nicht einheitlich für alle Fälle beantworten, sondern ist jeweils ausgehend von der verfassungsrechtlichen Grundlage mit Hilfe der üblichen Auslegungsmethoden zu untersuchen.

325 **4.4.5.1 In Bezug auf Ernennungen und Entlassungen.** Hinsichtlich der Ernennung und Entlassung von **Ministern** zeigt bereits der **Wortlaut** des Art. 64 Abs. 1 GG mit der nötigen Deutlichkeit, dass die Auswahl in der Verantwortung des Bundeskanzlers liegt. Der Bundespräsident hat allein die Befugnis zu prüfen, ob die Rechtsvoraussetzungen für die Ernennung vorliegen (s. BMinG). Hierzu soll nach hM., gestützt auf § 6 Abs. 3 BMinG, auch die Verfassungstreue gehören. Angesichts der eindeutig dem **Bundeskanzler** zugeordneten politischen Verantwortung für die Entscheidung kommt diesem aber insoweit eine **Einschätzungsprärogative** zu, die bis an die Grenze des offenkundigen Missbrauchs reicht.

326 Entsprechendes gilt für die Ernennung und Entlassung von **Beamten** gemäß Art. 60 Abs. 1 GG. Der Bundespräsident hat die Einhaltung der rechtlichen Voraussetzungen und des Verfahrens zu prüfen. Soweit rechtliche Voraussetzungen Beurteilungsspielräume eröffnen, ist es nicht seine Aufgabe, diese eigenmächtig auszufüllen.

327 **4.4.5.2 In Bezug auf die Ausfertigung von Gesetzen.** Weniger eindeutig ist der Wortlaut des Art. 82 Abs. 1 Satz 1 GG, der besagt, dass „die nach den Vorschriften des Grundgesetzes zustande gekommenen Gesetze“ vom Bundespräsidenten ausgefertigt werden. Der Streit geht dahin, ob mit diesem Wortlaut dem Bundespräsidenten nur ein **formelles**, dh. Zuständigkeit und Verfahren betreffendes Prüfungsrecht[60] **oder** auch ein **materielles**, dh. die Verfassungsmäßigkeit insgesamt betreffendes **Prüfungsrecht** eingeräumt ist.
Der **Wortlaut** könnte **Art. 78 GG** in Bezug nehmen, der die Verfahrensschritte aufzählt, die eingehalten sein müssen, damit ein vom Bundestag beschlossenes Gesetz zustande kommt. Dann hätte der Bundespräsident sogar nur die Einhaltung des Verfahrens zu prüfen, aber nicht die gewöhnlich den formellen Voraussetzungen zugeordnete Frage der Gesetzge-

60 Zur Kritik an der Staatspraxis, nach der die Ausfertigung bei formellen Verstößen nur bei Evidenz verweigert wurde, s. *Ch. Lutze*, Ein präsidiales Missverständnis über die formelle Prüfungskompetenz, NVwZ 2003, 323. Diese Frage des Evidenzerfordernisses bei formellen Verfassungsverstößen stellte sich zB. im Zusammenhang mit dem Zuwanderungsgesetz. Für die Begründung der Ausfertigung, s. *J. Rau*, Vom Gesetzesprüfungsrecht des Bundespräsidenten, DVBl. 2004, 1.

bungskompetenz des Bundes.[61] Für diese sehr restriktive Auffassung lässt sich anführen, dass der **Bundespräsident** gerade **nicht** der **Hüter des Verfassungsrechts** ist, dass vielmehr verfassungsrechtliche Bedenken hinsichtlich der Bundesgesetzgebungskompetenz und mehr noch hinsichtlich des Gesetzesinhalts durch das Bundesverfassungsgericht geklärt werden können. Der mit der Ausfertigung verbundene **Authentizitätsnachweis** wird nicht beeinträchtigt, der **Legalitätsnachweis** allerdings schon, da er sich bei dieser Auslegung allein auf das Verfahren beziehen würde.

Aus dem **Amtseid** lässt sich **kein eigenständiges Argument** gewinnen, weil die darin enthaltene Verpflichtung auf Pflichterfüllung nichts über den Inhalt der primären Pflichten aussagt. Die Entstehungsgeschichte hält dagegen kein eindeutiges Ergebnis bereit und auch historische Untersuchungen verhelfen angesichts der bewussten Neukonzeption des Präsidentenamtes in Abkehr von der Weimarer Reichsverfassung nur zu Indizien, die eher für eine restriktive Auffassung sprechen.[62]

Demgegenüber lässt sich **Art. 20 Abs. 3 GG** für eine Prüfungspflicht fruchtbar machen. Aus der Verfassungsbindung auch des Bundespräsidenten lässt sich ableiten, dass er bei der Prüfung der Gesetze Zuständigkeit, Verfahren und auch materielle Anforderungen zu prüfen habe.[63]

Auch eine Auslegung nach **Sinn und Zweck** der Ausfertigung in Verbindung mit einer Folgenbetrachtung spricht für eine über den Wortlaut von Art. 82 iVm. Art. 78 GG hinausgehende Prüfungsbefugnis. Auch wenn der Legalitätsnachweis in erster Linie auf die Beurkundung eines ordnungsgemäßen Verfahrens gerichtet ist, so ist es mit der **staatsnotariellen Funktion** und der **Bedeutung des Amtes** des Bundespräsidenten nicht vereinbar, ihn für verpflichtet zu halten, ein Gesetz auszufertigen, dass er, sei es wegen fehlender Bundeskompetenz, sei es wegen der Inhalte, unzweifelhaft für verfassungswidrig hält. Hinzu kommt das Argument, dass ein inhaltlich gegen die Verfassung verstoßendes Gesetz als verfassungsänderndes Gesetz angesehen werden könnte, das als solches dann gegen die Verfahrensanforderungen des Art. 79 Abs. 1 GG verstößt und damit formell verfassungswidrig ist. Auf der anderen Seite ist zu bedenken, dass die Weigerung der Ausfertigung das Gesetzesvorhaben einer verfassungsgerichtlichen Normenkontrolle entzieht. In Betracht käme dann nur eine inzidente Kontrolle im Wege des Organstreitverfahrens gegen den Bundespräsidenten zur Feststellung, dass die Weigerung verfassungswidrig ist. Aus diesen Zusammenhängen ergibt sich als verfassungsrechtlich vertretbare Lösung, dass dem Bundespräsidenten nicht nur in **formeller**, sondern auch **in materieller Hinsicht ein Prüfungsrecht** zukommt[64], das er jedoch angesichts der politischen Verantwortung von Bundesregierung, Bundestag und Bundesrat für den Inhalt sowie der Letztentscheidungsbefugnis des Bundesverfassungsgerichts für Zweifelsfragen des Verfassungsrechts **zurückhaltend auszuüben** hat. Dies entspricht der bisherigen Praxis der Bundespräsidenten.[65] Neuerdings wird auch erörtert, ob der

---

61 Für diese enge Auffassung *T. Linke*, Der Bundespräsident als Staatsnotar, DÖV 2009, 434 ff.; *H. Meyer*, Das Prüfungsrecht des Bundespräsidenten, JZ 2011, 602 ff.

62 S. dazu *E. Friesenhahn*, Zum Prüfungsrecht des Bundespräsidenten, in: FS Leibholz Band 2, 1966, S. 679 ff. (insbes. S. 686 ff.).

63 So *F. Schoch*, Prüfungsrecht und Prüfungspflicht des Bundespräsidenten bei der Gesetzesausfertigung, ZG 2008, 209 ff.

64 Vgl. auch die – allerdings nur beiläufigen Bemerkungen in BVerfGE 1, 396 (413) – *Deutsch-französisches Wirtschaftsabkommen*; 2, 143 (169) – *EVG-Vertrag und Generalvertrag*. Zur Frage, ob dieses materiell-rechtliche Prüfungsrecht auch Gemeinschaftsrecht umfasst, s. *A. Neumann*, Die gemeinschaftsrechtliche Prüfungskompetenz, DVBl. 2007, 1335 ff.

65 S. dazu *F. Schoch*, Das Prüfungsrecht des Bundespräsidenten, Jura 2007, 354 ff. S. auch und zu den materiellrechtlichen Fragen *S. Schiedermair*, Bundespräsident verhindert Verbraucherinformationsgesetz, DÖV 2007, 726 ff. und *F. Schoch*, Verfassungswidrigkeit des bundesgesetzlichen Durchgriffs auf Kommunen, DVBl. 2007, 261 ff. Tatsächlichen Vorkommnissen nachgebildet sind etwa die folgenden Fallbearbeitungen: zum 10. LuftVGÄndG s. *K. Ipsen/V. Epping*, Der Staatsnotar blockt, JuS 1992, 305 ff.; zur Organisationsprivatisierung der Fluglotsen s. *D. Winkler*, Der Bundespräsident prüft, VR 2007, 166 ff.

Präsident das Recht oder sogar die Pflicht hat, Gesetze auf ihre Unionsrechts- und Völkerrechtskonformität zu prüfen. Die Bejahung der Frage stellt die konsequente Fortentwicklung der Bejahung eines materiellen Prüfungsrechts dar.[66]

Literatur: *J. Hauck*, Das Prüfungsrecht des Bundespräsidenten im Hinblick auf die Verfassungs-, Europarechts- und Völkerrechtskonformität eines Gesetzes, JA 2017, 93; *T. Linke*, Der Bundespräsident als Staatsnotar oder das vermeintliche „formelle" und „materielle" Prüfungsrecht, DÖV 2009, 434; *Ch. Lutze*, Ein präsidiales Missverständnis über die formelle Prüfungskompetenz, NVwZ 2003, 323; *H. Meyer*, Das Prüfungsrecht des Bundespräsidenten, JZ 2011, 602; *J. Rau*, Vom Gesetzesprüfungsrecht des Bundespräsidenten, DVBl. 2004, 1; *F. Schoch*, Das Prüfungsrecht des Bundespräsidenten, Jura 2007, 354; *ders.*, Prüfungsrecht und Prüfungspflicht des Bundespräsidenten bei der Gesetzesausfertigung, ZG 2008, 209.

Fallbearbeitungen: *P. Feihle/A. Silke*, Staatsorganisationsrecht – Eine Prämie der Macht?, JuS 2018, 963 (Prüfungsrecht des Bundespräsidenten und Wahlrecht); *Th. Helm/M. Platzer*, „Der schneidige Bundespräsident und sein Rücktritt", JA 2013, 284 (Organstreitverfahren, Ausfertigung eines Gesetzes durch Vertreter); *K. Ipsen/V. Epping*, Der Staatsnotar blockt, JuS 1992, 305 (Originalexamensklausur: Materielles Prüfungsrecht, Verpflichtung zur Ausfertigung); *H. Jochum*, Der Kapitän muss (noch) nicht gehen, JuS 2014, 350; *O. Sauer*, Der Bundespräsident stoppt das Studiengebührenverbot, JuS 2007, 641 (Anfängerübungsklausur: Formelles Prüfungsrecht, Kompetenz, Verpflichtung zur Ausfertigung); *G. H. Stumpf*, Anfängerklausur – Öffentliches Recht: Wahlrechtsgrundsätze auf Abwegen?, JuS 2010, 35 (Prüfungsrecht des Bundespräsidenten); *D. Winkler*, Der Bundespräsident prüft, VR 2007, 166 (Materielles Prüfungsrecht, Ausfertigungsverpflichtung).

Lösung zu Fall 6:[67] Chancengleichheit

I. Zulässigkeit eines Verfahrens vor dem Bundesverfassungsgericht

In Betracht kommt ein Organstreitverfahren, für das das Bundesverfassungsgericht gemäß Art. 93 Abs. 1 Nr. 1 GG, §§ 13 Nr. 5, 63 ff. BVerfGG zuständig ist.

1. Beteiligtenfähigkeit. Bei dem Organstreitverfahren handelt es sich um ein echtes Streitverfahren zwischen zwei Beteiligten. Das Bundesverfassungsgericht nimmt in ständiger Rechtsprechung eine Beteiligungsfähigkeit der Parteien im Organstreitverfahren an, sofern es um einen Streit mit einem Verfassungsorgan geht. Die demgegenüber engere Fassung des § 63 BVerfGG kann als einfaches Gesetz den Wortlaut der Verfassung nicht beschränken. Da die N-Partei sich gegen eine Beeinträchtigung durch den Bundespräsidenten richtet, ist sie als „anderer Beteiligter" nach Art. 93 Abs. 1 Nr. 1 GG BVerfGG fähig, ein Organstreitverfahren zu führen.[68] Der Bundespräsident ist ausdrücklich in § 63 BVerfGG als beteiligungsfähiges Organ genannt.

2. Streitgegenstand. Gegenstand eines Organstreitverfahrens sind Rechte oder Pflichten aus dem GG. § 64 Abs. 1 BVerfGG verlangt, dass es sich um ein rechtserhebliches Handeln oder Unterlassen des Antragsgegners handelt. Die Äußerungen des G sind ein rein tatsächliches Handeln. Ihre Rechtserheblichkeit ergibt sich aber aus der Frage nach den verfassungsrechtlichen Grenzen der Äußerungsbefugnisse des Bundespräsidenten. Ein tauglicher Streitgegenstand liegt vor.

3. Antragsbefugnis. Weiterhin muss die N-Partei geltend machen, durch das Handeln des G in eigenen Rechten verletzt zu sein. Die N-Partei trägt vor, dass die Äußerungen des G ihr im Wahlkampf erheblich schaden. Danach ist eine Beeinträchtigung ihres Rechts auf Chancengleichheit aller politischen Parteien im Wahlkampf gemäß Art. 21 Abs. 1 Satz 1 GG iVm. Art. 38 Abs. 1 Satz 1 GG nicht offensichtlich ausgeschlossen und die Frage nach der Reichweite der Äußerungsbefugnisse des Bundespräsidenten im Wahlkampf aufgeworfen. Die N-Partei ist antragsbefugt.

---

66 S. dazu *S.U. Pieper*, in: BeckOK GG, Art. 82 Rn. 13.1–7; *J. Hauck*, Das Prüfungsrecht des Bundespräsidenten im Hinblick auf die Verfassungs-, Europarechts- und Völkerrechtskonformität eines Gesetzes, JA 2017, 93 ff.

67 S. BVerfGE 136, 323 ff. – *Äußerungsbefugnis des Bundespräsidenten*.

68 Vgl. zur Partei als „anderer Beteiligter" Rn. 164; stRspr. BVerfGE 1, 208 (223 ff.); 82, 322 (335).

4. Form und Frist. Nach §§ 23 Abs. 1, 64 Abs. 3 BVerfGG ist der Antrag schriftlich spätestens sechs Monate nach Bekanntgabe der Maßnahme gegenüber dem Antragsteller einzureichen.
5. Zwischenergebnis. Ein form- und fristgerecht eingeleitetes Organstreitverfahren wäre zulässig.

II. Begründetheit

Der Organstreit ist begründet, wenn die Äußerungen des G das Recht der N-Partei auf Chancengleichheit der Parteien im Wahlkampf beeinträchtigt haben und verfassungsrechtlich nicht zu rechtfertigen sind.
1. Das Recht der N-Partei. Als einer nicht verbotenen Partei steht der N-Partei das Recht auf Chancengleichheit der politischen Parteien nach Art. 21 Abs. 1 Satz 1 GG iVm. Art. 38 Abs. 1 Satz 1 GG zu.
2. Die Reichweite der Äußerungsbefugnis des Bundespräsidenten. Weder für den Bundespräsidenten noch für die Bundesregierung bestehen einfach-gesetzliche Ermächtigungsgrundlagen zur Äußerungsbefugnis. Die Kriterien zur Öffentlichkeitsarbeit der Bundesregierung[69] sind hier nicht anwendbar, da der Bundespräsident mit den politischen Parteien weder in direktem Wettbewerb um die Gewinnung politischen Einflusses steht noch – anders als die Bundesregierung – Mittel zur Verfügung hat, die ihm eine Einflussnahme auf die Meinungs- und Willensbildung des Volkes ermöglichen.[70]
Die Repräsentations- und Integrationsaufgabe erlaubt dem Bundespräsidenten im Interesse der Wahrung und Förderung des Gemeinwesens das Wort zu ergreifen. Bei der Art und Weise der Amtsausübung steht ihm ein weiter Gestaltungsspielraum offen.[71] Äußerungen, die dem Gemeinwohl dienen und nicht auf die Ausgrenzung oder Begünstigung einer Partei abzielen, sind verfassungsrechtlich nicht zu beanstanden. Im Gegensatz dazu sind Äußerungen, die keinen Beitrag zur sachlichen Auseinandersetzung liefern, sondern ausgrenzend wirken, wie dies grundsätzlich bei beleidigenden Äußerungen der Fall ist (Schmähkritik), nicht zu rechtfertigen.
Eine gerichtliche Überprüfung der Äußerungen des Bundespräsidenten findet dahingehend statt, ob er mit ihnen unter evidenter Vernachlässigung seiner Integrationsfunktion und damit willkürlich Partei ergriffen hat.[72] Inwieweit eine Orientierung am Leitbild eines „neutralen Bundespräsidenten“ erfolgt, unterliegt weder generell noch im Einzelfall der gerichtlichen Überprüfung.
3. Anwendung auf den konkreten Fall. G fordert zum politischen Meinungskampf auf. Das Abreißen von Plakaten billigt G nicht und daher erst recht keine gewalttätigen Auseinandersetzungen mit der N-Partei. Die Verwendung des Wortes „Spinner“ ist isoliert betrachtet diffamierend und stellt eine unsachliche Ausgrenzung der so Bezeichneten dar.
Die Bezeichnung „Spinner“ dient G konkret als Sammelbegriff für Menschen, die die Geschichte nicht verstanden haben und, unbeeindruckt von den verheerenden Folgen des Nationalsozialismus, rechtsradikale-nationalistische und antidemokratische Überzeugungen vertreten. Durch die Zuspitzung sollte den Teilnehmern an der Veranstaltung nicht nur die Unbelehrbarkeit der Angesprochenen verdeutlicht werden, sondern auch unterstrichen werden, dass sie ihre Ideologie vergeblich durchzusetzen hofften, wenn die Bürger ihnen „ihre Grenzen aufweisen“.

69 BVerfGE 44, 125 (148 ff.); 138, 102 (juris Rn. 26, 35) – *Fall Schwesig*; 148, 11 (Rn. 46, 48, 56 ff.) – *Fall Wanka*.
70 BVerfGE 136, 323 (Rn. 27).
71 BVerfGE 136, 323 (Rn. 27).
72 BVerfGE 136, 323–338 (juris Rn. 30).

Aus dem Gesamtzusammenhang der Äußerungen ergibt sich, dass sie sich zwar auch auf die N-Partei bezog, sich im Allgemeinen aber gegen geschichtsvergessene rechtsradikale und fremdenfeindliche Überzeugungen richtete, deren Durchsetzung mit demokratischen Mitteln zu verhindern sei.
4. Zwischenergebnis. G hält sich damit im Rahmen seiner Repräsentations- und Integrationsfunktion und ergreift nicht willkürlich gegen die Antragstellerin Partei.

III. Ergebnis

Der Organstreit ist zulässig aber unbegründet. Er hat keine Aussicht auf Erfolg.

5. Kapitel: Die Bundesregierung

Fall 7: Waffenexporte

Nach Medienberichten soll das Land X, das wiederholt von den Vereinten Nationen wegen Menschenrechtsverletzungen angeprangert worden war und dessen autoritäres Regime in dem Ruf steht, gegen Menschenrechte zu verstoßen und demokratische Bewegungen zu verfolgen, Interesse an der Lieferung von 200 Panzern „Leopard" gezeigt haben. Es heißt in den Medienberichten, dass die Bundesregierung das Rüstungsexportgeschäft genehmigt habe, was der Wahrheit entspricht. Außerdem ist den Zeitungen zu entnehmen, dass die Bundesregierung die Genehmigung von Waffenexporten in das Land Y erwäge, in welchem erst vor kurzer Zeit ein heftiger Bürgerkrieg wütete.
Die Abgeordnete A ist über diese Berichte entsetzt. In einer Fragestunde im Deutschen Bundestag stellt A die dringlichen Fragen, ob es (1.) stimme, dass die Bundesregierung einen Waffenexport über 200 Panzer „Leopard" in das Land X genehmigt habe; (2.) falls ja, wie die Bundesregierung vor dem Hintergrund der Menschenrechtsverletzungen und Unterdrückung von Demokratiebewegungen ihre Entscheidung rechtfertige; und (3.), ob es wahr sei, dass die Bundesregierung in konkreten Verhandlungen über die Genehmigung von Waffenexporten mit dem Land Y stehe. Für die Bundesregierung antwortet der Bundeswirtschaftsminister, dass der Bundesregierung gemäß Art. 26 Abs. 2 Satz 1 GG eine ausschließende Kompetenz für Waffenexporte zukomme und die Beschlüsse des Bundessicherheitsrates seit jeher geheim seien. Er verweist auf den jährlich erscheinenden Rüstungsexportbericht der Bundesregierung über alle erteilten Genehmigungen zur Ausfuhr von Rüstungsgütern und Kriegswaffen. Eine Antwort zu (2.) verweigert der Bundeswirtschaftsminister mit Blick auf die Antwort zu (1.) und beruft sich ferner darauf, dass der Willensbildungsprozess innerhalb der Bundesregierung zum Kernbereich exekutiver Eigenverantwortung gehöre. Weder bestätigt noch dementiert er die Frage zu (3.). Seine Auskunftsverweigerung begründet er wiederum mit dem Kernbereich exekutiver Eigenverantwortung, dem Staatswohl in Bezug auf die außenpolitischen Beziehungen der Bundesrepublik Deutschland sowie mit den Grundrechten der beteiligten Rüstungsunternehmen.
A ist erbost über diese „ausweichende" Antwort des Bundeswirtschaftsministers. Sie meint, dass sie als Abgeordnete des Deutschen Bundestages ein umfassendes Frage- und Informationsrecht gegenüber der Bundesregierung habe, das mit einer Pflicht zur wahrheitsgemäßen Beantwortung der Fragen durch die Bundesregierung einhergehe. Ferner sieht sie für den Deutschen Bundestag den Gewaltenteilungsgrundsatz nach Art. 20 Abs. 2 Satz 2 GG verletzt, nach welchem der Deutsche Bundestag gegenüber der Bundesregierung ein unbegrenztes Kontrollrecht habe. A ruft deshalb das Bundesverfassungsgericht an und rügt eine Verletzung ihres Rechts aus Art. 38 Abs. 1

Satz 2 GG sowie des Kontrollrechts des Deutschen Bundestages nach Art. 20 Abs. 2 Satz 2 GG durch die unzureichenden Antworten des Bundeswirtschaftsministers auf ihre Fragen. Beurteilen Sie die Erfolgsaussichten.

Der Abschnitt über die Bundesregierung umfasst die Artikel 62 bis 69 GG.

5.1 Stellung und Funktion

328 Die Bundesregierung ist die Spitze der vollziehenden Gewalt (Exekutive). Auch wenn Art. 20 Abs. 3 GG für sie gilt, wonach die vollziehende Gewalt an Gesetz und Recht gebunden ist, so ist die Arbeit der Regierung doch nicht vom Gesetzesvollzug geprägt; ihr kommt vielmehr die **politische Gestaltung** der von der Verfassung gelassenen Spielräume zu, indem sie etwa Gesetzesvorschläge erarbeitet (Stichwort: Gesundheitsreform, Rentenreform), auf gesetzlicher Grundlage Rechtsverordnungen erlässt, die Interessen der Bundesrepublik Deutschland in die Organe der Europäischen Union einbringt oder außenpolitisch agiert. Um zum Ausdruck zu bringen, dass die Regierung als Spitze der Exekutive vor allem die Funktion der Staatsleitung hat, wird sie auch als **Gubernative**[1] bezeichnet. Diese **Leitungsfunktion** zeigt sich in Art. 65 Satz 1 GG, wonach der Bundeskanzler die Richtlinien der Politik bestimmt.

329 Weiter heißt es in Art. 65 Satz 1 GG, dass der Bundeskanzler für die von ihm bestimmten Richtlinien der Politik die Verantwortung trägt. Gemeint ist damit die politische Verantwortung gegenüber dem Parlament. An dieser Stelle wie auch in den Vorschriften über die Regierungsbildung und die Beendigung von deren Amtszeit wird deutlich, dass das Demokratieprinzip des Grundgesetzes dem **Typ des parlamentarischen Regierungssystems** (im Gegensatz etwa zu einem präsidialen Regierungssystem) entspricht.[2] Der Bundeskanzler wird nicht unmittelbar vom Volk, sondern durch die Mehrheit im Parlament gewählt und benötigt zur Um- und Durchsetzung seiner politischen Vorstellungen die Unterstützung (das Vertrauen) der Parlamentsmehrheit.
„Parlamentarisches Regierungssystem" bedeutet allerdings nicht, dass der Bundestag im Zweifel für alles die Entscheidungszuständigkeit an sich ziehen kann.[3] Auch die Bundesregierung ist – mittelbar – demokratisch legitimiert. Zwar nicht rechtlich, aber tatsächlich wird die demokratische Legitimation der Regierung dadurch verstärkt, dass die Wahlentscheidung bei den Bundestagswahlen regelmäßig stark von den jeweiligen Kanzlerkandidaten beeinflusst ist. Der Grundsatz der Gewaltenteilung schützt zudem einen Kernbereich exekutiver Eigenverantwortung.[4] So liegt beispielsweise die Kompetenz zur Führung der Außenpolitik bei der Bundesregierung und steht nur nach Maßgabe des Art. 59 Abs. 2 GG unter einem Vorbehalt des Gesetzes.[5]

330 Federführend ist die Bundesregierung nicht zuletzt bei der Mitwirkung der Bundesrepublik Deutschland im Zuge der europäischen Integration gemäß Art. 23 Abs. 1 GG. Der **Bundeskanzler** ist als Regierungschef der Bundesrepublik Deutschland **Mitglied im**

---

1 S. *A. von Bogdandy*, Gubernative Rechtssetzung, 2000, S. 107 ff.

2 S. *M. Schröder*, Bildung, Bestand und parlamentarische Verantwortung der Bundesregierung, HStR III, 3. Aufl. 2005, § 65 Rn. 51 mwN. Grundlegend *K. Kröger*, Die Ministerverantwortlichkeit in der Verfassungsordnung der Bundesrepublik Deutschland, 1972.

3 S. dazu oben Rn. 212 und 237.

4 Zu diesem problematischen Begriff, s. BVerfGE 67, 100 (139) – *Flick Untersuchungsausschuss*. Sein Sinn und Zweck ist vorrangig darauf gerichtet zu verhindern, dass das Parlament in laufende Entscheidungsprozesse und schwebende Verhandlungen eingreift. S. dazu *A. Ortmann*, Der umstrittene Untersuchungsausschuss, Jura 2003, 847 (852). S. auch BVerfGE 77, 1 (59) – *Untersuchungsausschuss Neue Heimat*.

5 S. dazu oben Rn. 235.

Europäischen Rat gemäß Art. 15 Abs. 2 EUV. Die **Bundesminister** sind, soweit ihr Ressort betroffen ist, **Mitglieder im Rat der Europäischen Union** gemäß Art. 16 Abs. 2 EUV. Die Pflichten der Bundesregierung, mit dem Bundesrat und dem Bundestag in Angelegenheiten der Europäischen Integration zusammenzuwirken, wurden bereits aus der Perspektive der beiden Repräsentationsorgane behandelt.[6]

5.2 Regierungsbildung

Gemäß Art. 62 GG besteht die Bundesregierung aus dem Bundeskanzler und aus den Bundesministern. 331

5.2.1 Unterschiede zwischen Kanzlerwahl und Ministerbestellung

Nach Art. 63 Abs. 1 GG wird allein der Bundeskanzler vom Bundestag gewählt, und nur er 331a kann vom Bundestag durch Wahl eines anderen Bundeskanzlers aus dem Amt entfernt werden (Art. 67 GG). Auf die Bestimmung der Bundesminister hat der Bundestag dagegen keinen Einfluss. Sie werden vom Bundeskanzler ausgesucht und ihre Amtszeit hängt von der des Bundeskanzlers ab (Art. 69 Abs. 2 GG). Mit dieser Regelung haben die Verfassungseltern auf Erfahrungen aus der Weimarer Zeit reagiert: Gemäß Art. 54 Satz 2 WRV konnte der Reichstag Minister im Wege des Misstrauensvotums aus dem Amt entfernen und auf diese Weise die Regierungsarbeit erheblich beeinträchtigen. Im Interesse der Regierungsstabilität, die zu sichern ein wesentliches Anliegen des Grundgesetzes ist, kann ein mit der Rechtsfolge der Amtsenthebung versehenes Misstrauensvotum[7] nur noch gegen den Bundeskanzler und auf diesem Wege (vgl. Art. 69 Abs. 2 GG) gegen die gesamte Regierung gerichtet werden und auch nur noch in der Weise, dass der Bundestag einen neuen Kanzler wählt (konstruktives Misstrauensvotum, dazu Rn. 360 f.).

5.2.2 Persönliche Voraussetzungen

Persönliche Wählbarkeits- bzw. Ernennungsvoraussetzungen sind das aktive und das passive 332 **Wahlrecht**, was wiederum die **deutsche Staatsangehörigkeit** und **Volljährigkeit** verlangt. Dies ist zwar an keiner Stelle geregelt, aber angesichts der politischen Voraussetzungen der Kanzlerkandidatur schon faktisch gesichert. Systematisch lässt sich auf das parlamentarische Regierungssystem verweisen. Mit der Ernennung zum Mitglied der Bundesregierung muss eine etwaige Mitgliedschaft in einer Landesregierung aufgegeben werden (Art. 66 GG, § 4 BMinG[8]). Auch andere berufliche Tätigkeiten sind verboten (Art. 66 GG, § 5 Abs. 1 BMinG).[9] Der Bundestag kann Ausnahmen hinsichtlich der Mitgliedschaft in einem Aufsichts- oder Verwaltungsrat zulassen (Art. 66 GG, § 5 Abs. 1 Satz 3 BMinG), was die – demokratisch geforderte – Kontrolle öffentlicher Wirtschaftsunternehmen ermöglichen soll. Bundeskanzler und Bundesminister leisten bei der Amtsübernahme[10] den Amtseid, der in Art. 56 GG auch für den Bundespräsidenten vorgesehen ist.

---

6 S. oben Rn. 232 und 268.

7 Parlamentarische Beschlüsse, in denen Minister gerügt werden, bleiben unbenommen, haben aber keine rechtliche, sondern allein politische Wirkung. Schwerer wiegt die Ablehnung des Haushaltsentwurfs für ein bestimmtes Ministerium, vgl. Art. 110 Abs. 2 GG, § 13 BHO.

8 Gesetz über die Rechtsverhältnisse der Mitglieder der Bundesregierung (Bundesministergesetz [BMinG]) vom 27. Juli 1971 (BGBl. I, S. 1166, idF. vom 23. Oktober 2008, BGBl. I, S. 2018).

9 Das Abgeordnetenmandat ist weder Amt noch berufliche Tätigkeit im Sinne des Art. 66 GG. Auslegungsfragen zu Art. 66 GG stellten und stellen sich bei Vortrags- und Buchhonoraren an Bundesminister, s. dazu *M. Morlok/J. Krüper*, Ministertätigkeit im Spannungsfeld von Privatinteresse und Gemeinwohl: Ein Beitrag zur Auslegung des Art. 66 GG, NVwZ 2003, 573 ff.

10 Aus den §§ 2 und 3 BMinG lässt sich ableiten, dass die Reihenfolge von Ernennung und Eidesleistung nicht zwingend vorgegeben ist. Die Ernennung erfolgt durch Überreichung der Ernennungsurkunde, wodurch (idR.) das Amtsverhältnis begründet wird. Von der Begründung des Amtsverhältnisses ist die Amtsübernahme zu unterscheiden. Die Amtsübernahme erfolgt mit der Eidesleistung vor dem Bundestag.

5.2.3 Kanzlerwahl und -ernennung

333 Der Normalfall der Bundeskanzlerwahl ist in Art. 63 Abs. 1 und 2 GG geregelt. Danach schlägt der Bundespräsident dem Bundestag einen Kandidaten zur Wahl vor. Erhält der Vorgeschlagene die Stimmen der Mehrheit der Mitglieder des Bundestages, so ist er gewählt und vom Bundespräsidenten zum Bundeskanzler zu ernennen. Eine Aussprache über den vorgeschlagenen Kandidaten findet nicht statt. Bereits im Kapitel zum Bundespräsidenten ist dargelegt worden, dass der Bundespräsident nicht rechtlich, aber tatsächlich gebunden ist, die Person vorzuschlagen, welche die meisten Aussichten hat, die geforderte Mehrheit im Bundestag zu erhalten.[11] Eine Frist für den Vorschlag besteht nicht. Die neuere Praxis zeigt, dass langwierige Koalitionsverhandlungen zu erheblichen Verzögerungen führen können, wobei in dieser Zeit die vorherige Regierung geschäftsführend im Amt bleibt (Art. 69 Abs. 2 und 3 GG). Die **Kanzlermehrheit** ist die in Art. 121 GG definierte absolute Mehrheit, dh. die Mehrheit der gesetzlichen Mitgliederzahl des Bundestages, die gemäß § 1 BWahlG mindestens 598 beträgt, sich aber ggf. um Überhang- und Ausgleichsmandate erhöht.[12] § 4 GOBT sieht vor, dass die Wahl mit verdeckten Stimmzetteln, also geheim (§ 49 GOBT) stattfindet. Erreicht die vorgeschlagene Person die absolute Mehrheit, so hat der Bundespräsident sie zu ernennen.

334 Gelingt die Kanzlerwahl auf diese Weise nicht, so geht das Vorschlagsrecht auf den Bundestag über. Gemäß Art. 63 Abs. 3 GG kann er „binnen 14 Tagen nach dem Wahlgang" wiederum mit „mehr als der Hälfte seiner Mitglieder", also der absoluten Mehrheit, einen Bundeskanzler wählen. Nach § 4 GOBT sind Wahlvorschläge von einem Viertel der Mitglieder des Bundestages oder von einer Fraktion, die mindestens diese Stärke aufweist, zu unterzeichnen. Angesichts der zu erreichenden Kanzlermehrheit stellt dies eine verfassungskonforme Konkretisierung des Wahlverfahrens dar. Die Frist beginnt mit dem Tag, der auf den Wahlgang folgt (entsprechend § 187 Abs. 1 BGB) als erstem Tag und endet nach weiteren dreizehn Tagen. Fällt der Wahlgang nach Absatz 1 auf einen Freitag, so ist letztmöglicher Termin zur Durchführung einer Wahl nach Absatz 3 also der Freitag zwei Wochen später. Anders als im ersten Durchgang können nun mehrere Kandidaten zur Wahl stehen.

335 Erreicht innerhalb der Frist nach Art. 63 Abs. 3 GG keiner der vom Bundestag vorgeschlagenen Kandidaten die absolute Mehrheit, so findet unverzüglich ein neuer Wahlgang statt, „in dem gewählt ist, wer die meisten Stimmen erhält". Nunmehr genügt also eine relative Mehrheit.

Zu bedenken ist aber, dass es bei der Wahl nicht allein um die Einsetzung des Kanzlers geht, sondern um die Mehrheit, auf welche die zukünftige Bundesregierung die Um- und Durchsetzung ihrer Politik stützen kann. Regieren mit wechselnden Mehrheiten birgt erhebliche Risiken. Aus diesem Grunde sieht Art. 63 Abs. 4 Satz 3 GG für den Fall, dass kein Kandidat die absolute Mehrheit erreicht, vor, dass der Bundespräsident binnen sieben Tagen die Entscheidung trifft, den Gewählten zu ernennen oder den Bundestag aufzulösen. In dieser Notsituation hat der Bundespräsident also eigenverantwortlich abzuwägen, ob im Falle von Neuwahlen klarere Mehrheitsverhältnisse zu erwarten sind oder ob eine Regierung unter einem Minderheitskanzler vorzugswürdig ist. Findet dagegen ein Kandidat doch noch die absolute Mehrheit, so muss der Bundespräsident ihn binnen sieben Tagen nach der Wahl ernennen.

---

11 S. oben Rn. 298. In der bisherigen Staatspraxis spielte das Vorschlagsrecht des Bundespräsidenten keine eigenständige Rolle. Die Flexibilisierung des Parteiensystems könnte dies ändern, s. *J. Ipsen*, Regierungsbildung im Mehrparteiensystem, JZ 2006, 217 ff.

12 *W. Höfling/Ch. Burkiczak*, Das Mehrheitsprinzip im deutschen Staatsrecht, Jura 2007, 561 (564).

5.2.4 Kabinettsbildungsrecht und Organisationsgewalt des Bundeskanzlers

Gemäß Art. 64 Abs. 1 GG werden die Bundesminister auf Vorschlag des Bundeskanzlers vom Bundespräsidenten ernannt und entlassen (**Kabinettsbildungsrecht** des Kanzlers). Das Vorschlagsrecht bezieht sich dabei nicht nur auf die personelle Auswahl der Minister, sondern auch auf den Zuschnitt der einzelnen Ressorts (**Organisationsgewalt**, s. auch § 9 GOBReg.[13]).[14] Im GG finden ausdrücklich der Bundesverteidigungsminister (Art. 65a GG), der Bundesjustizminster (Art. 96 Abs. 2 Satz 4 GG) und der Bundesfinanzminister (Art. 112 GG) Erwähnung. In § 26 GOBReg. ist neben dem Bundesjustizminister zudem der Bundesinnenminister sowie in § 15a GOBReg. die Bundesministerin für Familie, Senioren, Frauen und Jugend und die Bundesministerin für Verbraucherschutz, Ernährung und Landwirtschaft genannt. 336

Die höchste Zahl an Ministern (28) hatte die 4. Bundesregierung Anfang der 60er Jahre; seit der 9. Bundesregierung liegt die Zahl der Minister idR. unterhalb von 20. In der Praxis ist die Besetzung wie der Zuschnitt der Ministerien Gegenstand von Koalitionsvereinbarungen[15] oder parteiinternen Absprachen. Dies gilt auch für die Bestimmung des Vizekanzlers, den der Bundeskanzler gemäß Art. 69 Abs. 1 GG aus dem Kreis der Bundesminister zu benennen hat. In der bisherigen Praxis der Koalitionsregierungen wird in der Regel der Minister, der die führende Persönlichkeit des kleineren Koalitionspartners ist, zum Vizekanzler bestimmt.

Die Frage, ob und inwieweit der Organisationsgewalt des Bundeskanzlers verfassungsrechtliche Grenzen gezogen sind, ist weitgehend akademischer Natur.[16] Fest steht, dass der Bundeskanzler mindestens zwei Minister benennen muss (vgl. Art. 62 GG: … aus den Bundesministern …). Hierbei wird allerdings kein vernünftiger Bundeskanzler stehen bleiben, zum einen wegen der Aufgabenfülle, die durch eine so geringe Zahl von Ministern nicht zu bewältigen ist, zum anderen wegen der damit verbundenen Machtballung. 337

Die **Organisationsgewalt** des Bundeskanzlers für den Bereich der Bundesregierung steht **nicht unter dem Vorbehalt einer gesetzlichen Regelung.**[17] Zwar gibt es einen organisationsrechtlichen bzw. institutionellen Vorbehalt des Gesetzes.[18] Solche Vorbehalte sind jedoch entweder ausdrücklich im Grundgesetz geregelt,[19] oder sie sind Folge des Grundsat- 338

---

13 Geschäftsordnung der Bundesregierung (GOBReg.) vom 11. Mai 1951 (GMBl. S. 137), idF. vom 21. November 2002 (GMBl. S. 848).

14 Am Beispiel der Regierungsbildung 2002 erklärt *V. Busse*, Änderungen der Organisation der Bundesregierung und das Zuständigkeitsanpassungsgesetz, DÖV 2003, 407 die nach der Wahl des Bundeskanzlers regelmäßig zu beobachtenden Strukturveränderungen. In der Staatspraxis werden durch den Organisationserlass auch die gesetzlichen Rechtsverordnungsermächtigungen auf die neue Zuständigkeitssituation angepasst. Dies erfolgt nach Maßgabe des Zuständigkeitsanpassungsgesetzes vom 16. August 2002 (BGBl. I, 3165) durch Rechtsverordnung.

15 Zur Rechtsnatur des Koalitionsvertrags s. *I. von Münch*, Rechtliche und politische Probleme von Koalitionsregierungen, 1993, S. 29 f. (verfassungsrechtlicher Vertrag); *W.-R. Schenke*, Die Bildung der Bundesregierung, Jura 1982, 57 (57 f.); *W. Leisner*, Rechtswirkungen von Reformankündigungen im Koalitionsvertrag?, NJW 2010, 823 (824).

16 S. zur Diskussion von möglichen Inkompatibilitäten zwischen spezifischen Ministerressorts und dem Vizekanzleramt *U. Mager/T. Holzner*, in: *von Münch/Kunig*, GGK I, Art. 64 Rn. 36 und *J.A. Kämmerer*, in: *von Münch/Kunig*, GGK I, Art. 69 Rn. 4.

17 Vgl. Art. 86 Satz 2 GG. ZT. wird in dieser Vorschrift die Organisationsgewalt verankert gesehen, s. etwa *E.-W. Böckenförde*, Die Organisationsgewalt im Bereich der Regierung, 1964, S. 136 f. Kritisch hierzu *G.C. Burmeister*, Herkunft, Inhalt und Stellung des institutionellen Gesetzesvorbehaltes, 1991, S. 114 ff.

18 Der Begriff des institutionellen Gesetzesvorbehaltes wurde wohl erstmals von *A. Köttgen*, Die Organisationsgewalt, VVDStRL 16 (1958), 154 (161) verwendet. Zum Thema s. *E.-W. Böckenförde*, Die Organisationsgewalt im Bereich der Regierung, 1964, S. 95 ff.

19 S. zB. Art. 87 Abs. 3, 87b Abs. 2 GG. Für weitere Beispiele, s. *G.C. Burmeister*, Herkunft, Inhalt und Stellung des institutionellen Gesetzesvorbehaltes, 1991, S. 144ff; *Ch. Ohler*, Der institutionelle Vorbehalt des Gesetzes, AöR 131 (2006), 336 ff.

zes, dass das Parlament die im Lichte von Demokratie- und Rechtsstaatsprinzip wesentlichen Entscheidungen selbst zu treffen hat.[20] Das Demokratieprinzip hat seine abschließende Ausprägung in der Regelung der Kanzlerwahl gefunden. Das Rechtsstaatsprinzip, zu dem auch die Gewaltenteilung gehört, spricht eher gegen den Übergriff des Gesetzgebers in die Selbstorganisation der Bundesregierung. Schließlich können materiell-rechtsstaatliche Bedenken etwa gegen die Zusammenlegung von Innen- und Justizministerium, die Gegenstand eines Streits vor dem Landesverfassungsgericht von Nordrhein-Westfalen waren, nicht durch die Verlagerung der Regelungskompetenz von der Regierung auf das Parlament ausgeräumt werden.[21]

Literatur: *W. Leisner,* Rechtswirkungen von Reformankündigungen im Koalitionsvertrag?, NJW 2010, 823; *Ch. Ohler,* Der institutionelle Vorbehalt des Gesetzes, AöR 131 (2006), 336; *W.-R. Schenke,* Die Bildung der Bundesregierung, Jura 1982, 57.

5.3 Die Organisation der Bundesregierung

339 Die wesentlichen verfassungsrechtlichen Vorgaben für die Organisation der Bundesregierung finden sich in Art. 65 GG, namentlich die **Richtlinienkompetenz** des Bundeskanzlers, das **Ressortprinzip** und das **Kollegialprinzip.** Für die nähere Ausgestaltung räumt Art. 65 Satz 4 GG der Bundesregierung die **Geschäftsordnungsautonomie** ein. Das Erfordernis der Genehmigung durch den Bundespräsidenten entspricht überkommener Verfassungstradition, hat heute aber nur noch Ausfertigungscharakter. Ein weiterer Grund lässt sich darin finden, dass die Geschäftsordnung der Bundesregierung, anders als die des Bundestages, nicht der Diskontinuität unterliegt. Nichtsdestotrotz ist jede Bundesregierung berechtigt, die Geschäftsordnung zu ändern. Die genaue rechtliche Qualifizierung der Geschäftsordnung der Bundesregierung ist unklar. Unterschiedliche Begriffe wie „autonome Satzung", „Verfassungssatzung" oder gar „Rechtsinstitut eigener Art" haben für sich keinen Erklärungsgehalt. Die entscheidende Frage ist, ob und inwieweit **Verstöße gegen Vorschriften der GOBReg.**, etwa bei Erlass einer Rechtsverordnung, auf deren Wirksamkeit durchschlagen. Letztlich gilt hier Ähnliches wie für die Geschäftsordnung des Bundestages: Verstöße gegen Regelungen, die sich als Konkretisierung unabdingbarer Verfassungsgrundsätze erweisen (zB. das Mehrheitsprinzip), führen zur Verfassungswidrigkeit und damit Nichtigkeit von Beschlüssen der Regierung, gleich welcher Art sie sind. So ist wohl auch die Formulierung des Bundesverwaltungsgerichts zu verstehen, wonach zum einen die Regelungen der Geschäftsordnung für die Regierungsmitglieder verbindlich sind, zum anderen nur Beschlüsse der Bundesregierung, die unter Verletzung *wesentlicher* Verfahrensvorschriften zustande kommen, keine Wirksamkeit haben.[22]

20 So übertrug der VerfGH NRW in seiner Entscheidung zur Zusammenlegung von Landesjustiz- und Landesinnenministerium den allgemeinen Vorbehalt des Gesetzes im Sinne der Wesentlichkeitslehre auf den Bereich der Organisationsgewalt und folgerte, dass „für das Gemeinwesen grundlegende Entscheidungen" nicht von der Regierung als der staatsleitenden Gewalt getroffen werden können (!), s. VerfGH NRW, NJW 1999, 1243 (1244). Zur Kritik s. *E.-W. Böckenförde*, Organisationsgewalt und Gesetzesvorbehalt, NJW 1999, 1235 (1235): „Die Wesentlichkeitslehre hat (nach der Auslegung des VerfGH NRW) nicht mehr die Funktion sicherzustellen, dass eine staatliche Gewalt (die Legislative) ihre eigene Aufgabe im wesentlichen selbst wahrnimmt, sondern dass einer anderen Gewalt der Exekutive, eine (zunächst) ihr zukommende Funktion, soweit es sich um wesentliche Fragen handelt, entzogen und auf die gesetzgebende Gewalt verlagert wird."

21 Hingegen ließ der VerfGH NRW, NJW 1999, 1243 (1245 ff.) trotz seiner Bedenken die Frage eines Verstoßes gegen das Gewaltenteilungsprinzip, die Unabhängigkeit der Gerichte, das Rechtstaatsprinzip und die Garantie des effektiven Rechtsschutzes offen und verwies darauf, dass wegen der Betroffenheit dieser Prinzipien die Zusammenlegung jedenfalls nicht von der Regierung, sondern vom Parlament geregelt werden müsste. Dies überzeugt nicht, da auch das Parlament keine verfassungswidrigen Regelungen erlassen darf, s. *E.-W. Böckenförde,* NJW 1999, 1235 (1235).

22 BVerwGE 89, 121 (125) – *Rechtsverordnungen der Bundesregierung, Exportkontrolle.*

Neben Konkretisierungen der Organisationsprinzipien der Regierung enthält die Geschäftsordnung der Bundesregierung Regelungen über die Stellvertretung, über die Vorbereitung, Leitung, Teilnehmer und Beratungsgegenstände der Kabinettssitzungen (Sitzungen der Regierung) sowie die Beschlussfassung im Kollegium, über den Umgang mit Meinungsverschiedenheiten zwischen Bundesministern sowie die Zusammenarbeit mit dem Bundespräsidenten und den Ministerpräsidenten der Länder.

Literatur: *P. Austermann,* Die Wahl des Bundeskanzlers gemäß Art. 63 GG, DÖV 2013, 865; *G. Beaucamp,* Konflikte in der Bundesregierung, JA 2001, 478; *J. Heck/M. Heffinger,* Die Bildung der Bundesregierung in Krisensituationen, DÖV 2018, 739; *S. Hölscheidt/D. Mundil,* Wer hat die meisten Stimmen? Die Wahl des Bundeskanzerls in der dritten Wahlphase, DVBl. 2019, 73; *G. Krings,* Die Minderheitsregierung, ZRP 2018, 2; *J. Schemmel,* Die geschäftsführende Bundesregierung, NVwZ 2018, 105; *W.-R. Schenke,* Aufgabenverteilung in der Bundesregierung, Jura 1982, 337; *W.-R. Schenke,* Die Bundesrepublik als Kanzlerdemokratie – zur Rechtsstellung des Bundeskanzlers nach dem Grundgesetz, JZ 2015, 1009; *G.H. Stumpf,* Partei- und Ministeramt im Lichte des Verfassungsrechts – Ein Beitrag zur Auslegung der Inkompatibilität nach Art. 66 GG, DVBl. 2017, 1265.

5.4 Aufgaben und Befugnisse des Bundeskanzlers

Der Bundeskanzler bzw. die Bundeskanzlerin ist die dominierende Persönlichkeit in der **340** Bundesregierung. Verfassungsrechtlich findet dies Ausdruck darin, dass nur dieses Amt im Wege der Wahl durch den Bundestag besetzt wird (Art. 63 GG), ihm das Kabinettsbildungsrecht und die Organisationsgewalt zukommt (Art. 64 Abs. 1 GG), die Amtszeit der Minister an seine Amtszeit gekoppelt ist (Art. 69 Abs. 2 GG) und dass er die Richtlinien der Politik bestimmt (Art. 65 Satz 1 GG).

5.4.1 Die Richtlinienkompetenz

§ 1 GOBReg. konkretisiert, dass der Bundeskanzler die Richtlinien der inneren und äußeren **341** Politik bestimmt und dass diese für die Bundesminister verbindlich sind (s. auch § 12 GOBReg. betr. Äußerungen in der Öffentlichkeit). **Richtlinien** der Politik sind **politische Richtungsentscheidungen**, die ihrerseits noch der Konkretisierung in einzelnen Politikbereichen bedürfen.[23] Die Richtungsentscheidungen kommen etwa zum Ausdruck in Regierungserklärungen. Andererseits kann auch eine Einzelfrage eine Richtungsentscheidung darstellen.[24] In § 1 Abs. 1 Satz 3 GOBReg. heißt es daher: „In Zweifelsfällen ist die Entscheidung des Bundeskanzlers einzuholen." Welche Fragen zu den Richtlinien gehören, bestimmt somit der Bundeskanzler. Es handelt sich dabei nicht um Rechtsnormen, sondern um politische Willensäußerungen, deren Verbindlichkeit politisch durchgesetzt wird, etwa in der Weise, dass der Bundeskanzler einen Bundesminister, der sich nicht an die Richtlinien hält, entlässt (genauer: dem Bundespräsidenten zur Entlassung vorschlägt). In Koalitionsregierungen ergeben sich politische Bindungen des Bundeskanzlers hinsichtlich der Richtlinien der Politik aus den Koalitionsvereinbarungen.[25]

---

23 *S. Detterbeck,* Innere Ordnung der Bundesregierung, HStR III, 3. Aufl. 2005, § 66 Rn. 15 bezeichnet diese Zielvorgabenfunktion als politische Dimension des Richtlinienbegriffes.

24 Diese Kompetenz zur Entscheidung von Einzelfällen erstreckt sich nicht nur auf Ausnahmefälle, s. *M. Schröder,* in: *von Mangoldt/Klein/Starck,* GGK II, Art. 65 Rn. 16; aA. *H. Maurer,* Die Richtlinienkompetenz des Bundeskanzlers, in: Fs. für Werner Thieme, 1993, S. 123 (128). *S. Detterbeck,* Innere Ordnung der Bundesregierung, HStR III, 3. Aufl. 2005, § 66 Rn. 15 bezeichnet dies als die rechtliche Dimension des Richtlinienbegriffes.

25 Zur Bedeutung und Rechtsnatur von Koalitionsvereinbarungen s. *I. von Münch,* Rechtliche und politische Probleme von Koalitionsregierungen, 1993, S. 29 f.; *W. Leisner,* Rechtswirkungen von Reformankündigungen im Koalitionsvertrag?, NJW 2010, 823 ff.

5.4.2 Kabinettsvorsitz

342 Die hervorragende Stellung des Bundeskanzlers zeigt sich zusätzlich zu den schon genannten Aufgaben und Befugnissen darin, dass grundsätzlich er es ist, der die Kabinettssitzungen und die Sitzungen der Kabinettsausschüsse leitet (§ 22 Abs. 1 Satz 1 GOBReg., zur Vertretung s. § 22 Abs. 1 Satz 1 Halbsatz 2, Satz 2 GOBReg.), wodurch ihm bei Stimmengleichheit die **ausschlaggebende Stimme** zukommt (§ 24 Abs. 2 Satz 2 GOBReg.).

5.4.3 Sonstiges

343 Der Bundeskanzler wirkt auf die **Einheitlichkeit in der Geschäftsführung** der Bundesregierung hin (§ 2 GOBReg.). Die Bundesminister dürfen sich nur in Absprache mit dem Bundeskanzler vom Sitz der Regierung entfernen (§ 13 GOBReg.). Im **Verteidigungsfall** steht dem Bundeskanzler die **Befehls- und Kommandogewalt** über die Streitkräfte zu (Art. 115b GG), die in Friedenszeiten beim Verteidigungsminister liegt (Art. 65a GG).

5.4.4 Stellvertretung des Bundeskanzlers

344 Angesichts der zahlreichen Aufgaben und Leitungsbefugnisse ist die Frage der Stellvertretung des Kanzlers von großer Bedeutung. Art. 69 Abs. 1 GG wird konkretisiert durch § 8 GOBReg., der zwischen **Gesamtvertretung** und **Teilvertretung** unterscheidet: Ist der Bundeskanzler an der Wahrnehmung der Geschäfte allgemein verhindert (zB. durch Krankheit), so vertritt ihn der gemäß Art. 69 Abs. 1 GG zu seinem Stellvertreter ernannte Bundesminister in seinem (des Bundeskanzlers) gesamten Geschäftsbereich. Im Übrigen kann der Bundeskanzler den Umfang seiner Vertretung näher bestimmen. Das heißt, dass der Bundeskanzler befugt ist, zu seiner Entlastung weitere Personen mit der Wahrnehmung einzelner Aufgaben zu betrauen.

5.5 Aufgaben und Befugnisse der Bundesminister

5.5.1 Überblick

345 Die Bundesminister haben eine **Doppelfunktion**: Sie sind jeweils die Spitze eines Ministeriums und damit einer obersten Bundesbehörde, und sie sind Mitglieder des Staatsorgans Bundesregierung. Innerhalb der Richtlinien der Politik obliegt den Ministern die Leitung ihres Geschäftsbereichs (Ressorts) und damit ihres Ministeriums selbständig und unter eigener Verantwortung (Art. 65 Satz 2 GG). Hält ein Bundesminister eine Änderung der Richtlinien für erforderlich, muss er dem Bundeskanzler davon Mitteilung machen und dessen Entscheidung einholen (§ 4 GOBReg.). Streit über die Abgrenzung zwischen Richtlinienkompetenz und Ressortzuständigkeit ist allenfalls theoretisch im Organstreit justitiabel, tatsächlich handelt es sich um Fragen politischer Vernunft und Regierungskunst, zumal der Bundeskanzler die Möglichkeit hat, einen Bundesminister gemäß Art. 64 Abs. 1 GG dem Bundespräsidenten zur Entlassung vorzuschlagen, wozu dieser sodann verpflichtet ist.

346 Neben der Leitung der Geschäftsbereiche (Ministerien) obliegt den jeweils fachlich zuständigen Ministern die Vertretung von Gesetzesvorlagen der Bundesregierung im Bundestag und Bundesrat. Soweit ihr Geschäftsbereich betroffen ist, zeichnen sie ggf. zusammen mit dem Bundeskanzler Anordnungen und Verfügungen des Bundespräsidenten gegen (Art. 58 Satz 1 GG), insbesondere Gesetze (Art. 82 Abs. 1 Satz 1 GG). Sie nehmen gemäß Art. 43 und 53 GG an Sitzungen des Bundestages und Bundesrates teil.[26] Nicht zuletzt steht ihnen gemäß Art. 80 Abs. 1 Satz 1 GG allein oder als Mitglied der Bundesregierung das Verordnungsrecht zu.

---

26 Dem Kontrollrecht des Parlamentes gemäß Art. 43 Abs. 1 GG steht in Art. 43 Abs. 2 GG ein Zutritts- und Rederecht der Bundesregierung gegenüber.

5.5.2 Informationshandeln

347 Auch informelles Handeln wie öffentliche Reden oder die Erarbeitung und Verteilung von Informationsmaterial gehört zu den Aufgaben der Bundesminister.[27] Zu Rechtsstreitigkeiten ist es in Bezug auf Warnungen vor Produkten („Glykolwein") und Sekten gekommen.[28] Kompetenzrechtlich ging es um die Frage der Bundeszuständigkeit (Verbandskompetenz, allgemeines Polizeirecht ist Ländersache), grundrechtlich um die Notwendigkeit eines Gesetzes (Gesetzesvorbehalt). Da sachliche Informationen etwa über ein Produkt oder über eine Religionsgemeinschaft keinen (klassischen) Grundrechtseingriff, zumindest aber materiell keine Grundrechtsverletzung (rechtswidriger Grundrechtseingriff) darstellen, und weil die Vielgestaltigkeit des Informationshandelns sich abgesehen von der Verpflichtung zur Sachlichkeit einer generell-abstrakten Regelung entzieht, lässt sich vertretbar argumentieren, dass es letztlich keines Gesetzes bedarf.[29] Damit finden die Regelungen über die Verteilung der Gesetzgebungskompetenzen zwischen Bund und Ländern keine Anwendung. Auch die Art. 83 ff. GG sind nicht maßgebend, weil es nicht um den Vollzug von Bundesgesetzen und damit nicht um Verwaltung im Sinne dieser Vorschriften geht. Das Informationshandeln von Bundesministern oder auch der Bundesregierung insgesamt stellt vielmehr eine **Aufgabe der Staatsleitung** dar. Als Legitimationsnorm für derartiges Informationshandeln ist dabei Art. 65 Satz 1 und 2 GG heranzuziehen: Dieser enthält die Richtlinienkompetenz des Bundeskanzlers sowie die Geschäftsleitungsbefugnis der Bundesminister. Hierauf lässt sich die Verantwortung der Bundesregierung für das Staatsganze ableiten, womit untrennbar die Öffentlichkeitsarbeit der Bundesregierung verbunden ist.[30] Die Verbandskompetenz für Aufgaben der Staatsleitung ist nicht explizit geregelt, lässt sich für den Bund aber aus der Systematik der geschriebenen Kompetenzverteilung ableiten für „die Vorgänge, die wegen ihres Auslandsbezugs oder ihrer länderübergreifenden Bedeutung überregionalen Charakter haben und eine bundesweite Informationsarbeit der Regierung die Effektivität der Problembewältigung fördert".[31] Dies gilt umso mehr, als die Länder durch die Kompetenz des Bundes zum Informationshandeln nicht gehindert sind, ihrerseits im Rahmen ihres Verantwortungsbereichs die nötigen Maßnahmen zu ergreifen.

Grenzen findet das Recht auf Öffentlichkeitsarbeit jedoch in dem Recht der Parteien auf Chancengleichheit.[32] Daraus folgt ein Neutralitätsgebot der Bundesregierung. Insbesondere dürfen die spezifisch der Regierung zur Verfügung stehenden Mittel nicht für Wahlkampfzwecke oder unsachliche Äußerungen über den politischen Gegner eingesetzt werden.[33]

5.5.3 Sonderbefugnisse einzelner Minister

348 Neben den Befugnissen und Pflichten, die jeder Bundesminister hat, gibt es Sonderrechte und -pflichten einzelner Bundesminister.

---

27 BVerwGE 82, 76 (80): Es gehört „zu den im Grundgesetz vorausgesetzten Aufgaben der Bundesregierung als Organ der Staatsleitung, die gesellschaftliche Entwicklung ständig zu beobachten, Fehlentwicklungen oder sonst auftretende Probleme möglichst rasch und genau zu erfassen, Möglichkeiten zu ihrer Verhinderung oder Behebung zu bedenken und die erforderlichen Maßnahmen in die Wege zu leiten, …".

28 BVerfGE 105, 252 – *Glykolwein*; 105, 279 – *Sekten* (vgl. BVerfG NJW 2011, 511 – *Löw*).

29 So BVerfGE 105, 252 (268) „marktbezogene Informationen beeinträchtigen den grundrechtlichen Gewährleistungsinhalt nicht.". S. auch BVerfGE 105, 279 (293) – *Osho*; Dies ist sehr streitig; aA. etwa *F. Schoch*, Die Schwierigkeiten des BVerfG mit der Bewältigung staatlichen Informationshandelns, NVwZ 2011, 193 (196 f.); differenzierend *S.-C. Lenski*, Staatliches Informationshandeln als Grundrechtseingriff, ZJS 2008, 13 ff.; zur andauernden Aktualität der Fragestellung s. auch *M. Martini/B. Kühl*, Der informierende Staat als Katalysator der Meinungsbildung im digitalen Zeitalter, DÖV 2013, 573 ff. Für eine Fallbearbeitung, s. *B. Jeand'Heur/W. Cremer*, Warnungen vor Sekten, JuS 2000, 991.

30 BVerfGE 105, 252 (270, 275); 105, 279 (306).

31 BVerfGE 105, 252 (271); 105, 279 (306).

32 S. schon oben Rn. 144.

33 BVerfGE 138, 102 (Rn. 49 ff.) – *Fall Schwesig*; 148, 11 (Rn. 56 ff.) – *Fall Wanka*.

349 Zu erwähnen sind hier in Bezug auf den **Bundesminister der Finanzen** die Pflicht zur jährlichen Rechnungslegung (Art. 114 Abs. 1 GG), die Zustimmung zu überplanmäßigen und außerplanmäßigen Ausgaben (Art. 112 GG) im Fall eines unvorhergesehenen und unabweisbaren Bedürfnisses – Notbewilligungsrecht – und der Widerspruch gegen Gesetzentwürfe, deren Ausführung Kosten verursacht (§ 16 Abs. 3 Satz 1 und § 26 GOBReg.).
Der **Bundesminister für Verteidigung** hat die Befehls- und Kommandogewalt über die Streitkräfte (Art. 65a GG), außer im Verteidigungsfall (dann hat sie gemäß Art. 115b GG der Bundeskanzler).

350 Der **Bundesminister der Justiz** und der **Bundesminister des Inneren** können gegen einen Gesetz- und Verordnungsentwurf oder gegen eine Maßnahme der Bundesregierung wegen Unvereinbarkeit mit geltendem Recht Widerspruch erheben (§ 26 Abs. 2 GOBReg.). Ein solcher Widerspruch des Bundesjustizministers oder des Bundesinnenministers muss – wie auch der erwähnte Widerspruch des Bundesfinanzministers – in einer erneuten Sitzung der Bundesregierung zur Abstimmung gebracht werden und kann nur mit der in § 26 Abs. 1 Satz 3 GOBReg. vorgesehenen Mehrheit sämtlicher Bundesminister überstimmt werden.

351 Die **Bundesministerin für Familie, Senioren, Frauen und Jugend** kann im Einvernehmen mit dem Bundeskanzler verlangen, dass Angelegenheiten von frauenpolitischer Bedeutung der Bundesregierung zur Beratung und Beschlussfassung unterbreitet werden, auch wenn diese zum Geschäftsbereich eines anderen Bundesministers gehören (§ 15 Abs. 1 GOBReg.). Entsprechendes gilt in verbraucherschutzpolitischen Angelegenheiten für die **Bundesministerin für Verbraucherschutz, Ernährung und Landwirtschaft.**

5.5.4 Die Vertretung der Bundesminister

352 Die Vertretung der Bundesminister ist in § 14 GOBReg. geregelt. Die Doppelfunktion als Mitglied der Bundesregierung und Spitze eines Ministeriums setzt sich in den Vertretungsregelungen dahingehend fort, dass der Minister „als Leiter einer Obersten Bundesbehörde" (Ministerium) im Grundsatz durch den (beamteten) **Staatssekretär** vertreten wird. Für Erklärungen vor dem Bundestag, vor dem Bundesrat und in den Sitzungen der Bundesregierung wird der Bundesminister dagegen grundsätzlich durch den **Parlamentarischen Staatssekretär** vertreten. In der Regierung vertritt ihn der dazu bestimmte Bundesminister.

353 Der (beamtete) **Staatssekretär** ist ein Beamter,[34] kann als „politischer Beamter" aber gemäß § 54 Abs. 1 BBG jederzeit in den einstweiligen Ruhestand versetzt werden, was insbesondere nach Regierungswechseln regelmäßig geschieht.

354 Die Stellung eines **Parlamentarischen Staatssekretärs** wurde 1967 in der Zeit der (ersten) Großen Koalition von CDU und SPD geschaffen.[35] Wesentlicher Unterschied zu den beamteten Staatssekretären ist, dass es sich um Bundestagsabgeordnete handeln muss.[36] Die Erwartung war, dass sie „ihren" Minister bei der Erfüllung der Regierungs-

34 S. *dazu K. Herrmann*, Staatssekretäre ohne Beamtenverhältnis – organisationsrechtlicher Pragmatismus oder Verstoß gegen Art. 33 Abs. 4 und 5 GG, VerwArch. 2010, 377 ff.

35 Gesetz über die Rechtsverhältnisse der Parlamentarischen Staatssekretäre (ParlStG) vom 24. Juli 1974 (BGBl. I, S. 1538) idF. vom 5. Februar 2009 (BGBl. I, S. 160). Näher zur Entstehung des und Diskussion um dieses Gesetz, s. *M. Neumann*, Parlamentarische Staatssekretäre in der Bundestagsverwaltung, ZRP 2002, 203 (203 ff.); *B. Köster*, Der parlamentarische Staatssekretär im Bund – eine Institution zwischen andauernder Kritik und allgemeiner Akzeptanz, DÖD 2018, 241 ff.

36 S. § 1 Abs. 1 Halbsatz 2 ParlStG. Durch ÄndG v. 22. Januar 1999 (BGBl. I, S. 10) wurde dieses Erfordernis für Parlamentarische Staatssekretäre beim Bundeskanzler abgeschafft („Lex Naumann").

aufgaben entlasten, den Einfluss des Parlaments stärken und sich selbst für zukünftige Ministeraufgaben qualifizieren. Diese Erwartungen haben sich nur eingeschränkt erfüllt.[37] Probleme wirft zudem die unklare Vertretungsregel in § 14 GOBReg. auf, die es dem Minister erlaubt, den Parlamentarischen Staatssekretär im Aufgabenbereich des Staatssekretärs einzusetzen und – eingeschränkt – auch umgekehrt.[38]

5.6 Aufgaben und Befugnisse der Bundesregierung als Kollegium

Die Bundesregierung als Ganzes, dh. als Kollegium, berät und beschließt „alle Angele- 355
genheiten von allgemeiner innen- oder außenpolitischer, wirtschaftlicher, sozialer, finanzieller oder kultureller Bedeutung“ (§ 15 GOBReg). Nach der nicht abschließenden Aufzählung dieser Vorschrift („insbesondere“), vor allem aber wegen der Bindung an die Verfassung und das Gesetz, zählen dazu die Angelegenheiten, die durch Grundgesetz oder Gesetz ausdrücklich der Bundesregierung zugewiesen sind.

5.6.1 Überblick

Aus der Verfassung sind insoweit zu nennen: 356

- im regierungsinternen Bereich die Entscheidung von Meinungsverschiedenheiten zwischen Bundesministern (Art. 65 Satz 3 GG, vgl. § 15 Abs. 1 lit. f. GOBReg.);
- das Recht der Gesetzesinitiative gemäß Art. 76 Abs. 1 GG (weshalb § 15 Abs. 1 lit. a und d GOBReg. alle Gesetzesentwürfe und die Stellungnahmen des Bundesrates hierzu als Gegenstand der Beratung und Beschlussfassung im Kollegium nennt);
- der Erlass von Rechtsverordnungen (Art. 80 GG; vgl. § 15 Abs. 1 lit. b und c GOBReg.);
- der Erlass von Verwaltungsvorschriften und die Aufsicht über den Vollzug von Bundesgesetzen (Art. 84 Abs. 2, 3, 5, Art. 85 Abs. 2 und 4, Art. 108 Abs. 7 GG);
- die Organisationsgewalt bzgl. der Bundesverwaltung (Art. 86; Art. 108 Abs. 2 GG);
- Zuständigkeiten bzgl. des Haushalts und der Rechnungskontrolle (Art. 113, 114 GG);
- Kriegswaffenkontrolle (Art. 26 Abs. 2 Satz 1 GG);
- Zustimmung zu Verträgen der Länder mit auswärtigen Staaten (Art. 32 Abs. 3 GG);
- Bundeszwang (Art. 37 GG);
- Zuständigkeiten im Not- und Verteidigungsfall (Art. 35 Abs. 3, 80a Abs. 3, 91 Abs. 2, 115a, 115f GG).

Außerdem berät die Bundesregierung gemäß § 15 Abs. 2 GOBReg. über die Ernennung bzw. Einstellung hoher Beamter und Angestellter sowie über die Ernennung von Richtern der obersten Gerichtshöfe des Bundes.

5.6.2 Insbesondere: Erlass von Rechtsverordnungen

Von großer Bedeutung ist in der Praxis neben der Beratung von Gesetzentwürfen das 357
Recht zum Erlass von Rechtsverordnungen. Bei Rechtsverordnungen handelt es sich um *delegierte Gesetzgebung*. Gemäß Art. 80 Abs. 1 GG kann der Bundestag durch Gesetz die Bundesregierung, einen Bundesminister oder die Landesregierungen ermächtigen, Rechtsverordnungen zu erlassen, wobei Inhalt, Zweck und Ausmaß dieser Delegation im Gesetz bestimmt werden müssen. Auf diese Weise kann der Parlamentsgesetzgeber sich davon entlasten, alle Einzelheiten selbst zu regeln.[39] Ist die Normsetzungsbefugnis

---

37 Zur Kritik und Bestandsaufnahme s. *M. Neumann*, Parlamentarische Staatssekretäre in der Bundestagsverwaltung, ZRP 2002, 203 (205 f.).

38 Zu möglichen Grenzen einer Übertragung von hoheitlichen Befugnissen auf die – anders als die Staatssekretäre – nicht verbeamteten Parlamentarischen Staatssekretäre, s. StGH BW, DÖV 1973, 673.

39 Einzelheiten dazu Rn. 422 ff.

durch Parlamentsgesetz der Bundesregierung übertragen, so ist damit die Bundesregierung als Kollegium gemeint.

358 Die **Beschlüsse der Bundesregierung** werden in der Regel „in gemeinschaftlicher Sitzung" gefasst (§ 20 Abs. 1 GOBReg.). Erscheint eine mündliche Beratung nicht erforderlich, kann die Zustimmung der Mitglieder der Bundesregierung schriftlich im **Umlaufverfahren** eingeholt werden (§ 20 Abs. 2 GOBReg.). Im Zusammenhang mit dem Erlass einer Rechtsverordnung ist es zum Streit darüber gekommen, ob das **Schweigen** im Umlauf nach Ablauf einer bestimmten Frist genügt, um einen befürwortenden Beschluss über die Rechtsverordnung anzunehmen. Ein Beschluss der Bundesregierung muss dieser als Willenserklärung zurechenbar sein. Dies setzt die nötige Mehrheit im beschlussfähigen Gremium voraus. Im Falle des Schweigens ist unklar, ob und von wem der Gegenstand der Beschlussfassung überhaupt zur Kenntnis genommen wurde. Das Schweigen aller als einstimmige Bejahung zu deuten ist – zumal bei sehr kurzer Frist – reine Fiktion. Ein der Bundesregierung zurechenbarer Beschluss setzt deshalb eine positive Äußerung der Mehrheit der für die Beschlussfähigkeit nötigen Zahl von Regierungsmitgliedern voraus (**Information, Mehrheit, Quorum**).[40]

Rechtsprechung: BVerfGE 91, 148 – Erlass von Rechtsverordnungen im Umlaufverfahren; 105, 252 – Glykol; 105, 279 – Osho; 138, 102 – Grenzen der Öffentlichkeitsarbeit, Fall Schwesig; 148, 11 – Grenzen der Öffentlichkeitsarbeit, Fall Wanka.

Literatur: *H. Bethge*, Zur verfassungsrechtlichen Legitimation informalen Staatshandelns, Jura 2003, 327; *H. Mandelartz*, Informations- und Öffentlichkeitsarbeit der Bundesregierung, DÖV 2015, 326; *M. Martini/B. Kühl*, Staatliches Informationshandeln, Jura 2014, 1221; *T. Spitzlei*, Die politische Äußerungsbefugnis staatlicher Organe, JuS 2018, 856.

5.7 Beendigung der Amtszeit

5.7.1 Der Regelfall und ungeregelte Fälle der Beendigung

359 Die Amtszeit einer Bundesregierung endet regulär mit dem Zusammentritt eines neuen Bundestages (Art. 69 Abs. 2 GG), also spätestens 30 Tage nach der Bundestagswahl (Art. 39 Abs. 2 GG). Die Amtszeit des Bundeskanzlers kann aber auch vorzeitig enden, etwa durch Tod oder Rücktritt. In jedem Fall ist damit auch für die Minister die Amtszeit beendet (Art. 69 Abs. 2 GG). Der Bundestag ist berufen, im Verfahren des Art. 63 GG einen neuen Kanzler zu wählen. Kommt es bei der Wahl eines neuen Kanzlers und damit seiner Ernennung oder bei der Ernennung der Minister zu Verzögerungen, bleiben die bisherigen Amtsinhaber auf Ersuchen des Bundespräsidenten oder ggf. des Bundeskanzlers geschäftsführend im Amt (Art. 69 Abs. 3 GG).[41] Eine solche Situation kann im Falle einer irregulären Beendigung des Amtes auftreten oder im Falle langwieriger Koalitionsverhandlungen, welche die Regierungsbildung nach der Wahl verzögern.

5.7.2 Das konstruktive Misstrauensvotum

360 Als schärfstes Instrument der parlamentarischen Kontrolle sieht Art. 67 GG die Abwahl des amtierenden Bundeskanzlers vor, womit gemäß Art. 69 Abs. 2 GG die gesamte Regierung ihrer Ämter enthoben wird.[42] **Die Abwahl kann ausschließlich durch Wahl eines neuen Bundeskanzlers erfolgen.** Diese Art des Misstrauensvotums stellt eine

40 So das BVerfG in E 91, 148 (171); s. dazu auch BVerwGE 89, 121 (127) – *Exportkontrolle*.

41 Für die geschäftsführende Regierung gilt das sog. Versteinerungsprinzip, dh., dass das Ersuchen nach Art. 69 Abs. 3 GG nur an die bisherigen Amtsinhaber gerichtet werden kann. S. zu Einzelheiten, *J.A. Kämmerer*, in: *von Münch/Kunig*, GGK I, Art. 69 Rn. 28.

42 Zum konstruktiven Misstrauensvotum, s. *J.P. Terhechte*, Die vorzeitige Bundestagsauflösung als verfassungsrechtliches Problem, Jura 2005, 512 (514 f.).

wesentliche Neuerung gegenüber der Weimarer Reichsverfassung dar. Damals konnte das Parlament sowohl den Reichskanzler als auch einzelne Minister ohne Sorge um die Neubesetzung der Ämter durch Misstrauensvotum ihres Amtes entheben (Art. 54 WRV). Dieses rein destruktive Vorgehen war umso leichter, als der Reichspräsident auf der Grundlage seiner Notkompetenzen wesentliche Teile der Regierungstätigkeit übernehmen konnte (Art. 48 WRV). Demgegenüber nimmt das Grundgesetz den Bundestag in die Verantwortung, für eine stabile Regierung zu sorgen, indem der amtierende Kanzler allein durch die Wahl eines neuen Kanzlers, für welche die absolute Mehrheit erforderlich ist, abgesetzt werden kann. Dieses auf den Kanzler beschränkte konstruktive Misstrauensvotum stärkt entscheidend seine Stellung verglichen mit der des Reichskanzlers und trägt zur Stabilität der Regierung bei. Allerdings kann die Regelung auch zur Folge haben, dass wegen fehlender Einigung auf einen neuen Kanzler eine **Minderheitsregierung** im Amt bleibt, die bis zum Ende der Legislaturperiode mit wechselnden Mehrheiten oder mit Hilfe des Gesetzgebungsnotstands nur noch eingeschränkt handlungsfähig ist. In der Geschichte der Bundesrepublik Deutschland gab es bisher ein erfolgloses und ein erfolgreiches Misstrauensvotum.[43]

Regelungen zum **Verfahren** finden sich ergänzend zu Art. 67 GG in § 97 GOBT. Danach ist durch mindestens ein Viertel der Mitglieder des Bundestages bzw. von einer Fraktion in dieser Stärke der Antrag zu stellen, dem Kanzler das Misstrauen auszusprechen. Dieser Antrag muss einen namentlich benannten Kandidaten als Nachfolger zur Wahl vorschlagen. Anträge, die diesen Anforderungen nicht genügen, dürfen nicht auf die Tagesordnung gesetzt werden. Gehen mehrere Anträge mit verschiedenen Kandidatenvorschlägen ein, ist dennoch in einem Wahlgang zu wählen. Zwischen dem Antrag und der Abstimmung müssen 48 Stunden liegen. Gewählt wird mit verdeckten Stimmzetteln (§ 49 GOBT). Wählt der Bundestag mit der Mehrheit seiner Mitglieder (Art. 121 GG) einen Nachfolger, muss der Bundespräsident auf das Ersuchen des Bundestages den Kanzler entlassen und den Gewählten ernennen. 361

5.7.3 Die Vertrauensfrage (Art. 68 GG)

Während das Misstrauensvotum dem Bundestag die Initiative zur Beendigung einer Regierungskrise überlässt, gibt Art. 68 GG mit dem Instrument der Vertrauensfrage dem Bundeskanzler ein Mittel in die Hand, unter Androhung der Parlamentsauflösung auf den Zusammenhalt der Mehrheit hinzuwirken. 362

5.7.3.1 Bedeutung und Überblick über das Verfahren. Das Besondere des Art. 68 GG gegenüber historischen Vorläufern ist die **Verkoppelung** zwischen der **Vertrauensfrage** und der **Parlamentsauflösung**. Nach der Weimarer Reichsverfassung führte der im Wege einer Vertrauensfrage manifest gewordene Verlust der parlamentarischen Mehrheit allein zum Rücktritt der Regierung, während das nicht zur Mehrheit fähige Parlament blieb. Das Recht zur Parlamentsauflösung lag in Fortführung monarchischer Traditionen allein beim Reichspräsidenten (Art. 25 WRV), der seinerseits auf der Grundlage seiner Notkompetenzen regieren konnte. Art. 68 GG nötigt dagegen mit der Androhung der Parlamentsauflösung die Abgeordneten des Bundestages jedenfalls insofern zu einer verantwortlichen Entscheidung, als diese nicht ohne Konsequenzen für sie selbst bleibt. Zudem stellt sich auch der Kanzler mit seiner Regierung zur Disposition. 363

Die Vertrauensfrage lässt sich in **vier Stufen** gliedern. Die Initiative liegt beim Bundeskanzler, der im Bundestag den *Antrag* stellt, ihm das Vertrauen auszusprechen. Im zweiten Schritt stimmt der Bundestag über diese Frage ab. Gemäß Art. 68 Abs. 2 GG ist zwischen Antrag und *Abstimmung* eine Frist von mindestens 48 Stunden einzuhalten. Erhält der Kanzler die 364

---

43 Nähere Informationen bei *U. Mager/T. Holzner*, in: *von Münch/Kunig*, GGK I, Art. 67 Rn. 15 ff.

nötige Mehrheit, so hat er zumindest vorübergehend an Handlungsfähigkeit gewonnen. Wird seine Frage dagegen nicht von der Mehrheit der Mitglieder des Bundestages bejaht, so liegt es in seiner Entscheidungsmacht, dem Bundespräsidenten die Auflösung des Bundestages vorzuschlagen. Weitere Möglichkeiten sind Rücktritt oder Verbleiben im Amt als erwiesener Minderheitskanzler ggf. unter Anwendung des Gesetzgebungsnotstands nach Art. 81 GG. Für den *Vorschlag der Bundestagsauflösung* an den Bundespräsidenten hat der Bundeskanzler zu beachten, dass die Entscheidung über die Bundestagsauflösung innerhalb von 21 Tagen, vom Zeitpunkt der Abstimmung gerechnet, zu treffen ist. Während dieser Frist kann der Bundestag seiner Auflösung durch Wahl eines anderen Bundeskanzlers zuvorkommen. Die vierte Stufe stellt die *Entscheidung des Bundespräsidenten* dar, den Bundestag aufzulösen, ggf. auch ihn nicht aufzulösen.

365 **5.7.3.2 Praxis.** In der Geschichte der Bundesrepublik hat es bisher **fünf Fälle** gegeben, in denen ein Bundeskanzler die Vertrauensfrage stellte.[44] Zwei davon wurden bejaht, was nicht verhinderte, dass im ersten Fall Bundeskanzler *Helmut Schmidt* kurze Zeit später im Wege des konstruktiven Misstrauensvotums durch den damaligen Abgeordneten *Helmut Kohl* abgelöst wurde, während im zweiten Fall Bundeskanzler *Gerhard Schröder* schon bald ein zweites Mal von Art. 68 GG Gebrauch machte, was dann zu Neuwahlen führte. Von den drei Vertrauensfragen, die verneint wurden, führten zwei zum Rechtsstreit vor dem Bundesverfassungsgericht. Zum einen die Vertrauensfrage von Bundeskanzler *Helmut Kohl*, der zuvor infolge des Koalitionswechsels der FDP von der SPD zur CDU im Wege des Misstrauensvotums ins Amt gelangt war, zum anderen die zweite Vertrauensfrage von Bundeskanzler *Gerhard Schröder*. In beiden Fällen begehrten Abgeordnete des aufgelösten Parlaments im Wege des Organstreitverfahrens die Feststellung, dass die Auflösung verfassungswidrig gewesen sei.[45] Die Begründung ging jeweils

44 S. dazu *W. Löwer*, Inszeniertes Misstrauen, DVBl. 2005, 1102 (1104 f.): 22.9.1972 Vertrauensfrage von Bundeskanzler *Willy Brandt*; 5.2.1982 Bundeskanzler *Helmut Schmidt*; 17.12.1982 Bundeskanzler *Helmut Kohl*; 16.11.2001 Bundeskanzler *Gerhard Schröder*; 27.6.2005 Bundeskanzler *Gerhard Schröder*.

45 BVerfGE 62, 1 – *Vertrauensfrage von Helmut Kohl: Helmut Kohl* stellte im Jahre 1982 die Vertrauensfrage, nachdem er im Wege eines konstruktiven Misstrauensvotums gemäß Art. 67 GG anstelle von *Helmut Schmidt* zum Bundeskanzler gewählt worden war. Dieser Kanzlerwechsel während der laufenden Legislaturperiode war möglich geworden, weil ein großer Teil der FDP nicht mehr mit dem bisherigen Koalitionspartner, der SPD, gemeinsame Politik machen wollte. Der Koalitionswechsel der FDP führte nicht nur zu erheblichen Spannungen innerhalb dieser Partei; durch alle Parteien hinweg war zudem die Meinung verbreitet, dass ein solcher Wechsel der Bestätigung durch die Wähler bedürfe. Nachdem erste Gesetzesvorhaben und auch der Haushaltsplan unter der neuen Regierung und mit der neuen Koalition im Bundestag verabschiedet waren, stellte Bundeskanzler Kohl verabredungsgemäß die Vertrauensfrage mit der Absicht, Neuwahlen herbeizuführen.
BVerfGE 114, 121 – *zweite Vertrauensfrage von Gerhard Schröder*: Bundeskanzler *Schröder* fasste seinen Entschluss, die Vertrauensfrage nach Art. 68 GG zu stellen, unmittelbar im Anschluss an die Landtagswahl in NRW im Mai 2005. Diese Wahl stand in einer Folge von Landtagswahlen, in denen die SPD seit der Verkündung der sog. „Agenda 2010" durch Bundeskanzler *Schröder* im März 2003 erhebliche Verluste hinnehmen musste. Bereits im März 2004 hatte *Müntefering* aufgrund innerparteilicher Widerstände gegen diese Agenda Schröder im Parteivorsitz der SPD abgelöst. Am 27.6.2005 stellte *Schröder* die Vertrauensfrage mit dem erklärten Ziel, Neuwahlen anzustreben. Unter Einhaltung der in Art. 68 Abs. 2 GG vorgeschriebenen 48-Stunden-Frist stimmte der Bundestag am 1. Juli 2005 über den Antrag ab und versagte dem Kanzler das Vertrauen. Auf den Antrag von *Schröder* entschied der Bundespräsident am 21.7.2005 die Auflösung des 15. Bundestages und setzte den Neuwahltermin auf den 18. September fest. *Schröder* trat bei diesen Wahlen wiederum als Kanzlerkandidat der SPD auf. *Schröder* begründete die Vertrauensfrage im Wesentlichen damit, dass er nach den Wahlniederlagen Zweifel an der Belastbarkeit der Koalition gehabt habe. Es sei in den regierenden Parteien wie auch Fraktionen zu Konflikten um die „Agenda 2010" gekommen. Nach der Wahlniederlage in NRW habe „die Frage offen auf dem Tisch gelegen, ob noch die volle Handlungsfähigkeit für ihn und seine Politik gegeben" sei. Es habe auch im Blick auf die Außenpolitik „vermehrt abweichende, jedenfalls die Mehrheit gefährdende Stimmen" gegeben. Er habe nicht mehr mit dem notwendigen *stetigen* Vertrauen rechnen können. Zudem wies er darauf hin, dass er auch wegen der andauernden Behinderung der Gesetzesvorhaben durch den Bundesrat der erneuten Legitimation durch den Souverän bedürfe. Abstimmungsniederlagen hatte *Schröder* bis zum Zeitpunkt der Vertrauensfrage nicht hinnehmen müssen.

dahin, dass in beiden Fällen der Bundeskanzler tatsächlich über eine parlamentarische Mehrheit verfügte und über die formale Verneinung der Vertrauensfrage im Zusammenwirken mit dieser Mehrheit Neuwahlen anstrebte, um außerparlamentarische politische Schwierigkeiten zu bewältigen. Gestellt war damit die Frage nach Zulässigkeit und Grenzen der **negativen** oder **unechten**, dh. von vornherein **auf Parlamentsauflösung zielenden Vertrauensfrage**. Für das Bundesverfassungsgericht hat der Streit um die Auslegung des Art. 68 GG die zusätzliche Dimension, inwieweit es dazu berufen ist, in einem hochpolitischen Verfahren weichenstellend einzugreifen, inwieweit die Anforderungen des Art. 68 GG also justitiabel sind.

5.7.3.3 Auslegungsprobleme. Die Auslegung des Art. 68 GG gehört zu den umstrittensten Fragen des Staatsorganisationsrechts. **366**

5.7.3.3.1 Das Meinungsspektrum. Nach der engsten Auffassung darf der Bundeskanzler nur mit dem Willen, sich das Vertrauen bestätigen zu lassen, die Vertrauensfrage stellen. Eine **negative Vertrauensfrage** ist danach **unzulässig.**[46] Nach der weitesten Auffassung enthält Art. 68 GG dagegen **nur eine Verfahrensregelung** für einen in der Verantwortung der beteiligten Staatsorgane liegenden hochpolitischen Vorgang.[47] Dazwischen finden sich Positionen, wonach die negative Vertrauensfrage **nur unter bestimmten Bedingungen zulässig** sein soll. Unter diesen vertritt die engste Auffassung, dass nur der **erwiesene Minderheitskanzler**, ein Kanzler also, der schon Abstimmungsniederlagen eingesteckt hat und dessen Vertrauensverlust somit bereits erwiesen ist, die Vertrauensfrage mit dem Ziel der Bundestagsauflösung stellen darf.[48] Eine weitere Meinung fordert eine **„Lage der politischen Instabilität"** zwischen Bundeskanzler und Parlament. Diese Anforderung hat insbesondere das Bundesverfassungsgericht in seiner ersten Entscheidung zu Art. 68 GG als ungeschriebenes materielles Tatbestandsmerkmal im Wege systematischer, historischer und genetischer Auslegung ermittelt.[49] Umstritten ist allerdings wiederum, wie dieses ungeschriebene Tatbestandsmerkmal „Lage der politischen Instabilität" zu definieren ist bzw. unter welchen Voraussetzungen es erfüllt ist. Die insoweit engste Auffassung verlangt, dass die instabile Lage **objektiv**, aktuell und innerparlamentarisch vorliegen muss.[50] Sie kommt damit der Auffassung sehr nahe, nach der eine Vertrauensfrage nur der erwiesene Minderheitskanzler stellen darf. In allen anderen Ansätzen findet das Merkmal der „instabilen Lage" eine subjektive Färbung, indem mindestes einem der drei beteiligten Akteure – Bundeskanzler, Bundestag oder Bundespräsident – ein **Einschätzungsspielraum** zugewiesen wird.[51] **366a**

Angesichts dieses Meinungsspektrums verwundert es nicht, dass keine der Entscheidungen des Bundesverfassungsgerichts zu Art. 68 GG einstimmig erging. Der Entscheidung von 1982 sind drei, der Entscheidung von 2005 sind zwei Sondervoten beigefügt.

5.7.3.3.2 BVerfGE 62, 1 ff. zur Vertrauensfrage von *Helmut Kohl*. In seiner Entscheidung zur Vertrauensfrage von Bundeskanzler Kohl setzte das Gericht schulmäßig an, **367**

46 So etwa *R. Wahl*, Antragsschrift des Abgeordneten Karl-Hans Lagershausen, in: *Heyde/Wöhrmann* (Hrsg.), Auflösung und Neuwahl des Bundestages 1983 vor dem Bundesverfassungsgericht, Dokumentation des Verfahrens, 1984, S. 3 (10, 28 ff.); weitere Nachweise bei *A. Kerkemeyer*, in: *von Münch/Kunig*, GGK I, Art. 68 Rn. 20.

47 Nachweise dazu bei *U. Mager*, in: *von Münch/Kunig*, GGK I, 6. Aufl., Art. 68 Rn. 11.

48 *B. Pfeifer*, Bundestagsauflösung trotz Kanzlermehrheit?, VR 2005, 253 (255); s. auch *C. Pestalozza*, Art. 68 GG light oder die Wildhüter der Verfassung, NJW 2005, 2817 (2818) zu den Intentionen der Verfassungsgeber.

49 Dazu unten Rn. 367. Zustimmend *C. Starck*, Anm. zu BVerfGE 114, 121 ff., Urteil vom 25.8.2005 – BvE 4/05 und 7/05, JZ 2005, 1053 (1054); *W. Löwer*, Inszeniertes Misstrauen, DVBl. 2005, 1102 (1105 f.); *B. Pfeifer*, Bundestagsauflösung trotz Kanzlermehrheit?, VR 2005, 253 (254).

50 Nachweise dazu bei *U. Mager*, in: *von Münch/Kunig*, GGK I, 6. Aufl., Art. 68 Rn. 10.

51 BVerfGE 62, 1 (50 f. und Ls. 8 und 9) – *Einschätzungsprärogative des Bundeskanzlers*. Entscheidung liegt bei den Abgeordneten: *A. Kerkemeyer*, in: *von Münch/Kunig*, GGK I, Art. 68 Rn. 23; *C. Pestalozza*, Art. 68 GG light oder Die Wildhüter der Verfassung, NJW 2005, 2817 (2818).

beizutragen. Eine Auslegung, die Art. 68 GG funktional zu einem destruktiven Misstrauensvotum macht, verbietet sich angesichts von Art. 67 GG. Systematisch unzulässig ist auch eine Interpretation, die die Vertrauensfrage zu einem vom Kanzler initiierten Plebiszit umfunktioniert, denn das GG trifft in Art. 20 Abs. 2, Art. 38 GG eine Grundentscheidung für eine repräsentative Demokratie.[69] Schließlich darf Art. 68 GG auch nicht faktisch die Funktion eines Selbstauflösungsrechts der parlamentarischen Mehrheit annehmen, um etwa zu einem politisch günstigen Zeitpunkt Neuwahlen herbeizuführen oder um sich schwierigen Aufgaben zu entziehen.[70]

370 Die weitere Frage ist, wo diese eingeschränkte Rechtskontrolle am besten anzusetzen hat. Die tragende Mehrheit des Bundesverfassungsgerichts wählt hierfür die Vertrauensfrage des Kanzlers, indem sie diese rechtlich durch den Zweck des Art. 68 GG begrenzt. Indem dem Kanzler die Einschätzungsprärogative überlassen und der politische Prozess für unkontrollierbar erklärt wird, tritt jedoch die Folge ein, dass die innerparlamentarische Auseinandersetzung jederzeit zur Krise erklärt werden kann.[71] Der Bundespräsident als „neutraler Dritter" kann angesichts seiner Bindung an die Einschätzung des Kanzlers eine Entscheidung in eigener Verantwortung kaum mehr treffen.[72] Durch diese Schwächung des Bundespräsidenten[73] wird die Gefahr der Verwendung der Vertrauensfrage als Plebiszit wie auch als „Selbstauflösungsrecht" im Zusammenwirken von Kanzler und Parlament aber gerade erhöht. Notwendig ist also eine Auslegung des Art. 68 GG, die die Rolle des Bundespräsidenten stärkt. Dies spricht dafür, allein seine Ermessensentscheidung zum Ansatzpunkt der Missbrauchskontrolle zu machen.[74] Der Bundespräsident hätte als Voraussetzung für seine Ermessensentscheidung nur die Verfahrensschritte zu prüfen. Erst im Rahmen seiner Entscheidung wäre die Wahrung des Zwecks von Art. 68 GG von entscheidendem Gewicht. Er hätte zu gewährleisten, dass die **Vertrauensfrage weder** als **destruktives Misstrauensvotum noch** als **Plebiszit oder Selbstauflösungsrecht** eingesetzt würde. Seine Entscheidung wäre öffentlich zu begründen und vom Bundesverfassungsgericht auf Ermessensfehler zu prüfen. Dieser Ansatz begrenzt in rechtlich schlüssiger Weise die Rechtskontrolle auf ein Minimum. Allerdings darf nicht verkannt werden, dass es tatsächlich einer außerordentlich starken Persönlichkeit bedarf, um im Ernstfall gegen Kanzler und Parlament zu entscheiden[75] und dass auch das Bundesverfassungsgericht nur im Extremfall die Entscheidung eines Bundespräsidenten als ermessensfehlerhaft beurteilen wird.[76] Auch der Anreiz zum politischen Schauspiel wäre nicht völlig gebannt, denn der Bundespräsident wäre von der Notwendigkeit einer Auflösung zu überzeugen. Diese verbleibenden Zweifel an der Wirksamkeit der Missbrauchskontrolle durch den Bundespräsidenten führen zurück zu der strikten Lesart des Art. 68 GG, nach der nur ein erwiesener Minderheitskanzler die Vertrauensfrage stellen darf, ein Kanzler also, der Abstimmungsniederlagen eingesteckt hat. Diese strikte Lesart erscheint als die wirksamste Missbrauchsabwehr. Der „Preis", der dafür zu zahlen ist, besteht darin, dass das Bundesverfassungsgericht in einem hochpolitischen Vorgang zum entscheidenden Akteur wird. Das Gericht hätte festzustellen, dass „objektiv" keine Regierungsfähigkeit mehr besteht, wobei zu bedenken ist, dass sich auch Abstimmungsniederlagen inszenieren lassen und dass auch bei

---

69 Dies hebt im vorliegenden Zusammenhang auch *B. Pfeifer*, Bundestagsauflösung trotz Kanzlermehrheit?, VR 2005, 253 (255) hervor.

70 So schon BVerfGE 62, 1 (42 f.); s. auch BVerfG 114, 121 (151).

71 Kritik Sondervotum *Lübbe-Wolff*: Kontrollfassade, BVerfGE 114, 182 (195).

72 So auch die Kritik von *C. Pestalozza*, Art. 68 GG light oder Die Wildhüter der Verfassung, NJW 2005, 2817 (2819).

73 Diese Schwächung kritisiert auch *B. Pfeifer*, Bundestagsauflösung trotz Kanzlermehrheit?, VR 2005, 253 (255).

74 So *C. Pestalozza*, Art. 68 GG light oder Die Wildhüter der Verfassung, NJW 2005, 2817 (2819).

75 Skeptisch deshalb *B. Pfeifer*, Bundestagsauflösung trotz Kanzlermehrheit?, VR 2005, 253 (255).

76 *C. Pestalozza*, Art. 68 GG light oder Die Wildhüter der Verfassung, NJW 2005, 2817 (2820) schlägt deshalb vor, die Auflösungsentscheidung des Bundespräsidenten durch eine ⅔-Mehrheit im Parlament zusätzlich abzusichern.

dem Tatbestandsmerkmal der objektiven Regierungsunfähigkeit Grauzonen der Einschätzung verbleiben.[77]
Das Dilemma, in das die rechtliche Kontrolle eines hochpolitischen Vorgangs führt, ist nach alledem mit keiner Auslegungsvariante zu umgehen. Dennoch kann in einem Rechtsstaat auch der Kontrollverzicht nicht die Lösung sein. Die Tatsache, dass eine gerichtliche Kontrolle herbeigeführt werden kann, macht öffentliche Rechtfertigung notwendig und bereits dies ist ein Gewinn.

Rechtsprechung: BVerfGE 62, 1 – Vertrauensfrage Kohl; 114, 121 – Vertrauensfrage Schröder.

Literatur: *Ch. Burkizcak*, Kanzlerwahl, Misstrauensvotum und Vertrauensfrage, Jura 2002, 465; *U. Mager*, Die Vertrauensfrage – Zu Auslegung und Justitiabilität von Art. 68 GG, Jura 2006, 290; *J.P. Terhechte*, Die vorzeitige Bundestagsauflösung als verfassungsrechtliches Problem, Jura 2005, 512 (514 f.).

Fallbearbeitungen: *K. von Lewinski*, „Ein Kanzler will Neuwahlen", JA 2006, 439 (Vertrauensfrage).

Lösung zu Fall 7: Waffenexporte

A könnte die Feststellung der Verletzung ihrer Rechte im Wege des Organstreitverfahrens erlangen. Dieses hat Aussicht auf Erfolg, wenn es zulässig und begründet ist.

I. Zulässigkeit

Die Zulässigkeit eines Organstreitverfahrens vor dem Bundesverfassungsgericht bestimmt sich nach Art. 93 Abs. 1 Nr. 1 GG; §§ 13 Nr. 5, 63 ff. BVerfGG.
1. Beteiligtenfähigkeit. Beim Organstreitverfahren handelt es sich um ein kontradiktorisches Verfahren, also um einen Rechtsstreit zwischen zwei Parteien, Antragsteller und Antragsgegner.
Die Abgeordnete A müsste als Antragstellerin beteiligtenfähig sein. Beteiligtenfähig sind gemäß § 63 BVerfGG die dort genannten obersten Bundesorgane sowie Teile davon, sofern sie im GG oder in den betreffenden Geschäftsordnungen mit eigenen Rechten ausgestattet sind. Abgeordnete zählen nicht zu den in § 63 BVerfGG abschließend genannten obersten Bundesorganen. Abgeordnete sind jedoch in Art. 38 Abs. 1 Satz 2 GG mit eigenen Rechten ausgestattet. Es ist für die Frage der Antragstellerin unerheblich, ob die einzelne Abgeordnete als „Teil" des Bundesorgans „Bundestag" iSv. § 63 BVerfGG anzusehen ist, oder ob es sich bei ihr um einen „anderen Beteiligten" iSd. Art. 93 Abs. 1 Nr. 1 GG handelt, denn in jedem Fall ist sie aufgrund ihrer verfassungsrechtlich verbürgten Abgeordnetenrechte gemäß Art. 38 Abs. 1 Satz 2 GG taugliche Beteiligte im Organstreitverfahren.
Der Antrag der A richtet sich gegen die Bundesregierung, welche ausdrücklich als oberstes Bundesorgan in § 63 BVerfGG genannt und damit ebenfalls beteiligtenfähig ist.
2. Streitgegenstand. Erforderlich für einen zulässigen Antrag ist ferner, dass die Parteien um zwischen ihnen bestehende Rechte und Pflichten aus dem GG streiten. Insoweit bedarf es nach § 64 Abs. 1 BVerfGG einer rechtserheblichen Maßnahme oder eines rechtserheblichen Unterlassens der Antragsgegnerin. Eine Maßnahme oder ein Unterlassen ist rechtserheblich, wenn es geeignet ist, Rechtsfolgen auszulösen, die insbesondere in einer Rechtsbeeinträchtigung bestehen können. Zu den Rechten der Abgeordneten A gemäß Art. 38 Abs. 1 Satz 2 GG gehören Kontrollbefugnisse, die das Recht auf Beantwortung von Fragen durch die Bundesregierung umfas-

---

77 Ein Kanzler, der keinesfalls weiterregieren wollte, müsste im Fall der festgestellten Verfassungswidrigkeit seiner Vertrauensfrage seinen Rücktritt erklären. Eine Parlamentsauflösung wäre unter diesen Umständen nur über Art. 63 Abs. 4 GG zu erreichen.

sen. Dabei kommt es für die Rechtserheblichkeit nicht darauf an, ob es sich bei der gerügten Antwort um eine Maßnahme in Form der Verweigerung einer substantiellen Antwort oder um ein Unterlassen in Form einer nicht hinreichenden Beantwortung handelt. Das Verhalten der Bundesregierung stellt somt eine rechtserhebliche Maßnahme dar.

3. Antragsbefugnis. Weiterhin müsste A gemäß § 64 Abs. 1 BVerfGG geltend machen, dass sie durch die Maßnahme bzw. das Unterlassen der Bundesregierung in ihren eigenen verfassungsrechtlichen Rechten verletzt wird. A beruft sich zunächst auf ihr „freies Mandat" gemäß Art. 38 Abs. 1 Satz 2 GG. Abgeordnete sind nach Art. 38 Abs. 1 Satz 2 GG Vertreter des ganzen Volkes und zur gleichberechtigten Teilnahme an der parlamentarischen Auseinandersetzung und Willensbildung berechtigt. A macht hier plausibel geltend, dass ihr aus diesem Status ein Fragerecht zukomme, welches die Bundesregierung durch die Art und Weise der Beantwortung verletzt habe. A ist mithin in Bezug auf eine mögliche Verletzung ihres Rechts aus Art. 38 Abs. 1 Satz 2 GG antragsbefugt.

Ferner beruft sich A auf das Kontrollrecht des Deutschen Bundestages gegenüber der Bundesregierung, abgeleitet aus dem Gewaltenteilungsgrundsatz nach Art. 20 Abs. 2 Satz 2 GG. Eine Berufung nicht nur auf eigene Rechte, sondern auf Rechte des Deutschen Bundestags ist nur möglich, wenn A in zulässiger Prozessstandschaft die Rechte des Deutschen Bundestages geltend machen kann. Zwar repräsentiert jeder Abgeordnete das ganze Volk. Dies bedeutet aber nicht, dass jeder Abgeordnete auch den ganzen Bundestag repräsentiert. Angesichts der weitgehenden Interessenübereinstimmung von Regierung und Parlamentsmehrheit in der parlamentarischen Demokratie ist es aber auch nicht sinnvoll, wenn die Wahrnehmung der Rechte des Bundestages allein der Mehrheit überlassen bliebe. Im Interesse einer wirksamen Kontrolle ist es vielmehr sachgerecht, die Fraktionen als wichtigste Organisationseinheit des Bundestages und ständige Untergliederung mit der Wahrnehmung der Rechte des Bundestages in Prozessstandschaft zu betrauen. Demnach ist A, sofern sie Rechte des Deutschen Bundestages geltend macht, nicht antragsbefugt.

4. Form und Frist. Der Antrag der A muss gemäß §§ 23 Abs. 1, 64 Abs. 2 BVerfGG schriftlich und mit Begründung beim Bundesverfassungsgericht eingereicht werden. Ferner muss der Antrag dem Fristerfordernis des § 64 Abs. 3 BVerfGG genügen. Er muss also binnen sechs Monaten, nachdem A von der Antwort der Bundesregierung Kenntnis erlangt hat, gestellt werden.

5. Ergebnis. Bei Einhaltung der Form- und Fristbestimmungen ist der Antrag der A zulässig.

II. Begründetheit

Der Antrag der A ist begründet, wenn die Bundesregierung durch die Art und Weise der Beantwortung der von A gestellten Fragen deren Rechte aus Art. 38 Abs. 1 Satz 2 GG verletzt hat.

1. Recht der A: Art. 38 Abs. 1 Satz 2 GG. A müsste ein verfassungsmäßiges Recht auf Frage- und Informationsansprüche gegenüber der Bundesregierung haben. Ausdrücklich sind solche Ansprüche für einzelne Abgeordnete im GG nicht geregelt; nur der Bundestag und seine Ausschüsse können gemäß Art. 43 Abs. 1 GG die Anwesenheit eines jeden Mitglieds der Bundesregierung verlangen. Allerdings könnten sich derartige Rechte aus dem Status der Abgeordneten gemäß Art. 38 Abs. 1 Satz 2 GG ergeben. In dem parlamentarischen Regierungssystem des Grundgesetzes, in dem die Regierung in der Regel von der Mehrheit des Parlaments unterstützt wird, ist eine wirksame Kontrolle nur gewährleistet, wenn die Kontrollfunktion nicht auf den Bundestag als Gesamtorgan beschränkt ist. Ihre Wahrnehmung ist am wirksamsten, wenn sie von jedem einzelnen Abgeordneten ausgeübt werden kann. Hierfür spricht auch, dass jeder einzelne Abgeordnete „Vertreter des ganzen Volkes" ist und damit grundsätzlich denselben Rechtsstatus hat. Einschränkungen und Bündelungen der Rechtsausübung bedürfen der Rechtfertigung zur Sicherung der Arbeitsfähigkeit des Parlaments. Dementsprechend kommt jedem Abgeordneten zunächst die Kontrollfunktion als Statusrecht zu. Kontrolle heißt insbesondere die Herstellung von Öffentlichkeit für das von jedem einzelnen Abgeordneten repräsentierte Volk. In Übereinstimmung damit regelt § 105 Satz 1 GOBT, dass *jedes* Mitglied des Deutschen Bundestages das Recht hat, Fragen an die Bundesregierung zu stellen. Aus Art. 38 Abs. 1 Satz 2 GG, konkretisiert in § 105 Satz 1 GOBT, erwächst dem einzelnen Abgeordneten mithin ein Fragerecht und ein Informationsanspruch gegenüber der Bundesregierung.

2. Grenzen des Fragerechts. Angesichts der Einwände der Bundesregierung stellt sich die Frage nach den Grenzen dieses Informationsanspruchs. Da die Kontrollbefugnis nicht weiterreichen kann als die Verantwortlichkeit der Bundesregierung gegenüber dem Bundestag, ist der Informationsanspruch von vornherein auf Angelegenheiten in der Zuständigkeit der Bundesregierung beschränkt. Darüber hinaus wird der Informationsanspruch der einzelnen Abgeordneten aber auch durch den Gewaltenteilungsgrundsatz nach Art. 20 Abs. 2 Satz 2 GG begrenzt. So gibt es einen Kernbereich exekutiver Eigenverantwortung, der den nicht ausforschbaren Initiativ-, Beratungs- und Handlungsbereich der Bundesregierung umfasst. Eine weitere Grenze ist aus Gründen des Staatswohls zu ziehen, wenn durch das Bekanntwerden geheimer Informationen beispielsweise die außenpolitischen Beziehungen der Bundesrepublik Deutschland gefährdet werden. Schließlich kann auch die staatliche Verpflichtung zum Grundrechtsschutz den Informationsanspruch beschränken.

3. Verfassungsmäßigkeit der Maßnahme der Bundesregierung. Um die Verfassungsmäßigkeit der Antworten des Bundeswirtschaftsministers anhand dieses Maßstabs festzustellen, ist zwischen den drei Fragen der A zu unterscheiden.

a) Zu Frage (1.). Das Auskunftsverlangen der A, ob es eine Waffenlieferung über 200 Panzer „Leopard" in das Land X gegeben habe, bezieht sich auf Entscheidungen, die von der Bundesregierung getroffen wurden und gemäß Art. 26 Abs. 2 Satz 1 GG in deren ausschließliche Zuständigkeit fallen. Die Frage ist, ob bereits aufgrund dieser ausschließlichen Zuständigkeitszuweisung an die Bundesregierung deren Verantwortlichkeit gegenüber dem Bundestag wie auch den einzelnen Abgeordneten entfällt. Es ist jedoch zwischen parlamentarischer Mitwirkung und parlamentarischer Kontrolle zu unterscheiden. Der Bundestag kann zwar an den Waffenexportgeschäften nicht parlamentarisch mitwirken, weil ihm insoweit die Kompetenzzuweisung durch das GG fehlt, jedoch ist daraus nicht zu folgern, dass dieser Bereich auch der parlamentarischen Kontrolle entzogen wäre, die vielmehr alle Bereiche des Regierungshandelns umfasst.

Die Bundesregierung wendet allerdings ein, dass diesem Kontrollanspruch bereits durch den jährlichen Rüstungsexportbericht Genüge getan wird. Dem ist entgegenzuhalten, dass ein Informationsbedürfnis der Öffentlichkeit, also des Volkes, das die Abgeordneten zur Ausübung ihrer Kontrollbefugnisse legitimiert und für das die Abgeordneten die Kontrollbefugnisse ausüben, in besonderer Weise in zeitlichem Zusammenhang mit einzelnen und bestimmten Rüstungsgeschäften bestehen kann. Ein jährlicher zusammenfassender Bericht einerseits und die Vornahme eines einzelnen Rüstungsgeschäfts andererseits haben unterschiedlichen Informationsgehalt und dementsprechend unterschiedliche Bedeutung für die Öffentlichkeit.

Die Bundesregierung wendet weiter ein, dass A durch ihre Frage den Kernbereich exekutiver Eigenverantwortung berührt. Dieser schützt insbesondere den Beratungsverlauf und den Willensbildungsprozess innerhalb der Bundesregierung, welcher der Nachforschung durch den einzelnen Abgeordneten verschlossen bleibt. Der Willensbildungsprozess der Bundesregierung war hier allerdings bereits abgeschlossen, da die Entscheidung über die Lieferung von 200 Panzern „Leopard" an das Land X bereits getroffen war. Soweit sich die Frage der A darauf beschränkt, zu erfahren, ob die Bundesregierung eine Genehmigung für das Rüstungsgeschäft erteilt hat, wird der Kernbereich exekutiver Eigenverantwortung nicht berührt. Weitere Rechtfertigungsgründe zugunsten der Bundesregierung sind nicht ersichtlich. Die Bundesregierung ist verpflichtet, den Abgeordneten des Deutschen Bundestages mitzuteilen, dass sie einen Beschluss über die Genehmigung eines Kriegswaffenexportgeschäfts gefasst hat. Insoweit hat die Bundesregierung die A bei der Beantwortung der Frage (1.) in ihrem Frage- und Informationsrecht aus Art. 38 Abs. 1 Satz 2 GG verletzt.

b) **Zu Frage (2.).** Allerdings könnte in der weiterführenden Frage der A, wie die Bundesregierung vor dem Hintergrund der Menschenrechtsverletzungen und Unterdrückung von Demokratiebewegungen ihre Entscheidung rechtfertige, ein unzulässiger Eingriff in den Kernbereich exekutiver Eigenverantwortung liegen. Die Frage der A zielt gerade darauf ab, das Für und Wider und damit den Willensbildungsprozess innerhalb der Bundesregierung auszuforschen. Ein faktischer Einfluss auf den Willensbildungsprozess kann damit allerdings nicht einhergehen, da dieser bereits abgeschlossen ist. Da es sich bei dem Schutz des Kernbereichs exekutiver Eigenverantwortung um eine Ausprägung des Gewaltenteilungsgrundsatzes handelt, der wiederum darauf zielt, dass die zuständige Staatsgewalt vor der unzulässigen Einmischung und Mitentscheidung durch eine unzuständige Staatsgewalt geschützt wird, ist ein Übergriff in den Kernbereich exekutiver Eigenverantwortung durch die Frage der A zu verneinen.

Müsste die Bundesregierung die Gründe ihrer Entscheidung offenlegen, könnte dies jedoch die außenpolitischen Beziehungen zu dem Land X erheblich belasten, da die Bundesregierung genötigt wäre, eine öffentliche Bewertung der innenpolitischen Lage des Landes X vorzunehmen. Damit rechtfertigen Gründe des Staatswohls die Auskunftsverweigerung. Die Beschränkung der Kontrolle ist somit auf die Mitteilung des Ergebnisses der Entscheidung beschränkt. Da die Frage der A gerade auf die Herstellung von Öffentlichkeit gerichtet ist, lässt sich auch nicht im Wege von Geheimhaltungsvorkehrungen diese Beeinträchtigung des Staatswohls abwenden. Die Bundesregierung war mithin befugt, die verlangte Auskunft zu verweigern. Insoweit wurde A nicht in ihrem Recht aus Art. 38 Abs. 1 Satz 2 GG verletzt.

c) **Zu Frage (3.).** Schließlich begehrt A mit ihrer dritten Frage die Auskunft, ob die Bundesregierung auch in Verhandlungen über Waffenexportgeschäfte mit dem Land Y stehe. Auch hier soll der interne Meinungsbildungsprozess der Bundesregierung ausgeforscht werden. Da der Willensbildungsprozess noch nicht abgeschlossen ist, kommt auch eine faktische Einflussnahme als Folge der Offenlegung in Betracht. Somit ist in diesem Fall der Kernbereich exekutiver Eigenverantwortung in unzulässiger Weise berührt.

Zudem droht auch und gerade bei einer Auskunft der Bundesregierung über noch nicht beschiedene Anträge zur Kriegswaffenausfuhr eine erhebliche Beeinträchtigung der außenpolitischen Interessen, da die Weitergabe von Informationen nicht nur zu Verwerfungen im Verhältnis zu dem jeweiligen Empfängerland, sondern auch zu Drittstaaten führen kann, weil diese sich bedroht fühlen oder ihrerseits Waffengeschäfte machen möchten. Somit konnte die Bundesregierung auch aus Gründen des Staatswohls eine Beantwortung der Frage verweigern.

Darüber hinaus könnte sich eine Auskunftsverweigerung der Bundesregierung aus dem grundrechtlichen Schutz der Betriebs- und Geschäftsgeheimnisse der jeweiligen Rüstungsunternehmen nach Art. 12 Abs. 1 GG ergeben. Mit der Offenlegung von Art und Anzahl der Kriegswaffen und dem Gesamtvolumen des Rüstungsgeschäfts würden Geschäftsgeheimnisse der betroffenen Rüstungsunternehmen an die Öffentlichkeit gelangen. Dies stellt einen Eingriff in die den Rüstungsunternehmen zustehende Berufsfreiheit dar. Hierfür gibt es keine Rechtsgrundlage, so dass schon aus diesem Grunde der Eingriff verfassungswidrig ist. Die Wahrung der Geheimhaltung durch A selbst entspricht nicht ihrem Frageziel. Somit durfte die Bundesregierung auch die Auskunft auf die Frage (3.) verweigern.

III. Entscheidung des Bundesverfassungsgerichts

Der Antrag der A im Organstreitverfahren ist zulässig und teilweise begründet. Das Bundesverfassungsgericht wird gemäß § 67 Satz 1 BVerfGG feststellen, dass die Bundesregierung die A durch die unzureichende Antwort auf ihre Frage (1.) in ihrem Frage- und Informationsrecht gemäß Art 38 Abs. 1 Satz 2 GG verletzt hat. Im Übrigen wird das Bundesverfassungsgericht die Anträge der A als unbegründet abweisen.

Fünfter Teil: Die Staatsfunktionen im föderalen Staat

371 Gemäß Art. 20 Abs. 2 GG wird die Staatsgewalt vom Volke in Wahlen und Abstimmungen und im Übrigen durch besondere Organe der Gesetzgebung, der vollziehenden Gewalt und der Rechtsprechung ausgeübt.[1] Die obersten Staatsorgane wurden bereits vorgestellt. Hierbei ist deutlich geworden, dass nur in holzschnittartiger Vergröberung die gesetzgebende Gewalt allein dem Bundestag zugeordnet werden kann. Dieser ist auf der anderen Seite an der Bildung und Kontrolle der Bundesregierung als Organ der vollziehenden Gewalt maßgeblich beteiligt. Der Versuch, den Bundesrat einer der Staatsgewalten zuzuordnen, verfehlt von vornherein dessen Funktion als föderales Bundesorgan, das an der Ausübung der gesetzgebenden und vollziehenden Gewalt auf der Bundesebene mitwirkt. Allein in Bezug auf die Rechtsprechung lässt sich von einer weitgehenden Übereinstimmung zwischen ausübenden Organen und Funktion sprechen. In einem föderalen Staat müssen aber nicht nur die Kompetenzen der obersten Staatsorgane geregelt werden (horizontale Gewaltenteilung), sondern auch die Verteilung der Kompetenzen zwischen Bund und Ländern (vertikale Gewaltenteilung). Das Grundgesetz regelt im Anschluss an die Abschnitte über die obersten Staatsorgane in den Abschnitten sieben bis neun die Zuständigkeiten des Bundes in Bezug auf die drei Staatsfunktionen Gesetzgebung, Verwaltung und Rechtsprechung. Der Abschnitt VIIIa „Gemeinschaftsaufgaben“ wurde nachträglich eingefügt und enthält Regelungen für eine nach Form und Inhalt begrenzte Mischverwaltung zwischen Bund und Ländern. Der Abschnitt X. über das Finanzwesen enthält Sonderregelungen für die drei Staatsfunktionen in Bezug auf diesen besonders wichtigen Bereich staatlichen Handelns. Die Finanzverfassung wird daher auch in diesem Buch in einem gesonderten Kapitel behandelt.

1. Kapitel: Gesetzgebung

Fall 8: Gesundheitsreformvorschaltgesetz

Die Kosten des Gesundheitssystems wachsen trotz einer Vielzahl von Kosten dämpfenden Regelungen stetig an. Eine grundlegende Gesundheitsreform erweist sich als außerordentlich schwierig. Um die Voraussetzungen für eine solche Reform zu gewährleisten, hält die Bundesregierung es für unabdingbar, so schnell wie möglich die Ausgaben im Gesundheitssystem wenigstens zu stabilisieren. Zu diesem Zweck bringt sie unter Einhaltung des Verfahrens nach Art. 76 Abs. 2 GG in den Bundestag unter der Bezeichnung „Gesundheitsreformvorschaltgesetz“ ein Artikelgesetz ein, das eine Vielzahl von Regelungen in bestehenden Gesetzen und Rechtsverordnungen ändert. Im Gesetzgebungsverfahren im Bundestag werden insbesondere die Anhebung der Versicherungspflichtgrenze in der gesetzlichen Krankenversicherung, verschiedene Rabatte im Zusammenhang mit der Preisgestaltung von Arzneimitteln, eine Nullrunde bei den Vergütungsvereinbarungen für die Krankenhausversorgung sowie eine Senkung der zahntechnischen Leistungen um 5 % erörtert.
In dem Gesetzentwurf finden sich insbesondere die folgenden Regelungen:

---

1 Zum Prinzip der Gewaltenteilung s. *R. Weber-Fas*, Freiheit durch Gewaltenteilung – Montesquieu und der moderne Verfassungsstaat, JuS 2005, 882.

„Gesundheitsreformvorschaltgesetz

Artikel 1: Änderung des Fünften Buches Sozialgesetzbuch

Das Fünfte Buch Sozialgesetzbuch (SGB V) wird wie folgt geändert:

§ 130a Rabatte der pharmazeutischen Unternehmen

(1) Die Krankenkassen erhalten von Apotheken für ab dem 1. Januar 2020 zu ihren Lasten abgegebene Arzneimittel einen Abschlag in Höhe von 6 vom Hundert des Herstellerabgabepreises. Pharmazeutische Unternehmen sind verpflichtet, den Apotheken den Abschlag zu erstatten. Soweit pharmazeutische Großhändler in den Vertriebsweg einbezogen sind, sind pharmazeutische Unternehmen verpflichtet, den Abschlag den pharmazeutischen Großhändlern zu erstatten. Der Abschlag ist den Apotheken und pharmazeutischen Großhändlern innerhalb von zehn Tagen nach Geltendmachung des Anspruches zu erstatten.

(2) Die Krankenkassen oder ihre Verbände können mit pharmazeutischen Unternehmen zusätzlich zu den Abschlägen nach Absatz 1 Rabatte für die zu ihren Lasten abgegebenen Arzneimittel vereinbaren. Dabei kann auch ein jährliches Umsatzvolumen sowie eine Abstaffelung von Mehrerlösen gegenüber dem vereinbarten Umsatzvolumen vereinbart werden. Rabatte nach Satz 1 sind von den pharmazeutischen Unternehmen an die Krankenkassen zu vergüten. Eine Vereinbarung nach Satz 1 berührt Abschläge nach Absatz 1 nicht.

Artikel 2: Änderung der Arzneimittelpreisverordnung

§ 1 Abschläge der pharmazeutischen Großhändler

Die pharmazeutischen Großhändler gewähren den Apotheken für Fertigarzneimittel, die der Verschreibungspflicht auf Grund von § 48 des Arzneimittelgesetzes und dem Versorgungsanspruch nach §§ 23 Abs. 1, 27 und 31 des Fünften Buches Sozialgesetzbuch unterliegen, einen Abschlag in Höhe von 3 vom Hundert des Arzneimittelabgabepreises.

§ 2 Abschläge bei unmittelbarem Bezug

Für Arzneimittel, die Apotheken unmittelbar von pharmazeutischen Unternehmen bezogen haben, gewähren die pharmazeutischen Unternehmen den Abschlag nach § 1.

§ 3 Weiterleitung der Abschläge

Für Arzneimittel nach den §§ 1 und 2 erhalten die Krankenkassen von den Apotheken einen Abschlag in Höhe von 3 vom Hundert des Arzneimittelabgabepreises.

§ 4 Rückkehr zum einheitlichen Verordnungsrang

Die auf Artikel 2 des Gesetzes beruhenden Teile der Arzneimittelpreisverordnung können aufgrund des § 78 Abs. 1 Arzneimittelgesetz in Verbindung mit diesem Artikel durch Rechtsverordnung geändert werden."

Im Bundesrat ist die Mehrheit der Ländervertreter der Auffassung, dass das Gesetz der Zustimmung bedarf, da es zum einen mit der Regelung über Vereinbarungen zwischen den Krankenkassen und pharmazeutischen Unternehmen (in der Fassung des § 130a Abs. 2 SGB V Art. 1 des Gesundheitsreformvorschaltgesetzes) Vorschriften

über das Verwaltungsverfahren enthalte, zudem in Art. 2 eine Verordnung ändere, die ihre Ermächtigungsgrundlage im Arzneimittelgesetz und damit in einem Gesetz habe, das seinerseits mit Zustimmung des Bundesrates erging. Es werden auch Zweifel laut, ob es dem Bundestag überhaupt erlaubt ist, durch Gesetz eine Verordnung zu verändern.
Aus diesem Grunde ruft der Bundesrat den Vermittlungsausschuss an. Dieser hält das Gesetz nicht für zustimmungsbedürftig. Er schlägt jedoch vor, die Rabattverpflichtung für die pharmazeutische Industrie und die Großhändler um einen halben Prozentpunkt zu senken und stattdessen die im SGB V geregelte Rezeptgebühr um 0,50 € zu erhöhen. Zum Ausgleich für letzteres soll die Senkung der zahntechnischen Leistungen nur 4 % betragen. Der Bundesrat hatte bereits in seiner Stellungnahme nach Art. 76 Abs. 2 GG angeregt, eine Erhöhung der Rezeptgebühr in das Gesetzesvorhaben einzubeziehen, ohne jedoch einen konkreten Regelungsvorschlag zu unterbreiten. Im Bundestag war die Rezeptgebühr nicht Gegenstand der Erörterungen.
Der Bundestag beschließt das Gesetz in der Fassung, die es durch den Vermittlungsausschuss gefunden hat. Der Bundesrat verweigert dem Gesetz mit großer Mehrheit die Zustimmung.
Der Bundestagspräsident leitet das Gesetz dem Bundespräsidenten zu, der es nach Gegenzeichnung durch die Bundeskanzlerin ausfertigt. Das Gesetz wird am 15. Oktober 2020 im Bundesgesetzblatt verkündet.
Die Landesregierung von BL hält das Gesetz insbesondere wegen der fehlenden Zustimmung des Bundesrates für verfassungswidrig. Sie ist zudem der Auffassung, dass selbst für den Fall, dass das Gesetz nicht zustimmungspflichtig sein sollte, die Ablehnung im Bundesrat zumindest als Einspruch aufzufassen sei. Einen Einspruch hätte der Bundestag überstimmen müssen, was er nicht getan habe und was angesichts der fast einhelligen Ablehnung im Bundesrat und der knappen Mehrheitsverhältnisse im Bundestag auch gar nicht möglich gewesen wäre. Die Landesregierung möchte die Nichtigkeit des Gesetzes gerichtlich festgestellt haben. Sie beauftragt Sie mit einem Gutachten zu den Erfolgsaussichten eines Verfahrens vor dem Bundesverfassungsgericht.
Hinweis: Gehen Sie davon aus, dass die Regelungen nicht gegen Grundrechte verstoßen.

371a Der Abschnitt über die Gesetzgebung im Grundgesetz regelt die Verteilung der Gesetzgebungskompetenzen zwischen Bund und Ländern (Art. 70–74 GG) sowie das Gesetzgebungsverfahren (Art. 76–82 GG).

1.1 Funktion und Bedeutung des Gesetzes

372 Funktion und Bedeutung des Gesetzes lassen sich aus der Zusammenschau einer Vielzahl von verfassungsrechtlichen Normen ableiten.[1] Art. 20 Abs. 3 GG bestimmt, dass der Gesetzgeber an die verfassungsmäßige Ordnung gebunden ist. Art. 1 Abs. 3 GG bestätigt die Verfassungsbindung der Gesetzgebung für die Grundrechte. Diese Grundrechtsbindung gilt uneingeschränkt und damit auch für die Vielzahl von Grundrechten, die unter einem ausdrücklichen Gesetzesvorbehalt stehen. Aus diesen Grundrechtsbestimmungen folgt, dass Eingriffe in die grundrechtlichen Freiheiten durch die staatliche Gewalt eines verfassungsmäßigen **Gesetzes als Eingriffs- und Rechtfertigungsgrundlage** bedürfen. Weitere Vorbehalte gesetzlicher Regelung, also die verfassungsrechtliche

1 Zum Begriff Gesetzgebung und Normsetzung im Allgemeinen, s. *S. Hölscheidt/St. Menzenbach*, Normsetzung auf inner- und überstaatlicher Ebene, Jura 2008, 574.

Bindung an Form und Verfahren des Parlamentsgesetzes, um bestimmte Sachverhalte zu regeln, finden sich verstreut über das Grundgesetz und betreffen etwa die Ausgestaltung der kommunalen Selbstverwaltung, Art. 28 Abs. 2 GG, die Einrichtung von Behörden, Art. 84 Abs. 1 GG, oder den Beschluss über den Bundeshaushalt, Art. 110 GG.

373 Angesichts dieser spezifischen Vorbehalte parlamentsgesetzlicher Regelung stellt sich die Frage, ob sich aufgrund der Bindung der vollziehenden Gewalt an Gesetz und Recht gemäß Art. 20 Abs. 3 GG ein derartiger Vorbehalt für jegliches Verwaltungshandeln begründen lässt (Totalvorbehalt) oder ob die Vorschrift nicht vielmehr allein dahin zu verstehen ist, dass die vollziehende Gewalt an Gesetze gebunden ist, sofern solche bestehen (**Gesetzesvorrang**), ohne eine Aussage darüber zu treffen, in welchen Fällen gesetzliche Grundlagen zur Regelung eines Sachverhalts bestehen müssen (**Vorbehalt des Gesetzes**). Gegen die Annahme eines Totalvorbehalts sprechen der Wortlaut des Art. 20 Abs. 3 GG, der neben Gesetz auch Recht erwähnt, die Systematik des Grundgesetzes mit ihrer Vielzahl ausdrücklicher Vorbehalte sowie der Sinn und Zweck der Gewaltenteilung, die der vollziehenden Gewalt einen Bereich **exekutiver Eigenverantwortung** garantiert und zwar insbesondere für die Tätigkeiten, in denen ein Gesetz keinen Gewinn an demokratischer Legitimation oder rechtsstaatlicher Bestimmtheit und Sicherheit bringt. Abgesehen von den Regelungsaufgaben, die dem Gesetzgeber ausdrücklich durch das Grundgesetz zugewiesen sind, muss er deshalb nur **„das Wesentliche“** selbst entscheiden.[2] Dieser Gedanke liegt auch Art. 80 GG zugrunde, der den Gesetzgeber zur Delegation seiner Gesetzgebungsbefugnisse berechtigt, aber gleichzeitig auch verpflichtet, Inhalt, Zweck und Ausmaß der Delegation, also das Wesentliche, selbst zu bestimmen. Letztlich bleibt im demokratischen Rechtsstaat des Grundgesetzes nur wenig ohne gesetzliche Regelung. Zu den **wichtigsten politischen Gestaltungsmitteln** der Bundesregierung gehört daher die Gesetzesinitiative.

374 Schließlich ist noch auf Art. 19 Abs. 1 Satz 1 GG hinzuweisen, wonach ein Gesetz, das ein Grundrecht einschränkt, allgemein und nicht nur für den Einzelfall gelten muss. Inhalt und Reichweite dieses Verbots des Einzelfallgesetzes sollen hier unerörtert bleiben; wichtig ist nur, dass im Lichte von Art. 19 Abs. 1 Satz 1 GG die abstrakt-generelle Formulierung und Geltung Charakteristikum und Normalfall der Gesetzesform darstellt.[3]

1.2 Verteilung der Gesetzgebungsbefugnisse

375 Ist ein Gesetz auf seine Verfassungsmäßigkeit zu überprüfen, stellt sich stets zuerst die Frage, ob der erlassende Verband (Bund oder Land) die Kompetenz zum Erlass eines Gesetzes der jeweiligen Regelungsmaterie hat.

Die **Grundregel** der Kompetenzverteilung zwischen Bund und Ländern mit Bezug auf alle staatlichen Aufgaben findet sich in **Art. 30 GG**. Danach ist die Ausübung der staatlichen Befugnisse und die Erfüllung der staatlichen Aufgaben Sache der Länder, soweit dieses Grundgesetz keine andere Regelung trifft oder zulässt. Regelungstechnisch bedeutet dies, dass das Grundgesetz alle Kompetenzen des Bundes ausdrücklich benennen muss. Das Unbenannte ist Sache der Länder. Dieser Grundsatz wird in **Art. 70 Abs. 1 GG** für die Gesetzgebung wiederholt. Danach haben die Länder das Recht der Gesetzge-

2 Zum Vorbehalt des Gesetzes und zur Bestimmung des Wesentlichen s. schon oben Rn. 211 ff. Für einen Überblick s. *A. Voßkuhle*, Der Grundsatz des Vorbehalts des Gesetzes, JuS 2007, 118 ff. (Grundwissenreihe) mwN. und *S. Hölscheidt*, Der Grundsatz der Gesetzmäßigkeit der Verwaltung, JA 2001, 409 ff. Für eine Aufbereitung der Thematik anhand kurzer Fälle s. *M. Wehr*, Grundfälle zu Vorrang und Vorbehalt des Gesetzes, JuS 1997, 419 ff.

3 Zum Verbot des Einzelfallgesetzes s. *von Münch/Mager*, Staatsrecht II, 7. Aufl. 2018, Rn. 128 f.; *D. Krausnik*, Grundfälle zu Art. 19 I und II GG (Teil I), JuS 2007, 991 ff.

bung, soweit dieses Grundgesetz nicht dem Bunde Gesetzgebungsbefugnisse verleiht. Die Gesetzgebungsbefugnisse des Bundes sind weiter unterteilt in die **ausschließliche Gesetzgebung** und die **konkurrierende Gesetzgebung** (Art. 70 Abs. 2 GG). Die Sachmaterien, die in der einen oder anderen Weise dem Bund zugeordnet sind, finden sich überwiegend aufgelistet in Art. 73 und 74 GG, für die Materie Steuern in Art. 105 GG. Da die Bezeichnung der Sachmaterien an Gesetzeslagen anknüpft, die zum Zeitpunkt der Formulierung des Grundgesetzes bestanden, oder im Blick auf bevorstehende Gesetzesvorhaben gewählt wurden, kommt bei der Ermittlung des Begriffsinhalts der historisch-genetischen Auslegung eine erhöhte Bedeutung zu.[4]

1.2.1 Die ausschließliche Gesetzgebung des Bundes

376 Gemäß Art. 71 GG bedeutet ausschließliche Gesetzgebung des Bundes, dass die dazu gehörenden Sachmaterien ausschließlich dem Bund zur Regelung zugewiesen sind. Es bestehen **keine Regelungsbefugnisse der Länder**, gleichgültig, ob der Bund von seiner Kompetenz Gebrauch gemacht hat oder nicht. Die Länder dürfen in diesen Materien nur aufgrund gesetzlicher Delegation tätig werden, in den Worten von Art. 71 GG: „soweit sie hierzu in einem Bundesgesetz ausdrücklich ermächtigt werden".[5]

377 Die einzelnen Sachmaterien, die dem Bund zur ausschließlichen Regelung zugewiesen sind, finden sich vor allem, aber nicht nur, in **Art. 73 Abs. 1 GG.** Bei den meisten Materien ist die Zuordnung zum Bund unmittelbar einsichtig, etwa Nr. 2 die Staatsangehörigkeit im Bund, Nr. 6 der Luftverkehr oder Nr. 8 die Rechtsverhältnisse der im Dienste des Bundes und der bundesunmittelbaren Körperschaften des öffentlichen Dienstes stehenden Personen.
Zur ausschließlichen Bundesgesetzgebung gehören gemäß Art. 105 Abs. 1 GG auch die **Zölle** und **Finanzmonopole.** Für die Zölle liegt die ausschließliche Gesetzgebung allerdings inzwischen bei der Europäischen Union (Art. 30, 31 AEUV), sodass Art. 105 Abs. 1 GG insoweit europarechtlich überlagert ist. Finanzmonopole gibt es nicht mehr.[6]

378 Zusätzlich zu diesen Vorschriften ergibt sich die ausschließliche Gesetzgebung des Bundes aus einer **Vielzahl von Sonderzuweisungen**, die im Zusammenhang mit materiellrechtlichen Bestimmungen über das Grundgesetz verstreut sind. Die Formulierung lautet in der Regel: „Das Nähere regelt ein Bundesgesetz". Beispiele hierfür sind Art. 4 Abs. 3 Satz 2 GG – Kriegsdienstverweigerung, Art. 16a Abs. 3 GG – Asylrecht, Art. 21 Abs. 3 GG – Parteiengesetz, Art. 23 Abs. 3 Satz 3 und Abs. 7 GG – Mitwirkung in Angelegenheiten der EU, Art. 26 Abs. 2 Satz 2 GG – Kriegswaffenkontrollgesetz, Art. 29 GG – Neugliederung von Ländern, Art. 38 Abs. 3 GG – Wahlgesetz und Abgeordnetengesetz, Art. 41 Abs. 3 GG – Wahlprüfungsgesetz, Art. 45b Satz 2 GG – Wehrbeauftragtengesetz; Art. 45c Abs. 2 GG – Petitionsausschussgesetz, Art. 48 Abs. 3 Satz 3 GG – Abgeordnetengesetz, Art. 54 Abs. 7 GG – Gesetz über die Bundesversammlung, Art. 94 Abs. 2 Satz 1 GG – Bundesverfassungsgerichtsgesetz.

---

4 BVerfGE 33, 125 (152 f.) – *Facharzt-Beschluss*; 106, 62 (105) – *Altenpflege*.

5 Hierfür gibt es nur wenige Beispiele: § 22 PartG aF. ermächtigte die Länder, gesetzliche Vorschriften über die Erstattung von Wahlkampfkosten für Landtagswahlen zu erlassen (PartGÄndG vom 22. Juli 1969, BGBl. I, S. 925). Diese Bestimmung wurde jedoch im Zuge der Novellierung des Parteiengesetzes von 1994 aufgehoben (BGBl. I, S. 149). § 39 Abs. 1 PartG nF. bestimmt, dass die auf dieser Bestimmung beruhenden landesgesetzlichen Regelungen keine Geltung mehr haben. Die drei weiteren Beispiele hatten und haben lediglich territorialen Bezug: Gesetz über die Beschränkung der Freizügigkeit für den Raum der Insel Helgoland während der Zeit des Wiederaufbaus vom 25. März 1952 (BGBl. I, S. 197) und Gesetz über die Gemeindeeinfuhrsteuer auf der Insel Helgoland vom 17. November 1959 (BGBl. I, S. 685). Für das Saarland ist das Gesetz über die Eingliederung des Saarlandes vom 23. Dezember 1956 (BGBl. I, S. 1011) von Bedeutung gewesen. S. aber BVerfGE 116, 24 (51 f.) – *Rücknahme einer erschlichenen Einbürgerung* zur Bedeutung von § 1 BVwVfG als Ermächtigung für die Länder.

6 Das Branntweinmonopol endete mit Ablauf des Jahres 2017. Das Zündholzmonopol existierte bis 1983.

1.2.2 Die konkurrierende Gesetzgebung

379 Im Falle der konkurrierenden Gesetzgebung haben sowohl der Bund als auch die Länder in Bezug auf eine Sachmaterie Regelungsbefugnisse, die jedoch nicht parallel verlaufen, sondern in einem Vor-/Nachrang- und Komplementaritätsverhältnis stehen. Dieses Verhältnis hat sich dadurch kompliziert, dass im Zuge der Föderalismusreform von 2006[7] die bisherige Rahmengesetzgebung abgeschafft und die Materien einerseits in die konkurrierende Gesetzgebung überführt, andererseits mit besonderen Abweichungsmöglichkeiten zugunsten der Länder ausgestattet wurden. Die Sachmaterien, die nunmehr zur konkurrierenden Gesetzgebung gehören, sind in **Art. 74 Abs. 1 GG** sowie in Bezug auf Steuern in **Art. 105 Abs. 2 GG** aufgelistet.

380 **1.2.2.1 Sperrwirkung gegenüber den Ländern.** Art. 72 Abs. 1 GG bestimmt als Grundsatz, dass im Bereich der konkurrierenden Gesetzgebung die Länder zur Gesetzgebung befugt sind, solange und soweit der Bund von seiner Gesetzgebungszuständigkeit nicht durch Gesetz Gebrauch gemacht hat. Hat der Bund Gebrauch gemacht, so entfaltet seine Regelung gegenüber den Ländern Sperrwirkung, „solange und soweit" sie reicht. Hinsichtlich der **zeitlichen Sperrwirkung** bedeutet dies, dass die Länder ihre Kompetenz für eine Sachmaterie mit dem Abschluss des förmlichen Gesetzgebungsverfahrens (Ausfertigung und Verkündung) verlieren.[8] Die Gesetzgebungskompetenz der Länder lebt wieder auf, wenn das Bundesgesetz außer Kraft tritt. Dies hat nicht zur Folge, dass Landesgesetze, die mit dem ursprünglichen Erlass des Bundesgesetzes nichtig geworden waren (Art. 31 GG: Bundesrecht bricht Landesrecht.), ihrerseits wieder aufleben. Ist ein Gesetz einmal außer Kraft getreten, bedarf es eines neuen Gesetzgebungsbeschlusses, um seinen Inhalt wieder in Geltung zu setzen.

381 Die **sachliche Sperrwirkung** geht soweit, wie das Bundesgesetz die Regelungsmaterie abschließend regelt (regeln will). Ob dies der Fall ist, muss durch Auslegung ermittelt werden, wobei es darauf ankommt, ob der Bundesgesetzgeber eine Materie objektiv so regelt und nach Entstehungsgeschichte und Materialien erkennbar so regeln will, dass für den Landesgesetzgeber kein Raum mehr bleibt.[9] Z.B. fehlt den Ländern die Gesetzgebungsbefugnis im Bereich der Strafverfolgung. Sie ergibt sich für den Bund aus Art. 74 Abs. 1 Nr. 1 GG. Dementsprechend war die automatisierte Kraftfahrzeugkennzeichenerfassung zu diesem Zweck, anders als zum Zweck der Gefahrenabwehr, unzulässig.[10]

382 **1.2.2.2 Erfordernis einer bundeseinheitlichen Regelung.** Ursprünglich stand die Inanspruchnahme der Gesetzgebungsbefugnis für alle Materien der konkurrierenden Gesetzgebung unter der Bedingung, dass für die ins Auge gefasste Regelung ein Bedürfnis

---

7 Dazu schon oben Rn. 59 ff. Zu Vorgeschichte und Hintergründen, s. *P. Selmer*, Die Föderalismusreform – eine Modernisierung der bundesstaatlichen Ordnung?, JuS 2006, 1052 ff.; *P. Selmer*, Die Föderalismusreform II – Ein verfassungsrechtliches monstrum simile, NVwZ 2009, 1255 ff.; *U. Häde*, Die Ergebnisse der zweiten Stufe der Föderalismusreform, AöR 135 (2010), 541 ff.

8 *Ch. Degenhart*, in: *Sachs*, Art. 72 Rn. 35; *R. Broemel*, in: *von Münch/Kunig*, GGK II, Art. 72 Rn. 31.

9 S. zB. BVerfGE 67, 299 (314 ff.): Die Regelungen über den ruhenden Verkehr in der StVO auf der Grundlage von Art. 74 Abs. 1 Nr. 22 GG schließen landesrechtliche Bestimmungen über das Parken von Kraftfahrzeugen im Zusammenhang mit dem Gemeingebrauch an Straßen aus. BVerfGE 113, 348 (371) – *Telekommunikationsüberwachung*: „Inwieweit bundesgesetzliche Regelungen erschöpfend sind, kann nicht allgemein, sondern nur anhand der einschlägigen Bestimmungen und des jeweiligen Sachbereichs festgestellt werden (…). Es ist in erster Linie auf das Bundesgesetz selbst, sodann auf den hinter dem Gesetz stehenden Regelungszweck, ferner auf die Gesetzgebungsgeschichte und die Gesetzgebungsmaterialien abzustellen. (…) auch das absichtsvolle Unterlassen (kann) eine Sperrwirkung erzeugen." (Sperrwirkung der StPO für Telekommunikationsüberwachung). S. auch BVerfG NVwZ 2010, 247 (248 ff.) – *Sächsisches Denkmalschutzgesetz*; BVerfGE 109, 190 (229 f.) – *nachträgliche Sicherungsverwahrung*; 102, 99 (114 f.) – *Landesabfallgesetz NRW* und 98, 265 (300) – *bay. Schwangerenhilfeergänzungsgesetz*; 138, 261 Rn. 28 ff. – *Thüringer Ladenöffnungsgesetz*.

10 BVerfGE 150, 244 Rn. 54 ff. und 63 ff.; 150, 309, Rn. 55 ff. – jeweils *KFZ-Kennzeichenkontrollen*.

nach bundeseinheitlicher Regelung bestehen müsse. In der frühen Zeit der Bundesrepublik hatte das Bundesverfassungsgericht die Einschätzung, ob diese Bedingung erfüllt ist, dem Bundgesetzgeber bis an die Grenze der Willkür überlassen und damit das Einschränkungspotential der Klausel praktisch auf Null reduziert.[11]

383 Durch die Verfassungsreform von 1994[12] erfuhr die Bedürfnisklausel[13] eine Änderung zur **Erforderlichkeitsklausel**[14] mit dem erklärten Willen, die Landesgesetzgeber zu stärken. Das Bundesverfassungsgericht nahm den Willen des verfassungsändernden Gesetzgebers ernst und erklärte die neue Erforderlichkeitsklausel nunmehr für **justitiabel**. Erforderlich im Sinne des Art. 72 Abs. 2 GG ist eine bundesgesetzliche Regelung nur, wenn der Bundesgesetzgeber Missstände oder konkrete Gefahren für das Sozialgefüge[15], den Rechtsverkehr oder die Funktionsfähigkeit des Wirtschaftsraums beseitigen oder abwenden will. Zwar gestand das Bundesverfassungsgericht auch jetzt noch dem Gesetzgeber eine **Einschätzungsprärogative** zu.[16] Diese flankierte es jedoch mit **substanziellen Begründungspflichten**.[17] Unerheblich für das Kriterium der Erforderlichkeit ist, ob die Länder im Wege der Selbstkoordination eine gleichermaßen wirksame Regelung erreichen können.[18]

384 Um Rechtsstreitigkeiten über die Erforderlichkeitsklausel zu verringern, hat der verfassungsändernde Gesetzgeber im Rahmen der Föderalismusreform 2006 den Art. 72 Abs. 2 GG ein weiteres Mal modifiziert.[19] Nach geltendem Recht unterliegen nun nicht mehr sämtliche Materien des Katalogs von Art. 74 Abs. 1 GG der Erforderlichkeitsklausel,[20] sondern nur noch einzelne ausdrücklich aufgeführte. Soweit die Erforderlichkeitsklausel gilt, entspricht sie inhaltlich der Fassung von 1994. Prüft man die Gesetzgebungskompetenz des Bundes nach Maßgabe von Art. 72, 74 GG, ist also nicht nur festzustellen, ob eine Regelungsmaterie aus dem Katalog des Art. 74 Abs. 1 GG betroffen ist, sondern im Weiteren, ob es sich um eine Materie handelt, die der Bund ohne weitere Einschränkung regeln darf oder um eine Materie, die der Bedingung der Erforderlichkeit „zur Her-

11 BVerfGE 26, 338 (382 f.) – *Eisenbahnkreuzungsgesetz*; 78, 249 (279) – *Fehlbelegungsabgabe*.

12 S. schon oben Rn. 54 f.

13 Text von Art. 72 Abs. 2 GG ursprüngliche Fassung: „Der Bund hat in diesem Bereich das Gesetzgebungsrecht, soweit ein Bedürfnis nach bundesgesetzlicher Regelung besteht, weil
1. eine Angelegenheit durch die Gesetzgebung einzelner Länder nicht wirksam geregelt werden kann oder
2. die Regelung einer Angelegenheit durch ein Landesgesetz die Interessen anderer Länder oder der Gesamtheit beeinträchtigen könnte oder
3. die Wahrung der Rechts- und Wirtschaftseinheit, insbesondere die Wahrung der Einheitlichkeit der Lebensverhältnisse über das Gebiet eines Landes hinaus sie erfordert."

14 Text von Art. 72 Abs. 2 GG Fassung 1994: „Der Bund hat in diesem Bereich das Gesetzgebungsrecht, wenn und soweit die Herstellung gleichwertiger Lebensverhältnisse im Bundesgebiet oder die Wahrung der Rechts- oder Wirtschaftseinheit im gesamtstaatlichen Interesse eine bundesgesetzliche Regelung erforderlich macht."

15 BVerfGE 140, 65 Rn. 34 ff. – *Elterngeld* zur Herstellung gleicher Lebensverhältnisse nicht erforderlich.

16 BVerfGE 106, 62 (149 und 151 ff.) – *Altenpflegegesetz* und BVerfGE 111, 226 (255) – *Juniorprofessur*.

17 S. BVerfGE 106, 62 (150 ff.) – *Altenpflegegesetz*; s. auch BVerfGE 111, 10 (28) – *Ladenschluss* und zur alten Rahmengesetzgebungskompetenz BVerfGE 111, 226 (254) – *Juniorprofessur*.

18 BVerfGE 111, 226 (254) – *Juniorprofessur*: „Eine Bundeskompetenz besteht nicht, wenn landesrechtliche Regelungen zum Schutz der in Art. 72 Abs. 2 GG genannten gesamtstaatlichen Rechtsgüter ausreichen; dabei genügt allerdings nicht jede theoretische Handlungsmöglichkeit der Länder. Vor allem schließt die bloße Möglichkeit gleichlautender Ländergesetze eine Bundeskompetenz nicht aus."

19 *Ch. Degenhart*, Die Neuordnung der Gesetzgebungskompetenzen durch die Föderalismusreform, NVwZ 2006, 1209 (1210) bezeichnet dies als die „einschneidendste Änderung im Bereich der konkurrierenden Gesetzgebung".

20 Diese nicht mehr der Erforderlichkeitsprüfung unterliegenden Materien bezeichnet *Ch. Degenhart*, a. a. O., (1210) als Vorranggesetzgebung des Bundes. *J. Ipsen*, Die Kompetenzverteilung zwischen Bund und Ländern nach der Föderalismusnovelle, NJW 2006, 2801 (2803) spricht von „Kernkompetenzen" im Unterschied zu „Bedarfs-" und „Abweichungskompetenzen" als „Trias der konkurrierenden Gesetzgebungszuständigkeit." Vgl. auch die Bezeichnungen bei *W. Frenz*, Gesetzgebungskompetenzen nach der Föderalismusreform, Jura 2007, 165 (166).

stellung gleichwertiger Lebensverhältnisse im Bundesgebiet“[21] oder zur „Wahrung der Rechts- oder Wirtschaftseinheit im gesamtstaatlichen Interesse“[22] unterliegt.

1.2.2.3 Abweichungsbefugnisse der Länder. Eine Besonderheit gilt für die Materien, die bis zur Föderalismusreform 2006 der Rahmengesetzgebungskompetenz unterfielen und die nunmehr in Art. 74 Abs. 1 Nr. 28–33 GG aufgelistet sind. Es handelt sich um Materien mit besonderer Raumgebundenheit, etwa Naturschutz oder Raumordnung, oder im traditionellen Kernbereich der Länderkompetenzen wie das Hochschulrecht. Rahmengesetzgebung bedeutete, dass der Bund einen „Rahmen“ regeln durfte, den die Länder nach ihren Vorstellungen ausfüllen konnten aber auch auszufüllen hatten, wobei stets unklar und streitig blieb, was eigentlich eine Rahmenregelung ist. Zudem zeigte der Bund die Tendenz zu ausgreifenden Regelungen, die den Ländern wenig Spielräume ließen. **385**

Seit der Verfassungsänderung von 2006 steht dem Bund für diese Materien die Kompetenz zur Vollregelung zu. Die Länder sind jedoch gemäß Art. 72 Abs. 3 GG befugt, abweichende Regelungen zu treffen (**Abweichungsgesetzgebung**).[23] Um den Landesgesetzgebern die Möglichkeit zu geben, ihre Regelungsvorstellungen Gesetz werden zu lassen, bestimmt Art. 72 Abs. 3 Satz 2 GG, dass Bundesgesetze auf diesen Gebieten frühestens sechs Monate nach ihrer Verkündung in Kraft treten. Mit Zustimmung des Bundesrates kann anderes bestimmt werden. Damit wird vor allem eine Verkürzung der Frist ermöglicht, die insbesondere für solche Gesetzesvorhaben sinnvoll und von Bedeutung ist, die der Umsetzung einer Richtlinie der Europäischen Union dienen und daher einerseits einer Umsetzungsfrist unterliegen, andererseits inhaltlich ohnehin weitgehend vorbestimmt sind. **386**

Die Abweichungsgesetzgebung stellt eine Ausnahme zu dem Grundsatz des Art. 31 GG „Bundesrecht bricht Landesrecht“ dar.[24] Art. 72 Abs. 3 Satz 3 GG erklärt ausdrücklich **387**

---

21 Dazu BVerfGE 106, 62 (144) – *Altenpflegegesetz*: „Das bundesstaatliche Rechtsgut gleichwertiger Lebensverhältnisse ist vielmehr erst dann bedroht und der Bund erst dann zum Eingreifen ermächtigt, wenn sich die Lebensverhältnisse in den Ländern der Bundesrepublik in erheblicher, das bundesstaatliche Sozialgefüge beeinträchtigender Weise auseinanderentwickelt haben oder sich eine derartige Entwicklung konkret abzeichnet.“

22 Dazu BVerfGE 106, 62 (146) – *Altenpflegegesetz* zur Wahrung der Rechtseinheit: „Einheitliche Rechtsregeln können (...) erforderlich werden, wenn die unterschiedliche rechtliche Behandlung desselben Lebenssachverhalts unter Umständen erhebliche Rechtsunsicherheiten und damit unzumutbare Behinderungen für den länderübegreifenden Rechtsverkehr erzeugen kann.“ Es muss darum gehen, einer „sich unmittelbar aus der Rechtslage ergebenden Bedrohung von Rechtssicherheit und Freizügigkeit im Bundesstaat entgegen zu wirken“. S. auch BVerfGE 125, 141 Rn. 57 – *Gewerbesteuerhebesatz*: Vermeidung von Rechtszersplitterung mit problematischen Folgen.
Zur Wahrung der Wirtschaftseinheit BVerfGE 106, 62 (146): „Die ‚Wahrung der Wirtschaftseinheit‘ liegt im gesamtstaatlichen Interesse, wenn es um die Erhaltung der Funktionsfähigkeit des Wirtschaftsraums der Bundesrepublik durch bundeseinheitliche Rechtssetzung geht.“ S. 147: „Der Erlass von Bundesgesetzen zur Wahrung der Wirtschaftseinheit steht dann im gesamtstaatlichen, also im gemeinsamen Interesse von Bund und Ländern, wenn Landesregelungen oder das Untätigbleiben der Länder erhebliche Nachteile für die Gesamtwirtschaft mit sich bringen.“ S. auch BVerfGE 125, 141 Rn. 57 – *Gewerbesteuerhebesatz:* Vermeidung von „Schranken und Hindernissen für den wirtschaftlichen Verkehr“.

23 S. hierzu *Ch. Degenhart*, Verfassungsrechtliche Rahmenbedingungen der Abweichungsgesetzgebung, DÖV 2010, 422; *H. Hofmann*, Die Abweichungsgesetzgebung – Fluch oder Segen? Beobachtungen aus der Staatspraxis seit der Föderalismusreform I 2006, DVBl. 2020, 907; *W. Erbguth*, Abweichungsgesetzgebung: verfassungsrechtliche Grundlagen und allgemeine Rechtsfragen, ZUR 2019, 195.

24 So *H.-W. Rengeling*, Föderalismusreform und Gesetzgebungskompetenzen, DVBl. 2006, 1537 (1543); in die Richtung auch *Ch. Degenhart*, Die Neuordnung der Gesetzgebungskompetenzen durch die Föderalismusreform, NVwZ 2006, 1209 (1212) und *A. Thiele*, Die Neuregelung der Gesetzgebungskompetenzen durch die Föderalismusreform – ein Überblick, JA 2006, 714 (716). Nach anderer Auffassung ist Art. 31 GG schon gar nicht anwendbar: Da immer nur Bundes- *oder* Landesrecht anwendbar ist, fehlt es an einer Kollision. Abweichendes späteres Landesrecht „breche“ damit nicht Bundesrecht, sondern führe nur zu dessen Unanwendbarkeit in dem betroffenen Land und umgekehrt (sog. „alternierender Anwendungsvorrang“). S. *O. Klein/K. Schneider*, Art. 72 GG nF. im Kompetenzgefüge der Föderalismusreform, DVBl. 2006, 1549 (1552) und *H.-J. Papier*, Aktuelle Fragen der bundesstaatlichen Ordnung, NJW 2007, 2145 (2147).

die **lex posterior** Regel für anwendbar: Vorrang hat das jeweils spätere Gesetz.[25] Dies bedeutet aber auch, dass der Bundesgesetzgeber erneut nach dem Landesgesetzgeber tätig werden und die Abweichungsgesetzgebung der Länder verdrängen kann.[26] Regelungen über den Zeitpunkt der erstmaligen Inanspruchnahme der Abweichungskompetenz durch die Länder finden sich in der Übergangsvorschrift des Art. 125b Abs. 1 GG.

388 **1.2.2.4 Konsequenzen bei Wegfall der bisherigen Kompetenzgrundlage.** Gesetze, die vom Bundesgesetzgeber kompetenzgemäß erlassen wurden, gelten weiter, auch wenn die Kompetenzgrundlage später entfällt. Dies ist der Grundsatz, der sich in Art. 125a–c GG für alle Varianten der Änderungen in den Kompetenzgrundlagen durchnormiert findet.[27] Insbesondere für die Fälle des Art. 74 Abs. 1 GG bestimmt Art. 125a Abs. 1 Satz 2 GG, dass das kompetenzwidrig gewordene Recht durch Landesrecht ersetzt werden kann. Der Begriff der Ersetzung ist wörtlich zu nehmen. Zur Vermeidung von undurchsichtiger Mischgesetzgebung kommt eine reine Ergänzung bestehenden Bundesrechts nicht in Betracht. Das Landesgesetz muss eine in sich stimmige Vollregelung enthalten.[28] Für Gesetze aus dem Bereich der ehemals konkurrierenden Gesetzgebung, die der strengeren Erforderlichkeitsklausel nicht standhalten, gilt, dass der Bundesgesetzgeber darüber bestimmt, ob und inwieweit der Landesgesetzgeber zur Ersetzung befugt ist (Art. 125a Abs. 2 Satz 2 GG). **Nur der Bundesgesetzgeber** kann also die mit der konkurrierenden Gesetzgebung verbundene **Sperrwirkung aufheben**, selbst nach Wegfall der Kompetenzgrundlage. Für den Fall, dass sich die tatsächlichen Verhältnisse so ändern, dass die bei Erlass zu bejahende Erforderlichkeit einer bundesgesetzlichen Regelung nachträglich entfällt, enthält Art. 72 Abs. 4 GG eine Regelung: Danach kann durch Bundesgesetz bestimmt werden, dass eine bundesgesetzliche Regelung, für die eine Erforderlichkeit im Sinne des Absatzes 2 nicht mehr besteht, durch Landesgesetz ersetzt werden kann. Auch hier entscheidet also der Bundesgesetzgeber über die Aufhebung der Sperrwirkung.

1.2.3 Zusammentreffen verschiedener Kompetenztitel

389 Nicht selten gibt es Gesetzesvorhaben, deren Regelungsinhalt sich auf mehr als eine Kompetenzgrundlage stützen muss. Dies ist **unproblematisch**, wenn es sich um **Materien derselben Kompetenzart** handelt. Sie bilden kumulativ die Grundlage der Gesetzgebungsbefugnis. So wird sich etwa ein zukünftiges Umweltgesetzbuch auf eine Vielzahl von Sachgebieten des Art. 74 Abs. 1 GG (insbes. Nr. 24, 29, 32) stützen können. Solange der Natur- und Landschaftsschutz wie auch der Wasserhaushalt Teil der Rahmengesetzgebung waren, die keine Vollregelung erlaubte, reichte die Kompetenzgrundlage für ein Umweltgesetzbuch dagegen nicht aus.

390 Problematisch sind die Fälle, in denen eine Regelungsmaterie **Länderkompetenzen berührt.**[29] Eine Doppelzuständigkeit von Bund und Ländern sieht das Grundgesetz im Bereich der Gesetzgebung ebenso wenig vor wie eine Kompetenzlücke (Art. 70 GG). Ist die

---

25 „Lex posterior derogat legi priori" – Zu Kollisionsregeln siehe *K.F. Röhl/H.C. Röhl*, Allgemeine Rechtslehre, 4. Aufl. 2018, § 75. „Die Kollisionsregel 'lex posterior' (ist) damit positives Verfassungsrecht geworden"; sie führt allerdings nicht zum Geltungs-, sondern nur zum Anwendungsvorrang, s. *J. Ipsen*, Die Kompetenzverteilung zwischen Bund und Ländern nach der Föderalismusnovelle, NJW 2006, 2801 (2804).

26 „Für die mit derlei alternierendem Hin und Her zusammenhängenden Probleme hat sich schon bald der Begriff der 'Ping-Pong'-Gesetzgebung eingebürgert." S. *O. Klein/K. Schneider*, Art. 72 GG nF. im Kompetenzgefüge der Föderalismusreform, DVBl. 2006, 1549 (1552) mwN.

27 Ausführlich zu den Übergangsvorschriften s. *H.-W. Rengeling*, Föderalismusreform und Gesetzgebungskompetenzen, DVBl. 2006, 1537 (1545 ff.); *G. Kirchhoff*, Art. 125a GG und landesverfassungsrechtliche Regelungspflichten, NVwZ 2009, 754.

28 S. dazu BVerfGE 111, 10 (29 f.) – *Ladenschluss*; BVerfG, 2 BvR 568/15, Beschluss vom 7.10.2017 – *DienstrechtsneuordnungsG Sachsen*; BVerwG, NVwZ-RR 2018, 200 Rn. 4 – *Erschließungsbeitragsrecht Berlin.*

29 Die Föderalismusreform zieht mit der Differenzierung zwischen konkurrierender Gesetzgebung mit und ohne Erforderlichkeitsklausel sowie mit und ohne Abweichungsmöglichkeit weitere Abgrenzungsprobleme

Regelungsmaterie nicht sinnvoll zwischen Bund und Ländern aufzuteilen, muss eine Zuordnung getroffen werden. Kriterien für diese Entscheidung sind das **Gesamtgefüge der grundgesetzlichen Kompetenzordnung**[30], die wesensmäßige oder historische **Zugehörigkeit zu einer Sachmaterie**[31] sowie – für den Fall, dass eine Zugehörigkeit zu verschiedenen Kompetenzbereichen in Betracht kommt – der **Schwerpunkt** der Regelung.[32] So berührt die Regelung des Zeugnisverweigerungsrechts von Journalisten im Strafprozess sowohl das Strafprozessrecht als auch das Presserecht. Anlass und Zweck der Regelung ist aber die geordnete Durchführung des Strafprozesses, so dass der Bundesgesetzgeber auf der Grundlage von Art. 74 Abs. 1 Nr. 1 GG befugt war und ist, die Angelegenheit zu regeln. Die Beteiligung von Parteien an Rundfunkanstalten ist nach Regelungsintention, Regelungstradition und Schwerpunkt keine Frage des Parteienrechts, für das der Bund gemäß Art. 21 Abs. 3 GG die ausschließliche Gesetzgebung hat, sondern eine Frage des Rundfunkrechts und damit von den Ländern zu regeln.[33] Das Filmförderungsgesetz ist im Schwerpunkt Recht der Wirtschaft, nämlich der Filmwirtschaft, auch wenn kulturelle Aspekte berührt werden.[34]

1.2.4 Stillschweigend mitgeschriebene und ungeschriebene Gesetzgebungskompetenzen

Bisher war nur von ausdrücklich im Grundgesetz geregelten Kompetenzen die Rede. In engen Grenzen sind daneben auch ungeschriebene Gesetzgebungskompetenzen anerkannt. Es wird unterschieden zwischen solchen, die sich als **Auslegung** der bestehenden Kompetenzgrundlagen nach Sinn und Zweck und in diesem Sinne als stillschweigend mitgeschriebene Kompetenzen auffassen lassen und solchen, bei denen aus der **Natur der Sache** ausschließlich eine Regelung durch den Bund in Betracht kommt. 391

1.2.4.1 Bundeskompetenz kraft Sachzusammenhangs. Als stillschweigend mitgeschrieben gilt die Bundeskompetenz kraft Sachzusammenhangs. Sie setzt voraus, dass „eine dem Bund zugewiesene Materie verständigerweise nicht geregelt werden kann, ohne dass zugleich eine nicht ausdrücklich zugewiesene andere Materie mitgeregelt wird, wenn also ein **Übergreifen in nicht ausdrücklich zugewiesene Materien** unerlässliche Voraussetzung ist für die Regelung einer der Bundesgesetzgebung zugewiesenen Materie".[35] Weitere verallgemeinerungsfähige Regeln lassen sich kaum aufstellen. Vielmehr muss in jedem Einzelfall die jeweilige Sach- und Regelungsmaterie durchdrungen und geprüft werden, ob eine Mitregelung wirklich notwendig ist. 392

Zuständigkeit kraft Sachzusammenhangs hat das Bundesverfassungsgericht **bejaht** für: Regelung des Dienstleistungsverkehrs im Bereich der Außenwirtschaft (Art. 73 Abs. 1 Nr. 5 GG)[36]; Mitregelung des sozialpflegerischen Teils des Heilberufs Altenpfleger (Art. 74 393

---

nach sich. Denn auch bei Mehrfachzuordnungen innerhalb der konkurrierenden Gesetzgebung muss nun, sobald ein einschlägiger Kompetenztitel die Erforderlichkeitsprüfung vorschreibt oder eine Abweichungsmöglichkeit vorsieht, eine eindeutige Zuordnung erfolgen. Diese wird sich wohl nach den gleichen Grundsätzen, wie diejenige im Verhältnis Bund und Länder richten, so *Ch. Degenhart,* Die Neuordnung der Gesetzgebungskompetenzen durch die Föderalismusreform, NVwZ 2006, 1209 (1210).

30 BVerfGE 2, 29 (44) – *bay. Pressegesetz*; 68, 319 (328) – *Gebührenordnung für Ärzte.*

31 S. dazu BVerfGE 134, 33 Rn. 53 ff. – *Therapieunterbringungsgesetz.*

32 BVerfGE 97, 228 (252) – *Kurzberichterstattung im Fernsehen*; BVerfG, NVwZ 2008, 658 (659) – *Beteiligung von Parteien an Rundfunkbetreibern* = BVerfGE 121, 30 (47); BVerfG, NVwZ 2014, 646 Rn. 102 – *Filmförderungsgesetz.*

33 BVerfG, NVwZ 2008, 658 (659).

34 BVerfG, NVwZ 2014, 646 Rn. 102 ff. – *Filmabgabe.*

35 St. Rspr. seit BVerfGE 3, 407 (421) – *Baurechtsgutachten*; 106, 62 (115) – *Altenpflegegesetz*; s. auch BVerfGE 134, 33 Rn. 159 ff. – *Therapieunterbringungsgesetz Sondervotum Huber.*

36 BVerfGE 110, 33 (47 f.) – *Außenwirtschaftsgesetz*: Kompetenz des Bundes nach Art. 73 Abs. 1 Nr. 5 GG zur Regelung des „Waren- und Zahlungsverkehrs mit dem Ausland"; „wegen der Einheitlichkeit der Lebensvorgänge im Außenwirtschaftsverkehr ergibt sich auch für den Dienstleistungsverkehr (...) aus Art. 73 Nr. 5 GG eine Zuständigkeit des Bundes unter dem Gesichtspunkt des Sachzusammenhanges."

Abs. 1 Nr. 19 GG)[37]; Strafvorschriften für sich am Schwangerschaftsabbruch beteiligende Personen sowie die Zurücknahme der Strafdrohung im Schutzkonzept (Art. 74 Abs. 1 Nr. 1 GG)[38]; Jugendpflege als Sachzusammenhang zur öffentlichen Fürsorge (Art. 74 Abs. 1 Nr. 7 GG)[39]; Festsetzung von Gebühren für gerichtliche Beurkundungen als Sachzusammenhang zum bürgerlichen Recht (Art. 74 Abs. 1 Nr. 1 GG)[40]; Altersversorgung für Schornsteinfeger als Sachzusammenhang zum Recht des Handwerks (Art. 74 Abs. 1 Nr. 11 GG)[41], Datenschutz als Sachzusammenhang zu Anforderungen an TK-Unternehmen (Art. 73 Abs. 1 Nr. 7 GG). Streitig war im 2. Senat des Bundesverfassungsgerichts, ob das Therapieunterbringungsgesetz direkt von der Bundeskompetenz für das Strafrecht umfasst ist oder nur kraft Sachzusammenhangs. Die tragende Mehrheit befürwortete die Anwendbarkeit von Art. 74 Abs. 1 Nr. 1 GG.[42]

394 Dagegen ist ein zuständigkeitsbegründender Sachzusammenhang zum Beispiel **verneint** worden für das Bauordnungsrecht im Verhältnis zum Bodenrecht (Art. 74 Abs. 1 Nr. 18 GG)[43]; die Wasserwirtschaft im Verhältnis zu den Seewasserstraßen und Binnenwasserstraßen (Art. 74 Abs. 1 Nr. 21 GG)[44]; Rundfunksendungen im Verhältnis zur Telekommunikation (Art. 73 Abs. 1 Nr. 7 GG)[45], die kommunale Willensbildung im Rahmen der Grundsicherung für Arbeitssuchende (Art. 91e GG, Art. 74 Abs. 1 Nr. 7 GG).[46]

395 **1.2.4.2 Annexkompetenz.** Einen Unterfall der Bundeskompetenz kraft Sachzusammenhangs stellt die Annexkompetenz dar. Während es bei der Bundeskompetenz kraft Sachzusammenhangs gewöhnlich darum geht, dass der Inhalt eines Gesetzes sich auf ein anderes materielles Sachgebiet erstreckt, geht es bei der Annexkompetenz darum, dass in Bezug auf dasselbe Sachgebiet Regelungen getroffen werden, die den **Zweck des Gesetzes sichern, durchführen oder flankieren** und für die, losgelöst von der dienenden Funktion, eigentlich die Länder zuständig wären. Beispiele sind die gesetzliche Einrichtung von Bundeswehrhochschulen oder die Regelung von Brandschutz für Bundeswehreinrichtungen als Annex zur ausschließlichen Kompetenz für Verteidigung, Straftäterunterbringung als Annex zur konkurrierenden Kompetenz für das Strafrecht (Art. 74 Abs. 1 Nr. 1 GG).[47]

396 Typischer Gegenstand einer Annexkompetenz sind auch die Regelungen über die **Einrichtung der Behörden und das Verwaltungsverfahren**, die bestimmen, durch wen und wie materielle bundesgesetzliche Regelungen – zB. über die Genehmigung von Industrieanlagen – angewendet werden. Da die Zuständigkeit zur Ausführung von Bundesgesetzen bei den Ländern liegt, ist das Verwaltungsorganisations- und Verfahrensrecht in der Regel Gegenstand ihrer Gesetzgebungskompetenz. Dies stellt Art. 84 Abs. 1 Satz 1 GG klar. Im Einzelfall kann aber auch der Bundesgesetzgeber als Annex zu seiner Regelungskompetenz für den Sachgegenstand derartige Regelungen treffen. Auch dies ist in Art. 84 Abs. 1 Satz 2 GG ausdrücklich bestimmt. Hierin liegt die explizite Regelung oder besser Anerkennung einer Annexkompetenz für das Verwaltungsverfahren im Zusammenhang mit bestehenden Gesetzgebungskompetenzen.

---

37 BVerfGE 106, 62 (110) – *Altenpflegegesetz.*
38 BVerfGE 98, 265 (301) – *bay. Schwangerenhilfeergänzungsgesetz.*
39 BVerfGE 22, 180 (213) – *Vorrang der Träger der freien Wohlfahrtspflege.*
40 BVerfGE 11, 192 (199) – *gerichtliches Beurkundungswesen.*
41 BVerfGE 1, 264 (272) – *Altersversorgung für Schornsteinfeger.*
42 BVerfGE 134, 33 Rn. 53 ff. – einerseits, Sondervotum Rn. 144 ff. andererseits.
43 BVerfGE 3, 407 (421) – *Baurechtsgutachten.*
44 BVerfGE 15, 1 (29) – *Wasserstraße.*
45 BVerfGE 12, 205 (237) – *Post und Fernmeldewesen* (heute: Telekommunikation).
46 BVerfGE 137, 108 Rn. 131 ff. – *Optionskommune.*
47 BVerfGE 109, 190 (215 ff.) – *nachträgliche Sicherheitsverwahrung*: „Sachzusammenhang zwischen Strafe und rein präventiver Sanktion darin begründet, dass sich beide Arten von Sanktionen auf die Anlasstat beziehen."

Die Beispiele[48] zeigen, dass die Annexkompetenz in der Praxis neben Verfahrensregelungen besonders relevant wird in Bezug auf das Recht zur **Gefahrenabwehr**, dh. Normen zur Aufrechterhaltung der öffentlichen Sicherheit oder Ordnung. Das allgemeine Sicherheits- und Ordnungsrecht ist Sache der Länder, aber: „Da die Ordnungsgewalt ein Annex des Sachgebiets ist, auf dem sie tätig wird, umfasst die Zuständigkeit zur Gesetzgebung in einem Sachbereich auch die Regelung der Ordnungsgewalt (Polizeigewalt) in diesem Sachgebiet.[49] Soweit der Bund ein Recht zur Gesetzgebung auf bestimmten Lebensgebieten hat, muss er daher auch das Recht haben, die dieses Lebensgebiet betreffenden spezial-polizeilichen Vorschriften zu erlassen."[50] Da der Bundesgesetzgeber nur für das Recht der Bodennutzung (Art. 74 Abs. 1 Nr. 18 GG), nicht aber für das Bauwesen über eine Gesetzgebungskompetenz verfügt, fehlt es allerdings für das Bauordnungsrecht an der notwendigen geregelten Kompetenz, an die das Ordnungsrecht anknüpfen könnte, so dass die mit dem Bauen verbundenen Gefahren nach wie vor selbständig in Landesbauordnungen geregelt werden. Demgegenüber war das Recht der Wirtschaft (Art. 74 Abs. 1 Nr. 11 GG) hinreichender Anknüpfungspunkt, um die Prüfung von Handfeuerwaffen und Patronen bundesgesetzlich zu regeln, da die Aufrechterhaltung der öffentlichen Sicherheit „nicht der alleinige und unmittelbare Gesetzeszweck ist, sondern in einem notwendigen Zusammenhang mit wirtschafts- und gewerberechtlichen Erwägungen steht".[51] „Die Gesetzgebungszuständigkeit für den Luftverkehr umfasst als Annex jedenfalls die Befugnis, Regelungen zur Abwehr solcher Gefahren zu treffen, die gerade aus dem Luftverkehr herrühren."[52]

Die Unterscheidung zwischen der Bundeszuständigkeit kraft Sachzusammenhangs und der Bundeszuständigkeit kraft Annexkompetenz ist nicht immer leicht zu erkennen.[53] Da sie rechtlich folgenlos ist, ist eine strikte Zuordnung auch nicht nötig. Letztlich geht es um Kriterien, mit der sich eine Bundeskompetenz über den Wortlaut einer geschriebenen Sachmaterie hinaus nach Sinn und Zweck plausibel begründen lässt. **397**

1.2.4.3 Bundeskompetenz kraft Natur der Sache. Während sich die stillschweigend mitgeschriebenen Bundeszuständigkeiten als Auslegung der bestehenden Kompetenzvorschriften begründen lassen, fehlt ein solcher Anknüpfungspunkt im Text des Grundgesetzes für die ungeschriebene Bundeszuständigkeit kraft Natur der Sache. Eine solche Bundeszuständigkeit kann daher nur **höchst ausnahmsweise** angenommen werden. Nur dort, wo es um **ureigenste Bundesangelegenheiten** geht, die der partikularen Gesetzgebung der Länder von vornherein entzogen sind[54], wenn also eine Ländergesetzgebung wegen des unbestreitbaren Bundesbezugs der Regelung abwegig wäre, ergibt sich eine Bundeszuständigkeit kraft Natur der Sache. Sie ist deshalb notwendig **nur als ausschließliche Bundesgesetzgebung denkbar**. Ein Beispiel ist die Bundeskompetenz kraft Natur der Sache für Regelungen im unmittelbaren Zusammenhang mit dem Einigungsvertrag.[55] Auch die Entscheidung über den Sitz von Bundestag und Bundesregierung gehört in die Bundeszuständigkeit, wobei diese Frage nicht durch Gesetz entschieden wurde und auch nicht entschieden werden musste[56], sondern der schlichte **398**

48 Ausnahme: Bundeswehrhochschulen.

49 S. dazu BVerfGE 109, 190 (215) – *Straftäterunterbringung*; 132, 1 Rn. 17 ff. – *Luftsicherheitsgesetz*.

50 BVerfGE 3, 407 (433) – *Baurechtsgutachten*.

51 BVerfGE 8, 143 (150) – *Beschussgesetz*. Bereits 1972 wurde Art. 74 GG allerdings um eine Kompetenz für das Waffen- und Sprengstoffrecht ergänzt. Seit September 2006 ist die Materie in die ausschließliche Gesetzgebung des Bundes überführt.

52 BVerfGE 132, 1, Rn. 17 ff. – *Luftsicherheitsgesetz*.

53 S. die Begründung BVerfGE 109, 190 (215) – *Straftäterunterbringung*, wo gleichzeitig von Sachzusammenhang und Annex die Rede ist.

54 BVerfGE 11, 89 (99) – *Urlaubsrecht der Postarbeiter*.

55 BVerfGE 95, 243 (248) – *Verteilung öffentlichen Vermögens in der ehemaligen DDR*.

56 Zutr. *M. Heintzen*, Die Hauptstadtfrage – verfassungsrechtlich und rechtspolitisch betrachtet, ZRP 1990, 134; *P. Lerche*, Verfassungsfragen der Festlegung des Parlaments- und Regierungssitzes – Erforderlichkeit eines

Parlamentsbeschluss des Bundestages vom 20.6.1991 ausreichte.[57] Ein weiteres Beispiel ist die Befugnis des Bundes in Bezug auf die Verleihung und Entziehung von Bundesorden, von der der Bund durch das Gesetz über Titel, Orden und Ehrenzeichen von 1957 Gebrauch gemacht hat.

399 Festzuhalten ist, dass die ungeschriebenen, aber auch die stillschweigend mitgeschriebenen Bundeskompetenzen zur Wahrung der Verbindlichkeit der geschriebenen Verfassung enge und gut begründete Ausnahme bleiben müssen.

1.2.5 Normative Verweisungen als Problem der Gesetzgebungskompetenz

400 Aus der Verteilung der Gesetzgebungskompetenzen zwischen Bund und Ländern ergeben sich Grenzen für die Gesetzgebungstechnik der Verweisung. **Verweisung** bedeutet, dass der Text eines Gesetzes dadurch entlastet wird, dass auf Normen anderer Gesetze, aber auch auf Verwaltungsvorschriften oder technische Regelwerke (zB. Deutsche Industrie-Normen – DIN)[58] verwiesen wird.[59] Solche Verweisungen sind grundsätzlich zulässig, wenn die verweisende Norm klar erkennen lässt, welche Vorschriften im Einzelnen gelten sollen und wenn die in Bezug genommenen Normen durch eine ordnungsgemäße Veröffentlichung zugänglich sind.[60] Unproblematisch sind insbesondere **statische Verweisungen** auf inhaltlich feststehende Normen in einer datumsmäßig festgelegten Fassung.[61] In diesem Fall weiß der Gesetzgeber zum Zeitpunkt des Erlasses der Verweisungsnorm genau, was er tut.

401 Problematisch ist dagegen die **dynamische Verweisung** bei fehlender Identität des Gesetzgebers, also wenn ein Bundesgesetz auf ein Landesgesetz in der jeweils geltenden Fassung[62] oder ein Landesgesetz auf ein Bundesgesetz in der jeweils geltenden Fassung[63] verweist.[64] Eine solche Verweisung führt dazu, dass ein fremder Gesetzgeber den Inhalt

---

Gesetzes?, ZG 6 (1991), S. 193; aA.: *F. Hufen*, Entscheidung über Parlaments- und Regierungssitz der Bundesrepublik Deutschland ohne Gesetz?, NJW 1991, 1321. – Zur Umzugsplanung: *V. Busse*, Umzugsplanung Bonn-Berlin, DÖV 1994, 487 – Der Bundestagsbeschluss wurde umgesetzt durch das Berlin/Bonn-Gesetz vom 26. April 1994 (BGBl. I, S. 918).

57 Mit dem 52. Gesetz zur Änderung des Grundgesetzes wurde diese Entscheidung in Art. 22 Abs. 1 GG verfassungsrechtlich abgesichert.

58 Für weitere Beispiele für Verweisungen auf Normenwerke privater Institutionen sowie die Problematik der Erkennbarkeit für den Betroffenen (Veröffentlichung!) s. *Th. Clemens*, Die Verweisung einer Rechtsnorm auf eine andere Vorschrift, AöR 111 (1986), 63 (94 ff.) mwN.; s. auch BVerwGE 147, 100 Rn. 39 – *Schalldruckpegelmessung*.

59 Zur Abgrenzung von anderen Rechtsinstituten s. *A. Haratsch*, Die normative Bezugnahme auf Rechtsnormen, ZG 14 (1999), 346 und *Th. Clemens*, Die Verweisung einer Rechtsnorm auf eine andere Vorschrift, AöR 111 (1986), 63 (67 ff.).

60 BVerfGE 47, 285 (312) – *Kostenordnung*; BVerwGE 147, 100 Rn. 16, 20 – *Schalldruckpegelmessung*.

61 Durch Gesetz vom 24.9.2009 wurde die statische Verweisung in § 1 Abs. 1 LVwVfG Niedersachsen auf das BVwVfG idF. vom 23. Januar 2003 in eine dynamische Verweisung umgewandelt. Bis 1997 verwies auch das LVwVfG Berlin statisch auf das BVwVfG. Neben diesen expliziten statischen Verweisungen kann auch die Auslegung einer Vorschrift als statische Verweisung verfassungsrechtlich geboten sein. So verwies der frühere § 144 Abs. 3 KostO aF. auf landesrechtliche Gebührenbefreiungsregeln. Die Vorschrift war als statische Verweisung auszulegen, da andernfalls der Bundesgesetzgeber seine Gesetzgebungskompetenz versteckt auf den Landesgesetzgeber verlagern würde. S. dazu BVerfGE 47, 285 (313).

62 S. etwa § 144 Abs. 3 KostO aF.

63 Heute verweisen 4 Bundesländer dynamisch auf das VwVfG des Bundes: Berlin (§ 1 Abs. 1 LVwVfG), Rheinland-Pfalz (§ 1 Abs. 1 LVwVfG), Sachsen (§ 1 LVwVfG) und Niedersachsen (§ 1 Abs. 1 LVwVfG). Zur Zulässigkeit s. *S. E. Schulz/J. Tischer*, Verweisungen im Verwaltungsverfahrensrecht und ihre Reichweite im Kontext neuer Verordnungsermächtigungen, NVwZ 2014, 1049 (1050 f.). Für einen Verweis auf das BVerwZustellungsG s. § 1 Abs. 1 Hess. VerwZustellungsG (GVBl. 1957, S. 9).

64 BVerfGE 47, 285 (312) – *Kostenordnung*. S. *Th. Clemens*, Die Verweisung einer Rechtsnorm auf eine andere Vorschrift, AöR 111 (1986), 63 (102 ff.); zu einem aktuellen Fall s. *S. E. Schulz/J. Tischer*, Verweisungen im Verwaltungsverfahrensrecht und ihre Reichweite im Kontext neuer Verordnungsermächtigungen, NVwZ 2014, 1049 ff.

der Verweisungsnorm ausfüllt, ohne dass der Gesetzgeber der Verweisungsnorm den Inhalt des Verweisungsobjekts kennt oder auf ihn Einfluss nehmen könnte.[65] In diesem Fall ist die dynamische Verweisung mehr als eine bloße gesetzestechnische Vereinfachung: Sie führt zu einer versteckten **Verlagerung von Gesetzgebungsbefugnissen.**[66] Bei dynamischen Verweisungen auf andere Normsetzer als den Bundes- oder Landesgesetzgeber ist zudem die Frage nach der Reichweite des Vorbehalts parlamentarischer Rechtssetzung berührt.[67]

Hat eine dynamische Verweisung das Ausmaß einer **Kompetenzverlagerung**, ist sie 402
schon deshalb **unzulässig**, weil die verfassungsrechtliche Kompetenzordnung verbindlich ist (vgl. Art. 20 Abs. 3 GG) und nicht zur Disposition steht. Bund und Länder können losgelöst von expliziten Delegationsnormen (vgl. Art. 71, 80 GG) weder auf ihre Kompetenzen verzichten noch über sie verfügen.[68] Gegen die Zulässigkeit der Kompetenzübertragung spricht auch, dass damit die Regeln über die Verfassungsänderung ausgehebelt werden und dass die Bürger zumindest aus Art. 2 Abs. 1 GG ein Recht darauf haben, nicht durch kompetenzwidriges staatliches Handeln beeinträchtigt zu werden.[69]

Rechtsprechung: BVerfGE 3, 407 (421) – Gesetzgebungskompetenzen im Baurecht (Bauordnungsrecht kein Bodenrecht, keine Kompetenz kraft Sachzusammenhang); 12, 205 (229 ff. 237) – Rund-

---

65 Dynamische Verweisungen nationaler Normen auf EU-Normen sind unter kompetenzrechtlichen Gesichtspunkten dagegen unproblematisch, da dies Umsetzungsvorgänge für auf Unionsebene ausgeübte Kompetenzen sind, mithin keine Kompetenzverschiebung eintritt, so *Th. Klindt*, Die Zulässigkeit dynamischer Verweisung auf EG-Recht aus verfassungsrechtlicher und europarechtlicher Sicht, DVBl. 1998, 373 (378 f.); s. auch BVerwGE 147, 100 Rn. 39 – *Schallpegelmessung*.

66 Die Qualifizierung als verdeckte Rechtssetzungsermächtigung geht auf *F. Ossenbühl*, Die verfassungsrechtliche Zulässigkeit der Verweisung als Mittel der Gesetzgebungstechnik, DVBl. 1967, 401 (402 f.) zurück. Er kommt daher auch zu dem Ergebnis, dass alle Verweisungen in den Landesgesetzen auf Bundesgesetze unzulässig sind. BVerfGE 47, 285 (312) – *Kostenordnung* hat offengelassen, „inwieweit diesen Bedenken zuzustimmen" sei und kommt nur angesichts der besonders schwerwiegenden Besonderheiten des Falles zu einer Auslegung als statische Verweisung. S. hierzu auch *E. Baden*, Dynamische Verweisungen und Verweisungen auf Nichtnormen, NJW 1979, 623 (624 ff.) und *W. Brugger*, Rechtsprobleme der Verweisung im Hinblick auf Publikation, Demokratie und Rechtsstaat, VerwArch 78 (1987), 1 (21 ff.). Speziell für die dynamisch verweisenden LVwVfG: *D. Ehlers*, Die Anpassung der Landesverwaltungsverfahrensgesetze an das Verwaltungsverfahrensgesetz des Bundes, DVBl. 1977, 693 (694 f.). *Th. Clemens*, Die Verweisung einer Rechtsnorm auf eine andere Vorschrift, AöR 111 (1986), 63 (111) hält diese Verweise für zulässig, da durch die verfassungsrechtliche Einhegung des Verfahrensrechts das Verweisungsausmaß hinreichend begrenzt ist. Ähnlich argumentiert abstrakt *H.M. Veh*, Die dynamische Verknüpfung von Landes- und Bundesrecht, BayVBl. 1987, 225 (228 f.), der darauf abstellt, ob der Regelungsinhalt einer Norm für den verweisenden Normgeber überschaubar ist. *H. Maurer/Ch. Waldhoff*, VerwR AT, 19. Aufl. 2017, § 5 Rn. 19 befinden diese dynamischen Verweisungen für „noch haltbar", da die Verwaltungsverfahrensgesetze der Länder weithin von bundeseinheitlichen Grundsätzen ausgehen und auf inhaltliche Übereinstimmung angelegt sind. Für eine generell großzügige Beurteilung der Zulässigkeit, s. *Th. Klindt*, Die Zulässigkeit dynamischer Verweisung auf EG-Recht aus verfassungsrechtlicher und europarechtlicher Sicht, DVBl. 1998, 373 (376): „Geltungsgrund der Bundesvorschriften im Landesbereich ist und bleibt ausschließlich der Wille des Landesgesetzgebers, der seine Zuständigkeit damit gezeigt und nicht verloren hat."

67 S. dazu BVerfGE 64, 208 (214 f.); 78, 32 (36) – *Bergmannversorgungsscheingesetz NRW*; aber auch BVerfGE 73, 261 (272 ff.) mit abw. Sondervotum *Nießler*, 274 ff.

68 Treffend hierzu BVerfGE 33, 125 (158) – *Facharztbeschluss*: „Der Grundsatz (…), dass der Gesetzgeber sich seiner Rechtssetzungsbefugnis nicht völlig entäußern und seinen Einfluss auf den Inhalt (…) nicht gänzlich preisgeben darf, (…) folgt sowohl aus dem Prinzip des Rechtsstaats wie aus dem der Demokratie. Fordert das eine, die öffentliche Gewalt, (…) rechtlich zu binden, so dass der Machtmissbrauch verhütet und die Freiheit des Einzelnen gewahrt wird, so gebietet das andere, dass jede Ordnung eines Lebensbereiches (…) auf eine Willensentschließung der vom Volk bestellten Gesetzgebungsorgane muss zurückgeführt werden können."

69 BVerfGE 6, 32 – *Elfes*. S. dazu *H. Kube*, Die Elfeskonstruktion, JuS 2003, 111. Zu den Anforderungen in Bereichen, in denen – über Art. 2 Abs. 1 GG – spezialgesetzliche Gesetzesvorbehalte oder die Wesentlichkeitstheorie eingreifen s. *Th. Clemens*, Die Verweisung einer Rechtsnorm auf eine andere Vorschrift, AöR 111 (1986), 63 (102 ff.).

funkurteil (Rundfunk kein „Fernmelden“ bzw. heute: Telekommunikation, keine Kompetenz kraft Sachzusammenhang); 36, 193 – Zeugnisverweigerungsrecht der Presse (Zuordnung der Regelung Zeugnisverweigerung für Presseangehörige); 61, 149 – Staatshaftungsgesetz (keine Kompetenz für Staatshaftung, heute: Art. 74 Abs. 1 Nr. 25 GG); 98, 265 – Bay. Schwangerenhilfeergänzungsgesetz (S. 302 Beratungskonzept im Sachzusammenhang mit Bestrafungstatbeständen bzgl. Abtreibung, S. 106 Sperrwirkung im weiteren Sinn); 106, 62 – Altenpflege; 109, 190 – Straftäterunterbringung; 111, 10 – Ladenschluss; 111, 226 – Juniorprofessur; 125, 141 – Gewerbesteuerhebesatz; 132, 1 – Luftsicherheitsgesetz; 134, 33 – Therapieunterbringungsgesetz; 135, 155 – Filmabgabe; 137, 108 – Optionskommunen; 138, 261 – Thüringer Ladenöffnungsgesetz; 140, 65 – Betreuungsgeld; 150, 244 und 309 – Kfz-Kennzeichenerfassung.

Literatur: *M. Bäumerich*, Grundfälle zu den Gesetzgebungskompetenzen, JuS 2018, 123; *D. Ehlers*, „Ungeschriebene Kompetenzen“, Jura 2000, 323; *M. Fehling*, Gesetzgebungskompetenzen im Verfassungsrecht und im Unionsrecht, Jura 2016, 498; *T. Hebeler*, Die Gesetzgebungskompetenz des Bundes und der Länder, JA 2010, 688; *S. E. Schulz/J. Tischer*, Verweisungen im Verwaltungsverfahrensrecht und ihre Reichweite im Kontext neuer Verordnungsermächtigungen, NVwZ 2014, 1049.

Fallbearbeitungen: *K. Fischer*, Die Kulturrevolution des Bundes, JuS 2003, 137 (Anfängerübungsklausur: Ungeschriebene Gesetzgebungskompetenzen); *A. Musil/B. Rux*, Streit um das neue Ladenschlussrecht, Jura 2008, 701 (Anfängerhausarbeit); *U. Palm*, Plebiszitäre Abweichung, JuS 2007, 751 (Referendarexamensklausur: Abweichungskompetenz und deren verfassungsrechtliche Grenzen); *P.S. Stöbener*, Fälle zur Föderalismusreform, Jura 2008, 327 (kleinere Fälle, die die Neuerungen der Föderalismusreform veranschaulichen); *H. Tappe*, Leitlinien im Atomrecht, JuS 2003, 887 (Referendarexamensklausur: ungeschriebene Gesetzgebungskompetenzen).

1.3 Das Verfahren der Bundesgesetzgebung

403 Hat die Prüfung der Verbandskompetenz in Bezug auf die Gesetzgebung die Zuständigkeit des Bundes ergeben, so ist für die Feststellung der Verfassungsmäßigkeit des Gesetzes im nächsten Schritt zu untersuchen, ob das Gesetzgebungsverfahren vorschriftsmäßig durchgeführt wurde. Die Regelungen finden sich in Art. 76 bis 78 und 82 GG. Ergänzend und konkretisierend sind Vorschriften der Geschäftsordnungen des Bundestages, Bundesrates, der Bundesregierung und ggf. des Vermittlungsausschusses heranzuziehen. Verstöße gegen Normen der Geschäftsordnungen führen für sich genommen weder zur Verfassungswidrigkeit noch zur Nichtigkeit des Gesetzes. Diese Wirkungen treten nur ein, wenn ein Verstoß gegen eine Geschäftsordnungsvorschrift gleichzeitig einen Verfassungsverstoß darstellt.
Das Gesetzgebungsverfahren lässt sich grob in **vier Abschnitte** gliedern: die Gesetzesinitiative, die Beratung im Bundestag, die Beteiligung des Bundesrates und der förmliche Abschluss.

1.3.1 Gesetzesinitiative (Art. 76 GG)

404 Das Gesetzgebungsverfahren beginnt mit der Gesetzesinitiative in Form einer Gesetzesvorlage, die beim Bundestag einzubringen ist.

405 **1.3.1.1 Die Berechtigten.** Das Recht zur Gesetzesinitiative haben die **Bundesregierung** und der **Bundesrat** sowie der **Bundestag** selbst.[70] Die meisten im weiteren Verfahren erfolgreichen Gesetzesvorlagen werden von der Bundesregierung eingebracht.[71] Dies

70 Diese Aufzählung ist abschließend. Volksinitiativen werden also – mangels Nennung des „Volkes“ oder einer bestimmten Anzahl an Stimmberechtigten in Art. 76 Abs. 1 GG – durch das Grundgesetz ausgeschlossen. S. dazu schon oben Rn. 71. Schwieriger stellt sich die Sachlage bei Vermittlungs- und Bundestagsausschüssen dar. Zu Vermittlungsausschüssen s. noch unten Rn. 415 f.

71 S. Statistik der Gesetzgebung, Stand 1.10.2020: https://www.bundestag.de/resource/blob/533188/adc53a3c6c4469006fb0f4647b1085bd/gesetzgebung_wp19-data.pdf.

liegt in der Bedeutung des Gesetzes als politischem Gestaltungsinstrument für die Bundesregierung, in der Bündelung des nötigen Fachwissens und Fachpersonals in den Bundesministerien und in der Logik des parlamentarischen Regierungssystems. Die regierungstragende Mehrheit des Bundestages kann die Erarbeitung von Gesetzesvorlagen getrost der Regierung überlassen, mit der sie politisch verbunden ist. Das Initiativrecht „aus der Mitte des Bundestages" ist daher praktisch das Initiativrecht der Opposition. Zur fachlichen Vorbereitung können die Abgeordneten sich auf die wissenschaftlichen Dienste des Bundestages stützen, einer Hauptabteilung der Bundestagsverwaltung, sowie seit 1969 auf Abgeordneten-Assistenten. Der Bundesrat macht verhältnismäßig selten von seinem Initiativrecht Gebrauch, wobei es sich häufig um Vorstöße einzelner Bundesländer handelt, die sich zur Vorbereitung wiederum auf ihre Ministerien stützen können.

Innerhalb der Bundesregierung und des Bundesrates ist jeweils ein von der nötigen Mehrheit getragener Beschluss erforderlich.[72] Vorlagen „aus der Mitte des Bundestages" müssen gemäß § 76 Abs. 1 iVm. § 75 Abs. 1 lit. a) GOBT von einer Fraktion oder von fünf vom Hundert der Mitglieder des Bundestages unterzeichnet und mit einer kurzen Begründung versehen sein.[73] 406

1.3.1.2 Die Einbeziehung von Bundesrat bzw. Bundesregierung in der Initiativphase. Art. 76 Abs. 2 GG behandelt das weitere Vorgehen, wenn Urheber der Gesetzesvorlage die Bundesregierung ist; Art. 76 Abs. 3 GG regelt den Fall, dass die Initiative auf den Bundesrat zurückgeht. Das Regelungsziel besteht darin, jeweils vor Befassung des Bundestages die Auffassung des jeweils anderen bisher noch nicht involvierten obersten Staatsorgans einzuholen. Gemäß Art. 76 Abs. 2 Satz 1 GG sind Vorlagen der Bundesregierung zunächst dem Bundesrat zuzuleiten. Im Weiteren werden ausführlich die **Fristen** geregelt, innerhalb derer der Bundesrat von seinem Recht zur Stellungnahme Gebrauch machen kann. Die reguläre Frist beträgt sechs Wochen, aus wichtigem Grund kann der Bundesrat eine Verlängerung auf neun Wochen verlangen. In Eilfällen kann die Bundesregierung eine Verkürzung auf drei Wochen erreichen oder aber, wenn der Bundesrat eine Neunwochenfrist verlangt, nach sechs Wochen ihre Vorlage ohne Stellungnahme des Bundesrates an den Bundestag weiterleiten. Bei verfassungsändernden Gesetzesvorhaben oder solchen, die bezwecken, Hoheitsrechte gemäß Art. 23 oder 24 GG zu übertragen, beträgt die Frist zur Stellungnahme für den Bundesrat ausnahmslos neun Wochen. Art. 76 Abs. 3 Satz 1–5 GG enthält vergleichbare Regelungen über die Einholung einer Stellungnahme der Bundesregierung für den Fall, dass die Initiative vom Bundesrat ausgeht. Hervorzuheben ist, dass nicht der Bundesrat selbst seine Initiative beim Bundestag einreicht, sondern dass sie dem Bundestag „durch die Bundesregierung" zuzuleiten ist. Gesetzesvorlagen aus der Mitte des Bundestages bedürfen keiner 407

72 S. dazu oben Rn. 254 in Bezug auf den Bundesrat und Rn. 358 in Bezug auf die Bundesregierung.

73 Die Verfassungsmäßigkeit dieses 5 %-Quorums (Beschränkung der Rechte von Abgeordnetengruppen unter Fraktionsstärke) wird in der Literatur bezweifelt. So etwa *B.-O. Bryde*, in: *Schneider/Zeh*, Parlamentsrecht und Parlamentspraxis, 1989, § 30 Rn. 24: „Eine höhere Mindestzahl als die derzeit geltende wäre jedenfalls unzulässig." Das Bundesverfassungsgericht musste diese Frage bisher noch nicht entscheiden, da der Bundestag bisher jeder Gruppe ein Gesetzesinitiativrecht eingeräumt hat, s. *W. Zeh*, Gliederung und Organe des Bundestages, HStR III, 3. Aufl. 2005, § 52 Rn. 20 und vgl. auch BVerfGE 84, 304 (328 f.). Da die Verfassung durch den Wortlaut „aus der Mitte des Bundestages" ein niedriges Quorum, ja sogar einen Abgeordneten als Initianten zulässt, führt die Einbringung durch ein niedrigeres Quorum nicht zur Nichtigkeit des Gesetzes, so *M. Elicker*, Examensrelevante Probleme aus dem Bereich der Gesetzesinitiative und des Vorverfahrens (Art. 76 GG), JA 2005, 513 (516); unzutreffend *M. Nolte/Ch. Tams*, Das Gesetzgebungsverfahren nach dem Grundgesetz, JA 1995, 158 (159), die auf die Konkretisierungsfunktion des § 76 Abs. 1 GOBT abstellen. Eine Geschäftsordnungsnorm wird aber nicht dadurch zur Verfassungsnorm, dass sie Verfassungsrecht konkretisiert; ausschlaggebend ist allein, ob die Verfassungsbestimmung ein bestimmtes Verhalten mit der Nichtigkeitssanktion belegt oder sich eine solche aus einem Verfassungsprinzip ergibt.

Stellungnahmen von Bundesregierung oder Bundesrat, bevor sie im Bundestag behandelt werden.

408 **1.3.1.3 Umgehen des Bundesrates in der Initiativphase.** In der Praxis kommt es vor, dass die Bundesregierung ein von ihr erarbeitetes Gesetzesvorhaben wegen besonderer Eilbedürftigkeit, etwa weil das Ende der Legislaturperiode naht, von einer regierungstragenden Fraktion „aus der Mitte des Bundestages" einbringen lässt, um die für die Stellungnahme des Bundesrates vorgesehene Zeit zu sparen. Die Verfassungsmäßigkeit dieses Vorgehens ist streitig.[74] Angesichts der detaillierten Fristen unter Berücksichtigung eilbedürftiger Fälle enthält die Verfassung eine abschließende Regelung und erweist sich das Vorgehen der Bundesregierung als **Verfassungsumgehung.** Andererseits steht dem Bundestag das Initiativrecht zu. Die Verfassung enthält keine Regelungen darüber, aus welcher Feder eine Gesetzesinitiative stammen muss oder darf, wenn das nötige Quorum im Bundestag sie sich zu eigen macht. Formal liegt damit kein Verstoß gegen die Verfassung vor. Auch der Bundesrat wird nicht endgültig um seine Mitwirkung gebracht, die im weiteren Verfahren notwendig stattfindet.[75] Beeinträchtigt wird das Gesetzgebungsverfahren in der Weise, dass die frühzeitige Einbeziehung länderrelevanter Aspekte oder Interessen in das Gesetzgebungsverfahren unterbleibt. Fehlt es an dieser frühzeitigen Berücksichtigung, kann dies im weiteren Verfahren wiederum zu Verzögerungen führen. Letztlich handelt es sich damit bei Art. 76 Abs. 2 GG um eine **Ordnungsvorschrift**,[76] die darauf gerichtet ist, möglichst frühzeitig alle relevanten Tatsachen und Meinungen in das Gesetzgebungsverfahren einzubringen. Die **Bundesregierung verstößt** gegen diese Verfassungsvorschrift, der **Bundestag aber handelt verfassungsgemäß.** Auswirkungen auf die Verfassungsmäßigkeit des Gesetzesbeschlusses hat der Verfassungsverstoß der Bundesregierung auch deshalb nicht, weil es darauf nach Art. 78 GG für das Zustandekommen von Gesetzen nicht ankommt.

1.3.2 Beratung und Beschluss im Bundestag (Art. 76 Abs. 3 Satz 6, Art. 77 Abs. 1 Satz 1 GG)

409 Eine Gesetzesvorlage ist im Bundestag „in angemessener Frist" zu beraten.[77] Sodann ist darüber Beschluss zu fassen. Die näheren Regelungen dazu enthalten die §§ 76–86 GOBT. Gemäß § 78 Abs. 1 Satz 1 GOBT werden Gesetzentwürfe grundsätzlich in **drei Beratungen (Lesungen)** behandelt. In der *ersten* Beratung findet nicht notwendig eine Aussprache statt, vielmehr geht es um die Kenntnisgabe des Vorhabens im Plenum und die Überweisung an den oder die zuständigen Ausschüsse. Findet auf Antrag eine Aussprache statt, ist sie auf Grundzüge des Vorhabens beschränkt. Die Detailarbeit am Gesetz findet im Plenum in der *zweiten* Beratung auf der Grundlage der Berichte und Empfehlungen statt, die in dem bzw. den Ausschüssen erarbeitet wurden. In dieser Phase berät das Plenum grundsätzlich über jede Einzelbestimmung der Gesetzesvorlage und stimmt entsprechend ab. Werden sämtliche Teile eines Gesetzentwurfs abgelehnt, ist damit die Gesetzesvorlage erledigt und es kommt zu keiner weiteren Beratung. Anderenfalls bilden die Beschlüsse der zweiten Beratung einschließlich der beschlossenen Änderungen die Grundlage der dritten Beratung. Eine vorherige

---

74 Umfassend zu diesem Problem s. *M. Schürmann*, Die Umgehung des Bundesrates im sog. „Ersten Durchgang" einer Gesetzesvorlage, AöR 115 (1990), 45 (55 ff.).

75 So etwa *M. Elicker*, Examensrelevante Probleme aus dem Bereich der Gesetzesinitiative und des Vorverfahrens (Art. 76 GG), JA 2005, 513 (516) mwN. „In Wahrheit kann die materielle Urheberschaft gar nicht entscheidend sein. Schon aufgrund des unzweifelhaft vorliegenden tatsächlichen Einbringens durch Abgeordnete des Bundestags ist nämlich die Anwendung der für diese Initiatoren vorgesehenen grundgesetzlichen Verfahrensvorschriften nicht nur gerechtfertigt, sondern sogar gefordert."

76 Die Terminologie ist nicht immer einheitlich. ZT. wird auch von dispositivem, im Gegensatz zu „zwingendem Verfassungsrecht" gesprochen, s. *F. Brosius-Gersdorf*, in: *Dreier*, GG II, Art. 76 Rn. 58–60.

77 Zur Frage, ob es eine verfassungsrechtliche Pflicht zur Beratung des Entwurfs gibt s. *B.J. Hartmann*, Verfassungsvorgaben für Gesetzesinitiativen im Bundestag, ZG 2008, 42 (46 ff.).

Zurückverweisung in ggf. auch andere Ausschüsse ist möglich. In der *dritten* Beratung dürfen Änderungsanträge nur noch in Bezug auf solche Bestimmungen vorgenommen werden, für die in der zweiten Beratung Änderungen beschlossen wurden. Auch jetzt kann vor der Schlussabstimmung noch einmal an Ausschüsse verwiesen werden. Führt dies zu erneuten Änderungen tritt das Plenum wieder in die Phase der zweiten Beratung ein. *Nach Schluss der dritten Beratung* wird über den Gesetzentwurf abgestimmt. Sind die Beschlüsse der zweiten Beratung unverändert geblieben, so folgt die Schlussabstimmung unmittelbar.

Die Vorschriften der Geschäftsordnung lassen im Ablauf des Gesetzgebungsverfahrens ein erhebliches Maß an Flexibilität zu. Es ist sowohl möglich, dass eine Gesetzesvorlage an einem Tag eingebracht, in drei Lesungen beraten und noch am selben Tag beschlossen wird (s. §§ 80 Abs. 2 Satz 1, 84 Satz 1 lit. a, 86 Satz 2 GOBT), als auch, dass sich ein Gesetzgebungsverfahren mit zahlreichen Änderungsvorschlägen und Zurückverweisungen in Ausschüsse über Monate erstreckt. Der Initiant hat ein Recht darauf, dass der Bundestag sich mit seinem Vorschlag befasst. Der Befassungsanspruch ist aber erst dann verletzt, „wenn die Beratung und Beschlussfassung ... ohne sachlichen Grund gänzlich oder auf unbestimmte Zeit verweigert wird".[78] **410**

Die Einhaltung von drei Beratungen nach Maßgabe der GOBT ist nicht Voraussetzung für die Verfassungsmäßigkeit eines Gesetzes.[79] Hierfür ist allein ausschlaggebend, dass überhaupt eine ausreichende Zahl hinreichend informierter Abgeordneter die Gesetzesvorlage beraten konnte und beraten hat, so dass die demokratische Funktion des parlamentarischen Gesetzgebungsverfahrens gewahrt wurde. **411**

Für die **Schlussabstimmung** über einen Gesetzentwurf gilt gewöhnlich[80] die einfache Mehrheit gemäß Art. 42 Abs. 2 Satz 1 GG. Weitere Regeln über die Beschlussfähigkeit und die Abstimmung enthalten § 45 und § 48 GOBT. Der Bundestag ist beschlussfähig, wenn mehr als die Hälfte seiner Mitglieder im Sitzungssaal anwesend ist. Dies wird vermutet, es sei denn auf Antrag einer Fraktion oder fünf vom Hundert der Mitglieder des Bundestages wird die Beschlussfähigkeit bezweifelt und sodann die Beschlussunfähigkeit festgestellt.[81] Eine Untergrenze, bei deren Unterschreitung die Zurechnung eines Beschlusses zum Bundestag mangels hinreichenden Quorums nicht mehr mit der Repräsentations- und demokratischen Funktion des Bundestages vereinbar erscheint, lässt sich bei einem Viertel der Mitglieder des Bundestages ziehen (vgl. auch § 45 Abs. 4 GOBT).[82] **412**

1.3.3 Beteiligung des Bundesrates

Der Beschluss des Bundestages ist durch dessen Präsidenten unverzüglich dem Bundesrat zuzuleiten. Die in jedem Gesetzgebungsverfahren notwendige Mitwirkung des Bundesrates unterscheidet sich danach, ob es sich um den Regelfall eines Einspruchsgesetzes handelt oder um den besonderen Fall eines Zustimmungsgesetzes. Ein Gesetz gehört in die Kategorie der **Zustimmungsgesetze**, wenn es Regelungen enthält, für welche die **413**

---

78 BVerfGE 145, 348 LS und Rn. 35 ff. – *„Ehe für alle"*.

79 Vgl. BVerfGE 1, 144 (151 f.) – *Geschäftsordnungsautonomie*; 29, 221 (234) – *Jahresarbeitsverdienstgrenze*. S. hierzu *J. Jekewitz*, Ein ritualisierter historischer Irrtum, Staat 15 (1976), 537 (549 ff.) mwN.

80 Ausnahmen: verfassungsänderndes Gesetz gemäß Art. 79 Abs. 2 GG; zur notwendigen Mehrheit für die Zurückweisung eines Einspruchs s. Art. 77 Abs. 4 GG und unten Rn. 417. Für einen systematischen Überblick über die verschiedenen Mehrheiten und Mehrheitsbegriffe s. *W. Höfling/M. Burkiczak*, Das Mehrheitsprinzip im deutschen Staatsrecht, Jura 2007, 561 ff.

81 Diese Vermutungsregel ist mit dem Demokratieprinzip des Grundgesetzes vereinbar, s. BVerfGE 44, 308 (314 ff.) – *Beschlussfähigkeit des Bundestages*.

82 Unter Ausnahmebedingungen wie der Corona-Pandemie kann Abweichendes gelten. S. § 126a GOBT Besondere Anwendung der Geschäftsordnung auf Grund der allgemeinen Beeinträchtigung durch COVID-19.

Verfassung die Zustimmung durch den Bundesrat anordnet.[83] In diesen Fällen braucht ein Gesetz für sein Zustandekommen die ausdrückliche Zustimmung des Bundesrates. Sein „Nein“ bringt das Vorhaben zu Fall. Aus diesem Grunde war es ein Anliegen der Föderalismusreform 2006 die Zahl der Zustimmungsgesetze zu verringern. Im Normalfall des **Einspruchsgesetzes** kann ein „Nein“ (Einspruch) des Bundesrates dagegen vom Bundestag überstimmt werden. In diesen Fällen besteht kein endgültiges Vetorecht des Bundesrates.
Für die Prüfung des Zustandekommens eines Gesetzes auf der Stufe der Mitwirkung des Bundesrates kommt es daher **entscheidend** auf die **Einordnung als Zustimmungs- oder Einspruchsgesetz** an. Bereits im Zusammenhang mit dem Bundesrat wurden die Verfassungsbestimmungen aufgelistet, welche die Zustimmung des Bundesrates fordern.[84] Dargelegt wurde auch, dass Gegenstand der Subsumtion unter diese Vorschriften stets die eingebrachte gesetzestechnische Einheit, also die jeweilige Gesetzesvorlage ist.[85]

414 **1.3.3.1 Die Mitwirkung des Bundesrates bei Einspruchsgesetzen.** Gegen Gesetze, die nicht seiner Zustimmung bedürfen, kann der Bundesrat Einspruch einlegen. Allerdings ist dies nur möglich, wenn er unter Darlegung seiner Einwände gegen den Gesetzesbeschluss zuvor den Vermittlungsausschuss angerufen hat (Art. 77 Abs. 3 Satz 1 iVm. Art. 77 Abs. 2 GG).[86]

415 **1.3.3.1.1 Anrufung des Vermittlungsausschusses.** Der Vermittlungsausschuss ist „ein **aus Mitgliedern des Bundestages und des Bundesrates** für die gemeinsame Beratung von Vorlagen **gebildeter Ausschuss**“. Er besteht gemäß § 1 GOVermA[87] aus 16 Bundestagsabgeordneten – anteilig nach dem Stärkeverhältnis der Fraktionen[88] – und aus 16 Bundesratsmitgliedern – je eins pro Land. Die Mitglieder des Ausschusses sind nicht an Weisungen gebunden. Dies ist für die freien und nur ihrem Gewissen unterworfenen Abgeordneten selbstverständlich, bedarf für die Mitglieder des Bundesrates dagegen der ausdrücklichen Erwähnung in Art. 77 Abs. 2 Satz 3 GG.[89] Aufgabe des Vermittlungsausschusses ist es, eine Lösung für die Differenzen zwischen Bundestag und Bundesrat zu finden, die durch den Einspruch des Bundesrates offenbar geworden sind. Dies heißt nicht notwendig, dass er stets einen Änderungsvorschlag als Kompromiss vorzulegen hat. Es ist auch möglich, dass der Ausschuss den Gesetzesbeschluss des Bundestages bestätigt (Vorschlag auf Bestätigung) oder im Gegenteil ganz und gar ablehnt (Vorschlag auf Aufhebung) oder aber selbst nicht in der Lage ist, sich zu einigen.

416 Hinsichtlich seiner **Änderungsvorschläge** ist der Vermittlungsausschuss **verfassungsrechtlichen Grenzen** unterworfen. Sie ergeben sich daraus, dass dem Ausschuss nicht die Gesetzesinitiative zusteht,[90] sowie aus dem Mitwirkungsrecht der Abgeordneten am Zustandekommen der Gesetze (Art. 38 Abs. 1 Satz 2 GG) und dem Grundsatz der Parlamentsöffentlichkeit (Art. 42 Abs. 1 Satz 1 GG). Die letztgenannten Gesichtspunkte entfalten deshalb Bedeutung, weil der Vermittlungsausschuss nichtöffentlich tagt (vgl. § 6

---

83 S. oben Rn. 258 ff.

84 S. oben Rn. 259.

85 S. oben Rn. 260 f.

86 Zum Verfahren im Vermittlungsausschuss s. *M. Kloepfer*, Das Gesetzgebungsverfahren nach dem Grundgesetz, Jura 1991, 169 (172 f.).

87 Gemeinsame Geschäftsordnung des Bundestages und des Bundesrates für den Ausschuss nach Artikel 77 des Grundgesetzes (Vermittlungsausschuss) vom 19. April 1951 (BGBl. I, S. 103) idF. vom 30. April 2003 (BGBl. I, S. 677). Rechtsgrundlage für die GOVermA ist Art. 77 Abs. 2 Satz 2 GG.

88 S. dazu oben Rn. 205 sowie BVerfGE 106, 253 und 112, 118.

89 S. dazu schon oben Rn. 253. S. aber auch § 4 GOVermA, wonach Mitglieder oder Stellvertreter abberufen werden können, insgesamt allerdings nur viermal in einer Wahlperiode.

90 BVerfGE 120, 56 – *Unternehmenssteuerreform*. S. dazu *U. Palm*, Demokratie mit parlamentarischer Gesetzgebung, NVwZ 2008, 633.

GOVermA) und gemäß § 10 GOVermA der Einigungsvorschlag des Vermittlungsausschusses im Plenum nicht mehr zur Diskussion steht, sondern in einem erneuten Gesetzesbeschluss nur angenommen oder verworfen werden kann.[91] Zusammen mit dem Fehlen des Gesetzesinitiativrechts ergibt sich als Kompetenzgrenze für den Vermittlungsausschuss, dass sich sein Einigungsvorschlag im Rahmen dessen halten muss, was im inhaltlichen Zusammenhang mit dem Gesetzgebungsverfahren im Plenum erörtert wurde bzw. hätte erörtert werden können.[92] In den Worten des Bundesverfassungsgerichts: „Der Vermittlungsausschuss darf eine Änderung, Ergänzung oder Streichung der vom Bundestag beschlossenen Vorschriften nur vorschlagen, wenn und soweit dieser Einigungsvorschlag im Rahmen des Anrufungsbegehrens und des ihm zugrunde liegenden Gesetzgebungsverfahrens verbleibt. (...) Der Vermittlungsvorschlag ist deshalb in dem Rahmen gebunden, der nach den bisherigen Beratungen im Bundestag inhaltlich und formal vorgezeichnet ist."[93]

1.3.3.1.2 Einspruch und Folgen. Ist das Vermittlungsverfahren abgeschlossen, kann der Bundesrat gegen das vom Bundestag beschlossene Gesetz **binnen zwei Wochen** Einspruch einlegen. Die Frist beginnt entweder mit dem Eingang des vom Bundestag gefassten Beschlusses über den Einigungsvorschlag des Vermittlungsausschusses beim Bundesrat oder – im Falle der Bestätigung des ursprünglichen Beschlusses oder im Falle mangelnder Einigung im Vermittlungsausschuss – mit dem Eingang der Mitteilung, dass das Verfahren vor dem Vermittlungsausschuss abgeschlossen ist. Der Einspruch muss explizit und eindeutig erfolgen (§ 30 GOBR). Im Interesse der Verfahrensklarheit ist es insbesondere **nicht möglich**, die **Verweigerung der Zustimmung** im Falle eines irrtümlich für zustimmungsbedürftig gehaltenen Gesetzes **in einen Einspruch umzudeuten.**[94] In Zweifelsfällen muss der Bundesrat vielmehr hilfsweise neben der Verweigerung der Zustimmung Einspruch erheben. Erhebt der Bundesrat mit der Mehrheit seiner Stimmen Einspruch, so kann der Bundestag diesen Einspruch mit der Mehrheit der Mitglieder des Bundestages zurückweisen (Art. 77 Abs. 4 Satz 1 GG). Infolge des Einspruchs wird die zunächst für den Gesetzesbeschluss nötige **einfache Mehrheit** also **zum Erfordernis der absoluten Mehrheit verschärft.** Hat der Bundesrat den Einspruch mit einer Mehrheit von zwei Dritteln seiner Stimmen oder mehr beschlossen, so muss der Bundestag seinen Willen zum Erlass des Gesetzes mit einer einfachen Mehrheit von zwei Dritteln, mindestens aber der Mehrheit der Mitglieder des Bundestages bestätigen (Art. 77 Abs. 4 Satz 2 GG). 417

1.3.3.2 Die Mitwirkung des Bundesrates bei Zustimmungsgesetzen. Handelt es sich um ein Zustimmungsgesetz, steht dem Bundesrat ein **echtes Vetorecht** zu. Aus diesem Grunde haben in dieser Konstellation auch der Bundestag und die Bundesregierung ein Interesse und das Recht, den Vermittlungsausschuss anzurufen (Art. 77 Abs. 2 Satz 4 GG). Die Arbeit des Vermittlungsausschusses ist dieselbe wie im Falle von Einspruchsgesetzen. Verweigert der Bundesrat seine Zustimmung, ist das Gesetzesvorhaben gescheitert. 418

91 Kritisch hierzu *M. Cornils*, Politikgestaltung durch den Vermittlungsausschuss, DVBl. 2002, 497 (503); *P.M. Huber/D. Fröhlich*, Die Kompetenz des Vermittlungsaussschusses und ihre Grenzen, DÖV 2005, 322 (325 f.); *W. Kluth*, Der Vermittlungsausschuss, HStR III, 3. Aufl. 2005, § 60 Rn. 53; *K. Pabel*, Zu den Grenzen der Kompetenzen des Vermittlungsausschusses, ZJS 2008, 344 (346 ff.).

92 BVerfGE 72, 175 (187 ff.) – *Öffentliche Wohnungsfürsorge*; 78, 249 (271) – *Fehlbelegungsabgabe*; 101, 297 (305 ff.) – *Häusliches Arbeitszimmer*; 120, 56 (Rn. 59–62) – *Unternehmenssteuerreform*; 125, 104 (Rn. 54 ff.) – *Haushaltsbegleitgesetz*.

93 BVerfGE 101, 297 (307) – *Häusliches Arbeitszimmer*; s. auch BVerfG, 2 BvR 1487/17, Nichtannahmebeschluss vom 24.7.2017, NVwZ 2017, 1526 ff. – *zu § 58a AufenthG*; BVerfGE 150, 204 Rn. 76 ff. – *BierStG*.

94 Zum Streitstand s. *M. Nolte/Ch. Tams*, Das Gesetzgebungsverfahren nach dem Grundgesetz, JA 1995, 158 (162 f.) mwN., die im Ergebnis aA. sind und verlangen, den „mutmaßlichen Willen zu erforschen und durchzusetzen".

1.3.4 Gegenzeichnung, Ausfertigung und Verkündung

419 Ist ein Bundesgesetz zustande gekommen (lies Art. 78 GG!), so bedarf es für seine Geltung noch der Ausfertigung durch den Bundespräsidenten nach vorheriger Gegenzeichnung durch den Bundeskanzler und/oder den/die zuständigen Bundesminister (Art. 82 Abs. 1 Satz 1 iVm. Art. 58 Satz 1 GG iVm. § 29 GOBReg.). **Ausfertigung** bedeutet die Herstellung der Originalurkunde durch die Unterschrift des Bundespräsidenten. Mit ihr beglaubigt er, dass es sich um den in einem ordnungsgemäßen Verfahren zustande gekommenen Willen des Gesetzgebers handelt. Mit der vorherigen Gegenzeichnung übernehmen der Bundeskanzler und/oder die zuständigen Bundesminister die politische Verantwortung nicht etwa für den Inhalt des Gesetzes, sondern für die Ausfertigung. Der Streit, inwieweit der Bundespräsident im Zusammenhang mit der Ausfertigung berechtigt oder verpflichtet ist, das Gesetz auch auf seine inhaltliche Verfassungsmäßigkeit zu prüfen, wurde bereits im Kapitel „Bundespräsident" behandelt.[95]

420 Rechtlich existent wird das Gesetz jedoch erst mit seiner **Verkündung** im Bundesgesetzblatt.[96] Die amtliche und für jedermann zugängliche Veröffentlichung des Gesetzes ist für dessen Wirksamkeit **rechtsstaatlich zwingende Voraussetzung**.[97] Ohne diese amtliche Bekanntgabe ist das Gesetz ein wirkungsloses Nullum. Über die Zuständigkeit für die Verkündung im Bundesgesetzblatt enthält Art. 82 GG keine Aussage. Sie wird vom Bundesjustizministerium in der Eigenschaft als Schriftleitung des Bundesgesetzblattes vorgenommen.[98]

421 Enthält das Gesetz keine selbständige **Bestimmung über das Inkrafttreten**, dh. den Zeitpunkt der Geltung seines Inhalts, so kommt Art. 82 Abs. 2 Satz 2 GG zur Anwendung, wonach ein Gesetz am vierzehnten Tag nach Ablauf des Tages, an dem das Bundesgesetzblatt ausgegeben worden ist, in Kraft tritt. Es ist also zu unterscheiden zwischen dem Datum der Ausfertigung, welches das Gesetzgebungsverfahren abschließt und das Gesetz individualisiert, dem Datum der Verkündung, an dem das Gesetz rechtliche Existenz erlangt, und dem Datum des Inkrafttretens, wodurch der Inhalt des Gesetzes, seine Ge- und Verbote verbindlich werden.[99]

Rechtsprechung: BVerfGE 37, 363 – Zustimmungsbedürftigkeit; 44, 308 – Beschlussfähigkeit des Bundestages; 101, 237 – Vermittlungsausschuss; 112, 118 – Sitzverteilung im Vermittlungsausschuss; 114, 196 – Zustimmung zu Verfahrensgesetzen; 120, 56 – Unternehmenssteuerreform; 125, 104 – Haushaltsbegleitgesetz; 150, 204 – BierStG.

Literatur: *M. Bäumerich/B. Fadavian*, Grundfälle zum Gesetzgebungsverfahren, JuS 2017, 1067; *S. Bajrami/P. Overkamp*, Referendarexamensklausur – Öffentliches Recht: Verfassungsrecht – Quotenregelung bei der Parteimitgliedschaft (Beteiligung von Kommissionen bei der Erarbeitung von Gesetzen); *M. Elicker*, Examensrelevante Probleme aus dem Bereich der Gesetzesinitiative und des

95 S. oben Rn. 327.

96 Das Bundesgesetzblatt besteht aus drei Teilen: Im Bundesgesetzblatt *Teil I* werden Bundesgesetze (mit Ausnahme völkerrechtlicher Verträge), Verordnungen von wesentlicher oder dauernder Bedeutung, Entscheidungsformeln der Urteile des Bundesverfassungsgerichts nach § 31 Abs. 2 Satz 1 BVerfGG, Anordnungen und Erlasse des Bundespräsidenten, Bekanntmachungen über innere Angelegenheiten des Bundestages und des Bundesrates (Geschäftsordnungen!), Entscheidungen über die sachliche Zuständigkeit nach Art. 129 Abs. 1 Satz 2 GG und andere Vorschriften, soweit vorgeschrieben; im *Teil II* völkerrechtliche Übereinkünfte und Verträge, die zu ihrer Inkraftsetzung oder Durchsetzung erlassenen Rechtsvorschriften sowie damit zusammenhängende Bekanntmachungen und Rechtsvorschriften des Zolltarifwesens verkündet. In *Teil III* ist das nach der Rechtsbereinigung in den 60er Jahren noch fortgeltende Bundesrecht nach Sachgebieten veröffentlicht.

97 Vgl. BVerfGE 65, 283 (291) – *Bebauungsplan (Bekanntmachung)*: „Das Rechtsstaatsprinzip gebietet, dass förmlich gesetzte Rechtsnormen verkündet werden; denn die Verkündung stellt einen integrierenden Teil der förmlichen Rechtssetzung dar, ist also Geltungsbedingung."

98 *H. Maurer*, Staatsrecht I, § 17 Rn. 95.

99 Ausführlich hierzu *Ch. Gröpel*, Ausfertigung, Verkündung und Inkrafttreten von Bundesgesetzen nach Art. 82 GG, Jura 1995, 641.

Vorverfahrens (Art. 76 GG), JA 2005, 513; *E. M. Frenzel*, Das Gesetzgebungsverfahren – Grundlagen, Problemfälle und neuere Entwicklungen, JuS 2010, 119; *B. J. Hartmann/K. M. Kamm*, Gesetzgebungsverfahren in Land, Bund und Union, Jura 2014, 283; *T. Hebeler*, Die Beschlussfassung von Gesetzesvorlagen sowie die Mitwirkung des Bundesrates an der Gesetzgebung gemäß Art. 77 GG, JA 2017, 484; *T. Hebeler/L. Deppenkemper*, Die Rolle des Vermittlungsausschusses im Gesetzgebungsprozess, AL 2012, 87; *U. Karpen*, Rechtssetzungslehre, JuS 2016, 577; *C. Möllers*, Vermittlungsausschuss und Vermittlungsverfahren, Jura 2010, 401; *K. Pabel*, Zu den Grenzen des Vermittlungsausschusses, ZJS 2008, 344; *S. Pernice-Warnke*, Die Gesetzgebungsverfahren auf Bundes- und Unionsebene, JuS 2018, 666; *S. Pernice-Warnke*, Das parlamentarische Gesetzgebungsverfahren – aktuelle Entscheidungen des BVerfG, Jura 2018, 160.

Fallbearbeitungen: *M. Droege/J. Broscheit*, (Original-)Referendarexamensklausur – Öffentliches Recht: Staatsorganisationsrecht – Land unter ... Der Einsatz der Bundeswehr als letztes Mittel?, JuS 2015, 633 (Art. 76 Abs. 1 GG: Quorum, Art. 76 Abs. 2 GG: Umgehung, GOBT: Lesungen; Mehrheit); *M. Elicker*, Die Rechtssatzverfassungsbeschwerde des Professors, VR 2006, 387 („unechte Bundestagsinitiative", Beschlussfähigkeit Bundestag, Mehrheiten); *H. Greinert*, Anfängerhausarbeit – Öffentlichesrecht: Staatsorganisationsrecht – Gloria und Hammelflucht, JuS 2014, 132 (Beschlussfähigkeit, Zustimmungsbedürftigkeit); *M. J. Huber*, Laufzeiten ohne Ende, JuS 2012, 140 (Anfängerklausur: Zulässigkeit der Beschlussfassung nach einer Lesung; Zustimmungsbedürftigkeit Änderungsgesetz; Kompetenzüberschreitung des Vermittlungsausschusses; Umdeutung verweigerte Zustimmung in Einspruch); *M. J. Huber*, Der enttäuschte Parteispender, Jura 2014, 1282 (Gesetzgebungsverfahren, diverse Probleme); *W. Kahl/M. Benner*, Fehlerhaftes Gesetzgebungsverfahren, Jura 2005, 869 (Anfängerhausarbeit: unechte Bundestagsinitiative, Beschlussfähigkeit des Bundestages); *L. Ketterer/O. Sauer*, Effizienz zu nachtschlafender Zeit, JuS 2012, 524 (Anfängerhausarbeit: Grenzen und Befugnisse des Vermittlungsausschusses); *I. Leinenbach/J. Heck*, „Saarabstimmung – die Dritte", JA 2019, 923 (Gesetzgebungsverfahren, Bundeslandaustritt); *T. Öller*, „Staatliches Mauttheater", JA 2017, 443 (Gesetzgebungsverfahren, insbes. Bundesratsbeteiligung); *A. Prehn*, Akademie der Wissenschaften, quo vadis?, JuS 2014, 905 (Anfängerklausur: Einleitungsverfahren, Beschlussfähigkeit des Bundestages); *J. M. Reiter/B. Grzeszick*, Wahlrecht auf dem Prüfstand, StudZR 2014, 221 (Anfängerhausarbeit: Behandlung eines Gesetzentwurfs in nur einer Lesung Beschlussfähigkeit des Bundestages); *D. Seifarth*, Verfahrene Gesetzgebung, JuS 2010, 790 (Anfängerklausur: Befugnis des Vermittlungsausschusses zur Änderung von Gesetzesvorlagen); *B. Straßburger*, „Allzweckwaffe Sperrklausel", JA 2020, 116 (Gesetzgebungsverfahren, Wahlrecht); *G. H. Stumpf/Ch. Goos*, Terrorabwehr durch die NATO im Inland, JuS 2009, 40 (Übungsklausur: Beschlussfähigkeit des Bundestages); *H. Tappe*, Leitlinien im Atomrecht, JuS 2003, 887 (Referendarexamensklausur: Zustimmungsbedürftigkeit Änderungsgesetz Umdeutung verweigerte Zustimmung in Einspruch).

1.4 Delegierte Rechtssetzung

1.4.1 Grund und Grenzen der Delegation

1.4.1.1 Sinn und Zweck von Art. 80 GG. Das Bedürfnis nach abstrakt-generellen Regelungen ist in der modernen rechts- und sozialstaatlichen Demokratie immens. Nicht alles muss der Gesetzgeber im aufwändigen parlamentarischen Gesetzgebungsverfahren selbst regeln. Die Notwendigkeit eines Parlamentsgesetzes wurde bereits unter dem Stichwort „Gesetzesvorbehalt" bzw. „Vorbehalt des Gesetzes"abgehandelt.[100] Art. 80 GG enthält eine **spezielle Ausprägung des Vorbehalts parlamentarischer Gesetzgebung**, indem er den Gesetzgeber zwar einerseits ermächtigt, Rechtssetzungsbefugnisse an die Exekutive zu delegieren, diese Ermächtigung andererseits unter den Vorbehalt stellt, dass der Gesetzgeber in einem Parlamentsgesetz „Inhalt, Zweck und Ausmaß" der Delegation selbst bestimmt. Art. 80 GG gilt nur für bundesgesetzliche Ermächtigungen. Die meisten Landesverfassungen enthalten aber entsprechende Regelungen für den Landesgesetzgeber.[101] Ist dies nicht 422

100 S. oben Rn. 211 ff.

101 Vgl. etwa Art. 61 Abs. 1 Satz 2 LV BW; Art. 80 Satz 2 LV Bbg.; Art. 53 Abs. 1 Satz 2 LV Hbg.; Art. 1 Satz 2 LV MV; Art. 43 Abs. 1 Satz 2 LV Nds.; Art. 70 Satz 2 LV NRW; Art. 110 Abs. 1 Satz 2 LV RP; Art. 204 Abs. 1 Satz 2 LV SL; Art. 75 Abs. 1 Satz 2 LV SN; Art. 79 Abs. 1 Satz 2 LV SNA; Art. 38 Abs. 1 Satz 2 LV SH; Art. 84 Abs. 1 Satz 2 LV Thür.

der Fall, ergeben sich gleichartige Anforderungen unmittelbar aus dem Rechtsstaatsprinzip.[102]
Während also die Notwendigkeit, den Gesetzgeber zu entlasten, sowie **Effektivität** und **Flexibilität** des Staatshandelns für die Normsetzung durch die Exekutive streiten, ziehen der Grundsatz der **Gewaltenteilung** – hier zwischen Gesetzgebung und Gesetzesvollziehung –, die ausdrücklichen Gesetzesvorbehalte der **Grundrechte** sowie das **Demokratieprinzip** mit seinen Legitimitäts- und Transparenzanforderungen der delegierten Rechtssetzung Grenzen.[103]

423 **1.4.1.2 Abgrenzung der Rechtsverordnung von anderen Formen exekutiver Normsetzung.** **Rechtsverordnungen** sind nicht die einzige Form abstrakt-genereller Normsetzung[104] durch die Exekutive; sie sind aber die **einzige Form delegierter**, dh. vom Gesetzgeber abgeleiteter **Rechtssetzung**. Demgegenüber findet die Befugnis zum Erlass von **Satzungen** ihre Grundlage und Rechtfertigung in der Selbstverwaltungsautonomie einer juristischen Person des öffentlichen Rechts. Wichtigstes Beispiel ist die Garantie der Selbstverwaltung zugunsten der Gemeinden gemäß Art. 28 Abs. 2 GG[105], die insbesondere deren Satzungsautonomie umfasst. Satzungen unterscheiden sich von Rechtsverordnungen in der Weise, dass sie grundsätzlich nur Geltung für die Angehörigen der juristischen Person oder die Nutzer ihrer Einrichtungen entfalten. **Verwaltungsvorschriften** als dritte Form exekutiver Normsetzung unterscheiden sich von Rechtsverordnungen und Satzungen wiederum dadurch, dass sie grundsätzlich nur interne Wirkung für die Verwaltungsangehörigen, also aus sich heraus keine Außenverbindlichkeit haben. Ihre Rechtsgrundlage finden sie in der **Organisationsgewalt der Exekutive** oder in den durch Gesetz eingeräumten **Entscheidungsspielräumen** (zB. Ermessen), deren Ausübung durch Verwaltungsvorschriften vereinheitlicht werden kann (Selbstbindung der Verwaltung bei der Ermessensausübung). In den Zusammenhang der Staatsfunktion Gesetzgebung gehören daher nur die Rechtsverordnungen.

424 **1.4.1.3 Begriff der Delegation.** Grundsätzlich räumt der Gesetzgeber mit der Delegation von Rechtssetzungsbefugnissen der Exekutive eine Befugnis ein. Macht sie hiervon entgegen den Vorstellungen des Gesetzgebers keinen Gebrauch, bleibt es dem Gesetzgeber unbenommen, selbst tätig zu werden. „Der parlamentarische **Gesetzgeber** entäußert sich durch die Verordnungsermächtigung nicht seiner Regelungskompetenz; er bleibt weiterhin regelungsbefugt und **behält** sein **Zugriffsrecht** auf die von der Verordnungsermächtigung erfasste Materie."[106] Unbeschadet seines eigenen Zugriffsrechts kann der Gesetzgeber aber auch die Exekutive zum Erlass der nötigen Rechtsverordnungen im Gesetz verpflichten, woran diese dann gemäß Art. 20 Abs. 3 GG gebunden ist.[107] Eine Verpflichtung zur Normsetzung kann sich des Weiteren aus europarechtlichen oder völkerrechtlichen Rechtsgrundlagen ergeben.

---

102 BVerfGE 58, 257 (277) – *Hess. Schulverordnung*; 73, 388 (400) – *Kirchgeld*.

103 Dazu unten Rn. 426 ff.

104 Als abstrakt-generelle Regeln sind auch Rechtsverordnungen Gesetze. Da sie allerdings nicht im förmlichen Gesetzgebungsverfahren vom Parlament erlassen wurden, sind sie keine Gesetze im formellen, sondern nur im materiellen Sinn.

105 Gemeinden sind Gebietskörperschaften und als solche juristische Personen des öffentlichen Rechts. S. zur gemeindlichen Selbstverwaltung noch unten Rn. 492 ff.

106 BVerfGE 114, 196 (232) – *Beitragssicherungsgesetz*.

107 S. etwa § 20 Abs. 1 Umwelthaftungsgesetz: „Die Bundesregierung wird erlassen (...)." Vgl. auch die Formulierung in § 41 Postgesetz und § 34 Arbeitssicherheitsgesetz: „Die Bundesregierung erlässt durch Rechtsverordnung Vorschriften". Trotz einer „Kann-Vorschrift" besteht eine Verpflichtung zum Erlass der Verordnung, wenn die gesetzliche Bestimmung ohne Durchführungsbestimmung „nicht praktikabel ist", s. BVerfGE 13, 248 (254) – *Entschädigungsgesetz* bzw. die Anwendbarkeit des Gesetzes davon abhängt, ob von der Ermächtigung Gebrauch gemacht wird, s. BVerfGE 78, 249 (272) – *Fehlbelegungsabgabe*.

1.4.1.4 Problem: Änderung von Rechtsverordnungen durch Gesetz? Streitig ist, ob und unter welchen Voraussetzungen der Gesetzgeber eine Rechtsverordnung nicht nur aufheben, sondern ändern kann.[108] Hierfür besteht ein Bedürfnis insbesondere im Zusammenhang mit **Reformvorhaben**, zu deren Umsetzung nicht nur Gesetze, sondern oftmals auch die dazugehörigen Rechtsverordnungen geändert werden müssen. Da der Gesetzgeber Herr der delegierten Materie bleibt, kommt ihm die inhaltliche Regelungskompetenz zu, problematisch ist allein die Form. Insbesondere dürfen „die Grenzen zwischen Gesetz und Verordnung nicht in einer Weise überschritten oder verwischt werden, die der grundsätzlichen Unterscheidung zwischen beiden Regelungsformen und der rechtsstaatlichen Klarheit in Bezug auf Geltungsvoraussetzungen, Rang, Rechtsschutzmöglichkeiten und Verwerfungskompetenzen, die für beide Normtypen unterschiedlich geregelt sind, zuwiderliefe."[109] Letztlich ist es die **Rechtssicherheit** in ihrer spezifischen Ausformung als Normenwahrheit und Normenklarheit, die der Verordnungsänderung durch den Gesetzgeber Grenzen zieht. Das Bundesverfassungsgericht leitet daraus ab, dass der Gesetzgeber nur unter der engen Voraussetzung, dass es sich um eine Anpassung im Rahmen der Änderung eines Sachbereichs handelt, ändernd in Rechtsverordnungen eingreifen dürfe und dass er dabei an die Grenzen der Verordnungsermächtigung gebunden sei. Schließlich müsse der durch Gesetz geänderten Verordnung ein einheitlicher Rang als Verordnung zugewiesen werden.[110] Im Übrigen gelten für das verordnungsändernde Gesetz die Anforderungen des förmlichen Gesetzgebungsverfahrens auch hinsichtlich der Mitwirkung des Bundesrates.[111] 425

1.4.2 Die Anforderungen an die gesetzliche Ermächtigungsgrundlage

Art. 80 Abs. 1 Satz 2 GG verlangt, dass „Inhalt, Zweck und Ausmaß" der Ermächtigung an die Exekutive zum Erlass von Rechtsverordnungen im Gesetz bestimmt werden. Die drei Begriffe lassen sich als **Bestimmtheitsgrundsatz** zusammenfassen: Die Ermächtigungsgrundlage muss das Wesentliche selbst regeln (Wesentlichkeitsgrundsatz); sie muss Ziel und Grenzen vorgeben (sog. Selbstentscheidungsvorbehalt) sowie ein vorhersehbares Regelungsprogramm vorzeichnen (sog. Programmfestsetzungspflicht und Vorhersehbarkeitsgebot).[112] 426

Ob der in Art. 80 Abs. 1 Satz 2 GG vorgegebene Bestimmtheitsgrundsatz eingehalten ist, lässt sich nur von Fall zu Fall entscheiden. Besonders strenge Anforderungen sind an die inhaltliche Bestimmtheit des ermächtigenden Gesetzes zu stellen, wenn die Rechtsverordnung eine Eingriffsnorm ist, auf ihrer Grundlage also in Grundrechte eingegriffen werden soll.[113]

Während das ermächtigende Gesetz stets eine Angabe zum Inhalt der Rechtsverordnung enthalten muss, können sich **Zweck** und **Ausmaß** auch **durch Auslegung** aus dem Zweck des Gesetzes insgesamt, aus dem Zusammenhang der Norm mit anderen Vorschriften oder aus der Entstehungsgeschichte ergeben.[114] Ein Beispiel für eine gesetzliche Ermächtigung, aus der sich der Inhalt der Verordnung recht genau, Zweck und Ausmaß aber erst aus dem Gesamtzusammenhang des Gesetzes ergeben, stellt § 9a BauGB als Rechtsgrundlage für die Baunutzungsverordnung (BauNVO) dar. Der Zweck ist die Sicherung der städtebaulichen Entwicklung und Ordnung (vgl. § 1 BauGB), das Ausmaß (= die Grenze des Regelbaren) ergibt sich aus dem Eigentumsgrundrecht der 427

---

108 Ausf. dazu *B. Remmert*, in: *Maunz/Dürig*, Art. 80 Rn. 88 ff.; s. zu dem Problem auch *A. Uhle*, in: BeckOK GG, Art. 80 Rn. 47 ff.

109 BVerfGE 114, 196 (236) – *Gesundheitsreform Beitragssicherungsgesetz*.

110 BVerfGE 114, 196 (238 f.); s. auch das Sondervotum ebenda S. 250 ff.

111 Dazu noch unten Rn. 433.

112 BVerfGE 150, 1 Rn. 198 ff. – *Zensus 2011*.

113 BVerfGE 58, 257 (278) – *Schulverweis und Versetzung*.

114 S. BVerfGE 58, 257 (277) – *Schulverweis und Versetzung*; 80, 1 (20 ff.) – *multiple choice*.

Grundstückseigentümer und der gemeindlichen Planungshoheit. Zahlreiche Rechtsverordnungsermächtigungen finden sich etwa auch im Bundesimmissionsschutzgesetz (lies §§ 4 Abs. 1 Satz 3; 7; 10 Abs. 10; 23; 32 ff.; 43 Abs. 1, 44 Abs. 2 BImSchG) oder im Straßenverkehrsgesetz (lies §§ 6; 26 Abs. 1 StVG).
Zu unbestimmt war eine gesetzliche Regelung, durch welche der Bundesminister des Innern ermächtigt wurde, „alle zur Durchführung dieses Gesetzes erforderlichen Rechtsverordnungen" zu erlassen. Es ging um ein mehr als 20 Paragraphen umfassendes Gesetz zur Neugliederung der Länder Baden, Württemberg-Baden und Württemberg-Hohenzollern.[115] In der Tat fehlte der Ermächtigung bereits jede inhaltliche Vorgabe.

428 Die unterschiedliche **Schwere des Eingriffs** wirkte sich aus bei der Beurteilung der Bestimmtheit einer landesrechtlichen Verordnungsermächtigung für die Versetzung einerseits, den Schulverweis andererseits. Während die Verordnungsermächtigung zur Regelung der „Versetzung" ohne nähere Vorgaben dem Bestimmtheitsgrundsatz genügte, war eine entsprechende Ermächtigung zur Regelung der Schulentlassung zu unbestimmt.[116] Zwar ging es in Bezug auf beide Maßnahmen um die Konkretisierung des Leistungsprinzips. Die Schulentlassung ist jedoch eine sehr viel einschneidendere Maßnahme, bei der nicht nur pädagogisch-fachliche Beurteilungen eine Rolle spielen, sondern die ins politische ragende Frage zu beantworten ist, unter welchen Voraussetzungen, in welchem Verfahren und nach welchen Bedingungen Chancen endgültig versagt werden. Straftatbestände können aufgrund ihrer Eingriffsintensität von vornherein nicht als Rechtsverordnungen erlassen werden.[117] Für den Erlass von Ordnungswidrigkeitenbestimmungen sind ausdrückliche gesetzliche Ermächtigungen notwendig.[118]
Eine genaue Prüfung von Inhalt, Zweck und Ausmaß der gesetzlichen Grundlage nahm das Bundesverfassungsgericht in seiner Entscheidung zur Überprüfung der Hennenhaltungsverordnung vor. Aus der Ermächtigungsgrundlage des § 2a Abs. 1 Tierschutzgesetz (TierschG) ergibt sich als Inhalt der Verordnung, dass es um „Anforderungen an die Haltung von Tieren" gehen muss. Als Zweck lässt sich durch Auslegung des § 2 TierschG die Sicherung einer art- und tierschutzgerechten Tierhaltung ermitteln. Das Ausmaß der Regelung bestimmt sich nach der gesetzlichen Formulierung, „soweit dies zum Schutz der Tiere erforderlich ist".[119]

429 Art. 80 Abs. 1 Satz 3 GG ordnet an, dass die Rechtsgrundlage der Verordnung (die gesetzliche Ermächtigung zum Erlass) in der Verordnung selbst anzugeben ist. Dieses **Zitiergebot** dient der Rechtsklarheit. Es macht die Delegation verständlich und kontrollierbar.[120] Im Falle einer Subdelegation genügt es, wenn die Verordnung auf die ihr zugrundeliegende Verordnung verweist. Die subdelegierende Verordnung muss ihrerseits sowohl die gesetzliche Verordnungsermächtigung als auch die Ermächtigung zur Subdelegation angeben.[121]

---

115 BVerfGE 1, 14 (59 f.) – *Südweststaat.*

116 BVerfGE 58, 257 (277 ff.) – *Schulentlassung.*

117 BVerfGE 143, 38 Rn. 37 ff. – *Rindfleischetikettierung.*

118 BVerfGE 38, 384; s. auch § 3 OWiG: „Eine Handlung kann als Ordnungswidrigkeit nur geahndet werden, wenn die Möglichkeit der Ahndung gesetzlich bestimmt war, bevor die Handlung begangen wurde".

119 BVerfGE 101, 1 (31 ff.) – *Hennenhaltungsverordnung.*

120 BVerfGE 101, 1 (41 f.). Fraglich ist, ob das Zitiergebot auch in Bezug auf durch Rechtsverordnungen umgesetztes Unionsrecht gilt. Das BVerwG – E 118, 70 (73 f.) – hat dies verneint: der Zweck zu prüfen, ob der Verordnungsgeber die Prärogative des parlamentarischen Gesetzgebers gewahrt habe, greife auf Unionsebene nicht; denn die Schwierigkeit, die unionsrechtliche Rechtsgrundlage herauszufinden, bestünde auch bei Umsetzung durch den Bundestag selbst. Das Bundesverfassungsgericht hat dies zu Recht anders entschieden, s. BVerfGE 101, 1 (44).

121 BVerfGE 151, 173 Rn. 21 ff. – *subdelegierte Verordnung.*

1.4.3 Zuständigkeit zum Erlass von Rechtsverordnungen (Art. 80 Abs. 1 Satz 1 GG)

Die gesetzliche Ermächtigung zum Erlass einer Rechtsverordnung muss den zuständigen Verordnungsgeber bezeichnen. Nach Art. 80 Abs. 1 Satz 1 GG können dies die Bundesregierung als Ganze, ein Bundesminister oder die Landesregierungen sein. Das Gesetz kann vorsehen, dass die ermächtigten Exekutivorgane ihre Befugnis weiter übertragen, wozu sie sich ihrerseits der Form der Rechtsverordnung bedienen müssen.[122] **430**

Ist in einem Gesetz die **Bundesregierung** zum Erlass von Rechtsverordnungen ermächtigt, so ist sie damit als Kollegium gemeint. Wie bereits oben dargestellt[123], erfordert dies einen Beschluss, der ihr zurechenbar ist. Im Falle des Umlaufverfahrens muss gewährleistet sein, dass ein für die Beschlussfähigkeit ausreichendes **Quorum** an Mitgliedern auf der Basis hinreichender **Information** abgestimmt hat und die nötige **Mehrheit** für den Erlass der Rechtsverordnung erreicht wurde.[124] **431**

Für den Fall, dass die **Landesregierungen** zum Erlass von Rechtsverordnungen ermächtigt werden, handelt es sich bei den jeweiligen Rechtsverordnungen um Landesrechtsverordnungen. **Entscheidend für die Qualifizierung als Bundes- oder Landesrechtsverordnung** ist also nicht der Urheber der gesetzlichen Ermächtigungsgrundlage (Bund), sondern der **Urheber der Rechtsverordnung** (Land). Von Bedeutung ist dies für den Rechtsschutz: Nach Art. 47 Abs. 1 Nr. 2 Verwaltungsgerichtsordnung (VwGO) ist den Ländern die Einführung der abstrakten Normenkontrolle für Landesrechtsverordnungen eröffnet.[125] Bundesrechtsverordnungen unterliegen dagegen keiner verwaltungsgerichtlichen Normenkontrolle.[126] **432**

Sind die Landesregierungen zum Erlass von Rechtsverordnungen ermächtigt, bestimmt Art. 80 Abs. 4 GG, dass die Länder auch befugt sind, eine Regelung durch Gesetz zu treffen. Diese Vorschrift hat 1994 Eingang in das Grundgesetz gefunden mit dem Ziel, die Landesparlamente zu stärken. Die Verfassungen der Länder enthalten regelmäßig dem Art. 80 GG vergleichbare Vorschriften.[127]

1.4.4 Verfahren

Der Erlass von Rechtsverordnungen unterliegt von Verfassung wegen grundsätzlich keinen besonderen Verfahrenserfordernissen. Die Meinungsbildung innerhalb der Bundesregierung ist in diesem Sinne keine Verfahrensfrage, sondern eine Frage der Zurechnung. Ist ein Bundesminister Rechtsverordnungsgeber, so ist es möglich, dass die **433**

---

122 S. Art. 80 Abs. 1 Satz 4 GG. Eine gesetzliche Weiterermächtigung (sog. Subdelegation) findet sich zB. in § 18 Abs. 1 Satz 2, 3 GastG für die Verlängerung, Aufhebung oder Verkürzung der Sperrzeit bei öffentlichem Bedürfnis. Die Landesregierung von Baden-Württemberg hat durch §§ 1 Abs. 5, 11 GastVO BW die Rechtsverordnungsermächtigung auf die Gemeinden, Landratsämter als untere Verwaltungsbehörden, Regierungspräsidien und das Innenministerium übertragen. Vgl. auch die Verweisungskette: Art. 80 Abs. 1 Satz 4 GG iVm. § 8 Abs. 3 Satz 3, 4 FStrG -> § 6 Nr. 1 LRFStrGZustV BW für den Erlass einer Gebührenordnung oder Art. 80 Abs. 1 Satz 4 GG iVm. §§ 36 Abs. 3, 38, 60a Abs. 4, 67 Abs. 2, § 155 Abs. 2, 3 GewO -> § 12 GewOZuVO BW.

123 S. hierzu oben Rn. 358.

124 BVerfGE 91, 148 (165) – *Umlaufverfahren* und oben Rn. 358.

125 Vgl. § 4 AGVwGO BW.

126 S. zum Rechtsschutz gegen Bundesrechtsverordnungen BVerwGE 111, 276; 123, 322 – *Flugrouten*; BVerfGE 115, 81 – *Kulturpflanzenanbau*. S. hierzu *C. Seiler*, Verwaltungsprozessualer Rechtsschutz gegen untergesetzliche Normen, DVBl. 2007, 538 ff.; *W.-R. Schenke*, Rechtsschutz gegen normatives Unrecht, JZ 2006, 1004 ff. und *F. Fellenberg/U. Karpenstein*, Feststellungsklagen gegen den Normgeber, NVwZ 2006, 1133 ff.

127 Z.B. Art. 64 LV Berl., Art. 61 LV BW, Art. 53 LV HH, Art. 57 LV MV, Art. 43 NdS, Art. 70 LV NRW, Art. 110 LV RP, Art. 104 LV SL, Art. 75 LV SN, Art. 79 LV SNA, Art. 38 LV SH, Art. 84 LV Thür.

Verordnung in seinem Ministerium erarbeitet, von ihm ausgefertigt und im Bundesgesetzblatt verkündet wird. Hieran zeigt sich der Effektivitäts- und Flexibilitätsvorteil der delegierten Rechtssetzung ebenso wie ihr Mangel an Transparenz.

434 **1.4.4.1 Die Beteiligung des Bundesrates.** Dieser Befund ist allerdings insoweit zu korrigieren, als Art. 80 Abs. 2 GG für fast alle Bundesrechtsverordnungen die Zustimmung des Bundesrates vorschreibt. Nach dem Wortlaut ist zwischen **drei Fallgruppen** zu unterscheiden.

Die *erste* und engste Fallgruppe betrifft Bundesrechtsverordnungen über die Einrichtung, Benutzung und Gebühren der wichtigen Infrastrukturen Post, Telekommunikation und Bahn.

Die *zweite* sehr große Fallgruppe besteht aus Bundesrechtsverordnungen auf Grund von Bundesgesetzen, die Zustimmungsgesetze sind. Dabei ist es gleichgültig, welche Norm die Zustimmungsbedürftigkeit des Gesetzes ausgelöst hat. Es muss außer der Einheit des Gesetzes kein sachlicher Zusammenhang mit der Rechtsverordnungsermächtigung bestehen.[128] Die Zustimmung des Bundesrates ist allerdings dann nicht notwendig, wenn das Bundesgesetz die Landesregierungen ermächtigt. Dies ist zwar dem Wortlaut „Rechtsverordnung“ nicht zu entnehmen, folgt aber daraus, dass in diesem Fall Länderinteressen nicht auf Bundesebene gewahrt werden müssen, da sie jedes Land für sich selbst wahren kann.[129]

Die *dritte* ebenfalls sehr große Fallgruppe umfasst Bundesrechtsverordnungen auf der Grundlage von Bundesgesetzen, die von den Ländern, sei es im Auftrag des Bundes (Art. 85 GG), sei es als eigene Angelegenheit (Art. 84 GG) ausgeführt werden. Da die Ausführung von Bundesgesetzen durch die Länder der Regelfall des Gesetzesvollzugs ist, ist auch damit eine Vielzahl von Bundesgesetzen erfasst.

Die Verordnungsermächtigungen in Art. 119 Satz 1 GG (Flüchtlinge und Vertriebene) und Art. 132 Abs. 4 GG (öffentlicher Dienst) aus dem Abschnitt der Überleitungs- und Schlussvorschriften haben sich erledigt.

435 Die Zustimmungsbedürftigkeit gemäß Art. 80 Abs. 2 GG steht unter dem Vorbehalt anderweitiger gesetzlicher Regelung. Das bedeutet, dass auch über die Fallgruppen hinaus durch Gesetz die Zustimmung des Bundesrates angeordnet werden kann, wofür allerdings kaum ein Bedürfnis besteht. Ebenso deckt der Vorbehalt aber auch, eine gemäß Art. 80 Abs. 2 GG bestehende Zustimmungsbedürftigkeit durch Gesetz aufzuheben.[130] Streitig ist, ob eine solche Regelung ihrerseits die Zustimmungsbedürftigkeit des Gesetzes auslöst. Der Wortlaut ordnet dies nicht an, während die Tatsache, dass es sich um die Aufhebung eines Mitwirkungsrechts des Bundesrates handelt, für die Zustimmungsbedürftigkeit spricht.[131] Das Argument, die fehlende Anordnung der Zustimmungsbedürfigkeit stelle ein Redaktionsversehen dar[132], hat daher einiges für sich.

436 Die Zustimmung des Bundesrates ist für das Zustandekommen der og. Bundesrechtsverordnungen **zwingend**. Ein Vermittlungsverfahren gibt es nicht. Dies ist deshalb vertretbar, weil die eigentlich politischen Entscheidungen bereits im Gesetzgebungsverfahren gefallen sind, während das Verordnungsrecht durch Fachwissen und Sachgesetzlichkeiten geprägt ist.

---

128 Vgl. BVerfGE 114, 196 (231) zu diesem quasi überschießenden Gehalt.

129 *B. Remmert*, in: *Maunz/Dürig*, GG, Art. 80 Rn. 158.

130 BVerfGE 28, 66 (76 ff.) – *Postgebührengesetz*. Vgl. § 21 Abs. 4 PostG.

131 So auch BVerfGE 28, 66 (77) – *Postgebührengesetz*.

132 S. BVerfGE 28, 66 (77 f.) – *Postgebührengesetz*.

Die starke Position des Bundesrates hat durch die Verfassungsänderung von 1994 noch insofern Verstärkung erfahren, als ihm nunmehr gemäß Art. 80 Abs. 3 GG ein **Initiativrecht** für Rechtsverordnungen, die seiner Zustimmung bedürfen, eingeräumt ist.[133] 437

Zieht der Gesetzgeber die Rechtssetzungsbefugnis wieder an sich, um in einem Reformpaket neben den Gesetzen auch gleich die dazugehörigen Rechtsverordnungen zu ändern, so sind auf dieses Verfahren der **Rechtsverordnungsänderung durch Gesetz** die Regeln über das Gesetzgebungsverfahren anwendbar. Das nur für Rechtsverordnungen geltende Zustimmungserfordernis des Art. 80 Abs. 2 GG kommt in diesem Gesetzgebungsverfahren nicht zum Zuge.[134] 438

1.4.4.2 Sonstige Beteiligungen. Im Grundgesetz ist keine weitere Beteiligung vorgesehen. Fraglich ist, inwieweit in der gesetzlichen Ermächtigungsgrundlage selbst zusätzliche Verfahrensanforderungen aufgestellt werden können. Häufig finden sich in Gesetzen Änderungs- oder Ablehnungsvorbehalte zugunsten des Bundestages.[135] Für die Zulässigkeit einer weiteren Beteiligung des Bundestages am Verfahren der Verordnungsgebung lässt sich vorbringen, dass der Gesetzgeber die Delegation beschränken und mit Bedingungen versehen dürfe. Andererseits gilt auch hier, dass eine Vermischung von Gesetzgebungsverfahren und Verordnungsgebung grundsätzlich zu vermeiden ist, Ausnahmen einer spezifischen Rechtfertigung bedürfen und die Rechtssicherheit, Normenwahrheit und Normenklarheit gewahrt bleiben müssen. Vor diesem Hintergrund sind reine Zustimmungs- und Kassationsvorbehalte (im Gegensatz zu inhaltlichen Änderungen) bei sachlichem Grund zulässig.[136] 439
Unproblematisch ist die gesetzliche Anordnung, **sachkundige** oder **betroffene Kreise** in das Verfahren der Verordnungsgebung einzubeziehen,[137] sofern die Letztverantwortung beim Verordnungsgeber bleibt.

1.4.5 Ausfertigung und Verkündung (Art. 82 Abs. 1 Satz 2 GG)

Die Ausfertigung und Verkündung von Rechtsverordnungen ist in Art. 82 Abs. 1 Satz 2 GG und im Gesetz über die Verkündung von Rechtsverordnungen (RechtsVOVG[138]) 440

---

133 Vor Einführung des Initiativrechts versuchte der Bundesrat seine Änderungsvorstellungen durch sog. „Maßgabebeschlüsse" zum Ausdruck zu bringen, s. dazu und den damit verbundenen Rechtsunsicherheiten *R. Scholz*, Die Zustimmung des Bundesrates zu Rechtsverordnungen des Bundes, DÖV 1990, 455.

134 BVerfGE 114, 196 (231 ff.). Kritisch hierzu *C. Lenz*, Die Umgehung des Bundesrates bei der Verordnungsänderung durch Parlamentsgesetz, NVwZ 2006, 296.

135 S. etwa § 48b Satz 3 BImschG und § 67 Krw-/AbfG; Zustimmungsvorbehalte, s. etwa § 3 Abs. 1 Satz 4 UVPG, § 51 Abs. 2 Satz 3 EStG; oder Aufhebungsvorbehalte, s. etwa § 27 Abs. 2 Satz 3 AWG oder § 20 Abs. 5 Satz 2 StabG. Für diese Unterscheidung und weitere Beispiele s. *S. Studenroth*, Einflussnahme des Bundestages auf Erlass, Inhalt und Bestand von Rechtsverordnungen, DÖV 1995, 525 (528).

136 Für die Zulässigkeit eines Zustimmungsvorbehalts s. BVerfGE 8, 274 (321) – *Preisgesetz*; abgelehnt für Zustimmung von Bundestagsausschüssen BVerfGE 4, 193 (203); krit. dazu *A. Uhle*, Verordnungsgeberische Entscheidungsmacht und parlamentarischer Kontrollvorbehalt, NVwZ 2002, 15 (16 ff.); *F. Ossenbühl*, Rechtsverordnung, HStR V, 3. Aufl. 2007, § 103 Rn. 62 f. weist im Kontext des Zustimmungsvorbehaltes in § 51 Abs. 3 EStG darauf hin, dass sich durch ihn die „demokratische Legitimation" der Rechtsverordnungen erhöhe und daher ein Bedürfnis für diese „neue dritte Form der Rechtssetzung" bestehe. Für die Unzulässigkeit von Änderungsvorbehalten s. *K.-P. Sommermann*, Verordnungsermächtigung und Demokratieprinzip, JZ 1997, 434 (439): Verstoß gegen Art. 80 Abs. 1 Satz 2 GG, wenn Änderungsvorbehalt mit obligatorischer Wirkung; *S. Thomsen*, Rechtsverordnungsermächtigung unter Änderungsvorbehalt des Bundestages?, DÖV 1995, 989 (990 ff.) und *O. Konzak*, Die Änderungsverordnung als neue Mitwirkungsform des Bundestages beim Erlass von Rechtsverordnungen, DVBl. 1994, 1107 (1110 f.). Einen guten Überblick über den Streitstand gibt *J. Saurer*, Die Mitwirkung des Bundestages an der Verordnungsgebung nach § 48b BImschG, NVwZ 2003, 1176 (1179 ff.). Kritisch zur Beteiligung des Bundestages auch *M. Kotulla/M. Rolfsen*, Zur Begründbarkeit von Zustimmungsvorbehalten zugunsten des Bundestages beim Erlass von Rechtsverordnungen, NVwZ 2010, 943 ff.

137 Vgl. etwa § 51 BImSchG. BVerfGE 28, 66 (84) – *Fernsprechgebühren*; 55, 144 (149).

138 Vom 30. Januar 1950 (BGBl. S. 23) idF. vom 31. Oktober 2006 (BGBl. I, S. 2407).

geregelt. Im Unterschied zu Parlamentsgesetzen werden Rechtsverordnungen nicht vom Bundespräsidenten ausgefertigt, sondern von der Stelle, welche die Verordnung erlassen hat. Wie förmliche Gesetze werden sie im **Bundesgesetzblatt** verkündet. Auch für das Inkrafttreten gelten gemäß Art. 82 GG dieselben Vorschriften wie für förmliche Gesetze.[139] Eine Rechtsverordnung kann durch Parlamentsgesetz oder Verordnung aufgehoben oder geändert werden. Bis zur förmlichen Aufhebung bleiben Rechtsverordnungen in Kraft, selbst dann, wenn die Ermächtigungsgrundlage nachträglich wegfällt.[140]

1.4.6 Wirksamkeitsvoraussetzungen

441 Die Wirksamkeit einer Rechtsverordnung setzt grundsätzlich ihre Rechtmäßigkeit voraus. Dafür muss eine Rechtsverordnung

1. auf einer **wirksamen gesetzlichen Ermächtigungsgrundlage** beruhen,
2. (**formelle Voraussetzungen**)
   - vom zuständigen Verordnungsgeber
   - im verfassungs- und gesetzmäßigen Verfahren erlassen sowie
   - ausgefertigt und verkündet worden sein,
   - wobei die Rechtsgrundlage im Verordnungstext zu zitieren ist (Zitiergebot).
3. (**materielle Voraussetzungen**)
   - Die Rechtsverordnung muss zudem im Rahmen der gesetzlichen Ermächtigungsgrundlage halten und
   - darf den Gestaltungsspielraum, der dem Verordnungsgeber eröffnet ist, nicht überschreiten, dh. sie darf insbesondere nicht in unverhältnismäßiger Weise in Grundrechte eingreifen.

Liegen diese bzw. einzelne dieser Voraussetzungen nicht vor, so ist die Rechtsverordnung grundsätzlich nichtig.

Rechtsprechung: BVerfGE 1, 14 (59) – Südweststaat; 58, 257 (277 ff.) – Schulentlassung; 80, 1 (20 ff.) – multiple choice; 101, 1 (31 ff.) – Hühnerhaltung; 114, 196 – Beitragssicherungsgesetz; 136, 69 – Gigaliner; 143, 38 – Rindfleischetikettierung; BVerfGE, 151, 173 – subdelegierte Verordnung.

Literatur: *M. Kotulla/M. Rolfsen*, Zur Begründbarkeit von Zustimmungsvorbehalten zu Gunsten des Bundestages beim Erlass von Rechtsverordnungen, NVwZ 2010, 943; *K. Meßerschmidt*, Rechtsverordnungen: Rechtmäßigkeit und Rechtsschutz, Jura 2016, 747; *T. Milej*, Zur Verfassungsmäßigkeit der Umsetzung des Gemeinschaftsrechts durch dynamische Verweisung, EuR 2009, 577; *A. Voßkuhle/T. Wischmeyer*, Grundwissen – Öffentliches Recht: Die Rechtsverordnung, JuS 2015, 311.

Fallbearbeitungen: *J. Hushahn*, Änderung einer Rechtsverordnung durch den parlamentarischen Gesetzgeber, JA 2007, 276 (Examensübungsklausur); *Ch. Maierhöfer*, Verwaltungskompetenzen im Bundesstaat und grundrechtliche Schutzpflichten, JuS 2004, 598 (Anfängerübungsklausur: Rechtswidrigkeit von Rechtsverordnungen wegen Verstoß gegen grundrechtliche Schutzpflichten); *R. Mußgnug*, Die Rechtsverordnung zwischen Regierung und Parlament – Drei Fälle aus dem Umfeld des Art. 80 GG, JuS 1993, 291 (Examensfälle: Parlamentarischer Zustimmungsvorbehalt zur Rechtsverordnung, gesetzesändernde Rechtsverordnungen); *M.C.F. Pleyer*, „Die gesetzesändernde Rechtsverordnung“, JA 2001, 226 (Examensübungsklausur: Änderungsvorbehalt des Bundestages, Gesetzesänderung durch Rechtsverordnung); *T. Öller*, Anfängerklausur – Öffentliches Recht: Staatsorganisationsrecht – Der Bundeskanzler und die Flüchtlinge, JuS 2018, 355 (Erlass einer RVO durch BKanzler); *F. Reimer*, Die Unfalldatenschreiber-Pflicht, JuS 2004, 45 (Anfängerklausur: Prüfung Rechtsverordnung, Art. 80 Abs. 1 S. 2 GG und Wesentlichkeitslehre); *H. Tappe*, Leitlinien im Atomrecht, JuS 2003, 887 (Referendarexamensklausur: Abgrenzung Rechtsverordnung zu allgemeinen Verwaltungsvorschriften); *W. Vitzthum/Th. Klink*, Pauschale Umsetzungser-

139 Zur Frage, ob Ermächtigungsgesetz und Rechtsverordnung auch zeitgleich verkündet werden und in Kraft treten können, s. *J. F. Lindner*, Zeitgleiches Inkrafttreten von Gesetz und Rechtsverordnung?, BayVBl. 2011, 193, krit. dazu *K. Schönenbroicher*, Einige Bemerkungen zum Verhältnis von Gesetz und Rechtsverordnung, BayVBl. 2011, 624.

140 S. dazu *N. Rütz*, Unwirksamkeit von Rechtsverordnungen nach Wegfall ihrer Ermächtigungsgrundlage, Jura 2005, 821 mwN.

mächtigung im Gentechnikrecht, JuS 2006, 436 (Referendarexamensklausur: Beteiligung des Bundesrates bei Erlass von Rechtsverordnungen, Bestimmtheitsgebot nach Art. 80 Abs. 1 S. 2 GG und dessen Beeinflussung durch Europarecht).

Lösung zu Fall 8: Gesundheitsreformvorschaltgesetz[141]

Gutachten für ein Verfahren der Landesregierung von BL vor dem Bundesverfassungsgericht mit dem Ziel, die Nichtigkeit des Gesetzes feststellen zu lassen.

I. Zulässigkeit eines Verfahrens vor dem Bundesverfassungsgericht

In Betracht kommt das Verfahren der abstrakten Normenkontrolle gemäß Art. 93 Abs. 1 Nr. 2 GG, § 13 Nr. 6 BVerfGG, §§ 76 ff. BVerfGG.

1. Antragsteller. Berechtigt, einen Antrag auf abstrakte Normenkontrolle zu stellen, sind gemäß Art. 93 Abs. 1 Nr. 2 GG, § 76 Abs. 1 BVerfGG nur die Bundesregierung, eine Landesregierung oder ein Viertel der Mitglieder des Bundestages. Die Landesregierung von BL gehört somit zu den Antragsberechtigten.

2. Antragsgegenstand. Zur Überprüfung kann Bundesrecht oder Landesrecht gestellt werden. Das Gesundheitsreformvorschaltgesetz ist ein Bundesgesetz; es ist zudem in Kraft und damit tauglicher Gegenstand einer abstrakten Normenkontrolle.

3. Antragsgrund. Gemäß § 76 Abs. 1 Nr. 1 BVerfGG ist Zulässigkeitsvoraussetzung, dass der Antragsteller die zur Überprüfung gestellte Norm für nichtig hält. Die Formulierung des Art. 93 Abs. 1 Nr. 2 GG lautet etwas schwächer und verlangt nur Meinungsverschiedenheiten oder Zweifel. Da die Landesregierung das Gesetz wegen fehlender Zustimmung für nichtig hält, kommt es auf den – eher akademischen – Streit, ob § 76 Abs. 1 Nr. 1 BVerfGG eine verfassungsgemäße Konkretisierung darstellt, verfassungskonform auszulegen ist oder gegen die Verfassung verstößt, nicht an. Der nötige Antragsgrund liegt vor.

4. Objektives Klarstellungsinteresse. Gründe dafür, dass der Landesregierung ausnahmsweise ein Rechtsschutzbedürfnis im Sinne eines objektiven Klarstellungsinteresses nicht zusteht, sind nicht erkennbar.

5. Ergebnis. Der Antrag auf Überprüfung des Gesundheitsreformvorschaltgesetzes im Wege der abstrakten Normenkontrolle ist bei formgerechtem Antrag gemäß § 23 Abs. 1 BVerfGG zulässig.

II. Begründetheit der abstrakten Normenkontrolle

Die abstrakte Normenkontrolle ist begründet, wenn das Gesundheitsreformvorschaltgesetz (GRVG) gegen das Grundgesetz verstößt.

Bei der Prüfung ist zwischen Art. 1 und Art. 2 GRVG zu unterscheiden, denn während Art. 1 GRVG ein Gesetz ändert, ändert Art. 2 GRVG durch Gesetz eine Verordnung. Da der äußeren Form nach jedoch insgesamt ein Gesetz erlassen worden ist, sind zunächst die formellen Voraussetzungen für die Verfassungsmäßigkeit eines Gesetzes zu prüfen.

1. Formelle Verfassungsmäßigkeit des Gesetzes. Ein Gesetz ist formell verfassungsgemäß, wenn es kompetenzgemäß und in ordnungsgemäßem Verfahren erlassen wurde.

a) Gesetzgebungszuständigkeit. In diesem Fall ist ausnahmsweise nicht nur die Verbandskompetenz, sondern in Bezug auf Art. 2 GRVG auch die Organkompetenz zu prüfen.

aa) Verbandskompetenz. Dem Bund müsste für die Regelung die Gesetzgebungskompetenz zustehen. Eine Materie der ausschließlichen Gesetzgebungskompetenz gemäß Art. 73 GG ist nicht betroffen. In Betracht kommt eine Bundeskompetenz

---

141 S. BVerfGE 114, 196 ff. – *Änderung einer Rechtsverordnung durch Gesetz*; 101, 297 ff. – *Vermittlungsausschuss*.

gemäß Art. 74 Abs. 1 Nr. 12 GG in Bezug auf die Sozialversicherung sowie gemäß Nr. 19 in Bezug auf das Recht der Arzneien. Der Begriff der Sozialversicherung umfasst die Krankenversicherung und zum Recht der Arzneien gehören auch die Arzneimittelpreise. Das GRVG hält sich mit seinen Rabattregelungen für Arzneimittel zugunsten der Krankenkassen im Bereich dieser Materien. Da das Grundgesetz für die genannten Sachbereiche keine besondere Erforderlichkeitsprüfung vorschreibt (vgl. Art. 72 Abs. 2 GG) steht dem Bund die Gesetzgebung zu.

bb) **Organkompetenz.** Die formelle Verfassungsmäßigkeit des § 2 GRVG setzt voraus, dass das Parlament Regelungen einer bestehenden Verordnung durch Gesetz ändern und den gesetzlichen Änderungsregelungen dann wiederum Verordnungsrang zusprechen kann. Insoweit ist von Bedeutung, dass es sich bei Rechtsverordnungen um delegierte Rechtssetzung handelt. Das Parlament entäußert sich mit der gesetzlichen Ermächtigung an die Exekutive, Rechtsverordnungen zu erlassen, nicht seines Gesetzgebungsrechts. Es kann die Gesetzgebung jederzeit wieder an sich ziehen. Die Grenze liegt im Verfahrensmissbrauch, wenn etwa durch die Rückholung in das Gesetzebungsverfahren die weitreichenden Mitwirkungsbefugnisse des Bundesrates umgangen werden oder die Rechtsschutzmöglichkeiten beeinträchtigt werden sollen. Liegt dagegen ein sachlicher Grund für ein solches Vorgehen vor, steht der Rückholung nichts im Wege. Ein sachlicher Grund ergibt sich insbesondere im Zusammenhang mit großen Reformvorhaben, die eine Vielzahl von Änderungen in einer Vielzahl von Gesetzen und Verordnungen umfassen. In diesem Fall wird die Reform durch Verabschiedung in einem einheitlichen Verfahren unabhängig vom Rang der zu ändernden Rechtsvorschriften erleichtert. Es besteht der nötige sachliche Grund und der nötige Sachzusammenhang zwischen den Rechtsvorschriften im Gesetzes- und im Verordnungsrang. Bei dem GRVG handelt es sich um ein solches Reformvorhaben. Der Erlass in Gesetzesform ist nicht missbräuchlich. Die Regelungen konnten insgesamt als Gesetz ergehen, so dass insgesamt das Gesetzgebungsverfahren einzuhalten war.

b) **Gesetzgebungsverfahren.** Das Gesetzgebungsverfahren lässt sich in die Stufen Gesetzesinitiative, Verfahren im Bundestag und Mitwirkung des Bundesrates gliedern. Art. 78 GG bestimmt, unter welchen Bedingungen ein vom Bundestag beschlossenes Gesetz zustande kommt.

aa) **Gesetzesinitiative.** Gemäß Art. 76 Abs. 1 GG gehört die Bundesregierung zu den Initiativberechtigten. Das Verfahren gemäß Art. 76 Abs. 2 GG wurde eingehalten.

bb) **Verfahren im Bundestag.** Der Bundestag hat den Vorschlag des Vermittlungsausschusses mit der nötigen Mehrheit (Art. 42 Abs. 2 Satz 1 GG) beschlossen. Eine inhaltliche Debatte oder erneute Lesung hat jedoch gemäß § 90 GOBT iVm. § 10 GO-VermA nicht stattgefunden. Fraglich ist deshalb, ob der Inhalt des Beschlusses dem Bundestag überhaupt zurechenbar ist. Dies ist dann nicht der Fall, wenn der Inhalt des Vermittlungsvorschlags sich nicht mehr als Vermittlung begreifen lässt, sondern eine unzulässige neue Gesetzesinitiative darstellt. Für die Abgrenzung zwischen zulässiger Vermittlung und unzulässiger Gesetzesinitiative kann der inhaltliche Zusammenhang des Vermittlungsbeschlusses mit dem Gesetzgebungsverfahren allein nicht genügen. Dieses Kriterium ist zu weit und zu vage. Vielmehr muss der Inhalt des Vermittlungsvorschlags Gegenstand des Verfahrens gewesen sein. Der Bundestag musste Gelegenheit haben, sich mit dem Vorschlag zu befassen. Dies fordern das gleiche Mitwirkungsrecht aller Abgeordneten an der Gesetzgebung gemäß Art. 38 Abs. 1 Satz 2 GG sowie das Prinzip der parlamentarischen Öffentlichkeit gemäß Art. 42 Abs. 1 Satz 1 GG. Im Vermittlungsbeschluss zum GRVG ist die vorgeschlagene Kombination aus Rezeptgebühr und Rabattregelung zwar neu, die Bestandteile waren jedoch Gegenstand des Verfahrens. Insbesondere war die Rezeptgebühr bereits vom Bundesrat vorgebracht worden. Der Bundestag hatte die Möglichkeit darauf einzugehen. Der Gesetzesbeschluss ist wirksam.

cc) **Verfahren im Bundesrat.** Das Gesetz ist allerdings dann nicht zustande gekommen, wenn es der Zustimmung des Bundesrates bedurfte, da dieser seine Zustimmung verweigert hat.

(aa) **Zustimmungsbedürftigkeit.** Gesetze sind nur dann zustimmungsbedürftig, wenn sich dies aus einer Vorschrift des Grundgesetzes ergibt.

(1) **Zustimmungsbedürftigkeit gemäß Art. 84 Abs. 1 Satz 6 GG.** In Betracht kommt die Zustimmungsbedürftigkeit gemäß Art. 84 Abs. 1 Satz 6 GG. Dann müsste sich im GRVG eine für die Länder zwingende Regelung des Verwaltungsverfahrens im Bereich der Länderverwaltung unter Bundesaufsicht finden.

Krankenkassen sind gemäß Art. 87 Abs. 2 GG Bestandteil landeseigener Verwaltung, die Bundesgesetze gemäß Art. 83, 84 GG ausführen. Fraglich ist, ob das GRVG eine Regelung des Verwaltungsverfahrens enthält. Der Bundesrat sieht eine solche Regelung in der Ermächtigung der Krankenkassen, zusätzliche Rabattvereinbarungen zu treffen. Der Verfahrensgehalt dieser Bestimmung liegt allein in der vorausgesetzten Handlungsform der Vereinbarung, also des öffentlich-rechtlichen Vertrages. Diese Handlungsform ist jedoch seit vielen Jahren im SGB X geregelt. Das GRVG eröffnet den Krankenkassen somit weder eine neue Handlungsform, noch schränkt sie andere bisher mögliche Handlungsformen ein. Damit enthält die Ermächtigung zur Vereinbarung zusätzlicher Rabatte keinen neuen Einbruch in Länderkompetenzen, der die Zustimmungsbedürftigkeit auslösen könnte. Hinzukommt, dass der Regelung nichts über den Ausschluss von Abweichungsmöglichkeiten gemäß Art. 84 Abs. 1 Satz 2 GG zu entnehmen ist, so dass auch eine die Zustimmungsbedürftigkeit vermeidende verfassungskonforme Auslegung in Betracht käme. Eine Zustimmungsbedürftigkeit nach Art. 84 Abs. 1 Satz 6 GG besteht nicht.

(2) **Zustimmungsbedürftigkeit gemäß Art. 80 Abs. 2 GG.** Die Zustimmungsbedürftigkeit könnte sich aus Art. 80 Abs. 2 GG ergeben. Danach bedürfen alle Rechtsverordnungen der Zustimmung des Bundesrates, die ihre Ermächtigung in zustimmungsbedürftigen Bundesgesetzen finden oder in solchen Bundesgesetzen, welche die Länder ausführen. Beim Arzneimittelgesetz, das die Ermächtigungsgrundlage für die Arzneimittelpreisverordnung enthält, handelte es sich um ein zustimmungsbedürftiges Gesetz.[142] Allerdings stellt sich die Frage, ob Art. 80 Abs. 2 GG überhaupt Anwendung findet, weil zwar eine Rechtsverordnung geändert wird, diese Änderung aber nicht durch Rechtsverordnung, sondern durch ein Gesetz erfolgt. Die Erstreckung der Zustimmungsbedürftigkeit über den Wortlaut des Art. 80 Abs. 2 GG hinaus, bedürfte der Rechtfertigung aus Sinn und Zweck der Vorschrift. Dieser besteht darin zu vermeiden, dass durch die Delegation auf die Bundesexekutive keinerlei Beteiligung des Bundesrates mehr stattfindet, obwohl gerade in den Details der Ausführung von Gesetzen die Erfahrungen, Kenntnisse und Bedürfnisse der Länderexekutiven von großer Bedeutung sind. Die Beteiligung des Bundesrates ist im Gesetzgebungsverfahren aber sichergestellt. Die Unterscheidung zwischen dem mit der Zustimmung verbundenen Vetorecht und einem überstimmbaren Einspruch ist dagegen ohne Bedeutung für das eher technische Verordnungsrecht. Damit fehlt es für die Erstreckung des Art. 80 Abs. 2 GG über den Wortlaut hinaus auf verordnungsändernde Gesetze an der zwingenden Notwendigkeit. Es besteht keine Zustimmungsbedürftigkeit gemäß Art. 80 Abs. 2 GG.

(bb) **Umdeutung in einen Einspruch.** Zu prüfen bleibt, ob die vom Bundesrat verweigerte Zustimmung in einen Einspruch umgedeutet werden kann. § 30 GOBRat

142 Das Arzneimittelgesetz bedurfte wegen der §§ 64 ff. AMG gemäß Art. 84 Abs. 1 GG aF. der Zustimmung des Bundesrates.

enthält die Verpflichtung für den Bundesrat, im Gesetzgebungsverfahren die Abstimmungsfragen so zu fassen, dass sich aus der Abstimmung zweifelsfrei ergibt, worüber abgestimmt wird, insbesondere ob es um Zustimmung oder Einspruch geht. Diese Verpflichtung auf Eindeutigkeit und Klarheit erweist sich im formalisierten Gesetzgebungsverfahren nicht nur als Ausdruck der Rechtssicherheit, sondern auch der gegenseitigen Organtreue, da der Bundestag sein Verhalten auf das des Bundesrates einstellen können muss. Folglich ist eine nachträgliche Umdeutung nicht möglich.
c) **Ausfertigung und Verkündung.** Ausfertigung und Verkündung haben ordnungsgemäß stattgefunden. Insbesondere ist die nötige Gegenzeichnung gemäß Art. 82 iVm. Art. 58 GG erfolgt.
Das Gesetz ist formell verfassungsgemäß.
2. **Materielle Verfassungsmäßigkeit.** Die abstrakte Normenkontrolle umfasst auch die Prüfung der materiellen Verfassungsmäßigkeit. Insoweit bestehen aber laut Hinweis keine Anhaltspunkte für eine Prüfung.[143]

III. Ergebnis

Das Gesetz ist verfassungsgemäß.

2. Kapitel: Verwaltung

Fall 9: Atomkraft

In einem Kernkraftwerk im Bundesland BL kommt es zu einem Störfall, bei dem an zwei Stellen Druckleitungen des Kühlsystems platzen. Das Kernkraftwerk wird sofort abgeschaltet. Vom Betreiber hinzugezogene Fachleute halten es für ausreichend, die beiden defekten Rohrteile zu ersetzen. Dennoch hat die zuständige Landesministerin von BL nach Durchführung der Reparaturen Bedenken, die Wiederaufnahme des Betriebs zuzulassen. Sie fordert eine Stellungnahme ihres Ministerialdirigenten D an, des Leiters der Abteilung Reaktorsicherheit. Als dieser aus Sicherheitsgründen einen Austausch aller Kühlleitungen des Kraftwerks befürwortet, trifft die Landesministerin eine entsprechende Anordnung.
Der Bundesminister für Umwelt, Naturschutz und Reaktorsicherheit hält diese Maßnahme – gestützt auf Gutachten seines Ministeriums – für überzogen. Er fordert die Landesministerin auf, ihre Anordnung zurückzunehmen, was diese ablehnt. Ein Gespräch zwischen beiden führt zu keiner Einigung. Daraufhin weist der Bundesminister die Landesministerin an, innerhalb einer Woche die Anordnung, alle Kühlleitungen auszutauschen, zurückzunehmen und die Wiederaufnahme des Kraftwerkbetriebs zuzulassen sowie den Ministerialdirigenten D abzulösen und ihm einen Dienstposten außerhalb der Abteilung Reaktorsicherheit zuzuweisen.
Die Landesministerin hält die Weisungen einerseits wegen Fehleinschätzung des Risikos, andererseits wegen mangelnder Bundeszuständigkeit für verfassungswidrig und will ihnen nicht Folge leisten. Sie bittet um Erstattung eines Rechtsgutachtens über die Erfolgsaussichten gerichtlichen Vorgehens.

Fall 10: Schulnetzplanung

Aufgrund demographischer Entwicklungen im Bundesland Sachsen kommt der Landesgesetzgeber zu der Ansicht, dass die kreisangehörigen Gemeinden zu einer regio-

143 Nach Auffassung des Bundesverfassungsgerichts verlangt das rechtsstaatliche Gebot der Rechtssicherheit, dass verordnungsändernde Gesetze die Grenzen der gesetzlichen Verordnungsermächtigung einhalten. Dies ist im Rahmen der materiellen Verfassungsmäßigkeit zu prüfen. Prüfungsmaßstab sind zudem regelmäßig die Grundrechte.

nal abgestimmten Schulstandortplanung nicht mehr in der Lage sind. Die Gemeinden hätten überwiegend keine Schulnetzpläne aufgestellt und von gebotenen Schulschließungen abgesehen. Um gegen diese Missstände vorzugehen, erlässt der Landesgesetzgeber § 23a SchulG. Dieser lautet:
(1) Die Landkreise und Kreisfreien Städte stellen Schulnetzpläne für ihr Gebiet auf. Die Schulnetzplanung soll die planerische Grundlage für ein alle Bildungsgänge umfassendes, regional ausgeglichenes und unter zumutbaren Bedingungen erreichbares Bildungsangebot schaffen. [...]
(3) Die Schulnetzpläne sind im Benehmen mit den Gemeinden und den übrigen Trägern der Schulen des Gebietes aufzustellen. [...]
(4) Die Schulnetzpläne bedürfen der Genehmigung der obersten Schulaufsichtsbehörde. [...]
(5) Beschlüsse des Schulträgers [über die Einrichtung bzw. Aufhebung einer öffentlichen Schule] erfolgen auf der Grundlage eines genehmigten Schulnetzplanes.
G ist eine kreisangehörige Gemeinde im Bundesland Sachsen und Trägerin einer Grund- und Hauptschule. Als von der obersten Schulaufsichtsbehörde ein Schulnetzplan genehmigt wird, in dem die Schließung einer von G getragenen Hauptschule vorgesehen ist, fühlt sie sich übergangen, da sie sich im Rahmen der Anhörung mit ausführlicher Begründung gegen eine Schließung ihrer Hauptschule ausgesprochen hatte. Über die „Hochzonung" der Schulnetzplanung auf die Kreisebene ist G empört und sieht sich in ihrem Recht auf Selbstverwaltung verletzt. Schließlich stehe das Recht, Träger der allgemeinbildenden Schulen zu sein, ihr als Gemeinde zu. Es könne nicht angehen, dass ihre Rechte als Gemeinde durch § 23a SchulG ausgehebelt werden. Zumindest soweit die Vorschrift auch die Grund- und Hauptschulen betreffe, sei sie mit der Verfassung nicht zu vereinbaren. Auch die Verpflichtung der Landkreise und Kreisfreien Städte, bei der Aufstellung der Schulnetzplanung das Benehmen mit den kreisangehörigen Gemeinden herzustellen, reiche nicht aus, um ihr Recht auf Selbstverwaltung hinreichend zu wahren, denn dies bedeute nur, dass sie angehört werden müsse.
G erhebt vor dem zuständigen Verwaltungsgericht Anfechtungsklage gegen den von der obersten Schulaufsichtsbehörde erlassenen Genehmigungsbescheid über die Fortschreibung des Schulnetzplanes. Im Rahmen des Gerichtsverfahrens kommt das Verwaltungsgericht zu der Überzeugung, dass § 23a SchulG gegen das Grundgesetz verstößt und möchte das Gesetz daher von dem Bundesverfassungsgericht überprüfen lassen.
Ist ein solches Verfahren möglich? Wie wird das Bundesverfassungsgericht entscheiden?

2.1 Verwaltung als Staatsfunktion

Gemäß Art. 20 Abs. 2 Satz 2 GG wird die Staatsgewalt ua. durch besondere Organe der vollziehenden Gewalt ausgeübt. Gemäß Art. 20 Abs. 3 GG ist die vollziehende Gewalt an Gesetz und Recht gebunden, ihre unmittelbare Bindung an die Grundrechte folgt aus Art. 1 Abs. 3 GG. In der Tat ist eine wesentliche Funktion der Exekutive, die Gesetze zu vollziehen. Ihre Tätigkeit erschöpft sich darin jedoch nicht. Abgesehen von der staatsleitenden Funktion der Regierung, deren Eigenart die Bezeichnung als **Gubernative** zum Ausdruck bringt, umfasst die Verwaltung neben der **Gesetzesvollziehung** etwa auch **Daseinsvorsorge** und im öffentlichen Interesse liegende **Dienstleistungen** (Museen, Theater, Bibliotheken, öffentlicher Nahverkehr ...). In einer Negativabgrenzung, die über die Aussage „Verwaltung ist, was an staatlichem Handeln nach Abzug von Gesetzgebung und Rechtsprechung übrig bleibt" hinausgeht, lässt sich die vollziehende Gewalt im Sinne der **Exekutive** in Abgrenzung zur Gubernative folgendermaßen definieren: 442

- Wahrnehmung aller Aufgaben, die öffentlichen Stellen in verfassungsmäßiger Weise zugeordnet sind und bei denen es

- nicht um unmittelbar verfassungsrechtlich geregelte Beziehungen zwischen und Handlungen von obersten Staatsorganen,
- nicht unmittelbar um die Herstellung demokratischer Legitimation durch die Bürger (Art. 38 GG, Art. 28 Abs. 1 Satz 2 GG),
- nicht um parlamentarische Gesetzgebung (Art. 70 ff. GG) und
- nicht um gerichtliche Streitentscheidung (Art. 92 GG) geht.[1]

443 Für die Wahrnehmung dieser Aufgaben enthält das Grundgesetz im Abschnitt VIII (Art. 83–91 GG) Regelungen über die Kompetenzverteilung zwischen Bund und Ländern hinsichtlich der Vollziehung der Bundesgesetze sowie einige Regelungen über die Organisation der Bundesverwaltung. Der Abschnitt VIIIa über die Gemeinschaftsaufgaben (Art. 91a–91d GG) erlaubt in begrenzten Bereichen das exekutive Zusammenwirken von Bund und Ländern. Die Vollziehung von Landesgesetzen ebenso wie die Organisation der Landesverwaltung sind demgegenüber Gegenstände des Landes(verfassungs)rechts.[2]

444 Die Darstellung der Staatsfunktion „vollziehende Gewalt“ wäre unvollständig, würde nicht die **kommunale Selbstverwaltung** einbezogen. Art. 28 Abs. 2 GG garantiert, dass es in den Ländern Gemeinden als Gebietskörperschaften mit eigenen Verwaltungsaufgaben geben muss. Wegen der eigenen Rechtspersönlichkeit der Gemeinden wird deren Verwaltungstätigkeit als mittelbare Staatsverwaltung bezeichnet.[3]

445 Da es letztlich Menschen sind, die die Staatsfunktionen ausüben, gehört in den Abschnitt über die Verwaltung auch noch Art. 33 GG, der die Grundsätze des **Berufsbeamtentums** regelt.

2.2 Die Verteilung der Verwaltungskompetenzen zwischen Bund und Ländern

446 Die Verteilung der Kompetenzen für die Ausführung der Bundesgesetze ist vor allem in den Art. 83 bis 86 GG geregelt. Das Grundgesetz folgt nicht dem schlichten Konzept, dass Bundesgesetze durch Bundesbehörden, Landesgesetze durch Landesbehörden vollzogen werden. Eine solche Lösung ist nur dann praktikabel, wenn die Gesetzgebungskompetenzen auf Bundesebene eng begrenzt sind. Anderenfalls ist in erheblichem Umfang mit der Entstehung von behördlichen Doppelstrukturen zu rechnen. Vollziehen dagegen grundsätzlich die Länder die (zahlreichen) Bundesgesetze, so hat dies nicht nur den Vorteil einer schlanken Verwaltungsorganisation, weil dieselben Landesbehörden auch die der Materie verwandten oder zusammengehörigen Landesgesetze vollziehen, erreicht wird auch ein **gewaltenteilender Effekt** zwischen dem gesetzgebenden Bund und den gesetzesvollziehenden Ländern (vertikale Gewaltenteilung).[4] Denn Vollziehung von Gesetzen ist kein Automatismus, sondern lässt vielfach Auslegungs-, Beurteilungs- und Ermessensspielräume, deren Konkretisierung in den Ländern durchaus unterschied-

---

1 Die negative Bestimmung des Verwaltungsbegriffes (sog. Substraktionsmethode) geht auf *Otto Mayer*, Deutsches Verwaltungsrecht/1, 3. Aufl. 1924, S. 7 zurück. Vgl. auch die Definition von *W. Jellinek*, Verwaltungsrecht, 3. Aufl. 1931, S. 6.

2 „Eine Ausführung von Landesgesetzen durch Bundesbehörden ist (…) nach dem Grundgesetz schlechthin ausgeschlossen“, s. BVerfGE 21, 312 (325) – *Bundeswasserstraßen*.

3 *Unmittelbare Staatsverwaltung* = Verwaltung durch Behörden von Bund und Ländern. *Mittelbare Staatsverwaltung* = Verwaltung durch (Behörden von) selbständige(n) Rechtsträger(n) des öffentlichen Rechts außer Bund und Ländern = Körperschaften, Anstalten oder Stiftungen des öffentlichen Rechts; insbesondere kommunale Selbstverwaltung.

4 Zur sog. vertikalen Gewaltenteilung, s. *W.R. Wrege*, Das System der Gewaltenteilung nach dem Grundgesetz, Jura 1996, 436 (439 f.).

lich sein kann. Damit die landeseigenen Nuancen in der Gesetzesvollziehung nicht zu einer manifesten Gefahr für die mit dem Bundesgesetz bundeseinheitlich angestrebten Ziele werden, sieht die Verfassung als Gegenmittel den Erlass von Verwaltungsvorschriften sowie Maßnahmen der Bundesaufsicht vor. Vereinheitlichende Wirkung hat auch die Rechtsprechung des Bundesverwaltungsgerichts.

Betrachtet man Art. 84 und 85 GG genauer, so lassen sich **fünf verschiedene Teilkompetenzen** in Bezug auf die Vollziehung von Gesetzen unterscheiden: die **Personalzuständigkeit**, die **Organisationszuständigkeit**, die **Regelungszuständigkeit** für das **Verfahren**, die normativ-konkretisierende Sachentscheidungszuständigkeit durch den **Erlass von Verwaltungsvorschriften**, die Zuständigkeit für die sachliche Entscheidung im Einzelfall (**Sachzuständigkeit**) und die Verfahrenszuständigkeit für das außenwirksame Handeln im Einzelfall (sog. **Wahrnehmungszuständigkeit**[5]).[6] Der Unterschied zwischen der Ausführung von Bundesgesetzen als eigene Angelegenheit (Art. 84 GG) und im Auftrag des Bundes (Art. 85 GG) besteht in einer jeweils andersartigen Aufteilung dieser Teilkompetenzen auf Bund und Länder. 447

2.2.1 Die Ausführung von Bundesgesetzen durch die Länder als eigene Angelegenheit (Art. 83, 84 GG)

Art. 83 GG bestimmt, dass die Länder die Bundesgesetze als eigene Angelegenheit ausführen, soweit das Grundgesetz nichts anderes bestimmt oder zulässt.[7] Damit ist der **Regelfall** der Vollziehung der Bundesgesetze benannt. Alles andere bedarf der verfassungsrechtlichen Bestimmung oder Erlaubnis. Inhalt und Bedeutung des Regelfalls lässt sich Art. 83 GG dagegen nicht entnehmen. Dies ist Gegenstand von Art. 84 GG. 448

Nach Art. 84 GG bedeutet die Ausführung von Bundesgesetzen als eigene Angelegenheit der Länder, dass den Bundesländern grundsätzlich sämtliche der fünf oben genannten Arten von Verwaltungskompetenzen bei der Vollziehung des Bundesgesetzes zustehen: Es sind also die Länder, die etwa bei der Vollziehung des Gaststättengesetzes bestimmen, welche Personen in welcher Behörde in welchem Verfahren mit der Erteilung von Gaststättenerlaubnissen befasst sind, und die Landesbehörde entscheidet auch im konkreten Einzelfall über die Erteilung einer solchen Erlaubnis.

2.2.1.1 Zur Kompetenz für Organisation und Verfahren. Ausdrücklich wird in Art. 84 Abs. 1 Satz 1 GG die Einrichtung der Behörden (Organisationskompetenz) und die Regelungszuständigkeit für das Verfahren den Ländern zugewiesen. Ein Grund dafür mag sein, dass die Zuständigkeit zur Regelung dieser Fragen als Annexkompetenz zu den Sachmaterien der Bundesgesetzgebung verstanden werden kann.[8] Für diese Materien (Organisation und Verfahren) sieht Art. 84 Abs. 1 GG zudem im weiteren Text Ausnahmen zugunsten des Bundes vor. Grundsätzlich können die Länder von derartigen Bundesvorgaben aber abweichen. Trifft der Bundesgesetzgeber Regelungen, durch die eine solche Abweichung ausdrücklich ausgeschlossen wird, ist die Zustimmung des Bundes- 449

---

5 Zur Unterscheidung von Sach- und Wahrnehmungszuständigkeit s. BVerfGE 81, 310 (331 ff.) – *Kalkar*; s. auch Rn. 458 sowie Fall 9 mit Lösung.

6 S. zu dieser Systematisierung *U. Mager*, Die Europäische Verwaltung zwischen Hierarchie und Netzwerk, in: *Trute/Groß/Röhl/Möllers* (Hrsg.), Allgemeines Verwaltungsrecht – Zur Tragfähigkeit eines Konzepts, 2008, 369 (383).

7 Dieser Grundsatz gilt – trotz des Wortlautes „Ausführung von Bundesgesetzen"– nicht nur für die gesetzesausführende Verwaltungstätigkeit, sondern auch für die „gesetzesfreie Erfüllung" öffentlich-rechtlicher Aufgaben. Dies ergibt sich aus den in den Artikeln 87 bis 90 und besonders in Art. 87 Abs. 1 GG aufgeführten Sachbereichen, die „zu einem nicht unerheblichen Teil ‚gesetzesfrei' verwaltet werden". S. BVerfGE 12, 205 (246 ff.) – *Deutschland-Fernsehen-GmbH*. Unerheblich ist auch, ob die Erfüllung von Aufgaben der öffentlichen Verwaltung mit öffentlich-rechtlichen oder privatrechtlichen Mitteln erfolgt, s. BVerfGE 12, 205 (246).

8 S. dazu oben Rn. 395.

rates erforderlich.[9] Im Zuge der Föderalismusreform von 2006 ist also auch in diesem Bereich die Abweichungsgesetzgebung eingeführt worden[10], hier mit dem Ziel, die Zahl der zustimmungsbedürftigen Gesetze zu verringern. Nach altem Recht galt nämlich, dass die Inanspruchnahme der Regelungskompetenz des Bundes für Organisation und Verfahren stets die Zustimmungsbedürftigkeit des Gesetzes auslöste. **Ausdrücklich ausgeschlossen** ist gemäß Art. 84 Abs. 1 Satz 7 GG die Nutzung der Organisations- und Verfahrenskompetenz des Bundes zur **Übertragung von Aufgaben auf die Gemeinden und Gemeindeverbände**. Diese bleiben im Zuständigkeitsbereich der Länder.

450 Um auf eine **einheitliche Gesetzesvollziehung** hinzuwirken, kann die Bundesregierung als Kollegium[11] gemäß Art. 84 Abs. 2 GG **Verwaltungsvorschriften**[12] erlassen, wobei sie hierfür der Zustimmung des Bundesrates bedarf.[13] Dies erklärt sich daraus, dass der Bund durch den Erlass von Verwaltungsvorschriften regelnd in die Vollziehungsspielräume der Länder eingreift. Auch in Bezug auf die normativ-sachliche Konkretisierung verfügen also beide Ebenen, Bund und Länder, über Kompetenzen.

451 2.2.1.2 **Rechtsaufsicht des Bundes.** Gemäß Art. 84 Abs. 3 GG steht der Bundesregierung die Aufsicht darüber zu, dass die Länder die Bundesgesetze dem geltenden Recht gemäß ausführen. Diese Rechtsaufsicht kann der Bund durch die Entsendung von Beauftragten, im Streitfall durch ein Verfahren vor dem Bundesrat mit anschließendem Rechtsschutz vor dem Bundesverfassungsgericht[14] ausüben. **Die Rechtsaufsicht ist grundsätzlich nicht einzelfallbezogen.**[15] Nur ausnahmsweise kann ein Bundesgesetz im Einzelfall die Bundesregierung als Kollegium zur Einzelweisung an die oberste Landesbehörde ermächtigen (Art. 84 Abs. 5 Satz 1 GG). Eine solche Regelung findet sich etwa im Ausländerrecht.[16] Tatsächlich muss der Bund von den Mitteln der Rechtsaufsicht praktisch keinen Gebrauch machen, weil die Verwaltungsgerichte im Rahmen des Individualrechtsschutzes auf der Grundlage einer bundeseinheitlichen Verwaltungsgerichtsordnung die Rechtmäßigkeit der Gesetzesvollziehung hinreichend kontrollieren, wobei **durch** die **Letztentscheidungsbefugnis des Bundesverwaltungsgerichts** auch die **Einheitlichkeit der Gesetzesvollziehung sichergestellt** wird.[17] Zusätzlich teilen die Bundesländer eine im Wesentlichen gleiche Verwaltungskultur. Dies wird offensichtlich an der Tatsache, dass zwar jedes Bundesland über sein eigenes Verwaltungsverfahrensgesetz, Verwaltungsvollstreckungsgesetz und Verwaltungszustellungsgesetz verfügt, diese Gesetze jedoch inhaltlich weitgehend identisch sind, so dass die Ausbildung am Verwaltungsverfahrensgesetz des Bundes grundsätzlich zur Anwendung sämtlicher Verwaltungsverfahrensgesetze der Länder befähigt.

Der Normalfall der Vollziehung von Bundesgesetzen zeichnet sich also dadurch aus, dass allein den Ländern die Kompetenz zur Sachentscheidung im Einzelfall sowie die Wahrnehmungskompetenz (Handeln mit Außenwirkung im Einzelfall) zusteht.[18] Der

9 So seit der Föderalismusreform. Zum Hintergrund s. *J. Ipsen*, Die Kompetenzverteilung zwischen Bund und Ländern nach der Föderalismusnovelle, NJW 2006, 2801 (2802). Zu möglichen Problemen insbes. bei der Umsetzung von Umweltrechtsakten, s. *F. Ekardt/R. Weyland*, Föderalismusreform und europäisches Verwaltungsrecht, NVwZ 2006, 737 ff.

10 S. dazu oben Rn. 385 ff.

11 BVerfGE 100, 249 (259) – *Allgemeine Verwaltungsvorschriften*; s. auch schon BVerfGE 26, 338 (395 ff.) – *Eisenbahnkreuzung*.

12 Zur Rechtsnatur s. oben Rn. 423.

13 S. dazu BVerfGE 100, 249 (261) – *Allgemeine Verwaltungsvorschriften*.

14 Verfahren nach Art. 93 Abs. 1 Nr. 3 GG – *Bund-Länder-Streit*.

15 S. dazu *H.-H. Trute*, in: *von Mangoldt/Klein/Starck*, GGK III, Art. 84 Rn. 83.

16 § 74 Abs. 2 AufenthG.

17 Vgl. *F. Hufen*, Verwaltungsprozessrecht, 11. Aufl. 2019, § 4 Rn. 12.

18 Mit zu vernachlässigenden Ausnahmen bzgl. der einzelfallbezogenen Sachentscheidungsbefugnis gemäß Art. 84 Abs. 5 Satz 1 GG.

Bund verfügt über eingeschränkte Befugnisse in Bezug auf Organisation, Verfahren und normativ-sachliche Konkretisierung durch Verwaltungsvorschriften. Die Rechtsaufsicht durch die Bundesregierung lässt sich der Art nach als strukturell, in den Mitteln beschränkt und in der Durchsetzung als gerichtsförmig kennzeichnen.[19]

2.2.2 Die Ausführung von Bundesgesetzen durch die Länder im Auftrag des Bundes

Neben dem geschilderten Normalfall der Vollziehung von Bundesgesetzen durch die Länder sieht das Grundgesetz in Art. 85 einen Typus vor, der dem Bund intensivere Einwirkungsmöglichkeiten auf die Vollziehung seiner Gesetze einräumt. Es handelt sich um die Vollziehung von Bundesgesetzen durch die Länder im Auftrag des Bundes (**Auftragsverwaltung**).[20] **452**

2.2.2.1 Anwendungsbereich. Eine solche Vollziehung durch die Länder im Auftrag des Bundes muss **ausdrücklich** in der Verfassung **angeordnet (obligatorische Auftragsverwaltung) oder erlaubt (fakultative Auftragsverwaltung)** sein. Entsprechende Ermächtigungen oder Anordnungen finden sich in Art. 87c[21], 87d Abs. 2[22], 89 Abs. 2 Satz 3[23], 90 Abs. 2[24] GG. Ein beträchtlicher Teil der Bundesauftragsverwaltung war Folge des Art. 104a Abs. 3 Satz 2 GG aF., wonach solche Gesetze im Auftrag des Bundes ausgeführt werden, die bestimmen, dass der Bund ein Viertel der Ausgaben oder mehr trägt. Als Beispiel lässt sich das Wohngeldgesetz[25] nennen. Die für die Vollziehung im Bundesauftrag maßgebliche Beteiligung des Bundes ist im Zuge der Föderalismusreform 2006 von einem Viertel auf mindestens die Hälfte der Ausgaben heraufgesetzt worden. **453**

2.2.2.2 Zur Kompetenz für Organisation und Verfahren. Art. 85 Abs. 1 Satz 1 GG bestimmt, dass die Einrichtung der Behörden, also die Organisationskompetenz und damit insbesondere die Bestimmung der zuständigen Behörden, Sache der Länder bleibt. Jedoch kann der Bund mit Zustimmung des Bundesrates anderes bestimmen. Dem Bund steht also unter dem Vorbehalt der Mitwirkung des Bundesrates ebenfalls die Organisationskompetenz zu. Ausdrücklich ausgeschlossen ist auch hier, wie in Art. 84 Abs. 1 Satz 7 GG, die bundesunmittelbare Übertragung von Aufgaben auf die Gemeinden und Gemeindeverbände. **454**

Anders als in Art. 84 Abs. 1 Satz 1 GG ist in Art. 85 Abs. 1 Satz 1 GG nicht das Verwaltungsverfahren neben der Einrichtung von Behörden erwähnt. Geht man davon aus, dass der Bund als Gesetzgeber die Kompetenz hat, das Verwaltungsverfahren als Annex zur Sachmaterie mitzuregeln[26], so erscheint es durchaus schlüssig, dass er im Bereich **455**

---

19 *U. Mager*, Die Europäische Verwaltung zwischen Hierarchie und Netzwerk, in: *Trute/Groß/Röhl/Möllers* (Hrsg.), Allgemeines Verwaltungsrecht – Zur Tragfähigkeit eines Konzepts, 2008, 369 (385).

20 BVerfGE 81, 310 (331) – *Kalkar*; 104 (264) – *Biblis*: „Auch diese sogenannte Auftragsverwaltung ist eine Form der Landesverwaltung; die Länder üben hierbei die Landesstaatsgewalt aus, ihre Behörden handeln als Landesorgane, nicht als Bundesorgane." Die Vollziehung bestimmt sich nach Landesverwaltungsverfahrensrecht: § 1 Abs. 1 Nr. 2, Abs. 3 BVwVfG eröffnet den Anwendungsbereich des BVwVfG nur, wenn die Verwaltungstätigkeit der Landesbehörden nicht durch ein Landesverwaltungsverfahrensgesetz geregelt wurde; dies ist jedoch in allen Bundesländern der Fall.

21 Kernenergie, s. dazu § 24 Abs. 1 Satz 1 AtG.

22 Luftverkehr, s. dazu § 31 Abs. 2 LuftVG.

23 Bundeswasserstraßen: In der Zuständigkeitsvorschrift des § 45 BWStrG ist die Bundesauftragsverwaltung nicht erwähnt. Ob die Verwaltung der Elbe in Hamburg einen Anwendungsfall darstellt, ist str. *S. Boysen*, in: *von Münch/Kunig*, GGK II, 6. Aufl., Art. 89 Rn. 36 mwN.

24 Bundesstraßen, s. dazu § 22 Abs. 3, 5 FStrG.

25 S. § 32 Wohngeldgesetz vom 24. September 2008 (BGBl. I, S. 1856), zuletzt geändert durch Artikel 9 Absatz 5 des Gesetzes vom 3. April 2013 (BGBl. I, S. 610).

26 S. oben Rn. 395.

seiner Auftragsverwaltung ohne Weiteres, also ohne Zustimmung des Bundesrates, das Verwaltungsverfahren regeln darf. Der überwiegend vertretene Erst-Recht-Schluss, wonach der Bund das Verwaltungsverfahren im Rahmen der Auftragsverwaltung erst recht regeln dürfe, da er hierzu bereits nach Art. 84 GG befugt sei, überspringt den Gedanken einer ohnehin bestehenden Gesetzgebungskompetenz des Bundes und nimmt die Konsequenz der korrigierenden Auslegung des Art. 85 Abs. 1 Satz 1 GG, nämlich die Ausdehnung der Zustimmungsbedürftigkeit in Kauf.[27] Für die hier vertretene Auffassung spricht nicht zuletzt der Wortlaut, wonach (gerade und nur) die Einrichtung von Behörden Angelegenheit der Länder „bleibt".[28]

456 Wie schon im Normalfall der Vollziehung von Bundesgesetzen kann die Bundesregierung als Kollegium gemäß Art. 85 Abs. 2 GG mit Zustimmung des Bundesrates allgemeine Verwaltungsvorschriften erlassen.[29]

457 2.2.2.3 **Personalentscheidungen.** Über den Normalfall hinaus geht es, dass der Bund im Rahmen der Auftragsverwaltung auch auf die Ausbildung des Personals Einfluss nehmen und hinsichtlich der **Leiter der Mittelbehörden** sogar einzelne Personalentscheidungen mitbestimmen kann. Das gemäß Art. 85 Abs. 2 S. 3 GG vorgeschriebene Einvernehmen der Bundesregierung bedeutet, dass diese zustimmen muss.[30] Der Begriff der Mittelbehörde wird verständlich vor dem Hintergrund, dass die **Verwaltung** in den meisten Bundesländern **dreistufig** aufgebaut ist: Die Landesministerien bilden die obersten Landesbehörden; darunter gibt es die sich auf Regionen des Bundeslandes erstreckenden mittleren und die sich auf Städte oder Landkreise erstreckenden unteren Verwaltungsbehörden. Mittelbehörden im Sinne des Art. 85 Abs. 2 Satz 3 GG sind allerdings nicht die Behörden der allgemeinen mittleren Verwaltungsebene der Länder, also die Regierungspräsidien[31], Bezirksregierungen[32] oder Regierungen[33], auch wenn diese durchaus in die Auftragsverwaltung einbezogen sein können. Gemeint sind nur Mittelbehörden von Sonderverwaltungen[34], wie sie etwa im Rahmen der Autobahnverwaltung vorkommen (Autobahndirektionen gemäß § 22 Abs. 4 FStrG in Verbindung mit entsprechenden landesgesetzlichen Regelungen).

458 **2.2.2.4 Weisungsbefugnis des Bundes im Rahmen der Fachaufsicht.** Gemäß Art. 85 Abs. 3 GG unterstehen die Landesbehörden den Weisungen der zuständigen obersten Bundesbehörde. Dies bedeutet, dass die zuständige oberste Bundesbehörde, also das fachlich zuständige Bundesministerium, jederzeit die **Sachentscheidung von Einzelfällen an sich ziehen** kann.[35] Zwar steht auch und zunächst dem Land die Sachentscheidungskompetenz zu. Macht die oberste Bundesbehörde jedoch von ihrer Sachentschei-

---

27 S. zum Meinungsstreit *J. Oebbecke*, Verwaltungszuständigkeit, HStR VI, 3. Aufl. 2008, § 136 Rn. 59. Wie hier *G. Hermes*, in: *Dreier*, GG III, Art. 85 Rn. 27, der in Rn. 29 aE. dennoch für eine Zustimmungsbedürftigkeit plädiert. Ohne Reflexion dieser Konsequenz aA. offenbar BVerfGE 26, 338 (385, 399) – *Eisenbahnkreuzung*. Ein Zustimmungserfordernis des Bundesrates verneinend: BVerfGE 126, 77 (98 ff.) – *Luftsicherheitsgesetz I*; ebenso: BVerfGE 133, 241 Rn. 57 f. – *Luftsicherheitsgesetz II*.

28 Vgl. demgegenüber den anderen Wortlaut von Art. 84 Abs. 1 Satz 1 GG.

29 BVerfGE 100, 249 (259) – *Allgemeine Verwaltungsvorschriften*; s. auch schon BVerfGE 26, 338 (395 ff.) – *Eisenbahnkreuzung*.

30 Der Begriff „Einvernehmen" bedeutet im öffentlichen Recht stets „Zustimmung", während der Begriff „Benehmen" nur Anhörung und Berücksichtigung meint.

31 So in Baden-Württemberg, Hessen und Sachsen.

32 So in Nordrhein-Westfalen.

33 So in Bayern.

34 S. *A. Dittmann*, in: Sachs, Art. 85 Rn. 21; *S. Broß/K.-G. Mayer*, in: *von Münch/Kunig*, GGK II, Art. 85 Rn. 20.

35 BVerfGE 81, 310 (332) – *Kalkar*: „Gegenstand einer Weisung kann sowohl eine nach außen hin zu treffende verfahrensabschließende Entscheidung wie auch das ihrer Vorbereitung dienende Verwaltungshandeln (…) (sowie) die Festlegung auf eine bestimmte Gesetzesauslegung sein."

dungsbefugnis Gebrauch, so hat sie gegenüber der Landesbehörde den Vorrang.[36] Dem Land bleibt als ausschließliche Kompetenz nur die **Wahrnehmungsbefugnis**, dh. das Handeln mit Außenwirkung. Auch wenn der Bund die Entscheidung sachlich-inhaltlich trifft, ist es also das Land, das sie im Außenverhältnis – etwa gegenüber dem Betreiber eines Kernkraftwerks – anordnet und zu verantworten hat. Der Betreiber muss dementsprechend im Streitfall gegen das Land vorgehen. War die vom Bund inhaltlich bestimmte Verfügung sachlich falsch und muss das Land deshalb Schadensersatz leisten, steht dem Land im Verhältnis zum Bund ein Ausgleichsanspruch zu (Art. 104a Abs. 5 GG). Aus dem Vorrang der Sachentscheidungsbefugnis des Bundes gegenüber dem Land folgt dagegen, dass dem Land keine Rechtsposition zukommt, die es berechtigen könnte, die Rechtmäßigkeit der Sachentscheidung des Bundes seinerseits gerichtlich überprüfen zu lassen.[37] Allerdings muss der Bund die Wahrnehmungsbefugnis des Landes respektieren und darf nicht selbst unmittelbar verfügend das Gesetz im Außenverhältnis vollziehen.[38] Zudem folgt aus dem bundesstaatlichen **Grundsatz des bundesfreundlichen Verhaltens** (Bundestreue), der auch „Freundlichkeit" des Bundes den Ländern gegenüber umfasst, dass die oberste Bundesbehörde, bevor sie ihre Sachentscheidung trifft, – abgesehen von Eilfällen – ihre Absicht, eine Weisung auszusprechen, mitteilen, den Standpunkt des Landes anhören und diesen auch in ihre Erwägungen einbeziehen muss.[39]

Eine Weisung ist gemäß Art. 85 Abs. 3 Satz 2 GG von der zuständigen obersten Bundes- **459**
behörde an die **zuständige oberste Landesbehörde** zu richten. Hierin drückt sich der Respekt gegenüber der Staatlichkeit der Länder[40] aus. Ein „Durchgriff" auf die für den Einzelfall zuständige Behörde setzt voraus, dass die Bundesregierung die Angelegenheit für dringlich erachtet.

Die **Aufsicht** des Bundes erstreckt sich gemäß Art. 85 Abs. 4 GG nicht nur auf die **460**
Gesetzmäßigkeit, sondern auch auf die **Zweckmäßigkeit**, also im Fall von Beurteilungsermächtigungen und Ermessensspielräumen auf die Wahrnehmung dieser Spielräume und die Opportunität der Art und Weise der Gesetzesvollziehung (Fachaufsicht). Die Kontrollmittel umfassen die Entsendung von Beauftragten sowie Bericht und Aktenvorlage (auch im Einzelfall). Daneben ist für die Fälle finanzieller Beteiligung des Bundes auf die Finanzkontrolle durch den Bundesrechnungshof hinzuweisen, die sich auch

---

36 Zwar steht nach BVerfGE 81, 310 (332) – *Kalkar*; 104, 249 (265) – *Atomkonsens* die „Sachkompetenz dem Lande von vornherein nur unter dem Vorbehalt ihrer Inanspruchnahme durch den Bund zu." Der „Bund muss aber deutlich erkennbar – ausdrücklich oder konkludent – die ihm nach Art. 85 Abs. 3 GG zukommende Sachkompetenz an sich ziehen", informales Verwaltungshandeln, etwa „informelle" Absprachen mit dem Betroffenen sind unzulässig, s. BVerfGE 104, 249 (266 f.).

37 BVerfGE 81, 310 (332 f.) – *Kalkar*. Scheidet auch Rechtsschutz gegen den Inhalt der Weisung prinzipiell aus (für einen engen Ausnahmefall, s. ebenda, S. 338) so kann das Land im Wege des Bund-Länder-Streits die Verletzung seiner Länderrechte durch „die Inanspruchnahme der Weisung selbst – sei es dem Grunde nach oder wegen Art und Weise der Wahrnehmung" geltend machen, s. BVerfGE 102, 167 (172) – *Abstufung einer Bundesstraße*; 81, 310 (335). Länderrechte sind insbesondere dann verletzt, wenn dem Bund die Verwaltungszuständigkeit fehlt, s. BVerfGE 102, 167 (174 f.). S. dazu die Anm. von *Ch. Heitsch*, Verfassungswidrigkeit des Bundesgesetzes als Grenze des Weisungsrechts in der fernstraßenrechtlichen Auftragsverwaltung, DÖV 2002, 368 ff.

38 BVerfGE 104, 249 (269 f.) – *Atomkonsens*. Vgl. schon BVerfGE 81, 310 (337 f.) – *Kalkar*.

39 BVerfGE 81, 310 (337) – *Kalkar*. Für die Pflichten des Bundes, wenn es zu keiner Weisung kommt, s. BVerfGE 104, 249 (272): „(...) verbleibt das informale Handeln im Vorfeld, muss es durch die Sachkompetenz gedeckt sein. Der Bund kann deshalb alle informalen Handlungen und Maßnahmen ohne Beteiligung des Landes vornehmen, die ihm auch zur Vorbereitung einer Weisung zur Verfügung stünden." Kritisch hierzu die Anm. von *N. Janz*, Art. 85 GG: Die Länder als ohnmächtige Werkzeuge des Bundeswillens? – BVerfG, NVwZ 2002, 585 ff., JuS 2003, 126 ff. Vgl. auch die Anm. von *H. Jochum*, Die Bundesauftragsverwaltung im Umbruch: Wie weit reicht die Sachkompetenz des Bundes?, DÖV 2003, 16 ff.

40 Dazu unten Rn. 681.

auf die Mittelverwendung durch Landesbehörden erstreckt.[41] Rückforderungen von rechtswidrig verwendeten Bundesgeldern richten sich nach Art. 104a Abs. 5 Satz 1 GG.[42] Die erhöhten Eingriffsbefugnisse im Falle der Bundesauftragsverwaltung zeichnen sich somit durch Lenkungs- und Kontrollbefugnisse aus, die auch den Einzelfall erfassen. Hinzu treten begrenzte Kompetenzen im Bereich der Personalhoheit.

Rechtsprechung: BVerfGE 81, 310 – Kalkar; 100, 249 – Allgemeine Verwaltungsvorschriften; 104, 264 – Biblis A.

Literatur: *M. Burgi/P. Zimmermann*, Verwaltungskompetenzen, Jura 2019, 951; *E. M. Frenzel*, Grundfälle zu den Art. 83 ff. GG, JuS 2012, 1082; *N. Janz*, Inhalt, Grenzen und haftungsrechtliche Dimensionen des Weisungsrechts nach Art. 85 Abs. 3 GG, Jura 2004, 227; *H. Maurer*, Die Ausführung der Bundesgesetze durch die Länder, JuS 2010, 945; *A. Voßkuhle/A.-B. Kaiser*, Grundwissen Öffentliches Recht: Die Ausführung von Bundesgesetzen – Verwaltungskompetenzen, JuS 2017, 316.

Fallbearbeitungen: *W. Durner/V. Grandmontagne*, „Hamburger Lehren", JA 2018, 441 (Verbot der Mischverwaltung, Weisungsbefugnisse); *K. Fischer*, Die Kulturrevolution des Bundes, JuS 2003, 137 (Anfängerübungsklausur: Verwaltungskompetenzen des Bundes); *W. Kahl/J. Brehme*, Verletzung der Landesverwaltungskompetenz im Rahmen der Bundesauftragsverwaltung, JuS 2005, 917; *Ch. Maierhöfer*, Verwaltungskompetenzen im Bundesstaat und grundrechtliche Schutzpflichten, JuS 2004, 598 (Anfängerübungsklausur: Weisungen iRd. Bundesauftragsverwaltung); *U. Schliesky*, Die „ungeliebte Straße", JA 2001, 777 (Examensklausur: Weisungen iRd. Bundesauftragsverwaltung).

2.2.3 Die Ausführung der Bundesgesetze durch den Bund (Art. 86 GG)

461 Das Grundgesetz kennt auch den Fall, dass Bundesgesetze durch Bundesbehörden ausgeführt werden (Art. 86 GG). Die Art. 86 ff. GG enthalten aber nicht nur Regeln für die Gesetzesvollziehung durch Bundesbehörden, sondern darüber hinaus die Grundlagen für die Organisation der Bundesverwaltung. Die Regelungen sind nicht abschließend und lassen dem Bund einen erheblichen Spielraum hinsichtlich der Gestaltung seiner Verwaltungsorganisation. Den vorhandenen Vorschriften ist zu entnehmen, dass gewichtige Organisationsentscheidungen einer gesetzlichen Regelung bedürfen (**der institutionelle Vorbehalt des Gesetzes**).

462 **2.2.3.1 Überblick über die Typen der Bundesverwaltung.** Es lassen sich **drei Grundtypen** der Bundesverwaltung unterscheiden; die ersten beiden Typen gehören zur unmittelbaren Staatsverwaltung, der dritte Typ betrifft die mittelbare Staatsverwaltung.
Bei der **unmittelbaren Staatsverwaltung**, in Art. 86 GG bundeseigene Verwaltung genannt, lassen sich auf der Bundesebene unterscheiden:
- die **bundeseigene Verwaltung mit einem eigenen Verwaltungsunterbau**, dh. mit einer dreistufigen Organisation bestehend aus einer obersten Bundesverwaltungsbehörde (dem Bundesministerium), Bundesmittelbehörden und unteren Bundesverwaltungsbehörden, und
- die **bundeseigene Verwaltung durch Bundesoberbehörden**, dh. durch eine Behörde, die unterhalb der Ministerialebene angesiedelt ist und dessen räumliche Zuständigkeit sich auf das gesamte Bundesgebiet erstreckt.

41 § 91 BHO. S. dazu *S. N. Dittrich*, BHO-Kommentar, 55. Erg. 2018, § 91 Rn. 1, 4, 6.3 und 7.

42 *U. Stelkens*, Verwaltungshaftungsrecht, 1998, S. 325 f. Zur Frage, ob und unter welchen Voraussetzungen es sich bei Art. 104a Abs. 5 Satz 1, Alternative 2 GG mangels Erlass eines Bundesgesetzes um einen verfassungsunmittelbaren Haftungsanspruch handelt s. *M. Heintzen*, in: *von Münch/Kunig*, GGK II, Art. 104a Rn. 59 und *W. Heun*, in: *Dreier*, GG III, Art. 104a Rn. 37 f. Die Rechtsprechung geht von einem unmittelbaren Haftungsanspruch aus Art. 104a Abs. 5 Satz 1 Halbsatz 2 aus, s. BVerfGE 109, 1 (7) – *Antragsfristablauf* und BVerwGE 128, 99 ff. – *Verwaltungshaftung*. Zu beachten ist auch die mit der Föderalismusreform eingefügte Anlastungsbestimmung des Art. 104a Abs. 6 GG, die als Spezialregel zu Art. 104a Abs. 5 Satz 1 die Haftung bei Verletzung supranationaler oder völkerrechtlicher Verpflichtungen regelt. S. dazu noch Rn. 609.

- Davon zu unterscheiden ist als dritter Typus die der **mittelbaren Staatsverwaltung** zugehörige Verwaltung durch „bundesunmittelbare Körperschaften oder Anstalten des öffentlichen Rechts" (Art. 86 GG). Das Adjektiv „bundesunmittelbar" bedeutet, dass es sich um juristische Personen des öffentlichen Rechts handelt, die der Bund gegründet hat.

Im Fall der Gesetzesvollziehung durch bundeseigene Verwaltungsbehörden liegen sämt- 463
liche der og. Teilkompetenzen beim Bund. Die Verantwortung trägt grundsätzlich der Ressort leitende Bundesminister.[43] Die Bedeutung des Art. 86 GG besteht darin, Bestimmungen über die Kompetenzverteilung innerhalb der Bundesregierung zu treffen, die von diesem Grundsatz abweichen. Der Erlass von Verwaltungsvorschriften sowie die Einrichtung von Behörden sind danach – vorbehaltlich anderer gesetzlicher Bestimmungen – Sache der Bundesregierung insgesamt und gerade nicht nur des einzelnen Bundesminister(ium)s.

2.2.3.2 Bundesverwaltung mit eigenem Unterbau. Die Verwaltung des Bundes mit eige- 464
nem Mittel- und Unterbau ist nach dem Grundgesetz die **Ausnahme**. Sie ist nur zulässig, wenn das Grundgesetz hierfür eine ausdrückliche Ermächtigung enthält. Gemäß Art. 87 Abs. 1 Satz 1 GG werden in bundeseigener Verwaltung mit eigenem Verwaltungsunterbau geführt: der Auswärtige Dienst,[44] die Bundesfinanzverwaltung[45] und nach Maßgabe des Art. 89 GG die Verwaltung der Bundeswasserstraßen[46] und der Schifffahrt, außerdem gemäß Art. 87b Abs. 1 GG die Bundeswehrverwaltung. Für den Bundesgrenzschutz eröffnet Art. 87 Abs. 1 Satz 2 GG eine Organisation mit Mittel- und Unterbehörden. Von dieser Ermächtigung hat der Bund Gebrauch gemacht. Seit 2005 ist der Bundesgrenzschutz in Bundespolizei umbenannt und mit einer unvollständig dreistufigen Organisation versehen.[47]

Bisher ungenutzt geblieben ist die in Art. 87 Abs. 3 Satz 2 GG eröffnete Möglichkeit, 465
eine Bundesverwaltung mit eigenem Verwaltungsunterbau zu errichten, wenn hierfür **wegen neuer Aufgaben** auf Gebieten, die der Gesetzgebung des Bundes zugehören, ein dringender Bedarf besteht. Der Grund dafür, dass der Bund von dieser Befugnis bisher keinen Gebrauch gemacht hat, dürfte nicht nur an den hohen Hürden liegen, die Art. 87 Abs. 3 Satz 2 GG dafür im materiellen Tatbestand – dringender Bedarf – und im Verfahren errichtet – Bundesrat und Bundestag müssen mit absoluter Mehrheit zustimmen –, sondern auch an den erheblichen Kosten, die mit der Errichtung einer dreistufigen Verwaltung verbunden sind.

Alternativ ganz oder teilweise bundeseigene oder Auftragsverwaltung eröffnen die Art. 87b 466
Abs. 2 GG für das Wehrersatzwesen und den Schutz der Zivilbevölkerung, Art. 87d Abs. 2 GG für die Luftverkehrsverwaltung, Art. 87e Abs. 1 Satz 2 GG für die Eisenbahnverkehrsverwaltung, Art. 89 Abs. 2 Satz 3 GG für die Verwaltung der Bundeswasserstraßen und

---

43 S. oben Rn. 345.

44 Gemäß § 2 Gesetz über den Auswärtigen Dienst besteht der Auswärtige Dienst aus dem Auswärtigen Amt (Zentrale) und den Auslandsvertretungen, die zusammen eine einheitliche Bundesbehörde unter Leitung des Bundesministers des Auswärtigen bilden.

45 Gemäß § 1 des Finanzverwaltungsgesetzes ist oberste Finanzbehörde das Bundesministerium der Finanzen, Oberbehörden sind das Bundeszentralamt für Steuern und die Generalzolldirektion. Örtliche Behörden sind die Hauptzollämter einschließlich ihrer Dienststellen (Zollämter) und die Zollfahndungsämter. Die Landesfinanzbehörden bestimmen sich nach § 2 FVG.

46 Erfasst ist nur die Regelung des Wassers in ihrer Bedeutung als „Verkehrsweg", nicht unter dem Gesichtspunkt der „Wasserwirtschaft und der Landeskultur", s. BVerfGE 21, 312 (320 ff.) – *Bundeswasserstraßen*.

47 Aus § 57 Abs. 1, 2 BPolG ergibt sich folgender organisatorischer Aufbau: Oberste Bundesbehörde ist das Bundesministerium des Innern, für Bau und Heimat. Dem Bundespolizeipräsidium als Bundesoberbehörde unterstehen die Bundespolizeidirektionen als Unterbehörden und die Bundespolizeiakademie. S. dazu auch https://www.bundespolizei.de/Web/DE/05Die-Bundespolizei/03Organisation/organigramm_file.pdf, zuletzt aufgerufen am 14. Juli 2020.

Art. 90 Abs. 3 GG für die Bundesstraßenverwaltung. Die tatsächlich verwirklichte Verwaltungsorganisation ergibt sich aus den jeweiligen Bundesgesetzen.

467 **2.2.3.3 Privatisierung von Infrastruktureinrichtungen.** Sonderregelungen infolge der **Privatisierung von Infrastruktureinrichtungen** seit den 90er Jahren des vorigen Jahrhunderts finden sich für die Luftverkehrsverwaltung[48], die Eisenbahnverwaltung[49] und die Verwaltung des Post- und Telekommunikationswesens[50]:

468 Die Entscheidung darüber, ob die nach Art. 87d Abs. 1 Satz 1 GG vom Bund zu führende **Luftverkehrsverwaltung** in öffentlich-rechtlicher oder in privatrechtlicher Organisationsform betrieben wird, überließ das Grundgesetz seit der Änderung vom 22.7.1992 gemäß Art. 87d Abs. 1 Satz 2 GG aF. dem Bundesgesetzgeber.[51] Durch das 56. ÄndG vom 29. Juli 2009 wurde Satz 2 mit Wirkung zum 1.8.2009 neu gefasst. Seither können Aufgaben der Flugsicherung auch durch ausländische Flugsicherungsorganisationen wahrgenommen werden, die unionsrechtlich zugelassen sind. Damit wurde die verfassungsrechtliche Grundlage für die Beteiligung an der grenzüberschreitenden Flugsicherung im europäischen Raum geschaffen.[52] Die bereits durchgeführte Organisationsprivatisierung der Luftsicherung (Deutsche Flugsicherung GmbH, beaufsichtigt durch die Bundesoberbehörde Bundesaufsichtsamt für Flugsicherung) findet keine ausdrückliche Rechtsgrundlage mehr im Verfassungstext, bleibt aber im Wege des Erst-Recht-Schlusses zulässig: Wenn Aufgaben der Flugsicherung auf ausländische Organisationen übertragen werden können, deren Rechtsform nicht näher bestimmt wird, dann ist die Übertragung auf inländische private Organisationen erst recht zulässig.[53]

469 Die **Bundesbahn** war bis Ende 1993 Sondervermögen des Bundes in bundeseigener Verwaltung. Nunmehr unterscheidet Art. 87e GG zwischen der **Eisenbahnverkehrsverwaltung** und den **Eisenbahnwirtschaftsunternehmen**. Zur Eisenbahnverkehrsverwaltung gehören zB. die Bahnaufsicht, die für Betriebsgenehmigungen, die Genehmigung von Beförderungstarifen sowie die Planfeststellung von Schienenwegen zuständig ist. Aufsichts- und Genehmigungsbehörde ist das Eisenbahn-Bundesamt. Die Eisenbahnwirtschaftsunternehmen sind demgegenüber in privatrechtlicher Form zu führen (seit 1994: Deutsche Bahn AG). Die Eisenbahnwirtschaftsunternehmen unterteilen sich nach den Vorgaben des Art. 87e Abs. 3 GG in **Eisenbahnverkehrsunternehmen** (also die Personen- und Güterbeförderung) und die **Eisenbahninfrastrukturunternehmen** (also Bau, Unterhaltung und Betrieb der Schienenwege). Für letztere Unternehmen muss der Bund bei Veräußerung die Mehrheit der Anteile behalten. Die Verwaltung der Anteile des Bundes an den Eisenbahnwirtschaftsunternehmen wird durch die Bundesoberbehörde „Bundeseisenbahnvermögen“ wahrgenommen. Der Bund hat gemäß Art. 87e Abs. 4 GG ein angemessenes Angebot an Eisenbahnverkehr zu gewährleisten (Infrastrukturgewährleistung).

470 Auch im Bereich des **Postwesens und der Telekommunikation** hat der Bund „flächendeckend angemessene und ausreichende Dienstleistungen“ zu gewährleisten (Art. 87f

48 S. dazu das Gesetz zur Änderung des Luftverkehrgesetzes v. 23. Juli 1992, BGBl. I, S. 1379: gemäß § 31b Abs. 1 Wahrnehmung durch eine GmbH.

49 S. das Gesetz zur Neuordnung des Eisenbahnwesens (Eisenbahnneuordnungsgesetz – EneuOG) v. 27. Dezember 1993, BGBl. I, S. 2378.

50 Für die *Post*: Das Gesetz zur Neustrukturierung des Post- und Fernmeldewesens und der Deutschen Bundespost (Poststrukturgesetz – PostStruktG) v. 8. Juni 1989 (BGBl. I, S. 1026), als dessen Art. 1 das Gesetz über die Unternehmensverfassung der Deutschen Bundespost (Postverfassungsgesetz – PostVerfG) verkündet wurde.

51 Art. 87d Abs. 1 Satz 2 aF. lautete: Über die öffentlich-rechtliche oder privatrechtliche Organisationsform wird durch Bundesgesetz entschieden.

52 S. die Nachweise der unionsrechtlichen Grundlagen bei *R. Uerpmann-Wittzack*, in: *von Münch/Kunig*, GGK II, Art. 87d Rn. 4.

53 *R. Uerpmann-Wittzack*, in: *von Münch/Kunig*, GGK II, Art. 87d Rn. 12.

Abs. 1 GG). Die Privatisierung der Dienstleistungen fordert Art. 87f Abs. 2 Satz 1 GG. Das ehemalige Sondervermögen Deutsche Bundespost ist aufgeteilt in Deutsche Post AG, Deutsche Telekom AG und Deutsche Postbank AG. Die verbliebenen Hoheitsaufgaben (zB. Nummernverwaltung, Frequenzzuteilung, Marktüberwachung) werden in bundeseigener Verwaltung ausgeführt. Dies erfolgte zunächst durch die Regulierungsbehörde für Telekommunikation und Post, inzwischen durch die **Bundesnetzagentur**, in welche die Regulierungsbehörde 2005 übergeleitet wurde. Es handelt sich um eine Bundesoberbehörde im Geschäftsbereich des Bundesministeriums für Wirtschaft. Die Verwaltung der Bundesanteile an den Post- und Telekommunikationsunternehmen wird gemäß Art. 87f Abs. 3 GG im Wege mittelbarer Staatsverwaltung durch die Bundesanstalt für Post und Telekommunikation wahrgenommen.

2.2.3.4 Bundesverwaltung durch Bundesoberbehörden und Zentralstellen. Abgesehen von den eben dargestellten Bundesoberbehörden im Bereich der privatisierten ehemaligen Sondervermögen des Bundes eröffnet Art. 87 Abs. 3 Satz 1 Alternative 1 GG dem Bund die Möglichkeit, auf Gebieten, auf dem ihm die Gesetzgebung zusteht, durch Gesetz[54] selbständige Bundesoberbehörden zu errichten. Bundesoberbehörden sind nicht zu verwechseln mit obersten Bundesbehörden, womit die hierarchische Stellung der Bundesministerien bezeichnet wird. Bundesoberbehörden sind vielmehr den Bundesministerien nachgeordnete Bundesbehörden ohne eigenen Verwaltungsunterbau[55] mit **Zuständigkeit für das gesamte Bundesgebiet.**[56] Bundesoberbehörden sind organisatorisch verselbständigt, wegen der Besonderheiten ihrer Aufgabe zum Teil in gewissem Umfang weisungsfrei gestellt, haben aber keine eigene Rechtspersönlichkeit. Beispielhaft können genannt werden: das Bundeskartellamt, das Bundesamt für Wirtschaft und Ausfuhrkontrolle, das Bundesumweltamt, das Robert-Koch-Institut oder die bereits genannte Bundesnetzagentur (Rn. 470). 471

Die in Art. 87 Abs. 1 Satz 2 GG genannten **Zentralstellen** im Bereich der inneren Sicherheit (Bundeskriminalamt, Bundesamt für Verfassungsschutz) sind der Sache nach ebenfalls Bundesoberbehörden, die aber auf **Koordinierungsaufgaben** beschränkt sind. 472

2.2.3.5 Bundesverwaltung durch bundesunmittelbare Körperschaften und Anstalten des öffentlichen Rechts. Anstelle von Bundesoberbehörden kann der Bund unter denselben Voraussetzungen auch Körperschaften oder Anstalten des öffentlichen Rechts errichten (Art. 87 Abs. 3 Satz 1 Alternative 2 GG). Die Entscheidung für die Art der Organisation ist eine Frage der Opportunität. Als eigenständige juristische Personen verfügen Körperschaften und Anstalten des öffentlichen Rechts über **eigene Rechtspersönlichkeit**, können klagen und verklagt werden, haben einen eigenen Haushalt und sind insgesamt unabhängiger, insbesondere unterliegen sie in der Regel nicht der Fach- 473

---

54 Fall der ausschließlichen Bundesgesetzgebung. Art. 87 Abs. 3 Satz 1 GG ist also nicht nur Organisations-, sondern Kompetenznorm: „Die Errichtung einer Bundesoberbehörde setzt also nicht voraus, dass die Verwaltungskompetenz des Bundes im Grundgesetz schon anderweitig begründet oder wenigstens zugelassen ist“, s. BVerfGE 14, 197 (210) – *Kreditwesen*.

55 Dies ergibt sich aus dem Umkehrschluss zu Art. 87 Abs. 3 Satz 2 GG: Wenn die Errichtung von bundeseigenen Mittel- und Unterbehörden nur unter den strengen Anforderungen des Art. 87 Abs. 3 Satz 2 GG möglich ist, können auf Art. 87 Abs. 3 Satz 1 GG gestützt nur Bundesoberbehörden ohne diesen Verwaltungsunterbau errichtet werden, s. dazu BVerfGE 14, 197 (211) – *Kreditwesen* und *S. Broß/K. G. Mayer*, in: *von Münch/Kunig*, GGK II, Art. 87 Rn. 13

56 S. beispielhaft BVerfGE 14, 197 (211) – *Kreditwesen*. Vgl. auch BVerfGE 110, 33 (49) – *Außenwirtschaftsgesetz*: „Damit zieht Art. 87 Abs. 3 Satz 1 GG der Begründung einer Verwaltungszuständigkeit durch den Bund auch insofern eine Grenze, als nur bestimmte Sachaufgaben zur zentralen Erledigung geeignet sind.“ Dies wird auf S. 49 f. näher konkretisiert. Vgl. dazu auch *M. Reicherzer*, Bundesoberbehörden: Trojanische Pferde für den Föderalismus?, NVwZ 2005, 875 ff., der untersucht, ob die Zuständigkeitsbestimmungen im Treibhausgas-Emissionshandelsgesetz diesen Anforderungen genügt.

aufsicht, sondern nur der Rechtsaufsicht des sachlich zuständigen Ministeriums oder der Bundesregierung.
Unstreitig soll die Formulierung auch Stiftungen des öffentlichen Rechts als dritte Form juristischer Personen des öffentlichen Rechts erfassen. **Körperschaften** zeichnen sich durch ihre mitgliedschaftliche Struktur aus; **Anstalten** sind einem bestimmten Zweck gewidmete Personen- und Sachgesamtheiten, **Stiftungen** sind einem bestimmten Zweck gewidmete Kapitalvermögen. Als Beispiele lassen sich die Bundesagentur für Arbeit als Körperschaft (s. § 367 SGB III), die Bundesanstalt für Finanzen oder die Bundesstiftung Umwelt nennen.

474 Ausdrücklich ist die Rechtsform der bundesunmittelbaren Körperschaft des öffentlichen Rechts gemäß Art. 87 Abs. 2 Satz 1 GG für die **Sozialversicherungsträger**[57] vorgeschrieben, deren Zuständigkeitsbereich sich über das Gebiet eines Landes hinaus erstreckt. Satz 2 sieht eine Ausnahme zugunsten der Länder vor, sofern die Körperschaft das Gebiet von nur drei Ländern erfasst. Beispielhaft ist zu verweisen auf die Organisation der Deutschen Rentenversicherung.

Rechtsprechung: BVerfGE 12, 205 (246 ff.) – Deutschland-Fernsehen-GmbH; 14, 197 (210 ff.) – Kompetenz zur Errichtung einer Bundesoberbehörde (Bundesaufsichtsamt für das Kreditwesen).

2.2.4 Exkurs: Ministerialfreie Räume

475 In der Regel unterliegen die Behörden der bundeseigenen Verwaltung der Dienst-, Fach- und Rechtsaufsicht des Minister(ium)s, dem sie nachgeordnet sind. Der Minister trägt seinerseits die politische Verantwortung für alle Vorkommnisse in seinem Ressort. Daneben gibt es aber auch sog. ministerialfreie Räume, dh. Verwaltungsträger, die ihre Tätigkeit in **sachlicher Unabhängigkeit**, also frei von konkreten Weisungen des zuständigen Minister(ium)s ausüben. Derartige ministerialfreie Räume – die es auch in den Ländern gibt – bedürfen mit Blick auf das Demokratieprinzip[58] stets der **sachlichen Rechtfertigung** und einer **gesetzlichen Anordnung.** Beispielhaft zu nennen sind die Bundesbank (Art. 88 Satz 1 GG, § 12 Satz 1 BBankG), der Bundesbeauftragte für den Datenschutz (§ 10 Abs. 1 BDSG)[59] und die Bundesprüfstelle für jugendgefährdende Medien (§ 19 Abs. 4 JugendschutzG).[60]

476 Nicht weisungsgebunden ist auch die Tätigkeit des **Bundesrechnungshofs.** Allerdings überschreitet die in Art. 114 Abs. 2 GG verfassungsrechtlich verbürgte Unabhängigkeit seiner Mitglieder das Konzept der „ministerialfreien Räume“, weil der Bundesrechnungshof jedenfalls nicht allein der Exekutive zuzurechnen ist. Dies ergibt sich aus seiner unmittelbaren Verantwortlichkeit dem Bundestag und dem Bundesrat gegenüber (Art. 114 Abs. 2 Satz 3 GG).

---

57 Der weitgefasste „verfassungsrechtliche Gattungsbegriff“ der Sozialversicherung iSd. Gesetzgebungskompetenz des Art. 74 Abs. 1 Nr. 12 GG ist auch Art. 87 Abs. 2 GG zu Grunde zu legen, s. BVerfGE 63, 1 (34 f.) – *Schornsteinfegerversorgung*.

58 S. dazu noch unten Rn. 668.

59 S. dazu EuGH, C-518/07, Beschluss vom 14.10.2008 – *Unabhängigkeit der Datenschutzbeauftragten (Kontrollstellen)*.

60 Zur *Bundesbank*: Gesetz über die Deutsche Bundesbank idF. der Bekanntmachung vom 22. Oktober 1992 (BGBl. I, S. 1782), zuletzt geändert am 4. Juli 2013 (BGBl. I, S. 1981). Zur Stellung der Bundesbank vgl. BVerwGE 41, 334 (354) – *Mindestreserven*; *F. Brosius-Gersdorf*, Deutsche Bundesbank und Demokratieprinzip: eine verfassungsrechtliche Studie zur Bundesbankautonomie vor und nach der dritten Stufe der Europäischen Währungsunion, 1997. Zum Datenschutzbeauftragten s. *W. Ziebarth*, Demokratische Legitimation und Unabhängigkeit der deutschen Datenschutzbehörden, CR 2013, 60 ff. Zur Bundesprüfstelle für jugendgefährdende Medien: Jugendschutzgesetz (JuSchG) idF. der Bekanntmachung vom 23. Juli 2002 (BGBl. I, S. 2730), zuletzt geändert am 10. März 2017 (BGBl. I, S. 420).

2.2.5 Gemeinschaftsaufgaben und andere Formen des föderalen Zusammenwirkens

Bundesverwaltung und Landesverwaltung sind organisatorisch und in der Wahrnehmung ihrer Aufgaben grundsätzlich voneinander getrennt (**Trennungsprinzip**). Einwirkungen des Bundes auf die Länder bei der Vollziehung von Bundesgesetzen finden in den dargestellten typisierten Formen statt, wodurch aber informelle Arbeitskreise mit Beteiligung von Vertretern des Bundes und der Länder zum Erfahrungsaustausch über die Verwaltungspraxis bei der Vollziehung von Bundesgesetzen nicht ausgeschlossen sind. 477

Eine gemeinsame Verwaltungstätigkeit von Bund und Ländern und insbesondere eine gemeinsame Finanzierung von Verwaltungsaufgaben als echte **Ausnahme** vom Trennungsgrundsatz erlaubt dagegen der Abschnitt VIIIa über die **Gemeinschaftsaufgaben**. Dieser Abschnitt, der zunächst nur Art. 91a und Art. 91b umfasste, wurde durch das 21. Gesetz zur Änderung des Grundgesetzes 1969 in die Verfassung eingefügt. Er war das Ergebnis einer seit Anfang der 60er Jahre geführten Debatte um die Zulässigkeit der ständig anwachsenden Fondswirtschaft des Bundes und dessen damit verbundene Einflussnahme auf die Politik der Länder. Bund und Länder waren sich damals einig, dass Infrastrukturmaßnahmen von überregionaler Bedeutung überregionaler Finanzierung und Abstimmung bedürfen, andererseits galt es die Eigenstaatlichkeit der Länder zu wahren. Immerhin betreffen die erfassten Bereiche Hochschul- und Bildungswesen sowie regionale Wirtschaftsförderung und Agrarstruktur zentrale Länderkompetenzen.

Mit **Art. 91a GG** aF. wurde ein **obligatorisches Zusammenwirken** in den Bereichen Hochschulbau, regionale Wirtschaftsförderung sowie Verbesserung der Agrarstruktur und des Küstenschutzes in Form einer Rahmenplanung und einer anteiligen Finanzierung **institutionalisiert**. Demgegenüber verblieb **Art. 91b GG** mit der ausdrücklichen Erlaubnis von Vereinbarungen zwischen Bund und Ländern im Bereich von Bildung und Forschungsförderung in den traditionellen **vertraglichen Formen** föderalen Zusammenwirkens, allerdings unter Überschreitung der Kompetenzräume. Auch nach der verfassungsrechtlichen Absicherung blieb das Zusammenwirken von Bund und Ländern gemäß Art. 91a GG politisch umstritten. Beklagt wurde die in undurchsichtiger Politikverflechtung „organisierte Verantwortungslosigkeit", die Einigung auf kleinstem gemeinsamem Nenner[61] sowie die unzureichende Einflussnahme durch die Parlamente der Länder.[62] Als Instrument des **„kooperativen Föderalismus"** standen und stehen die Gemeinschaftsaufgaben in der Kritik der Vertreter des „Wettbewerbsföderalismus". 478

Mit dem ersten Teil der Föderalismusreform von 2006, die insbesondere das Ziel verfolgte, die politischen Verantwortlichkeiten deutlicher zuzuordnen[63] sowie die Zweckmäßigkeit und Effizienz der Aufgabenerfüllung zu steigern, wurde der Hochschulbau aus der gemeinsamen Planung und Finanzierung gemäß Art. 91a GG herausgenommen und ein Zusammenwirken im Bereich der Hochschulbaufinanzierung, nunmehr allerdings beschränkt auf Forschungsbauten und Großgeräte, in den Anwendungsbe- 479

61 S. zur Kritik *U. Mager/J.J. Vasel*, in: *von Münch/Kunig*, GGK II, Art. 91a Rn. 66; *W. Heun*, in: *Dreier*, GG III, Art. 91a Rn. 9; s. auch die Stellungnahmen der Sachverständigen, in: Deutscher Bundestag/Bundesrat/Öffentlichkeitsarbeit (Hrsg.), Dokumentation der Kommission von Bundestag und Bundesrat zur Modernisierung der bundesstaatlichen Ordnung, Zur Sache 1/2005, S. 499 ff.

62 S. zur Verbesserung der Einbeziehung der Länderparlamente *U. Mager/J.J. Vasel*, in: *von Münch/Kunig*, GGK II, Art. 91a Rn. 45, 55.

63 Schlagwort: „Entflechtung".

reich des Art. 91b GG verlagert.[64] Zudem wurden die verfassungsrechtlichen Vorgaben für die Art und Weise des Zusammenwirkens entschlackt und dem einfachen Gesetzgeber überlassen. Das gemeinschaftliche Zusammenwirken im Bereich der **regionalen Wirtschaftsförderung**, der Verbesserung der **Agrarstruktur** und des Küstenschutzes blieb erhalten, nicht zuletzt, weil die Organisation der Gemeinschaftsaufgaben in diesen Bereichen die nötigen **Komplementärstrukturen für die europäische Strukturfondsförderung** nach den Art. 174–178 AEUV gewährleistet.

480 Art. 91b GG wurde unter Bewahrung der vertraglichen Strukturen zu einem Instrument der gemeinsamen **Forschungsförderung** von Bund und Ländern umgebaut, indem nicht mehr nur wie bisher außeruniversitäre Einrichtungen von überregionaler Bedeutung[65], sondern nunmehr auch Forschungsvorhaben von überregionaler Bedeutung an Hochschulen vom Bund mitfinanziert werden konnten. Unter dem Stichwort „Kooperationsverbot" erfuhr die durch die Föderalismusreform erfolgte Beschränkung der Hochschulfinanzierung auf „Vorhaben" (Art. 91b Abs. 1 Nr. 2 GG) und Forschungsbauten (Art. 91b Abs. 1 Nr. 3 GG) anstelle der früheren Mitfinanzierung des Hochschulbaus insgesamt angesichts chronischer Unterfinanzierung der Hochschulen zunehmend Kritik.[66] Sie hat zur erneuten Änderung des Art. 91b Abs. 1 GG geführt. Durch das Gesetz zur Änderung des Grundgesetzes vom 23.12.2014[67] wurden die Beschränkungen beseitigt und Zusammenwirken von Bund und Ländern im Bereich von „**Wissenschaft, Forschung und Lehre**" für alle Fälle überregionaler Bedeutung ermöglicht.

Das in Art. 91b Abs. 2 GG aF. vorgesehene Zusammenwirken im Bereich der Bildungsplanung hatte seit Ende der achtziger Jahre des letzten Jahrhunderts kaum mehr stattgefunden, so dass es 2006 auf die „Feststellung der Leistungsfähigkeit des Bildungswesens im internationalen Vergleich" einschließlich diesbezüglicher Berichte und Empfehlungen reduziert wurde. Es handelt sich um die verfassungsrechtliche Absicherung der Teilnahme an der OECD-Vergleichsstudie PISA und zukünftiger vergleichbarer Evaluationen.[68]

Obwohl das erklärte Ziel der Föderalismusreform Entflechtung war, wurde der Abschnitt „Gemeinschaftsaufgaben" in den Jahren 2009 und 2010 noch um drei weitere Vorschriften ergänzt: Art. 91c GG enthält die Grundlagen für das **Zusammenwirken** von Bund und Ländern in Bezug auf **informationstechnische Systeme**[69], Art. 91d GG erlaubt die gemeinsame Durchführung von **Leistungsvergleichen der Verwaltungen** – wofür es keiner eigenen Vorschrift bedurft hätte[70] – und Art. 91e GG regelt in Reaktion auf eine Entscheidung des Bundesverfassungsgerichts[71] die Schaffung gemeinsamer Einrichtungen von Bund, Ländern und Gemeinden bei der Verwaltung der **Arbeitslosengrundsicherung**.[72]

481 Neben dem Zusammenwirken von Bund und Ländern kennt der föderale Bundesstaat auch das **Zusammenwirken der Länder** untereinander. Dies erfolgt vielfach auf der

---

64 S. dazu *U. Mager*, Die Neuordnung der Kompetenzen im Bereich von Bildung und Forschung – Eine kritische Analyse der Debatte in der Föderalismuskommission, RdJB 2005, 312 ff.

65 S. dazu *U. Mager/J.J. Vasel*, in: *von Münch/Kunig*, GGK II, Art. 91b Rn. 19.

66 S. dazu *M. Seckelmann*, Das sog. „Kooperationsverbot" und die Mittel zu seiner Behebung, DÖV 2012, 701 ff.; *G. Speiser*, Das Kooperationsverbot, DÖV 2014, 555 ff.; s. auch BR-Drs. 323/14 vom 18.7.2014.

67 BGBl. I, S. 2438.

68 S. dazu *A. Guckelberger*, Bildungsevaluation als neue Gemeinschaftsaufgabe gemäß Art. 91b Abs. 2 GG, RdJB 2008, 267 ff.

69 Art. 91c GG wurde 2017 (BGBl. I, 2347) um Absatz 5 ergänzt, der dem Bund die Regelungsbefugnis für den informationstechnischen Zugang zu den Verwaltungsleistungen von Bund und Ländern gibt.

70 *U. Mager/J.J. Vasel*, in: *von Münch/Kunig*, GGK II, Art. 91d Rn. 2 mwN.

71 BVerfGE 119, 331 ff. – *Hartz IV-Arbeitsgemeinschaften*.

72 S. dazu BVerfGE 137, 108 ff. – *Optionskommunen*.

Grundlage von Staatsverträgen[73] oder Verwaltungsabkommen. Absprachen finden im Rahmen der Kultusministerkonferenz und anderen Landesministerkonferenzen statt. Erwähnenswert sind die Musterentwürfe für die Polizeigesetze und Landesbauordnungen der Länder, die ein Mindestmaß an Einheitlichkeit sicherstellen sollen. Verfassungsrechtliche Grenzen ergeben sich aus der Kompetenzordnung und dem **Grundsatz des bundesfreundlichen Verhaltens (Bundestreue)**.[74] So muss der Vertragsgegenstand der Zuständigkeit der Länder unterliegen. Der Vertrag darf zudem nicht zur Selbstpreisgabe wesentlicher Teile der Landesstaatsgewalt zu Gunsten eines anderen Landes führen. Aus dem Grundsatz des bundesfreundlichen Verhaltens folgt, dass der Bund in der Ausübung seiner Kompetenzen nicht behindert werden darf.[75]

2.2.6 Rechts- und Amtshilfe, Bundesintervention, Bundeszwang

Eine Konkretisierung des Grundsatzes des bundestreuen Verhaltens enthält **482**
Art. 35 GG. Danach haben alle Behörden des Bundes und der Länder sich gegenseitig Rechtshilfe und Amtshilfe zu leisten (Art. 35 Abs. 1 GG). Der Unterschied zwischen Rechts- und Amtshilfe liegt in der um Hilfe ersuchten Behörde.[76] Wird ein Gericht um Vornahme einer richterlichen Handlung ersucht (zB. um die Vernehmung eines Zeugen), so liegt Rechtshilfe vor, in allen anderen Fällen Amtshilfe.[77] Aus Art. 35 Abs. 1 GG wird zB. eine allgemeine Pflicht zur Anerkennung der Verwaltungsakte anderer Länder abgeleitet.[78]

Als **gesteigerte Amtshilfe** werden die Maßnahmen nach Art. 35 Abs. 2 Satz 1 GG be- **483**
zeichnet[79]: Ist die Polizei eines Landes zur Aufrechterhaltung oder Wiederherstellung der öffentlichen Sicherheit oder Ordnung nicht oder nur unter erheblichen Schwierigkeiten in der Lage, so kann das Land „in Fällen von besonderer Bedeutung" den „Bundesgrenzschutz" (heute: Bundespolizei[80]) zur Unterstützung seiner Polizei anfordern (Art. 35 Abs. 2 Satz 1 GG). Beispiele hierfür sind Fälle unfriedlicher Großdemonstrationen oder besonders massiver Angriffe auf Asylbewerberunterkünfte. Zur Hilfe bei einer Naturkatastrophe (Bsp.: Flutkatastrophe in Hamburg 1962, Oderflut 1997, Elbflut 2002 und 2013, Donauflut 2013) oder bei einem besonders schweren Unglücksfall[81] (Bsp.: Großfeuer, Reaktorunglück) kann ein Land neben Polizeikräften anderer Länder und dem „Bundesgrenzschutz" auch Kräfte und Einrichtungen der Bundeswehr anfordern

73 Vgl. Art. 130 Abs. 1 Satz 1 GG. Weitere Beispiele: ZDF; Deutsche Universität für Verwaltungswissenschaften Speyer. S. auch *I. Nutzhorn*, Die gemeinsame Trägerschaft von Einrichtungen durch mehrere Bundesländer, 2012.

74 S. dazu *P. Egli*, Die Bundestreue als Grundprinzip föderalistischer Rechtsordnungen, DAJV Newsletter 2011, 169 ff.

75 Einzelheiten dazu bei *G. Kisker*, Kooperation im Bundesstaat, 1971, S. 246 ff.

76 *B. Schlink*, Die Amtshilfe, 1982, S. 43; *M. Gubelt/M. Goldhammer*, in: *von Münch/Kunig*, GGK I, Art. 35 Rn. 27 mwN.

77 Nach BVerwG, Entscheidung vom 10.8.2011, Az: 6 A 1/11, juris, stellt der Antrag eines Landes-Untersuchungsausschusses an eine Bundesbehörde auf Aktenherausgabe einen Fall der Amtshilfe dar; s. zu einer Amtshilfe nach Art. 35 Abs. 1 GG durch Streitkräfte der Bundeswehr BVerwGE 160, 169 ff. – *Überflug eines Demonstranten-Camps.*

78 Ausführlich zu dem Thema *P. Starski*, Der interföderale Verwaltungsakt, 2014.

79 *Pieroth*, in: *Jarass/Pieroth*, Art. 35 Rn. 6 f.

80 S. hierzu oben Rn. 464.

81 Zur Definition, s. BVerfGE 115, 118 (143) – *Luftsicherheitsgesetz*: „ein Schadensereignis von großem Ausmaß (…), das – wie ein schweres Flugzeug- oder Eisenbahnunglück, ein Stromausfall mit Auswirkung auf lebenswichtige Bereiche der Daseinsvorsorge oder der Unfall in einem Kernkraftwerk – wegen seiner Bedeutung in besonderer Weise die Öffentlichkeit berührt und auf ein menschliches Fehlverhalten oder technische Unzulänglichkeiten zurückgeht." Auch ein von Menschen absichtlich herbeigeführtes Ereignis kann einen „Unglücksfall" darstellen, ebenda, S. 143 f.

(Art. 35 Abs. 2 Satz 2 GG).[82] Die Frage, ob die angeforderten Streitkräfte auch spezifisch militärische Mittel einsetzen dürfen, hatte der Erste Senat des Bundesverfassungsgerichts in seiner Entscheidung zur Verfassungsmäßigkeit des Luftsicherheitsgesetzes mit der darin enthaltenen Ermächtigung zum Abschuss gekaperter Flugzeuge verneint. Aus dem Wortlaut „zur Hilfe" sowie aus der systematischen Unterscheidung zwischen Katastrophenabwehr einerseits (Art. 35 Abs. 2 Satz 2 GG) und innerem Notstand andererseits (Art. 87a Abs. 4 und Art. 91 GG), die entstehungsgeschichtlich auf den Willen zur strikten Beschränkung des militärischen Einsatzes von Streitkräften im Innern zurückgehe, folgerte der Senat die Beschränkung des Streitkräfteeinsatzes im Rahmen des Art. 35 Abs. 2 Satz 2 und Abs. 3 Satz 1 GG auf polizeiliche Mittel.[83] In einer vom Zweiten Senat beantragten Plenarentscheidung hat das Bundesverfassungsgericht diese Auslegung zurückgenommen.[84] Wortlaut, Systematik und Entstehungsgeschichte lasse sich zwar der Wille zur Restriktion, nicht aber zwingend ein völliger Ausschluss militärischer Mittel im Rahmen des Art. 35 Abs. 2 und 3 GG entnehmen. Damit die Grenzen des Art. 87a Abs. 4 GG nicht umgangen werden, der im Falle des inneren Notstands den Einsatz militärischer Mittel allein gegen organisierte und militärisch bewaffnete Aufständische erlaubt, soll der Einsatz militärischer Mittel im Rahmen des Art. 35 Abs. 2 und 3 GG auf „Ereignisse von katastrophischer Dimension" begrenzt und zudem ultima ratio sein.[85] Zurecht wird im Sondervotum kritisch angemerkt, dass eine klare Beschränkung des militärischen Streitkräfteeinsatzes im Inneren mit dieser Interpretation des Merkmals „besonders schwerer Unglücksfall" kaum zu leisten ist.[86]

484 Von den Fällen, in denen ein Land von sich aus um gesteigerte Amtshilfe bittet – also gemäß Art. 35 Abs. 2 GG sowie im Fall des inneren Notstands gemäß Art. 91 Abs. 1 GG – sind die Fälle zu unterscheiden, in denen die Bundesregierung eingreift. Diese Fälle der **Bundesintervention**[87] regelt Art. 35 Abs. 3 Satz 1 GG für Naturkatastrophen und Unglücksfälle, die mehr als nur das Gebiet eines Landes gefährden, und Art. 91 Abs. 2 GG für Fälle des inneren Notstands, wenn das Land, in dem die Gefahr für den Bestand oder die freiheitliche demokratische Grundordnung des Bundes oder eines Landes droht, nicht selbst zur Bekämpfung der Gefahr bereit oder in der Lage ist. Das Grundgesetz gibt der Bundesregierung insoweit bestimmte Weisungs- und Einsatzbefugnisse.[88] Die Bundeswehr darf nur bei solchen Naturkatastrophen oder Unglücksfällen zum Einsatz kommen, die mehr als das Gebiet eines Bundeslandes gefährden. Die Frage der Zulässigkeit eines militärischen Waffeneinsatzes stellt sich auch in diesem Fall.[89]

---

82 Der Unglücksfall muss noch nicht vorliegen; es werden auch Vorgänge erfasst, die – wird ihnen nicht entgegengewirkt – mit an Sicherheit grenzender Wahrscheinlichkeit den Eintritt des schädigenden Ereignisses erwarten lassen, s. BVerfGE 115, 118 (144 f.) – *Luftsicherheitsgesetz*.

83 BVerfGE 115, 118 (146 ff.). Auch aus diesem Grund war die Abschussermächtigung in § 14 Abs. 3 LuftSiG verfassungswidrig: Bordwaffen eines Kampfflugzeugs stehen nach den Landespolizeigesetzen den Ländern nicht zur Gefahrenabwehr zur Verfügung. Zudem ist schon zweifelhaft, ob sich auf Art. 35 GG überhaupt eine Gesetzgebungskompetenz stützen lässt, s. *W.-R. Schenke*, Die Verfassungswidrigkeit des § 14 III LuftSiG, NJW 2006, 736 (737); gegen eine Gesetzgebungskompetenz aus Art. 35 Abs. 2 und 3 GG jetzt auch BVerfGE 132, 1 (Rn. 15 ff.) – *Plenarentscheidung Luftsicherheitsgesetz*, und ob nicht Art. 87a Abs. 2 GG gegenüber Art. 35 Abs. 2 und 3 Sperrwirkung entfaltet, s. hierfür *H. Sattler*, Terrorabwehr durch die Streitkräfte nicht ohne Grundgesetzänderung, NVwZ 2004, 1286 ff.

84 BVerfGE 132, 1 ff. – *Plenarentscheidung Luftsicherheitsgesetz*.

85 BVerfGE 132, 1 (Rn. 40 ff.) – *Plenarentscheidung Luftsicherheitsgesetz*.

86 BVerfGE 132, 1 (Rn. 61 ff., 84 ff.) – *Sondervotum Gaier*. Lesenswert auch die methodische Kritik.

87 Dazu *K. Stern*, Staatsrecht I, 2. Aufl. 1984, § 19 III 6; *J. Isensee*, Idee und Gestalt des Föderalismus im Grundgesetz, HStR VI, 3. Aufl. 2008, § 126 Rn. 99.

88 Erforderlich ist eine Entscheidung der Bundesregierung als Kollegialorgan, s. BVerfGE 115, 118 (149) – *Luftsicherheitsgesetz*; 132, 1 (Rn. 53 ff.) – *Plenarentscheidung Luftsicherheitsgesetz*. Kritisch *W.-R. Schenke*, Die Verfassungswidrigkeit des § 14 III LuftSiG, NJW 2006, 736 (737 f.).

89 Für Verfassungswidrigkeit BVerfGE 115, 118 (150 f.) – *Luftsicherheitsgesetz*; für ausnahmsweise Zulässigkeit BVerfGE 132, 1 (Rn. 24 ff.) – *Plenarentscheidung Luftsicherheitsgesetz*. S. schon oben Rn. 483.

Die schärfste Waffe des Bundes gegen ein widerspenstiges Land ist der **Bundeszwang**: Gemäß Art. 37 Abs. 1 GG kann die Bundesregierung, wenn ein Land die ihm nach dem Grundgesetz oder einem anderen Bundesgesetz obliegenden Pflichten nicht erfüllt, mit Zustimmung des Bundesrates „die notwendigen Maßnahmen treffen, um das Land im Wege des Bundeszwanges zur Erfüllung seiner Bundespflicht anzuhalten“. 485
Zulässige Maßnahmen des Bundes sind zB. Weisungen an das Land, die Einstellung von Finanzhilfen, die Einsetzung eines Bundesbeauftragten, sogar die – allerdings nur zeitweilige und treuhanderische – Übernahme der Gesetzgebungs- und Regierungsgewalt in dem betroffenen Land.[90] **Unzulässig** wäre dagegen zB. die Auflösung des Landtages, die Amtsenthebung von Ministern oder der Einsatz der Bundeswehr.[91] Streitig ist, ob der Einsatz der Bundespolizei und Polizeikräfte anderer Länder nur unter der Voraussetzung des Art. 91 Abs. 2 GG zulässig, dieser im Verhältnis zu Art. 37 Abs. 1 und 2 GG also lex specialis ist.[92] Hierfür sprechen die engen Eingriffsvoraussetzungen des Art. 91 Abs. 2 GG.
Jedenfalls aber darf der Bundeszwang nur als **letztes Mittel** angewendet werden, dh. nur wenn eine gütliche Einigung nicht erreicht werden kann; die vorherige Anrufung des Bundesverfassungsgerichts ist zwar verfassungsrechtlich nicht erforderlich[93], aber im Normalfall – sofern man bei einem zur Anwendung von Bundeszwang berechtigenden Tatbestand überhaupt von „Normalfall“ sprechen kann – politisch gesehen zweckmäßig. Bei Anwendung des Bundeszwanges ist der Grundsatz der Verhältnismäßigkeit zu beachten. In der Geschichte der Bundesrepublik Deutschland sind Bundesintervention und Bundeszwang bisher noch nie angewendet worden.

Rechtsprechung: BVerfGE 115, 118 – Luftsicherheitsgesetz; 132, 1 ff. – Plenarentscheidung zum Luftsicherheitsgesetz.

Literatur: *H. Jochum*, Der Einsatz der Streitkräfte im Inneren, JuS 2006, 511 (514 f.); *F. Shirvani*, Die Bundes- und Reichsexekution in der neueren deutschen Verfassungsgeschichte, Staat 50 (2011), 102.

Fallbearbeitungen: *V. M. Haug*, Bundeswehreinsatz zur Terrorbekämpfung, Jura 2013, 959; *A. Hopf/J. Hyckel*, Das Luftsicherheitsgesetz: Zwei Bruchlandungen in Karlsruhe, Jura 2014, 632.

2.2.7 Allgemeine Verfassungsgrundsätze der Verwaltungszuständigkeit und Verwaltungsorganisation

Das Grundgesetz enthält mit den vorgestellten Bestimmungen keine abschließende Regelung über die Verwaltungsorganisation des Bundes; es gilt jedoch die Verbindlichkeit der **Verfassung**. Dies bedeutet, dass die Vorgaben des Grundgesetzes nicht Grund aller Organisationsentscheidungen, aber **Grenze des Organisationsermessens** der Bundesregierung bzw. – sofern es eines Gesetzes bedarf – des Bundesgesetzgebers sind.[94] Zusammenfassend ist hervorzuheben, 486

- dass die Verwaltungen von Bund und Ländern prinzipiell voneinander getrennt sind (Trennungsprinzip),[95]
- das Grundgesetz Mischverwaltung von Bund und Ländern ausschließt, soweit sie nicht ausdrücklich zugelassen ist[96] (wie etwa in Art. 91a–e GG),

90 *M. Gubelt/D. Hanschel*, in: von *Münch/Kunig*, GGK I, Art. 37 Rn. 23 mwN.
91 *M. Gubelt/D. Hanschel*, in: von *Münch/Kunig*, GGK I, Art. 37 Rn. 24 mwN.
92 Vgl. dazu *W. Erbguth/M. Schubert*, in: *Sachs*, Art. 37 Rn. 12; *Pieroth*, in: *Jarass/Pieroth*, Art. 37 Rn. 5; *H.H. Klein*, in: *Maunz/Dürig*, Art. 37 Rn. 37.
93 BVerfGE 7, 367 (372) – *Atomwaffenvolksbefragung in Hamburg*; *K. Doehring*, Staatsrecht der Bundesrepublik Deutschland, 3. Aufl. 1984, S. 215.
94 S. dazu BVerfGE 63, 1 (34) – *Schornsteinfegerversorgung*.
95 S. BVerfGE 108, 169 (182) – *Zuständigkeit nach TKG*; 119, 331 (364) – *Arbeitsgemeinschaften zur Verwaltung von Hartz IV*.
96 BVerfGE 108, 169 (182); 119, 331 (365) – *Arbeitsgemeinschaften zur Verwaltung von Hartz IV*.

- weder Bund noch Länder sich den ihnen zugewiesenen Kompetenzen entziehen dürfen;[97]
- die Verwaltungskompetenzen des Bundes keinesfalls weiter reichen als seine Gesetzgebungskompetenzen;[98]
- Einrichtungen des Bundes niemals Ländergesetze vollziehen dürfen;[99]
- Einrichtungen der Länder keine Aufsicht über den Bund ausüben dürfen;[100]
- die Kompetenzordnung auch für privatrechtliche Organisationsformen gilt.[101]

Nicht zuletzt sind Bund und Länder gegenseitig zu bundesfreundlichem Verhalten verpflichtet. „Die **Pflicht zu bundesfreundlichem Verhalten** verlangt, dass sowohl der Bund als auch die Länder bei der Wahrnehmung ihrer Kompetenzen die gebotene und ihnen zumutbare Rücksicht auf das Gesamtinteresse des Bundesstaates und auf die Belange der Länder nehmen."[102] Verboten ist danach Kompetenzmissbrauch sowie die Missachtung prozeduraler Anforderungen wie etwa das Unterlassen einer notwendigen vorherigen Anhörung.
Über die verfassungsrechtlichen Grundlagen der Kompetenzverteilung zwischen Bund und Ländern können diese im Bund-Länder-Streitverfahren gemäß Art. 93 Abs. 1 Nr. 3 GG vor dem Bundesverfassungsgericht streiten.[103]

Rechtsprechung: Bund vollzieht Landesrecht: BVerfGE 21, 312 (320 ff.) – Bundeswasserstraßen; zur Mischverwaltung: BVerfGE 63, 1 (37 ff.) – Schornsteinfegerversorgung; 119, 331 (364 ff.) – Hartz IV-Arbeitsgemeinschaft; zur Auftragsverwaltung: BVerfGE 81, 310 (331 ff.) – Kalkar II; 102, 167 (172 ff.) – Abstufung einer Bundesstraße; 104, 249 (264 ff.) – Kernkraftwerk Biblis.

2.2.8 Vollziehung von Unionsrecht

487 Auch das Recht der Europäischen Union wird **im Regelfall** nicht von eigenen Organen, sondern **von den Mitgliedstaaten** vollzogen.[104] Für Richtlinien, die der Umsetzung in nationales Recht bedürfen (vgl. Art. 288 Abs. 3 AEUV), gelten in Anwendung auf das Umsetzungsgesetz sowohl die grundgesetzlichen Regelungen über die Verteilung der Gesetzgebungskompetenzen als auch im Fall bundesgesetzlicher Umsetzung die dargelegten Typen des Gesetzesvollzugs, in der Regel also die Vollziehung durch die Länder als deren eigene Angelegenheit gemäß Art. 83, 84 GG. Entsprechendes gilt hinsichtlich der Vollziehung für

---

97 BVerfGE 108, 169 (182); 119, 331 (364 f.); anders dagegen in BVerfGE 63, 1 (39) – *Schornsteinfegerversorgung*: Einen „allgemeinen verfassungsrechtlichen Grundsatz, wonach Verwaltungsaufgaben ausschließlich vom Bund oder von den Ländern wahrzunehmen sind, sofern nicht ausdrückliche verfassungsrechtliche Regeln etwas anderes zulassen", gibt es nicht (s. BVerfG, a. a. O., S. 39). Der Begriff der „Mischverwaltung" ist insofern mehr „Kampfbegriff", „juristisches Veto", denn verfassungsrechtlich anerkanntes Rechtsinstitut, (s. BVerfG, a. a. O., S. 37). Wenn das Grundgesetz allerdings durch eine Kompetenznorm Verwaltungsaufgaben einem Verwaltungsträger zuweist, muss dieser diese Aufgaben durch eigene Verwaltungseinrichtungen mit eigenen personellen und sächlichen Mitteln wahrnehmen. Es gilt insofern ein „Grundsatz der eigenverantwortlichen Wahrnehmung zugewiesener Kompetenzen", von dem nur aus besonderem sachlichen Grund abgewichen werden darf (s. BVerfG, a. a. O., S. 41). Richtig ist an dieser Entscheidung, dass nicht ein ungeschriebenes „Verbot der Mischverwaltung" den Verfassungsmäßigkeitsmaßstab bildet, sondern die grundgesetzliche Kompetenzordnung, s. *J.B. Trapp*, Die Kontinuität der bundesverfassungsgerichtlichen Rechtsprechung zur Mischverwaltung, DÖV 2008, 277 (282); vgl. aber *F. Schnapp*, Mischverwaltung im Bundesstaat nach der Föderalismusreform, Jura 2008, 241 (243); *P.M. Huber*, Das Verbot der Mischverwaltung – de constitutione lata et ferenda, DÖV 2008, 844 (846).

98 BVerfGE 12, 205 (229) – *Deutschland-Fernsehen-GmbH*; 15, 1 (16) – *Seewasserstraßen*; 78, 374 (386) – *Bestimmtheitsgrundsatz*; 102, 167 (174) – *Abstufung einer Bundesstraße*.

99 BVerfGE 21, 312 (325) – *Bundeswasserstraßen*.

100 BVerfGE 63, 1 (42) – *Schornsteinfegerversorgung*.

101 BVerfGE 12, 205 (246) – *Deutschland-Fernsehen-GmbH*.

102 BVerfGE 133, 321 (Rn. 87) – *Luftsicherheitsgesetz II*; grundlegend BVerfGE 81, 310 (337) – *Kalkar*.

103 S. dazu unten Rn. 581.

104 Zur Einführung hierzu ist *D. Ehlers*, in: *Ehlers/Pünder* (Hrsg.), Allgemeines Verwaltungsrecht, 15. Aufl. 2016, Erster Abschnitt, § 5 zu empfehlen.

europäische Verordnungen, die in den Mitgliedstaaten unmittelbar wie Gesetze gelten (vgl. Art. 288 Abs. 2 AEUV).

Um ein Mindestmaß an **Einheitlichkeit des Unionsrechtsvollzugs** zu gewährleisten, ergibt sich aus dem **Grundsatz der Unionstreue** in Art. 4 Abs. 3 EUV für die Anwendung nationalen Verfahrensrechts bei der Vollziehung von Unionsrecht die Anforderung der **Äquivalenz und der Effektivität.**[105] Dies bedeutet, dass die Vollziehung des Unionsrechts der Vollziehung entsprechender Normen des nationalen Rechts vergleichbar, in jedem Fall aber „wirksam" sein muss. **488**

Nach Maßgabe der jeweiligen **Einzelermächtigung** in Verbindung mit dem Grundsatz der **Subsidiarität** und der **Verhältnismäßigkeit** (vgl. Art. 5 EUV) kann der Unionsgesetzgeber aber auch selbst Verfahrensregelungen erlassen oder die Kommission zur Durchführung eines unionsrechtlichen Sekundärrechtsaktes ermächtigen, der sowohl materiell-rechtliche als auch verfahrensrechtliche Konkretisierungen umfassen kann. Diese Durchführungsakte auf der Grundlage von Art. 291 AEUV ergehen unter Beteiligung von Fachausschüssen, die sich aus Vertretern der Mitgliedstaaten zusammensetzen, in den Verfahren der sog. **Komitologie.**[106] Die darin liegende institutionalisierte Beteiligung der Mitgliedstaaten enthält das funktionale Äquivalent zur Bundesratsbeteiligung beim Erlass von Verwaltungsvorschriften oder gesetzlichen Verfahrensregelungen durch den Bund.[107] Diese Beteiligung macht deutlich, dass die Mitgliedstaaten ihre Verwaltungskompetenzen aus eigener Legitimation behalten, also eine Situation paralleler Verwaltungskompetenzen im Bereich von Organisation und Verfahren mit materiell (Subsidiarität, Verhältnismäßigkeit) und formell (Gesetzgebungsverfahren, Komitologie) bedingtem Vorrang der europäischen Ebene besteht.[108] **489**

Hinsichtlich der **Kontrolle** ist die Kommission im Regelfall auf das **Vertragsverletzungsverfahren** nach Art. 258 AEUV beschränkt. Der nationale Rechtsschutz kann diese gerichtsförmige europäische Rechtsaufsicht zwar ergänzen, bleibt dabei aber angesichts des Fehlens eines integrierten Rechtsschutzsystems und eingeschränkter Reichweite des Vorabentscheidungsverfahrens (Art. 267 AEUV)[109] weit hinter den Leistungen des innerstaatlichen Verwaltungsrechtsschutzes für die Vollzugskontrolle und die Einheitlichkeit der Gesetzesanwendung zurück.[110] Zahllose Unionsrechtsakte sehen daher Mitteilungs- und **Berichtspflichten** an die Kommission oder auch **Inspektionen** vor.[111] Angesichts unterschiedlicher Verwaltungskulturen sind diese Kontrollmittel für die EU von großer Wichtigkeit. **490**

---

105 S. dazu *T. von Danwitz*, Europäisches Verwaltungsrecht, 2008, S. 483 ff.

106 S. Art. 291 Abs. 3 AEUV und dazu die Verordnung (EU) Nr. 182/2011 des Europäischen Parlaments und des Rates vom 16. Februar 2011 zur Festlegung der allgemeinen Regeln und Grundsätze, nach denen die Mitgliedstaaten die Wahrnehmung der Durchführungsbefugnisse durch die Kommission kontrollieren. S. dazu *H.C.H. Hofmann/A. Türk*, Die Ausübung übertragener Normsetzungsbefugnisse durch die Europäische Union, ZG 2012, 105 ff.

107 So *C. Möllers*, Durchführung des Gemeinschaftsrechts, EuR 2002, 483 (505).

108 S. *U. Mager*, Die Europäische Verwaltung zwischen Hierarchie und Netzwerk, in: *Trute/Groß/Röhl/Möllers* (Hrsg.), Allgemeines Verwaltungsrecht – Zur Tragfähigkeit eines Konzepts, 2008, S. 369 (386).

109 *R. Bieber/A. Epiney/M. Haag*, Die Europäische Union, 12. Aufl. 2016, § 9 Rn. 81; s. dazu *O. Dörr/C. Lenz*, Europäischer Verwaltungsrechtsschutz, 2019, Rn. 241 ff.

110 S. *J. Gundel*, Die Strukturen der Europäischen Verwaltung, in: *Schulze/Zuleeg/Kadelbach*, Handbuch Europarecht, 2015, § 3 Rn. 123; *G. Sydow*, Mitgliedstaatlicher Vollzug des Europarechts, DV 2001, 517 (524); *W. Weiß*, Schnittstellenprobleme des Europäischen Mehrebenenverwaltungsrechts, VerwArch 38 (2005), 517 (537 ff.).

111 S. zu Informationspflichten *A. von Bogdandy*, Information und Kommunikation in der Europäischen Union: föderale Strukturen in supranationalem Umfeld, in: *Hoffmann-Riem/Schmidt-Aßmann*, Verwaltungsrecht in der Informationsgesellschaft, 1. Aufl. 2000, S. 133 (151 ff.) und *J. Sommer*, Informationskooperation am Beispiel des europäischen Umweltrechts, in: *Schmidt-Aßmann/Schöndorf-Haubold*, Der Europäische Verwaltungsverbund, 2005, S. 57 (61 ff.); zu Inspektionen *A. David*, Inspektionen im Europäischen Verwaltungsrecht, 2003.

491 Anders als das deutsche Verfassungsrecht kennt das Unionsrecht keine typisierten Formen des Gesetzesvollzugs. Neben dem dargestellten Normalfall finden sich für Einzelzusammenhänge die verschiedensten Arten der Ausgestaltung von Verwaltungskompetenzen. Umfangreiche Einzelfallbefugnisse hat die Kommission etwa im Bereich der Beihilfenaufsicht[112] gemäß Art. 107, 108 AEUV, dh. bei der Kontrolle staatlicher Subventionsentscheidungen. Abweichungen vom Normalfall mitgliedstaatlicher Vollziehung finden sich auch im Zollrecht[113], oder im Agrarmarktrecht.[114] Formen einer dezentralen europäischen Verwaltungsstruktur bestehen im Bereich des Kartellrechts[115] und des Telekommunikationsrechts.[116] Aufeinander bezogene und in diesem Sinne gemeinsame Planungen finden sich im Naturschutzrecht[117] und vor allem im Bereich der Strukturfondsförderung.[118]

Literatur: *U. Mager*, Die Europäische Verwaltung zwischen Hierarchie und Netzwerk, in: *H. H. Trute/T. Groß/H. C. Röhl/C. Möllers* (Hrsg.), Allgemeines Verwaltungsrecht – Zur Tragfähigkeit eines Konzepts, 2008, S. 369 ff.; *U. Mager*, Entwicklungslinien des Europäischen Verwaltungsrechts, in: *P. Axer/B. Grzeszick/W. Kahl/U. Mager/E. Reimer* (Hrsg.), Die Verwaltung Beiheft 10, 2010, 11 ff.

2.3 Gemeindliche Selbstverwaltung

491a Die Darstellung der bundesverfassungsrechtlichen Vorgaben für die Verwaltungsorganisation wäre unvollständig ohne auf die Garantie der gemeindlichen Selbstverwaltung einzugehen.

2.3.1 Grundlagen

492 Bei der Garantie der gemeindlichen Selbstverwaltung gemäß Art. 28 GG handelt es sich um eine Gewährleistung, die den Hoheitsbereich der Länder betrifft, also um eine **Strukturvorgabe der Bundesverfassung für die Verfassungen der Länder**, nämlich die Garantie, dass die Landesverfassungen die kommunale Selbstverwaltung mit dem in Art. 28 GG enthaltenen Mindestinhalt gewährleisten. Dementsprechend enthalten alle Verfassungen der Länder eine Garantie der gemeindlichen Selbstverwaltung mit Ausnahme der Stadtstaaten Berlin und Hamburg, die gleichzeitig Bundesland, Stadt und Gemeinde sind.[119] Die Tatsache, dass es sich bei der gemeindlichen Selbstverwaltung um eine *Angelegenheit der Verwaltungsorganisation der Länder* handelt, wird dadurch unterstrichen, dass seit der Föderalismusreform vom 1.9.2006 Art. 84 Abs. 1 Satz 7 und Art. 85 Abs. 1 Satz 2 GG ausdrücklich verbieten, dass der Bundesgesetzgeber den Gemeinden Aufgaben überträgt.[120]

---

112 S. dazu *M. Bungenberg*, Europäisches Subventionsverwaltungsrecht, in: *J. P. Terhechte* (Hrsg.), Verwaltungsrecht der Europäischen Union, 2011, § 21.

113 S. dazu *H. Jochum*, Europäisches Zollverwaltungsrecht, in: *J. P. Terhechte* (Hrsg.), Verwaltungsrecht der Europäischen Union, 2011, § 29.

114 S. dazu *I. Härtel*, Europäisches Agrarverwaltungsrecht, in: *J. P. Terhechte* (Hrsg.), Verwaltungsrecht der Europäischen Union, 2011, § 37. *R. Norer/F. Bloch*, in: *M. Dauses*, HdbEuropWirtschaftsrecht I, 49. EGl. 2019, G Rn. 246 ff.

115 S. dazu *W. Weiß*, Europäisches Wettbewerbsverwaltungsrecht, in: *J. P. Terhechte* (Hrsg.), Verwaltungsrecht der Europäischen Union, 2011, § 20.

116 S. dazu *J. Kühling*, Europäisches Telekommunikationsverwaltungsrecht, in: *J. P. Terhechte* (Hrsg.), Verwaltungsrecht der Europäischen Union, 2011, § 24.

117 Biotopverbund Natura 2000, vgl. dazu §§ 31 ff. BNatSchG.

118 Dazu vertiefend *B. Schöndorf-Haubold*, Die Strukturfonds der Europäischen Gemeinschaft, 2005.

119 Art. 71 LV BW; Art. 10, 11, 83 Bay.LV; Art. 97 Bbg.LV; Art. 144 Brem.LV (nach Art. 143 Stadt Bremerhaven und die Stadt Bremen je für sich eine Gemeinde des bremischen Staates!); Art. 137 Hess.LV; Art. 72 LV MV; Art. 57 Nds.LV; Art. 78 LV NRW; Art. 49 LV RP; Art. 117, 118 LV SL; Art. 84 LV SN; Art. 87 LV SNA.; Art. 46 LV SH; Art. 91 Thür.LV.

120 Früher str. s. dazu BVerfGE 86, 148 (215) – *Länderfinanzausgleich II* mwN.

Kernaussage der Garantie der gemeindlichen Selbstverwaltung ist, dass die Gemeinden für alle Angelegenheiten der örtlichen Gemeinschaft die originäre Verwaltungszuständigkeit haben. Der Gesetzgeber kann – muss aber nicht – konkretisierend abgrenzen, welche Angelegenheiten solche der örtlichen Gemeinschaft sind. Er kann – sofern hierfür ein tragfähiger Grund besteht – Angelegenheiten der örtlichen Gemeinschaft anderen Verwaltungsträgern zuweisen. Der Landesgesetzgeber kann zudem nicht zu den örtlichen Angelegenheiten gehörende Verwaltungszuständigkeiten auf die Gemeinden zur Erledigung übertragen. 493

Da die Gemeinden selbständige Körperschaften des öffentlichen Rechts sind, gehört ihre Verwaltungstätigkeit zur **mittelbaren Staatsverwaltung.**

2.3.2 Historische Sichtweisen der kommunalen Selbstverwaltung

Im Grundgesetz steht die Gewährleistung der kommunalen Selbstverwaltung in dem Abschnitt, der die grundlegenden Bestimmungen für Bund und Länder enthält und damit im staatsorganisatorischen Zusammenhang. In der Paulskirchenverfassung wie auch in der Weimarer Reichsverfassung war die Garantie der gemeindlichen Selbstverwaltung dagegen in den Grundrechtsteil der Verfassung eingeordnet. Die mit der Neuzuordnung getroffene Aussage über die Rechtsnatur der gemeindlichen Selbstverwaltung wird deutlich vor dem Hintergrund der unterschiedlichen Wurzeln dieser Gewährleistung. 494

Es lassen sich historisch vier verschiedene Ursprünge des Gedankens gemeindlicher Selbstverwaltung unterscheiden:

- die aus England stammende Idee und Praxis des **self-government**, die das Recht und die Pflicht ehrenamtlicher Beteiligung an der lokalen Verwaltung meint;
- der deutsche **Genossenschaftsgedanke** als Idee einer organisch gewachsenen realen Verbandspersönlichkeit;
- die aus der französischen Revolutionszeit stammende Lehre vom **pouvoir municipal** im Sinne eines „natürlichen" Rechts der Gemeinde zur Selbstverwaltung;
- der gegen den Zentralismus des napoleonischen Frankreichs gerichtete Gedanke der **dezentralisierten Verwaltung.**[121]

Während das Prinzip der **Dezentralisierung** rein verwaltungsorganisatorischer Art ist, begreift die Lehre vom pouvoir municipal die gemeindliche Selbstverwaltung naturrechtlich und im Gegensatz zum Staat.[122] Sie hat die Einordnung der Garantie der gemeindlichen Selbstverwaltung in den Grundrechtsteil der Paulskirchenverfassung beeinflusst.[123] Dagegen verbinden sich im Genossenschaftsgedanken wie auch in der Idee des self-government verwaltungs- bzw. staatsorganisatorische und grundrechtliche Gedanken. Als Recht auf **Verwaltungsbeteiligung** lässt sich das self-government als ein staatsbürgerliches Grundrecht auffassen; es enthält jedoch gleichermaßen eine Entscheidung über die Verwaltungsorganisation im Sinne ihrer ehrenamtlichen Erledigung auf lokaler Ebene.[124] Im Lichte der Genossenschaftsidee ist die Gemeinde eine unabhängig von staatlichem Recht bestehende **Verbandsperson**, in diesem Sinne vorstaatlich und Träger eigener Rechte; sie ist andererseits

---

121 S. *K. Stern*, Staatsrecht I, 2. Aufl. 1984, § 12 (S. 398 f.); *P. J. Tettinger/K.-A. Schwarz*, in: *von Mangoldt/Klein/Starck* II, Art. 28 Rn. 126.

122 *G. Jellinek*, Allgemeine Staatslehre, 5. Nachdruck der 3. Aufl. 1928, S. 644; *F. Stier-Somlo*, Die neueste Entwicklung des Gemeindeverfassungsrechts in Deutschland, VVDStRL 2 (1925), 122 (131); *H. Bethge*, Das Selbstverwaltungsrecht im Spannungsfeld zwischen institutioneller Garantie und grundrechtlicher Freiheit, in: Festgabe für Georg Christoph von Unruh, 1983, S. 149 (158 f.).

123 *G. Jellinek*, Allgemeine Staatslehre, 5. Nachdruck der 3. Aufl. 1928, S. 644; s. Paulskirchenverfassung von 1849, Abschn. VI Art. XI § 184: „Jede Gemeinde hat als Grundrechte ihrer Verfassung: a) die Wahl ihrer Vorsteher und Vertreter; b) die selbständige Verwaltung ihrer Gemeindeangelegenheiten mit Einschluss der Ortspolizei, unter gesetzlich geordneter Oberaufsicht des Staates; c) die Veröffentlichung des Gemeindehaushaltes; d) Öffentlichkeit der Verhandlungen als Regel."

124 *G. Jellinek*, Allgemeine Staatslehre, 5. Nachdruck der 3. Aufl. 1928, S. 638 f.

Bestandteil des Staates und in diesen organisch eingefügt, in diesem Sinne staatsorganisatorische Untergliederung.[125]

495 Art. 127 WRV sprach den Gemeinden und Gemeindeverbänden „das Recht der Selbstverwaltung innerhalb der Schranken der Gesetze" zu. Der Artikel befand sich in dem „das Gemeinschaftsleben" betreffenden zweiten Abschnitt des Grundrechtsteils. Trotz dieser systematischen Einordnung wurde Art. 127 WRV wegen seiner inhaltlichen Unbestimmtheit und wegen seines Gesetzesvorbehalts als ausdrückliche Absage an die Lehre vom pouvoir municipal aufgefasst.[126] Die herrschende Lehre sah in Art. 127 WRV zunächst nur einen Gesetzesvorbehalt im formalen Sinne festgelegt, betrachtete die Regelung daher gegenüber dem parlamentarischen Gesetzgeber als leerlaufend.[127] Später setzte sich dann die Auffassung durch, dass die Vorschrift eine **institutionelle Garantie** enthalte. Dies sollte besagen: „dass die Einrichtung der kommunalen Selbstverwaltung als solche nicht beseitigt werden darf, und alle Gesetze, welche nach ihrem sachlichen Inhalt die kommunale Selbstverwaltung vernichten oder ihres wesentlichen Bestands berauben, reichsverfassungswidrig sind. Dagegen ist durch diese Bestimmung nicht etwa der einzelnen Gemeinde oder dem einzelnen Gemeindeverband ein Recht auf Existenz garantiert. ... Es wird auch nicht etwa der status quo des ... Inhaltes der selbstverwaltungsrechtlichen Normen des Landesrechts festgelegt; diese Normen können vielmehr jederzeit durch einfaches Landesgesetz geändert werden."[128]
Trotz der Einordnung in den Grundrechtsteil haben für die Auslegung des Art. 127 WRV somit naturrechtliche oder vorstaatliche Vorstellungen von gemeindlicher Selbstverwaltung keine Rolle gespielt. Die Auffassung als institutionelle Garantie bedeutete gegenüber positivistischer Formalisierung eine Wiedergewinnung materieller Gehalte, die historisch geprägt, im Übrigen aber höchst unbestimmt waren.[129]

2.3.3 Die Garantie der gemeindlichen Selbstverwaltung gemäß Art. 28 Abs. 2 GG

496 Mit der Einordnung der Garantie der gemeindlichen Selbstverwaltung in den zweiten Abschnitt des Grundgesetzes erweist sich die gemeindliche Verwaltung zwar der Staatsorganisation zugehörig, sie geht andererseits aber nicht in dieser auf, denn sie ist nicht eingegliedert in die hierarchisch aufgebauten Entscheidungszüge der unmittelbaren Staatsverwaltung, sondern als dezentralisiert-partizipative Verwaltung mit einem eigenen Legitimationssystem organisiert.[130] Indem Art. 28 Abs. 1 Satz 2 GG eine gewählte Volksvertretung auf Gemeindeebene als Grundlage der gemeindlichen Selbstverwaltung garantiert, soll die **Demokratie auf örtlicher Ebene** gestärkt werden.[131] Die im folgenden darzulegenden verfassungsrechtlichen Grundsätze der gemeindlichen Selbstverwaltung richten sich zu großen Teilen an den Gesetzgeber und prägen in erheblichem Umfang die Regelungen über die Verteilung der Verwaltungszuständigkeiten in den Ländern.

497 **2.3.3.1 Die Garantie von Gemeinden als Gebietskörperschaften.** Art. 28 Abs. 2 GG verpflichtet die Länder zunächst dazu, ihr Gebiet in Gemeinden als Gebietskörperschaften

---

125 S. *O. von Gierke*, Das deutsche Genossenschaftsrecht I, Rechtsgeschichte der deutschen Genossenschaft, 1868, Nachdruck 1954, § 57 E I (S. 759 ff.); s. auch BVerfG, DVBl. 1995, 286.

126 *F. Stier-Somlo*, Die neueste Entwicklung des Gemeindeverfassungsrechts in Deutschland, VVDStRL 2 (1925), 122 (131 ff.).

127 *G. Anschütz*, Weimarer Reichsverfassung, 8. Aufl. 1928, Anm. 1 zu Art. 127 (S. 334 f.).

128 *C. Schmitt*, Verfassungslehre, 1928, S. 171. S. auch RGZ 126 Anhang, S. 14* (22*).

129 *U. Mager*, Einrichtungsgarantien, 2003, S. 331.

130 *Röhl*, Kommunalrecht, in: *Schoch*, Besonderes Verwaltungsrecht, 1. Aufl. 2018, 2. Kap. Rn. 21.

131 BVerfGE 11, 266 (275 f.) – *Wählervereinigung*: „Kommunale Selbstverwaltung – wie sie heute verstanden wird – bedeutet ihrem Wesen und ihrer Intention nach Aktivierung der Beteiligten für ihre eigenen Angelegenheiten, die die in der örtlichen Gemeinschaft lebendigen Kräfte des Volkes zur eigenverantwortlichen Erfüllung öffentlicher Aufgaben der engeren Heimat zusammenschließt mit dem Ziel, das Wohl der Einwohner zu fördern und die geschichtliche und heimatliche Eigenart zu wahren." Vgl. auch BVerfGE 83, 37 (54) – *Ausländerwahlrecht*; BVerfG, Beschluss vom 19.11.2014, Az. 2 BvL 2/13 – *SchulG SN*, juris Rn. 52.

mit Namen und Rechtsfähigkeit zu gliedern.[132] Die Garantie bezieht sich dabei allerdings nicht auf eine einzelne Gemeinde, sondern nur auf diese **Gebietsorganisation als Typus.** Sie hat insofern institutionellen Charakter, als der einzelnen Gemeinde gerade kein subjektives Recht auf Existenz, Unantastbarkeit ihres Gebiets oder ihres Namens zukommt.[133] Jede einzelne Gemeinde hat allerdings das subjektive Recht nur solche Gebiets- oder Namensänderungen hinnehmen zu müssen, die rechtsstaatlichen Anforderungen genügen. Dies bedeutet, dass derartige Änderungen nur aus Gründen des Gemeinwohls, nach Maßgabe des Verhältnismäßigkeitsgrundsatzes und nach Anhörung der betroffenen Gemeinde stattfinden dürfen.[134]

2.3.3.2 Die Garantie der Selbstverwaltung. Neben der Garantie, dass es Gemeinden als Gebietskörperschaften und damit als juristische Personen des öffentlichen Rechts geben muss, garantiert Art. 28 Abs. 2 GG auch einen spezifischen **Verwaltungstypus** der gemeindlichen Selbstverwaltung. 498

2.3.3.2.1 Allzuständigkeit und Eigenverantwortung. Er enthält eine Aufgabenbereich und Aufgabenerledigung umfassende Kompetenzgewährleistung.[135] Dies ist zum einen die **grundsätzliche Allzuständigkeit** für alle **Angelegenheiten der örtlichen Gemeinschaft**, zum anderen die **Eigenverantwortlichkeit** der Aufgabenerledigung.[136] Die grundsätzliche Allzuständigkeit in örtlichen Angelegenheiten, auch Grundsatz der Universalität genannt, meint die Befugnis der Gemeinden, sich aller Angelegenheiten der örtlichen Gemeinschaft, die nicht durch Gesetz bereits anderen Trägern öffentlicher Verwaltung übertragen sind, ohne besonderen Kompetenztitel anzunehmen.[137] Die Eigenverantwortlichkeit der Aufgabenwahrnehmung zeigt sich in der gemeindlichen Personalhoheit, Organisationshoheit und Finanzhoheit.[138] Diese Rechte stehen den Gemeinden auch gegenüber den in Art. 28 Abs. 2 Satz 2 GG genannten „Gemeindeverbänden" zu;[139] damit sind in erster Linie die in den meisten Bundesländern sogenannten Landkreise gemeint. 499

2.3.3.2.2 „im Rahmen der Gesetze". Sowohl der Aufgabenbereich als auch die Eigenverantwortlichkeit sind allerdings nur „im Rahmen der Gesetze" gewährleistet.[140] Dies ermächtigt den Gesetzgeber zu Einschränkungen, kann und darf aber nicht bedeuten, dass der Gesetzgeber den Gemeinden beliebig Aufgaben entziehen oder ihnen übertragen[141] oder aber die Art und Weise ihrer Erledigung regeln darf. Im Lichte des Zwecks, die demokratische Teilnahme am Gemeinweisen auf örtlicher Ebene zu stärken, ist der Gesetzgeber 500

---

132 Dieser Gewährleistungsbereich, dass es „überhaupt" Gemeinden im Sinne des Art. 28 Abs. 2 GG geben muss, wird zT. als Subjektsgarantie bezeichnet, s. *S. Magen*, Die Garantie kommunaler Selbstverwaltung, JuS 2006, 404 (405).

133 BVerfGE 50, 50 (51) – *Laatzen*; 50, 195 (202) – *Gemeindename*; 59, 216 (227) – *Söhlde*; 86, 90 (107) – *kommunale Rück-Neugliederung*: Das Bundesverfassungsgericht bringt diesen Aspekt mit der Formel „Art. 28 Abs. 2 Satz 1 GG gewährleistet Gemeinden nur institutionell, nicht individuell" auf den Punkt, s. BVerfGE 50, 50 (59) und 86, 90 (107).

134 BVerfGE 50, 50 (50 f.); 50, 195 (202 ff.); 59, 216 (227 ff.); 86, 90 (107); *C. Waldhoff*, Kommunalrecht: Kommunale Neugliederung, JuS 2014, 862 ff.

135 *H. Bethge*, Das Selbstverwaltungsrecht im Spannungsfeld zwischen institutioneller Garantie und grundrechtlicher Freiheit, in: Festgabe für Georg Christoph von Unruh, 1983, S. 149 (158, 159); s. auch *W. Löwer*, in: *von Münch/Kunig*, GGK I, 6. Aufl., Art. 28 Rn. 39, 45 ff.

136 So schon BVerfGE 6, 104 (117) – *Kommunalwahl-Sperrklausel.*

137 BVerfGE 79, 127 (146) – *Rastede.*

138 BVerfGE 83, 363 (382) – *Krankenhausfinanzierungsumlage*; 91, 228 (245) – *Gleichstellungsbeauftragte*; 107, 1 (14) – *Verwaltungsgemeinschaften*; 119, 331 (362) – *Hartz IV Arbeitsgemeinschaften*.

139 BVerfGE 79, 127 (150) – *Rastede*; 138, 1 Rn. 41 – *Schulnetzplanung*; 147, 185 Rn. 85 – *KinderförderungsG LSA*.

140 So mit ausführlicher Begründung BVerfGE 79, 127 (143, 146) – *Rastede*.

141 Nach BVerfGE 119, 331 (354) – *Hartz IV Arbeitsgemeinschaften* greift nicht nur der Entzug von Aufgaben, sondern auch die Aufgabenzuweisung in das Recht auf Selbstverwaltung ein, wenn „dadurch die Möglichkeit eingeschränkt wird, Selbstverwaltungsaufgaben wahrzunehmen, die zum verfassungsrechtlich geschützten Aufgabenbestand gehören."

insoweit gebunden, als Art. 28 Abs. 2 GG den Verbleib eines Aufgabenumfangs garantiert, der den Aufwand eigenständiger demokratischer Legitimation rechtfertigt.[142] Zusätzlich lässt sich aus dem Zweck ein **Aufgabenverteilungsprinzip**[143] ableiten, wonach der Gesetzgeber bei jeder Regelung von Aufgaben, die zumindest auch einen örtlichen Bezug haben, den Eigenwert dezentraler demokratisch legitimierter Aufgabenwahrnehmung gegenüber den Vorteilen überörtlicher Aufgabenwahrnehmung **abwägen** muss.[144] Darüber hinaus hat er auch im Falle berechtigter unmittelbar staatlicher Aufgabenwahrnehmung dem Eigenwert dezentraler, örtlich demokratisch legitimierter Aufgabenerledigung Rechnung zu tragen.[145] „Werden Aufgaben mit relevanter kommunaler Bedeutung auf eine andere staatliche Ebene verlagert, kann sich aus dem – auf Art. 28 Abs. 2 Satz 1 GG übertragbaren – Gedanken des Rechtsgüterschutzes durch Verfahren (...) ein **Mitwirkungsrecht** der betroffenen Kommunen ergeben.[146] (...) So ist etwa bei fachplanerischen Entscheidungen, die bedeutsame Auswirkungen auf eine Gemeinde haben, deren vorherige Beteiligung zwingend (...)."[147] Je nach Intensität der Betroffenheit in der Selbstverwaltungsgarantie kann die kompensatorische gemeindliche Beteiligung von einer Anhörung bis zu einem Mitentscheidungsrecht (Einvernehmen) reichen.
Demgegenüber verdichtet sich die **Eigenverantwortlichkeitsgarantie** nicht zu einem Vorrangprinzip.[148] Dies wird verständlich, wenn man bedenkt, dass die Gemeinden als juristische Personen der rechtlichen Einrichtung und gesetzlichen Organisation als Grundlage ihrer Existenz bedürfen und dass ihnen die Organisationshoheit als Element der Eigenverantwortlichkeit nicht um ihrer selbst willen, sondern im Hinblick auf die Aufgabenerledigung gewährt ist. Die Eigenverantwortlichkeitsgarantie ist somit akzessorisch zur Aufgabengarantie, dh. ihre Reichweite bestimmt sich im Lichte der Aufgabe. Von ihr umfasst sind grundsätzlich die Entscheidungszuständigkeiten und Abläufe, die Einrichtung von Behörden und Dienststellen, die Dienstherrenfähigkeit und die Personalauswahl sowie die Aufstellung des Haushalts.[149] „Sie unterliegt der normativen Prägung durch den Gesetzgeber,

142 Zum verfassungsrechtlichen Kernbereich der Aufgabenzuweisungsgarantie, dessen Antastung per se verfassungswidrig ist, gehört das Prinzip der „Allzuständigkeit", in den Worten des BVerfGE 79, 129 (146) – *Rastede*: „Hiernach gehört zum Wesensgehalt der gemeindlichen Selbstverwaltung kein gegenständlich bestimmter oder nach feststehenden Merkmalen bestimmbarer Aufgabenkatalog, wohl aber die Befugnis, sich aller Angelegenheiten der örtlichen Gemeinschaft, die nicht durch Gesetz bereits den Trägern öffentlicher Verwaltung übertragen sind, ohne besonderen Kompetenztitel anzunehmen („Universalität des gemeindlichen Wirkungskreises")", bestätigt durch BVerfGE 107, 1 (12) – *Verwaltungsgemeinschaften*.

143 Die „Vermutung zugunsten der kommunalen gegenüber der staatlichen Zuständigkeit" ist „nicht bloße Regelungstechnik" (Regel-Ausnahme-Verhältnis), sondern „Ausdruck eines auch materiell verstandenen Prinzips dezentraler Aufgabenansiedlung", s. BVerfGE 79, 127 (149). Vgl. auch *S. Magen*, Die Garantie kommunaler Selbstverwaltung, JuS 2006, 404 (407): „Prinzip des Vorrangs der gemeindlichen Aufgabenerfüllung"; s. auch BVerfGE 138, 1 Rn. 54 – *Schulnetzplanung*.

144 Daher scheidet das „bloße Ziel der Verwaltungsvereinfachung oder der Zuständigkeitskonzentration (...) als Rechtfertigung" aus; „auch Gründe der Wirtschaftlichkeit und Sparsamkeit der öffentlichen Verwaltung insgesamt rechtfertigen eine „Hochzonung" nicht schon aus sich heraus, sondern erst dann, wenn ein Belassen der Aufgabe bei den Gemeinden zu einem unverhältnismäßigen Kostenanstieg führen würde.", s. grundlegend BVerfGE 79, 127 (153) – *Rastede*.

145 BVerfGE 79, 127 (154) – *Rastede*. Umstritten ist, ob es sich bei dieser Prüfung um eine „Verhältnismäßigkeitsprüfung" handelt, ablehnend zB. *E. Schmidt-Aßmann*, Die Garantie der kommunalen Selbstverwaltung, Fs. 50 Jahre Bundesverfassungsgericht II, 2001, S. 806 (807). Jedenfalls ist der Prüfungsmaßstab einer Verhältnismäßigkeitsprüfung vergleichbar, so *F.-L. Knemeyer/M. Wehr*, Die Garantie der kommunalen Selbstverwaltung nach Art. 28 Abs. 2 GG in der Rechtsprechung des Bundesverfassungsgerichts, VerwArch 92 (2001), 317 (341). S. auch *U. Mager*, Einrichtungsgarantien, 2003, S. 342. Ausdrücklich für die Anwendung des Verhältnismäßigkeitsgrundsatzes BVerfGE 138, 1 Rn. 55 – *Schulnetzplanung*.

146 BVerfGE 138, 1 Rn. 85 ff. – *Schulnetzplanung*.

147 BVerfGE 138, 1 Rn. 60 – *Schulnetzplanung*.

148 BVerfGE 91, 228 (240 f.) – *gemeindliche Gleichstellungsbeauftragte* und 107, 1 (13 f.) – *Verwaltungsgemeinschaften*. Verwirrend BVerfGE 119, 331 (363) – *Hartz IV Arbeitsgemeinschaften*, wo im Zusammenhang mit der Eigenverantwortlichkeitsgarantie der Vorrang dezentraler Aufgabenwahrnehmung geprüft wird.

149 BVerfGE 119, 331 (362) – *Harz IV Arbeitsgemeinschaften*.

der sie inhaltlich ausformen und begrenzen darf."[150] Als Verletzung des Kernbereichs der Garantie eigenverantwortlicher Aufgabenwahrnehmung sind Regelungen **unzulässig**, „die eine eigenständige organisatorische **Gestaltungsfreiheit** der Kommunen **ersticken**",[151] oder sie zu „einer fremdgesteuerten Verwaltungseinheit"[152] machen würden.

2.3.3.2.3 Grundlagen der finanziellen Eigenverantwortung. Als Grundlage und Bestandteil der gemeindlichen Selbstverwaltung garantiert Art. 28 Abs. 2 Satz 3 GG zudem seit 1994[153] und 1997[154] „die Grundlagen der finanziellen Eigenverantwortung" einschließlich einer eigenen wirtschaftskraftbezogenen **Steuerquelle**.[155] In den Landesverfassungen wird diese Garantie oftmals durch den **Konnexitätsgrundsatz**[156] ergänzt.[157] Danach hat das Land für den Fall, dass die Übertragung von Aufgaben mit einer finanziellen Mehrbelastung für die Gemeinden verbunden ist, einen finanziellen Ausgleich zu schaffen. 501

2.3.3.3 Rechtsschutz. Gemäß Art. 93 Abs. 1 Nr. 4b GG können die Gemeinden eine Verletzung ihres Rechts auf Selbstverwaltung nach Erschöpfung des Rechtswegs im Wege der **Kommunalverfassungsbeschwerde** vor dem Bundesverfassungsgericht rügen.[158] **Klagegegenstand** kann nur ein **Gesetz** im materiellen Sinne sein.[159] Zudem ist die Kommunalverfassungsbeschwerde gegenüber Möglichkeiten des Rechtsschutzes durch die Landesverfassungsgerichte **subsidiär.** Bleibt der Rechtsschutz vor den Landesverfassungsgerichten hinter dem vor dem Bundesverfassungsgericht möglichen Rechtsschutz zurück, so tritt keine Subsidiarität ein und eine Kommunalverfassungsbeschwerde ist zulässig.[160] 502

Rechtsprechung: BVerfGE 50, 50 – Eingemeindung; 79, 127 – Rastede; 91, 228 – Gleichstellungsbeauftragte; 107, 1 – Verwaltungsgemeinschaften; 119, 331 – Hartz IV Arbeitsgemeinschaften; 138, 1 – Schulnetzplanung; 147, 185 – KinderförderungsG LSA.

Literatur: *C. Brüning,* Die Verfassungsgarantie der kommunalen Selbstverwaltung aus Art. 28 Abs. 2 GG, Jura 2015, 592; *A. Engels,* Kommunale Selbstverwaltung nach Art. 28 II GG, JA 2014, 7; *K. Ritgen,* Das Recht der kommunalen Selbstverwaltung in den Verfassungsräumen von Bund und Ländern, NVwZ 2018, 114; *A. Voßkuhle/A. Kaufhold,* Grundwissen – Öffentliches Recht: Die verfassungsrechtliche Garantie der kommunalen Selbstverwaltung, JuS 2017, 728; *C. Waldhoff,* Kommunalrecht: Kommunale Neugliederung, JuS 2014, 862.

2.4 Die verfassungsrechtlichen Grundlagen des öffentlichen Dienstes

Bisher war vornehmlich von Organen, Behörden, Körperschaften des öffentlichen Rechts uä. die Rede. Letztlich handeln aber Menschen. Von wesentlicher Bedeutung für die Qualität einer Verwaltung ist deshalb das Verwaltungspersonal. Das Grundgesetz 503

150 BVerfGE 91, 228 (240) – *gemeindliche Gleichstellungsbeauftragte*; 119, 331 (362) – *Hartz IV Arbeitsgemeinschaften.*

151 BVerfGE 91, 228 (239) – *gemeindliche Gleichstellungsbeauftragte*; 107, 1 (13) – *Verwaltungsgemeinschaften.*

152 *S. Magen,* Die Garantie kommunaler Selbstverwaltung, JuS 2006, 404 (409).

153 42. GGÄndG. v. 27. Oktober 1994 (BGBl. I, S. 3146).

154 Der 2. Halbsatz „zu diesen Grundlagen gehört eine den Gemeinden mit Hebesatzrecht zustehende wirtschaftsbezogene Steuerquelle" wurde durch das 44. GGÄndG. v. 20. Oktober 1997 (BGBl. I, S. 2470) angefügt.

155 S. hierzu unten Rn. 629.

156 S. dazu *Ch. Ziegelmeier,* Das strikte Konnexitätsprinzip am Beispiel der Bayerischen Verfassung, NJW 2008, 270 ff. und *Ch. Worms,* Die landesverfassungsrechtlichen Konnexitätsregeln am Beispiel des Art. 49 Abs. 5 der Verfassung Rheinland-Pfalz, DÖV 2008, 353 ff.

157 Art. 71 Abs. 3 LV BW; Art. 83 Abs. 3 Bay.LV; Art. 97 Abs. 3 Bbg.LV; Art. 137 Abs. 6 Hess.LV; Art. 72 Abs. 3 LV MV; Art. 57 Abs. 4 Nds.LV; Art. 78 Abs. 3 LV NRW; Art. 49 Abs. 5 LV RP; Art. 120 LV SL; Art. 85 Sächs.Verf; Art. 87 Abs. 3 LV SNA; Art. 49 Abs. 2 LV SH; Art. 93 Abs. 1 Thür.Verf.

158 S. dazu unten Rn. 561.

159 St. Rspr. seit BVerfGE 26, 228 (236) – *Sorsum*; s. etwa auch BVerfGE 110, 370 (378) – *Klärschlamm-Entschädigungsfonds.*

160 BVerfGE 147, 185 Rn. 50 ff. – *Kinderförderungsgesetz LSA.*

enthält in **Art. 33 GG Strukturvorgaben** für die Aufgaben, Auswahl und Rechtsstellung der „Angehörigen des öffentlichen Dienstes", die „in einem öffentlich-rechtlichen Dienst- und Treueverhältnis stehen", kurz: **für das Berufsbeamtentum**. Diese Vorgaben gelten für Bund und Länder.

2.4.1 Grundlagen

504 Die in Art. 33 Abs. 4 und 5 GG enthaltene Garantie des Berufsbeamtentums steht in engstem Zusammenhang mit dem **Rechtsstaatsprinzip**. Ihre Funktion ist es, die Voraussetzungen für eine stabile, sachorientierte und rechtsstaatliche Verwaltung sicherzustellen.[161] Wichtige und historisch bewährte Elemente des Berufsbeamtentums sind etwa das Leistungsprinzip,[162] das Laufbahnprinzip, dessen Bedeutung in der Gewährleistung einer guten fachlichen Bildung des Verwaltungspersonals liegt, das Lebenszeit-[163] und das Alimentationsprinzip, das die Abhängigkeit von Dritten verhindern soll[164] sowie das Streikverbot,[165] welches die staatliche Aufgabenerfüllung sichert. Der an den Beamtenstatus anknüpfende hergebrachte Grundsatz des Streikverbots stellt einen Eingriff in die Koalitionsfreiheit gemäß Art. 9 Abs. 3 GG wie auch Art. 11 EMRK dar. Angesichts der Tatsache, dass der EGMR in zwei die Türkei betreffenden Fällen ein Streikverbot für unzulässig bewertet hatte, urteilte das Bundesverwaltungsgericht im Fall einer verbeamteten Lehrerin, die wegen Teilnahme an einem Streik disziplinarisch belangt worden war, dass eine Kollision mit Art. 11 EMRK bestehte, es aber Sache des Gesetzgebers sei, diese Kollision aufzulösen. Solange dies nicht geschehen sei, müssten die Rechtsunterworfenen wie die Gerichte dem statusbezogenen Streikverbot aus Art. 33 Abs. 5 GG Vorrang

---

161 *B. Remmert*, Warum es Beamte geben muss, JZ 2005, 53 (58) spricht von einer „personellen Absicherung des Grundsatzes der Gesetzmäßigkeit der Verwaltung"; *J.F. Lindner*, Grundrechtssicherung durch das Berufsbeamtentum, ZBR 2006, 1 (2 ff.) weist auf die verfahrens- und organisationsrechtliche Dimension der Grundrechte hin.

162 Subjektivrechtliche Seite des Leistungsprinzips ist der Anspruch des Beamten auf leistungsgerechte und amtsangemessene Betätigung, s. BVerwGE 109, 283 – *Universitätskanzler*; BVerwG, NVwZ 1997, 22 – *Oberarzt an einer Universitätsklinik*; BVerwG, DÖV 2005, 738 – *Funktion des Lokomotivführers*. Aus dem Grundsatz auf amtsangemessene Betätigung folgt weiter ein Anspruch auf einen amtsangemessenen Titel, s. BVerfGE 38, 1 (12) – *Richteramtsbezeichnung*; 64, 323 ff. – *Universitätsprofessor*.

163 BVerfGE 149, 1 Rn. 38 ff. – *Hochschulkanzler auf Zeit (Brandenburg)*.

164 Zur Alimentationspflicht und dem Bezug zwischen Rechtsstaatsprinzip und Beamtenbesoldung, s. etwa BVerfGE 130, 263 Rn. 292 ff. – *W-Besoldung*; 117, 372 (380) – *Wartefrist Versorgungsbezüge aus Beförderungsamt* mwRsprN.: „Die Besoldung des Beamten stellt kein Entgelt für bestimmte konkrete Dienstleistungen dar, sondern eine Gegenleistung des Dienstherrn dafür, dass sich der Beamte ihm mit seiner ganzen Persönlichkeit zur Verfügung stellt. Sie bildet die Voraussetzung dafür, dass sich der Beamte ganz dem öffentlichen Dienst als Lebensberuf widmen und die ihm im Staatsleben zufallende Funktion eine stabile Verwaltung zu sichern und damit einen ausgleichenden Faktor gegenüber den das Staatsleben gestaltenden politischen Kräften zu bilden, erfüllen kann." Vgl. auch BVerfGE 119, 247 (261) – *Zwangsteilzeit*: „Nur wenn die innere und äußere Unabhängigkeit gewährleistet ist und Widerspruch nicht das Risiko einer Bedrohung der Lebensgrundlagen des Amtsträgers und seiner Familie in sich birgt, kann realistischerweise erwartet werden, dass ein Beamter auch dann auf rechtsstaatliche Amtsführung beharrt, wenn sie (partei-)politisch unerwünscht sein sollte." Fraglich ist, inwiefern Art. 33 Abs. 5 GG auch Schutz vor haushaltbedingten Sparmaßnahmen bieten kann. Zunächst zurückhaltend, s. etwa BVerfGE 106, 225 (232) – *Krankenhausversorgung* und BVerfGE 114, 258 (281 ff.) – *private Altersvorsorge* m. Anm. *T. Hebeler*, Die Rechtfertigung von Sparbemühungen im Beamtenversorgungsrecht, NVwZ 2006, 1254 (1257). Das BVerfG hat jüngst betont, dass „die Finanzlage der öffentlichen Haushalte, die Herausforderungen durch die Globalisierung, der demographische Wandel und die finanziellen Nachwirkungen der Wiedervereinigung (…) eine Einschränkung des Grundsatzes amtsgemäßer Versorgung nicht zu begründen (vermögen). Könnte die finanzielle Situation der öffentlichen Hand für sich bereits eine Veränderung des Grundsatzes der Alimentierung rechtfertigen, so wäre diese dem uneingeschränkten Zugriff des Gesetzgebers eröffnet. Die Schutzfunktion des Art. 33 Abs. 5 GG liefe hierdurch ins Leere." S. BVerfGE 117, 372 (388) – *Wartefrist für Versorgungsbezüge aus Beförderungsamt*. S. hierzu auch die Anm. von *T. Linke*, Alimentation in Zeiten knapper öffentlicher Kassen, NVwZ 2007, 902 (904). – Eine instruktive Zusammenfassung der Rechtsprechung findet sich in BVerfGE 119, 247 (260 ff.) – *Zwangsteilzeit*.

165 BVerfGE 8, 1 (17) – *Teuerungszulage*; 69, 208 (212 f.) – *Betriebsaufspaltung*.

vor Art. 11 EMRK einräumen.[166] Demgegenüber hat das Bundesverfassungsgericht mit überzeugender Begründung festgestellt, dass die Entscheidungen des EGMR der „Kontextualisierung“ bedürfen. Sofern keine unmittelbare Bindung als Partei besteht und die Rechtsprechung des EGMR sich auch nicht auf Fälle im Geltungsbereich derselben Rechtsordnung bezieht, ist es notwendig, die Grundwertungen der Konvention zu identifizieren und sich damit auseinanderzusetzen. In Deutschland ist zu berücksichtigen, dass das Streikverbot für Beamte in enger Verbindung mit dem Alimentationsprinzip, dem Lebenszeitprinzip und der Regelung der Besoldung durch den Gesetzgeber steht. Angesichts dieser Besonderheiten sei das Streikverbot sowohl mit Art. 9 Abs. 3 GG als auch mit Art. 11 EMRK vereinbar.[167] Diese Ausführungen überzeugen auch deshalb, weil die Amtsangemessenheit der Besoldung durch das Bundesverfassungsgericht überprüft werden kann.[168]

Da Art. 33 Abs. 5 GG auf die **hergebrachten Grundsätze des Berufsbeamtentums** 505
Bezug nimmt, ist die historische Entwicklung für die Auslegung einerseits von großer Bedeutung, andererseits sind die hergebrachten Grundsätze im Lichte des demokratischen Rechtsstaats zu verstehen und für die Bedürfnisse einer modernen Gesellschaft und Verwaltung fortzuentwickeln. Art. 33 Abs. 4 und 5 GG setzen mit diesen Bezügen vor allem einen **Rahmen für den Gesetzgeber**.
Die geschichtlichen Wurzeln des Berufsbeamtentums reichen in das ausgehende 18. Jahrhundert zurück.[169] Mit der Konstitutionalisierung des Staates wandelten sich die Fürstendiener zu Staatsdienern.[170] Dennoch leisteten die Beamten in Deutschland bis zum Untergang des Kaiserreichs ihren Treueeid auf den Monarchen. Dies führte 1918 zur Erschütterung der berufsethischen Grundlagen des deutschen Berufsbeamtentums, angesichts der Angewiesenheit der Republik auf die Fähigkeiten und Kenntnisse der Beamtenschaft jedoch verfassungsrechtlich zu dessen um so intensiveren Absicherung in den Art. 129, 130 WRV.[171] Diese in den Grundrechtsteil der Weimarer Reichsverfassung eingeordneten Vorschriften[172] enthielten nicht nur Grundsätze des Beamtenrechts zur näheren Ausgestaltung durch den Gesetzgeber, sondern auch spezifische subjektive

166 BVerwGE 149, 117 Rn. 64 – *Beamtenstreik und EMRK.*
167 BVerfGE 148, 296 Rn. 113 ff.
168 S. etwa BVerfGE 139, 64 ff. – *Richterbesoldung*; 140, 240 ff. – *Beamtenbesoldung*; 145, 1 ff. – *Wartefrist für Besoldungsanstieg nach Beförderung*; 145, 304 ff. – *Ostbesoldung*; 149, 382 ff. – *Absenkung Eingangsbesoldung.*
169 S. *M. Kenntner*, Sinn und Zweck der Garantie des hergebrachten Berufsbeamtentums, DVBl. 2007, 1321 (1322 ff.).
170 *H. Hattenhauer*, Geschichte des deutschen Beamtentums, 2. Aufl. 1993, S. 47, 99, 188 ff., 223; vgl. schon den 10. Titel des Zweiten Teils des Allgemeinen Landrechts für die Preußischen Staaten von 1794, der mit „Von den Rechten und Pflichten der Diener des Staates“ überschrieben war.
171 *J. Masing*, in: *Dreier*, GG II, Art. 33 Rn. 7.
172 Art. 129 WRV: (1) Die Anstellung der Beamten erfolgt auf Lebenszeit, soweit nicht durch Gesetz etwas anderes bestimmt ist. Ruhegehalt und Hinterbliebenenversorgung werden gesetzlich geregelt. Die wohlerworbenen Rechte der Beamten sind unverletzlich. Für die vermögensrechtlichen Ansprüche der Beamten steht der Rechtsweg offen. (2) Die Beamten können nur unter den gesetzlich bestimmten Voraussetzungen und Formen vorläufig ihres Amtes enthoben, einstweilen oder endgültig in den Ruhestand oder in ein anderes Amt mit geringerem Gehalt versetzt werden. (3) Gegen jede dienstliche Straferkenntnis muß ein Beschwerdeweg und die Möglichkeit eines Wiederaufnahmeverfahrens eröffnet sein. In die Nachweise über die Person des Beamten sind Eintragungen von ihm ungünstigen Tatsachen erst vorzunehmen, wenn dem Beamten Gelegenheit gegeben war, sich über sie zu äußern. Dem Beamten ist Einsicht in seine Personalnachweise zu gewähren. (4) Die Unverletzlichkeit der wohlerworbenen Rechte und die Offenhaltung des Rechtswegs für die vermögensrechtlichen Ansprüche werden besonders auch den Berufssoldaten gewährt. Im Übrigen wird ihre Stellung durch Rechtsgesetz geregelt.
Art. 130 WRV: (1) Die Beamten sind Diener der Gesamtheit, nicht einer Partei. (2) Allen Beamten wird die Freiheit ihrer politischen Gesinnung und die Vereinigungsfreiheit gewährleistet. (3) Die Beamten erhalten nach näherer reichsgesetzlicher Bestimmung besondere Beamtenvertretungen.

Rechte der Beamten.[173] In Rechtsprechung und Literatur setzte sich in der weiteren Entwicklung trotz der Verankerung im Grundrechtsteil der Weimarer Reichsverfassung die Auffassung durch, dass die verfassungsrechtlichen **Gewährleistungen** nicht im Blick auf den einzelnen Beamten, sondern **im staatlichen Interesse** am Bestehen und Funktionieren des Berufsbeamtentums auszulegen seien.

506 Im Grundgesetz finden sich die verfassungsrechtlichen Grundlagen des Berufsbeamtentums nicht mehr im Grundrechtsabschnitt, wo sie auch nicht hingehören[174], sondern – wie die Garantie der gemeindlichen Selbstverwaltung – im Abschnitt „Bund und Länder". Gegenüber den Vorschriften der Weimarer Reichsverfassung sind die grundgesetzlichen Normen stark verkürzt und objektivrechtlich formuliert. Bereits im Parlamentarischen Rat bestand Einigkeit, dass es um die **Sicherung des Berufsbeamtentums**, nicht um die Gewährleistung subjektiver Rechte von Beamten gehen sollte.[175] In Literatur und Rechtsprechung werden Art. 33 Abs. 4 und 5 GG zusammengenommen als institutionelle Garantie des Berufsbeamtentums aufgefasst[176], wobei **Art. 33 Abs. 4 GG als Funktionsvorbehalt**[177], **Art. 33 Abs. 5 GG als Regelungsauftrag** mit spezifischen Strukturvorgaben[178] charakterisiert wird.

2.4.2 Der Funktionsvorbehalt des Art. 33 Abs. 4 GG

507 Art. 33 Abs. 4 GG bestimmt, dass die Ausübung hoheitsrechtlicher Befugnisse als ständige Aufgabe in der Regel Beamten zu übertragen ist. Art. 33 Abs. 4 GG ist danach als verfassungsrechtliche Verankerung eines Regel-Ausnahme-Verhältnisses zu lesen.[179] Sowohl der Begriff der „hoheitlichen Befugnisse" als auch die Reichweite des Regel-Ausnahme-Verhältnisses sind umstritten. Im Vordringen begriffen ist eine Auffassung, die den Begriff der **„hoheitlichen Befugnisse" funktional**, dh. in Bezug auf die Funktion des Berufsbeamtentums, eine stabile, sachorientierte und rechtsstaatliche Verwaltung sicherzustellen, **bestimmen** will.[180] Danach sind jedenfalls die Aufgaben, die der Staat als ausschließliche Staatsaufgaben ansieht und wahrnimmt,[181] von Beamten zu erledigen, sofern nicht sachgerechte Gründe eine Ausnahme rechtfertigen.[182] Funktionalität und Sachgerechtigkeit sind somit die wesentlichen Gesichtspunkte zur Konkretisierung des Funktionsvorbehalts, was nicht hindert, dass in vielen Fällen die Regierung oder der Gesetzgeber die Wahl haben, ob eine Aufgabe durch Beamte oder durch Angestellte des öffentlichen Dienstes oder gar durch Private wahrgenommen wird. Zu den staatlichen Aufgaben, die unstreitig durch Beamte wahrzunehmen sind, gehören etwa die Gefahrenabwehr und Strafverfolgung, die Aufgaben

173 *G. Anschütz*, Weimarer Reichsverfassung, 14. Aufl. 1933, Art. 129 Anm. 2 und 3, S. 591 f.; *H. Gerber*, Entwicklung und Reform des Beamtenrechts, VVDStRL 7 (1932), 2 (5). Infolge der Wirtschaftskrisen und politischer Zerrissenheit gab es Streit vor allem um die Gewährleistung der „wohlerworbenen Rechte der Beamten" als „unverletzlich" gemäß Art. 129 Abs. 1 Satz 3 WRV (s. dazu *G. Anschütz*, Weimarer Reichsverfassung, 14. Aufl. 1933, Art. 129 Anm. 4, S. 593 ff.) sowie um die Gewährleistung der Freiheit politischer Gesinnung und der Vereinigungsfreiheit gemäß Art. 130 Abs. 2 WRV (s. *G. Anschütz*, ebenda, Art. 130 Anm. 2–4, S. 604 f.).

174 S. schon die Kritik bei *H. Gerber*, Entwicklung und Reform des Beamtenrechts, VVDStRL 7 (1932), 2 (27) zur Stellung der Art. 129–131 WRV.

175 *W. Matz*, in: Entstehungsgeschichte der Artikel des Grundgesetzes, JöR nF. 1 (1951), 314 (317, 319, 323).

176 BVerfGE 9, 268 (285) – *in Bezug auf Art. 33 Abs. 4 GG*; 43, 154 (167) – *Entlassung eines Beamten auf Probe*; 64, 158 (169) – *Dienstzeitprämie*; 70, 69 (79) – *Waisenunterhalt*. Kritisch zur Anwendung dieser Kategorie auf die Garantie des Berufsbeamtentums *U. Mager*, Einrichtungsgarantien, 2003, S. 360–362 und 406–409.

177 *H. Lecheler*, Der öffentliche Dienst, in: HStR V, 3. Aufl. 2007, § 110 Rn. 13.

178 *C. Bickenbach*, in: *von Münch/Kunig*, GGK I, Art. 33 Rn. 121 ff.

179 S. BVerfGE 88, 103 (114) – *Postbeamter*; BVerfGE 130, 76 (114 ff.) – *Maßregelvollzug*.

180 *Ph. Kunig*, Das Recht des öffentlichen Dienstes, in: *Schmidt-Aßmann*, Besonderes Verwaltungsrecht, 14. Aufl. 2008, 6. Kap. Rn. 34.

181 S. *G.F. Schuppert*, in: GGK, Reihe Alternativkommentare, 3. Aufl. 2001, Rn. 19 ff. zu Art. 33 IV und V.

182 S. BVerfGE 9, 268 (284) – *Bremer Personalvertretungsgesetz*; BVerfGE 130, 76 (115 ff.) mwN. – *Maßregelvollzug*.

der Abgabenerhebung und Finanzverwaltung sowie die Zwangsvollstreckung.[183] In seiner Entscheidung zum Maßregelvollzug in privatisierter Form hat das Bundesverfassungsgericht ausgeführt, dass es sich jedenfalls dann um die Ausübung hoheitlicher Befugnisse handelt, „wenn die öffentliche Hand (…) durch Befehl oder Zwang unmittelbar beschränkend auf grundrechtlich geschützte Freiheiten einwirkt."[184]

Der **Beamtenbegriff** im Sinne des Art. 33 Abs. 4 GG[185] ist nicht identisch mit dem Begriff 508
der „öffentlichen Verwaltung" und „Ausübung öffentlicher Gewalt" im Sinne der Schranken zu den **europäischen Garantien der Personenfreizügigkeit** gemäß Art. 45 Abs. 4, Art. 49 iVm. Art. 51 und Art. 56 iVm. Art. 62 AEUV. Als Vorbehalt zu den Binnenmarktfreiheiten darf sich ein Mitgliedstaat nur unter sehr engen Voraussetzungen darauf berufen, dass eine Tätigkeit „öffentliche Verwaltung" oder „Ausübung öffentlicher Gewalt" sei und deshalb ausschließlich eigenen Staatsangehörigen vorbehalten bleiben darf.[186] Damit ist der Einsatz von Beamten durch einen Mitgliedstaat jedoch keineswegs präjudiziert, sofern grundsätzlich auch **Unionsbürger Zugang zu Beamtenstellen** haben.[187] Aus diesem Grunde sehen das Beamtenstatusgesetz, das Bundesbeamten- und die Landesbeamtengesetze die grundsätzliche Gleichstellung von Deutschen und Unionsbürgern beim Zugang zum Beamtenstatus vor.[188] Festzuhalten bleibt, dass der Funktionsvorbehalt einen erheblichen Spielraum für den Einsatz von Beamten lässt, sofern dieser Status bei der „Ausübung hoheitsrechtlicher Befugnisse" die Regel bleibt.

2.4.3 Der Regelungsauftrag des Art. 33 Abs. 5 GG

Art. 33 Abs. 5 GG enthält einen Regelungsauftrag an den – bzw. die – Gesetzgeber, indem 509
er bestimmt, dass das Recht des öffentlichen Dienstes unter Berücksichtigung der hergebrachten Grundsätze des Berufsbeamtentums zu regeln und fortzuentwickeln ist. Die reformfreudige Formulierung „und fortzuentwickeln" hat erst mit der Föderalismusreform zum 1.9.2006 Eingang in die Verfassung gefunden. Schon zuvor war der angesprochene Gesetzgeber jedoch nicht nur traditionsgebunden, sondern auch zur Reform befugt.[189] Dies ergibt sich schon daraus, dass die Verpflichtung zur „Berücksichtigung" der hergebrachten

183 Vgl. *H. Landau/M. Steinkühler*, Zur Zukunft des Berufsbeamtentums in Deutschland, DVBl. 2007, 133 (143). Zum Maßregelvollzug, s. auch *K. Willenbruch/K. Bischoff*, Verfassungsrechtliche Zulässigkeit der Privatisierung des Maßregelvollzugs, NVwZ 2006, 1776 ff.

184 BVerfGE 130, 76 (133) – *Maßregelvollzug*.

185 Für die Abgrenzung dieses staatsrechtlichen Beamtenbegriffes zu anderen Beamtenbegriffen, s. *Ph. Kunig*, Beamtenbegriffe, Jura 1991, 556 (557 f.).

186 Eine den Tatbestand der Dienstleitungs- und Niederlassungsfreiheit ausschließende „Ausübung öffentlicher Gewalt" iSv. Art. 51 Abs. 1 AEUV liegt nur vor, wenn die betroffene Person ermächtigt wird, gegenüber dem Bürger einseitig verbindliche Anordnungen zu treffen.

187 Die Bereichsausnahme der Arbeitnehmerfreizügigkeit des Art. 45 Abs. 4 AEUV (Beschäftigung in der öffentlichen Verwaltung) greift nach der gebotenen restriktiven Auslegung nur ein, wenn Aufgaben wahrgenommen werden, die auf die Wahrung der allgemeinen Belange des Staates oder anderer öffentlicher Körperschaften gerichtet sind und damit ein Verhältnis besonderer Verbundenheit des jeweiligen Stelleninhabers zum Staat sowie die Gegenseitigkeit von Rechten und Pflichten voraussetzen, die dem Staatsangehörigkeitsband zu Grunde liegen, s. EuGH, C-66/85, Slg. 1986, 2121 (2147 Rn. 27) – *Lawrie Blum*. Der EuGH versteht den Begriff also nicht institutionell, sondern funktional.

188 S. § 7 Abs. 1 Nr. 1a BeamStG, § 7 Abs. 1 Nr. 1 BBG.

189 BVerfGE 43, 154 (168) – *Datenzentrale*; 67, 1 (14) – *Emeritierungsalter*; 97, 350 (376 f.) – *Europäische Währungsunion*. Die Fortentwicklungsklausel beabsichtigt zudem keine Verschiebung der verfassungsrechtlichen Grenzen in Richtung auf einen größeren Gestaltungsspielraum des Gesetzgebers, s. BVerfGE 119, 247 (272 f.) – *Teilzeitbeamter* mit Hinweis auf BT-Drs. 16/813, 8 und 10. S. auch *W. Höfling/Ch. Burkiczak*, Die Garantie des hergebrachten Berufsbeamtentums unter Fortentwicklungsvorbehalt, DÖV 2007, 328 (333) „typisches Resultat eines (…) dilatorischen Formelkompromisses, der gleichermaßen dem Veränderungswunsch und dessen Ablehnung Rechnung tragen will (…) Ausdruck der Absicht des Gesetzgebers, den Verfassungstext, kaum aber die Verfassungsrechtslage zu ändern." Für einen Überblick über die in die Literatur zuvor vertretenen Auffassungen, s. *R. Summer*, Stabilisierung des Berufsbeamtentums durch die Dritte Gewalt, ZBR 2008, 158 (159 f.).

Grundsätze keine strikte Bindung meint, sondern eine angemessene **Würdigung der überkommenen Strukturen in ihrer Bedeutung für die Funktionen des Berufsbeamtentums.**
Der Regelungsauftrag enthält keine Entscheidung über die Verteilung der **Gesetzgebungskompetenzen** zwischen Bund und Ländern. Bereits aus der Natur der Sache folgt, was **Art. 73 Abs. 1 Nr. 8 GG** bestimmt, nämlich dass der Bund die ausschließliche Gesetzgebung für „die Rechtsverhältnisse der im Dienste des Bundes und der bundesunmittelbaren Körperschaften des öffentlichen Rechtes stehenden Personen" hat. Bis zum 1.9.2006 hatte der Bund gemäß Art. 74a GG außerdem die konkurrierende Gesetzgebung für die Besoldung und Versorgung der Beamten von Bund und Ländern sowie die Rahmengesetzgebung für die „Rechtsverhältnisse der im öffentlichen Dienste der Länder, Gemeinden und anderen Körperschaften des öffentlichen Rechtes stehenden Personen" (Art. 75 Abs. 1 Satz 1 GG aF.). Dem Anliegen nach größerer Eigenständigkeit und Wettbewerbsfähigkeit einer Vielzahl von Ländern folgend, haben sich die Regelungsbefugnisse hinsichtlich der im öffentlichen Dienst der Länder stehenden Personen im Zuge der Föderalismusreform erheblich zugunsten der Länder verschoben. Sowohl Art. 74a GG als auch die Rahmengesetzgebung wurden gestrichen. **Art. 74 Abs. 1 Nr. 27 GG** bestimmt nunmehr als Gegenstand der konkurrierenden Gesetzgebung „die Statusrechte und -pflichten[190] der Beamten der Länder, Gemeinden und anderen Körperschaften des öffentlichen Rechts sowie der Richter in den Ländern mit Ausnahme der Laufbahnen, Besoldung und Versorgung". Die Ausübung dieser Kompetenz ist nicht an die Erforderlichkeitsklausel des Art. 72 Abs. 2 GG gebunden und unterliegt auch nicht der Abweichungsgesetzgebung der Länder gemäß Art. 72 Abs. 3 GG. Gemäß Art. 125a Abs. 1 GG gelten bisherige Bundesgesetze wie etwa das Bundesbesoldungs- und -versorgungsgesetz fort, können aber jederzeit durch Landesrecht ersetzt werden. Das Beamtenrechtsrahmengesetz wurde 2008 durch das Beamtenstatusgesetz[191] abgelöst. Inzwischen haben alle Bundesländer eigene Besoldungs- und Versorgungsgesetze erlassen.

510 Die **„hergebrachten Grundsätze des Berufsbeamtentums"** definiert das Bundesverfassungsgericht in ständiger Rechtsprechung als einen Kernbestand von Strukturprinzipien der Institution des Berufsbeamtentums, die allgemein oder doch überwiegend und während eines längeren, Tradition bildenden Zeitraums, mindestens unter der Reichsverfassung von Weimar, als verbindlich anerkannt und gewahrt worden sind.[192] Hierzu gehören etwa das Alimentationsprinzip, das Prinzip der Hauptberuflichkeit, das Fürsorgeprinzip, das Laufbahnprinzip, das Leistungsprinzip sowie das Lebenszeitprinzip.[193]

511 Hinsichtlich der Konkretisierung dieser Grundsätze belässt Art. 33 Abs. 5 GG dem Gesetzgeber grundsätzlich einen **weiten Ermessensspielraum**, um die Beamtengesetzgebung den Erfordernissen des freiheitlichen demokratischen Staates und seiner Entwicklung anpassen zu können. Andererseits gewährt er nicht völlige Regelungsfreiheit. Der einzelne hergebrachte Grundsatz ist vielmehr in seiner Bedeutung für die Institution

190 Statusrechte sind die Rechte und Pflichten, die mit der Rechtsstellung als Beamter schlechthin, also unabhängig von der Aufgabe im Einzelnen, verbunden sind. Hierzu gehören auch Beginn und Beendigung des Status. Ausdrücklich ausgenommen sind Besoldung und Versorgung.

191 BGBl. I, S. 1010 vom 17.6.2008, zuletzt geändert durch Gesetz vom 5. Februar 2009 (BGBl. I, S. 160).

192 BVerfGE 8, 332 (343) – *Teuerungszulage*; 15, 167 (195 f.); 46, 97 (117) – *Witwengeld*; 58, 68 (76 f.) – *Beihilfegewährung*; 83, 89 (98) – *Hundert-Prozent-Grenze*; 106, 225 (232) – *Krankenhausversorgung*; 114, 258 (281 f.) – *private Altersvorsorge*. Als Summe der bisherigen Rechtsprechung zu Art. 33 Abs. 5 GG lässt sich lesen BVerfGE 121, 205 (219 ff.) – *Führungsämter auf Zeit*. In der Literatur wird die Notwendigkeit der Rückführung mindestens auf die Weimarer Zeit mit beachtlichen Gründen kritisiert, s. *H. Lecheler*, Der öffentliche Dienst, in: HStR III, 1. Aufl. 1988, § 72 Rn. 64, vgl. jetzt aber *ders.*, Der öffentliche Dienst, in: HStR V, 3. Aufl. 2007, § 110 Rn. 53, in der er sich der Auffassung des Bundesverfassungsgerichts, da sie „doch wohl gute Gründe für sich" hat, anschließt.

193 S. dazu *U. Battis*, in: *Sachs*, Art. 33 Rn. 73.

des Berufsbeamtentums in der freiheitlichen rechts- und sozialstaatlichen Demokratie zu würdigen; davon hängt ab, in welcher Weise und in welchem Ausmaß er zu beachten ist.[194] Die dem Berufsbeamtentum zufallende **Funktion** ist es, eine **stabile Verwaltung zu sichern** und damit einen ausgleichenden Faktor gegenüber den das Staatsleben gestaltenden politischen Kräften zu bilden. Ist ein hergebrachter Grundsatz im Hinblick auf diese Funktion unverzichtbar, so ist er vom Gesetzgeber nicht nur zu **berücksichtigen**, sondern dieser ist verpflichtet, ihn zu **beachten.**[195]

Soweit ein hergebrachter Grundsatz für die Funktion des Berufsbeamtentums so wesentlich ist, dass er vom Gesetzgeber zu beachten ist, besteht ein korrespondierendes **subjektives Recht** des in seiner Rechtsstellung betroffenen Beamten darauf, dass dieser Grundsatz vom Gesetzgeber auch tatsächlich beachtet wird.[196] Auch wenn das Bundesverfassungsgericht insoweit von einem „grundrechtsgleichen Recht“ spricht,[197] handelt es sich der Sache nach um etwas völlig anderes als ein Grundrecht. Es geht nicht um die Abwehr von Eingriffen in einen Rechtskreis freier Selbstbestimmung. Vielmehr setzt ein klagender Beamter[198] anlässlich eigener Betroffenheit die an den Gesetzgeber gerichteten Anforderungen durch, die Art. 33 Abs. 5 GG **im Interesse der Funktionsfähigkeit des Berufsbeamtentums** aufstellt.[199] **512**

2.4.4 Die Gleichheit des Zugangs zu öffentlichen Ämtern (Art. 33 Abs. 2 GG)

Art. 33 Abs. 2 GG garantiert allen Deutschen gleichen Zugang zu jedem öffentlichen Amt nach Maßgabe seiner bzw. ihrer Eignung, Befähigung und fachlichen Leistung. Der Anwendungsbereich dieser Vorschrift geht über das Beamtenverhältnis hinaus, konkretisiert aber auch für dieses das **Leistungsprinzip**. Soweit das Recht der Europäischen Union eine Gleichbehandlung von eigenen Staatsangehörigen und Unionsbürgern fordert[200], kann die Begrenzung auf Deutsche in Art. 33 Abs. 2 GG nicht gegen Unionsbürger ins Feld geführt werden. **513**

Der Begriff der **Eignung** bezieht sich auf die **persönlichen Eigenschaften** eines Bewerbers[201] und umfasst insbesondere auch die Verfassungstreue.[202] Die **Befähigung** bezieht sich auf die nötige **Vorbildung**, und der Begriff der **fachlichen Leistung** meint die **Bewährung im Amt.** **514**

Frauenquoten sind unter bestimmten Bedingungen mit dem Leistungsprinzip vereinbar. Zwar hatte das Bundesverfassungsgericht bisher noch keine Gelegenheit sich dazu zu äußern, jedoch mehrfach der EuGH. Es ist anzunehmen, dass das Bundesverfassungs-

---

194 BVerfGE 8, 1 (16) – *Teuerungszulage*; s. auch BVerfGE 43, 242 (278); 52, 303 (335 f.) – *Liquidationsrecht*; 64, 367 (379) – *Überleitung in neues Besoldungsrecht*; 121, 205 (220) – *Führungsämter auf Zeit*.

195 BVerfGE 8, 1 (16 f.) – *Teuerungszulage*; 11, 203 (215) – *Beförderungsschnitt*; 56, 146 (163 f.) – *Überleitung in neues Besoldungsrecht*; 61, 43 (57) – *Ruhegehalt*.

196 BVerfGE 67, 1 (12) – *Emeritierungsalter*; 70, 69 (79 f.) – *Waisengeld*; 130, 263 (292) – *W-Besoldung*.

197 Art. 33 GG wird in § 90 Abs. 1 BVerfGG als Recht benannt, dessen Verletzung mit der Verfassungsbeschwerde gerügt werden kann. Schon der Wortlaut zeigt aber, dass damit nichts über eine materielle Grundrechtsähnlichkeit ausgesagt wird. S. *U. Mager*, Einrichtungsgarantien, 2003, S. 359 f.

198 Ein Beamter findet Rechtsschutz zunächst vor den Verwaltungsgerichten; geht es im Rechtsstreit um hergebrachte Grundsätze des Berufsbeamtentums, steht schlussendlich auch der Rechtsweg zum Bundesverfassungsgericht offen.

199 S. *U. Mager*, Einrichtungsgarantien, 2003, S. 358, 362.

200 S. oben Rn. 508.

201 BVerfGE 92, 140 (151) – *Sonderkündigungstatbestand im Einigungsvertrag*: „Geeignet im Sinne von Art. 33 Abs. 2 GG ist nur, wer dem angestrebten Amt in körperlicher, psychischer und charakterlicher Hinsicht gewachsen ist.“ Zur Körpergröße als Eignungsvoraussetzung für den Polizeidienst s. OVG Münster, ZBR 2018, 53 ff.

202 BVerfGE 39, 334 (351 f.) – *Radikale im öffentlichen Dienst*: Eignung nur dann, „wenn (Bewerber) jederzeit bereit ist, für die freiheitliche demokratische Grundordnung einzutreten.“ S. auch BVerfGE 92, 140 (151) – *Sonderkündigungstatbestand im EV.*

gericht dessen Linie folgen würde. Nach der Rechtsprechung des EuGH in der Rechtssache Kalanke[203] stellt eine nationale Regelung, wonach Frauen, welche die gleiche Qualifikation wie ihre männlichen Mitbewerber haben, in Bereichen, in denen Frauen unterrepräsentiert sind, bei der Beförderung automatisch der Vorrang eingeräumt wird, eine Diskriminierung der Männer dar. In der späteren Marschall-Entscheidung hat er eine grundsätzliche Bevorzugung von Frauen in dieser Konstellation gebilligt, sofern alle Umstände des Einzelfalls ggf. auch zugunsten des Mannes Berücksichtigung finden.[204] Die **Geltung des Leistungsprinzips** sowie die **Berücksichtigung aller Umstände des Einzelfalles** bilden danach den Rahmen dafür, dass die Zugehörigkeit zum unterrepräsentierten Geschlecht ein zulässiges Entscheidungskriterium darstellt.[205]

515 Die **föderale Proporzregelung** des **Art. 36 GG**, wonach bei den obersten Bundesbehörden Beamte aus allen Ländern in angemessenem Verhältnis zu verwenden sind, geht dem Leistungsprinzip nach Art. 33 Abs. 2 GG nicht vor, sondern kann und darf nur im Falle gleicher Qualifikation den Ausschlag geben.[206]

2.4.5 Das Diskriminierungsverbot des Art. 33 Abs. 3 GG

516 Art. 33 Abs. 3 GG enthält eine Sonderausprägung des Verbots der Diskriminierung wegen der Religion, indem er (auch) verbürgt, dass die Zulassung zu öffentlichen Ämtern sowie die im öffentlichen Dienst erworbenen öffentlichen Rechte von dem religiösen Bekenntnis unabhängig sind. Damit ist nicht garantiert, dass ein Beamter im Dienst unbeschränkt den Geboten seiner Religion folgen darf. Gemeint ist zunächst, dass die reine Zugehörigkeit zu einer Religionsgemeinschaft für den Zugang zum öffentlichen Dienst ohne jede Bedeutung sein soll. Diese Vorschrift reagiert mit diesem Inhalt sowohl auf die historische Erfahrung des Kirchenkampfes im ausgehenden 19. Jahrhundert als auch auf die Erfahrungen im Nationalsozialismus. Das Diskriminierungsverbot umfasst jedoch mehr als diesen nur formalen Gehalt: Es gewährt dem Amtsträger das Grundrecht auf **Religionsfreiheit** auch **im Dienst**, **soweit** dies **mit** dem Grundsatz staatlicher **Neutralität** und der Wahrnehmung seiner Aufgaben **vereinbar** ist. Was dies bedeutet, ist im Einzelfall höchst umstritten, wie die Auseinandersetzung darum zeigt, ob eine Lehrerin an einer staatlichen Schule im Unterricht in Befolgung religiöser Bekleidungsgebote ein Kopftuch tragen darf oder nicht. Während das Bundesverfassungsgericht ein Kopftuchverbot für Lehrerinnen zutreffend als einen nicht zu rechtfertigenden Eingriff in die Religionsfreiheit der Lehrerin gewertet hat, solange nicht der Schulfrieden oder die staatliche Neutralität konkret gefährdet sind,[207] hat es der Neutralität des Staates in der Justiz zurecht ein so hohes Gewicht eingeräumt, dass es ein Kopftuchverbot auch bereits für Rechtsreferendarinnen rechtfertigen kann.[208] Entsprechendes gilt erst recht für Richterinnen. Selbstverständlich gilt das Gebot der äußersten Zurückhaltung bei der Verwendung von Kennzeichen mit religiösem Bezug für alle Glaubensrichtungen.[209]

Rechtsprechung: BVerfGE 8, 1 (16) – Teuerungszulage; 39, 334 (346 ff.); 92, 140 – Verfassungstreue als Eignungsmerkmale; 108, 282 – Kopftuch der Lehrerin; 119, 247 – Zwangsteilzeit; 121, 205 – Führungsamt auf Zeit; 130, 76 – Maßregelvollzug; 130, 263 – W-Besoldung; 138, 296 – Kopftuch der Lehrerin II; 139, 64 – Richterbesoldung; 140, 240 – Beamtenbesoldung; 148, 296 – Beamtenstreik; 149, 1 – Hochschulkanzler auf Zeit; 149, 382 – Absenkung Eingangsbesoldung; BVerfGE 153, 1 – Kopftuch der Referendarin im Justizdienst.

203 EuGH, Slg. 1995, I-3051 – *Kalanke*.
204 EuGH, Slg. 1997, I-6363 – *Marschall*.
205 S. auch noch EuGH, Slg. 2000, I-5539 – *Abrahamsson*.
206 *U. Battis*, in: *Sachs*, Art. 36 Rn. 5.
207 S. dazu zunächst BVerfGE 108, 282 ff. und nunmehr BVerfGE 138, 296 ff.
208 BVerfG 153, 1 Rn. 89 ff.
209 BVerfG 153, 1 Rn. 101.

Literatur: *T. Hebeler*, Die Pflicht zur Berücksichtigung der hergebrachten Grundsätze des Berufsbeamtentums gem. Art. 33 V GG, JA 2014, 731; *J. M. Hoffmann/K. Faßbender*, Die verfassungsrechtlichen Grundlagen des öffentlichen Dienstrechts, JuS 2014, 597; *H. Landau/M. Steinkühler*, Zur Zukunft des Berufsbeamtentums in Deutschland, DVBl. 2007, 133; *L. O. Michaelis*, Das beamtenrechtliche Streikverbot, JA 2015, 121; *G. Manssen*, Weiterhin kein Streikrecht für deutsche Beamte?, Jura 2015, 835.

Fallbearbeitungen: *J. Hellermann*, Bundesrichterwahl zwischen Bestenauslese und Länderparität, JuS 2002, 998 (Referendarexamensklausur: Anwendbarkeit und tatbestandliche Voraussetzungen des Art. 33 Abs. 2 GG bei Bundesrichterwahl); *S. Klenner*, Referendarexamensklausur – Öffentliches Recht: Verfassungsrecht – Tätowierungen im Polizeidienst, JuS 2019, 701; *B. Köbele*, Reformen des Beamtenrechts, Jura 1990, 436 (Anfängerhausarbeit: Verfassungsmäßigkeit Gesetz zur Abschaffung des Berufsbeamtentums, zur Einführung eines Streikrechts, zur Öffnung für Ausländer, zur Einstellung nur nach positiver Äußerung des Personalrates); *S.R. Lasowski/J.-H. Dietrich*, Eine Richterin mit Kopftuch?, Jura 2002, 271 (Fortgeschrittenenhausarbeit: Bewertung des religiösen Bekenntnisses beim Zugang zum öffentlichen Amt); *N. Schaks*, Europarecht und Beamtenrecht – Streik im Mehrebenensystem, JuS 2014, 630 (Referendarexamensklausur).

Lösung zu Fall 9: Atomkraft[210]

In Betracht kommt ein Bund-Länder-Streitverfahren gemäß Art. 93 Abs. 1 Nr. 3 GG iVm. §§ 13 Nr. 7, 68 ff. BVerfGG. Ein Antrag der Landesministerin auf Feststellung der Verfassungswidrigkeit der Weisungen müsste zulässig und begründet sein.

I. Zulässigkeit eines Bund-Länder-Streitverfahrens

1. Verfahrensart – Streitgegenstand. Es müsste um einen im Bund-Länder-Streit zu verhandelnden Streitgegenstand gehen.
Gegenstand eines Bund-Länder-Streits ist gemäß Art. 93 Abs. 1 Nr. 3 GG eine Meinungsverschiedenheit über Rechte und Pflichten des Bundes und der Länder, insbesondere über die Ausführung von Bundesrecht. In Abgrenzung zur Zuständigkeit der Verwaltungsgerichtsbarkeit muss um Rechte oder Pflichten gestritten werden, die ihre Grundlage im Verfassungsrecht haben. Die Weisungen, gegen die sich die Landesministerin wendet, haben ihre Grundlage in den Regelungen über die Bundesauftragsverwaltung gemäß Art. 85 GG. Der Bund-Länder-Streit ist statthaft.
2. Parteifähigkeit/Antragsteller, Antragsgegner. Die Parteifähigkeit im Bund-Länder-Streit ist in § 68 BVerfGG geregelt. Danach ist tauglicher Antragsteller für das Land die Landesregierung. Der Antrag ist gegen die Bundesregierung zu richten.
3. Antragsbefugnis. Gemäß § 69 iVm. § 64 Abs. 1 BVerfGG muss die Landesregierung für das Land geltend machen, durch eine Maßnahme des Bundes in eigenen durch das Grundgesetz übertragenen Rechten oder Pflichten verletzt oder unmittelbar gefährdet zu werden. Aus dem Vortrag muss sich die Möglichkeit einer Verletzung in eigenen Rechten ergeben.[211] Die Antragstellerin macht geltend, dass die Weisungen in der Verfassung keine Grundlage finden. Sie rügt damit die Missachtung der Voraussetzungen und Schranken der Weisungskompetenz und folglich die Verletzung der Eigenstaatlichkeit des Landes (Art. 30 Abs. 1 GG). Die Landesregierung ist antragsbefugt.
4. Form und Frist. Der Antrag muss gemäß Art. 23 Abs. 1 BVerfGG schriftlich und gemäß §§ 69 iVm. 64 Abs. 2 BVerfGG unter Bezeichnung der verletzten Bestimmung, hier Art. 30 Abs. 1, 85 Abs. 3 GG, fristgemäß, dh. innerhalb von sechs Monaten ab Kenntnis der Maßnahme (§§ 69 iVm. 64 Abs. 3 BVerfGG) beim Bundesverfassungsgericht eingehen.
Unter den genannten Voraussetzungen ist der Antrag zulässig.

---

210 BVerfGE 81, 310 ff. – *Kalkar*; 84, 25 ff. – *Schacht Konrad*; 104, 249 ff. – *Atomkonsens*.
211 Die Landesregierung kann also keine Gefährdung der Grundrechte ihrer Bürger geltend machen.

II. Begründetheit

Der Antrag ist begründet, wenn die Weisungen das Land in seiner Eigenstaatlichkeit verletzen. Es ist zwischen den beiden Weisungen zu unterscheiden.

1. Weisung, die Anordnung Kühlleitungen auszutauschen, zurückzunehmen und die Wiederaufnahme zu gestatten.

a) **Rechtsgrundlage der Weisung.** Rechtsgrundlage der Weisung könnte Art. 85 Abs. 3 GG sein.

b) **Anwendungsvoraussetzung.** Voraussetzung ist, dass es sich beim Vollzug des Atomrechts um eine Materie der Bundesauftragsverwaltung handelt. Bundesauftragsverwaltung liegt nur dann vor, wenn sie durch die Verfassung ausdrücklich angeordnet oder erlaubt wird (Art. 83 GG).

Art. 87c GG gestattet dem Bundesgesetzgeber durch einfaches Gesetz mit Zustimmung des Bundesrates den Vollzug des Atomrechts im Wege der Bundesauftragsverwaltung anzuordnen. Dies ist in § 24 Abs. 1 Satz 1 AtomG geschehen, wo es heißt: „Die übrigen Verwaltungsaufgaben nach dem Zweiten Abschnitt und den hierzu ergehenden Rechtsverordnungen werden im Auftrage des Bundes durch die Länder ausgeführt."

Aus dem Anwendungsbereich des § 24 AtomG ergibt sich, dass es sich bei den Genehmigungs- und Betriebsüberwachungsverfahren um Angelegenheiten der Bundesauftragsverwaltung handelt. Art. 85 Abs. 3 GG ist anwendbar.

c) **Verfassungsmäßigkeit der Weisung.** Die Weisung müsste nach Verfahren und Inhalt verfassungsmäßig sein.

aa) Verfahren. Wie von Art. 85 Abs. 3 GG vorgegeben, hat die zuständige oberste Bundesbehörde, das Bundesumweltministerium, die Weisung gegenüber der zuständigen obersten Landesbehörde, dem Landesumweltministerium, ausgesprochen.

Die Weisung ist in Übereinstimmung mit der gegenseitigen Pflicht zu bundes- bzw. landesfreundlichem Verhalten nach Anhörung und Ankündigung erfolgt.

bb) Umfang und Inhalt der Weisung. Zu prüfen bleibt die Verfassungsmäßigkeit der Weisung nach ihrem Inhalt. Insoweit stellt sich die Frage, ob allein eine einfachgesetzlich rechtmäßige Weisung verfassungsgemäß ist, mit der Folge, dass die atomrechtliche Rechtmäßigkeit als Weisungsvoraussetzung verfassungsgerichtlich zu kontrollieren wäre. Die Antwort muss aus Sinn und Zweck des Weisungsverhältnisses im Rahmen der Bundesauftragsverwaltung abgeleitet werden.

Im Rahmen der Bundesauftragsverwaltung liegt beim Bund nicht nur die Rechtsaufsicht, sondern mit dem Recht der Fachaufsicht auch die Entscheidungskompetenz in der Sache (Sachkompetenz). Das Land hat zwar die Befugnis zum verbindlichen Handeln im Außenverhältnis (Wahrnehmungskompetenz) und in diesem Rahmen auch im Erstzugriff die Sachentscheidungsbefugnis. Kommt es jedoch zu Meinungsverschiedenheiten über die Recht- und Zweckmäßigkeit des Handelns zwischen Bund und Land, liegt die Sachkompetenz allein beim Bund. Nur so ist Klarheit im Streitfall gewährleistet. Dem Land steht daher gegenüber dem Bund keine Kompetenz hinsichtlich der inhaltlichen Rechtmäßigkeit der Weisung zu. Dies wird durch die Finanzierungs- und Haftungsregelungen des Art. 104a Abs. 2 und 5 GG bestätigt, wonach die finanzielle Verantwortung ebenfalls beim Bund liegt. Allenfalls bewusst rechtswidrige und damit missbräuchliche Weisungen liegen außerhalb der Weisungsbefugnis des Art. 85 Abs. 3 GG. Da die Weisung auch hinreichend klar und vollziehbar ist, ist sie verfassungsgemäß.

2. Weisung, D von seinem Dienstposten zu entfernen. Zu prüfen bleibt die Verfassungsmäßigkeit der Weisung, D von seinem Dienstposten zu entfernen. Da die Weisungsbefugnis des Art. 85 Abs. 3 GG sich nur auf inhaltliche Weisungen, nicht aber auf Personalangelegenheiten erstreckt, wie Art. 85 Abs. 2 und 4 GG belegen, kommt die allgemeine Weisungsbefugnis als Rechtsgrundlage nicht in Betracht.

Eine Personalkompetenz des Bundes im Rahmen der Bundesauftragsverwaltung enthält Art. 85 Abs. 2 Satz 3 GG. Es handelt sich jedoch um eine Kompetenz der Bundesregierung und nicht eines einzelnen Bundesministers. Sie erstreckt sich auch nicht auf Mitarbeiter der Landesministerien, sondern nur auf die Leiter der Mittelbehörden von Landesverwaltungen. Damit besteht für die auf D bezogene Weisung keine Rechtsgrundlage. Sie ist verfassungswidrig. Das Land ist durch diese Weisung in seiner Personalhoheit verletzt.

III. Ergebnis

Der Bund-Länder-Streit ist zulässig, aber nur in Bezug auf die zweite Weisung begründet.

Lösung zu Fall 10: Schulnetzplanung

I. Zulässigkeit eines Verfahrens vor dem Bundesverfassungsgericht

In Betracht kommt das Verfahren der konkreten Normenkontrolle gemäß Art. 100 Abs. 1 GG, § 13 Nr. 11 BVerfGG, §§ 80 ff. BVerfGG.

1. Vorlageberechtigung. Berechtigt, einen Antrag auf konkrete Normenkontrolle zu stellen, sind gemäß Art. 100 Abs. 1 GG, § 80 Abs. 1 BVerfGG die Gerichte. Gerichte im Sinne des Art. 100 Abs. 1 GG sind alle Spruchstellen, die sachlich unabhängig, in einem formell gültigen Gesetz mit den Aufgaben eines Gerichts betraut und als Gerichte bezeichnet sind. Das Verwaltungsgericht ist ein Gericht im Sinne des Art. 100 Abs. 1 GG.

2. Prüfungsgegenstand. Zulässiger Prüfungsgegenstand sind Gesetze. Dies können angesichts des Zwecks der Normenkontrolle, den Gesetzesvorrang des Art. 20 Abs. 3 GG durch Monopolisierung der Verwerfungskompetenz beim Bundesverfassungsgericht zu sichern, allein förmliche nachkonstitutionelle Gesetze sein. Gemäß Art. 100 Abs. 1 Satz 2 GG ist die Entscheidung des Bundesverfassungsgerichts auch einzuholen, wenn es sich um die Verletzung dieses Grundgesetzes durch Landesrecht handelt. Das SchulG ist damit zulässiger Prüfungsgegenstand.

3. Vorlagegrund. Ein Vorlagegrund besteht nur, wenn das Gericht von der Verfassungswidrigkeit eines entscheidungserheblichen Gesetzes überzeugt ist. Ein Gesetz ist entscheidungserheblich, wenn das Gericht bei Ungültigkeit der Norm im Ausgangsverfahren zu einem anderen Ergebnis kommen würde. Im vorliegenden Fall käme das Verwaltungsgericht im Ausgangsverfahren bei Gültigkeit des § 23a SchulG zu dem Ergebnis, dass eine Verletzung der G in ihrem Recht aus Art. 28 Abs. 2 Satz 1 GG ausgeschlossen ist. Hingegen wäre bei Ungültigkeit der Norm die Klage begründet, da der Genehmigungsbescheid ohne gesetzliche Grundlage ergangen und damit rechtswidrig und aufzuheben wäre. Die Frage der Verfassungsmäßigkeit des § 23a SchulG ist folglich entscheidungserheblich. Das Verwaltungsgericht muss in seinem Vorlagebeschluss zudem seine Überzeugung von der Verfassungswidrigkeit des § 23a SchulG hinreichend darlegen. An diese Darlegungslast stellt das Bundesverfassungsgericht hohe Anforderungen.

4. Zwischenergebnis. Erfüllt das Verwaltungsgericht die Anforderungen an die Begründung des Vorlagebeschlusses, ist die konkrete Normenkontrolle zulässig.

II. Begründetheit der konkreten Normenkontrolle

Das Bundesverfassungsgericht stellt die Nichtigkeit des § 23a SchulG fest, wenn dieser gegen das Grundgesetz oder gegen sonstiges Bundesrecht verstößt. Letzteres ist hier nicht geltend gemacht und nicht ersichtlich.

1. Formelle Verfassungsmäßigkeit des Gesetzes.

Zunächst müsste das Land Sachsen für den Erlass des § 23a SchulG zuständig gewesen sein. Die Gesetzgebungskompetenz richtet sich insbes. nach Art. 70 ff. GG. Ge-

mäß Art. 70 GG ist das Land zuständig, wenn nicht ausdrücklich dem Bund die Gesetzgebungskompetenz zugewiesen ist. Da weder eine ausschließliche noch eine konkurrierende Gesetzgebungskompetenz des Bundes ersichtlich ist, liegt die Gesetzgebungskompetenz bei den Ländern.
Das Gesetzgebungsverfahren richtet sich nach Landesverfassungsrecht, welches nicht von dem Bundesverfassungsgericht zu prüfen ist. Eine Prüfung kommt nur in Betracht, wenn ein Fehler im Gesetzgebungsverfahren so schwerwiegend wäre, dass er auch einen Verstoß gegen das Demokratieprinzip oder das Rechtsstaatsprinzip darstellen würde. Ein solcher Verstoß ist nicht ersichtlich. Das Gesetz ist formell verfassungsgemäß.

2. Materielle Verfassungsmäßigkeit des Gesetzes.
Die Vorschrift des § 23a SchulG könnte gegen Art. 28 Abs. 2 Satz 1 GG verstoßen.

a) Schutzbereich der kommunalen Selbstverwaltungsgarantie. Nach Art. 28 Abs. 2 Satz 1 GG muss den Gemeinden das Recht gewährleistet sein, alle Angelegenheiten der örtlichen Gemeinschaft im Rahmen der Gesetze in eigener Verantwortung zu regeln. Damit schützt die kommunale Selbstverwaltungsgarantie zum einen die grundsätzliche Allzuständigkeit der Gemeinden für alle Angelegenheiten der örtlichen Gemeinschaft, zum anderen die Eigenverantwortlichkeit der Aufgabenerledigung. Nach dem Grundsatz der Allzuständigkeit, auch Universalitätsprinzip genannt, haben die Gemeinden die Befugnis, sich aller Angelegenheiten der örtlichen Gemeinschaft anzunehmen, die nicht durch Gesetz bereits anderen Trägern öffentlicher Verwaltung zugewiesen sind. Demzufolge besteht eine Vermutung für die Zuständigkeit der Gemeinden in Bezug auf die Schulträgerschaft, sofern es sich hierbei um eine Angelegenheit der örtlichen Gemeinschaft handelt.
Als Angelegenheiten der örtlichen Gemeinschaft sind solche Aufgaben anzusehen, die das Zusammenleben der Menschen vor Ort betreffen oder einen spezifischen Bezug darauf haben. Die Schulträgerschaft müsste demnach in der örtlichen Gemeinschaft wurzeln. Die grundsätzlich für alle Kinder geltende Schulpflicht verlangt zumindest den Besuch der Grund- und Hauptschule. Damit handelt es sich um ein Interesse, das allen Gemeindeeinwohnern gemeinsam ist, und folglich das Zusammenleben der Menschen vor Ort betrifft. Zu diesem Aufgabenbereich gehört vor allem auch die Entscheidung darüber, ob eine Schule eingerichtet oder geschlossen werden soll. Denn als Grundlage dieser Entscheidung müssen zum Beispiel Daten zur Bevölkerungsstruktur erhoben, die örtlichen Gegebenheiten bewertet und konkrete Standorte innerhalb der Gemeinde festgelegt werden. Folglich umfasst die Aufgabengarantie des Art. 28 Abs. 2 Satz 1 GG in Bezug auf die Angelegenheiten der örtlichen Gemeinschaft grundsätzlich auch das Recht der Gemeinden, Träger von Grund- und Hauptschulen zu sein, und damit das eigenständige Recht der Standortplanung.

b) Eingriff in den Schutzbereich. Die Zuweisung der Schulnetzplanung an die Landkreise könnte einen Eingriff in das benannte Recht darstellen. Gemäß § 23a Abs. 5 SchulG können die Schulträger nur noch auf der Grundlage eines genehmigten Schulnetzplanes entscheiden. Die mit der Wahrnehmung der Schulträgerschaft für die Grund- und Hauptschulen verbundenen Entscheidungen sind damit maßgeblich von den Festsetzungen der Schulnetzpläne abhängig, so dass der Aufgabenbereich der Gemeinden hinsichtlich der Schulträgerschaft weitgehend entleert wird. Durch die „Hochzonung“ der Schulnetzplanung auf die Kreisebene wird der Gemeinde damit eine Aufgabe entzogen, die ihr nach dem Grundsatz der Allzuständigkeit zusteht. Es liegt somit ein Eingriff in das Recht der Gemeinden vor, die Angelegenheiten der örtlichen Gemeinschaft in eigener Verantwortung zu regeln.

c) Verfassungsrechtliche Rechtfertigung. Sowohl der Aufgabenbereich als auch die Eigenverantwortlichkeit sind den Gemeinden gemäß Art. 28 Abs. 2 Satz 1 GG allerdings nur „im Rahmen der Gesetze" gewährleistet. Dies ermächtigt den Gesetzgeber grundsätzlich zu Einschränkungen. Bei der gesetzlichen Ausgestaltung steht dem Gesetzgeber jedoch keine ungebundene Gestaltungsfreiheit zu, vielmehr unterliegt der Entzug einer Angelegenheit der örtlichen Gemeinschaft strengen Rechtfertigungsanforderungen im Hinblick auf den Zweck der kommunalen Selbstverwaltung, die Demokratie auf örtlicher Ebene zu stärken, und findet seine Grenze in einem unantastbaren Kernbereich der Selbstverwaltungsgarantie sowie im Verhältnismäßigkeitsgrundsatz.

aa) Kernbereich der kommunalen Selbstverwaltung. Eine Antastung des verfassungsrechtlichen Kernbereichs der Aufgabenzuweisungsgarantie ist stets verfassungswidrig. Als Kernbereich ist allgemein das Wesentliche einer geschützten Institution anzusehen, das man nicht entfernen kann, ohne auch ihre Struktur und ihren Typus zu verändern. Zum Wesensgehalt der gemeindlichen Selbstverwaltung gehört die Befugnis, sich aller Angelegenheiten der örtlichen Gemeinschaft, die nicht durch Gesetz bereits den Trägern der öffentlichen Verwaltung übertragen sind, ohne besonderen Kompetenztitel anzunehmen. Dabei liegt eine Verletzung des Kernbereichs nicht nur bei einer rechtlichen Aufhebung dieses Rechts vor, sondern auch bei dessen faktischer Beseitigung. Allein die „Hochzonung" der Schulträgerschaft stellt indes noch keine Verletzung des Kernbereichs dar, solange der Gemeinde weiterhin wesentliche Aufgaben verbleiben. Da nicht ersichtlich ist, dass der G zugleich weitere Aufgaben entzogen werden, liegt keine Verletzung des Kernbereichs der gemeindlichen Selbstverwaltung vor.

bb) Randbereich der kommunalen Selbstverwaltung. Der Eingriff in den Randbereich der kommunalen Selbstverwaltung müsste verfassungsrechtlich gerechtfertigt sein. Fraglich ist, welcher Prüfungsmaßstab bei der Rechtfertigung eines solchen Eingriffs anzulegen ist. Das Recht der kommunalen Selbstverwaltung umfasst neben dem Kernbereichsschutz ein Aufgabenverteilungsprinzip zugunsten der örtlichen Aufgabenwahrnehmung. Zur Sicherung des prinzipiellen Vorrangs der örtlichen Aufgabenerledigung muss der Entzug einer örtlichen Aufgabe im Blick auf einen legitimen Zweck verhältnismäßig sein.

Der Gesetzgeber darf den Gemeinden örtliche Aufgaben nur aus Gründen des Gemeinwohls entziehen. Dies kommt vor allem dann in Betracht, wenn auf andere Weise die ordnungsgemäße Aufgabenerfüllung nicht sicherzustellen wäre. Das bloße Ziel der Verwaltungsvereinfachung oder einer Konzentration der Zuständigkeiten scheidet dagegen als legitimes Ziel aus, da dieses ausschließlich darauf abzielen würde, die gerade vom Grundgesetz angestrebte Aufgabenansiedlung bei den Gemeinden zu beseitigen. Das Bundesland Sachsen führt aus, dass die Gemeinden zu einer regional abgestimmten Standortplanung nicht mehr in der Lage seien, was sich daran zeige, dass sie überwiegend keine Schulnetzpläne aufgestellt und von gebotenen Schulschließungen abgesehen hätten. Die Sicherung und Aufrechterhaltung eines geordneten Schulbetriebes stellt ein legitimes Ziel dar.

Die „Hochzonung" der Schulträgerschaft auf die Landkreise ist zumindest auch geeignet, die Wahrung der ordnungsgemäßen Aufgabenerfüllung zu fördern.

Der Entzug der grundsätzlich den Gemeinden zugewiesenen Aufgabe müsste auch erforderlich sein. Es dürfte kein milderes, gleich effektives Mittel zur Erreichung des angestrebten Zieles, das heißt zur Sicherung der ordnungsgemäßen Aufgabenerfüllung, ersichtlich sein. Die Feststellung des Bundeslandes Sachsen, dass die Gemeinden überwiegend keine Schulnetzpläne aufgestellt haben, belegt nicht, dass die Gemeinden zur Aufstellung der Schulnetzpläne nicht in der Lage sind, sondern nur, dass sie diese Aufgabe nicht wahrgenommen haben. Gleiche Erwägungen müssen für die Nichtvornahme von Schulschließungen gelten. Mit den Mitteln der Kommunalaufsicht stehen dem Bundesland Sachsen jedoch ausreichend Möglichkeiten zur Verfügung, um die Einhaltung der gesetzlichen Vorschriften zur Aufrechterhaltung

eines ordnungsgemäßen Schulbetriebs sicherzustellen. Eine „Hochzonung" der Schulnetzplanung für Grund- und Hauptschulen würde damit zwar möglicherweise das Verwaltungsverfahren vereinfachen, solche Effizienzüberlegungen können es jedoch nicht rechtfertigen, allen kreisangehörigen Gemeinden unterschiedslos die Schulnetzplanung zu entziehen. Den Gemeinden muss eine maßgebliche Entscheidungsbefugnis im Rahmen der Schulträgerschaft für die Grund- und Hauptschulen verbleiben. Der Entzug der nach dem Universalitätsgrundsatz den Gemeinden zugewiesenen Aufgabe der Schulnetzplanung ist damit bereits nicht erforderlich zur Sicherung der ordnungsgemäßen Aufgabenerfüllung.
Zu einem anderen Ergebnis könnte man jedoch kommen, wenn den Gemeinden durch § 23a SchulG im Sinne eines kooperativen Verfahrens anstelle einer eigenen Entscheidung unter Rechtsaufsicht ein wirksames Mitentscheidungsrecht eingeräumt würde, welches das Recht der Gemeinden aus Art. 28 Abs. 2 Satz 1 GG wahrt. Fraglich ist, ob die Verpflichtung der Landkreise und Kreisfreien Städte gemäß § 23a Abs. 3 SchulG, bei der Aufstellung der Schulnetzplanung das Benehmen mit den kreisangehörigen Gemeinden herzustellen, hierzu ausreicht. Dagegen spricht, dass das Benehmenserfordernis keine Einigung mit der Gemeinde voraussetzt, sondern es der entscheidenden Behörde gestattet, sich über das Vorbringen der Gemeinde hinwegzusetzen. Angesichts der Intensität des örtlichen Bezugs der Schulplanung können nur echte Mitentscheidungsbefugnisse den Verlust der eigenen Entscheidung unter Rechtsaufsicht kompensieren. Dies wäre beispielsweise durch das Erfordernis eines Einvernehmens mit der Gemeinde möglich. Eine Schulnetzplanung für Grund- und Hauptschulen auch gegen den Willen der Gemeinden ist dagegen unzulässig.
Der Entzug der gemeindlichen Aufgabe, Träger der Grund- und Hauptschulen zu sein, kann mithin nicht gerechtfertigt werden, so dass § 23a SchulG gegen die kommunale Selbstverwaltungsgarantie aus Art. 28 Abs. 2 Satz 1 GG verstößt.
d) **Zwischenergebnis.** § 23a SchulG ist mit der kommunalen Selbstverwaltungsgarantie aus Art. 28 Abs. 2 Satz 1 GG unvereinbar und damit materiell verfassungswidrig.

III. Ergebnis

Eine konkrete Normenkontrolle des Verwaltungsgerichts wäre zulässig und begründet. Das Bundesverfassungsgericht wird die Unvereinbarkeit des § 23a SchulG mit dem Grundgesetz feststellen und die Vorschrift gemäß § 82 Abs. 1 BVerfGG in Verbindung mit § 78 Satz 1 BVerfGG für nichtig erklären.

3. Kapitel: Die Rechtsprechung

Fall 11: Das strafende Finanzamt

Der Bundesgesetzgeber ist über die Zunahme von Steuervergehen und die Belastung der Justiz bei der Bearbeitung dieser Vergehen besorgt. Er überträgt daher die Verfolgung von Steuervergehen auf die Finanzämter. Danach sind die Finanzämter befugt, bei allen Steuervergehen nach Erforschung des Sachverhalts per Strafbescheid eine Geldstrafe zu verhängen und diese auch zu vollstrecken. Kann die Geldstrafe nicht beigetrieben werden, so hat das Gericht auf Antrag des Finanzamtes die Strafe in eine Freiheitsstrafe umzuwandeln. Die Geldstrafe wird als Vorstrafe in das Bundeszentralregister eingetragen. Gegen den Strafbescheid, der zu begründen und mit einer Rechtsmittelbelehrung zu versehen ist, kann der Betroffene die ordentlichen Gerichte anrufen.
Ist die Gesetzesänderung verfassungsgemäß?

517 Die Rechtsprechung ist wie keine andere staatliche Gewalt Ausdruck des **Rechtsstaatsprinzips**. Im IX. Abschnitt des Grundgesetzes, Art. 92–104 GG, finden sich die grundle-

genden Bestimmungen für die Gerichtsorganisation und die Rechtsstellung der Richter sowie die wesentlichen Grundsätze eines rechtsstaatlichen Gerichtsverfahrens.

3.1 Die Rechtsprechung als „dritte Gewalt"

Art. 1 Abs. 3, 20 Abs. 2 Satz 2 und Abs. 3 GG weisen die Rechtsprechung neben Legislative und Exekutive als dritte staatliche Gewalt aus. Die Aufgabe der Rechtsprechung ist gemäß Art. 92 GG den Richtern anvertraut, die sie am Bundesverfassungsgericht sowie an den Bundes- und Landesgerichten ausüben. Strikter als bei den beiden anderen Gewalten sind hier also **Aufgabe** (**Rechtsprechung**), **Institution** (**Gerichte**) und **Personen** (**Richter**) miteinander verknüpft. Dennoch lässt sich der Inhalt dessen, was Rechtsprechung ausmacht, nicht durch Verweis auf die Tätigkeit der Gerichte oder die Tätigkeit der Richter definieren. Gerichtliche Organisation und richterliche Tätigkeit bedürfen der gesetzlichen Ausgestaltung, so dass allein ein **materieller Begriff der Rechtsprechung** eine Bindung des Gesetzgebers an die verfassungsrechtlichen Vorgaben bewirken kann. Der **Richtervorbehalt** des Art. 92 Halbsatz 1 GG fordert somit einen materiellen Begriff der Rechtsprechung. Nicht alle Aufgaben, die von Richtern erledigt werden, sind Rechtsprechung, aber jegliche Rechtsprechung im Sinne von Art. 1 Abs. 3 und Art. 20 Abs. 2 Satz 2 und Abs. 3 GG erfolgt durch Richter an staatlichen Gerichten.[1] 518

3.2 Der Begriff der Rechtsprechung im Sinne des Art. 92 GG

Zur Rechtsprechung im Sinne des Art. 92 GG gehört zunächst alles, was **durch Verfassungsbestimmungen** ausdrücklich **Richtern zur Entscheidung zugewiesen** ist. Dies ist die Gewährung von Rechtsschutz im Falle von Rechtsverletzungen durch die öffentliche Gewalt gemäß Art. 19 Abs. 4 GG, Streitigkeiten um Enteignungsentschädigungen gemäß Art. 14 Abs. 3 GG, Streitigkeiten um Schadensersatz im Falle von Amtspflichtverletzungen gemäß Art. 34 Satz 3 GG sowie die ausdrücklichen Richtervorbehalte in Art. 13 Abs. 2–5 GG für Durchsuchungen und andere Formen der Überwachung von Wohnungen und in Art. 104 Abs. 2 und 3 GG für Freiheitsentziehungen. Hinzu kommen die Vorschriften über die Zuständigkeiten des Bundesverfassungsgerichts, die sich neben Art. 93 GG und Art. 100 GG in einer Vielzahl weiterer Vorschriften finden und nicht nur einen Richtervorbehalt, sondern einen Bundesverfassungsgerichtsvorbehalt zum Inhalt haben.[2] In Orientierung an diesen Vorschriften[3] sowie am **„Kernbereich der Aufgaben, die traditionell von Gerichten erledigt worden sind"**[4], womit insbesondere auf zivil- und strafrechtliche Verfahren 519

---

1 BVerfGE 27, 312 (320): „Art. 92 GG fordert, dass die rechtsprechende Gewalt durch staatliche Gerichte ausgeübt wird."; s. auch BVerfGE 26, 186 (194) – *Ehrengerichtshöfe für Rechtsanwälte sind staatliche Gerichte.*

2 Umfassend aufgelistet in § 13 BVerfGG.

3 Die Auffassung, nach der der Rechtsprechungsbegriff des Art. 92 GG lediglich als eine Zusammenfassung der im Grundgesetz enthaltenen Richter- und Rechtswegevorbehalte zu verstehen sei, so *Ch. Hillgruber*, in: *Maunz/Dürig*, Art. 92 Rn. 46 ff., führt dazu, dass dieser Vorschrift – trotz ihrer zentralen Stellung zu Beginn des IX. Abschnittes über die Rechtsprechung – kein eigenständiger Anwendungsbereich verbleibt und überzeugt auch aus diesem Grund nicht. Art. 92 GG hat nicht bloß deklaratorischen, sondern materiellen, konstitutiven Gehalt, s. BVerfGE 22, 49 (73 ff., 77 f.) – *Strafgewalt der Finanzämter*; 27, 18 (28) – *Ordnungswidrigkeitenrecht*; 103, 111 (137) – *Wahlprüfung Hessen*. S. auch *St. Detterbeck*, in: *Sachs*, Art. 92 Rn. 9 mwN. in Fn. 26.

4 Für diese materielle Begriffsbestimmung, s. BVerfGE 103, 111 (137) – *Wahlprüfung Hessen*: „Um Rechtsprechung im materiellen Sinn handelt es sich, wenn bestimmte hoheitsrechtliche Befugnisse bereits durch die Verfassung Richtern zugewiesen sind oder es sich von der Sache her um einen traditionellen Kernbereich der Rechtsprechung handelt." Vgl. auch BVerfGE 22, 49 (76) – *Strafgewalt der Finanzämter*; 76, 100 (106) – *Höfeordnung*: „Ob die Wahrnehmung einer Aufgabe als „Rechtsprechung" anzusehen ist, hängt wesentlich von der verfassungsrechtlichen, traditionellen oder durch den Gesetzgeber vorgenommenen Qualifizierung ab."

Bezug genommen wird, lässt sich der Gehalt von Rechtsprechung im Sinne des Art. 92 GG dahin bestimmen, dass es um die **Entscheidung von Streitigkeiten am Maßstab des Rechts durch** Anrufung eines **unabhängigen Dritten** geht[5] sowie um die Mitwirkung als unabhängige Instanz im Falle schwerwiegender Freiheitsbeeinträchtigungen.[6] Dagegen kann die Ahndung sog. Verwaltungsunrechts (Ordnungswidrigkeiten) Verwaltungsbehörden übertragen werden. Allerdings muss gegen derartige Bußen wiederum der Rechtsweg eröffnet sein.[7] Angesichts dieses materiell verstandenen Richtervorbehalts hat das Bundesverfassungsgericht etwa entschieden, dass Vorschriften der Abgabenordnung, nach denen die Finanzämter Kriminalstrafen verhängen konnten, gegen Art. 92 GG verstoßen. Die Verhängung einer Kriminalstrafe ist ein so schwerer Eingriff, dass er nur durch den Richter vorgenommen werden darf.[8]

520 Handelt es sich um **Rechtsprechung, stellt** dies wiederum **Anforderungen an das Verfahren**. Weil etwa die Wahlprüfung als gerichtsförmiges Verfahren hoheitlicher Streitbeilegung ausgestaltet ist und eine der Rechtskraft fähige letztverbindliche Entscheidung darüber erlassen wird, was im konkreten Fall rechtens ist, muss die Entscheidung von nicht beteiligten Dritten in persönlicher und sachlicher Unabhängigkeit getroffen werden. Da Abgeordnete im Wahlprüfungsgericht nicht unabhängige Dritte sind, ist die sofortige Rechtskraft des Ausspruchs eines derart besetzten Spruchkörpers unzulässig.[9] Dementsprechend sieht das GG nach der Wahlprüfung durch den Bundestag die Möglichkeit einer Beschwerde zum Bundesverfassungsgericht vor.[10]

521 Allerdings kann der Gesetzgeber den Richtern und Gerichten auch Aufgaben übertragen, die nicht zur Rechtsprechung im materiellen Sinne gehören. Für die Zuweisung derartiger Aufgaben muss es gute Gründe geben, und sie dürfen in der Summe die Richter und Gerichte nicht daran hindern, sich ihren eigentlichen Aufgaben zu widmen.[11]

---

5 Vgl. für diesen funktionalen Ansatz BVerfGE 103, 111 (137 f.) – *Wahlprüfung Hessen*: „Daneben ist eine rechtsprechende Gewalt im Sinne des Art. 92 GG auch dann gegeben, wenn der Gesetzgeber für einen Sachbereich, der nicht schon materiell dem Rechtsprechungsbegriff unterfällt, eine Ausgestaltung wählt, die bei funktionaler Betrachtung nur der rechtsprechenden Gewalt zukommen kann." Um Rechtsprechung in diesem funktionalen Sinn handelt es sich typischerweise bei „letztverbindliche(r) Klärung der Rechtslage in einem Streitfall im Rahmen besonders geregelter Verfahren". Vgl. auch den Ansatz des EuGH in Zusammenhang mit dem Vorabentscheidungsverfahren nach Art. 267 AEUV: Für die Qualifikation als Gericht wird auf folgende Kriterien abgestellt: gesetzliche Grundlage der Einrichtung, sachliche Unabhängigkeit, Entscheidung anhand von Rechtsnormen, obligatorische Gerichtsbarkeit, streitiges Verfahren, bindende Kraft der Entscheidungen, Teil der öffentlichen Gewalt des Mitgliedstaats, s. etwa EuGH, C-549/13 – *Bundesdruckerei*.

6 Vgl. BVerfGE 22, 49 (77) – *Strafgewalt der Finanzämter*: „(...) Aufgaben, die wegen der Schwere des Eingriffs und ihrer Bedeutung für die Rechtsstellung des Staatsbürgers am ehesten der Sicherungen eines gerichtlichen Verfahrens bedürfen (...)". Kritisch zu dieser materiellen Begriffsdefinition, s. *D. Wilke*, Die rechtsprechende Gewalt, HStR V, 3. Aufl. 2007, § 112 Rn. 73 „Doch diese Ansicht trifft augenscheinlich nicht zu. Denn sie erfasst weder die Zivilrechtsprechung noch die Strafrechtsjustiz außerhalb des Bereichs der Freiheitsstrafen (...)". Für die einzelnen Fallgruppen, s. *St. Detterbeck*, in: *Sachs*, Art. 92 Rn. 22 und 23 mRsprN.

7 Vgl. § 67, 79 OWiG: Gegen Bußgeldbescheide ist Einspruch, dann Rechtsbeschwerde möglich.

8 BVerfGE 22, 49 (79 f.) – *Strafgewalt der Finanzämter*; s. auch BVerfGE 4, 331 ff. – *Beschwerdeausschuss* gemäß Soforthilfegesetz ist kein Verwaltungsgericht.

9 BVerfGE 103, 111 (137 ff.). S. dazu die Anm. *W. Schmidt*, Wahlprüfungsrecht als Veranschaulichungsbeispiel öffentlich-rechtlicher Grundsatzfragen, JuS 2001, 545 (546 f.).

10 Vgl. Art. 41 GG und oben Rn. 124.

11 S. dazu BVerfGE 76, 100 (106) – *Höfeordnung*. Die in § 3 Höfeordnung vorgesehene Zuweisung der Höfeerfassung an die Landwirtschaftsgerichte stellte eine Verwaltungstätigkeit, jedenfalls aber keine Rechtsprechung im materiellen Sinne dar. Das Bundesverfassungsgericht weist darauf hin, dass „der Gesetzgeber nicht gehindert (ist), Aufgaben, die nicht ohne weiteres zu den regelmäßigen und typischen Aufgaben gehören, dem Richter anzuvertrauen, sofern das Grundgesetz deren Wahrnehmung nicht einer anderen Gewalt vorbehält." Für die Höfeerfassung existierte ein solcher Vorbehalt nicht. Da diese auch in „engem Zusammenhang" mit den übrigen Aufgaben der Landwirtschaftsgerichte stand, war die Übertragung mit dem Grundgesetz vereinbar. Für die Verwaltungsgerichtsbarkeit untersagt einfachgesetzlich § 39 VwGO eine Übertragung von „Verwaltungsgeschäften außerhalb der Gerichtsverwaltung". S. auch BVerfGE 64, 175 ff. – *Berechnung des Versorgungsausgleichs durch Familienrichter.*

Das Richtermonopol des Art. 92 GG bedeutet **kein Verbot privater Gerichtsbarkeit** wie etwa Schieds-, Berufs-, Betriebs- oder Vereinsgerichtsbarkeit.[12] Allerdings unterliegen auch diese Verfahren rechtsstaatlichen Anforderungen und letztlich gerichtlicher Kontrolle.[13] 522

Rechtsprechung: BVerfGE 22, 49 (73 ff.) – Strafgewalt der Finanzämter; 76, 100 (105 ff.) – Höfeordnung; 103, 111 (137 ff.) – Wahlprüfung Hessen (Richtervorbehalt, Begriff der Rechtsprechung).

3.3 Die Organisation der Gerichtsbarkeit

Art. 92 GG nennt in seinem zweiten Halbsatz das **Bundesverfassungsgericht** und die **Gerichte des Bundes und der Länder** als die Organe, an denen die Richter die rechtsprechende Gewalt ausüben. Hieran knüpfen die Art. 93, 95 und 96 GG an, die Regelungen zum Bundesverfassungsgericht und zu den Bundesgerichten enthalten. Die Einrichtung von Landesgerichten ist Sache der Länder, auch wenn der Bund gemäß seiner Kompetenz zur gesetzlichen Regelung des Gerichtsverfassungsrechts gemäß Art. 74 Abs. 1 Nr. 1 GG und speziell für die Finanzgerichtsbarkeit in Art. 108 Abs. 6 GG hierauf maßgeblichen Einfluss nimmt. 523

3.3.1 Die fünf Gerichtszweige

Art. 95 Abs. 1 GG begründet mit seiner Auflistung von fünf Gebieten, für die der Bund oberste Gerichtshöfe einzurichten hat, die Gliederung der Gerichtsbarkeit in fünf Gerichtszweige. Es handelt sich um 524

- die **ordentliche Gerichtsbarkeit** mit dem Bundesgerichtshof (Hauptsitz in Karlsruhe), die für zivil- und strafrechtliche Rechtsstreitigkeiten zuständig ist;
- die **Verwaltungsgerichtsbarkeit** mit dem Bundesverwaltungsgericht (in Leipzig);
- die **Finanzgerichtsbarkeit** mit dem Bundesfinanzhof (in München);
- die **Arbeitsgerichtsbarkeit** mit dem Bundesarbeitsgericht (in Erfurt);
- die **Sozialgerichtsbarkeit** mit dem Bundessozialgericht (in Kassel).

Zur Wahrung der Einheitlichkeit der Rechtsprechung zwischen diesen fünf obersten Bundesgerichten ist gemäß Art. 95 Abs. 3 GG von diesen ein Gemeinsamer Senat zu bilden.[14]

3.3.2 Weitere Bundesgerichte

Art. 96 GG gestattet dem Bund weitere Bundesgerichte für bestimmte Angelegenheiten einzurichten. Hierbei handelt es sich weder um oberste Gerichte noch muss der Bundesgesetzgeber von den eröffneten Möglichkeiten Gebrauch machen. Für die Angelegenheiten des gewerblichen Rechtsschutzes hat der Bund nach Maßgabe des Art. 96 Abs. 1 GG das **Bundespatentgericht** (in München) als Bundesgericht erster Instanz eingerichtet.[15] Rechtsmittel gehen zum Bundesgerichtshof.[16] 525

Von seiner Befugnis zur Einrichtung von **Wehrstrafgerichten** gemäß Art. 96 Abs. 2 GG hat der Bundesgesetzgeber bisher keinen Gebrauch gemacht. Zuständig für Wehrstrafta- 526

---

12 S. etwa BGHZ 65, 59 (61) – *Grundsatz der richterlichen Unparteilichkeit im Schiedsgerichtsverfahren*. S. auch oben Rn. 162 ff. Schiedsgerichtsbarkeit der Parteien. Gerichte im Sinne des Art. 92 GG sind nur staatliche Gerichte.

13 Vgl. etwa BAGE 20, 79 f. – *Betriebsbuße*; s. auch *H. Hamann/T. Lennarz*, Schiedsverfahren oder staatliche Gerichtsverfahren – Was ist besser?, JA 2012, 801 ff.; *U. Steiner*, Das Verhältnis von Schiedsgerichtsbarkeit und staatlicher Gerichtsbarkeit, SchiedsVZ 2013, 15 ff.; zu den Anforderungen an die ärztliche Berufsgerichtsbarkeit s. BVerfGE 27, 355 ff.

14 Näheres s. Gesetz zur Wahrung der Einheitlichkeit der Rechtsprechung der obersten Gerichtshöfe des Bundes (RsprEinhG) vom 19. Juni 1968 (BGBl. I, S. 661), zuletzt geändert am 5. Dezember 2012 (BGBl. I, 2418).

15 §§ 65 ff. PatG.

16 Art. 96 Abs. 3 GG; § 100 Abs. 1 PatG.

ten sind die Strafgerichte. Dagegen sind die von den Wehrstrafgerichten zu unterscheidenden und von Art. 96 Abs. 4 GG umfassten **Wehrdienstgerichte** auf der Grundlage der Wehrdisziplinarordnung für Disziplinar- und Beschwerdeverfahren von Soldaten zuständig. Das Bundesdisziplinargericht für Bundesbeamte wurde Ende 2003 aufgelöst. Zuständig sind nunmehr die Verwaltungsgerichte.

527 **Art. 96 Abs. 5 GG** geht davon aus, dass die Strafgerichtsbarkeit für die dort genannten Delikte in die Zuständigkeit des Bundes fällt. Von der Ermächtigung zur Delegation hat der Bund Gebrauch gemacht. Die Ausführungsbestimmungen finden sich in § 120 GVG.

3.3.3 Verbot von Ausnahmegerichten

528 Die Vorschriften über die Gerichtsorganisation werden vervollständigt durch das Verbot von Ausnahmegerichten gemäß Art. 101 Abs. 1 Satz 1 GG und einen ausdrücklichen Gesetzesvorbehalt für die Schaffung von Gerichten für besondere Sachgebiete gemäß Art. 101 Abs. 2 GG. Ausnahmegerichte im Sinne des Art. 101 Abs. 1 Satz 1 GG sind Gerichte, die weder auf Bundes- oder Landesverfassungsrecht noch auf einer verfassungsmäßigen gesetzlichen Grundlage beruhen. Im Gegenschluss zu Art. 101 Abs. 2 GG, der sich auf Gerichte für besondere Sachgebiete bezieht, lässt sich folgern, dass es sich um ein **Ausnahmegericht** handelt, wenn die Zuständigkeit nicht sachgebietsbezogen und auf unbestimmte Dauer, sondern **bezogen auf Personen oder Ereignisse** bestimmt wird. Mit den Worten des Bundesverfassungsgerichts: Ausnahmegerichte sind Gerichte, „die in Abweichung von der gesetzlichen Zuständigkeit besonders gebildet und zur Entscheidung einzelner konkreter und individuell bestimmter Fälle berufen sind."[17] **Sondergerichte** sind demgegenüber Gerichte, die im Voraus **für** ganze (**besondere**) **Sachgebiete** auf gesetzlicher Grundlage gebildet werden, zB. Jugendgerichte, Familiengerichte, Ehrengerichte für Rechtsanwälte, Schifffahrtsgerichte. Art. 101 Abs. 2 GG bezieht sich dabei nur auf Gerichte der Länder, weil die Bundesgerichte in den Art. 93, 95 und 96 GG abschließend genannt sind.

3.3.4 Anspruch auf den gesetzlichen Richter

529 **3.3.4.1 Folgen für die Organisation.** Indem Art. 101 Abs. 1 Satz 2 GG darüber hinaus den Anspruch auf den gesetzlichen Richter verbürgt, prägt die Vorschrift die Gerichtsorganisation bis in das einzelne Gericht hinein. Denn der Anspruch setzt nicht nur voraus, dass Gerichte bestehen, die in jeder Hinsicht den verfassungsrechtlichen Anforderungen entsprechen, sondern er umfasst auch einen **Bestand von Rechtssätzen, der für jeden denkbaren Streitfall im Voraus den zuständigen Richter zu ermitteln erlaubt.**[18] Dabei darf keine vermeidbare Unbestimmtheit oder Gestaltungsfreiheit verbleiben.[19] „Gesetzlicher Richter" bedeutet allerdings nicht, dass sich der zuständige Richter allein und unmittelbar aus einem formellen Gesetz ergeben muss. Wegen der Vielgestalt der Organisationsprobleme ist anerkannt, dass die gesetzlichen Bestimmungen durch die **Geschäftsverteilungspläne** der Gerichte ergänzt werden dürfen.[20] Das Recht auf den gesetzlichen Richter ist verletzt, wenn bei einer Geschäftsverteilungsänderung einzeln ausgesuchte Sachen, die nicht nach allgemeinen und nachvollziehbaren Kriterien (zB. Anfangsbuchstabe des Namens des Klägers oder Wochentag des Eingangs) bestimmt

---

17 BVerfGE 3, 213 (223) – *Entlassung*.

18 BVerfGE 2, 307 (319 f.) – *Änderung von Gerichtsbezirken*; 19, 52 (60) – *Überbesetzung*; 95, 322 ff. – *Spruchgruppen*.

19 BVerfGE 17, 294 (299 f.) – *Gesetzlicher Richter*; 18, 344 (349); 95, 322 (329) – *Spruchgruppen*. Es gilt „Vorkehrungen schon gegen die bloße Möglichkeit und den Verdacht einer Manipulation der rechtsprechenden Gewalt zu treffen.", s. BVerfGE 4, 412 (416) – *Terminsanberaumung*; 82, 286 (298) – *Richterbesetzung*; 95, 322 (329) – *Spruchgruppen*.

20 BVerfGE 95, 322 (328) – *Spruchgruppen*.

sind, von den an sich zuständigen Richtern an andere Richter abgegeben werden.[21] Das Recht auf den gesetzlichen Richter umfasst auch das Recht auf die Entscheidung durch unabhängige Richter. Damit sind die Anforderungen des Art. 97 GG, der die Rechtsstellung der Richter regelt, subjektivert.[22]

Art. 101 Abs. 1 Satz 2 GG bindet nur den Staat, nicht aber Privatpersonen. Deshalb sind für zivilrechtliche Streitigkeiten **zwischen Privatpersonen Zuständigkeitsabreden**, mit denen die gesetzlichen Bestimmungen abbedungen werden, **grundsätzlich zulässig.** 530

3.3.4.2 Der EuGH als gesetzlicher Richter im Sinne des Art. 101 Abs. 1 Satz 2 GG. 531
Gesetzlicher Richter im Sinne des Art. 101 Abs. 1 Satz 2 GG ist auch der EuGH.[23] Dies ist notwendige Konsequenz der Übertragung von Hoheitsgewalt auf die Europäische Union gemäß Art. 23 Abs. 1 GG. Infolge dieser Übertragung gehört das Unionsrecht zur innerstaatlich geltenden Rechtsordnung, auf deren Grundlage deutsche Behörden hoheitliche Gewalt ausüben. Hinzu kommt die Verschränkung der mitgliedstaatlichen Gerichtsbarkeit mit der europäischen Gerichtsbarkeit. Insbesondere obliegt die gerichtliche Letztentscheidung über Geltung und Auslegung von europäischem Sekundärrecht am Maßstab des europäischen Primärrechts sowie die Auslegung des Primärrechts (der Verträge) dem EuGH. Diese Zuständigkeit wird gesichert durch die Pflicht der mitgliedstaatlichen Gerichte, gemäß Art. 267 AEUV entscheidungserhebliche unionsrechtliche Fragen dem EuGH zur Entscheidung vorzulegen.[24] Kommt ein letztinstanzliches Gericht dieser Pflicht nicht nach, liegt darin ein Verstoß gegen Art. 101 Abs. 1 Satz 2 GG, sofern die Nichtvorlage nicht mehr verständlich ist und offensichtlich unhaltbar erscheint. Es lassen sich die folgenden Fallgruppen unterscheiden:

1. *Grundsätzliche Verkennung der Vorlagepflicht:* Das Gericht zieht trotz Entscheidungserheblichkeit eine Vorlage nicht in Betracht, obwohl Zweifel an der richtigen Auslegung bestehen.[25]
2. *Bewusstes Abweichen* von der Rechtsprechung des EuGH ohne Vorlagebereitschaft.[26]
3. *Unvertretbares Überschreiten des Beurteilungsspielraums bei ungeklärter Rechtsfrage:* Nichtvorlage, wenn zu einer entscheidungserheblichen Frage des Gemeinschaftsrechts einschlägige Rechtsprechung des EuGH noch nicht vorliegt oder wenn eine vorliegende Rechtsprechung die entscheidungserhebliche Frage möglicherweise noch nicht erschöpfend beantwortet hat oder eine Fortentwicklung der Rechtsprechung des EuGH keine nur entfernte Möglichkeit darstellt.[27] In Bezug auf diese Fallgruppe stellt sich die Frage nach dem Bezugspunkt des Beurteilungsspielraums: Geht es um die Vertretbarkeit der Auslegung des Unionsrechts oder um das Verken-

---

21 BVerwG, NJW 1984, 2961. In überbesetzten Spruchkörpern genügt es nicht, dass sich die konkrete Sitzgruppe erst durch die Terminierung des Vorsitzenden ergibt; die Zuständigkeit der im Spruchkörper bestehenden Sitzgruppen muss vielmehr im Vorhinein nach objektiven Merkmalen bestimmt worden sein, s. BVerfGE 95, 322 (331) – *Sitzgruppen*; 97, 1 (10 f.) – *Erbschaftsbesteuerung.*

22 S. dazu 3.4. Aus der Rechtsprechung BVerfGE 10, 200 ff. – *Friedensgerichte in BW verstoßen gegen Recht auf den gesetzlichen Richter*; 14, 156 ff. – *Berufsrichter müssen grds. hauptamtlich und planmäßig endgültig eingestellt sein*; s. dazu auch BVerfGE 148, 69 ff. – *Beamte als Richter auf Zeit.*

23 BVerfGE 73, 339 (366 ff.) – *Solange II*; 82, 159 (194 ff.) – *Absatzfonds*; BVerfG, NVwZ 2007, 197 (198). S. dazu auch *O. Dörr,* Der europäische Rechtsschutzauftrag deutscher Gerichte, 2003, S. 154 ff.

24 Einführend zum Vorabentscheidungsverfahren mit Fallbeispielen, s. *R. Wernsmann/J. Behrmann,* Das Vorabentscheidungsverfahren nach Art. 234 EG, Jura 2006, 181 ff. allerdings noch vor dem Vertrag von Lissabon!; s. zu Art. 267 AEUV: *M. Schröder,* Die Vorlagepflicht zum EuGH aus europarechtlicher und nationaler Perspektive, EuR 2011, 808 ff.; *J. Bergmann*, Vorabentscheidungsverfahren nach dem EU-Reformvertrag von Lissabon, ZAR 2011, 41 ff.

25 BVerfGE 82, 159 (195) – *Absatzfonds*; BVerfG, NJW 2001, 1267 (1268); NVwZ 2007, 197 (198).

26 BVerfGE 75, 223 (245) – *Vorabentscheidungsverfahren EuGH*; 82, 159 (195); BVerfG, NVwZ 2007, 197 (198).

27 BVerfGE 82, 159 (195 f.) – *Absatzfonds;* BVerfGE 126, 286 (315 f.) – *Honeywell*; 128, 157 (187 f.) – *Klinikprivatisierung.*

nen der Vorlagepflicht? Formulierte das Gericht in der Honeywell-Entscheidung noch: „Dies (Verkennen des Beurteilungsspielraums) kann insbesondere dann der Fall sein, wenn mögliche Gegenauffassungen zu der entscheidungserheblichen Frage des Gemeinschaftsrechts gegenüber der vom Gericht vertretenen Meinung eindeutig vorzuziehen sind."[28], so heißt es in einer neueren Entscheidung: Das Gericht muss „die vertretbare Überzeugung bilden, dass die Rechtslage entweder von vornherei eindeutig („acte clair") oder durch die Rechtsprechung in einer Weise geklärt ist, die keinen vernünftigen Zweifel offenlässt („acte éclairé")."[29] Damit ist nunmehr klar, dass Bezugspunkt das Verkennen der Vorlagepflicht ist.

Rechtsprechung: BVerfGE 82, 159 – Absatzfonds; 95, 322 (327 ff.) – Sitzgruppen; 126, 286 (315 f.) – Honeywell; 147, 364 – Auslieferung nach Rumänien.

Literatur: *G. Britz*, Verfassungsrechtliche Effektuierung des Vorabentscheidungsverfahrens, NJW 2012, 1313.

Falllösungen: *P. Lange*, Referendarexamensklausur – Öffentliches Recht: Europarecht und Verfassungsrecht – Die verweigerte Vorlage, JuS 2016, 50; *C. Thiemann*, Unionsrecht und Verfassungsrecht – Die urheberrechtlich geschützten Sessel, JuS 2012, 735.

3.4 Die Rechtsstellung der Richter

532 Die für die Staatsfunktion Rechtsprechung im materiellen Sinne konstitutive Unabhängigkeit steht und fällt mit der **Unabhängigkeit** der Richter. Deren Rechtsstellung bedarf daher besonderer Absicherung.

Art. 97 Abs. 1 GG wiederholt die aus Art. 20 Abs. 3 GG bekannte Gesetzesbindung der rechtsprechenden Gewalt für die Richter, stellt sie im Übrigen aber „unabhängig", dh. **weisungsfrei**. Die fachliche Kontrolle des Richters erfolgt allein im gesetzlich geregelten Instanzenzug, nicht auf dem Dienstweg. Die für die sachliche Unabhängigkeit nötige innere Unabhängigkeit und Integrität der Richterpersönlichkeit lässt sich nicht verordnen, jedoch sichern durch grundsätzliche Anstellung auf Lebenszeit, das Verbot der Versetzung gegen den Willen (Art. 97 Abs. 2 GG[30]) und besondere Voraussetzungen für eine Amtsenthebung (Art. 98 Abs. 2 GG[31]). Das Bundesverfassungsgericht hat § 18 VwGO, wonach zur Deckung eines nur vorübergehenden Personalbedarfs ein Beamter auf Lebenszeit mit der Befähigung zum Richteramt für die Dauer von mindestens zwei Jahren zum Richter auf Zeit ernannt werden kann, mit der Garantie der richterlichen Unabhängigkeit für vereinbar gehalten. Im Wege verfassungskonformer Auslegung hat es allerdings die Grenze gezogen, dass eine erneute Ernennung nach Ablauf der jeweils festgesetzten Laufzeit zur Sicherung der Unabhängigkeit ausgeschlossen ist.[32] In einem Sondervotum wird demgegenüber die von Art. 92 GG vorausgesetzte Neutralität und die von Art. 97 Abs. 1 GG garantierte Unabhängigkeit und Unparteilichkeit des Richters in objektiver Hinsicht als in nicht mehr hinnehmbarer Weise beeinträchtigt angesehen, weil nach Beendigung des Richterverhältnisses der Beamtenstatus wiederauflebt.[33] Jedenfalls der Zeitraum von nur zwei Jahren erscheint sehr kurz, um die völlige Unabhängigkeit des Richters auf Zeit vom Einfluss der Exekutive sicherzustellen.

---

28 BVerfGE 128, 157 (187) – *Klinikprivatisierung.*

29 BVerfGE 147, 364 Rn. 43 – *Auslieferung nach Rumänien.*

30 Grundsatz der Inamovibilität.

31 Diese persönliche Unabhängigkeit sichert die in Art. 97 Abs. 1 GG verankerte sachliche Unabhängigkeit „institutionell" ab. Sachliche und persönliche Unabhängigkeit gehören zum „Wesen richterlicher Tätigkeit", s. BVerfGE 87, 68 (85) – *Übernahme von Richtern der DDR in den Richterdienst;* 103, 111 (140) – *Wahlprüfung Hessen.*

32 BVerfGE 148, 69 Rn. 76 ff.

33 BVerfGE 148, 69 – *Sondervotum Hermanns.*

Die Voraussetzungen für die **Berufung zum Richter** an einem der obersten Gerichtshöfe des Bundes ist in Art. 95 Abs. 2 GG in den Grundzügen geregelt und im **Richterwahlgesetz** konkretisiert. Die Berufung zum Richter an ein Landesgericht ist Sache der Länder, die sich gemäß Art. 98 Abs. 4 GG am Bundesmodell des Richterwahlausschusses orientieren können, aber nicht müssen. Die Ernennung von Richtern ist historisch Sache der Exekutive. Art. 95 Abs. 2 GG sieht zur Steigerung sowohl der föderalen wie der demokratischen Legitimation der Richter an den obersten Bundesgerichten ein Zusammenwirken des zuständigen Bundesministers mit einem Richterwahlausschuss vor, der aus den für das Sachgebiet zuständigen Landesministern und einer gleichen Anzahl von Mitgliedern besteht, die vom Bundestag gewählt werden, aber nicht Bundestagsabgeordnete sein müssen. Diese Form der Auswahl der obersten Richter birgt durchaus **Gefahren politischer Instrumentalisierung**. Daher wird zu Recht betont, dass auch im Rahmen der Richterernennung nach Art. 95 Abs. 2 GG zuvörderst das **Leistungsprinzip** nach Art. 33 Abs. 2 GG Geltung beansprucht, an das jedenfalls der mitentscheidende Bundesminister uneingeschränkt gebunden ist.[34] Der eigentliche Wahlakt unterliegt dagegen keiner gerichtlichen Kontrolle.[35] 533

Rechtsprechung: BVerfGE 87, 68 (85 ff.) – Übernahme von Richtern der DDR in den Richterdienst; 143, 22 – Bestenauslese Bundesrichterwahl; 148, 69 – Richter auf Zeit.

Literatur: *E. Schilken*, Die Sicherung der Unabhängigkeit der Dritten Gewalt, JZ 2006, 860; *E. Schübel*, Chancengleichheit beim Zugang zu den obersten Bundesgerichten?, NJW 2014, 1355.

3.5 Gewährleistungen der Rechtsprechungsfunktion und eines fairen Gerichtsverfahrens

Rechtsprechung allein durch Gerichte mit unabhängigen Richtern ist noch kein hinreichender Garant für Rechtsstaatlichkeit, wenn nicht auch der **Zugang zu den Gerichten** und ein **faires Verfahren** garantiert sind. 534

3.5.1 Effektiver Rechtsschutz

Einen Anspruch auf effektiven Rechtsschutz verbürgt **Art. 19 Abs. 4 GG** für die Fälle, dass „jemand durch die öffentlichen Gewalt in seinen Rechten verletzt“ wird. 535

3.5.1.1 Bedeutung des Art. 19 Abs. 4 GG. Diese Vorschrift ist eine echte **verfassungsrechtliche Neuerung** und wurde mit Emphase als „**Krönung des Rechtsstaates**“[36], „Schlussstein im Gewölbe des Rechtsstaates“[37] oder „rocher de bronze der staatsbürgerlichen Freiheit“[38] bezeichnet. Die Bedeutung wird sichtbar, wenn man sich vergegenwärtigt, dass zuvor in Deutschland Rechtsstreitigkeiten gegen den Staat nur eingeschränkt und enumerativ aufgelistet zulässig waren. Möglich war häufig nur eine Schadensersatzklage („dulde und liquidiere“), während es Rechtsschutz unmittelbar gegen die belastende staatliche Maßnahme und zu deren Verhinderung nicht gab. Demgegenüber öffnet Art. 19 Abs. 4 GG nunmehr mit einer **Generalklausel** den 536

34 Dazu sehr instruktiv OVG Schleswig, NJW 2001, 3495 ff. – *Chancengleichheit bei der Bundesrichterwahl*; s. auch *E. Schübel*, Chancengleichheit beim Zugang zu den obersten Bundesgerichten?, NJW 2014, 1355 ff.; s. auch BVerfGE 143, 22 ff. – *Bestenauslese Bundesrichterwahl*.

35 BVerfGE 143, 22 Rn. 31.

36 *G. Ebers*, Die Verfassungs- und Verwaltungsgerichtsbarkeit in Österreich, in: Fs. für Wilhelm Laforet, 1952, S. 269 (271).

37 *R. Thoma*, Über die Grundrechte im Grundgesetz für die Bundesrepublik Deutschland, Recht, Staat, Wirtschaft 3 (1951), 9.

38 *F. Klein*, Tragweite der Generalklausel des Bonner Grundgesetzes, in: VVDStRL, Heft 8 (1949), 67 (88). S. auch *O. Bachof*, Art. 19 Abs. 4 des Grundgesetzes und das Bundesverwaltungsgericht, DRZ 1950, 245 (246).

Rechtsweg gegen alle rechtsbeeinträchtigenden staatlichen Maßnahmen und gewährt insoweit einen Anspruch auf effektiven Rechtsschutz.[39]

537 **3.5.1.2 Der Begriff der öffentlichen Gewalt im Sinne des Art. 19 Abs. 4 GG.** Der Begriff der öffentlichen Gewalt im Sinne des Art. 19 Abs. 4 GG umfasst grundsätzlich **alle Akte der hoheitlich handelnden vollziehenden Gewalt**, dagegen keine Parlamentsgesetze[40] und nach überwiegender Auffassung auch keine Akte der Rechtsprechung („Schutz durch den Richter, nicht gegen den Richter"[41]). Der Wortlaut trägt diese Einschränkung nicht. Ihr Sinn liegt darin, dass Art. 19 Abs. 4 GG keinen – schon gar **keinen unendlichen – Instanzenzug** garantieren kann und soll.[42] Weiter Wortlaut und verengende Zweckbetrachtung lassen sich mit Hilfe einer differenzierenden Auslegung verbinden: Es ist danach zu unterscheiden, ob der Richter eine Entscheidung auf der Grundlage von Rechtsnormen trifft, deren direkter Adressat er ist, die ihn also als **Handlungsnormen** ansprechen (Prozessrecht, Erlass eines Haft- oder Durchsuchungsbefehls), oder ob er als Dritter einen Streit anhand von Normen entscheidet, deren direkte Adressaten die Parteien sind, die **Kontrollnormen** für ihn sind (Entscheidung über die Zulässigkeit einer Abrissverfügung). Im ersten Fall kommt Art. 19 Abs. 4 GG zur Anwendung, im zweiten Fall nicht, weil es hier bereits um die Gewährung von Rechtsschutz durch einen Richter geht und es damit im weiteren nur noch um die allein einfachgesetzlich geregelte Frage einer zusätzlichen Instanz gehen kann. Mit dieser Differenzierung steht in Einklang, dass das Bundesverfassungsgericht es als einen Verstoß gegen die in Art. 19 Abs. 4 GG enthaltene Garantie eines effektiven Rechtsschutzes angesehen hat, eine Beschwerde gegen eine richterliche Durchsuchungsanordnung allein deswegen zu verwerfen, weil sie bereits vollzogen ist und die Maßnahme sich deshalb erledigt hat.[43] Auch die Erkenntnis des Bundesverfassungsgerichts, dass die Gerichtsverfahrensgesetze (ZPO, VwGO, FGO, SGG, ArbGG) eine fachgerichtliche Abhilfemöglichkeit für den Fall vorsehen müssen, dass ein Gericht in entscheidungserheblicher Weise den Anspruch auf rechtliches Gehör (Art. 103 Abs. 1 GG) verletzt, lässt sich mit dieser Auslegung zwanglos aus Art. 19 Abs. 4 GG folgern, und muss nicht, wie es das Bundesverfassungsgericht vorzieht,[44] aus dem allgemeinen Rechtsstaatsprinzip abgeleitet werden. Als Folge dieser Entscheidung wurde etwa die Verwaltungsgerichtsordnung um die sog. **Gehörsrüge** für

---

39 S. etwa BVerfGE 35, 382 (401) – *Anordnung der sofortigen Vollziehung einer Ausweisungsverfügung*; 103, 142 (156) – *Durchsuchungsbefehl*; 113, 273 (310 ff.) – *Europäischer Haftbefehl*.

40 S. hierzu oben Rn. 12.

41 *G. Dürig*, in: *Maunz/Dürig*, Erstkommentierung, Art. 19 Abs. 4 GG Rn. 17, zitiert nach BVerfGE 15, 275 (279 f.) – *Nachprüfung eines Verwaltungsaktes*. Vgl. auch BVerfGE 49, 329 (340), 65, 76 (90) – *Offensichtlichkeitsentscheidung* (Asylantrag).

42 S. dazu ausführlich BVerfGE 107, 395 (401 ff.) – *fachgerichtlicher Rechtsschutz*.

43 Bei tiefgreifenden Grundrechtseingriffen, „die vor allem bei Anordnungen in Betracht kommen, die das Grundgesetz – wie in den Fällen des Art. 13 Abs. 2 und Art. 104 Abs. 2 und 3 GG – vorbeugend dem Richter vorbehalten hat", darf ein Rechtsschutzinteresse nicht schon wegen mangelnder Wiederholungsgefahr oder mangelnder fortwirkender Beeinträchtigung verneint werden; der tiefgreifende Grundrechtseingriff genügt per se, um ein Rechtsschutzinteresse zu begründen, s. BVerfGE 96, 27 (40) – *Durchsuchungsanordnung*; Abweichung von BVerfGE 49, 329 (340 f.). Vgl. die Begründung in BVerfGE 96, 27 (39) – *Durchsuchungsanordnung*: „Dabei fordert Art. 19 Abs. 4 GG keinen Instanzenzug (…). Eröffnet das Prozessrecht aber eine weitere Instanz, so gewährleistet Art. 19 Abs. 4 GG dem Bürger in diesem Rahmen die Effektivität des Rechtsschutzes im Sinne eines Anspruches auf eine wirksame Kontrolle (…). Das Rechtsmittelgericht darf ein von der jeweiligen Rechtsordnung eröffnetes Rechtsmittel daher nicht ineffektiv machen und für den Beschwerdeführer „leerlaufen" lassen (…)". Ebenso beim Rechtsschutz abgelehnter Bewerber gegen Vergabeentscheidungen von Standplätzen auf Jahrmärkten: Hier geht das Bundesverfassungsgericht von einer Verletzung von Art. 19 Abs. 4 GG aus, wenn das Gericht den Erlass einer einstweiligen Anordnung ohne inhaltliche Nachprüfung der Vergabeentscheidung allein mit der Begründung ablehnt, alle Marktstände seien bereits vergeben, s. BVerfG, NJW 2002, 3691 f.

44 BVerfGE 107, 395 (406 f.) – *fachgerichtlicher Rechtsschutz*. Kritisch *O. Dörr*, Rechtsschutz gegen den Richter, Jura 2004, 334 (336 f.).

den Fall ergänzt, dass der Verfahrensfehler der mangelnden Anhörung nicht im Zusammenhang mit einem Rechtsmittel in der Hauptsache gerügt werden kann (§ 152a VwGO[45]).

3.5.1.3 Einzelne Folgerungen aus Art. 19 Abs. 4 GG. Dem Anspruch auf effektiven Rechtsschutz ist auch die Einführung eines dem deutschen Prozessrecht bisher fremden **in-camera-Verfahrens** (lies § 99 VwGO) zu verdanken, denn die Verweigerung der Akteneinsicht wegen Geheimhaltungsbedürftigkeit ist mit Art. 19 Abs. 4 GG unvereinbar, soweit die Aktenvorlage auch in denjenigen Fällen ausgeschlossen wird, in denen die Gewährung effektiven Rechtsschutzes von der Kenntnis der Verwaltungsvorgänge abhängt.[46] 538

Die **Intensität der gerichtlichen Überprüfung** von behördlichen Entscheidungen bestimmt sich ebenfalls nach Maßgabe des Anspruchs auf effektiven Rechtsschutz.[47] Der Gesetzgeber darf der Verwaltung nur dann Ermessen oder einen Beurteilungsspielraum einräumen, wenn hierfür ein rechtfertigender Grund besteht,[48] der sich letztlich aus den **Funktionsgrenzen** der **Gerichtsbarkeit** ergibt.[49] Der einzige – und deshalb auch umstrittene – gerichtsfreie Hoheitsakt mit Auswirkungen auf subjektive Rechte Einzelner ist die Begnadigung.[50] 539
Rechtsschutz ist des Weiteren nur effektiv, wenn er **rechtzeitig** erlangt werden kann.[51] Dies setzt ggf. auch die rechtzeitige Ankündigung einschneidender Maßnahmen voraus oder verlangt deren Dokumentation.[52] Effektiver Rechtsschutz wird insbesondere durch überlange Verfahrensdauer gefährdet.[53] Mit dem Gesetz über den Rechtsschutz bei über-

---

45 BVerfGE 108, 341 (350) – *fachgerichtlicher Rechtsschutz III.* § 152a VwGO wurde eingefügt durch Gesetz über die Verletzung des Anspruchs auf rechtliches Gehör v. 9. Dezember 2004 (BGBl. I, S. 3220). S. hierzu *B. Ulrici*, Das Anhörungsgesetz, Jura 2005, 368 ff. und *M. Huber*, Anhörungsrüge bei Verletzung des Anspruchs auf rechtliches Gehör, JuS 2005, 109 ff.

46 BVerfGE 101, 106 (123) – *Verwaltungsbehörde.*

47 S. zur Überprüfung von Prüfungsentscheidungen BVerfGE 84, 34 (49 ff.) – *juristische Staatsprüfung.* Ein Beurteilungsspielraum besteht in folgenden Fallgruppen: (1) Prüfungs- und (2) prüfungsähnliche Entscheidungen in Schule, Universität und Staatsexamen (3), beamtenrechtliche Beurteilungen und (4) Entscheidungen wertender Art durch weisungsfreie, mit Sachverständigen und/oder Interessenvertretern besetzte Ausschüsse, (5) Prognoseentscheidungen und Risikobewertungen (va. im Umwelt- und im Wirtschaftsrecht) und (6) Entscheidungen bezüglich einzelner, dem unbestimmten Rechtsbegriff vorgegebener Faktoren insbes. verwaltungspolitischer Art (z. B. Stellenplanung); so die Fallgruppen von *H. Maurer/Ch. Waldhoff*, Allgemeines Verwaltungsrecht, 19. Aufl. 2017, § 7 Rn. 37 ff. mit umfangreichen Rechtsprechungshinweisen.

48 Für Prüfungsentscheidungen rechtfertigt sich die eingeschränkte gerichtliche Kontrolle bei prüfungsspezifischen Wertungen durch die Unwiederholbarkeit der Entscheidungssituation und den Vergleich innerhalb der Kandidatengruppe, vgl. BVerfGE 84, 34 (50) – *juristische Staatsprüfung*; für beamtenrechtliche Beurteilungen aus den Beobachtungen und Eindrücken, die der Vorgesetzte über einen bestimmten Beurteilungszeitraum gesammelt hat und die sich das Gericht aus seiner externen Perspektive nicht selbst verschaffen kann s. BVerwGE 60, 245 (248 f.). Für pluralistisch zusammengesetzte Ausschüsse folgt die Rechtfertigung aus der Staatsferne und der nötigen pluralistischen Meinungsbildung, s. BVerwGE 91, 211 (217) – *Hafengebühr*; für Prognoseentscheidungen und Risikobewertungen aus der Unmöglichkeit besserer Erkenntnis bei Risikoentscheidungen auf unsicherer Tatsachengrundlage s. BVerwGE 82, 295 (299 ff.) – *Taxengenehmigung.*

49 Die beschränkte gerichtliche Kontrolle reicht nur soweit wie die Funktionsgrenzen der Gerichtsbarkeit: So sind etwa nur prüfungsspezifische Wertungen beschränkt gerichtlich überprüfbar; die Einhaltung von Verfahrensvorschriften, die richtige Sachverhaltsermittlung, die Allgemeingültigkeit der Bewertungsmaßstäbe sowie die Sachgerechtigkeit der Erwägungen unterliegen uneingeschränkter gerichtlicher Kontrolle, s. BVerfGE 84, 34 (53 f.) – *juristische Staatsprüfung.* Bei berufsbezogenen Prüfungen steht dem Beurteilungsspielraum des Prüfers zudem ein Antwortspielraum des Prüflings gegenüber, s. BVerfG, a. a. O., S. 55. Weitere Entscheidungen zur Kontrolldichte der gerichtlichen Prüfung: BVerfGE 88, 40 (61) – *Freie Schule*; 103, 142 (156 ff.) – *Durchsuchungsbefehl*: volle Kontrolle; 116, 1 (9 ff.) – *Insolvenzverwalterbestellung*; 129, 1 (17 ff.) – *Investitionszulage*; 143, 216 Rn. 20 ff. – *TKG-Entgeltregulierung*; 149, 407 Rn. 18 ff. – *naturschutzfachl. Einschätzungsprärogative.*

50 S. oben Rn. 304.

51 BVerfGE 134, 242 (Rn. 219 ff.) – *Braunkohletagebau.*

52 BVerfGE 128, 282 (313 ff.) – *medizinische Zwangsbehandlung.*

53 BVerfG, JZ 2013, 145 f. – *30 Monate vor dem SG.*

langen Gerichtsverfahren und strafrechtlichen Ermittlungsverfahren hat der Gesetzgeber – nicht zuletzt unter dem Einfluss der Rechtsprechung des EGMR[54] – die Rechtsbehelfe der Verzögerungsrüge vor den Fachgerichten[55] sowie der Verzögerungsbeschwerde vor dem Bundesverfassungsgericht (§§ 97a–97e BVerfGG)[56] eingeführt und einen speziellen Entschädigungsanspruch geschaffen (§ 198 GVG; § 97a BVerfGG).[57] Nicht zuletzt ist Rechtsschutz nur effektiv, wenn durch **vorläufigen Rechtsschutz** die Schaffung vollendeter Tatsachen verhindert werden kann.[58]

540 **3.5.1.4 Grenzen des Anwendungsbereichs.** Art. 19 Abs. 4 GG garantiert nicht den Rechtsweg gegen Maßnahmen von nichtdeutschen Hoheitsträgern, insbesondere von **internationalen oder supranationalen Einrichtungen** wie EUROCONTROL oder der EU.[59] Überträgt die Bundesrepublik Hoheitsrechte auf eine solche Einrichtung, muss sie allerdings darauf achten, dass dem im Rechtsstaatsprinzip verankerten Prinzip eines wirksamen Rechtsschutzes genügt wird.[60] In der Regel wird Rechtsschutz entweder durch ein gerichtliches Organ der supra- oder internationalen Organisation selbst gewährt (zB. durch den Gerichtshof der EU)[61] oder durch die Gerichte des Sitzstaates der Organisation.[62] Hiervon zu unterscheiden ist die Konstellation, dass deutsche Behörden Unionsrecht anwenden. Insoweit handelt es sich um die Ausübung deutscher Staatsgewalt im Sinne des Art. 19 Abs. 4 GG.[63]

541 Auf **Streitigkeiten zwischen Privaten** ist Art. 19 Abs. 4 GG schon dem Wortlaut nach nicht anwendbar. Insoweit sichert der **allgemeine Justizgewährleistungsanspruch** den

---

54 S. BT-Drs. 17/3802: „Der EGMR hat (…) erstmals mit Urteil vom 26. Oktober 2000 (Nr. 30 210/96 [= NJW 2001, 2694 ff.] d.V.) entschieden, dass bei überlanger Dauer gerichtlicher Verfahren neben dem in Artikel 6 Absatz 1 EMRK garantierten Recht auf ein faires und zügiges Verfahren auch das in Artikel 13 EMRK verbürgte Recht auf eine wirksame Beschwerde verletzt sein kann", nämlich dann, wenn es keinen wirksamen innerstaatlichen Rechtsbehelf gegen den Verstoß gegen das Recht auf ein Verfahren „innerhalb angemessener Frist" gemäß Art. 6 EMRK gibt.

55 S. zur Verwaltungsgerichtsbarkeit *W.-R. Schenke*, Rechtsschutz bei überlanger Dauer verwaltungsgerichtlicher Verfahren, NVwZ 2012, 257 ff.

56 *R. Zuck*, Rechtsschutz bei überlangen Gerichtsverfahren vor dem Bundesverfassungsgericht, NVwZ 2012, 265 ff.

57 *F. Brummund*, Das Gesetz über den Rechtsschutz bei überlangen Gerichtsverfahren und strafrechtlichen Ermittlungsverfahren, JA 2012, 213 ff.

58 Nur Notwendigkeit und den Anforderungen an vorläufigen Rechtsschutz s. BVerfGE 93, 1 (13) – *Kruzifix*; BVerfG, NVwZ 2017, 149 (151).

59 BVerfGE 58, 1 (26) – *Eurocontrol*. Die in Leitsatz 7 der Maastricht-Entscheidung (BVerfGE 89, 155 ff.) festgestellte „Abweichung von BVerfGE 58, 1 (27)" ändert nichts am Anwendungsbereich von Art. 19 Abs. 4 GG. Das Bundesverfassungsgericht äußert sich im Leitsatz 7 zu seinen Aufgaben hinsichtlich des Grundrechtsschutzes. Der Rechtsweg zum Bundesverfassungsgericht ist aber von Art. 19 Abs. 4 GG seinerseits nicht umfasst. Die Ausführungen BVerfGE 58, 1 (27) betreffen die Auslegung von § 90 BVerfGG. Von diesen erfolgt in Leitsatz 7 der Maastricht-Entscheidung eine „Abweichung". Die sog. Solange-Rechtsprechung zum Verhältnis EuGH – BVerfG (s. dazu Rn. 592 ff.) bleibt davon wiederum unberührt, wie die Entscheidung BVerfGE 102, 147 ff. – *Bananenmarktordnung* belegt.

60 BVerfGE 58, 1 (30) – *Eurocontrol*; 149, 346 Rn. 33 ff. – *Europäische Schule* und dazu *M. Ruffert*, Rechtsschutz gegen Internationale Organisationen, JuS 2018, 1249 ff.

61 S. dazu *T. Rademacher*, Rechtsschutzgarantien des Unionsrechts, JuS 2018, 337 ff.

62 Vgl. auch *O. Dörr*, Der europäische Rechtschutzauftrag deutscher Gerichte, 2003, S. 243 ff.: Öffentliche Gewalt im Sinne des Art. 19 Abs. 4 (GG) ist auch die deutsche Staatsgewalt, die Gemeinschaftsrecht (heute: Unionsrecht) umsetzt bzw. in Ermangelung eines Ausführungsaktes das deutsche Zustimmungsgesetz. Ist die Belastung durch Gemeinschaftsrecht (Unionsrecht) determiniert, reduziert sich der Kontrollmaßstab auf die „Einhaltung der materiell-rechtlichen Verfassungsgrenzen". Hiervon zu trennen ist die zu bejahende Frage, ob Art. 19 Abs. 4 GG dahingehend tatbestandlich zu erweitern ist, dass auch subjektive Rechte des Unionsrechts von der Rechtsschutzgarantie umfasst sind, s. dazu *ders.*, a. a. O., S. 176 ff.

63 S. nur *C. Ernst*, in: *von Münch/Kunig*, GGK I, Art. 19 Rn. 140. Auf diese Konstellation bezieht sich von unionsrechtlicher Seite Art. 19 Abs. 1 UAbs. 2 EUV: „Die Mitgliedstaaten schaffen die erforderlichen Rechtsbehelfe, damit ein wirksamer Rechtsschutz in den vom Unionsrecht erfassten Bereichen gewährleistet ist."

Zugang zu den Gerichten. Dieser Anspruch wird abgeleitet aus dem Rechtsstaatsprinzip (Art. 20 Abs. 3 GG) in Verbindung mit dem Grundrecht auf allgemeine Handlungsfreiheit gemäß Art. 2 Abs. 1 GG: Da in einem Rechtsstaat zur Aufrechterhaltung des inneren Friedens das Gewaltmonopol beim Staat liegt, ist es dem einzelnen verwehrt, seine Rechte im Wege der Selbstjustiz durchzusetzen. Dafür muss der Staat gerichtlichen Rechtsschutz zur Verfügung stellen.

3.5.2 Rechtliches Gehör und faires Verfahren

Der Abschnitt über die Rechtsprechung enthält des Weiteren grundlegende Prinzipien für Gerichtsverfahren. Sie sind nicht nur verpflichtend für die Richter, sondern können im Falle eines Verstoßes von den nachteilig Betroffenen als Verletzung in eigenen Rechten geltend gemacht werden. Es handelt sich um **Justiz- bzw. Prozessgrundrechte.**[64] 542

Zu nennen ist insbesondere Art. 103 Abs. 1 GG, wonach jedermann vor Gericht Anspruch auf **rechtliches Gehör** hat.[65] Dieser Grundsatz wird in den Gerichtsprozess- bzw. -verfahrensordnungen im Einzelnen konkretisiert.[66] Inhalt des Anspruchs ist, dass jede an einem Gerichtsverfahren beteiligte Person die Gelegenheit haben muss, sich vor Erlass einer abschließenden Entscheidung zu äußern.[67] Fordert die Sicherung gefährdeter Interessen einen sofortigen Zugriff, der eine vorherige Anhörung notwendig ausschließt (Haftbefehl, Durchsuchung), muss rechtliches Gehör in einem nachträglichen Verfahren gewährt werden. Der Anspruch auf rechtliches Gehör umfasst, dass eine sprachunkundige Person die Möglichkeit haben muss, einen Dolmetscher beizuziehen. Verstöße – wie etwa die fehlende Möglichkeit zum Vortrag der Gegenseite Stellung zu nehmen, eine Entscheidung vor Ablauf der Äußerungsfrist, die mangelnde Berücksichtigung erheblicher Beweisanträge oder der unzureichende Aufruf einer Sache – begründen stets Rechtsmittel gegen die gerichtliche Entscheidung bis hin zu dem außerordentlichen Rechtsbehelf der Verfassungsbeschwerde. 543

Über die Gewährung von rechtlichem Gehör hinaus sind die Richter zu einer **fairen Verfahrensgestaltung** verpflichtet, denn nur ein faires Verfahren ist ein rechtsstaatliches Verfahren. Dieser aus dem Rechtsstaatsprinzip folgenden Pflicht korrespondiert für die Verfahrensbeteiligten ein Anspruch auf faire Verfahrensgestaltung. Dieses Recht auf ein faires Verfahren „wurzelt im Rechtsstaatsprinzip in Verbindung mit den Freiheitsrechten des GG", in Bezug auf das Strafverfahren „insbesondere in dem Recht auf Freiheit der Person (Art. 2 Abs. 2 Satz 2 GG)" und zudem – auch in Bezug auf andere Verfahren – „in Art. 1 Abs. 1 GG, der es verbietet, den Menschen zum bloßen Objekt eines staatlichen Verfahrens herabzuwürdigen."[68] Die Pflicht zur fairen Verfahrensgestaltung gebietet es zum Beispiel, aus einer unleserlichen Unterschrift unter einem Schriftsatz erst nach Vorwarnung nachteilige Folgen abzuleiten, wenn derselbe Spruchkörper diese Form der Unterschrift längere Zeit nicht beanstandet hat.[69] Oder: Ein Gericht, bei dem ein Verfahren anhängig gewesen ist, ist verpflichtet, fristgebundene Schriftsätze für das Rechtsmittelverfahren, die bei ihm eingereicht werden, an das zuständige Rechtsmittelgericht weiterzuleiten. Gelangt der 544

64 Vgl. etwa BVerfGE 53, 219 (222); 61, 14 (17); 65, 305 (307).

65 Dieses Recht steht in engem Zusammenhang mit der Menschenwürde, s. BVerfGE 9, 89 (95) – *Gehör bei Haftbefehl*: „Diese Anhörung ist daher zunächst Voraussetzung einer richtigen Entscheidung. Darüber hinaus fordert die Würde der Person, dass über ihr Recht nicht kurzerhand von Obrigkeits wegen verfügt wird; der Einzelne soll nicht nur Objekt der richterlichen Entscheidung sein, sondern er soll vor einer Entscheidung, die seine Rechte betrifft, zu Wort kommen, um Einfluss auf das Verfahren und das Ergebnis nehmen zu können."

66 S. zur Gehörsrüge oben Rn. 537.

67 Der von einer richterlichen Entscheidung Betroffene muss also vor dieser zu Wort kommen, s. BVerfGE 39, 156 (168) – *gemeinschaftliche Verteidigung*; vgl. auch etwa 86, 133 (144) – *Rückübertragungsanspruch*.

68 Für die besondere Bedeutung dieses Grundrechts im Strafprozess, s. *B. J. Hartmann/H. Apfel*, Das Grundrecht auf ein faires Strafverfahren, Jura 2008, 495 ff.

69 BVerfGE 78, 123 (126 f.).

Schriftsatz nicht an das Rechtsmittelgericht, so ist Wiedereinsetzung in den vorigen Stand zu gewähren.[70] Das Recht auf ein faires Verfahren umfasst nicht zuletzt die freie Verteidigerwahl.[71] Auch das Gebot der Waffengleichheit[72] sowie strafprozessuale Beweisverwertungsverbote sind Ausprägungen des Rechts auf ein faires Verfahren.[73]

Rechtsprechung: BVerfGE 35, 382 – Ausweisung; 84, 34 – Juristische Staatsprüfung; 84, 59 – Multiple-Choice-Verfahren; 101,106 – in camera-Verfahren; 103, 142 – Durchsuchungsbefehl; 107, 395 – fachgerichtlicher Rechtsschutz und rechtliches Gehör; 113, 273 – Europäischer Haftbefehl; 128, 282 – medizinische Zwangsbehandlung; 129, 1 – Investitionszulage; 130, 1 – Al Quaida-Fall; 134, 242 – Braunkohletagebau; 143, 216 – TKG-Entgeltregulierung; 149, 346 – Europäische Schule; 149, 407 – naturschutzfachliche Einschätzungsprärogative.

Literatur: *Ch. Bickenbach*, Grundfälle zu Art. 19 Abs. 4 GG, JuS 2007, 813 und 910; *M.R. Otto*, Grundfälle zu Justizgrundrechten: Art. 103 I GG – Der Anspruch auf rechtliches Gehör vor Gericht, JuS 2012, 412; *T. Rademacher*, Rechtsschutzgarantien des Unionsrechts, JuS 2018, 337; *M. Ruffert*, Rechtsschutz gegen Internationale Organisationen, JuS 2018, 1249; *A. Voßkuhle*, Bruch mit einem Dogma: Die Verfassung garantiert Rechtsschutz gegen den Richter, NJW 2003, 2193; *K.-R. Wagner*, Effektiver Rechtsschutz, ZfBR 2016, 112; *R. Zuck*, Neues zum rechtlichen Gehör?, NVwZ 2012, 479.

3.6 Anforderungen an staatliches Strafen

545 In Art. 102 und 103 Abs. 2 und 3 zieht das Grundgesetz dem staatlichen Strafen Grenzen.

3.6.1 Verbot der Todesstrafe

546 Art. 102 GG verbietet ebenso lapidar wie klar die Todesstrafe. Damit wird der Begrenztheit menschlicher Erkenntnis Rechnung getragen und ernst gemacht mit dem Gebot der Menschenwürde, wonach die Eigeninteressen eines Menschen niemals ganz und gar den staatlichen Interessen untergeordnet werden dürfen.

3.6.2 Keine Strafe ohne Gesetz

547 Art. 103 Abs. 2 GG enthält mit dem Grundsatz, dass eine Tat nur bestraft werden kann, wenn die Strafbarkeit gesetzlich[74] bestimmt war, bevor die Tat begangen wurde (**nulla poena sine lege**), eine fundamentale Anforderung der Rechtsstaatlichkeit.[75]

---

70 BVerfGE 93, 99 (112 ff.).

71 BVerfGE 66, 313 ff. – *Kostenersatz für Wahlverteidiger auch bei nachträglicher Bestellung eines Pflichtverteidigers.*

72 BVerfGE 122, 248 (275) – *Rügeverkümmerung.*

73 BVerfGE 130, 1 (27 ff.) – *Al Quaida-Fall*: Verwertbarkeit rechtswidrig erhobener personenbezogener Daten. Leitsatz 1b: „Von Verfassungs wegen ist ein Beweisverwertungsverbot geboten, wenn der Rechtsverstoß dazu führt, dass der Angeklagte Gang und Ergebnis des Verfahrens nicht mehr hinreichend beeinflussen kann, die Mindestanforderungen an eine zuverlässige Wahrheitserforschung nicht gewahrt sind oder die Informationsverwertung zu einem unverhältnismäßigen Eingriff in das allgemeine Persönlichkeitsrecht führen würde."

74 Grundsätzlich formelles Gesetz. „Dem Verordnungsgeber dürfen lediglich gewisse Spezifizierungen des Straftatbestandes überlassen werden.", s. dazu BVerfGE 75, 329 (342) – *Umweltstrafgesetzbuch*; 143, 38 Rn. 38 ff. – *Rindfleischetikettierung.*

75 Ideengeschichtlich geht dieser Grundsatz auf *Cesare Beccaria* (1738–1794) zurück und wurde von *Voltaire* (1694–1778) übernommen, der aus ihm das Gebot der Normenklarheit ableitete, s. *J. Lange*, Voltaire (1694–1778) – Philosoph, Aufklärer und Vorkämpfer für ein humanes und liberales Strafrecht, JuS 1998, 491 (494) mwN. Der Grundsatz wurde erstmals in Art. 8 der französischen Menschenrechtserklärung von 1789 kodifiziert. In Deutschland setzte sich *Paul Johann Anselm von Feuerbach* (1775–1833) für die Einführung dieses Grundsatzes ein (*P.J.A. von Feuerbach*, Lehrbuch des gemeinen in Deutschland gültigen Peinlichen Rechts, 14. Aufl. 1847, S. 38, § 14, S. 41 § 20). Er hatte allerdings nicht so sehr den Vertrauensschutz des Bürgers, sondern die Abschreckung im Blick: „Die zusammenstimmende Wirksamkeit der vollstreckenden und gesetzgebenden Macht zu dem Zwecke der Abschreckung bildet den psychologischen Zwang". „Nulla poena sine lege" wurde 1871 im Reichsstrafgerichtsbuch, 1919 in Art. 116 WRV kodifiziert.

Dieser rechtsstaatliche Ausdruck von **Rechtssicherheit** und **Vertrauensschutz** bestimmt die gesamte Dogmatik des Strafrechts, indem er zu strikter Wortlauttreue und größter Auslegungsgenauigkeit zwingt sowie die Auslegungsmethode der lückenfüllenden Analogie zulasten von Tätern verbietet.[76] Die Garantie kann im Extremfall in ein **Spannungsverhältnis** zu Forderungen der **Gerechtigkeit** geraten. Dies ist im Zusammenhang mit den Strafverfahren gegen die Mauerschützen, die in Umsetzung des Schießbefehls an der deutsch-deutschen Grenze getötet haben, erneut ins Bewusstsein getreten. Die Auflösung dieses Spannungsverhältnisses wird leichter, wenn man sich vergegenwärtigt, dass positiv gesetztes Recht nicht völlig losgelöst gesehen werden darf von dem Ideal der Gerechtigkeit. Ein Gesetz verwirkt seinen Anspruch verbindliches Recht zu sein, wenn „sein Widerspruch zur Gerechtigkeit ein so unerträgliches Maß erreicht, dass das Gesetz der Gerechtigkeit weichen muss".[77] Das Vertrauen in die positiv bestehende Rechtslage ist danach von Art. 103 Abs. 2 GG strikt geschützt, soweit die jeweiligen Gesetze nicht für jeden erkennbar schwerstes Unrecht sind. In den Worten des Bundesverfassungsgerichts: „(…) wenn der Träger der Staatsmacht für den Bereich schwersten kriminellen Unrechts die Strafbarkeit durch Rechtfertigungsgründe ausschließt, indem er über die geschriebenen Normen hinaus zu solchem Unrecht auffordert, es begünstigt und so die in der Völkerrechtsgemeinschaft allgemein anerkannten Menschenrechte in schwerwiegender Weise missachtet," so muss der „strikte Schutz von Vertrauen durch Art. 103 Abs. 2 GG (…) zurücktreten."[78]
Auf **Verjährungsvorschriften** ist Art. 103 Abs. 2 GG bereits nach der Wortlautauslegung nicht anwendbar, denn sie betreffen weder den Straftatbestand noch Art und Höhe der Strafe, sondern allein die Dauer der Verfolgbarkeit.[79] Die Zulässigkeit der Verlängerung von Verjährungsvorschriften ist ein Problem des differenziert zu handhabenden Rückwirkungsverbots.[80, 81]
Anlässlich der gesetzlichen Verlängerung der **Sicherungsverwahrung** mit Geltung nicht nur für zukünftig zu verlängernde Sicherungsverwahrungen, sondern auch für Straftäter, die sich zum Zeitpunkt des Inkrafttretens der Neuregelung bereits in Sicherungsverwahrung befanden und mit ihrer Entlassung aufgrund Fristablaufs gerechnet hatten, musste das Bundesverfassungsgericht über die Anwendbarkeit des Art. 103 Abs. 2 GG auf diesen Fall entscheiden. Das Gericht folgerte aus dem historisch überkommenen dualistischen Sanktionensystem des deutschen Strafrechts, dass Sicherungsmaßnahmen, die sich an der Gefährlichkeit des Täters orientieren und der Gefahrenabwehr dienen und damit gerade nicht Strafe im Sinne eines tatbezogenen angemessenen Schuldausgleichs sind, nicht in den Anwendungsbereich des Art. 103 Abs. 2 GG fallen.[82]
Demgegenüber befand der EGMR, dass die rückwirkende Verlängerung der Sicherungsverwahrung sowohl gegen das Recht auf Freiheit im Sinne des Art. 5 EMRK als auch

---

76 S. BVerfGE 73, 206 (234 ff.); 92, 1 (12 f.); 104, 92 (100 ff.) – *Sitzblockaden*, dazu *von Münch/Mager*, Staatsrecht II, 7. Aufl. 2018, Fall 13 „Sitzblockade" und dazu die Lösung S. 295 ff.; s. auch BVerfGE 126, 170 (194 ff.) – *Untreuetatbestand*; 130, 1 (43) – *Al Quaida-Fall*.

77 Sog. Radbruchsche Formel. Zu *Gustav Radbruch* (1878–1949), s. *I. Appel/H. Dreier*, Gustav Radbruch und die Mauerschützen, JZ 1997, 421 (422 f.). S. auch *Ch. Nill-Theobald*, Radbruchs Lehre im Zeitalter eines Weltstrafgerichts, JuS 1999, 1051 ff.

78 BVerfGE 95, 96 (Ls. 3) – *Mauerschützen* s. für die Begründung auch S. 132 ff. Der EGMR, ECHR 2001-II, 351 ff., Rn. 53 ff. argumentierte „eher positivrechtlich: Der Rechtfertigungsgrund (Schießbefehl) sei unbeachtlich, weil er die DDR-Gesetze und Verfassung verletzte. Demgegenüber argumentierte das BVerfG stärker naturrechtlich: Der Rechtfertigungsgrund sei unbeachtlich, weil er krasses Unrecht darstelle." s. *A. Peters/T. Altwicker*, Einführung in die Europäische Menschenrechtskonvention, 2. Aufl. 2012, § 23 Rn. 10. *I. Appel/H. Dreier*, Gustav Radbruch und die Mauerschützen, JZ 1997, 421 (424) sprechen von einer „Renaissance der 'Radbruch'schen Formel'".

79 BVerfGE 25, 269 (286 f.) – *Verjährung Mord*.

80 S. zum Rückwirkungsverbot unten Rn. 660 ff.

81 BVerfGE 25, 269 (284 ff.) – *Verjährung Mord*.

82 BVerfGE 109, 133 (167 ff.) – *Sicherungsverwahrung I*.

gegen das Verbot der Bestrafung ohne Gesetz gemäß Art. 7 EMRK verstieß. Angesichts der Ausgestaltung der Sicherungsverwahrung, insbesondere der Unterbringung in gewöhnlichen Gefängnissen ohne spezifische Programme konnte der EGMR keinen Unterschied zwischen einer Gefängnisstrafe und einer Sicherungsverwahrung erkennen.[83] Das Bundesverfassungsgericht hielt in einer weiteren Entscheidung zur nachträglichen Verlängerung der Sicherungsverwahrung daran fest, dass der Begriff „bestrafen" im Sinne des Art. 103 Abs. 2 GG keine Maßnahmen der Besserung und Sicherung meint und damit auch die Sicherungsverwahrung nicht erfasst. Maßstab für die Prüfung der Verfassungsmäßigkeit der nachträglich verlängerten Sicherungsverwahrung sei vielmehr Art. 2 Abs. 2 Satz 2 GG iVm. Art. 104 Abs. 1 Satz 1 GG iVm. dem in Art. 20 Abs. 3 GG (Rechtsstaatsprinzip) verankerten Vertrauensschutz. Bei Anwendung dieses Maßstabs seien die Wertungen des Art. 7 EMRK zu berücksichtigen. Hieraus folge das Gebot, zwischen der Gefängnisstrafe und der Sicherungsverwahrung einen deutlichen Unterschied herzustellen („Abstandsgebot").[84]

3.6.3 Verbot der Mehrfachbestrafung

548 Gemäß Art. 103 Abs. 3 GG darf niemand wegen derselben Tat auf Grund der allgemeinen Strafgesetze mehrmals bestraft werden (**ne bis in idem**).[85] Entscheidend für diese Garantie ist der Begriff der Tat. Er bestimmt sich nicht nach strafrechtlicher Dogmatik, sondern hat einen eigenen verfassungsrechtlichen Gehalt, der sich an der Anschauung über die Zusammengehörigkeit eines Lebensvorgangs orientiert.[86] Art. 103 Abs. 3 GG ordnet nur den **Strafklageverbrauch** an.[87] Nicht ausgeschlossen sind dagegen Disziplinarmaßnahmen[88], verwaltungsrechtliche Sanktionen[89] oder die Anordnung der Sicherungsverwahrung.[90]

3.6.4 Rechtsgarantien bei Freiheitsentziehung oder -beschränkung

549 Zu nennen sind schließlich die Rechtsgarantien bei Freiheitsentziehungen und -beschränkungen gemäß Art. 104 GG. Dessen Inhalt gehört zur ältesten Schicht von Grundrechtsgewährleistungen und war bereits Gegenstand der Habeas Corpus Akte von 1679.[91] Sein Inhalt verstärkt das Grundrecht auf Freiheit und körperliche Unversehrtheit (Art. 2 Abs. 2 GG) inhaltlich und verfahrensrechtlich: Freiheitsentziehungen stehen danach unter einem strikten **Richtervorbehalt**, jede seelische und körperliche Misshandlung von Festgehaltenen ist ausdrücklich verboten und eine dem Festgehaltenen nahe stehende Person ist von der Festnahme zu unterrichten.[92]

Rechtsprechung: BVerfGE 25, 269 – Verjährung; 95, 96 – Mauerschützen; 104, 92 – Sitzblockade; 109, 133 – Sicherungsverwahrung I; 126, 170 – Untreuetatbestand; 128, 326 – Sicherungsverwahrung II; 143, 38 – Rindfleischetikettierung.

---

83 EGMR, Urteil vom 17.12.2009 – 19359/04; M. ./. Deutschland, NJW 2010, 2495 ff. – *Rückwirkende Verlängerung der Sicherungsverwahrung.*

84 BVerfGE 128, 326 (374 ff.) – *Sicherungsverwahrung II.* S. dazu den Fall 12 in diesem Buch.

85 S. hierzu *I. Appel*, Grundrechtsgleiche Rechte, Prozessgrundrechte oder Schranken-Schranken?, Jura 2000, 571 (573 f.) und *F.-C. Schroeder*, Die Rechtsnatur des Grundsatzes „ne bis in idem", JuS 1997, 227 (227 f.).

86 S. dazu BayObLG, NJW 1991, 2360 – *Kein Strafklageverbauch trotz Erwähnung in Anklageschrift*. Vgl. BVerfGE 45, 434 (436) – *RAF*; 56, 22 (28) – *Kriminelle Vereinigung*: „geschichtlicher Vorgang (…) innerhalb dessen der Angeklagte als Täter oder Teilnehmer einen Straftatbestand verwirklicht haben soll."; BVerfG, NJW 2015, 44 (Rn. 26) – *Entziehung von der Schulpflicht*.

87 Zur Rechtslage bei Verurteilung im Ausland s. BVerfGE 75, 1 (18 ff.) – *Völkerrecht*.

88 BVerfGE 21, 378 (384) – *Wehrdisziplin*; 27, 180 (186) – *ärztliche Ehrengerichtsbarkeit*; 32, 40 (48).

89 BVerfGE 20, 365 (371 ff.).

90 In Bezug auf die Sicherungsverwahrung gilt das in Rn. 547 zu Art. 103 Abs. 2 GG Ausgeführte entsprechend.

91 S. *K. Amelung*, Die Entstehung des Grundrechtsschutzes gegen willkürliche Verhaftung, Jura 2005, 447 (451 f.).

92 S. dazu von *Münch/Mager*, Staatsrecht II, 7. Aufl. 2018, Rn. 209–211; zum Richtervorbehalt BVerfGE 105, 239 (249) – *Freiheitsentziehung zwecks Abschiebung*.

Literatur: *I. Appel*, Grundrechtsgleiche Rechte, Prozessgrundrechte oder Schranken-Schranken?, Jura 2000, 571; *D. Brodowski*, Grundfälle zu den Justizgrundrechten – Art. 103 II, III GG, JuS 2012, 892; *D. Schroeder*, Die Justizgrundrechte des Grundgesetzes, JA 2010, 167.

3.7 Das Bundesverfassungsgericht

Eine besondere Rolle nicht nur innerhalb der rechtsprechenden Gewalt, sondern im Verfassungsgefüge insgesamt, nimmt das Bundesverfassungsgericht ein. Die verfassungsrechtlichen Grundlagen finden sich – neben einzelnen über das Grundgesetz verstreuten Zuständigkeiten – in den Art. 92 bis 94, 99 und 100 GG. Die näheren Regelungen trifft das Bundesverfassungsgerichtsgesetz (BVerfGG).[93] 550

3.7.1 Die Stellung des Bundesverfassungsgerichts

Art. 92 GG weist das Bundesverfassungsgericht als **Teil der rechtsprechenden Gewalt** aus. Es ist ein Gericht, das am Maßstab des Rechts auf Antrag Streitigkeiten entscheidet. Sein **Maßstab** ist allerdings ein besonderer, nämlich das **Verfassungsrecht**. Es ist dazu berufen, in Verfassungsrechtsstreitigkeiten das Verfassungsrecht letztverbindlich auszulegen und streitentscheidend anzuwenden. An das Verfassungsrecht ist alle staatliche Gewalt gebunden (Art. 20 Abs. 3, 1 Abs. 3 GG), auch die zur rechtsgestaltenden Politik berufenen Staatsorgane. Das Verfassungsrecht ist damit besonders **politiknahes Recht**. Es zieht der politischen Meinungsbildung und Entscheidungsfindung durch Verfahrensregelungen aber auch durch inhaltliche Vorgaben Grenzen, lässt andererseits der politischen Gestaltung erhebliche Spielräume, ist überwiegend **„Rahmenordnung"**. Aus seiner Aufgabe, angesichts von Streitfällen, die häufig hohe politische Brisanz aufweisen, über die Auslegung und Anwendung des politiknahen Verfassungsrechts letztverbindlich zu entscheiden, folgt die Besonderheit des Bundesverfassungsgerichts: Es befindet sich **auf der Seite des Rechts an der Grenzlinie von Recht und Politik** und darf nicht der Gefahr oder Versuchung erliegen, diese Linie zu übertreten. Hieraus ergibt sich die **Notwendigkeit richterlicher Selbstbeschränkung**, die sich etwa in der Anerkennung von Prognose-, Einschätzungs- und Beurteilungsspielräumen zugunsten des Gesetzgebers äußert. 551

Die geschilderte Rolle des Bundesverfassungsgerichts, die es insgesamt in einer Weise ausfüllt, dass es hohes Ansehen in der Bevölkerung genießt, lässt sich veranschaulichen mit einer Reihe von bedeutsamen und vielfach auch umstrittenen Entscheidungen zu Ereignissen von Weichen stellender Bedeutung für die Geschichte der Bundesrepublik Deutschland, etwa zur Wiederbewaffnung[94], zum Grundlagenvertrag mit der DDR[95], zum Wahlrecht bei der ersten gesamtdeutschen Wahl[96] über die Stasi-Untersuchungsausschüsse[97] bis zu den Problemen der Rückübertragung von Eigentum[98] und der Bestrafung von Mauerschützen.[99] Zu erwähnen sind außerdem grundlegende Entscheidungen zur Europäischen Integration[100], zuletzt im Zusammenhang mit der Eurokrise[101], die Entscheidungen zu Auslands- und Inlandsein-

93 Gesetz über das Bundesverfassungsgericht (Bundesverfassungsgerichtsgesetz – BVerfGG).
94 BVerfGE 2, 79 ff.
95 BVerfGE 36, 1 ff.
96 BVerfGE 82, 322 ff.
97 BVerfGE 99, 19 ff.
98 BVerfGE 84, 90 ff. – *Bodenreform I*; 94, 12 ff. – *Bodenreform II*; 95, 48 ff. – *Restitution und Vertragsanfechtung*.
99 BVerfGE 95, 96 ff.
100 BVerfGE 89, 155 ff. – *Maastricht*, 113, 273 ff. – *europäischer Haftbefehl*; 123, 267 ff. – *Lissabon*; 126, 286 ff. – *Honeywell*.
101 BVerfGE 129, 124 ff. – *Beteiligung des Bundestages in Bezug auf den „Rettungsschirm"*; 134, 366 ff. – *OMT-Vorlage;* 142, 123 – *OMT-Beschluss*.

sätzen der Bundeswehr[102] sowie eine Vielzahl von Entscheidungen zum Atomrecht[103], Asylrecht[104], Hochschulrecht[105], Rundfunkrecht[106], Wahlrecht[107], Parteienrecht[108] bis hin zur Strafbarkeit von Schwangerschaftsabbruch[109] oder Sitzblockaden.[110]

552 Das Bundesverfassungsgericht selbst hat sich angesichts seiner besonderen Rolle als **„Verfassungsorgan"** bezeichnet[111], was der Gesetzgeber in § 1 Abs. 1 BVerfGG aufgenommen hat. Zum Ausdruck kommt darin der Anspruch, auf gleicher Augenhöhe mit den obersten Staatsorganen zu stehen, über deren Handlungen, Kompetenzen, Rechtsansprüche das Bundesverfassungsgericht im Streitfall zu entscheiden hat. Als Konsequenz aus dieser Selbstqualifizierung hat das Bundesverfassungsgericht das Recht auf unmittelbaren Umgang mit den obersten Staatsorganen – anstelle etwa eines Dienstwegs über das Bundesjustizministerium –, das Recht auf einen **eigenen Haushalt** – und nicht etwa als Teil des Ressorthaushalts des Justizministeriums –, eigene **Personalhoheit** und das Recht, sich eine **Geschäftsordnung** zu geben (§ 1 Abs. 3 BVerfGG), beansprucht und erhalten. Staatsprotokollarisch steht der oder die Präsident/in des Bundesverfassungsgerichts an fünfter Stelle nach dem Bundespräsidenten, dem Bundestagspräsidenten, der Bundeskanzlerin und dem Bundesratspräsidenten.[112]

Literatur: *C. Gusy/H.-H. Kutscher*, 60 Jahre Bundesverfassungsgericht, RuP 2011, 129; *S. Kneip*, Rolle und Einfluss des Bundesverfassungsgerichts in international vergleichender Perspektive, ZfP 2013, 72; *I. von Münch*, Das Bundesverfassungsgericht als Teil des Rechtsstaates, Jura 1992, 505; *R. Wahl*, Elemente der Verfassungsstaatlichkeit, JuS 2001, 1041.

3.7.2 Die Organisation des Bundesverfassungsgerichts

553 Gemäß Art. 94 Abs. 2 Satz 1 GG ist die „Verfassung", dh. die Organisation des Bundesverfassungsgerichts, durch Bundesgesetz zu regeln. Dies ist durch das Bundesverfassungsgerichtsgesetz geschehen. Nach § 2 Abs. 1 und 2 BVerfGG besteht das Bundesverfassungsgericht aus **zwei Senaten zu je acht Richtern**. Die Zuständigkeitsverteilung zwischen den Senaten bestimmt sich nach § 14 BVerfGG, dessen differenzierter Regelungsinhalt sich verkürzend dahin zusammenfassen lässt, dass dem *1. Senat* die Streitigkeiten, die im Schwerpunkt am Maßstab der Grundrechte zu entscheiden sind, dem

---

102 BVerfGE 89, 38 ff. – *Somalia*; 90, 286 ff. – *Bundeswehreinsatz*; 108, 34 ff. – *AWACS-Einsatz* (Türkei); 126, 55 ff. – *Bundeswehreinsatz Heiligendamm*.

103 S. etwa BVerfGE 47, 146 ff. – *Schneller Brüter*; 49, 89 ff. – *Kalkar I*; 53, 30 ff. – *Mühlheim-Kärlich*; 81, 310 ff. – *Kalkar II*.

104 S. etwa BVerfGE 94, 49 ff. – *Asyl-Drittstaatenregelung*; 94, 166 ff. – *Asyl-Flughafenregelung*.

105 S. etwa BVerfGE 33, 303 ff. – *Numerus clausus*; 35, 79 ff. – *Hochschulurteil*; 136, 338 ff. – *med. Hochschule Hannover*.

106 S. etwa BVerfGE 12, 205 ff. – *1. Rundfunkurteil*; 57, 295 ff. – *Saarländisches Rundfunkgesetz*; 83, 238 ff. – *6. Rundfunkurteil*.

107 ZB. BVerfGE 121, 266 ff. – *negatives Stimmgewicht*; 123, 99 ff. – *Wahlcomputer*; 129, 300 ff. – *Fünf-Prozent-Sperrklausel EuWG*; 131, 316 ff. – *negatives Stimmgewicht*.

108 S. etwa BVerfGE 85, 264 ff. – *Parteienfinanzierung VI*; 91, 262 ff. – *Parteibegriff*; 144, 20 ff. – *NPD-Verbot*.

109 BVerfGE 39, 1 ff. – *Schwangerschaftsabbruch I* und 88, 203 ff. – *Schwangerschaftsabbruch II*. Exemplarisch für die zT. scharfe Kritik, s. *J. Geiger/C. von Lampe*, Das zweite Urteil des Bundesverfassungsgerichts zum Schwangerschaftsabbruch, Jura 1994, 20 (28): Das Bundesverfassungsgericht „durfte jedoch bei seiner Kontrolle nicht – wie es dies an mehreren Stellen im Urteil getan hat – eigene Prognosen an die Stelle der vom Gesetzgeber getroffenen setzen" und S. 30 „Enttäuschend ist schließlich, dass Inhalt und Sprache der Entscheidung den Eindruck vermitteln, das Gericht nehme Frauen nur ernst, weil und soweit sein Schutzkonzept ohne ihre Mitwirkung nicht zu realisieren ist."

110 BVerfGE 73, 206 (234 ff.); 92, 1 (12 f.); 104, 92 (100 ff.) – *Sitzblockaden*.

111 Denkschrift des Bundesverfassungsgerichts vom 27. Juni 1952: Die Stellung des Bundesverfassungsgerichts, JöR 6 (1957), 109 (144 ff.). Vgl. dazu auch *G. Leibholz*, Der Status des Bundesverfassungsgerichts, in: Das Bundesverfassungsgericht, 1963, S. 61 (73 ff.).

112 Protokollarische Rangfragen, https://www.protokoll-inland.de/Webs/PI/DE/rang-titulierung/rangfragen/protokollarische-rangfragen-node.html (zuletzt abgerufen am 14.7.2020).

2. *Senat* die primär staatsorganisationsrechtlichen Streitigkeiten zugewiesen sind. Zuständigkeitsänderungen sind nach Maßgabe von § 14 Abs. 4 BVerfGG als Reaktion auf Überlastungen zulässig.
Seit 1986 bildet jeder Senat zudem mehrere **Kammern** aus jeweils drei Richtern (§ 15a BVerfGG[113]), deren Aufgabe darin besteht, in den zahlenmäßig besonders häufigen Verfahren der konkreten Normenkontrolle und der Verfassungsbeschwerde die Senate zu entlasten. Dies geschieht durch eine Vorprüfung der Zulässigkeit im Falle der konkreten Normenkontrolle (§ 81a BVerfGG) und durch Vorprüfung und abschließende Entscheidung in offenkundigen Fällen im Falle der Verfassungsbeschwerde (§§ 93a–d BVerfGG).

Gemäß § 16 BVerfGG ist das **Plenum** von allen 16 Richtern zuständig, wenn ein Senat in einer Rechtsfrage von der Rechtsauffassung abweichen will, die der andere Senat in einer Entscheidung vertreten hat.[114] 554

3.7.3 Wahl und Rechtsstellung der Richter

Angesichts der herausgehobenen Stellung des Bundesverfassungsgerichts kommt den Anforderungen an die Personen, die Richter des Bundesverfassungsgerichts werden können, und deren Auswahl größte Bedeutung zu. Art. 94 Abs. 1 GG enthält insoweit nur wenige Vorgaben. Die näheren Regelungen finden sich in den §§ 2–9 BVerfGG. 555
Art. 94 Abs. 1 Satz 1 GG bestimmt, dass das Bundesverfassungsgericht „aus Bundesrichtern und anderen Mitgliedern" besteht. Konkreter heißt es in § 2 Abs. 3 BVerfGG, dass drei Richter jedes Senats aus der Zahl der Richter an den obersten Gerichtshöfen des Bundes gewählt werden, wobei diese dort mindestens drei Jahre tätig gewesen sein sollen.

Als **persönliche** Voraussetzung für alle Richterinnen und Richter fordert § 3 Abs. 1 BVerfGG ein **Mindestalter** von 40 Jahren, die Wählbarkeit zum Deutschen Bundestag sowie eine schriftliche Bereitschaftserklärung. Wählbar sind nach Absatz 2 nur Personen, welche die Befähigung zum Richteramt nach dem Deutschen Richtergesetz haben. 556

Art. 94 Abs. 1 Satz 3 GG und § 3 Abs. 3 BVerfGG erklären das Amt als Richter des Bundesverfassungsgerichts für **inkompatibel** mit der Zugehörigkeit zum Bundestag, zum Bundesrat, zur Bundesregierung oder entsprechenden Landesorganen. Dies ist Folge der Gewaltenteilung, die im Interesse der Unabhängigkeit der Rechtsprechung 557

---

113 Durch Gesetz vom 12. Dezember 1985 (BGBl. I, S. 2229) eingefügt.

114 S. dazu BVerfGE 4, 27 ff. – *Politischen Parteien im Organstreit*; s. auch BVerfGE 96, 375 (403) – *Kind als Schaden* und 96, 409 (410) – *an den Ersten Senat des BVerfG gerichtete Aufforderung des Zweiten Senats zu dieser Frage das Plenum anzurufen*: Der Erste Senat war mit der Frage befasst, ob die Haftung für den Unterhalt eines Kindes bei ärztlichen Beratungs-, Sterilisations- oder Schwangerschaftsabbruchfehlern mit Art. 1 Abs. 1 GG vereinbar ist. Der Zweite Senat betonte, dass die Ablehnung eines Verfassungsverstoßes von dem in BVerfGE 88, 203 – *Schwangerschaftsabbruch II* ausgesprochenen Gebot abweicht, dass ein Kind niemals und damit auch nicht eine durch dieses ausgelöste Unterhaltspflicht einen Schaden darstelle. Die Frage war also, ob dieser Ausspruch einen tragenden Grund der Entscheidung oder lediglich ein obiter dictum darstellte. Der mit der Sache befasste Erste Senat ging davon aus, dass diese Begründung nur die Aussagen im Hinblick auf das vom Gesetzgeber verwirklichte Beratungskonzept trage, nicht aber für die zu entscheidenden Haftungsfälle Geltung beanspruche. Da es sich nicht um einen „tragenden Grund" des Schwangerschaftsabbruchsurteils handle, könne ein Menschenwürdeverstoß auch ohne Plenumsbeschluss abgelehnt werden. Zum Streit, s. *B. Sangmeister*, „Der Krieg der Richter", JuS 1999, 21 ff. Neben dem og. Plenumsbeschluss, sind BVerfGE 2, 79 ff. – *Europäische Verteidigungsgemeinschaft*; 54, 277 ff. – *Nichtannahme einer Revision*; 95, 322 ff. – *Spruchgruppen*; 107, 395 ff. – *fachgerichtlicher Rechtsschutz* und 132, 1 ff. – *Streitkräfteeinsatz im Innern* als Plenumsbeschluss ergangen. Vertiefend zu Plenarentscheidungen, s. *E. Niebler*, Plenarentscheidungen des Bundesverfassungsgerichts gemäß § 16 BVerfGG, in: Fs. Lerche, 1993, S. 801 ff.

eine institutionelle und personelle Trennung der Judikative von den anderen Staatsgewalten fordert.[115]

558 Die **Amtszeit** beträgt nach § 4 Abs. 1 BVerfGG **zwölf Jahre**, allerdings nicht über die Altersgrenze von 68 Jahren (§ 4 Abs. 3 BVerfGG) hinaus. Eine **Wiederwahl** ist **nicht möglich**. Diese 1970 eingeführte Regelung[116] soll die persönliche Unabhängigkeit der Richter stärken.

559 Gemäß Art. 94 Abs. 1 Satz 2 GG werden die Mitglieder des Bundesverfassungsgerichts **gewählt**, und zwar **zur Hälfte**, also 8 Richter, **vom Bundestag** und **die andere Hälfte vom Bundesrat**. Die Modalitäten der Wahl sind in den §§ 5–9 BVerfGG geregelt. Dabei stellt § 5 BVerfGG klar, dass die hälftige Aufteilung der Besetzung der Richterstellen auf Bundestag und Bundesrat nicht zu einem Bundestags-Senat und einem Bundesrats-Senat führen soll, sondern eine im Einzelnen vorgegebene Mischung in den Senaten stattfindet.

Die vom Bundestag zu wählenden Richter wurden lange Zeit in **indirekter Wahl durch einen Wahlausschuss des Bundestages** gewählt, der aus zwölf Bundestagsmitgliedern bestand. Die darin liegende Beschränkung der Mitwirkungsrechte der Abgeordneten und der Repräsentationsfunktion des Bundestages ist durch den Zweck der Delegation, der darin besteht, das Ansehen, das Vertrauen in die Unabhängigkeit und damit die Funktionsfähigkeit des Bundesverfassungsgerichts zu sichern, zwar nicht gefordert, war aber nach Auffassung des Bundesverfassungsgerichts, das insoweit in eigener Sache richtete, unter Berücksichtigung des Gestaltungsspielraums des Gesetzgebers noch zu rechtfertigen.[117] Im Anschluss an diese Entscheidung änderte der Gesetzgeber dennoch das BVerfGG und bestimmte, dass nunmehr das Plenum die Richterwahl vornimmt. Der fortbestehende Wahlausschuss hat nunmehr die Funktion, die zu wählenden Richter vorzuschlagen. Im Plenum findet zur Sicherung des Ansehens und der Funktionsfähigkeit des Bundesverfassungsgerichts keine Aussprache über die vorgeschlagenen Personen statt. Gewählt ist gemäß § 6 Abs. 1 Satz 2 BVerfGG, wer eine Mehrheit von zwei Dritteln der abgegebenen Stimmen, mindestens die Mehrheit der Stimmen der Mitglieder des Bundestages auf sich vereinigt. Die näheren Regelungen zur Wahl des nach wie vor aus zwölf Mitgliedern bestehenden Wahlausschusses, zu seiner Funktion und zu seinem Verfahren finden sich in § 6 Abs. 2–6 BVerfGG.

Der Bundesrat wählt „seine" Richter selbst. Auch insoweit bedarf es einer **Zwei-Drittel-Mehrheit** (§ 7 BVerfGG).

Sowohl der Wahlausschuss des Bundestages als auch der Bundesrat orientieren sich bei ihrer Wahl an **Listen potentieller Richterinnen und Richter**, die das Bundesministerium für Justiz führt, und zwar getrennt nach Bundesrichtern und sonstigen zum Bundesverfassungsgericht wählbaren Personen. Letztere müssen von einer Fraktion des Bun-

115 Zu Fällen des Ausschlusses und der Befangenheit in einzelnen Verfahren s. §§ 18, 19 BVerfGG und dazu BVerfGE 72, 296 ff. – *Selbstablehnung (Herzog)*; 73, 330 ff. – *Zur Besorgnis der Befangenheit wegen öffentlicher Äußerungen*; 88, 1 ff. – *Befangenheitsmaßstab bei Selbstablehnung eines Bundesverfassungsrichters*: wegen Erstattung eines Rechtsgutachtens für eine dem nunmehrigen Verfahrensbeteiligten nahestehende Organisation; 99, 51 ff. – *Besorgnis der Befangenheit (Jentsch)*; BVerfGE 133, 377 Rn. 70 f. – *Lebenspartnerschaft Splitting:* Vorbefassung mit einer Rechtsfrage in anderer Sache führt nicht zur Befangenheit, Gegenschluss zu § 18 Abs. 1 Nr. 2 BVerfGG.

116 Durch Gesetz vom 3.2.1971; s. dazu BVerfGE 40, 346 ff. – *Wiederwahl des Richters Zeidler.*

117 BVerfGE 131, 230 (236) – *Bundesverfassungsrichterwahl*; für Verfassungswidrigkeit wegen Verstoßes gegen Art. 94 Abs. 1 Satz 2 und Art. 42 Abs. 1 Satz 2 GG: *Pieroth*, in: *Jarass/Pieroth*, Art. 94 Rn. 2 mwN. S. zum Verfahren der Bundesverfassungsrichterwahl auch *M. A. Wiegand*, Eine vertrauliche Angelegenheit, RuP 2013, 11 ff.; *D. Wiefelspütz*, Die Bundesverfassungsrichter werden vom Deutschen Bundestag direkt gewählt!, DÖV 2012, 961 ff.; *E.M. Schnelle*, Die indirekte Wahl der Bundesverfassungsrichter durch den Wahlausschuss des Bundestages vor dem Hintergrund der parlamentarischen Repräsentationsfunktion, NVwZ 2012, 1597 ff.

destages, von der Bundesregierung oder einer Landesregierung vorgeschlagen worden sein (§ 8 BVerfGG). Kommt eine Wahl auf der Grundlage dieser Listen nicht innerhalb von zwei Monaten zustande, so ist gemäß § 7a BVerfGG auch das Bundesverfassungsgericht beratend zu beteiligen.
Der gesamte Auswahl- und Wahlmodus versucht letztlich, möglichst qualifizierte Personen in dieses verantwortungsvolle Amt zu bringen, die eine hohe föderal-demokratische Legitimation und damit faktisch auch das Vertrauen der Parteien genießen, und doch die Gefahr einer parteipolitischen Durchfärbung des Gerichts zu vermeiden. Zur Verhinderung von Interessenkollisionen enthalten die §§ 18 und 19 BVerfGG Regelungen über den Ausschluss von der Ausübung des Richteramts sowie über die Rechtsfolgen im Fall der Besorgnis der Befangenheit.[118]

Rechtsprechung: BVerfGE 131, 230 – Bundesverfassungsrichterwahl.

3.7.4 Die Zuständigkeiten des Bundesverfassungsgerichts (vgl. § 13 BVerfGG)

Die Zuständigkeit des Bundesverfassungsgerichts ist **enumerativ** geregelt.[119] Dabei ist 560
der Katalog des Art. 93 Abs. 1 GG nicht vollständig, sondern wird von einer Vielzahl weiterer Vorschriften des GG ergänzt.[120] Den Überblick über sämtliche Zuständigkeiten gibt § 13 BVerfGG (lesen!).

3.7.4.1 Überblick über die wichtigsten Verfahren. Im Zusammenhang mit dem staats- 561
organisationsrechtlichen Rechtsstoff sind insbesondere die folgenden Verfahren von Bedeutung: das **Organstreitverfahren** gemäß Art. 93 Abs. 1 Nr. 1 GG (§ 13 Nr. 5, §§ 63 ff. BVerfGG), die **abstrakte Normenkontrolle** gemäß Art. 93 Abs. 1 Nr. 2 GG (§ 13 Nr. 6, §§ 76 ff. BVerfGG) sowie der **Bund-Länder-Streit** gemäß Art. 93 Abs. 1 Nr. 3 GG (§ 13 Nr. 7, §§ 68 ff. BVerfGG). Bereits behandelt wurden das **Wahlprüfungsverfahren** (Art. 41 Abs. 2 GG, § 13 Nr. 3, § 48 BVerfGG)[121] sowie das **Parteiverbotsverfahren** (Art. 21 Abs. 2 GG, § 13 Nr. 2, §§ 43 ff. BVerfGG)[122] und die durch Gesetz vom 11.7.2012 neugeschaffene Beschwerde von Vereinigungen gegen ihre **Nichtanerkennung als Partei** für die Wahl zum Bundestag (Art. 93 Abs. 1 Nr. 4c GG, § 13 Nr. 3a, §§ 96a ff. BVerfGG).[123] Eine **Präsidentenanklage** (Art. 61 GG, § 13 Nr. 4, §§ 49 ff. BVerfGG) hat es bisher noch nicht gegeben.
Die Garantie der kommunalen Selbstverwaltung ist die materielle Grundlage für die **Kommunalverfassungsbeschwerde** gemäß Art. 93 Abs. 1 Nr. 4b GG (§ 13 Nr. 8a, §§ 90 ff. BVerfGG). Sie ist allein gegen Gesetze und subsidiär zur Landesverfassungsgerichtsbarkeit zulässig.[124] Beamte können einen sie betreffenden Verstoß gegen die hergebrachten Grundsätze des Berufsbeamtentums im Wege der **Verfassungsbeschwerde** gemäß Art. 93 Abs. 1 Nr. 4a GG rügen (§ 13 Nr. 8a, §§ 90 ff. BVerfGG). Auch im Falle von Verletzungen der Justizgrundrechte nach Art. 101, 103 und 104 GG ist die Verfassungsbeschwerde zulässig. Darüber hinaus stellt sich im Rahmen der Prüfung von Grund-

---

118 S. zu beiden Vorschriften etwa BVerfGE 148, 1 Rn. 13 ff. – *Richterablehnung P. Müller;* zu § 19 BVerfGG s. BVerfGE 148, 290 Rn. 13 ff. – *Richterablehnung F. Kirchhof.*

119 Anders als im Verwaltungsprozess, bei dem das Vorliegen einer öffentlich-rechtlichen Streitigkeit den Verwaltungsrechtsweg durch eine Generalklausel (vgl. § 40 Abs. 1 VwGO) eröffnet, hängt die Zuständigkeit des Bundesverfassungsgerichts davon ab, ob eines der im GG geregelten bzw. erwähnten Verfahren einschlägig ist. Zum Enumerationsprinzip, s. *H. Bethge,* Verfassungsstreitigkeiten als Rechtsbegriff, Jura 1998, 529 (529 f.).

120 Zudem kann der Gesetzgeber nach Art. 93 Abs. 3 GG dem Bundesverfassungsgericht weitere Zuständigkeiten zuweisen. Zu nennen ist insbes. § 36 Abs. 2 PUAG (Vorlage des BGH, wenn er den Einsetzungsbeschluss eines Untersuchungsausschusses für verfassungswidrig hält).

121 S. oben Rn. 124 ff.

122 S. oben Rn. 145 ff.

123 S. oben Rn. 164a.

124 S. hierzu *Th. Starke,* Grundfälle zur Kommunalverfassungsbeschwerde, JuS 2008, 319 ff.

rechtsverletzungen im Verfassungsbeschwerdeverfahren häufig die Frage nach der Verfassungsmäßigkeit eines grundrechtsbeschränkenden Gesetzes, was die Prüfung der Gesetzgebungskompetenz und des Gesetzgebungsverfahrens umfassen kann.[125] In der Bearbeitung von konkreten Fällen verbinden sich also vielfach staatsorganisationsrechtliche und grundrechtliche Fragen. Dennoch lässt sich die Verfassungsbeschwerde nur auf der Grundlage solider Kenntnisse der Grundrechtsdogmatik richtig verstehen, so dass dieses in der Praxis mit Abstand häufigste Verfahren vor dem Bundesverfassungsgericht hier nicht näher vorgestellt wird.[126] Hingewiesen werden soll nur darauf, dass die Verfassungsbeschwerde die Erschöpfung des Rechtswegs zu den Fachgerichten voraussetzt. So müssen etwa auch Beamte zuvor die behauptete Verletzung in ihren verfassungsmäßigen Rechten vor den Fachgerichten, zumeist den Verwaltungsgerichten, geltend machen.

562 3.7.4.2 **Organstreitverfahren.** Die Entscheidungen des Bundesverfassungsgerichts in Organstreitverfahren haben häufig erhebliche **politische Bedeutung.** In diesem Verfahren streiten – vereinfacht gesprochen – oberste Bundesorgane oder Teile davon um ihre verfassungsmäßigen Rechte und/oder Pflichten. So stritten etwa der fraktionslose Abgeordnete *Wüppesahl* und der Bundestag gegeneinander um den **Inhalt des freien Mandats** im Verhältnis zur Geschäftsordnungsautonomie des Bundestages.[127] Auch die Streitigkeiten um die Auflösung des Bundestages als Folge einer **Vertrauensfrage** wurden im Rahmen eines Organstreitverfahrens zwischen Abgeordneten und dem Bundespräsidenten verhandelt.[128] Weitere Beispiele sind die Auseinandersetzungen um die Rechte von **Untersuchungsausschüssen**[129], um sonstige **Rechte des Bundestages gegenüber der Bundesregierung**[130] sowie die Entscheidungen zu Fragen der staatlichen **Parteienfinanzierung.**[131] Letzteres beruht darauf, dass nach der ständigen Rechtsprechung des Bundesverfassungsgerichts, politische Parteien „andere Beteiligte" im Sinne des Art. 93 Abs. 1 Nr. 1 GG sind, wenn und soweit sie gegen oberste Bundesorgane um Rechte kämpfen, die sich aus ihrem besonderen verfassungsrechtlichen Charakter ergeben.[132] Nicht organstreitfähig sind Meinungsverschiedenheiten zwischen den Bundesministern, da diese gemäß Art. 65 S. 3 GG der Bundesregierung zur Entscheidung zugewiesen sind.

563 Zur **Parteifähigkeit** im Organstreitverfahren, dh. zur Fähigkeit, Antragsteller oder Antragsgegner im Organstreitverfahren zu sein, ist hervorzuheben, dass neben den in § 63 BVerfGG namentlich genannten obersten Bundesorganen nach dem zweiten Halbsatz dieser Vorschrift auch mit eigenen Rechten ausgestattete Teile der genannten Organe, insbesondere Fraktionen als Teil des Bundestages Beteiligte sein können. Auch Abgeordnete sind im Organstreitverfahren parteifähig, jedoch nicht als Teil des Bundestags, sondern als andere durch das Grundgesetz mit eigenen Rechten ausgestattete Beteiligte im Sinne des Art. 93 Abs. 1 Nr. 1 GG.[133] Wie bereits in Rn. 164 und Rn. 562 dargestellt, sind auch Parteien als „andere Beteiligte" im Organstreitverfahren parteifähig, sofern der Antragsgegner seinerseits ein Verfassungsorgan ist.

---

125 Nur Gesetze, die formell verfassungsmäßig sind, gehören zur verfassungsmäßigen Ordnung iSd. Art. 2 Abs. 1 GG und sind damit geeignet, die Freiheitsrechte des Bürgers einzuschränken (sog. Elfes-Formel), s. BVerfGE 6, 32 ff. – *Elfes*. S. dazu *H. Kube*, Die Elfeskonstruktion, JuS 2003, 111 ff.

126 S. dazu *A. Scherzberg/M. Mayer*, Die Verfassungsbeschwerde, Jura 2004, 373 ff. (Teil 1) und Jura 2004, 513 ff. (Teil 2); s. auch *von Münch/Mager*, Staatsrecht II, 7. Aufl. 2018, Rn. 142 ff.

127 Dazu oben Rn. 182 f. mwN. S. auch die Entscheidungen zum Gruppenstatus im Parlament BVerfGE 84, 304 ff. – *Fraktionsstatus der PDS/Gruppenstatus*; 96, 264 ff. – *Gruppenstatus*.

128 Dazu oben Rn. 366 ff. mwN.

129 Dazu oben Rn. 219 ff. mwN.

130 S. etwa zum Parlamentsvorbehalt bei Auslandseinsätzen der Bundeswehr oben Rn. 237.

131 Dazu oben Rn. 149 f. mwN.

132 S. dazu schon oben Rn. 164.

133 BVerfGE 10, 4 – *Redezeitbeschränkung*.

Streitgegenstand ist eine rechtserhebliche Maßnahme oder Unterlassung des Antragsgegners. Das Tun oder Unterlassen, um das gestritten wird, ist genau zu bezeichnen. Die Rechtserheblichkeit ergibt sich aus der Qualität der Maßnahme oder Unterlassung, den Antragsteller in Rechten verletzen zu können, was zur Voraussetzung der Antragsbefugnis überleitet. Rechtserheblichkeit liegt nur vor, wenn Rechtsfolgen ausgelöst werden. Dies ist etwa zu verneinen, bei reinen Ermahnungen oder Ordnungsrufen des Bundestagspräsidenten gegenüber einem Abgeordneten ohne jede weitere Konsequenz[134] im Gegensatz zu einem Saalverweis, einer Entziehung des Wortes oder einer Geldbuße. 564

Der Antragsteller muss geltend machen, dass er oder das Organ, dem er angehört, durch die angegriffene Maßnahme oder Unterlassung des Antragsgegners in seinen ihm vom Grundgesetz übertragenen Rechten oder Pflichten verletzt oder unmittelbar gefährdet ist (§ 64 Abs. 1 BVerfGG). Ein solcher Vortrag ist Voraussetzung für die **Antragsbefugnis**. Der Antragsteller muss die Rechte oder Pflichten bezeichnen, um deren Umfang und Inhalt mit dem Antragsgegner angesichts von dessen Maßnahme oder Unterlassen gestritten wird. Hervorzuheben ist, dass **Fraktionen** als Teile des obersten Bundesorgans „Bundestag" nicht nur ihre eigenen Rechte, sondern auch stellvertretend (**Prozessstandschaft**) die Rechte des Bundestages insgesamt geltend machen dürfen.[135] Damit ist insbesondere den Fraktionen, die sich in der Opposition befinden, die Möglichkeit eröffnet, Beeinträchtigungen von Rechten des Bundestages durch die Bundesregierung auch gegen den Willen der regierungstragenden Bundestagsmehrheit geltend zu machen. Dies war etwa der Fall bei den Streitigkeiten um die parlamentarische Mitwirkung bei Auslandseinsätzen der Bundeswehr.[136] Einem einzelnen Abgeordneten ist es dagegen nur möglich, seine eigenen aus dem Abgeordnetenstatus fließenden Rechte geltend zu machen.[137] 565

Gemäß § 64 Abs. 3 BVerfGG muss ein Antrag im Organstreitverfahren binnen sechs Monaten gestellt werden, nachdem die beanstandete Maßnahme oder Unterlassung des Antragsgegners dem Antragsteller bekannt geworden ist. Handelt es sich bei der Maßnahme um eine abstrakt-generelle Regelung ohne unmittelbare Rechtswirkung gegenüber dem Antragsteller, so beginnt die **Frist** erst zu dem Zeitpunkt zu laufen, zu dem die Norm gegenüber dem Antragsteller Aktualität erlangt. Dies war etwa der Fall bei dem Streit um den Status des fraktionslosen Abgeordneten, für den sich verschiedene Status beeinträchtigende Bestimmungen der Geschäftsordnung erst mit dem Verlust der Fraktionszugehörigkeit aktualisierten.[138] Im Falle eines Unterlassens beginnt die Frist, „wenn sich der Antragsgegner erkennbar weigert, in der ihm angesonnenen oder (...) gebotenen Weise tätig zu werden".[139] 566

Dies sind die wesentlichen Punkte, die in Bezug auf die Zulässigkeit eines Organstreitverfahrens zu prüfen sind. Sind die Voraussetzungen erfüllt, ist das Bundesverfassungsgericht befugt, den Streit in der Sache zu erörtern und zu entscheiden, dh. zu prüfen, ob der Antragsteller tatsächlich durch die Maßnahme des Antragsgegners, etwa in seinem Status als Abgeordneter gemäß Art. 38 Abs. 1 Satz 2 GG, verletzt wird. Eine allgemeine, von Rechten des Antragstellers losgelöste Rechtskontrolle eröffnet das Organstreitverfah- 567

---

134 BVerfGE 60, 374 (381 ff.) – *Abelein* (Rüge eines Abgeordneten wegen ungebührlichen Verhaltens).

135 Vgl. etwa BVerfGE 45, 1 (28 f.) – *Haushaltsüberschreitung*; 90, 286 (336) – *AWACS* (*Somalia*); 131, 152 (190) – *Euro-Plus-Pakt*; 134, 366 Rn. 54 – *Vorlagebeschluss OMT-Programm*. Zur Antragsbefugnis der „Fraktion im Untersuchungsausschuss" s. BVerfGE 113, 113 (120) – *Elternunterhalt*.

136 BVerfGE 90, 286 (336) – *AWACS* (*Somalia*); BVerfGE 118, 244 (254) – *Tornado-Einsatz*.

137 BVerfGE 90, 286 (342 f.) – *AWACS* (*Somalia*); s. auch BVerfGE 123, 267 (337) – *Lissabon*; missverständlich das obiter dictum in BVerfGE 129, 108 (123) – *Schuldenbremse Schleswig-Holstein*.

138 BVerfGE 80, 188 (209) – *Abgeordnetenstatus*.

139 BVerfGE 118, 244 Ls. 1b – *Tornado Einsatz* mit Hinweis auf BVerfGE 92, 80 (89) – *Überhangmandate*.

ren nicht.[140] Ist der Antrag begründet, trifft das Bundesverfassungsgericht ein **Feststellungsurteil**, dh. es stellt den Verfassungsverstoß fest (§ 67 Abs. 1 BVerfGG). Dagegen spricht es keine Verpflichtungen des Antragsgegners aus und hebt auch die angegriffene Maßnahme nicht auf. Allerdings sind alle Staatsorgane und auch alle sonstigen Träger staatlicher Gewalt zur Beachtung der Entscheidungen des Bundesverfassungsgerichts verpflichtet (vgl. § 31 Abs. 1 BVerfGG).

Literatur: *D. Ehlers*, Organstreitverfahren vor dem Bundesverfassungsgericht gemäß Art. 93 Abs. 1 Nr. 1, §§ 13 Nr. 5, 63 ff. BVerfGG, Jura 2003, 315 (mit zahlreichen Fallbeispielen); *A. Engels*, Die Zulässigkeitsprüfung im Organstreitverfahren vor dem Bundesverfassungsgericht, Jura 2010, 421; *A.-M. Fuerst/V. Steffahn*, Die Begründetheit des Organstreits vor dem Bundesverfassungsgericht in der Fallbearbeitung, Jura 2012, 90; *S. Nellesen/B. Pützer*, Die Stellung des Abgeordneten im Organstreitverfahren, JuS 2018, 429.

568 **3.7.4.3 Abstrakte Normenkontrolle.** Die abstrakte Normenkontrolle ist – anders als das Organstreitverfahren – nicht auf die Entscheidung eines Streits zwischen Parteien gerichtet, sondern dient der Durchsetzung der Verfassungsbindung des Bundesgesetzgebers und der Bindung der Landesgesetzgeber an das Bundesrecht einschließlich der Bundesverfassung. Es handelt sich um ein **objektives Beanstandungsverfahren** in Bezug auf Bundes- oder Landesrecht.

569 Die **Parteifähigkeit** ist bei einem Antrag auf abstrakte Normenkontrolle höchst eingeschränkt. Ihn können nur die Bundesregierung, jede Landesregierung sowie ein Viertel der Mitglieder des Bundestages[141] stellen. Erreicht eine Opposition im Bundestag dieses Quorum, hat sie die Möglichkeit, Abstimmungsniederlagen durch das Bundesverfassungsgericht durch Nichtigerklärung „korrigieren" zu lassen. Allerdings ist dies kein probates Mittel für jegliche Art politischer Abstimmungsniederlage, sondern nur, wenn die Ablehnung ihren Grund zumindest auch in verfassungsrechtlichen Bedenken findet.[142]

570 **Prüfungsgegenstand** ist Bundesrecht oder Landesrecht. Prüfungsmaßstab sind das Grundgesetz und in Bezug auf Landesrecht auch Bundesrecht (Art. 31 GG: Bundesrecht bricht Landesrecht). Hauptanwendungsbereich sind förmliche Gesetze, auch wenn das Verfahren dem Wortlaut nach nicht darauf beschränkt ist. Für eine Überprüfung von Bundesrechtsverordnungen allein am ermächtigenden Bundesgesetz ist die abstrakte Normenkontrolle also nicht eröffnet, zumal Rechtsverordnungen oder Satzungen von jedem Gericht für nichtig erklärt werden können.[143] Dies schließt allerdings nicht aus, dass im Rahmen einer abstrakten Normenkontrolle, welche die Vereinbarkeit einer Bundesrechtsverordnung mit dem Grundgesetz zum Gegenstand hat, als Vorfrage die Verein-

140 BVerfGE 118, 244 Ls. 1c – *Tornado Einsatz* mit Hinweis auf BVerfGE 68, 1 (69 ff.) – *Pershing II*; krit. *T. Barczak/C. Görisch*, Das Organstreitverfahren als objektives Rechtsschutzverfahren, DVBl. 2011, 332 ff.

141 Durch das 53. ÄndG wurde mit Wirkung zum 1.12.2009 das Quorum von ursprünglich einem Drittel der MdB auf ein Viertel herabgesetzt. In der 18. Legislaturperiode erreichte die Opposition auch dieses Quorum nicht. Eine Klage vor dem BVerfG mit dem Ziel einer Stärkung der Oppositionsrechte blieb erfolglos. Zu Recht stellte das Bundesverfassungsgericht fest, dass es sich nicht über die verfassungsrechtlichen Vorgaben hinwegsetzen könne und dass kein Anspruch auf Änderung der Normen besteht. S. BVerfGE 142, 25 Rn. 107 ff. speziell zur Normenkontrolle.

142 BVerfGE 36, 1 ff. – *Grundlagenvertrag*; 39, 1 ff. – *Radikale im öffentlichen Dienst*; 88, 203 ff. – *Neuregelung des Schwangerschaftsabbruchs*; 48, 127 ff. – *Wehrpflicht- und Zivildienst-Änderungsgesetz*; 69, 1 ff. – *Kriegsdienstverweigerung*; 83, 37 ff. – *Ausländerwahlrecht*; 83, 60 ff. – *Bezirksvertretung Hamburg*; 82, 322 ff. – *Bundestagswahl 1990*.

143 Dies ergibt sich im Gegenschluss aus dem Anwendungsbereich der konkreten Normenkontrolle gemäß Art. 100 Abs. 1 GG. S. dazu Rn. 576. Die verwaltungsgerichtliche abstrakte Normenkontrolle gemäß Art. 47 VwGO erstreckt sich allerdings nicht auf Bundesrechtsverordnungen. Sie können aber inzident, also im Rahmen von Entscheidungen gegen Einzelakte auf der Grundlage der jeweiligen Rechtsverordnung oder im Wege einer Feststellungsklage überprüft werden.

barkeit mit dem einfachen Recht geprüft wird.[144] Das Gesetz muss grundsätzlich in Kraft getreten, also wirksam, jedoch nicht notwendig schon anwendbar sein. Eine Besonderheit gilt allerdings für Gesetze, die gemäß Art. 59 Abs. 2 Satz 1 GG die Zustimmung zu völkerrechtlichen Verträgen enthalten. Bei ihnen genügt der Abschluss des parlamentarischen Verfahrens.[145] Der Sinn dieser Ausnahme ist, dass keine völkerrechtliche Verpflichtung begründet werden soll, die sich im Nachhinein als verfassungswidrig herausstellt.

Der **Antragsgrund** für eine abstrakte Normenkontrolle besteht darin, dass der Antrag- 571
steller die zur Entscheidung gestellte Rechtsnorm für nichtig hält (§ 76 Abs. 1 Nr. 1 BVerfGG) bzw. zumindest Zweifel an der Verfassungsmäßigkeit hat (Art. 93 Abs. 1 Nr. 2 GG).[146]
Das in § 76 Abs. 1 Nr. 2 BVerfGG geregelte **Normbestätigungsverfahren**, mit dem der Antragsteller anstrebt, dass untergesetzliches Recht, welches Behörden oder Gerichte wegen vermeintlicher Verfassungs- oder Bundesrechtswidrigkeit nicht angewendet haben, für gültig erklärt wird, hat nur einen geringen Anwendungsbereich.

Ob zusätzlich zu diesen Anforderungen noch zu fordern ist, dass für den Antragsteller 572
ein **objektives Klarstellungsinteresse** hinsichtlich der Verfassungsmäßigkeit oder -widrigkeit der Rechtsnorm besteht, ist fraglich. Das Problem stellte sich in dem Antrag auf abstrakte Normenkontrolle durch die Landesregierung von Bayern zur Überprüfung des schleswig-holsteinischen Gesetzes zur Einführung des kommunalen Wahlrechts für Ausländer.[147] Die Antwort ergibt sich aus dem Zweck der abstrakten Normenkontrolle: Es handelt sich um ein von subjektiven Berechtigungen unabhängiges Verfahren zum Schutz der Verfassung.[148] Aus der gemeinsamen Verpflichtung von Bund und Ländern auf das Grundgesetz ergibt sich, dass jedes Bundesland die Verfassungsmäßigkeit der Gesetzgebung auch anderer Länder prüfen lassen kann.[149] Eine Grenze ist allein rechtsmissbräuchlichem Verhalten gezogen.[150] Darüber hinaus entfällt das grundsätzlich

---

144 BVerfGE 127, 293 (318) – *Legehennenverordnung*.

145 BVerfGE 1, 396 (413) – *Deutschlandvertrag*; 2, 143 (169) – *EVG-Vertrag*; 35, 193 (195); 36, 1 (15) – *Grundlagenvertrag*.

146 Strittig ist, ob die Voraussetzung „für nichtig halten" in § 76 BVerfGG noch von der verfassungsrechtlichen Ermächtigung des Art. 94 Abs. 2 GG gedeckt ist. Art. 93 Abs. 1 Nr. 2 GG lasse schon „Zweifel an der Verfassungsmäßigkeit" der Regelung genügen, verlange also gerade keine Überzeugung von der Nichtigkeit der Norm. Der Bundesgesetzgeber sei nach Art. 94 Abs. 2 GG nur ermächtigt, Verfahrensvoraussetzungen zu konkretisieren, könne diese aber nicht erhöhen. Daher sei § 76 BVerfGG teilnichtig oder entsprechend verfassungskonform auszulegen, s. zum Streit *S. Mückl*, Die abstrakte Normenkontrolle vor dem Bundesverfassungsgericht gemäß Art. 93 Abs. 1 Nr. 2, 2a GG, §§ 13 Nr. 6, 6a, 76 ff. BVerfGG, Jura 2005, 463 (468) mwN. Das Bundesverfassungsgericht geht in Kenntnis des Streitstandes von einer verfassungsmäßigen Konkretisierung aus, s. BVerfGE 96, 133 (137) – *Wahlleistungsausschluss von Beihilfefähigkeit*; 101, 1 (30 f.) – *Hennenhaltungsverordnung*.

147 BVerfGE 83, 37 – *Ausländerwahlrecht*. Das objektives Klarstellungsinteresse entfällt, wenn das Bundesverfassungsgericht eine Norm bereits mit dem Grundgesetz für unvereinbar erklärt hat und der Verfahrensgegenstand deshalb sich nunmehr nur noch auf eine Übergangsregel bezieht, s. BVerfGE 88, 203 (334 f.) – *Schwangerschaftsabbruch II*. Mangels Eignung als Prüfungsmaßstab im Normbestätigungsverfahren fehlt ein objektives Interesse, wenn die Geltung der Norm nicht unter Hinweis auf das Grundgesetz oder sonstiges Bundesrecht, sondern im Hinblick auf die Vereinbarkeit der Verordnung mit der landesgesetzlichen Ermächtigungsgrundlage in Frage gestellt wird s. BVerfGE 96, 133 (138) – *Wahlleistungsausschluss von Beihilfefähigkeit*.

148 BVerfGE 83, 37 (49) – *Ausländerwahlrecht*: „ein von subjektiven Berechtigungen unabhängiges objektives Verfahren zum Schutze der Verfassung, das der Prüfung von Rechtsnormen am Maßstab des Grundgesetzes dient."

149 BVerfGE 83, 37 (49).

150 BVerfGE 83, 37 (49 f.) lässt offen, ob die Antragsbefugnis ausnahmsweise dann entfallen kann, wenn die „beanstandete Norm fremden Landesrechts Belange des antragstellenden Landes unter keinem denkbaren Gesichtspunkt berühren kann."

durch den Antrag eines tauglichen Antragstellers indizierte objektive Klarstellungsinteresse, wenn von der angegriffenen Norm keinerlei Rechtswirkungen mehr ausgehen können.[151]
Die Tatsache, dass die Regierung eines Bundeslandes im Bundesrat einem Gesetzesvorhaben zugestimmt hat, schließt weder unter dem Gesichtspunkt des Klarstellungsinteresses noch des allgemeinen Rechtsschutzbedürfnisses die Zulässigkeit des Normenkontrollantrags aus. Eine Landesregierung muss sich nicht bereits zum Zeitpunkt des Erlasses ein abschließendes Urteil über die Verfassungsmäßigkeit eines Gesetzes gebildet haben.[152]

573 Die abstrakte Normenkontrolle unterliegt keiner **Frist**.

574 Ist die abstrakte Normenkontrolle zulässig, überprüft das Bundesverfassungsgericht in vollem Umfang die Verfassungsmäßigkeit der angegriffenen Rechtsnorm. „Kommt das Bundesverfassungsgericht zu der Überzeugung, dass Bundesrecht mit dem Grundgesetz oder Landesrecht mit dem Grundgesetz oder dem sonstigen Bundesrecht unvereinbar ist, so erklärt es das Gesetz für nichtig" (§ 78 Satz 1 BVerfGG).[153] Die Entscheidung hat gemäß § 31 Abs. 2 Satz 1 BVerfGG **Gesetzeskraft** und ihr **Tenor** (die Entscheidungsformel) wird im Bundesgesetzblatt veröffentlicht. Nicht mehr anfechtbare Entscheidungen, die von anderen Gerichten oder Behörden auf der Grundlage des verfassungswidrigen Gesetzes getroffen wurden, bleiben im Interesse der Rechtssicherheit bestehen. Ihre Vollstreckbarkeit entfällt allerdings (§ 79 Abs. 2 BVerfGG). Gegen rechtskräftige Strafurteile ist ein Wiederaufnahmeverfahren zulässig (§ 79 Abs. 1 BVerfGG).

575 Einen **Sonderfall der abstrakten Normenkontrolle** regelt Art. 93 Abs. 1 Nr. 2a GG.[154] Die Vorschrift wurde im Zuge der Verfassungsänderungen von 1994 zusammen mit der Verschärfung des Art. 72 Abs. 2 GG von der Bedürfnisklausel zur Erforderlichkeitsklausel eingefügt.[155] Mit der Einführung dieser **Kompetenzkontrolle** hat der verfassungsändernde Gesetzgeber unmissverständlich seinen Willen zum Ausdruck gebracht, die Inanspruchnahme der konkurrierenden Gesetzgebungskompetenz durch den Bund künftig justitiabel zu machen.[156] Das Verfahren unterscheidet sich von der abstrakten Normenkontrolle durch einen abgewandelten Kreis von tauglichen Antragstellern – anstelle von Mitgliedern des Bundestages Landesparlamente –, durch Beschränkung des Prüfungsgegenstands auf Bundesgesetze und durch Beschränkung des Prüfungsmaßstabs auf Art. 72 Abs. 2 GG. Bisher ist von dem Verfahren noch kein Gebrauch gemacht worden. Für Landesregierungen ist die vollumfängliche abstrakte Normenkontrolle attraktiver. Sofern in den Ländern eine Mehrheit im Landesparlament für die Durchführung des Verfahrens erforderlich ist, ist auch nicht erkennbar, weshalb ein Landesparlament anstelle der Landesregierung von dem Verfahren der Kompetenzkontrolle Gebrauch machen sollte.

Rechtsprechung: BVerfGE 36, 1 – Grundlagenvertrag (Prüfungsgegenstand bei völkerrechtlichen Verträgen); 83, 37 – Ausländerwahlrecht; 88, 203 – Schwangerschaftsabbruch II (Objektives Klarstellungsinteresse); 96, 133 – Wahlleistungsausschluss von Beihilfefähigkeit; 127, 293 – Legehennenverordnung.

---

151 BVerfGE 127, 293 (Rn. 100) – *Legehennenverordnung* mit weiteren Nachweisen aus der Rechtsprechung.

152 BVerfGE 101, 158 (213) – *Finanzausgleich*; 122, 1 (17) – *Agrarmarktsubventionen*.

153 Zur Gesetzeskraft s. *J. Ziekow*, Die Bindungswirkung der Entscheidungen des BVerfG, Jura 1995, 522 (524).

154 So auch *L. Renck*, Der Charakter des Verfahrens nach Art. 93 Abs. 1 Nr. 2a GG, JuS 2004, 770 (774).

155 S. dazu oben Rn. 383.

156 BVerfGE 106, 62 (136 f.) – *Altenpflegegesetz*: „In der Grundgesetzänderung kann eine klare Anweisung des verfassungsändernden Gesetzgebers an das Bundesverfassungsgericht gesehen werden, seine bisherige, als korrekturbedürftig bewertete Rechtsprechung zu ändern."

Literatur: *M. Brunner,* Die abstrakte Normenkontrolle vor dem Bundesverfassungsgericht in der Fallbearbeitung, JA 2014, 838; *M.-E. Geis,* Grundfälle zur abstrakten und zu konkreten Normenkontrolle, JuS 2012, 121; *L. Michael,* Normenkontrollen – Teil 2. Fragen der Zulässigkeit: Abstrakte Normenkontrolle, ZJS 2014, 254; *S. Mückl,* Die abstrakte Normenkontrolle vor dem Bundesverfassungsgericht gemäß Art. 93 Abs. 1 Nr. 2, 2a, §§ 13 Nr. 6, 6a, 76 ff. BVerfGG, Jura 2005, 463 (mit zahlreichen Fallbeispielen).

3.7.4.4 Konkrete Normenkontrolle. Neben der abstrakten Normenkontrolle kennt das GG auch die konkrete Normenkontrolle. Sie ist in Art. 100 Abs. 1 GG (§ 13 Nr. 11, §§ 80 ff. BVerfGG) geregelt. Hält ein Gericht in einem konkreten, von ihm zu entscheidenden Rechtsstreit ein förmliches Gesetz für verfassungswidrig und kommt es auf die Frage der Gültigkeit für die Entscheidung an, so muss das Gericht das Verfahren aussetzen und die Frage der Nichtigkeit dem zuständigen Verfassungsgericht vorlegen. 576

Vorlageberechtigt sind allein Gerichte. Gerichte im Sinne des Art. 100 Abs. 1 GG sind „alle Spruchstellen (…), die sachlich unabhängig, in einem formell gültigen Gesetz mit den Aufgaben eines Gerichts betraut und als Gerichte bezeichnet sind."[157] 577

Prüfungsgegenstand können ausschließlich **förmliche[158] nachkonstitutionelle Gesetze** sein.[159] Hält ein Gericht dagegen ein vorkonstitutionelles, dh. vor Inkrafttreten des Grundgesetzes (zum Zeitpunkt s. Art. 145 Abs. 2 GG) erlassenes Gesetz für verfassungswidrig, so braucht es nicht vorzulegen, sondern kann und muss die Frage selbst entscheiden. Eine Ausnahme gilt für diejenigen vorkonstitutionellen Gesetze, die der nachkonstitutionelle Gesetzgeber etwa im Rahmen einer Gesetzgebungsreform in seinen Willen aufgenommen hat.[160] Der Grund für die unterschiedliche Behandlung von vorkonstitutionellem und nachkonstitutionellem Gesetz liegt darin, dass nicht jedes Gericht befugt sein soll, ein vom Bundestag oder von einem Landesparlament verabschiedetes Gesetz für verfassungswidrig zu erklären.[161] Anderenfalls könnte die Gesetzesbindung der Gerichte gemäß Art. 20 Abs. 3 GG und damit die Gewaltenteilung beeinträchtigt werden. Handelt es sich dagegen um ein vorkonstitutionelles Gesetz, so korrigiert das Gericht ein Gesetz, das von einem Gesetzgebungsorgan erlassen wurde, das nicht an das Grundgesetz gebunden war, so dass nicht von einer Vermutung für die Verfassungsmäßigkeit ausgegangen werden kann. 578

Ein **Vorlagegrund** besteht nur, wenn das Gericht von der Verfassungswidrigkeit eines Gesetzes überzeugt ist[162] und wenn das Ergebnis der Entscheidung von der Gültigkeit gerade dieser Norm abhängt.[163] Das Gericht muss sowohl die Gründe für seine Überzeugung von 579

---

157 S. BVerfGE 6, 55 (62) – *Steuersplitting.*

158 S. BVerfGE 1, 184 (188 ff.) – *Normenkontrolle I.*

159 Hierzu gehören auch verfassungsändernde Gesetze, Zustimmungsgesetze zu Staatsverträgen zwischen den Bundesländern (s. BVerfGE 63, 131 (140) – *Gegendarstellung*) und zu völkerrechtlichen Verträgen (s. BVerfGE 95, 39 (44) – *NATO-Betriebsvertretungen*) sowie zu Bestimmungen der Landesverfassung (s. BVerfGE 36, 342 (356) – *Niedersächsisches Landesbesoldungsgesetz*).

160 BVerfGE 63, 181 – *betr. § 15 EGBGB*. S. schon BVerfGE 6, 55 (65) – *Steuersplitting*: Die Autorität des parlamentarischen Gesetzgebers „rechtfertigt es jedenfalls dann nicht, die unverändert gebliebenen Bestimmungen eines nach Verkündung des Grundgesetzes im Übrigen geänderten Gesetzes als vorkonstitutionelles Recht zu behandeln, wenn der an das Grundgesetz gebundene Gesetzgeber, hier der Bundesgesetzgeber, auch jene Bestimmungen in seinen Willen aufgenommen hat."

161 BVerfGE 6, 55 (63) – *Steuersplitting*: „Art. 100 Abs. 1 GG (dient) der Wahrung der Autorität des Gesetzgebers im Verhältnis zur Rechtsprechung und der Sicherung einer einheitlichen Rechtsprechung zu verfassungsrechtlichen Fragen." S. die ausführliche Begründung in BVerfGE 2, 124 (127 ff.) – *Normenkontrolle II.*

162 S. BGHZ 214, 360 ff. – ausdrückliche Feststellung, nicht von der Verfassungswidrigkeit überzeugt zu sein in Bezug auf § 6a GewO und dessen Geltung für das Gaststättenrecht.

163 Zur Entscheidungserheblichkeit s. BVerfGE 7, 171 (173) – *Dieselsubventionierung*; 94, 315 (323) – *Zwangsarbeiter*; 105, 48 (56) – *Wachstums- und Beschäftigungsförderungsgesetz*; 124, 251 (260) – *Besteuerung von Leibrenten*; 131, 1 (15) – *Erziehungsrente.*

der Verfassungswidrigkeit wie auch die Entscheidungserheblichkeit darlegen. An diese Darlegungslast stellt das Bundesverfassungsgericht hohe Anforderungen. Die Verfassungswidrigkeit eines Gesetzes ist beispielsweise dann nicht entscheidungserheblich, wenn bereits feststeht, dass es gegen Unionsrecht verstößt und schon aus diesem Grund unanwendbar ist.[164] Genügt die Richtervorlage den Anforderungen des § 80 Abs. 2 BVerfGG, so **entscheidet** das Bundesverfassungsgericht **über die vorgelegte Rechtsfrage** (§ 81 BVerfGG), nicht über den konkreten Rechtsstreit. Die Wirkungen seiner Entscheidung entsprechen denen bei einer abstrakten Normenkontrolle (§ 82 Abs. 1 BVerfGG).

580 Sonderfälle der konkreten Normenkontrolle enthalten Art. 100 Abs. 2 und 3 GG. Zum einen geht es um das Völkerrechtsverifikationsverfahren, das darauf zielt festzustellen, ob Völkerrecht im Sinne des Art. 25 GG vorliegt, also allgemeine Regeln des Völkerrechts mit unmittelbarer individueller Rechtswirkung;[165] zum anderen geht es um die Verpflichtung von Landesverfassungsgerichten zur Vorlage im Interesse einer einheitlichen Auslegung des Grundgesetzes.[166]

Nur hingewiesen sei an dieser Stelle darauf, dass das **Vorabentscheidungsverfahren** nach Art. 267 AEUV seiner Struktur nach mit der konkreten Normenkontrolle verwandt ist.[167] Dessen Zweck geht allerdings über den Schutz des Unionsgesetzgebers hinaus und dient insbesondere der Wahrung einer einheitlichen Auslegung und Anwendung des Unionsrechts.

Rechtsprechung: BVerfGE 1, 184 – Normenkontrolle I (nur Gesetze im formellen Sinn); 2, 124 – Normenkontrolle II (nur nachkonstitutionelle Gesetze); 6, 55 – Steuersplitting (Aufnahme in den Willen des parlamentarischen Gesetzgebers); 105, 48 – Wachstums- und Beschäftigungsförderungsgesetz (zum Vorlagegrund); 106, 275 – Arzneimittelfestbetrag (zur fehlenden Entscheidungserheblichkeit bei Verstoß gegen Unionsrecht); 124, 251 – Besteuerung von Leibrenten (zum Vorlagegrund); 131, 1 – Erziehungsrente (zum Vorlagegrund).

Literatur: *M.-E. Geis*, Grundfälle zur abstrakten und konkreten Normenkontrolle, JuS 2012, 121; *M. Meyer/C. von Fallois*, Das Völkerrechtsverifikationsverfahren nach Art. 100 II GG im Überblick, JuS 2019, 1066 ff.; *L. Michael*, Normenkontrollen Teil 3. Fragen der Zulässigkeit – Konkrete Normenkontrolle, ZJS 2014, 356; *R. Wernsmann*, Konkrete Normenkontrolle (Art. 100 Abs. 1 GG), Jura 2005, 328 (mit zahlreichen Beispielsfällen).

581 **3.7.4.5 Bund-Länder-Streit.** Das Bund-Länder-Streitverfahren gemäß Art. 93 Abs. 1 Nr. 3 GG (§ 13 Nr. 7, §§ 68 ff. BVerfGG) lässt sich als **föderaler Kompetenzstreit** charakterisieren.[168] Wie beim Organstreitverfahren handelt es sich um ein Verfahren zwischen Parteien, die um ihre verfassungsmäßigen Rechte und Pflichten streiten. § 69 BVerfGG verweist dementsprechend auf die Anwendbarkeit von Vorschriften über das Organstreitverfahren. Taugliche **Beteiligte** (Antragsteller und Antragsgegner) sind die Bundesregierung sowie die Landesregierungen (§ 68 BVerfGG).[169]

---

164 S. BVerfGE 85, 191 (203 ff.) – *Nachtarbeitsverbot*; 106, 275 (295) – *Arzneimittelfestbetrag*.

165 S. dazu BVerfGE 100, 209 ff. – *Atomwaffenstationierung*; 118, 124 ff. – *Argentinien-Anleihen*; s. auch *M. Meyer/C. von Fallois*, Das Völkerrechtsverifikationsverfahren nach Art. 100 II GG im Überblick, JuS 2019, 1066 ff.

166 S. zur Vorlagepflicht BVerfGE 13, 165 ff. – *Erledigung*; 36, 342 (356 ff.) – *Landesgrundrechte*; BVerfGE 96, 345 (359 ff.) – *Landesverfassungsgerichte*.

167 S. dazu *J. Bergmann*, Vorabentscheidungsverfahren nach dem EU-Reformvertrag von Lissabon, ZAR 2011, 41 ff.

168 Die Abgrenzung zum verwaltungsrechtlichen Bund-Länder-Streit, für den das Bundesverwaltungsgericht gemäß § 50 Abs. 1 Nr. 1 VwGO zuständig ist, ist nicht leicht. Es kommt entscheidend auf die Rechtsnatur des geltend gemachten Anspruchs an. Der Haftungsausgleichsanspruch nach § 104a Abs. 5 GG, der mangels Erlass des vorgesehenen Gesetzes in seinem Kern verfassungsunmittelbar ist, stellt etwa einen verwaltungsrechtlichen Anspruch dar. S. BVerwGE 128, 99 ff. – *Verwaltungshaftung zwischen Bund und Ländern*.

169 Zur Frage, ob wegen des offenen Wortlautes des Art. 93 Abs. 1 Nr. 3 GG auch der Gesetzgeber des Bundes oder eines Landes antragsberechtigt sein kann, s. *Ph. Kunig*, Bund und Länder im Streit vor dem BVerfG, Jura 1995, 262 (265) mwN. § 68 BVerfGG schließt dies seinem Wortlaut nach aus, wogegen keine verfassungsrechtlichen Bedenken bestehen: Die Vertretung durch die Landesregierungen entspricht der Regelung in Art. 51 GG in Bezug auf die Vertretung der Länder im Bundesrat. Die Länderparlamente repräsentieren nicht das Land als juristische Person, sondern das jeweilige Landesvolk. S. auch BVerfGE 129, 108 (116 f.) – *Schuldenbremse SH*.

Streitgegenstand ist entsprechend dem Organstreitverfahren (§ 69 iVm. § 64 Abs. 1 BVerfGG) eine rechtserhebliche Maßnahme oder Unterlassung des Antragsgegners, insbesondere – aber nicht allein – im Zusammenhang mit der Ausführung von Bundesrecht durch die Länder und der Ausübung der Bundesaufsicht über die Vollziehung der Bundesgesetze durch die Länder.[170] Ein rechtserhebliches Unterlassen könnte etwa die Nichtbefolgung einer Weisung des Bundes an ein Land sein. 582

Der Antragsteller muss geltend machen, durch den Antragsgegner in **eigenen verfassungsmäßigen Rechten oder Pflichten** verletzt zu werden (**Antragsbefugnis** gemäß §§ 69, 64 Abs. 1 BVerfGG). Zum Beispiel könnte der Bund geltend machen, dass ein Land durch die Weigerung, einer Bundesweisung nachzukommen, den Bund in seiner Sachentscheidungskompetenz und Weisungsbefugnis nach Art. 85 Abs. 3 GG verletze.[171] Im Streit um den Atomkonsens machte die Landesregierung von Hessen geltend, durch die Verhandlungen zwischen Bundesumweltministerium und Atomkraftbetreibern sei das Land in seiner Wahrnehmungsbefugnis gemäß Art. 85 GG beeinträchtigt worden.[172] 583
Als weitere Zulässigkeitsvoraussetzungen ist ggf. das **Vorverfahren** gemäß Art. 84 Abs. 4 GG[173] zu beachten, wonach bei Auseinandersetzungen zwischen Bund und Land hinsichtlich der Ausführung von Bundesgesetzen als eigene Angelegenheit der Länder auf Antrag zunächst der Bundesrat zu beschließen hat. Beendet diese Entscheidung den Streit nicht, so besteht binnen einem Monat nach der Beschlussfassung die Möglichkeit, einen Bund-Länder-Streit anzuschließen (§ 70 BVerfGG). Im Übrigen gelten dieselben Fristbestimmungen wie beim Organstreitverfahren (§§ 69 iVm. 64 Abs. 3 BVerfGG).

Rechtsprechung: BVerfGE 129, 108 – Schuldenbremse SH.

Literatur: *Ph. Kunig*, Bund und Länder im Streit vor dem BVerfG, Jura 1995, 262; *H. Schultzky*, Zulässigkeitsfragen im Bund-Länder-Streit, VerwArch 100 (2009), 552.

Fallbearbeitungen: *S.-C. Lenski*, Übungsfall: Der Atomkonsens, ZJS 2009, 46; *M. Ruffert/J. Löbel*, Anfängerhausarbeit – Öffentliches Recht: Staatsorganisationsrecht – „Wir schaffen das!“, JuS 2016, 1088.

3.7.4.6 Nichtanerkennungsbeschwerde. Mit der Nichtanerkennungsbeschwerde können Vereinigungen gemäß Art. 93 Abs. 1 Nr. 4c GG iVm. § 13 Nr. 3a, §§ 96a–d BVerfGG gegen ihre Nichtanerkennung als Partei für die Wahl zum Bundestag vorgehen (s. oben Rn. 164a). 583a

3.7.5 Allgemeine Verfahrensvorschriften

Für sämtliche Verfahren vor dem Bundesverfassungsgericht gelten einige allgemeine Verfahrensvorschriften. So bestimmt § 23 Abs. 1 BVerfGG als allgemeingültiges Formerfordernis, dass **Anträge**, die das Verfahren einleiten, **schriftlich** beim Bundesverfassungsgericht einzureichen sind.[174] Sie müssen eine Begründung enthalten und die erforderlichen Beweismittel angeben. Die Beweiserhebung liegt im Übrigen aber in der Hand des Gerichts (§ 26 Abs. 1 Satz 1 BVerfGG, sog. **Untersuchungsgrundsatz** im Gegensatz zum Beibringungsgrundsatz). Nach § 25 Abs. 1 BVerfGG findet grundsätzlich eine **mündliche Verhandlung** statt, die in entsprechender Anwendung des 584

170 S. dazu oben Rn. 448 ff. u. insbes. 451 sowie Rn. 452 ff. u. insbes. 458 ff.

171 BVerfGE 84, 25 (30) – *Schacht Konrad*.

172 BVerfGE 104, 249 (256 ff.) – *Atomkonsens*.

173 Ob dieses sog. Mängelrügeverfahren ein eigenständiges Verfahren oder lediglich einen Unterfall des Bund-Länder-Streits darstellt, ist umstritten, s. dazu *Ph. Kunig*, Bund und Länder im Streit vor dem BVerfG, Jura 1995, 262 (264) mwN. in Fn. 18. So wie hier, s. *G. Robbers*, Verfassungsprozessuale Probleme in der öffentlichrechtlichen Arbeit, JuS 1994, 670 (671).

174 Da der Gesetzgeber elektronischen Rechtsverkehr für das Bundesverfassungsgericht bisher nicht eröffnet hat, kommt die Einreichung einer Verfassungsbeschwerde per De-Mail nicht in Betracht, BVerfG, Beschluss v. 19.11.2018, Az. 1 BvR 2391/18.

Gerichtsverfassungsgesetzes öffentlich ist (§ 17 BVerfGG iVm. § 169 GVG). Abweichend von § 169 Satz 2 GVG sind gemäß § 17a BVerfGG Ton- und Fernseh-Rundfunkaufnahmen, wenn auch nur in sehr begrenztem Umfang, insbesondere bei der öffentlichen Verkündung von Entscheidungen, zulässig.[175]

585 Ein **Senat** ist beschlussfähig, wenn mindestens sechs Richter anwesend sind (§ 15 Abs. 2 Satz 1 BVerfGG). Gewöhnlich bedarf eine Entscheidung der einfachen Mehrheit (§ 15 Abs. 4 Satz 2 BVerfGG). Im Falle der Verwirkung von Grundrechten, der Feststellung der Verfassungswidrigkeit einer Partei, der Präsidenten- und der Richteranklage bedarf es einer Zwei-Drittel-Mehrheit (§ 14 Abs. 4 Satz 1 BVerfGG).[176] Im Falle der Stimmengleichheit kann kein Verstoß gegen das Grundgesetz oder sonstiges Bundesrecht festgestellt werden (§ 15 Abs. 4 Satz 3 BVerfGG).[177]

586 **Entscheidungen** auf Grund mündlicher Verhandlung ergehen als **Urteil**, solche ohne mündliche Verhandlung als **Beschluss** (§ 25 Abs. 2 BVerfGG). Eine Besonderheit gegenüber allen anderen Gerichten besteht darin, dass Richter, die in der Beratung eine abweichende Meinung vertreten haben und in der Abstimmung unterlegen sind, ihre Auffassung in einem **Sondervotum** im Anschluss an die Entscheidung veröffentlichen können (§ 30 Abs. 2 BVerfGG). Bedeutende Sondervoten hat es etwa gegeben zu den Entscheidungen zum Schwangerschaftsabbruch[178], zur Kriegsdienstverweigerung[179], zu den Vertrauensfragen[180], zum Großen Lauschangriff[181], zum Bundeswehreinsatz im Innern[182] sowie zum OMT-Vorlagebeschluss.[183] Diese Möglichkeit trägt nicht nur der Tatsache Rechnung, dass sich über Rechtsfragen streiten lässt, was insbesondere für eine Verfassung gilt, die Rahmen- und Werteordnung ist und als solche erhebliche Auslegungs- und Gestaltungsspielräume lässt, sondern erleichtert dem Bundesverfassungsgericht auch zu einem späteren Zeitpunkt ggf. zu „besserer" Erkenntnis zu gelangen.

587 In besonderen Eilfällen kann das Bundesverfassungsgericht im Wege einer einstweiligen Anordnung auch **vorläufigen Rechtsschutz** gewähren (§ 32 BVerfGG). Dies geschieht zum Beispiel des Öfteren im Zusammenhang mit Verfassungsbeschwerden gegen Versammlungsverbote.[184] Einstweilige Anordnungen ergehen zudem häufig bei besonders grundrechtsintensiven Eingriffen wie in Strafverfahren und in Strafvoll-

---

175 S. dazu BVerfGE 103, 44 (70) – *Gerichtsfernsehen*.

176 Nach BVerfGE 107, 339 (355 ff.) – *NPD-Verbotsverfahren* gilt die qualifizierte Mehrheit des § 15 Abs. 4 Satz 1 BVerfGG auch für die Ablehnung eines Antrags auf Einstellung eines Parteiverbotsverfahrens.

177 BVerfGE 80, 367 – *Tagebuchaufzeichnung*; 118, 277 – *Nebeneinkünfte von Abgeordneten*; 111, 10 – *Ladenschluss*. *R.A. Lorz*, Die Gefahr der Stimmengleichheit – Ein wenig beachteter Sprengsatz in der Konstruktion des BVerfG, ZRP 2003, 36 (39) fordert – um eine Spaltung des Gerichts zu vermeiden – eine ungerade Richterzahl.

178 Abweichende Meinung der Richter Vizepräsident *E.G. Mahrenholz* und *B. Sommer*, s. BVerfGE 88, 203 (338 ff.) und *E.-W. Böckenförde*, BVerfGE 88, 203 (359 ff.). Schon zum Ersten Schwangerschaftsabbruchurteil gab es eine abweichende Meinung *W. Rupp-von-Brünneck* und *H. Simon*, BVerfGE 39, 1 (68 ff.).

179 Abweichende Meinung der Richter *E.G. Mahrenholz* und *E.-W. Böckenförde*, s. BVerfGE 69, 1 (56 ff.) und *E.G. Mahrenholz*, BVerfGE 69, 1 (86 ff.).

180 Abweichende Meinung des Vizepräsidenten *W. Zeidler*, s. BVerfGE 62, 1 (63 ff.) und abweichende Meinung *H.-J. Rinck*, ebenda, S. 69 ff. und abweichende Meinung *J. Rottmann*, ebenda, S. 107 ff. Zur Vertrauensfrage Schröder gaben *L. Osterloh* und *M. Gerhardt* eine abweichende Meinung ab, s. BVerfGE 114, 196 (250 ff.).

181 Abweichende Meinung *R. Jaeger* und *Ch. Hohmann-Dennhardt*, BVerfGE 109, 279 (382 ff.).

182 BVerfGE 132, 1 (24 ff.) – abweichende Meinung des Richters *Gaier*.

183 BVerfGE 134, 366 (419 ff., 430 ff.) – abweichende Meinungen der Richter *Lübbe-Wolff* und *Gerhardt*.

184 S. etwa BVerfG, Beschluss vom 1.12.2007, Az. 1 BvR 3041/07 (juris); BVerfG, NVwZ 2006, 586 ff.; NJW 2005, 3202 ff.; BVerfGE 111, 147 ff. – *NPD-Kundgebung* (Bochum); BVerfGE 122, 342 ff. – *Bayerisches Versammlungsgesetz*.

zugsangelegenheiten[185], bei Auslieferungen[186], weiter in Konkurrenten-[187] oder sonstigen berufsrelevanten Streitigkeiten[188]. Im Staatsorganisationsrecht sind Untersuchungsausschussangelegenheiten zu nennen[189] sowie Eilentscheidungen im Rahmen der europäischen Finanzkrise[190]. Maßstab für die vorläufige Eilentscheidung ist in der Regel nicht die streitige Verfassungsrechtsfrage, sondern eine **Folgenabwägung** zwischen den Nachteilen, die für den Beschwerdeführer bzw. Antragsteller eintreten, wenn vorläufiger Rechtsschutz versagt wird, er in der Hauptsache aber Erfolg hat, gegenüber den Nachteilen, die eintreten, wenn vorläufiger Rechtsschutz gewährt wird, der Beschwerdeführer oder Antragsteller in der Hauptsache aber unterliegt.[191]

Literatur: *C. Bäcker,* Die einstweilige Anordnung im Verfassungsprozessrecht, JuS 2013, 119; *A. Niesler,* Die einstweilige Anordnung nach § 32 BVerfGG in der Fallbearbeitung, Jura 2007, 362.

Fallbearbeitungen: *M. Bäumerich,* Klausur: „Bundestagswahl mit Bonus", JA 2019, 209; *A.-K. Hübler/C. Teetzmann,* Referendarexamensklausur – Öffentliches Recht: Geben und Nehmen von Sitzplätzen im Gerichtssaal, JuS 2013, 1014; *T. Rademacher/N. Marsch,* Klausur – Öffentliches Recht: Staatsorganisationsrecht und Verfassungsprozessrecht – Mitgliederbefragung zum Koalitionsvertrag, JuS 2017, 992; *J. P. Schaefer,* Examensklausur Öffentliches Recht: Die Demo im Flughafengebäude, StudZR 2013, 274.

---

185 S. etwa BVerfG, Ablehnung einer eA. v. 2.2.2014, Az. 1 BvQ 8/14 (Medienvertreter im Strafverfahren); BVerfG, eA. v. 21.6.2012, Az. 2 BvR 2883/10 (Vollzugsaussetzung bei mangelnder Belehrung iSv. § 257c Abs. 4 StPO iR. einer Verständigung); BVerfG, eA. v. 12.10.2011, Az. 2 BvR 1954/11 (Durchsuchung eines Notariats); BVerfG, NJW 2005, 3131 f. – *Freilassung Untersuchungshäftling*; BVerfG, Beschluss vom 16.4.2007, Az. 2 BvR 725/07 (vorläufige Aussetzung des Strafantritts im geschlossenen Vollzug zur Aufrechterhaltung eines bestehenden Arbeitsverhältnisses); BVerfG, Beschluss vom 4.5.2004, Az. 2 BvR 715/04 – *Nachtschlafuntersuchung* (Aussetzung Untersuchung zur Aufklärung einer Straftat); BVerfG, Beschluss vom 1.8.2002, Az. 2 BvR 1247/01 (Aussetzung Hauptverhandlung wegen möglicher absoluter Verfolgungsverjährung); BVerfG, Beschluss vom 11.9.2002, Az. 2 BvR 397/02 (Aussetzung Vollstreckung Freiheitsstrafe bis zur Entscheidung über die Verfassungsbeschwerde); BVerfG, Beschluss vom 20.2.2002, Az. 2 BvR 1743/01 (Aussetzung Strafvollstreckung bis zur Entscheidung über die Verfassungsbeschwerde gegen die Verwerfung eines strafprozessualen Wiederaufnahmeantrags); BVerfG, EuGRZ 2001, 431 (Zurückverlegung in ursprüngliche JVA).

186 S. etwa BVerfG, eA. v. 27.11.2014, Az. 2 BvR 2735/14 (Auslieferung bei Europäischem Haftbefehl und Verurteilung in Abwesenheit; BVerfG, NJW 2001, 3110 (Aussetzung Auslieferung wegen möglicherweise menschenrechtswidriger Haftbedingungen) und BVerfG, NJW 1994, 2143 (Aussetzung Auslieferung wegen drohender Todesstrafe).

187 S. etwa BVerfG, NVwZ-RR 2014, 329 (Konkurrentenklage bzgl. Besetzung einer Professur); BVerfG, NVwZ 2004, 1109 – *C-3-Stellen-Bewerber* (Nichtbesetzung der noch vakanten Stelle bis zur Entscheidung über Verfassungsbeschwerde des Konkurrenten); BVerfG, NJW 2003, 3043 (Freihaltung Anwaltsnotarstelle bis zur Entscheidung über die Verfassungsbeschwerde eines Bewerbers); BVerfG, NVwZ 2002, 1367 (Freihaltung einer Beförderungsstelle bis zur Entscheidung über die Verfassungsbeschwerde eines Bewerbers).

188 S. etwa BVerfG, NJW 2005, 1418 ff. (Aussetzung des Vollzugs eines Widerrufs der Rechtsanwaltszulassung); BVerfG, NJW 2003, 3617 ff. (Aussetzung des Vollzugs eines Widerrufs einer Apotheker-Approbation); BVerfG, NVwZ-RR 2004, 545 ff. (Aussetzung des Vollzugs des Ruhens der Zahnarzt-Approbation); BVerfG, NJW 1999, 3328 ff. (Aussetzung Widerruf einer Anwaltszulassung); BVerfG, NJW 1997, 187 ff. (Aussetzung des Sozietätsverbots zwischen Anwaltsnotaren und Buchprüfern).

189 S. etwa BVerfGE 113, 113 ff. – *Visa-Untersuchungsausschuss.*

190 S. etwa BVerfGE 129, 284 ff. – *Neunergremium EFSF* und BVerfGE 126, 158 ff. – *Euro-Rettungsschirm.*

191 Sog. „Doppelhypothese". Zu den Ausnahmen, s. *A. Niesler,* Die einstweilige Anordnung nach § 32 BVerfGG in der Fallbearbeitung, Jura 2007, 362 (365) mRsprN.: Eingehen auf die Erfolgsaussichten in der Hauptsache bei offensichtlicher Unbegründetheit und bei Vorwegnahme der Hauptsache. Als Beispiel, in dem das Bundesverfassungsgericht ausgehend von der „Doppelhypothese" dennoch die Erfolgsaussichten der Hauptsache einbezieht, s. BVerfGE 104, 51 ff. – *gleichgeschlechtliche Lebenspartnerschaft eA.* m. Anm. *F. Schoch,* Ablehnung einstweiliger Anordnung gegen In-Kraft-Treten des Lebenspartnerschaftsgesetzes, Jura 2001, 833 ff.

3.7.6 Das Verhältnis des Bundesverfassungsgerichts zu anderen Gerichten

588 Das Bundesverfassungsgericht ist das Gericht, das zur letztverbindlichen Entscheidung über die Auslegung des Grundgesetzes berufen ist. Das Verhältnis des Grundgesetzes zum einfachen Recht, zum Landesverfassungsrecht sowie zum europäischen und internationalen Recht spiegelt sich im Verhältnis des Bundesverfassungsgerichts zu den Fachgerichten, den Landesverfassungsgerichten, dem Europäischen Gerichtshof und dem Europäischen Gerichtshof für Menschenrechte wider. Der Schlüssel zum Verständnis, wie diese Gerichte zueinanderstehen, findet sich jeweils im materiellen Recht.

589 **3.7.6.1 Das Verhältnis zu den Fachgerichten.** Die Fachgerichte sind an die Verfassung und an das einfache Recht gebunden (Art. 20 Abs. 3 GG). Maßstab ihrer Prüfung ist aber zunächst das einfache Recht. Dieses haben sie nach Wortlaut, Systematik, Sinn und Zweck, Entstehungs- und Dogmengeschichte und ggf. auch verfassungskonform auszulegen sowie im Zweifel auf seine Verfassungsmäßigkeit zu prüfen. Das Bundesverfassungsgericht prüft dagegen allein am Maßstab der Verfassung (Ausnahme: Überprüfung von Landesrecht am Bundesrecht im Rahmen der abstrakten Normenkontrolle). Dementsprechend gibt es einen Bereich ausschließlicher Zuständigkeit des Bundesverfassungsgerichts (zB. Organstreitverfahren), während theoretisch, wegen der Verfassungsbindung des einfachen Rechts, jeder einfachrechtliche Rechtsstreit auch verfassungsrechtliche Elemente aufweisen kann. Tatsächlich geht es bei der Mehrzahl von Streitigkeiten vor den Fachgerichten, insbesondere aber bei zivilrechtlichen Streitigkeiten allein um die Anwendung einfachen Rechts und bei der Auslegung um die Stimmigkeit innerhalb des einfachen Rechts. Im Überschneidungsbereich – Verfassungswidrigkeit eines Gesetzes oder verfassungswidrige, insbesondere grundrechtswidrige Auslegung und Anwendung eines Gesetzes – manifestiert sich der Vorrang der Verfassung im Verhältnis der Gerichte darin, dass allein das Bundesverfassungsgericht zur letztverbindlichen Entscheidung über die Verfassungswidrigkeit eines förmlichen Gesetzes berufen ist. Dies geschieht im Verfahren der **konkreten Normenkontrolle** durch Richtervorlage oder im Verfahren der **Urteilsverfassungsbeschwerde**: Nach Erschöpfung des Rechtswegs vor den Fachgerichten kann „jedermann" mit der Behauptung, durch das Urteil in seinen Grundrechten verletzt zu sein, Verfassungsbeschwerde einlegen. Im Rahmen einer solchen Urteilsverfassungsbeschwerde überprüft das Bundesverfassungsgericht jedoch nicht die Richtigkeit der Rechtsanwendung im vollen Umfang, sondern beschränkt sich auf die Überprüfung der Verfassungsmäßigkeit der streitentscheidenden Normen sowie auf die Frage, ob das Gericht bei der Anwendung Grundrechte verkannt, zB. die Betroffenheit von Grundrechten überhaupt nicht gesehen oder den Schutzbereich fehlerhaft ausgelegt hat.[192] Diese in spezifischer Weise auf Verfassungsrecht beschränkte Kontrolle, die den Fachgerichten ihre Kompetenz für die Anwendung und Auslegung des einfachen Rechts bewahren soll, wird plakativ in dem Satz zusammengefasst, das **Bundesverfassungsgericht** sei im Verfahren der Verfassungsbeschwerde **keine Superrevisionsinstanz**, es prüfe vielmehr nur „spezifische Grundrechtsverletzungen". Während das öffentliche Recht in weiten Teilen „konkretisiertes Verfassungsrecht" ist, wird aus zivilrechtlicher Sicht oftmals kritisiert, dass das Bundesverfassungsgericht sich nicht hinreichend zurückhalte, sich etwa im Zusammenhang mit den Eigenbedarfskündigungen am Maßstab des Eigentumsgrundrechts „zum obersten Mietgericht" mache.[193] Beklagt wird eine „Konstitutionalisierung der (Zivil)Rechtsordnung". Letztlich handelt es sich bei der Durchset-

---

192 Vgl. die sog. „Heck'sche Formel" in BVerfGE 18, 85 (92 f.) – *Verfassungsrechtlicher Prüfungsumfang*.

193 S. jüngst die Kritik von *K.E.M. Beck*, Warum entscheidet das BVerfG zu gebrauchten Kühlern?, ZGS 2008, 21 ff. (Sachmangelgewährleistung); s. auch BVerfGE 81, 29 ff. – *Eigenbedarfskündigung* und dazu das Sondervotum von *D. Grimm*.

zung der Verfassungsbindung gegenüber den Fachgerichten um einen ständigen Balanceakt, dessen Gelingen dauerhafter Anstrengung und immer aufs Neue der Auseinandersetzung bedarf.[194]

3.7.6.2 Das Verhältnis zu den Landesverfassungsgerichten. Das Verhältnis zwischen Bundesverfassungsgericht und Landesverfassungsgerichten erscheint auf den ersten Blick einfach und überschneidungsfrei: Das Bundesverfassungsgericht prüft am Maßstab der Bundesverfassung, die Landesverfassungsgerichte prüfen am Maßstab ihrer jeweiligen Landesverfassung. Materiell bricht Bundesrecht zwar Landesrecht (Art. 31 GG). Dies setzt jedoch eine Kollision voraus. Die einzigen bundesrechtlichen Vorgaben für das Staatsorganisationsrecht der Länder enthält aber **Art. 28 Abs. 1 GG,** wonach die verfassungsmäßige Ordnung in den Ländern den Grundsätzen des republikanischen, demokratischen und sozialen Rechtsstaates im Sinne des Grundgesetzes entsprechen muss. In diesem Rahmen gilt für die Staatsorgane in den Ländern allein das Landesverfassungsrecht. 590

Dagegen binden die Grundrechte des Grundgesetzes gemäß **Art. 1 Abs. 3 GG** alle Staatsgewalt, also auch die der Länder, so dass nach Maßgabe von **Art. 31 GG** landesverfassungsrechtliche Grundrechte im Kollisionsfall gebrochen würden und damit nichtig wären. Insoweit ordnet **Art. 142 GG** jedoch eine Ausnahme an: „Ungeachtet der Vorschrift des Art. 31 (GG) bleiben Bestimmungen der Landesverfassungen auch insoweit in Kraft, als sie in Übereinstimmung mit den Artikeln 1 bis 18 dieses Grundgesetzes Grundrechte gewährleisten."[195] Dies bedeutet für die Organe der Länder, dass sie sowohl an die Grundrechte ihrer Landesverfassung als auch an die Grundrechte des Grundgesetzes gebunden sind. **Landesgrundrechte bleiben als Prüfungsmaßstab für das Handeln von Landesstaatsgewalt neben Bundesgrundrechten erhalten.** Wird etwa um die Vereinbarkeit eines Landesgesetzes mit Grundrechten gestritten, kann dies am Maßstab der Grundrechte des Grundgesetzes vor dem Bundesverfassungsgericht[196] oder ggf. am Maßstab der Grundrechte der Landesverfassung vor dem Landesverfassungsgericht geschehen.[197] § 90 Abs. 3 BVerfGG bestimmt dementsprechend im Zusammenhang mit der Zulässigkeit einer Verfassungsbeschwerde: „Das Recht, eine Verfassungsbeschwerde an das Landesverfassungsgericht nach dem Recht der Landesverfassung zu erheben, bleibt unberührt." In Landesverfassungsgerichtsgesetzen findet sich nicht selten die Regel, dass eine Verfassungsbeschwerde vor dem Landesverfassungsgericht nur zulässig ist, wenn keine Verfassungsbeschwerde vor dem Bundesverfassungsgericht erhoben ist oder wird.[198]

---

194 Für eine Bestandsaufnahme über die Thematik, s. *R. Alexy/Ph. Kunig/W. Heun/G. Hermes*, Verfassungsrecht und einfaches Recht – Verfassungsgerichtsbarkeit und Fachgerichtsbarkeit, VVDStRL 61 (2001), 7 ff. mwN. sowie *M. Düwel*, Kontrollbefugnisse des Bundesverfassungsgerichts bei Verfassungsbeschwerden gegen gerichtliche Entscheidungen, 2000; *H.-J. Papier*, Verhältnis des Bundesverfassungsgerichts zu den Fachgerichtsbarkeiten, DVBl. 2009, 473 ff.

195 BVerfGE 22, 267 (271) – *Landesgrundrecht*: „Den in Art. 142 GG genannten Grundrechten stehen einige an anderer Stelle von der Verfassung gewährleistete Rechte der Qualität nach gleich (…). Art. 142 GG muss deshalb auch für derartige in den Landesverfassungen enthaltene Rechte (…) gelten, die sich im Grundgesetz nicht im ersten Abschnitt, sondern an anderer Stelle finden."

196 Allerdings prüft das Bundesverfassungsgericht dann nicht die formelle Verfassungsmäßigkeit des Landesgesetzes nach der Landesverfassung, s. BVerfGE 60, 175 (209) – *Startbahn West*. Die Formel der Elfes-Entscheidung (BVerfGE 6, 32) „in jeder Hinsicht rechtmäßig" gilt damit nicht für Landesgesetze.

197 So BVerfG, Urt. v. 5.10.1996, Az. 2 BvR 1630/96, Ls. 1a und schon BVerfGE 22, 267 (270 ff.) – *Landesgrundrecht* (Verneinung der Subsidiarität). AA. *Ch. Enders*, Die neue Subsidiarität des Bundesverfassungsgerichts, JuS 2001, 462 (466), der nach BVerfGE 96, 345 (dazu sogleich) nicht mehr von der Parallelität beider Verfahren ausgehen will, sondern, wenn die ebenda statuierten Voraussetzungen für die Erhebung einer Landesverfassungsbeschwerde vorliegen, die Bundesverfassungsbeschwerde für subsidiär und dies mit dem Wortlaut des § 90 Abs. 3 BVerfGG für vereinbar hält.

198 Vgl. § 55 Abs. 1 VerfGHG BW; Art. 84 Abs. 2 Nr. 5 LV Bln; § 45 Abs. 1 VerfGHG Bbg; § 43 Abs. 1 Satz 1 HessStGHG.

591 Aus Art. 142 GG folgt allerdings nicht, dass der Bundesgesetzgeber an die Landesgrundrechte gebunden ist. Einfaches Bundesrecht geht also nach wie vor Landesgrundrechten vor, bricht sie aber nicht.[199] Damit stellt sich die Frage, ob und inwieweit Landesstaatsgewalt bei der Anwendung von Bundesrecht an Landesgrundrechte gebunden ist. Die Antwort lautet, dass **Landesgrundrechte zu berücksichtigen** sind, **soweit** das **Bundesrecht** bei der Anwendung **Spielräume lässt.**[200] Dies gilt allerdings wiederum nur, soweit die Landesgrundrechte mit den Bundesgrundrechten übereinstimmen.[201] Die Konsequenz ist eine allein institutionelle: Landesverfassungsgerichte können die Anwendung von Bundesrecht durch Landesbehörden oder Landesgerichte am Maßstab von Landesgrundrechten prüfen. Als Vorfrage bzw. Vorbedingung haben sie dabei festzustellen, dass das Landesgrundrecht inhaltlich dem entsprechenden Bundesgrundrecht gleicht. Im Zweifel haben sie im Wege einer konkreten Normenkontrolle nach Art. 100 Abs. 3 GG das Bundesverfassungsgericht anzurufen.[202] Der Vorrang der Bundesgrundrechte und ihrer Auslegung durch das Bundesverfassungsgericht sowie des grundgesetzkonformen Bundesrechts ist damit sichergestellt. Für das Bundesverfassungsgericht besteht die Chance einer Entlastung. Den Landesverfassungsgerichten verbleibt nur Spielraum in der Anwendung auf den Einzelfall, also in der Subsumtion, nicht in der Interpretation des Grundrechts. Auch darin kann noch erhebliche Entscheidungsmacht liegen, wie der *Honecker*-Fall[203] aus dem Jahre 1993 belegt: Das Berliner Verfassungsgericht veranlasste die Freilassung *Honeckers* aus der Untersuchungshaft mit der Begründung: „Der Berliner Verfassungsgerichtshof folgt der Auffassung des Bundesverfassungsgerichts, dass es mit dem Gebot der Achtung der Würde des Menschen unvereinbar ist, einen Menschen, der von schwerer und unheilbarer Krankheit und von Todesnähe gekennzeichnet ist, weiter in Haft zu halten (BVerfGE 72, 105, 116). Ein solcher Zustand begründet einen absoluten Aufhebungsgrund für die Untersuchungshaft."

592 **3.7.6.3 Das Verhältnis zum Gerichtshof der Europäischen Union.** Die Verhältnisse gestalten sich komplizierter zwischen der nationalen und der supranationalen europäischen Ebene. Dies liegt daran, dass das supranationale Recht zwar als eine **autonome Rechtsordnung** angesehen werden kann, es sich aber um eine Rechtsordnung handelt, die begrenzt ist. Während die Landesverfassungen sich nach Maßgabe und im Rahmen der Bundesverfassung entfalten, enthält das EU-Primärrecht keinen Rahmen für die mitgliedstaatlichen Verfassungen. Vielmehr entfaltet sich die supranationale Rechtsordnung nach Maßgabe und im Rahmen der Kompetenzen, auf deren supranationale Ausübung die Mitgliedstaaten sich geeinigt haben. Die Mitgliedstaaten sind die Herren der Verträge. In diesem Sinne ist die supranationale Rechtsordnung abgeleitet und **begrenzt auf die Gegenstände der vertraglichen Einigung.**[204] Allerdings hat kein einzelner Mitgliedstaat in Bezug auf den Inhalt der Verträge die Interpretationshoheit, dies ist vielmehr die Aufgabe des Europäischen Gerichtshofs.[205] Insoweit ist die supranationale Rechtsordnung autonom.[206]

---

199 BVerfGE 96, 345 (365) – *Landesverfassungsgerichte*.

200 Für Landesgerichte s. BVerfGE 96, 345 (366): „Raum für die Beachtung der nach Maßgabe der Art. 142, 31 GG nicht verdrängten Landesgrundrechte bleibt den Richtern des Landes bei der Gestaltung ihres bundesrechtlich geregelten Verfahrens, soweit sie dabei Grundrechte eigenständig anzuwenden und durchzusetzen haben, nicht aber, soweit lediglich die Vereinbarkeit des Bundesgesetzes mit dem Grundgesetz in Rede steht." Zu diesem Urteil, s. *E. Klein/A. Haratsch*, Die Landesverfassungsbeschwerde – Ein Instrument zur Überprüfung der Anwendung von Bundesrecht?, JuS 2000, 209 ff.

201 BVerfGE 96, 345 (367).

202 BVerfGE 96, 345 (373 ff.).

203 Berl.VerfGH, NJW 1993, 515 ff.

204 S. nur das Prinzip der begrenzten Einzelermächtigung nach Art. 5 Abs. 1 Satz 1 und Abs. 2 EUV.

205 Nach Art. 19 Abs. 1 Satz 2 EUV sichert der Gerichtshof der EU die Wahrung „des Rechts bei der Auslegung und Anwendung" der Verträge.

206 EuGH, C-6/64, Slg. 1964, 1251 (Ls. 3) – *Costa/ENEL*, charakterisiert das vom EG-Vertrag geschaffene Recht als „eine autonome Rechtsquelle". Vgl. schon EuGH, C-26/62, Slg. 1963, 1 (Ls. 3) – *Van Gend* & *Loos*.

Kommt supranationales Recht zur Anwendung, ist es der Autonomie der supranationalen Rechtsordnung, ihrer möglichst einheitlichen und effektiven Anwendung geschuldet, dass das supranationale Recht im Falle der Kollision mit nationalem Recht Vorrang genießt. Hierbei handelt es sich um einen **Anwendungsvorrang**: Das nationale Recht wird nicht nichtig, es bleibt nur außer Betracht im vergemeinschafteten Bereich.[207] In rein nationalen Sachverhalten kommt das nationale Recht zur Anwendung und kann zur Folge haben, dass die Betroffenen schlechter stehen als in einem vergleichbaren Sachverhalt mit Unionsbezug (sog. Inländerdiskriminierung).[208] **593**

Die Frage ist nun, ob und inwieweit der **Anwendungsvorrang des Unionsrechts** sich auch auf das **nationale Verfassungsrecht** und insbesondere auf die Grundrechte erstreckt. Sind die mitgliedstaatlichen Parlamente, die europäische Richtlinien in nationales Recht umsetzen, und sind mitgliedstaatliche Behörden, die europäische Verordnungen oder umgesetzte Richtlinien zur Anwendung bringen, neben den europäischen Grundrechten[209] auch oder sogar vorrangig an die Grundrechte des Grundgesetzes gebunden? Sie sind ohne weiteres an die Grundrechte des Grundgesetzes gebunden, soweit Umsetzungs- und Anwendungsspielräume bestehen.[210] Im Übrigen spricht die Tatsache, dass die deutsche Staatsgewalt sich nicht durch Übertragung von Hoheitsgewalt ihrer Grundrechtsbindung aus Art. 1 Abs. 3 GG entziehen darf, für eine Anwendung der nationalen Grundrechte, zumindest soweit Art. 79 Abs. 3 GG einen durch Verfassungsänderung unantastbaren Grundrechtsschutz verbürgt, also hinsichtlich ihres Menschenwürdekerns. Demgegenüber spricht die Autonomie der supranationalen Rechtsordnung, deren möglichst einheitliche und effektive Anwendung gegen den Vorrang nationaler Grundrechte. **594**

Antwort auf die Frage nach dem Verhältnis von Gemeinschaftsrecht und nationalen Grundrechten hat das Bundesverfassungsgericht in seinen berühmten **Solange-Entscheidungen** gegeben. Die Leitsätze sind es wert gelesen zu werden; sie geben auch Auskunft über die Entwicklung des europäischen Grundrechtsschutzes: **595**
In der *Solange I*-Entscheidung von 1974 urteilte das Bundesverfassungsgericht noch: „Solange der Integrationsprozess der Gemeinschaft nicht so weit fortgeschritten ist, dass das Gemeinschaftsrecht auch einen von einem Parlament beschlossenen und in Geltung stehenden formulierten Katalog von Grundrechten enthält, der dem Grundrechtskatalog des Grundgesetzes adäquat ist, ist nach Einholung der in Art. 177 des Vertrages geforderten Entscheidung des EuGH (heute: Art. 267 AEUV) die Vorlage eines Gerichts der Bundesrepublik Deutschland an das Bundesverfassungsgericht im Normenkontrollverfahren zulässig und geboten, wenn das Gericht die für es entscheidungserhebliche Vorschrift in der vom EuGH gegebenen Auslegung für unanwendbar hält, weil und soweit sie mit einem der Grundrechte des Grundgesetzes kollidiert."[211] Das Bundesverfassungsgericht behielt sich also eine Grundrechtsprüfung vor.
Aufgrund ähnlicher Vorbehalte auch anderer mitgliedstaatlicher Verfassungsgerichte begann der EuGH Ende der 60er Jahre, Grundrechte als Rechtsprinzipien der europä-

---

207 S. schon EuGH, C-106/77, Slg. 1978, 629, Rn. 17/18 – *Simmenthal II.*

208 S. dazu *J. Gundel*, Die Inländerdiskriminierung zwischen Verfassungs- und Europarecht: Neue Ansätze in der Rechtsprechung, DVBl. 2007, 269 ff.; *R. Bösch*, Die Inländerdiskriminierung, Jura 2009, 91 ff.

209 Zur streitigen Frage nach der Reichweite der Bindung der Mitgliedstaaten an die EUGrCH s. dort Art. 51 und dazu EuGH, Urteil vom 26.2.2013, C-617/10 (Rn. 48) – *Auslegung des Grundsatzes ne bis in idem, sowie* BVerfGE 133, 277 (Rn. 88) mwN. – *Verfassungsmäßigkeit der Errichtung einer Antiterrordatei.*

210 BVerfGE 113, 273 (300 ff.) – *Europäischer Haftbefehl.*

211 BVerfGE 37, 271 (Ls. und 285) – *Solange I.*

ischen Rechtsordnung zu entwickeln.[212] Sein Antrieb war dabei die Wahrung der Einheitlichkeit des Gemeinschaftsrechts.

596 Angesichts dieser Entwicklung urteilte das Bundesverfassungsgericht im Jahre 1986 in seiner *Solange II*-Entscheidung: „Solange die Europäischen Gemeinschaften, insbesondere die Rechtsprechung des Gerichtshofs der Gemeinschaften einen wirksamen Schutz der Grundrechte gegenüber der Hoheitsgewalt der Gemeinschaften generell gewährleisten, der dem vom Grundgesetz als unabdingbar gebotenen Grundrechtsschutz im wesentlichen gleichzuachten ist, zumal den Wesensgehalt der Grundrechte generell verbürgt, wird das Bundesverfassungsgericht seine Gerichtsbarkeit über die Anwendung von abgeleitetem Gemeinschaftsrecht, das als Rechtsgrundlage für ein Verhalten deutscher Gerichte oder Behörden in Anspruch genommen wird, nicht mehr ausüben und dieses Recht mithin nicht mehr am Maßstab der Grundrechte des Grundgesetzes überprüfen; entsprechende Vorlagen nach Art. 100 Abs. 1 GG sind somit unzulässig."[213]
Das Bundesverfassungsgericht begnügte sich also mit der richterrechtlichen Entwicklung von Grundrechten als Rechtsprinzipien des Gemeinschaftsrechts und verlangte nicht mehr einen geschriebenen, parlamentarisch verabschiedeten Grundrechtskatalog. Mit der Verbindlicherklärung der Charta der Grundrechte der Europäischen Union durch den Vertrag von Lissabon im Jahre 2009 verfügt die EU inzwischen über geschriebene Grundrechtsgarantien (s. Art. 6 Abs. 1 EUV).

597 Die *Solange II*-Entscheidung fand Eingang in Art. 23 Abs. 1 Satz 1 GG („... einen diesem Grundgesetz im wesentlichen vergleichbaren Grundrechtsschutz..."), der zum Zweck der Ratifizierung des Maastricht-Vertrags in das Grundgesetz eingefügt wurde. **Art. 23 Abs. 1 GG** ist Grundlage und Grenze der Übertragung von Hoheitsrechten an die EU. Er enthält den **Verfassungsvorrang** gegenüber dem supranationalen Recht, der letztlich **auf den Verfassungskern des Art. 79 Abs. 3 GG reduziert** ist. Das Bundesverfassungsgericht erhebt auf dieser Grundlage Anspruch auf Prüfung des Unionsrechts auf Wahrung eines **Grundrechtsmindeststandards**[214], Wahrung der **Verfassungsidentität** sowie auf Einhaltung der übertragenen Kompetenzen (**ultra-vires-Kontrolle**).[215] In einer den Europäischen Haftbefehl betreffenden Entscheidung hat das Bundesverfassungsgericht dem folgend seine „Solange"-Rechtsprechung um einen „Soweit"-Beschluss ergänzt. Danach gewährt das Gericht „im Wege der (Verfassungs-)Identitätskontrolle den gemäß Art. 23 Abs. 1 Satz 3 in Verbindung mit Art. 79 Abs. 3 und Art. 1 Abs. 1 GG unabdingbar gebotenen Grundrechtsschutz uneingeschränkt und im Einzelfall".[216] Neu ist die Rückkehr zur Einzelfallprüfung, allerdings beschränkt auf den Fall, dass der unantastbare Kern der Verfassung betroffen ist.
Hinsichtlich der Grundrechtsprüfung hat das Gericht mit zwei Urteilen im Bereich des Datenschutzrechts inzwischen einen völlig neuen Weg eingeschlagen. Es beansprucht nunmehr in den Fällen, in denen eine Prüfung an nationalen Grundrechten wegen

212 Vgl. EuGH, C-4/73, Slg. 1974, 491 (597) – *Nold*, welche das Bundesverfassungsgericht in BVerfGE 73, 339 (379) – *Solange II* als „wesentlichen Schritt" bezeichnen wird sowie die ausführliche Grundrechtsprüfung in EuGH, C-44/79, Slg. 1979, 3727, Rn. 13 ff. – *Hauer*, auf die das Bundesverfassungsgericht in BVerfGE 73, 339 (380) Bezug nimmt. Vgl. demgegenüber die vor BVerfGE 37, 271 ff. – *Solange I* ergangene Entscheidung EuGH, C-29/69, Slg. 1969, 419, Rn. 7 = EuGHE 15, 419 ff. – *Stauder*, in dem der EuGH die Grundrechtsprüfung auf die Feststellung einer Nichtverletzung der Grundrechte der Person beschränkt.

213 BVerfGE 73, 339 (387) – *Solange II*.

214 BVerfG, Stattgebender Kammerbeschluss vom 10.12.2014, Az. 2 BvR 1549/07, Rn. 41 (Vertrauensschutz iF einer unionsrechtlich determinierten Rechtsprechungsänderung); BVerfGE 73, 339 (383) – *Solange II*.

215 BVerfGE 129, 78 (100) – *Le Corbusier*; BVerfGE 123, 267 (348) – *Lissabon*.

216 BVerfGE 140, 317 Ls 1 und Rn. 49.

des Anwendungsvorrangs von Unionsrecht nicht möglich ist, die Prüfung am Maßstab der Charta der Grundrechte der Europäischen Union, wobei dem EuGH die Interpretationshoheit hinsichtlich der Auslegung dieser Grundrechte verbleibt, die durch ein Vorabentscheidungsverfahren nach Art. 267 AEUV sicherzustellen ist.[217]
Besonders problematisch ist die vom Bundesverfassungsgericht beanspruchte ultra-vires-Kontrolle, da sich in diesem Rahmen in aller Schärfe die Frage nach der Letztentscheidung in Bezug auf die Auslegung der die Europäische Union begründenden Verträge und damit nach der Einheit der Unionsrechtsordnung stellt. „Eine Ultra-vires-Kontrolle durch das Bundesverfassungsgericht kommt nur in Betracht, wenn ein **Kompetenzverstoß** der europäischen Organe **hinreichend qualifiziert** ist. Das setzt voraus, dass das kompetenzwidrige Handeln der Unionsgewalt offensichtlich ist und der angegriffene Akt im Kompetenzgefüge zu einer **strukturell bedeutsamen Verschiebung zulasten der Mitgliedstaaten** führt. Vor der Annahme eines Ultra-vires-Akts ist dem Gerichtshof der Europäischen Union im Rahmen eines Vorabentscheidungsverfahrens nach Art. 267 AEUV die Gelegenheit zur Vertragsauslegung sowie zur Entscheidung über die Gültigkeit und die Auslegung der fraglichen Handlungen zu geben, soweit er die aufgeworfenen Fragen noch nicht geklärt hat."[218] Mit dem Antrag auf Überprüfung der OMT-Beschlüsse der Europäischen Zentralbank auf ihre Unionsrechtskonformität hat das Bundesverfassungsgericht erstmals eine solche Vorabentscheidung beantragt.[219] Der EuGH hat die Primärrechtskonformität mit Entscheidung vom 16.6.2015 bejaht (Rs. C-62/14); das Bundesverfassungsgericht ist dieser Entscheidung gefolgt.[220] In einer weiteren Entscheidung zu Maßnahmen der Europäischen Zentralbank hat es nunmehr der Auslegung des EuGH die Gefolgschaft verweigert und erstmals angenommen, dass ein Europäisches Organ ultra vires gehandelt habe.[221] Ungeachtet der Frage, ob die Entscheidung in der Sache richtig ist, die hier nicht erörtert werden kann, hat diese Entscheidung eine erhebliche politische Bedeutung und ist geeignet, den Vorrang der Unionsrechtsordnung zu schwächen. Die Europäische Kommission hat inzwischen ein Vertragsverletzungsverfahren gegen die Bundesrepublik Deutschland eingeleitet. Der Sinn eines solchen Verfahrens ist fraglich, denn es wäre der EuGH, der letztlich über die Vertragsverletzung zu entscheiden hätte. Dessen Unbefangenheit in einem Verfahren, indem er zuvor die Unionsrechtskonformität des Handelns eines Unionsorgans festgestellt hat und vom Bundesverfassungsgericht bescheinigt bekommt, es habe bei dieser Auslegung die methodischen Standards der Rechtsanwendung missachtet, erscheint mehr als zweifelhaft.

Zusammenfassend lässt sich feststellen: Unübersteigbare Grenze für den Anwendungsvorrang des Unionsrechts und die Letztentscheidungsbefugnis des EuGH bilden aus verfassungsrechtlicher (Art. 23 Abs. 1 GG) und bundesverfassungsgerichtlicher Sicht die Verfassungsidentität einschließlich eines Grundrechtsmindeststandards sowie die Einhaltung der übertragenen Kompetenzen unter Berücksichtigung des Auslegungsvorrangs des EuGH. 598

3.7.6.4 Das Verhältnis zum Europäischen Gerichtshof für Menschenrechte. Auch das Verhältnis zwischen dem Bundesverfassungsgericht und dem Europäischen Gerichtshof für Menschenrechte ist nur vor dem Hintergrund des Verhältnisses zwischen dem Grundgesetz und der Konvention zum Schutz der Menschenrechte und Grundfreiheiten (EMRK) zu verstehen. 599
Die EMRK ist ein völkerrechtlicher Vertrag. Ihr Zweck ist die Gewährleistung eines **Grundrechtsmindeststandards** in den Konventionsstaaten. Diesem Zweck ist der

217 BVerfGE 152, 216 – *Recht auf Vergessen II.*
218 BVerfGE 126, 286 Ls. 1 – *Honeywell.*
219 BVerfGE 134, 366 ff. – *OMT (outright monetary transaction) – Vorlage.*
220 BVerfGE 142, 123 ff. – *OMT II.*
221 BVerfGE 154, 17 ff. – *PSPP-Programm der EZB.*

völkerrechtlich bemerkenswerte Umstand geschuldet, dass die Konvention – obwohl völkerrechtlicher Vertrag – Individuen begünstigt und ihnen mit der Individualbeschwerde zum Europäischen Gerichtshof für Menschenrechte sogar Rechtsschutz einräumt. Diese Begünstigungen und korrespondierenden staatlichen Verpflichtungen sind nichtsdestotrotz zunächst nur völkerrechtlicher Natur. Die Geltung der EMRK im innerstaatlichen Recht hängt von den jeweiligen nationalen Auffassungen über das Verhältnis von Völkerrecht und staatlichem Recht ab. Nach deutschem Verfassungsrecht bedürfen völkerrechtliche Verträge gemäß Art. 59 Abs. 2 GG in der Regel der Zustimmung durch ein Parlamentsgesetz, wodurch sie im innerstaatlichen Recht Geltung im Rang eines einfachen Bundesgesetzes erlangen. Dies gilt auch für die Konvention zum Schutz der Menschenrechte und Grundfreiheiten. Sie gilt **in Deutschland** als **einfaches Bundesrecht**.[222] Allerdings ist der bundesgesetzliche Rang nicht ganz so „einfach“ wie die Bezeichnung als einfaches Gesetz glauben macht. Die Bedeutung wird **gestärkt durch** die **Völkerrechtsfreundlichkeit** des Grundgesetzes, die bereits in der Präambel, darüber hinaus in Art. 1 Abs. 2, 24, 25, 26 GG zum Ausdruck kommt. Daraus folgt die Verpflichtung aller staatlichen Gewalt, Völkerrechtsverstöße möglichst zu vermeiden. Das bedeutet im Einzelnen Folgendes: Gemäß Art. 20 Abs. 3 GG sind die vollziehende Gewalt und die Rechtsprechung an Gesetz und Recht gebunden. Alle Behörden und Fachgerichte haben daher die EMRK als einfaches Gesetz zu beachten.[223] Der Gesetzgeber ist allerdings nur an die Verfassung gebunden. Er kann daher theoretisch ein Gesetz erlassen, das gegen die Konvention verstößt und, der lex posterior[224] Regel folgend, dieser vorgeht. Hier kommt der Grundsatz der Völkerrechtsfreundlichkeit ins Spiel, der verlangt, dass alle Möglichkeiten einer völkerrechtsfreundlichen Auslegung des Gesetzes genutzt werden, da nicht anzunehmen ist, der Gesetzgeber habe gegen völkerrechtliche Verpflichtungen verstoßen wollen.[225]

Zur Völkerrechtsfreundlichkeit ist auch das Bundesverfassungsgericht verpflichtet. Daraus folgt eine weitere Besonderheit der EMRK: Während das Bundesverfassungsgericht Grundrechte prinzipiell nicht im Lichte einfachen Rechts auslegt, weil anderenfalls die von Art. 1 Abs. 3 GG geforderte Bindung des Gesetzgebers an die Grundrechte unterlaufen würde, legt es die Grundrechte durchaus im Lichte der EMRK aus. Es folgert diese Pflicht aus Art. 1 Abs. 2 iVm. Art. 59 Abs. 2 GG[226] und bezeichnet die EMRK als „Auslegungshilfe für die Bestimmung von Inhalt und Reichweite von Grundrechten und rechtsstaatlichen Grundsätzen des Grundgesetzes“.[227] Jedoch ist die Konvention keinesfalls für das Bundesverfassungsgericht Prüfungsmaßstab; dies ist allein das Grundgesetz.[228] Dies kann zum Konflikt führen, wie der *Caroline*-Fall gezeigt hat: Bei der Auslegung und Anwendung des Kunsturhebergesetzes durch die Fachgerichte im Lichte von Pressefreiheit und allgemeinem Persönlichkeitsrecht konnte das Bundesverfassungsgericht keinen Verstoß gegen das Persönlichkeits-

222 S. BVerfGE 82, 106 (120) – *Unschuldsvermutung*; BVerfGE 111, 307 (317) – *Görgülü*. Dies ist keineswegs in allen Konventionsstaaten so. In Österreich hat die Konvention den Rang von Verfassungsrecht. In Frankreich und Norwegen etwa kommt ihr ein Rang zwischen Verfassungsrecht und einfachem Recht zu. Für den Status der Konvention zum Schutz der Menschenrechte und Grundfreiheiten in den Mitgliedstaaten, s. *A. Peters/T. Altwicker*, Europäische Menschenrechtskonvention, 2. Aufl. 2012, S. 2 ff. mwN.

223 BVerfGE 111, 307 (323) – *Görgülü*.

224 Lex posterior derogat legi priori: Das spätere Gesetz geht dem vorher erlassenen Gesetz vor.

225 BVerfGE 74, 358 (370) – *Privatklageverfahren*.

226 BVerfGE 128, 326 (Rn. 90) – *Sicherungsverwahrung*.

227 S. BVerfGE 74, 358 (370) – *Privatklageverfahren* und BVerfGE 111, 307 (317) – *Görgülü*; 128, 326 Ls. 2a – *Sicherungsverwahrung*.

228 Vgl. Art. 93 Abs. 1 Nr. 4a GG, § 90 Abs. 1 BVerfGG; s. BVerfGE 111, 307 (317) – *Görgülü* und schon BVerfGE 74, 102 (120) – *Erziehungsmaßregel* mwN.

recht der von Fotografen verfolgten Prinzessin von Monaco feststellen.[229] Demgegenüber erkannte der Europäische Gerichtshof für Menschenrechte einen Verstoß gegen ihr Recht auf Achtung des Privatlebens aus Art. 8 EMRK.[230] Das Bundesverfassungsgericht hat in einer weiteren „Caroline-Entscheidung" eine Harmonisierung herbeigeführt, indem es Art. 8 EMRK als einfachgesetzliche Schrankenkonkretisierung (Schranke der allgemeinen Gesetze) der Pressefreiheit angesehen hat.[231]

Stellt der Europäische Gerichtshof für Menschenrechte einen Konventionsverstoß fest, **600** hat dies zunächst nur Wirkungen für den Einzelfall (Art. 46 EMRK). Den Staaten steht zudem ein Spielraum zu, darüber zu befinden, in welcher Weise sie im Rahmen ihrer Rechtsordnungen den Konventionsverstoß beseitigen. Ist eine vollständige Beseitigung nicht möglich, so kann dies durch eine Entschädigung kompensiert werden (Art. 41 EMRK).[232]

Die Frage ist, inwieweit staatliche Behörden und Gerichte bis hin zum Bundesverfas- **601** sungsgericht über den Einzelfall hinaus die Rechtsprechung des Europäischen Gerichtshofs für Menschenrechte beachten müssen. Eine Antwort des Bundesverfassungsgerichts auf diese Frage lässt sich der *Görgülü*-Entscheidung[233] entnehmen. *Görgülü* ist der Vater eines Kindes, das die Mutter zur Adoption freigegeben hatte, und der mit seinem Anliegen, Umgang mit seinem Kind haben zu dürfen, erst vor dem Europäischen Gerichtshof für Menschenrechte Gehör fand. Im Anschluss an die Entscheidung des Europäischen Gerichtshofs für Menschenrechte hatte der Vater in einem weiteren Verfahren erneut versucht, ein Umgangsrecht mit seinem Kind zu erlangen. Die Gerichte lehnten dies wiederum ab. An die Entscheidung des Europäischen Gerichtshofs für Menschenrechte fühlten sie sich nicht gebunden, da diese sich auf ein anderes Verfahren bezogen habe. Hiergegen legte der Vater erneut Verfassungsbeschwerde ein, die das Bundesverfassungsgericht nunmehr annahm. Die Entscheidung enthält grundsätzliche Ausführungen zur Bindungswirkung von EGMR-Urteilen. Das Bundesverfassungsgericht betont, dass den **Entscheidungen des Europäischen Gerichtshofs für Menschenrechte** – anders als § 31 BVerfGG dies für Entscheidungen des Bundesverfassungsgerichts bestimmt – **keine unmittelbare Bindungswirkung für alle Hoheitsträger** zukomme.[234] Auf der anderen Seite sind die Behörden und Fachgerichte gemäß Art. 20 Abs. 3 GG an Gesetz und Recht und damit auch an die Konvention zum Schutz der Menschenrechte und Grundfreiheiten gebunden.[235] Die Entscheidungen des Europäischen Gerichtshofs für Menschenrechte geben Orientierung über Inhalt und Reichweite der Konventionsrechte. Daraus folgt, dass alle Behörden und Gerichte die Entscheidungen des Europäischen

229 BVerfGE 101, 361 ff. – *Caroline*.

230 S. EGMR, NJW 2004, 2647 (2650) – *Caroline von Hannover*. Ein weiteres Beispiel aus jüngster Zeit: Hinsichtlich des zwangsweisen Einsatzes von Brechmitteln mit dem Ziel, verschluckte Rauschgift-Bömbchen wieder aus der Magengrube ans Licht der Welt zu befördern, hatte das Bundesverfassungsgericht die Verfassungsbeschwerde eines Beschuldigten nicht zur Entscheidung angenommen. Der Europäische Gerichtshof für Menschenrechte erkannte unter Würdigung der Umstände des Einzelfalles auf einen Verstoß gegen das Verbot unmenschlicher und erniedrigender Behandlung gemäß Art. 3 EMRK sowie gegen das Recht auf ein faires Verfahren gemäß Art. 6 Abs. 1 EMRK, s. EGMR, NJW 2006, 3117 ff.

231 BVerfGE 120, 180 ff.

232 Der deutsche Gesetzgeber hat zB. 1998 in die Strafprozessordnung mit § 359 Nr. 6 StPO den Wiederaufnahmegrund eingeführt, dass der „Europäische Gerichtshof für Menschenrechte eine Verletzung der Konvention zum Schutz der Menschenrechte und Grundfreiheiten festgestellt hat". Im Falle von *Caroline* blieb dagegen nur eine Entschädigung. Die fachgerichtlichen Entscheidungen waren innerstaatlich in Rechtskraft erwachsen, eine Wiederaufnahmemöglichkeit bestand nach der Zivilprozessordnung nicht. Dies wurde inzwischen geändert, s. § 580 Nr. 8 ZPO. Zum Spielraum des Staates, s. auch BVerfGE 111, 307 (321 f. und 326 f.) – *Görgülü*.

233 BVerfGE 111, 307 ff.

234 BVerfGE 111, 307 (318).

235 BVerfGE 111, 307 (323), speziell für die Gerichte, S. 325 f.

Gerichtshofs für Menschenrechte in Betracht ziehen müssen. Hierbei kann es allerdings nicht nur fehlerhaft sein, wenn die Behörden und Gerichte die Rechtsprechung des Europäischen Gerichtshofs für Menschenrechte ignorieren. Es kann ebenso fehlerhaft sein, derartige Entscheidungen rein schematisch zur Anwendung zu bringen.[236] Das Bundesverfassungsgericht hebt sodann hervor, dass insbesondere das Einpassen in Teilrechtsordnungen mit komplexen Abwägungen wie sie im Familienrecht oder im Recht zum Schutz der Persönlichkeit erforderlich seien, in die Verantwortung des Vertragsstaates falle.[237] Letztlich gesteht das Bundesverfassungsgericht den Entscheidungen des Europäischen Gerichtshofs für Menschenrechte also eine **Orientierungswirkung über den Einzelfall hinaus** zu. Seine Einschränkungen kann man dahin verstehen, dass es vor einer überzogenen Verallgemeinerung von Einzelfallentscheidungen des Europäischen Gerichtshofs für Menschenrechte warnt und dessen Aussagen unter den Vorbehalt der Übertragbarkeit auf und Angemessenheit für den jeweils zur Entscheidung stehenden Fall stellt. Zwischen den Zeilen mag man aber auch die Aufforderung an den Europäischen Gerichtshof für Menschenrechte lesen, sich bei der Beurteilung von einander widerstreitenden Grundrechtspositionen mit dem Verdikt der Konventionswidrigkeit zurückzuhalten.

602 Ein klares Vorrangverhältnis zwischen dem Europäischen Gerichtshof für Menschenrechte und dem Bundesverfassungsgericht hinsichtlich vergleichbarer Grundrechtskonflikte lässt sich nicht feststellen: Völkerrechtlich hat der Europäische Gerichtshof für Menschenrechte das letzte Wort, innerstaatlich das Bundesverfassungsgericht, dies allerdings um den Preis, dass die Bundesrepublik Deutschland einen Völkerrechtsverstoß begeht. Dies wird vom Bundesverfassungsgericht durch konventionskonforme Auslegung vermieden.[238] Ein Verstoß gegen die EMRK kann die Verurteilung zu Entschädigungsleistungen zur Folge haben. Als weitere Sanktionen sieht die Satzung des Europarates bei schweren Verletzungen den Entzug des Rechts auf Vertretung in den Organen des Europarates, schlimmstenfalls den Ausschluss vor.

Rechtsprechung: BVerfGE 73, 339 (374 ff.) – Solange II; 96, 345 – Landesverfassungsgerichte; 111, 307 (315 ff.) – Görgülü; 128, 326 – Sicherungsverwahrung.

Literatur: *J. Oster*, Grundrechtsschutz in Deutschland im Lichte des Europarechts, JA 2007, 96; *H. Landau/M. Trésoret*, Menschenrechtsschutz im Europäischen Mehrebenensystem, DVBl. 2012, 1329; *J.F. Lindner*, Grundrechtsschutz im europäischen Mehrebenensystem – eine systematische Einführung, Jura 2008, 401; *A. Voßkuhle*, Der europäische Verfassungsgerichtsverbund, NVwZ 2010, 1.

Lösung zu Fall 11: Das strafende Finanzamt[239]

Die Gesetzesänderung ist auf ihre formelle und materielle Verfassungsmäßigkeit zu überprüfen.

1. Formelle Verfassungsmäßigkeit. Dem Bund steht für das Strafrecht und das gerichtliche Verfahren gemäß Art. 74 Abs. 1 Nr. 1 GG ohne weitere Voraussetzungen die konkurrierende Gesetzgebung zu. Auch für die Regelung des Verwaltungsverfahrens der Finanzverwaltung ist er gemäß Art. 108 Abs. 5 GG zuständig. Es ist von einem ordnungsgemäßen Gesetzgebungsverfahren auszugehen. Die Gesetzesänderung ist formell verfassungsgemäß.

---

236 BVerfGE 111, 307 (323 f.) – *Görgülü*: „Sowohl die fehlende Auseinandersetzung mit einer Entscheidung des Gerichtshofs als auch deren gegen vorrangiges Recht verstoßende schematische „Vollstreckung" können deshalb gegen Grundrechte in Verbindung mit dem Rechtsstaatprinzip verstoßen."

237 BVerfGE 111, 307 (327). S. auch BVerfGE 128, 326 Ls. 2c – *Sicherungsverwahrung*.

238 S. BVerfGE 128, 326 Ls. 3a – *Sicherungsverwahrung*; s. auch BVerfGE 148, 296 ff. – *Beamtenstreik* und dazu oben Rn. 504.

239 S. BVerfGE 22, 49 ff. – *Strafgewalt der Finanzämter*.

2. Materielle Verfassungsmäßigkeit
a) **Verstoß gegen Art. 92 GG.** Die Übertragung von Strafgewalt auf die Finanzämter könnte gegen das Rechtsprechungsmonopol gemäß Art. 92 GG verstoßen.
Gemäß Art. 92 GG ist die rechtsprechende Gewalt den Richtern anvertraut. Sie wird durch die Landes- und Bundesgerichte sowie durch das Bundesverfassungsgericht ausgeübt. Stellt strafrechtliche Sanktionierung Rechtsprechung dar, ist ihre Ausübung durch Finanzämter, die Teil der Exekutive sind, verfassungswidrig. Damit kommt es entscheidend auf die Auslegung des Begriffs „rechtsprechende Gewalt" im Sinne des Art. 92 GG an.
aa) **Begriff der Rechtsprechung.** Zur Rechtsprechung gehören die Tätigkeiten, welche das Grundgesetz ausdrücklich den Richtern vorbehält. Zu nennen sind etwa Art. 13 Abs. 2 GG (Wohnungsdurchsuchungen), Art. 14 Abs. 3 GG (Enteignungen), Art. 21 Abs. 2 (Parteiverbote), Art. 34 S. 3 GG (Amtshaftungsansprüche), Art. 104 Abs. 2 GG (Freiheitsentziehungen) oder die Zuständigkeiten des Bundesverfassungsgerichts nach Art. 93 und 100 GG.
In diesen ausdrücklich zugewiesenen Aufgaben erschöpft sich der Rechtsprechungsbegriff des Art. 92 GG jedoch nicht. Er knüpft an ein historisch gewachsenes Verständnis von Rechtsprechung an, wie die Aufzählung der Gerichtszweige in Art. 95 und 96 belegt. Danach gehört Strafgerichtsbarkeit zum Kernbereich der Rechtsprechung. Die Kriminalstrafe mit dem in ihr enthaltenen ethischen Schuldvorwurf verlangt zudem nach den mit der Rechtsprechung verbundenen besonderen rechtsstaatlichen Sicherungen der Unparteilichkeit, Unabhängigkeit sowie besonderen Verfahrensgewährleistungen. Handelt es sich bei dem Erlass des Strafbescheids durch die Finanzämter um die Verhängung einer Kriminalstrafe, ist die Regelung verfassungswidrig.
bb) **Verhängung einer Kriminalstrafe im konkreten Fall.** Der Strafbescheid müsste sich in seiner Ausgestaltung von einer Sanktion für eine Ordnungswidrigkeit (Verwaltungsunrecht) in einer Weise unterscheiden, dass er als Kriminalstrafe einzustufen ist. Hierfür spricht die vom Gesetzgeber vorgesehene Eintragung der Strafe in das Bundeszentralregister. Zudem ist die Umwandlung in eine Freiheitsstrafe möglich. Der insoweit vorgesehene Richtervorbehalt ergibt sich aus Art. 104 Abs. 2 GG, ändert aber nichts an der Tatsache, dass die Möglichkeit der Umwandlung von einer Geld- in eine Freiheitsstrafe Indiz für die Einordnung als Kriminalstrafe ist. Die nachträgliche Möglichkeit gerichtlicher Kontrolle kann das für die Verhängung von Kriminalstrafen geforderte Gerichtsverfahren nicht ersetzen. Dies ergibt sich schon daraus, dass die nachträgliche Überprüfung nur auf Antrag und innerhalb bestimmter Fristen möglich ist. Angesichts der vom Gesetzgeber gewollten Kriminalstrafe für Steuervergehen, bedarf es notwendig eines Gerichtsverfahrens.
Die Gesetzesänderung verstößt gegen Art. 92 GG.
b) **Verstoß gegen Art. 101 Abs. 1 Satz 2 GG.** Indem eine der Rechtsprechung vorbehaltene Entscheidung auf die Exekutive übertragen und damit nicht von Richtern ausgeübt wird, würde einer von einer solchen Maßnahme betroffenen Person zugleich ihr gesetzlicher Richter entzogen. Folglich kann der Verstoß gegen Art. 92 GG bei persönlicher Betroffenheit als Verletzung des Anspruchs aus Art. 101 Abs. 1 Satz 2 GG gerügt werden.
3. Ergebnis. Die Gesetzesänderung ist verfassungswidrig.

Sechster Teil: Finanzverfassung und Haushaltswesen

602a Der X. Abschnitt des Grundgesetzes ist den Finanzen gewidmet. Er lässt sich unterteilen in die Abschnitte **Finanzverfassung** – Art. 104a bis 108 GG – und **Haushaltswesen** – Art. 109 bis 115 GG.

1. Kapitel: Die Finanzverfassung

603 Mit dem Begriff Finanzverfassung werden zusammenfassend die Bestimmungen bezeichnet, die sich mit den Zuständigkeiten von Bund und Ländern in Bezug auf die Finanzierung der Verwaltungsaufgaben, die Steuergesetzgebung und die Verteilung des Steueraufkommens befassen. Insbesondere letzteres, die **Ertragshoheit**, ist von herausragender Wichtigkeit für die Finanzverfassung.

1.1 Ausgabenzuständigkeit (und Haftung)

1.1.1 Das Konnexitätsprinzip

604 Die Wahrnehmung der Verwaltungsaufgaben kostet Geld. Art. 104a Abs. 1 GG regelt als Grundsatz, dass Bund und Länder jeweils gesondert die Ausgaben tragen, die sich aus der Wahrnehmung ihrer Aufgaben ergeben. Die **Verknüpfung der Ausgabenzuständigkeit mit der Verwaltungszuständigkeit** wird als **Konnexitätsprinzip** bezeichnet.[1] Dies erscheint einerseits aus Gründen der Verwaltungsökonomie[2] sehr sinnvoll, ist andererseits aber problematisch, weil infolge der unterschiedlichen Verteilung von Gesetzgebungskompetenzen und Verwaltungskompetenzen zwischen Bund und Ländern es vielfach der Bund in der Hand hat, durch Gesetze den Ländern Verwaltungsaufgaben zu übertragen, die diese dann zu finanzieren haben.[3] Die Koordination zwischen der gesetzlichen Generierung von Verwaltungsaufgaben, ihrer Ausführung und Finanzierung sowie der dafür erforderlichen finanziellen Ausstattung gehört zu den schwierigsten Daueraufgaben zwischen Bund und Ländern. Das Konnexitätsprinzip bedarf daher einiger Ausnahmen. Solche Ausnahmen finden sich etwa in Art. 104a Abs. 2–3 (Bundesauftragsverwaltung, bestimmte Geldleistungsgesetze), Art. 104b (Investitionshilfen), Art. 106a GG (Personennahverkehr). Ein allgemeiner Ausgleich in der Finanzkraft der Länder wird außerdem durch den Länderfinanzausgleich sowie in Form von Ergänzungszuweisungen des Bundes an finanzschwache Länder bewerkstelligt (Art. 107 GG).

1.1.2 Ausnahme: Sachausgaben bei der Auftragsverwaltung

605 Gemäß Art. 104a Abs. 2 GG trägt der Bund die Ausgaben, die sich aus der Vollziehung von Bundesgesetzen durch die Länder im Auftrag des Bundes ergeben (Auftragsverwal-

---

1 Aufgabe im Sinne des Art. 104a Abs. 1 GG ist nach hM. also die Verwaltungs- und nicht die Gesetzgebungszuständigkeit. Es gilt insoweit nicht das Verursacherprinzip, sondern das Vollzugsprinzip, s. BVerfGE 26, 327 (390) – *Bilanzbündeltheorie*: „Grundsätzlich ist anzuknüpfen an die Verwaltungsverantwortung, nicht daran, ob der Bund durch seine Gesetzgebung die Aufgaben und Ausgaben veranlasst hat." Vgl. auch die Nachweise bei *Ch. Waldhoff*, Grundzüge des Finanzrechts des Grundgesetzes, HStR V, 3. Aufl. 2007, § 116 Rn. 72 in Fn. 329. Zu möglichen Änderungen im Zuge der Föderalismusreform II s. *F. Eckardt/D. Buscher*, Föderalismusreform II: Reform der Finanzbeziehungen von Bund, Ländern und Kommunen, DÖV 2007, 89 (91).

2 *K.-A. Schwarz/E. Reimer*, Einführung in das Finanz- und Haushaltsverfassungsrecht (Art. 104a bis 115 GG), JuS 2007, 219 (220).

3 S. dazu *H. Maurer*, Staatsrecht I, § 21 Rn. 8.

tung gemäß Art. 85 GG). Gemeint sind damit aber nur die **Sachausgaben (Zweckausgaben)**, dh. die Ausgaben, die unmittelbar durch die Erfüllung der Aufgabe entstehen.[4] Davon sind die **Verwaltungsausgaben** zu unterscheiden, welche die Kosten für das Verwaltungspersonal und die Verwaltungseinrichtungen umfassen, die losgelöst von einer bestimmten Aufgabe anfallen.[5]

Gemäß Art. 104a Abs. 5 GG sind diese Kosten von Bund und Ländern für ihren Bereich jeweils selbständig zu tragen. Die Verwaltungsausgaben lassen sich mit den Gemeinkosten in der betriebswirtschaftlichen Kostenrechnung vergleichen.[6] Die Abgrenzung ist im Einzelnen nicht leicht[7] und wäre durch das Gesetz zu leisten, zu dessen Erlass Art. 104a Abs. 5 GG ermächtigt, das es aber immer noch nicht gibt.

1.1.3 Ausnahme: Geldleistungsgesetze

Eine weitere Ausnahme statuiert Art. 104a Abs. 3 GG für Geldleistungsgesetze. Bundes- **606**
gesetze, die Geldleistungen gewähren – zB. Wohngeld, Wohnungsbauförderung – können anordnen, dass die Geldleistungen ganz oder zum Teil vom Bund getragen werden. Bestimmt das Gesetz, dass der Bund die Hälfte der Ausgaben oder mehr trägt, wird es im Auftrag des Bundes ausgeführt.

1.1.4 Ausnahme: Investitions- und Finanzhilfen

In historischer und struktureller Nähe zu den Gemeinschaftsaufgaben[8] steht die Kompetenz **607**
des Bundes zur Leistung von Finanzhilfen an die Länder für bestimmte Investitionen (zB. Städtebauförderung). Ursprünglich war diese Kompetenz mit Wirkung zum 1.1.1970 zeitgleich mit den Vorschriften über die Gemeinschaftsaufgaben zur Ablösung und rechtlichen Bändigung der finanziellen Förderung, aber auch Einmischung mittels Bundesfonds in Art. 104a GG aF. als Absatz 4 eingefügt worden. Im Unterschied zu den Gemeinschaftsaufgaben handelt es sich bei der Kompetenz zu Finanzhilfen für Investitionen allerdings **allein** um eine **Mitfinanzierungskompetenz des Bundes**, dagegen nicht um eine gemeinsame Planung.[9] Im Zuge der Föderalismusreform 2006 hat diese Kompetenz in Art. 104b GG einen neuen Platz gefunden. Inhaltlich bestehen die wesentlichen Neuerungen in der Beschränkung der Finanzhilfen auf die Bereiche, für die dem Bund die Gesetzgebungsbefugnis zusteht[10], sowie in dem verfassungsrechtlichen Gebot, die Mittel befristet zu gewähren, sie hinsichtlich ihrer Verwendung in regelmäßigen Abständen zu überprüfen und sie im Zeitablauf degressiv zu gestalten (Art. 104b Abs. 2 GG). Einzelheiten werden jeweils durch Bundesgesetz, das der Zustimmung des Bundesrates bedarf oder auf der Grundlage des Bundeshaushaltsgesetzes durch Verwaltungsvereinbarung geregelt. Neu ist auch das Informationsrecht von Bundestag, Bundesregierung und Bundesrat gegenüber den Ländern (Art. 104b Abs. 3 GG).[11] Durch das 57. Gesetz zur Änderung des Grundgesetzes wurde Art. 104a Abs. 1 GG mit Wirkung zum 1.8.2009 um einen Satz 2 ergänzt, wonach der Bund im Falle von Naturkatastrophen oder außergewöhnlichen Notsituationen, die sich der Kontrolle des Staates entziehen und die staatliche Finanzlage erheblich beeinträchtigen, auch ohne Gesetzgebungsbefugnisse den Ländern Finanzhilfen zukommen lassen kann.[12] Durch das 62. Gesetz zur

---

4 So etwa die Definition von *H. Kube*, in: BeckOK GG, Art. 104a Rn. 23, der in Rn. 29 die Beschränkung auf Zweckausgaben mit dem Hinweis auf Art. 104a Abs. 5 Satz 1 Halbsatz 1 GG begründet, da diese Bestimmung eine spezielle Regelung für Verwaltungsausgaben trifft.

5 BT-Drs. 5/2861, S. 301.

6 *H. Siekmann*, in: *Sachs*, Art. 104a GG Rn. 10.

7 S. *M. Heintzen*, in: *von Münch/Kunig*, GGK II, Art. 104a Rn. 19 mwN.

8 S. dazu oben Rn. 477 ff.

9 S. BVerfGE 39, 96 (111) – *Städtebauförderungsgesetz*.

10 S. dazu *H. Kube*, in: BeckOK GG, Art. 104b Rn. 5.

11 S. zu den Grenzen der Informationsbeschaffung des Bundes bei der Gewährung von Finanzhilfen BVerfGE 127, 165 ff. – *Konjunkturpaket II, Zukunftsinvestitionsgesetz*.

12 Sonderregelungen für Naturkatastrophen und außergewöhnliche Notsituationen finden sich auch in Art. 109 Abs. 3 und Art. 115 Abs. 2 S. 6 GG.

Änderung des Grundgesetzes ist Art. 104c GG und durch das 63. Änderungsgesetz Art. 104d GG hinzugekommen. Ersterer ermöglicht Finanzhilfen des Bundes für die kommunale Bildungsinfrastruktur, Letzterer für den sozialen Wohnungsbau.

1.1.5 Haftung für die Verwaltungsführung

608 Eine spezielle Form der Ausgabenzuständigkeit ist die Haftung für die Verwaltungsführung. Sie folgt gemäß Art. 104a Abs. 5 GG wiederum dem Konnexitätsprinzip. Danach haften Bund und Länder im Verhältnis zueinander für eine ordnungsgemäße Verwaltung. Hat etwa der Bund im Falle der Auftragsverwaltung das Land angewiesen, eine Anordnung zu treffen, die sich als rechtswidrig und schadensverursachend auswirkt, so haftet zwar das Land im Wege der Staatshaftung gegenüber dem Geschädigten. Das Land hat aber einen Haftungsanspruch gegenüber dem Bund wegen der fehlerhaften Weisung. Auch insoweit fehlt es an dem von Satz 2 GG vorgesehenen Gesetz. Die Gerichte wenden deshalb **Art. 104a Abs. 5 S. 1 GG** als **unmittelbare Anspruchsgrundlage** zumindest für einen unstreitigen Kernbestand von Haftungsfällen an, dh. bei Schäden aus vorsätzlichen oder grob fahrlässigen Pflichtverletzungen.[13]

609 Erst im Wege der Föderalismusreform 2006 hat das Problem der **Haftung** von Bund und/oder Ländern **bei Verstößen gegen supranationales oder internationales Recht** (zB. Konvention zum Schutze der Menschenrechte und Grundfreiheiten – EMRK) in die Verfassung Eingang gefunden. Die Tatsache, dass im Außenverhältnis der Bund haftet, lässt sich im föderalen Staat nicht ohne weiteres ins Innenverhältnis fortsetzen. Gemäß Art. 104a Abs. 6 Satz 1 GG gilt nunmehr in Übereinstimmung mit der bundesstaatlichen Struktur, dass Bund und Länder die Lasten einer solchen Verletzung nach der innerstaatlichen Zuständigkeits- und Aufgabenverteilung tragen. Für **länderübergreifende Finanzkorrekturen** der Europäischen Union (Beispiel: die ordnungsgemäße Ausgabe von Mitteln aus dem Europäischen Garantiefonds für die Landwirtschaft kann nicht nachgewiesen werden, so dass die Kommission die Rückzahlung dieser Beträge anordnet, sog. Anlastung[14]) enthält die Verfassung einen besonderen Verteilungsschlüssel, der einer Mischung aus solidarischer Mithaftung und Verantwortungsanteilen entspricht (Art. 104a Abs. 6 Satz 2 GG). Näheres regelt das auf Grundlage von Art. 104a Abs. 6 Satz 4 GG erlassene Gesetz zur Lastentragung im Bund-Länder-Verhältnis bei Verletzung von supranationalen oder völkerrechtlichen Verpflichtungen (Lastentragungsgesetz – LastG).[15]

1.2 Die Verteilung der Gesetzgebungskompetenzen in Bezug auf Abgaben

610 Art. 105 GG regelt die Verteilung der Gesetzgebungskompetenzen in Bezug auf die Erhebung von **Steuern**. Steuern sind die wichtigsten, allerdings nicht die einzigen Abga-

13 Zur sog. „Haftungskernrechtsprechung" des Bundesverwaltungsgerichts s. BVerwGE 96, 45 ff. – *Haftung im Bund-Länderverhältnis*; 104, 29 (32) – *Haftung wegen nicht ordnungsgemäßer Verwaltung* und 128, 99 ff. – *Verwaltungsrechtsweg*. S. auch BVerfGE 99, 361 (365 f.) – *Bundesgelderveruntreuung*. Das Bundesverfassungsgericht hat vor Erlass des Art. 104a Abs. 6 GG Art. 104a Abs. 5 GG auch im Falle einer Haftung gegenüber der EU unmittelbar angewendet; s. BVerfGE 116, 271 (317 ff.) – *EU Anlastungen* und schon 109, 1 (7) – *Antragsfristablauf im Bund-Länder-Streit*. Zur Frage, ob und unter welchen Voraussetzungen Art. 104a Abs. 5 Satz 1 Alternative 2 GG einen verfassungsunmittelbaren Haftungsanspruch darstellt, s. *U. Stelkens*, Verwaltungshaftungsrecht, 1998, S. 325 f.; *M. Heintzen*, in: *von Münch/Kunig*, GGK II, Art. 104a Rn. 55.

14 S. etwa den in BVerfGE 116, 271 ff. – *EU-Anlastungen* angesprochenen Fall und dazu die Anm. von *M. Kotzur*, JZ 2007, 253 ff., der heute über Art. 104a Abs. 6 Satz 2 GG zu lösen wäre. Zur Anlastung s. *F. Littwin*, Die innerstaatliche Verteilung der Finanzierungslasten aus der Mitgliedschaft der Bundesrepublik Deutschland in der Europäischen Union, DVBl. 1997, 151 (156 ff.).

15 Gesetz vom 5. September 2006 (BGBl. I, S. 2098), s. dazu auch BVerwGE 128, 342 ff. – *Verletzung völkerrechtlicher Verpflichtung*.

ben, die der Staat erhebt. Daneben gibt es **Gebühren** und **Beiträge**, die jeweils in Zusammenhang mit einer spezifischen Verwaltungsleistung stehen, sowie die verfassungsrechtlich problematischen und deshalb zu begrenzenden **Sonderabgaben**. Art. 105 bis Art. 108 GG wird insgesamt das **Prinzip des Steuerstaates** entnommen, wonach der Staat seinen allgemeinen Finanzbedarf in erster Linie durch die „Partizipation am Erfolg privaten Wirtschaftens in Form von Steuern" zu decken hat.[16]

1.2.1 Steuern und andere Abgaben

1.2.1.1 Steuern. Der Begriff der Steuer ist in der Verfassung nicht legaldefiniert, bedarf jedoch der Definition, weil sich danach der Anwendungsbereich des Art. 105 GG bestimmt. Eine Legaldefinition findet sich in § 3 Abs. 1 Abgabenordnung (AO). Sie ist inhaltsgleich mit der entsprechenden Vorschrift der Reichsabgabenordnung von 1919. Auf den dort eingeführten Steuerbegriff nimmt auch die Verfassung Bezug.[17] 611

Nach § 3 Abs. 1 AO sind Steuern **Geldleistungen**, die dem Steuerschuldner **ohne Anspruch auf eine Gegenleistung** durch ein öffentlich-rechtliches Gemeinwesen **zum Zweck der Einnahmeerzielung hoheitlich** (dh. einseitig verbindlich) **auferlegt** werden. Wesentlich ist, dass grundsätzlich kein Zusammenhang zwischen dem Einnahmetatbestand und den Entscheidungen über die Verwendung besteht (**Grundsatz der Non-Affektation**). Der Einsatz von Steuern zu Lenkungszwecken ist zulässig, sofern der Zweck der Einnahmeerzielung zumindest mitverfolgt wird.[18] Einer zusätzlichen Sachgesetzgebungskompetenz bedarf es für die Verfolgung von Lenkungszwecken nicht.[19]

1.2.1.2 Gebühren. Das Fehlen einer Gegenleistung macht den Unterschied der Steuer zu den Abgabentypen Gebühr und Beitrag aus.[20] Eine **Gebühr** ist ein **Entgelt** für eine konkrete individuell zurechenbare **Verwaltungsleistung**, deren Höhe sich nach dem **Kostendeckungsprinzip** (Kosten der Leistungserbringung als Bezugspunkt der Gebührenhöhe[21]) und/oder dem **Äquivalenzprinzip** (Wert der Leistung für den Leistungsempfänger als Bezugspunkt der Gebührenhöhe[22]) zu richten hat.[23] Eine Staffelung der Gebührenhöhe nach dem Einkommen und damit nach sozialen Gesichtspunkten ist zulässig, sofern das Entgelt nicht außer Verhältnis zur Leistung steht.[24] 612

16 S. *K.-A. Schwarz/E. Reimer*, Einführung in das Finanz- und Haushaltsverfassungsrecht (Art. 104a bis 115 GG), JuS 2007, 119 (120) mwN. Vgl. BVerfGE 78, 249 (266 f.) – *Fehlbelegungsabgabe*; 82, 159 (178) – *Absatzfonds*; 93, 319 (342) – *Wasserpfennig* und 101, 141 (147) – *Ausgleichsabgabe*. Zum Steuerstaatsprinzip s. *Ch. Waldhoff*, Grundzüge des Finanzrechts des Grundgesetzes, HStR V, 3. Aufl. 2007 Rn. 84.

17 BVerfGE 67, 256 (282) – *Investitionshilfeabgabe*.

18 S. BVerfGE 110, 274 ff. – *Ökosteuer*. Zu diesen sog. „Zwecksteuern" s. *A. Musil*, Steuerbegriff und Non-Affektationsprinzip, DVBl. 2007, 1526 ff.

19 BVerfGE 98, 106 (118) – *Kommunale Verpackungsteuer*.

20 Sog. Vorzugslasten, s. BVerfGE 108, 1 (17) – *Rückmeldegebühr*; 108, 186 (216) – *Altenpflegeausbildungsumlage*; 110, 370 (388) – *Klärschlamm-Entschädigungsfonds*; 132, 334 (Rn. 49 ff.) – *Rückmeldegebühr*.

21 Das Kostendeckungsprinzip findet dann Anwendung, wenn Kosten für eine individuelle Verantwortlichkeit für einen öffentlichen Aufwand eingefordert werden, s. *K. Vogel*, Vorteil und Verantwortlichkeit. Der doppelgliedrige Gebührenbegriff des Grundgesetzes, Fs. für Willi Geiger zum 80. Geburtstag, 1989, S. 518 (525 f.). „Modellfall" ist die „..." Kostenprovokation" durch den polizeilichen Handlungs- und Zustandsstörer, der polizeirechtlich individuell für die Gefahrenabwehr verantwortlich und deshalb gebührenrechtlich auch individuell kostenverantwortlich ist.", s. *P. Kirchhof*, Nichtsteuerliche Abgaben, in: HStR V, 3. Aufl. 2007, § 119 Rn. 26.

22 Das Äquivalenzprinzip ist heranzuziehen, wenn Vorteile einer vom Bürger empfangenen öffentlichen Leistung abgeschöpft werden sollen, s. die Beispiele bei *P. Kirchhof*, Nichtsteuerliche Abgaben, in: HStR V, 3. Aufl. 2007, § 119 Rn. 36 f.: Entgelt für behördliche oder gerichtliche Entscheidung über einen Antrag oder Rechtsbehelf, Beurkundung, Nutzungsgebühr für öffentliche Einrichtungen usw. Zu den sog. Konzessionsabgaben (zB. Konzession zum Betrieb privaten Rundfunks, des Fluglinienverkehrs, zum Betrieb von Spielbanken oder Gaststätten), s. *J. Wieland*, Die Konzessionsabgaben, 1991.

23 Vgl. die Definition in BVerfGE 97, 332 (345) – *Gestaffelte Kindergartenbeiträge*; 110, 370 (388) – *Klärschlamm-Entschädigungsfonds*; 113, 128 (148) – *Solidarfonds Abfallrückführung*.

24 BVerfGE 97, 332 (343 ff.) – *Kindergartengebühr*. S. zur überhöhten Studien- bzw. Immatrikulationsgebühren BVerfGE 108, 1 (15 ff.) – *Rückmeldegebühr*.

613 **1.2.1.3 Beiträge.** Auch Beiträge haben **Entgeltcharakter** und unterliegen dem Kostendeckungsprinzip. Der Unterschied zur Gebühr besteht darin, dass Beiträge **für einen potentiellen Vorteil** erhoben werden, der unabhängig davon ist, ob der Beitragsschuldner den ihm zur Verfügung gestellten Vorteil auch tatsächlich nutzt[25] (Beispiel: der Erschließungsbeitrag als Umlage für die Erschließung eines Baugebiets wird unabhängig davon erhoben, ob und in welchem Umfang ein Beitragszahler die Einrichtungen nutzt; der Rundfunkbeitrag wird unabhängig von der tatsächlichen Nutzung erhoben). Die Gesetzgebungskompetenz für die Regelung von Gebühren und Beiträgen ist Annex zu der Kompetenz für die Regelung der jeweiligen Verwaltungsaufgabe.[26]

614 **1.2.1.4 Sonderabgaben.** Daneben ist der Gesetzgeber zum Zweck der Lenkung (Schwerbehindertenabgabe[27], Ausbildungsplatzförderungsabgabe[28]), zur Vorteilsabschöpfung (Fehlbelegungsabgabe[29]), aber auch zur Finanzierung immer wieder versucht, Abgaben zu schaffen, die sich weder als Steuern noch als Gebühren oder Beiträge klassifizieren lassen. Um eine Steuer handelt es sich in der Regel nicht wegen der Verknüpfung der Abgabe mit einem bestimmten Ausgabenzweck. Die Einordnung als Gebühr oder Beitrag scheitert am Fehlen einer unmittelbaren Gegenleistung. Derartige Sonderabgaben lassen sich daher nicht auf die Bundesgesetzgebung für Steuern nach Art. 105 GG stützen. Wie Gebühren und Beiträge stehen sie im Zusammenhang mit der jeweiligen Sachmaterie und sind hinsichtlich der **Gesetzgebungskompetenz gemäß Art. 70 ff. GG** zu behandeln.[30] Sie **bedürfen** aber – insbesondere wenn der Finanzierungszweck im Vordergrund steht – **einer besonderen Rechtfertigung**, denn anderenfalls verlören die Kompetenzbestimmungen über die Steuergesetzgebung ihren Sinn. Infolge der für Sonderabgaben typischen Verknüpfung von Abgabenerhebung und Ertragsverwendung würde auch die **Budgethoheit** des Parlaments und der Grundsatz der Einheit und Vollständigkeit des Haushaltsplans ausgehöhlt (Art. 110 GG). Schließlich ist auch die **Belastungsgleichheit** der Steuerzahler gefährdet (Art. 3 Abs. 1 GG), wenn Personen, die bereits Steuern zahlen, zusätzlich mit Sonderabgaben belegt werden.

615 Angesichts dieser **Gefahren für die Finanz- und Haushaltsverfassung** wie für die grundrechtlich verbürgte **Lastengleichheit** darf der Gesetzgeber auf der Grundlage der in Art. 70 ff. GG geregelten Sachmaterien Sonderabgaben nur erheben, wenn die folgenden Voraussetzungen erfüllt sind[31]:
Es muss sich um die Belastung einer Gruppe von Personen handeln, die aus tatsächlichen Gründen abgrenzbar ist und nicht erst aus rechtlich geschaffenen (**Homogenitätsprinzip**). Diese homogene Gruppe muss eine besondere Sachnähe zu Aufgaben aufweisen, die aus der Sonderabgabe finanziert werden sollen. Es muss aus dieser Sachnähe heraus gerechtfertigt sein, sie als Gruppe finanziell in die Verantwortung zu nehmen (**Gruppenverantwortung**). Die mit der Sonderabgabe erhobenen Gelder müssen in einer Weise verwendet werden, die von Nutzen für die belastete Gruppe ist (**Gruppennützigkeit**). Und schließlich ist der Gesetzgeber verpflichtet, die fortdauernde Berechti-

25 Vgl. die Definitionen in BVerfGE 7, 244 (255) – *Reblausbekämpfung*; 9, 291 (297) – *Feuerwehrbeitrag*; 14, 312 ff. – *Sozialversicherung*; 42, 223 (228) – *Fremdenverkehrsabgabe*, die auf den besonderen wirtschaftlichen Vorteil durch die Bereitstellung (nicht tatsächliche Nutzung!) einer öffentlichen Einrichtung abstellen und dabei auf die klassische Definition in § 9 des preußischen Kommunalabgabengesetzes vom 14. Juli 1893 hinweisen.

26 BVerfGE 108, 1 (13) – *Rückmeldegebühr* mwRsprN.

27 BVerfGE 57, 139 ff. – *Schwerbehindertenabgabe*.

28 BVerfGE 55, 274 ff. – *Berufsausbildungsabgabe*.

29 BVerfGE 78, 249 (266 ff.) – *Fehlbelegungsabgabe*.

30 S. etwa BVerfGE 108, 186 (210 f.) – *Altenpflegeausbildungsumlage*; 110, 370 (384 ff.) – *Klärschlamm-Entschädigungsfonds* (ohne Qualifizierung als Sonderabgabe!) mwN.

31 S. aus der Rechtsprechung: BVerfGE 55, 274 (304 ff.); 57, 139 (166 ff.); 67, 256 (276) – *Investitionshilfeabgabe*; 82, 159 (178 ff.) – *Absatzfonds*; 93, 319 (343) – *Wasserpfennig*; 122, 316 (334 ff.) – *Pflichtabgabe Absatzfonds* und zum ganzen *P. Kirchhof*, Nichtsteuerliche Abgaben, in: HStR V, 3. Aufl. 2007, § 119 Rn. 36 f.

gung für die Erhebung der Sonderabgabe in regelmäßigen Abständen zu **überprüfen.** Diese Kriterien stellen nichts anderes als Konkretisierungen in Bezug auf die og. Verfassungsgrundsätze dar. Durch ihre Einhaltung wird sichergestellt, dass der Grundsatz der Belastungsgleichheit gewahrt wird und dass sachliche Gründe die Durchbrechung des Grundsatzes der Steuerfinanzierung öffentlicher Aufgaben rechtfertigen.

Das Bundesverfassungsgericht hatte in einer Vielzahl von Fällen über die Verfassungsmäßigkeit von Sonderabgaben zu entscheiden. Als zulässige Sonderabgabe stufte es etwa die **Berufsausbildungsabgabe** nach dem Ausbildungsplatzförderungsgesetz ein. Die Abgabe wurde von Arbeitgebern erhoben und diente der finanziellen Förderung zusätzlicher Ausbildungsplätze. Die Rechtfertigung dieser Abgabe liegt in dem besonderen Interesse der Arbeitgeber an gut ausgebildeten Arbeitnehmern.[32] Demgegenüber konnte die **Abgabe zur Finanzierung von Sonderurlaub** für die Mitarbeit in der Jugendarbeit den verfassungsrechtlichen Anforderungen nicht genügen. Jugendarbeit liegt im Gemeininteresse. Die Arbeitgeber trifft hierfür keine besondere Verantwortung. Ihre Verpflichtung zur Gewährung von Sonderurlaub zum Zwecke der Jugendarbeit kann eine solche Sachnähe nicht begründen.[33] **616**

Verfassungsmäßigkeit konnte auch dem **Wasserpfennig** nach baden-württembergischem und hessischem Landesrecht beschieden werden. Es handelt sich um eine Abgabe, die für Wasserentnahme zu zahlen ist und die sowohl den mit dieser Entnahme verbundenen Vorteil abschöpfen als auch auf einen sparsamen Verbrauch hinwirken soll.[34] Demgegenüber erwies sich der **Kohlepfennig** als verfassungswidrig.[35] Hierbei handelte es sich um eine Abgabe, die von den Energieversorgungsunternehmen zu zahlen war, von diesen aber an ihre Kunden abgewälzt werden durfte. Die Mittel dienten der Förderung der Energiegewinnung aus Steinkohle. In diesem Fall zahlten am Ende praktisch alle Steuerzahler eine Abgabe für einen im Gemeininteresse liegenden Zweck. Damit handelte es sich um eine verkappte Steuer. **617**

Verfassungswidrig war auch die Belastung von Unternehmen der Abfallverbringung mit einem sog. Mitgliedsbeitrag zugunsten eines **Sonderfonds „Abfallverbringung"**.[36] Anknüpfungspunkt für die Abgabe war die gesetzlich angeordnete Notifizierung der grenzüberschreitenden Verbringung von Abfällen. Der daraus finanzierte Solidarfonds sollte der Finanzierung der Rückführungskosten von Abfällen dienen, die ohne Notifizierung und damit rechtswidrig verbracht worden waren. Es springt ins Auge, dass die rechtmäßig handelnden Abfallverbringer keine besondere Verantwortung für die vorsätzlich rechtswidrig handelnden „schwarzen Schafe" ihrer Branche trifft. Alles andere liefe auf eine rechtsstaatswidrige „Sippenhaft" hinaus. Mangels hinreichendem Nutzen für die belastete Gruppe waren der Absatzfonds zugunsten der Land- und Ernährungswirtschaft[37] wie auch zugunsten der Holzwirtschaft[38] verfassungswidrig. Demgegenüber ge- **618**

32 S. BVerfGE 55, 274 (297 ff.) – *Berufsausbildungsabgabe.*

33 BVerfGE 101, 141 (148 ff.) – *Ausgleichsfonds*; vgl. auch BVerfGE 122, 316 (337 f.) – *Pflichtabgabe Absatzfonds*: Wenn schon die Gruppenverantwortung zweifelhaft ist – hier: „ausschließlich mit Blick auf Zweck und Wirkung staatlicher Förderungsmaßen zugunsten der belasteten Gruppe"–„so bestehen in Bezug auf die gruppennützige Verwendung erhöhte Anforderungen. Der durch die Abgabe zu finanzierende und die Abgabe rechtfertigende Zweck muss evident sein."

34 BVerfGE 93, 319 (342 ff.) – *Wasserpfennig.*

35 BVerfGE 91, 186 (201 ff.) – *Kohlepfennig.*

36 BVerfGE 113, 128 (146 ff.) – *Solidarfonds Abfallrückführung.* Weitere Beispiele, in denen die Sonderabgabe nicht den verfassungsrechtlichen Anforderungen genügte, sind die *Investitionshilfeabgabe* in BVerfGE 67, 256 (258 ff.) und der *Absatzfonds* in BVerfGE 82, 159 (177 ff.). Zur Zulässigkeit der Universaldienstleistungsabgabe nach dem TKG s. bejahend *U. Mager*, in: *Säcker*, Berliner Kommentar zum Telekommunikationsgesetz, § 83 Rn. 4 ff.; verneinend *M. Cornils*, Beck'scher TKG-Kommentar, § 83 Rn. 8 ff.

37 BVerfGE 122, 316 ff. – *Absatzfonds.*

38 BVerfGE 123, 132 ff. – *Holzabsatzfonds.*

nügte die den Wertpapierhandelsunternehmen auferlegte Sonderabgabe zur Finanzierung eines Entschädigungssystems für Anleger[39] wie auch die BaFin-Umlage zur Finanzierung der Finanzdienstleistungsaufsicht[40], die Filmförderabgabe[41] und die Weinabgabe[42] jeweils den verfassungsrechtlichen Anforderungen der Homogenität und Gruppennützigkeit.

Rechtsprechung: BVerfGE 42, 223 (228) – Fremdenverkehrsabgabe (Begriff des Beitrages und Abgrenzung zur Steuer); 55, 274 (304 ff.) – Berufsausbildungsabgabe (Kriterien Zulässigkeit der Abgabe); 57, 139 (166 ff.) – Schwerbehindertenabgabe (Differenzierung zwischen Sonderabgaben mit Finanzierungs- und mit Antriebsfunktion); 67, 256 (276 ff.) – Investitionshilfeabgabe; 97, 332 (343 ff.) – Kindergartengebühr (Gebührenstaffelung); 108, 1 (15 ff.) – Rückmeldegebühr (Begriff und Höhe der Gebühr); 113, 128 ff. – Solidarfonds Abfallrückführung (unzulässige Sonderabgabe); 122, 316 ff. – Pflichtabgabe Absatzfonds; 124, 235 ff. – BaFin-Umlage; 135, 155 – Filmförderung; 136, 194 – Weinabgabe.

Literatur: *B. Elsner/M. Kaltenborn*, Sonderabgaben im Steuerstaat, JA 2005, 823 ff.; *H.-G. Henneke*, Finanzierungsformen im Abgabenstaat, Jura 1990, 63 ff. (Teil I: Steuern) und 113 ff. (Teil II: Gebühren, Beiträge, Sonderabgaben); *F. Schoch*, Verfassungsrechtliche Anforderungen an die Erhebung von Sonderabgaben, Jura 2010, 197 ff.; *K.-A. Schwarz/E. Reimer*, Einführung in das Finanz- und Haushaltsverfassungsrecht (Art. 104a bis 115 GG), JuS 2007, 119 ff.

1.2.2 Die Steuergesetzgebungskompetenz gemäß Art. 105 GG

619 Gemäß Art. 105 Abs. 1 GG hat der Bund die **ausschließliche Zuständigkeit** über die Zölle und Finanzmonopole. Die Zuständigkeit für die Regelung der Zölle ist im Zuge der Europäischen Integration allerdings auf die EU übergegangen (Art. 28 AEUV), die in diesem Bereich unmittelbar anwendbares Recht setzt. Als letztes Finanzmonopol gab es bis zum 31.12.2017 noch das Branntweinmonopol.[43]

620 Die Regelung über die **konkurrierende Bundeszuständigkeit** gemäß Art. 105 Abs. 2 GG besteht in seinem Satz 2 aus zwei Tatbeständen. Die *erste* Alternative nimmt Bezug auf die **Ertragshoheit**. Hat der Bund gemäß Art. 106 GG Anteil am Ertrag einer Steuer, steht ihm auch die Gesetzgebung zu. Nachdem durch die Föderalismusreform von 2006 die Erforderlichkeitsklausel des Art. 72 Abs. 2 GG enumerativ auf bestimmte Sachgebiete beschränkt wurde, ist nunmehr auch klar, dass es in dieser Alternative keiner zusätzlichen Prüfung der Erforderlichkeitsklausel bedarf. Dasselbe Ergebnis wurde bereits zuvor vertreten und auf die Spezialität des Art. 105 Abs. 2 GG gegenüber Art. 70 ff. GG gestützt.[44]
Die *zweite* Alternative bezieht sich auf die Steuern, deren Ertrag ganz den Ländern oder Gemeinden zufällt, also alle übrigen Steuern. Insoweit hängt die Gesetzgebungszuständigkeit des Bundes gerade von der **Erforderlichkeit** bundesgesetzlicher Regelung im Sinne des Art. 72 Abs. 2 GG ab. Unter der Geltung der praktisch nicht justitiablen Bedürfnisklausel des Art. 72 Abs. 2 aF. (bis 1994) stand dem Bund damit die konkurrierende Gesetzgebung in Bezug auf sämtliche Steuern zu, mit Ausnahme derjenigen mit einem spezifischen örtlichen Bezug, die gemäß Art. 105 Abs. 2a GG den Ländern zur ausschließlichen Gesetzgebung zugewiesen sind. Angesichts der erheblichen wirtschaftlichen Relevanz der Besteuerung hat sich daran aber auch mit der Verschärfung des Art. 72 Abs. 2 GG zur justitiablen Erforderlichkeitsklausel wenig geändert.[45]

39 BVerfGE 124, 348 ff. – *Einlagensicherungsentschädigungsgesetz.*
40 BVerfGE 124, 235 ff. – *BaFin-Umlage.*
41 BVerfGE 135, 155 ff. – *Filmförderabgabe.*
42 BVerfGE 136, 194 ff. – *Weinabgabe.*
43 Art. 1 Nr. 10 G vom 21. Juni 2013, BGBl. I, S. 1650, 1651 ordnet die Aufhebung zum o.g. Datum an.
44 *H. Siekmann*, in: *Sachs*, Art. 105 Rn. 4, 23.
45 *H. Siekmann*, in: *Sachs*, Art. 105 Rn. 23 f. Nach der Föderalismusreform ist fraglich, ob wegen der strengen Erforderlichkeitskeitsklausel eine Kompetenz für eine grundlegende Reform der Erbschaftsteuer besteht, hiergegen s. *R. Wernsmann/V. Spernath*, Erbschaftsteuerreform: keine Gesetzgebungsbefugnis, FR 2007, 829 ff.

Durch das 64. Gesetz zur Änderung des Grundgesetzes wurde 2019 in Art. 105 Abs. 2 GG ein Satz 1 eingefügt, wonach der Bundesgesetzgeber die konkurrierende Gesetzgebung über die Grundsteuer hat. Aus Art. 72 Abs. 3 GG ergibt sich, dass es sich um eine Abweichungsgesetzgebungskompetenz handelt. Systematisch wäre es besser gewesen, dies im Zusammenhang des Art. 105 Abs. 2 GG klarzustellen.

Die schon erwähnte **ausschließliche Zuständigkeit der Länder** erstreckt sich auf die örtli- **621**
chen Verbrauch[46] und Aufwandsteuern[47] (Beispiel. Speiseeissteuer; Zweitwohnungsteuer,[48] Hundesteuer, Jagdsteuer), die allerdings bundesgesetzlich geregelten Steuern nicht gleichartig sein dürfen, um Doppelbelastungen derselben Steuerquelle zu vermeiden. Die Feststellung der Gleichartigkeit ist das Ergebnis einer komplexen und nicht immer eindeutigen Wertung. Gesichert ist als Ergebnis historischer Auslegung nur, dass die überkommenen örtlichen Verbrauch- und Aufwandsteuern nicht als gleichartig anzusehen sind.[49] Die Länder haben von ihrer Kompetenz in der Regel durch Erlass eines Kommunalabgabengesetzes Gebrauch gemacht, in dem sie ihre Gesetzgebungskompetenz an die Gemeinden delegieren, die davon in der Rechtsform von Satzungen Gebrauch machen.

Die **Steuerarten** sind abschließend in den Art. 105 und 106 GG geregelt. Ein Recht, **622**
Steuern zu erfinden, die nicht unter die vorhandenen Typen subsumiert werden können, steht weder dem Bund noch den Ländern oder Gemeinden zu (**kein Steuererfindungsrecht**).[50] Die Regelung wurde 2009 neu gefasst. Insbesondere wurde der Ertrag der Kraftverkehrsteuer von den Ländern auf den Bund übertragen. Als Kompensation steht den Ländern nun gemäß Art. 106b GG ein Beitrag aus dem Steueraufkommen des Bundes zu, wobei nähere Regelungen dem Gesetzgeber überlassen bleiben.
Art. 106 GG regelt die folgenden Steuerarten:
Art. 106 Abs. 1 GG mit grundsätzlicher Ertragszuständigkeit des Bundes:
- Zölle
- Verbrauchsteuern
- Aufwandsteuern
- Verkehrsteuern mit Bezug zum motorisierten Verkehr
- Kapitalverkehrsteuer
- Versicherungsteuer
- Wechselsteuer
- einmalige Vermögensabgaben und Lastenausgleichsabgabe
- Ergänzungsabgabe zur Einkommen- und Körperschaftsteuer
- Abgaben im Rahmen der Europäischen Gemeinschaften

Art. 106 Abs. 2 mit grundsätzlicher Ertragszuständigkeit der Länder:
- Vermögensteuer
- Erbschaftsteuer
- Kraftfahrzeugsteuer

46 Verbrauchsteuern sind „Warensteuern, die den Verbrauch vertretbarer, regelmäßig zum baldigen Verzehr oder kurzfristigen Verbrauch bestimmter Güter des ständigen Bedarfs belasten“ und „zur Überwälzung auf den Verbraucher bestimmt sind“, s. BVerfGE 98, 106 (122 f.) – *Verpackungsteuer.* Vgl. auch BVerfGE 69, 174 (182 f.) – *Getränkesteuer.*

47 Aufwandsteuern sind „Steuern auf die in der Einkommensverwendung für den persönlichen Lebensbedarf zum Ausdruck kommende wirtschaftliche Leistungsfähigkeit“, s. BVerfGE 65, 325 (345) – *Zweitwohnungsteuer.*

48 S. dazu BVerfGE 65, 325 (342 ff.) – *Zweitwohnungsteuer* (Qualifikation als örtliche Aufwandsteuer); für die durch Art. 6 Abs. 1 GG gezogenen Grenzen s. BVerfGE 114, 316 (331 ff.) – *Zweitwohnungsteuer Hannover.*

49 BVerfGE 40, 56 (64) – *Vergnügungsteuer*; 69, 174 (182 f.) – *Getränkesteuer.*

50 Dies ergibt sich vor allem in systematischer Hinsicht daraus, dass die Finanzverfassung keine Regelung über die Ertragshoheit für andere als die in Art. 106 GG genannten Steuerarten und Steuergruppen trifft, ausdrücklich so nunmehr BVerfGE 145, 171, Rn. 69, 71 ff. – *Kernbrennstoffsteuer*; s. *K.-A. Schwarz/E. Reimer*, Einführung in das Finanz- und Haushaltsverfassungsrecht (Art. 104a bis 115 GG), JuS 2007, 119 (125) mwN. in Fn. 44.

- sonstige Verkehrsteuern
- Biersteuer
- Spielbankenabgabe

Art. 106 Abs. 3 und 4 GG mit gemeinsamer Ertragszuständigkeit (Gemeinschaftsteuern)
- Einkommensteuer
- Körperschaftsteuer
- Umsatzsteuer

Art. 106 Abs. 6 GG mit grundsätzlicher Ertragszuständigkeit der Gemeinden
- Grundsteuer
- Gewerbesteuer.

623 Systematisch geordnet lassen sich Ertrag-, Vermögen-, Verwendung- und sonstige Steuern unterscheiden.[51]

Zu den Ertragsteuern gehören die Einkommen-, die Körperschaft- und die Gewerbesteuer. Als Vermögensteuer wird zurzeit nur die Grundsteuer erhoben. Zu den Verwendungssteuern gehören die Verkehr-, Verbrauch- und Aufwandsteuern. Zu den Verbrauchsteuern zählen beispielsweise die Bier-, Branntwein- und Energiesteuer. Eine besonders wichtige Verwendungssteuer ist die Umsatzsteuer. Ihre Einordnung als Verbrauch- oder Verkehrsteuer ist streitig.

Sonstige Steuern sind etwa Zölle oder die Spielbankenabgabe.

Rechtsprechung: BVerfGE 40, 56 (60 ff.) – Vergnügungsteuer (Begriff örtlich und gleichartig iSv. Art. 105 Abs. 2a GG); 65, 325 (342 ff.) – Zweitwohnungsteuer Überlingen (Qualifikation als örtliche Aufwandsteuer); 98, 106 (122 f.) – Verpackungsteuer (Verbrauchsteuer); 145, 171 – Kernbrennstoffsteuer (keiner Steuerart zuzuordnen).

Literatur: *K.-A. Schwarz/E. Reimer*, Einführung in das Finanz- und Haushaltsverfassungsrecht (Art. 104a bis 115 GG), JuS 2007, 119 (123 ff.).

1.3 Die Verteilung des Steueraufkommens gemäß Art. 106, 107 GG

1.3.1 Verteilungsmodelle

624 Die Verteilung des Steueraufkommens ist in einem föderalen Staat für das Kräfteverhältnis zwischen dem Zentralstaat und den Gliedstaaten von allergrößter Wichtigkeit. Sie lässt sich als Beitragssystem, Trennsystem, Verbundsystem oder als Mischung zwischen diesen Systemen bewerkstelligen. Im **Beitragssystem** liegt die Ertragshoheit[52] allein bei den Ländern, die sich durch Beiträge an der Finanzierung der Bundesaufgaben beteiligen. Der Bund ist in diesem System Kostgänger der Länder und dementsprechend schwach.[53] Im **Trennsystem** ist Bund und Ländern die Ertragshoheit strikt nach Steuerarten getrennt zugeordnet. Der Vorteil des Systems ist Klarheit, der Nachteil mangelnde Flexibilität bei schwankenden Erträgen. Im **Verbundsystem** werden sämtliche Steuern anteilig auf Bund und Länder und ggf. Gemeinden aufgeteilt. Dieses System ist am stärksten der Idee des unitarischen Bundesstaats verbunden und birgt die Gefahr, entweder infolge schematischer Gleichbehandlung föderale Eigenverantwortung zu schwächen, oder wegen Überkomplexität undurchsichtig zu werden.

625 Das **Grundgesetz** gibt in Art. 106 und Art. 107 GG eine **Mischung aus Trenn- und Verbundsystem** vor, das in seinem Verbundteil nach zahlreichen Änderungen inzwi-

51 *J. Hey*, in: *Tipke/Lang*, Steuerrecht, 24. Aufl. 2021, Kap. 3 Rz. 3.55 ff.

52 Der Begriff geht auf *Albert Hensel* (1895–1933) zurück, s. *A. Hensel*, Der Finanzausgleich im Bundesstaat in seiner staatsrechtlichen Bedeutung, 1922, S. 20.

53 So die Finanzierung des Deutschen Reichs durch die sog. Matricularbeiträge der Länder. S. *E.R. Huber*, Verfassungsgeschichte III – Bismarck und das Reich, 3. Aufl. 1988, S. 950 ff.

schen schwer durchschaubar ist, zumal auch die Gemeinden in die Verteilungsregelung aufgenommen sind. Der verfassungsändernde Gesetzgeber hatte den ebenso umstrittenen wie reformbedürftigen Finanzausgleich in der zweiten Stufe der Föderalismusreform[54] unverändert gelassen.[55] Durch das 62. Änderungsgesetz zum GG vom 13.7.2017 wurde der Finanzausgleich modifziert. Die Finanzaufteilung erfolgt nicht mehr in vier Stufen, sondern in drei, wobei die zweite Stufe sich aus zwei Elementen zusammensetzt:

(1) die vertikale Steueraufteilung zwischen Bund, Ländergesamtheit und Gemeinden (Art. 106 GG)
(2) die horizontale Steueraufteilung zwischen den Ländern (Art. 107 Abs. 1 GG) mit besonderen Vorgaben für die Verteilung der Umsatzsteuer (Art. 107 Abs. 1 Satz 4 und Abs. 2 Satz 1–4 GG)
(3) der vertikale Finanzausgleich zwischen Bund und bedürftigen Ländern (Art. 107 Abs. 2 Sätze 5 und 6 GG).

1.3.2 Die vertikale Steueraufteilung

1.3.2.1 Ausschließliche Ertragshoheit des Bundes und ausschließliche Ertragshoheit der Länder. In Art. 106 Abs. 1 GG sind die Steuern aufgeführt, deren Ertrag ausschließlich dem Bund zusteht (lesen!). Die Ertragshoheit über die Zölle liegt gemäß den Europäischen Eigenmittel-Beschlüssen inzwischen bei der EU.[56] Über Verbrauchsteuern hat der Bund nur die Ertragshoheit, soweit sie nicht Gemeinschaftsteuern oder den Ländern oder Gemeinden zugewiesen sind (Art. 106 Abs. 1 Nr. 2 GG). In Bezug auf die Länder ist damit die Biersteuer in Art. 106 Abs. 2 Nr. 4 GG, in Bezug auf die Gemeinden sind die örtlichen Verbrauchsteuern gemeint. Die nach ihrem Aufkommen wichtigste Verbrauchsteuer des Bundes ist die Mineralölsteuer. Bei der in Art. 106 Abs. 1 Nr. 6 genannten Ergänzungsabgabe handelt es sich um eine Abgabe, die zusätzlich zur Einkommensteuer erhoben wird, diese und insbesondere deren Verteilung aber nicht aushöhlen darf und deshalb auf einen geringen Prozentsatz begrenzt ist (3 % sind zulässig).[57] In diese Kategorie gehört der Solidaritätszuschlag zugunsten der neuen Bundesländer.[58] Die in Nr. 7 genannten „Abgaben im Rahmen der Europäischen Gemeinschaften“ (zB. Agrarmarktabgaben) sind für den Bund nur Durchlaufposten.[59] 626

Art. 106 Abs. 2 GG zählt die Steuern auf, deren Ertrag den Ländern zusteht (lesen!). Von den Verkehrsteuern nach Abs. 2 Nr. 3 sind die dem Bund zustehenden Verkehrsteuern nach Abs. 1 Nr. 3 und 4 ausgenommen. Da nach Art. 106 Abs. 1 Nr. 2 GG die Bund und Ländern gemeinsam zustehenden Verbrauchsteuern ebenfalls von der Ertragshoheit des Bundes ausgenommen sind, kommt es auf den Streit um die Einordnung der Umsatzsteuer als Verbrauch- oder Verkehrsteuer nicht an.[60] 627

---

54 57. Gesetz zur Änderung des Grundgesetzes vom 29.7.2009 mit Wirkung zum 1.8.2009 = Föderalismusreform II, 29. Juli 2009, BGBl. I, S. 2248.

55 Zu Kritik und Reformvorschlägen s. *E. Reimer*, Die künftige Ausgestaltung der bundesstaatlichen Finanzordnung, in: VVDStRL Bd. 73 (2014), S. 153 ff.

56 Vgl. Art. 2b), Art. 3 Abs. 1 des Beschlusses des Rates 70/243/EGKS, EWG vom 21. April 1970 über die Ersetzung der Finanzbeiträge der Mitgliedstaaten durch eigene Mittel der Gemeinschaften, ABl. L 94, S. 19–22; Beschluss des Rates 85/257/EWG, Euratom vom 7. Mai 1985 über das System der eigenen Mittel der Gemeinschaften, ABl. L 128, S. 15–17; Beschluss des Rates 88/376/EWG, Euratom vom 24. Juni 1988 über das System der Eigenmittel der Gemeinschaften, ABl. L 185, S. 24.

57 Vgl. BVerfGE 32, 333 (339 f.) – *Ergänzungsabgabe*.

58 Solidaritätsgesetz vom 28. Juni 1991 (BGBl. I, S. 1318). Zu dessen Verfassungsmäßigkeit s. BVerfG, NJW 2000, 797 ff., bestätigt durch BVerfG, Kammerbeschluss vom 11.2.2008, Az. 2 BvR 1708/06. Vgl. auch BFHE 213, 573 (Ls. 1).

59 *M. Heintzen*, in: *von Münch/Kunig*, GGK II, Art. 106 Rn. 22.

60 *H. Kube*, in: BeckOK GG, Art. 106 Rn. 12, 15, 19.

628 **1.3.2.2 Gemeinschaftsteuern.** Zu den Bund und Ländern gemeinsam zustehenden Steuern, die dem Verbundsystem unterliegen (Gemeinschaftsteuern), gehören nach Art. 106 Abs. 3 GG die überaus wichtigen Steuerarten der Einkommensteuer, der Körperschaftsteuer und der Umsatzsteuer. Auch die Gemeinden sind gemäß Art. 106 Abs. 5 GG an der Einkommensteuer und gemäß Art. 106 Abs. 5a GG an der Umsatzsteuer beteiligt. Angesichts der Komplexität der Materie ist Näheres jeweils in zustimmungsbedürftigen Bundesgesetzen geregelt. Dies gilt in Bezug auf die Gemeinden für ihren Anteil an der Einkommensteuer wie auch an der Umsatzsteuer (GemeindefinanzreformG[61]). Die Aufteilung des verbleibenden Einkommensteueraufkommens zwischen Bund und Ländern ist abschließend in Art. 106 Abs. 3 Satz 2 GG in der Weise geregelt, dass Bund und Länder je zur Hälfte beteiligt sind. Dagegen gibt Art. 106 Abs. 3 GG für die Verteilung des Umsatzsteueraufkommens nur Grundsätze vor, die in einem Gesetz zu konkretisieren sind (**Maßstäbegesetz**[62] und **Finanzausgleichsgesetz**[63]). Nach Art. 106 Abs. 4 Satz 1 GG sind die einfachgesetzlich geregelten Anteile zu ändern, wenn sich die Finanzsituation wesentlich anders entwickelt als für die Anteilsbestimmung zugrunde gelegt wurde. Zeitlich begrenzte Mehrbelastungen der Länder, die ihren Grund in Bundesgesetzen haben, kann der Bund auch durch Finanzzuweisungen ausgleichen (Art. 106 Abs. 4 Satz 2 GG).

629 **1.3.2.3 Ertragshoheit der Gemeinden.** Art. 106 Abs. 6 bis 8 GG enthält weitere Regelungen über die Ertragshoheit der Gemeinden, um die in Art. 28 Abs. 2 Satz 3 GG garantierte **finanzielle Eigenverantwortung der Gemeinden** zu sichern. In einer Mischung aus Trenn- und Beitragssystem wird den Gemeinden das Aufkommen der Grundsteuer und der Gewerbesteuer (die ehemals sog. Realsteuern) sowie der örtlichen Verbrauch- und Aufwandsteuern zugewiesen, wobei die letztgenannten durch den Landesgesetzgeber auch zur Finanzierung der Gemeindeverbände (Kreise) genutzt werden können. Darüber hinaus können Bund und Länder durch eine Umlage, deren Bemessung gesetzlich zu regeln ist, an dem Gewerbesteueraufkommen beteiligt werden (Art. 106 Abs. 6 GG Satz 4 GG). Auf der anderen Seite sind die Gemeinden mit einem landesgesetzlich zu bestimmenden Prozentsatz an dem Länderanteil der Gemeinschaftsteuern zu beteiligen (Art. 106 Abs. 7 GG). Zu Sonderfinanzzuweisungen des Bundes ermächtigt schließlich Art. 106 Abs. 8 GG für den Fall, dass der Bund in Ländern oder Gemeinden durch „besondere Einrichtungen“ (zB. Kasernen, militärische Flugplätze, Bundesanstalten) unzumutbare Sonderbelastungen veranlasst. Eine Sonderregelung zugunsten der Länder für den Bereich des öffentlichen Personenverkehrs, die im Zuge der Bahnprivatisierung Eingang in das Grundgesetz gefunden hat[64], enthält Art. 106a GG.

1.3.3 Die horizontale Steueraufteilung

630 Zu der bisher dargelegten vertikalen Steueraufteilung zwischen Bund, Ländergesamtheit und Gemeinden (erste Stufe der Steueraufteilung) kommt in einem zweiten Schritt die **Verteilung des Länderanteils zwischen den Ländern** hinzu. Diese horizontale Aufteilung der Gemeinschaftsteuern ist Gegenstand des Art. 107 Abs. 1 GG (zweite Stufe der Steueraufteilung). Für die Aufteilung der Einkommen- und Körperschaftsteuer ist insoweit das örtliche Aufkommen maßgeblich (Satz 1), für die Umsatzsteuer die

61 Gesetz zur Neuordnung der Gemeindefinanzen vom 10. März 2009 (BGBl. I, S. 502), zuletzt geändert: 8. Mai 2012 (BGBl. I, S. 1030).

62 Gesetz über verfassungskonkretisierende allgemeine Maßstäbe für die Verteilung des Umsatzsteueraufkommens, für den Finanzausgleich unter den Ländern sowie für die Gewährung von Bundesergänzungszuweisungen vom 9. September 2001 (BGBl. I, S. 2302), zuletzt geändert: 29. Mai 2009 (BGBl. I, S. 1170).

63 Gesetz über den Finanzausgleich zwischen Bund und Ländern vom 20. Dezember 2001 (BGBl. I, S. 3955) idF. vom 22. Dezember 2014 (BGBl. I, S. 2411).

64 Gesetz vom 20. Dezember 1993 (BGBl. I, S. 2089).

Einwohnerzahl (Satz 4 Halbsatz 1 „Zuteilung pro Kopf“[65]). Auch hier bedarf es allerdings der Korrekturen, etwa wegen Pendlerbewegungen über Landesgrenzen hinweg, die durch zustimmungsbedürftiges Bundesgesetz vorzunehmen sind (Sätze 2, 3; ZerlegungsG[66]). Mit den Änderungen von 2019 dient die Verteilung der Umsatzsteuer nunmehr dem Finanzausgleich. Nach Art. 107 Abs. 1 Satz 4 GG richtet sich der jeweilige Länderanteil grundsätzlich nach der Einwohnerzahl. Absatz 2 Satz 1–4 enthält Vorgaben für ein Finanzausgleichsgesetz, wonach im Hinblick auf die Finanzkraft der Länder Zu- und Abschläge bei der Verteilung der Länderanteile der Umsatzsteuer vorzunehmen sind. An die Stelle der bisherigen nachträglichen Ausgleichszahlungen tritt also die Berücksichtigung der Finanzkraft im Rahmen der Umsatzsteuerverteilung.

1.3.4 Der Finanzausgleich

Art. 107 Abs. 2 Satz 5 und 6 GG regelt ausführlicher als bisher den vertikalen Finanzausgleich[67] zwischen Bund und bedürftigen Ländern, der nunmehr die dritte Stufe der Verteilung des Steueraufkommens darstellt. Danach können besonders leistungsschwache Länder Ergänzungszuweisungen erhalten. 631

Insgesamt ist der Finanzausgleich **Ausdruck des bundesstaatlichen Zusammenhalts und Füreinandereinstehens** und zielt darauf, die **Gleichwertigkeit der Lebensverhältnisse in den Bundesländern** zu sichern.[68] Wenige Gesetze sind unter den Ländern wie auch zwischen Bund und Ländern so umstritten wie das von Verfassungs wegen zu erlassende Finanzausgleichsgesetz. Aus der Formulierung in Art. 107 Abs. 2 Satz 2 aF. (nunmehr modifiziert Satz 3) GG hat das Bundesverfassungsgericht abgeleitet, dass der Finanzausgleich in einem zweistufigen gesetzlichen Regelungsverfahren zu erfolgen hat. Auf einer ersten Stufe müssen die Maßstäbe für die Verteilung bestimmt werden, auf einer zweiten Stufe finden diese Maßstäbe dann Anwendung.[69]

Rechtsprechung: BVerfGE 32, 333 (338 ff.) – Ergänzungsabgabe; 72, 330 (383 ff.) – Länderfinanzausgleich I; 86, 148 (213 ff.) – Länderfinanzausgleich II; 101, 158 (214 ff.) – Länderfinanzausgleich III; 116, 327 (375 ff.) – Berliner Haushalt.

Literatur: *J. A. Kämmerer*, Maßstäbe für den Bundesfinanzausgleich? – Dramaturgie einer verhinderten Reform, JuS 2003, 214; *K.-A. Schwarz/E. Reimer*, Einführung in das Finanz- und Haushaltsverfassungsrecht (Art. 104a bis 115 GG), JuS 2007, 119 (120 ff.); *H.-G. Henneke*, Kontinutität und Wandel in der Finanzverfassung des Grundgesetzes, DVBl. 2019, 657.

---

65 Vgl. die Formulierung von *P. Kirchhof*, Die Steuern, HStR V, 3. Aufl. 2007, § 118 Rn. 72.

66 Gesetz vom 12. August 1998 (BGBl. I, S. 1998), zuletzt geändert: 22. Dezember 2014 (BGBl. I, S. 2417). S. dazu BVerfGE 72, 330 (406 ff.) – *Finanzausgleich I*.

67 Sekundärer Finanzausgleich: Die Regelungen über den primären Finanzausgleich in Art. 106, 106a, 106b, 107 Abs. 1 GG treffen nur eine Aussage über das „vorläufige Behaltendürfen“; das „endgültige Behaltendürfen“ regelt der sekundäre Finanzausgleich, s. *K.-A. Schwarz/E. Reimer*, Einführung in das Finanz- und Haushaltsverfassungsrecht (Art. 104a bis 115 GG), JuS 2007, 119 (121).

68 BVerfG 72, 330 (386) – *Finanzausgleich I*; 86, 148 (214) – *Finanzausgleich II*: „bündisches Prinzip des Füreinandereinstehens“. Vgl. aber BVerfGE 101, 158 (222) – *Länderfinanzausgleich III*: Zwar spricht die Entscheidung von einer „solidargemeinschaftlichen Mitverantwortung für die Existenz und Eigenständigkeit der Bundesgenossen“, betont aber gleichzeitig, dass der Länderfinanzausgleich „kein Mittel (ist), um das Ergebnis der in Art. 107 Abs. 1 geregelten primären Steueraufteilung durch ein neues System zu ersetzen, das etwa allein vom Gedanken der finanziellen Gleichheit der Länder geprägt wird“; vielmehr sind Eigenstaatlichkeit der Länder und bundesstaatliche Solidargemeinschaft“ in Balance zu bringen. Die Vorauflage, Rn. 569 fasst diese Entscheidung daher in der Formel „Solidargemeinschaft, aber keine Nivellierung“ zusammen. Vgl. auch die Betonung der Eigenständigkeit der Länder und des Nivellierungsverbotes in BVerfGE 116, 327 (381 f.) – *Berliner Haushalt* für die auf Art. 107 Abs. 2 Satz 3 GG beruhenden sog. „Sanierungshilfen“.

69 S. dazu BVerfGE 101, 158 (216) – *Länderfinanzausgleich III*; kritisch dazu *B. Pieroth*, Die Missachtung gesetzter Maßstäbe durch das Maßstäbegesetz, NJW 2000, 1086 ff. und *H.-P. Schneider*, Die bundesstaatliche Finanzverteilung zwischen Rationalität, Transparenz und Politik – Das Urteil des BVerfG zum Länderfinanzausgleich, NVwZ 2000, 841 (843 ff.). Zur Vertiefung s. die Urteilsbesprechung von *H.-G. Henneke*, Länderfinanzausgleich und Maßstäbegesetz, Jura 2001, 767 ff.

1.4 Finanzverwaltung und Finanzgerichtsbarkeit

632 Art. 108 GG regelt in seinen Absätzen 1 bis 5 und 7 die Verteilung der **Kompetenzen** auf Bund und Länder in Bezug auf die Finanzverwaltung. Die aus dem Abschnitt über die Verwaltungskompetenzen bekannten Typen der bundeseigenen Verwaltung sowie der Vollziehung von Bundesgesetzen im Auftrag des Bundes tauchen wieder auf (Absätze 1 und 3). Den Regeltypus der Vollziehung von Bundesgesetzen durch die Länder in eigener Verantwortung gibt es in Bezug auf die Finanzverwaltung nur mit erhöhten Einwirkungsbefugnissen des Bundes nach Maßgabe von Art. 108 Abs. 2 Sätze 2 und 3 GG. Anders als Art. 83 ff. GG erfasst Art. 108 Abs. 2 GG sogar die Landesverwaltung in Bezug auf die Vollziehung von Landesgesetzen. Eine echte **Abweichung vom Prinzip der Trennung der Verwaltungsräume** von Bund und Ländern, wie sie den Art. 83 ff. GG zugrunde liegt, findet sich in Art. 108 Abs. 4 GG, wonach durch zustimmungsbedürftiges Bundesgesetz nicht nur von den Bestimmungen der Absätze 1 bis 3 im Interesse erleichterter oder verbesserter Gesetzesvollziehung abgewichen, sondern auch ein Zusammenwirken von Bundes- und Landesbehörden angeordnet werden kann. Im Bereich der Finanzverwaltung besteht somit die Möglichkeit einer echten Mischverwaltung von Bund und Ländern, die im Aufbau der Finanzverwaltung in der Weise sichtbar wird, dass die Oberfinanzdirektionen gleichzeitig Mittelbehörden der Bundesverwaltung wie auch Mittelbehörden der Landesverwaltung sind (s. §§ 1, 2 FinanzverwaltungsG).[70] Durch das 62. Änderungsgesetz zum Grundgesetz[71] wurde Art. 108 Abs. 4a GG eingefügt, wonach nunmehr auch ein Zusammenwirken zwischen Landesfinanzbehörden sowie eine Übertragung von Zuständigkeiten auf Landesfinanzbehörden eines oder mehrerer Länder vorgesehen werden kann, wenn dadurch der Vollzug der Steuergesetze erheblich verbessert oder erleichert wird. Voraussetzung ist das Einvernehmen des betroffenen Landes bzw. der betroffenen Länder.

633 Gemäß Art. 108 Abs. 5 GG verfügt der Bund über die ausschließliche Gesetzgebungsbefugnis zur Regelung des **Verwaltungsverfahrens** für die Bundesfinanzbehörden sowie über die konkurrierende Gesetzgebungskompetenz unter dem Vorbehalt der Zustimmung des Bundesrates für das Verwaltungsverfahren der Länderfinanzbehörden. Der Bundesgesetzgeber hat davon durch Erlass der **Abgabenordnung** (AO) von 1977 Gebrauch gemacht.[72] In Bezug auf die Bundesfinanzbehörden ist die Abgabenordnung allerdings weitgehend durch den **Zollkodex**,[73] eine europäische Verordnung[74], verdrängt. In Bezug auf die örtlichen Verbrauch- und Aufwandsteuern findet die **Abgabenordnung** unmittelbar keine Anwendung. Die meisten Länder haben in ihren **Kommunalabgabengesetzen** die Vorschriften der AO allerdings weitgehend für anwendbar erklärt.[75] Art. 108 Abs. 7 GG gibt der Bundesregierung die Kompetenz, für den Vollzug von Bundessteuergesetzen allgemeine Verwaltungsvorschriften zu erlassen. Deren Zweck, einen gleichmäßigen Gesetzesvollzug zu erreichen, ist für das Steuerrecht besonders wichtig. Dementsprechend umfangreich sind die sog. **Steuerrichtlinien**.

---

70 IdF. der Bekanntmachung vom 4. April 2006 (BGBl. I, S. 1202), zuletzt geändert: 25. Juni 2014 (BGBl. I, S. 1266). Die obersten Finanzbehörden sind jeweils die Finanzministerien. Die unteren Finanzbehörden des Bundes sind die Hauptzollämter. Die unteren Finanzbehörden der Länder sind die Finanzämter.

71 62. Änderungsgesetz vom 13.7.2017, BGBl. I, 2347.

72 Neugefasst durch Gesetz vom 1. Oktober 2002 (BGBl. I, S. 3866; 2003 I, S. 61), zuletzt geändert: 22. Dezember 2014 (BGBl. I, S. 2417).

73 Verordnung (EWG) Nr. 2913/92 des Rates vom 12. Oktober 1992 zur Festlegung des Zollkodex der Gemeinschaften, ABl. L 302, S. 1.

74 S. zum Normtyp der europäischen Verordnung Art. 288 Abs. 2 AEUV.

75 S. etwa § 3 KAG BW; Art. 13 KAG Bay.; § 11 KAG Nds.; § 3 KAG RP; § 3 KAG SN; § 15 KAG Thür.

Gemäß Art. 108 Abs. 6 GG steht dem Bund die ausschließliche Gesetzgebung für die einheitliche Regelung der **Finanzgerichtsbarkeit** zu. Das Einheitlichkeitserfordernis wird dahin verstanden, dass zur Sicherung eines einheitlichen Finanzprozessrechts entgegen Art. 71 GG keine Delegation an die Landesgesetzgeber erlaubt ist. Der Bundesgesetzgeber hat von seiner Kompetenz durch Erlass der Finanzgerichtsordnung Gebrauch gemacht.[76] Diese enthält Öffnungsklauseln für die Landesgesetzgeber hinsichtlich der Bestimmung des Rechtswegs für Streitigkeiten um landesgesetzlich geregelte Kommunalabgaben[77], die traditionell den Verwaltungsgerichten zugewiesen waren. Dementsprechend ist in zahlreichen Bundesländern für kommunalabgabenrechtliche Streitigkeiten nach wie vor der Rechtsweg zu den Verwaltungsgerichten eröffnet.[78] Die Vereinbarkeit mit dem Gebot der einheitlichen Regelung wird damit begründet, dass dieses Gebot sich nur auf Streitigkeiten über die Auslegung und Anwendung von Bundessteuergesetzen beziehe. Auch aus Art. 99 Alt. 2 GG sei zu schließen, dass auf Landessteuergesetzen beruhende Streitigkeiten nicht von Art. 108 Abs. 6 GG erfasst würden.[79] **634**

2. Kapitel: Das Haushaltswesen

Das Recht der Haushaltswirtschaft ist reines **Staatsbinnenrecht**. Bund und Länder verfügen jeweils über getrennte Haushalte und dementsprechend enthalten die Art. 110 bis 115 GG ausschließlich Vorschriften über und für die Haushaltswirtschaft des Bundes. Eine gemeinsame Klammer bildet Art. 109 GG. **635**

2.1 Grundsatz der Trennung der Haushalte von Bund und Ländern

Art. 109 Abs. 1 GG bestimmt, dass Bund und Länder in ihrer Haushaltswirtschaft selbständig und voneinander unabhängig sind,[1] um in den folgenden Absätzen die dennoch bestehenden Verbindungen und Abhängigkeiten zu benennen und eine **abgestimmte Finanzpolitik** zu ermöglichen. So werden Bund und Länder gemeinsam darauf verpflichtet, den **Erfordernissen des gesamtwirtschaftlichen Gleichgewichts** Rechnung zu tragen (Art. 109 Abs. 2 GG).[2] Der Begriff des gesamtwirtschaftlichen Gleichgewichts[3] ist verfassungskonform in § 1 Satz 2 StabWG definiert und meint eine Balance innerhalb des **„magischen Vierecks“** von stabilem Preisniveau, hohem Beschäftigungsstand, außenwirtschaftlichem Gleichgewicht und einem stetigen und angemessenen Wirtschaftswachstum.[4] Im Zuge der Föderalismusreform II wurden die Erfordernisse des gesamtwirtschaftlichen Gleichgewichts in den Rahmen der europäischen **Wirtschafts- und Währungsunion** gestellt. Der Inhalt des von Art. 109 Abs. 2 GG in Bezug genommenen **636**

---

76 IdF. der Bekanntmachung vom 1. Januar 2001 (BGBl. I, S. 442, 2262; 2002 I, S. 679).

77 § 33 Abs. 1, 4 FGO.

78 S. etwa Art. 15 Abs. 1 Nr. 1 AGVwGO Bay; s. auch § 33 FGO, der eine Zuständigkeit der Finanzgerichte für Abgaben, die der Landesgesetzbung unterliegen, nur vorsieht, wenn dies durch Gesetz bestimmt ist.

79 So *H. Kube*, in: BeckOK GG, Art. 108 Rn. 28 mwN.

1 Dies ist Ausdruck ihrer Staatlichkeit, s. BVerfGE 39, 96 (108) – *Städtebauförderungsgesetz*.

2 Kritisch zur Einfügung dieser Vorschrift in das Grundgesetz *M. Heintzen*, Staatshaushalt, HStR V, 3. Aufl. 2007, § 120 Rn. 21: „Art. 109 Abs. 2 GG instrumentalisiert den Staatshaushalt für eine antizyklische Fiskalpolitik nach dem Vorbild John M. Keynes“. Eine Verpflichtung auf diese existiert jedoch nach ghM. nicht, s. *E. Reimer*, in: BeckOK GG, Art. 109 Rn. 16 mwN.

3 Dieser Begriff findet auch Verwendung in Art. 104b Abs. 1 Nr. 1 GG sowie vor der Föderalismusreform II in Art. 115 Abs. 2 Satz 2 GG aF.

4 BVerfGE 79, 311 (338 f.) – *Staatsverschuldung*: Rückgriff zur Konkretisierung auf § 1 StabWG, aber entwicklungsoffen für die „Aufnahme neuer, gesicherter Erkenntnisse der Wirtschaftswissenschaften“. Vgl. auch, wohl mit Blick auf die sich schon konstituierte „Föderalismusreformkommission II“, BVerfGE 119, 96 (139) – *Bundeshaushalt 2004*: „Die verfassungsgesetzlichen Instrumente der Haushalts- und Finanzpolitik im Hinblick auf neue wissenschaftliche Annahmen zu verändern, ist (...) Sache des verfassungsändernden Gesetzgebers.“

Art. 104 EG findet sich heute in Art. 126 AEUV; er enthält die **Vorgaben zur Vermeidung übermäßiger Defizite** und zur Sicherung der Haushaltsdisziplin. Der neu gefasste Art. 109 Abs. 3 GG geht mit seinem grundsätzlichen Verbot von Kreditaufnahmen noch über die unionsrechtlichen Anforderungen hinaus. Wesentlicher Inhalt der Föderalismusreform II war die verfassungsrechtliche Verankerung dieser **Schuldenbremse**. Die Ausgestaltung für den Bund ist – zum Teil wortgleich – in Art. 115 GG geregelt.[5] Bemerkenswert ist, dass allein dem Bund erlaubt ist, nicht nur in konjunkturellen Ausnahme- und sonstigen Notsituationen, sondern strukturell Kredite von maximal 0,35 % des nominalen Bruttoinlandsprodukts aufzunehmen, während den Ländern eine solche „reguläre" Kreditaufnahme strikt verboten ist. Damit wird die Haushaltsautonomie der Länder stärker beschränkt als zuvor. Die gemäß Art. 79 Abs. 3 GG garantierte Staatlichkeit der Länder ist damit aber nicht in verfassungswidriger Weise berührt. Zum einen bestand auch zuvor Haushaltsautonomie nur im bundesstaatlichen Rahmen des Art. 109 GG aF., zum anderen bleiben den Ländern nach wie vor Möglichkeiten der Kreditaufnahme.[6] Überleitungsrecht sowie Konsolidierungshilfen für besonders finanzschwache Länder enthält Art. 143d GG. Institutionell flankiert wird das neue Staatsschuldenrecht durch die Schaffung des **Stabilitätsrates** gemäß Art. 109a GG, der ein gemeinsames Organ von Bund und Ländern ist. Ab dem Jahr 2020 ist gemäß Art. 109a Abs. 2 GG dem Stabilitätsrat die Aufgabe übertragen, die Einhaltung der Schuldenbremse in Bund und Ländern zu überwachen. Nach Art. 109a Abs. 3 GG sind alle Beschlüsse und Beratungsunterlagen des Stabilitätsrats zu veröffentlichen. Die näheren Regelungen enthält das Stabilitätsratsgesetz.[7]

637 Gemäß Art. 109 Abs. 4 GG können durch zustimmungsbedürftiges Bundesgesetz für Bund und Länder gemeinsam geltende Grundsätze für das Haushaltsrecht, eine konjunkturgerechte Haushaltswirtschaft und eine mehrjährige Finanzplanung aufgestellt werden, was durch Erlass des **Haushaltsgrundsätzegesetzes**[8] sowie des **Stabilitäts- und Wachstumsgesetzes**[9] geschehen ist. Bundeshaushaltsordnung (BHO)[10] und die Haushaltsordnungen der Länder entsprechen sich daher der Struktur und dem Inhalt nach weitgehend.

638 Art. 109 Abs. 5 GG, der die aus der Währungsunion folgenden haushaltsbezogenen Pflichten sowie Sanktionen wegen Verstößen gegen diese Pflichten (vgl. Art. 126 Abs. 11 AEUV) betrifft, wurde bereits im Zuge der Föderalismusreform I zum 1.9.2006 in das Grundgesetz eingefügt.[11] Die Vorschrift genießt Spezialität gegenüber der ebenfalls neuen Haftungsvorschrift des Art. 104a Abs. 6 GG. Die näheren Regelungen zu Art. 104a Abs. 6 GG finden sich im Lastentragungsgesetz[12], die zu Art. 109 Abs. 5 GG im Sanktionszahlungs-Aufteilungsgesetz.[13]

---

5 S. dazu Rn. 643.

6 *H. Tappe*, DÖV 2009, 881 (888) weist auch darauf hin, dass letztlich der Bund für die Zahlungsfähigkeit der Länder einzustehen hat. Für Verfassungsmäßigkeit auch *C. Ohler*, DVBl. 2009, 1265 (1273); *Ch. Waldhoff/P. Dieterich*, ZG 2009, 97 (113 ff.).

7 Stabilitätsratsgesetz vom 10. August 2009, BGBl. I, S. 2702.

8 Gesetz über die Grundsätze des Haushaltsrechts des Bundes und der Länder (Haushaltsgrundsätzegesetz – HGrG) vom 19. August 1969 (BGBl. I, S. 1273) idF. vom 14. August 2017 (BGBl. I, S. 3122).

9 Gesetz zur Förderung der Stabilität und des Wachstums der Wirtschaft (StabWG), zuletzt geändert: 31. August 2015 (BGBl. I, S. 1474).

10 Bundeshaushaltsordnung (BHO) vom 19. August 1969 (BGBl. I, S. 1284) idF. 19. Juni 2020 (BGBl. I, S. 1328).

11 S. hierzu *Ch. Gaitanides*, Der Nationale Stabilitätspakt nach der Föderalismusreform – eine Fiktion?, NJW 2007, 3112 ff.

12 Lastentragungsgesetz vom 5. September 2006 (BGBl. I, S. 2098).

13 Sanktionszahlungs-Aufteilungsgesetz vom 5. September 2006 (BGBl. I S. 2098, 2104), zuletzt geändert: 15. Juli 2013 (BGBl. I, S. 2398).

2.2 Das Haushaltsverfassungsrecht des Bundes

Art. 110 GG enthält die Grundsätze des Haushaltsverfassungsrechts des Bundes, die über das Haushaltsgrundsätzegesetz auch für das Haushaltsrecht der Länder prägend sind.[14] Art. 110 Abs. 1 Satz 1 GG statuiert die **Vollständigkeit und Einheit des Haushaltsplans** nach Maßgabe des **Bruttoprinzips**, dh. mit der Verpflichtung zur getrennten Ausweisung der Einnahmen und Ausgaben.[15] Allein bei Bundesbetrieben oder Sondervermögen brauchen nur die Zu- oder Abflüsse in den Bundeshaushalt eingestellt zu werden.[16] Nicht erfasst sind Einnahmen und Ausgaben von bundesunmittelbaren Personen des öffentlichen Rechts oder von privatrechtlich organisierten Gesellschaften, die im Eigentum des Bundes stehen oder an denen er beteiligt ist.[17] **639**
Der Haushaltsplan muss in Einnahmen und Ausgaben ausgeglichen sein (**Grundsatz der Gesamtdeckung**, Art. 110 Abs. 1 Satz 2 GG).[18] Es gilt des Weiteren der **Grundsatz der Periodizität und der Vorherigkeit** (Art. 110 Abs. 2 GG), dh. der Plan ist nach Rechnungsjahren zu gliedern und muss vor Beginn des ersten Rechnungsjahres festgestellt sein (Art. 110 Abs. 2 GG).[19] Die Feststellung erfolgt durch Gesetz (Art. 110 Abs. 2 GG). Das **Haushaltsgesetz** wird als **formelles Gesetz** bezeichnet, weil es keine Verpflichtungen der Exekutive, sondern nur finanzielle Ermächtigungen an sie enthält und keinerlei Rechtswirkungen für Privatpersonen entfaltet.[20] Es handelt sich dennoch um verbindliches Recht.[21]

Für dieses Haushaltsgesetz enthält Art. 110 Abs. 3 GG spezielle Verfahrensbestimmungen, aus denen sich ergibt, dass der Haushaltsgesetzentwurf stets von der Bundesregierung einzubringen ist. Dem Bundesrat wird in Abweichung von Art. 76 Abs. 2 GG der Entwurf nicht vorab zugeleitet, sondern zeitgleich mit der Einbringung beim Bundestag. Diese Abweichung ist durch die getrennten Haushaltsräume von Bund und Ländern und die Budgethoheit des Bundestags für den Bundeshaushalt ebenso gerechtfertigt wie durch die Komplexität der Materie bei gleichzeitiger Termingebundenheit. Art. 110 Abs. 4 Satz 1 GG enthält das sog. **Bepackungsverbot**, wonach das Haushaltsgesetz nicht mit materiellen Regelungen verknüpft werden darf. Dieses Verbot stammt aus der Zeit des Konstitutionalismus mit gegenläufigen Interessen von Regierung und Parlament. Es **640**

---

14 Vgl. § 1 HGrG.

15 Obwohl das Bruttoprinzip (vgl. §§ 12 Abs. 1 Satz 1 HGrG, 15 Abs. 1 Satz 1 BHO) nicht explizit in die Verfassung aufgenommen wurde, hat es als Konkretisierung des Vollständigkeitsprinzips nach überwiegender Meinung Verfassungsrang, vgl. den Umkehrschluss aus Art. 110 Abs. 1 Satz 1, Halbsatz 2 GG, dazu *M. Heintzen*, Staatshaushalt, HStR V, 3. Aufl. 2007, § 120 Rn. 31 mwN. Zur ratio dieser Prinzipien, s. BVerfGE 119, 96 (141 ff.) – *Bundeshaushalt 2004*. Der Grundsatz der Vollständigkeit des Haushaltsplans ist ein Grund für die eingeschränkte Zulässigkeit von Sonderabgaben, s. dazu BVerfGE 82, 159 (178 f.) – *Absatzfonds* und oben Rn. 614 ff.

16 Art. 110 Abs. 1 Satz 1 Halbsatz 2 GG, § 18 Abs. 1 Satz 3 HGrG.

17 BVerfGE 129, 356 (367) – *Bahnimmobilien*.

18 Ausgeglichenheit ist allerdings nicht materiell im Sinne eines weder positiven noch negativen Finanzierungssaldos zu verstehen, vgl. aber § 13 Abs. 4 Nr. 3 BHO. Auch Einnahmen auf Kredit sind bisher Einnahmen im Sinne des Art. 110 Abs. 1 Satz 2 GG, so BVerfGE 119, 96 (119) – *Bundeshaushalt 2004*. Vgl. auch *M. Heintzen*, Staatshaushalt, HStR V, 3. Aufl. 2007, § 120 Rn. 44 und *E. Reimer*, in: BeckOK GG, Art. 110 Rn. 55 f.

19 Ein Verstoß gegen das Vorherigkeitsprinzip führt nicht zur Nichtigkeit des Haushaltsgesetzes, sondern zum Nothaushaltsrecht nach Art. 111 GG; ein „strengeres verfassungsrechtliches Gebot zu ‚rechtzeitiger' Feststellung" als „Maßstab für die Verfassungsmäßigkeit eines Gesetzes wäre (...) ein Fremdkörper innerhalb der Verfassungsnormen zum Gesetzgebungsverfahren", kann aber eine Verletzung der Organtreue darstellen, s. BVerfGE 119, 96 (123) – *Bundeshaushalt 2004*. Zur ratio des Jährlichkeitsprinzips, s. *M. Heintzen*, Staatshaushalt, HStR V, 3. Aufl. 2007, § 120 Rn. 43.

20 Vgl. §§ 3 HGrG, 3 BHO. Zur Rechtsnatur s. *M. Heintzen*, Staatshaushalt, HStR V, 3. Aufl. 2007, § 120 Rn. 42. Vgl. die Formulierung in BVerfGE 79, 311 (329) – *Staatsverschuldung*: „Regierungsprogramm in Gesetzesform".

21 *W. Heun*, in: *Dreier*, GG III, Art. 110 Rn. 29.

sollte der Regierung erleichtern, den Haushalt durchzubringen und das Parlament daran hindern, seine Budgethoheit über das ihm zustehende Maß hinaus auszudehnen. Mit der Einführung der parlamentarischen Demokratie dient es allenfalls noch der Beschleunigung.[22]

641 Der **Grundsatz der Periodizität** wird mit dem Gebot bekräftigt, dass das Haushaltsgesetz nur Vorschriften enthalten darf, die sich auf den Zeitraum beziehen, für den das Haushaltsgesetz beschlossen wird. Art. 110 Abs. 4 Satz 2 GG erlaubt zur Vermeidung einer haushaltslosen Zeit eine Erstreckung bis zur Verkündung des nächsten Haushalts, was regelmäßig geschieht. Die näheren Regelungen für Aufstellung, Gliederung und Inhalt eines Haushaltsplans finden sich im Haushaltsgrundsätzegesetz sowie in der Bundeshaushaltsordnung.

2.3 Nothaushalt (Art. 111 GG)

642 In Art. 111 GG spannt das Grundgesetz ein Sicherheitsnetz für den Fall, dass es den verantwortlichen Staatsorganen nicht gelingt, rechtzeitig einen neuen Haushaltsplan aufzustellen und auch die angeordnete Erstreckung des alten Haushaltsplans gemäß Art. 110 Abs. 4 Satz 2 GG wegen Erschöpfung der Titel nicht weiterhilft.[23] Absatz 1 nennt die Ausgaben, welche die Bundesregierung in diesem Fall tätigen darf; Absatz 2 regelt die Finanzierung dieses Nothaushalts. Danach sind die gesetzlich begründeten Einrichtungen und Maßnahmen (lit. a), die in anderer Weise rechtlich begründeten Verpflichtungen (lit. b; zB. vertraglich) sowie im Interesse der Kontinuität oder durch Schaffung eines Vertrauenstatbestands gebotenen Ausgaben (lit. c) des Bundes zu finanzieren.[24] Die Deckung der Ausgaben soll in erster Linie aus Steuern, Abgaben, sonstigen Quellen (zB. wirtschaftliche Betätigung von Bundesbetrieben, Kreditaufnahmen auf der Grundlage bestehender Kreditermächtigung[25]), die auf besonderem Gesetz beruhen, oder aus der Betriebsmittelrücklage (vgl. § 62 BHO) erfolgen. Mit besonderem Gesetz sind solche Gesetze gemeint, die unabhängig von der Existenz des Haushaltsplans gelten, was bei Steuergesetzen regelmäßig der Fall ist. Soweit eine Deckung aus diesen Finanzierungsquellen nicht vollständig möglich ist, darf die Bundesregierung die zur Aufrechterhaltung der Wirtschaftsführung, dh. die für die in Absatz 1 genannten Ausgaben nötigen Mittel durch Kreditaufnahme beschaffen. Obergrenze dieser Kreditaufnahme ist ein Viertel der Endsumme des abgelaufenen Haushaltsplans (Art. 111 Abs. 2 GG). Mit der Endsumme ist die Summe der Ausgaben bzw. Einnahmen gemeint, da diese sich nach dem Grundsatz des ausgeglichenen Haushalts entsprechen. Diese Summe ist erstaunlich hoch, zumal wenigstens die nötigsten Ausgaben aus Steuermitteln sollten bezahlt werden können. Angesichts der verschärften Vorschriften zur Begrenzung der Staatsverschuldung kann diese Möglichkeit der Kreditaufnahme deshalb nur in den Grenzen der Art. 109 Abs. 2 und 3 und Art. 115 Abs. 2 GG zulässig sein.[26]

2.4 Kreditaufnahmen (Art. 115 GG)

643 Kreditaufnahmen belasten infolge von Rückzahlungs- und Zinsverpflichtungen zukünftige Haushalte, höhlen damit den Grundsatz der Periodizität aus und schränken die

---

22 In diese Richtung *M. Heintzen*, in: *von Münch/Kunig*, GGK II, Art. 110 Rn. 46 mwN.
23 *E. Reimer*, in: BeckOK GG, Art. 111 Vorbem. spricht von einer „Fehlerfolgenregelung“ zum Vorherigkeitsgebot des Art. 110 Abs. 2 Satz 1 GG.
24 Wegen der Budgethoheit des Parlaments ist jedoch eine restriktive Auslegung dieser Bestimmung geboten, s. BVerfGE 45, 1 (32 f.) – *Haushaltsüberschreitung*.
25 S. *H. Kube*, in: *Maunz/Dürig*, Art. 111 Rn. 69.
26 S. *E. Reimer*, in: BeckOK GG, Art. 111 Rn. 44.

Gestaltungsmöglichkeiten des zukünftigen Haushaltsgesetzgebers ein. Sie **bedürfen** daher **der Beschränkung**. Art. 115 GG errichtete in seiner alten Fassung bis zur Föderalismusreform II zwei Hürden: Zum einen bedurften Kreditaufnahmen zusätzlich zum Haushaltsgesetz einer besonderen gesetzlichen Ermächtigung. Zum anderen durfte die Einnahme aus Krediten die im Haushaltsplan veranschlagten Ausgaben für Investitionen nicht überschreiten.[27] Der Gedanke dahinter war, dass Investitionen – anders als Konsum – zukunftsorientiert sind und deshalb Belastungen zukünftiger Haushalte rechtfertigen.[28] Von diesen nicht sehr wirksamen Begrenzungen für Kreditaufnahmen ließ Art. 115 Abs. 1 Satz 2 GG eine Ausnahme zu, wenn dies zur Abwehr einer Störung des gesamtwirtschaftlichen Gleichgewichts nötig war.[29] Eine weitere Ausnahme war nach Absatz 2 der alten Fassung für Sondervermögen zugelassen. Letzlich erwiesen sich diese Verschuldensgrenzen auch wegen der Unbestimmtheit des Investitionsbegriffs als weitgehend wirkungslos.[30] Eine zumindest dem Tatbestand nach **wirksamere Begrenzung** der Kreditaufnahme erfolgt seit dem Vertrag von Maastricht **durch die gemeinschaftsrechtlichen Verpflichtungen zur Vermeidung übermäßiger Defizite** und zur Haushaltsdisziplin (Art. 126, 140 AEUV)[31], worauf seit der Föderalismusreform II Art. 109 Abs. 2 GG Bezug nimmt. Ob die gleichzeitig eingeführte Schuldenbremse in Art. 109 Abs. 3 GG, die in Art. 115 Abs. 2 GG für den Bund konkretisiert wird[32], sich als wirksam erweist, bleibt abzuwarten. Sie erlaubt dem Bund nach wie vor Kreditaufnahmen, und zwar ohne besondere Voraussetzungen in Höhe von 0,35 % des nominalen Bruttoinlandsprodukts. Eine weitere Ausnahme betrifft den Ausgleich konjunktureller Schwankungen. Nähere Regelungen hierfür trifft ein Bundesgesetz.[33] Schließlich berechtigen Naturkatastrophen und Notsituationen, die sich der Kontrolle des Staates entziehen, zur Überschreitung der Kreditobergrenzen. Beispiele hierfür sind die unionsweite Staatsschuldenkrise[34] und die Corona-Pandemie[35].

2.5 Haushaltsvollzug und Haushaltskontrolle (Art. 112, 113, 114 GG)

Der Haushaltsplan enthält die finanziellen Grundlagen für die Politik der Bundesregierung und der sie stützenden Parlamentsmehrheit, denn alle haushaltswirksamen politi- 644

27 S. dazu BVerfGE 79, 311 (334) – *Staatsverschuldung*.

28 Vgl. die Formulierung BVerfGE 79, 311 (334) – *Staatsverschuldung* und BVerfGE 119, 96 (138) – *Bundeshaushalt 2004*: „Ausgaben mit „zukunftsbegünstigendem" Charakter" und *Ch. Waldhoff*, Anm. JZ 2008, 200 (202) „intergenerationelle Gerechtigkeit".

29 S. BVerfGE 79, 311 (334 f.). Zur Beurteilung dieses Begriffes kommen dem parlamentarischen Gesetzgeber Einschätzungs- und Beurteilungsspielräume mit Darlegungspflichten im Gesetzgebungsverfahren zu, s. BVerfG, a. a. O. S. 343 ff., jüngst bestätigt durch BVerfG, NVwZ 2007, 1405 (1410). Kritisch *Ch. Waldhoff*, Anm. JZ 2008, 200 (202 f.). Vgl. auch *M. Droege*, Notruf nach Karlsruhe – Die Begrenzung der Staatsverschuldung und das Heraufziehen des Jurisdiktionsstaates im Haushaltsverfassungsrecht, VerwArch 2007, 101 (112 ff.).

30 S. BVerfGE 119, 96 (146) – *Bundeshaushalt 2004*. Für einen Überblick über die Verschuldungsentwicklung s. *D. Engels/D. Hugo*, Verschuldung des Bundes und rechtliche Schuldengrenzen, DÖV 2007, 445 (445 ff.).

31 So *M. Heintzen*, in: *von Münch/Kunig*, GGK II, Art. 115 Rn. 5 und *J. Wieland*, Staatsverschuldung als Herausforderung für die Finanzverfassung, JZ 2006, 751 (754), der von „einem faktischen Verschuldungsverbot" spricht. Vgl. dazu *U. Häde*, Gesamtwirtschaftliches Gleichgewicht und europäische Haushaltsdisziplin, JZ 1997, 269 (273 ff.).

32 Eine gut verständliche Darstellung geben *C. Waldhoff/P. Dieterich*, Die Föderalismusreform II – Instrument zur Bewältigung der staatlichen Finanzkrise oder verfassungsrechtliches Placebo?, ZG 2009, 97 ff.

33 Für die in der Föderalismusreform II diskutierten Modelle zur Verbesserung der grundgesetzlichen Mechanismen s. *I. Härtel*, Föderalismusreform II, JZ 2008, 437 (439 ff.): Frühwarnsystem; Verschärfung der Anforderungen des Art. 115 GG; Stabilitätskriterien für die Länder, Entschuldungsfonds, Möglichkeit eines Insolvenzverfahrens, Reform des Finanzausgleichs, Neugliederung der Bundesländer und Stärkung ihrer Autonomie.

34 *M. Heintzen*, in: *von Münch/Kunig*, GGK II, Art. 109 Rn. 44.

35 S. dazu *T. V. Meickmann*, NVwZ 2021, 97 ff.; *C. Gröpl*, NJW 2020, 2523 ff.

schen Vorhaben für die Dauer des Planungszeitraums müssen grundsätzlich ihre Grundlage im Haushaltsplan haben. Die Haushaltsdebatte vor Erlass des Haushaltsgesetzes ist daher regelmäßig die Abrechnung der Opposition mit der Politik der Bundesregierung und Bundestagsmehrheit. Zur Sicherung des von der Bundesregierung inhaltlich verantworteten Haushaltsplans enthalten Art. 112 und Art. 113 GG Begrenzungen für Haushaltsüberschreitungen ebenso wie für Ausgaben erhöhende oder Einnahmen mindernde Gesetze.

645 **Haushaltsüberschreitungen** kommen gemäß Art. 112 GG von vornherein nur für über- oder außerplanmäßige Ausgaben in Betracht, für die ein unvorhergesehenes und unabweisbares Bedürfnis besteht. Sie sind nur zulässig, wenn der **Bundesfinanzminister zustimmt**. Nicht berücksichtigte, aber vorhersehbare Ausgaben stellen dagegen Planungsfehler dar und müssen durch förmliche Änderung des Haushaltsplans (**Nachtragshaushalt**) korrigiert werden.[36] Unabweisbar ist ein Bedürfnis nur dann, wenn die Ausgabe so dringlich ist, dass sie nicht in das nächste Haushaltsjahr verschoben werden kann und in der Sache so zwingend, dass ein förmliches Haushaltsänderungsverfahren reine Förmelei wäre.[37] Die näheren Regelungen, zu denen Art. 112 Satz 3 GG den Bund ermächtigt, finden sich in der Bundeshaushaltsordnung.[38]

646 Art. 113 GG stellt den Erlass Ausgaben erhöhender oder Einnahmen mindernder Gesetze unter den Vorbehalt der **Zustimmung der Bundesregierung**. In Betracht kommen nur Gesetze, die auf die Initiative des Bundestages oder des Bundesrates zurückgehen. Unter den Bedingungen des parlamentarischen Regierungssystems ist die Wahrscheinlichkeit, dass derartige Gesetze durch den Bundestag beschlossen werden, allerdings außerordentlich gering. Entsprechend gering ist die praktische Bedeutung von Art. 113 GG.[39]

647 Die **letzte Etappe** im sich stets aufs Neue wiederholenden **Finanzkreislauf**[40] ist die jährliche **Rechnungskontrolle** mit dem Zweck, die Bundesregierung zu entlasten. Verpflichtet zur jährlichen Rechnungslegung ist der Bundesfinanzminister. Adressaten der Rechnungslegung sind Bundestag und Bundesrat (Art. 114 Abs. 1 GG). Als unabhängiges Hilfsorgan im Dienste einer professionellen und sachgerechten Rechnungskontrolle ist gemäß Art. 114 Abs. 2 GG der **Bundesrechnungshof** eingerichtet, dessen Mitglieder richterliche Unabhängigkeit besitzen. Die Einordnung als Hilfsorgan ist rein funktional zu verstehen, nicht im Sinne einer institutionellen Zuordnung.[41] Der Rechnungshof führt die Rechnungsprüfung einschließlich der Prüfung der Wirtschaftlichkeit und Ordnungsmäßigkeit der Haushalts- und Wirtschaftsführung durch und unterstützt auf diese Weise sowohl die Bundesregierung bei der Erfüllung ihrer Rechenschaftspflicht wie Bundestag und Bundesrat bei der Ausübung ihrer Kontrollfunktion. Durch das 62. Änderungsgesetz zum Grundgesetz vom 13.7.2017 wurde klargestellt, dass der Bundesrechnungshof auch bei Stellen außerhalb der Bundesverwaltung Erhebungen vornehmen kann, sofern dies für die Prüfung der Verwendung von Bundesfinanzmitteln erforderlich ist.

Rechtsprechung: BVerfGE 45, 1 (31 ff.) – Haushaltsüberschreitung; 79, 311 (328 ff.) – Staatsverschuldung; BVerfGE 119, 96 – Bundeshaushalt 2004.

---

36 BVerfGE 45, 1 (35 f.) – *Haushaltsüberschreitung*.
37 BVerfGE 45, 1 (36 f.) – *Haushaltsüberschreitung*.
38 §§ 37, 116 BHO.
39 S. *E. Reimer*, in: BeckOK GG, Art. 113 Vorbem.
40 Budgetinitiative – Feststellung des Haushalts – Vollzug – Kontrolle. Zu diesem „Haushaltskreislauf" s. *M. Heintzen*, Staatshaushalt, HStR V, 3. Aufl. 2007, § 120 Rn. 58 ff.
41 S. *U. Hufeld*, Der Bundesrechnungshof und andere Hilfsorgane des Bundestages, HStR III, 3. Aufl. 2005 § 56 Rn. 1.

Literatur: C. *Ohler*, Maßstäbe der Staatsverschuldung nach der Föderalismusreform II, DVBl. 2009, 1265; *K.-A. Schwarz/E. Reimer*, Einführung in das Finanz- und Haushaltsverfassungsrecht (Art. 104a bis 115 GG), JuS 2007, 219; *P. Selmer*, Die Föderalismusreform II – Ein verfassungsrechtliches monstrum simile, NVwZ 2009, 1255; *St. Stüber*, Grundbegriffe des Haushaltsrechts, JA 2004, 932; *H. Tappe*, Die neue „Schuldenbremse" im Grundgesetz, DÖV 2009, 881; *C. Waldhoff/P. Dieterich*, Die Föderalismusreform II – Instrument zur Bewältigung der staatlichen Finanzkrise oder verfassungsrechtliches Placebo?, ZG 2009, 97.

Siebter Teil: Die zusätzlichen Gehalte der Staatsstrukturprinzipien

647a Die in Art. 20 GG genannten Staatsstrukturprinzipien bilden zusammen mit Art. 1 GG den **Verfassungskern**, der gemäß Art. 79 Abs. 3 GG unabänderlich ist. Die Prinzipien werden in den Abschnitten über die Staatsorgane und Staatsfunktionen konkretisiert. Sie enthalten darüber hinaus aber auch – zum Teil in Wechselwirkung mit den Konkretisierungen, zum Teil in deren Ergänzung und Abrundung – zusätzliche Gehalte. Waren die Staatsstrukturprinzipien am Anfang und im Verlauf des Lehrbuchs der Ausgangspunkt für die Darstellung ihrer normativen Ausgestaltung im Grundgesetz, soll zum Abschluss entfaltet werden, welche Bedeutung ihnen als Prinzipien zukommt. Außerdem werden normative Ausprägungen dargestellt, die sich nicht Organen oder Funktionen zuordnen lassen. Hierbei folgt der Aufbau der geschichtlichen Entwicklung vom Rechtsstaat über die (rechtsstaatliche) Demokratie zum (rechtsstaatlichen und demokratischen) Sozialstaat. Die Bundesstaatlichkeit verläuft zu dieser historischen Stufenfolge quer, weil föderale Strukturen die gesamte Verfassungsgeschichte Deutschlands prägen. Erst durch Verfassungsänderung sind die Staatsziele Umwelt- und Tierschutz in das Grundgesetz gelangt.

1. Kapitel: Rechtsstaat

Fall 12: Rückwirkung

Veranlasst durch eine Serie von schweren Gewaltverbrechen, welche die Öffentlichkeit erheblich beunruhigt haben, erlässt der Bundesgesetzgeber das Gesetz zur Bekämpfung gefährlicher Straftaten. Das Gesetz enthält ua. Regelungen zur Sicherungsverwahrung.[1] Zum einen werden mit der Änderung die Voraussetzungen für die Anordnung der Sicherungsverwahrung erleichtert (§ 1), zum anderen wird die zuvor bestehende Höchstdauer von zehn Jahren bei erstmaliger Anordnung der Sicherungsverwahrung gestrichen und durch eine gerichtliche Überprüfung der Fortdauer ersetzt (§ 2). Zur Geltung der Vorschriften über die Sicherungsverwahrung heißt es im Gesetz:

§ 1 findet nur Anwendung, wenn der Täter eine der bezeichneten Straftaten nach dem Inkrafttreten dieses Gesetzes begangen hat.
§ 2 findet uneingeschränkt Anwendung.

Das Gesetz wird im Bundesgesetzblatt verkündet.
Auf der Grundlage dieser Gesetzesänderung wird für Straftäter S, der sich wegen mehrerer Sexual- und Gewaltverbrechen seit knapp zehn Jahren in der Sicherungsverwahrung befindet, nach gerichtlicher Prüfung die Sicherungsverwahrung um weitere drei Jahre verlängert. S sucht gegen diese Entscheidung vergeblich Rechtsschutz. Auch das Bundesverfassungsgericht hält die Gesetzesänderung und die Anwendung des Gesetzes in seinem Fall für verfassungsgemäß. Art. 103 Abs. 2 GG sei auf die Sicherungsverwahrung nicht anwendbar, da es sich insoweit nicht um eine Strafe, sondern nach dem traditionellen zweispurigen Sanktionensystem in Deutschland um eine Gefahrenabwehrmaßnahme handele. Die Möglichkeit der nachträglichen Verlängerung der Sicherungsverwahrung verstoße auch nicht gegen das Rückwirkungsverbot. S wendet sich daraufhin an den Europäischen Gerichtshof für Menschen-

1 Vgl. § 66 StGB.

rechte. Dieser hält das Gesetz für unvereinbar mit dem Recht auf Freiheit im Sinne des Art. 5 EMRK sowie mit dem Verbot der Bestrafung ohne Gesetz gemäß Art. 7 EMRK, wobei der EGMR entscheidend darauf abstellt, dass die Haftbedingungen im Falle der Strafhaft und der Sicherungsverwahrung sich im Wesentlichen nicht unterscheiden. Daraufhin wird S freigelassen und erhält eine Entschädigung.
M, der wegen ähnlicher Delikte wie S verurteilt worden ist und der sich ebenfalls gegen die Verlängerung der Sicherungsverwahrung vergeblich durch alle Instanzen zur Wehr gesetzt hat, möchte wissen, wie die Erfolgsaussichten einer Verfassungsbeschwerde in seinem Fall einzuschätzen sind.

1.1 Der Begriff Rechtsstaat

Der Begriff des Rechtsstaats findet sich in der Homogenitätsklausel des Art. 28 Abs. 1 Satz 1 GG sowie als Adjektiv in der Integrationsformel des Art. 23 Abs. 1 GG. In Art. 20 GG taucht er als solcher zwar nicht auf; dieser enthält aber mit dem Grundsatz der Gewaltenteilung sowie der Verfassungsbindung des Gesetzgebers und der Gesetzesbindung von Exekutive und Legislative wesentliche Elemente eines Rechtsstaats.[2] Es lässt sich differenzieren zwischen einem formellen und einem materiellen Rechtsstaatsbegriff.[3] **648**

1.1.1 Der formelle Rechtsstaatsbegriff

Der formelle Rechtsstaatsbegriff besagt, dass alle staatlichen Machtäußerungen auf Gesetze zurückzuführen sein müssen. Verfassungsgeschichtlich spiegelt sich in dieser Auffassung die **Epoche des frühen Konstitutionalismus** wider. Im Machtkampf zwischen aufstrebendem Bürgertum und Monarchie schien das Gesetz als Voraussetzung für Eingriffe in Freiheit und Eigentum das geeignete Mittel, um Willkürmaßnahmen abzuwehren.[4] Entscheidend war die **Bindung an das Gesetz.**[5] In Bezug auf den Gesetzesinhalt erschien es selbstverständlich, dass es sich um einen Akt des Rechts und nicht der Willkür handele, denn es wurde vom Parlament verabschiedet, in dem die Vertreter des Bürgertums saßen. Mit der Verlagerung der politischen Auseinandersetzung aus dem Verhältnis zwischen Parlament und Monarch in das Parlament hinein, mit der Erfahrung sozialer Ungerechtigkeit und parlamentarischen Versagens erwies sich die Annahme, dass die Form des Gesetzes Garant guter Ordnung sei, als trügerisch. **649**

1.1.2 Der materielle Rechtsstaatsbegriff

Der materielle Rechtsstaatsbegriff ergänzt den formellen Rechtsstaatsbegriff daher um das Leitbild eines Staates, der auf die **Idee der Gerechtigkeit** bezogen ist.[6] Diese Idee **650**

---

2 Das Bundesverfassungsgericht leitet das Rechtsstaatsprinzip „aus einer Zusammenschau der Bestimmungen des Art. 20 Abs. 3 GG über die Bindung der Einzelgewalten und der Art. 1 Abs. 3, 19 Abs. 4 GG, 28 Abs. 1 Satz 1 GG sowie aus der Gesamtkonzeption des Grundgesetzes" her, s. BVerfGE 2, 280 (403) – *Notaufnahmegesetz.*

3 Grundlegend zu Geltungsbegründung, Rang, Eigenschaften und Inhalt des Rechtsstaatsprinzips: *Ph. Kunig,* Das Rechtsstaatsprinzip, 1986; *K. Sobota,* Das Prinzip Rechtsstaat, 1997.

4 Vgl. dazu *E. Schmidt-Aßmann,* Der Rechtsstaat, HStR II, 3. Aufl. 2004, § 26 Rn. 13.

5 Vgl. auch die Konkretisierung der Anforderungen des Rechtsstaatsprinzips in Art. 28 Abs. 1 Satz 1 GG in BVerfGE 90, 60 (85) – *Rundfunkgebühren*: „Zu den auch von den Ländern zu beachtenden rechtsstaatlichen Grundsätzen zählt, dass belastende Staatsakte einer gesetzlichen Grundlage bedürfen und dass dabei die wesentlichen Entscheidungen vom Parlament selbst getroffen sind. Das setzt ein gewisses Maß an Formalität voraus, ohne die der Rechtsstaat seinen Halt verlöre."

6 Zur materiellen Gerechtigkeit als Teil des Rechtsstaates: BVerfGE 45, 187 (246) – *lebenslängliche Freiheitsstrafe*; BVerfGE 95, 96 (130) – *Mauerschützen* und dazu oben Rn. 547; *Ph. Kunig,* Das Rechtsstaatsprinzip, 1986, S. 187 ff., 335 ff.

äußert sich im Grundgesetz in der Bindung aller staatlichen Gewalt einschließlich der Gesetzgebung an die Freiheit und Gleichheit sichernden Grundrechte sowie in der Geltung des Sozialstaatsprinzips.

1.1.3 Der Rechtsstaatsbegriff des Grundgesetzes

651 Die heutige Auffassung vom Rechtsstaat umfasst sowohl den formellen Rechtsstaatsbegriff als auch den materiellen Rechtsstaatsbegriff. Ein Rechtsstaat ist danach ein Staat, der auf die Idee der Gerechtigkeit bezogen ist, und in welchem die staatliche Machtausübung anhand von Verfassung und Gesetzen überprüfbar ist.

652 Im Zusammenhang des Grundgesetzes umfasst der Rechtsstaatsbegriff neben den og. Inhalten des Art. 20 GG (**Gewaltenteilung** sowie **Verfassungs- und Gesetzesbindung**) die **Grundrechte**, das **Bestimmtheitsgebot**, den Grundsatz der **Verhältnismäßigkeit**, Rechtssicherheit und **Vertrauensschutz** und damit eine Beschränkung der Rückwirkung von Gesetzen, **Justizgarantien** und Prozessgrundrechte, die richterliche und damit unabhängige Kontrolle von Akten der öffentlichen Gewalt sowie **Haftung** für staatliches Unrecht (Art. 34 GG).[7]

653 Die **Grundrechte** sind für Privatpersonen wohl die wichtigste Ausprägung des Rechtsstaats. Sie sind zudem Anknüpfungspunkt für die rechtsstaatlichen Gehalte der **Gesetzesbindung**, des **Bestimmtheitsgrundsatzes**, des **Verhältnismäßigkeitsgrundsatzes** und des **Rückwirkungsverbots**.

Literatur zum Rechtsstaatsprinzip allgemein: *Ch. Görisch*, Die Inhalte des Rechtsstaatsprinzips, JuS 1997, 988; *St. Hobe*, Rechtsstaatsprinzip, JA 1994, 394 (394 f.) (Wiederholungsfragen); *F. Michel*, Der demokratische Rechtsstaat in Krisenzeiten, JuS 2020, 507; *C. Trentmann*, Die Grundlagen des Rechtsstaatsbegriffs, JuS 2017, 979; *A. Voßkuhle/A.-K. Kaufhold*, Grundwissen – Öffentliches Recht: Das Rechtsstaatsprinzip, JuS 2010, 116.

1.2 Der Grundsatz der Gewaltenteilung

1.2.1 Ideengeschichtlicher Hintergrund

654 Die Idee, **Machtmissbrauch** durch Aufteilung der staatlichen Macht zu **verhindern**, hat eine lange staatsphilosophische Tradition. Der Stoiker[8] *Polybios* (um 200 v. Chr.–120 v. Chr.) empfahl eine Mischung von Elementen aus den drei Staatsformen Monarchie, Oligarchie und Demokratie. Für *Locke* (1632–1704)[9] war die Trennung der gesetzgebenden von der vollziehenden Gewalt essentiell. *Montesquieu* (1689–1755)[10] erweiterte diesen Gedanken in seinem berühmten Werk „De l'esprit des lois" von 1748 zur klassischen Gewaltenteilungslehre, deren Inhalt die organisatorische Trennung von Legislative, Exekutive und Judikative ist.[11]

---

7 Das Rechtsstaatsprinzip hat einen über die Einzelbestimmungen hinausgehenden Gehalt: „Es wirkt deklaratorisch als Kurzform, wo spezielle Gewährleistungen bestehen, konstitutiv aber dort, wo es um den Ausdruck gerade des Allgemeinen und des Systematischen geht." *E. Schmidt-Aßmann*, Der Rechtsstaat, HStR II, 3. Aufl. 2004, § 26 Rn. 9 mwN. AA. *Ph. Kunig*, Das Rechtstaatsprinzip, 1986, S. 109 f., 457 ff. und *ders.*, Der Rechtsstaat, in: Fs. 50 Jahre Bundesverfassungsgericht, 2001, S. 421 (432 ff.).

8 Für die Zuordnung des Historikers zur Stoa, s. *G.F. Creuzer*, Die historische Kunst der Griechen in ihrer Entstehung und Fortbildung, 1845, S. 414 ff.

9 S. den Abschnitt zu *John Locke*, in: *G. Kleinheyer/J. Schröder*, Deutsche und Europäische Juristen aus neun Jahrhunderten, 6. Auflage, 2017.

10 S. *R. Weber-Fas*, Freiheit durch Gewaltenteilung, JuS 2005, 882 (883) und den Abschnitt zu *Charles-Louis de Secondat Baron de la Brède et Montesquieu*, in: *G. Kleinheyer/J. Schröder*, Deutsche und Europäische Juristen aus neun Jahrhunderten, 6. Auflage, 2017.

11 S. dazu *R. Weber-Fas*, Freiheit durch Gewaltenteilung, JuS 2005, 882 (883 f.) und *R. Zippelius*, Geschichte der Staatsideen, 10. Auflage, 2003, S. 122 f.

1.2.2 Sinn und Zweck

Auch heute noch liegt der Sinn der Gewaltenteilung in der damit verbundenen **Machtbegrenzung** und Machtkontrolle, darüber hinaus aber in der sachgerechten und **funktionsgemäßen Kompetenzverteilung.**[12] In Art. 20 Abs. 2 Satz 2 GG werden die drei klassischen Funktionen der Staatsgewalt genannt, die durch „besondere Organe", dh. durch voneinander getrennte Organe ausgeübt werden sollen. Zu berücksichtigen sind aber auch die Personen, die in diesen verschiedenen Funktionen und Organen tätig sind. Demgemäß lässt sich unterscheiden zwischen **funktionaler Gewaltenteilung,**[13] **organisatorischer Gewaltenteilung**[14] und **personeller Gewaltenteilung,**[15] die sich in Inkompatibilitäten ausdrückt. So darf die Verwaltung nicht Funktionen der Rechtsprechung ausüben[16], die Gerichte müssen von den Verwaltungsbehörden organisatorisch getrennt sein, eine personelle Verbindung zwischen Ämtern der Verwaltung und der Rechtspflege ist ausgeschlossen[17] und einer Kontrolle der Bundestagsabgeordneten durch die Exekutive in Gestalt des Verfassungsschutzes sind Grenzen gezogen.[18] 655

In einem weiteren Sinne wird der Begriff der Gewaltenteilung im Zusammenhang mit der bundesstaatlichen Kompetenzverteilung im Sinne einer vertikalen Gewaltenteilung zwischen Bund und Ländern verwendet, sowie im Zusammenhang mit sozialen Gewalten, so wenn etwa von den Medien als der vierten Gewalt gesprochen wird.

1.2.3 Gewaltenteilung und Gewaltenverschränkung

Der Grundsatz der Gewaltenteilung im klassischen Sinne darf nicht missverstanden werden als strikte Trennung zwischen den Funktionen. Sowohl der demokratische Legitimationszusammenhang (alle Staatsgewalt geht vom Volke aus) als auch die demokratische[19] wie rechtsstaatliche **Kontrolle** verlangen nach Möglichkeiten des Aufeinandereinwirkens. Nur auf diese Weise lässt sich die mit der Gewaltenteilung angestrebte gegenseitige Machtkontrolle (**checks and balances**) erreichen. So sind die Abhängigkeit der Regierung vom Parlament oder die Besetzung des Bundesverfassungsgerichts durch Bundestag und Bundesrat ebenso legitim wie die Aufhebung von Verwaltungsakten durch die Verwaltungsgerichte im Falle der Anfechtungsklage. Eine echte Durchbrechung des Gewaltenteilungsgrundsatzes findet nur statt im Falle der Ausübung von Funktionen der einen Staatsgewalt durch ein Organ einer anderen Staatsgewalt, wenn zB. ein Organ der Legislative Funktionen der Exekutive wahrnimmt oder umgekehrt. Auch insoweit enthält das Grundgesetz Gewaltenverschränkungen.[20] Zu nennen sind: 656

---

12 Vgl. BVerfGE 68, 1 (86) – *Pershing* und 95, 1 (15) – *Südumfahrung Stendal.*

13 *B. Grzeszick*, in: *Maunz/Dürig*, Art. 20 V Rn. 10.

14 *B. Grzeszick*, in: *Maunz/Dürig*, Art. 20 V Rn. 11.

15 *B. Grzeszick*, in: *Maunz/Dürig*, Art. 20 V Rn. 12.

16 S. BVerfGE 22, 49 (79 ff.) – *keine Strafgewalt für Finanzämter.* Vgl. aber BVerfGE 30, 1 (28) – *Abhörurteil*: „Das Prinzip der Gewaltenteilung erlaubt auch, dass Rechtsschutz gegenüber Maßnahmen der Exekutive nicht durch Gerichte, sondern durch vom Parlament bestellte oder gebildete, unabhängige Institutionen innerhalb des Funktionsbereichs der Exekutive gewährt wird. Wesentlich ist, dass in diesem Fall noch die ratio der Gewaltenteilung, nämlich die wechselseitige Begrenzung und Kontrolle staatlicher Macht, erfüllt ist."

17 BVerfGE 54, 159 (166): Unvereinbarkeit der Tätigkeit als Beisitzer am Landwirtschaftsgericht bei gleichzeitiger Mitgliedschaft im Landwirtschaftsministerium.

18 BVerfGE 134, 141 (Rn. 100 ff.) – *Beobachtung von Abgeordneten durch den Verfassungsschutz.*

19 S. hierzu BVerfGE 67, 100 (130) – *Flick-Untersuchungsausschuss*: „Der Grundsatz der Gewaltenteilung, (...) dessen Bedeutung in der politischen Machtverteilung, dem Ineinandergreifen der Gewalten und der daraus resultierenden Mäßigung der Staatsgewalt liegt (...), gebietet gerade im Hinblick auf die starke Stellung der Regierung (...) eine Auslegung des Grundgesetzes" – in concreto der Vorschriften über die Untersuchungsausschüsse, s. dazu oben Rn. 223 – „dass parlamentarische Kontrolle *wirksam* sein kann."

20 S. dazu mit weiteren Beispielen *U. Di Fabio*, Gewaltenteilung, HStR II, 3. Aufl. 2004, § 27 Rn. 31 ff.

- die Mitwirkung der Regierung an der Gesetzgebung: Art. 76 GG,
- Einzelfallgesetze durch das Parlament in den Grenzen des Art. 19 Abs. 1 Satz 1 GG,[21]
- exekutive Normsetzung gemäß Art. 80 GG,[22]
- Parlamentsvorbehalt bei Einsätzen der Bundeswehr im Ausland,[23]
- Verwaltungstätigkeit durch Gerichte,
- Gnadenentscheidungen: Art. 60 Abs. 2 und 3 GG.[24]

Das Bundesverfassungsgericht hat zum Grundsatz der Gewaltenteilung ausgeführt: „Die Teilung der Gewalten ist für das Grundgesetz ein tragendes Organisations- und Funktionsprinzip. Das Grundgesetz will die politische Machtverteilung, das Ineinandergreifen der drei Gewalten und die daraus sich ergebende Mäßigung der Staatsherrschaft … Das Prinzip der Gewaltenteilung ist für den Bereich des Bundes jedoch nicht rein verwirklicht. Es bestehen zahlreiche Gewaltenverschränkungen und Gewaltenbalancierungen. Nicht absolute Trennung, sondern gegenseitige Kontrolle, Hemmung und Mäßigung der Gewalten ist dem Verfassungsaufbau des Grundgesetzes zu entnehmen … Kann somit der Sinn der Gewaltenteilung zwar nicht in einer scharfen Trennung der Funktionen der Staatsgewalt gesehen werden, so muss doch andererseits die in der Verfassung vorgenommene Verteilung der Gewichte zwischen den drei Gewalten bestehen bleiben. Keine Gewalt darf ein von der Verfassung nicht vorgesehenes Übergewicht über eine andere Gewalt erhalten. Keine Gewalt darf der für die Erfüllung ihrer verfassungsmäßigen Aufgaben erforderlichen Zuständigkeiten beraubt werden … Der Kernbereich der verschiedenen Gewalten ist unveränderbar. Damit ist ausgeschlossen, dass eine der Gewalten die ihr von der Verfassung zugeschriebenen typischen Aufgaben preisgibt."[25]
Eine praktisch wichtige Rolle spielt der Gewaltenteilungsgrundsatz im Zusammenhang mit der Reichweite des Vorbehalts parlamentsgesetzlicher Regelung und der Bestimmtheit von Ermächtigungen zum Erlass von Rechtsverordnungen unter dem Aspekt der funktional richtigen Zuordnung staatlicher Regelungsmacht.[26]

---

21 BVerfGE 95, 1 (17) – *Südumfahrung Stendal*: Der prinzipiell nur für die abstrakt-generelle Normsetzung zuständige parlamentarische Gesetzgeber kann konkrete Fachplanung, die üblicherweise der Verwaltung vorbehalten ist, nur treffen, wenn „hierfür im Einzelfall gute Gründe bestehen, etwa die schnelle Verwirklichung des Vorhabens von besonderer Bedeutung für das Gemeinwohl ist." S. hierzu *Ph. Kunig*, Einzelfallentscheidung durch Gesetz, Jura 1993, 308 ff. Zum Verbot des Einzelfallgesetzes, s. BVerfGE 91, 1 (26) und *D. Krausnik*, Grundfälle zu Art. 19 I und II GG (Teil I), JuS 2007, 991 ff.

22 S. hierzu oben Rn. 422 ff.: delegierte Rechtssetzung.

23 Wenn auch die nicht vom Tatbestand des Art. 59 Abs. 2 Satz 1 GG erfassten Akte der Auswärtigen Gewalt grundsätzlich dem Kompetenzbereich der Exekutive zugeordnet sind, s. BVerfGE 68, 1 (85) – *Pershing*; 90, 286 (358) – *AWACS/Somalia*, so ergibt sich aus dem Gedanken der Machtmäßigung durch Machtverschränkung, dass „die Bundeswehr nicht als Machtpotential allein der Exekutive" überlassen werden soll, sondern dem Parlament ein „rechtserheblicher Einfluss auf Aufbau und Verwendung der Streitkräfte zuzugestehen ist", s. BVerfG 90, 286 (381 f.). Zum Ganzen s. oben Rn. 234: Mitwirkung an der auswärtigen Gewalt sowie den Fall 6 oben vor Rn. 328.

24 BVerfGE 25, 352 (361 f.) – *Gnadenentscheidung*: Der Gnadenakt bedeutet „in jedem Fall einen Eingriff der Exekutive in die rechtsprechende Gewalt (…) wie er sonst dem Grundsatz der Gewaltenteilung fremd ist." Da das Grundgesetz das Begnadigungsrecht in seinem „geschichtlich überkommenen Sinn übernommen hat, (…) kann (das Gnadeninstitut) nicht den Sicherungen, den Gewaltverschränkungen und -balancierungen unterliegen, die gewährleisten sollen, dass Übergriffe der Exekutive durch Anrufung der Gerichte abgewehrt werden können." S. aber die abw. Auffassung a. a. O. S. 363 ff., die sich nicht mit der Akzeptanz der Systemwidrigkeit aufgrund Tradition begnügt, sondern eine der Konzeption des Grundgesetzes entsprechende Neudefinition des Begriffes als gerichtlich überprüfbare Modifikation gesetzeskonformer Richtersprüche um der Einzelfallgerechtigkeit willen vorschlägt. BVerfGE 30, 108 (111) – *Gnadenwiderruf* bestätigt zwar die Nichtgeltung des Art. 19 Abs. 4 GG gegen die Ablehnung von Gnadenerlassen; der Widerruf einer Gnadenentscheidung unterliegt allerdings gerichtlicher Kontrolle. Zu Gnadenentscheidungen s. *W.-R. Schenke*, Rechtsschutz gegen Gnadenakte, JA 1981, 588 ff. und *M. Schütte*, Zur Justitiabilität von Gnadenakten des Bundespräsidenten, JA 1999, 868 ff. Für eine Fallbearbeitung, s. *F. Schloßareck*, Recht vor Gnade, JuS 1991, 579 ff. und oben Rn. 304.

25 BVerfGE 34, 52 (59) – *Juristenausbildungsordnung*; 95, 1 (15) – *Südumfahrung Stendal.*

26 S. dazu oben Rn. 212 f., 373.

Neben den verfassungsrechtlich vorgesehenen Formen der Gewaltenverschränkung gibt es auch solche, die zwar rechtlich möglich, jedoch in dem tatsächlichen Ausmaß weder bezweckt noch gewollt sind. Zu nennen sind die **Gefahren** der Parteipolitisierung von Beamtentum und Gerichtsbarkeit, die parteipolitische Instrumentalisierung der föderalen Kompetenzverschränkungen[27] oder die seltene, aber schon vorgekommene Wandlung des Bundesverfassungsgerichts zum Ersatzgesetzgeber.[28] Auch die Kumulation von Abgeordnetenmandat und Ministeramt ist zwar verfassungsrechtlich möglich und tatsächlich der Regelfall, aber sie ist nicht angestrebt und birgt erhebliche Nachteile. Eindeutig verboten, aber nicht immer eindeutig festzustellen, ist die gerichtliche Überschreitung der Grenzen zulässiger Rechtsfortbildung, durch die sich ein Gericht an die Stelle des Gesetzgebers setzt und gegen den Vorrang des Gesetzes gemäß Art. 20 Abs. 3 Satz 2 GG verstößt. Dieser Verstoß gegen das Gewaltenteilungsprinzip kann im Wege des Art. 2 Abs. 1 GG iVm. dem Rechtsstaatsprinzip gemäß Art. 20 Abs. 3 GG gerügt werden.[29] 657

Rechtsprechung zur Gewaltenteilung: BVerfGE 22, 49 (73 ff.) – keine Strafgewalt für Finanzämter (Begriff der Rechtsprechung, keine Kriminalstrafe durch Verwaltungsbehörde); 25, 352 (357 ff.) und 30, 108 (110 ff.) – Begnadigungen; 30, 1 (27 ff.) – Abhörurteil, zum G-10; 67, 100 (130 ff.) – Flick-Untersuchungsausschuss; 68, 1 (83 ff.) – Pershing; 90, 286 (357 ff., 381 ff.) – AWACS/Somalia; 95, 1 (15 ff.) – Südumfahrung Stendal; 128, 193 – Dreiteilungsmethode Geschiedenenunterhalt (Grenzen der Rechtsfortbildung); 134, 141 – Beobachtung von Abgeordneten durch den Verfassungsschutz.

Literatur zur Gewaltenteilung: *A. Voßkuhle/A.-K. Kaufhold*, Grundwissen Öffentliches Recht – Der Grundsatz der Gewaltenteilung, JuS 2012, 314; *W. R. Wrege*, Das System der Gewaltenteilung, Jura 1996, 436; *L. Knopp/M. Hofmann*, Wider den Rechtsstaat – Politik kontra Gerichtsbarkeit, NVwZ 2020, 982.

Fallbearbeitungen: *J. Rozek*, Der exekutive Freistaat, JuS 2008, 250 (Referendarexamensklausur).

1.3 Rechtssicherheit und Rechtsschutz

Unabdingbarer Bestandteil der Rechtsstaatlichkeit ist die Herrschaft des Gesetzes sowie die Gewährung von Rechtsschutz durch eine unabhängige Gerichtsbarkeit. Verfassungsbindung, Gesetzesvorrang und Gesetzesvorbehalt bzw. Vorbehalt des Gesetzes sind bereits dargestellt worden, ebenso die Organisation der Judikative und die Prozessgrundrechte, insbesondere die Anforderungen an die Ausübung der staatlichen Strafgewalt.[30] Zu den ausdrücklich in Art. 102 und Art. 103 GG genannten Grenzen und Grundsätzen treten als Ausdruck der Menschenwürde und der individuellen Handlungsfreiheit noch das Schuldprinzip[31], das Verbot der Selbstbezichtigung[32] sowie der Grundsatz in dubio pro reo (im Zweifel für den Angeklagten)[33] hinzu. 658

---

27 S. oben Rn. 255: Abstimmung im Bundesrat über das Zuwanderungsgesetz.

28 Beispiel s. BVerfGE 88, 203 ff. – *2. Schwangerschaftsentscheidung*; 85, 264 ff. – *absolute Obergrenze der Parteienfinanzierung*; 131, 316 ff. – *Obergrenze der Überhangmandate*.

29 BVerfGE 128, 193 (Ls. und 209 ff.) – *Dreiteilungsmethode Geschiedenenunterhalt*; 122, 248 (Rn. 95 ff.) – *abweichende Meinung Rügeverkümmerung*. S. zum Problem der Rechtsfortbildung auch *A. Bruns*, Zivilrichterliche Rechtsschöpfung und Gewaltenteilung, JZ 2014, 162 ff.

30 S. oben Rn. 212 ff. u. 422 zum Gesetzesvorbehalt, Rn. 528 ff., 532 ff. u. 545 ff. zu Judikative, Prozessgrundrechten und Strafgewalt.

31 S. dazu BVerfGE 20, 323 (331) – *nulla poena sine culpa*; 50, 125 (133) – *Bagatellkriminalität*; 95, 96 (140 f.) – *Mauerschützen*; 133, 168 (Rn. 102 ff.) – *Deal im Strafprozess*.

32 Vgl. dazu BVerfGE 56, 37 (42 ff.) – *Selbstbezichtigung des Gemeinschuldners*; 80, 109 ff. – *Nichtermittlung des Fahrzeugführers*; in BVerfGE 95, 220 (242) – *Aufzeichnungspflicht* wird klargestellt, dass dieses Verbot keine Anwendung auf juristische Personen findet.

33 S. BVerfGE 126, 170 (205 f.) – *Untreuetatbestand*.

1.3.1 Der Bestimmtheitsgrundsatz

659 Der Bestimmtheitsgrundsatz hat im Zusammenhang mit dem Gesetzesvorbehalt und der exekutiven Normsetzung Erwähnung gefunden;[34] er ist des weiteren Konsequenz des Gebots der **Rechtssicherheit.** Staatliche Ge- und Verbote, sei es in Gestalt von Gesetzen, sei es in Form von Verwaltungsakten, müssen so bestimmt sein, dass die Adressaten wissen, welches Verhalten von ihnen erwartet wird; insoweit hat der Bestimmtheitsgrundsatz seinen Sitz auch in den Grundrechten.[35] Darüber hinaus sichert er die Gesetzesbindung von Verwaltung und Gerichten.[36] Gegen den Bestimmtheitsgrundsatz verstößt zB. eine Polizeiverordnung, die es verbietet, sich „nach Art eines Land- oder Stadtstreichers herumzutreiben",[37] oder ein Platzverweis in Form der Allgemeinverfügung[38] gegen Personen, die offensichtlich der Drogenszene[39] oder der Punkszene[40] zuzurechnen sind. Das Bestimmtheitsgebot **verlangt** vom Gesetzgeber jedoch **nicht mehr, als** auf der Ebene abstrakt-genereller Normsetzung **möglich** und **sinnvoll** ist. Insbesondere ist die Verwendung von **Generalklauseln** („Treu und Glauben", „gute Sitten") oder von unbestimmten Rechtsbegriffen („Gefahr"[41], „Zuverlässigkeit", „Bedürftigkeit", „Stand der Technik") **zulässig.** Sie werden in der Verwaltungspraxis und durch die Rechtsprechung konkretisiert. Gerade im Bereich des technischen Sicherheitsrechts ist es nicht sinnvoll, die technischen Anforderungen an eine Anlage umfassend gesetzlich zu regeln. „Die gesetzliche Fixierung eines bestimmten Sicherheitsstandards durch die Aufstellung starrer Regeln würde, wenn sie sich überhaupt bewerkstelligen ließe, die technische Weiterentwicklung wie die ihr jeweils angemessene Sicherung der Grundrechte eher hemmen als fördern. Sie wäre ein Rückschritt auf Kosten der Sicherheit."[42] Mangelnde Bestimmtheit zeigt sich häufig bereits im Zusammenhang mit der Prüfung der Verhältnismäßigkeit einer Regelung.[43] Lässt sich ein Tatbestand präziser fassen als geschehen, so erfasst oftmals die offenere Formulierung Fallgruppen oder Personen, in Bezug auf welche die Regelung nicht erforderlich ist.

Rechtsprechung: BVerfGE 141, 220 – § 20g Abs. 1 Nr. 2 BKAG; BVerfGE 143, 38 – Rindfleischetikettierungsgesetz; BVerfGE 147, 253 – Auswahlverfahren Medizin; BVerfGE 149, 293 – BayPsychKG; BVerfGE 150, 309 – Kennzeichenkontrolle.

1.3.2 Vertrauensschutz und Rückwirkungsverbot

660 Ebenfalls ein Gebot der Rechtssicherheit ist die Gewährung von Vertrauensschutz in eine bestehende Rechtslage oder Rechtsposition. Dem stehen allerdings die Notwendigkeit und die Befugnis gegenüber, Gesetze zu ändern oder Verwaltungsakte aufzuheben. Vertrauensschutz kann keine Erstarrung der Rechtslage rechtfertigen.[44] Vielmehr ist eine

---

34 S. oben Rn. 212 ff. und Rn. 422.

35 Vgl. BVerfGE 59, 104 (114) – *zum Begriff des leitenden Angestellten im Betriebsverfassungsgesetz* (hinreichend bestimmt) und BVerfGE 87, 234 (263 f.) – *zum Begriff der eheähnlichen Lebensgemeinschaft.* Die Bestimmtheitsanforderungen können bereichsspezifisch variieren; je intensiver der Grundrechtseingriff, desto höher die Bestimmtheitsanforderungen, s. *Ph. Kunig*, Der Rechtsstaat, in: Fs. 50 Jahre Bundesverfassungsgericht, 2001, S. 421 (440). Zum spezielleren strafrechtlichen Bestimmtheitsgebot s. schon oben Rn. 547.

36 Vgl. BVerfGE 118, 168 (186) – *Kontenabfrage.*

37 VGH Mannheim, NJW 1984, 507 ff.

38 Vgl. § 35 Satz 2 VwVfG.

39 VGH Mannheim, NVwZ-RR 1997, 225 ff.

40 VGH Mannheim, NVwZ 2003, 115 ff.

41 Vgl. hierzu BVerfGE 54, 143 (144 f.) – *Taubenfütterungsverbot*, rechtsstaatlich hinreichend bestimmt, da „in jahrzehntelanger Entwicklung durch Rechtsprechung und Lehre nach Inhalt, Zweck und Ausmaß hinreichend präzisiert, in ihrer Bedeutung geklärt und in ihrem juristischen Sprachgebrauch verfestigt".

42 BVerfGE 49, 89 (137) – *Schneller Brüter Kalkar.*

43 S. *Ph. Kunig*, Der Rechtsstaat, in: Fs. 50 Jahre Bundesverfassungsgericht, 2001, S. 421 (440).

44 Vgl. etwa BVerfGE 109, 133 (189 f.) – *lebenslange Sicherungsverwahrung* mwRsprN.; 128, 326 (389) – *Sicherungsverwahrung II*; 128, 90 (105 ff.) – *Arbeitslosenhilfe Abschaffung.*

Änderung der Rechtslage für die Zukunft grundsätzlich zulässig, für die Vergangenheit dagegen grundsätzlich unzulässig. Dies besagt für das Strafrecht der Grundsatz „nulla poena sine lege" (Art. 103 Abs. 2 GG).[45] Im Übrigen folgt aus dem Rechtsstaatsprinzip mit seinen Geboten der Rechtssicherheit und des Vertrauensschutzes für belastende Gesetze ein grundsätzliches Rückwirkungsverbot.[46]
Im *Hamburger Hundesteuer*-Fall – die Stadt Hamburg hatte die Hundesteuer durch Gesetz von 1950 mit Wirkung von 1948 um 5,– DM pro Jahr erhöht – entschied das Bundesverfassungsgericht noch recht großzügig, dass das Rechtsstaatsprinzip – abgesehen von den Strafgesetzen – nicht jede Rückwirkung von Gesetzen kategorisch verbiete. Ob eine Regelung mit Rückwirkung rechtsstaatlich bedenklich sei, könne nur die Einzelfallprüfung zeigen. Unbedenklich sei eine Rückwirkung dann, wenn die finanzielle Belastung voraussehbar, durch sachliche Erwägungen gerechtfertigt und im Einzelnen unbedeutend sei.[47]

1.3.2.1 Die Unterscheidung zwischen echter und unechter Rückwirkung. In späteren Entscheidungen wird zwischen echter und unechter Rückwirkung unterschieden.[48] 661
Echte (retroaktive) Rückwirkung liegt vor, wenn ein abgeschlossener, der Vergangenheit angehörender Sachverhalt geregelt wird. Ein Beispiel hierfür wäre die Erhebung von Studiengebühren von denjenigen, die ihr Studium bereits abgeschlossen haben. Eine **unechte (retrospektive)** Rückwirkung liegt dagegen bei solchen Gesetzen vor, die auf früher begründete, aber noch nicht abgeschlossene und deshalb gegenwärtige und zugleich zukünftige Sachverhalte und Rechtsbeziehungen einwirken. Ein Beispiel hierfür wäre die Änderung von Kündigungsfristen, die auch bestehende Mietverhältnisse erfasst.

Echte Rückwirkung verstößt in der Regel gegen das im **Rechtsstaatsprinzip** enthaltene Gebot der Rechtssicherheit und des Vertrauensschutzes und ist daher verfassungswidrig.[49] Allerdings gibt es Ausnahmefälle, in denen die Gesetzesadressaten sich nicht auf Vertrauensschutz berufen dürfen. Dies ist etwa der Fall, wenn die Adressaten zu dem Zeitpunkt, auf den der Eintritt der Rechtsfolge des Gesetzes zurückbezogen ist, bereits mit dem Eintritt einer solchen Rechtsfolge rechnen mussten (etwa sobald das Gesetz im Bundestag beschlossen ist).[50] Vertrauensschutz kann auch entfallen, wenn die Rechtslage bislang unklar, verworren oder lückenhaft war[51] oder eine für ungültig erkannte Norm ersetzt wird.[52] Als weitere Ausnahmen hat die Rechtsprechung „Geringfügigkeit der Belastung bzw. Rechtsänderung"[53] und „zwingende Gründe des Gemeinwohls"[54] anerkannt. Lässt sich für die erste Fallgruppe noch argumentieren, dass dem Vertrauensschutz nur geringes Gewicht zukomme, ist die letztgenannte Ausnahme im Lichte der Rechtssicherheit problematisch, wenn sie nicht sehr eng gehandhabt wird. 662

45 Dazu oben Rn. 547.

46 BVerfGE 25, 269 (289) – *Verfolgungsverjährung*. Vgl. auch BVerfGE 64, 158 (174) – *Rücknahme von Dienstzeitprämien für Beamte*; 72, 200 (242) – *Doppelbesteuerungsabkommen*; 88, 384 (403) – *Zinsanpassungsgesetz*; 127, 31 (46 ff.) – *Rückwirkung im Steuerrecht III*; 132, 302 (Rn. 41 ff.) – *Streubesitzbeteiligung*.

47 BVerfGE 7, 89 (93) – *Hamburger-Hundesteuer*.

48 Seit BVerfGE 11, 139 (145 ff.) – *Gerichtskosten*; s. etwa BVerfGE 132, 302 (Rn. 42 ff.) – *Streubesitzbeteiligung*.

49 BVerfGE 37, 363 (397) – *Zustimmungsgesetz* mwRsprN.; 132, 302 (Rn. 42) – *Streubesitzbeteiligung*.

50 S. BVerfGE 13, 261 (272) – *rückwirkende Steuergesetzgebung*; 30, 272 (287) mwN. Vgl. aber BVerfG, NJW 1992, 2877 ff. (Zeitpunkt des Kabinettsbeschlusses); BVerfGE 132, 302 (Rn 56 ff.) – *Streubesitzbeteiligung* zur zunehmenden Beseitigung des Vertrauensschutzes im Laufe des Gesetzgebungsverfahrens.

51 BVerfGE 72, 200 (259) – *Doppelbesteuerungsabkommen*. Vgl. auch BVerfGE 88, 384 (404) – *Anpassung der Bankkredite der DDR*; 131, 20 (40 ff.) – *Ruhegehaltssatz*.

52 BVerfGE 19, 187 (196) – *Gewerbesteuergesetz*. Vgl. auch das rückwirkende Inkraftsetzen von Bebauungsplänen (Satzungen) zum Zwecke der Heilung eines fehlerhaften Bebauungsplans, s. § 214 Abs. 4 BauGB.

53 BVerfGE 30, 367 (389) – *Bundesentschädigungsgesetz*; offen gelassen in BVerfGE 72, 200 (258).

54 BVerfGE 72, 200 (260) – *Doppelbesteuerungsabkommen*. St. Rspr. BVerfGE 88, 384 (404) – *Anpassung der Bankkredite der DDR*.

663 **Unechte Rückwirkung** ist demgegenüber **grundsätzlich zulässig**, weil in diesem Fall die Rechtsänderungen zwar auf bestehende Rechtsverhältnisse einwirken, aber nur für die Zukunft gelten.[55] Zwar können Erwartungen enttäuscht werden, der Gesetzesadressat hat aber die Möglichkeit, sich auf die Rechtsänderungen einzustellen. Im Interesse des Vertrauensschutzes und zur Wahrung der Verhältnismäßigkeit kann es im Einzelfall geboten sein, **Übergangsregelungen** zu treffen.[56]

664 Die Unterscheidung zwischen echter und unechter Rückwirkung am Maßstab des „abgeschlossenen Sachverhalts" ist allerdings mit Unsicherheiten belastet, weil es vielfach gerade der gesetzliche Tatbestand ist, der im Zeitkontinuum die relevanten Zäsuren setzt und damit bestimmt, ob ein Sachverhalt abgeschlossen ist oder nicht. Dies lässt sich am Beispiel der Studiengebühren zeigen. Würde die Gebühr erst mit dem Studienabschluss fällig, sich also auf das Studium insgesamt beziehen, so wäre die Erfassung auch derjenigen, die bereits seit einiger Zeit studieren, möglich und würde nur eine unechte Rückwirkung darstellen. Wird die Gebühr dagegen auf das Semester bezogen, so ist die Einbeziehung abgelaufener Zeiträume eine echte Rückwirkung und damit prinzipiell unzulässig.[57]

665 **1.3.2.2 Die Unterscheidung zwischen der Rückbewirkung von Rechtsfolgen und tatbestandlicher Rückanknüpfung.** Der zweite Senat hat deshalb eine andere Unterscheidung getroffen, die allein nach dem **Zeitpunkt des Inkrafttretens des Gesetzes** differenziert. Danach handelt es sich um eine grundsätzlich unzulässige Rückbewirkung von Rechtsfolgen, wenn der Beginn des zeitlichen Anwendungsbereichs einer Norm auf einen Zeitpunkt festgelegt ist, der vor dem Zeitpunkt liegt, zu dem die Norm rechtlich existent, dh. gültig geworden ist.[58] Eine grundsätzlich zulässige tatbestandliche Rückanknüpfung liegt dagegen vor, wenn eine Norm den Eintritt ihrer Rechtsfolgen von Gegebenheiten aus der Zeit vor ihrer Verkündung abhängig macht.[59]
Ob sich die beiden begrifflich unterschiedlich gefassten Konzepte auch in der Sache unterscheiden, ist unklar.[60] Sie weisen jedenfalls einen großen Überschneidungsbereich auf. Letztlich verhelfen beide Ansätze nur zu einer typisierenden Vorsortierung, wobei der Ansatz des zweiten Senats den Vorteil größerer Klarheit hat. Im Lichte der Rechtssicherheit und des Vertrauensschutzes ist **entscheidend**, ob der Rechtsunterworfene **die Möglichkeit** hat, **sich in zumutbarer Weise auf die Neuregelung einzustellen**.

Rechtsprechung: BVerfGE 11, 139 (145 ff.) – Gerichtskosten (Unterscheidung echte und unechte Rückwirkung); 13, 261 (269 ff.) – Steuergesetz (Ausnahmen vom Vertrauensschutz bei echter Rückwirkung); 54, 143 (144 f.) – hinreichende Bestimmtheit des Gefahrbegriffes; 109, 133 (180 ff.) – lebenslange Sicherungsverwahrung (formeller, rechtsfolgenbezogener Rückwirkungsbegriff des

---

55 BVerfGE 14, 288 (297) – *Rentenversicherung*; 132, 302 (LS. 1 und Rn. 43) – *Streubesitzbeteiligung*.

56 BVerfGE 43, 242 (288) – *Hamburger Universitätsgesetz*; 78, 249 (284 ff.) – *Fehlbelegungsabgabe*. Zu Übergangsregelungen bei Änderungen von Prüfungsordnungen, s. BayVGH, BayVBl. 2005, 761 (762): zulässig, da großzügige Übergangsregelung. Zur Einführung von Zweitstudiengebühren s. BayVGH, Urt. v. 28.3.2001, Az. 7 B 00.1349, juris Rn. 38 (Verstoß gegen Rechtsstaatsprinzip mangels Übergangsregelung), zu Langzeitstudiengebühren, s. VGH BW, DVBl. 2000, 1782 (1790).

57 Knüpft die Studiengebühr, wie dies in Baden-Württemberg der Fall war, an das aktuelle Semester an, so liegt wegen der Anknüpfung an zukünftige, unabgeschlossene Tatbestände ebenso ein Fall der unechten Rückwirkung vor, auch wenn bereits zuvor immatrikulierte Studenten erfasst werden; s. hierzu VG Freiburg, Urt. v. 20.6.2007, Az. 1 K 2324/06, VBlBW 2007, 427 (437 f.). Vgl. schon für Langzeitstudiengebühren BVerfG, VR 2006, 287 ff. und VGH BW, DVBl. 2000, 1782 (1789).

58 BVerfGE 63, 343 (353) – *Rechtshilfevertrag zwischen Deutschland und Österreich*; 72, 200 (241) – *Doppelbesteuerungsabkommen*; 97, 67 (78 f.) – *Schiffbauverträge*; 109, 133 (181) – *lebenslange Sicherungsverwahrung*.

59 BVerfGE 72, 200 (242) – *Doppelbesteuerungsabkommen*.

60 Vgl. etwa *B. Pieroth*, Die neuere Rechtsprechung des Bundesverfassungsgerichts zum Grundsatz des Vertrauensschutzes, JZ 1990, 279 (281): „Die angebliche Neuorientierung ist also bei Lichte besehen nur eine Umetikettierung." Und *H. Maurer*, Kontinuitätsgewähr und Vertrauensschutz, HStR IV, 3. Aufl. 2006, § 79 Rn. 24: sachlich keine Differenzen. Nach BVerfGE 131, 20 (39 f.) – *Ruhegehaltssatz* geht der Zweite Senat von einer Übereinstimmung der beiden Konzepte aus.

Zweiten Senates); 128, 326 – Sicherungsverwahrung II (zur Auslegung des Vertrauensschutzes im Lichte der EMRK); 131, 20 – Ruhegehaltssatz (Übereinstimmung der Rückwirkungskonzepte); 132, 302 – Streubesitzbeteiligung (Vertrauensschutz, Wegfall); 143, 246 – Atomausstieg; 1 BvR 1679/17, Beschluss vom 30.6.2020 – WindSeeG (Verstoß gegen Vertrauensschutzgebot).

Literatur: *S. Calmes-Brunet*, Rechtssicherheit und Vertrauensschutz im Verfassungsrecht, JuS 2014, 602; *K. Fischer*, Die Verfassungsmäßigkeit rückwirkender Normen, JuS 2001, 861 (mit zahlreichen Fallbeispielen aus der Rechtsprechung); *J. Peglau*, Vertrauensschutz und Rückwirkungsverbot, JA 1996, 574 (Wiederholungsfragen); *A. Voßkuhle/A.-K. Kaufhold*, Grundwissen Öffentliches Recht: Vertrauensschutz, JuS 2011, 794.

1.4 Der Verhältnismäßigkeitsgrundsatz

Gar nicht hoch genug in seiner Bedeutung für das öffentliche Recht kann der Grundsatz der Verhältnismäßigkeit eingeschätzt werden. Er ist Ausdruck des rechtsstaatlichen Gebots, dass die Ausübung staatlicher Macht stets der Rechtfertigung bedarf, während die Ausübung persönlicher Freiheit grundsätzlich erlaubt ist.[61] Inhaltlich besagt der Grundsatz der Verhältnismäßigkeit, dass die Ausübung staatlicher Gewalt zur Verfolgung eines **legitimen Zwecks geeignet**, **erforderlich** und **angemessen** sein muss. Je nach Schwere des Eingriffs, Komplexität des zu regelnden Sachverhalts, Notwendigkeit und Unsicherheit von Prognosen kommt dem Gesetzgeber ein mehr oder weniger großer Einschätzungsspielraum in Bezug auf die Verhältnismäßigkeit seiner Regelungen zu. 666
Die Anforderung der Geeignetheit hat ihre rechtsstaatliche Wurzel im Willkürverbot.[62] Staatliche Maßnahmen, die nicht wenigstens zur Erreichung des angestrebten Ziels beitragen, sind nicht vernünftig und lassen sich daher nicht rechtfertigen.
Die Erforderlichkeit einer staatlichen Maßnahme lässt sich zurückführen auf den Effizienzgedanken: Der Staat soll nicht mehr tun als zur Zweckerreichung nötig. Die wesentliche Grundlage findet sich heute aber in den Freiheitsgrundrechten. Die Freiheitsbeschränkungen durch den Staat sind so gering wie möglich zu halten. Kann das angestrebte Ziel in gleicher Weise durch eine weniger freiheitsbeschränkende Maßnahme erreicht werden, so ist die staatliche Maßnahme nicht erforderlich. Erforderlich bedeutet also, dass es kein anderes gleich geeignetes Mittel zur Zweckerreichung gibt.[63]
Schließlich genügt eine staatliche Maßnahme dann nicht dem Verhältnismäßigkeitsgrundsatz, wenn die Bedeutung und das Gewicht des verfolgten Zwecks außer Verhältnis zu den mit ihr verbundenen Freiheitseinbußen stehen: Der Staat darf nicht mit Kanonen auf Spatzen schießen. Eine Maßnahme, die in der Schwere der mit ihr verbundenen Beeinträchtigungen vollkommen außer Verhältnis zur Bedeutung des angestrebten Zwecks steht, ist selbst dann, wenn sie die einzig mögliche Maßnahme zur Zweckerreichung ist, nicht angemessen.[64]

---

61 Auf den Punkt gebracht von *C. Schmitt*, Verfassungslehre, 1928, S. 131: „Die Forderung nach Messbarkeit (aller staatlichen Machtäußerungen) entspringt dem bürgerlich-rechtsstaatlichen Verteilungsprinzip, nach welchem die Freiheit des Individuums prinzipiell unbegrenzt, jede staatliche Befugnis dagegen prinzipiell begrenzt und daher messbar ist."

62 *B. Remmert*, Verfassungs- und verwaltungsrechtsgeschichtliche Grundlagen des Übermaßverbots, 1995, S. 163, 201.

63 Beispiel: Ein vollständiges Verbot ist nicht erforderlich, wenn ein Verbot mit Erlaubnisvorbehalt ausreicht, um die Gefahren abzuwehren. Der Abriss eines Gebäudes, das zwar ohne erforderliche Baugenehmigung und damit formell baurechtswidrig errichtet wurde, aber im Übrigen mit öffentlich-rechtlichen Vorschriften im Einklang steht, ist unverhältnismäßig: Durch eine Baugenehmigung können auf einfacherem Wege rechtmäßige Zustände herbeigeführt werden.

64 Beispiel: Liquorentnahme mit Einstich einer Nadel in das Rückenmark zum Zwecke des Nachweises der Schuldfähigkeit im Falle eines Bagatelldelikts; vgl. BVerfGE 16, 194 (201 ff.) – *Liquorentnahme*. S. zu dieser Verhältnismäßigkeit im engeren Sinne *T. Reuter*, Die Verhältnismäßigkeit im engeren Sinne – das unbekannte Wesen, Jura 2009, 511 ff.

Der Grundsatz der Verhältnismäßigkeit gehört zum **Inhalt sämtlicher Freiheitsgrundrechte**. Jede staatliche Maßnahme (s. Art. 1 Abs. 3 GG), die Freiheitsgrundrechte nachteilig betrifft, muss verhältnismäßig sein. Daraus ergibt sich die fundamentale Bedeutung dieses Grundsatzes für das öffentliche Recht.

Rechtsprechung (exemplarisch): BVerfGE 16, 194 (201 ff.) – Liquorentnahme; 90, 145 (171 ff.) – Cannabis; 92, 277 (325 ff.) – DDR-Spione.

Literatur: *M. Klatt/M. Meister,* Der Grundsatz der Verhältnismäßigkeit – Ein Strukturelement des globalen Konstitutionalismus, JuS 2014, 193; *L. Michael,* Grundfälle zur Verhältnismäßigkeit, JuS 2001, 654 und 764 (zahlreiche Fallbeispiele aus der Rechtsprechung); *T. Reuter,* Die Verhältnismäßigkeit im engeren Sinne – das unbekannte Wesen, Jura 2009, 511; *A. Voßkuhle,* Der Grundsatz der Verhältnismäßigkeit, JuS 2007, 429 (Grundwissen-Reihe).

Lösung zu Fall 12: Rückwirkung[65]

Die Verfassungsbeschwerde des M wird Erfolg haben, wenn sie zulässig und begründet ist.

I. Zulässigkeit der Verfassungsbeschwerde

Die Zulässigkeit einer Verfassungsbeschwerde vor dem Bundesverfassungsgericht richtet sich nach Art. 93 Abs. 1 Nr. 4a GG iVm. § 13 Nr. 8a und §§ 90 ff. BVerfGG.

1. Prozesshindernis der entgegenstehenden Rechtskraft. Der Zulässigkeit der Verfassungsbeschwerde könnte entgegenstehen, dass das Bundesverfassungsgericht bereits rechtskräftig über die Verfassungsmäßigkeit des Änderungsgesetzes entschieden hat. Gemäß § 31 BVerfGG binden die Entscheidungen des Bundesverfassungsgerichts alle Verfassungsorgane des Bundes und der Länder sowie alle Gerichte und Behörden. Da das Bundesverfassungsgericht gemäß § 1 Abs. 1 BVerfGG ein Verfassungsorgan ist, wird es auch selbst von dieser Bindungswirkung erfasst. Das Prozesshindernis entgegenstehender Rechtskraft entfällt jedoch, wenn rechtserhebliche Änderungen der Sach- und Rechtslage eintreten. Eine solche rechtserhebliche Änderung der Rechtslage kann sich aus Entscheidungen des Europäischen Gerichtshofs für Menschenrechte ergeben. Auch wenn diese Entscheidungen die Rechtslage nicht unmittelbar ändern können, angesichts des einfachgesetzlichen Ranges der EMRK insbesondere nicht das Verfassungsrecht, folgt aus dem Grundsatz der Völkerrechtsfreundlichkeit des Grundgesetzes, dass auch das Bundesverfassungsgericht soweit wie möglich, dh. soweit Auslegungsspielräume vorhanden sind, Konventionsverstöße zu vermeiden hat. Hieraus folgt die Rechtserheblichkeit der Auslegung der EMRK durch den EGMR. Aufgrund der Entscheidung des EGMR entfällt somit das Prozesshindernis der entgegenstehenden Rechtskraft.

2. Beschwerdefähigkeit. Nach Art. 93 Abs. 1 Nr. 4a GG, § 90 Abs. 1 BVerfGG ist „jedermann“ beschwerdefähig. Da die Verfassungsbeschwerde der Durchsetzung von Grundrechten dient, meint „jedermann“ alle Träger von Grundrechten, also insbesondere natürliche Personen wie M. M ist beschwerdefähig.

3. Beschwerdegegenstand. Beschwerdegegenstand können alle Akte der öffentlichen Gewalt sein. Die Gerichtsentscheidungen sind Akte der Judikative; das inzident angegriffene Gesetz ist ein Akt der Legislative. Es handelt sich damit um Akte der öffentlichen Gewalt, die gemäß Art. 1 Abs. 3 GG grundrechtsgebunden sind.

4. Beschwerdebefugnis. Voraussetzung für die Erhebung der Verfassungsbeschwerde ist des Weiteren die Behauptung des Beschwerdeführers, in eigenen Grundrechten verletzt zu sein. Der Beschwerdeführer muss einen Sachverhalt vortragen, der eine gegenwärtige und unmittelbare Verletzung in eigenen Grundrechten möglich er-

65 BVerfGE 109, 133 ff. und 128, 326 ff. – jeweils zur Sicherungsverwahrung.

scheinen lässt. M trägt vor, dass ihn die nachträgliche Verlängerung der Sicherungsverwahrung in unzulässiger Weise in seinem Recht auf Freiheit und seinem Vertrauen in die Wiedererlangung seiner Freiheit nach zehn Jahren verletze, worin eine nachträgliche Strafverschärfung liege. Nach diesem Vortrag ist eine Verletzung von Art. 2 Abs. 2 Satz 2 GG iVm. Art. 104 Abs. 1 Satz 1 GG sowie des Rückwirkungsverbots des Art. 103 Abs. 2 GG oder des in dem jeweils betroffenen Grundrecht iVm. Art. 20 Abs. 3 GG verankerten Rückwirkungsverbots nicht ausgeschlossen. Die Gerichtsentscheidungen betreffen M auch selbst, gegenwärtig und unmittelbar.

5. Rechtswegerschöpfung. M hat den fachgerichtlichen Rechtsweg, wie § 90 Abs. 2 Satz 1 BVerfGG es gebietet, erschöpft.

6. Form und Frist. Form und Frist gemäß §§ 23, 92 und 93 Abs. 1 BVerfGG sind zu wahren.

7. Zwischenergebnis. Hält M die Form- und Fristerfordernisse ein, ist seine Verfassungsbeschwerde zulässig.

II. Begründetheit

Die Verfassungsbeschwerde des M ist begründet, wenn die Gerichtsentscheidungen ihn in einem oder mehreren seiner Grundrechte verletzen. M macht eine Verletzung seines Grundrechts auf Freiheit geltend.

1. Schutzbereich des Art. 2 Abs. 2 Satz 2 GG iVm. Art. 104 Abs. 1 Satz 1 und Abs. 2 GG. Art. 2 Abs. 2 Satz 2 GG schützt die körperliche Bewegungsfreiheit, die gemäß Art. 104 Abs. 1 Satz 1 GG nur auf Grund eines förmlichen Gesetzes und nur unter Beachtung der darin vorgeschriebenen Formen beschränkt werden darf. Indem M in Sicherungsverwahrung gehalten wird, wird ihm die körperliche Bewegungsfreiheit entzogen. Er kann sich nicht dorthin begeben, wo er will, sondern wird am Ort der Sicherungsverwahrung festgehalten.

2. Eingriff. Die Freiheitsentziehung ist gerichtlich angeordnet und beruht auf dem Gesetz über die nachträgliche Anordnung der Sicherungsverwahrung. Es handelt sich damit um eine dem Staat unmittelbar zurechenbare Maßnahme. Ein Grundrechtseingriff liegt vor.

3. Verfassungsrechtliche Rechtfertigung. Der Eingriff ist gerechtfertigt, wenn das zugrunde liegende Gesetz verfassungsgemäß ist und von den Gerichten in verfassungsmäßiger Weise angewendet wurde.

a) Verfassungsmäßigkeit des Gesetzes. Das Gesetz zur Bekämpfung gefährlicher Straftaten müsste formell und materiell verfassungsgemäß sein.

aa) Formelle Verfassungsmäßigkeit. Da die Folgen der Begehung von Straftaten zum Sachbereich des Strafrechts gehören,[66] war der Bundesgesetzgeber gemäß Art. 74 Abs. 1 Nr. 1 GG für den Erlass des Gesetzes zuständig.

bb) Materielle Verfassungsmäßigkeit

(1) Verfassungsrechtliche Anforderungen an die Freiheitsentziehung.[67] Die gesetzliche Anordnung der Sicherungsverwahrung müsste dem Richtervorbehalt des Art. 104 Abs. 2 GG genügen und im Übrigen verhältnismäßig sein.

(a) Richtervorbehalt. An der richterlichen Anordnung der Sicherungsverwahrung hat das Gesetz nichts geändert.

(b) Verhältnismäßigkeit. Die Erleichterungen der Verhängung wie auch die nochmalige gerichtliche Überprüfung vor Beendigung haben das Ziel, die Allgemeinheit vor Hangtätern und Schwerverbrechern zu schützen. Es handelt sich nach dem tradi-

---

66 S. BVerfGE 109, 190 (Ls. 1a): „Zum Strafrecht im Sinne des Art. 74 Abs. 1 Nr. 1 GG gehört die Regelung aller staatlichen Reaktionen auf Straftaten, die an die Straftat anknüpfen, ausschließlich für Straftäter gelten und ihre sachliche Rechtfertigung auch aus der Anlasstat beziehen."

67 Zu den Anforderungen an die Sicherungsverwahrung aus der Unverletzlichkeit der Menschenwürde gemäß Art. 1 Abs. 1 GG s. BVerfGE 109, 133 (149–156).

tionellen zweistufigen Sanktionensystem des deutschen Strafrechts nicht um eine stets an der Schuld auszurichtende Strafe, sondern um eine an der Gefahrenprognose auszurichtende Maßnahme der Gefahrenabwehr. Gefahrenabwehr stellt grundsätzlich ein legitimes Ziel dar. Allerdings sind die Grundrechte des Grundgesetzes völkerrechtsfreundlich auszulegen. Auch wenn die EMRK formal nur den Rang eines Bundesgesetzes hat, ist sie wegen des genannten Grundsatzes als Auslegungshilfe auch für die Auslegung der Grundrechte von Bedeutung. Gefordert ist zwar nicht die Herstellung einer gänzlich parallelen Auslegung, aber doch eine Berücksichtigung der Wertungen der EMRK in der Auslegung des EGMR, soweit dies methodisch möglich und mit dem Grundgesetz vereinbar ist. Daraus folgt, dass die Auslegung des Rechts auf Freiheit gemäß Art. 5 EMRK im Hinblick auf die Beurteilung der Legitimität von Zielen, die mit einer Freiheitsentziehung verfolgt werden, nach Möglichkeit Berücksichtigung finden müssen. Nach Art. 5 EMRK darf die Freiheit nur zu ganz bestimmten, abschließend aufgezählten Zwecken entzogen werden. Nach der Rechtsprechung des EGMR stellt die nachträgliche Anordnung der Sicherungsverwahrung keine rechtmäßige Freiheitsentziehung nach Verurteilung durch ein zuständiges Gericht im Sinne des Art. 5 lit. a) EMRK dar, weil es an dem nötigen unmittelbaren Zusammenhang mit der strafrechtlichen Verurteilung fehlt. Auch als Freiheitsentziehung zur Verhinderung einer Straftat gemäß Art. 5 lit. c) EMRK lässt sich die Sicherungsverwahrung nicht legitimieren, weil durch diese Fallgruppe nur die Abwehr von konkret bevorstehenden Straftaten erfasst sein soll. In Betracht kommt allein eine Freiheitsentziehung wegen psychischer Erkrankung gemäß Art. 5 lit. e) EMRK. Ein legitimer Zweck für eine nachträgliche, nicht bereits unmittelbar mit der Verurteilung verbundene Sicherungsverwahrung liegt also nur vor, wenn dies zur Abwehr von Gefahren, die von psychisch kranken Straftätern ausgehen, erforderlich ist. Dieses Ziel findet in dem Änderungsgesetz keinen Ausdruck. Damit ist das Gesetz zu weit gefasst und schon deshalb verfassungswidrig.

(2) **Vereinbarkeit mit dem rechtsstaatlichen Rückwirkungsverbot.** Die nachträgliche Sicherungsverwahrung könnte zudem gegen das rechtsstaatliche Rückwirkungsverbot verstoßen. In Frage steht insoweit der Wegfall der bisherigen Befristung und die Ersetzung durch eine gerichtliche Überprüfung. Diese Vorschrift kommt auf Täter, die sich zum Zeitpunkt des Inkrafttretens des Gesetzes in Sicherungsverwahrung befinden, zur Anwendung. Dagegen finden die geänderten Anforderungen an die Verhängung der Sicherungsverwahrung keine Anwendung auf Verfahren, die zum Zeitpunkt des Inkrafttretens der Gesetzesänderung laufen oder auf Taten, die zu diesem Zeitpunkt bereits begangen waren. Diese Änderung erfasst nur Taten, die nach der Gesetzesänderung begangen werden. Insoweit liegt also keine Rückwirkung vor.

(a) **Anwendbarkeit von Art. 103 Abs. 2 GG.** Ein spezielles und striktes Rückwirkungsverbot enthält Art. 103 Abs. 2 GG, wonach eine Tat nur bestraft werden kann, wenn die Strafbarkeit gesetzlich bestimmt war, bevor die Tat begangen wurde. Fraglich ist, ob diese Vorschrift auf die Aufhebung der Befristung der Sicherungsverwahrung zur Anwendung kommt. Fest steht, dass etwa die Verlängerung einer Mindestfreiheitsstrafe für eine Straftat allein für zukünftige Taten Geltung beanspruchen darf. Es kommt also entscheidend darauf an, ob die Sicherungsverwahrung Teil der Strafe und der Strafbarkeit im Sinne des Art. 103 Abs. 2 GG ist. Bei der Auslegung ist einerseits zu berücksichtigen, dass die Sicherungsverwahrung aus der Sicht des Täters durchaus als Strafe empfunden wird. Auf der anderen Seite wird mit der Sicherungsverwahrung nicht das Ziel schuldangemessener Bestrafung verfolgt, sondern es wird der Schutz der Allgemeinheit vor besonders gefährlichen Hang- und Wiederholungstätern bezweckt. Die Sicherungsverwahrung ist nicht Teil der Strafe und Rechtsfolge der Verwirklichung des Straftatbestands, sondern sie knüpft erst an weitere Tatbestandsmerkmale an und ist eine Maßregel der Besserung und Sicherung mit vorwiegend präventivem Zweck.

Das strikte Rückwirkungsverbot steht im Zusammenhang mit dem in der Garantie der Menschenwürde verankerten Gebot des schuldangemessenen Strafens. Täter sollen bei der Begehung der Tat um die Strafbarkeit ihres Handelns wissen. Dieses Handeln wider besseres Wissen rechtfertigt erst den staatlichen Strafanspruch. Die Sicherungsverwahrung bezieht sich dagegen auf die Einschätzung der jeweils aktuellen Gefährlichkeit eines Täters. Diese kann sich in der Zeit ändern, wie auch bessere Erkenntnis neue Möglichkeiten des Maßregelvollzugs eröffnen kann. Da die Sicherungsverwahrung als Maßregel der Besserung und Sicherung außerhalb des unmittelbaren Zusammenhangs von Tat, Schuld und Strafe angesiedelt ist, kommt Art. 103 Abs. 2 GG nicht zur Anwendung. Diese Auslegung steht nicht im Widerspruch zur kompetenzrechtlichen Bedeutung des Begriffs „Strafrecht" in Art. 74 Abs. 1 Nr. 1 GG, der die Maßregeln der Besserung und Sicherung als zweite Spur des Sanktionensystems umfasst. „Dieser Bedeutungsunterschied beruht auf den verschiedenen Zwecken beider Grundgesetzbestimmungen. Art. 103 Abs. 2 GG ... hat freiheitsgewährleistende Funktion. ... Art. 74 Abs. 1 Nr. 1 GG (regelt) ... die Aufteilung der Gesetzgebungsbefugnisse zwischen Bund und Ländern."[68]

Allerdings hat der EGMR Art. 7 Abs. 1 Satz 2 EMRK, wonach keine schwerere als die zur Zeit der Begehung angedrohte Strafe verhängt werden darf, auf die nachträglich angeordnete Sicherungsverwahrung zur Anwendung gebracht und damit die Sicherungsverwahrung als Strafe im Sinne des Art. 7 EMRK angesehen. Wie bereits dargelegt, fordert der Grundsatz der Völkerrechtsfreundlichkeit jedoch keine schematische Auslegungsparallelität vergleichbarer Grundrechte und Rechtsgarantien. Auch der EGMR betont, dass der Begriff der Strafe gemäß Art. 7 EMRK autonom auszulegen sei. Es ist somit nicht gefordert, den Begriff der Strafe in Art. 103 Abs. 2 GG an Art. 7 EMRK anzupassen, sondern nur den Wertungen, die der EGMR in Bezug auf die Garantie des Art. 7 EMRK vornimmt, in einer dem GG gemäßen Weise Rechnung zu tragen. Da Art. 103 Abs. 2 GG eine spezielle, aber nicht die einzige Ausprägung des Vertrauensschutzes darstellt, kann den Wertungen der EMRK auch im Rahmen des allgemeinen verfassungsrechtlichen Vertrauensschutzes Rechnung getragen werden.

(**b**) **Allgemeiner Vertrauensschutz.** Vertrauen in den Bestand der Rechtslage ist vom Rechtsstaatsprinzip umfasst und nach Maßgabe des Verhältnismäßigkeitsgrundsatzes für einzelne Betroffene als subjektives Recht auf der Grundlage des jeweils betroffenen Grundrechts, hier Art. 2 Abs. 2 Satz 2 GG, einklagbar.

(**aa**) **Inhalt des Rückwirkungsverbots.** Geschützt ist das Vertrauen in die Verlässlichkeit der Rechtsordnung, nicht aber die schlichte Erwartung, das geltende Recht werde unverändert fortbestehen. „Eine Rechtsnorm entfaltet dann Rückwirkung, wenn der Beginn ihrer zeitlichen Anwendung auf einen Zeitpunkt festgelegt ist, zu dem die Norm rechtlich existent, das heißt gültig geworden ist. ... Die Anordnung, eine Rechtsfolge solle schon für einen vor dem Zeitpunkt der Verkündung der Norm liegenden Zeitraum eintreten (Rückbewirkung von Rechtsfolgen, ‚echte' Rückwirkung), ist grundsätzlich unzulässig. ... Demgegenüber betrifft die tatbestandliche Rückanknüpfung (‚unechte' Rückwirkung) nicht den zeitlichen, sondern den sachlichen Anwendungsbereich einer Norm. Die Rechtsfolgen treten erst nach Verkündung der Norm ein, ihr Tatbestand erfasst aber Sachverhalte, die bereits vor der Verkündung ‚ins Werk gesetzt' worden sind."[69] In diesen Fällen ist ein verhältnismäßiger Ausgleich zwischen der Notwendigkeit, die Rechtsfolgen auch bereits bestehen-

68 BVerfGE 109, 133 (170).
69 BVerfGE 109, 133 (181).

der Tatbestände an veränderte Gegebenheiten anzupassen, und dem Vertrauen in den Fortbestand der Rechtslage zu treffen.
(bb) **Anwendung auf den Fall.** Zunächst ist der Wegfall der Befristung bei erstmaliger Sicherungsverwahrung einer der Rückwirkungskonstellationen zuzuordnen. Es ließe sich argumentieren, dass es auf den Zeitpunkt der Verhängung der Sicherungsverwahrung ankommt, so dass eine Tatfolge mit echter Rückwirkung ausgetauscht würde. Dem lässt sich jedoch entgegenhalten, dass im Urteil allein die Sicherungsverwahrung angeordnet wurde und wird, der Ausspruch jedoch nichts über die Dauer oder die Überprüfung besagt, die gesetzlich bestimmt und auch nicht Sache des Tatgerichts, sondern des Strafvollstreckungsgerichts ist. Vor diesem Hintergrund wird eine Rechtsfolge in Bezug auf den Tatbestand einer bestehenden Sicherungsverwahrung geändert.[70] Diese Sichtweise wird bestätigt, wenn man bedenkt, dass durch den Wegfall der Frist das Ende der Sicherungsverwahrung betroffen ist und die Neuregelung nur solche Zeitpunkte der Beendigung erfasst, die nach dem Datum ihres Inkrafttretens liegen. Es handelt sich somit um eine tatbestandliche Rückanknüpfung. Abzuwägen ist das Vertrauen des Einzelnen auf den Fortbestand der bisherigen Regelung mit den durch die Änderung verfolgten Zielen. In Bezug auf die Legitimität der verfolgten Ziele wie auch auf die Eignung sind die Wertungen zu berücksichtigen, die sich aus Art. 7 Abs. 1 EMRK in der Auslegung durch den EGMR ergeben. Hiernach ist die mit der Sicherungsanordnung verfolgte Gefahrenabwehr durchaus ein legitimes Ziel. Jedoch muss sich dieses von der Strafe als Vergeltung von Schuld auch in der Art und Weise des Vollzugs in relevanter Weise abheben. Insbesondere muss der Vollzug der Sicherungsverwahrung in aktiver und gezielter Weise auf die Resozialsierung des Sicherungsverwahrten hinwirken. Da das Gesetz keine Vorkehrungen enthält, um diesem Abstandsgebot zwischen Strafvollzug und Sicherungsverwahrung gerecht zu werden, ist es hinsichtlich der Verfolgung seines Ziels ungeeignet und schon aus diesem Grund verfassungswidrig.
b) Verfassungsmäßigkeit der Gerichtsentscheidungen. Da die Gerichtsentscheidungen auf einem verfassungswidrigen Gesetz beruhen, sind sie ihrerseits verfassungswidrig.

III. Ergebnis

Das Gesetz zur Bekämpfung gefährlicher Straftaten und die darauf beruhenden Gerichtsentscheidungen sind verfassungswidrig. (Angesichts der erheblichen Gefahren, die sich aus der Freilassung von Sicherungsverwahrten ergeben können, hat das Bundesverfassungsgericht eine Übergangsregelung in Anlehnung an das Therapieunterbringungsgesetz unter Berücksichtigung der Wertungen der EMRK angeordnet und in den streitigen Fällen die Sache unter Aufhebung der angegriffenen Entscheidungen zur Neuentscheidung nach Maßgabe des Übergangsrechts an die zuständigen Gerichte zurückverwiesen.)

2. Kapitel: Demokratie

Fall 13: Mitbestimmung des Personalrats

Im Bundesland BL ist eine Reform des Gesetzes über die Mitbestimmung der Personalräte im öffentlichen Dienst geplant. Die Mitbestimmung soll deutlich verstärkt werden.

---

70 Dies findet Bestätigung in § 2 Abs. 6 StGB, in dem bestimmt ist, dass für Maßregeln der Besserung und Sicherung grundsätzlich das Recht zum Zeitpunkt der Entscheidung über derartige Maßregeln zur Anwendung kommt.

Die wesentlichen Bestimmungen lauten:

§ 1 Der Personalrat bestimmt mit bei allen personellen, sozialen, organisatorischen und sonstigen innerdienstlichen Maßnahmen, die die Beschäftigten der Dienststelle insgesamt, Gruppen von ihnen oder einen Beschäftigten betreffen oder sich auf sie auswirken ... Die Mitbestimmung entfällt bei personellen Maßnahmen für Beamte der Besoldungsordnung B, beim Erlass von Rechtsvorschriften sowie bei Organisationsentscheidungen auf verfassungsrechtlicher Grundlage. Sie entfällt auch bei Weisungen an einzelne oder mehrere Beschäftigte, welche die Erledigung dienstlicher Obliegenheiten oder zu leistender Aufgaben regeln.

§ 2 In Streitfällen zwischen Dienststelle und Personalrat entscheidet eine paritätisch besetzte Einigungsstelle.

Die Vereinbarkeit des Gesetzes mit dem Grundgesetz ist zu prüfen.[1]

Das Organisationsprinzip der Demokratie erlaubt große Vielfalt, weshalb es ohne Kennt- **666a**
nis der jeweiligen verfassungsrechtlichen Konkretisierungen kaum zum Verständnis einer konkreten staatlichen Ordnung beiträgt. Wesentlich ist die Rückbeziehung auf das **Volk als Legitimationsgrundlage.**[2]

2.1 Rückbezug auf die Konkretisierungen im Grundgesetz

Die Konkretisierungen im Grundgesetz, die das Demokratieprinzip des Art. 20 GG zu **667**
einer **repräsentativen, parlamentarischen,** zudem **liberal-rechtsstaatlichen Parteien- und Kanzlerdemokratie** ausprägen, finden sich insbesondere in Art. 21, 38 ff., 63 und 67 f. sowie 76 ff. GG.[3] Kennzeichnend für demokratische Entscheidungsverfahren ist das Mehrheitsprinzip, das gegenüber dem Entscheidungsmodus der Einstimmigkeit den Vorteil der Praktikabilität, gegenüber dem Losverfahren den Vorteil größerer Rationalität aufweist. Rechtsstaatlichen Einflüssen ist die Begrenzung des Mehrheitsprinzips durch den Gedanken des Minderheitenschutzes zu verdanken.

2.2 Formen der Vermittlung demokratischer Legitimation

Ausführlich dargelegt worden ist bereits die Bedeutung des Demokratieprinzips für die **668**
Geltung und Reichweite des Gesetzes- und Parlamentsvorbehalts.[4] Darüber hinaus ergeben sich aus dem Demokratieprinzip Anforderungen an die **demokratische Legitimation für alle staatlichen Handlungen mit Entscheidungscharakter**. „Dies gilt gleichermaßen für Entscheidungen, die unmittelbar nach außen wirken, wie auch für solche, die nur behördenintern die Voraussetzungen für die Wahrnehmung der Amtsaufgaben schaffen, sowie für die Wahrnehmung von Mitentscheidungsbefugnissen ...“.[5] Es lassen sich unterschiedliche Formen der Vermittlung demokratischer Legitimation vom Volk zum jeweiligen Entscheidungsträger unterscheiden: die **personelle Legitimation** (Wahl des Entscheidungsträgers, Berufung bzw. Ernennung des Entscheidungsträgers durch gewählte Personen), die **sachlich-inhaltliche Legitimation** (gesetzliche oder sonstige verbindliche Vorgaben für den Entscheidungsinhalt), die **institutionelle und funktionelle Legitimation** (Einsetzung einer Institution für eine bestimmte Aufgabe durch die Verfas-

1 Da es sich um ein Landesgesetz handelt, ist auch die Überprüfung am Maßstab der Landesverfassung möglich, hier jedoch nicht Gegenstand.

2 S. dazu oben Rn. 70.

3 S. dazu oben Rn. 91 ff. und 128 ff. sowie Rn. 331 ff. und Rn. 359 ff.

4 S. oben Rn. 212 ff. sowie Rn. 422.

5 BVerfGE 107, 59 (87) – *Wasserverband Lippe* mwN. S. auch schon grundlegend BVerfGE 9, 268 (281 ff.) – *Erftverband*; 83, 60 (73) – *Ausländerwahlrecht II*; 93, 37 (68) – *Mitbestimmung des Personalrats.*

sung oder ein verfassungsmäßiges Gesetz).[6] „Für die Beurteilung, ob ein hinreichender Gehalt an demokratischer Legitimation erreicht wird, haben die in der Rechtsprechung des Bundesverfassungsgerichts und in der Literatur unterschiedenen Formen der ... Legitimation nicht je für sich Bedeutung, sondern nur in ihrem Zusammenwirken. Aus verfassungsrechtlicher Sicht entscheidend ist nicht die Form der demokratischen Legitimation staatlichen Handelns, sondern deren Effektivität; notwendig ist ein bestimmtes **Legitimationsniveau**."[7]

Diese aus dem Demokratieprinzip abgeleiteten Anforderungen haben in der Rechtsprechung bisher insbesondere eine Rolle gespielt für die Beurteilung der Entscheidungsbefugnisse von Verbänden der funktionalen Selbstverwaltung wie etwa Wasserverbänden mit Wirkung für Nichtmitglieder,[8] sowie für die Frage, wie weit die Mitbestimmung von Personalvertretungen im öffentlichen Dienst reichen darf.[9] In neuerer Zeit wurden gegen die unionsrechtlich vorgeschriebenen unabhängigen Regulierungs- und Datenschutzbehörden unter dem Gesichtspunkt hinreichender demokratischer Legitimation Bedenken erhoben.[10] Der EuGH entschied in einem Vertragsverletzungsverfahren gegen die Bundesrepublik Deutschland, dass diese gegen das in Art. 28 Abs. 1 UAbs. 2 der Datenschutzrichtlinie[11] enthaltene Gebot völliger Unabhängigkeit der Datenschutzbeauftragten verstoßen hat, indem sie diese Stellen in Bezug auf ihre Tätigkeit gegenüber privaten Stellen der Rechtsaufsicht unterworfen hatte. Eine auf das Demokratieprinzip gestützte Rechtfertigung akzeptierte der EuGH nicht: „Dieser Grundsatz bedeutet nicht, dass es außerhalb des klassischen hierarchischen Verwaltungsaufbaus keine öffentlichen Stellen geben kann, die von der Regierung mehr oder weniger unabhängig sind. Das Bestehen und die Bedingungen für das Funktionieren solcher Stellen sind in den Mitgliedstaaten durch Gesetz und in einigen Mitgliedstaaten sogar in der Verfassung geregelt, und diese Stellen sind an das Gesetz gebunden und unterliegen der Kontrolle durch die zuständigen Gerichte. Solche unabhängigen öffentlichen Stellen, wie es sie im Übrigen auch im deutschen Rechtssystem gibt, haben häufig Regulierungsfunktion oder nehmen Aufgaben wahr, die der politischen Einflussnahme entzogen sein müssen, bleiben dabei aber an das Gesetz gebunden und der Kontrolle durch die zuständigen Gerichte unterworfen. Eben dies ist bei den Aufgaben der Kontrollstellen für den Schutz natürlicher Personen bei der Verarbeitung personenbezogener Daten der Fall." Des Weiteren wies der EuGH darauf hin, dass zur Erhöhung der demokratischen Legitimation „das Leitungspersonal der Kontrollstellen vom Parlament oder der Regierung bestellt werden" kann, dass „der Gesetzgeber die Kompetenzen der Kontrollstellen festlegen" und zudem diese verpflichten kann, „dem Parlament Rechenschaft über ihre Tätigkeiten abzulegen".[12] In einer neueren Entscheidung hat das Bundesverfassungsgericht die Aufsicht der unabhängigen Europäischen Zentralbank über Kreditanstalten aufgrund von Rechtsschutzmöglichkeiten sowie Rechenschafts- und Berichtspflichten gegenüber dem

6 S. dazu *E.-W. Böckenförde*, Demokratie als Verfassungsprinzip, HStR II, 3. Aufl. 2004, § 24 Rn. 14 ff. mwN.

7 BVerfGE 107, 59 (87) – *Wasserverband Lippe;* 151, 202 Rn. 129 ff. – *Europäische Bankenunion*. S. dazu *J. Becker*, Das Demokratieprinzip und die Mitwirkung Privater an der Erfüllung öffentlicher Aufgaben, DÖV 2004, 910.

8 BVerfGE 9, 268 ff.; 107, 59 ff.; zum Problem der Mitwirkung von Privaten in Zweckverbänden und Demokratieprinzip s. *M. Stork*, DVBl. 2011, 69 ff.

9 BVerfGE 83, 60 – *Ausländerwahlrecht*.

10 S. zum Problem *B. Holznagel/P. Schumacher*, Zur Vereinbarkeit unabhängiger Regulierungsbehörden mit dem Demokratieprinzip, Jura 2012, 501 ff.; *K. Faßbender*, Die Umsetzung der EG-Datenschutzrichtlinie als Nagelprobe für das Demokratieprinzip deutscher Prägung, RDV 2009, 96 ff.

11 Richtlinie 95/46/EG des Europäischen Parlaments und des Rates vom 24. Oktober 1995 zum Schutz natürlicher Personen bei der Verarbeitung personenbezogener Daten und zum freien Datenverkehr, Amtsblatt Nr. L 281 vom 23/11/1995 S. 0031–0050. Inzwischen wurde die Richtlinie durch die Datenschutz-Grundverordnung ersetzt. Sie regelt die Unabhängigkeit in Art. 51.

12 EuGH, Rs. C-518/07, Slg. 2010, I-1885 Rn. 42 ff.

Rat, dem Europäischen Parlament, der Kommission und der Euro-Gruppe sowie gegenüber den nationalen Parlamenten als noch hinreichende Legitimation akzeptiert.[13]

Weitere Formen der Vermittlung von Legitimation, die als Bezugspunkt allerdings nicht das Volk, sondern die einzelnen Individuen haben, sind **Transparenz** des hoheitlichen Handelns sowie Beteiligung (**Partizipation**) der Betroffenen am Entscheidungsprozess. Die Gebote von Transparenz und Partizipation werden vor allem aus dem europäischen und internationalen Recht an das deutsche öffentliche Recht herangetragen.[14] 669

Rechtsprechung: BVerfGE 93, 37 – Einigungsstelle; 107, 59 – Wasserverband Lippe; 151, 202 – Europäische Bankenunion; EuGH, Slg. 2010, I-1885 – unabhängiger Datenschutzbeauftragter.

Literatur: *H. Dreier,* Das Demokratieprinzip des Grundgesetzes, Jura 1997, 249; *B. Holznagel/P. Schumacher,* Zur Vereinbarkeit unabhängiger Regulierungsbehörden mit dem Demokratieprinzip, Jura 2012, 501; *B. Pieroth,* Das Demokratieprinzip des Grundgesetzes, JuS 2010, 473; *U.J. Schröder,* Das Demokratieprinzip des Grundgesetzes, JA 2017, 809; *C. Sennekamp,* Demokratieprinzip und Selbstverwaltung der Justiz, NVwZ 2010, 213.

Lösung zu Fall 13: Mitbestimmung des Personalrats[15]

Die Verfassungsmäßigkeit des Gesetzes in formeller und materieller Hinsicht ist zu prüfen.

1. Formelle Verfassungsmäßigkeit. Das Bundesland müsste zur Regelung der Mitbestimmung im öffentlichen Dienst befugt sein. Nach Art. 70 GG haben die Länder das Recht der Gesetzgebung, soweit das Grundgesetz nicht dem Bund die Befugnis verleiht. Der Bund hat nach Art. 73 Abs. 1 Nr. 8 GG die ausschließliche Gesetzgebung über die Rechtsverhältnisse der im Dienste des Bundes stehenden Personen. Das Gesetz bezieht sich jedoch auf die Mitbestimmung in der Landesverwaltung. Insoweit steht dem Bund nach Art. 74 Abs. 1 Nr. 27 GG die konkurrierende Gesetzgebung nur hinsichtlich der Statusrechte und -pflichten zu. Statusbezogen sind insbesondere die Regelungen über die Begründung und Beendigung des Beamtenverhältnisses. Das Recht der Mitbestimmung im öffentlichen Dienst ist nicht statusbezogen. Anknüpfungspunkte für ungeschriebene Bundeskompetenzen sind nicht ersichtlich. Mangels Gesetzgebungskompetenz des Bundes ist das Land zur Gesetzgebung befugt.

2. Materielle Verfassungsmäßigkeit. Angesichts der Weite der Mitbestimmung in organisatorischen und anderen die Landesverwaltung betreffenden Fragen ist zu prüfen, ob die Grenze zwischen der berechtigten Interessenvertretung und der im Lichte

---

13 BVerfGE 151, 202, zum Maßstab Rn. 127 ff., zur Subsumtion Rn. 208 ff.

14 S. zB. Umweltinformationsgesetz (UIG) vom 22. Dezember 2004 (BGBl. I, S. 3704 – zur Umsetzung der Richtlinie 2003/4/EG v. 28. Januar 2003 über den Zugang der Öffentlichkeit zu Umweltinformationen, ABl. EU Nr. L 41, 26). Gesetz über die Umweltverträglichkeitsprüfung (UVPG) in der Neufassung v. 25. Juni 2005 (BGBl. I, S. 1757, 2797 – zur Umsetzung der Richtlinie 85/337/EWG v. 27. Juni 1985 über die Umweltverträglichkeitsprüfung bei bestimmten öffentlichen und privaten Projekten, ABl. Nr. L 175, 40, der RL 97/11/EG v. 3. März 1997 zur Änderung dieser RL, ABl. Nr. L 73, 5, der RL 2001/42/EG v. 27. Juni 2001 über die Prüfung der Umweltauswirkungen bestimmter Pläne und Programme, ABl. Nr. L 197, 30 sowie von Art. 3 RL 2003/35/EG v. 26. Mai 2003 über die Beteiligung der Öffentlichkeit bei der Ausarbeitung bestimmter umweltbezogener Pläne und Programme und zur Änderung der RL 85/337/EWG und RL 96/61/EG in Bezug auf die Öffentlichkeitsbeteiligung und den Zugang zu Gerichten, ABl. Nr. L 156, 17). Vgl. für den völkerrechtlichen Hintergrund: Übereinkommen vom 25. Juni 1998 über den Zugang zu Informationen, die Öffentlichkeitsbeteiligung an Entscheidungsverfahren und den Zugang zu Gerichten in Umweltangelegenheiten, BGBl. 2006 II, 1251 (s. Aarhus-Konvention) und Übereinkommen vom 25.2.1991 über die Umweltverträglichkeitsprüfung im grenzüberschreitendem Rahmen in der Fassung vom 27. Februar 2001, BGBl. II 2002, S. 1406 (Espoo-Konvention).

15 BVerfGE 93, 37 ff. – *Mitbestimmung des Personalrats.*

des Demokratieprinzips unberechtigten Mitsteuerung der Verwaltung überschritten ist.

a) **Geltung und Inhalt des Demokratieprinzips.** Gemäß Art. 28 Abs. 1 Satz 1 GG muss die verfassungsmäßige Ordnung in den Ländern den Grundsätzen des demokratischen Rechtsstaats entsprechen. Art. 20 Abs. 1 und 2 GG enthalten die Grundlagen des Demokratieprinzips im Sinne des Grundgesetzes. Danach übt das Volk die Staatsgewalt durch besondere Organe der Gesetzgebung, der vollziehenden Gewalt und der Rechtsprechung aus. „Dies verlangt, dass das Volk einen effektiven Einfluss auf die Ausübung der Staatsgewalt durch diese Organe hat. Deren Akte müssen sich auf den Willen des Volkes zurückführen lassen und ihm gegenüber verantwortet werden. Dieser Zurechnungszusammenhang zwischen Volk und staatlicher Herrschaft wird vor allem durch die Wahl des Parlaments, durch die von ihm beschlossenen Gesetze als Maßstab der vollziehenden Gewalt, durch den parlamentarischen Einfluss auf die Politik der Regierung sowie durch die grundsätzliche Weisungsgebundenheit der Verwaltung gegenüber der Regierung hergestellt."[16] Insgesamt muss alles staatliche Handeln auf einem ausreichenden demokratischen Legitimationsniveau beruhen. Die vollziehende Gewalt ist demokratisch legitimiert, wenn sich die Bestellung der Amtsträger zumindest mittelbar auf das Staatsvolk zurückführen lässt und ihr Handeln zudem über eine ausreichende inhaltliche Legitimation verfügt. „Dies setzt voraus, dass die Amtsträger im Auftrag und nach Weisung der Regierung – ohne Bindung an die Willensentschließung einer außerhalb parlamentarischer Verantwortung stehenden Stelle – handeln können und die Regierung damit in die Lage versetzen, die Sachverantwortung gegenüber Volk und Parlament zu übernehmen."[17] „Als Ausübung von Staatsgewalt, die demokratischer Legitimation bedarf, stellt sich jedenfalls alles amtliche Handeln mit Entscheidungscharakter dar. Es kommt nicht darauf an, ob es unmittelbar nach außen wirkt oder nur behördenintern die Voraussetzungen für die Wahrnehmung der Amtsaufgaben schafft. Auch solche Entscheidungen bedürfen daher demokratischer Legitimation."[18]

b) **Demokratieprinzip und Mitbestimmung.** Bei rein innerdienstlichen Maßnahmen ist es allerdings zulässig, dass der Staat seinen Beschäftigten Beteiligungsrechte zur Wahrung ihrer Belange und zur Mitgestaltung der Arbeitsbedingungen einräumt. „Solche Beteiligungsrechte sind mit dem Demokratieprinzip vereinbar, solange sie nicht den Grundsatz berühren, dass alle der Staatsgewalt Unterworfenen den gleichen Einfluss auf die Ausübung von Staatsgewalt haben müssen und deshalb Bürgern, die von einer bestimmten Ausübung von Staatsgewalt individuell betroffen sind, keine besonderen Mitentscheidungsbefugnisse eingeräumt werden dürfen."[19] Daraus folgt, dass „die Mitbestimmung sich einerseits nur auf innerdienstliche Maßnahmen erstrecken und nur so weit gehen darf, als die spezifischen in dem Beschäftigungsverhältnis angelegten Interessen der Angehörigen der Dienststelle sie rechtfertigen (Schutzzweckgrenze). Andererseits verlangt das Demokratieprinzip für die Ausübung von Staatsgewalt bei Entscheidungen von Bedeutung für die Erfüllung des Amtsauftrages jedenfalls, dass die Letztentscheidungsbefugnis eines dem Parlament verantwortlichen Verwaltungsträgers gesichert ist (Verantwortungsgrenze)."[20] Hieraus ergibt sich die Notwendigkeit einer abgestuften Mitbestimmung, je nachdem wie intensiv nur das Binnen- und Beschäftigungsverhältnis oder aber auch die Wahrnehmung des Amtsauftrags berührt ist.

16 BVerfGE 93, 37 (66).
17 BVerfGE 93, 37 (67).
18 BVerfGE 93, 37 (68).
19 BVerfGE 93, 37 (69).
20 BVerfGE 93, 37 (70).

c) **Anwendung auf den Fall.** Die vorgesehene Reform der Mitbestimmung im Bundesland BL erlaubt eine Mitbestimmung des Personalrats als Interessenvertretung der Beschäftigten, die insbesondere im Bereich der personellen und organisatorischen Entscheidungen außerordentlich weitreichend ist und keine Differenzierung nach den Auswirkungen auf die Wahrnehmung des Amtsauftrags vorsieht. Im Streitfall liegt die Letztentscheidung nicht bei einem ausschließlich demokratisch legitimierten Gremium. Vielmehr ist die Einigungsstelle zur Hälfte ausschließlich durch die Beschäftigten legitimiert. Damit geraten die personellen und organisatorischen Voraussetzungen der Wahrnehmung des Amtsauftrags unter die gleichberechtigte Mitbestimmung der Beschäftigtenvertreter. Dies übersteigt den legitimen Schutzzweck der Personalratsmitbestimmung. Außerdem ist die erforderliche Letztverantwortung durch einen ausschließlich dem Parlament verantwortlichen Verwaltungsträger nicht sichergestellt.
Das Reformvorhaben verstößt daher in Bezug auf das Demokratieprinzip gegen das Homogenitätsgebot des Art. 28 Abs. 1 Satz 1 GG.
3. Ergebnis. Das Gesetz ist wegen Verstoßes gegen Art. 28 Abs. 1 Satz 1 iVm. Art. 20 Abs. 1 und 2 GG verfassungswidrig.

3. Kapitel: Sozialstaat

3.1 Historisches

Die Entstehung des Sozialstaats ist eng mit der Industrialisierung im ausgehenden 19. Jahrhundert verknüpft, die zunächst zu sozialem Elend in ungeheurem Ausmaß führte. Immerhin wurde in Deutschland schon früher als in anderen Ländern mit der Absicherung der sozialen Grundrisiken begonnen, nämlich durch die **Bismarck'sche Sozialgesetzgebung**, welche die Krankenversicherung für Arbeiter (1883), die Unfallversicherung (1884) und die Invaliditäts- und Altersversicherung (1885) einführte, die 1911 in der **Reichsversicherungsordnung** zusammengefasst wurden.[1] Die Mitwirkung des Staates an der Befriedigung elementarer materieller Bedürfnisse gewann noch an Bedeutung mit dem allgemeinen Wahlrecht. Die Weimarer Reichsverfassung enthielt insbesondere in dem Abschnitt „Das Wirtschaftsleben" in den Art. 151 ff. WRV Regelungen in Bezug auf soziale Fragen. Erst das Grundgesetz verwendet aber den Begriff des Sozialstaats, namentlich in Art. 20 Abs. 1, Art. 23 Abs. 1 Satz 1 und Art. 28 Abs. 1 Satz 1 GG. 670

3.2 Inhalt

Inhaltlich umfasst das Sozialstaatsprinzip das Recht und die Pflicht des Staates zur **Sozialgestaltung** insbesondere im Bereich der sozialen Sicherheit (Sozialversicherungsrecht)[2], der **Unterstützung Hilfsbedürftiger** (Sozialhilferecht) und der **Daseinsvorsorge.** Hierbei hat er „für einen **Ausgleich der sozialen Gegensätze** und damit für eine gerechte Sozialordnung zu sorgen".[3] Das Sozialgesetzbuch Allgemeiner Teil nennt als Ziel in § 1 Abs. 1 die Verwirklichung sozialer Gerechtigkeit und sozialer Sicherheit. 671

Mit seinem Bekenntnis zum Sozialstaat enthält das Grundgesetz einen **Auftrag an den Staat** zu aktiver Gestaltung der Sozialordnung, die in erster Linie den Gesetzgeber 672

1 Zur geschichtlichen Entwicklung: *V. Hentschel*, Geschichte der deutschen Sozialpolitik 1880–1980, 1983.
2 S. hierzu und zu verfassungsrechtlichen Grenzen ihrer Reformierung *T. Hebeler*, Grundlegende Rechtsfragen der Finanzierungskrise des deutschen Sozialstaates, Jura 2005, 17 ff.
3 BVerfGE 93, 121 (163) – *Vermögensteuer.*

trifft.[4] Gesetzgebungskompetenzen hat der Bundesgesetzgeber insoweit zB. in Art. 74 Abs. 1 Nr. 7 (öffentliche Fürsorge), Nr. 12 (Sozialversicherung einschließlich der Arbeitslosenversicherung), Nr. 13 (Ausbildungsbeihilfen). Dem Auftrag und der Kompetenz zum staatlichen Tätigwerden korrespondiert **in der Regel kein Individualanspruch** einzelner Privatpersonen. „Nur wenn der Gesetzgeber die Pflicht willkürlich, dh. ohne sachlichen Grund versäumte, könnte möglicherweise dem Einzelnen hieraus ein mit der Verfassungsbeschwerde verfolgbarer Anspruch erwachsen."[5]

673 Gibt es grundsätzlich keinen Anspruch auf Tätigwerden des Gesetzgebers, stellt sich die Frage, ob das Sozialstaatsprinzip selbst als Anspruchsgrundlage für staatliche Leistungen herhalten kann, wenn entsprechende Gesetze fehlen.[6] Für die Sozialleistungsbereiche der 13 Sozialgesetzbücher verneint dies § 31 SGB I ausdrücklich. Aber auch die höchstrichterliche Rechtsprechung ist zurückhaltend.[7] Der Grund liegt in der **Konkretisierungsbedürftigkeit von Sozialleistungsansprüchen**,[8] in deren Finanzwirksamkeit, die die **Budgethoheit** des Parlaments berührt und in deren nicht nur begünstigenden, sondern auch belastenden Grundrechtswirkungen. Würde die Rechtsprechung unmittelbar aus dem Sozialstaatsprinzip Sozialleistungsansprüche ableiten, ginge damit zudem eine Verschiebung von parlamentarischen Aufgaben auf die Justiz und Verwaltung einher, die dem **Gewaltenteilungsgrundsatz** widerspricht. Allein das für die Führung eines menschenwürdigen Lebens notwendige **Existenzminimum** ist unmittelbar von Verfassung wegen garantiert, wobei insoweit das Sozialstaatsprinzip durch den Menschenwürdeschutz konkretisiert und verstärkt wird.[9]
Die Verneinung eines verfassungsunmittelbaren Anspruchs bedeutet nicht, dass der Gesetzgeber ungestraft untätig bleiben kann. Die Sanktionen hält der politische Prozess bereit: Will eine Regierung und die sie tragende Parlamentsmehrheit wiedergewählt werden, muss sie von ihren Kompetenzen zum Erlass von Gesetzen zur Herstellung sozialer Gerechtigkeit Gebrauch machen. Die Wirksamkeit des demokratischen Prozesses zur Verwirklichung des Sozialstaates zeigt sich an der kaum mehr überschaubaren Zahl von leistungsgewährenden Gesetzen[10] und dem Umfang der Sozialverwaltung. Besondere sozialstaatliche Aufgaben trafen den Staat zudem im Zuge der Kriegsfolgenbewältigung sowie der Wiedervereinigung. Die Auslegung und Anwendung sozialstaatlicher Gesetze hat im Lichte des Sozialstaatsprinzips ggf. in Verbindung mit Grundrechten zu erfolgen.[11]

---

4 BVerfGE 1, 97 (105) – *Kriegerwitwe*. S. dazu *H. Goerlich/J. Dietrich*, Fürsorgerisches Ermessen und legislative Gestaltungsfreiheit, Jura 1992, 676 ff.

5 BVerfGE 1, 97 (105).

6 Allgemein zur Problematik sog. originärer Leistungsansprüche, s. *W. Heintschel von Heinegg/U. Haltern*, Grundrechte als Leistungsansprüche gegenüber dem Staat, JA 1995, 333 (339 ff.), speziell zum Sozialstaatsprinzip, *ebenda*, S. 342.

7 BVerfGE 27, 253 (283) – *Besatzungsschäden*; 41, 126 (153) – *Reparationsschäden*; 84, 90 ff. – *Bodenreform in der SBZ*. Vgl. BVerfGE 94, 241 (263) – *Kindererziehungszeiten*: „Angesichts der Weite und Unbestimmtheit dieses Grundsatzes lässt sich daraus jedoch regelmäßig kein Gebot entnehmen, soziale Leistungen in einem bestimmten Umfang zu gewähren."

8 BVerfGE 59, 231 (263) – *Arbeitsverhältnis der freien Mitarbeiter bei Rundfunkanstalten*; so auch zum Umfang des Leistungsanspruchs auf Sicherung des Existenzminimums in BVerfGE 132, 134 (Rn. 65) – *Asylbewerberleistungsgesetz* sowie 125, 175 (224) – *Hartz IV*.

9 BVerwGE 1, 159 (161) – *öffentliche Fürsorge*; BVerfGE 40, 121 (131) – *Waisenrente*; 91, 93 (113) – *Kindergeld*; 120, 125 (154 f.) – *steuerliche Verschonung des Existenzminimums*; 125, 175 (222) – *Hartz IV*; 132, 134 (Rn. 62) – *Asylbewerberleistungsgesetz*.

10 Altersrenten, Witwenrenten, Kinder- und Waisengeld, Gesundheitsleistungen, Pflegeversicherung, Sparförderung, Arbeits- und Berufsförderung.

11 S. dazu exemplarisch BVerfGE, 115, 25 ff. – *Nikolausbeschluss* zur Pflicht der gesetzlichen Krankenversicherung unter bestimmten Umständen Leistungen für nicht anerkannte Methoden zu finanzieren.

3.3 Verhältnis zu den Grundrechten und zum Rechtsstaatsprinzip

Ausdruck des Sozialstaatsprinzips sind auch Schutzgesetze im Zusammenhang mit privaten Rechtsgeschäften wie etwa Regelungen des Mieter-, Arbeits-, Anleger- oder Verbraucherschutzes.[12] Gerade in diesem Zusammenhang zeigt sich, dass die Verwirklichung des Sozialstaats nicht nur durch die Bereitstellung der tatsächlichen Voraussetzungen **freiheitsbegründende** und damit positive **Grundrechtswirkungen** hat,[13] sondern dass damit häufig – unter Einbeziehung der Steuerfinanzierung sogar regelmäßig – **Grundrechtseinschränkungen für andere** verbunden sind. 674

Abgesehen von dieser doppelten Beziehung des Sozialstaats zu den Grundrechten als grundrechtsfördernd und grundrechtsbeschränkend gibt es einige Grundrechtsverbürgungen, die in spezifischer Weise einen sozial(staatlich)en Gehalt haben und vielfach in Verbindung mit dem Sozialstaatsprinzip und dem Gleichheitssatz die Ausgestaltung sozialer Leistungen strukturieren. Zu nennen sind neben der Menschenwürde das Gleichstellungsgebot in Bezug auf die Geschlechter, das Benachteiligungsverbot für behinderte Menschen, der Schutz von Ehe und Familien sowie Müttern und nichtehelichen Kindern, das Grundrecht auf freie Wahl der Ausbildungsstätte und die Sozialpflichtigkeit des Eigentums.[14] Weitergehende Grundrechte, etwa ein Grundrecht auf Arbeit,[15] enthalten zum Teil die Landesverfassungen.[16] 675

Angesichts der nicht geringen grundrechtsverkürzenden Wirkungen von sozialstaatlichen Maßnahmen (Stichwort: **Umverteilung**) scheint das Sozialstaatsprinzip auf den ersten Blick in Widerspruch zum Rechtsstaatsprinzip zu stehen,[17] jedenfalls zu dessen freiheitssicherndem Gehalt. Der Rechtsstaat lässt sich jedoch nicht auf die Perspektive größtmöglicher individueller Freiheit verkürzen. Vielmehr gehört die soziale Gerechtigkeit zum materiellen Gehalt des Rechtsstaatsprinzips.[18] Die Verwirklichung des Sozialstaatsprinzips hat ihrerseits in den Formen und Grundsätzen des Rechtsstaatsprinzips zu erfolgen. **Rechtsstaats- und Sozialstaatsprinzip** stehen somit nicht im Widerspruch, sondern **ergänzen** und konkretisieren **einander.**[19] 676

Rechtsprechung: BVerfGE 1, 97 – Kriegerwitwe; 40, 121 (131) – Waisenrente; 91, 93 (113) – Kindergeld; 120, 125 (154 f.) – steuerliche Verschonung des Existenzminimums; 125, 175 (222) – Hartz IV; 132, 134 (Rn. 62) – Asylbewerberleistungsgesetz; 134, 1 – Studiengebühren; 149, 126 – Beschränkung befristeter Arbeitsverhältnisse.

---

12 Vgl. etwa BVerfGE 79, 283 (289 ff.); 79, 292 (302 ff.) und 85, 219 (223 ff.) zur *Eigenbedarfskündigung*; vgl. zu *Bürgschaften von Familienangehörigen* BVerfGE 89, 214 (229 ff.).

13 ZB. ermöglicht die Gewährung von Ausbildungsförderung ein Studium und damit die Wahrnehmung der Ausbildungsfreiheit aus Art. 12 Abs. 1 GG; zur *sozialstaatlichen Ausgestaltung von Studiengebühren* s. BVerfGE 134, 1 (Ls. 1 und Rn. 38 ff.).

14 *H.F. Zacher*, Das soziale Staatsziel, HStR II, 3. Aufl. 2004, § 28 Rn. 37 bezeichnet diese speziellen Gleichheitssätze als „verfassungsrechtliche Energieträger des Sozialen".

15 Z.B. Art. 166 Abs. 2 BayLV; Art. 18 BerlLV; Art. 8 Abs. 1 Brem.LV; Art. 28 Abs. 2 Hess.LV; Art. 24 Abs. 1 S. 3 LV NRW; Art. 53 Abs. 2 LV RP; Art. 45 S. 2 LV SL. Zu weiteren sozialen Rechten in den Landesverfassungen, s. *H.F. Zacher*, Das soziale Staatsziel, HStR II, 3. Aufl. 2004, § 28 Rn. 12 f. und 19.

16 Zur Problematik derartiger sozialer Grundrechte s. *J. Lücke*, Soziale Grundrechte als Staatszielbestimmungen und Gesetzgebungsaufträge, AöR 107 (1982), 15; *Fr. Müller/B. Pieroth/L. Fohmann*, Leistungsrechte im Normbereich einer Freiheitsgarantie, 1982.

17 So *E. Forsthoff* (1902–1974), Begriff und Wesen des sozialen Rechtsstaats, VVDStRL 12 (1954), 8. Ganz anders *Hermann Heller* (1891–1933), der „den Begriff des sozialen Rechtsstaates im Staatsrecht wirksam gemacht" hat; so *G. Robbers*, Die Staatslehre der Weimarer Republik, Jura 1983, 69 (71).

18 S. oben Rn. 650 f.; s. auch *H. Ridder*, Zur verfassungsrechtlichen Stellung der Gewerkschaften im Sozialstaat nach dem Grundgesetz für die Bundesrepublik Deutschland, 1960, S. 7: „Ein Drama 'sozialer (kontra) Rechtsstaat' soll auf der Bühne des Grundgesetzes nicht stattfinden."

19 So auch *H.F. Zacher*, Das soziale Staatsziel, HStR II, 3. Aufl. 2004, § 28 Rn. 110, der von einer „Verschwisterung" des Rechtsstaats- und des Sozialstaatsprinzips spricht.

Literatur: *K.-J. Bieback*, Inhalt und Funktion des Sozialstaatsprinzips, Jura 1987, 229; *St. Hobe*, Sozialstaatsprinzip, JA 1994, 563 (Wiederholungsfragen); *H. P. Prümm*, Historische Pfade zum Sozialstaat, VR 2014, 153; *U. Steiner*, Sozialstaatsfragen in der Rechtsprechung des Bundesverfassungsgerichts, FS f. H.-J. Papier, 2013, 389; *A. Voßkuhle*, Der Sozialstaat in der Rechtsprechung des Bundesverfassungsgerichts, SGb 2011, 181.

4. Kapitel: Bundesstaat

676a Neben der republikanischen Staatsform ist es die bundesstaatliche Struktur, die eine Vielzahl von Staaten[1], und so auch die Bundesrepublik Deutschland, bereits in ihrem offiziellen Namen ausweisen. In der Tat prägt die Bundesstaatlichkeit die Aufgabenwahrnehmung in Bezug auf alle staatlichen Funktionen.[2]

4.1 Begriff des Bundesstaates

677 Ein Bundesstaat ist eine staatsrechtliche Verbindung von Staaten zu einem Gesamtstaat unter Aufrechterhaltung der Staatsqualität der Mitglieder (Gliedstaaten).[3] Diese Definition erscheint auf den ersten Blick fast paradox und bedarf der Erläuterung und Abgrenzung zu anderen Phänomenen.

678 Das Besondere am Bundesstaat liegt darin, dass die rechtlichen Beziehungen zwischen den Gliedstaaten untereinander sowie zum Gesamtstaat **staatsrechtlicher Natur** und nicht völkerrechtlicher Natur sind. Verträge zwischen den Bundesländern untereinander oder mit dem Bund sind daher Staatsverträge und keine völkerrechtlichen Verträge.[4] In der Sache liegt der Unterschied darin, dass ein staatsrechtlicher Zusammenschluss das **Zusammenwirken in sämtlichen Politikfeldern** und in Bezug auf sämtliche Aufgaben, die aktuell oder in Zukunft der Erledigung bedürfen, umfasst. Völkerrechtliche Staatenverbindungen, seien es Internationale Organisationen, Staatenbünde oder Staatenbündnisse[5], erstrecken sich demgegenüber stets nur auf ein bestimmtes oder eine begrenzte Anzahl von Politikfeldern. Dies gilt selbst noch für

---

1 United States of America; Schweizerische Eidgenossenschaft; Föderative Republik Brasilien; Vereinigte Mexikanische Staaten; Demokratische Bundesrepublik; Äthiopien; Bundesrepublik Nigeria; Demokratische Bun desrepublik Nepal; Union der Komoren.

2 S. dazu schon oben Verfassungskern. In Erinnerung gerufen seien:
- Art. 20 Abs. 1, 79 Abs. 3 GG: Bundesstaat als Staatsstrukturprinzip,
- Art. 28–32, 35–37 GG: Grundsätze der Bundesstaatlichkeit,
- Art. 70–77, 79 Abs. 2 und Art. 80 GG: Gesetzgebung,
- Art. 83–91 sowie Art. 91a bis 91e GG: Verwaltung inkl. Gemeinschaftsaufgaben,
- Art. 92, 99, 100 GG: Gerichtsbarkeit,
- Art. 104a–109 GG: Finanzverfassung sowie
- Art. 123–126, 134, 135, 135a, 136, 138, 141, 142, 143, 143a, 143c, 143d, 144 GG: Übergangsbestimmungen und Sonderregelungen.

3 Dazu: *U. Barschel*, Die Staatsqualität der deutschen Länder, 1982. Zur historischen Entwicklung der Föderalismusidee in Deutschland: *B. Grzeszick*, Vom Reich zur Bundesstaatsidee, 1996. Umfassend zum Bundesstaatsrecht: *St. Oeter*, Integration und Subsidiarität im deutschen Bundesstaatsrecht, 1998.

4 ZB. Rundfunkstaatsverträge, Glücksspielstaatsvertrag. S. dazu *Ch. Vedder*, Intraföderale Staatsverträge: Instrumente der Rechtssetzung im Bundesstaat, 1996. – In der Zeit der Weimarer Republik wurden die Rechtsbeziehungen zwischen den Gliedstaaten des Deutschen Reichs modifiziert betrachtet: Der Staatsgerichtshof für das Deutsche Reich hat im Jahre 1927 entschieden, dass im Bundesstaat bei Fehlen spezieller staatlicher Rechtsnormen zwischen den Gliedstaaten ein bundesmäßig modifiziertes Völkerrecht anzuwenden sei (RGZ 116, Anhang S. 18 – *Donauversinkungsfall*).

5 Auch Konföderation genannt, im Gegensatz zu Föderation für Bundesstaat. Bsp. Rheinbund (1806–1813), die Schweiz (1815–1848; die noch heute gebräuchliche Abkürzung CH [für Confoederatio Helvetica] ist nur historisch zu erklären), der Deutsche Bund (1815–1866), England und Hannover durch die Personalunion des gemeinsamen Königs (bis 1837) und Österreich-Ungarn (1867–1918).

die besonders intensive Zusammenarbeit im Rahmen der Europäischen Union, für die das Bundesverfassungsgericht den Begriff des Staatenverbundes geprägt hat.[6] Trotz Begründung einer autonomen Rechtsordnung im Rahmen dieser Union, trotz der Ausdehnung auf eine Vielzahl von Politikfeldern und trotz der Entwicklung gemeinsamer Werte und Ziele ist dieses Zusammenwirken nach wie vor seiner Anlage nach begrenzt, wie der Grundsatz der begrenzten Einzelermächtigung gemäß Art. 5 Abs. 1 Satz 1 EUV verdeutlicht.

Die folgende **Gegenüberstellung** von Staatenbund und Bundesstaat anhand von Unterscheidungsmerkmalen, die im Laufe des 19. Jahrhunderts angesichts der geschichtlichen Ereignisse getroffen wurden, konkretisiert die Unterschiede.[7] Der Staatenverbund erweist sich als eine Mischform aus den Eigenschaften in der Gegenüberstellung. **679**

Staatenbund	**Bundesstaat**
Entstehung durch völkerrechtlichen Vertrag	Entstehung durch „Grundgesetz"
Zweck: Schutz nach außen, iÜ. begrenzt	Zweck: Schutz nach außen und Wohlfahrt nach innen
Souveränität bei Einzelstaaten = Kompetenz-Kompetenz bei Einzelstaaten	lückenlose Aufteilung der Hoheitsgewalt zwischen Einzelstaaten und Gesamtstaat, Kompetenz-Kompetenz beim Gesamtstaat
auswärtige Gewalt bei den Staaten	auswärtige Gewalt beim Gesamtstaat
Einzelarmeen	Bundesarmee
keine Legislative, keine Finanz- und Steuerhoheit	Legislative, Finanz- und Steuerhoheit auch beim Gesamtstaat
Einstimmigkeitsprinzip in den gemeinsamen Organen	Mehrheitsentscheidungen
Schiedsgericht	höchste(s) Bundesgericht(e)
keine repräsentative Vertretung	Nationalrepräsentation
nur Staaten-Bürgerrechte	Bundesbürgerrechte
auflösbar	„ewig"
Rechtsverhältnis	Rechtssubjekt

In unnötiger Komplizierung der Verhältnisse wird/wurde neben dem Gliedstaaten und Gesamtstaat umfassenden **zweigliedrigen Bundesstaatsbegriff** in der Literatur zum Teil ein dreigliedriger Bundesstaatsbegriff vertreten.[8] Danach sei zwischen Gliedstaaten (Länder), Zentralstaat (Bund) und dem Gesamtstaat (Bundesrepublik Deutschland) zu unterscheiden. Eine Erklärung für den dreigliedrigen Bundesstaatsbegriff mag sich daraus ergeben, dass möglicherweise eine Außenperspektive und eine Innenperspektive kombiniert werden: Die (interne) Kompetenzverteilung zwischen Bund und Ländern erscheint dann als Verhältnis zwischen Gliedstaat und Zentralstaat während von außen ein Gesamtstaat agiert. Das Bundesverfassungsgericht hat diese Konstruktion verworfen: „Es gibt nicht neben dem Bundesstaat als Gesamtstaat noch einen besonderen Zentralstaat, sondern nur eine zentrale Organisation, die zusammen mit den gliedstaatlichen Organisationen im Geltungsbereich des Grundgesetzes als Bundesstaat alle die staatlichen Aufgaben erfüllt, die im Einheitsstaat einer einheitlichen staatlichen Organisation zufallen. Das Grundgesetz hat eine Aufteilung der Kompetenzen nur zwischen den **680**

6 BVerfGE 89, 155 (181, 184, 188 ff.) – *Maastricht*.
7 Nach der Gegenüberstellung bei *R. Koselleck*, in: Geschichtliche Grundbegriffe Band I, 1997, Stichwort „Bund", S. 652.
8 Begründet durch *H. Nawiasky*, Die Grundgedanken des Grundgesetzes für die Bundesrepublik Deutschland, 1950, S. 35 ff.

Organen des Bundes und denen der Länder vorgenommen, wobei unter Bund der durch Zusammenschluß der Länder entstandene Gesamtstaat verstanden wird."[9]

4.2 Die Staatlichkeit der Gliedstaaten

681 Es bleibt die Frage, was genau die Staatlichkeit der Gliedstaaten in einem Gesamtstaat ausmacht, worin sie sich etwa von Regionen unterscheiden, die mit einiger Autonomie ausgestattet sind. Zunächst einmal müssen Gliedstaaten die drei konstitutiven Staatsmerkmale aufweisen, also ein Staatsvolk und ein Staatsgebiet haben und über Staatsgewalt verfügen.

4.2.1 Das Staatsvolk in den Ländern

682 Nach Art. 110 Abs. 1 Satz 1 WRV war die Staatsangehörigkeit in einem Land noch die Grundlage für die Staatsangehörigkeit im Reich.[10] Das Grundgesetz geht demgegenüber davon aus, dass alle Bürger der Bundesrepublik Deutschland die deutsche Staatsangehörigkeit besitzen (Art. 116 GG). Seit Streichung der konkurrierenden Kompetenz für die Regelung der Staatsangehörigkeit in den Ländern in Art. 74 Nr. 8 GG aF. im Jahre 1994 ist an keiner Stelle mehr von einer Länderstaatsangehörigkeit die Rede. Allerdings erfolgte die Streichung allein deshalb, weil kein Bedürfnis für eine bundesrechtliche Regelung mehr gesehen wurde. Die Regelung der Länderstaatsangehörigkeit ist gemäß Art. 70 GG Sache der Länder. Sofern sie nicht ausdrücklich geregelt ist,[11] ist sie es implizit im Zusammenhang mit dem jeweiligen Landeswahlrecht.

4.2.2 Das Staatsgebiet der Länder

683 In Bezug auf das Staatsgebiet[12] bestimmte die Weimarer Reichsverfassung noch in Art. 2 Abs. 1 Satz 1 WRV: „Das Reichsgebiet besteht aus den Gebieten der deutschen Länder". Eine solche ausdrückliche Regelung findet sich im Grundgesetz nicht. Allerdings bestimmt Art. 79 Abs. 3 GG ua. „die Gliederung des Bundes in Länder" als unveränderlich. Daraus ist zu schließen, dass es kein Bundesgebiet gibt, das nicht zugleich Landesgebiet ist.[13]

684 **4.2.2.1 Veränderung der äußeren Staatsgrenzen.** Allerdings sind die Landesgrenzen nicht unantastbar und unterliegen auch nicht der alleinigen Bestimmung durch das jeweilige Land. Der Gebietsstand des Bundesgebiets kann durch völkervertragliche Veränderung der Grenzen vergrößert oder verringert werden, womit notwendig eine Veränderung des Staatsgebiets von einem oder auch mehreren Ländern einhergeht.[14] Gemäß Art. 32 Abs. 2 GG haben betroffene Länder insoweit nur einen Anspruch auf rechtzeitige Anhörung.[15] Da keine Gesetzgebungszuständigkeit der Länder besteht (ausschließliche Gesetzgebung des Bundes gemäß Art. 73 Abs. 1 Nr. 1 GG: auswärtige Beziehungen), kommt Art. 32 Abs. 3 GG, der den Ländern eine Vertragsabschlusskompetenz mit Zustimmung

---

9 BVerfGE 13, 54 (77) – *Neugliederung Hessen*.

10 S. § 1 Reichs- und Staatsangehörigkeitsgesetz von 1913: Deutscher war „wer die Staatsangehörigkeit in einem Bundesstaat oder die unmittelbare Reichsangehörigkeit besitzt".

11 Die ausführlichste Regelung findet sich in Art. 6 BayLV, der die Gründe für den Erwerb der (bayerischen) Staatsangehörigkeit nennt (Geburt; Legitimation; Eheschließung; Einbürgerung) und das Nähere der Regelung durch ein Gesetz über die Staatsangehörigkeit überlässt. – Vgl. auch Art. 3 Abs. 1 Bbg.LV, wo zwischen „Bürgern" und „Einwohnern" unterschieden wird, und Art. 75 Abs. 2 Satz 1 LV RP.

12 Vgl. dazu allgemein *V. Epping*, Das Staatsgebiet, in: *K. Ipsen*, Völkerrecht, 7. Aufl. 2018, § 7 Rn. 3 ff.

13 *M. Schweitzer/H.-G. Dederer*, Staatsrecht III, 12. Aufl. 2020, Rn. 1083.

14 Der Einigungsvertrag, der in Art. 1 Abs. 1 Satz 1 den Beitritt der Länder der ehemaligen DDR zur Bundesrepublik Deutschland gemäß Art. 23 Satz 2 GG aF. regelt, ist ein solches völkerrechtliches Vertragswerk. Weitere Verträge, die allerdings nur kleinere Grenzberichtigungen (Gebietstausch) betrafen, hat die Bundesrepublik Deutschland zB. mit Belgien, den Niederlanden und der Schweiz geschlossen.

15 Vgl. dazu *P. Starski*, in: *von Münch/Kunig*, GGK, I, Art. 32 Rn. 56.

der Bundesregierung einräumt, nicht zur Anwendung.[16] Vom Sinn des Art. 32 Abs. 2 GG werden allerdings wohl nur vertraglich vereinbarte **kleinere Grenzänderungen** gedeckt, nicht dagegen Eingriffe, die in erheblichem Ausmaß das Staatsgebiet eines Bundeslandes verringern. Anderenfalls käme es zu einem eklatanten Wertungswiderspruch im Vergleich mit der Regelung der Neugliederung des Bundesgebiets gemäß Art. 29 GG.

4.2.2.2 Neugliederung. Gemäß Art. 29 Abs. 1 GG kann das Bundesgebiet „neu gegliedert werden, um zu gewährleisten, dass die Länder nach Größe und Leistungsfähigkeit die ihnen obliegenden Aufgaben wirksam erfüllen können", wobei ua. der geschichtliche und kulturelle Zusammenhang zu berücksichtigen ist. Das Grundgesetz gibt den vorhandenen Ländern also **keine Existenzgarantie,**[17] macht eine Neugliederung aber auch nicht gerade leicht.[18] Zwar erfolgt eine Neugliederung durch Bundesgesetz und bedarf nicht der Zustimmung, sondern nur der Anhörung der betroffenen Länder, jedoch ist eine **Bestätigung durch Volksentscheid** nötig (Art. 29 Abs. 2 und 3 GG), die eine Mehrheit verlangt, die aus mindestens einem Viertel der Wahlbevölkerung besteht (Art. 29 Abs. 6 GG). Neugliederungsverfahren auf Initiative des Volkes nach Art. 29 Abs. 4 und 5 GG können zudem ua. daran scheitern, dass der betroffene Siedlungs- und Wirtschaftsraum nicht hinreichend abgegrenzt ist.[19] **Kleinere Gebietsänderungen**, die nicht mehr als 50000 Einwohner betreffen, können durch Staatsvertrag der Länder oder durch zustimmungspflichtiges Bundesgesetz durchgeführt werden (Art. 29 Abs. 7 Satz 1 GG). Darüber hinaus können die Länder durch Staatsvertrag, welcher der Bestätigung durch Volksentscheid in jedem beteiligten Land bedarf, auch oberhalb der 50000 Einwohner-Schwelle Gebietsänderungen vornehmen. Der Staatsvertrag bedarf der Zustimmung des Bundestages (Art. 29 Abs. 8 GG). 685

Politisch stoßen Neugliederungen auf erhebliche Schwierigkeiten, wie am Scheitern des Zusammenschlusses von Berlin und Brandenburg und auch am Misserfolg aller bisherigen Neugliederungsvorschläge zu erkennen ist.[20] Einen Anspruch auf Neugliederung haben weder einzelne Bundesländer[21] noch Bürger.[22]

Auch wenn die Länder als juristische Personen keine Letztentscheidungsbefugnis über ihre Grenzen haben und in ihrer Existenz nicht garantiert sind, lässt sich doch von einem Staatsgebiet sprechen, weil auch dem Bund, jedenfalls bei größeren Gebietsänderungen, nicht die alleinige Entscheidungskompetenz zusteht, vielmehr gerade die betroffenen „Landesstaatsvölker" ihre Zustimmung erteilen müssen.

4.2.2.3 Sezession? Der Zerfall der Bundesstaaten UdSSR[23], Jugoslawien[24] und der Tschechoslowakei[25] wie auch der Abspaltungsversuch Kataloniens von Spanien[26] wirft die Frage auf, ob die Gliedstaaten im Bundesstaat ein Recht auf Sezession haben oder ob 686

---

16 Vgl. dazu allg. *B. Kunth*, Der Abschluss völkerrechtlicher Verträge über die Änderung des Bundesgebietes, 1971, S. 59 f.; *P. Starski*, in: *von Münch/Kunig*, GGK I, Art. 32 Rn. 56.

17 BVerfGE 5, 34 (38) – *Land Baden.*

18 S. *W. Erbguth*, Die Neugliederung des Bundesgebiets: eine Standortbestimmung, JZ 2010, 433 ff.

19 So war die Ablehnung des Antrags auf ein fränkisches Volksbegehren mangels Abgegrenztheit des betroffenen Gebietes verfassungsgemäß: erhebliche Pendlerbewegungen fanden zwischen dem Neugliederungsgebiet und seinem Umland statt, s. BVerfGE 96, 139 (148 ff.) – *Fränkisches Volksbegehren.*

20 Jede Neugliederung des Bundesgebietes muss schließlich auch die Rolle der Bundesländer in der EU berücksichtigen. S. dazu *J. Isensee*, Bundesland in Europa, NdsVBl. 2015, 1 ff.; *H.-J. Papier*, Bundesstaatlichkeit und Europäische Integration – Die Rolle der Deutschen Bundesländer, ThürVBl. 2011, 49 ff.

21 Vgl. dazu BVerfGE 13, 54 (77) – *Hessen wegen Montabaur und Rheinhessen.*

22 BVerfGE 49, 15 (21 ff.) – *Volksentscheid Oldenburg.*

23 Vgl. dazu *Th. Schweisfurth*, Vom Einheitsstaat (UdSSR) zum Staatenbund (GUS). Juristische Stationen eines Staatszerfalls und einer Staatenbundentstehung, ZaöRV 52 (1992), 541 ff.

24 Vgl. dazu *J. Furkes/K.-H. Schlarp* (Hrsg.), Jugoslawien: Ein Staat zerfällt, 1991.

25 Vgl. dazu *R. Kipke/K. Vodička*, Abschied von der Tschechoslowakei, 1993.

26 S. dazu *G. Morales*, Bundeszwang und Sezession in Spanien: Der Fall Katalonien, DÖV 2019, 1 ff.

der Gesamtstaat die Sezession[27] notfalls durch Bundeszwang verhindern kann. Unter Sezession wird der Austritt eines Gliedstaates aus einem Bundesstaat verstanden, der gegen den Willen des Bundes und der anderen Gliedstaaten erfolgt.[28] Die Frage der rechtlichen Zulässigkeit der Sezession kann nicht allgemeingültig beantwortet werden, sondern nur nach dem konkreten Verfassungsrecht des von der Sezession betroffenen Bundesstaates. Anders als die Verfassung der UdSSR von 1977, die – jedenfalls auf dem Papier – jeder Unionsrepublik das Recht auf freien Austritt aus der UdSSR gewährte (Art. 72), enthält das Grundgesetz keine diesbezügliche ausdrückliche Regelung. Art. 29 GG ist auf den Fall der Sezession nicht anwendbar, weil diese Bestimmung nur die Neugliederung des Bundesgebietes – dh. der Ländergrenzen innerhalb des Bundesgebietes – erfasst, nicht aber die Veränderung der Staatsgrenzen des Bundesgebietes nach außen und weil Maßnahmen zur Neugliederung des Bundesgebietes nur durch Bundesgesetz unter den Voraussetzungen des Art. 29 Abs. 2 GG ergehen können. Nach der Aufhebung des Art. 23 Satz 2 aF. GG durch Art. 4 EVertr. steht auch das Argument nicht mehr zur Verfügung, dass die in Art. 23 Satz 2 GG genannte Möglichkeit des Beitritts anderer Teile Deutschlands auch den actus contrarius, also die Möglichkeit des Austritts jedenfalls dieser Länder, zulasse – ein Argument, das schon unter der Geltung des damaligen Art. 23 Satz 2 GG nicht zwingend war. Verfassungsrechtlich ist also eine **Sezession nach dem Grundgesetz nicht möglich**.[29] Derartige Bestrebungen würden den Bund zur Ausübung von Bundeszwang berechtigen. Eine ganz andere Frage wäre die völkerrechtliche Beurteilung der Anerkennung des ehemaligen Gliedstaates.[30]

4.2.3 Staatsgewalt in den Ländern und zur Bedeutung des Souveränitätsbegriffs

687 Zu prüfen bleibt, ob die Länder auch über die nötige **Staatsgewalt** verfügen, um als Staaten qualifiziert werden zu können. Hierfür spricht, dass die Länder Verfassungen haben, die in einem eigenen Verfassungsgebungsprozess entstanden sind.[31] Diese Verfassungen werden vom Grundgesetz anerkannt, namentlich in Art. 28 Abs. 1 Satz 1 GG in Bezug auf die verfassungsmäßige Ordnung sowie in Art. 142 GG in Bezug auf die Grundrechte. Die Länder verfügen zudem über hinreichend gewichtige Aufgabenbereiche[32] und Kompetenzen in Bezug auf sämtliche Staatsfunktionen – etwa in den Bereichen Polizei, Bildung und Kultur – deren Ausübung selbständig demokratisch legitimiert ist und deren Reichweite auch eine selbständige demokratische Legitimation rechtfertigt.

688 Damit lässt sich gegen die Annahme hinreichender Staatsgewalt und Staatlichkeit nur noch ins Feld führen, dass ein Staat souverän sein müsse und dass die nicht zu leugnende Begrenztheit der Staatsgewalt der Länder mit der Idee der Souveränität nicht vereinbar sei. Dieses auf den ersten Eindruck schlagende Argument bedarf genauerer Untersuchung. Was genau ist **Souveränität** und inwiefern ist sie notwendiger Bestandteil des Staatsbegriffs? Die Gründung des Staatsbegriffs auf den Souveränitätsbegriff geht auf *Jean Bodin* zurück.[33] Ihm ging es darum, gegen die Aufteilung der Macht auf kirchliche und weltliche Fürsten, alle hoheitliche Gewalt in einem Zurechnungssubjekt zu bündeln, dem Staat. Die Leistung *Bo-*

---

27 Vgl. dazu allg.: *J. Kramer* (Hrsg.), Föderalismus zwischen Integration und Sezession, 1993; *D. Murswiek*, Die Problematik eines Rechts auf Sezession – neu betrachtet, AVR 31 (1993), 307 ff.; *St. Oeter*, Selbstbestimmungsrecht im Wandel. Überlegungen zur Debatte um Selbstbestimmung, Sezessionsrecht und „vorzeitige" Anerkennung, ZaöRV 52 (1992), 741 ff.

28 Vgl. die Definition von *H.-J. Heintze*, in: *Ipsen*, Völkerrecht, 7. Aufl. 2018, § 10 Rn. 78.

29 S. auch *J. F. Lindner*, „Austritt" des Freistaates Bayern aus der Bundesrepublik Deutschland, BayVBl. 2014, 97 ff.

30 S. dazu *H.-J. Heintze*, in: *K. Ipsen*, Völkerrecht, 7. Aufl. 2018, § 10 Rn. 88 f.

31 Vgl. dazu *H.J. Boehl*, Verfassungsgebung im Bundesstaat, 1997 und *A. Stiens*, Chancen und Grenzen der Landesverfassungen im deutschen Bundesstaat der Gegenwart, 1997.

32 BVerfGE 99, 1 (11) – *Kommunalwahlrecht Bayern*. Vgl. auch *M. Heintzen*, Beidseitigkeit der Kompetenzverteilung im Bundesstaat, DVBl. 1997, 689 ff.

33 Les six livres de la République (1576). Zu *Jean Bodin* (1529/30–1596) s. den Abschnitt zu *Jean Bodin*, in: *G. Kleinheyer/J. Schröder*, Deutsche und Europäische Juristen aus neun Jahrhunderten, 6. Aufl. 2017.

dins war es also, Herrschaftsmacht von Personen abgelöst zu denken und einem Gemeinwesen zuzurechnen. Angesichts der Notwendigkeit, bestehende Machtzersplitterung zu überwinden, bedeutete dies allerdings faktisch zunächst die Bündelung aller Hoheitsgewalt beim König. Die Idee der absoluten und unbegrenzten Herrschaftsgewalt hat sich jedoch in der weiteren Entwicklung überlebt, nicht dagegen die im Staatsbegriff liegende Abstraktionsleistung. **In einem demokratischen Rechtsstaat gibt es keine unbegrenzte Macht.**[34] Gewaltenteilung, -begrenzung und -balancierung ist sein Wesen. Auch das Volk ist allein im Akt der Verfassungsgebung souveran. Mit der Verfassung hat es sich für die weitere Ausübung der Staatsgewalt gebunden.

Von dem staatsrechtlichen Gehalt der Souveränität ist die völkerrechtliche Bedeutung der Souveränität zu unterscheiden.[35] Voraussetzung für diese Souveränität ist die tatsächliche und rechtliche Letztentscheidungsbefugnis in Bezug auf völkerrechtliche Beziehungen. Weitere Merkmale wie völkerrechtliche Gleichheit mit anderen Staaten und Nichteinmischungsgebot in innere Angelegenheiten sind eher Folge der völkerrechtlichen Anerkennung als (souveräner) Staat denn Voraussetzung dafür. Die äußere Souveränität kommt den Bundesländern in der Tat nicht zu. Damit sind sie zwar keine Staaten im völkerrechtlichen Sinne. Dies schließt es aber nicht aus, sie als Staaten im staatsrechtlichen Sinne zu begreifen.[36] Der Unterschied zu autonomen Regionen liegt insbesondere in einem **hinreichenden Bestand an Hoheitsgewalt auf der Grundlage eigenständiger demokratischer Legitimation.**[37] 689

4.3 Funktionen und Formen des Bundesstaates

Historisch gesehen war es häufig ein Hauptanliegen bundesstaatlicher Verfassungen die Eigenständigkeit der Gliedstaaten möglichst weitgehend zu schützen.[38] Die Vorteile und Funktionen bundesstaatlicher Struktur in heutigen rechtsstaatlichen Demokratien sind andere und lassen sich in vier Punkten zusammenfassen[39]: Gegenüber dem Einheitsstaat 690

- bestehen **bessere Mitwirkungschancen** der Bürgerinnen und Bürger in der Politik, weil Wahlen für verschiedene Volksvertretungen auf unterschiedlichen staatlichen Ebenen stattfinden und weil es sich bei den Ländern um überschaubarere Einheiten handelt;
- bewirkt die Verteilung der Hoheitsgewalt auf Bund und Länder eine **vertikale Gewaltenteilung** und damit eine zusätzliche Begrenzung und Kontrolle der politischen Macht;

---

34 S. *M. Kriele*, Einführung in die Staatslehre, 6. Aufl. 2003, § 12, S. 43 f. Vgl. auch *A. Hanebeck*, Der demokratische Bundesstaat des Grundgesetzes, 2004, S. 61 mwN.: Das Konzept der „Souveränität" ist im Verfassungsstaat grundsätzlich problematisch, und dies gilt in einem Bundesstaat ganz besonders.

35 Zu dieser Unterscheidung in innere Souveränität als Verfassungsautonomie und äußere Souveränität als Völkerrechtsunmittelbarkeit, s. *V. Epping*, in: *K. Ipsen*, Völkerrecht, 7. Aufl. 2018, § 7 Rn. 137.

36 S. *M. Jestaedt*, Bundesstaat als Verfassungsprinzip, HStR II, 3. Aufl. 2004, § 29 Rn. 65 „verfassungsrelativer Staatscharakter". – Kritisch zur Fixierung der deutschen Staatslehre auf die Einordnung der Länder als Staaten, s. *A. Hanebeck*, Der demokratische Bundesstaat des Grundgesetzes, 2004, S. 63 „erschwert das innere Verständnis des Bundesstaates".

37 Die Eigenständigkeit demokratischer Legitimation durch 17 Legitimationssubjekte – das Bundesvolk und die 16 Landesvölker – ist für *A. Hanebeck*, Der demokratische Bundesstaat des Grundgesetzes, 2004, S. 271 ff., wesentliche Grundlage des deutschen Bundesstaates.

38 Zur Entwicklung in Deutschland, s. *O. Kimminich*, Historische Grundlagen und Entwicklung des Föderalismus in Deutschland, in: *Frenkel* (Hrsg.), Föderalismus, 1984, S. 1 ff.

39 Vgl. auch die Aufzählung der sechs Legitimationsquellen des Bundesstaates bei *M. Jestaedt*, Bundesstaat als Verfassungsprinzip, HStR II, 3. Aufl. 2004, § 29 Rn. 12. Vgl. auch *G. Kisker*, Ideologische und theoretische Grundlagen der bundesstaatlichen Ordnung in der Bundesrepublik Deutschland – Zur Rechtfertigung des Föderalismus, in: *Frenkel* (Hrsg.), Föderalismus, 1984, S. 23 ff.

- findet eine **Entlastung der Zentralorganisation** statt zugunsten einer dezentralen Aufgabenwahrnehmung, die infolge ihrer Sachnähe häufig vorteilhaft ist;
- besteht die Möglichkeit des **Wettbewerbs** zwischen den Ländern, worin die Chance des Experimentierens wie auch die Möglichkeit des Ausweichens der Bürger vor solchen Experimenten liegt.

691 Nicht zu übersehen ist allerdings, dass die Entwicklung in der Bundesrepublik Deutschland zu einer wachsenden Ballung der Kompetenzen beim Bund und zu einer intensiven Kooperation der Länder untereinander und mit dem Bund geführt hat. Die „sachliche **Unitarisierung** des Bundesstaates“[40] wird befördert durch die Mobilität der Bevölkerung, das sozialstaatliche Ziel der Angleichung oder zumindest Gleichwertigkeit der Lebensverhältnisse sowie der gleichmäßigen Verteilung der sozialen Leistungen, die bundesweite Organisation der Parteien und nicht zuletzt die goldenen Zügel der Mitfinanzierung von Vorhaben im Bereich der Länderkompetenzen durch Bundesmittel. Der Verlust an selbständiger Staatsgewalt der Länder wird zwar ausgeglichen durch Mitwirkungsbefugnisse an der Ausübung der Staatsgewalt des Bundes[41]; diese Verflechtung der Verantwortungssphären kann jedoch ihrerseits zu Handlungseinschränkungen und damit zu Reformunfähigkeit führen. Es war daher das Ziel der Föderalismusreform von 2006 die Handlungs- und Entscheidungsfähigkeit von Bund und Ländern zu verbessern, die politischen Verantwortlichkeiten deutlicher zuzuordnen sowie die Zweckmäßigkeit und Effizienz der Aufgabenerfüllung zu steigern.[42] Schlagwortartig formuliert, zielte die Föderalismusreform darauf, die Elemente eines **Wettbewerbsföderalismus** gegenüber den Elementen eines **kooperativen Föderalismus** zu stärken. Die neueren Verfassungsänderungen im Bereich der Gemeinschaftsaufgaben zeigen wieder einen Trend zur Unitarisierung, und auch eine Entflechtung der Finanzbeziehungen ist bisher nicht gelungen. Letztlich kann es im Spannungsfeld von Wettbewerb und Kooperation nicht um „entweder – oder“, sondern nur um eine funktionierende Balancierung gehen.

692 Kooperation gibt es im Bundesstaat nicht nur zwischen Bund und Ländern, sondern auch zwischen den Ländern auch und gerade im Bereich der ihnen ausschließlich zustehenden Kompetenzen.[43] Bekannte Einrichtungen der **Länderkooperation** sind die Kultusministerkonferenz oder die auf dem Medienstaatsvertrag beruhenden Rundfunkveranstalter ARD und ZDF. Hinzu kommt etwa die gemeinsame Erarbeitung von Musterentwürfen im Bereich des Gefahrenabwehrrechts wie der Musterentwurf für ein Polizeigesetz oder die Musterbauordnung. Die Vollziehung von Bundesgesetzen – insoweit unter Beteiligung des Bundes – wird abgestimmt in Arbeitskreisen wie dem Länderarbeitskreis Immissionsschutz oder dem Länderarbeitskreis Gewerberecht.

Eine so intensive Verflechtung der Rechtssphären von Bund und Ländern, wie sie das Grundgesetz durch die Mitwirkung der Länder an der Gesetzgebung des Bundes sowie den Grundsatz der Vollziehung von Bundesgesetzen durch die Länder vorsieht, ist jedoch keineswegs die einzig mögliche Form bundesstaatlicher Kompetenzverteilung und Struktur. So zeichnet sich die bundesstaatliche Ordnung in den USA durch eine weitgehende Trennung der Rechtssphären aus. Hierbei mag die wesentlich größere räumliche

---

40 *K. Hesse*, Grundzüge des Verfassungsrechts der Bundesrepublik Deutschland, 20. Aufl. 1999, Rn. 221; *ders.*, Der unitarische Bundesstaat, 1962.

41 S. oben Bundesrat sowie Gesetzgebung und Verwaltung, insbes. Gemeinschaftsaufgaben.

42 BT-Drs. 15/1685 v. 16.10.2003; BR-Drs. 750/03 v. 17.10.2003; s. auch Deutscher Bundestag/Bundesrat/Öffentlichkeitsarbeit (Hrsg.), Dokumentation der Kommission von Bundestag und Bundesrat zur Modernisierung der bundesstaatlichen Ordnung, Zur Sache 1/2005, S. 17.

43 Zu Parallelen des kooperativen Föderalismus mit Verfahren kooperativen Zusammenwirkens auf Unionsebene, s. *U. Mager*, Die europäische Verwaltung zwischen Hierarchie und Netzwerk, in: *Trute/Groß/Röhl/Möllers* (Hrsg.), Allgemeines Verwaltungsrecht – Zur Tragfähigkeit eines Konzepts, 2008, 369 (391 f.).

Ausdehnung, die unterschiedliche Lebensverhältnisse besser verträgt, ebenso eine Rolle spielen wie das anders geartete politische System.

4.4 Bundesfreundliches Verhalten

Während die bereits im Einzelnen dargelegten Verfassungsbestimmungen über die föderale Kompetenzverteilung das Bundesstaatsprinzip in spezifischer Weise konkretisieren, folgt aus dem Bundesstaatsprinzip als solchem, dass das gesamte verfassungsrechtliche Verhältnis zwischen dem Gesamtstaat und den Gliedstaaten sowie das verfassungsrechtliche Verhältnis zwischen den Gliedstaaten untereinander[44] durch den Verfassungsgrundsatz von der **wechselseitigen Pflicht des Bundes und der Länder zu bundesfreundlichem Verhalten** (**Bundestreue**) geprägt ist.[45] 693

Eine verfassungsrechtliche Pflicht zu bundesfreundlichem Verhalten kommt nur in Betracht, wenn zwischen dem Bund und dem Land bzw. zwischen den streitenden Ländern ein **konkretes verfassungsrechtliches Verhältnis** besteht, aus dem sich ein Recht des Antragstellers ergibt.[46] Die Bundestreue „für sich allein" begründet also kein selbständiges verfassungsrechtliches Rechtsverhältnis (Akzessorietät der Bundestreue).[47]

Der Grundsatz bundesfreundlichen Verhaltens gilt **auch** und gerade **für das Verfahren (das Procedere)** und den **Stil der Verhandlungen** zwischen Bund und Ländern bzw. den Ländern untereinander.[48] Er fordert, „dass sowohl der Bund als auch die Länder bei der Wahrnehmung ihrer Kompetenzen die gebotene und ihnen zumutbare Rücksicht auf das Gesamtinteresse des Bundesstaates und auf die Belange der Länder nehmen".[49] „Der Bund

---

44 BVerfGE 73, 118 (197) – *Niedersächs. Landesrundfunkgesetz* (sog. 4. Rundfunkurteil).

45 Ausführungen zum Grundsatz bundesfreundlichen Verhaltens finden sich etwa in den folgenden Entscheidungen: Streit zwischen der Bundesrepublik und dem Land Niedersachsen betreffend die Gültigkeit des zwischen dem Heiligen Stuhl und dem Deutschen Reich geschlossenen Konkordats von 1933 (das Land Niedersachsen hatte 1954 ein Schulgesetz erlassen, das nach Auffassung der Bundesregierung gegen das Konkordat verstieß), s. BVerfGE 6, 309 (361) – *Reichskonkordat*; im Streit zwischen der Bundesrepublik und dem Land Hessen betreffend die Atomwaffen-Volksbefragung (das Land Hessen hatte es 1958 unterlassen, im Rahmen seiner Rechtsaufsicht über die Gemeinden die grundgesetzwidrigen – weil nicht in deren Zuständigkeit fallenden – Beschlüsse einiger hessischer Gemeinden zur Abhaltung von Volksbefragungen zu untersagen), s. BVerfGE 8, 122 (138) – *Atomwaffenvolksbefragung in Hessen*; im Streit zwischen den Ländern Hamburg und Hessen auf der einen Seite und der Bundesrepublik auf der anderen Seite betreffend das Deutsche Fernsehen (der ehemalige Bundeskanzler *Adenauer* hatte eine Deutschland-Fernsehen GmbH gegründet, ohne den Ländern ausreichend Gelegenheit zum Verhandeln zu geben, sie vielmehr vor vollendete Tatsachen gestellt) s. BVerfGE 12, 205 (253 ff.) – *Deutschland-Fernsehen GmbH*; im Streit zwischen dem Land Nordrhein-Westfalen und dem Bund betreffend das Kernkraftwerk Kalkar (der Bundesminister für Umwelt, Naturschutz und Reaktorsicherheit hatte in einem atomrechtlichen Genehmigungsverfahren dem nordrhein-westfälischen Minister für Wirtschaft, Mittelstand und Technologie eine Weisung gemäß Art. 85 Abs. 3 GG erteilt und sich dabei nach Meinung der Landesregierung ohne sachliche Stellungnahme und ohne nachvollziehbare Begründung über Bedenken des Landesministers hinweggesetzt), s. BVerfGE 81, 310 (337) – *Kalkar*; im Streit zwischen Bayern und anderen ihm beigetretenen Ländern gegen den Bund wegen der Zustimmung der Bundesrepublik zur EWG-Fernsehrichtlinie, s. BVerfGE 92, 203 (230) – *EWG-Fernseh-Richtlinie*; im Streit zwischen Bayern und dem Bund um die Aufgabe des Endlagers Gorleben, BVerfGE 104, 238 (242 ff.) – *Moratorium Gorleben*; im Streit zwischen Hessen und dem Bund wegen Nichtbeteiligung Atomkonsens zwischen der Bundesregierung und Energieversorgungsunternehmen, BVerfGE 104, 249 (269 ff.) – *Atomkonsens*; in der von Bayern und Hessen angestrengten abstrakten Normenkontrolle zum Luftsicherheitsgesetz, BVerfGE 133, 241 (Rn. 86) – *Luftsicherheitsgesetz*.

46 BVerfGE 21, 312 (326) – *Bundeswasserstraßen*.

47 BVerfGE 42, 103 (117) – *Staatsvertrag Studienplätze*; 103, 81 (88) – *Pofalla I*; 104, 238 (247 f.) – *Moratorium Gorleben*.

48 BVerfGE 12, 205 (205) – *Deutschland-Fernsehen-GmbH*. Zur Frage, von welchem Zeitpunkt an die Bundesregierung nur noch mit ihr politisch nahestehenden Landesregierungen verhandeln darf, vgl. BVerfGE 86, 148 (212) – *Finanzausgleich II*. Zu den Konkretisierungen der Bundestreue, s. *H. Bauer*, Die Bundestreue, 1997, S. 341 ff.: Verpflichtung zu Hilfs- und Unterstützungsleistungen, zu Information und Konsultation, zu Abstimmung und Zusammenarbeit, Verfahrenspflichten und sonstige Verhaltenspflichten.

49 BVerfGE 92, 203 (230) – *EWG-Fernseh-Richtlinie*.

verstößt gegen diese Pflicht nicht schon dadurch, dass er von einer ihm durch das Grundgesetz eingeräumten Kompetenz Gebrauch macht; vielmehr muss deren Inanspruchnahme missbräuchlich sein oder gegen prozedurale Anforderungen verstoßen".[50]
Nach Auffassung des Bundesverfassungsgerichts wird die Verpflichtung zur Ausübung einer Gesetzgebungskompetenz „in wechselseitiger bundesstaatlicher Rücksichtnahme ... durch das Rechtsstaatsprinzip in ihrem Inhalt verdeutlicht und in ihrem Anwendungsbereich erweitert. Das Rechtsstaatsprinzip verpflichtet alle rechtsetzenden Organe des Bundes und der Länder die Regelungen jeweils so aufeinander abzustimmen, dass den Normadressaten nicht gegenläufige Regelungen erreichen, die die Rechtsordnung widersprüchlich machen".[51] „Lediglich mittelbare Auswirkungen einer kompetenzgemäßen Regelung eines Landes auf Gegenstände der Bundesgesetzgebung" sind allerdings „nur im Falle eines offenbaren Missbrauchs des Gesetzgebungsrechts durch das Land erheblich."[52]

694 Der Grundsatz bundesfreundlichen Verhaltens darf allerdings nicht überstrapaziert werden. Er ist keine Generalklausel, die überall dort angewendet werden kann, wo das Grundgesetz zu einer konkreten Frage schweigt. Die Bundestreue ist also kein Allheilmittel für Bund-Länder-Streitigkeiten oder für Streitigkeiten zwischen den Ländern. Deshalb gilt: Sofern **spezielle geschriebene Rechtsnormen** vorhanden sind, die auf den Streit Anwendung finden, ist auf diese zurückzugreifen, nicht auf den allgemeinen, ungeschriebenen Grundsatz bundesfreundlichen Verhaltens.[53] Zutreffend hat deshalb das Bundesverfassungsgericht das bayerische Landeskindergesetz, welches Studienbewerber mit bayerischem Wohnsitz beim Zugang zu den bayerischen Universitäten gegenüber Studienplatzbewerbern aus anderen Bundesländern begünstigte, nur wegen Verstoßes gegen Art. 12 Abs. 1 Satz 1 und Art. 3 Abs. 1 GG für verfassungswidrig erklärt,[54] ohne die – an sich nahe liegende – Frage der Bundestreue zu prüfen. Auch die Frage, ob die Weisung des Bundesministeriums für Verkehr an das Land Schleswig-Holstein, eine Bundesfernstraße in eine Straßenklasse nach Landesrecht – mit der Konsequenz der Straßenbaulast – abzustufen, verfassungsgemäß war, beurteilte sich allein nach der Reichweite der Verwaltungskompetenzen des Bundes.[55] Die Pflicht zur gegenseitigen Rechts- und Amtshilfe zwischen den Behörden des Bundes und der Länder – zB. im Fall einer Naturkatastrophe (Überschwemmung, Waldbrand, Lawinenunglück usw.) – ergibt sich aus Art. 35 GG, nicht aus der Bundestreue.[56] Schließlich verlangt der Grundsatz bundesfreundlichen Verhaltens nicht, dass der Bundesrat angerufen werden muss, bevor beim Bundesverfassungsgericht die Feststellung der Verletzung einer verfassungsrechtlichen Pflicht eines Landes beantragt werden kann.[57]

---

50 BVerfGE 104, 249 (270) – *Atomkonsens*. Vgl. auch *M. Jestaedt*, Bundesstaat als Verfassungsprinzip, HStR II, 3. Aufl. 2004, § 29 Rn. 74: „Mehr als die Einhaltung von Missbrauchs- und Obstruktionsverboten auf der einen Seite und ggf. die Erfüllung von Kooperationspflichten ist nicht gefordert." Der Vergleich mit dem allgemeinen Grundsatz von Treu und Glauben liegt nahe, so ausdrücklich *H. Bauer*, Die Bundestreue, 1997, S. 245 ff.

51 BVerfGE 98, 106 (118/119) – *Verpackungsteuer Kassel*.

52 BVerfGE 106, 225 (243) – *Krankenhausversorgung für Beamte I*.

53 Vgl. die Formulierung in BVerfGE 106, 225 (243) „Kompetenzausübungsschranke". Der Grundsatz der Bundestreue wirkt also nicht kompetenzbegründend, s. BVerfGE 81, 310 (337) – *Kalkar*: Die Pflicht zu bundesfreundlichem Verhalten „ändert nichts an der im Grundgesetz festgelegten Kompetenzzuweisung". Vgl. auch *M. Jestaedt*, Bundesstaat als Verfassungsprinzip, HStR II, 3. Aufl. 2004, § 29 Rn. 75, der von einer „Subsidiarität der Bundestreue" spricht.

54 BVerfGE 33, 303 (353 ff.) – *Numerus clausus*.

55 S. BVerfGE 102, 167 (172 ff.) – *Abstufung einer Bundesstraße*.

56 Vgl. dazu *K. Wessel*, Verfassungsverfahrensrechtliche Probleme der Amtshilfe im Bundesstaat, 1983.

57 BVerfGE 6, 309 (361) – *Reichskonkordat*.

4.5 Verhältnis Bundesrecht – Landesrecht

Das Nebeneinander der Gesetzgebung von Gesamtstaat und Gliedstaaten im Bundesstaat bringt es mit sich, dass zwischen einer Rechtsnorm des Gesamtstaates und einer Rechtsnorm eines oder mehrerer Gliedstaaten ein Widerspruch, eine Kollision, eintreten kann. Dies ist dann der Fall, wenn beide Normen – also sowohl die des Bundesrechts als auch die des Landesrechts – auf denselben Sachverhalt anwendbar sind und bei ihrer Anwendung zu verschiedenen Ergebnissen führen.[58] Das Grundgesetz löst diese Normenkollision in Art. 31 GG im Sinne der Höherrangigkeit des Bundesrechts mit der Formel: **„Bundesrecht bricht Landesrecht"**.[59] 695

Voraussetzung dafür, dass Bundesrecht Landesrecht bricht, ist zunächst, dass das Bundesrecht **kompetenzgemäß** gesetzt worden ist, dh., dass der Bundesgesetzgeber zum Erlass des betreffenden Gesetzes oder der betreffenden Rechtsverordnung zuständig war. Art. 31 GG ist also immer vor dem Hintergrund der Gesetzgebungskompetenzbestimmungen des Grundgesetzes zu sehen. Die Aussage des Art. 31 GG ist daher wie folgt zu lesen: „Kompetenzmäßig gesetztes Bundesrecht bricht Landesrecht", wobei selbstverständlich auch das Landesrecht kompetenzgemäß erlassen worden sein muss, da es anderenfalls bereits wegen Kompetenzverstoßes nichtig wäre. 696

Art. 31 GG ist eine Kollisionsnorm, die einen **Widerspruch** zwischen Bundesrecht und Landesrecht im Sinne des Vorranges des Bundesrechts lösen soll. Deshalb ist der Wortlaut des Art. 31 GG sinngemäß wie folgt zu ergänzen: „Kompetenzmäßig gesetztes Bundesrecht bricht entgegenstehendes Landesrecht." 697

Der Wortlaut des Art. 31 GG gibt keine Antwort auf die Frage, ob Bundesrecht nicht nur ihm entgegenstehendes, sondern auch **gleich lautendes Landesrecht** bricht.[60] Das Bundesverfassungsgericht hat diese Frage bisher nur für das Verhältnis von Bundesverfassungsrecht zu Landesverfassungsrecht entschieden, und zwar dahin, dass gleich lautendes Landesverfassungsrecht nicht gebrochen wird.[61] Dies ist für Landesgrundrechte in Art. 142 GG ausdrücklich angeordnet (sogleich Rn. 700) und kann im Bereich des Landesstaatsorganisationsrechts eigentlich nicht auftreten, da der Bund grundsätzlich keine Gesetzgebungskompetenzen in Bezug auf das Staatsorganisationsrecht der Länder hat. Insoweit kommt vielmehr die Homogenitätsklausel des Art. 28 Abs. 1 GG zur Anwendung. Die Frage, wie Art. 31 GG sich auf das Verhältnis von einfachem Bundesrecht zu einfachem gleichlautendem Landesrecht auswirkt, hat das Bundesverfassungsgericht offen gelassen. Der Sinn des Art. 31 GG als Kollisionsnorm – also einer Norm, die einen Widerspruch zwischen Bundesrecht und Landesrecht voraussetzt – führt dazu, dass für das Verhältnis von einfachem Bundesrecht zu einfachem Landesrecht dasselbe gelten muss wie für das Verhältnis von Bundesverfassungsrecht zu Landesverfassungsrecht: Gleich lautendes Landesrecht wird von Bundesrecht **nicht gebrochen.**[62] Ob Landesrecht mit Bundesrecht gleich lautend ist oder nicht, hängt nicht vom Wortlaut der betreffenden Normen ab, sondern davon, ob es sich um **inhaltlich übereinstimmendes Recht** handelt. Letztlich ist zu bedenken, dass 698

---

58 BVerfGE 26, 116 (135) – *Besoldungsrecht*; BVerfG, NVwZ 1990, 357 – *Zweitwohnungsteuer*; 36, 342 (363) – *nds. Landesverfassung*; 96, 345 (364) – *Landesverfassungsgerichte*; 98, 145 (159) – *Inkompatibilität*.

59 Dazu ausführlich: *W. März*, Bundesrecht bricht Landesrecht, 1989.

60 Vgl. dazu *Chr.-F. Menger*, Zum Verhältnis von Landesrecht zu inhaltsgleichem Bundesrecht, VerwArch 62 (1971), 75 ff.

61 BVerfGE 36, 342 (366): mit Art. 33 Abs. 5 GG wörtlich übereinstimmende Bestimmung der nieders. Verf. Vgl. dazu auch *A. von Mutius*, Zum Verhältnis von gleichlautendem Bundes- und Landesverfassungsrecht, VerwArch 66 (1975), 161 ff.; s. auch *P. M. Huber*, Bundesverfassungsrecht und Landesverfassungsrecht, NdsVBl. 2011, 233 ff.

62 *M. Gubelt/D. Hanschel*, in: *von Münch/Kunig*, GGK I, Art. 31 Rn. 48; *B. Pieroth*, in: *Jarass/Pieroth*, Art. 31 Rn. 6.

diese Konstellation ebenso wie der Fall der Kollision äußerst selten sein wird, weil beides grundsätzlich bereits durch die Aufteilung der Gesetzgebungskompetenzen zwischen Bund und Ländern verhindert wird.

699 Soweit Landesrecht dem Bundesrecht widerspricht, also nicht inhaltlich übereinstimmt, sondern eine Kollision vorliegt, bricht jedes Bundesrecht jedes Landesrecht. Art. 31 GG ist also dahin zu ergänzen: Jedes kompetenzmäßig gesetzte Bundesrecht bricht jedes entgegenstehende Landesrecht." Das bedeutet, dass selbst einfaches Bundesrecht (dh. ein Bundesgesetz oder eine Rechtsverordnung des Bundes) sogar Landesverfassungsrecht brechen kann.[63] In der Praxis gibt es dafür allerdings nur selten Beispielsfälle, weil der Bundesgesetzgeber für die Bereiche des Landesverfassungsrechts in der Regel keine Gesetzgebungskompetenz besitzt. Der bundesstaatlichen Struktur der Bundesrepublik Deutschland und der Staatsqualität der Länder, insbesondere Art. 30 GG, würde es widersprechen, wenn der Bund durch Erlass einfachen Bundesrechts mit dem „Messer" des Art. 31 GG Stücke aus den Verfassungen der Länder herausschneiden könnte. Zutreffend hat das Bundesverfassungsgericht dazu ausgeführt: „Das Eigentümliche des Bundesstaates ist, dass der Gesamtstaat Staatsqualität und dass die Gliedstaaten Staatsqualität besitzen. Das heißt aber, dass sowohl der Gesamtstaat als auch die Gliedstaaten je ihre, von ihnen selbst bestimmte Verfassung besitzen. Und das wiederum heißt, dass die Gliedstaaten ebenso wie der Gesamtstaat in je eigener Verantwortung ihre Staatsfundamentalnormen artikulieren. Kein Land muss eine Amputation von Staatsfundamentalnormen durch den Gesamtstaat hinnehmen mit der Folge, dass seine Verfassung in Wahrheit ein Verfassungstorso wird. Die Länder haben im Bundesstaat vielmehr das Recht, in ihre Verfassung nicht nur Staatsfundamentalnormen aufzunehmen, die das Bundesverfassungsrecht nicht kennt, sondern auch Staatsfundamentalnormen, die mit den entsprechenden Staatsfundamentalnormen der Bundesverfassung nicht übereinstimmen. Nur ein Mindestmaß an Homogenität der Bundesverfassung und der Landesverfassung ist gefordert."[64]
Maßstab für die Prüfung der Vereinbarkeit mit Bundesrecht ist insoweit Art. 28 Abs. 1 GG, wonach die verfassungsmäßige Ordnung in den Ländern den Grundsätzen des republikanischen, demokratischen und sozialen Rechtsstaates im Sinne dieses Grundgesetzes entsprechen muss. So gehört zB. nicht zu den gemäß Art. 28 Abs. 1 GG für die Länder verbindlichen Grundsätzen das Prinzip des Art. 69 Abs. 2 Halbsatz 1 GG, wonach das Amt des Regierungschefs in jedem Fall mit dem Zusammentritt eines neuen Parlaments endet.[65] Auch können die Länder für ihre Parlamente Wahlperioden festsetzen, die von der in Art. 39 Abs. 1 Satz 1 GG festgelegten vierjährigen Wahlperiode des Bundestages abweichen: Beispiel hierfür sind die fünfjährigen Wahlperioden aller Landtage außer Bremen. Einen Verstoß gegen das Homogenitätsgebot hat das Bundesverfassungsgericht in der Einführung des kommunalen Wahlrechts für Ausländer in Schleswig-Holstein und des Wahlrechts für Ausländer zu den Bezirksversammlungen in Hamburg gesehen.[66]

700 Zu beachten ist schließlich, dass in Bezug auf Grundrechte in Landesverfassungen, die inhaltlich mit Grundrechten des Grundgesetzes übereinstimmen, **Art. 142 GG lex specialis zu Art. 31 GG** ist. Folgt man allerdings der Ansicht des Bundesverfassungsgerichts, dass Bundesrecht inhaltlich übereinstimmendes Landesrecht nicht gemäß Art. 31 GG bricht, so stim-

63 *P. Tiedemann*, Landesverfassung und Bundesrecht, DÖV 1999, 200 ff.
64 BVerfGE 36, 342 (360 f.) – *nds. Verfassung* (Vorlage des Nds. StGH, ob Art. 31 GG auch gleichlautendes Landesverfassungsrecht, in concreto eine wörtlich mit Art. 33 Abs. 5 GG übereinstimmende Vorschrift der Landesverfassung, bricht).
65 BVerfGE 27, 44 (56) – *Ministerpräsident in Schleswig-Holstein* nach der damals geltenden Landessatzung. Die revidierte Fassung der LV SH vom 13. Juni 1990 enthält eine mit Art. 69 Abs. 2 Halbsatz 1 GG inhaltlich übereinstimmende Regelung (Art. 27 Abs. 1 Halbsatz 1).
66 Dazu oben Rn. 89. Vgl. auch die in BVerfGE 36, 342 (361 f.) – *nds. Verfassung* aufgezählten Beispiele.

men Art. 142 GG und Art. 31 GG im Ergebnis überein.[67] Die spezielle Norm des Art. 142 GG lässt sich historisch daraus erklären, dass im Jahre 1949 bei Schaffung des Grundgesetzes die Frage, ob Bundesrecht inhaltlich übereinstimmendes Landesrecht bricht oder nicht, (noch) nicht entschieden war. Seit der diesbezüglichen Entscheidung des Bundesverfassungsgerichts hat Art. 142 GG nur noch rechtsfeststellende (bestätigende) Wirkung.[68]

4.6 Verteilung der Kompetenzen im Bereich der Auswärtigen Beziehungen

Gemäß Art. 32 Abs. 1, Art. 73 Abs. 1 Nr. 1 GG ist „die Pflege der Beziehungen zu auswärtigen Staaten" **Sache des Bundes.**[69] Über den engen Wortlaut „auswärtige Staaten" hinaus besitzt der Bund die Kompetenz zur Pflege der Beziehungen zu allen Völkerrechtssubjekten, insbesondere auch zu Internationalen Organisationen.[70] Die dem Bund zustehende Pflege der auswärtigen Beziehungen umfasst alle völkerrechtlichen Handlungen, zB. den Abschluss völkerrechtlicher Verträge, die Aufnahme und Pflege diplomatischer und konsularischer Beziehungen und die Anerkennung von Staaten.[71] Regelungen privatrechtlicher (fiskalischer) Beziehungen fallen nicht unter Art. 32 Abs. 1 GG, können aber im Zusammenhang mit anderen Kompetenzzuweisungen in die Zuständigkeit des Bundes fallen.[72] Die Kompetenzzuweisung der auswärtigen Beziehungen an den Bund führt nicht dazu, dass die Kompetenzen der Länder in deren eigenen Bereichen allein wegen etwaiger Auslandsberührungen eingeschränkt werden.[73] **701**

Die Länder sind vom völkerrechtlichen Verkehr nicht völlig abgeriegelt. Gemäß Art. 32 Abs. 3 GG können nämlich die **Länder, soweit sie für die Gesetzgebung zuständig sind**, Verträge mit auswärtigen Staaten schließen,[74] allerdings nur mit Zustimmung der Bundesregierung. Beispiele hierfür sind die Sachbereiche Schulen und Hochschulen (wie überhaupt der ganze kulturelle Bereich – Kulturhoheit der Länder), Polizeirecht und Kommunalrecht. Im Einzelnen ist bei den Verträgen gemäß Art. 32 Abs. 3 GG zu unterscheiden, ob der in dem Vertrag zu regelnde Gegenstand unter die konkurrierende Gesetzgebungsbefugnis des Bundes oder unter die ausschließliche Gesetzgebungsbefugnis der Länder fällt. Keine Zustimmung der Bundesregierung benötigen nach Auffassung des Bundesverfassungsgerichts Konkordate, dh. Verträge zwischen einem Land und dem Heiligen Stuhl.[75] Da der **702**

---

67 BVerfGE 36, 342 (362 f.). Kritisch *F. Wittreck*, Nachrangklauseln und „normative Selbstbeschneidung" der Landesverfassung: Konsequenz oder Umgehung des Art. 31 GG?, DVBl. 2000, 1492 (1495): „Art. 142 GG (...) ist damit weitgehend funktionslos geworden."

68 *W. Graf Vitzthum*, Die Bedeutung gliedstaatlichen Verfassungsrechts in der Gegenwart, VVDStRL 46 (1988), 33 ff.

69 Vgl. dazu *R. Geiger*, Staatsrecht III, 7. Aufl. 2018, § 29; *W. Grewe*, Zum Verfassungsrecht der auswärtigen Gewalt, AöR 112 (1987), 521 ff.; *V. Zellweger*, Völkerrecht und Bundesstaat, 1992.

70 BVerfGE 1, 351 (366) – *Petersberg-Abkommen*; 2, 347 (374) – *Kehler-Hafen-Abkommen*. Auch der Abschluss von Verträgen mit der damaligen DDR fiel unter Art. 32 Abs. 1, Art. 73 Nr. 1 GG aF., obwohl die Bundesrepublik die DDR nicht als auswärtigen Staat, sondern als einen der „zwei Staaten in Deutschland" ansah. S. dazu BVerfGE 36, 1 (17) – *Grundlagenvertrag*.

71 Die Kompetenz ist, wie schon die Formulierung „Pflege auswärtiger Beziehungen" deutlich macht, nicht auf rechtsverbindliche Akte begrenzt, s. *R. Streinz*, in: *Sachs*, Art. 32 Rn. 12 f. mwN.

72 *O. Rojahn*, in: *von Münch/Kunig*, GGK I, 6. Aufl., Art. 32 Rn. 17.

73 BVerwG DÖV 1983, 118 (119) – *Sammlungsgesetz BW* (Sammlung für Aufstandsbewegung in Oman).

74 Vgl. die Aufstellung bei *U. Beyerlin/Y. Lejeune*, Sammlung der internationalen Vereinbarungen der Länder der Bundesrepublik Deutschland, 1994.

75 BVerfGE 6, 309 (362) – *Konkordats-Urteil*; kritisch dazu *M. Schweitzer/H.-G. Dederer*, Staatsrecht III, 12. Aufl. 2020, Rn. 305 f. – Zu Konkordaten allg.: *A. Frhr. von Campenhausen/H. de Wall*, Staatskirchenrecht, 4. Aufl. 2006, § 11 IV; *St. Haering*, Die Verträge zwischen dem Heiligen Stuhl und den neuen Bundesländern aus den Jahren 1994 bis 1998, in: Fs. für Joseph Listl, 1999, S. 761.

Heilige Stuhl ein auswärtiges Völkerrechtssubjekt bildet, ist diese Auffassung nur schwer verständlich.[76]

703 Betrifft der Vertragsgegenstand die **konkurrierende** Gesetzgebungsbefugnis des Bundes, so verlieren die Länder die Befugnis zum Vertragsabschluss, sobald der Bund diese Frage vertraglich oder gesetzlich regelt.[77] Hier ist die Rechtslage also nicht anders als im „normalen" Fall des Tätigwerdens des Bundes im Bereich der konkurrierenden Gesetzgebungsbefugnis.

704 Fällt der vom Vertrag zu regelnde Gegenstand dagegen in die **ausschließliche** Gesetzgebungsbefugnis **der Länder**, so ist streitig, ob in diesem Bereich ausschließlich die Länder mit Zustimmung der Bundesregierung Verträge schließen dürfen oder neben ihnen auch der Bund. Hierzu werden drei Ansichten vertreten[78]: 1. In diesem Bereich hat (auch) der Bund eine unbeschränkte Vertragsabschlusskompetenz (zentralistische Ansicht oder Berliner Lösung); 2. in diesem Bereich hat der Bund überhaupt keine Vertragsabschlusskompetenz (föderalistische Ansicht; auch „süddeutsche Ansicht" genannt); 3. in diesem Bereich hat zwar (auch) der Bund eine Vertragsabschlusskompetenz, aber für die zur Umsetzung des Vertrages erforderliche Gesetzgebung sind allein die Länder zuständig (vermittelnde Ansicht; auch „norddeutsche Ansicht" genannt).
Die letztgenannte, also die vermittelnde (norddeutsche) Ansicht koordiniert am besten die Außenkompetenz des Bundes mit den innerstaatlichen Kompetenzen der Länder, so dass der Bund in Sachgebieten, die der ausschließlichen Gesetzgebungsbefugnis der Länder unterliegen (Bsp.: Abkommen über Schulbücher), zwar Verträge abschließen kann, aber die Entscheidung über die Durchführung der dafür notwendigen innerstaatlichen Maßnahmen den Ländern überlassen muss. Deshalb werden in solchen Verträgen Formulierungen verwendet wie: „im Rahmen des Möglichen" oder „im Rahmen ihrer innerstaatlichen Rechtsvorschriften".[79]

705 Für die Praxis wichtig ist das **Lindauer Abkommen** zwischen der Bundesregierung und den Staatskanzleien der Länder über das Vertragsschließungsrecht des Bundes vom 14. November 1957.[80] In diesem Abkommen halten zwar Bund und Länder grundsätzlich an ihren Ansichten fest, haben jedoch eine pragmatische Lösung für die Praxis vereinbart: Bei Verträgen, die zwar in die ausschließliche oder konkurrierende Gesetzgebungsbefugnis des Bundes fallen, aber auch Länderkompetenzen berühren – zB. bei Konsularverträgen, Handels- und Schifffahrtsverträgen, Niederlassungsverträgen, Verträgen über den Waren- und Zahlungsverkehr und Verträgen über die Gründung oder den Beitritt zu Internationalen Organisationen – erklären die Länder sich bereit („halten ein Entgegenkommen für möglich") die Vertragsabschlussbefugnis des Bundes auch insoweit anzuerkennen, „als diese Verträge Bestimmungen enthalten, bei denen zweifelhaft sein könnte, ob sie im Rahmen eines internationalen Vertrages unter die ausschließliche Landesgesetzgebung fallen" (Ziff. 2). Bei Verträgen, die nach Ansicht der Länder ihre ausschließliche Gesetzgebungsbefugnis berühren (Bsp. Europarats-Abkommen über die Gleichwertigkeit der Reifezeugnisse), sind die Länder an den Vorbereitungen für den Abschluss „möglichst frühzeitig, in jedem Fall rechtzeitig vor der endgültigen Festlegung des Vertragstextes" zu beteiligen. Soweit diese Verträge eine Verpflichtung des Bundes oder der Länder begründen sollen, „soll das Einverständnis der Länder herbeigeführt werden" (Ziff. 3).

---

76 S. dazu *V. Epping*, in: *K. Ipsen*, Völkerrecht, 7. Aufl. 2018, § 11 Rn. 1 ff.

77 S. etwa *C. Callies*, Auswärtige Gewalt, HStR IV, 3. Aufl. 2006, § 83 Rn. 56.

78 *P. Starski*, in: *von Münch/Kunig*, GGK I, Art. 32 Rn. 77 ff. Vgl. dazu auch *C. Callies*, Auswärtige Gewalt, HStR IV, 3. Aufl. 2006, § 83 Rn. 57 mwN.

79 Zu sog. Bundesstaatsklauseln (Bundesklauseln) allg. vgl. *V. Zellweger*, Völkerrecht und Bundesstaat, 1992, S. 132 ff.

80 Text bei *R. Streinz*, in: *Sachs*, Art. 32 Rn. 35.

706 Anderes gilt im Zusammenhang mit der Verwirklichung der Europäischen Union. Die Berücksichtigung der Interessen oder Gesetzgebungsbefugnisse der Länder bei der Wahrnehmung der Rechte, die der Bundesrepublik Deutschland als Mitgliedstaat der Europäischen Union zustehen, ist in Art 23 Abs. 4–6 GG und in dem auf Grund von Art. 23 Abs. 7 GG ergangenen Gesetz über die Zusammenarbeit von Bund und Ländern in Angelegenheiten der Europäischen Union geregelt.[81]

Rechtsprechung: BVerfGE 12, 205 (254 ff.) – 1. Rundfunkurteil (Bundestreue); 13, 54 (77 ff.) – Neugliederung Hessen (zweigliedriger Bundesstaatsbegriff); 36, 342 (360 ff.) – nds. Verfassung (Bundesrecht bricht nicht übereinstimmendes Landesrecht).

Literatur: *W. Erbguth*, Die Neugliederung des Bundesgebiets: eine Standortbestimmung, JZ 2011, 433; *St. Hobe*, Bundesstaatsprinzip, JA 1995, 301 (Wiederholungsfragen); *P. M. Huber*, Bundesverfassungsrecht und Landesverfassungsrecht, NdsVBl. 2011, 233; *J. F. Lindner*, „Austritt des Freistaates Bayern aus der Bundesrepublik Deutschland?", BayVBl. 2014, 97; *B. G. Schubert*, Normative und strukturelle Grundlagen des Bundesstaatsprinzips, Jura 2003, 607; *A. Voßkuhle/A.-K. Kaufhold*, Das Bundesstaatsprinzip, JuS 2010, 873.

Fallbearbeitungen: *C. Herrmann/A. Hofmann*, Bildungspolitisches Kompetenzgerangel – Turbo-Abitur für alle!, JuS 2012, 543.

5. Kapitel: Staatsziel Umweltschutz, Staatsziel Tierschutz

707 Wäre die Erstfassung des Grundgesetzes nicht 1949 sondern in den neunziger Jahren in Kraft getreten, würde womöglich auch der Umweltschutz zu den Staatsstrukturprinzipien des Art. 20 GG gehören. Nach Beendigung des Zweiten Weltkriegs dachte jedoch noch kaum jemand an den Umweltschutz. Da die verbrauchende, verändernde und zerstörende Inanspruchnahme der Umwelt durch die Menschen in den folgenden Jahrzehnten noch einmal gewaltig zunahm, die damit verbundenen Probleme aber nur mit Verzögerung in das politische Bewusstsein drangen, findet sich der Umweltschutz erst seit 1994 in Art. 20a GG[1] als Schutz der natürlichen Lebensgrundlagen in der Verfassung verankert. Im Jahre 2002 ist der Tierschutz[2] dazugekommen.

5.1 Struktur

708 Der Struktur nach handelt es sich sowohl beim Umweltschutz wie auch beim Tierschutz um eine Staatszielbestimmung, dh. um eine Vorgabe, auf die der Staat sein Handeln ausrichten soll. Dies ähnelt dem Sozialstaatsprinzip insoweit, als auch für die Verwirklichung des Umweltschutzes und des Tierschutzes ein **hoher Konkretisierungsbedarf** besteht, so dass in erster Linie der Gesetzgeber verpflichtet ist.[3] Dies gilt auch deshalb, weil umweltschützende Maßnahmen regelmäßig sowohl grundrechtsbeschränkend (Berufsfreiheit, Eigentumsgarantie) als auch grundrechtsschützend (Gesundheitsschutz) sind, so dass es einer Rechtsgüterabwägung bedarf, die allerdings stets auch den Umweltschutz um seiner selbst willen in die Abwägung einzustellen hat. Hierbei ist der Gesetzgeber wie sonst auch an die „verfassungsmäßige Ordnung" und sind Exekutive und

---

81 BGBl. 1993 I, S. 313 – S. dazu oben Rn. 268 ff.

1 42. ÄndGG v. 27. Oktober 1994 (BGBl. I, S. 3146).

2 50. ÄndGG v. 26. Juli 2002 (BGBl. I, S. 2862).

3 Zu dieser und weiteren Parallelen, s. *A. Uhle*, Das Staatsziel „Umweltschutz" und das Sozialstaatsprinzip im verfassungsrechtlichen Vergleich, JuS 1996, 96 ff.; s. auch BVerfGE 118, 79 (110) – *Emissionshandel* zur Pflicht des Gesetzgebers; 128, 1 (37 ff. und 48) – *Gentechnikgesetz* zur Charakterisierung als Staatsziel.

Judikative an Recht und Gesetz gebunden, was Art. 20a GG unnötigerweise noch einmal ausdrücklich hervorhebt. Entsprechendes gilt für den Tierschutz.[4]
Das Staatsziel Umweltschutz und das Staatsziel Tierschutz gewähren keinen Anspruch (**kein subjektives Recht**) gegen den Staat, sondern verpflichten diesen nur objektivrechtlich zum Tätigwerden.[5] Insoweit enthalten sie wie das Sozialstaatsprinzip einen **Gestaltungsauftrag** an den Gesetzgeber sowie **Auslegungs-, Abwägungs- und Ermessensvorgaben** für die anderen beiden Gewalten.[6]

5.2 Inhalt

709 Gegenständlich sind mit dem Begriff der „natürlichen Lebensgrundlagen" die Kollektivgüter der Umwelt gemeint, namentlich die **Umweltmedien Luft, Wasser, Boden** sowie **Flora** und **Fauna**. Schutzgegenstände sind daneben das **Klima**, die **Atmosphäre** und die **Biosphäre, Biotope, Natur- und Kulturlandschaften**. Die Tiere sind durch den Umweltschutz im Sinne des **Artenschutz**es miterfasst, jedoch nicht in ihrer Individualität.[7] Dieser Aspekt des individuellen Tierschutzes, der die Tiere vor unnötigem Tod und Schmerz schützen soll, wurde erst durch die ausdrückliche Ergänzung um das Schutzgut „Tiere" im Jahre 2001 in Art. 20a GG aufgenommen. Individuelle Ansprüche von Tieren und zugunsten von Tieren werden damit nicht begründet.

710 In der Staatszielbestimmung sind verschiedene **Prinzipien des Umweltschutzrechts** angelegt, an denen sich Gesetzgebung und Gesetzesanwendung zu orientieren haben.[8] So umfasst der „Schutz" die Schadensverhütung (**Schutz-**[9] **oder Gefahrenabwehrprinzip**) ebenso wie die Risikovorsorge (**Vorsorgeprinzip**[10]), auf der Haftungsebene das **Verursacher- und das Kompensationsprinzip.**[11, 12] Von grundlegender Bedeutung ist das **Nachhaltigkeitsprinzip**, das seinen völkerrechtlichen Ursprung in der Rio-Deklaration der United Nations Conference on Environment and Development (UNCED) von 1992 hat und in der Formulierung „auch in Verantwortung für die künftigen Generationen" angelegt ist.[13] Das Prinzip der nachhaltigen Entwicklung umfasst etwa das Gebot der **Ressourcenschonung.** Zudem lassen sich aus dem Umweltschutzprinzip Anforderungen an Organisation und Verfahren ableiten.[14]

---

4 Zu möglichen Spannungen insbes. mit vorbehaltlos gewährleisteten Grundrechten, s. *M. Rossi*, Einführung in das Tierschutzrecht, JA 2004, 500 (502 ff.). Speziell zum Schächten, s. *A. Dietz*, Das Schächten im Spannungsfeld zwischen Religionsfreiheit und Tierschutz, DÖV 2008, 489 ff. mwN.

5 S. Bericht der GemVerfKom., BT-Drs. 12/6000, S. 67 f.

6 Vgl. etwa die von BVerfG, NVwZ 2007, 808 (809 f.) – *Zwangsmitgliedschaft in einer Jagdgenossenschaft*, Berücksichtigung des Tier- und Umweltschutzes bei der Novellierung des BJagdG.

7 Vgl. Bericht der GemVerfKom., BT-Drs. 12/6000, S. 69 f.

8 BVerfGE 128, 1 (37) – *Gentechnikgesetz*.

9 Hier in einem engeren Sinne als das Gebot, umweltrechtliche Gefahren abzuwehren, verstanden.

10 Das Vorsorgeprinzip besagt, dass „Umweltgefahren und -schäden so weit wie möglich vermieden werden und gar nicht erst zum Entstehen kommen sollen", also ein Handeln schon im Vorfeld der Gefahr, bei bloßen Risiken, möglich sein soll, vgl. *R. Schmidt/W. Kahl/K. Gärditz*, Umweltrecht, 11. Aufl. 2019, § 4 Rn. 22–27.

11 Sein Aussagegehalt lässt sich nach der grundlegenden Untersuchung von *A. Voßkuhle*, Das Kompensationsprinzip, 1999, S. 391 auf folgende Grundsätze zurückführen: „(1) Unvermeidbare erhebliche Beeinträchtigungen der Umwelt sind vom Verursacher zu kompensieren. (2) Soweit eine Kompensation von Umweltbeeinträchtigungen möglich und sachgerecht ist, sind Kompensationsregelungen als milderes Mittel einem strikten Verbot der beeinträchtigenden Handlung vorzuziehen. (3) Art und Ausmaß der gebotenen Kompensation bestimmen sich grundsätzlich nach dem Äquivalenzprinzip im Sinne eines möglichst vollständigen Schadensausgleichs. Abweichungen nach oben (Überkompensation) und nach unten (Unterkompensation) bedürfen besonderer Begründung."

12 Vgl. auch *D. Murswiek*, Staatsziel Umweltschutz (Art. 20a GG) – Bedeutung für Rechtssetzung und Rechtsanwendung, NVwZ 1996, 222 (225 f.).

13 S. dazu *R. Schmidt/W. Kahl/K. Gärditz*, Umweltrecht, 11. Aufl. 2019, § 4 Rn. 36–41.

14 BVerfGE 127, 293 (328 f.) – *Legehennenhaltung*.

Verstärkung erhält das Staatsziel Umweltschutz durch das Europarecht, wo der Umweltschutz nicht nur zu den Aufgaben und Tätigkeitsfeldern gehört (Art. 3 Abs. 3 UAbs. 1 EUV), sondern zum Bestandteil sämtlicher Unionspolitiken erklärt wird (sog. Querschnittsklausel, s. Art. 11 AEUV). Ein großer Anteil des Umweltrechts in deutschen Gesetzen beruht auf unionsrechtlichen Vorgaben. Der Tierschutz fand zunächst im Protokoll Nr. 10 zum Vertrag von Amsterdam (1997) seinen europarechtlichen Niederschlag und ist inzwischen in Art. 13 AEUV als Querschnittsklausel normiert. Schließlich stärkt auch die Völkerrechtsfreundlichkeit des Grundgesetzes das Staatsziel Umweltschutz, weil angesichts des globalen Ausmaßes der Umweltbedrohung das internationale Umweltrecht an Einfluss und Bedeutung stetig zunimmt.

Literatur: *D. Bruhn*, Das Staatsziel Tierschutz – Eine traurige Bilanz, AL 2020, 190; *E. Gassner*, Die verfassungsrechtliche Profilierung des Schutzes der natürlichen Lebensgrundlagen. Art. 20a GG im Lichte des Art. 1 I GG, NVwZ 2020, 29; *E. Gassner*, Implizite Vorgaben des Art. 20a GG für den Bund, DVBl, 2017, 942; *F. Hufen*, Wissenschaftsfreiheit und Tierschutz, JuS 2014, 953; *M. Kilian*, Art. 20a GG: Der Weg in den Umweltstaat? AL 2020, 84; *S. Westphal*, Art. 20a GG – Staatsziel „Umweltschutz", JuS 2000, 339 und ergänzend dazu *B. Reinhardt*, JuS 2000, 1245; *H. Holste*, „… und die Tiere" – Das Staatsziel Tierschutz in Art. 20a GG, JA 2002, 907; *A. Voßkuhle*, Umweltschutz und Grundgesetz, NVwZ 2013, 1.

Schlussbemerkung

Mit dem **Grundgesetz** hat Deutschland zum ersten Mal in seiner Geschichte eine Verfassung für eine freiheitliche, rechtsstaatliche, demokratische und föderale Staatsordnung teils erhalten, teils und im Weiteren sich gegeben, die sich über viele Jahrzehnte auch im Hinblick auf soziale, ökologische, europäische und internationale Aufgaben **bewährt** hat. Sie verdient Respekt, Pflege und vorsichtige Weiterentwicklung, soweit die Verfassungswirklichkeit Kritikwürdiges zutage fördert oder neue Anforderungen entstehen. Den glücklichen Verfassungszustand als Selbstverständlichkeit zu nehmen und ihm mit Gleichgültigkeit zu begegnen, bedeutete ihn auszuhöhlen und zu gefährden. Deshalb ist **Verfassungspatriotismus**[1] zwar nicht Pflicht, aber wünschenswert und angebracht. 711

1 Begriff geprägt von *Dolf Sternberger*, Verfassungspatriotismus, zuerst abgedruckt in der FAZ vom 23. Mai 1979, nachgedruckt in: *ders.*, Schriften Bd. X: Verfassungspatriotismus, 1990, S. 13–16. S. dazu auch *J. Habermas*, Staatsbürgerschaft und nationale Identität, in: Faktizität und Geltung, 1992, S. 632.

Verzeichnis wichtiger im Lehrbuch angesprochener Gerichtsentscheidungen

Abgeordnetendiäten; BVerfGE 40, 296; s. dazu Rn. 198 f.
Allgemeine Regeln des Völkerrechts, BVerfGE 100, 209; BVerfGE 118, 124; s. dazu Rn. 85, 580
Änderung einer Rechtsverordnung durch Gesetz; BVerfGE 114, 196; s. dazu **Lösung** zu Fall 8 S. 225 ff.
Äußerungsbefugnis des Bundespräsidenten; BVerfGE 136, 323; s. dazu Rn. 309
Atomkonsens; BVerfGE 104, 249; s. dazu Rn. 458, 693 und **Lösung** zu Fall 9 S. 261 ff.
Ausbildungskapazität; BVerfGE 85, 54; s. dazu **Lösung** zu Fall 3 S. 100 ff.
Beamtenstreik; BVerfGE 148, 296; s. dazu Rn. 17, 504, 602
Beschlagnahme in Abgeordnetenräumen; BVerfGE 108, 251; s. dazu Rn. 195, 202
Besoldung; BVerfGE 139, 64; 140, 240; 145, 1; 145, 304; 149, 382; s. dazu Rn. 504
(Bodenreform in der SBZ; BVerfGE 84, 90; s. dazu Rn. 673)
Bundesrichterwahl; BVerfGE 143, 22; s. dazu 533
Bundestagswahl 1990; BVerfGE 82, 322; s. dazu Rn. 52
Designermöbel; BVerfGE 129, 78; s. dazu Rn. 17
Deutschland-Fernsehen-GmbH; BVerfGE 12, 205; s. dazu Rn 693
Elfes; BVerfGE 6, 32; s. dazu Rn. 15, 28, 402
Euro-Rettungsschirm; BVerfGE 129, 124; s. dazu Rn. 122a
Europäische Bankenunion; BVerfGE 151, 202; s. dazu Rn. 668
Eventualstimme; BVerfGE 146, 327; s. dazu Rn. 107
EWG-Fernseh-Richtlinie; BVerfGE 92, 203; s. dazu Rn. 693
Existenzminimum; BVerwGE 1, 159; s. dazu Rn 670 ff.
Finanzierung politischer Arbeit, Fraktionen, Abgeordnetenmitarbeiter, parteinahe Stiftungen; BVerfGE 140, 1; s. dazu Rn. 157 ff., insb. 159
Fraktionsrecht; BVerfGE 142, 25; s. dazu Rn. 205, 569
FDP-Sendezeiten (abgestufte Chancengleichheit); BVerfGE 14, 121; s. dazu Rn. 143
Flick; BVerfGE 67, 100; s. dazu Rn. 226
Glykolwein; BVerfGE105, 252; s. dazu Rn. 347
Großer Lauschangriff; BVerfGE 109, 279; s. dazu Rn. 67
Grundlagenvertrag; BVerfGE 36, 1; s. dazu Rn. 45
Haushaltsüberschreitung; BVerfGE 45, 1; s. dazu Rn. 645
Heiligendamm; BVerfGE 126, 55; s. dazu Rn. 237
Identitätskontrolle; BVerfGE 140, 317; s. dazu Rn. 597
Informationsanspruch des Bundestages; BVerfGE 137, 185; 146, 1; 147, 50; s. dazu Rn. 86, 218
Kalkar; BVerfGE 81, 310; s. dazu Rn. 447 und **Lösung** zu Fall 9 S. 261 ff.
(Kohlepfennig; BVerfGE 91, 186; s. dazu Rn. 617)
Kommunalverfassungsbeschwerde; BVerfGE 147, 185; s. dazu Rn. 500, 502
Kopftuchverbot, Lehrerin; BVerfGE 138, 296; Rechtsreferendarin; BVerfGE 153, 1; s. dazu Rn. 516
KPD; BVerfGE 5, 85; s. dazu Rn. 146, 148
Kriegerwitwe; BVerfGE 1, 97; s. dazu Rn 672
Lissabon; BVerfGE 123, 267; s. dazu Rn. 122a
Luftsicherheitsgesetz; BVerfGE 115, 118; s. dazu Rn. 483
Maastricht; BVerfGE 89, 155; s. dazu Rn. 77, 78, 122, 123, 678
Mauerschützen; BVerfGE 95, 96; s. dazu Rn. 547, 658
Mitbestimmung des Personalrats; BVerfGE 93, 37; s. dazu **Lösung** zu Fall 13 S. 345 f.
Nachrücken in den Überhang; BVerfGE 97, 317; s. dazu Rn. 102
Nds. Landesverfassung; BVerfGE 36, 342; s. dazu Rn 695 ff.
Nebeneinkünfte von Abgeordneten; BVerfGE 118, 277; s. dazu Rn. 179

Negatives Stimmengewicht und Überhangmandate; BVerfGE 121, 266; BVerfGE 131, 316; s. dazu Rn. 116 ff., 119 f.
Neue Heimat; BVerfGE 77, 1; s. dazu Rn. 227
Neugliederung Hessen; BVerfGE 13, 54; s. dazu Rn. 680
NPD-Verbotsverfahren; BVerfGE 107, 339; s. dazu Rn. 148
(Numerus clauses; BVerfGE 33, 303; s. dazu Rn 694)
Osho; BVerfGE 105, 279; s. dazu Rn. 347
Öffentlichkeitsarbeit der Bundesregierung, Grenzen; BVerfGE 138, 102; 148, 11; s. dazu Rn. 144, 347
Parlamentarische Funktionszulage; BVerfGE 102, 224; s. dazu **Lösung** zu Fall 5 S. 138 ff.
Parteienfinanzierung I; BVerfGE 20, 56; s. dazu Rn. 152
Parteienfinanzierung II; BVerfGE 85, 264; s. dazu Rn. 154 f., 129
Parteispenden; BVerfGE 8, 51; s. dazu Rn. 151
Parteiverbotsverfahren; BVerfGE 144, 20; s. dazu Rn. 145 ff., insb. 146
PDS/ Linke Liste; BVerfGE 84, 304; s. dazu Rn. 275
Rechnungslegung der Parteien; BVerfGE 111, 54; s. dazu Rn. 161
Recht auf Vergessen II; BVerfGE 152, 216; s. dazu Rn. 597
Rechtsverordnungen der Bundesregierung, Exportkontrolle; BVerwGE 89, 121; s. dazu Rn. 339; (keine) Straftatbestände; BVerfGE 143, 38; s. dazu Rn. 428, 547
Richter auf Zeit; BVerfGE 148, 69; s. dazu Rn. 529, 532
Schulnetzplanung; BVerfGE 138, 1; s. dazu Rn. 499, 500 und **Lösung** zu Fall 10, S. 246 ff.
Sicherungsverwahrung; BVerfGE 109, 133; s. dazu Rn. 660 und **Lösung** zu Fall 12 S. 337 ff.
Solange II; BVerfGE 73, 339; s. dazu Rn. 77, 82
Sperrklausel nach EuWahlG; BVerfGE 129, 300; BVerfG, NVwZ 2014, 439; s. dazu Rn. 107 und **Lösung** zu Fall 2 S. 74 ff.
SRP; BVerfGE 2, 1; s. dazu Rn. 146, 148
Stabilisierungsmechanismus; BVerfGE 130, 318; s. dazu Rn. 181
Strafgewalt der Finanzämter; BVerfGE 22, 49; s. dazu Rn. 519 und **Lösung** zu Fall 11 S. 303 ff.
Subdelegierte Verordnung; BVerfGE 151, 173; s. dazu Rn. 429
Ultra-Vires-Kontrolle, PSPP (Public Sector Purchase Programme); BVerfGE 154, 17; s. dazu Rn. 597
Untersuchungsausschuss, Aktenherausgabeanspruch; BVerfGE 143, 101; s. dazu Rn. 226
Vermittlungsausschuss; BVerfGE 101, 297; s. dazu **Lösung** zu Fall 8 S. 225 ff.
Vertrauensfrage Kohl; BVerfGE 62, 1; s. dazu Rn. 11, 28, 166, 365, 367
Vertrauensfrage Schröder; BVerfGE 114, 121; s. dazu Rn. 11, 166, 365, 368
Vorlagepflicht; BVerfGE 147, 364; s. dazu Rn. 531
Wahlcomputer; BVerfG, DVBl. 2009, 511; s. dazu Rn. 96, 111
Wahlrechtsausschluss; BVerfGE 151, 1; s. dazu Rn. 98
Wählerbeeinflussung durch Unternehmer; BVerfGE 66, 369; s. dazu Rn. 105
Wasserpfennig; BVerfGE 93, 319; s. dazu Rn. 617
Wüppesahl; BVerfGE 80, 188; s. dazu Rn. 180 ff., 202
Zuwanderungsgesetz; BVerfGE 106, 310; s. dazu Rn. 255

Stichwortverzeichnis

(Die Zahlen bezeichnen die jeweiligen Randnummern)

Stichwortverzeichnis

Stichwortverzeichnis

Stichwortverzeichnis

Stichwortverzeichnis

Stichwortverzeichnis